CORRUPÇÃO E GOVERNO

SUSAN ROSE-ACKERMAN
BONNIE J. PALIFKA

CORRUPÇÃO E GOVERNO

Causas, consequências e reforma

Tradução: Eduardo Lessa

Título original: *Corruption and government : causes, consequences, and reform*. Originalmente publicado por Cambridge University Press, University of Cambridge, Nova York

Copyright do original © Susan Rose-Ackerman e Bonnie J. Palifka, 2016

Copyright da edição brasileira © FGV Editora, 2020

Direitos desta edição reservados à
FGV EDITORA
Rua Jornalista Orlando Dantas, 37
22231-010 | Rio de Janeiro, RJ | Brasil
Tels.: 0800-021-7777 | 21-3799-4427
Fax: 21-3799-4430
editora@fgv.br | pedidoseditora@fgv.br
www.fgv.br/editora

Impresso no Brasil | *Printed in Brazil*

Todos os direitos reservados. A reprodução não autorizada desta publicação, no todo ou em parte, constitui violação do copyright (Lei nº 9.610/98).

Os conceitos emitidos neste livro são de inteira responsabilidade dos autores.

1ª edição – 2020

Revisão técnica: Pedro Marcelino Marchi Mendonça
Revisão tipográfica: Fatima Caroni
Índice remissivo: Gabriela Russano
Projeto gráfico e diagramação: Abreu's System
Capa: Estúdio 513

Dados internacionais de Catalogação na Publicação
Ficha catalográfica elaborada pelo Sistema de Bibliotecas/FGV

Rose-Ackerman, Susan
 Corrupção e governo: causas, consequências e reforma / Susan Rose-Ackerman e Bonnie J. Palifka; tradução Eduardo Lessa. – Rio de Janeiro: FGV Editora, 2020.
 740 p.

 Tradução de: Corruption and government: causes, consequences, and reform.
 Inclui bibliografia.
 ISBN: 978-65-5652-028-5

 1. Corrupção na política. 2. Corrupção na política – Aspectos econômicos. I. Palifka, Bonnie J. II. Fundação Getulio Vargas. III. Título.

CDD – 320

Elaborada por Amanda Maria Medeiros López Ares – CRB-7/1652

Susan Rose-Ackerman:
Para meus netos

Bonnie J. Palifka:
*Em memória de Arthur Jefferson Boynton III,
que ensinou pelo exemplo*

Sumário

Prefácio à edição brasileira... 9
Prefácio à primeira edição.. 13
Prefácio à segunda edição... 17

INTRODUÇÃO

1. Que é e por que importa a corrupção.. 21
   APÊNDICE AO CAPÍTULO 1: Medidas de corrupção comparativas entre países.. 62

PARTE I
A CORRUPÇÃO COMO PROBLEMA ECONÔMICO

2. Corrupção burocrática 75
3. Corrupção em compras e privatização.. 123
4. Reduzindo incentivos e aumentando custos.. 163
   APÊNDICE AO CAPÍTULO 4: Análise econômica das reformas anticorrupção 205
5. Reforma do serviço público e reorganização burocrática.................. 209
6. Usando a legislação criminal para combater o suborno e a extorsão 257

PARTE II
A CORRUPÇÃO COMO PROBLEMA CULTURAL

7. Cultura e corrupção 289

PARTE III
A CORRUPÇÃO COMO PROBLEMA POLÍTICO

8. Política, corrupção e clientelismo 337
9. Crime organizado, corrupção e lavagem de dinheiro 359
10. Corrupção na construção do estado pós-conflito 384
11. Democracia: corrupção, conexões e dinheiro na política 413
12. Responsabilização para além da urna 452

PARTE IV
AGENDAS PARA REFORMAS: VONTADE POLÍTICA DOMÉSTICA E INFLUÊNCIA INTERNACIONAL

13. Condições domésticas para reforma 499
14. O papel da comunidade internacional 535
15. Cooperação internacional: estados, empresas, bancos e crime organizado 588

CONCLUSÕES

16. Conclusões 625

Agradecimentos 635
Referências 637
Lista de figuras 709
Lista de tabelas 711
Lista de quadros 713
Lista de siglas 715
Índice remissivo 719

Prefácio à edição brasileira

Corrupção e governo: causas, consequências e reforma, de Susan Rose-Ackerman e Bonnie J. Palifka, constitui um marco na discussão contemporânea sobre o tema da corrupção. A presente edição, trazida ao leitor brasileiro pela Editora FGV, constitui uma expansão substancial desse livro seminal que analisa o fenômeno intrincado da corrupção pelas perspectivas jurídica, econômica e político-institucional. As autoras expandiram os estudos de casos, que passaram a abranger o fenômeno da corrupção nas mais distintas partes do mundo. Também fizeram uma ampla atualização de dados, oferecendo um quadro detalhado e cuidadoso desse evento difuso e corrosivo das instituições.

Neste trabalho de fôlego, Rose-Ackerman e Palifka analisam a corrupção de uma perspectiva abrangente. De um lado, a obra reconhece que a corrupção é um tema multidimensional, que possui raízes econômicas, culturais, políticas e éticas. De outro lado, a obra enfatiza a importância dos incentivos econômicos como um fator essencial para entender e atacar a corrupção. Destaca, ainda, que a estrutura institucional de cada jurisdição molda esses incentivos, afetando custos e benefícios para que agentes públicos e privados participem de arranjos corruptos.

A obra parte de uma definição ampla de corrupção como "abuso de um poder delegado (*entrusted power*) para ganhos privados", lançando luz imediatamente a um problema "agente-principal", em que um agente público pode se desviar da sua função para atingir objetivos privados (o que inclui não apenas o recebimento de dinheiro em troca de favores, mas envolve também outras práticas, como peculato, nepotismo, extorsão etc.). É esse desvio da confiança depositada nos agentes públicos que acaba minando a legitimidade de governos e afetando negativamente tanto políticas de crescimento quanto de equidade.

Assim, em vez de focarem na corrupção como um desvio ético-normativo, as autoras preocupam-se em entender os contextos institucionais que podem criar incentivos que facilitam e favorecem a corrupção. A atenção sobre os incentivos ajuda a entender o fenômeno da corrupção de forma mais objetiva. Ela também ajuda a compreender que qualquer reforma institucional precisa ir além de medidas punitivas, criminais ou administrativas, para redesenhar os programas governamentais que são impactados por corrupção. Uma "caça às bruxas", que busque eliminar "maçãs podres", tende a ser ingênua e insuficiente. É preciso repensar as instituições para reduzir os incentivos e os espaços que permitem que a corrupção se instale e floresça.

Nesse ponto, é interessante notar que as autoras apresentam diversas estratégias de reformas, mas não caem na tentação simplista de fazer uma longa lista de melhores práticas a serem adotadas em todo e qualquer cenário institucional. Ao contrário, elas reconhecem que reformas são um meio para atingir um fim, podendo variar em cada contexto. Assim, abrem um leque de possibilidades a serem exploradas por aqueles interessados em promover alterações institucionais. Mas são enfáticas em recomendar que o foco deve ser na redução *ex ante* dos incentivos que favorecem atos de corrupção e não apenas no aperfeiçoamento de sistemas *ex post* de combate à corrupção, ou seja, não é o direito penal a principal ferramenta daqueles que buscam conter a corrupção, mas sim reformas no plano político, administrativo, econômico, concorrencial, assim como a ampliação da transparência. Uma agenda duradoura de prevenção e combate à corrupção passa pela abordagem de temas como financiamento de campanhas e partidos políticos, redesenho de mecanismos de contratações públicas, redução de barreiras á entrada em licitações e ampliação dos mecanismos de competição.

Nesse contexto, é difícil imaginar uma obra mais adequada para a reflexão sobre a encruzilhada em que o Brasil se encontra hoje. Após um vasto escândalo de corrupção, em que o direito penal foi empregado de forma extensiva, é importante ter uma visão mais ampla, que nos permita entender as causas, consequências e, especialmente, os potenciais caminhos para reforma do nosso sistema político-institucional.

A ideia da tradução deste livro que ora apresentamos à audiência brasileira surgiu na visita da professora Susan Rose-Ackerman à FGV Direito SP em 2016. Em uma semana intensa de agosto, a professora da Universidade de Yale proferiu palestras na escola, participou de seminários com alunos e professores e participou de debates públicos em São Paulo e Brasília, interagindo com acadêmicos e autoridades responsáveis pelo combate à corrupção no Brasil, incluindo ministros do Supremo Tribunal Federal, o procurador-geral da

República, juízes e procuradores envolvidos em investigações e processos de repercussão nacional. A empreitada de traduzir e publicar essa obra essencial sobre um tema de amplo interesse para juristas, economistas, cientistas políticos e a comunidade em geral foi rapidamente abraçada pela professora Marieta de Moraes Ferreira, que dirige a Editora da Fundação Getulio Vargas, pelo que somos muito gratos.

Dessa forma, esperamos que a tradução desta obra contribua não apenas para o debate acadêmico sobre o tema da corrupção, mas também para a agenda de reformas institucionais no Brasil. A redução da corrupção, com o respectivo realinhamento dos interesses de agentes públicos e dos cidadãos, é uma condição essencial para o aperfeiçoamento da nossa democracia constitucional.

Oscar Vilhena Vieira
Caio Mário S. Pereira Neto

Prefácio à primeira edição

A economia constitui uma ferramenta poderosa para a análise da corrupção. Diferenças culturais e de padrões morais proveem nuances e sutilezas, mas uma abordagem econômica é fundamental para o entendimento de quais são os maiores e mais impactantes incentivos à corrupção. Em um livro anterior, *Corruption: A Study in Political Economy* (1978), eu chamei a atenção para esse ponto de um público de economistas e de cientistas políticos tecnicamente preparados. Vinte anos depois, eu espero ampliar minha audiência e aprofundar minha análise com um novo livro que focaliza a forma pela qual a corrupção afeta países em desenvolvimento, assim como aqueles em transição a partir do socialismo de estado.

Encorajou-me a empreender esse esforço o interesse crescente em questões institucionais por economistas com interesse no desenvolvimento. O estudo da corrupção induz estudiosos e decisores políticos a focalizarem o conflito entre a defesa do interesse próprio e a dos valores públicos. Aqueles que se preocupam com o fracasso das iniciativas desenvolvimentistas, frequentes em todo o mundo, devem confrontar o problema da corrupção com as frágeis e arbitrárias estruturas de estado que a alimentam.

Em 1995-6 eu fui pesquisadora visitante junto ao Banco Mundial, em Washington, D.C. Como eu havia anteriormente tratado de problemas de política pública nos Estados Unidos e na Europa Ocidental, um ano no banco foi uma experiência transformadora. Aprendi muitíssimo, não apenas por ler tudo o que estava à mão, mas também por fazer uso à vontade do correio eletrônico do banco para rastrear companheiros de almoço que tivessem interesses complementares. Para uma pesquisadora acostumada a sentar sozinha diante de um computador, o ano em Washington foi uma bem-vinda e energizante mudança. Era fascinante trabalhar em um tópico — corrupção — que o banco tinha abordado apenas indiretamente no passado. Comecei a coletar eufemismos. As pessoas me diziam que, quando um relatório sobre um programa mencionava "problemas de governança", "excesso de custos sem explicação" ou "aquisição excessiva de veículos", isso significava que corrupção ou roubo puro e simples eram o problema. Um funcionário do banco apontou que reclamações sobre "excesso na relação capital-trabalho" em um relatório sobre a Indonésia significava que a corrupção era não apenas corriqueira, mas custosa.

Meu presente trabalho sobre corrupção teve início antes que eu chegasse ao banco e foi completado depois da minha partida, porém minha compreensão aprofundou-se nas conversas com funcionários do banco que conviviam com o problema. Entre os muitos funcionários que me apoiavam e auxiliavam, eu gostaria especialmente de agradecer a Ladipo Adamolekun, William Easterly, Daniel Kaufmann, Petter Langseth, John Macgregor, Boris Pleskovic, Neil Roger, Sabine Schlemmer-Schulte, Frederik Stapenhurst e Michael Stevens. No Fundo Monetário Internacional, mantive também proveitosas discussões com Nadeem Ul Haque, Paolo Mauro, Vito Tanzi e Caroline Van Rijckegham. Todos eles foram interlocutores de muita ajuda, mas não devem, é claro, ser implicados em nenhuma de minhas conclusões. Obviamente, nem o Banco Mundial tem qualquer responsabilidade pelas minhas conclusões. Tenho especial dívida para com Estelle James, por sugerir que eu me inscrevesse junto ao banco como pesquisadora visitante, e a Michael Klein e seu grupo de funcionários por me proverem um agradável lar institucional na unidade do banco denominada *Private Provision of Public Services*, localizada no *Private Sector Development Department*.

Logo após eu ter chegado a Washington, James Wolfensohn, o novo presidente do Banco Mundial, procurou abertamente colocar o assunto da corrupção na agenda do Banco. Uma vez que minha perspectiva econômica combinava com os esforços do próprio banco de definir seu papel nessa área, tive o prazer de contribuir com esse debate interno — um debate que gerou em 1997 um documento, *Helping Countries Combat Corruption* (Banco Mundial 1997a), definindo o posicionamento do banco a respeito.

Após deixar o banco, continuei a trabalhar com funcionários do banco na seção sobre corrupção do *World Development Report 1997, The State in a Changing World* (Banco Mundial, 1997b), e escrevi o documento intitulado "Corrupção e Desenvolvimento" para a Conferência Anual do Banco Mundial sobre Economia e Desenvolvimento, em maio de 1997 (Rose-Ackerman, 1998b). Tanto Brian Levy quanto Sanjay Pradhan da equipe do *World Development Report* foram de grande ajuda como colegas e críticos. Na primavera de 1997, apresentei na Philip A. Hart Memorial Lecture, na Georgetown Law School, uma palestra sobre o tema "O papel do World Bank no controle da corrupção" (Rose-Ackerman, 1997c). Escrevi também um documento de antecedentes para a Management Development and Governance Division do Bureau for Policy and Programme Support da United Nations Development Programme (UNDP). A UNDP lançou esse relatório como um documento para discussão, intitulado *Corruption and Good Governance*, no verão de 1997 (UNDP, 1997a), e a UNDP tem utilizado esse documento como base para desenvolver seu posicionamento sobre o assunto.

Em 1994 entrei para o conselho do U.S. Chapter of Transparency International (TI), uma organização sem fins lucrativos, destinada a lutar contra a corrupção em plano mundial. Essa associação tem-me provido valiosa oportunidade para situar-me no bojo de um crescente movimento internacional e manter-me atualizada nos desdobramentos internacionais. Nancy Boswell, diretora executiva da TI-USA, tem prestado forte apoio moral a meus esforços de pesquisa, assim como Fritz Heimann, o presidente do conselho da TI-USA. A organização internacional — sediada em Berlim, mas com ramificações em todo o mundo — tem se tornado uma força global e um centro de troca de informações sobre corrupção. Isso se deve aos esforços incansáveis do diretor da TI Peter Eigen e do primeiro diretor administrativo da TI, Jeremy Pope. Os esforços de ambos em despertar a consciência internacional na questão da corrupção têm correspondido aos meus interesses na pesquisa e na definição de políticas. Agradeço à TI por seu interesse em meu próprio trabalho, mas, obviamente, não a responsabilizo por qualquer de minhas propostas específicas.

Diversas colaborações em forma de documentos têm contribuído para os argumentos que aqui desenvolvo. No grupo do Banco Mundial, colaborei com Jacqueline Coolidge do Foreign Investment Advisory Service em um documento sobre corrupção na África, e com Andrew Stone do Private Sector Development Department em um documento que analisava relatórios do Banco Mundial sobre a Ucrânia e sobre o Paquistão. Na Universidade de Yale, colaborei com Silvia Colazingari, estudante avançada de graduação em ciência política, em um documento sobre o caso italiano. Agradeço aos três coautores por aportarem seus próprios conhecimentos e visões sobre tópicos que eu nunca poderia ter atacado sozinha.

Dois estudantes de graduação em ciência política, Jonathan Rodden e Sarah Dix, prestaram incansável suporte de pesquisa, de todas as formas, em tópicos diversos. Sou extremamente grata por sua ajuda, paciência e bom humor. Como sempre, desejo agradecer a Gene Coakley e aos funcionários da Yale Law Library por sua ajuda em rastrear fontes e verificar referências. Sou também muito grata a meu marido, Bruce Ackerman, que realizou uma leitura cuidadosa e crítica do manuscrito, em fase final de elaboração.

Ao longo dos últimos anos, à medida que se desenvolviam meus pensamentos, apresentei meu trabalho em diversos lugares. Ministrei seminários em muitas universidades e colégios, inclusive nas universidades de Iowa, Michigan, Ottawa e Pennsylvania; na Kennedy School da Universidade de Harvard; na Universidade de New York, na Universidade do Northeast; No Swarthmore College; no Trinity College; na Universidade de Yale; e no Jerome Levy Institute do Bard College. Vários *workshops* no Banco Mundial e no Fundo Monetário Internacional foram de grande ajuda. O *Comparative Law and Economics Forum*, do qual sou participante, foi um local agradável para a apresentação do esboço de vários documentos. Também apresentei documentos no encontro anual da American Economic Association em São Francisco, em um *workshop* em Dacar, Senegal, patrocinado pela U.S. Agency for International Development; no encontro anual da American Society for International Law em Washington, D.C.; em uma conferência organizada pelo Institute for International Economics; em vários seminários e *workshops* em Santiago, Chile e em Buenos Aires, Argentina, durante uma visita patrocinada pela U.S. Information Agency; em um encontro em Paris patrocinado pela Organisation for Economic Co-operation and Development e pela UNDP; em uma conferência sobre reformas institucionais realizada no Instituto Tecnológico Autónomo de México, na Cidade do México; no encontro da Latin American Law and Economics Association em Buenos Aires; e em uma conferência no Yale Center for International and Area Studies, patrocinada pela UNDP.

Minha pesquisa para este livro foi tornada possível mediante estipêndios de pesquisa providos pela Yale Law School e pelo programa de Visiting Research Fellows do Banco Mundial. Sou agradecida a ambas as instituições pelo seu apoio, sem que esse implicasse qualquer responsabilidade pelos resultados.

Susan Rose-Ackerman

Prefácio à segunda edição

Desde a publicação de *Corrupção e governo* em 1999, tem-se observado um forte aumento de interesse no assunto, tanto nos círculos acadêmicos quanto nos da elaboração de políticas. Trabalhos empíricos, em particular, têm florescido, com pesquisadores e analistas políticos divisando técnicas engenhosas para medir e estudar um fenômeno que é inerentemente de difícil observação. Minha própria abordagem institucional e político-econômica ao estudo da corrupção tem sido, acredito, defendida por esses novos trabalhos, e meus livros de 1999 e 1978 têm ajudado a estruturar o debate. O livro de 1999 foi traduzido para 17 idiomas e tem atraído ativistas e estudiosos em todo o mundo. Não obstante, mesmo que a mensagem central do livro permaneça relevante, o texto se encontra defasado, já que se refere somente a estudos e escândalos de corrupção de antes de 1999. Assim, uma segunda edição pode acrescentar informação ao andamento dos debates. Em Bonnie Palifka encontrei uma excelente coautora. Bonnie tem, por 10 anos, ministrado cursos baseados na primeira edição, tanto no Tecnológico de Monterrey, no México, quanto na Universidade de Yale, e ela traz uma perspectiva de professora ao que necessita ser expandido ou bem explanado.

Esta nova edição não apenas avalia as bases empíricas das teses defendidas, como adicionalmente desenvolve os temas mencionados, mas não totalmente explicados naquele volume. O novo material discute as bases culturais da corrupção, a corrupção em democracias e a conciliação entre controle da corrupção e valores democráticos. Acrescentamos capítulos sobre leis criminais, crime organizado e corrupção em sociedades recém-saídas de conflitos, e ampliamos o material sobre questões anticorrupção em plano internacional, a fim de que refletissem progressos recentes. Corrupção é um problema que tem existido desde a ascensão dos estados organizados e não é provável que tão cedo desapareça. Entretanto, alguns estados e setores têm conseguido tornar-se menos corruptos ao longo do tempo. Embora não possamos reivindicar ter fornecido um trabalho escrito de alcance de todo abrangente, tentamos incorporar um novo trabalho que indaga que lições podem ser aprendidas tanto dos êxitos quanto dos fracassos das reformas.

Susan Rose-Ackerman

INTRODUÇÃO

1
Que é e por que importa a corrupção

Os Objetivos de Desenvolvimento do Milênio (Millennium Development Goals — MDGs), estabelecidos em 2000 sob os auspícios das Nações Unidas, objetivavam reduzir, até 2015, a extrema pobreza à metade de seu nível em 1990. Essa meta foi atingida antes do prazo, por volta de 2010; porém, ainda que seja impressionante esse resultado, os ganhos não foram distribuídos igualmente em todo o mundo: 94% da redução do número de pessoas vivendo em extrema pobreza ocorreu na China.[1] Segundo a terminologia de Paul Collier (2007), o "bilhão da base" — 1,2 bilhão de pessoas — ainda vive em situação de extrema pobreza (menos de US$1,25 por dia) e 2,4 bilhões vivem em situação de pobreza (menos de US$2,00 por dia).[2]

Pobreza, precariedade dos serviços de saúde, baixa expectativa de vida e desigualdade na distribuição de renda permanecem endêmicas. Muitos países pobres têm apresentado taxas de crescimento muito baixas ou negativas, o que constitui um desafio para os modelos de convergência do desenvolvimento.[3] Outros têm um fraco histórico econômico, apesar de contarem com uma força de trabalho bem-educada. Mesmo alguns países que são ricos em termos de recursos naturais apresentam um histórico de fraco crescimento,

---

[1] Banco Mundial, "Poverty Overview (Results)", http://www.worldbank.org/en/topic/poverty/overview3 (acesso em 20 de junho de 2014).

[2] A renda é medida em termos de poder de compra real por paridade com o dólar americano, tomando-se como base o valor do dólar em 2005. Ver Banco Mundial, "Poverty Overview (Context)", http://www.worldbank.org/millenniumgoals/pdf/Goal_1_fs.pdf (acesso em 20 de junho de 2014).

[3] Os modelos de convergência argumentam que, como países menos desenvolvidos tendem a crescer mais rapidamente que os países mais desenvolvidos, aqueles tendem a alcançar estes últimos. Eperava-se que essa convergência ocorresse na segunda metade do século XX, mas isso não se concretizou em muitos países; em consequência, a distância entre ricos e pobres cresceu, ao invés de diminuir.

baixa renda *per capita* e maciça desigualdade. Os MDGs estabelecem metas globais específicas para o desenvolvimento, mas atingir essas metas em nível de país tem-se demonstrado muito mais desafiador para alguns países que para outros.

Os líderes mundiais continuam a debater como prosseguir. Os MDGs, agora chamados Objetivos Sustentáveis de Desenvolvimento (Sustainable Development Goals — SDGs), foram reformulados, tendo-se em mente os insucessos do primeiro esforço.[4] Reconhecendo os problemas remanescentes de baixo crescimento e escasso desenvolvimento, o Banco Mundial em 2013 anunciou o estabelecimento de uma nova missão: eliminar a extrema pobreza até 2030.[5] Dados recentes sugerem que esse objetivo é demasiado ambicioso por diversas razões, incluindo o fato de que grande número de pessoas estava abaixo do limite de corte original.[6] No entanto, uma parte da explicação está na disfuncionalidade de instituições públicas e privadas, que tanto atrasam o crescimento quanto restringem o fluxo de benefícios para os que se encontram na base da distribuição de renda.[7] Nem fundos públicos nem assistência externa são utilizados tão efetivamente quanto poderiam. Países com baixa receita e aqueles com histórico de baixo crescimento encontram-se frequentemente em situação difícil, porque são incapazes de usar seus recursos materiais e humanos para fazer avançar o desenvolvimento e para

---

[4] Nações Unidas, "Sustainable Development Goals", http://www.un.org/sustainabledevelopment/sustainable-development-goals/ (acesso em 22 de julho de 2015).

[5] A meta exata é que não mais de 3% da população mundial vivam com menos de US$1,25 por dia, com base no dólar de 2005. Ver, por exemplo, Banco Mundial, "Poverty Overview (Strategy)", http://www.worldbank.org/en/topic/poverty/overview#2 (acesso em 3 de setembro de 2015).

[6] "Free Exchange: Poverty's Long Farewell", *The Economist*, 28 de fevereiro de 2015. http://www.economist.com/news/finance-and-economics/21645220-goal-ending-poverty-2030-worthy-increasingly-out-reach-povertys (acesso em 3 de setembro de 2015). O Banco Mundial (2015) reconhece que o objetivo é irrealista e sugere foco tanto no crescimento global quanto na sua distribuição. Um documento de trabalho do Banco Mundial, Yoshida, Uematsu e Sobrado (2014), demonstra algumas das falhas das projeções anteriores. Lakner, Negre e Prydz (2014) mostram como uma combinação de políticas que promovam crescimento e provejam metas de benefícios para os muito pobres podem ser associadas para produzir substanciais reduções nos números de pobreza absoluta.

[7] "Instituições são mecanismos limitadores projetados por humanos que estruturam a interação política, econômica e social" (North 1991:97). Essas entidades incluem constituições, leis, regras, costumes e tabus. Incluímos também nesse domínio entidades habitualmente referidas como instituições, tais como: burocracias, legislaturas, tribunais, escolas e outras instituições educacionais, bancos e outras instituições financeiras etc.

ajudar os mais pobres.⁸ Esses países carecem de reformas institucionais; porém, tais reformas são difíceis. Represas, rodovias e facilidades portuárias são tecnicamente encaminhadas, de forma direta. Reformar o governo e fomentar um forte setor privado são tarefas mais sutis e dificultosas, que não podem ser reduzidas a um padrão de engenharia. As SDGs recentemente propostas pelas Nações Unidas incluem a luta contra a corrupção, especificamente para promover equidade, justiça e paz, mas ao reduzir-se a corrupção facilita-se o atingimento de todas as metas.⁹

Até meados da década de 1990, organizações internacionais de desenvolvimento, como o Banco Mundial e o Fundo Monetário Internacional (FMI), em sua maioria consideravam as instituições tal como existentes; desde então, algumas delas (notadamente o Banco Mundial) têm promovido reformas institucionais e estabelecido prioridades de boa governança. Empréstimos ou ajudas bilaterais têm como precondição estar fora de "listas negras" que assinalam a corrupção, o tráfico de drogas e outras atividades ilícitas.¹⁰ Diversos

---

⁸ Kilby (1995) descobriu que os projetos do Banco Mundial eram mais suscetíveis de receber uma pontuação insatisfatória pelo departamento de avaliação de operações do Banco se os países tomadores de empréstimo estivessem mal situados na avaliação entre países quanto a instabilidade política e corrupção. Knack e Keefer (1995) examinam o impacto das instituições governamentais sobre investimento e crescimento. Sua medida da qualidade de governo combina índices de corrupção, risco de expropriação, efetividade da lei, risco de cancelamento de contratos pelo governo e a qualidade da burocracia. O estudo examina taxas de crescimento econômico para 97 países no período de 1974 a 1989. Os autores mostram que as medições apuradas para a qualidade das instituições governamentais funcionam pelo menos tão bem quanto as medições para liberdades políticas, liberdades civis e a frequência de atos de violência política, para a explicação sobre investimento e crescimento.
⁹ A meta específica é "Meta 16: promover sociedades justas, pacíficas e inclusivas". A submeta diz: "Substancialmente reduzir corrupção e suborno em todas as suas formas", e a meta convoca ainda os países a lutar contra lavagem de dinheiro e crime organizado. Nações Unidas, "Sustainable Development Goals", http://www.un.org/sustainabledevelopment/sustainable-development-goals/ (acesso em 22 de julho de 2015). Explicamos no capítulo 9 a importância de combater simultaneamente em todas essas frentes.
¹⁰ Ver, por exemplo, "High-risk and Non-cooperative Jurisdictions: FATF Public Statement — June 26, 2015", http://fatf-gafi.org/publications/high-riskandnon-cooperativejurisdictions/documents/public-statement-june-2015.html (acesso em 27 de setembro de 2015), acerca de lavagem de dinheiro e financiamento ao terrorismo; U.S. Department of State, Directorate of Defense Trade Controls, "Country Policies and Embargoes", http://www.pmddtc.state.gov/embargoed_countries/index.html (acesso em 27 de setembro de 2015) acerca de tráfico de armas; The White House, "Presidential Determination — Major Drug Transit and Drug Producing Countries for FY 2014", http://whitehouse.gov/the-press-office/2013/09/13/presidential-determination-major-drug-transit--and-producing-countri (acesso em 3 de setembro de 2015).

fatores convergiam para contribuir com essa mudança de política. O fim da Guerra Fria reduziu incentivos para que países mais poderosos tolerassem a corrupção em seus aliados (Theobald, 1999). Transições de economias centralmente planificadas para economias de mercado abriam novas oportunidades tanto para o lucro lícito quanto ilícito (Rose-Ackerman, 1998b). A globalização acelerada e uma lei estadunidense de 1977 criminalizando o suborno em países estrangeiros[11] pressionavam governos a reduzir negociações indevidas e empresas a reexaminar suas práticas em outros países. A fundação da Transparência Internacional (TI) e a publicação de seu Índice de Percepção da Corrupção (CPI, em inglês)[12] veio a acentuar a preocupação internacional sobre corrupção e a causar alarme (e, frequentemente, raiva) em alguns países mal colocados (Johnston, 2005). Finalmente, a intelectualidade comprometida com as políticas de desenvolvimento começou a reconhecer a função-chave de instituições públicas (por exemplo, Olson, 1996). As recomendações macropolíticas do "Consenso de Washington" mostraram-se insuficientes para o estímulo do crescimento e a redução da pobreza.[13] Os economistas do desenvolvimento começaram a investigar os campos da ciência política e da sociologia e a incorporar trabalhos sobre o funcionamento das instituições a sua estrutura conceitual; isso levou-os a confrontar-se com a corrupção como um claro caso patológico.

As tensões entre as capacidades dos países em desenvolvimento e as exigências das organizações internacionais de ajuda e de empréstimo originam-se em parte das diferenças históricas e culturais dos países envolvidos. Para os críticos, as organizações internacionais não apreciam costumes e instituições locais e falham em adaptar seus programas às circunstâncias especiais de cada país. Embora isso seja indubitavelmente verdadeiro em muitos casos, essa alegação não encerra a história. As instituições de alguns países são inade-

---

[11] A lei intitula-se Foreign Corruption Practices Act, de 1977, Pub. L. No. 95-213, 91 Stat. 1494.

[12] A TI foi fundada em 1993 como uma Organização Não Governamental (ONG) dedicada a expor e combater a corrupção em todo o mundo. Seu Índice de Percepção da Corrupção, parte central desse esforço, é descrito em maior detalhe no *site* da TI e adiante neste capítulo. O papel internacional da TI é também discutido no capítulo 14. Ver www.transparency.org para mais informações.

[13] O Consenso de Washington, articulado por Williamson (1990), inclui recomendações macroeconômicas convencionais (redução de barreiras aos negócios, estabelecimento de um banco central independente com o objetivo de controlar a inflação, investimento em capital humano e infraestrutura etc.), acrescidas de privatização e desregulamentação. "Washington" aqui representa o Banco Mundial e o FMI, não o governo dos Estados Unidos. Ver Rodrik (2006, 2008) para uma crítica, uma estrutura teórica mais sólida e a incorporação de uma faixa mais ampla de opções políticas.

quadas mesmo para seus declarados objetivos de desenvolvimento, enquanto outras manifestamente negligenciam os interesses das pessoas comuns ou de importantes subgrupos.

Outros críticos questionam os objetivos da comunidade internacional, argumentando que o crescimento econômico é uma medida estreita e incompleta de bem-estar, e que as instituições internacionais tendem a não levar em conta condições e tradições locais (por exemplo, Stiglitz, 2003; Easterly, 2013). Porém, mesmo que se aceite essa crítica, grandes diferenças permanecem entre países e entre regiões de um país, em saúde, educação, oportunidade econômica e qualidade ambiental. Quaisquer que sejam os padrões de valor de cada um, eles variam amplamente ao redor do mundo e estão subindo ou caindo a taxas diferentes. Não defendemos aqui um padrão de valor universal — seja ele renda *per capita*, "florescimento humano" na terminologia de A. K. Sen (Sen, 1999), universalismo ético, ou imparcialidade. Em vez disso, pretendemos mostrar que, quaisquer que sejam os objetivos de uma instituição ou de uma política, a corrupção pode comprometer esses objetivos.

Consideramos inicialmente um fato básico da motivação humana. Diferenças culturais e em valores básicos existem ao longo do mundo, mas há um traço humano que é tanto universal quanto central para a explicação de experiências divergentes em diferentes países. Esse traço motivacional é a defesa do interesse próprio. Os críticos o denominam cobiça. Economistas o chamam maximização da utilidade. Qualquer que seja o rótulo, as sociedades diferem quanto à forma como definem e canalizam a busca do proveito próprio. A corrupção endêmica sugere incapacidade generalizada de regular e controlar a defesa dos próprios interesses que vise propósitos legítimos e produtivos.

Pode-se avançar bastante no caminho do entendimento de fracassos no desenvolvimento ao entender como as instituições de um país gerenciam, bem ou mal, o interesse próprio, e como o interesse próprio interage com motivações generosas e de espírito público. O valor social do interesse próprio encontra seu caso mais favorável no arquétipo do mercado competitivo, onde o interesse próprio se transmuta em atividades produtivas que levam ao uso eficiente de recursos. O pior caso é a guerra — um conflito destrutivo pelo controle de riquezas, que termina por destruir a base de recursos que motivaram inicialmente a luta. Entre esses extremos estão as situações em que as pessoas fazem uso de recursos tanto para propósitos destrutivos quanto para obter alguma vantagem ao dividir os benefícios de uma atividade econômica — o que se denomina "procura por renda" pelos economistas (por exemplo, Bhagwati, 1974; Krueger, 1974; Tullock, 1993; Khan e Jomo, 2000; Ngo e Wu, 2009).

Exploremos a interação entre atividade econômica produtiva e a procura improdutiva por renda, com foco no fenômeno universal da corrupção no setor público.[14] Claro, a corrupção também ocorre no setor privado, sem a participação de funcionários governamentais, e frequentemente com desastrosas consequências.[15] Tais atividades, embora não pertençam ao foco de nosso livro, permanecem como um importante tema para pesquisa e mudança de políticas que deve complementar nossa ênfase no setor público. Para nós, a corrupção na área pública merece especial ênfase porque compromete os objetivos de desenvolvimento e distributividade e conflita com valores democráticos e republicanos.

I. Que é a corrupção?

A corrupção contempla diversas conotações e interpretações, variando conforme tempo e lugar, assim como por disciplina. O quadro 1.1 fornece alguns exemplos de atos de corrupção, em uma lista de caráter ilustrativo, não abrangente.[16]

Para abarcar uma faixa mais ampla de significados, começamos com a definição de corrupção segundo a TI: "o abuso de um poder delegado, com a finalidade de obtenção de ganho privado". Essa definição encerra a questão do principal agente na raiz de todos os tipos de corrupção, econômicos ou políticos — suborno, apropriação indébita, nepotismo, tráfico de influência, conflito de interesses, fraude contábil, fraude eleitoral e assim por diante. O termo-chave é "poder delegado" (*entrusted power*), que se refere às tarefas que alguém tenha a responsabilidade de executar — por exemplo, revisão de pedidos ou inscrições para licenças ou serviços, aprovação de leis, ou jul-

---

[14] Ironicamente, embora o interesse próprio seja entendido como pressuposto básico da economia, os modelos macroeconômicos tipicamente assumem um "planejador social benevolente". Os construtivistas julgam com mais atenção a forma como as decisões políticas são tomadas, tanto em nível individual quanto geral.

[15] Ver, por exemplo, Tillman (2009) e Argandoña (2003).

[16] Para uma lista mais completa de termos, com definições e exemplos, ver Transparência Internacional, 2009, "The Anti-Corruption Plain Language Guide", disponível em http://files.transparency.org/content/download/84/335/file/2009_TIPlainLanguageGuide_EN.pdf (acesso em 28 de junho de 2014).

Quadro 1.1. Tipos de corrupção

suborno (*bribery*)	Explícita troca por dinheiro, presente em espécie ou favores, visando benefícios que deveriam ser legalmente isentos de custo ou destinados em outros termos que não a boa vontade de efetuar o pagamento. Inclui tanto o suborno de funcionários públicos quanto o de agentes de empresas privadas.
extorsão (*extortion*)	Exigência de um suborno ou favor por um funcionário como condição *sine qua non* para cumprir seu dever ou para quebrar uma regra. Tratamos a extorsão como forma de suborno, na qual o receptor desempenha papel ativo. (Por vezes, a regra é criada pelo agente para extrair suborno.)
troca de favores (*exchange of favors*)	Troca de uma quebra de regra por outra.
nepotismo (*nepotism*)	Concessão de emprego a um membro da família ou a outra pessoa bem relacionada, em lugar de um candidato mais qualificado, mas sem relações similares.
favorecimento discriminatório (*cronyism*)	Concessão de preferência a membros de um dado grupo — racial, étnico, religioso, político ou social — em detrimento de membros de outros grupos; por exemplo, em decisões sobre emprego.
fraude judicial (*judicial fraud*)	Decisão baseada em algum dos tipos anteriores de corrupção, ou ameaça a juízes, em lugar de méritos do caso.
fraude contábil (*accounting fraud*)	Erro proposital com relação a vendas ou lucros (em geral, a fim de elevar a cotação de ações).
fraude eleitoral (*electoral fraud*)	Manipulação de resultados eleitorais, por meio de compra de votos ou de ameaças ao eleitorado, ou por falsificação ou destruição de votos.
fraude em serviço público (*public service fraud*)	Qualquer atividade que prejudique as exigências legais da prestação de serviços públicos, mesmo que nenhum suborno seja pago. Por exemplo, professores podem fornecer as respostas corretas aos alunos, ou mudar as respostas dos alunos em testes-padrão (em geral para assegurar o fornecimento de verbas). Profissionais de saúde podem prescrever exames desnecessários ou inventar pacientes a fim de aumentar reembolsos. Servidores civis podem negligenciar seus trabalhos em troca de serviços em empresas privadas, ou roubar suprimentos para revenda, ou simplesmente faltar ao trabalho sem justo motivo.
apropriação indébita (*embezzlement*)	Roubo de valores ou objetos pertencentes ao empregador (empresa, governo ou ONG) pelo empregado.
cleptocracia (*kleptocracy*)	Estado autocrático, governado de forma a maximizar a riqueza pessoal de seus principais dirigentes.
tráfico de influência (*influence peddling*)	Uso do próprio poder de decisão ou influência no governo, para extrair subornos ou favores de partes interessadas.
conflitos de interesse (*conflicts of interest*)	Poder usufruir uma vantagem pessoal a partir dos efeitos de políticas de cuja decisão participa.

gamento de casos judiciais — de acordo com certas regras, escritas ou não. Esse poder pode ser concedido por um empregador a um empregado, ou pela população a um dirigente governamental. Se o concessionário cometer abuso contra o poder que lhe foi delegado, as regras são quebradas, e os objetivos estabelecidos pelo concedente são subvertidos. O prejuízo assume duas formas: primeiro, em muitos casos, o funcionário corrupto age de modo inconsistente com seu mandato; e, segundo, ainda que ele somente assuma ações coerentes com os resultados esperados, ele vende um benefício que não era suposto ser fornecido mediante pagamento.[17] Assim, a corrupção inclui tanto aceitar um suborno para dar como aceito um prédio sem condições de segurança quanto exigir suborno pela aprovação de um prédio perfeitamente de acordo com as condições de aceitação. A corrupção inclui, por exemplo, uma situação em que ocorra a apropriação de fundos contratuais, de maneira que um dado projeto de infraestrutura atrase e exceda o orçamento, assim como pode assumir a forma de simples roubo de fundos públicos pela prática de inflacionar orçamentos, embora com pouco efeito perceptível sobre o nível dos serviços prestados ao público.

Reconhecemos, todavia, que algumas estruturas políticas podem estar tão intricadas com a obtenção de benefícios próprios que não se pode realmente dizer que a população tenha "delegado" determinados poderes a políticos ou funcionários. Isso pode ocorrer ou porque demasiado poder esteja em mãos de pessoas que agem por interesse próprio, governantes que procuram maximizar suas riquezas — como, por exemplo, em países do Oriente Médio anteriormente à Primavera Árabe[18] — ou porque a estrutura institucional é tão frágil e caótica que não há poder "delegado" para ninguém, como é o caso da Somália de 1991 a 2012. Alguns governos e instituições estabelecem metas que a maioria de nós abominaríamos, mas esforços para confrontá-los podem ainda ser corruptos no sentido que admitimos, mesmo que nós aplaudíssemos aqueles que tentassem subverter aquelas metas.[19] Um estado

---

[17] Banarjee, Hanna e Mullainathan (2013) e Hodgson e Jiang (2007) fazem da quebra de regras a característica central de suas respectivas definições. Contudo, nós desejamos deixar claro que o benefício fornecido em troca de um suborno pode não incorrer na quebra de nenhuma das regras formais. A quebra de regras poderia apenas consistir no pagamento de um suborno e nas correspondentes distorções na distribuição de benefícios e custos das políticas públicas.

[18] Ver, por exemplo, Slackman (2011), acerca do Egito sob Mubarak.

[19] A corrupção que enfraquece leis detestáveis é referida como "corrupção por causa nobre" (Miller, 2005). Um exemplo de causa nobre de corrupção é o suborno destinado a salvar judeus na Alemanha

fraco ou autocrático alimenta a corrupção, e o grau de corrupção, por seu turno, torna a reforma difícil e mina a confiança do público nas instituições governamentais, produzindo-se um ciclo vicioso.

Alguns trabalhos sobre corrupção partem de um forte compromisso com uma visão particular de legitimidade de governo — espacialmente o trabalho de Rothstein e seus colegas (por exemplo, Rothstein e Teorell, 2008) e o de Mungiu-Pippidi (2013, 2014). Rothstein enfoca a imparcialidade como um objetivo central para o governo. Mungiu-Pippidi destaca o "universalismo ético", mas os conceitos são assemelhados, e análogos ao de "ordens de acesso aberto" de North, Wallis e Weingast (2009) e ao de "instituições inclusivas" de Acemoglu e Robinson (2012). Ações e instituições governamentais que violem essas normas são então rotuladas como "corruptas".[20] Em vez disso, nós estudamos um conjunto de estruturas institucionais que podem originar incentivos a pagamentos escusos e negócios em benefício próprio. A análise desses incentivos a subornos, propinas e outras formas indevidas de obtenção de vantagens é, então, um dado tanto para políticas específicas anticorrupção quanto para esforços mais amplos de reforma do Estado. Uma inferência dos trabalhos de Rothstein e de Mungiu-Pippidi é que o suborno solapa o esforço do governante em favorecer uma elite reduzida, o que leva a uma distribuição mais imparcial e universalista de benefícios públicos; portanto, não seria corrupto. Claro, eles argumentam que tais casos são de ocorrência improvável, mas não queremos excluir por definição essa possibilidade. Ao invés de associar um governo limpo com um compromisso normativo específico, nós analisamos as consequências normativas da corrupção em diferentes condições de contexto.

II. Incentivos à corrupção

Destacamos a corrupção na área pública, desde a grande até à pequena corrupção, e cobrindo muitos diferentes tipos de interações públicas e privadas.

---

nazista (Rose-Ackerman, 1978:9; Hodgson e Jiang, 2007:1049). Se a "corrupção por causa nobre" é amplamente considerada como aceitável, ou se atos corruptos são interpretados como "nobres", fica caracterizada a necessidade de mudança das instituições subjacentes; mas, obviamente, nesses casos os governos provavelmente não querem essa mudança. Eles podem-se concentrar, em vez disso, em perseguições de alto nível.

[20] Easterly (2013) inclui muitos exemplos de atos corruptos ao expor a opressão conforme observada mundialmente, mas ele não chega a rotular as violações da norma como "corruptas".

A grande corrupção envolve um pequeno número de participantes poderosos e vultosas somas de dinheiro. Os corruptos buscam contratos governamentais, empresas em processo de privatização, e concessões; pagam a legisladores para passarem leis que lhes sejam mais favoráveis, e a ministros e a chefes de agências para emitirem regulamentações que lhes sejam benéficas. Chefes de estado podem-se engajar em apropriação imediata de fundos públicos sem o envolvimento direto de empresas privadas desonestas.

A pequena corrupção é mais acessível à observação e à experiência dos cidadãos ordinários. Propinas podem ser pagas para evitar multas por excesso de velocidade, para sonegar impostos, ou para ter acesso a serviços prestados pelo governo. Ofertas de empregos no governo e contratos de fornecimento rotineiros podem favorecer parentes, grupos específicos, ou amigos com pouca qualificação. A grande e a pequena corrupção podem estar inter-relacionadas em burocracias hierárquicas; a corrupção em um nível pode dar suporte e encorajar a corrupção em outro setor da organização.

Nossa descrição tem-se concentrado em suborno e propinas, mas reconhecemos que existem amplas áreas cinzentas, e discutiremos algumas das mais problemáticas em capítulos posteriores. Não temos a pretensão de ter necessariamente localizado os mais danosos abusos de poder; e recomendamos novas pesquisas quanto ao impacto em determinadas fronteiras comportamentais, tais como despesas de campanha, favorecimento discriminatório e conflitos de interesse.[21]

---

[21] Ver Yao (2002), que intencionalmente expande a definição de *corrupção* e argumenta que essas outras formas de corrupção causam danos à sociedade ao menos equivalentes. *Corrupção explícita* refere-se a suborno, no que o *quid pro quo* é bem definido, enquanto *corrupção implícita* se refere ao nepotismo e ao cronismo, casos em que um empregado admitido em virtude de suas conexões recebe salário excessivo, considerada sua produtividade. Notar, todavia, que a análise de Yao centra foco no que é essencialmente outra forma de benefício pessoal. A principal distinção reside no longo prazo e na vagamente definida natureza da transação.

Um excelente exemplo da dificuldade de distinguir a corrupção implícita das práticas aceitáveis de negócios é a controvérsia sobre as práticas de contratação de bancos ocidentais na China. Vários desses bancos adotavam métodos de contratação para favorecer filhos e filhas de altos funcionários chineses. Na condenação dessa prática, agentes da lei citam a possibilidade de que essas contratações eram ou *quid pro quo* para a aprovação de determinados negócios, ou visavam à melhoria das perspectivas futuras desses bancos. As práticas do J.P. Morgan foram denunciadas nos jornais no verão de 2013, e em maio de 2014 a Comissão Independente de Hong Kong contra a Corrupção prendeu o anterior diretor do banco de investimentos do Morgan. Uma mensagem de e-mail mencionava "oportunidades de negócio existentes e potenciais" que poderiam surgir da contratação do filho de um alto funcionário. Ver Neil Gough e Michael Forsythe, "Former Chair of

A figura 1.1 fornece um diagrama esquemático das entidades em que ocorrem atos de corrupção típicos. Cada flecha mostra o fluxo de ganhos ilícitos, em valores monetários ou equivalentes; o rótulo em cada flecha indica o que se ganhou em troca (exceto em casos de apropriação indébita ou fraude, quando apenas o agente da apropriação ou da fraude aufere ganhos). "Government Treasure" representa todos os fundos governamentais provenientes de qualquer fonte.

Muitos ocupantes dos mais altos cargos do estado (presidentes, primeiros-ministros etc.) têm-se apropriado indevidamente de fundos governamentais ao longo da história. Conforme explicado no capítulo 8, a cleptocracia é o caso extremo em que se organiza o Estado puramente para maximizar os ganhos do seu dirigente máximo. Em contextos mais institucionalizados, o chefe de Estado pode desviar ganhos ilícitos ao exercer uma função direta nas compras públicas ou na aprovação de projetos de investimento estrangeiro direto (IED), por exemplo ao cobrar uma "taxa de consultoria" para cada contrato aprovado. Membros do Poder Legislativo podem roubar diretamente a partir das fontes de recursos que controlam, aceitar "presentes" oferecidos por empresas ou por lobistas em troca de apoiar ou rejeitar leis específicas, ou distribuir recursos para o eleitorado a fim de influenciar votos.

Funcionários governamentais encontram-se à frente de escritórios centrais ou descentralizados, tais como administração aduaneira, programas públicos de saúde, ou agências regulatórias. Eles têm o poder de organizar concursos públicos ou de selecionar empresas para projetos, e podem receber (ou demandar) propinas no curso desse processo. Eles podem também supervisionar os burocratas encarregados de cobrar taxas ou aplicar exigências regulatórias. Se a corrupção vem de cima para baixo, os funcionários de nível mais elevado podem receber o suborno ou propinas e passar instruções para

---

JP Morgan China Unit Is Arrested", *New York Times*, 21 de maio de 2014. http://dealbook.nytimes.com/2014/05/21/former-top-china-jpmorgan-banker-said-to-be-arrested-in-hong-kong/ (acesso em 27 de setembro de 2015). A linha do tempo com *links* para outros artigos no *New York Times* está em "Inquiries of JP Morgan's Hiring in China", *New York Times*, 23 de março de 2014, http://www.nytimes.com/interactive/2013/11/14/business/dealbook/14chase-asia.html (acesso em 27 de setembro de 2015). O Deutsche Bank foi também investigado por práticas similares, e outros bancos foram também implicados. Ver Arno Schuetze, "Regulators Investigate Deutsche Bank in China 'Princeling' Probe", *Reuters*, 5 de junho de 2015, https://au.news.yahoo.com/thewest/business/world/a/28331871/us-agencies-probe-big-banks-on-china-nepotism/ (acesso em 9 de junho de 2015).

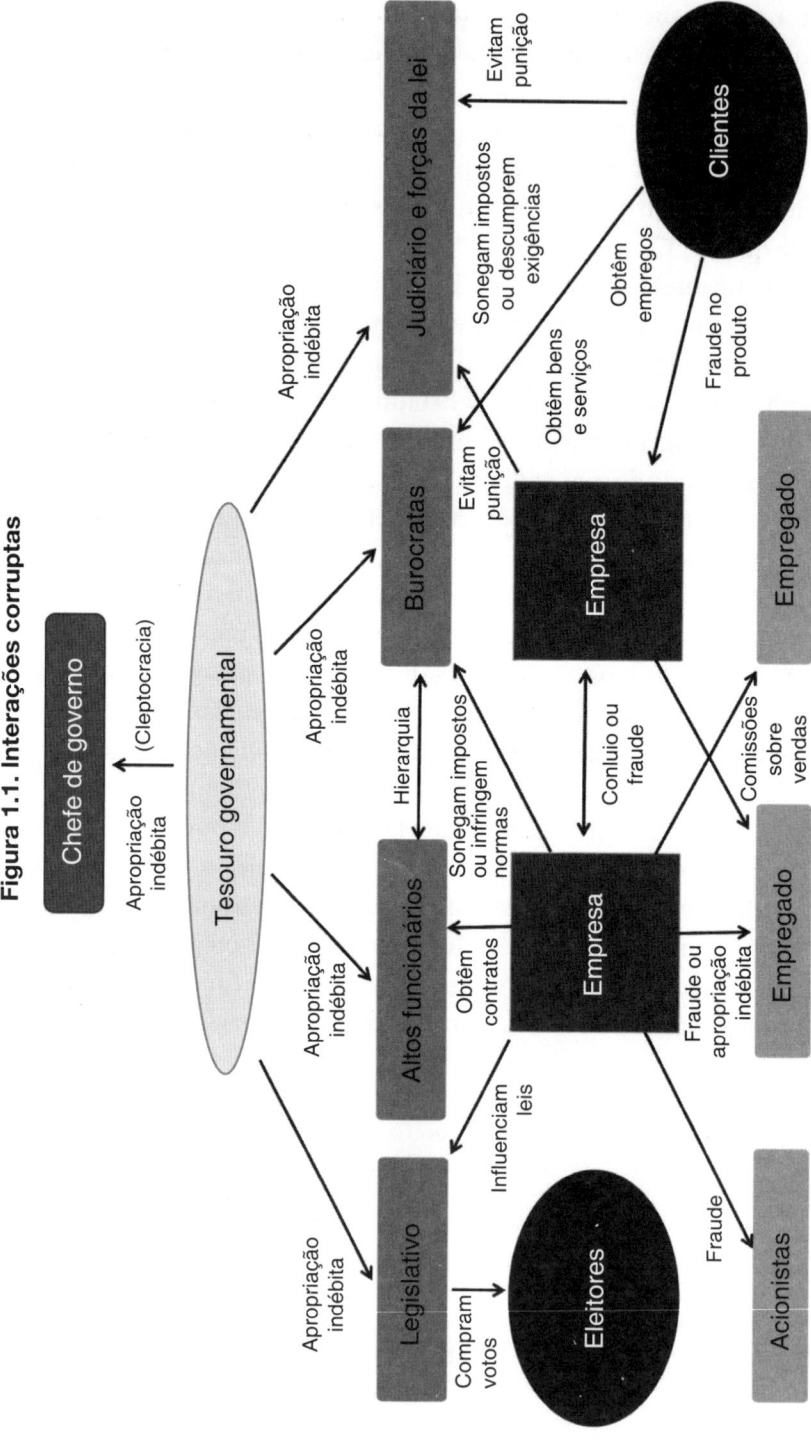

Figura 1.1. Interações corruptas

os burocratas, possivelmente dividindo com eles o produto do suborno. Por exemplo, na administração aduaneira, o administrador portuário pode receber suborno de um importador e instruir o agente alfandegário de um certo posto de fiscalização a permitir a passagem de uma certa carga sem inspeção (ou a inspecionar todas as cargas de um importador concorrente). Inversamente, a corrupção pode fluir de baixo para cima: os agentes alfandegários recebem as propinas e dividem parte dessas com o administrador do posto de fiscalização, a fim de evitar punição. Relacionamentos similares podem existir entre médicos e administradores de um hospital, ou entre professores e dirigentes de uma instituição de ensino.

Alguns indivíduos (e empresas) aceitam pagar suborno para escapar de punições legais. Se falhar a tentativa de suborno do funcionário encarregado de uma apreensão, o oficial de justiça ou o juiz pode ser mais acessível para tal negociação. Se tudo falhar, os guardas presidiários podem aceitar propinas para permitir que itens de interesse sejam contrabandeados para a prisão, ou para permitir visitas conjugais, ou mesmo facilitar fugas.

Nepotismo e suborno relacionados a emprego e entrevistas podem ocorrer tanto na área pública quanto no setor privado. A manobra pode prover um ganho para a pessoa empregada: um salário mais alto que o de mercado, segurança de emprego, ou excelentes benefícios colaterais, incluindo acesso a propinas. Conflitos de interesse podem ocorrer em todos os níveis governamentais: legisladores podem manter ações de companhias que se beneficiem de sua legislatura; funcionários de agências reguladoras (ou seus parentes) podem possuir empresas reguladas por eles; e oficiais de polícia podem frequentar negócios de propriedade de conhecidos criminosos. Esses conflitos podem fomentar a corrupção; mas, mesmo que tal não ocorra, podem distorcer as escolhas do público.

As empresas engajam-se em muitas formas de corrupção. Elas podem fornecer propinas ao chefe de estado a fim de ganhar preferência em projetos importantes; pagar aos legisladores para influenciar leis a seu favor; subornar funcionários e burocratas para obter vantagem em concorrências públicas ou para evitar taxas e exigências regulatórias; e pagar ao Judiciário e a agentes da lei para escapar de punições. Outros tipos de corrupção ocorrem exclusivamente na área privada; por exemplo, quando um representante de vendas oferece propina a um funcionário do setor de compras para que favoreça a escolha de produtos de sua empresa.

III. Métricas internacionais de corrupção: percepções e pesquisas

É possível combater a corrupção apenas se existe alguma forma viável de documentar o *status quo* e de mensurar mudanças.[22] A corrupção inclui uma ampla gama de diferentes atividades; e, como a maioria dos agentes corruptos procura esconder suas ações, é difícil encontrar formas objetivas de efetuar tais medições; porém, mesmo percepções podem ser valiosas. Se os observadores acreditam que a corrupção seja endêmica, essa crença pode influenciar decisões econômicas e indicar problemas fundamentais na legitimidade das instituições e práticas do estado. Cabe ao Estado o ônus da prova em demonstrar o contrário.

Não obstante, se as medidas efetuadas se restringem ao país em foco, ficam por isso mesmo limitadas. Uma vez que cidadãos e atores internacionais sejam alertados para o problema visto como um todo, uma mudança requer mais que apenas a percepção geral de que corrupção existe. Um alto grau de corrupção indica que algo está errado com as instituições e incentivos pertinentes ao estado, sinalizando a necessidade de uma reforma estrutural — não apenas a aplicação mais vigorosa da lei. A mensuração precisa descobrir como opera a corrupção em setores específicos, e como estimar em que medida ela causa prejuízos aos programas públicos. Essas medições, se adequadamente formuladas, podem ajudar na recomendação de reformas e no acompanhamento do progresso ao longo do tempo.

Nos capítulos que se seguem, focalizaremos estudos empíricos de setores específicos em países específicos. Acreditamos que essa pesquisa é a chave para a efetiva reforma em nível de país. No entanto, antes de considerar a corrupção em nível microscópico, este capítulo provê uma visão geral e uma avaliação comparativa entre países. Descrevemos a metodologia, apresentamos alguns dados e explicamos as medidas de nível de corrupção e suas limitações. Nosso objetivo é proporcionar ao leitor um entendimento rudimentar de cada métrica, a fim de permitir uma avaliação das inferências discutidas em estudos acadêmicos e na imprensa popular. Nesta seção, descrevemos o amplamente citado conceito de CPI (Índice de Percepção da Corrupção) da Transparência Internacional e o similar CCI (Indicador de Controle da Corrupção) do World Bank Institute. O apêndice a este capítulo fornece

---

[22] Atribui-se a Lord Kelvin a frase "O que não se pode medir não se pode melhorar". ("Lord Kelvin/On Measurement", Quotations, http://zapatopi.net/kelvin/quotes/#meas; acesso em 27 de setembro de 2015).

mais detalhes e cobre outras medidas que permitem comparar o nível de corrupção entre países.

A. Índice de Percepção da Corrupção (CPI) e Indicador de Controle da Corrupção (CCI)

A métrica mais popular de corrupção é a CPI da Transparência Internacional (TI), que tem sido publicada desde 1995 e que se encontra disponível no *website* da TI (www.transparency.org). O CPI é uma compilação de dados de outras fontes, que são computados de forma a produzir um número para cada país.[23] Atualmente, o CPI é medido em uma escala de 0 a 100, com o valor mais alto significando menos corrupção.[24] Alguns países — países nórdicos, Nova Zelândia e Singapura, em particular — têm consistentemente alcançado valores próximos ao máximo, enquanto outros não têm sido tão bem classificados, ano após ano. As pontuações no CPI tendem a se manter ao longo do tempo, com apenas alguns poucos países mostrando melhoria marcante ou deterioração. Essa persistência deve-se em parte à periodicidade dos dados utilizados — algumas fontes não estão disponíveis anualmente; portanto, o mesmo ano é usado para calcular várias edições do CPI — e em parte à natureza circular das pesquisas. Embora em algumas pesquisas os respondentes sejam instruídos a não considerar o CPI ao darem as respostas, é provável que as pontuações de CPIs anteriores para um país influenciem a percepção de corrupção dos respondentes. Adicionalmente, a corrupção tende

---

[23] Cada valor de origem é normalizado de modo a ter o mesmo significado e o mesmo desvio padrão; a seguir, uma média aritmética simples é calculada para cada país e o CPI é ajustado à escala de 0 a 100. A metodologia era algo diferente antes de 2012.

[24] Antes de 2012, o CPI era representado em uma escala de 0 a 10, onde 0 (zero) significava "altamente corrupto" e 10, "extremamente limpo". A TI é uma organização internacional que se empenha pelo controle da corrupção em todo o mundo. A TI coleta dados de diversas pesquisas que essencialmente reportam as percepções do mercado e de especialistas quanto à corrupção nos diferentes países. Algumas das fontes utilizadas cobrem também o ambiente geral de negócios — interrogando sobre nível de emperramento burocrático, qualidade das instituições judiciárias etc. Os respondentes qualificam os países em uma escala de excelente a ruim. Ver Transparência Internacional, "Corruption Perceptions Index 2012: Technical Methodology Note", http://www.transparency.org/files/content/pressrelease/2012_CPITechnicalMethodologyNote_EMBARGO_EN.pdf (acesso em 27 de setembro de 2015). Para uma avaliação da nova metodologia e comparação com a metodologia anterior, ver Saisana e Saltelli (2012), disponível em http://files.transparency.org/content/download/534/2217/file/JRC_Statistical_Assessment_CPI2012_FINAL.pdf (acesso em 28 de junho de 2014).

a persistir porque os participantes esperam que assim seja. As expectativas são frequentemente baseadas na experiência anterior; portanto, se um dado serviço público exigiu suborno no passado, aqueles que procuram o serviço tendem a esperar que essa prática continue. Conforme explanado no capítulo 7, a cultura desempenha um papel relevante na persistência dessas expectativas.

O outro índice principal de comparação entre países é o CCI, do Banco Mundial. O CCI é também uma compilação, que inclui predominantemente as mesmas fontes e países que o CPI (Kaufmann, Kraay e Mastruzzi, 2010).[25] A metodologia para construir o CCI é um tanto diferente, mas os dois índices estão fortemente correlacionados,[26] e as pontuações de um geralmente caem na margem de erro do outro. O CCI é enunciado como uma distribuição normal, com média aritmética zero e desvio padrão igual a 1. Essa forma tem a vantagem de não impor pontos de corte arbitrários no topo e na base da escala, mas a cada ano está centrada em zero. Assim, ela não pode medir tendências globais;[27] pode apenas mostrar como os países se posicionam relativamente a cada um dos demais.

A figura 1.2 mostra, lado a lado, os resultados do CPI e do CCI para 2013.[28] Os países menos corruptos, de acordo com o CPI, eram Dinamarca (92), Nova Zelândia (91), Finlândia (89) e Suécia, Suíça e Noruega (empatadas em 86); os mais corruptos eram Somália e Coreia do Norte (empatadas em 8), Sudão (11), Afeganistão (12) e Sudão do Sul (15). Pelo CCI, os menos corruptos eram Dinamarca (2,41), Nova Zelândia (2,35), Suíça e Noruega (empatadas em 2,29) e Finlândia (2,19); os mais corruptos eram Guiné Equatorial (-1,61), Somália (-1,58), Líbia (-1,52), Sudão (-1,49) e Afeganistão (-1,43).[29] Para fins ilustrativos, destacamos seis países: Estados Unidos, Rússia, México, China,

---

[25] O CCI e as informações a ele relacionadas estão disponíveis no *site* do World Bank's Worldwide Governance: http://info.worldbank.org/governance/wgi/index.aspx#doc-sources (acesso em 27 de setembro de 2015).

[26] Para os dados coletados em 2013, a correlação entre os dois índices foi de 0,987. Essa correlação é idêntica àquela entre CPI e CCI no ano anterior.

[27] Claramente, a nova metodologia do CPI permite comparações ao longo do tempo, ao contrário dos dados do CPI anteriores a 2012.

[28] Notar que a TI usa como referência o ano em que os dados são publicados (2014), enquanto o World Bank Institute usa o ano em que os dados foram coletados (2013), associando um ano ao dado. Nosso gráfico refere-se a 2013, mas os dados mostrados para a TI são os publicados no índice para 2014.

[29] Notar que quatro entre cinco países em pior posição em ambos os índices são países pós-conflito; ver capítulo 10.

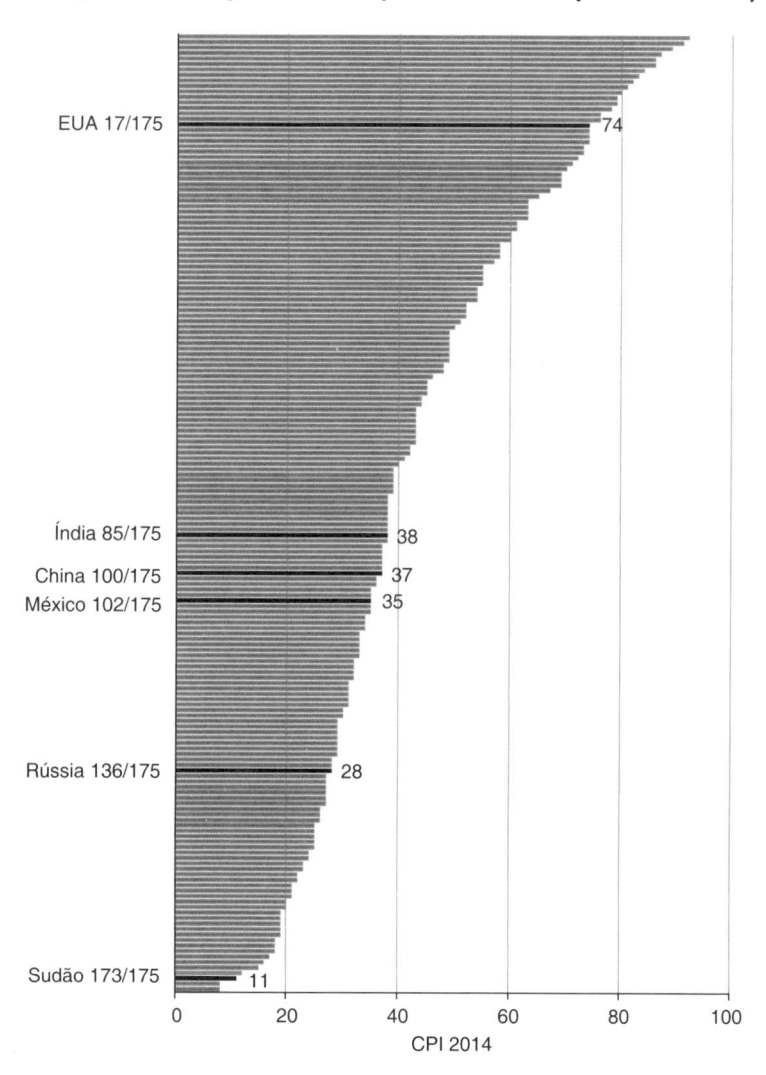

Figura 1.2. Índices de corrupção para 2013: CPI (*Corruption Perceptions Index*) versus CCI (*Control of Corruption Indicator*)

[Gráfico de barras horizontais mostrando CPI 2014 para 175 países:
- EUA 17/175: 74
- Índia 85/175: 38
- China 100/175: 37
- México 102/175: 35
- Rússia 136/175: 28
- Sudão 173/175: 11]

Índia e Sudão. Notar que em cada gráfico os Estados Unidos são o de melhor classificação entre os seis países, e o Sudão é o pior entre eles. Rússia, Índia, México e China situam-se na metade inferior de cada gráfico; mas, enquanto a Índia é melhor que China e México no CPI, a Índia fica pior que esses dois países no CCI.

Os dados acima provêm de pesquisas ou questionários, aplicados a residentes, líderes de negócios (CEOs) ou "especialistas no país", às vezes com-

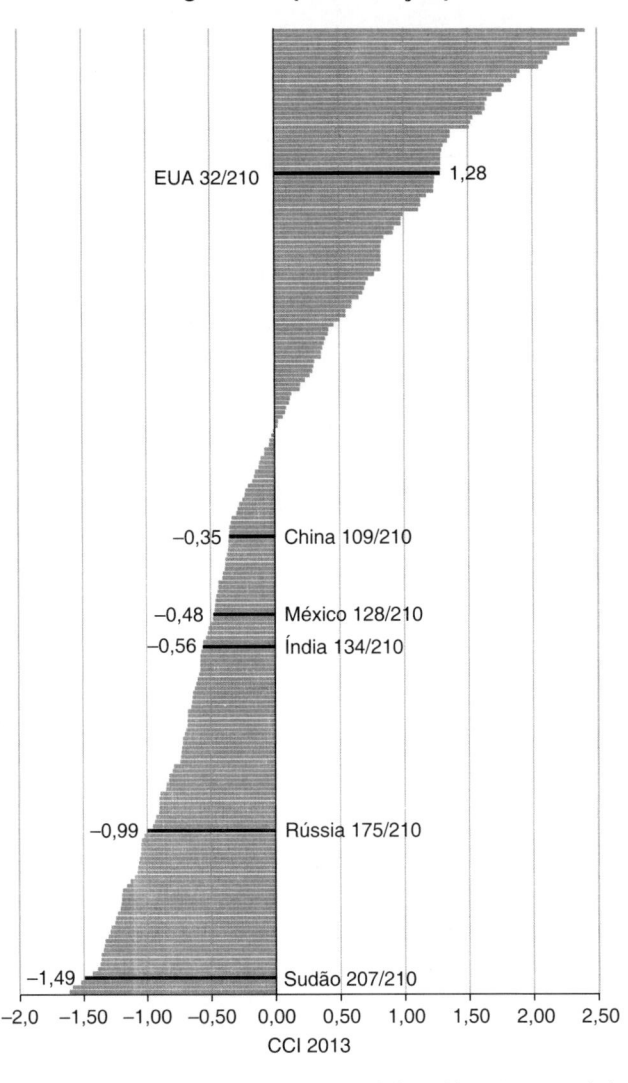

Figura 1.2. (continuação)

Gráfico de barras horizontais com valores:
- EUA 32/210: 1,28
- China 109/210: −0,35
- México 128/210: −0,48
- Índia 134/210: −0,56
- Rússia 175/210: −0,99
- Sudão 207/210: −1,49

Eixo x: CCI 2013 (−2,0 a 2,50)

Nota: O CPI é fornecido pela TI como sendo de 2014, mas os dados subjacentes na verdade datam de 2013. Dados da TI usados sob permissão.
Fontes: Baseados em dados da Transparência Internacional, *Corruption Perceptions Index 2014* e do Banco Mundial, *World Governance Indicators 2013*.

plementados por "estatísticas rígidas" provenientes de fontes oficiais. O CCI usa um conceito mais amplo de corrupção, contemplando instituições que trabalham com vitimização ou anticorrupção, tais como integridade eleitoral e liberdade de imprensa, enquanto o CPI tem enfoque mais preciso em conceitos de corrupção associados a suborno, apropriação indébita e influência política. A soma desses fatores é a causa provável da queda da Índia na classificação, ao se passar do CPI para o CCI. (Ver o apêndice a este capítulo para mais detalhes quanto às fontes.)

O CPI cumpriu a importante função de ajudar a pôr o controle da corrupção na agenda das organizações internacionais e dos reformadores domésticos nos anos 1990. Por meio da difusão pela imprensa convencional, o CPI levantou o nível de consciência dos cidadãos ao redor do mundo, que em muitos países vinham demandando melhor prestação de contas e maior transparência. Os índices têm sido extensivamente usados pelos pesquisadores para identificar as causas da corrupção, ou, inversamente, para determinar o efeito da corrupção sobre variáveis de interesse, tais como as taxas de crescimento do Produto Interno Bruto.

Antes de discutir alguns desses resultados, entretanto, é importante observar as limitações dos índices compostos (Andersson e Heywood, 2008). Em primeiro lugar, não fica exatamente claro o que está sendo medido. Muitas fontes de dados estão incluídas em cada índice, mas nem todos os países considerados têm os dados disponíveis de cada fonte.[30] Assim, o indicador de "corrupção" pode ser mais indicativo de grande corrupção em alguns países e de pequena corrupção em outros; ele pode sugerir um maior risco de instabilidade política resultante da corrupção em alguns países, e uma maior probabilidade de que sejam exigidas propinas dos negócios em outros. Como indicadores macroscópicos, eles não dizem nada acerca de detalhes de como opera a corrupção. Assim como o Produto Interno Bruto (PIB) *per capita* mascara a distribuição de renda por região, setor da economia e classe social, o CPI e o CCI não fazem distinção entre corrupção na polícia ou na fiscalização aduaneira e a corrupção na política; nem diferenciam entre a corrupção que representa apenas a transferência de fundos e a corrupção que, além disso, distorce a destinação de recursos. Similarmente, esses índices não medem diretamente o volume de propinas, a incidência de corrupção ou seu impacto.

Em segundo lugar, a maior parte das fontes por detrás das medidas de corrupção são subjetivas e podem ser influenciadas por escândalos de grande visibilidade, que não refletem as condições subjacentes.[31] Como resultado, uma

---

[30] Para serem incluídas no CPI, três fontes devem estar disponíveis; para inclusão no CCI, uma fonte.
[31] Olken e Pande (2012:482) citam o exemplo da Indonésia, onde o CPI caiu (indicando maior corrupção) após a deposição de Suharto. Eles especulam que essa queda pode ter sido resultante

pontuação pior pode refletir maior liberdade de imprensa, ao invés, necessariamente, de níveis "reais" mais elevados de corrupção. Adicionalmente, a metodologia usada para gerar algumas das partes componentes é proprietária e não transparente. (Ver discussão sobre "pesquisas especializadas" no apêndice.)

Em terceiro lugar, a pontuação de um país não é expressa em unidades cardinais, como dólares. Em vez disso, trata-se de um número construído, desprovido de unidade, que tenta capturar a posição de um país em um intervalo contínuo, representativo de um elevado a um baixo nível de corrupção. Contudo, no trabalho empírico, o CPI é frequentemente utilizado como se fosse um número cardinal, de forma que a diferença de um ponto seja assumida como indiferente, sem ser importante em que posição da distribuição essa diferença recai. Assim, deve-se dar pouca importância aos valores dos coeficientes; o que vale é a direção e a significância das correlações.

Finalmente, alguns criticam o índice por ser culturalmente tendencioso, por exemplo por não reconhecer que algumas transações vistas como corruptas em prósperas economias de mercado sejam aceitáveis em outros países, e vice-versa. Isso pode, de fato, ser verdadeiro, como discutimos no capítulo 7, mas algumas ações são universalmente consideradas corruptas. Mesmo países que toleram pagamentos de propinas de várias espécies não toleram pagamentos substanciais de suborno a líderes políticos, relacionados a contratos ou concessões substanciais. As únicas exceções são os estados que constituem feudos pessoais do governante e sua família. Claro, os índices não são uma medida geral do impacto da riqueza privada sobre o poder público. Um índice que tentasse capturar esses inter-relacionamentos, muitos dos quais são perfeitamente legais em países desenvolvidos, produziria uma diferente classificação (conferir Sandoval-Ballesteros, 2013).

Dada a amplitude de comportamentos coberta pelo conceito de corrupção, não está claro o que significa para um país ter uma baixa pontuação no índice de corrupção.[32] Significa que os subornos constituem uma larga

---

de uma imprensa mais livre, mais apta a reportar escândalos. Sem dúvida, outra explicação seria que a população estaria mais atenta à corrupção, uma vez que a natureza desta passou de suborno centralizado para suborno competitivo (capítulo 8).

[32] Ver Méndez e Sepúlveda (2009) sobre um modelo que demonstra as diferenças analíticas entre definições contrastantes. Eles consideram três: (1) o número de negócios corruptos; (2) a relação entre o número de negócios corruptos e o total de negócios; (3) o volume total de propinas coletadas pelos funcionários corruptos. Eles mostram como a avaliação da extensão da corrupção pode variar, dependendo de qual métrica seja usada no contexto de sua modelagem formal.

fatia do valor dos contratos e dos serviços governamentais? Significa que a proporção de negócios influenciados por suborno seja elevada? Significa que o autofavorecimento em todas as suas formas cause tamanho impacto que implique especial distorção da vida econômica e política? Quão importantes são os pagamentos diretos comparados com tipos mais sutis de influência, tais como o cronismo e a prática de *lobby*? Os índices comparativos entre países dizem-nos algo sobre disfunções nos relacionamentos em uma sociedade ou estado, mas pouco sobre detalhes. Estudos empíricos que revelam os mecanismos operantes normalmente focalizam países ou setores individuais. Não podem ser facilmente generalizados. O nível de suborno não é uma variável crítica em nenhum caso. Deseja-se saber não apenas quanto foi pago, mas também o que foi comprado com esses pagamentos. Para isso são necessárias análises país a país e setor a setor. Este livro constitui uma tentativa de formular uma agenda para esses esforços e extrair lições dos trabalhos que já existem. Apenas se considerarmos a estrutura fina de sistemas políticos e econômicos poderemos ir de uma demonstração de que a corrupção é danosa a um entendimento de como ela opera em diferentes contextos.[33] Dado esse conhecimento, programas de reformas podem atacar a corrupção onde ela causa os piores efeitos e onde os ganhos marginais sejam altos em relação aos custos marginais. Baseamo-nos em trabalhos existentes em determinados países para ilustrar nossos argumentos sobre as causas e consequências da corrupção e para a recomendação de reformas. Entretanto, não é suficiente o conjunto existente de casos. É preciso um conhecimento mais sistemático de como a corrupção e os negócios em causa própria afetam a operação de programas governamentais e dos mercados privados.

Em resumo, as pontuações expressas nos índices não são, por si mesmas, ferramentas para políticas. As conexões entre reformas políticas e os indicadores numéricos são complexas e obscuras. Nenhum governo deve ter como meta uma melhoria de X pontos em sua pontuação no CPI. Reformas requerem medidas mais focadas, que apontem para as políticas almejadas. Em resposta a essa necessidade, muitos instrumentos em nível de país e de setor têm sido desenvolvidos desde a segunda metade dos anos 1990. Eles incluem

---

[33] Como exemplo da espécie de compreensão detalhada necessária a proposições concretas em casos particulares, considerar o relatório Tendler (1979) ao Banco Mundial sobre propinas em programas de trabalho rural em Bangladesh. O documento é uma admirável análise do impacto das propinas em diferentes aspectos de um projeto de desenvolvimento e uma discussão sobre as condições sob as quais moradores locais podem ser usados como monitores da honestidade dos outros.

pesquisas mais focadas, orientadas a empresas e a indivíduos (que permitam a identificação de características associadas ao comportamento corrupto), experimentos em laboratórios comportamentais e em campo, e auditorias. Esses dados têm possibilitado maior visão quanto às causas e consequências da corrupção e dado forma a políticas anticorrupção por meios que os simples índices em nível dos países não viabilizam. Não obstante, o trabalho comparativo entre países, se interpretado com alguma cautela, pode ajudar a preparar o caminho para um trabalho setorial mais focado, conforme discutimos nos capítulos subsequentes, e constitui elemento-chave para o estabelecimento de prioridades para as reformas.

B. O Barômetro Global da Corrupção

Pesquisas amplas de opinião, junto ao grande público, representam uma resposta ao criticismo de índices compostos e de pesquisas orientadas às elites. As empresas do setor conduzem amplas pesquisas por meio de entrevistas presenciais, por telefone, ou por questionários via internet. As questões podem endereçar percepções de corrupção ou experiências concretas. Por exemplo, o Barômetro Global da Corrupção (em inglês, GBC, para Global Corruption Barometer), publicado pela TI, formula para os respondentes — pessoas comuns — ambos os tipos de perguntas. "Até que ponto você pensa que a corrupção seja um problema na área pública deste país?" é uma pergunta relacionada à percepção. As respostas são codificadas de 1 ("nenhum problema") a 5 ("problema muito sério"). Essa mesma pergunta é feita sobre aspectos específicos da prestação de serviços: pelo setor público, pela mídia, por ONGs e por empresas.[34] Surpreendentemente, a vasta maioria dos países

---

[34] Antes de passar para comparações entre países usando o GCB, é importante notar as limitações dos dados. Em primeiro lugar, as questões captam apenas experiências de pequena corrupção, não da grande corrupção envolvida em funcionários de alto nível. Em segundo lugar, as diferenças nas percentagens de suborno podem-se dever em parte a diferenças culturais na disposição dos respondentes para relatar comportamento ilícito. A corrupção é mais abertamente discutida em algumas sociedades que em outras. Pode haver também diferenças culturais no que seja considerado uma transação corrupta. Um suborno em um país pode ser visto como um presente em outro. Essas dificuldades são discutidas nos capítulos 7 e 8. Em terceiro lugar, instituições governamentais podem variar significativamente entre países, e "inscrição e serviços de autorização" podem representar algo bem diferente na Turquia e na Irlanda, ou na Venezuela e na Malásia. Qualquer comparação entre países supõe que as definições sobre os setores permanecem relativamente constantes ao redor do mundo.

obtêm uma pontuação entre 3,5 e 5. Na verdade, o país menos corrupto por essa medida é Ruanda, com nota igual a 2, seguido pela Dinamarca (2,2), Sudão (2,6), Suíça (2,7) e Finlândia (2,9); os mais corruptos são Mongólia e Libéria (empatadas em 4,8), Zimbábue, Sérvia, Rússia, Paraguai, Nigéria, México e Indonésia (empatados em 4,7). Somente 107 países estão representados, contudo, ficando excluídos muitos países pequenos e muitos dos que são considerados entre os mais corruptos em outros índices.

Resultados globais por subsetor (baseados em 114 mil respostas em 107 países em 2013) são apresentados na figura 1.3.[35] Por instituição, em nível global, os partidos políticos são percebidos como a instituição mais corrupta, enquanto as ONGs são percebidas como as menos corruptas. O que é especialmente preocupante nesses dados é que as instituições percebidas como mais corruptas — partidos políticos, a polícia, funcionários públicos e servidores civis, Parlamento ou Poder Legislativo, e o Judiciário — são precisamente as instituições que têm a responsabilidade de criar e tornar efetivas as leis.

A pesquisa também tabula experiências, ao inquirir sobre o uso pelos respondentes de vários serviços no ano anterior, e nos casos em que o serviço tenha sido usado, se pagaram algum suborno. O número de subornos dividido pelo número de usuários (multiplicado por 100) fornece um índice de incidência de suborno.[36] Os resultados globais obtidos com base nessa questão são apresentados na figura 1.4. Resultados em nível de país são apresentados no apêndice.

---

[35] Resultados globais fundamentam-se na amostragem unificada: cada resposta é um voto. Para a maioria dos países, a amostra é de aproximadamente mil unidades. Países com um número significativamente menor de respondentes são: Chipre (570), Luxemburgo (502), Ilhas Salomão (509) e Vanuatu (505); aqueles com maior número de respondentes são: Afeganistão (2.040), Austrália (1.200), Bangladesh (1.822), Bósnia e Herzegovina (2.000), Brasil (2.002), Gana (2.207), Japão (1.200), Coreia (1.500), Moldávia (1.211), Paquistão (2.451), Peru (1.211), Romênia (1.143) e Ucrânia (1.200). A China não está representada. Ver http://issuu.com/transparencyinternational/docs/2013_globalcorruptionbarometer_en?e=2496456/3903358#search (acesso em 11 de junho de 2014).

[36] O índice de incidência da corrupção reportado pelo GCB mede a incidência na base de usuários: a porcentagem de *usuários* que pagaram suborno, independentemente do número de vezes que se valeram do recurso. Algumas pesquisas — por exemplo, a *Encuesta Nacional de Corrupción y Buen Gobierno*, produzida pela Transparência Mexicana — reportam a incidência por uso, ou seja, baseia-se no número de vezes que o serviço requereu um suborno, dividido pelo número de vezes que o serviço foi usado. A distinção entre os dois é mais que semântica, havendo vantagens e desvantagens em cada um.

Figura 1.3. Resultados específicos por subsetor no *Global Corruption Barometer* de 2013

Instituição	%
ONGs	28
Entidades religiosas	29
Militares	34
Mídia	39
Sistema educacional	41
Medicina e saúde	45
Setor privado	45
Poder Judiciário	56
Funcionários públicos	57
Poder Legislativo	57
Polícia	60
Partidos políticos	65

Percentual de respondentes que acreditam que cada instituição seja "corrupta" ou "muito corrupta"

Fonte: Transparência Internacional, *Global Corruption Barometer 2013*. Os resultados baseiam-se em 114 mil respondentes em 107 países em 2013. Dados da TI usados sob permissão.

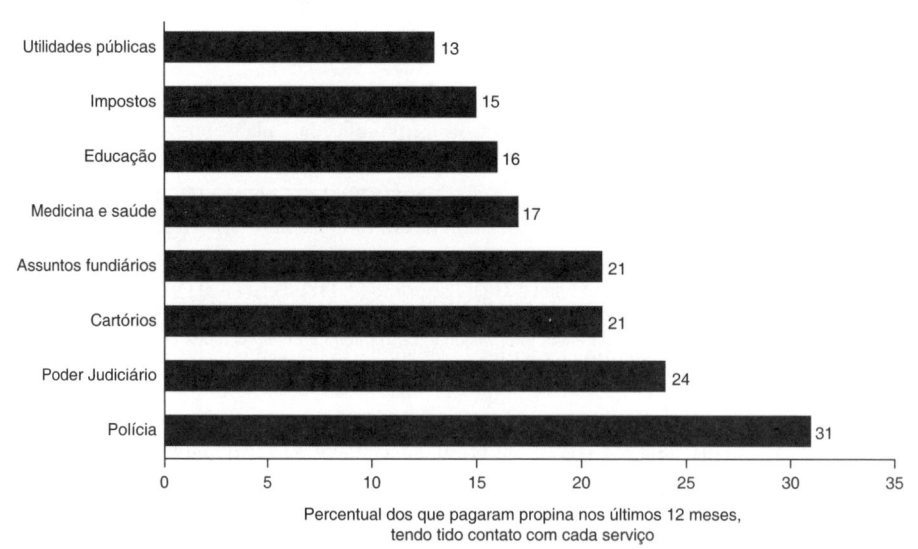

Figura 1.4. *Global Corruption Barometer 2013*: incidência de suborno em subsetores

Subsetor	%
Utilidades públicas	13
Impostos	15
Educação	16
Medicina e saúde	17
Assuntos fundiários	21
Cartórios	21
Poder Judiciário	24
Polícia	31

Percentual dos que pagaram propina nos últimos 12 meses, tendo tido contato com cada serviço

Fonte: Baseado em dados da Transparência Internacional, *Global Corruption Barometer 2013 Report*, página 11. Os resultados baseiam-se em 114 mil respondentes em 107 países. Dados da TI usados sob permissão.

C. Percepções versus incidência

Dados os resultados das pesquisas em nível popular, pode-se perguntar se as pesquisas em nível das elites estão "fora da realidade". A figura 1.5 mostra o gráfico para a questão do GCB sobre o nível do problema de corrupção (5 = problema muito sério), contra o CPI (100 = extremamente limpo).[37] A correlação negativa que se poderia esperar está presente, mas muito fraca. A maioria dos países têm pontuação entre 4 e 5 na escala GCB, enquanto ocorre uma variância bem maior nos dados da CPI. Em outras palavras, a maior parte dos residentes acreditam que a corrupção seja um problema sério ou muito sério, enquanto aqueles com alguma experiência internacional percebem grande variabilidade ao redor do mundo.

Figura 1.5. Opinião do público (GCB) *versus* opinião de especialistas (CPI)

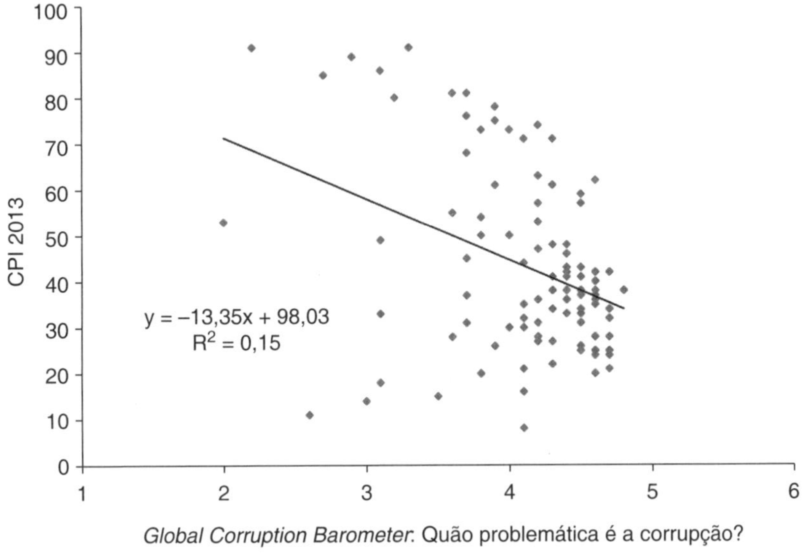

$y = -13{,}35x + 98{,}03$
$R^2 = 0{,}15$

Global Corruption Barometer. Quão problemática é a corrupção?

Nota: A estatística t (de Student) para o coeficiente é -4,16; o valor p é 0,000. Dados da TI usados sob permissão.
Fonte: Baseado em dados da Transparência Internacional, *Corruption Perceptions Index 2013* e Transparência Internacional, *Global Corruption Barometer 2013*.

A figura 1.6 mostra a incidência de corrupção reportada em pesquisas junto ao grande público, conforme o GCB (isto é, o percentual de usuários de um serviço público que relatam terem pagado algum suborno por esse

---

[37] Utilizamos o CPI de 2013, de forma que ambos os conjuntos de dados reflitam o mesmo ano.

serviço), contra a opinião de especialistas (CPI). Aqui a relação negativa é bem mais forte. A diferença entre os dois gráficos destaca a subjetividade da questão da percepção, que é tornada mais clara na figura 1.7, ao comparar a percepção dos residentes com suas experiências, ambos provenientes do GCB. É bastante fraca a relação entre a experiência direta da população com a corrupção e suas percepções de corrupção. Mesmo nos países com baixo índice de corrupção (eixo dos x), os residentes tendem a perceber que a corrupção é problema sério (eixo dos y). Como pode ser isso? Existem pelo menos quatro possibilidades (Mocan, 2008; Morris, 2008).

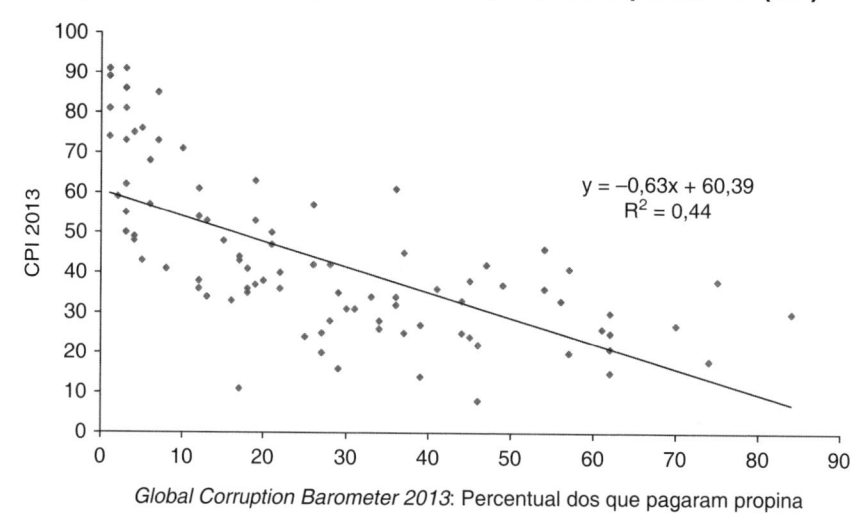

Figura 1.6. Incidência (GCB) *versus* opinião de especialistas (CPI)

$y = -0,63x + 60,39$
$R^2 = 0,44$

Eixo y: CPI 2013
Eixo x: Global Corruption Barometer 2013: Percentual dos que pagaram propina

Nota: A estatística t (de Student) para o coeficiente é -8,41; o valor p é 0,000. Dados da TI usados sob permissão.
Fonte: Baseado em dados da Transparência Internacional, *Corruption Perceptions Index 2013* e Transparência Internacional, *Global Corruption Barometer 2013*.

1. Percepções refletem a diferença entre grande e pequena corrupção: embora as pessoas possam não ter tido de pagar suborno por serviços públicos, elas podem estar cientes de um alto nível de corrupção, o que as leva a expressar que a corrupção seja um problema sério.
2. Percepções levam em conta mais informação. A maioria das pesquisas pergunta se o respondente ou alguém de sua família pagou propina nos últimos 12 meses. Mesmo que isso não tenha ocorrido, o respondente pode conhecer alguém que tenha pago propina e esse conhecimento leva a uma maior percepção da corrupção. Percepções são também

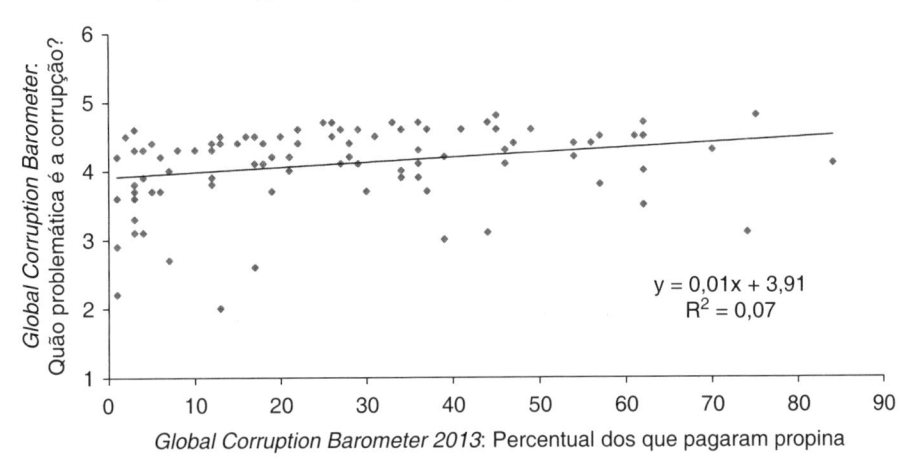

Figura 1.7. Incidência (pagou propina) *versus* **percepção do público (quão importante é o problema da corrupção?)**

Global Corruption Barometer: Quão problemática é a corrupção?

$y = 0,01x + 3,91$
$R^2 = 0,07$

Global Corruption Barometer 2013: Percentual dos que pagaram propina

Nota: A estatística t (de Student) para o coeficiente é 2,58; o valor p é 0,0114. Dados da TI usados sob permissão.
Fonte: Baseado em dados da Transparência Internacional, *Global Corruption Barometer 2013*, http://www.transparency.org/gcb2013/in_detail

ampliadas por escândalos na mídia. Isso leva ao "paradoxo da distância". As pessoas percebem em geral que o governo seja corrupto, mas elas têm uma opinião mais positiva dos programas governamentais que as beneficiam diretamente, assim como dos burocratas com quem interagem (Frederickson e Frederickson, 1995).

3. Percepções mudam mais lentamente que incidências. Se se empreende uma campanha anticorrupção, o impacto deve-se refletir mais rapidamente na incidência de suborno; porém, por razões psicológicas, as pessoas ainda se atêm às percepções anteriormente formadas. Talvez não tenham usado serviços submetidos a reformas desde que começou a campanha anticorrupção. Além disso, por razões estatísticas, CPI e CCI mudam lentamente: a coleta de algumas fontes pode demorar mais que um ano, e por isso dados de um ano anterior podem ser usados ao se calcularem os respectivos índices. Em resultado, não é surpresa que a média mude apenas lentamente, já que alguns dos dados-fonte são mantidos constantes por dois ou três anos.

4. Alguns respondentes interpretam a pergunta referente à percepção como significando "Em que medida um problema é corrupção *quando ele ocorre*?".

Por todos esses motivos, é importante considerar o que representa cada medida de corrupção. O melhor índice a usar depende das questões a que se procura responder. Percepção e incidência são medidas distintas, e é importante notar de quem são as opiniões ou experiências que estejam sob consideração. Seria inapropriado, por exemplo, usar a incidência de suborno do GCB em uma discussão sobre a grande corrupção. Do mesmo modo, não se pode inferir do CPI quanto de suborno pagam os cidadãos comuns ou empresas a cada ano.

IV. Custos e causas da corrupção: visão geral dos resultados empíricos

Tendo criticado os dados comparativos entre países, retrocedemos um instante e perguntamos se esses dados podem, apesar de tudo, nos ensinar alguma coisa. Os índices parecem capturar os aspectos inerentes à relação entre o estado, de um lado, e os cidadãos e as empresas privadas, de outro.[38] Apesar de alguns casos individuais anômalos, os padrões gerais mostram que alguns países se mantêm persistentemente bem-sucedidos em termos de boa governança e progresso econômico e social, e que outros são persistentemente atrasados. No meio, encontra-se grande número de casos ambíguos, nos quais a correlação é menos poderosa, mas a patologia da corrupção é sentida em setores e aspectos específicos do desempenho governamental. Os índices não indicam explicitamente que políticas podem ser efetivas, mas eles destacam problemas — tanto onde é alta a incidência de suborno (por exemplo, na polícia) quanto onde a percepção é alta, qualquer que seja a realidade (por exemplo, partidos políticos, muitos países extremamente pobres).

Muitos estudos empíricos realizados nos últimos 20 anos tentam determinar causas e consequências da corrupção. Inicialmente, a maioria dos estudos faziam análise comparativa entre países, mas um número cada vez maior de microanálises tem usado dados de corrupção mais específicos. A figura 1.8 fornece uma visão geral das mais robustas descobertas desses estudos, muitas das quais citamos nos capítulos subsequentes. Existe um conjunto de causas principais que geralmente interagem umas com as outras. Nesse diagrama, dividimos as causas em "incentivos" e instituições", mas a ética pessoal desempenha também, é claro, um papel. A corrupção ocorre na interseção de

---

[38] Esta seção utiliza algum material de Rose-Ackerman e Truex (2013).

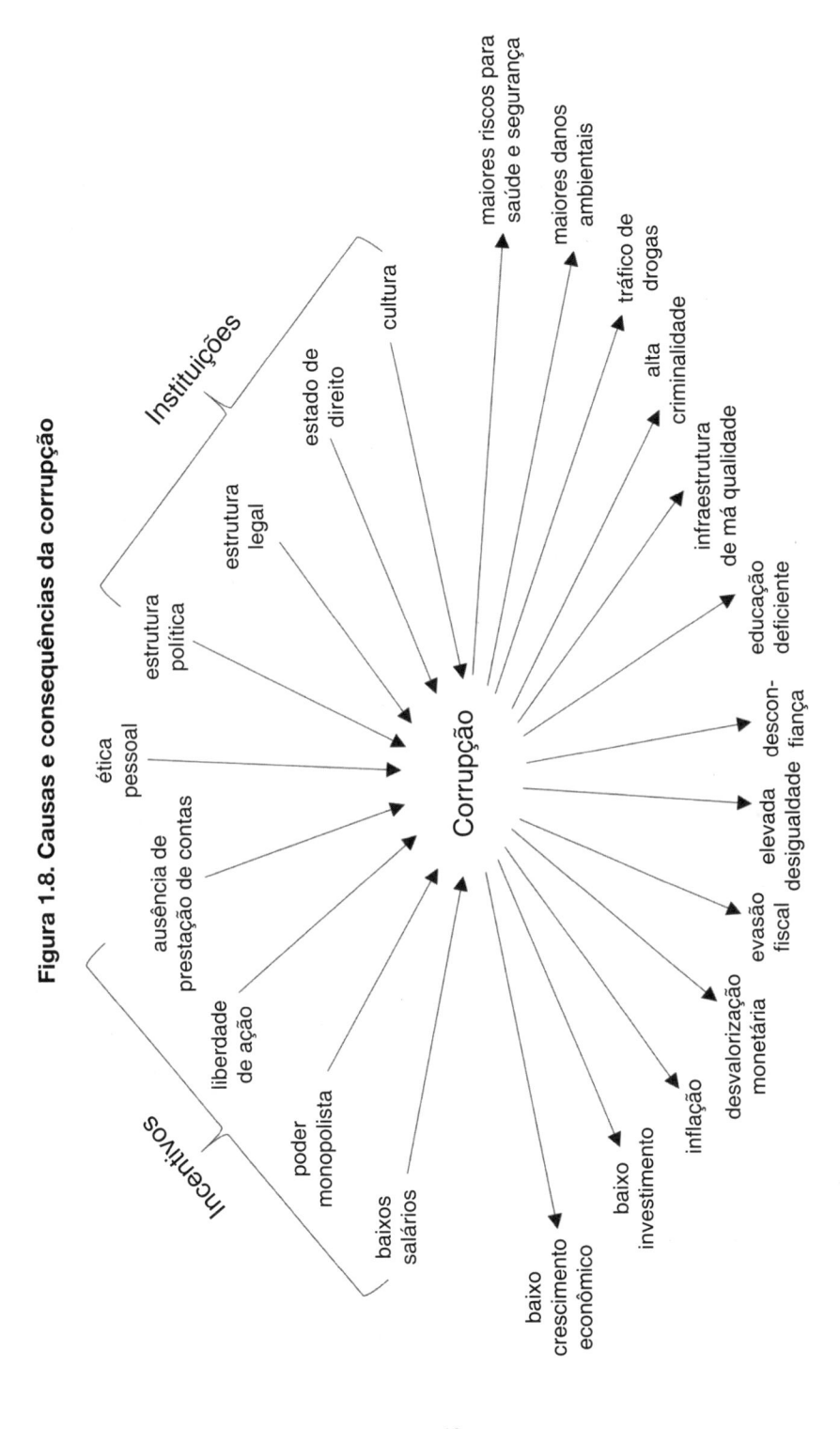

Figura 1.8. Causas e consequências da corrupção

Instituições: cultura, estado de direito, estrutura legal, estrutura política

Incentivos: ética pessoal, ausência de prestação de contas, liberdade de ação, poder monopolista, baixos salários

Corrupção

Consequências: maiores riscos para saúde e segurança, maiores danos ambientais, tráfico de drogas, alta criminalidade, infraestrutura de má qualidade, educação deficiente, elevada desigualdade, desconfiança, evasão fiscal, desvalorização monetária, inflação, baixo investimento, baixo crescimento econômico incentivos relacionados a situações específicas, instituições significativas na sociedade e ética pessoal. Deve ficar claro que as consequências da corrupção têm alto custo para muitos indivíduos e empresas, assim como afeta a estabilidade do governo e a efetividade dos gastos governamentais. Em muitos casos, a flecha pode, de fato, ocorrer em ambos os sentidos. Por exemplo, o fraco poder da lei contribui para a corrupção, mas a corrupção também enfraquece o poder da lei. A corrupção viabiliza o tráfico de drogas, de armas, de pessoas e o contrabando em geral, mas os traficantes também, ativamente, procuram corromper as autoridades. Por simplicidade, usamos apenas flechas de sentido único, mas o leitor deve estar ciente de que os relacionamentos entre essas variáveis são muito mais complexos.

Os dados entre países indicam as conexões entre a qualidade das instituições governamentais e outras variáveis de interesse. Apesar das limitações desses dados, eles proveem um útil ponto de partida.[39] A figura 1.9 ilustra a simples relação entre o Índice de Desenvolvimento Humano (IDH) das Nações Unidas — um índice que trata de educação e saúde, bem como do Produto Interno Bruto (PIB) *per capita*[40] — e os níveis de percebidos de corrupção em 2012, conforme medido pela TI por meio do CPI. Essa correlação é uma das mais robustas que têm emergido das pesquisas sobre corrupção (Johnston, 2005; Akçay, 2006; Reiter e Steensma, 2010; Askari, Rehman e Arfaa, 2012). Países com níveis mais altos de corrupção têm níveis mais baixos de desenvolvimento humano. Similarmente, como regra, países mais ricos e aqueles com maiores taxas de crescimento têm reportado menos corrupção e governos mais funcionais (Kaufmann, 2003).

Esforços para explorar os mecanismos em funcionamento sugerem que a corrupção reduz a efetividade da política industrial, tornando mais caro ter-se um negócio, e assim encorajando que as empresas operem no setor informal, violando leis tributárias e regulatórias.[41] Na medida em que mais indivíduos

---

[39] Não tentamos rever todos os estudos comparativos entre países, produzidos desde o de Mauro (1995). Para estudos precursores, ver Bardhan (1997) e Jain (2001). Ver também Rose-Ackerman e Truex (2013).

[40] Para mais informações sobre o *Human Development Index*, ver o *site* do Programa de Desenvolvimento das Nações Unidas em http://hdr.undp.org/en/content/human-development-index-hdi (acesso em 27 de setembro de 2015).

[41] Mauro (1995, 1997) demonstra que altos níveis de corrupção estão associados a níveis mais baixos de investimento como percentual do PIB. Os índices de corrupção estão também fortemente relacionados com outras medidas de eficiência burocrática, tais como o nível de emperramento

e empresas evitam tributos, o governo encontra a necessidade de elevar os impostos ou de incorrer em déficit fiscal, provocando inflação[42] (Al-Marhubi, 2000; Blackburn e Powell, 2011) e depreciação da moeda nacional (Bahmani--Oskooee e Nasir, 2002); e, se se estabelecem taxas de câmbio fixas, incorre-se em estímulo ao mercado negro (Bahmani-Oskooee e Goswami, 2005). Esse contexto afeta negativamente o clima para negócios e investimento, sendo, portanto, um alto grau de corrupção um fator de desencorajamento para o investimento estrangeiro em infraestrutura (Wei, 2000; Habib e Zurawicki, 2002; Egger e Winner, 2006), assim como a diferença de níveis de corrupção entre o país destinatário e o país de origem dos investimentos (Habib e Zurawicki, 2002). Países corruptos tendem a apresentar mais dificuldades burocráticas, as quais podem ter sido intencionalmente criadas por burocratas em busca de receita.[43] As economias asiáticas não são exceções — aqueles países com altos níveis de corrupção poderiam ter atraído mais investimento estrangeiro em infraestrutura se houvesse menos corrupção, e suas políticas industriais

---

burocrático e a qualidade do Judiciário. Como consequência, Mauro não conseguiu medir o efeito marginal de nenhuma dessas medidas. Juntando esses índices distintos em uma medida de eficiência burocrática, "se Bangladesh [com pontuação 4,7] melhorasse a integridade e a eficiência de sua burocracia ao nível da do Uruguai [pontuação 6,8],... sua taxa de investimento subiria de quase 5 pontos percentuais e sua taxa de crescimento anual do PIB subiria cerca de meio ponto percentual (Mauro, 1995:705)". Mauro também demonstra que países altamente corruptos tendem a investir menos no capital humano, gastando menos em educação. Ele argumenta que isso ocorre porque a educação implica menos oportunidades lucrativas de corrupção que outros tipos de gastos públicos mais intensivos em capital.

Ades e di Tella (1997a) argumentam que uma política industrial agressiva pode ser parcialmente motivada pelos ganhos provenientes da corrupção que essa política torna possíveis. Nesses casos, o efeito direto positivo da política pode ser enfraquecido por seu papel ao intensificar a corrupção e, portanto, desencorajar investimento. Os resultados empíricos que apuraram demonstram que, em presença da corrupção, o impacto positivo da política é reduzido à metade. As economias da Ásia Oriental não são imunes a esse efeito. Johnson, Kaufmann e Zoido-Lobatón (1998:389-91) revelam que níveis mais elevados de corrupção estão associados a uma maior economia informal.

[42] Braun e di Tella (2004) traçam a causalidade de forma reversa: maior inflação causa corrupção, suprimindo o crescimento de modo direto e indireto. Cukierman, Edwards e Tabellini (1992) acham que níveis mais elevados de instabilidade política levam a taxas mais altas de inflação. Na medida em que a corrupção causa instabilidade política — a qual, por sua vez, alimenta a inflação — esse seria o mecanismo pelo qual a corrupção causa inflação.

[43] Ver sobre a discussão a respeito de "colocando graxa nas rodas" versus "colocando areia nas rodas" na seção "Potenciais benefícios da corrupção", no capítulo 2.

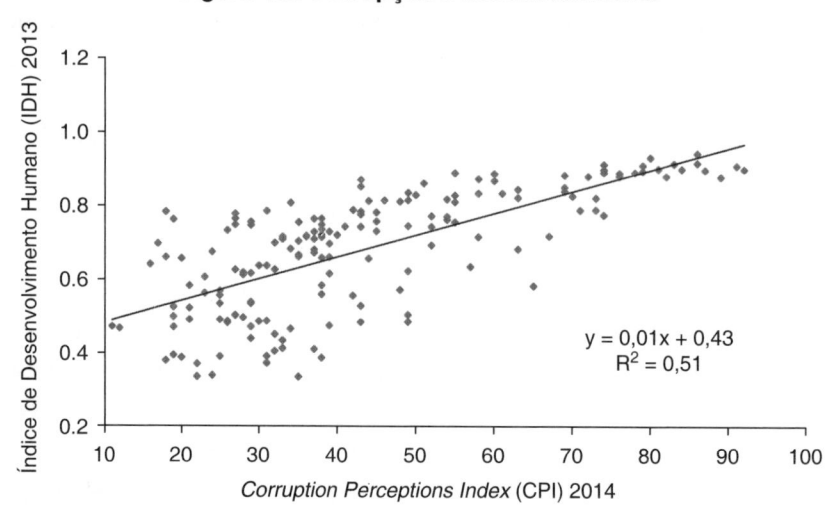

Figura 1.9. Corrupção e desenvolvimento

$y = 0{,}01x + 0{,}43$
$R^2 = 0{,}51$

Eixo Y: Índice de Desenvolvimento Humano (IDH) 2013
Eixo X: Corruption Perceptions Index (CPI) 2014

Nota: A estatística t (de Student) para o coeficiente é 13.26; o valor p é 0.0000. Dados da TI utilizados sob permissão.

Fontes: Baseado em dados do Programa de Desenvolvimento das Nações Unidas, *Human Development Index and Its Components* e do *Corruption Perceptions Index 2014* da Transparência Internacional.

teriam sido mais efetivas.[44] Consequentemente, a corrupção deprime o crescimento econômico (Mauro, 1995; Aidt, 2009).

Estimativas da magnitude desses efeitos variam e em qualquer caso são de difícil interpretação. Considerando apenas o PIB *per capita*, que é uma medida mais estrita de desenvolvimento que o IDH e não inclui medidas de educação e de saúde, Dreher e Herzfeld (2005) acham que um aumento da corrupção por um ponto (na escala de 0 a 10) reduz o crescimento do PIB por 13 pontos de base (isto é, 0,13 pontos percentuais) e rebaixa o PIB *per capita* de cerca de US$425. Gyimah-Brempong (2002) estima o efeito como entre 75 e 90 pontos de base, ou pouco menos que um ponto percentual. Mo

---

[44] Shang-Jin Wei (2000) mostra que a corrupção atua como um imposto sobre o investimento estrangeiro direto (IED). Um aumento no nível de corrupção da relativamente limpa Singapura para o relativamente corrupto México é o equivalente a um aumento no imposto de mais de 20 pontos percentuais. O resultado estatístico vale para países da Ásia Oriental assim como para os demais em sua amostra. Em contraste, Egger e Winner (2006) acham que a corrupção tem menor efeito sobre o IED para países com PIB mais substancial, mais distantes e com capacitação diferenciada, argumentando que o tamanho da China e seus baixos salários superam os efeitos negativos da corrupção ao atrair investimento de países da OCDE.

(2001) estima a elasticidade do PIB real com respeito à corrupção em -0,545. De acordo com Haque e Kneller (2009), a correlação é não linear: ela se torna mais negativa abaixo do percentil 4 do PIB *per capita*, e aproximadamente acima do percentil 75.[45] Estimativas da relação entre corrupção e o PIB ou crescimento do PIB podem depender não apenas dos anos ou das variáveis de controle utilizadas, mas também dos países incluídos. Note-se, entretanto, que a medida de corrupção é um índice desprovido de unidades naturais. Assim, não é claro como se devem interpretar coeficientes para essas variáveis e as medidas de elasticidade resultantes. Adicionalmente, esses estudos não resolvem a questão da causalidade e a possibilidade de ciclos viciosos e virtuosos.

Para complicar ainda mais as questões, alguns países conseguem ter altos níveis de desenvolvimento humano e de crescimento apesar de alto grau de corrupção, o que mostra que a correlação está longe de ser determinística. Um alto grau de corrupção é mais destrutivo em certas condições que em outras (Wedeman, 1997:459). Por exemplo, pode ser especialmente prejudicial se o poder da lei é fraco (Méon e Sekkat, 2005) ou se o regime é não democrático (Drury, Krieckhaus e Lusztig, 2006). Embora países com fortes instituições sejam usualmente resistentes à corrupção, se esta encontra pontos de apoio pode ser especialmente destrutiva, solapando essas instituições (Aidt, Dutta e Sena, 2008).

Alguns analistas argumentam que, sob condições específicas, a corrupção até melhora os resultados da economia. Se empresas e indivíduos enfrentam fortes barreiras burocráticas, por exemplo, a corrupção os auxilia a reduzir seus custos, tanto monetários quanto temporais, proporcionando mais inovação, mais criação de negócios, mais atividade comercial e crescimento econômico (Leff, 1964). Essa hipótese é conhecida como "colocar graxa nas rodas". Em países com instituições fracas, alguns estudos empíricos concluem que a corrupção não é prejudicial ao crescimento,[46] e pode mesmo aumentar a eficiência (Méon e Weill, 2010) ou o empreendedorismo (Dreher e Gassebner, 2013). Todavia, esses resultados contradizem as descobertas de Méon e Sakkat (2005), segundo as quais a corrupção se mostrou mais custosa para

---

[45] Os autores estimam haver efeitos de um PIB atrasado sobre a corrupção, ao invés do contrário.
[46] Aidt, Dutta e Sena (2008). Note-se, contudo, que Aidt (2009) argumenta que quaisquer possíveis ganhos individuais de curto prazo são sobrepujados pelos problemas de crescimento macroeconômico a longo prazo.

o desenvolvimento quando a qualidade da governança era ruim.[47] Neeman, Paserman e Simhon (2008:30) concluem que "a corrupção se correlaciona negativamente com os resultados em economias abertas, mas não em economias fechadas". Com respeito ao comércio bilateral, Dutt e Traca (2010) concluem que, embora a corrupção reduza os negócios quando as tarifas são baixas, o contrário é verdadeiro para tarifas elevadas. Assim, há alguma evidência de que, se o estado impõe regras muito restritivas, a corrupção ajuda empresas e indivíduos a contorná-las, mas sempre se deve lembrar que essa é uma segunda melhor opção. Em primeiro lugar, a melhor política é uma reforma geral que reduza os incentivos ao pagamento de suborno.

Mesmo quando coexistem corrupção e crescimento econômico, pagamentos espúrios introduzem custos e distorções. Funcionários em altos postos aceitam demasiado investimento público improdutivo e cuidam mal da manutenção de investimentos passados. A corrupção encoraja excessivo investimento em infraestrutura (Tanzi e Davoodi, 1997, 1998, 2002), afastando investimento privado. Ao mesmo tempo, a infraestrutura pública pode ser de baixa qualidade, de modo que as expectativas de maior crescimento e criação de empregos não se realizam. Países altamente corruptos tendem a pouco investir em capital humano ao despender menos em educação, e costumam degradar a qualidade ambiental (Mauro, 1998; Esty e Porter, 2002; Transparência Internacional, 2011a). Em um regime corrupto, os atores econômicos com poucos escrúpulos, como os engajados em negócios ilícitos, obtêm vantagem comparativa, e podem dominar negócios e segmentos da política.

Alguns estudos têm examinado a relação entre corrupção, de um lado, e desigualdade e pobreza, de outro. Altas taxas de crescimento podem coexistir com crescente desigualdade, com aqueles na base da distribuição de renda recebendo poucos benefícios, e o crescimento de renda sendo canalizado para os do topo da distribuição. Se o crescimento estimulado pela corrupção não se traduz em melhorias em educação, em saúde e em infraestrutura pública, a desigualdade pode persistir ao longo de gerações e finalmente desacelerar o crescimento. Aidt (2011) constrói um amplo índice de desenvolvimento sustentável e mostra que a corrupção exerce um efeito prejudicial. A corrupção,

---

[47] Méndez e Sepúlveda (2006) concluem que existe uma relação quadrática entre corrupção e crescimento em países livres, com um máximo não nulo. Em países não livres, não há relação estatística significativa. Embora suas amostras sejam pequenas, seus resultados complementam outras conclusões que sugerem interações entre níveis de corrupção e outras características de governo.

segundo as conclusões de Aidt, pode estimular investimento e crescimento em curto prazo, mas a longo prazo pode ter efeitos negativos, se os projetos escolhidos fizerem pouco para alcançar crescimento duradouro e redução da pobreza. Outro trabalho focaliza explicitamente a desigualdade, encontrando uma relação curvilínea entre a corrupção e o coeficiente de Gini, que é uma medida sumária da desigualdade amplamente usada (Li, Xu e Zou, 2000). O coeficiente de Gini assume valores de zero a 1, com os números mais altos representando maior desigualdade. Para a maior parte do intervalo, à medida que a corrupção cresce, aumenta também a desigualdade. Essa relação é válida para todas as regiões, mas é mais forte na América Latina, seguida pela África (Gyimah-Brempong e Munoz de Camacho, 2006). Esse resultado é consistente com o de You e Khagram (2005),[48] que defendem que as elites econômicas efetuam pagamentos ilícitos de alto valor para manter suas posições privilegiadas em sociedades altamente desiguais, resultando um círculo vicioso de corrupção e desigualdade. Similarmente, Gupta, Davoodi e Alonso-Terme (2002) concluem que a corrupção tanto aumenta a desigualdade como deprime o crescimento da renda dos 20% mais pobres. Entretanto, Li, Xu e Zou (2000) concluem que, em países muito corruptos, a corrupção pode reduzir a desigualdade. Isso não significa, porém, uma defesa da corrupção; em vez disso, sugere que a corrupção pode estar tão entrincheirada que não apenas ela reduz o PIB em geral, como também elimina as receitas que beneficiam a elite política e econômica, ficando todos igualmente pobres.

Os efeitos da corrupção sobre a qualidade de vida podem ser extremos. Embora existam provavelmente múltiplas causas, é perturbador que "83% de todas as mortes resultantes do colapso de edifícios em terremotos nos últimos 30 anos ocorreram em países que são anomalamente corruptos"[49] (Ambraseys e Bilham, 2011:153). Estradas mal construídas (Tanzi e Davoodo, 1998; Olken, 2007, 2009) tornam-se ainda mais perigosas por motoristas que obtiveram suas licenças por meios corruptos (Bertand et al., 2007). A cor-

---

[48] Para alguns estados dos Estados Unidos, Apergis, Dincer e Payne (2010) e Chong e Gradstein (2007) também encontram um círculo vicioso entre corrupção e desigualdade. Dincer e Gunalp (2012) concluem que a corrupção aumenta a desigualdade, mas não examinam a causalidade inversa. De acordo com Dobson e Ramlogan-Dobson (2012), o emprego informal reduz e pode mesmo reverter o efeito da corrupção sobre a desigualdade; eles defendem que, por essa razão, a corrupção é menos custosa na América Latina que em outras regiões.

[49] Os autores estimam o esperado nível de corrupção com base no PIB *per capita*; "anomalamente corruptos" se refere àqueles países que são mais corruptos que o previsto.

rupção é relacionada com o desmatamento (Barbier, 2004; Bulte, Damania e López, 2007; Kishor e Damania, 2007; Koyuncu e Yilmaz, 2009) e degradação ambiental, sendo que ambos contribuem para o aquecimento global. O acesso à água potável, à educação, a serviços médicos e utilidades básicas pode ser comprometido (Transparência Internacional, 2006, 2008, 2013c). Para um conjunto de serviços públicos no Peru, Recanatini (2011a:53) acha que os serviços com mais corrupção tendem a ser de qualidade mais baixa. A corrupção exerce função-chave no contrabando de imigrantes, no tráfico de entorpecentes, no tráfico de pessoas,[50] no tráfico de armas e em violações dos direitos humanos em geral (Levi, Dakolias e Greenberg, 2007; Chaikin e Sharman, 2009; Europol, 2013; Organização dos Estados Americanos, 2013a, 2013b; UNODC, 2013; Departamento de Estado dos Estados Unidos, 2014). A corrupção tem ainda desempenhado um papel crítico no assentamento de condições para crises financeiras (Tillman, 2009). A corrupção enfraquece a legitimidade do governo (Canache e Allison, 2005; Sandholtz e Taagepera, 2005) e a avaliação de crédito do país (Connoly, 2007), assim como o grau de confiança que as pessoas depositam umas nas outras (Rose-Ackerman, 2001a; Rothstein e Stolle, 2003).

Trava-se algum debate sobre a relação entre o tamanho do governo e a extensão da corrupção. Redução de tamanho por meio da eliminação de programas e privatização pode reduzir a corrupção, pois alguns programas deixam de existir. No entanto, se o programa é meramente cortado, pagamentos ilícitos podem aumentar em tamanho e extensão, já que os interessados passam a competir por recursos escassos (Rose-Ackerman, 2000:99). Apontando exemplos de países nórdicos, onde coexistem baixo grau de corrupção e elevados orçamentos governamentais, Friedman et al. (2000) mostram que, em um conjunto de 69 países, impostos mais elevados estão associados a baixa corrupção. De acordo com eles, baixa corrupção induz que mais atividade econômica ocorra nos setores formais da economia, onde essa atividade é taxada; e nas democracias os cidadãos estão dispostos a suportar altos níveis de gastos públicos somente se o governo é honesto e competente.[51] A conexão

---

[50] Transparência Internacional, "Corruption and Human Trafficking", http://files.transparency.org/content/download/111/447/file/2011_3_TI_CorruptionandHumanTrafficking_EN.pdf (acesso em 8 de outubro de 2015).

[51] Trabalhos empíricos precursores (Goel e Nelson, 1998) acharam que o tamanho do governo, medido em termos de gastos governamentais, era positivamente correlacionado a corrupção mais elevada, mas outros (Gerring e Thacker, 2005; Glaeser e Saks, 2006) não encontraram correlação

entre tamanho do governo e corrupção é modelada por Acemoglu e Verdier (2000), que desenvolvem um modelo baseado em teoria dos jogos, para mostrar como a correção de falhas de mercado provoca o crescimento do governo, na medida em que sejam introduzidas regulamentações e inspetores sejam contratados; finalmente, existe um dilema (*trade-off*) na margem entre falha de mercado ou "falha de governo" — corrupção ou outros tipos de mau funcionamento governamental. Todavia, os custos de impor regulamentações são apenas uma pequena fatia do orçamento de um país — dominado por outros custos tais como despesas militares, pensões, educação, saúde, e assim por diante. Conforme discutimos no capítulo 2, ao avaliar a corrupção regulatória, as variáveis-chave são os detalhes do regime legal e a capacitação da burocracia, não apenas os totais orçamentários. Igualmente, não está claro se a corrupção é mais prevalente sob burocracias e estruturas governamentais centralizadas ou sob as descentralizadas. Discutimos no capítulo 12 os resultados contrastantes de pesquisas, como parte de uma discussão geral sobre atribuição de responsabilidades.

Outros estudos invertem a direção da flecha causal e tentam explicar as diferenças no nível de corrupção entre países com base nas características de cada país. Sandholtz e Koetzle (2000), por exemplo, observam que a corrupção é menor em países com alto nível de PIB *per capita*, alto nível de liberdade econômica, abertura para o comércio, tradição protestante e, mais fracamente, com estruturas democráticas, especialmente as de longa duração. O uso de governança eletrônica (*e-government*) está associado a menos corrupção, visto que fortalece a transparência e a definição de responsabilidades e atenua o arbítrio, frequentemente por eliminar contato direto com servidores civis (Andersen, 2009). Algumas pesquisas, que discutimos no capítulo 7, acham que a participação de mulheres na política reduz a corrupção; mas, como mostramos, esse resultado não é muito robusto e suas implicações nas políticas a serem adotadas não são claras.

A maior parte dos trabalhos comparativos entre países não se baseia em um bom modelo estrutural de como a corrupção interage com outras características do ambiente. Os estudos destacam importantes regularidades empíricas, mas a direção da causalidade é frequentemente obscura. Por exemplo, são

---

alguma. Conforme notam Gerring e Thacker, (2005:250): "governo grande não é necessariamente governo corrupto". De acordo com Goel e Nelson (2011), o efeito depende de como o tamanho da corrupção e o do governo sejam mensurados.

níveis baixos de renda e crescimento consequência ou causa da corrupção, ou ambas? Às vezes, a conexão causal é simplesmente afirmada, não demonstrada. Na realidade, parece provável que a flecha causal ocorra em ambos os sentidos, muitas vezes criando espirais viciosas ou virtuosas (Lambsdorff, 2006, Rose-Ackerman, 2006b, 2008a; Treisman, 2007a). Um país pode cair em uma armadilha na qual a corrupção gera mais corrupção e desencoraja investimentos legítimos nos negócios. Corrupção limita o crescimento e destrói a confiança no governo, e baixo crescimento e falta de confiança no governo alimentam e parecem justificar a corrupção. Inversamente, baixa corrupção auxilia o crescimento, e alto crescimento gera demanda da sociedade por ainda menos corrupção. Espirais viciosas não são, é claro, inevitáveis, mas elas constituem um risco, e é usualmente difícil escapar delas. Essas espirais não ficam evidentes nas análises comparativas entre países, embora possam estar por detrás de alguns dos resultados.

Uma questão empírica relacionada diz respeito ao poder relativo dos atores políticos e econômicos em determinar a partilha dos ganhos advindos da corrupção. Índices comparativos entre os países não fornecem evidências diretas de como os benefícios são compartilhados. Segundo John Joseph Wallis, pode-se distinguir entre "*Corrupção sistemática* ... quando a política corrompe a economia ... [e] *Corrupção venal* ... quando a economia corrompe a política" (Wallis, 2006:25, com a adição de itálicos). Se os detentores do poder político distribuem poder econômico, pode haver corrupção sistemática; quando aqueles com poder econômico influenciam a política ou as leis, a corrupção é venal.[52] Claramente, poucos sistemas serão exemplos puros de um tipo ou de outro — corrupção sistemática e venal tendem a coexistir —, mas seriam extremamente úteis mais pesquisas sobre a divisão dos ganhos.

Infelizmente, mesmo quando as dificuldades estatísticas são bem trabalhadas, regularidades empíricas baseadas em índices comparativos são de uso limitado para os formuladores das políticas. Eles podem levantar a conscientização sobre o impacto negativo da corrupção sobre o crescimento, sobre a produtividade e sobre a distribuição de riqueza, mas isso é de pouco uso no desenho de estratégias anticorrupção. Projetar políticas com base em

---

[52] Ver também Khan (1996, 2006) e Johnston (2005). Na tipologia de Johnston *mercados de influência* constituem um exemplo de *corrupção venal*, enquanto a *corrupção sistemática* é antes uma característica de *cartéis das elites* e de *magnatas oficiais*. No caso da *corrupção em oligarquias e clãs*, ambos os tipos de corrupção são em geral disseminados.

tais estudos, com seus conjuntos de dados e medidas agregadas imperfeitas, parece problemático.[53] No que se segue neste trabalho, focalizamos os custos e benefícios de reformas em setores específicos e para tipos específicos de ações governamentais.

V. Plano do livro

Analisamos o problema da corrupção ao longo de quatro dimensões. A primeira assume como dado as instituições básicas do estado e da sociedade e inquire sobre a forma pela qual surgem incentivos à corrupção no bojo de programas públicos. Identificamos patologias recorrentes entre setores, obtendo exemplos específicos de um conjunto de situações concretas.[54] Mostramos que a corrupção pode gerar ineficiências e desigualdades e que é, na melhor das hipóteses, inferior aos esquemas legalmente estabelecidos de pagamentos. Reformas podem reduzir os incentivos ao suborno e aumentar os riscos para o envolvimento em corrupção. A meta não é eliminar a corrupção por si, mas uma melhoria geral em eficiência, correção e legitimidade do estado. A total eliminação da corrupção nunca valeria o esforço, mas passos podem ser tomados para limitar o seu alcance e reduzir os danos por ela causados.

A segunda dimensão reconhece que a corrupção tem diferentes significados em diferentes sociedades. O suborno de alguém é o presente concedido a outrem. O líder político ou o funcionário graduado que ajuda amigos, familiares e apoiadores podem parecer dignos de elogios em uma sociedade e apontados como corruptos em outras. Na qualidade de economistas, não podemos fornecer uma análise aprofundada do papel da cultura e da história no desenvolvimento da corrupção, mas podemos apontar quando a herança do passado não mais está adequada às condições da atualidade. Não é nosso objetivo estabelecer um padrão universal de onde traçar a fronteira legal entre presentes corretos ou formas de suborno ilegais e antiéticas. Ao invés disso,

---

[53] Existe ainda algum ceticismo sobre se a correlação entre corrupção e PIB se deve a medições inadequadas, especialmente quanto ao uso de medidas baseadas em percepção. Treisman (2007b) e Aidt (2009) não encontram relação forte entre experiências de corrupção e crescimento.

[54] Aos interessados em setores específicos recomendamos: Campos e Pradhan (2007); a série do *Global Corruption Report* (disponível em http://www.transparency.org/research/gcr; acesso em 28 de setembro de 2015); Graycar e Smith (2011); Søreide e Williams (2014); Rose-Ackerman e Søreide (2011); Klitgaard (1988); e os sites específicos por setor reunidos sob "Focus Areas" na página principal da TI (http://www.transparency.org/; acesso em 28 de setembro de 2015).

isolamos os fatores a serem considerados na escolha. Cultura e história são explicações, não desculpas. Todo país, em algum momento, experimentou altos níveis de corrupção; porém, muitos deles encontraram um caminho para reduzir tanto o volume da corrupção quanto o impacto que traz à sociedade.[55] Ao mesmo tempo, reconhecemos que a corrupção pode influenciar a cultura, especialmente quanto à confiança e à honestidade. Se a corrupção cresce, ela causa impacto adverso nos valores da sociedade, levando à disseminação do cinismo.

A terceira dimensão considera como a estrutura básica dos setores público e privado produz ou suprime a corrupção. Examinamos a relação entre incentivos à corrupção e instituições democráticas, e discutimos o relativo poder de barganha entre organizações públicas e privadas e seus atores individuais. Uma reforma nesse nível pode bem requerer mudanças tanto nos fundamentos constitucionais quanto no relacionamento subjacente entre mercado e estado.

A seção final do livro volta-se para a difícil questão de alcançar uma reforma anticorrupção. Mesmo que um governo esteja ciente da corrupção existente, pode não ter incentivo para a realização de tais reformas, a menos que atores domésticos ou internacionais exerçam pressão nesse sentido. Propostas de reforma levam ao problema da vontade política doméstica. Boas ideias são inúteis, a menos que alguém esteja disposto a levá-las a efeito. Que condições domésticas são as mais prováveis para convencer os líderes de que vale a pena combater a corrupção? Tiramos algumas lições de políticas bem-sucedidas e sustentáveis empreendidas no passado. Embora não existam dois países que enfrentem o mesmo conjunto de condições, reformadores modernos podem aprender algo dos registros históricos. Recorremos à comunidade internacional, a organizações de ajuda e empréstimo, a grupos da sociedade civil de intercâmbio entre países, como a TI e a Global Witness, e a organizações econômicas e políticas internacionais. Para alguns países, especialmente aqueles com baixos níveis de desenvolvimento, é crítico o papel de empresas multinacionais. Se essas empresas colaboram na manutenção de regimes corruptos, elas enfraquecem as metas de desenvolvimento. Finalmente, avaliamos os esforços internacionais para controlar a lavagem de dinheiro, frequentemente associada à corrupção de alto nível.

---

[55] Ver Glaeser e Goldin (2006a) para uma série de ensaios sobre como os Estados Unidos reduziram a corrupção durante o final do século XIX e o início do século XX.

Este livro não se conclui por uma compilação de "melhores práticas". Em vez disso, ele sugere um conjunto de alternativas que os reformadores devem ajustar aos objetivos das reformas pretendidas e ao contexto dos países e setores individualmente considerados. Combater a corrupção é um meio para um fim. Essa finalidade deve ser: produção eficiente e desenvolvimento; governo imparcial e equitativo; desenvolvimento humano e prosperidade; ou metas relacionadas ao desempenho de um setor específico, tal como saúde, educação ou defesa nacional. As reformas adequadas devem ser direcionadas tanto para os incentivos imediatos em torno dos atos corruptos quanto para o contexto institucional mais amplo — sejam as instituições políticas e de mercado, sejam as instituições informais derivadas da cultura inerente àquela sociedade.

Destacamos uma lição fundamental. A reforma não deve estar limitada à criação de "sistemas de integridade" ou "agências anticorrupção". Em vez disso, devem estar no coração da agenda de reforma mudanças fundamentais na maneira pela qual o governo opera. A meta primária deve consistir em reduzir os estímulos ao envolvimento na corrupção preventivamente, *ex ante*, não em tornar mais rígidos os sistemas de controle posteriores, *ex post*. Aplicação de regras e monitoração tornam-se necessárias, mas terão pouco impacto a longo prazo se as reformas não reduzirem as condições que encorajam os pagamentos ilegais. Se esses incentivos e as mesmas instituições permanecem, a eliminação de um conjunto de "maçãs podres" em breve levará à criação de novos grupos de funcionários corruptos e de pagadores privados de suborno.

APÊNDICE AO CAPÍTULO 1

Medidas de corrupção comparativas entre países

Neste apêndice, explicamos algumas das pesquisas específicas que são usadas para calcular o CPI e o CCI. Não trazemos aqui uma lista abrangente de fontes de dados sobre corrupção e tópicos relacionados: existe agora uma gama de conjuntos de informações que cobrem desde comparativos até dados geograficamente específicos, e mais são desenvolvidos a cada ano.[56] O propósito deste apêndice é meramente apresentar uma visão geral para cada tipo.[57]

A tabela 1A.1 lista, em ordem alfabética, as fontes de dados utilizadas para calcular os dois índices compostos para a corrupção correspondente a 2013, e identifica os tipos de dados e o número de países incluídos em cada um. Quase todas as fontes dizem respeito a opiniões de especialistas ou a pesquisas com executivos, comumente denominadas "pesquisas de elite"; somente cinco pesquisas junto ao público são usadas para o cálculo do CCI, três das quais em

---

[56] Uma lista de conjuntos de dados está disponível em *Anti-Corruption Research Network* da TI, "Datasets", http://corruptionresearchnetwork.org/resources/datasets (acesso em 27 de setembro de 2015).

[57] Heinrich e Hodess (2011) identificam três estágios no desenvolvimento histórico das métricas de corrupção: (1) índices compostos, tais como o CPI; (2) "avaliações comparativas de nível médio", que permitem estudos comparativos no espaço e no tempo; e (3) microanálises específicas para país e setor, que visam a examinar as causas da corrupção e os efeitos de políticas em contextos específicos. Não seguimos essa estrutura porque estamos mais interessados em explicar o que representam as informações entre países. Há várias metodologias na terceira categoria que são omitidas aqui, inclusive, mas não apenas, *Public Expenditure Tracking Surveys* (PETS), que comparam os fundos desembolsados em um nível de governo com os recebidos ou desembolsados no nível seguinte (Reinikka a Svensson 2006; Sundet 2008); excessos de custos, que comparam os orçamentos estimados em obras públicas com os custos reais (Engerman e Solokoff, 2006; Flyvberg e Molloy, 2011); desencontros entre a infraestrutura existente e gastos públicos cumulativos em infraestrutura (Golden e Picci, 2005); auditorias físicas em estradas, comparando amostras reais com materiais reportadamente utilizados (Olken, 2007, 2009); índices proporcionais de condenações em casos de acusação de corrupção (*Corporate Crime Reporter* 2004; Glaeser e Saks, 2006); e o número de artigos referentes à corrupção (Morris, 1991; Gentzkow, Glaeser e Goldin, 2006).

âmbito regional. As fontes usadas para calcular cada um desses índices variam de ano para ano; portanto, essa lista não deve ser considerada definitiva. Pesquisadores e formuladores de políticas interessados em utilizar esses índices devem consultar a documentação metodológica atualizada correspondente.

Tabela 1A.1. Fontes de dados do *Corruption Perceptions Index 2014* (cobrindo a corrupção em 2013) e do *Control of Corruption Indicator 2013*

Fonte de dados	Tipo	Países**	CPI	CCI
African Development Bank Governance Ratings 2013	Opinião de especialistas	40/54 África	•	•
Afrobarometer	Pesquisa ampla	22 África		•
Asian Development Bank Country Policy and Institutional Assessments	Opinião de especialistas	28 Ásia		•
Bertelsmann Foundation Sustainable Governance Indicators 2014	Índice agregado, com base em opinião de especialistas e dados quantitativos*a	41 OCDE e UE	•	
Bertelsmann Foundation Transformation Index 2014	Opinião de especialistas	129	•	•
Business Enterprise Environment Survey	Pesquisa com executivos	30	•	
Cingranelli Richards Human Rights Database and Political Terror Scale	Opinião de especialistas	194		•
Economist Intelligence Unit Country Risk Ratings 2014	Opinião de especialistas	120	•	
Economist Intelligence Unit Riskware and Democracy Index	Opinião de especialistas	183		•
European Bank for Reconstruction and Development Transition Report	Opinião de especialistas	33		•
Freedom House	Opinião de especialistas	198		•
Freedom House Nations in Transit/ Countries at the Crossroads 2014	Opinião de especialistas	29/69	•	•
Gallup World Poll*b	Pesquisa ampla	161		•
Global Insight Business Conditions and Risk Indicators	Opinião de especialistas	203	•	•
Global Integrity Index	Opinião de especialistas	62		•
Heritage Foundation Index of Economic Freedom	Opinião de especialistas	183		•
IFAD Rural Sector Performance Assessments	Opinião de especialistas	98		•
iJET Country Security Risk Ratings	Opinião de especialistas	197		•
Institute for Management and Development World Competitiveness Yearbook	Índice agregado, com base em estatísticas oficiais (2/3) e pesquisa de opinião com executivos (1/3)*c	60/59	•	•

Fonte de dados	Tipo	Países**	CPI	CCI
Institutional Profiles Database	Opinião de especialistas	143		•
International Budget Project Open Budget Index	Opinião de especialistas	100		•
International Research and Exchanges Board Media Sustainability Index	Opinião de especialistas	71		•
IREEP African Electoral Index	Opinião de especialistas	54 África		•
Latinobarometro	Pesquisa ampla	18 América Latina		•
Political and Economic Risk Consultancy Asian Intelligence 2014	Pesquisa com executivos	15 Ásia + USA/17	•	•
Political Risk Services (PRS) International Country Risk Guide	Opinião de especialistas	140	•	•
Reporters Without Borders Press Freedom Index	Opinião de especialistas	177		•
Transparency International GCB Survey	Pesquisa ampla	115		•
U.S. State Department Trafficking in People Report	Opinião de especialistas	185		•
Vanderbilt University Americas Barometer (LAPOP)	Pesquisa ampla	26 América Latina		•
World Bank — Country Policy and Institutional Assessment 2013	Opinião de especialistas	81/136	•	•
World Economic Forum Executive Opinion Survey	Pesquisa com executivos	143/144	•	•
World Justice Project Rule of Law Index 2013-14	Índice agregado, com base em pesquisa ampla e opinião de especialistas*d	99	•	•

** Onde dois números estão representados, o primeiro corresponde ao CPI e o segundo ao CCI.

*a O questionário para especialistas está disponível em http://www.sgi-network.org/2015/Questionnaire (acesso em 29 de setembro de 2015), mas não está claro quais indicadores quantitativos estão incluídos no índice. Esses indicadores foram transformados para coincidir com a escala 1-10 para especialistas, portanto pesavam igualmente.

*b Essa fonte foi incluída no CPI em alguns anos, mas não fez parte do CPI 2013.

*c Ver IMD World Competitiveness Center, "IMD World Competitiveness Yearbook", http://www.imd.org/wcc/wcy-world-competitiveness-yearbook/ (acesso em 29 de setembro de 2015).

*d Essas pesquisas incluem questões de incidência e de percepção, conforme explicado em seções subsequentes. Para uma explanação completa da metodologia e das correlações desse índice com outros índices e com o PIB *per capita*, ver Botero e Ponce (2010).

Fontes: Baseado nas informações da Transparência Internacional, "Corruption Perceptions Index 2014: Full Source Description", disponível em http://files.transparency.org/content/download/1842/12378/file/2014_CPI-Sources_EN.pdf; World Bank, "Data Sources Used in the 2013 Update of Worldwide Governance Indicators", disponível em http://info.worldbank.org/governance/wgi/table1.pdf. Dados da TI usados sob permissão.

Medidas de corrupção não agregadas

As medidas não agregadas de corrupção podem ser divididas em três categorias gerais: pesquisas de opinião em domicílios e empresas locais, pesquisas de elite, e auditorias de programas específicos. As pesquisas de opinião usam questionários, indagando às pessoas o que elas pensam ou o que tenham vivenciado. Pesquisas de elite consistem em coletar "opiniões de especialistas" junto a consultores, a conhecedores de um certo país (como funcionários do governo ou de organizações civis, ou membros da academia), e a executivos empresariais. Nesta seção, fornecemos exemplos e explanações sobre as fontes mais importantes em cada categoria.

Pesquisas de elite: opinião de especialistas

O PRS Group é uma empresa de consultoria que avalia a estabilidade política dos países e estima diversos fatores que podem trazer potenciais ameaças a sua estabilidade política. Os dados são gerados pelas equipes do PRS Group que se mantêm a par do desenrolar dos fatos nos países para os quais publicam pesquisas. Para cada indicador, avalia-se o país em uma escala de zero (nenhum risco) a 6 (risco extremo), com intervalos de meio ponto. Os relatórios por país encontram-se no *International Country Risk Guide* (ICRG), disponíveis por uma taxa (ver https://www.prsgroup.com/about-us/our-two-methodologies/icrg; acesso em 29 de setembro de 2015). O indicador obtido a partir do ICRG, que é incluído tanto no CPI quanto no CCI, é simplesmente denominado "Corrupção" e é definido como:

> Uma medida da corrupção interna ao sistema político que constitui uma ameaça ao investimento estrangeiro por distorcer o ambiente econômico e político, reduzindo a eficiência do governo e dos negócios ao possibilitar que pessoas assumam posições de poder por meio de favorecimento em vez de capacitação, e introduzindo inerente instabilidade no processo político.[58]

A ênfase nessa definição está em como a corrupção pode afetar o IED (investimento estrangeiro direto), já que as empresas multinacionais são os

---

[58] PRS Group, "Guide to Data Variables", https://epub.prsgroup.com/list-of-all-variable-definitions (acesso em 28 de junho de 2014). Essa definição é mais ampla que a usada anteriormente para a mesma variável.

principais clientes do PRS Group. Existe, portanto, alguma circularidade aqui. A definição incorpora o dano ao IED, de modo que fica difícil considerá-lo uma medida independente para "explicar" níveis do IED.

O processo utilizado para gerar as avaliações nacionais não é transparente. Não se pode descobrir quem faz as estimativas, onde estão estabelecidos e que nível de expertise possuem. A medida não nos indica qual é a incidência da corrupção ou o tamanho médio da propina paga; nem fornece qualquer dado direto sobre os custos médios da corrupção para o cidadão ou a empresa. O PRS Group tenta representar a ameaça imposta pela corrupção ao IED em consequência do ambiente econômico e da instabilidade política, nada mais.

Tendo-se consciência desse *caveat*, como se comparam os países que focalizamos no texto? No CPI e no CCI, os Estados Unidos estão no segundo décimo da distribuição (3,5 pontos; classificados em 26º lugar de 140); a Índia está no terceiro décimo, (2,5; classificada em 43º de 140); China e México estão empatados na pontuação mediana (2,0; classificados em 70º de 140); a Rússia está no terceiro quartil (1,5; 105º de 140), e o Sudão figura em último lugar dos 140 países considerados (0,5; 140º de 140). Os países menos corruptos são Dinamarca, Finlândia, Nova Zelândia, Noruega e Suécia, empatados em 5,5; os mais corruptos são o Sudão, em 0,5, e Haiti, Iraque, Coreia do Norte, Líbia, Somália, Venezuela e Zimbábue, empatados em 1,0.

Pesquisas junto a executivos

Como exemplo de pesquisa executiva consideremos o *Global Executive Survey*, do *World Economic Forum*, que contém mais de 100 questões sobre tópicos que se remetem ao ambiente de negócios em todo o mundo. Todas as respostas são subjetivas e são pontuadas da mais baixa (a pior), igual a 1, à mais alta (a melhor), igual a 7. A questão mais estreitamente relacionada à corrupção diz respeito ao custo para os negócios, proveniente de pagamentos irregulares e propinas. Os Estados Unidos estão posicionados como o melhor de nossos seis países, com um grau de 4,96, seguido de China (3,98), Índia (3,50), México (3,41) e Rússia (3,98). O Sudão não está incluído nesses resultados. Os países menos corruptos, de acordo com essa pesquisa, são Nova Zelândia (6,72), Finlândia (6,64), Singapura (6,47), Emirados Árabes Unidos (6,43) e Qatar (6,35); os mais corruptos são Iêmen (2,11), Guiné (2,12), Líbano (2,23) e Mauritânia e Bangladesh (2,26 cada). Essa pesquisa se prende especificamente ao custo para os negócios; portanto, a grande corrupção pode ou não estar representada; e não considera os efeitos da corrupção sobre o cidadão comum. Muitos analistas defendem que essas pesquisas "de elite" estão fora de contato com a realidade da corrupção para milhões ao redor do mundo. Em resposta, aqueles que utilizam esses dados argumentam que a pequena e a grande corrupção tendem a estar altamente correlacionadas em geral, apesar de algumas claras exceções.

Pesquisas junto ao grande público

Conforme explicado neste capítulo, as pesquisas amplas endereçam algumas das questões suscitadas por índices compostos e pesquisas junto às elites. Uma dessas pesquisas é o GCB, que mede as percepções de corrupção e a incidência de suborno. Especificamente, o GCB pergunta aos respondentes sobre o que pensam da gravidade do problema da corrupção na área pública (1 = nenhum problema; 5 = problema muito sério). Essa mesma questão é colocada com respeito a oito segmentos ou serviços. Pergunta-se também aos respondentes se utilizaram cada um desses serviços no ano precedente e, caso afirmativo, se pagaram propina pelo menos uma vez com relação a esse serviço. Essas respostas são usadas para calcular a incidência de suborno em cada serviço e no geral.

A incidência de suborno nos oito serviços — a porcentagem de respondentes que usaram pelo menos um dos oito serviços e que pagaram propina pelo menos uma vez em algum dos oito serviços — é apresentada por país na figura 1A.1. O valor obtido para a Rússia nessa questão não está incluído nos resultados, devido a "preocupações de validade", segundo o relatório, enquanto a China não foi sequer incluída na pesquisa. Os Estados Unidos é o mais bem posicionado entre os nossos seis países, a 7%, seguido de Sudão (17%), México (33%) e Índia (54%). Os países menos corruptos nesse índice são Austrália, Dinamarca, Finlândia e Japão (empatados em 1%); os mais corruptos são Serra Leoa (84%), Libéria (75%), Iêmen (74%) e Quênia (70%). Se desagregarmos os dados da figura 1A.1 em famílias de alta e baixa receita, a incidência de corrupção é maior para famílias de baixo nível de receita em todos os setores, exceto o Judiciário. (Rose-Ackerman e Truex, 2013:638, figura 3, com base no GCB 2010).[59] A corrupção, tanto medida por percepções quanto pela experiência concreta, é mais endêmica em alguns setores que em outros (Hunt, 2006). As figuras representam médias gerais, mas existe considerável variação de um país para outro nos setores especialmente vulneráveis. Rose-Ackerman e Truex,

---

[59] Hunt e Laszlo (2012) refutam isso para amostras de Peru e Uganda, onde acham que os pobres pagam uma porcentagem substancial de sua receita em propinas, mas os ricos são mais passíveis de usar os serviços públicos e de pagar suborno quando os utilizam.

(2013:635-7) obtêm a discriminação por país e por setor do GCB de 2010-11. Note-se também que, para a maioria dos serviços públicos, ao menos o dobro do número de pessoas pensa que a corrupção seja um problema naquele setor para o qual de fato foi pago suborno. Adicionalmente, algumas categorias, tais como partidos políticos ou legisladores, não coletam, tipicamente, pagamentos de cidadãos comuns, e podem, em vez disso, pagar a eleitores para obter o apoio deles. Se são corruptos, os fundos provêm de indivíduos ricos ou de empresas.

Figura 1A.1. Barômetro da Corrupção Global 2013: incidência de suborno por país

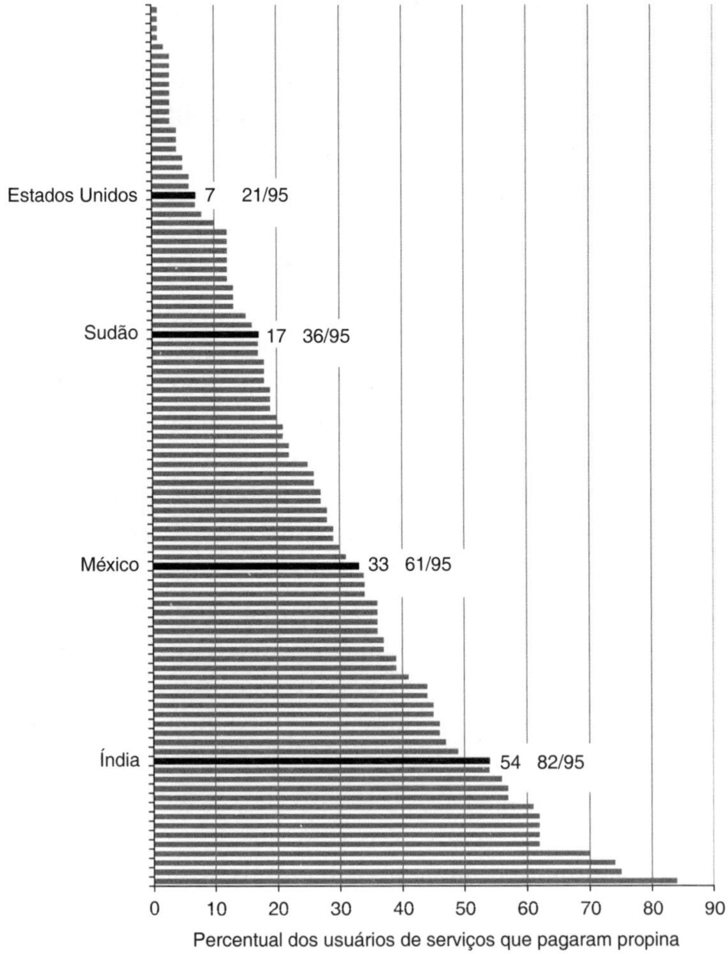
Estados Unidos
7 21/95
Sudão
17 36/95
México
33 61/95
Índia
54 82/95
0
10
20
30
40
50
60
70
80
90
Percentual dos usuários de serviços que pagaram propina

Fonte: Baseada em dados da Transparência Internacional, *Global Corruption Barometer 2013*. Dados da TI usados sob permissão.

O GCB é desenhado especificamente para medir a percepção e a incidência da corrupção, mas outras pesquisas com agendas mais amplas frequentemente incluem questões relativas à corrupção. Exemplos incluem o World Values Survey (WVS), o International Crime Victimization Survey (ICVS), a série "-barometer" de barômetros regionais (Afrobarometer, Eurobarometer, Latinobarometro etc.), e o *Latin American Public Opinion Project* (LAPOP). A vantagem dessas pesquisas é que fornecem microdados (respostas em nível de indivíduos) sobre corrupção, assim como atitudes, crenças e observações pelos mesmos respondentes, complementadas por variáveis sociodemográficas. Assim, essas pesquisas mais amplas podem não oferecer o mesmo nível de detalhe acerca de corrupção, mas possibilitam uma análise mais rica de como as pessoas formam percepções sobre corrupção ou que características contribuem para o envolvimento em corrupção. Por exemplo, Mocan (2008) encontra no ICVS que gênero, tamanho da cidade, renda, educação e estado marital constituem elementos determinantes para que as pessoas sejam solicitadas a pagar propinas. Esses resultados são largamente confirmados, com base no mesmo conjunto de dados, por Chatterjee e Ray (2012), que também o confrontam com subornos por empresas, com base no *World Bank Enterprise Survey* (WBES), mostrando que empresas são mais inclinadas a pagar suborno que indivíduos, embora ambas as incidências decresçam à medida que o país se desenvolva. Morris (2008) usa o LAPOP para mostrar que a percepção de corrupção e a experiência direta com a corrupção parecem estar em um círculo vicioso no México. Hunt (2007) utiliza uma pesquisa em nível domiciliar, específica do Peru, para mostrar que vítimas de crimes ficam mais inclinadas a pagar suborno, tanto porque seja mais provável que entrem em contato com a polícia, como porque passem a ter maior propensão a pagar propinas em função de seu desespero. Usando o WVS, Canache e Allison (2005) mostram, entre outros resultados, que indivíduos com baixo interesse político tendem a perceber o nível de corrupção como mais elevado do que aqueles com alto interesse político, especialmente no que se refere a níveis baixos de corrupção.

Comparando pesquisas

A tabela 1A.2 compara nossos seis países em termos das várias pesquisas que descrevemos. A fim de estabelecer essa comparação, a colocação em percentis foi calculada dividindo-se a escala nominal pelo número de países em cada caso (a fração fornecida para cada país nos gráficos). Com base nessa tabela, podemos ver que os Estados Unidos geralmente estão entre o 10º percentil e o 40º percentil, sempre melhor que os outros cinco países, mas nunca entre os melhores países do mundo. México e China tendem a ficar próximos um do outro, quase sempre na metade inferior da distribuição, com a China posicionada um tanto melhor que o México. A Federação Russa coloca-se consistentemente abaixo do 70º percentil. A posição da Índia varia do 30º ao 86º percentil, flutuando pelo meio da distribuição, algumas vezes melhor, mas algumas vezes pior, que México e China, e geralmente melhor que a Federação Russa.

Tabela 1A.2. Comparação de resultados entre os índices de corrupção: colocação em percentis

País	CPI (TI)	CCI (WB)	ICRG	GES (WEF)	GCB: Corrupção é problema	GCB: Pagou alguma propina	GCB: Solicitado a pagar propina
EUA	9,7	15,2	18,6	25,0	29,9	22,1	13,1
China	57,1	53,3	50,0	45,8	—	—	—
México	60,0	61,0	50,0	68,8	92,5	64,2	76,6
Índia	52,6	64,3	30,7	64,6	43,0	86,3	85,6
Rússia	77,7	83,3	75,0	70,8	92,5	—	86,9
Sudão	98,9	98,6	100	—	2,8	37,9	56,1

Fontes: Cálculos da autora, com base em PRS Group, *International Country Risk Guide*, tabela 2B, média de dezembro de 2012 e novembro de 2013); World Economic Forum, *GCI Dataset*; Transparência Internacional, *Corruption Perceptions Index 2014*; Banco Mundial, *World Governance Indicators 2013*; Transparência Internacional, *Global Corruption Barometer 2013*. Dados da TI usados sob permissão.

O Sudão é um tanto intrigante. As colocações em percentil para o Sudão espalham-se por toda a escala, desde quase o melhor país do mundo até o definitivamente pior, dependendo do índice usado. Embora esse país se classifique em último lugar no *International Country Risk Guide* (que mede a ameaça de corrupção à segurança política), e muito próximo da última posição tanto no CPI quanto no CCI, somente 38% dos cidadãos relataram ter pago alguma propina no GCB, somente 56% deles relataram terem sido solicitados a pagar propinas, e o Sudão está melhor posicionado que qualquer dos demais cinco países na questão do GCB referente a quão sério é o problema da corrupção no país. Assim, o Sudão está mal classificado nas medições de políticas e de negócios, as "pesquisas de elite", mas está bem nas pesquisas amplas de opinião. Ainda assim, uma incidência de 38% ou 56%, conforme citado pelos cidadãos, é alta o suficiente para impor dificuldades. É possível que o tamanho das propinas seja pequeno, ou que tenham um valor cultural, não sendo consideradas um problema. (Comparada com a guerra civil, a corrupção pode, mesmo, ser vista como um problema pequeno.) A corrupção pode ser percebida como benéfica, se ela permite contornar custos impostos pelo estado. Adicionalmente, a questão é aberta a interpretações. A questão "Até que ponto você pensa que a corrupção seja um problema na área pública deste país?" poderia significar para uma pessoa "Com que frequência você precisa pagar propinas?"; ou para outra "Quanto custa para você pagar propinas?"; ou para outra ainda "Quando a corrupção ocorre, quanto de problema ela causa neste país?". As discrepâncias nas pesquisas comparativas também sugerem que a grande corrupção seja mais prejudicial que a pequena corrupção no Sudão, com funcionários do governo impondo exigências mais altas a empresas mais ricas, especialmente as multinacionais, que aos cidadãos empobrecidos do próprio país. Considerados em conjunto, os resultados podem mostrar que funcionários corruptos têm pequeno impacto sobre o dia a dia das pessoas. Indivíduos e pequenos negócios podem fazer pequenos pagamentos espúrios, mas eles não veem essa prática como um problema, se os funcionários possuem pouco poder de extorsão.[60]

---

[60] Uma outra forma de medir a corrupção é por meio de auditorias, que usam dados brutos para estudos específicos sobre o país ou sobre um dado setor. Esses estudos normalmente procuram anomalias ou desencontros nos dados como evidências de corrupção. Sequeira (2012) refere-se a essa abordagem como "detectar furos nos dados". Nós tratamos dessas auditorias em capítulos adiante.

PARTE I

A corrupção como problema econômico

2
Corrupção burocrática

Todo estado, seja benevolente ou repressivo, controla a distribuição de valiosos benefícios e a imposição de onerosos custos. A distribuição desses benefícios e custos é geralmente repassada ao controle de funcionários públicos que possuem poderes discricionários. Cidadãos e empresas que desejam um tratamento favorável podem estar inclinados a pagar para obtê-lo. Pagamentos são corruptos se feitos ilegalmente a agentes públicos com a finalidade de obter um benefício ou de se livrar de um custo. Muitos pagamentos são feitos em retribuição a ações que violam as regras vigentes. Entretanto, indivíduos ou empresas também pagam suborno por benefícios a que tinham direito ou para evitar custos artificialmente criados com a finalidade de gerar propinas. Esses pagamentos são igualmente corruptos. Alguns países usam palavras distintas para essas diferentes situações. Bardhan (1997:1323) observa a diferença em russo "entre *mzdoimstvo*, receber remuneração para fazer o que de qualquer forma deveria fazer, e *likhoimstvo*, receber remuneração pelo que não deveria ser feito".

Corrupção é um sintoma de que alguma coisa está errada na gestão do estado. Instituições públicas governam as interrelações entre o cidadão e o estado. Em presença da corrupção, essas instituições são usadas, não para prover recursos públicos, mas, em vez disso, para enriquecimento pessoal e para distribuição de benefícios a outros corruptos. Os mecanismos de preços, tão frequentemente fonte de eficiência econômica e promovedores do crescimento, podem, na forma de propinas, minar a legitimidade e a efetividade do governo. Instituições governamentais mal concebidas e mal operantes provocam estagnação das economias e persistência das desigualdades.[61]

---

[61] Para um recente estudo de como isso ocorre, ver Acemoglu e Robinson (2012).

Nesta parte do livro, assumimos que a lei tenha estabelecido regras claras que permitam distinguir o comportamento legal do ilegal — qualificando algumas ações como suborno ou extorsão — e que todos entendam quais atos são corruptos, mesmo que os pratiquem. Mesmo nesse mundo de distinções claras, embora algumas pessoas nunca vão agir corruptamente, em virtude de fundamentos morais, outros escolherão ser corruptos, aparentemente por hábito, e outros vão ponderar os custos e benefícios de se envolverem em cada ato de corrupção. Como lamentava o detetive Frank Serpico, "Dez por cento dos policiais da cidade de Nova York são absolutamente corruptos, 10% são absolutamente honestos, e os demais 80% — eles desejariam ser honestos".[62] Tirole (1996) refere-se a este último grupo como "oportunista"; Beenstock (1979) designa essas pessoas como "pragmáticas". Miller (2006:371) argumenta (baseado em uma pesquisa na República Tcheca, na Eslováquia, na Bulgária e na Ucrânia) que:

> tanto cidadãos comuns quanto funcionários explicitamente condenam o uso de propinas. Todavia, muitos confessam tê-las dado ou recebido, e ainda mais entre eles confessam que as dariam se necessário, ou as receberiam se houvesse a oportunidade. Isso não acontece porque sejam irrelevantes seus valores, mas porque seus valores internos têm de fazer frente a pressões externas. Os cidadãos comuns respondem à extorsão, e funcionários respondem à tentação — e essas pressões externas têm mais força que os valores internos. Consequentemente, tanto os cidadãos quanto os funcionários devem ser vistos mais como *corruptíveis* do que como *corruptos*. (Itálicos acrescentados)

De acordo com a empresa de consultoria KPMG (2008), que tem como uma de suas especialidades a detecção de fraudes em corporações, em média 60% dos empregados de uma empresa caem nessa categoria intermediária;[63] podemos assumir números similares para o setor público, a menos que ocorra seleção de corruptos pelos corruptos para posições do governo em que haja oportunidades de corrupção; nesse caso, aumentará a proporção de empregados corruptíveis no quadro de funcionários.

---

[62] Citado em Sam Roberts, "Rooting Out Police Corruption", *New York Times*, 29 de junho de 2012, http://nytimes.com/2012/07/01/nyregion/books-on-police-corruption-and-woody-guthries--haunts-in-new-york-city.html (acesso em 13 de junho de 2013).

[63] O relatório cita como fonte dessa cifra o livro *The Accountant's Handbook of Fraud and Commercial Crime*, de Jack Bologna, Joseph Wells e Robert Lindquist, Wiley ans Sons, 1993.

A existência de um numeroso grupo de oportunistas implica que o ambiente institucional é um fator determinante dos riscos de corrupção. Nós isolamos as mais importantes situações estruturais nas quais uma corrupção amplamente disseminada possa definir quem obtém os benefícios e quem incorre nos custos da ação (ou inação) governamental. Embora a corrupção assuma várias formas, escolhemos focalizar aqui o suborno, porque é, em especial, o ato universalmente considerado corrupto.[64] Fornecemos uma taxonomia das muitas razões pelas quais se pagam propinas. Este capítulo enfoca a corrupção de níveis baixos, que ocorre quando a burocracia interage com o público. Alguns usam a expressão "pequena corrupção", mas os valores agregados envolvidos e os custos para a sociedade podem ser bem significativos. As questões abordadas aqui devem ser de interesse de dirigentes departamentais empenhados em reduzir os incentivos ao suborno entre seus subordinados. No capítulo 3, voltamo-nos à corrupção em compras, em privatizações e em concessões. Muitas dessas operações, embora nem todas, são oportunidades de corrupção de alto nível (grande corrupção), que envolvem políticos importantes ou altos dirigentes governamentais, cujo envolvimento suscita questões distintas. O capítulo 4 retorna às questões tratadas nos capítulos 2 e 3, a fim de sugerir algumas iniciativas de reforma. O capítulo 5 explicitamente considera o funcionalismo civil e questiona como poderia ser organizado para limitar incentivos à corrupção. O capítulo 6 considera a legislação criminal. Embora nosso foco principal esteja na reforma institucional que reduza as oportunidades de corrupção, é importante explicitamente confrontar o papel das leis contra o suborno e outras formas de negociação em proveito próprio.

Neste capítulo, identificamos e analisamos quatro situações-chave nas quais pode ocorrer o suborno, no fornecimento de bens e serviços pelo governo e na imposição de custos.

- O governo pode ser acusado de destinar um benefício valioso a indivíduos e empresas, mediante critérios legais que não a simples aceitação de pagar por ele. O benefício pode ser fixado em suprimentos, fornecidos à discri-

---

[64] De acordo com o World Values Survey Wave 6 (20 de outubro de 2014), 69,3% dos respondentes em 52 países acreditam que "nunca é justificável alguém que aceite uma propina no exercício de seus deveres". Isso vai de 28,6% em Ruanda até um pico de 87,7% no Azerbaijão e no Qatar. No outro extremo, somente 1% considera-o "sempre justificável", variando de 0% na Turquia a 3,6% no México. A média é 1,82, variando de 1,26 na Turquia a 4 nas Filipinas (1 é "nunca justificável"; 10 é "sempre justificável"). Dados obtidos do relatório interativo *Online Data Analysis* do *World Value Survey*, em http://www.worldvaluessurvey.org/WVSOnline.jsp (acesso em 20 de agosto de 2014).

ção de funcionários, ou nominalmente aberto àqueles que se apresentem. *Subornos abrem o mercado, em troca de qualificações não monetárias.*
- Funcionários do setor público podem ter pouco incentivo a bem cumprirem suas obrigações, devido a baixos níveis salariais e a pouco acompanhamento interno. Como resultado, podem relaxar no trabalho; ou, ainda pior, podem impor atrasos e outros obstáculos para o público. *Subornos atuam como bônus de incentivo.*
- Os engajados em ações legais procuram reduzir os custos a eles determinados pelo governo sob a forma de impostos, tarifas aduaneiras e outras regulamentações. *Subornos reduzem custos.*
- Indivíduos e empresas procuram livrar-se de sanções devidas a atividades criminais. *Subornos facilitam atividades ilegais.*

Essas categorias não são mutuamente exclusivas. Um suborno dado como incentivo, por exemplo, poderia também visar a concessão de algum benefício ou a dispensa de algum imposto. Todavia, cada formato levanta questões distintas; por esse motivo, é útil considerá-las separadamente.

I. Pagamentos que equalizam fornecimento e demanda

Os governos frequentemente fornecem bens e serviços de forma gratuita ou mediante preços inferiores aos do mercado. Muitas vezes, existem dois preços — um mais baixo, o do governo, e um mais alto, o do livre mercado. Pode então ocorrer que as empresas paguem propinas aos funcionários para ter acesso aos suprimentos governamentais a preços abaixo do mercado. Na China, por exemplo, alguns bens costumavam ser vendidos tanto por preços subsidiados pelo estado quanto por preços de livre mercado. Pesquisadores chineses relatam que em 1989 o preço de mercado do carvão era 674% do preço subsidiado. Os preços de mercado para sete outros bens produzidos localmente variavam de 250% a 478% dos preços fixados pelo estado. Não era surpresa, portanto, que fosse muito comum a prática de pagamento de propinas para a obtenção de produtos a preços fixados pelo estado.[65] Similarmente, o acesso

---

[65] Dados do Grupo de Reforma de Preços do *Finance and Trade Institute* da Academia de Ciências Sociais da China. Impresso em *Zhongguo Wujia* (Preço na China), Beijing, outubro de 1990. Como exemplo, ver "China's Paragon on Corruption", *New York Times*, 6 de março de 1998. Sobre a corrupção na China nesse período, ver Gong (1993), Hao e Johnston (1995) e Johnston e Hao (1995).

a instalações públicas gratuitas de saúde e de educação facilita e incentiva a corrupção. Preços subsidiados de óleo e gasolina possibilitam especialmente a prática de compra e revenda ilegal por preços aumentados. Por exemplo, na Venezuela, os preços artificialmente baixos da gasolina criaram incentivos para o contrabando do combustível para a Colômbia, onde é vendido a preços de mercado negro; até a recente queda dos preços do petróleo, o preço de mercado era mais de 60 vezes o preço subsidiado pelo estado venezuelano.[66] Preços subsidiados de alimentos na Venezuela produziram comportamento similar; em setembro de 2014, 6 milhões de litros de combustível e 7 mil toneladas de alimentos foram confiscados a caminho da Colômbia.[67] Em agosto e setembro de 2014, foi apreendido um total de 847 mil toneladas de bens contrabandeados. Isso ocorreu também no Irã, no Iraque e na Nigéria, onde preços de gasolina domésticos foram fixados por uma fração dos preços de países vizinhos (McPherson e MacSearraigh, 2007:209). "O controle de preços de subprodutos de refino de petróleo representa talvez o mais importante, o mais comum e o mais tenebroso indutor de corrupção nesse segmento da cadeia de valor do petróleo" (McPherson e MacSearraigh, 2007:208).

Se o fornecimento de crédito e a taxa de juros são controlados pelo estado — e até mesmo quando não são —, propinas podem ser pagas para acesso a eles. Entrevistas com figuras do mundo dos negócios da Europa Oriental e da Rússia, durante a transição do comunismo para o capitalismo, indicavam que pagamentos espúrios eram frequentemente necessários para obter crédito (Webster, 1993a, 1993b; Webster e Charap, 1993; De Melo, Ofer e Sandler, 1995). No Líbano, pesquisa similar revelou que empréstimos não eram disponibilizados sem o pagamento de propinas (Yabrak e Webster, 1995). Influência pessoal e corrupção levam bancos a empréstimos de alto risco — às vezes para tomadores sem a intenção de pagá-los. No Quênia, por exemplo, um observador bem posicionado estimava em 1992 que um terço dos ativos bancários era de quase nenhum valor, como resultado de interferência política no sistema financeiro (Bigsten e Moene, 1996:191). Situação análoga existia no Banco Nacional de Fiji, onde influência política era aparentemente

---

[66] Ver, por exemplo, AFP, "Venezuela busca frenar contrabando de gasolina hacia Colombia", RCNRadio.com, http://www.rcnradio.com/videos/venezuela-busca-frenar-contrabando-de-gasolina-hacia-colombia-16657 (acesso em 7 de outubro de 2014).
[67] Agência EFE, "Venezuela incautó 6 millones de litros de gasolina de contrabando em frontera", El Espectador, 4 de outubro de 2014, http://www.elespectador.com/noticias/elmundo/venezuela-incauto-6-millones-de-litros-de-gasolina-de-c-articulo-520641 (acesso em 7 de outubro de 2014).

disseminada (Findlay, 1997:54). Corrupção sob a forma de capitalismo de favorecimento discriminatório nos bancos japoneses contribuíram para a crise japonesa e longa recessão nos anos 1990; revelações de situação similar nos bancos tailandeses assustaram investidores, contribuindo para a crise de liquidez asiática de 1997-8 (Balaam e Veseth, 2008:160, 252). Por volta da mesma época, empréstimos bancários na Coreia eram continuamente feitos para companhias de destacada influência, após essas terem passado por sérias dificuldades financeiras. As empresas tinham feito pagamentos substanciais para políticos poderosos, e esses indivíduos pressionavam os bancos para prosseguirem liberando empréstimos. Os próprios banqueiros também recebiam suborno.[68] No Paquistão, pesquisadores bem-informados calculavam que custaria ao governo de 10% a 15% do PIB de 1996-7 para lidar com a crise bancária devida a empréstimos frustrados, fornecidos a amigos do regime (Burki, 1997:9). Um estudo dos empréstimos por bancos governamentais nesse país mostrou que empresas que contavam com dirigentes politicamente bem-relacionados tomavam empréstimos mais vultosos e tinham mais empréstimos não pagos que empresas sem conexões políticas; a mesma correlação não se observava para empréstimos de bancos privados (Khwaja e Mian, 2005). Na Nigéria, empréstimos fraudulentos eram concedidos a magnatas influentes; ao todo, mais de US$5 bilhões eram devidos a cinco bancos, quando dirigentes bancários foram presos em 2009.[69]

Taxas de câmbio às vezes não refletem os fundamentos econômicos, e assim produzem incentivos ao pagamento de propinas, a fim de obter-se moeda estrangeira escassa a taxas mais favoráveis.[70] Por exemplo, o sistema

---

[68] "Yet Another Shock to South Korea's System", *The Economist*, 24 de maio de 1997; "Hanbo Group Founder Is Jailed for 15 Years", *Financial Times*, 3 de junho de 1997.

[69] Owen Fay (Al Jazeera), "Nigeria's Anti-corruption Crusade", *Daily Motion*, 26 de agosto de 2009, http://www.dailymotion.com/video/xqf7bd_nigeria-s-anti-corruption-crusade-26-aug-09_news (acesso em 5 de outubro de 2015).

[70] Taxas de câmbio podem também ser manipuladas por instituições bancárias privadas, mesmo quando as taxas são flutuantes; por exemplo, operadores e vários bancos transnacionais manipularam taxas de juros interbancários internacionais Libor e Euribor. Ver "Libor: A Week of Corruption", *The Telegraph*, 1 de julho de 2012, http://www.telegraph.co.uk/finance/newsbysector/banksandfinance/9368890/Libor-a-week-of-corruption.html. Enquanto escrevemos, pelo menos cinco bancos líderes ao redor do mundo receberam multa de mais de US$5 bilhões, relacionada à Libor e à manipulação de câmbio, e podem ainda ter de enfrentar processos criminais. Nathalie Leighton-Jones, "Giant $5.6 Billion Bank FinesPave Way for Clients to Sue", *The Wall Street Journal*, 20 de maio de 2015. http://blogs.wsj.com/moneybeat/2015/05/20/giant-5-6-billion-bank-fines--paves-way-for-clients-to-sue (acesso em 28 de junho de 2015).

de câmbio múltiplo do Paraguai abriu caminho para a corrupção, antes de ser reformado (World Bank, 1994b). O sistema de duplo câmbio da África do Sul era uma fonte de pagamentos ilegais. O *rand* financeiro foi abolido em março de 1995, uma mudança de política que acabou com um conjunto de incentivos à corrupção.[71] A moeda venezuelana, o bolívar (B), é submetida a múltiplas taxas de conversão. Sob Hugo Chávez, o dólar estava oficialmente cotado à taxa preferencial de 6,3 Bs por dólar para bens essenciais, tais como produtos médicos, e 11 Bs por dólar para outras importações autorizadas. O processo burocrático exigido para obter dólares pelo sistema oficial era demorado e complicado, induzindo muitos importadores a contratar agentes — com ligações internas especiais — para agilizar o processo.[72] Uma forma de alcançar velocidade poderia ser um bem colocado suborno. A baixa taxa oficial de câmbio também criava incentivos para falsificar importações, a fim de comprar dólares e vendê-los com margem no mercado negro.[73] Dois bancos privados na Venezuela (e, por extensão, seus donos) ganharam uma soma estimada em US$607 milhões ao comprar títulos argentinos do governo venezuelano ao câmbio oficial e revendê-los à taxa do mercado negro (Coronel, 2006:7). Ao mesmo tempo, taxas oficiais a valores pré-fixados encorajam o desenvolvimento de mercado negro para moedas estrangeiras, frequentemente originadas pelo tráfico de drogas e outras atividades ilícitas, já que possibilitam a lavagem de fundos ilícitos (Insulza, 2013).

A emissão de escassas licenças para importação e exportação é uma frequente fonte de pagamento de propinas e de revenda com margem ilícita, com o valor do suborno vinculado ao dos benefícios conferidos. Nas Filipinas, nos primeiros anos da década de 1950, ambos os métodos eram operantes. Os cidadãos com ligações políticas podiam facilmente obter licenças, desde que pagassem 10% de comissão (Hutchcroft, 1998:73). Na Nigéria, o regime no

---

[71] *Transparency International Newsletter*, junho de 1995. "South African Economy in Global Firing Line", *Financial Times*, 13 de março de 1995, e "Strong Debut for Unified Rand", *Financial Times*, 14 de março de 1995. De acordo com o artigo de 13 de março, entretanto, os sul-africanos ainda enfrentavam rígidos controles para levar divisas para o exterior, situação que poderia encorajar tentativas ilegais de contornar esses controles.

[72] Um testemunho pode ser encontrado em Francisco Toro, "The Myth of the Bs.6.30 Dollar", *Caracas Chronicles*, 3 de dezembro de 2013, http://caracaschronicles.com/2013/12/03/the-myth-of-the-bs-6-30-dollar/ (acesso em 18 de julho de 2014).

[73] Francisco Toro, "How Venezuela Turns Butter Vendors into Currency Manipulators", *New Republic*, 4 de março de 2014, http://www.newrepublic.com/article/116856/venezuelas-shortage--basic-goods-15-years-making (acesso em 18 de julho de 2014).

poder no início dos anos 1980 resistia às reformas de liberdade de comércio recomendadas pelo Fundo Monetário Internacional, aparentemente porque o sistema de licenciamento de importação era uma fonte importante de pagamentos de propinas e de revenda com margem (Herbst e Olukoshi, 1994:465). O fato de essas licenças serem valiosas indica o quanto era custoso manter o sistema na forma de preços mais elevados para os consumidores comuns. Por volta do final dos anos 1980, o sistema de concessão de licenças de importação estava tão desacreditado que foi abolido. Aparentemente, a Associação Manufatureira da Nigéria, cujos membros vinham pagando propinas nos anos anteriores sem reclamar, começaram a ver que estariam melhor sem o sistema. Adicionalmente, ao mesmo tempo que o sistema de licenciamento de importação terminava, o estado introduzia outras novas oportunidades de obtenção de receitas (Faruqee, 1994:246; Herbst e Olukoshi, 1994:481-2). No México, ocorreu algo similar: quando as licenças de importação foram eliminadas no contexto do NAFTA (Acordo Norte-Americano de Livre Comércio), introduziu-se a figura do "agente de importação" credenciado, que se tornou um personagem de pagamentos corruptos (ver quadro 2.2 na seção sobre Impostos e tarifas, neste capítulo).

Os incentivos a se fazerem pagamentos espúrios são bastante claros nessas situações, mas quais são as consequências em termos de eficiência? Simplesmente equalizam oferta e demanda, funcionando de forma análoga aos preços no mercado legal? Consideramos três diferentes casos. Primeiro: é escassa e limitada a oferta do benefício para o público; os funcionários encarregados dessa destinação não têm influência no aumento ou na redução da oferta total. Segundo: o benefício é escasso, mas os funcionários podem influenciar a qualidade e a quantidade disponíveis. Terceiro: o serviço está disponível para todos que se apresentem, mas os funcionários têm o poder de determinar quem atende as exigências.

A. Oferta limitada

No primeiro caso, a autoridade responsável deve fornecer um número limitado de licenças ou benefícios, e o número de pessoas qualificadas para obter o serviço excede a oferta. Se o mercado corrupto opera eficientemente, o serviço será provido aos candidatos com a mais alta disposição de pagar. Se não há discriminação de preço, a propina de "equilíbrio do mercado" será equivalente ao preço em um mercado eficiente. O estado poderia ter legalmente vendido o serviço com o mesmo resultado, exceto pela distribuição da receita. Propinas aumentam a renda dos funcionários envolvidos, enquanto pagamentos legais vão para o tesouro governamental. Porém, mesmo essa diferença pode ser ilusória. Se o mercado de trabalho é competitivo, o governo pode reduzir o pagamento dos funcionários a salários inferiores aos do setor privado, por causa dos pagamentos "por fora" disponíveis aos servidores públicos (Besley e McLaren, 1993; Flatters e MacLeod, 1995); as propinas funcionam como se fossem gratificação ou comissão. O resultado final é que o governo economiza na conta de salários, enquanto os funcionários que aceitam propinas levam para casa pelo menos tanto quanto levariam se os pagamentos espúrios fossem legalizados. Ao mesmo tempo, os responsáveis pela contratação dos servidores podem tirar vantagem dos altos retornos de certas posições públicas, cobrando uma "taxa de entrada" que pode ser tão elevada quanto vários anos de salário (Kristiansen e Ramli, 2006; Paterson e Chaudhuri, 2007:167). Em resumo, se condições competitivas existem tanto no mercado corrupto quanto no de trabalho, pagamentos ilegais são como preços de mercado. Os vencedores são os que aceitam pagar o máximo em propinas e os servidores que aceitam recebê-las; os perdedores são os que não conseguem ou não aceitam pagar as propinas: eles ou pagam de outras formas, seja pelo tempo perdido na fila ou na persistência em recorrer aos funcionários, ou por perder inteiramente a oportunidade do benefício.

Considerem-se as formas pelas quais resultados ineficientes ou injustos podem aparecer mesmo nesse simples caso. Para começar, suponha-se que a destinação aos que concordam em pagar o valor máximo seja aceitável para a sociedade. Deve-se então perguntar se mercados corruptos diferem dos de competição aberta. Em geral, eles não funcionarão tão eficientemente quanto mercados legais (Rose-Ackerman, 1978; Gambetta, 1993; Cartier--Bresson, 1995; Bardhan, 1997). A ilegalidade do suborno induz os participantes a despenderem recursos para manter em segredo a transação. Isso, em contrapartida, significa que a informação sobre os preços do suborno não será amplamente conhecida. Os preços podem ter uma certa inércia — não respondem de forma imediata às forças do mercado — em função da dificuldade ou risco de divulgação dos valores praticados. Alguns participantes em potencial podem se recusar a entrar na disputa em razão de escrúpulos morais ou medo de punição, e os funcionários públicos podem limitar a negociação a um círculo restrito de participantes usuais ou parentes e amigos de confiança, a fim de evitar vazamento (della Porta e Vannucci, 1997a). Por todos esses motivos, um sistema corrupto será não apenas menos competitivo, mas também mais incerto que um mercado legalmente estabelecido (Shleifer e Vishny, 1993).

Ademais, pagamentos irregulares podem minar os objetivos de um programa. Os funcionários provavelmente dariam mais foco às partes mais "lucrativas" de seus trabalhos.[74] Se há pagamentos ilícitos, os serviços previstos para beneficiar os mais necessitados ou os mais qualificados serão direcionados, em vez disso, para os propensos a pagar mais alto por eles. Assim, a venda legal de licenças de importação ou de exportação, ou licenças para abertura de restaurantes, poderia ser eficiente (em teoria), mas a alocação por preço de crédito subsidiado, moradias ou licenças de ingresso à universidade prejudicaria os objetivos distributivistas dos programas, ainda que os admitidos fossem nominalmente "qualificados" segundo a lei.

Por exemplo, ocorreu corrupção em programas públicos de moradias nos Estados Unidos, onde o número de famílias qualificadas ultrapassa de longe o número de imóveis subsidiados. Em uma cidade de Connecticut, funcionários manejavam duas listas — uma para interessados honestos e outra, que continha uma lista de andamento mais rápido, para os que pagavam propinas (citado em Rose-Ackerman, 1978:96n). Em Washington, D.C., dois funcionários municipais foram condenados por terem aceitado propinas para certificar pessoas não qualificadas para programa de moradias subsidiadas e por dar a determinados inscritos maior prioridade que mereciam na lista de espera (*United States v. Gatling*, 96 F. 3d 1511 [1996]). Corrupção análoga surgiu na alocação pública de moradias em Hong Kong e Singapura, onde também a demanda excedia a oferta (Lee, 1986:98). Em Hong Kong, as somas pagas eram função do valor do benefício distribuído (Alfiler, 1986:54). Na Índia, apartamentos construídos para viúvas de guerra foram, ao invés disso, comprados por oficiais militares reformados e por parentes de políticos.[75] Similarmente, em 2001 o governo federal de Malawi comprou um espaço de terra e repassou-o a um conselho local para redistribuição a "famílias com pouca ou nenhuma terra [...] mas

---

[74] Esse resultado ocorreu legalmente na Grã-Bretanha durante o século XVIII, quando muitos funcionários eram remunerados pela retenção de uma parte das taxas que coletavam. Reformas encorajaram mudança para salários fixos (Chester 1981:139).

[75] BBC News, "India Chief Minister Resigns Amid War Widow Scam Probe", 9 de novembro de 2010, http://www.bbc.com/news/world-south-asia-11715855 (acesso em 12 de julho de 2014); BBC News South Asia, "India's Corruption Scandals", 18 de abril de 2012, http://www.bbc.com/news/world-south-asia-12769214 (acesso em 12 de julho de 2014).

posteriormente revelou-se que muitas pessoas de recursos adquiriram terras nesse espaço" (Chinsinga e Wren-Lewis, 2014:95).

Em determinados segmentos da área educacional, ocorre situação similar, com poucas universidades, poucas vagas nas escolas e postos docentes cobiçados em escolas públicas, podendo ocorrer que, em vez de essas posições serem destinadas aos estudantes e educadores mais qualificados, sejam preenchidas por pessoas bem relacionadas ou dispostas a pagar mais alto.[76] Professores que tenham obtido seus cargos por meio de corrupção podem prestar serviço deficiente a seus alunos, por exemplo por absenteísmo (Anthony, 2007; Duflo, Hanna e Ryan, 2012; Ngwe, 2013) e podem extorquir seus alunos para a concessão de notas. Essa extorsão pode assumir várias formas: em Botswana, 20% das estudantes do sexo feminino pesquisadas relataram que seus professores tinham solicitado relações sexuais (Leach, 2013:90); estudantes em Gana, Quênia e Moçambique também mencionaram esse comportamento (Action Aid International, 2013:29). Se indivíduos inclinados à corrupção se tornam modelos em certas funções, eles perpetuam a cultura da corrupção, promovendo práticas que não privilegiam esforço ou capacidade.[77] Os estudantes passam a aprender que o êxito não depende de esforço. Em vez de servir de alavanca para elevar os pobres, o sistema educacional mantém o *status quo*; o país pode não ser capaz de atrair investimento devido à baixa qualificação de sua mão de obra, resultando na elevação dos índices de desemprego e de criminalidade.

A admissão de estudantes às escolas — tanto públicas quanto privadas — pode ser manchada pela corrupção sob a forma de nepotismo, de cronismo, de suborno e de doações mal disfarçadas. Na Libéria, de acordo com a revista *The Economist*, nenhum dos 25 mil inscritos para admissão à universidade passou no teste exigido, depois de uma reforma que adotou o critério de obtenção de notas de verdade, em lugar de propinas ou conexões familiares.[78] Hyll-Larsen (2013:54) relata que em 135 países onde a educação é nominalmente gratuita 110 têm escolas que cobram taxas de admissão, exames, diplomas, almoço e

---

[76] Diallo (2013) afirma que alguns professores do Níger compraram seus diplomas de colégio.
[77] Em um interessante experimento, Armantier e Boly (2011) verificaram que propinas de valor mais elevado aumentavam a incidência de graduação indevida, ao passo que ao se introduzir a monitoração dos professores esse tipo de corrupção se reduzia.
[78] "Liberia: Skin-deep Success", *The Economist*, 7 de setembro de 2013, http://www.economist.com/news/middle-east-and-africa/21585017-president-keeps-peace-fails-reduce-graft-skin-deep-success (acesso em 5 de outubro de 2015).

outros serviços. No Vietnã, pais recorrem a conexões influentes ou a propinas (da ordem de duas vezes o PIB *per capita*) para colocar os filhos nas melhores escolas públicas (Chow e Nga, 2013). No México, diretores de escolas públicas podem dizer aos pais que não há vagas, quer isso seja ou não verdadeiro. Eles podem extrair remuneração dos pais, condicionando o ingresso ao pagamento de uma taxa de entrada.[79] Os pais provavelmente relutam em relatar a extorsão, por medo de que o filho fique sem colocação.[80] O superintendente promove a escassez a fim de extrair receitas. Uma vez que essa prática seja lucrativa, o superintendente pode procurar aumentar o número de estudantes por sala de aula, para além dos limites estabelecidos pelo estado. Uma escola pode ter um número fixo de vagas; essas não são supostamente destinadas aos dispostos a pagar mais alto.

A alocação de terras ou de água para irrigação é outro caso em que a ocorrência de elevadas propinas é inconsistente com os objetivos distributivistas do programa. Em projetos de irrigação, pagamentos aos funcionários públicos pelos fazendeiros de áreas mais acima pode implicar que pouca ou nenhuma água chegue aos fazendeiros corrente abaixo. Em alguns sistemas de irrigação na Índia e no Paquistão, fazendeiros na parte final do fluxo recebem pouquíssima água, insuficiente mesmo para culturas de subsistência, e alguns poços podem ficar secos antes de a água chegar ao final da rede (Wade, 1982, 1984; Murray-Rust, Hammond e Vander Velde, 1994; Vander Velde e Svendsen, 1994). No Paquistão, fazendeiros prósperos e politicamente conectados, situados corrente acima, pagam propinas para receber água além de sua cota, privando fazendeiros corrente abaixo do suprimento de água que é de direito destes. Alguns fazendeiros situados a montante cultivam plantações intensivas em água, destinadas à exportação, deixando fazendeiros a jusante quase que sem água para subsistência. Como resultado, os fazendeiros na parte final do sistema devem pagar meramente para receber o que seria de seu direito

---

[79] Guadalupe Gloria, "Denuncian abusos em cuotas escolares", *El Norte*, 17 de agosto de 2014, http://busquedas.gruporeforma.com/elnorte/Documento/Impresa.aspx?id=1410368-325&url=http://www.elnorte.com/edicionimpresa/paginas/20140817/interactiva/NLOC20140817-001.jpg&text=inscripci%f3n&tit=Denuncian+abusos+en+cuotas+escolares#ixzz3B3JYitQz (acesso em 17 de agosto de 2014)

[80] Um casal em Monterrey, Mexico, contou ter pago MX$1.600 (aproximadamente US$120), no início do ano escolar de 2013-14, ao superintendente da escola para a qual tinha sido designado seu filho; este, sem o pagamento, não teria sido encaminhado a nenhuma classe escolar (entrevista pessoal de Palifka com mexicanos seus conhecidos).

(Transparência Internacional, 2008:78). Se a reforma agrária visa beneficiar fazendeiros pobres, pagamentos corruptos para favorecer os melhores terrenos vão aportar benefícios aos mais abonados e aos que têm conexões com os funcionários que administram o programa (Bunker e Cohen, 1983:109). Ao contrário de reduzir pobreza e desigualdade, esses programas perpetuam o problema.

Em resumo, quando o governo distribui um bem do qual existe um suprimento fixo que excede a demanda, a competição baseada em preços ilícitos, sob a forma de suborno, pode solapar os objetivos do programa. Nessas circunstâncias, é necessário redesenhar o programa para limitar os incentivos corruptos que a escassez alimenta, e assegurar que os benefícios alcancem os beneficiários almejados.

B. Quantidade e qualidade variáveis

Suponhamos agora que os funcionários possam influenciar a quantidade e a qualidade dos serviços fornecidos e, em consequência, os "preços" pagos pelos que demandam esses serviços. Um único indivíduo pode ter autoridade para emitir permissões, para deixar passar violações da lei, ou para decidir quem se qualifica para o benefício (Rose-Ackerman, 1978; Klitgaard, 1988; Findlay, 1991; Shleifer e Vishny, 1993). Em um extremo, a corrupção pode ser uma simples transferência de uma empresa privada para um funcionário, transferência essa que enriquece o funcionário, mas que não afeta a eficiência do programa público em questão. Rose-Ackerman (1975, 1978:109-35) analisa o caso de uma simples transferência em uma contratação governamental, mas destaca o caso como provável raridade. A corrupção prejudica o estado em qualquer situação na qual um funcionário atue em resposta a um suborno. O problema não é apenas que o governo receba pagamentos menores que o devido, mas também que suas responsabilidades sejam levadas a efeito de forma ineficiente e incorreta (Rose-Ackerman, 1975, 1978:109-35). Mesmo que o governo receba o pagamento legal (Shleifer e Vishny [1993] denominam isso *corrupção sem roubo*), o empregado do governo recebe um suborno (ou um favor) que aumenta o custo total para o cliente. Como se fosse dono de um monopólio privado, o servidor público reduz o suprimento (ou aumenta o valor a pagar) em relação ao que foi sancionado, a fim de aumentar a receita total disponível para a partilha. Nesse caso, não há impacto direto na receita do governo por unidade de serviço; mas, dependendo do tamanho dos pagamentos ilícitos, menos clientes podem demandar o serviço ao governo, ou solicitar uma licença, ou competir por um contrato público. Em contraste, se o governo estabeleceu a oferta abaixo do nível de monopólio, o funcionário corrupto vai procurar ampliar a oferta do serviço, para maximizar sua receita, em vez de fixar um nível ótimo de serviços. O comportamento do funcionário vai depender não apenas das receitas econômicas totais, mas também da fatia que pode extrair da negociação com beneficiários corruptos. No comércio internacional, por exemplo, funcionários da alfândega podem-se envolver em *corrupção com roubo* (Shleifer e Vishny, 1993): o indivíduo ou a empresa paga uma propina para reduzir ou eliminar a taxa a ser paga ao governo; o valor da propina é menor que a redução na taxa; portanto, os custos totais para o importador são mais baixos. Como resultado, a quantidade de importações pode ser mais alta com a corrupção que sem ela.

Por vezes, funcionários podem arbitrar preços. Svensson (2000) observa que empresas ugandenses pagaram propinas para obter linhas telefônicas e conexões à rede elétrica, e para importar e exportar bens. Os funcionários eram peritos em discriminar preços: empresas mais lucrativas pagavam mais em propinas, enquanto aquelas com risco de saírem do mercado pagavam menos. Similarmente, caminhoneiros indonésios com caminhões mais novos ou mais pesados pagavam maiores propinas nas estações de pesagem; e o tamanho da propina aumentava à medida que o carregamento se aproximava de sua destinação final (Olken e Barron, 2009).[81]

Se vários funcionários têm autoridade sobre a destinação de benefícios escassos, os problemas podem se complicar à medida que cada um tenta extrair uma fatia dos ganhos. Considere-se, por exemplo, o mercado para imóveis comerciais na Rússia dos anos 1990 (Harding, 1995). Os conselhos de governo locais detinham os direitos de propriedade deles, mas a alta direção administrativa possuía alto grau decisório na administração dos imóveis. A destinação dos imóveis não seguia princípios comerciais. Os então ocupantes eram favorecidos e os valores de aluguel estavam bem abaixo do mercado. Os baixos aluguéis criavam "uma enorme receita que fluía para os funcionários locais" (Harding, 1995:10) e gerava excessiva e disseminada demanda. A ambiguidade e a inconsistência dos requisitos federais deixavam

---

[81] No caso dos caminhoneiros da Indonésia, a maior parte das propinas era oferecida voluntariamente, mas alguma negociação era sempre uma opção, ao arbítrio do funcionário (Olken e Barron, 2009).

espaço a manobras corruptas, em interesse próprio, pelas agências locais e pelos funcionários envolvidos em operações de aluguel. Esse processo foi exacerbado em cidades russas pela existência de autoridades que atuavam em camadas superpostas, cada uma das quais procurava tirar benefícios de sua posição estratégica. O resultado era ineficiência, injustiça e um sistema corrompido.

C. Selecionando os habilitados

Consideremos agora um serviço público — como a emissão de passaporte ou de carteira de motorista, ou de uma pensão por idade —, que não é escasso, mas disponível para todos os "habilitados". Pessoas e empresas sem a qualificação necessária frequentemente pagam propinas para obter esses benefícios. Citamos alguns exemplos específicos, mas a prática é amplamente difundida. Assim, na Turquia, membros do corpo de bombeiros levavam propinas para falsificar documentos e emitir certificados de inspeção contra incêndio para novas empresas, mesmo quando essas não atendiam aos padrões estipulados. Em um dado caso, "operadores de uma creche pagaram 15.000 libras turcas aos suspeitos, por um relatório para obtenção de certificado de segurança contra fogo, apesar da incompatibilidade das instalações prediais com os regulamentos de segurança contra incêndio, como, por exemplo, dispor de saída de incêndio e escadaria de largura conforme as exigências regulamentares".[82] Na Tailândia, indivíduos pagaram para ser aprovados no exame de entrada para a Academia de Polícia e para obter carteiras de motorista, sem ter passado por qualquer teste (Alfiler, 1986:37, 56). Na Índia, pessoas inscritas para exames de motorista foram reprovadas arbitrariamente ao serem submetidas às provas de direção, mas puderam conseguir suas carteiras por meio de um "agente", pagando uma quantia (Bertrand et al., 2007). Na Coreia, funcionários foram acusados de aceitar propinas para falsificar as notas de estudantes de enfermagem, a fim de emitir licença para profissionais não qualificados, assim como aprovar a observância a normas regulatórias de corporações alimentícias e empresas poluidoras (Alfiler, 1986:38, 47). Nos Estados Unidos, funcionários do Serviço de Imigração e Naturalização têm sido subornados

---

[82] Nazif Karaman, "Probe Finds Rampant Corruption in Istanbul's Fire Department", *Daily Sabah*, 9 de outubro de 2014, http://www.dailysabah.com/nation/2014/10/09/probe-finds-rampant-corruption-in-istanbuls-fire-department (acesso em 9 de outubro de 2014).

para emitir licenças de trabalho fraudulentas.⁸³ Funcionários da alfândega norte-americana (US Customs) permitiram a entrada ilegal de estrangeiros no país em troca de propinas; agentes de patrulhamento das fronteiras têm-se envolvido em contrabandeá-los para dentro do país.⁸⁴ Claramente, como em tudo igual, o indivíduo não qualificado é, na maioria dos casos, o que tem a maior disposição para pagar mais alto, uma vez que não tem uma forma legal de obter o serviço.

Inversamente, aqueles que estão habilitados para uma responsabilidade onerosa, tal como a prestação de serviço militar, podem pagar para ser julgados não qualificados. Assim, no Cazaquistão, jovens podem pagar US$500 para liberação do serviço militar, e US$1.500 para um certificado indicando que completaram esse serviço (Werner 2000:18). No México, alguns jovens pagam propina para escapar do serviço militar.⁸⁵ Um empresário mexicano que enfrentava processos nos Estados Unidos tentou subornar um juiz federal com US$1,2 milhão, a fim de reduzir sua sentença; deve ter tido uma surpresa quando o juiz recusou e denunciou a tentativa.⁸⁶ Nesses casos, o suborno causa discriminação de classe: os pobres completam seu serviço militar ou sua sentença, enquanto os ricos (e inescrupulosos) escapam via suborno.

Mesmo aqueles que estão habilitados a um benefício podem pagar por ele, se funcionários detêm suficiente monopólio do poder para produzir escassez, seja atrasando as aprovações ou recusando-as, a menos que recebam propinas (Paul, 1995). Alternativamente, podem fabricar incerteza para todos os inscritos. Observemos que, no caso da carteira de motorista indiana citado anteriormente no texto, a reprovação arbitrária relatada poderia levar qualquer um a pagar propina, quer fosse ou não um motorista capacitado. A aparente aleatoriedade da reprovação poderia ser parte da estratégia de incentivo ao suborno.

---

⁸³ John Sullivan e Clifford Levy, "Immigration Service Keeps a Wary Eye on Its Newark Office", *New York Times*, 18 de agosto de 1996, http://www.nytimes.com/1996/08/18/nyregion/immigration-service-keeps-a-wary-eye-on-its-newark-office.html (acesso em 5 de outubro de 2015).

⁸⁴ Ver, por exemplo, Randal C. Archibold e Andrew Becker, "Border Agentas, Lured by the Other Side", *New York Times*, 27 de maio de 2008, http://www.nytimes.com/2008/05/27/us/27border.html (acesso em 5 de outubro de 2015).

⁸⁵ Transparência Mexicana, "Índice Nacional de Corrupción y Buen Gobierno Informe Ejecutivo 2010", http://www.tm.org.mx/wp-content/uploads/2011/05/INFORME_EJECUTIVO_INCBG2010.pdf (acesso em 18 de abril de 2012). A incidência decresceu de 3,9% em 2001 para 1,5% em 2010; essa é uma das menores incidências de suborno reportadas pela Transparência Mexicana.

⁸⁶ "Suma EU otro cargo a Colorado", *El Norte*, 13 de março de 2014.

É às vezes difícil distinguir esse caso de outro em que a escassez é uma característica inerente ao programa, não uma condição criada por funcionários em busca de propinas. Conforme anteriormente mencionado, escolas públicas podem diferir em qualidade. Assim, embora todos os estudantes tenham direito a frequentar escola, vagas em escolas mais concorridas são escassas, ainda que cada estudante seja colocado em alguma escola. Mesmo que ninguém pague pelo ingresso, algum funcionário pode demandar pagamento ao final do ano, condicionando a entrega das notas (necessária à inscrição para o próximo ano escolar), mediante o recebimento de uma propina. Algumas vezes, esses pagamentos são disfarçados sob a forma de contribuições para a associação de pais e mestres, as quais deveriam ser voluntárias.[87]

Outra estratégia é manter vagos e incertos os critérios de qualificação. Os inscritos trazem os documentos requeridos, somente para ouvir que algum outro documento está faltando ou que há algo errado com algum dos documentos apresentados; quando o "requisito" é atendido, aparece alguma outra exigência. Assim, funcionários podem negar serviços a candidatos que não paguem propina, e fica difícil para qualquer um provar que não foi corretamente tratado.

Em geral, quanto maior o poder decisório dos funcionários e mais escassas as opções disponíveis para indivíduos e empresas privadas, mais elevados os custos de um sistema que tolera a corrupção, mesmo que todos os que obtenham os serviços estejam de fato qualificados. Os custos correspondem ao tempo perdido e aos problemas sofridos pelos potenciais beneficiários, assim como aos esforços dos funcionários corruptos para esconderem seus atos. As propinas seriam "somente" transferências; mas, dado que o suborno eleva os custos de obtenção do serviço, elas afetam a distribuição dos benefícios, de tal forma que podem solapar os objetivos do programa público (Klitgaard, 1988; Shleifer e Vishny, 1993; Bardhan, 1997; Wei, 2000).

Por vezes, a pura extorsão ocorre quando funcionários governamentais criam situações que lhes permitem demandar propinas. Na África do Sul, alguns funcionários aduaneiros abusam de sua autoridade, extorquindo propinas e favores sexuais de comerciantes informais de países vizinhos.[88]

---

[87] Para um caso documentado na República dos Camarões, ver Transparência Internacional, "Stealing Futures", http://www.transparency.org/news/story/stealing_futures (acesso em 5 de outubro de 2015).

[88] Natasya Tay, "AFRICA: Women Traders Confronting Sexual Harassment at Borders", Inter Press Service (IPS) News Agency, 22 de setembro de 2010, http://www.ipsnews.net/2010/09/afrca-women--traders-confronting-sexual-harassment-at-borders/ (acesso em 13 de julho de 2014).

De forma similar, um processo legal em Baltimore, Maryland, alega que dois empregados do sistema público de moradias se negavam a fazer reparos se residentes femininas se recusassem a fazer sexo.[89] No Quênia, funcionários de trânsito rotineiramente param motoristas de caminhão com o único propósito de receber um pequeno pagamento; o resultado é equivalente a uma série de postos de pedágio (ao menos 50), totalizando até 5 mil shillings quenianos, desde a fronteira de Uganda até os portos em Mombaça.[90] Taxas similares são pagas em postos de controle e estações de pesagem na Indonésia, mesmo quando os caminhões não apresentam excesso de peso (Olken e Barron 2009). Na Nigéria, a polícia rotineiramente extorque pagamento dos motoristas de ônibus.[91] O golpe contra motoristas de transportes públicos é também comum no Quênia;[92] e a polícia também ameaça prender cidadãos (ou de fato prendem) a fim de extorquir propinas (Andvig e Barasa, 2014). Na Cidade do México, um experimento de campo mostrou que a polícia era mais propensa a solicitar propinas de motoristas de automóveis velhos e mal mantidos, que provavelmente não reclamariam junto a autoridades de nível mais alto (Fried, Lagunes e Venkatamaran, 2010). No Malawi, vendedores de rua informais eram surrados e tinham seus bens roubados ou destruídos pela polícia nos anos 1970 e início dos anos 1990 (Jimu, 2010:103). Na Venezuela, policiais espancavam e sequestravam residentes de favelas, efetivamente exigindo resgates de milhares de dólares de cidadãos empobrecidos (Transparência Internacional, 2013a:12). Em muitos desses casos, o "crime" é a informalidade; em outros, o pagador da propina não violou qualquer lei, mas a disputa pela multa gasta tempo e pode-se mostrar inútil (adicionalmente, a vítima pode não conhecer os procedimentos necessários) — é mais fácil, simplesmente, pagar o suborno.

---

[89] Associated Press, "Maryland: Suit Alleges Sex Was Extorted for Repairs", *New York Times*, 28 de setembro de 2015, http://nytimes.com/2015/09/29/us/maryland-suit-alleges-sex-was-extorted--for-repairs.html (acesso em 5 de outubro de 2015).
[90] NTV Kenya, "Regional Graft: Transporters Forced to Bribe Police along the Northern Corridor", http://www.youtube.com/watch?v=SROvjZ-kEaM (acesso em 24 de setembro de 2014). Conversão monetária utilizando taxa de câmbio publicada em XE Currency Converter, http://www.xe.com/currencyconverter/convert/?Amount=1&From=KES&To=USD (acesso em 24 de setembro de 2014).
[91] Sahara Reporters, New York, "Bus Passenger Killed By Bribe-Seeking Police in Lagos Buried", 27 de julho de 2014, http://saharareporters.com/2014/07/27/bus-passenger-killed-bribe-seeking--police-lagos-buried (acesso em 24 de setembro de 2014).
[92] NTV Kenya, "Corrupt Policemen Perfect the Art of Taking Bribes", http://www.youtube.com/watch?v=HVbSQYhgFlg (acesso em 24 de setembro de 2014).

II. Propinas como pagamentos de incentivo a burocratas

Dado que o tempo é valioso, empresas e indivíduos pagam para evitar perda de tempo. Em muitos países, um telefone, um passaporte ou uma carteira de motorista não podem ser obtidos de forma rápida sem um pagamento ilícito. Em situação extrema, o serviço está disponível apenas para o cliente corrupto, e não para o cidadão honesto e paciente. De acordo com o *Global Corruption Barometer* (GCB) 2013 da Transparência Internacional (TI), 40% dos indivíduos que pagaram propinas em todo o mundo fizeram-no para obter serviços mais rápidos; para 27%, essa era a única forma de conseguir o serviço.[93]

Um jornal indiano chegou a publicar uma lista de "tarifas" padrão para um leque de serviços públicos de rotina.[94] Em São Petersburgo, em 1992, o pagamento exigido para a instalação de uma linha telefônica era de US$200 (Webster e Charap, 1993). No site www.ipaidabribe.com, indivíduos relatam terem pagado propinas para uma ampla gama de serviços em vários países: na Índia, uma pessoa conta ter desembolsado Rs150 (cerca de US$2) para a obtenção de um atestado de óbito; várias pessoas relatam propinas de Rs500-3 mil pela verificação de passaportes pela polícia; Rs200 por não ter um certificado de inspeção de poluição veicular; e Rs13 mil (cerca de US$200) para ter o título de propriedade de imóvel transferido após a compra, embora estando com todos os documentos em ordem.[95]

Um estudo da economia informal na Ucrânia relaciona os pagamentos para vários serviços necessários a negócios privados (Kaufman, 1997). A maioria das empresas reportam pagar taxas relacionadas a guias de importação e exportação. Linhas telefônicas quase invariavelmente envolviam um "pagamento informal".[96] Eram comuns pagamentos a inspetores tributários e a inspetores de proteção contra incêndio e de condições de saúde no trabalho, assim como tarifas não oficiais para acesso a *leasing* e a crédito. O alto custo do suborno no relacionamento com funcionários do governo leva muitas empresas a operarem de maneira informal e muitas outras a declararem vendas, custos

---

[93] Transparência Internacional, *Global Corruption Barometer*, "In Detail, http://www.transparency.org/gcp2013/in_detail (acesso em 7 de julho de 2014).
[94] "Bribe Index", *Sunday Times of India*, 17 de dezembro de 1995. Por exemplo, uma carteira de motorista custava 1.000 a 2 mil rúpias, e a instalação de um medidor elétrico, de 25 mil a 30 mil rúpias.
[95] Conversão feita em 23 de outubro de 2015.
[96] Svensson (2000) observou o mesmo em Uganda.

e folha de pagamento de maneira apenas parcial às autoridades (Kaufmann, Mastruzzi e Zavaleta, 2003). As perdas do estado são substanciais e, ademais, o nível dos pagamentos indevidos desencoraja o investimento e o ingresso de novas empresas (Kaufmann, 1997; Wei, 2000). Na Rússia,

> É necessário subornar quando do registro de um negócio, quando do aluguel de instalações pertencentes ao estado, quando da obtenção de licenças de repartições do estado para a utilização dessas instalações, quando da obtenção de crédito bancário a taxas de juros mais favoráveis, quando da apresentação de relatórios a inspetores tributários e quando da execução de formalidades alfandegárias. Porém, esse é um problema que não afeta somente os empresários. Há subornadores em instituições educacionais, em instituições de saúde, em órgãos administrativos e na polícia (Gilinskiy, 2005:159).

Existem incentivos corruptos similares se o governo não efetua pontualmente o pagamento de suas contas. Isso pode ocorrer por várias razões: os fundos podem ser insuficientes; o desembolso pode requerer autorização legislativa ou de outra autoridade; ou os servidores públicos responsáveis pelo desembolso podem estar sobrecarregados. Outra possibilidade é que os responsáveis pelo pagamento provoquem atraso intencional, a fim de extorquir propinas (Paterson e Chaudhuri, 2007:172) ou aplicar temporariamente em fundos de investimento para ganhos pessoais (Klitgaard, 1988:20). Na Argentina, por exemplo, companhias de seguros pagaram suborno para receber dívidas em atraso da companhia estatal de resseguros. Finalmente, o esquema degenerou em um sistema de flagrante fraude contra o estado, organizado por funcionários estatais corruptos e agentes intermediários, no qual companhias privadas forjaram falsas contas a receber e entraram em conluio com funcionários corruptos para serem reembolsadas pela companhia estatal (Moreno Ocampo, 1995). No México, a petrolífera Pemex violou seu contrato com empresas de transporte de caminhões-tanque em 2009, quando pararam de ajustar os preços pagos pelos seus serviços; não obstante, as empresas continuaram a prestar o serviço por cinco anos, na expectativa de pagamento corrigido, apesar de operarem com perdas.[97] O governo da

---

[97] Alejandra López e Alan Miranda, "Reclaman 'piperos' paga", *El Norte*, 3 de junho de 2014.

Venezuela tem uma dívida de bilhões de dólares estadunidenses acumulada junto a empresas, recusando-se a desembolsar moeda escassa e, com isso, alimentando incentivos para que as empresas recorram à corrupção.[98]

Em países altamente corrompidos, os administradores gastam muitas horas lidando com funcionários públicos (Fries, Lysenko e Polanec, 2003). Em pesquisas junto a empresários, a Ucrânia pós-transição é um caso extremo, com membros do quadro societário e da alta administração despendendo uma média de 30% de seu tempo lidando com funcionários (Kaufmann, 1997). Quanto mais complexos os procedimentos e mais longo o tempo necessário à abertura de um negócio, maior é o incentivo à corrupção (Buscagliae van Dijk, 2003). De acordo com o *Global Competitiveness Report 2013-2014*, o tempo para abrir uma empresa varia de um dia na Nova Zelândia a 694 dias no Suriname (Schwab, 2014).[99] A figura 2.1 revela a relação direta entre o tempo para abrir um negócio e o custo em propinas para a empresa, segundo o mesmo relatório. O custo em propinas é pontuado de 1 a 7, onde 1 indica que o suborno é frequente, e 7, que o suborno quase nunca ocorre. Assim, conforme mostrado no gráfico, quanto mais dias se leva para abrir o negócio, pior a pontuação do país em suborno.[100] Obviamente, a figura mostra (fraca) correlação, não causalidade.[101] Talvez o nível de burocracia seja determinado por outros fatores para além da pesquisa por pagamentos, mas a figura ao menos sugere que um ciclo vicioso possa existir onde a burocracia encoraja o suborno e a expectativa de suborno encoraja a burocracia.

---

[98] Kejal Vyas, "Venezuela cumple con Wall Street, pero en casa les debe a muchas empresas", *El Norte* (*The Wall Street Journal Americas*), 13 de fevereiro de 2014, Negócios 4.

[99] A média é de 28,87 dias; a mediana é de 16 dias. O Suriname é um caso extremo, seguido por Venezuela (144 dias), Brasil (119), Haiti (106) e Brunei Darussalam (101). Os demais países requerem menos de 100 dias, em média, para iniciar um novo negócio. O número de procedimentos varia de 1 (Canadá e Nova Zelândia) a 17 (Venezuela).

[100] O *World Competitiveness Report* inclui somente 148 países. É claro que países muito pequenos estão sub-representados; e estão ausentes países em conflito, como Afeganistão, Iraque, Somália e Sudão. O índice de suborno é uma média de respostas a questões relativas à frequência de empresas que pagam propinas com respeito a importação e exportação, utilidades públicas, impostos, contratos públicos e licenças, e ao Judiciário. Assim, note-se o baixo valor de R^2.

[101] Buscaglia e van Dijk (2003) também encontram uma correlação.

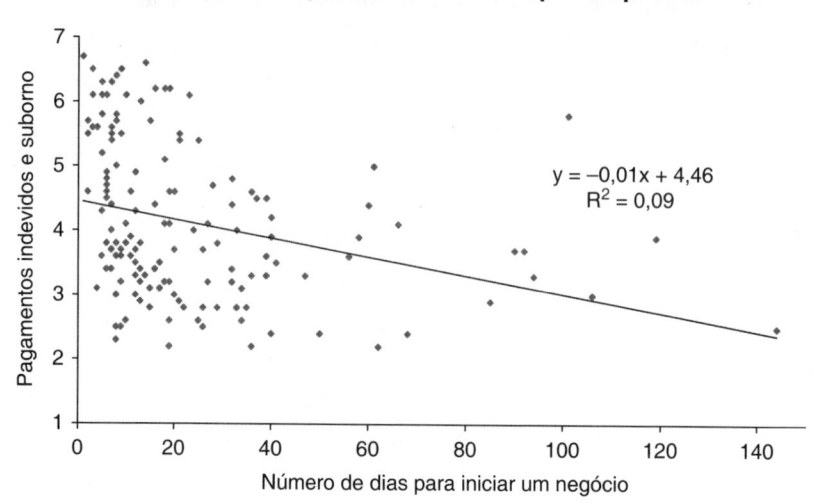

Figura 2.1. Correlação por países entre dias para abrir uma empresa e a frequência de suborno por empresas

$y = -0{,}01x + 4{,}46$
$R^2 = 0{,}09$

Eixo Y: Pagamentos indevidos e suborno
Eixo X: Número de dias para iniciar um negócio

Nota: O Suriname foi excluído do gráfico por sua posição extrema.
Fonte: Elaborado a partir de dados de Klaus Schwab, ed. *The Global Competitivenes Report 2013-2014*, World Economic Forum.

III. Suborno como redutor de custos

Governos impõem regulamentações e alavancam impostos. Indivíduos e empresas podem efetuar pagamentos para se livrarem desses custos. Primeiramente, consideraremos incentivos à corrupção em programas regulatórios; em seguida, corrupção no recolhimento de impostos e tarifas.

A. Programas regulatórios

No contexto de programas públicos regulatórios, empresas podem fazer pagamentos para obter uma interpretação favorável das regras ou para aliviar a carga regulatória. Normas e regulamentos podem ser usados por funcionários corruptos como meio de prover seu próprio enriquecimento. Em todo lugar, as regras são quebradas em retorno a pagamentos ilícitos (ver quadro 2.1). Os centros de tais pagamentos são notavelmente assemelhados por todo o mundo, apesar das grandes diferenças de cultura, de condições econômicas e de organização política. Pagamentos indevidos ocorrem no licenciamento de empresas, na inspeção de construções e de edifícios, e na regulamentação de questões ambientais e de segurança no trabalho. Cada vez que funcionários responsáveis pela regulamentação têm poder de decisão, existe um incentivo à corrupção.

Quadro 2.1. O mercado para a quebra de regras

Considere-se um caso em que funcionários possam fornecer isenções ilegais para empresas, em termos de regras ou de redução de impostos ou outros custos. Em um mundo honesto, a ocorrência de tais benefícios seria nula. Suponha que muitos funcionários possam prover essas isenções, mas aceitem fazê-lo apenas mediante um preço. No mercado para "quebra de regras", o fornecimento dessas quebras por servidores públicos é determinado pela quantia de suborno oferecida (b), pelo salário recebido relativo à oportunidade salarial do funcionário no setor privado (w), pela probabilidade de descoberta e punição (p) e pela punição recebida se a ilegalidade é detectada (x), a qual pode incluir prisão, multa e/ou perda do emprego. O servidor público pondera o benefício esperado de aceitar o suborno versus a expectativa de custo.

A aceitação pela empresa de pagar pela quebra de regras (D) é uma função dos lucros a serem obtidos (g) e dos custos impostos pelos funcionários honestos na forma de taxas (t) e regulamentos (r). Suponha que, à medida que o preço do suborno caia, mais empresas estejam dispostas a "comprar" os benefícios da corrupção. O suborno somente será pago se propiciar aumento dos lucros. Os funcionários que fornecem os serviços corruptos fornecerão tanto mais serviços corruptos quanto mais sejam recompensados por eles, independentemente da natureza dos pagadores de suborno. Eles negociam com qualquer um que esteja disposto a pagar.

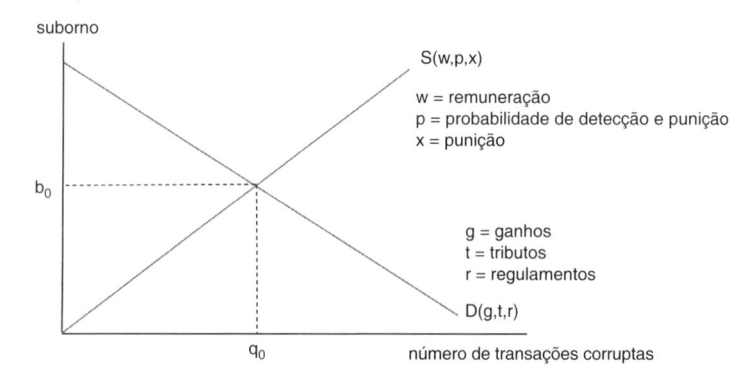

suborno

$S(w,p,x)$

w = remuneração
p = probabilidade de detecção e punição
x = punição

b_0

g = ganhos
t = tributos
r = regulamentos

$D(g,t,r)$

q_0 número de transações corruptas

Na figura, supomos um mercado de suborno simplificado, onde $D(g,t,r)$ é a demanda por serviços corruptos e $S(w,p,x)$ é a oferta de serviços providos por funcionários em troca de suborno. As curvas estão desenhadas como linhas retas, mas, na prática, elas podem assumir uma variedade de formas, e a conexão entre as outras variáveis e as curvas S e D pode ser bem complexa.

Em nosso mercado simplificado, o equilíbrio ocorre a um suborno "padrão" (b_0), com q_0 serviços ilegais fornecidos no total. Esse modelo, contudo, assume uma competição perfeita, que produz um único preço de equilíbrio. Na realidade, os servidores públicos podem ter condições de discriminar preços, extorquindo pagamentos mais altos de empresas com maior disposição para subornar (conforme mostrado por Svensson 2000). Ademais, se os servidores exercem mais poderes arbitrários, podem artificialmente aumentar a pressão sobre as empresas, de modo a extorquir uma proporção mais elevada de seus lucros. Ao assim fazerem, devem levar em conta a capacidade de pagamento das empresas, ou simplesmente acabam por colocá-las fora do mercado, na economia informal. Empresas altamente lucrativas podem oferecer oportunidades mais lucrativas de extorsão nesse contexto que as que se situam em mercados competitivos.

Por exemplo, na Coreia, depois que uma loja de departamentos ruiu em 1995, foi revelado que os contratados tinham usado concreto de qualidade inferior e que os funcionários municipais tinham recebido propinas para permitir a violação de normas de segurança.[102] Na Turquia, tornaram-se claras deficiências na construção, depois que muitos edifícios foram destruídos por um terremoto no final de junho de 1998. Escolas e hospitais construídos pelo governo foram especialmente atingidos, levando muitas pessoas a suspeitarem de que inspetores de obras e outros funcionários do governo houvessem sido corrompidos.[103] Em Bangladesh, uma fábrica de roupas ruiu em 2013, matando 1.127 pessoas; um relatório de acompanhamento revelou que a fábrica tinha sido "construída com materiais inferiores e em flagrante desrespeito às normas de construção", culpando tanto o prefeito quanto o proprietário do prédio e sugerindo suborno.[104] Na China, um terremoto de magnitude 7.9 em 12 de maio de 2008 causou aproximadamente 70 mil mortes, incluindo as de 5.335 crianças, quando "milhares de salas de aula desabaram, enquanto prédios ao redor permaneceram intactos".[105] Aparentemente, a corrupção tinha permitido que empresas contratadas contornassem as normas de construção; alguns alegaram que as contratadas haviam roubado e vendido alguns dos materiais destinados às escolas.[106] Apesar de promessas de investigação, contudo, as únicas prisões relacionadas ao caso foram de pais que exigiam apuração de responsabilidades.[107] Essas alegações parecerão familiares a qualquer um que tenha conhecimento sobre a corrupção de inspetores de

---

[102] Outros exemplos na Coreia incluem um prédio de apartamentos que desmoronou, matando 28 pessoas, e uma ponte em Seul que ruiu, matando 31. Ver "Owner, Son Jailed in Fatal South Korea Store Collapse; City Officials Also Found Guilty of Accepting Bribes", *The Baltimore Sun*, 28 de dezembro de 1995. "Grease that Sticks", *Far Eastern Economic Review*, 23 de março de 1995.
[103] John Barham, "Political Aftershocks Rumble on after Turkish Earthquake", *Financial Times*, 6 de julho de 1998.
[104] Jim Yardley, "Report on Deadly Factory Collapse in Bangladesh Finds Widespread Blame", *New York Times*, 22 de maio de 2013, http://www.nytimes.com/2013/05/23/world/asia/report-on-bangladesh-building-collapse-finds-widespread-blame.html (acesso em 23 de maio de 2013).
[105] Associated Press, "Sichuan Earthquake Killed More Than 5,000 Pupils, Says China", *The Guardian*, 7 de maio de 2009, http://www.theguardian.com/world/2009/may/07/china-quake-pupils-death-toll (acesso em 4 de outubro de 2014).
[106] Ibid. Ver também NTDTV, "Poor Construction Reason Schools Collapsed in China Quake", http://www.youtube.com/watch?v=ndZU2Q3I_o8 (acesso em 4 de outubro de 2014).
[107] Malcolm Moore, "Parents of Sichuan Earthquake Victims Arrested in China", *The Telegraph*, 22 de junho de 2010, http://www.telegraph.co.uk/news/worldnews/asia/china/7845556/Parents-of-Sichuan-earthquake-victims-arrested-in-China.html (acesso em 6 de outubro de 2014).

projetos de construção na Cidade de Nova York (Lagunes e Huang 2015) ou de autoridades da construção de moradias na Rússia (Harding 1995; Anechiarico e Jacobs 1996:26-8). Ambraseys e Bilham (2011) destacam que, em 2009, terremotos de idêntica magnitude (7.0) ocorreram no Haiti (próximo à base do Índice de Percepção da Corrupção [CPI]) e na Nova Zelândia (no topo). Resultados: mais de 300 mil mortos e cerca de 100 mil casas destruídas no Haiti[108] — 60% dos prédios administrativos desabaram e 25% dos servidores civis morreram[109] —, mas não houve nenhuma morte associada ao terremoto na Nova Zelândia. De fato, no mesmo ano, um terremoto de magnitude 8.8 atingiu o Chile (um dos países menos corruptos na América Latina), com apenas "algumas centenas" de mortes.[110] Os autores calcularam os níveis esperados de corrupção baseados no PIB *per capita* e descobriram que países mais corruptos que o esperado contabilizaram 82,6% das fatalidades por terremoto entre 1995 e 2010 (Ambraseys e Bilham, 2011), Evidentemente, a maior incidência de mortes não pode ser atribuída somente à corrupção. Pode-se esperar que o maior percentual de mortes seja mais alto em um país mais pobre, mesmo com níveis baixos de corrupção, simplesmente porque essas populações moram em áreas residenciais mais densas e mais precariamente construídas. Entretanto, as altas taxas de desabamento em prédios governamentais, como as escolas na China e os prédios administrativos no Haiti, emprestam crédito às alegações de corrupção.

No México, pagamentos ilegais têm sido comuns em agências regulatórias que emitem permissões e licenças (Morris, 1991:51; KPMG, 2008:24); microempresas ou empresas de pequeno ou médio porte relatam terem pago 5,1% de sua receita para funcionários públicos de nível baixo, enquanto grandes empresas pagaram 3,3% (Centro de Estudios Estratégicos, 2002).[111] No Quênia, companhias ligadas ao presidente usufruíam de vantagens regulatórias.[112] Na

---

[108] Ver Earthquake Hazards Program, "Earthquake Information for 2010", http://earthquake.usgs.gov/earthquakes/eqarchives/year/2010/ (acesso em 6 de outubro de 2014).

[109] Disasters Emergency Committee, "Haiti Earthquake Facts and Figures", http://www.dec.org.uk/haiti-earthquake-facts-and-figures (acesso em 6 de outubro de 2014).

[110] Ver Alexei Barrionuevo e Liz Robbins, "1.5 Million Displaced after Chile Quake", *New York Times*, 28 de fevereiro de 2010, http://www.nytimes.com/2010/02/28/world/americas/28chile.html (acesso em 21 de julho de 2014).

[111] De acordo com a KPMG (2008:23), as empresas do México pagam em média 5% de sua receita para servidores públicos.

[112] Bigsten e Moene (1996:182); "American, Other Foreign Companies Selling Off Holdings: Kenya Corruption Overwhelms Investors", *Los Angeles Times*, 25 de junho de 1989.

Indonésia, ligações com Suharto eram importantes (Robison, 1986), e pequenos negócios não tão bem conectados eram submetidos a altas demandas por propinas. Um estudo argumentava que pequenos empresários faziam pagamentos cujo valor variava de 5% a 20% da receita bruta anual (Sjifudian, 1997). No Paquistão, o controle sobre a implantação de normas ambientais era considerado fonte de renda (Burki, 1997:16-17). Na Colômbia, um programa estatal para o reembolso a hospitais e pacientes de medicamentos não contemplados nas listas de medicamentos farmacêuticos possibilitavam oportunidades de busca por receita para companhias farmacêuticas, pacientes e hospitais (Hussmann e Rivillas 2014).

A China oferece um caso ilustrativo, no qual o partido no poder controla as normas, assim como a mídia. Quando consumidores se queixaram da qualidade da fórmula infantil em 2008, os relatórios ficaram sem resposta e a mídia controlada pelo estado omitiu qualquer notícia a respeito até depois da Olimpíada de Beijing. Fazendeiros produtores de laticínios vinham colocando água no leite a fim de aumentar os lucros, adicionando melamina para aumentar artificialmente o teor de proteína. Inspetores na Sanlu, produtora de fórmula infantil, recebiam propinas para ignorar a prática. A melamina na fórmula causava cálculos nos rins, resultando em seis mortes e em problemas de saúde para mais de 300.000 crianças. Nesse caso, a presença de investidores estrangeiros não influenciou o comportamento da companhia: a empresa neozelandesa Fronterra, que possuía 43% da sociedade, votou para fazer-se um *recall* assim que o problema foi levado à atenção do conselho, mas foi derrotada pela maioria. O problema foi finalmente abordado (alguns acreditam que inadequadamente) quando o governo da Nova Zelândia reportou o assunto a Beijing. Vinte e duas companhias foram apontadas como culpadas de usar leite adulterado; dois executivos foram executados e 19 foram condenados à prisão.[113]

Um efeito resultante desse episódio foi uma ampla investigação de possível corrupção na China, especialmente envolvendo empresas estrangeiras. Em

---

[113] Ver Jim Yardley e David Barboza, "Despite Warnings, China's Regulators Failed to Stop Tainted Milk", *New York Times*, 26 de setembro de 2008, http://www.nytimes.com/2008/09/27/world/asia/27milk.html (acesso em 21 de julho de 2014); Sharon LaFraniere, "2 Executed in China for Selling Tainted Milk", *New York Times*, 24 de novembro de 2009, http://www.nytimes.com/2009/11/25/world/asia/25china.html (acesso em 21 de julho de 2014); Andrew Jacobs, "China to Investigate French Company over Claims of Tainted Formula", *New York Times*, 12 de fevereiro de 2009, http://www.nytimes.com/2009/02/13/world/asia/13milk.html (acesso em 21 de julho de 2014).

2014, a companhia farmacêutica britânica GlaxoSmithKline foi considerada culpada de pagar propinas a médicos e a administradores hospitalares na China para comprar e prescrever seus medicamentos e a pagar preços inflados por eles. Pelo menos US$150 milhões foram pagos por meio de agências de viagem, em espécie, em despesas de viagem e em prostitutas.[114] Em caso similar, abrangendo vários países e produtos farmacêuticos e "nutricionais", Pfizer e subsidiárias acordaram com a U.S. Securities and Exchange Commission (SEC) uma multa de US$60 milhões. "A Pfizer China criou 'programas de pontos' que poderiam ser resgatados em troca de presentes, tais como telefones celulares ou aparelhos de chá, com base em quantas receitas o médico assinou".[115] Esse tipo de suborno, assim como pagamentos relacionados a prescrições, levou os médicos a receitarem quantidades excessivas de medicamentos e de procedimentos na China[116] e na Índia.[117]

A corrupção nos segmentos médico e farmacêutico não é, todavia, limitada à China nem, na verdade, aos países que têm pontuação ruim nos índices de corrupção. Em 2005, a Serono pagou US$704 milhões em um acordo com a U.S. SEC por "propinas a médicos e farmácias, propaganda ilegal de indicações não certificadas e venda de diagnósticos para drogas que não tinham sido previamente aprovadas pela U.S. Food and Drug Administration (FDA)" (Cohen, Mrazek e Hawkins, 2007:30). Johnson & Johnson foi multada em 2012 por pagar propinas a médicos na Europa e nos Estados Unidos. Os pagamentos

---

[114] Keith Bradsher e Chris Buckley, "China Fines GlaxoSmithKline Nearly $500 Million in Bribery Case", *New York Times*, 19 de setembro de 2014, http://www.nytimes.com/2014/09/20/business/international/gsk-china-fines.html (acesso em 26 de setembro de 2014). O valor foi inicialmente mencionado como $450 milhões. David Barboza, "GlaxoSmithKline Accused of Corruption by China", *New York Times*, 11 de julho de 2013, http://www.nytimes.com/2013/07/12/business/global/china-accuses-glaxosmithkline-of-corruption.html (acesso em 21 de julho de 2014); e Peter J. Henning, "Lessons from the Glaxo Case in China", *New York Times*, 29 de julho de 2013, http://www.dealbook.nytimes.com/2013/07/29/lessons-from-the-glaxosmithkline-case-in-china (acesso em 21 de julho de 2014).

[115] Katie Thomas, "Pfizer Settles U.S. Charges of Bribing Doctors Abroad", *New York Times*, 7 de agosto de 2012, http://www.nytimes.com/2012/08/08/business/pfizer-settles-us-charges-of--overseas-bribery.html?adxnnl=1&adxnnl=14117575554-iVCQR9qBP2bTA4Hr271EYQ (acesso em 27 de setembro de 2014).

[116] Ver Rose-Ackerman e Tan (2015) para uma análise mais completa da corrupção na compra de medicamentos e de equipamentos médicos na China.

[117] Aditya Kalra, "New Government Vows Clampdown on Healthcare Graft", *Reuters*, 22 de julho de 2014, http://in.reuters.com/article/2014/07/22/india-medical-corruption-tv-sting--idINKB0FR0KR20140722 (acesso em 28 de julho de 2014).

ilegais na Grécia montavam a 20% do preço de cada produto.[118] Pfizer e suas subsidiárias tinham clientes corruptos na Bulgária, China, Croácia, República Tcheca, Itália, Cazaquistão, Rússia, Sérvia e Montenegro, recebendo "lucros agregados de US$16.032.676 como resultado dessas transações espúrias".[119]

Nem todos os casos de falha no cumprimento de regras, no entanto, podem ser atribuídos a pagamentos diretos. Tomemos como exemplo a embarcação coreana que, sobrecarregada, virou, matando 304 pessoas (64% dos passageiros), em 2014.[120] A embarcação estava muito pesada na parte de cima, porque o proprietário tinha instalado lajotas de mármore em uma galeria acima do convés. Isso causou sobrepeso, levando a embarcação a se equilibrar sobre a água em um nível muito baixo; os donos, para compensar esse efeito, removeram boa parte da água de lastro — essencial para manter o barco estável. O capitão substituto, em dado momento, tentou fazer uma curva muito pronunciada, e a embarcação virou. Os inspetores do barco tinham sido servidos de "vinho e jantar" pela companhia, e supõe-se que, em consequência, se tivessem feito de cegos, mas nenhuma troca de favores foi provada.

B. Impostos e tarifas

A seguir, consideremos impostos e tarifas alfandegárias. Pagar impostos e tarifas é sempre um ônus. Adicionalmente, agentes aduaneiros controlam algo que as empresas valorizam — acesso ao mundo externo ou ao mercado doméstico. Assim, negócios e indivíduos podem entrar em conluio com coletores de impostos ou com agentes aduaneiros, a fim de reduzir as somas coletadas e agilizar os serviços. Como resultado, o recolhimento de receita pode tornar-se tanto inadequado quanto injustamente distribuído. Às vezes, as perdas são enormes. Em Gâmbia, no início dos anos 1990, a receita perdida de tarifas aduaneiras e de imposto de renda representava de 8% a 9%

---

[118] Gardiner Harris, "Johnson & Johnson Settles Bribery Complaint for $70 Million in Fines", *New York Times*, 9 de abril de 2011, http://query.nytimes.com/gst/fullpage.html?res=9F05E6D91339F9 3AA35757C0A9679D8B63&ref=gardinerharris (acesso em 27 de setembro de 2014).

[119] *U.S. S.E.C. v. Pfizer*, http://www.sec.gov/litigation/complaints/2012/comp-pr2012-152-pfizer. pdf (acesso em 26 de setembro de 2014).

[120] Choe Sang-Hun, Martin Fackler, Alison Leigh Cowan e Scott Sayare, "In Ferry Deaths, a South Korean Tycoon's Downfall", *New York Times*, 26 de julho de 2014, http://www.nytimes. com/2014/07/27/world/asia/in-ferry-deaths-a-south-korean-tycoons-downfall.html (acesso em 29 de julho de 2014).

do PIB (seis a sete vezes a despesa do país com saúde). Somente a evasão de imposto de renda era 70% da receita devida. Somente 40% das pequenas e médias empresas (PMEs) pagavam impostos, e muitos indivíduos não acusavam recebimento (Dia, 1996:46-7). Mais recentemente, no Egito, 20% das PMEs, segundo relatos, pagavam propinas quando lidavam com autoridades tributárias, 49% quando passavam pela alfândega (Center for International Private Enterprise, 2009:13). No Paquistão, um estudo estimou que, se os vazamentos causados pela corrupção e má gestão fossem reduzidos em 50%, a razão de imposto sobre PIB aumentaria de 13,6% para mais de 15% (Burki, 1997:16). Na cidade de Nova York, os empregados municipais recorreram a suas habilidades em computação para reduzir ou limitar as dívidas fiscais para centenas de proprietários de imóveis. Os funcionários em geral recebiam propinas de valor igual a 10% da dívida fiscal eliminada, mas às vezes essa fatia chegava a 30%. Usando técnica similar, um funcionário municipal encarregado da leitura de medidores de consumo de água recolheu propinas em troca da redução de contas de água.[121] Leitores de equipamentos de medição, coletores de impostos, auditores e inspetores são os principais participantes desse tipo de corrupção, que beneficia consumidores e empresas pela redução das contas, e adicionalmente beneficia as empresas ao reduzir dívidas de impostos ou tarifas.

A evasão de impostos pode correr em paralelo com fraudes aduaneiras. Assim, a diferença de preços, impostos inclusos, de cigarros na Europa (variando de €69 por pacote de Marlboro na Ucrânia a €8,98 na Noruega, em junho de 2008) alimentou uma indústria do contrabando — na qual funcionários aduaneiros corruptos são cúmplices — envolvendo 99 bilhões de cigarros por ano, conforme estimativa, o que custa aos respectivos governos a ordem de €10 bilhões anualmente (Center for the Study of Democracy, 2010:125-126). Especialistas em comércio exterior tiram vantagem das diferenças entre alíquotas tarifárias aplicadas a produtos similares importados para a China via Hong Kong, fazendo declarações distorcidas a fim de pagar tarifa mais baixa (Fisman e Wei, 2004). Fisman, Moustakerski e Wei (2008) encontram evidências de que cerca de um quarto dos bens exportados dos Estados Unidos para a China é roteado por Hong Kong, ao menos parcialmente, a fim

---

[121] Lynda Richardson, "29 Arrested in Tax Fraud Scheme Described as New York's Largest", *New York Times*, 22 de novembro de 1996, http://www.nytimes.com/1996/11/22/nyregion/29-arrested-in-tax-fraud-scheme-described-as-new-york-s-largest.html (acesso em 7 de outubro de 2015).

de obter vantagem dos "agentes especializados" que prestam assistência na evasão das tarifas mais elevadas.

Pagantes de impostos e funcionários corruptos dividem as economias obtidas em impostos e tarifas. Os custos recaem sobre os contribuintes mais pobres ou menos relacionados e pelo público em geral, na forma de serviços mal prestados e impostos a taxas nominais mais elevadas. Na África, por exemplo, estudos em Gâmbia, Moçambique e Gana sugerem que a corrupção possibilita aos ricos evitarem impostos (Dia, 1996; Stasavage, 1996). Em geral, os ricos tendem a se engajar no que Shleifer e Vishny (1993) denominam "corrupção com roubo" (evasão fiscal e fuga a taxas e multas), enquanto os pobres se engajam em "corrupção sem roubo" (extorquidos por propinas acima e além das taxas oficiais). Dessa maneira, a corrupção torna os impostos mais regressivos e exacerba a desigualdade (You e Khagram, 2005). A corrupção é especialmente disseminada quando as taxas nominais são muito elevadas, como nos estados em transição na Europa Oriental e na antiga União Soviética (De Melo, Ofer e Sandler, 1995; Novitzkaya, Novitzky e Stone, 1995; Webster e Charap, 1993). Taxas nominais elevadas levam à prática de suborno e outros tipos de evasão fiscal, o que conduz a taxas nominais ainda mais altas, mais evasão, e assim por diante, em uma espiral viciosa.

A experiência de diversos países africanos ilustra como a corrupção afeta a arrecadação de impostos e de tarifas alfandegárias. As cargas tipicamente esperam por três semanas em portos subsaarianos, ao invés de menos de uma semana como em outras regiões, enquanto despachantes aduaneiros negociam tarifas e propinas, em regimes alfandegários caracterizados pela informação assimétrica. Esse sistema representa uma barreira informal ao comércio, em um mundo de tarifas decrescentes e de barreiras não tarifárias (Raballand e Marteau, 2014:35). Em Gâmbia, pagamentos aduaneiros a menor valor eram facilitados pela falta de clara orientação e de um guia de tarifas consolidadas. O amplo arbítrio facultado aos funcionários encorajava pagamentos ilegais, a fim de burlar a tarifação. Em um sistema tarifário operacionalmente saudável, as alíquotas aduaneiras poderiam ser mais baixas em toda a fronteira, considerando-se as reduções seletivas em retorno a propinas (Dia, 1996:94-100). Em Moçambique, em 1995, os serviços alfandegários coletavam 49% da renda que deveriam recolher, caso não fossem concedidas isenções. Funcionários aduaneiros tinham a liberdade de aplicar isenções, sem regras estipuladas. Funcionários causavam atrasos adicionais, superestimavam o valor dos bens e aplicavam alíquotas mais altas, na tentativa de extrair propinas (Stasavage, 1996). No Zaire, muito da produção do país era contrabandeado para o exterior, com a cumplicidade de funcionários aduaneiros. A corrupção era também disseminada na evasão de impostos e controles aplicáveis às importações. Em geral, tarifas aduaneiras mais elevadas, assim como barreiras não tarifárias, estão associadas a níveis mais altos de fraude alfandegária (Stasavage e Daubrée, 1998; Fisman e Wei, 2004).

O caso mexicano é particularmente instrutivo, porque mostra como um esforço de reforma pode dar errado. Conforme já observamos, quando cotas de importação foram eliminadas, agentes alfandegários foram nomeados para cuidar das transações ao longo da fronteira. O agente alfandegário é um profissional independente, licenciado pelo governo; toda importação de mais de US$1.000 deve passar por um desses agentes, que completa a documentação e a submete à autoridade aduaneira. Outras medidas foram tomadas para reduzir a corrupção na alfândega, tais como inspeções aleatórias e a rotação dos funcionários da alfândega, a fim de evitar o estabelecimento de relações de longo prazo entre importadores e funcionários. Contudo, os agentes alfandegários estão perfeitamente posicionados para identificar oportunidades de corrupção e repassá-las (por um preço) aos importadores (ver quadro 2.2). Agentes alfandegários foram presos no México por auxiliarem clientes a evadirem impostos ao importarem "temporariamente" partes componentes, sob a legislação tributária das *maquiladoras*, sem exportarem os produtos finais;[122] e por ajudarem na importação de CDs virgens pirateados.[123] Funcionários aduaneiros, agentes, supervisores, juízes e empresas foram acusados de corrupção ao importarem veículos ilegalmente em 2014.[124] Substituições maciças de funcionários aduaneiros ocorreram em 2000-1[125] e em 2009.[126] Claramente, a eliminação das "maçãs podres" não teve efeito duradouro.

---

[122] José Reyez, "La corrupción borra fronteras", *Revista Contralínea* (n.d.) http://www.contralinea.com.mx/c17/html/sociedad/la_corrupcion.html (acesso em 7 de outubro de 2015). *Maquiladoras* são fábricas de montagem que importam muitos dos componentes utilizados e exportam o produto final.
[123] Organización Editorial Mexicana, "Detienen a empresario de Laredo y a agente aduanal por importación ilegal", *El Sol de México*, 7 de maio de 2008, http://www.oem.com.mx/elsoldemexico/notas/n689444.htm (acesso em 7 de outubro de 2015).
[124] "Corrompen al SAT por autos chuecos", *El Norte*, 7 de julho de 2014.
[125] José Reyez, "La corrupción borra fronteras", *Revista Contralínea* (n.d.), http://www.contralinea.com.mx/c17/html/sociedad/la_corrupcion.html (acesso em 7 de outubro de 2015).
[126] Marc Lacey, "Mexico Puts New Officers on the Job at Customs", *New York Times*, 16 de agosto de 2009, http://www.nytimes.com/2009/08/17/world/americas/17mexico.html (acesso em 9 de outubro de 2015).

> **Quadro 2.2. Corrupção na Alfândega mexicana**
>
> O "governo" deseja maximizar receitas e minimizar importações ilegais. O governo contrata funcionários aduaneiros e supervisores e estabelece salários, procedimentos de monitoração e tecnologia. Os funcionários aduaneiros reportam-se aos supervisores. O cliente paga tarifas ao governo, mas pode pagar propinas para o funcionário (ou, em alguns casos, para o supervisor) para reduzir ou eliminar a tarifa, subdeclarando a quantidade de bens importados ou classificando-os inapropriadamente. Ainda, o Certificado de Origem pode ser falsificado, para obter as tarifas preferenciais do NAFTA. O funcionário aduaneiro paga ao supervisor uma parte das propinas coletadas, caso seja detectado ou se o esquema foi estabelecido previamente.
>
> Fonte: Palifka (2002).
>
> Com o revezamento dos funcionários, o governo tenta reduzir a corrupção, já que aumenta a incerteza de se encontrar um funcionário corrupto ou corruptível. Quando cada caminhão ou navio entra no porto, pode ser inspecionado. O condutor tem baixa probabilidade de ser inspecionado pelo mesmo funcionário em cada nova viagem; portanto, fica difícil estimar a reação do funcionário diante de uma potencial propina. Fica mais incerta a probabilidade de conluio. Então, entra o intermediário: o despachante aduaneiro. Por lei, todos os embarques de mais de US$1.000 devem passar por um despachante aduaneiro. Diversamente de um dado motorista de caminhão, o despachante aduaneiro pode ter múltiplos contatos por dia com autoridades alfandegárias, possibilitando que ele ou ela rapidamente desenvolva relações e identifique oportunidades de corrupção. Isso faz do despachante aduaneiro um potencial facilitador da corrupção. O cliente que deseje evitar as normas alfandegárias possivelmente paga por esses serviços. E o despachante aduaneiro absorve parte da propina que, de outra forma, iria exclusivamente para as autoridades aduaneiras.

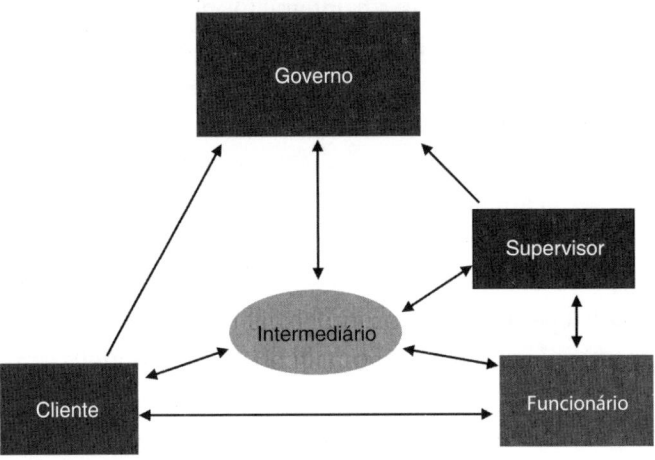

Novas oportunidades de corrupção constituem uma das crescentes dores das transformações econômicas e políticas, e podem enfraquecer reformas potencialmente promissoras ao reduzir a legitimidade e lisura dessas reformas.

Uma taxação corrupta e um sistema aduaneiro que favorece alguns grupos e indivíduos em desfavor de outros podem destruir os esforços de colocação de um país em uma base fiscal sadia e desacreditar as reformas. Por exemplo, em Moçambique, entrevistas realizadas em 1996 indicavam que a corrupção se havia expandido desde o início dos esforços de reforma em 1986. Os impostos em geral caíram de 20% do PIB em 1993 para 17,6% em 1994, com as taxas de importação caindo de 5,1% para 3,9% do PIB (Stasavage, 1996). De forma semelhante, esforços anticorrupção na Bolívia nos anos 1990 tiveram pouco impacto; por exemplo, no início da década de 2000, foi descoberto um caso flagrante de fraude, no qual uma companhia doméstica usava duas companhias fictícias e falsificava documentos de exportação para solicitar reembolso de créditos com base em bens que nunca haviam existido (Zuleta, Leyton e Ivanovic, 2007:246,355).

IV. Atividade ilegal e corrupção

Pessoas e empresas subornam policiais, funcionários judiciais e guardas prisionais, a fim de evitar multas, ocultar evidências, encurtar sentenças ou ser libertado da prisão. Subornam inspetores para ignorar violações das normas de construção, de segurança dos empregados ou do uso de imigrantes ilegais. Subornam funcionários aduaneiros para que permitam o contrabando de produtos, de espécies em risco de extinção, de pessoas e de drogas ilegais. Em suma, em violação a regulamentações e a leis tributárias, a corrupção permite que pessoas, empresas e organizações estabeleçam negócios ilegais e violem as leis criminais.

A atividade ilegal inclui duas amplas categorias: a informal e a criminal. Negócios informais são aqueles que seriam legais caso simplesmente cumprissem com as exigências de registro. Negócios informais usualmente vendem bens e serviços que não são proibidos, mas, ao deixar de registrar seus negócios, os proprietários evitam custosas taxas de registro e de permissão de atividades, assim como benefícios trabalhistas exigidos pelo estado. Se o setor formal é altamente regulamentado e impregnado de corrupção, o setor informal proporciona uma saída para os que não desejam pagar propinas (Katsios, 2006). Por vezes, os proprietários não estão cientes dos requisitos ou dos procedimentos de registro (United Nations Economic Commission for Africa, 1988:20). Em um estudo no México, 41% dos respondentes não viram qualquer benefício derivado do registro (Rubio, 2012:67-8). O maior dano causado pelos negócios informais é a perda de receita causada ao estado e a ausência de conformidade com as leis regulatórias.

Em contraponto, as atividades criminosas abrangem a venda de mercadorias e serviços proibidos ou roubados, e podem envolver outros crimes, como roubo, sequestro e assassinato. Nesta seção, limitamos nossa discussão a operações de escala relativamente baixa. O crime organizado tem consequências de alcance bem maior e é tratado separadamente no capítulo 9.

Negócios ilegais procuram operar com segurança pagando a inspetores, policiais, políticos e juízes, ou permitindo-lhes dividir os lucros do negócio ilegal. Criminosos tentam escapar à punição subornando policiais, funcionários judiciais, juízes e guardas prisionais. Incontáveis produtos têm sido contrabandeados para fora de seus países de origem com a cumplicidade de funcionários aduaneiros ou pelo disfarce dos produtos em algo que não são.[127]

Esses negócios são especialmente vulneráveis a exigências de extorsão. As autoridades com mandato para aplicação da lei — desde a polícia até procuradores e juízes — podem demandar pagamentos para ignorar violações das leis criminais ou para limitar penalidades. Se é clara a evidência de seu comportamento criminoso, pode ficar inviável que esses negócios ameacem denunciar de forma convincente as exigências de corrupção. Mesmo que o negócio seja lícito, evidências podem ser fabricadas, ou o sistema de justiça pode ser tão ineficaz que a qualidade da evidência seja irrelevante, deixando-se espaço para que as autoridades de aplicação da lei pratiquem a extorsão. É assim difícil distinguir o agressor da vítima.

Na Rússia, "há preços fixos para suborno por obstruir uma investigação (implicando uma ação) em um caso criminal, US$1.000 a $10.000; para comutação de prisão em acordo ou compromisso, US$20.000 a $25.000; para

---

[127] Fisman e Wei (2009) usam incongruências entre registros de exportação do país de origem e de importação para os Estados Unidos para detectar objetos de arte e produtos contrabandeados; eles concluem que esse índice de contrabando está correlacionado com o de corrupção (CCI) no país de origem. Para um relato sobre como objetos são contrabandeados (corrupção e subterfúgio são comumente usados no transporte e na venda de objetos), ver Barry Meier e Martin Gottlieb, "LOOT: Along the Antiquities Trail; Na Illicit Journey out of Egypt, Only a Few Questions Asked", *New York Times*, 23 de fevereiro de 2004, http://www.nytimes.com/2004/02/03/world/loot-along-antiquities-trail-illicit-journey-egypt-only-few-questions-asked.html (acesso em 12 de novembro de 2014).

Mesmo chefes de estado têm contrabandeado objetos. Ver The Associated Press, "Tunisia: Ex-President Is Convicted", *New York Times*, 4 de julho de 2011, http://www.nytimes.com/2011/07/05/world/africa/05briefs-Tunisia.html (acesso em 13 de agosto de 2014). Para um tratado sobre o contrabando ao longo da história, ver Karras (2010).

redução da pena, US$10.000 a $20.000 ou 20 a 25% da tarifa aduaneira" (Gilinskiy, 2005:158, citando Sungarov, 2000).

Similarmente, a cada vez que um negócio precise obter uma licença para operar, torna-se uma óbvia vantagem competitiva a habilidade em corromper funcionários para assegurar sua própria operação e para impedi-la a seus rivais. Sindicatos de trabalhadores com ou sem conexões com o crime organizado, podem usar essa tática. Por exemplo, um funcionário do Roofers Union (sindicato de trabalhadores em serviços de telhados), na Filadélfia, foi condenado por subornar um funcionário da Occupational Safety and Health Administration (Administração de Segurança Ocupacional e Saúde) para assediar contratantes de empregados não sindicalizados no setor (*United States v. Traitz*, 871 F.2d 368, 375 [1989]). Em Nova York, quatro empresários pagaram US$22.000 em propinas pela obtenção de licenças para abrir centros de assistência de saúde (*day-care*) para adultos e para viabilizar legislação que impedisse a abertura de centros similares por três anos.[128]

Quando a polícia aceita propinas para ignorar atos ilegais — ou quando se valem de seu poder para extorquir propinas — o Estado de direito é solapado. No México, é comum pagar propinas para evitar sanções legais. Quando diante da perspectiva de uma multa de trânsito ou de ter o carro rebocado (ou de recuperar o veículo após o reboque), em 60% das vezes ou mais uma propina é paga como alternativa. Subornos são pagos também para evitar prisão.[129] Se motoristas aceitam pagar propinas, tanto mais ladrões, estupradores e assassinos. À medida que se espalha a ideia de que qualquer confronto com a lei pode ser prontamente solucionado mediante pagamento ilegal, as pessoas levam a lei de forma cada vez menos séria. Isso se torna bem mais complicado quando o sistema Judiciário é também corrupto. "Em um tribunal, os cidadãos pagam para fazer o caso transitar pelo sistema, para influenciar o resultado,

---

[128] Ver Benjamin Weiser e Marc Santora, "In 2nd Alleged Bribe Scheme, a Legislator Was in on the Case", *New York Times*, 4 de abril de 2013, http://www.nytimes.com/2013/04/05/nyregion/assemblyman-eric-stevenson-is-accused-of-taking-bribes.html (acesso em 29 de julho de 2014) e Benjamin Weiser, "Assemblyman From the South Bronx Is Convicted on Bribery and Extortion Charges", *New York Times*, 13 de janeiro de 2013, http://www.nytimes.com/2014/01/14/nyregion/assemblyman-from-the-south-bronx-is-convicted-on-bribery-and-extortion-charges.html (acesso em 29 de julho de 2014).

[129] Transparencia Mexicana, "Índice Nacional de Corrupción y Buen Gobierno Informe Executivo 2010", disponível em http://www.tm.org.mx/indice-nacional-de-corrupcion-y-buen-gobierno--incbg/ (acesso em 7 de outubro de 2015).

ou para atrasá-lo. Propinas podem ser pagas ao juiz, ou a seus assistentes, ou a advogados, para removerem os arquivos ou para conseguir que o caso seja encaminhado a um dado juiz" (Gloppen, 2014:70).

A corrupção na execução da lei é especialmente problemática. De acordo com o GCB, a polícia apresenta a maior incidência de suborno (31%) entre os serviços governamentais incluídos na pesquisa (Transparência Internacional, 2013a:11). Globalmente, a polícia é percebida como superada apenas pelos partidos políticos em termos de corrupção; em 36 dos 107 países pesquisados, a polícia é percebida como a instituição mais corrupta, enquanto o Judiciário é percebido como o mais corrupto em 20 países.[130] Esses resultados são corroborados pela iniciativa World Justice Project, *Rule of Law Index*, que avalia a ausência de corrupção em quatro segmentos — Executivo, Legislativo, Judiciário e instituições militares e policiais — em 99 países, em uma escala de zero a 1, onde uma pontuação mais alta indica menos corrupção. No *Rule of Law Index 2014*, a polícia recebeu uma pontuação média de 0,43, enquanto os demais segmentos pontuaram entre 0,54 e 0,60.[131]

Diversos fatores convergem para tornar as forças policiais especialmente inclinadas à prática da corrupção. Policiais podem atuar individualmente, em relativo isolamento, virtualmente sem supervisão direta em suas atividades diárias. (Nos termos de Klitgaard, eles têm *monopólio* de poder, *liberdade de ação* para exercer esse poder, e mínima *prestação de contas* [Klitgaard, 1988:75]). Na maioria dos países, os policiais são mal pagos e têm relativamente pouca educação; assim, não são bem considerados e podem sentir que precisam suplementar seus rendimentos. O baixo nível de respeito contribui para uma mentalidade de "forasteiro" e para um forte senso de lealdade para com a tropa.[132] Pela natureza de seu trabalho, eles entram em contato com criminosos, que às vezes frequentam os mesmos estabelecimentos (Center for the Study of Democracy, 2010:88). Quando se empreendem esforços an-

---

[130] Em alguns países, a polícia ou o Judiciário empataram em primeiro lugar com pelo menos uma outra instituição. Transparência Internacional, "Global Corruption Barometer 2013", http://www.transparency.org/gcb2013/results (acesso em 6 de novembro de 2014).

[131] Cálculos baseados nos dados disponíveis em World Justice Project, *Rule of Law Index 2014*, http://data.worldjusticeproject.org/ (acesso em 7 de outubro de 2014).

[132] Center for the Study of Democracy (2010:15) e Clifford Krauss, "Corruption in Uniform: The Long View; Bad Apple Shake-Ups: A 20-Year Cycle", *New York Times*, 8 de julho de 1994, http://www.nytimes.com/1994/07/08/nyregion/corruption-in-uniform-the-long-view-bad-apple-shake--ups-a-20-year-police-cycle.html (acesso em 29 de julho de 2014).

ticorrupção, esses são frequentemente abandonados assim que os níveis de corrupção apresentem alguma queda, enquanto emergem novos incentivos para a corrupção, causando um ciclo de retorno da corrupção policial.[133] Em vez de manter o foco em mudar esses incentivos e as instituições que os estimulam, a maior parte das campanhas anticorrupção culpam a ética pessoal e demitem as "maçãs podres" que sejam descobertas.

A corrupção é também problemática nas prisões. Em Nova York, um agente penitenciário em Rikers Island foi sentenciado a oito anos de prisão por aceitar 3 kg de cocaína de um preso, em troca de reduzir a sentença do prisioneiro no sistema computadorizado.[134] Na mesma instalação penal, agentes penitenciários foram presos por participar de um esquema para contrabandear drogas ilegais e outros objetos para dentro da prisão; os pagamentos variavam de US$500 a US$900.[135] Um telefone celular vale até US$2.000; um guarda na Califórnia admitiu ter recebido cerca de US$100 mil em um ano, contrabandeando celulares. No Reino Unido, prisioneiros utilizam celulares contrabandeados, a partir dos quais eles "encomendam drogas, continuam a praticar atividades criminosas e planejam fugas. A Polícia Metropolitana de Londres calcula que um em 10 guardas prisionais no Reino Unido sejam corruptos" (Center for the Study of Democracy, 2010:46). Em Baltimore, Maryland, o líder de uma quadrilha de presos subornou e manteve relações com 13 guardas femininas, que se envolveram em lavagem de dinheiro, contrabando e extorsão, em conluio com os prisioneiros.[136]

---

[133] Clifford Krauss, "Corruption in Uniform: The Long View; Bad Apple Shake-Ups: A 20-Year Cycle", *New York Times*, 8 de julho de 1994, http://www.nytimes.com/1994/07/08/nyregion/corruption-in-uniform-the-long-view-bad-apple-shake-ups-a-20-year-police-cycle.html (acesso em 29 de julho de 2014).

[134] Bridget G. Brennan, "Correction Officer Sentenced to 8 Years in Prison for Receiving Bribe of $100,00 in Cocaine", Office of the Special Narcotics Prosecutor for the City of New York, 17 de setembro de 2013, http://www.nyc.gov/html/snp/downloads/pdf/whitfield_sentencing.pdf. No caso, o funcionário fez a oferta a vários prisioneiros; o que aceitou informou então às autoridades, possibilitando a operação de armadilha (acesso em 29 de julho de 2014).

[135] Michael Schwirtz, "Officers Charged with Smuggling Drugs onto Rikers Island", *New York Times*, 29 de julho de 2014, http://www.nytimes.com/2014/07/30/nyregion/officers-charged-with-smuggling-drugs-onto-rikers-island.html (acesso em 29 de julho de 2014).

[136] Madison Gray, "Racketeering, Smuggling, Sex with Guards: 25 Indicted in Massive Baltimore Prison Scandal", *Time Magazine*, 24 de abril de 2013, http://nation.time.com/2013/04/24/sex-with-guards-in-baltimore-prison-scandal/#ixzz2RgpXoFqP (acesso em 7 de outubro de 2014). O líder da quadrilha gerou filhos com quatro guardas femininas, as quais ainda recebiam presentes caros, como joias e carros. Outros guardas também envolvidos recebiam como pagamento cartões de lojas pré-pagos.

V. Potenciais benefícios da corrupção

Alguns estudiosos têm elaborado modelos econômicos nos quais o suborno adquire características desejáveis de incentivo. Por exemplo, o pagamento de propinas a gerentes de filas pode trazer eficiência (Lui, 1985). Esses pagamentos levam os funcionários tanto a favorecerem os que destacadamente valorizam seu tempo quanto a eles próprios trabalharem mais rapidamente. A instalação de serviços telefônicos na Índia nos anos 1970 ilustra esse ponto. Oficialmente, valia uma norma igualitária, mas as empresas pagavam propinas para obter tratamento preferencial ao fazerem chamadas (Rashid, 1981).[137] Alguns argumentam que em países em desenvolvimento a corrupção de coletores de impostos pode ser eficiente, desde que o governo consiga impor o compromisso de um limite para a receita global (Flatters e MacLeod, 1995). O ministro fixa um objetivo de receita, um cronograma de responsabilidade tributária nominal, e o valor do salário nominal do coletor de impostos. A corrupção fornece ao coletor de impostos um incentivo para buscar a receita tributária, e o governo tolera as propinas desde que o coletor entregue uma soma igual ao objetivo tributário. Assim, a coleta opera como um sistema de recolhimento de impostos no qual o governo concede a indivíduos privados o direito de coletá-los, em troca de um pagamento fixo. Quanto maior é a diferença entre o compromisso de imposto nominal e o objetivo de receita, mais corrupto é o sistema.

Os autores desses estudos concluem que a corrupção de rotina pode ser tolerável. Nós discordamos. Em primeiro lugar, a tolerância com a corrupção em uma importante agência, como a de arrecadação de impostos ou a de provisão de serviços de utilidade pública, pode encorajar a corrupção a estender-se a outras áreas, com graves consequências. Em segundo lugar, os autores supõem que os funcionários tenham liberdade de ação limitada. Por exemplo, o coletor de impostos "descobre" dívidas fiscais de cidadãos e de empresas. Na realidade, ele ou ela pode "criar" dívidas fiscais, como mecanismo de extração de propina. Se variar a vulnerabilidade de empresas e indivíduos às demandas de corrupção, o resultado é um padrão arbitrário e injusto de pagamentos.[138] A soma dos impostos e propinas variaria de um pagante para

---

[137] De acordo com relatórios em www.ipaidabribe.com (acesso em 7 de julho de 2014), propinas para obter uma linha telefônica ainda são comuns na Índia

[138] No México, é comum que guardas de trânsito parem carros que tenham placas estrangeiras ou de outro estado mexicano, alegando alguma infração (excesso de velocidade — embora não tenham radar — ou desobediência a sinal vermelho), e então expliquem que, pela lei, o motorista deve entregar sua licença de direção, até que a multa seja paga.

outro, refletindo a alavancagem obtida pelo coletor, e não as regras fiscais subjacentes. Se os contribuintes diferem em sua propensão e vontade de pagar propina, e se as reduções de imposto concedidas em troca dos pagamentos não são oficializadas, o resultado pode ser um sistema baseado em favores especiais prestados a alguns, mas não a outros. Similarmente, funcionários podem criar oportunidades de corrupção que prejudiquem o governo. Por exemplo, na Índia, operadores de telefonia passaram de agilizar chamadas a deixar de cobrá-las aos clientes (Rashid, 1981:456-8). Em Baltimore, Maryland, policiais recebiam propinas proporcionais aos serviços a uma certa garagem de reparo de veículos; o esquema degenerou em fraude a seguradoras, na qual os policiais danificavam ainda mais seus carros antes de chamar o caminhão-reboque.[139] Na Itália, onde longas tramitações burocráticas são a regra, funcionários frequentemente exigem propinas apenas para cumprir sua obrigação. Em consequência, o restante do público passa por atrasos ainda maiores (della Porta e Vannucci, 1997a:525-6).

Em terceiro lugar, a corrupção pode contribuir para um clima de incerteza, com respeito aos negócios. Empresas avessas ao risco pagam propinas para obter certezas[140] (Søreide, 2009) — mas essas certezas podem-se mostrar ilusórias, pois não é possível obrigar o cumprimento de tratos corruptos. De fato, nessas circunstâncias, a corrupção é uma versão de luxo do jogo Dilema do Prisioneiro (ver quadro 2.3) e um excelente exemplo da falácia da composição: individualmente, em um dado tempo qualquer, pagar-se uma propina pode ser a melhor escolha; porém, quanto mais se exercem essas escolhas, pior fica a sociedade como um todo. As externalidades são enormes, não apenas economicamente, mas também quanto ao estado de direito e à confiabilidade. Externalidades, por sua vez, aumentam custos.

Em curto prazo, subornos podem melhorar a eficiência da arrecadação de impostos ou a provisão de serviços; porém, a prazo mais longo, surgem dificuldades. Pagamentos feitos a fim de aumentar a certeza para determinadas empresas resultam em uma ampla variação de condições de uma empresa para outra. Por exemplo, embora não apresentem nenhuma evidência direta de corrupção, Pritchett e Sethi (1994), com base em dados da Jamaica, Quênia

---

[139] Theo Emery, "Baltimore Police Scandal Spotlights Leader's Fight to Root Out Corruption", *New York Times*, 9 de maio de 2012, http://www.nytimes.com/2012/05/09/us/baltimore-police--corruption-case-tests-commissioner.html (acesso em 8 de outubro de 2015).

[140] A incerteza legal e regulatória é frequentemente mencionada por empresários entrevistados em pesquisas sobre países em desenvolvimento. Ver, por exemplo, Economisti Associati (1994), Webster (1993a, 1993b) e Webster e Charap (1993).

e Paquistão, mostram como impostos mais elevados estão associados não apenas com arrecadações proporcionalmente mais baixas, mas também com maior variância das taxas de fato pagas. Responsabilidades fiscais nominais são predições precárias das responsabilidades fiscais efetivas para a empresa e para seus competidores. Por exemplo, em Uganda os subornos obstaculizam o crescimento das empresas, mais do que as equivalentes arrecadações fiscais (Fisman e Svensson, 2007). Tentativas individualizadas de reduzir a incerteza por meio da corrupção podem, em nível da sociedade, aumentar a incerteza. Em consequência, potenciais entrantes veem o ambiente econômico como arriscado e imprevisível.

Quadro 2.3. Corrupção como jogo "Dilema do prisioneiro"

Tome-se o exemplo de esperar em uma fila. Suponha-se que as pessoas neste exemplo sejam legalmente credenciadas ao benefício (licença, bem público ou serviço), o qual tem o valor de US$10 (dez dólares). Cada indivíduo pode seguir todos os procedimentos necessários e esperar sua vez; ou pagar uma propina para ter acesso mais cedo ao benefício. Por simplicidade, consideremos apenas dois atores: A e B. Suponha que o tempo inicial de espera tenha o valor de $4. Se ninguém paga suborno, o resultado é de $6 (benefício menos tempo de espera). Suponha que A possa cortar pela metade seu tempo de espera, para o valor de $2, pagando uma propina de $1 e assumindo o início da fila; seu resultado será de $7. Suponha-se agora que B tenha um tempo de espera de $6, já que A passou a sua frente, e tem um resultado de $4. Note-se que estamos supondo que a propina não reduz o tempo total de espera, mas apenas o repassa de A para B. Todavia, se ambos subornam, o tempo não é reduzido nem para A nem para B; portanto, ambos têm o custo da propina e do tempo perdido na fila, e o resultado final do benefício para ambos é de $5. O que resta ao final é o equilíbrio de Nash, no qual todos os jogadores acabam pagando propina e todos incorrem em custos mais altos do que se ninguém a pagasse. A matriz de resultados não explicita a dimensão temporal do tempo na fila, mas representa o problema da ação coletiva com que se defrontam A e B, se eles não têm uma forma digna de crédito de relatar a demanda por suborno ou o pagamento efetuado irregularmente pelo outro.

Matriz de resultados do dilema da corrupção

		Jogador A	
		Com propina	Sem propina
Jogador B	Com propina	⑤ **5**	④ **7**
	Sem propina	⑦ **4**	⑥ **6**

Há exceções. A Indonésia sob Suharto oferece um exemplo no qual a corrupção aumentou a certeza. A chave era que a própria corrupção era centralizada, o que evitava o suborno competitivo ou repetitivo. Uma vez que uma empresa estava "dentro", tudo corria suavemente. Nessa situação, a confiança inspirada pela corrupção contribui para sua persistência (Lambsdorff, 2002). Casos como esse, contudo, não se devem aos incentivos demandados pelos servidores civis, mas pelos mais altos níveis de governo. Esses casos são tratados no capítulo 3, no qual defendemos que essa certeza pode coexistir com poder monopolista fortemente entrincheirado e ineficiência desenfreada.

Corrupção fortemente infiltrada pode também impedir a reforma do estado. Empresas que se beneficiaram de pagamentos indevidos resistirão a esforços para aumentar a clareza de regulamentos e leis. Seus aliados por dentro do aparelho de estado também se oporão aos esforços reformistas, destinados a tornar a economia mais aberta e competitiva (Bigsten e Moene, 1996). Em suma, embora subornos possam ser às vezes caracterizados como pagamentos de incentivo a funcionários públicos, uma política de tolerância ativa minará as perspectivas de uma reforma de longo prazo, e tenderá a deslegitimar o governo aos olhos de seus cidadãos. Pagamentos que sejam amplamente considerados aceitáveis devem ser legalizados, mas nem todos os esquemas de "pagamento de incentivo" aperfeiçoarão a eficiência da burocracia. Alguns podem simplesmente dar aos funcionários um incentivo para criar mais atrasos e impedimentos burocráticos para favorecer os inescrupulosos e os abastados.

Diversos estudos empíricos têm procurado determinar se a corrupção pode trazer benefícios e, se for o caso, em quais circunstâncias. Isso é por vezes referido como o debate entre "azeitar as rodas" e "pôr areia nas rodas". As origens dessa controvérsia datam dos trabalhos de Leff (1964) e Huntington (1968), que argumentam que a corrupção permite que indivíduos e empresas contornem regras prejudiciais e, desse modo, favorece o crescimento econômico. Estudiosos têm tentado provar ou negar essa hipótese de "azeitar as rodas", utilizando dados que mais recentemente se tornaram disponíveis. Alguns (por exemplo, Wei, 2000; Fisman e Svensson, 2007) concluem que a corrupção desencoraja o investimento e o progresso da empresa, ao menos tanto quanto a incidência de impostos de valor equivalente: ela "põe areia nas rodas". Similarmente, Méon e Sekkat (2005) concluem que a corrupção reduz tanto o investimento quanto o crescimento econômico, enquanto Anokhin e Schulze (2009) concluem que a corrupção inibe a inovação e o empreendedorismo. Contudo, de acordo com Méon e Weill (2010), quando as instituições são muito pobres (especialmente quando a carga regulatória é pesada), a corrupção encoraja — ou, na pior das hipóteses, não desencoraja — o crescimento macroeconômico. Pelo menos um estudo (Dreher e Gassebner, 2013) defende que a corrupção pode estimular o empreendedorismo.

Em resumo, o impacto econômico dos subornos pagos para obter benefícios, evitar normas e baixar a carga tributária depende da eficiência dos programas subjacentes e está sujeito a distorções oriundas da própria corrupção. Deve-se distinguir entre benefícios a curto prazo e distorções a longo prazo, assim como entre os benefícios aos que pagam os subornos e os custos sociais mais amplos. Suponha-se que o estado tenha muitas regulamentações ineficientes e alavanque pesados impostos sobre os negócios. Então, dada a estrutura legal existente, pagamentos para evitar regulamentos e impostos podem aumentar a eficiência (Leff, 1964; Méon e Weill, 2010). Propinas podem contornar a excessiva regulamentação, reduzir pagamentos de impostos e melhorar a destinação de bens escassos (Rashid, 1981). Mesmo que o "mercado" corrupto apresente alguns dos problemas destacados na explanação anterior, o resultado pode ainda ser superior, em termos de eficiência, à observância da lei. Essa defesa de pagamentos ilegais é comumente adotada por investidores em países em desenvolvimento ou em transição. Trata-se de uma justificativa pragmática que tem origem na frustração com a ordem legal existente. Esse argumento é importante, porque tenta justificar a corrupção para o acesso a benefícios para os quais *não* se é legalmente credenciado. Propinas possibilitam melhor situação do que a aderência a um sistema honesto, no qual se cumprisse a lei.

Porém, será que indivíduos e empresas somente estão obrigados a obedecer às leis que julgam eficientes e justas?[141] Claramente, em países industrializados, essa conduta não seria tolerável. Empresas americanas e europeias geralmente não tentam esquivar-se de regras ambientais ou de segurança em seus próprios países, pelo recurso a propinas ou a buscar a ajuda de criminosos para escapar à lei. Em vez disso, essas empresas trabalham para mudar as leis, empreendem campanhas legais de contribuição, fazem *lobby* junto a órgãos

---

[141] Conforme escreveu Henry David Thoreau (1993:7), "Leis injustas existem: devemos estar contentes em obedecer a elas, ou devemos esforçar-nos para corrigi-las, cumprindo-as até que tenhamos êxito; ou devemos transgredi-las de imediato?". Ele escreveu esse ensaio, "Civil Disobedience" ("Desobediência civil") enquanto estava preso por se recusar a pagar seus impostos, em protesto contra a invasão do México pelos Estados Unidos.

públicos e abrem processos legais que desafiam leis e regulamentações. Pode-se reclamar da importância das grandes e ricas corporações na vida política dos países desenvolvidos; mas, pelo menos na preservação das instituições democráticas, são preferíveis a subornos secretos atividades de *lobby* bem documentadas e campanhas de contribuição.

Algumas dessas mesmas empresas, contudo, sentem-se menos constrangidas em violar as leis em economias em desenvolvimento ou em transição. Os Estados Unidos, com a aprovação do Foreign Corrupt Practices Act (FCPA) em 1977, tornou-se o primeiro país a punir os subornos pagos a funcionários no estrangeiro para a expansão de negócios.[142] Uma série de tratados e convenções administradas pela Organização para Cooperação e Desenvolvimento Econômico (OCDE), as Nações Unidas e grupos regionais tem levado muitos países a estabelecerem leis similares (ver capítulo 14). Em consequência, empresas multinacionais baseadas nesses países enfrentam sanções legais domésticas por suas atividades corruptas no exterior. Porém, a importância percebida dessa restrição sugere que as multinacionais nem sempre se sentem obrigadas a cumprir com as leis nos países em desenvolvimento onde operam, e demonstram esse fato casos representados contra empresas sob o FCPA (e outras leis nacionais contra o suborno de funcionários no estrangeiro). A figura 2.2 mostra os resultados do *Bribe Payers Index* (BPI) de 2011, publicados pela TI. O BPI classifica a tendência de que empresas de 28 economias de ponta paguem suborno para ganhar negócios no exterior, com uma pontuação de zero (sempre subornam) a 10 (nunca subornam).[143] Embora se possa criticar a metodologia do BPI,[144] é interessante notar que as empresas de nenhum país parecem ser sempre honestas;[145] e, inversamente,

---

[142] O ato é o Foreign Corrupt Practices Act, 15 U.S.C. §§ 78m (b) & (d)(1) & (g)-(h), 78dd-1, 78dd-2, 78ff (a)(c) (1988 & Supp. IV 1992). Para uma revisão da lei ver Bixby (2010) e Thomas (2010).

[143] Ver Transparência Internacional, "Bribe Payers Index", http://bpi.transparency.org/ (acesso em 7 de outubro de 2015).

[144] O BPI é uma pesquisa de percepção, na qual executivos de empresas são questionados sobre com que frequência acreditam que as empresas de cada um dos 28 países listados (na edição de 2011) usam propinas para obter contratos ou permissões. Os 28 países incluídos são, logicamente, países com grande presença no mundo de investimento no estrangeiro. Por essa razão, pequenos países — tanto os muito corruptos quanto os muito limpos — não estão incluídos. Como pesquisa de percepção, ela é subjetiva e facilmente influenciada por preconceito e pela mídia.

[145] Søreide (2006) documenta que mesmo empresas norueguesas se envolvem em corrupção, especialmente no estrangeiro. (A Noruega é consistentemente considerada um dos países menos corruptos nas pesquisas comparativas).

mesmo empresas de países com pontuação baixa no CPI (bem abaixo do ponto médio, na faixa dos "mais corruptos") recebem pontuação acima de 6 (melhor que o ponto médio) no BPI.[146] Talvez as empresas de países altamente corruptos sejam mais bem comportadas no exterior que em casa. Complementando o BPI, a OCDE estudou todos os casos de suborno no exterior que resultaram em sanções (em termos de condenação ou de acordo) entre 1999 (quando a Convenção Contra o Suborno da OCDE entrou em efeito) e junho de 2014, e detectou que, enquanto o suborno ocorreu em uma ampla variedade de países, ele foi desproporcionalmente sancionado nos países mais desenvolvidos. Significativamente, Turquia e México, países da OCDE mais próximos à base do BPI, não concluíram qualquer caso até a data (OCDE, 2014:31, figura 19).[147] Isso pode ser o reflexo da força do sistema Judiciário em cada um desses países, em vez do número de casos concretos de suborno no exterior por empresas ali sediadas.

Evidências da pesquisa indicam uma ampla gama de pontos de vista entre empresários. Em um estudo, 30,3% dos executivos estadunidenses pesquisados declararam que nunca seria aceitável pagar por uma taxa de "consultoria" de US$350.000 a um funcionário estrangeiro como contrapartida por um contrato que valesse US$10 milhões de lucros. No outro extremo da escala, entretanto, 6,1% pensam que o pagamento é sempre aceitável (Longenecker, McKinney e Moore, 1988). Evidentemente, não são apenas os executivos de empresas estrangeiras que têm essa crença. Companhias domésticas frequentemente operam da mesma maneira.

---

[146] Essa observação se mantém, e é mais significativa se usamos a métrica do GCB da percepção notada no setor empresarial, ao invés do CPI. Na edição de 2013 do CPI, o setor empresarial/privado pontuou 3,3 sobre 5, onde 5 representa a percepção de que a corrupção é "um problema muito sério" no setor. Ver Transparência Internacional, *Global Corruption Barometer* 2013, http://www.transparency.org/gcb2013/in_detail (acesso em 7 de outubro de 2015).

[147] A amostragem completa de casos é limitada aos que foram concluídos em sanções. As sanções foram impostas em seguida a acordo (69%) ou condenação (31%). Não há informação sobre os casos que terminaram em absolvição. Os dados estão sujeitos a influência seletiva e são especialmente dependentes de detecção. Em 31% dos casos, estes foram reportados por iniciativa própria às autoridades; desses, mais de 60% foram descobertos por meio de auditorias internas ou diligências prévias; outros 17% por meio de denúncias (OECD, 2014:15-17, figuras 3 e 5). Onde o estado de direito é mais fraco, especialmente onde o sistema Judiciário é disfuncional, as empresas são menos propensas a reportarem por iniciativa própria. Adicionalmente, é improvável descobrir atos de corrupção em empresas com fracos controles internos e escassa proteção a denunciantes.

CORRUPÇÃO BUROCRÁTICA

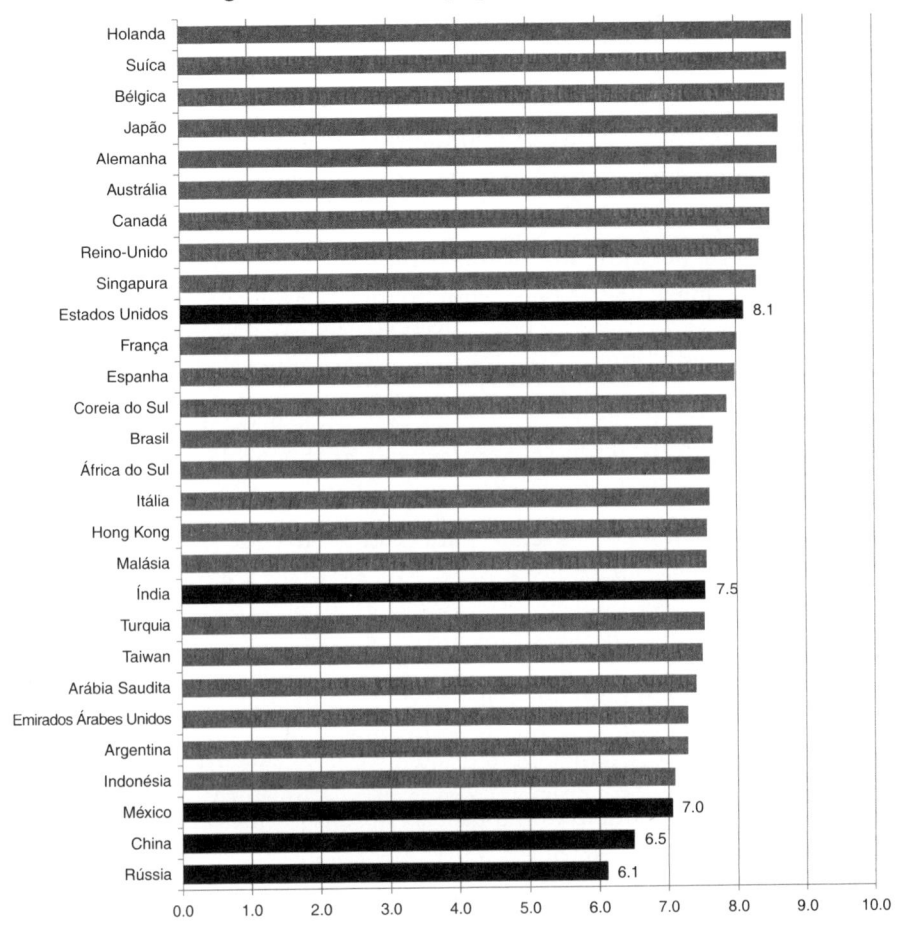

Figura 2.2. Índice de pagantes de suborno

Holanda	
Suíça	
Bélgica	
Japão	
Alemanha	
Austrália	
Canadá	
Reino-Unido	
Singapura	
Estados Unidos	8.1
França	
Espanha	
Coreia do Sul	
Brasil	
África do Sul	
Itália	
Hong Kong	
Malásia	
Índia	7.5
Turquia	
Taiwan	
Arábia Saudita	
Emirados Árabes Unidos	
Argentina	
Indonésia	
México	7.0
China	6.5
Rússia	6.1

Fonte: Elaborado a partir de dados da Transparência Internacional, *Bribe Payers Index 2011*. Dados da TI utilizados sob permissão.

Existem duas dificuldades com uma política de tolerância disseminada. Primeiro, não se pode depender de investidores somente para pagar suborno para evitar regras e impostos ineficientes. Eles desejarão reduzir o impacto de todas as sobrecargas impostas pelo estado, sejam ou não justificadas. É claro que se podem construir modelos segundo os quais as leis escritas são projetadas para apoiar grupos politicamente poderosos, sem legitimidade pública (Stigler, 1971; Brennan e Buchanan, 1980). Assim, evitar as sobrecargas impostas por essas leis pode parecer um objetivo válido. Todavia, a menos que se seja um entusiasta libertário que acredita serem ilegítimas todas as ações do estado, seria impossível levar a efeito um tal critério. Deveriam empresas ou indivíduos ser capazes de se defender contra uma acusação de corrupção mostrando que a lei é injusta ou ineficiente? Deveriam eles ser capazes de justificar o suborno de políticos apontando que a lei que eles favoreceram estimulará a competitividade? Isso acarretaria uma carga de análise de política no sistema de aplicação das leis que este, na prática, está mal preparado para tratar, e que seria ilegítimo impor nos tribunais, em teoria.

Em segundo lugar, parece bem estranho tolerar o julgamento pelas empresas de que um pagamento ilegal bem colocado se justifique porque aumenta seus lucros. Uma tal atitude pode causar sérios prejuízos na luta de um país pela construção de um estado viável. Esses estados necessitam desenvolver mecanismos efetivos que traduzam em leis as demandas populares, que representem um compromisso digno de crédito em fazer cumprir essas leis, e que forneçam recursos legais para os cidadãos que se defrontem com exigências extorsivas. Se os investidores e os cidadãos comuns fazem juízos individualizados sobre quais leis são legítimas, naufraga a tentativa de criar instituições de estado. O suborno vai determinar não apenas quais leis devem ser aplicadas, mas também que leis serão promulgadas. Todos os estados, mesmo aqueles que têm com maior êxito controlado o poder de interesses especiais, promulgam leis ineficientes, mas nenhum estado pode efetivamente operar se indivíduos podem tomar as leis em suas próprias mãos e justificar fazê-lo por referência a critérios de custo-benefício.

A discussão sugere, pois, que a corrupção pode ser mais tolerável, não quando ela aumenta a eficiência de negócios individuais, mas quando é executada em regimes claramente ilegítimos que não podem reivindicar suporte popular. Nesses países, mesmo propinas para evitar impostos parecem menos danosas que em outros contextos, porque quanto menos recursos cabem ao estado, tanto menos poderoso ele é. Ainda assim, restam os custos. Os beneficiários de transações corruptas formarão um forte contingente contra as reformas, uma vez que temerão a perda de suas especiais vantagens. Ademais, quando um regime reformista assume o poder, seus esforços se tornarão mais difíceis se a corrupção se tiver tornado sistêmica. Esse foi o caso no Egito: Hosni Mubarak foi deposto em 2011, após 30 anos de corrupção e abuso; seu sucessor, Mohamed Morsi, foi eleito com uma plataforma reformista, mas foi sabotado por interesses estabelecidos que paralisaram a economia, resultando um golpe contra Morsi em julho de 2013.¹⁴⁸ Da mesma forma, a Primavera Árabe no Iêmen forçou o presidente Ali Abdullah Saleh a deixar o poder em 2011, mas seu sucessor, o presidente Abdu Rabbu Mansour Hadi decidiu renunciar — junto com o primeiro-ministro e o gabinete — após meses de protestos militantes contra corrupção e "[in]justiça econômica".¹⁴⁹ Analogamente, tentativas de organizações internacionais para reformar a coleta de receita e os gastos governamentais tem tido pouco impacto a longo prazo na corrupção observada no serviço civil (Reno, 2008). Uma das primeiras tarefas do regime anticorrupção deve ser a mudança de comportamento de funcionários, empresas e indivíduos corruptos. Não é consistente com a preservação da legitimidade do estado a tolerância com esforços individuais que almejem burlar mesmo as leis mais onerosas.

Conclusões

A defesa do suborno enfatiza as ineficiências e a arbitrariedade de muitas das regras e regulamentações governamentais. Se administradas por funcionários mal pagos e pouco motivados, os incentivos para o pagamento de propinas são significativos, e os benefícios parecem óbvios: empresas privadas e cidadãos podem tocar seus negócios. Propinas isoladas às vezes não apenas beneficiam o pagante e o recebedor, mas também melhoram a eficiência geral e a equidade; contudo, a existência desses casos não constitui um argumento válido para que se tolere a corrupção de servidores públicos.

Em primeiro lugar, e mais obviamente, nem todas as propinas têm o resultado acima, em ganho de eficiência e de equidade. Considere-se, por exemplo, a evasão tributária, a violação de normas ambientais, a aprovação de benefícios para pessoal não qualificado, e a impunidade para atos criminosos. A corrupção solapa, nesses casos, as intenções dos programas de bem-estar social. Em segundo lugar, se as propinas se prestam a uma função válida com respeito à alocação de recursos, elas deveriam ser legalizadas, sendo as taxas de

---

¹⁴⁸ Ben Hubbard e David D. Kirkpatrick, "Sudden Improvements in Egypt Suggest a Campaign to Undermine Morsi", *New York Times*, 10 de julho de 2013, http://www.nytimes.com/2013/07/11/world/middleeast/improvements-in-egypt-suggest-a-campaign-that-undermined-morsi.html (acesso em 19 de setembro de 2014).

¹⁴⁹ Shuaib Almosawa e Rod Nordland, "U.S. Fears Chaos as Government of Yemen Falls", *New York Times*, 22 de janeiro de 2015, http://www.nytimes.com/2015/01/23/world/middleeast/yemen--houthi-crisis-sana.html (acesso em 7 de outubro de 2015).

serviço tornadas públicas. Um mercado que se baseie em pagamentos ilegais é ineficiente, devido aos custos de manutenção de segredos e das escolhas em benefício próprio por indivíduos e empresas desonestos e oportunistas.

Em terceiro lugar, a defesa do suborno como ferramenta de alocação é estática, pois supõe um dado conjunto de regras e de requisitos em programas públicos. Em vez disso, funcionários corruptos, ao perceberem os benefícios financeiros da aceitação de suborno, têm frequentemente o poder de reformular suas atividades. Eles podem criar escassez, atraso e dificuldades burocráticas, a fim de estimular o pagamento de propinas. Eles podem ameaçar os relutantes com prisão e processo criminal. Em tais casos, poder-se-ia justificar os pagamentos indevidos como meio de evitar maiores males, mas os custos sistêmicos são sérios. Adicionalmente, a tolerância com a corrupção em algumas áreas da vida pública pode facilitar uma espiral descendente, na qual o delito de alguns encoraja cada vez mais pessoas a se envolverem com a corrupção, ao longo do tempo.

Em quarto lugar, a corrupção disseminada enfraquece a legitimidade do governo. A corrupção no fornecimento de bens e serviços ao público e a imposição de custos adicionais projetam uma sombra sobre os governos que buscam a legitimação popular. O suborno não é um substituto estável e de longo prazo, da reforma da lei.

3
Corrupção em compras e privatização

Contratos, concessões e privatização de bens públicos são frequentemente mais lucrativos que negociações similares no setor privado. A corrupção pode alocar esses escassos e valiosos recursos. Pagamentos espúrios aos mais altos níveis de governo podem corromper o processo competitivo nas concorrências públicas e nos leilões de privatização, assim afetando o custo e a qualidade dos grandes projetos de infraestrutura e prejudicando os benefícios que podem advir dos contratos de concessão e das vendas de importantes bens do estado. Essa "grande corrupção" transfere receitas monopolistas para investidores privados, em troca de pagamentos para a elite, isto é, a funcionários corruptos que recebem uma fatia dos lucros sob a forma de vultosas propinas (Moody-Stuart, 1997). Esse arranjo pode ter grande impacto nos orçamentos governamentais, na perspectiva de crescimento de um país e na distribuição dos ganhos provenientes de programas e investimentos do governo. Esse tipo de corrupção é aparentemente muito comum. Em uma pesquisa de 2012 com 3 mil executivos de negócios em 30 países, 27% acreditavam ter perdido um contrato com o governo no ano anterior porque seus "competidores" tinham pago suborno para obter o contrato; as respostas variavam de 2% no Japão a 50% na Malásia.[150] Outras evidências de sérios problemas vêm de países específicos. No Brasil, por exemplo, 87% das empresas indicavam que suborno e nepotismo são frequentes nas compras governamentais, mais do que em qualquer outra área estudada (Weber Abramo, 2004); e, em uma segunda pesquisa com empresas, 62% dos respondentes que haviam participado de concorrência para trabalhos junto a órgãos públicos tinham-se defrontado com solicitações de propinas (Kroll e Transparência Brasil, 2003:8).

---

[150] Ver Transparência Internacional, "Putting Corruption out of Business", http://blog.transparency.org/2012/09/06/bribery-is-bad-for-business/ (acesso em 13 de agosto de 2014).

As negociações que concentram o foco do nosso interesse envolvem grandes corporações multinacionais, operando isoladas ou em conjunto com parceiros locais. Essa é uma importante categoria de casos. Não existe medida definitiva quanto à extensão e ao impacto desse tipo de corrupção, mas sua importância é sugerida tanto por relatos na mídia em todo o mundo quanto pelo destaque na Convenção Anticorrupção da OCDE (ver capítulo 14), a qual requer que os signatários sancionem o suborno em outros países. A OCDE coleta dados sobre empresas transnacionais que foram sancionadas em seus países-sede por pagarem subornos no estrangeiro com a finalidade de ganhar ou reter negócios. De acordo com esses dados, 57% dos casos de suborno no estrangeiro resolvidos de 1999 a 2013, considerados pela Convenção Anticorrupção da OCDE, envolviam compras públicas (OECD, 2014:32, figura 20).[151] No geral, pelo menos 60% dos casos envolviam empresas com pelo menos 250 empregados (OECD, 2014:21).[152] Evidentemente, pequenas empresas e contratos de menor valor podem simplesmente não merecer tornarem-se alvos para execução; portanto, não defendemos que negócios corruptos estejam especialmente concentrados em empresas multinacionais de grande porte. Na verdade, já mencionamos no capítulo 2 que o suborno pode distorcer a alocação de benefícios públicos esparsos e afeta a qualidade desses no conjunto de interações no dia a dia entre público, negócios locais e funcionários do estado. Propinas para obter contratos e concessões rotineiros podem ser parte de um padrão usual na corrupção de funcionários de nível mais baixo — não muito diferente de qualquer tipo de suborno que prejudica a destinação de benefícios escassos. Concentramo-nos, todavia, neste capítulo, em negócios corruptos que possam, por si mesmos, afetar o desempenho econômico e o funcionamento do estado. Aqui, destacamos as consequências econômicas da grande corrupção; capítulos subsequentes

---

[151] Os dados incluem estas categorias: compras públicas, liberação alfandegária, outros tratamentos preferenciais, tratamentos tributários favoráveis, licenciamento/autorizações, acesso a informações confidenciais, vistos de viagem, e desconhecido. A tabela 11 relaciona os funcionários que receberam propinas; funcionários de empresas estatais totalizam 80% das propinas em valor, em pouco mais de 10% dos casos. Os dados não permitem distinguir a corrupção referente a privatizações das de negócios de concessão.

[152] Quatro por cento das empresas tinham menos de 250 empregados; em 36% dos casos, o tamanho da empresa não estava disponível (OECD, 2014). A OCDE coleta esses dados sob a Convenção Anticorrupção, a qual requer que os signatários tornem o suborno no estrangeiro uma infração às leis domésticas. A Convenção é discutida no capítulo 14.

focalizam as implicações políticas da corrupção em que estão envolvidos a elite política e atores privados.

A grande corrupção não se restringe a nações em desenvolvimento e seus negócios com empresas multinacionais. Escândalos similares são frequentes em países industrializados.[153] Na Alemanha, aparentemente foi pago suborno para ganhar contratos da ordem de DM 25 bilhões para a construção do Terminal 2 do aeroporto de Frankfurt. De acordo com o procurador público, esse ato de corrupção levou a um aumento de preços de cerca de 20% a 30%.[154] Na Itália, antes de se tornar primeiro-ministro, Silvio Berlusconi pagou €12 milhões em propinas para que se passasse uma lei que lhe permitia o monopólio da faixa de ondas de radiofrequência (Center for the Study of Democracy, 2010:161-20). Um dos juízes da investigação Mãos Limpas, contra a corrupção italiana (iniciada em 1992), relatou que o custo de vários projetos públicos de construção mais importantes na Itália tinha caído dramaticamente, após as investigações anticorrupção do início dos anos 1990. O custo de construção do metrô de Milão caiu de US$227 milhões por quilômetro em 1991 a US$97 milhões em 1995. O custo de conexão por trilho caiu de US$54 milhões por quilômetro a US$26 milhões, e um novo terminal de aeroporto teve sua estimativa de custo reduzida de US$3,2 bilhões a US$1,3 bilhões (Wiehan, 1997). Em geral, as propostas vencedoras em leilões públicos foram estimadas de 40% a 50% mais baixas em 1997 que cinco anos antes (della Porta e Vanucci, 1997a:524).

O Departamento de Defesa dos Estados Unidos tem passado por escândalos de propinas ao longo dos anos. Recentemente, a Marinha estadunidense foi confrontada com alegações de pagamentos ilegais envolvendo contratos de suprimentos para seus navios em portos no exterior.[155] Anteriormente, a Operation Ill Wind, uma operação investigativa do FBI, levou à condenação

---

[153] Entre os casos da OECD de suborno no estrangeiro resolvidos entre 1999 e 2014, pelo menos 43% envolviam pagamentos prometidos, oferecidos ou realizados a funcionários em países situados em nível alto ou muito alto no Índice de Desenvolvimento Humano (OECD, 2014:30, figura 17). Note-se, entretanto, que nem todos esses casos envolvem compras públicas, e que casos concluídos em condenação ou em acordo não são necessariamente representativos de todos os casos de suborno ou outro tipo de corrupção.

[154] "German Airport Corruption Probe Deepens: Five Jailed and 20 Companies under Investigation", *Financial Times*, 2 de julho de 1996; "German Corruption Wave Prompts Action", *Reuter Business Report*, 25 de setembro de 1996.

[155] Christopher Drew e Danielle Ivory, "Contracting Overhaul Is Promised for Navy", *New York Times*, 20 de dezembro de 2013, http://www.nytimes.com/2013/12/21/us/politics/amid-scandal-navy-secretary-announces-contracting-overhaul.html (acesso em 10 de outubro de 2015).

de 54 indivíduos e 10 corporações, por terem revelado especificações técnicas em concorrências por contratos, tendo como contrapartida dinheiro e empregos (Noelker, Shapiro e Kellog, 1997). Em outro caso, o "pagamento" foi um emprego na Boeing, subsequente à negociação pelo funcionário de uma compra de $23 bilhões da Boeing para a Força Aérea. Nesse caso, o funcionário de compras foi condenado a nove meses de prisão; o diretor financeiro foi demitido, multado em US$250 mil e sentenciado a quatro meses de prisão; e a Boeing pagou multa de mais de US$600 milhões (Ware et al., 2007:297, 329).

Corrupção em compras ocorre até em organizações internacionais como as Nações Unidas. Por exemplo, um fabricante de proteção corporal, Armor Holdings, Inc., pagou um acordo de quase US$16 milhões, diante de acusações de ter subornado um funcionário das Nações Unidas para subverter um processo de compra e direcionar contratos para suprir as missões de paz das Nações Unidas entre 2001 e 2007.[156] Conforme detalhado no capítulo 14, houve diversas irregularidades no Programa Petróleo-por-Alimentos, no Iraque, incluindo corrupção no departamento de compras das Nações Unidas (Volcker, 2006:xxiv).

Adicionalmente, a grande corrupção pode envolver entidades nominalmente privadas, tais como as que regulam eventos esportivos internacionais, inclusive as Olimpíadas e a Copa do Mundo. Deixando-se de lado a manipulação de resultados, os representantes nacionais e os promotores esportivos têm alegadamente subornado membros da direção do Comitê Olímpico Internacional (COI) e da Federação Internacional de Futebol Associação (FIFA), para selecionarem seus países como anfitriões. Ser país-sede de um evento de grande importância não apenas atrai turistas e traz prestígio, como implica enormes contratos de construção, com o potencial de retorno em pagamentos espúrios.[157] Embora organizações esportivas não sejam entidades governamentais, elas estão submetidas às leis nacionais e internacionais; em 2012, um relatório suíço acerca de manipulação de resultados e corrupção nos esportes descobriu que tanto a autorregulamentação quanto as convenções

---

[156] U.S. Securities and Exchange Commission, "SEC Charges Armor Holdings, Inc., with FCPA Violation in Connection with Sales to the United Nations", 13 de julho de 2011, http://www.sec.gov/news/press/2011/2011-146.htm (acesso em 12 de novembro de 2014).

[157] Desse modo, os Jogos da Comunidade Britânica de 2010, na Índia, foram assolados por planejamento deficiente, prazos desrespeitados, e gastos de 15 vezes a estimativa original. BBC News South Asia, "India's Corruption Scandals", 18 de abril de 2012, http://www.bbc.com/news/world-south-asia-12769214 (acesso em 17 de julho de 2014).

existentes se tinham mostrado insuficientes.[158] Esse trabalho abriu caminho para uma legislação mais rigorosa;[159] ministros de esportes de 15 países europeus assinaram a "Macolin Convention" contra embustes nos esportes.[160] Contudo, em 2015, o processo dos Estados Unidos contra dirigentes da FIFA sugere as limitações desse esforço (ver capítulo 6).

São difíceis a descoberta e a exposição de casos de grande corrupção porque, como em muitos outros casos de corrupção, tanto os que pagam quanto os que recebem se beneficiam do ato corrupto. Se a corrupção se concentra no topo do governo e seus líderes podem intimidar os subordinados, pode não haver a perspectiva de denúncias. Ademais, a diferença entre corrupção e incompetência é por vezes sutil (Piga, 2011:149-53), e pode mesmo ocorrer um círculo vicioso entre os dois, com o patronato e o cronismo colocando empregados incompetentes nas posições de compra, possivelmente com um olho em possibilitar corrupção em concorrências públicas.

A Transparência Internacional tem avaliado que a corrupção pode elevar os custos de compras em até 50%.[161] A superação dos custos é uma pista de que a corrupção pode ter influenciado a escolha do contratado. Exemplos específicos podem ser encontrados em cada país do planeta. Flyvbjerg (2007) conclui que em 20 países em um período de 75 anos a média de superação das estimativas de custos foi de 44,7% para projetos ferroviários, 33,8% para pontes e túneis, e 20,4% para a construção de rodovias; projetos individuais frequentemente ultrapassam o orçamento em várias vezes o valor originalmente aprovado.[162] Por exemplo, o projeto "Big Dig" em Boston, que incluía

---

[158] "Lutte contre la corruption et les matchs truqués dans le sport: Rapport en réponse au postulat 11.3754 déposé le 28 juin 2011 par la Commission de la science, de l'éducation et de l aculture du Conseil des États", disponível em http://www.baspo.admin.ch/internet/baspo/fr/home/aktuell/bundesrat_genehmigt_korruptionsbericht.parsys.83108.downloadList.89797.DownloadFile.tmp/28530.pdf (acesso em 2 de outubro de 2014).

[159] Simon Bradley, "Swiss Set to Get Tough over Sports Corruption", *SWI*, 2 de outubro de 2014, http://www.swissinfo.ch/eng/swiss-set-to-get-tough-over-sports-corruption/40801520 (acesso em 2 de outubro de 2014).

[160] Office Fédéral du Sport OFSPO, "Les ministres responsables du sport signent la convention contre la manipulation des compétitions sportives", 18 de setembro de 2014, http://www.baspo.admin.ch/internet/baspo/fr/home/aktuell/sportminister_unterzeichnen_konvention_gegen_wettkampfmanupulation.html (acesso em 2 de outubro de 2014).

[161] Transparência Internacional, "Public Procurement", http://www.transparency.org/topic/detail/public_procurement (acesso em 26 de setembro de 2014).

[162] Para discussão mais aprofundada desse estudo, ver Flyvbjerg e Molloy (2011).

a construção de uma série de túneis rodoviários e parques, ficou ao menos 275% acima de seu orçamento (Flyvbjerg e Molloy, 2011:84). Em comparação, os Jogos Olímpicos de Inverno em Sochi, Rússia, em 2014, foram iniciados com recursos de apoio inacabados, tais como hotéis e banheiros públicos, e custaram pelo menos quatro vezes o orçamento projetado, tornando-os os mais caros da história das Olimpíadas.[163] A figura 3.1 fornece uma comparação gráfica desses excessos de custos.

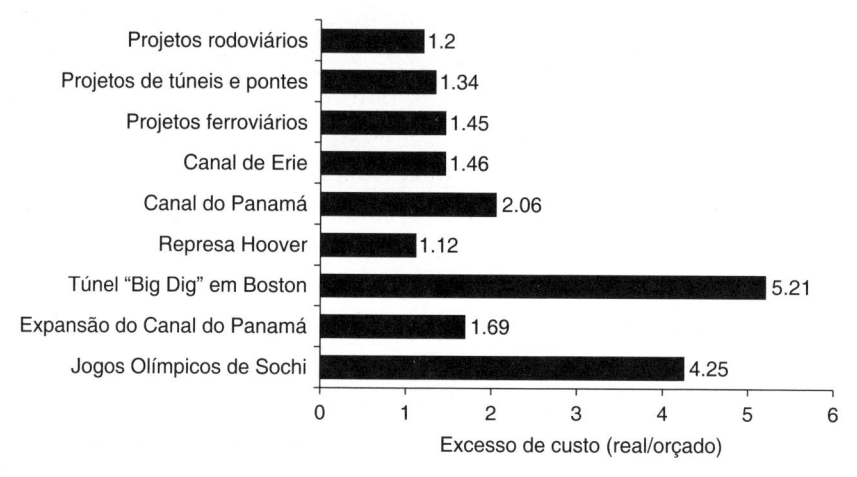

Figura 3.1. Excessos de custo selecionados

Categoria	Excesso de custo (real/orçado)
Projetos rodoviários	1.2
Projetos de túneis e pontes	1.34
Projetos ferroviários	1.45
Canal de Erie	1.46
Canal do Panamá	2.06
Represa Hoover	1.12
Túnel "Big Dig" em Boston	5.21
Expansão do Canal do Panamá	1.69
Jogos Olímpicos de Sochi	4.25

Fontes: Flyvbjerg (2007), citado em Flyvbjerg e Molloy (2011:83); Engerman e Sokoloff (2006:105); cálculos baseados em "Dispute over Costs Halts Panama Canal Expansion", *New York Times* (Reuters), 7 de fevereiro de 2014, http://www.nytimes.com/2014/02/08/business/international/dispute-over-costs-halts-panama-canal--expansion.html; e Transparência Internacional, "Major Games: Let Sport Triumph, Not Corruption", http://www.transparency.org/news/feature/major_games_let_sport_triumph_not_corruption.

O problema com essa medição é que, embora alguns aumentos de custos sejam de fato causados por corrupção, outros são o resultado de eventos imprevisíveis, incompetência, ou simplesmente erro de cálculo. Assim, como a

---

[163] Cálculos com base na Transparência Internacional, "Major Games: Let Sport Triumph, Not Corruption", postado em 5 de fevereiro de 2014, http://www.transparency.org/news/feature/major_games_let_sport_triumph_not_corruption (acesso em 13 de fevereiro de 2014). O coordenador do Comitê Olímpico Internacional para os jogos comentou: "Não me lembro de nenhuma Olimpíada sem corrupção". Vasilyeva, "Sochi Olympics Have Been Undermined by Widespread Corruption, Says Russian Critic", *The Huffington Post*, 30 de maio de 2013, http://www.huffingtonpost.com/2013/05/30/sochi-olympics-2014-corruption-russia_n_3359666.html (acesso em 7 de junho de 2014).

maior parte dos autores que usam essa metodologia se apressam em destacar, expansão de custos não necessariamente se confunde com corrupção. Ademais, Flyvbjerg e Molloy (2011) argumentam que o aumento de custos pode ocorrer como resultado de uma concorrência estrategicamente orçada abaixo dos custos ou de manipulação por funcionários públicos para obter aprovação de um projeto por eles apoiado. No entanto, se isso ocorrer, a prática pode deixar espaço para esconder propinas provenientes da corrupção, uma vez que aumentos de custo tipicamente requerem revisão menos apurada que a elaboração de contratos.

Adicionalmente, uma corrupção verdadeiramente sistêmica pode ser incorporada ao valor do contrato, inflacionando os preços antes que o projeto se inicie. Não é possível observar o impacto da corrupção nesses casos, a menos que se possa estabelecer uma comparação dos custos com os observados em iniciativas honestas ou, pelo menos, com outros negócios semelhantes no mesmo mercado. Assim, uma campanha anticorrupção na área de compras de hospitais de Buenos Aires avaliou os preços contratados em cada um dos hospitais, comparando-os com a média na cidade. O resultado foi uma queda de 15% nos preços de compras (di Tella e Schargrodsky, 2003). A corrupção que o preço inicial faz supor foi documentada em muitos casos específicos.[164]

---

[164] Na Nigéria, dois projetos orçados em N100 milhões cada envolveram propinas de N65 milhões e N60 milhões, respectivamente, um sobrepreço de mais de 100% (Ufere et al., 2012:2446, 2448). No Paraguai, durante o regime do presidente Alfredo Stroessner (1954-89), a corrupção ajudou a inflar o custo da barragem de Itaipu na fronteira com o Brasil, e acarretou a realização de projetos que excediam as necessidades domésticas (Nickson, 1996:244-5; Straub, 2014). Pode-se supor que propinas substanciais se traduzem em custos contratuais inflados. Assim, na Indonésia, na década de 1970, foi reportado que duas companhias alemãs pagaram a um dirigente da companhia de petróleo estatal da ordem de 20% do valor dos contratos de construção de uma usina de aço (Schwarz, 1994:138). Quando era o diretor-geral do Serviço de Inteligência Nacional do Peru, Vladimiro Lenin Montesinos Torres recebeu de propina 18% do valor de uma compra de armamentos, e uma propina de US$10,9 milhões pela compra de três aviões adquiridos para a Força Aérea Peruana (Levi, Dakolias e Greenberg, 2007:402-3). Na Índia, um general do exército denunciou uma oferta de suborno no valor de US$2,7 milhões, como contrapartida pela compra de caminhões de baixa qualidade (BBC News South Asia, "India's Corruption Scandals", 18 de abril de 2012, http://www.bbc.com/news/world-south-asia-12769214, acesso em 17 de julho de 2014). No México, a Hewlett-Packard pagou $1,6 milhão para obter contratos da ordem de $6 milhões com a companhia paraestatal de petróleo, Pemex (Vania Guerrero, "Multan a HP por sobornos", El Norte, 10 de abril de 2014).

A seguir, discutimos inicialmente o caso de compras e destacamos o modo pelo qual a corrupção tanto aumenta os custos para o governo quanto distorce as escolhas dos altos funcionários e empresas contratadas. Concentramo-nos então nos problemas de corrupção nas contrapartidas das concessões e na privatização de bens estatais. Muitos dos incentivos à corrupção se assemelham nos três casos — compras, concessões e privatizações —, mas também salientamos as características distintivas de cada uma das categorias da grande corrupção.

I. Compras

Argumentam alguns que o suborno para a obtenção de contratos de compra funciona como qualquer outro leilão. Todavia, isso raramente será verdade, porque a simples existência de um sistema corrupto afeta a natureza dos projetos submetidos à concorrência, assim como o número de empresas dispostas a competir e capazes de fazê-lo. Tanto os dirigentes quanto as empresas podem modificar seu comportamento, a fim de maximizar os benefícios gerais que a corrupção pode proporcionar em projetos de infraestrutura, e de aumentar a fatia que consigam apropriar. O resultado pode ser uma definição de projetos distorcida e ineficiente, desde o início e durante sua realização ao longo do tempo.

Embora nosso foco seja em contratos para infraestrutura e bens de capital, como armamentos, nem todos os escândalos em compras e contratação envolvem esses tipos de aquisição. Bens de consumo são candidatos preferenciais para pagamentos indevidos, porque pode ser difícil, depois da compra, descobrir se foram ou não efetivamente entregues. No Malaui, por exemplo, auditores descobriram que milhões de dólares em materiais de escritório inexistentes haviam sido "comprados" pelo Fundo de Imprensa Governamental.[165] No Quênia, o governo perdeu cerca de US$1,5 milhão em compras irregulares de medicamentos pelo Ministério da Saúde.[166]

A grande corrupção em compras se deve a incentivos a funcionários e empresas privadas a competirem por vantagens e dividirem os ganhos da

---

[165] *Transparency International Newsletter 12/95*, mencionando uma reportagem do *Saturday Nation* de 14-20 de outubro de 1995.
[166] *Transparency International Newsletter 6/96*, mencionando uma reportagem do *Daily Nation* de 3 de maio de 1996.

operação. Um primeiro caso e mais simples exemplo é aquele em que os parâmetros básicos do negócio — custos e características — são previamente conhecidos, e propinas são usadas para conceder às empresas uma maior fatia dos ganhos líquidos. Em um segundo caso, funcionários corruptos proveem um orçamento excessivo, de forma que o pagamento de propinas fique escondido nos fundos inflados, sendo o aumento provido pelos contribuintes domésticos de impostos, no presente ou no futuro.[167] Confrontando-se as saídas com as entradas, administrações altamente corruptas parecerão menos produtivamente eficientes que as administrações mais honestas, mesmo que os reais processos de produção sejam similares. Golden e Picci (2005) comparam a infraestrutura física nas regiões italianas com desembolsos públicos cumulativos (controlando-se os fatores geográficos que influenciem o custo de trabalhos públicos de construção). Eles usam essa metodologia para apresentar um "índice de corrupção" para as 20 regiões da Itália, que é essencialmente uma medida aproximada da produtividade dos gastos públicos em infraestrutura básica, tais como estradas e instalações hospitalares; nesse índice, o sul aparenta ser em geral mais corrupto que o norte daquele país.

Em um terceiro caso, a corrupção pode modificar a natureza do projeto, de forma a enriquecer a empresa e seus colaboradores do setor público, ocultar pagamentos ilegais e criar oportunidades futuras de novos pagamentos ilícitos. Os funcionários envolvidos podem favorecer empresas que tenham um forte histórico de colaborar com a corrupção, limitando assim a competição. Do outro lado do negócio, as empresas podem adaptar seu comportamento a um ambiente em que seja regra um alto grau de corrupção. Algumas empresas podem simplesmente sair do mercado, tornando mais fácil para as empresas restantes formar cartéis e organizar parcerias, ou de alguma outra forma limitar a competição (sobre a Nigéria, ver Ufere et al. 2012). Outros podem levar em conta os riscos de operar em ambiente corrupto, reorientando suas estratégias de investimento para limitar a possibilidade de os funcionários extraírem ganhos.

Na prática, é difícil apartar esses diferentes efeitos, mas é possível localizar instâncias nas quais um ou outro efeito pareça dominante. Supomos que o primeiro caso não ocorra com frequência na corrupção de alto nível, devido

---

[167] A corrupção em compras é uma das razões pelas quais os governos contraem dívidas, passando a conta a futuros pagadores de impostos e a futuras administrações.

ao poder que têm os altos funcionários para modificar as regras do jogo. Esse é um aspecto no qual a corrupção em nível superior e em nível inferior diferem entre si. Muitos funcionários corruptos de nível mais baixo devem tomar como dado inevitável os parâmetros básicos do programa. O segundo caso é bastante comum. Há numerosos estudos de contratos de compra com sobrepreço, assim como de subprecificação em concessões, em vendas de terras e na privatização de empresas e de outros ativos. Em tais casos, a empresa vencedora pode, de fato, ser a mais eficiente, porque pode pagar o suborno de maior valor, mas os benefícios para o estado são substancialmente reduzidos. Ainda que dirigentes corruptos "consigam que as coisas sejam feitas", os cidadãos pagantes de impostos pagam a mais pela infraestrutura, e o tesouro recebe a menos pela venda de recursos e ativos valiosos. A terceira categoria de efeitos inclui grande número de diferentes modificações nas práticas do estado. Nós meramente catalogamos algumas dessas possibilidades e mostramos como elas podem distorcer as escolhas públicas. Discutimos então como o comportamento das empresas pode também conduzir a resultados ineficientes, ao optarem por desviar-se ou enfrentar demandas por pagamentos corruptos.

A. Estratégias adotadas por altos funcionários corruptos

Primeiramente, consideremos o cálculo decisório dos funcionários. O impacto da corrupção em alto nível vai além da mera escala do investimento público e da perda de receita pelo orçamento público. Altos funcionários podem selecionar projetos e determinar compras com pouca ou nenhuma racionalidade macroeconômica. Por exemplo, se é mais fácil obter propinas em investimentos de capital ou em compras de suprimentos que em empregos, os dirigentes favorecem projetos intensivos em capital, independentemente de sua justificativa econômica. Um estudo empírico demonstra que altos níveis de corrupção estão associados a altos níveis de investimento público como porcentagem do PIB (e níveis mais baixos de investimento total e investimento estrangeiro direto). Países mais corruptos gastam relativamente menos em operações e em manutenção e têm qualidade inferior em infraestrutura (Tanzi e Davoodi, 1997).[168] Dirigentes corruptos favorecem projetos públicos

---

[168] Conforme apontam Tanzi e Davoodi (1998), isso pode talvez ser encorajado pela sabedoria tradicional de que é permissível contrair empréstimos para financiar infraestrutura, ao contrário de contrair empréstimo para financiar operações do dia a dia e manutenção. Adicionalmente, em alguns casos, contratos de manutenção estão impregnados de corrupção (Paterson e Chaudhuri, 2007).

intensivos em capital em relação a outros tipos de gastos públicos,[169] e preferem investimento público em vez do investimento privado. Frequentemente, apoiam projetos de "elefantes brancos", com pouco valor na promoção de desenvolvimento econômico.[170] Por exemplo, na Espanha tem havido tanto construção em infraestrutura de transporte (algumas de qualidade inferior) que a oferta excede a demanda em muitos lugares, resultando em altos custos para o governo na forma de subsídios. Os vencedores eram empresas de construção politicamente conectadas; os perdedores, os cidadãos espanhóis pagadores de impostos (Bel, Estache e Foucart, 2014).

A demanda por cimento dá uma pista. Na Nigéria em 1975, o governo militar encomendou cimento que totalizava dois terços das necessidades estimadas de toda a África e excedia a capacidade produtiva da Europa Ocidental e da União Soviética. O preço excedia o do mercado internacional por larga margem, presumivelmente para abrir espaço para pagamento de propinas, e empresas transportadoras recebiam compensação por terem de esperar a vez no congestionado porto de Lagos. O custo para a Nigéria foi de US$2 bilhões, ou 25% da receita de petróleo de 1975 (Lundahl, 1997:40). Na Itália, o consumo *per capita* de cimento era o dobro do consumo dos Estados Unidos e o triplo do da Alemanha e da Grã-Bretanha. Uma releitura dos casos de corrupção na Itália tratados pela operação "Mãos Limpas" revela que muitos projetos de construção eram mal concebidos, precificados acima do esperado, e tinham pouca ou nenhuma justificativa, a menos de sua capacidade de geração de propinas (della Porta e Vanucci, 1997a:518-19, 523).

Para grandes projetos, intensivos em capital, o cronograma de lucro líquido da corrupção pode ser bem diferente que no padrão de benefícios sociais líquidos. Suponha-se, como parece provável, que os benefícios do suborno sejam relativamente mais concentrados no presente que os do projeto como um todo. Pelo menos uma parte das propinas é paga antes mesmo de o projeto ter início. Assim, na Nigéria, de acordo com um estudo, o padrão é que

---

[169] Liu e Mikesell (2014) identificam que, nos Estados Unidos, os estados mais corruptos despendem mais em projetos de construção e menos em questões sociais.

[170] Um estudo sobre acordos de empréstimos em sete países africanos concluiu que muito dos desembolsos em investimento eram de valor dúbio. Projetos "elefantes brancos", contratos inflados, capital volátil e outros males associados tornaram-se disseminados antes de — e finalmente contribuíram para — a crise [fiscal do governo] em cada caso. Um importante objetivo dos programas de ajuste estrutural foi erradicar esses investimentos indesejáveis (especialmente no setor público) e melhorar a eficiência geral (Faruqee e Husain, 1994:6).

25% das propinas sejam pagos na partida (Ufere et al., 2012). Mesmo que os dirigentes e a população descontem os ganhos futuros à mesma taxa,[171] os dirigentes darão suporte a projetos e políticas que compreendam uma linha de tempo ineficiente quanto a benefícios sociais líquidos. Por exemplo, em projetos de construção mais importantes, os líderes do país extraem propinas no presente e, no máximo, vão sofrer no futuro os ônus da baixa qualidade da mão de obra ou do excesso de dívidas. Se não houver chance de reeleição, os dirigentes já se terão ido muito antes de que essas questões se tornem aparentes.

Ademais, funcionários corruptos bem podem usufruir de uma taxa mais alta de desconto que os cidadãos comuns. Mesmo um dirigente que detenha um bom controle de curto prazo sobre a sociedade pode não ter assegurado esse domínio a longo prazo. A venalidade do dirigente pode vir a ser exatamente a causa de sua derrubada. Essa insegurança induz o dirigente a roubar mais, tornando-o mais inseguro, e assim por diante. Em consequência, ele (ou ela) terá uma taxa de desconto relativamente alta para projetos governamentais, e apoiará projetos com pagamentos rápidos a curto prazo e custos diluídos em um futuro distante. Paradoxalmente, um movimento pró-democrático ativo que desestabilize um autocrata estabelecido no poder pode levar a um aumento da corrupção e a ineficientes políticas de geração de receita, à medida que o dirigente reage frente a seu novo status de insegurança.[172] Em resumo, dirigentes corruptos serão inclinados a dar suporte a uma programação ineficiente de benefícios sociais e custos.

---

[171] Economistas usam o termo *taxa de desconto* (*discount rate*) para se referir ao fato de que as pessoas tendem a dar mais valor a uma dada coisa no presente que à promessa da mesma coisa no futuro. Pessoas ou sociedades que sejam mais focadas no presente têm uma taxa de desconto mais alta. As dimensões culturais de Hofstede incluem "orientação de longo prazo", que se aproxima do inverso da taxa de desconto, indo de zero em Porto Rico (completamente focado no presente) a 100 na Coreia do Sul. Dados obtidos de Geert Hofstede & Gert Jan Hofstede, "Dimension Data Matrix", http://www.geerthofstede.com/media/2583/6%20dimensions%20for%20website%20 2015%2008%2016.xls (acesso em 10 de outubro de 2015).

[172] Um anterior ministro de Hosni Mubarak, Rachid Mohamed Rachid, foi condenado *in absentia* por contrabandear $71.400 para fora do Egito durante as rebeliões que resultaram na queda de Mubarak. El Sayed Gamal El-Din, "Ex-minister of Trade and Industry Gets 15 Years in Prison for Graft", *Ahramonline*, 20 de agosto de 2014, http://english.ahram.org.eg/NewsContent/3/12/108850/ Business/Breaking-Cairo-Criminal-Court-slaps-former-ministe.aspx (acesso em 20 de agosto de 2014).

B. Estratégias dos investidores

Agora consideremos o cálculo decisório de investidores de fora do país. A corrupção do dirigente máximo introduz um elemento adicional de incerteza no panorama de investimento. Funcionários devem ter dificuldades em manter compromissos confiáveis para permanecer envolvidos, e o estado pode ficar vulnerável à dominação por interesses criminosos que podem impor custos adicionais aos negócios legítimos, na forma de exigências de pagamentos por proteção. Na falta de mecanismos que estabeleçam compromissos dignos de crédito, tais como instituições independentes que obriguem o cumprimento da lei, autocratas corruptos podem ter dificuldade em convencer investidores a aportar capital, já que eles podem temer expropriação ou a incidência de impostos confiscatórios e sistemas de regulamentação. Tendo pagado suborno no passado, a empresa fica exposta a demandas extorsivas no futuro, por escalões acima e abaixo da hierarquia governamental. Seu anterior envolvimento em corrupção torna-a sujeita à chantagem. Mesmo que o dirigente máximo não favoreça uma corrente distorcida de benefícios e não cause prejuízos no futuro de forma diferente do que causará aos cidadãos do país, a própria existência de tal pessoa na chefia do estado exerce influência no cálculo dos investidores. Os únicos investidores dispostos a comprometer capital podem ser aqueles que tenham perfis de enriquecimento rápido, em curto prazo.

C. Nodos de corrupção

Em resumo, os interesses de funcionários e investidores compõem-se para produzir uma via ineficiente de benefícios e custos públicos. É provável que o padrão governamental de contratação e a natureza das funções produtivas para infraestrutura sejam distorcidos pela grande corrupção sistematicamente instalada. O problema é mais profundo e mais difícil de tratar que a simples inflação de custos para esconder propinas a serem pagas *a posteriori*.

O dirigente pode favorecer projetos com benefícios (para ele) de curto prazo, e esses podem tornar-se o único tipo de projeto que interesse os investidores domésticos ou multinacionais. As exceções são países nos quais o chefe de estado autocrata tenha sido capaz de estabelecer um compromisso digno de crédito de permanecer comprado (e permanecer no poder), conquistando assim a confiança dos investidores. Esses países podem experimentar altos níveis de investimento e de crescimento, embora o padrão de investimentos comparativo intersetorial tenda a permanecer distorcido. Esse parece ter sido o caso da Líbia, onde o coronel Gaddafi frequentemente exigia que investidores estrangeiros pagassem ou "serviços de consultoria" ou "bônus de assinatura", para ele próprio ou para empresas de seus filhos. Gaddafi ocultou fundos de reserva para o dia em que tivesse de fazer frente a novas sanções (e, segundo relatos, dispôs de alguns desses recursos para o pagamento de mercenários quando de sua deposição).[173]

A Indonésia sob o presidente Suharto é um caso no qual ocorreram muitos investimentos ineficientemente precificados. Nos últimos anos do regime de Suharto, contudo, à medida que assomava a questão da sucessão, sobressaía o comportamento de busca de receita manifestado por seus filhos e sequazes, alimentado por suas preocupações com o futuro (Schwarz, 1994:133-61; Campos e Roots, 1996). Fisman e Miguel (2008) documentam que notícias de problemas de saúde de Suharto levaram a quedas do valor nas bolsas de valores das empresas conectadas à família do ditador e seus associados.

Os pagamentos de suborno serão extraídos em parte dos lucros que, de outra forma, iriam para o governo, e em parte dos lucros da empresa vencedora. Se o funcionário corrupto tem preponderância sobre o honesto, ele ou ela poderá obter uma fatia maior dos ganhos. Ademais, o funcionário corrupto poderá estruturar o negócio de modo a maximizar os lucros disponíveis a serem compartilhados entre funcionários escolhidos e a empresa competidora. Assim fazendo, serão sacrificados valores que um contrato honestamente negociado haveria de preservar.

Existem diversos nodos no processo de compras nos quais benefícios corruptos podem ser criados. A figura 3.2 destaca quatro estágios nos quais funcionários e empresas podem entrar em conluio para gerar receitas provenientes de corrupção: especificação, pré-concorrência, avaliação da concorrência, e pós-concorrência.[174]

Em primeiro lugar, empresas e funcionários podem selecionar ou desenvolver projetos com lucrativas oportunidades de corrupção, mesmo que

---

[173] Eric Lichtblau, David Rohde e James Risen, "Shady Dealings Helped Qaddafi Build Fortune and Regime", *New York Times*, 24 de março de 2011, http://www.nytimes.com/2011/03/04/world/africa/24qaddafi.html, e James Risen e Eric Lichtblau, "Hoard of Cash Lets Qaddafi Extend Fight against Rebels", *New York Times*, 9 de março de 2011, http://www.nytimes.com/2011/03/10/world/africa/10qaddafi.html (acesso em 12 de outubro de 2015).

[174] Para uma lista mais detalhada de passos no processo, ver Kühn e Sherman (2014:7).

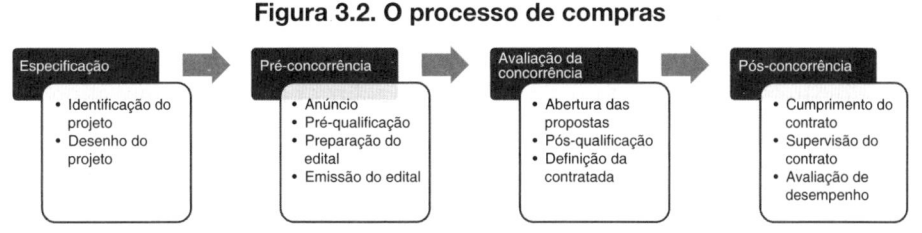

Figura 3.2. O processo de compras

Especificação	Pré-concorrência	Avaliação da concorrência	Pós-concorrência
• Identificação do projeto • Desenho do projeto	• Anúncio • Pré-qualificação • Preparação do edital • Emissão do edital	• Abertura das propostas • Pós-qualificação • Definição da contratada	• Cumprimento do contrato • Supervisão do contrato • Avaliação de desempenho

Fonte: Autores, com base em Ware et al. (2007: 308).

de pouco valor social. Funcionários podem procurar projetos únicos, que sejam de difícil avaliação ou monitoração por pessoas estranhas ao contexto, e buscar projetos que possam gerar pagamentos significativos logo de início, que resultem em escassos benefícios sociais em longo prazo. Empresas politicamente bem conectadas ou pessoas envolvidas no processo de compra podem induzir funcionários a subestimar impactos ambientais e sociais ou superestimar a demanda (Paterson e Chaudhuri, 2007:168-70; Flyvbjerg e Molloy, 2011). Na Nigéria, por exemplo, é reportado que empresas articulam projetos com preço artificialmente elevado, que estejam em linha com metas de desenvolvimento previamente anunciadas, e então convencem agências do governo (por meio de propinas e promessas de mais recompensas) a preparar orçamentos inflados para esses projetos (Ufere et al., 2012). Na Espanha, devido a estimativas descoordenadas e exageradas da demanda por ferrovias e rodovias, "todas as concessões realizadas desde o final dos anos 1990 estão à beira da falência". A construção de infraestrutura superdimensionada foi provavelmente alimentada pelos extraordinários subsídios ao setor na Espanha (Bel, Estache e Foucart, 2014:132-3). Numerosos projetos em todo o mundo têm ou custado muito mais que o previsto ou seus benefícios têm ficado aquém (Flyvbjerg e Molloy, 2011).

Em segundo lugar, uma vez que um projeto tenha sido proposto, uma empresa pode pagar para ser incluída na lista de competidores pré-qualificados e para limitar a concorrência.[175] Pode também pagar para obter informações internas, tais como dados de outras propostas, o que será útil para vencer o

---

[175] Diaby e Sylwester (2015) revelaram que maior competição por contratos públicos leva a propinas mais elevadas (como porcentagem das vendas ou do valor do contrato), se as empresas pagam propinas para bloquear concorrentes. No Zimbábue, o conluio entre ministros nos Correios e Telecomunicações e uma companhia sueca de telecomunicações pode ter contornado os procedimentos da comissão local de concorrência. Relatou-se que as propinas foram da ordem de $7,1 milhões.

contrato.[176] Por exemplo, em Singapura, um lugar com reputação limpa em geral, um funcionário sênior da Comissão de Utilidade Pública recebeu pagamento para revelar informações confidenciais sobre as propostas competidoras. O caso levou a que cinco importantes multinacionais fossem colocadas em lista negra, e o funcionário foi condenado a 14 anos de prisão.[177] No México, um contrato para fornecimento de persianas para um arranha-céu do governo foi vencido por uma proposta pouco abaixo do valor máximo; outras empresas reclamaram de que o trabalho poderia ser feito por metade do preço.[178] Em um país asiático, a proposta vencedora de um projeto de construção de rodovia urbana foi apenas US$1 abaixo da — presumivelmente confidencial — estimativa oficial de custo (Ware et al., 2007:312).

Em um caso extremo, o pagamento de propinas pode induzir funcionários a estruturar as especificações da concorrência de forma que a empresa corruptora seja o único fornecedor qualificado. Na Hungria, por exemplo, um lançamento de concorrência para comprar 100 carros para a Autoridade Nacional de Impostos e Alfândega especificava o comprimento do veículo com tolerância de 3 cm; o motor e o tamanho do porta-malas foram também especificados para eliminar competidores (Jávor e Jancsics, 2013). Se essa manipulação transparente não for possível, uma empresa pode entrar em conluio com potenciais competidores para apresentarem propostas mais caras, de modo que as regras de competição pareçam estar sendo seguidas.

Alternativamente, propinas podem ter êxito em contornar os requisitos de uma concorrência competitiva. Nos Estados Unidos, oficiais reformados da antiga Army National Guard subornaram oficiais da ativa para evitar concorrência competitiva para contratos de propaganda e marketing. Beneficiando-se de uma lei que permite não convocar um processo competitivo se o contrato é concedido a uma empresa de propriedade de minorias, indivíduos em dois diferentes casos pagaram suborno para que fossem contratadas empresas

---

[176] Muitos casos na Itália envolvem pagamentos ilegais para obter informação confidencial sobre limites mínimos e máximos de preços, valor médio do preço das propostas e critérios de avaliação do projeto. É difícil provar no tribunal a corrupção por divulgação de informações, mas é difícil também para uma empresa assegurar-se de que seja a única compradora. "Assim, o valor da informação 'confidencial' é inversamente proporcional ao número de pessoas que a possui" (della Porta e Vanucci 1997b:9).
[177] "Singapura Exposes Tip of Corruption Iceberg", *Financial Times*, 15 de fevereiro de 1996.
[178] José Garcia, "Gastará Estado $7 millones em acessórios. Pagará Gobierno más del doble de acuerdo a 4 cotizaciones", *El Norte*, 30 de junho de 2014.

de propriedade de minorias, e em seguida suas próprias empresas (não pertencentes a minorias) fizeram o trabalho e receberam parte do pagamento (aparentemente por subcontratação).[179] Em um caso, US$4,5 milhões em contratos foram ganhos em troca de 15% dos lucros; no outro, pagou-se uma propina de US$30 mil por um contrato de US$3,7 milhões.[180]

Algumas tarefas podem ser intencionalmente retiradas das especificações, permitindo propostas de valor mais baixo. Uma "comissão" de 10% a 15% por informações que permitam aos competidores omitir tarefas — e mais tarde submeter encomendas adicionais para essas tarefas "não previstas", ultrapassando o orçamento oficialmente estipulado — é prática padrão na indústria petrolífera (Andvig, 1995:306).

Em terceiro lugar, uma empresa pode pagar para ser selecionada como a contratada vencedora entre as que submeteram propostas. Processos de concorrência mais sigilosos, destinados a grandes projetos de infraestrutura, são concedidos ao concorrente menos "responsável". No entanto, em uma compra corrompida, essa condição pode ser irrelevante, porque as empresas concorrentes entram em conluio. Em outros casos, a empresa favorecida marca discretamente seu envelope, e o coordenador da comissão de compra abre por último essa proposta, "lendo" um preço que é menos que todos os outros. A proposta "vencedora" é posteriormente completada.

Competidores podem entrar em acordo para circular contratos a preços inflados, cada um por sua vez atendendo aos requisitos.[181] Na Hungria:

> O truque típico é que sua proposta seja posicionada como a segunda melhor, porque sua qualidade é boa, mas o preço, muito alto. Um de seus amigos vencerá a concorrência com uma proposta barata, mas imediatamente ele declara retirar-se do projeto.

---

[179] Tom Ramstack, "Six Charged with Bribery in Grant U.S. National Guard Contracts", *Reuters*, 1º de outubro de 2014, http://www.reuters.com/article/2014/10/01/us-usa-crime-nationalguard-idUSKCN0HQ5D020141001 (acesso em 5 de outubro de 2014) e Associated Press, "6 Implicated in National Guard Bribery Scheme", *ABC News*, 1º de outubro de 2014, http://abcnews.go.com/Politics/wireStory/implicated-national-guard-bribery-scheme-25898021 (acesso em 5 de outubro de 2014).

[180] Federal Bureau of Investigation, "Five Army National Guard Officials and One Civilian Charged with Bribery", Washington Field Office, 1º de outubro de 2014, http://www.fbi.gov/washingtondc/press-releases/2014/five-army-national-guard-officials-and-one-civilian-charged-with-bribery (acesso em 5 de outubro de 2014).

[181] Doree (2004, citado em Wells, 2014:30) argumenta que concorrências combinadas dessa espécie podem ser benéficas, desde que promovam estabilidade e reduzam os custos de preparação da concorrência.

Então, o segundo proponente, você, será contratado para o trabalho. Se você pagar ao dr. 30%, você compra integralmente o contrato, com todos os seus [sic] mecanismos. Ele garante os votos dos membros da comissão para a escolha de sua empresa... (Jávor e Jancsics, 2013:23)[182]

Comissões de licitação na Coreia usaram vários métodos para determinar o vencedor e o preço contratual em projetos para o Exército dos Estados Unidos nos anos 1960 e início dos anos 1970; esses métodos incluíam sorteio, consenso e licitação competitiva pelo direito de conquistar um projeto pelo preço estabelecido (Klitgaard, 1988:139-43). Tal acordo pode ocorrer sem qualquer propina paga aos funcionários governamentais; mas, obviamente, comprar a cumplicidade deles pode ser de grande valia. Ariane Lambert-Mogiliansky (2011) mostra como as empresas podem organizar um cartel e subornar um alto funcionário da comissão de compras para manter operante um conluio, reservando para ele ou ela uma parcela do excedente de lucros do projeto. Se uma reforma apenas tem por alvo o pagamento de propinas, o funcionário tem menos poder para extorquir pagamentos, mas as empresas podem ainda entrar em conluio para partilhar o mercado. Se a corrupção é atacada sem qualquer preocupação com esses arranjos, a repressão pode não trazer nenhum benefício social. Uma iniciativa anticorrupção poderia simplesmente tornar o cartel menos custoso e de organização mais lucrativa; em consequência, as empresas cartelizadas ainda apresentariam uma frente unificada que forçaria o estado a continuar pagando a mais pelos projetos públicos. Portanto, o estado deve ter como alvo, simultaneamente, os riscos de corrupção e de conluio — tanto na reforma dos processos de compra como um todo quanto na realização dos processos de compra específicos.

Às vezes, concorrências coordenadas são resultado do trabalho de um funcionário de compras que vaza informação interna: quando é grande a diferença entre a proposta de menor valor e a segunda de menor valor, o funcionário pode propor que o fornecedor da proposta mais baixa submeta uma nova proposta revisada, com preço alterado para cima, antes do prazo limite da concorrência; a empresa e o funcionário de compras dividem entre si os ganhos adicionais, quando é escolhido o vencedor (Ware et al., 2007:306-7). Andvig (1995) refere-se a essa prática como *uplift* (retoque para cima).

---

[182] Dr. 30% é o apelido do funcionário de alto escalão que manobra a concorrência contaminada pela corrupção. O apelido implica que esse funcionário receberá 30% da proposta vencedora.

Em alguns casos, a empresa vencedora é uma companhia fantasma, que não faz o trabalho propriamente dito, mas subcontrata outras, empresas competindo nominalmente, mas que estão em conluio com o vencedor, o qual fica com um percentual do contrato inflado. Às vezes, essas empresas fantasma são de propriedade do funcionário público responsável pelas decisões do processo de compra (Ware el al., 2007:304-5). Nos Estados Unidos do século XIX, por exemplo, era comum que legisladores fossem os proprietários de empresas de transporte ou especializadas em obras públicas, ou que tivessem ações dessas empresas (Glaeser, 2004).

Evidentemente, empresas podem tentar vencer um contrato usando métodos que distorcem a competição, mas que ficam à beira da corrupção. Um caso importante nessa fronteira é o do recurso a *offsets* (vantagens), especialmente nas compras militares. Essas vantagens são provisões contratuais que prometem fornecer benefícios específicos ao país contratante, ao produzir localmente alguns bens e serviços. Um exemplo seriam subcontratos para fornecimento de peças ou de manutenção que diretamente contribuam para o cumprimento do contrato principal, ainda que o fornecedor local não seja a empresa de menor custo. No entanto, podem ainda estar incluídas na proposta promessas de ajuda financeira ou de outra natureza a empresas locais sem qualquer conexão direta com o objeto central do contrato. Em contratos militares referentes a equipamentos especializados, esse arranjo pode facilmente esconder negociações com empresas que tenham fortes ligações com políticos importantes. Na medida em que essas vantagens sejam substanciais e comuns, elas podem minar a competição em torno do contrato principal, tornando-se tão danosas quanto pagamentos de propinas, se inflarem os custos e distorcerem as prioridades do país.[183]

Em quarto lugar, uma vez que a empresa tenha vencido o contrato, ela pode pagar para obter preços inflados, fazendo trabalho "adicional" (alegadamente imprevisto) ou economizando na qualidade.[184] Do outro lado do negócio, funcionários podem extorquir da empresa pagamentos adicionais, pela aprovação de acordos regulatórios subsequentes e outros benefícios. No âmbito de um

---

[183] Carola Hoyes "Defense Pledges Come Home to Roost", *Financial Times*, 10 de outubro de 2013; Hite-Rubin (2015).

[184] Para uma lista mais completa de atos de corrupção em contratos relacionados a construção, ver Global Infrastructure Anti-Corruption Centre, "Examples of Corruption in Infrastructure", http://www.giaccentre.org/documents/GIACC.CORRUPTIONEXAMPLES.pdf (acesso em 10 de outubro de 2015).

contrato de construção, um forte pagador de propinas pode prever que terá de pagar a inspetores de construção pela aprovação de trabalhos que não estejam de acordo com as regras de segurança vigentes. De fato, a expectativa de um bom relacionamento contínuo em longo prazo pode ser parte da atratividade de assinar um contrato com uma empresa corrupta. Alternativamente, a empresa corrupta pode sonegar algumas propinas prometidas como meio de se assegurar do desempenho de funcionários do governo. Assim, uma empresa pode assinar um contrato para fornecer cimento para uma agência de construção de estradas, mas só pagar propinas quando tenham sido recebidos os pagamentos da autoridade pública. Frequentemente, tais arranjos assumem a forma nominal de contratos de consultoria, com os pagamentos amarrados ao recebimento de fundos previstos pelo contrato. O "consultor" pode ser um funcionário do governo ou, mais usualmente, um intermediário.

Uma empresa vencedora de uma concorrência pode propor um pagamento irrealisticamente baixo na assinatura do contrato, e então posteriormente demandar outros pagamentos, ou simplesmente deixar de entregar. Esses pagamentos adicionais podem ser deliberadamente resultantes de manipulação das especificações da concorrência, como já explicamos. A empresa contratada vencedora pode ser aquela com a mais baixa probabilidade de obter um outro contrato, alhures, em condições competitivas. Aqui o problema não é o de pagar preços demasiados pela infraestrutura, mas de parecer pagar pouco em curto prazo, seguindo-se um excesso de custos *a posteriori*. Por exemplo, em Nápoles, Itália, em 2008, a empresa que venceu a concorrência para construir um depósito de lixo descumpriu o prazo estabelecido. "O contrato havia sido obtido por meio de práticas pouco ortodoxas, por uma proposta totalmente irrealista, oferecendo o serviço requerido a preços extremamente baixos, dignos de dúvidas. A inépcia da companhia contratada levou ao infame 'gasto emergencial'" (Center for the Study of Democracy, 2010:162). No início do século XIX, em Nova York, a empresa Manhattan Water Company aproveitava-se de brechas em sua concessão para fazer-se antes de instituição bancária que de companhia de distribuição de água (Glaeser, 2004:149).

Existe algo distintivo, comum a esses casos de compra, além do porte das negociações? Sob um aspecto, parecem análogos a casos em que o governo desembolsa por um escasso benefício. Conforme anteriormente mencionado, a corrupção sistemática pode introduzir ineficiências que enfraqueçam a competição. Ela pode limitar o número de proponentes, favorecer aqueles com ligações internas em prejuízo dos candidatos mais eficientes, limitar as informações fornecidas aos participantes, e introduzir custos adicionais por determinadas transações.[185] Entretanto, a escala do negócio afetado pela corrupção e o envolvimento de funcionários de alto escalão (e, possivelmente, de políticos) introduz novas preocupações. Em primeiro lugar, se funcionários de alto nível, incluindo o chefe de estado, estão preocupados em maximizar o ganho pessoal, eles podem favorecer um nível de solução, uma composição e um cronograma de desembolso que sejam ineficientes. Em segundo lugar, as decisões dos investidores podem ser afetadas pelo fato de estarem tratando com líderes políticos corruptos.

A partir deste ponto, voltamo-nos aos temas de concessões e privatizações. Muitas das mesmas questões de que tratamos anteriormente reaparecem aqui; em consequência, essas serão abordadas brevemente no que se segue, mas também destacamos características distintivas de cada tópico. Concluímos com uma pequena seção sobre suborno comercial, envolvendo somente empresas privadas.

II. Concessões

Ganhos de corrupção podem também ser extraídos de concessões governamentais, que cedem a empresas privadas o direito de explorar determinados recursos por um dado tempo, frequentemente em espaço público. Os altos dirigentes podem acabar gerando crises fiscais, não apenas por suportar um número excessivo de projetos, mas também por deixar de obter retornos adequados a partir de concessões de recursos naturais, tais como minérios, petróleo ou madeira. Retornos que deveriam contribuir para o orçamento governamental revertem, ao contrário, em benefício de funcionários corruptos e de empresas privadas. Todavia, a melhor cura para esse tipo de corrupção não consiste, necessariamente, em o governo deixar de proceder a concessões, pois isso apenas deixaria caminho aberto para a busca desregulamentada de lucros.

Aqui a corrupção reduz as receitas do governo, ao invés de aumentar os preços pagos por infraestrutura ou outros bens e serviços. Por exemplo, relata-se que alguns países têm promovido concessões para exploração de madeira por preços bem abaixo do valor de mercado. Guiana e Suriname, no norte da América do Sul, e Papua Nova Guiné e Ilhas Salomão, no Oceano Pacífico, teriam assinado contratos muito desfavoráveis com empresas internacionais

---

[185] Lien (1990a, 1990b) pesquisa essas dificuldades e mostra que um funcionário corrupto que discrimina em favor de alguns competidores frequentemente escolherá uma contratada ineficiente. Ver também, Rose-Ackerman (1978:121-32), sobre o modelo de corrupção em licitações públicas.

(Environmental Investigation Agency, 1996:5, 9). Na Rússia, mesmo 20 anos após a transição e depois de várias reformas para combater a corrupção, concessões florestais estavam eivadas de vazamentos de informação interna, entendimentos espúrios entre competidores, conflitos de interesse e violações impunes das leis ambientais (Tulaeva, 2014).

Incentivos à corrupção similares existem na área de exploração e refino de petróleo, onde as receitas são extraordinariamente altas. Um ministro da energia egípcio alegadamente aprovou um contrato de suprimento de gás com uma companhia israelense, com uma perda potencial de US$714 milhões, como contrapartida de suborno (Le Billon, 2014:48). O governo líbio, sob o coronel Gaddafi, cobrou um "bônus de assinatura" de US$1 bilhão a companhias petrolíferas, em troca de contratos de *leasing* de 30 anos; ele explicitamente as extorquiu a pagarem a multa de US$1,5 bilhão imposta à Líbia por sua atuação na derrubada do voo Pan Am 103.[186] Relata-se que o presidente Nazarbayev do Cazaquistão e seu ministro do petróleo receberam pelo menos US$78 milhões em propinas — canalizados através de um "consultor" e de bancos suíços — por acesso às reservas de petróleo do país.[187] Diversas companhias celebraram um acordo nos Estados Unidos em razão de propinas pagas para importar plataformas de perfuração, da extensão de contratos de perfuração, e de exercer influência sobre juízes em outros países. Nesse caso, a subsidiária estadunidense da Panalpina, uma empresa de frete suíça, pagou aproximadamente US$82 milhões ($11 milhões de indenização mais $71 de multa) por ter pago US$27 milhões em propinas em sete países, como intermediária de seus clientes. A Pride International pagou uma penalidade de US$56 milhões por US$800 mil de propinas na Venezuela, Índia e México. A penalidade aplicada à Royal Dutch Shell em razão de cerca de US$2 milhões em propinas pagas na Nigéria foi de $48 milhões.[188] Todas essas companhias produtoras de petróleo estão pontuadas em nível relativamente baixo no CPI e no CCI, mas

---

[186] Eric Lichtblau, David Rohde e James Risen, "Shady Dealings Helped Gaddafi Build Fortune and Regime", *New York Times*, 24 de março de 2011, http://www.nytimes.com/2011/03/24/world/africa/24qaddafi.html (acesso em 10 de outubro de 2015).

[187] Ron Stodghill, "Oil, cash and Corruption", *New York Times*, 5 de novembro de 2006, http://www.nytimes.com/2006/11/05/business/yourmoney/05giffen.html (acesso em 23 de setembro de 2015).

[188] Ver Edward Wyatt, "Oil and Gas Bribery Case Settled for $236 Million", *New York Times*, 4 de novembro de 2010, http://www.nytimes.com/2010/11/05/business/global/05bribe.html (acesso em 1º de setembro de 2014); e U.S. Securities and Exchange Commission, "SEC Charges Seven Oil Services and Freight Forwarding Companies for Widespread Bribery of Customs Officials", 4 de novembro de 2010, http://www.sec.gov/news/press/2010/2010-214.htm (acesso em 1º de setembro de 2014).

Andvig (1995) destaca também as práticas comuns de corrupção na compra de petróleo no Mar do Norte (Noruega e Reino-Unido), demonstrando que a corrupção nesse segmento não é necessariamente uma questão de desenvolvimento econômico ou político. A companhia francesa Elf distribuiu pelo menos US$305 milhões em propinas em vários países — tanto em países em desenvolvimento quanto em desenvolvidos — para garantir contratos para importação de petróleo entre 1989 e 1993. A Elf efetuou também vultosas contribuições políticas na França (McPherson e MacSearraigh 2007:200).

Uma vez mais, devemos perguntar se o custo da corrupção constitui simplesmente uma perda maciça de receita para o estado, ou se a corrupção também distorce escolhas na produção e no nível de benefícios, assim como os custos da exploração de recursos. A fim de ilustrar a atuação de empresas privadas quando contratos de concessão são afetados pela corrupção, consideremos uma concessão de retirada de madeira obtida de forma corrupta por uma companhia que pagava propinas mais altas que seus concorrentes. Suponhamos, para começar, que o "mercado" de corrupção seja eficiente, operando exatamente como um processo competitivo ideal, e que a taxa de preferência de tempo do dirigente corrupto seja a mesma que a dos cidadãos do país. Suponhamos que, como resultado da corrupção, o governo obtenha menos que o correto valor de mercado pelos recursos sob seu controle.[189] Se a corrupção não restringe a participação de empresas no processo, e se os altos funcionários não conseguem alterar o tamanho da concessão, a empresa pagante de alta propina é a que mais valoriza o benefício. Seria a empresa mais eficiente a que oferecesse o maior preço em um processo concorrencial correto. A única perda seria para o orçamento do governo, de sorte que o estado deveria cobrar impostos adicionais ou cortar programas públicos. Contudo, funcionários honestos recebem informações distorcidas sobre o valor da concessão e podem, no futuro, dar apoio a um número mais reduzido delas.[190] Nesse caso competitivo simplificado, é indiferente ao vencedor se ganhou a concessão por meio de um processo honesto ou desonesto. As propinas pagas não afetam o cronograma de benefícios e de custos.

---

[189] Evidências de que isso frequentemente acontece são apresentadas em Environment Investigation Agency (1996:5, 8). Resultado semelhante poderia ocorrer se fornecedores formassem um cartel. Na Indonésia, uma fonte avalia que o governo venha perdendo US$500 milhões por ano em receitas de *royalty* na concessão de exploração de madeira, em virtude do poder político da Indonesian Plywood Association (Schwarz, 1994:140).

[190] Situação semelhante pode surgir em contratos governamentais. A empresa mais eficiente será selecionada em um contexto de suborno competitivo, mas os benefícios para o governo diminuem. Parte do custo do suborno fica escondido no valor do contrato.

Consideremos agora uma empresa que tenha obtido uma concessão segura de longo prazo a um preço de barganha, mesmo que esse preço inclua a propina. Se ela opera no mercado internacional, suas ações subsequentes vão depender do mercado de madeira. O fato de que tenha pagado a menos pela concessão não deve afetar suas decisões de produção. Ela ainda busca maximizar lucros, e o pagamento pela concessão é um custo em que já incorreu. Se a empresa produz ao ponto em que o custo marginal seja igual ao benefício marginal, deve ser produzida a mesma quantidade de madeira, independentemente do preço da concessão. O custo da corrupção é sentido pelo tesouro público, mas nenhuma ineficiência teria sido introduzida no mercado internacional de madeira em curto prazo. Mesmo que o pagamento total esteja acima do esperado em um sistema honesto, não deveria ocorrer qualquer impacto.

No entanto, conforme anteriormente notamos para compras, a natureza corrupta do negócio pode abrir para a empresa uma orientação de curto prazo.[191] Há duas razões para isso. Em primeiro lugar, o concessionário pode temer que os dirigentes no poder sejam passíveis de deposição por causa de sua corrupção. Um novo regime pode não honrar os compromissos de seu antecessor. Em segundo lugar, mesmo que o regime corrente permaneça no poder, o vencedor pode temer a imposição de regras arbitrárias e de demandas financeiras uma vez que os investimentos tenham sido desembolsados. O concessionário vencedor pode ter a preocupação de que o dirigente máximo permita que competidores tenham acesso ao mercado, ou de que seu contrato seja anulado por motivos políticos ou de cobiça.[192] Por essas razões, a empresa

---

[191] Para um exemplo de orientação a curto prazo de concessões corruptas para exploração de madeira na Malásia, ver Vincent e Binkley (1992). Foi reportado que uma companhia malaia operando na Guiana estaria retirando madeira de sua concessão duas vezes mais rápido que o planejado (Environmental Investigation Agency, 1996:28). Deacon (1994:415) menciona estudos mostrando que a segurança da posse está negativamente associada à taxa de desflorestamento, e ele aponta estudos de caso mostrando que, se os direitos de propriedade são fracamente garantidos, o desflorestamento é mais rápido. Evidentemente, a corrupção é somente uma parte dos motivos pelos quais as empresas tendem a se orientar em curto prazo. Deacon (1994) mostra que as taxas de desflorestamento estão associadas a variáveis políticas que refletem insegurança de propriedade; porém, o poder explanatório de seu modelo é fraco.

[192] Na Malásia, empresas envolvidas na privatização tanto de eletricidade quanto de telecomunicações têm reclamado de que o governo tem, subsequentemente, admitido vários competidores adicionais com fortes vínculos políticos. Ver Kieran Cooke, "Malaysian Privatisation Loses Allure", *FinancialTimes*, 13 de outubro de 1995. Na Libéria, em meados da década de 2000, importantes concessões de madeira cobriam 250% do "território madeireiro" da Libéria (Reno, 2008:389).

corrupta detentora de um contrato para exploração de madeira pode cortar árvores com mais rapidez que o faria em países mais honestos.[193] Assim como outros investidores em ambientes de risco, a empresa pode também relutar em investir em capital fixo, tal como maquinaria para tratamento de madeira, que seria difícil tirar do país se as condições mudassem. Como resultado, as exportações terão pouco valor agregado. Alternativamente, os investidores podem instalar equipamentos industriais móveis. Fora do setor madeireiro, fornecedores de energia elétrica têm instalado estações de força flutuantes em barcaças. Essas estações têm sido postas em operação em vários países em desenvolvimento, para tornar a saída relativamente pouco custosa.[194] Em suma, tanto os prazos de produção quanto os insumos podem ser escolhidos com um olho no risco especial, representado pela natureza corrupta do sistema.

Adicionalmente, raramente a corrupção estará limitada a um pagamento único a funcionários de alto escalão. Em vez disso, o vencedor pode ser uma empresa mais disposta que outras a se envolver em relacionamentos corruptos continuados acima e abaixo na hierarquia, a fim de proteger seus interesses. Essa empresa pode não ser o investidor mais proativamente eficiente. A empresa corrupta pode conquistar a concessão inicial em razão de sua aceitação de se engajar em pagamentos de propinas na cadeia de funcionários envolvidos.

As ineficiências dos contratos de concessão contaminados pela corrupção estendem-se para além do espaço de exploração da empresa vencedora e da sua pouca inclinação em investir em capital fixo. Ademais, pagamentos corruptos

---

[193] Fazendo uso de um painel de países tropicais, Barbier (2004) conclui que a corrupção contribui direta e indiretamente para a expansão do desflorestamento, por meio de uma interação com os termos do comércio. Esse modelo, contudo, não identifica causa e efeito: o indicador de controle da corrupção (CCI) é contemporâneo com as demais variáveis.

[194] Exemplos são a usina de energia elétrica de Puerto Plata, montada em barcaças na República Dominicana, e uma usina similar em Gana. Em um artigo de 1996, uma companhia envolvida nesse ramo de negócios mencionava Índia, Haiti e a Faixa de Gaza como possíveis locais para projetos futuros. O presidente da companhia indicou que "em longo prazo, eles serão ativos líquidos, como um petroleiro ou um 747". Em adição à redução de riscos no mundo em desenvolvimento, projetos construídos por empresas estadunidenses são elegíveis para garantias pela U.S. Maritime Administration. William M. Bulkeley, "Energy, More Power Plants Are Floating Off Developing Nations", *Wall Street Journal*, 22 de maio de 1996. Atualmente, uma companhia turca, Karadeniz, é mencionada como "a única fabricante no mundo de usinas de energia flutuantes dotadas de autopropulsão", com uma frota de sete "navios-usina de energia", provendo energia a lugares como Gaza, Líbano e Iraque. Reuters, "Turkish shipbuilder Karadeniz to send floating power station do Gaza", http://www.reuters.com/article/2014/08/19/us-mideast-gaza-turkey-powership-idUSKBN-0GJ0RU20140819 (acesso em 10 de outubro de 2015).

podem permitir que as empresas violem normas ambientais, arqueológicas e sociais. "Na área de agricultura e desenvolvimento rural, a corrupção no segmento florestal tem representado, sem dúvida, o mais devastador e duradouro fator de impacto no meio ambiente e, em virtude de suas ligações com o crime organizado, na sociedade" (Campos e Bhargava, 2007:9). Estudos sobre o segmento florestal indicam que pagamentos corruptos têm sido frequentemente usados para ampliar a lucratividade das concessões florestais, por sobre e acima do preço pago ao governo (Roodman, 1996).[195] Propinas são pagas não apenas para obter concessões, mas também para exceder os limites estabelecidos para a exploração de madeira, atuando fora da área de concessão, atuando em florestas protegidas, trocando madeiras por outras, e sonegando impostos alfandegários e outras taxas.[196] Por exemplo, se a concessão de madeira inclui um *royalty* por tonelada que seja estabelecido por espécie de árvore, a empresa pode subornar inspetores para que subdimensionem a classificação da madeira. Ela pode também pagar para cortar mais árvores que o permitido pela concessão.[197] O resultado tem sido uma redução de 25% da cobertura florestal nos últimos 50 anos e as consequentes mudanças nos padrões climáticos (Magrath, 2011:170). Estima-se que a exploração ilegal de madeira[198] represente mais da metade da produção total em muitos países, atingindo 90% no Camboja, embora por volume bruto o Brasil deixe

---

[195] Para uma retrospectiva geral, ver as reportagens da Global Witness, uma ONG que tem particularmente enfocado exploração ilegal de madeira e corrupção, especialmente no sudeste da Ásia; https://www.globalwitness.org/campaigns/forests/ (acesso em 10 de outubro de 2015). Inversamente, na Indonésia, estima-se que 25% das propinas e dos pagamentos informais pelas madeireiras sejam pagos para a execução de atividades legais. Isso reduz de 45% a 15% a lucratividade dessas empresas (Kishor e Damania, 2007:92).

[196] Para uma lista mais completa de atos de corrupção no segmento florestal, ver Kishor e Damania (2007:90, 99, 109-10).

[197] Para numerosos exemplos, ver Environmental Investigation Agency (1996). Na Indonésia, ambientalistas argumentam que as regras de derrubada de árvores foram rotineiramente violadas sob o presidente Suharto, em parte por causa da influência de um associado próximo, que dirigia a Plywood Association (Schwarz, 1994:140). Tulaeva (2014:51) documenta um caso na Rússia no qual concessões para "podar" reservas florestais *in natura* resultaram em devastação total e na redução oficial do tamanho de áreas protegidas. "Os funcionários do governo consideram que a aparente redução do território protegido como resultado de erros em levantamentos anteriores."

[198] O desflorestamento ocorre ou para a venda de madeira ou para o uso agrícola da terra; às vezes, para ambas as finalidades. Ver, por exemplo, Kummer e Turner II (1994). Barbier (2004:1-347) fornece dados da Organização das Nações Unidas para Alimentação e Agricultura (FAO), mostrando que 58% do desflorestamento tropical tem por objetivo a conversão do espaço.

os demais países bem atrás (ibid.:173). Tem-se demonstrado que a taxa de desflorestamento está altamente correlacionada com os índices de corrupção (Barbier, 2004; Kishor e Damania, 2007; Koyuncu e Yilmaz, 2009),[199] mas o fato não está limitado a países menos desenvolvidos ou fortemente corruptos: mesmo no Canadá, a exploração ilegal de madeira tem ocorrido em 55% de áreas protegidas (Kishor e Damania, 2007:90). A exploração madeireira ilegal causa severos danos ambientais e perda de biodiversidade, assim como perda de receita por evasão fiscal; e afeta também os mercados ao deprimir o preço internacional de produtos madeireiros, tornando menos lucrativa a exploração florestal legítima (Magrath, 2011:171-2). Conforme explicam Kishor e Damania (2007:93, em itálico no original), "como outros recursos, as florestas proveem uma ampla gama de benefícios *públicos* (proteção à bacia hidrográfica, absorção de carbono, proteção à biodiversidade e resiliência do ecossistema) somente quando são *preservadas*; e proveem benefícios *privados* (receitas derivadas da madeira) principalmente quando são *colhidas*".

Diversas iniciativas internacionais[200] tentam limitar o desflorestamento e desacelerar ou reverter as mudanças climáticas. As Nações Unidas criaram um programa denominado Reduzindo Emissões do Desflorestamento e Degradação das Florestas (REDD, da denominação em inglês *Reducing Emissions from Deforestation and Forest Degradation*), a fim de subsidiar a silvicultura; porém, mesmo esse programa é vulnerável à corrupção (Elges, 2011; Larmour, 2011; Transparência Internacional, 2011a). O Banco Mundial promoveu a iniciativa Aplicação e Governança da Lei Florestal (FLEG, da denominação em inglês *Forest Law Enforcement and Governance*), sob a qual os países participantes (organizados em grupos regionais) concordam com ações específicas para combater a exploração madeireira ilegal e comércio de produtos derivados (Kishor e Damania, 2007:107-8). No entanto, tentativas de certificação dos produtos de madeira legal, semelhante ao processo Kimberley na indústria do diamante, têm-se mostrado relativamente infrutíferas, devido à ausência de demanda do consumidor por madeira certificada: o diferencial de preço não justifica o custo da certificação (ibid.:100).

---

[199] Bulte, Damania e López (2007) argumentam que isso se deve, ao menos em parte, à atuação de ricos proprietários de terras que subornam ou fazem *lobby* para o recebimento de subsídios, o que, por sua vez, estimula a expansão do uso agrícola da terra, em substituição à reserva florestal.
[200] Ver Elges (2011:141-5) para um sumário de vários projetos; Larmour (2011) para informação específica de REDD (Reducing Emissions from Deforestation and Forest Degradation).

Regulamentações em torno da exploração florestal e de outros recursos naturais são particularmente vulneráveis à corrupção, porque a violação das regras permite frequentemente gerar altos lucros. Os exemplos incluem regulamentações concernentes à proteção de espécies ameaçadas, à contenção de lixo tóxico, à qualidade do ar, e "normas sobre o tratamento da água utilizada ou sobre a exposição de trabalhadores a substâncias químicas" (Le Billon, 2014:49). A exploração ilegal de recursos minerais e agrícolas oferece a oportunidade de vultosos pagamentos em curto prazo, mas impõe extraordinários custos em longo prazo à sociedade. Entretanto, mesmo quando a sociedade civil é capaz de identificar e denunciar a exploração ilegal de madeira ou a mineração ilegal, os governos podem estar mal equipados para reduzir tais atividades, ou simplesmente podem não estar interessado nisso. Exatamente a alta lucratividade dessas atividades ilegais pode estimular funcionários de alto escalão a se beneficiarem pessoalmente e inviabilizar a transparência no âmbito governamental (Williams, 2011). Grande número de escândalos — passados e presentes — envolvem a exploração de recursos minerais. Considerem-se apenas dois casos recentes de alta relevância. Na Guiné, país africano muito pobre, o projeto Simandou de mineração de ferro tem estado envolvido por vários anos em um lamaçal de acusações de corrupção. O custo do projeto, incluindo o de colocar o minério no mercado, é estimado em US$20 bilhões. Um processo penal alega que US$100 milhões foram pagos em suborno pela concessão de desenvolver parte da área por um preço extremamente favorável. A disputa legal vai se arrastar por muitos anos mais.[201] No Congo, um relatório por um conselho de peritos, coordenado pelo anterior Secretário-Geral da ONU Kofi Annan, examinou cinco grandes negócios de exploração mineral. Foi encontrada uma diferença (favorecendo a empresa) de US$1,36 bilhão entre o preço pago e avaliações de valor independentes, entre 2010 e 2012.[202]

O patrimônio nacional pode também ser sacrificado por algumas propinas bem colocadas. No Peru, empreendedores privados usaram de "fraude e conexões políticas" para invadir sítios arqueológicos protegidos, destruindo-

---

[201] Os detalhes são demasiado complexos para descrever aqui. Para um resumo, ver "Mining and Corruption: Crying Foul in Guinea", *The Economist*, 6 de dezembro de 2014; Tom Burgis, "Steinmetz Unit Won Guinea Mining Riches Corruptly, Says Inquiry", *Financial Times*, 10 de abril de 2014.
[202] "Business in the Democratic Republic of Congo: Murky Minerals", *The Economist*, 18 de maio de 2013. A reportagem "Africa Progress Panel, 2013" foi emitida pelo Africa Progress Panel, um grupo de especialistas coordenado por Annan, que divulga relatórios anuais sobre vários tópicos de interesse sobre a África Subsaariana.

-os em nome do progresso e do lucro.²⁰³ A Walmart aparentemente recorreu ao suborno no México para obter permissão para construir uma loja em um terreno dentro da área arqueológica de Teotihuacán, um dos sítios mais representativos do México. A escavação foi realizada sem a supervisão, legalmente exigida, de arqueólogos oficiais; testemunhas viram fragmentos e um antigo muro destruídos.²⁰⁴ Na Rússia, concessões madeireiras tornaram-se privatizações *de facto*, privando comunidades locais de tradicionais áreas de coleta de cogumelos e frutas vermelhas (Tulayeva, 2014).²⁰⁵

III. Privatização

O movimento de privatização arrefeceu desde as privatizações em massa dos anos 1980 e 1990; grande parte da produção e dos ativos mundiais ainda permanece sob controle do estado. Um estudo revela que aproximadamente 10% das 2 mil empresas de topo de capital aberto são empresas controladas pelo estado (SOEs — *state-owned enterprises*) (Kowalski et al., 2013), e SOEs que não têm ações em bolsa continuam a desempenhar um papel muito importante em muitas economias e segmentos de atividades. Isso implica um potencial latente de privatizações em larga escala, a qualquer momento. Em particular, à medida que a China se move crescentemente para orientação ao mercado, e outros países consideram privatizar suas empresas petrolíferas

---

[203] William Neuman e Ralph Blumenthal, "New to the Archaeologist's Tool Kit: The Drone", *New York Times*, 13 de agosto de 2014, http://www.nytimes.com/2014/08/14/arts/design/drones-are--used-to-patrol-endangered-archaeological-sites-.html (acesso em 18 de outubro de 2014).

[204] David Barstow e Alexandra Xanic von Bertrab, "The Bribery Aisle: How Wal-Mart Got Its Way in Mexico", *New York Times*, 18 de dezembro de 2012, http://www.nytimes.com/2012/12/18/business/walmart-bribes-teotihuacan-.html?_r=0 (acesso em 10 de outubro de 2015). Para mais informações, especialmente quanto à reação do Walmart, ver David Barstow, "Vast Mexico Bribery Case Hushed Up by Wal-Mart after Top-Level Struggle", *New York Times*, 22 de abril de 2012, http://www.nytimes.com/2012/04/22/business/at-wal-mart-in-mexico-a-bribe-inquiry-silenced.html (acesso em 19 de março de 2014).

[205] Destruição semelhante pode também ocorrer em países menos corruptos. Em Portsmouth, New Hampshire (Estados Unidos), um sítio arqueológico do século XVIII foi sacrificado para construir uma pista de patinação no gelo. Esse mais parece ser um caso de negligência que de corrupção, mas os planos originais — que especificavam escavação em uma área menos sensível — foram modificados depois de aprovados, causando protestos públicos. Jeff McMenemy, "Skating Rink Construction Damages Historical Artifacts", *Seacoast Online*, 14 de novembro de 2014, http://www.seacoastonline.com/article/20141114/NEWS/141119406 (acesso em 30 de março de 2015). Palifka agradece a Samuel Blake por ter apontado esse caso.

ou mineradoras, a privatização pode reemergir como um importante espaço para a corrupção.

A privatização pode reduzir a corrupção ao tirar determinados ativos do controle do estado e ao converter ações oficiais discricionárias em opções privadas, orientadas ao mercado.[206] Entretanto, o processo de transferência de ativos para a propriedade privada é carregado de oportunidades de corrupção.[207] Muitos dos incentivos para a corrupção são comparáveis aos que ocorrem na licitação de contratos e de concessões. Em vez de subornar uma empresa paraestatal para obter contratos e tratamento favorecido, competidores por uma companhia pública podem subornar funcionários ligados à comissão de privatização ou de alto escalão governamental (Manzetti e Blake, 1996; Manzetti, 1999). Propinas podem ser solicitadas para inclusão na lista de competidores pré-qualificados, e empresas podem pagar para que seja reduzido o número de concorrentes. Porém, há outros incentivos à corrupção mais especificamente relacionados ao processo de privatização. Três fatores parecem ser de particular importância.

Primeiro fator: quando grandes empresas estatais são privatizadas, pode não haver forma confiável de valorar seus ativos, e os regimes tributário e regulatório a prevalecer *a posteriori* podem ser mal especificados. As incertezas do processo criam oportunidades de favorecimento a *insiders* corruptos, ao lhes fornecer informação indisponível ao público, ou ao provê-la antecipadamente mediante pagamentos espúrios, ou ao conferir a empresas corruptas especial tratamento no processo competitivo. Até mesmo o processo de avaliação pode ser corrompido por membros da comissão responsável ou por assessores externos com estreitas ligações com as multinacionais interessadas em competir por ativos.[208] Em casos extremos, nenhuma avaliação é realizada, e nenhum leilão acontece. A empresa é simplesmente repassada aos que possuam melhores conexões políticas. "Vendas, a preços não declarados, têm às vezes sido feitas a compradores duvidosos, tais como políticos

---

[206] Para uma argumentação em favor da propriedade do estado (em vez de privatização), tomada como política para redução da corrupção na história estadunidense, ver Glaeser (2004).

[207] Celarier (1996) fornece vários exemplos referentes à América Latina, especialmente ao México. Manzetti (1999) argumenta que a privatização de empresas públicas no Peru reduziu a corrupção no setor público, mas a seguir detalha vários problemas no processo de privatização, inclusive falta de transparência. Seus estudos da Argentina e do Brasil contêm exemplos semelhantes.

[208] Ver Antonia Sharpe, "CVRD Sale Shows Limits of World Bank Adviser Rules", *Financial Times*, 18 de dezembro de 1995.

do partido no poder e a outros carentes de experiência no negócio" (Nellis e Kikeri, 1989:668).

Consideremos o Brasil na presidência de Fernando Collor de Mello. Quando se tornou claro que um de seus aliados estava prestes a receber uma empresa privatizada, outros retiraram suas ofertas (Manzetti e Blake, 1996). Collor procurou usar reformas de mercado para criar seu próprio império financeiro (Manzetti, 1999). Exemplos similares vêm da Argentina, do Zaire, da Costa do Marfim, da Tailândia e da Eslováquia (Van de Walle, 1989; Manzetti, 1999; Pasuk e Sungsidh, 1994).

Leis fracas de conflito de interesses podem facilitar as negociações de um participante do círculo interno. Na Argentina, diversos funcionários que desenvolveram o processo competitivo de privatização de rodovias pertenciam ao quadro de algumas das companhias que adquiriram essas rodovias (Manzetti, 1999). Na Venezuela, uma empresa de consultoria americana organizou a privatização da companhia aérea estatal, apesar de sua estreita ligação com a empresa de aviação espanhola Iberia (Manzetti e Blake, 1996). Mais tarde, a Iberia esteve envolvida na avaliação da companhia aérea, apesar do fato de que também planejasse disputar a companhia, e finalmente terminou de fato comprando a empresa (Celarier, 1996:65). De acordo com o procurador geral da Rússia, os processos de privatização naquele país foram prejudicados pela atuação fraudulenta de bancos, que articularam e venceram os leilões de licitação.[209]

Segundo fator: funcionários corruptos podem apresentar informações ao público que façam a companhia parecer enfraquecida, enquanto revelam a *insiders* favorecidos que a empresa de fato tem bom desempenho. Os interessados favorecidos apresentarão as ofertas mais altas, no que aparentará ser uma licitação aberta e legítima. Similarmente, competidores corruptos poderão ter a segurança de supervisão leniente quanto às exigências regulatórias, algo com que um *outsider* não poderá contar. Avaliações *a posteriori* revelam que a privatização foi um enorme sucesso, com a companhia recentemente privatizada atingindo altas taxas de retorno. Observadores, tanto na China quanto no Equador, têm notado casos desse tipo. Na Venezuela, um importante banco foi subavaliado pelo Ministério do Investimento Nacional entre alegações de pagamentos indevidos (Manzetti e Blake, 1996).

---

[209] "Russian Privatisations Face Crime Probe", *Financial Times*, 6 de fevereiro de 1996. Ver também Celarier (1996:66).

Terceiro fator: uma empresa privatizada vale mais se ela retiver qualquer poder monopolista, que teria enquanto empresa pública. Para um economista, a retenção de receitas de monopólio enfraquece as justificativas de privatização. Entretanto, para um estado sem dinheiro e suas proponentes, assegurar poderes monopolistas é de interesse de ambas as partes. Assim, o conflito entre maximização da receita e competição de mercado surge em todas as negociações de privatização. Todavia, se o estado dá importância a princípios competitivos, pode ser que lhe seja impossível endossar abertamente a monopolização. Negociações corruptas de bastidores podem, então, cumprir esse objetivo, mas com alguns benefícios transferidos a indivíduos, em vez de ao governo. Luigi Manzetti (1999) argumenta que muitas privatizações na América Latina aumentaram a concentração do mercado, ao invés de reduzi-la. Ele observa que as privatizações da companhia telefônica na Argentina e da distribuidora de energia elétrica no Chile foram realizadas de forma a produzir receitas monopolistas para os vencedores. A supervisão regulatória subsequente foi escassa. Tais negócios não são inevitáveis, porém. Aparentemente, a privatização das telecomunicações no Chile e a da distribuição de energia elétrica na Argentina fortaleceram a competição e limitaram ganhos monopolistas (Manzetti, 1997).

Embora não forneçam evidência direta de corrupção, John Nellis e Sunita Kikery (1989:668) listam vários exemplos de benefícios especiais que as empresas podem obter.

> Em um país africano, ... um novo fabricante privado de cigarros recebeu pesada proteção, com impostos confiscatórios sobre a produção dos competidores e monopólio das importações. Um monopólio de 11 anos de vendas da Coca Cola foi obtido por uma distribuidora privada, e foram impostos aos competidores limites de produção para outros refrigerantes. Altas taxas de proteção foram asseguradas a uma usina siderúrgica arrendada (e assim parcialmente privatizada) em outro país.

Mesmo que ocorra corrupção durante o processo de privatização, a resultante final pode ainda ser uma empresa privada competitiva, ou empresas privadas competitivas, submetidas à disciplina de mercado. Porém, mover uma empresa para o setor privado não garante esse resultado. Em primeiro lugar, a empresa, especialmente se retém algum poder monopolista, tende a manter uma relação muito próxima com o estado. Afinal, exceto quanto aos antigos países socialistas, a maioria das empresas públicas são indústrias com substanciais economias de escala e em áreas que são vistas como estreitamente associadas ao interesse nacional, como as companhias de serviços públicos ou de transportes (Yotopoulos, 1989:698). São elevados os incentivos à corrupção para empresas estatais recém-privatizadas, lidando com agências regulatórias incipientes, desprovidas de histórico. Após ser pressionada por um processo licitatório competitivo, a empresa pode tentar expandir seus ganhos *a posteriori*, utilizando propinas para assegurar um ambiente negocial favorável. O suborno de funcionários de agências regulatórias pode ser simplesmente um substitutivo para a operação autônoma que ocorria sob o status de propriedade do estado. Inversamente, Clarke e Xu (2004) observam, em 21 países da Europa Oriental e Ásia Central, que novas empresas *que tentam competir com* as empresas privatizadas são mais inclinadas a pagar propinas no setor de empresas de serviços públicos.

Em segundo lugar, frequentemente o estado vende somente uma parte da empresa estatal, e muitas vezes retendo seu controle, ao menos nos anos iniciais. Tais empresas híbridas podem ser especialmente sujeitas a arranjos internos marcados pela corrupção (Kaufmann e Siegelbaum, 1997:442). Na China, Calomiris, Fisman e Wang (2010) observam que as ações de empresas parcialmente privatizadas caem quando o governo anuncia a venda da parte restante pertencente ao estado, e sobem quando a venda é cancelada; eles concluem que as conexões com o governo são valiosas, porque assim a empresa recebe tratamento preferencial. Acionistas privados de uma empresa que seja parcialmente propriedade do estado podem tentar repassar perdas ao estado, com a conivência de funcionários do governo. Na Itália, por exemplo, uma empresa de economia mista, público-privada, do segmento de química industrial, aparenta ter se envolvido nesse tipo de transferência. Teria havido pagamento de propina para beneficiar a empresa privada, quando foi constituída a associação, e para obter um alto preço pelos mesmos ativos quando a associação foi desfeita e a empresa foi renacionalizada (Colazingari e Rose-Ackerman, 1998). Esse também parece ter sido o caso em associações público-privadas no setor de transportes da Espanha, nas quais se supunha que o estado devesse absorver as perdas referentes a mau planejamento ou superestimação da demanda (Bel, Estache e Foucart, 2014).

Em terceiro lugar, a empresa, ainda que totalmente privatizada, pode continuar a se envolver em comportamento corrupto. Em muitos países, empresas de serviços públicos têm sido privatizadas desde os anos 1980. Algum grau de regulação é usualmente mantido, o que implica incentivo à corrupção. Mas a desregulamentação não necessariamente reduzirá a corrupção na área privada, e pode mesmo abrir novas oportunidades de corrupção. Na Califórnia dos anos 1990, a geração de energia elétrica foi privatizada, enquanto o estado retinha o controle das linhas de transmissão. A intenção desse movimento era melhorar a eficiência e reduzir os preços para os consumidores. Em vez disso, as empresas privadas recém-criadas — mais especialmente a Enron — praticavam *lobby* pela desregulamentação, para depois envolver-se em comportamento fraudulento com a finalidade de aumentar tanto os preços da eletricidade quanto o valor das ações da companhia. Essencialmente, "o mercado de energia elétrica da Califórnia transformou-se de um setor empresarial altamente regulado, sério, operado por empresas conservadoras de serviços públicos, em um cassino corrupto, operado por grandes companhias de energia" (Tillman, 2009:78; ver também Gulati e Rao, 2007:154-5). Esse é um caso complexo, envolvendo corrupção econômica e política, mas o motivo é que os executivos estavam respondendo a incentivos: eles eram recompensados com opções acionárias (*stock options*), o que lhes dava fortes incentivos para inflar o valor das companhias. Esse mesmo incentivo existe na maioria das grandes corporações, inclusive nas que não pertencem a setores que tenham sido privatizados. Como resultado, a declaração a maior de lucro ou receita não é incomum, e por vezes são publicadas avaliações estrategicamente direcionadas do valor de uma ação (Tillman e Indergaard, 2007; Tillman, 2009).

Incentivos à corrupção podem significar que o competidor mais eficiente perca a licitação para um outro, corrupto, com ligações no círculo interno. Ainda que a empresa mais eficiente seja vencedora, a corrupção no processo licitatório acarreta que o governo receba pouco valor pela venda. Isso implica tributos mais elevados, dívidas crescentes ou menores investimentos públicos.

Certamente, algumas dessas questões podem ser levantadas mesmo que o segmento não tenha sido privatizado, isto é, se sempre pertenceu ao setor privado. Empresas podem estar dispostas a pagar para expandir ou manter seu poder de mercado. Se puderem, vão tentar obter o status de monopólio local ou nacional, a fim de auferir receitas adicionais, decorrentes de sua posição monopolista. Inversamente, podem pagar para obter o status de monopsônio em relação a um recurso natural, como petróleo, minerais ou produtos agrícolas importantes. Por exemplo, a United Fruit Company (e marcas relacionadas) pagou propinas e engajou-se em maquinação política em vários países da América Central. Por volta da metade do século XX, a empresa possuía maior extensão de terras que qualquer outro proprietário privado na Guatemala, em Honduras e na Costa Rica. A vasta maioria das terras não era cultivada, mas apenas mantida, como forma de evitar competição. A United Brands alegadamente desempenhou um papel importante em pelo menos um golpe de estado na América Central (McCann, 1987:38-9, 43-60).

IV. Corrupção e fraude no setor privado

Na medida em que parte da economia mundial se movimenta na esfera privada, a corrupção exclusivamente entre empresas privadas tem se tornado cada vez mais importante. Este livro concentra-se na corrupção em âmbito do estado. Entretanto, os governos e seus empregados ou representantes não são necessariamente mais corruptos que os atores privados. De fato, na maioria das questões até aqui abordadas, empresas privadas e indivíduos privados estão envolvidos como pagantes de propina. Nos casos que discutiremos aqui, o governo não está envolvido, exceto em processos judiciais. Ademais, a corrupção representada por propinas e pagamentos em retorno deve ser comparada com outros tipos de delitos típicos do setor privado, tais como fraude e excessos decorrentes do poder monopolista. Se uma redução dos pagamentos espúrios simplesmente a tornar menos custosa que cometer fraudes ou estabelecer um monopólio, a sociedade terá ganhado pouco por uma investida anticorrupção.

Uma área comum para a corrupção privada é a de compras. Os fornecedores podem oferecer "presentes" para os agentes de compras, para que esses, em contrapartida, comprem deles. Esses presentes são, essencialmente, propinas, mas, a menos que a empresa tenha um estrito código de ética, o empregado pode considerá-los "amostras grátis" ou agrados. Em muitas partes da Ásia, presentear é uma tradição antiga e valorizada. Mesmo em sociedades ocidentais, é comum oferecer jantares, férias, e outros presentes generosos àqueles em posição que possa influenciar os lucros do fornecedor. Esse tipo de corrupção resulta frequentemente em custos mais altos para a empresa compradora, e em preços mais altos para seus clientes. Estruturalmente, esses pagamentos indevidos são idênticos a propinas pagas a funcionários públicos para a obtenção de favores.

Nas operações de franquia, para dar outro exemplo, os franqueados podem subornar para tratamento preferencial. Assim, algumas concessionárias da Honda nos Estados Unidos pagaram aos distribuidores para receberem cores e modelos mais populares. Aparentemente, esse comportamento foi tolerado até que uma crise econômica fez com que os pagamentos simplesmente não fossem repassados. Descobriu-se que 22 executivos norte-americanos (nenhum deles japonês) trocaram US$50 milhões em propinas ao longo de 15 anos.[210] Esses pagamentos são analiticamente muito próximos de subornos pagos por empresas privadas ao estado para obter tratamento regulatório ou tributário preferencial ou para ser selecionado para um subsídio público.

Propinas entre agentes privados provavelmente aumentam os custos para os consumidores e distorcem suas escolhas. Por exemplo, alguns casos do setor médico, discutidos no capítulo 2, envolveram médicos ou administradores hospitalares em hospitais privados. As empresas farmacêuticas comumente financiam pesquisas médicas, patrocinam conferências e pagam despesas de viagem e palestras. Em contrapartida, os médicos podem se sentir obrigados a promover medicamentos ou equipamentos da empresa como condição para obter benefícios futuros. "As companhias têm reiteradamente feito acordos, diante de acusações de terem pagado comissões para médicos nos Estados Unidos para induzi-los a prescrever drogas ou a realizar implantes de dispositivos em pacientes que desconheciam os incentivos financeiros concedidos a seus médicos."[211] Na Índia, houve médicos que, supostamente, com a maior desfaçatez, receberam comissões de até 50% do valor dos serviços de exames laboratoriais por lhes terem encaminhado pacientes.[212]

Algumas vezes, as empresas privadas se envolvem em fraudes sem fazer pagamentos diretos, mas o efeito é obtido por meio de propinas pagas por agentes privados. O exemplo do fabricante de medicamentos Serono ilustra a estreita conexão entre esses dois tipos de comportamento:

> Desde 1986, julgamentos e acordos por fraude sob o U.S. False Claims Act totalizaram US$12 bilhões, sendo a maior parte contra fabricantes de medicamentos famosos. Um dos maiores desses acordos foi contra o fabricante Sereno, que concordou em

---

[210] James Benet, "Corruption Is Called Broad in Honda Case", *New York Times*, 4 de abril de 1995, http://www.nytimes.com/1995/04/04/business/corruption-is-called-broad-in-honda-case.html (acesso em 30 de março de 2015).

[211] Gardiner Harris, "Johnson & Johnson Settles Bribery Complaint for $70 Million in Fines", *New York Times*, 9 de abril de 2011, http://www.nytimes.com/2011/04/09/business/09drug.html (acesso em 29 de setembro de 2014).

[212] Aditya Kalra, "New Government Vows Clampdown on Healthcare Graft", *Reuters*, 22 de julho de 2014, http://in.reuters.com/article/2014/07/22/india-medical-corruption-tv-sting-idINKBN-0FR0KR20140722 (acesso em 28 de julho de 2015).

outubro de 2005 a pagar US$704 milhões para encerrar um caso de fraude relativa ao produto Serostim (um hormônio para crescimento humano); as acusações contra a Serono envolviam comissões pagas a médicos e farmácias, marketing ilegal envolvendo indicações não aprovadas, e venda do remédio em diagnósticos fora da certificação pela U.S. Food and Drug Administration (FDA) (Cohen, Mrazek e Hawkins, 2007:30).

Segundo a empresa de consultoria KPMG, a fraude corporativa ocorre na confluência da pressão por resultados, oportunidade (falta de supervisão) e racionalização (KPMG, 2010:13). A maior parte é ilegal, até mesmo criminosa, mas não necessariamente corrupta, no sentido de pagamentos a indivíduos para violar suas responsabilidades legais ou de emprego. Assim, da mesma forma que algumas empresas organizam comissões de licitação corruptas para contratos no setor público, outras podem conspirar para estabelecer preços e dividir mercados no setor privado.

Adicionalmente, as empresas podem vender produtos abaixo do padrão, alegando falsamente que são de alta qualidade. Por exemplo, óleos de avelã e girassol de vários países não europeus têm sido utilizados como adulteradores e vendidos como azeite grego ou italiano, em parte pelos preços mais altos, em parte para obter subsídios da União Europeia à produção do azeite.[213] Produtos farmacêuticos falsificados ou fora das normas são outro exemplo importante, que se estima representar a quarta parte do mercado de medicamentos em países pobres (Cohen, Mrazek e Hawkins, 2007:33).

Trocas de favores em âmbito privado são muitas vezes estruturadas para esconder sua natureza corrupta subjacente. Por exemplo, no que pode ser considerado um caso de tráfico de influência e *insider trading*, quando a AT&T se queixou ao Citigroup (do qual era uma cliente importante) sobre avaliação da AT&T por um funcionário da instituição financeira, um executivo do Citigroup pressionou o funcionário a mudar a avaliação de "aguardar" para "comprar", por várias semanas antes da oferta pública inicial (IPO) da rede sem fio da AT&T; em contrapartida, o executivo fez uma doação em nome do Citigroup a uma escola privada, para a qual a filha do funcionário se tinha inscrito (Argandoña, 2003; Tillman e Indegaard, 2007).

Consideradas em conjunto, os delitos corporativos podem ser muito custosos. Muitos bancos de investimento manipularam os preços das ações

---

[213] Tom Mueller, 2007, "Slippery Business", *The New Yorker*, 13 de agosto de 2007, http://www.newyorker.com/magazine/2007/08/13/slippery-business (acesso em 19 de agosto de 2014).

oferecidas em IPOs no final dos anos 1990 e início dos anos 2000, alimentando o *boom* das empresas "ponto-com" (Tillman e Indergaard, 2007:480-1). Estima-se que escândalos corporativos entre dezembro de 2001 (quando a Enron declarou falência) e julho de 2002 (quando a WorldCom também faliu), tenham custado US$35 bilhões ao PIB no ano seguinte; as reavaliações corporativas entre 1997 e 2002 custaram aos investidores mais de US$100 bilhões (Tillman e Indergaard, 2007:476). Os derivativos de segunda linha (*sub-prime derivatives*) baseados em hipotecas, no centro da Grande Recessão de 2008 nos Estados Unidos, oferecem uma lição sobre como o conluio e a fraude entre instituições privadas podem causar danos macroeconômicos. Produtos financeiros complexos eram mal compreendidos pela maioria das pessoas, inclusive pelos analistas; instituições de avaliação de crédito estavam sob pressão indevida para superavaliar esses instrumentos; as regulamentações eram ausentes ou relaxadas; e os reguladores ignoraram os avisos expressos de alguns analistas do círculo interno (Patterson, 2010). A Goldman Sachs supostamente tentou manipular os preços de derivativos de segunda linha em 2007.[214] Ao mesmo tempo, pelo menos seis bancos estiveram envolvidos na manipulação das taxas internacionais de juros interbancários na Europa, antes e durante a crise financeira.[215] Cinco bancos se declararam culpados de manipular o valor do dólar americano e do euro nos mercados cambiais estrangeiros entre 2007 e 2013.[216] Esses conluios contribuíram para a pior recessão econômica nos Estados Unidos e no mundo desde a Grande Depressão. Claro, eles não foram o único fator relevante. O comportamento fraudulento frequentemente floresce sem ser detectado quando os tempos são favoráveis e as taxas de crescimento altas. Uma desaceleração, em seguida, revela as violações subjacentes, e essas revelações podem alimentar uma espiral descendente em direção à recessão.

---

[214] Christine Harper e Joshua Gallu, "Goldman Traders Tried to Manipulate Market in 2007, Report Says", *Bloomberg Business*, 13 de abril de 2011, http://www.bloomberg.com/news/articles/2011-04-14/goldman-traders-tried-to-manipulate-market-in-2007-report-says (acesso em 3 de junho de 2015).

[215] Antoine Gara, "Deutsche Bank Pays $2.5 Billion to Settle LIBOR Manipulation Suit", *Forbes*, 23 de abril de 2015, http://www.forbes.com/sites/antoinegara/2015/04/23/deutsche-bank-pays-2--5-billion-to-settle-libor-manipulation-suit/ (acesso em 24 de novembro de 2015).

[216] Dustan Prial, "Five Major Banks Plead Guilty to Felony Charges over Currency Rigging", *Fox Business*, 20 de maio de 2015, http://www.foxbusiness.com/industries/2015/05/20/five-major--banks-plead-guilty-to-felony-charges-over-currency-rigging/ (acesso em 10 de outubro de 2015).

Nós focalizamos neste livro a corrupção que ocorre na interface entre os setores público e privado, mas devemos ter em mente que outros tipos de más práticas podem ocorrer sem o envolvimento de qualquer funcionário do setor público.[217] Na ausência de supervisão e fiscalização do governo, os atores privados encontram múltiplos incentivos para descumprir a lei e violar normas de boas práticas comerciais. Aqueles que argumentam que a cura da corrupção se viabiliza simplesmente pela redução do papel do estado têm uma visão estreita da corrupção e dos problemas mais amplos da ética nas práticas comerciais. Os meios de favorecimento em benefício próprio podem assumir a forma de propinas e comissões no setor público, mas também podem aparecer como fraude comercial e práticas monopolistas, o que torna necessária a regulamentação.

Conclusões

A corrupção que envolve funcionários de alto escalão pode produzir sérias distorções na maneira pela qual o governo e a sociedade operam. O estado paga demais pelas compras de larga escala e recebe muito pouco por privatizações e concessões. Funcionários corruptos distorcem as escolhas do setor público para produzir importantes receitas para si mesmos, gerando ineficiência e desigualdade nas políticas públicas. O governo gera projetos errados em demasia, e gasta em excesso mesmo em projetos que sejam fundamentalmente corretos. E, mesmo quando os projetos são de extrema necessidade e completados nos prazos e orçamentos previstos, os resultados podem ser de má qualidade e inadequadamente mantidos.

A privatização não necessariamente resolve esses problemas, contudo. A corrupção reduz os benefícios de aumento de receita que poderiam advir de privatizações e de concessões. As empresas que detêm o poder de monopólio por meio de suborno e de favoritismo prejudicam os benefícios de eficiência que podem resultar da passagem de empresas estatais a proprietários privados. As empresas privatizadas podem subornar legisladores para influenciar leis ou inspetores de agências de regulação para violá-las. Se a empresa privatizada vende para o governo, ela poderá cobrar a mais pelos seus produtos. Se ela

---

[217] Uma série de documentos destaca as posições do Departamento de Justiça dos Estados Unidos relativas a delitos corporativos; disponíveis em http://www.justice.gov/usam/usam-9-28000-principles-federal-prosecution-business-organizations (acesso em 10 de outubro de 2015).

utiliza ativos do governo ou compra bens ou serviços do governo, pode pagar a menos por eles. A evasão fiscal é outro risco. Adicionalmente, a corrupção pode ter continuidade entre empresas que operam nos mercados privados. No caso de concessões, a corrupção mina tanto os objetivos do governo quanto os da sociedade. Ao fixar preços aviltados pelo acesso a recursos naturais, negociações de natureza corrupta podem estimular a superexploração dos recursos, causar danos ambientais e a invasão de sítios arqueológicos.

A grande corrupção com essas características agrava a má distribuição dos recursos e do poder. Empresas politicamente conectadas e aquelas que estejam em posição de ajudá-las expandem sua riqueza e seu poder, enquanto impõem custos adicionais ao restante da sociedade. Os projetos que provavelmente chegarão a bom termo são aqueles que beneficiam essa elite; os que se destinam a ajudar os mais pobres são mais sujeitos a serem abandonados ou a produzirem resultado de qualidade inferior. Ao invés de, por exemplo, melhorar as instalações de saúde e de educação, o governo despende em projetos do tipo "elefantes brancos", com pouco ou nenhum benefício aparente. Os principais beneficiários são os funcionários do governo e as empresas corruptas.

4
Reduzindo incentivos e aumentando custos

Existem incentivos à corrupção porque funcionários do estado têm o poder de alocar benefícios escassos e impor custos onerosos. Uma vez que a escassez constitui um aspecto central dos negócios corruptos, percepções elementares baseadas na microeconomia podem ajudar a estruturar esforços para reduzir a corrupção. Alguns benefícios e custos não são limitados em volume, mas os funcionários públicos decidem quem obtém os benefícios e quem é onerado com os custos. Também para essas destinações uma análise econômica pode prover percepções. Este capítulo e o capítulo 5 focalizam reformas baseadas em incentivos que reduzam os benefícios ou aumentem os custos dos delitos. O capítulo 6 discute a legislação criminal como elemento dissuasório. Aqui, consideramos as seguintes possibilidades de reforma:

- eliminação de programa ou legalização de pagamentos;
- reforma de programas públicos;
- reforma de sistemas de compras;
- privatização como instrumento contra a corrupção.

Medidas contra a corrupção devem primeiramente localizar onde essa ocorre e identificar os incentivos subjacentes para a realização ou a aceitação de pagamentos indevidos. Os esforços de reforma serão ineficientes e onerosos, a menos que os custos da corrupção sejam mais significativos que os da reforma. Procuramos nos capítulos anteriores destacar os principais incentivos à corrupção, preparando assim o terreno para uma avaliação das estratégias alternativas de reforma.

Os seguintes incentivos estimulam a corrupção por parte dos servidores públicos: poder sobre a distribuição de um benefício público ou sobre a imposição de custos; processos decisórios baseados em arbítrio e não em regras claras; baixos salários; falta de profissionalismo; falta de supervisão; punições leves ou ineficazes; falta de responsabilização; falta de transparência; e a proporção de participantes que sejam (ou pareçam ser) corruptos. Do lado da demanda, são incentivos para envolver-se em corrupção: os altos custos das políticas governamentais (tanto regulatórias quanto tributárias); regras complexas ou confusas; o desejo de limitar competição; e o desejo de conquistar um valioso contrato governamental. Adicionalmente, os que cometem crimes podem também procurar pagar para evitar prisão ou processo legal. Em resumo, os indivíduos vão buscar a minimização de penalidades a eles impostas pelo governo, enquanto as empresas tentam maximizar os lucros. É difícil estimar a importância relativa de cada um desses fatores, mas, conforme escreve Klitgaard (1988:75), a corrupção é mais provável quando um funcionário governamental tem poder exclusivo sobre um serviço, combinado com poder de arbítrio no exercício desse poder e com a desobrigação de prestar contas. Embora sendo uma simplificação excessiva, a formulação de Klitgaard ressalta situações nas quais é provável ocorrer corrupção quando vários fatores de risco ocorrem conjuntamente. Por exemplo, quando um guarda de trânsito faz parar um motorista, provavelmente não há outro guarda de trânsito nas proximidades, a quem o motorista possa recorrer; o guarda tem o poder de decidir se apenas adverte o motorista e o deixa seguir; tipicamente, sem testemunhas. A primeira condição pode ser alterada pela presença de outros guardas, o que os obriga a estar em conluio para receberem propinas, aumentando custos e riscos de descoberta. A última condição pode ser superada em alguns casos, pelo uso de *smartphones* e acesso a redes sociais; alguns departamentos de polícia requerem agora que veículos e guardas usem câmeras. A segunda condição — arbítrio — é essencialmente eliminada se o guarda é removido e câmeras ativadas por radar registram as violações das leis de trânsito e automaticamente emitem multas.

As propostas de reforma burocrática que se seguem são importantes; porém, nem sempre é tarefa simples identificar quais tipos de corrupção são mais frequentes, em qualquer cenário. Podem ser extremamente úteis auditorias internas e informações coletadas nos círculos internos (Klitgaard, 1988). Além disso, uma pesquisa geral, tal como o GCB (Global Corruption Barometer) ou pesquisa similar em nível de país, pode identificar áreas de preocupação para os cidadãos e para os negócios. Os reformadores podem também encorajar o público a reportar delitos, estabelecendo linhas telefônicas para denúncias anônimas; porém, é necessário ser capaz de distinguir acusações falsas das verdadeiras, de sorte que as denúncias não provoquem uma caça às bruxas. Em muitos casos, a reforma anticorrupção não pode ser uma iniciativa isolada, mas deve ser parte de um esforço de ampla reforma de governança, envolvendo servidores públicos, empresas privadas, organizações da sociedade civil e cidadãos em geral.

I. Eliminação ou legalização

A forma mais direta de eliminar a corrupção consiste em eliminar programas carregados de oportunidades de corrupção. Se o estado não tem autoridade para restringir exportações ou conceder licenças a empresas, isso elimina uma fonte de suborno.[218] Se um programa de subsídios é extinto, os subornos que o acompanham vão também desaparecer. Se o controle de preços é suspenso, os preços de mercado vão expressar valores de escassez, não as propinas. Em geral, as reformas que aumentam a competitividade da economia vão ajudar a reduzir os incentivos à corrupção (Ades e di Tella, 1995, 1997b:514).

Alguns programas públicos operam tão mal que funcionam principalmente como máquina de geração de propinas para funcionários públicos. Estruturas que permitem o arbítrio desregulado de funcionários são fontes particularmente prováveis de suborno, especialmente se as empresas e os cidadãos não têm outro recurso. Nesses casos, a eliminação do programa é às vezes melhor que estratégias mais sutis de reforma. Por exemplo, as licenças e permissões necessárias a constituir empresas e a mantê-las em operação podem não ter nenhuma justificativa razoável. Na Índia, dúzias de permissões são exigidas para a abertura de lojas de varejo. "Lojas que queiram vender termômetros, por exemplo, usualmente têm de obter uma aprovação de um departamento responsável por pesos e medidas".[219] Estudos da África, América Latina e Europa Oriental sugerem que esse é o caso em muitos países e que esses programas são frequentemente muito corruptos (Stone, Levy e Paredes, 1992; Bigsten e Moene, 1996; Kaufmann, 1997). No Egito, por exemplo, segundo uma pesquisa de 2009, 42% de empresas de pequeno e médio porte indicaram ter pagado propinas para a obtenção das permissões requeridas para aber-

---

[218] Gary Becker, por exemplo, instigou: "To Root Out Corruption, Boot Out Big Government" ("Para erradicar a corrupção, acabe com o governo de grande porte"), *Business Week*, 30 de janeiro de 1994.
[219] Vikas Bajaj, "India Unit of Wal-Mart Suspends Employees", *New York Times*, 23 de novembro de 2012, http://www.nytimes.com/2012/11/24/business/global/wal-marts-india-venture-suspends--executives-as-part-of-bribery-inquiry.html (acesso em 11 de outubro de 2015).

tura; 29% pagaram propinas no curso da operação dos negócios (Center for International Private Enterprise, 2009). No final do século XIX e início do século XX, incorporação e bancos foram estritamente regulamentados nos Estados Unidos, resultando um sistema corrupto de afretamento bancário e incorporação. Ao se permitir a livre operação bancária e a incorporação em Nova York, não apenas se reduziu a corrupção, mas também se fomentou o empreendedorismo (Bodenhorn, 2006). Em vez da completa desregulamentação dos negócios, a eliminação de algumas regras e o ajuste e a clarificação de outras parecem ser uma boa resposta em termos de política.

Em muitos países, a obtenção de documentos oficiais ou o pagamento de contas frequentemente levam a demandas por propinas ou favores. Tecnologias modernas vêm fornecendo possíveis soluções. A utilização de websites ou de quiosques públicos permite obter, gratuitamente, documentos como certidões de nascimento, carteiras de identidade e títulos de propriedade; impostos territoriais ou impostos sobre a renda podem ser pagos sem nenhuma interferência humana. O agendamento para passaportes e outros documentos oficiais é também plenamente automatizado em alguns países. Isso elimina o poder decisório que os "guardiões dos acessos" anteriormente possuíam.[220]

Programas de subsídio podem também ser permeados de corrupção. Uma vez que o sistema proporciona a subornadores e a subornados uma melhor situação, pode ser difícil a detecção, e a eliminação do programa pode ser a única opção viável. Por exemplo, um programa argentino dos anos 1980, para fomentar o crescimento de regiões pouco desenvolvidas por meio de subsídios à exportação, mostrou-se muito ineficaz, devido a fraude e corrupção. Um dado produto "poderia ser exportado várias vezes através de portos do sul", e fábricas "quase fictícias" foram montadas em regiões favorecidas que pouco ou nada faziam quanto ao processamento de produtos que eram manufaturados em outros locais. Um estudo patrocinado pelo Banco Mundial concluiu que o programa não era efetivo, com estimados 25% do subsídio perdidos para fraudes (Nogués, 1989:25-7). Esse parece ser um exemplo de programa que o governo deveria simplesmente eliminar.

Uma forma de reduzir a corrupção é legalizar atividades anteriormente consideradas ilegais. Frequentemente, quando um produto é proibido, a pro-

---

[220] Bussell (2013) fornece um estudo detalhado dos custos e dos benefícios de lojas tipo balcão único para pequenos negócios na Índia. Alguns procedimentos para aprovação pelo governo foram contratados à iniciativa privada, no contexto de uma reforma geral para agilizar processos.

dução continua, mas os negócios ilegais pagam à polícia para permanecer em operação. Assim, os decisores de políticas devem-se perguntar se os benefícios da ilegalidade ultrapassam os custos. Por exemplo, após um curto experimento com a proibição de bebidas alcoólicas, os Estados Unidos anularam a décima-oitava emenda à Constituição, que tornava ilegal a fabricação e a venda de "bebidas intoxicantes". O tempo de vigência dessa emenda, entre 1919 e 1933, foi um período de produção e venda disseminadas de álcool, assim como de corrupção de agentes da lei. O debate em plano internacional sobre a legalização das drogas acende a discussão sobre a viabilidade de se controlar um segmento de atividades por meio de uma lei criminal, quando as autoridades de aplicação da lei são vulneráveis à corrupção.[221] O jogo, anteriormente posto fora da lei em diversas jurisdições americanas, foi também uma importante fonte de pagamentos corruptos à polícia. A resposta em muitas jurisdições tem sido legalizar o jogo — embora sob estrita supervisão estatal, e mesmo como atividade do estado.[222] Em alguns lugares, a legalização e a regulamentação têm sido aplicadas também à prostituição.[223]

Às vezes, ao se eliminar um conjunto de incentivos à corrupção, pode-se criar novas oportunidades de outra forma. A eliminação de nove entre 10 licenças necessárias a abrir um negócio pode simplesmente dar ao funcionário remanescente acesso a propinas de valor mais alto. A remoção de barreiras de entrada para empresas privadas pode induzir gerentes a pagar à polícia para assediar seus concorrentes.[224] A desregulamentação em uma área pode aumentar a corrupção em outro lugar. Isso será especialmente verdadeiro se

---

[221] Para argumentos em favor de descriminalizar certas substâncias, ver a série de reportagens produzida pela Global Commission on Drugs, disponível em http://www.globalcommissionondrugs.org/reports/ (acesso em 2 de junho de 2015).

[222] A legalização nem sempre tem sido livre de corrupção. Ver Johnson (2002:177-95) sobre a legalização do jogo em Atlantic City. Fatores-chave para vencer o referendo foram: a proposição de jogo pertencente à esfera privada, não à estatal; impostos vinculados ao jogo com subsídios aos idosos e aos incapacitados; e uma custosa campanha de marketing apregoando os benefícios econômicos para o estado. Alguns agentes receberam vantagens de fontes privadas para apoiar o referendo.

[223] A Alemanha e a Nova Zelândia, entre outros países, legalizaram a prostituição em anos recentes. Cathy Reisenwitz, "Why It's Time to Legalize Prostitution", *The Daily Beast*, 15 de agosto de 2014. A Organização Mundial de Saúde (2012) recomenda a legalização para reduzir a violência contra mulheres e cita vários estudos que chegam a esse resultado.

[224] Um exemplo do setor privado: várias empresas de táxi foram acusadas de subornar agentes de emissão de bilhetes de táxi no aeroporto de Monterrey, México, a fim de promover seus serviços. A típica astúcia é dizer que os concorrentes são de qualidade inferior ou não têm carros disponíveis. Ángel Charles, "Manipulan a passaje em guerra de taxis", *El Norte*, 11 de fevereiro de 2014.

uma atividade lucrativa tiver de passar por uma série de postos de controle. Por exemplo, um esforço bem-sucedido pela U.S. Agency for International Development para reduzir a corrupção no transporte de produtos agrícolas em um país da África aumentou a corrupção em países vizinhos na mesma rota de transporte. O projeto reduzia o número de postos de controle onde se extraíam propinas, estabelecidos pela polícia e por agentes aduaneiros ao longo de rotas de transporte de cebolas no Níger. Infelizmente, isso levou ao incremento das propinas e da taxação na Costa do Marfim, quando as cebolas se aproximavam de seu destino final — os mercados de produtos alimentícios de Abidjan (Rogers e Iddal, 1996). Esses exemplos destacam a importância de abordagem sistemática, o que pode significar a avaliação do impacto das medidas ao longo de fronteiras entre países.

Embora a eliminação de programas tendentes à corrupção possa eliminar incentivos ao pagamento de propinas, um programa geral para encolher o tamanho do governo não necessariamente reduzirá a corrupção (Rose-Ackerman, 1996c). A chave consiste em reduzir regulamentações demasiado restritivas que gerem poucos benefícios sociais, não os gastos do governo.[225] Relembre-se que a escassez produz incentivos à corrupção, e note-se que reduções nos gastos governamentais podem produzir escassez, quando se cortam programas de investimentos ou quando orçamentos regulatórios são suspensos sem alteração das regras correspondentes. Pior ainda, se o governo corta gastos por pressão fiscal, ele pode ao mesmo tempo procurar manter sua influência, aumentando exigências regulamentais e normativas. O resultado pode ser aumento da corrupção (Chhibber, 1996:127). A eliminação de um programa remove os incentivos que o acompanhavam, mas não os cortes orçamentários que deixem intacto o programa. Por exemplo, suponhamos que subsídios para educação superior tenham sido anteriormente disponíveis a todos os estudantes que passassem por exames de ingresso, mas que agora sejam concedidos somente aos 50 primeiros colocados. A escassez criada pelos cortes gera incentivos à corrupção que antes não existiam. Uma vez que as notas obtidas nos exames sejam livres de fraude, a solução para reduzir a corrupção consiste em elevar a pontuação mínima para passar, e assim o programa reduzido retém seu critério de seleção. Outras formas de

---

[225] Empiricamente, Gerring e Thacker (2005) identificam que a abertura para o comércio e para baixa regulamentação se encontra associada a níveis mais baixos de corrupção, mas o nível de gastos públicos não apresenta correlação (ibid.:250).

redução da demanda — tais como regras complexas de inscrição, longas filas e concessões baseadas em necessidades — produzem incentivos à corrupção.

Se os gastos do governo são reduzidos, os contratados que antes se beneficiavam de contratos públicos podem sofrer com isso — principalmente as empresas tão especializadas que não possam mudar facilmente de direção. Contratados domésticos do setor militar estão usualmente nessa categoria. Multinacionais são menos passíveis de ser afetadas, tanto em função da maior diversificação do leque de produtos quanto pela possibilidade de vender a outros países. Empresas que tenham problemas em mudar de direção podem recorrer ao suborno para obter uma fatia do bolo de negócios governamentais em processo de redução. A quantidade total de propinas pode cair, mas o valor da propina por projeto pode subir. Uma vez que o governo se fixe em negociar com uma determinada empresa contratada, pode-se ainda recorrer à propina para obter preços inflados, para superfaturar materiais ou para economizar na qualidade.

De forma similar, suponhamos que os encarregados de cortar orçamentos reduzam à metade o orçamento de uma agência reguladora, sem modificar o correspondente conjunto de normas. Primeiramente, consideremos que as normas vigentes permitam às empresas atuarem, a menos que o estado detecte um descumprimento. Nesse caso, poucas pessoas no negócio vão reclamar dos cortes orçamentários. Inspeções e outros controles serão reduzidos — um benefício para as empresas, mas um custo potencial para a sociedade. Um gestor de uma empresa ainda tem incentivo para subornar um inspetor, mas o fará com menor frequência, já que os inspetores vão aparecer mais raramente. O mesmo resultado pode provir de aumento da atividade sem aumento da capacidade de inspeção, como tem ocorrido nas décadas recentes com a expansão do comércio internacional. Apenas 12 casos de corrupção foram reportados no aeroporto de Amsterdã entre 1999 e 2002: devido ao grande volume de tráfego, os contrabandistas aparentemente confiam antes na baixa probabilidade de inspeção que em corromper funcionários aduaneiros (Center for the Study of Democracy, 2010:177-8).

Em segundo lugar, em contraposição, suponhamos que a lei requeira que empresas ou indivíduos obtenham uma licença. Nesse caso, um corte orçamentário sem modificação do estatuto normativo associado aumenta os incentivos à corrupção. Empresas e indivíduos serão encorajados a pagar propinas para obter a escassa atenção das autoridades regulatórias ou para passarem à frente em uma longa fila de espera. Propinas pagas por alguns levam a maiores atrasos para os demais; isso pode induzir a que mais interessados paguem propinas, e assim sucessivamente — produzindo-se um ciclo vicioso (Rose-Ackerman, 1978:85-108). Assim como no caso de cortes em programas de subsídio, o encolhimento da atividade regulatória governamental pode aumentar, em vez de reduzir, a corrupção, a menos que os estatutos normativos sejam modificados, a fim de refletir os totais orçamentários com menos recursos. Em resumo, baixos níveis de corrupção em determinados contextos podem significar que os funcionários não tenham a capacidade de impor a lei, enquanto em outros contextos pode haver altos níveis de corrupção porque as propinas se tornam uma condição necessária para a fraca imposição da lei.

Os diferentes graus de liberalização regional oferecem a oportunidade de um interessante experimento natural. A Europa escolheu plena integração, com bens, pessoas e recursos financeiros fluindo livremente no interior do bloco de países.[226] Uma vez que bens ingressem em um país, esses podem ser "reexportados" para outro sem o pagamento de tarifas alfandegárias; uma vez que um indivíduo se torne cidadão de um país, pode emigrar diretamente para outro. Embora esse mecanismo possa aumentar os incentivos ao pagamento de propinas na entrada, elimina os incentivos a propinas nas fronteiras nacionais dentro da União Europeia. A corrupção alfandegária é associada ao contrabando, não à evasão fiscal (Center for the Study of Democracy, 2010:16). A América do Norte, em contraste, optou por uma integração mais limitada, permitindo a livre movimentação de bens que atendam a requisitos de origem regional, e mantendo restrições à movimentação de pessoas. Esse modelo introduz incentivos à falsificação de certificados de origem e ao pagamento de propinas a agentes aduaneiros, para permitir falsas declarações tanto acerca de bens quanto de pessoas.

Em suma, a eliminação de programas de gastos e de regulamentação pode ser uma poderosa estratégia de combate à corrupção. Contudo, os formuladores de políticas devem assegurar-se de que os pagamentos espúrios simplesmente não reapareçam em outro lugar. Adicionalmente, uma contração geral do tamanho do orçamento do governo torna os benefícios governa-

---

[226] Bens circulam livremente no interior da União Europeia; pessoas têm a liberdade de se mover entre os países-membros do Acordo Schengen, e uma moeda única é adotada pelos membros da Zona do Euro (e por alguns países não membros). Embora haja uma considerável superposição, o status de membro não é idêntico para essas três zonas.

mentais escassos. A corrupção pode, em consequência, aumentar, dado que potenciais beneficiários passam a competir por um conjunto mais limitado de benefícios. Cortes de gastos acompanhados pelo aumento de exigências regulamentares podem apenas mudar de lugar a corrupção. Não basta que um país tenha alinhado seu perfil macroeconômico com as orientações do FMI. As nações devem se manter atentas com a estrutura subjacente de seus programas públicos, não apenas com o tamanho de seus governos.

II. Reforma de Programas Públicos

Muitos programas referentes a regulamentação e gastos públicos apresentam fortes justificativas e devem ser reformados, não eliminados. A corrupção na arrecadação de impostos não pode ser resolvida pela desistência de coletar receitas — exceto nos raros casos em que o governo possua vastos recursos disponíveis. Outros programas existem em resposta a deficiências do mercado ou a demandas pelos cidadãos por bens públicos e justiça social (Markowitz e Rosner, 2002).[227] Se esses programas dão oportunidade a pagamentos indevidos, uma solução é identificar e promulgar as leis necessárias para reduzir o arbítrio dos funcionários envolvidos e tornar a monitoração mais simples e menos discricionária. As regras podem ser tornadas mais claras, com justificativas fornecidas ao público. O governo deve favorecer leis simples e não arbitrárias referentes a impostos, despesas e regulamentações. Outra solução, usada em serviços públicos e infraestrutura de transportes é a separação de compras e investimentos em infraestrutura das funções do dia a dia. Essa separação, todavia, tem o seu êxito dependente do nível de profissionalismo, transparência e responsabilização em cada estágio do processo (Gulatti e Rao, 2007:132; Paterson e Chaudhuri, 2007:166).

Qualquer política pública na qual custos ou benefícios sejam ajustados às características dos compradores cria incentivos para fraudes, ao abrir espaço a que esses falsamente se qualifiquem para preços mais baixos ou benefícios mais elevados. Por exemplo, Fisman e Wei (2004) apontam evidências de bens erroneamente classificados como substitutos próximos (por exemplo, perus identificados como frangos), a fim de pagarem tarifas mais baixas ao ingressar na China. Pelo menos algumas dessas trocas foram permitidas por

---

[227] O mercado de ações tem se mostrado um fraco mecanismo disciplinador para evitar produtos defeituosos. Sobre o caso da indústria automobilística, ver Marcus (1989).

funcionários aduaneiros corruptos (Fisman e Miguel, 2008:56-7). Falsa representação assemelhada foi relatada em produtos de aço importados pelos Estados Unidos.[228] Se famílias e empresas de alta renda se deparam com impostos mais elevados, encontram incentivos para investigar brechas e isenções, a fim de pagar impostos menores.[229] Isso pode ser facilitado por pagamentos corruptos a auditores fiscais. Tabelas decrescentes na área de saúde beneficiam os mais pobres, mas também criam incentivos a propinas com a finalidade de se "qualificar" para um preço mais baixo. Arbítrio e falta de transparência estimulam essas transações espúrias, por torná-las mais difíceis de descobrir.

A seguir destacamos algumas das mais relevantes reformas para arrecadação de receita, agências regulatórias e programas de benefícios sociais. Revisamos então a forma pela qual a governança eletrônica pode auxiliar o aperfeiçoamento da comunicação governamental, a prestação de serviços, a arrecadação de receita, a transparência e a prestação de contas.

A. Arrecadação de receita

A reforma tributária frequentemente envolve a simplificação dos impostos e a reformulação dos mesmos em bases tais que sejam difíceis de ocultar ou subestimar. Impostos sobre os negócios podem ser fixados independentemente da real lucratividade da empresa. A redução da corrupção e da evasão fiscal é obtida em troca da redução da distribuição de justiça. Por exemplo, nos anos 1990 o México introduziu uma taxa mínima de 2% sobre o valor real de ativos empresariais. A empresa passou a pagar o valor máximo aplicável desse imposto, além dos demais impostos corporativos cobrados por outros motivos. Pequenos negócios pagavam um montante fixo por pessoa empregada, e negócios de porte médio eram taxados em função do *turn-over*. Essas reformas implicaram receita adicional, devido a reduções da evasão fiscal e

---

[228] Robert Guy Matthews, "Steel Smugglers Pull the Wool over the Eyes of Customs Agents to Enter U.S. Market", *Wall Street Journal*, 1º de novembro de 2001, http://www.wsj.com/articles/SB1004565116710302480 (acesso em 11 de outubro de 2015).

[229] O registro de empresas em países de impostos mais reduzidos é uma dessas brechas, o que, para ser combatido, exige cooperação internacional. Ver "Inequality and the Narrowing Tax Base: Too Reliant on the Few", *The Economist*, 20 de setembro de 2014, http://www.economist.com/news/leaders/21618784-taxes-are-best-raised-broad-base-many-countries-it-worryingly-narrow-too--reliant?fsrc=nlw|hig|18-09-2014|53c93d949dbcd4763a001330|NA (acesso em 18 de setembro de 2014).

do nível da corrupção. Algumas companhias se queixaram de tratamento injusto, mas a taxa foi mantida pelos tribunais (Das-Gupta e Mookherjee, 1998:311-2). Contudo, essas reformas não serão provavelmente bastantes se os funcionários não tiverem incentivo para realizar efetivamente seu trabalho e se a sonegação de impostos não for punida. Por exemplo, a simplificação de impostos nas Filipinas trouxe aparentemente poucos benefícios, porque não foram dados os passos para melhorar os incentivos aos arrecadadores e aos pagantes de impostos (ibid.:410).

A simplificação de impostos pode ser acoplada a tecnologias modernas que maximizem seu impacto. Na Letônia, Lituânia, Estônia e Rússia, a introdução de taxas fixas no imposto de renda para pessoas físicas e jurídicas, combinada com a dedução direta nos contracheques, provocou uma reviravolta não apenas nas receitas tributárias, mas também no crescimento econômico no início da década de 2000.[230] A taxa fixa torna simples o cálculo do imposto devido, enquanto o recolhimento do imposto de renda diretamente pelos empregadores toma das mãos dos empregados e dos funcionários governamentais as decisões sobre os pagamentos. O crescimento econômico deve ser atribuído não a menores alíquotas de impostos, mas a menor incidência de corrupção e extorsão.

Outra forma para simplificar impostos é reduzir a complexidade da tarefa. Na reforma do serviço alfandegário mexicano nos anos 1990, o número de passos no processo aduaneiro no aeroporto da Cidade do México foi reduzido de 16 para três. O sistema foi agilizado, a fim de reduzir atrasos, e o quadro de funcionários foi significativamente reduzido. Os funcionários remanescentes passaram a receber salários mais altos, e os controles passaram a ser mais efetivos e mais dignos de crédito.[231] Embora a experiência observada no México sugira dificuldades em sustentar os ganhos iniciais (Morris, 1991:91), um funcionário do governo declarou que as reformas haviam aumentado substancialmente a receita aduaneira,[232] e as empresas reportaram que haviam baixado tanto os tempos de espera quanto a corrupção e o roubo. Na frontei-

---

[230] Arthur Laffer, "The Laffer Curve: Past, Present, and Future". The Heritage Foundation, http://www.heritage.org/research/reports/2004/06/the-laffer-curve-past-present-and-future (acesso em 26 de agosto de 2014).

[231] "Airport Customs Harnesses 3 Billion Mexican Pesos Per Year", El Economista, 13 de fevereiro de 1992.

[232] "Mexico Fine-Tuning Customs Area Ahead of NAFTA", Reuters News Service, 24 de fevereiro de 1993.

ra, para fazer frente ao aumento de tráfego comercial associado ao NAFTA e a fim de reduzir a corrupção, o governo instituiu um sistema aleatório de sinalização luminosa, introduziu documentação computadorizada e passou a fazer rodízio dos funcionários a cada seis meses, para evitar desenvolvimento de reputações e relacionamentos de longo prazo. Foi também introduzido um serviço "expresso" opcional, que permitia a inspeção das importações antes do embarque, passando os contêineres selados pela alfândega sem inspeções adicionais (Graham e Méndez, 1997). Governos em diversos países têm utilizado empresas privadas para a realização dessas inspeções anteriores ao embarque, essencialmente privatizando as inspeções alfandegárias. Em muitos países, essa prática reduziu a falsificação de documentos e aumentou a receita aduaneira (Yang, 2008); mas, em alguns outros, o uso de serviços privados de inspeção aumentou a fraude (Anson, Cadot e Olarreaga, 2006). Obviamente, os serviços privados devem ser altamente íntegros em sua operação, e as faturas tarifárias devem ser pagas, de toda forma.

Uma reforma bem-sucedida do sistema de arrecadação de um país deve permitir uma redução das alíquotas nominais de tarifas e taxas. Altas alíquotas tributárias constituem um incentivo para o envolvimento em corrupção, para fuga à taxação. Empiricamente, se as tarifas são altas, a corrupção acompanha um volume mais intenso de comércio bilateral (Dutt e Traca, 2010). A redução das taxas nominais pode permitir escapar da armadilha segundo a qual altas taxas levam à evasão, e a evasão leva a taxas nominais mais elevadas e a ainda mais evasão. Um estudo de caso na Índia fornece um exemplo clássico (Das--Gupta e Mookherjee, 1998:101-2). A despeito de um aumento nas alíquotas, a receita total declinou, por causa tanto de um aumento da corrupção quanto de um deslocamento para atividades fora dos livros oficiais. Nada menos que uma reforma completa da estrutura e da administração do sistema tributário seria necessária para um salto de qualidade. É improvável que baste aumentar os salários dos agentes arrecadadores e tornar a supervisão mais presente (ibid.).

B. Regulamentação e a alocação de serviços do governo

Os economistas têm há longo tempo recomendado reformas regulatórias que limitem o arbítrio dos reguladores. Na regulamentação ambiental, por exemplo, eles apoiam esquemas baseados no mercado, tais como taxação de efluentes e permissões intercambiáveis. Eles também recomendam tarifação dos usuários por serviços governamentais escassos. Essas reformas têm, muitas vezes, a vantagem adicional de reduzir incentivos à corrupção ao substituir propinas por pagamentos legais. A venda de água e de direitos de pastagem, direitos de poluição intercambiáveis, assim como a venda de licenças de importação e exportação podem melhorar a eficiência operacional do governo, ao tempo em que limita a corrupção. Filas de espera podem ser administradas por meio de um conjunto de taxas diferenciadas, com base no valor da agilidade para o pleiteante (Lui, 1985). Um escritório de emissão de passaporte americano, por exemplo, fornece o serviço expresso por uma taxa. Pesquisas junto a indivíduos e empresas privadas no Paquistão e na Índia indicam que, quando a corrupção é disseminada, negócios domésticos e pessoas pobres estariam inclinados a fazer pagamentos legais por melhores serviços (Paul, 1995). Nesses esquemas, os serviços são prestados aos que mais os valorizam, e os pagamentos são legais, não propinas. Uma vez que o objetivo do programa não seja explicitamente redistributivo, e os preços sejam baixos o bastante para que os pobres não sejam excluídos, a legalização de pagamentos pode ser uma solução.

Esquemas de incentivo adequadamente projetados representam não a desregulamentação, mas uma revisão regulatória que possa permitir o atingimento dos objetivos fixados a custos mais efetivos. Os mecanismos de incentivo mais descentralizados para a regulamentação se mostram mais operantes tanto nos aspectos de evitar a inação de uma agência única quanto nos de evitar uma dedicação servil a interesses empresariais. Em áreas como as de poluição do ar e da água, testes de mercado e eficiência implicam regulamentação, não desregulamentação.[233] O uso de incentivos financeiros, tais como taxação por efluentes e mercados para direitos de poluição, podem significar que níveis mais altos de limpeza sejam possíveis, em vez de simples regulamentação por normas e controles associados a multas por descumprimento. Esses esquemas podem produzir genuínas reformas, não apenas uma venda para empresas regulamentadas. Em consequência, pode haver oposição exatamente por parte das empresas que apregoam as virtudes do mercado em outros contextos. Uma regulamentação eficiente implica cuidados tanto com custos quanto com benefícios; não necessariamente implica menor regulamentação (Schultze, 1977; Lave, 1981; Law and Economics Symposium, 1988).

---

[233] Na Colômbia, a desregulamentação do mercado de drogas — em um regime de assistência de saúde garantida e reembolsos por drogas não constantes da lista oficial — levou a fraudes disseminadas, incluindo dupla cobrança pela mesma prescrição, pagamento em mais que o dobro do preço de mercado por drogas, e reembolsos a "hospitais fantasmas" (Hussmann e Rivillas, 2014:118-19).

Em sistemas corruptos, reformas baseadas no mercado podem substituir propinas por pagamentos legais. Infelizmente, as empresas regulamentadas podem levantar, contra as reformas, objeções que em países menos corrompidos poderiam ser vistas como úteis para a redução de custos. Assim, no México, as empresas não têm em geral endossado propostas para substituir por esquemas baseados em incentivos as normas e o controle regulatório da poluição ambiental. De acordo com um comentarista, "A corrupção dita amplamente disseminada entre inspetores ambientais significa, diz um empresário, que 'usualmente é mais barato pagar uma propina ao funcionário que realizar melhorias'".[234] Adicionalmente, a corrupção pode sabotar as reformas, assim como pode sabotar os esforços mais convencionais de normas e controles. As empresas podem ainda subornar funcionários para distorcer os relatórios de monitoração. Claramente, os servidores podem ainda necessitar treinamento adequado, motivação e supervisão. No entanto, sistemas baseados em incentivos simplificam o trabalho dos burocratas que interagem com empresas regulamentadas. Por exemplo, na área ambiental, o governo não precisa emitir normas de aderência específicas para cada empresa. A agência pública monitora os níveis de poluição e o pagamento de taxas pelas empresas.

Agências privadas podem auxiliar a administração desses programas. Nos Estados Unidos, por exemplo, a Câmara de Comércio de Chicago provê um foro destinado à compra e venda de direitos do governo federal para a descarga de poluentes que contribuem para a chuva ácida.[235] Na Europa, permissões para emissão de dióxido de carbono, óxido nitroso e perfluorcarbonetos (conhecidos como "gases de efeito estufa") são distribuídas e leiloadas pelo Sistema de Trocas de Emissões da União Europeia; subsequentemente, esses créditos podem ser trocados no mercado, de forma similar ao intercâmbio de *commodities*.[236] No Camboja, a ONG Global Witness (e, subsequentemente,

---

[234] "Passage to Cleaner Air", *Financial Times*, 10 de abril de 1996.
[235] "Pollution Auctioneer Chosen: Environmental Protection Agency Chooses Chicago Board of Trade to Conduct Auction Permits Allowing Power Plants to Emit Sulphur Dioxide", *The New York Times*, 28 de setembro de 1992. O primeiro leilão teve lugar em 1993, e o programa está ainda em uso, mas os níveis de preço desabaram, e a instituição tem um papel menos importante que o inicialmente almejado. http://www.epa.gov/airmarkets/participants/allowance/index.html (acesso em 18 de julho de 2015).
[236] Comissão Europeia, "The EU Emissions Trading System (EU ETS)", http://ec.europa.eu/clima/publications/docs/factsheet_ets_en.pdf (acesso em 26 de setembro de 2014). Esse mercado passou por um colapso de preços, presumivelmente porque estivesse disponível uma quantidade excessiva de permissões. Para informações gerais e atualizações, ver a página web do EU Emission Trading System em http://ec.europa.eu/clima/policies/ets/index_en.htm (acesso em 18 de julho de 2015).

Société Générale de Surveillance) foi credenciada para inspeção independente, com o objetivo de combater a retirada ilegal de madeira, juntamente com dois escritórios governamentais (Kishor e Damania, 2007:103).

Reformas que concedam a empresas meios legais de pagar por benefícios escassos ou de reduzir custos podem limitar incentivos à corrupção. Mesmo que determinadas empresas estejam prejudicando outras, como na área ambiental, reformas baseadas no mercado podem ajudar a distribuir mais eficientemente o ônus da despoluição e a limitar a corrupção. Contudo, poluidores corruptos não serão estimulados a apoiar essas reformas se estiverem evitando por meio de propinas o ônus principal decorrente.[237] Porém, antes que tais reformas sejam possíveis, o estado deve consolidar sua credibilidade como supervisor vigilante das normas regulatórias.

C. Reforma de programas de benefícios sociais

Taxas de uso constituem, obviamente, uma forma inapropriada de distribuir serviços que tenham por finalidade beneficiar os mais pobres. Porém, se o serviço já estiver sendo distribuído por meio de propinas, um sistema legal de cobrança de taxas pode ser uma razoável resposta à escassez, como segunda melhor opção. Como alternativa, *vouchers* para serviços públicos podem ser fornecidos aos necessitados, que poderiam revendê-los se quisessem. Em contraste, se o objetivo é assegurar que os pobres realmente usem um benefício público, como assistência de saúde ou educação, serão necessárias técnicas mais diretas contra a corrupção. Mais uma vez, a simplificação dos programas pode constituir uma poderosa estratégia anticorrupção. Um tipo de simplificação envolve a determinação de elegibilidade — cada julgamento duvidoso traz o risco de corrupção. No limite, um serviço pode ter o destinatário definido por sorteio — embora isso possa ser injusto para quem perde, pelo menos os vencedores na sorte mantêm boa chance de terem real acesso ao benefício.

Uma segunda espécie de simplificação refere-se à natureza do próprio programa. Se um programa de benefícios recebidos em espécie está contaminado pela corrupção, uma conversão para subvenção direta em dinheiro pode remover um conjunto de estímulos à corrupção. Por exemplo, em uma revisão

---

[237] Em Nairóbi, "operadores privados de pequeno porte pagam a funcionários do governo para lhes permitirem jogar lixo em locais inapropriados, independentemente das consequências para a saúde ou para o meio ambiente"(Plummer e Cross 2007:235).

de programas para reduzir o frequente inchaço de serviços que se observa em países em desenvolvimento, o Banco Mundial recomenda pagamento direto em dinheiro àqueles que perderem o emprego. O banco argumenta que esses pagamentos "curto-circuitam as burocracias que drenam parte da receita, às vezes encontradas em esquemas mais elaborados de retreinamento e concessão de crédito" (Banco Mundial, 1991:21). Pagamentos em dinheiro podem ser contraproducentes, todavia. Em um estudo de um programa de trabalho garantido na Índia, Niehaus e Sukhtankar (2013a) identificaram que, quando foi aumentado o salário estipulado pelo estado, os servidores responsáveis por distribuir trabalho se apropriaram de 100% do aumento. O uso de contas em um banco postal pode melhorar a transparência e a prestação de contas, e assim reduzir a corrupção nesses casos.[238]

Alternativamente, se pagamentos em dinheiro não são uma hipótese viável, a dificuldade de monitorar fornecedores pode levar o governo na direção de critérios simples que sejam difíceis de fraudar. Embora possam não ser ideais em uma burocracia de lapsos constantes, eles podem ser a única opção viável. Às vezes, contudo, podem ser úteis sistemas de incentivo que usam dispositivos semelhantes aos de mercado. Por exemplo, se o governo utiliza fornecedores privados para o provimento de serviços subsidiados, pode estabelecer um sistema comercial por procuração. Um fornecedor somente receberia pagamentos de captação para clientes subsidiados se fosse também capaz de atrair clientes pagantes. Os clientes pagantes atuariam assim como "compradores por procuração" para os clientes carentes. Esse método de monitoração somente poderia ter êxito se os clientes pagantes demandassem o mesmo tipo de serviço que os carentes e se não rejeitassem a perspectiva de consumir o serviço juntamente com os clientes pobres. Deve ser também difícil para os provedores distinguir clientes pagantes dos não pagantes no fornecimento dos serviços. E não lhes pode ser admitido pagar as pessoas por debaixo da mesa para agirem como falsos clientes por procuração. Todavia, pode ser bem possível reproduzir essas condições em um leque razoavelmente amplo de contextos médicos e educacionais (Rose-Ackerman, 1983). Mesmo

---

[238] A Índia engajou-se em uma campanha que promovia o depósito direto como instrumento de combate à corrupção. As contas não exigem saldo mínimo e proveem ao titular da conta um pequeno seguro de vida pago pelo governo, atraindo "dezenas de milhares" de inscritos nas primeiras duas semanas. Ver Katy Daigle, "Índia Urges Millions of Poor to Open Bank Accounts", Associated Press, 28 de agosto de 2014, http://bigstory.ap.org/article/india-urges-millions-poor-open-bank-accounts (acesso em 11 de outubro de 2015).

que seja viável, contudo, o comércio por procuração é resposta para apenas um tipo de fraude. Fornecedores terão dificuldade em cortar a qualidade e ainda serem elegíveis para pagamentos subsidiados, mas o plano não é útil para limitar tentativas fraudulentas de se candidatar aos benefícios — o que deve ser trabalhado por outros meios.

Obviamente, o valor dessas reformas depende dos custos de limitar a flexibilidade de ação dos funcionários públicos. Às vezes, um certo risco de corrupção deve ser tolerado, em função de benefícios de uma abordagem caso a caso à administração do programa. Porém, mesmo nesses casos, transparência e divulgação podem ajudar a combater os incentivos à corrupção.

D. Governança eletrônica

A moderna tecnologia permite aos governos melhorar a transparência, a prestação de contas e a disseminação de informação. Ela também permite aos cidadãos e aos grupos de interesse monitorar o governo de forma mais abrangente e cuidadosa, e ao governo coletar em maior proporção os impostos devidos. O termo *e-government* — forma reduzida de *electronic government* (ou governança eletrônica) — refere-se à incorporação de recursos tecnológicos de informação e comunicação (ICTs) aos processos de governo, assim como às formas pelas quais o governo interage com a sociedade utilizando meios eletrônicos. Os esquemas de governança eletrônica e o melhor acesso à informação podem ajudar a limitar a corrupção (DiRienzo et al., 2007). São três os maiores benefícios da governança eletrônica aplicada ao governo: tornar a informação disponível, simplificar inscrições e entrega de requisitos, e melhorar a prestação de contas. *Websites, blogs*, mídia social e quiosques podem suprir as funções de escritórios públicos e bibliotecas, reduzindo custos para o governo e para os usuários. Conforme escreve Basu (2004:110):

> Governança eletrônica é mais que apenas um website do governo na intenet. O objetivo estratégico da governança eletrônica é suportar e simplificar a governança para todas as partes envolvidas: governo, cidadãos e negócios.... Em outras palavras, na governança eletrônica os meios eletrônicos suportam e estimulam a boa governança. Portanto, os objetivos da governança eletrônica são similares aos objetivos da boa governança.

O desenvolvimento da governança eletrônica é complexo e usualmente avança em estágios, do fornecimento de informação a aplicações interativas;

depois, o pagamento *online* de taxas do governo, e finalmente o compartilhamento da informação entre as várias ramificações e os vários departamentos do governo (Basu, 2004). Normalmente, introduz-se um protótipo, que depois é modificado e estendido a outras áreas. Uma iniciativa de vanguarda e relativamente bem-sucedida de governança eletrônica foi introduzida em Seul em 1999 (ver quadro 4.1).

Quadro 4.1. Iniciativa OPEN em Seul

Na esteira de vários escândalos de corrupção, o prefeito Koh foi eleito em 1998. Parte de sua abordagem anticorrupção era a designação de um diretor de informação e a introdução da Melhoria de Processos Online (Online Procedures ENhancement — OPEN) para uso pelo cidadão. Esse projeto tratava uma série de processos por meio de aplicações *online*, com rastreamento em tempo real de seu andamento, acessíveis via intenet. A iniciativa OPEN foi lançada em 1999. Aplicações para vários tipos de licenças e permissões eram capturadas por funcionários, cujo nome era afixado no processo correspondente no sistema e tornado visível *online*. A Coreia aperfeiçoou-se em diversas medidas anticorrupção entre 1999 e 2006, e foi classificada em primeiro lugar em governança eletrônica pela Brown University em 2003 e 2005, e pela ONU em 2010, 2012, e 2014.

O sucesso desse programa baseou-se em grande parte em forte liderança, em forte regulamentação e no processo de auditoria para acompanhamento. O prefeito Koh também recebeu o apoio da sociedade civil ao destacar a iniciativa em termos de modernização e de valores universais de transparência.

Governos podem publicar leis, decretos e requisitos para inscrição para documentos públicos, tais como passaportes, supondo o uso de *websites* e de quiosques públicos. Indivíduos e empresas beneficiam-se ao se guarnecerem desse conhecimento. No Egito, por exemplo, um estudo verificou que proprietários de empresas de pequeno ou médio porte inclinados a resistir ao suborno perdiam menos tempo com isso e pagavam propinas menos frequentemente que aqueles que, de antemão, tinham a expectativa de subornar ou estavam dispostos a subornar caso necessário; os autores supõem que os dispostos a resistir estão mais preparados. "Parece que a predisposição dos donos de empresas para pagar suborno se relaciona, em larga medida, ao seu conhecimento das leis e dos regulamentos que regem seu tipo de negócio (incluindo-se os que dizem respeito ao processo de registro), e não apenas a sua observância de padrões éticos" (Center for International Private Enterprise, 2009:12). Em consequência, recursos de intenet que tornem mais fáceis de obter conhecimento sobre as operações do governo devem limitar não apenas a corrupção, mas também esforços fraudulentos para encenar ações do governo para impor suas regras.

Aplicações interativas podem também servir para levar informações ao público e para coletar informações dos indivíduos e das empresas. Essas ferramentas podem ser tão simples quanto enviar um correio eletrônico ou submeter uma questão, mas podem ser ainda mais complexas. Por exemplo, a Indonésia lançou um aplicativo para *smartphone*, similar a um videogame, que informa aos jogadores sobre corrupção burocrática e suborno, e que inclui testes que capacitam os usuários a verificar seu conhecimento.[239] O uso de bancos de dados de clientes, de faturamento eletrônico e da transmissão de dados por satélite reduz o espaço para roubo e corrupção em serviços públicos (Gulati e Rao 2007:141, 150). A submissão eletrônica de documentos referentes a impostos e a seleção automatizada de questões de auditoria fizeram parte de uma bem-sucedida reformulação geral do sistema tributário na Bolívia (Zuleta, Leyton e Ivanovic, 2007:349); o imposto de renda é também submetido por via eletrônica no México, onde desde 2014 o faturamento eletrônico é exigido para todas as despesas relacionadas a impostos, de forma que as declarações que contenham deduções podem ser verificadas.[240]

A transparência melhora quando o governo publica não apenas seus requisitos, mas também suas próprias ações e respectivos resultados. Na indústria farmacêutica, por exemplo, a agência regulatória deve publicar listas de inscrições para a aprovação de medicamentos e respectivo status, assim como uma lista de todos os medicamentos que tenham sido aprovados (Cohen, Mrazek e Hawkins, 2007:40). Chamados a concorrências públicas devem ser disseminados em *websites* do governo relacionados ao tema, assim como em jornais (disponíveis na forma impressa ou eletrônica); especificações detalhadas, ofertas e a empresa vencedora devem estar disponíveis nos mesmos locais, uma vez que a licitação tenha sido concluída.[241] Adicionalmente, quaisquer atividades de acompanhamento, tais como inspeções, devem ser incluídas nessa linha, de modo que governo e público possam monitorar se empresas com baixo desempenho continuam a vencer concorrências (Gulati e Rao, 2007).

---

[239] PHYS.OEG, "Indonesian Graft Busters Launch Anti-Corruption App", 2 de outubro de 2014, http://phys.org/news/2014-10-indonesian-graft-busters-anti-corruption-app.html (acesso em 2 de outubro de 2014).
[240] Ver Servicio de Administración Tributaria, "Factura Electrónica", http://www.sat.gob.mx/informacion_fiscal/factura_electronica/Paginas/default.aspx (acesso em 11 de outubro de 2015).
[241] Gulati e Rao (2007:141-2) observam que o uso de *websites* para disseminar essas informações é mais efetivo que a publicação em jornais. Obviamente, essas não são formas de divulgação mutuamente exclusivas.

A governança eletrônica pode também melhorar a transparência ao facilitar o compartilhamento da informação. Por exemplo, após uma crise fiscal na área de saúde devido ao abuso de políticas que garantiam o direito ao tratamento de saúde, a Colômbia criou uma Política Farmacêutica Nacional, que estabelecia uma base de dados nacional de preços farmacêuticos. Essa informação pública ajudava a evitar negociações corruptas em que hospitais pagavam o dobro do preço de mercado para alguns medicamentos, em troca de propinas sob a forma de comissões, pagas por companhias farmacêuticas a agentes de compras (Hussmann e Rivillas, 2014). Em compras públicas, o processo de pré-qualificação poderia ser padronizado e um banco de dados de fornecedores pré-qualificados poderia ser tornado disponível para todos os níveis de governo, economizando assim aos fornecedores o ônus de atender a múltiplas requisições de governos municipais e estaduais: "os dados legais, comerciais e financeiros das empresas no banco de dados são comparados com o perfil de qualificação para um dado projeto, e a lista de empresas elegíveis é gerada em conjunto com a das empresas não elegíveis e as razões da desqualificação" (Paterson e Chaudhuri, 2007:180). Como um recurso de acompanhamento, avaliações no mesmo banco de dados poderiam pontuar o trabalho realizado por cada um dos fornecedores, em termos de permanecer nos limites orçamentários e de respeitar os prazos, assim como a manutenção após a entrega e os reparos efetuados. Em vez de restringir o governo a considerar boas fornecedoras apenas aquelas empresas com um histórico estabelecido, isso permitiria ao governo evitar aquelas que apresentaram mau desempenho no passado, seja localmente ou no trabalho para outros governos.[242] Ao tornar esse banco de dados disponível ao público, a mídia e a sociedade civil poderiam obrigar os governos a prestarem esclarecimentos acerca de suas decisões em compras. Um sistema desse tipo foi implantado no Chile, permitindo a economia de estimados US150 milhões por ano e a participação de um maior número de pequenos negócios (Bertot, Jaeger e Grimes, 2010:265-6).

Bancos de dados podem ser um bom instrumento para melhoria dos serviços públicos, redução de custos, melhoria do recolhimento de impostos e maior responsabilização. Por exemplo, na República dos Camarões, os serviços alfandegários foram reformulados, com o uso de banco de dados automatizado para medir e rastrear o desempenho, incluindo o tempo de processamento e a tarifa

---

[242] A fim de evitar que um único indivíduo bem conectado vença concorrências por meio de múltiplas empresas com diferentes nomes, seria necessário incluir no banco de dados informações de todos os sócios e o endereço físico de cada empresa.

recolhida em cada embarque. Quando esse banco de dados foi usado para a avaliação de cada agente aduaneiro, caíram os tempos de espera e a corrupção, enquanto a receita tarifária aumentou US$25 milhões por ano (Raballand e Marteau, 2014:43). Na Serra Leoa, um banco de dados de impressões digitais foi usado para combater a prática de um único professor coletar múltiplos salários (Poisson, 2014:61). De forma similar, muitos países têm limitado a fraude na operação de programas contra a pobreza ao publicar os nomes dos beneficiários para acesso *online* e ao usar sistemas de pagamento conectados a informações biométricas ou aos telefones celulares dos beneficiários.[243]

A responsabilização pode ser melhorada pelo uso de câmeras de vídeo e outras tecnologias. Isso tem sido usado efetivamente na administração alfandegária e em carros de polícia. Alguns policiais prendem agora Câmeras em seus uniformes.[244] Dados globais obtidos via satélite podem ser usados para monitorar florestas e detectar a retirada ilegal de madeira (Campos, Pradhan e Recanatini, 2007:432; Kishor e Damania, 2007:102). Claramente, o uso de câmeras somente tem um real efeito dissuasório apenas se há uma chance razoável de que alguém observe ao menos uma parte significativa do vídeo. É aí que a sociedade pode preencher lacunas. Se a plena transparência é alcançada pela disponibilização do vídeo ao público, aumenta a probabilidade de que alguém veja e reporte as infrações. Adicionalmente, indivíduos têm usado câmeras em seus *laptops*, *tablets* ou telefones para gravar e postar a extorsão de propinas por guardas de trânsito.[245] Em uma interessante variação nesse tema, o governo do Punjab, no Paquistão, está aproveitando o amplo uso de *smartphones* para realizar pesquisa sobre a experiência dos cidadãos com a corrupção, por meio de chamadas aleatórias aos inscritos no programa. Os cidadãos não fazem acusações individualizadas. Em vez disso, os dados gerais obtidos são usados para identificar lugares onde especialmente ocorre o

---

[243] "Targeting Social Spending: Casting a Wide Net", *The Economist*, 10 de janeiro de 2015. Sobre a identificação biométrica, ver Gelb e Decker (2011).
[244] Essa medida tem sido adotada nos Estados Unidos, a fim de conter a brutalidade policial, mas poderia ser igualmente efetiva no combate à corrupção. Ver von Drehle, "Who Do You Trust? Police 'Body Cams' Raise Brave New Questions along with Transparency", *Time*, 6 de outubro de 2014, 21.
[245] Ver, por exemplo, "Traffic Cop Allegedly Taking Bribe Caught on Video", http://www.youtube.com/watch?v=h_-8yToH7Pg (acesso em 11 de outubro de 2015); NTV Kenya, "Regional Graft: Transporters Forced to Bribe Police along the Northern Corridor", http://www.youtube.com/watch?v=SROvjZ-kEaM (acesso em 11 de outubro de 2015); "Gringo Graba soborno a Policia en Mexico", http://www.youtube.com/watch?v=VtG_VOb7v_s (acesso em 11 de outubro de 2015); "Usuario Simulado Monterrey — El oficial del cambio", http://www.youtube.com/watch?v=4--DCUZcnCyw (todos os acessos em 11 de outubro de 2015).

pagamento de propinas.[246] À medida que o sistema se torne disseminado, o objetivo é deixar que os agentes corruptos saibam que estão sendo monitorados e assim convencê-los a limitar suas demandas por pagamentos indevidos.

Em alguns casos, essas tecnologias possibilitam omitir inteiramente determinadas ações humanas. Por exemplo, em muitos países, pessoas e empresas agora podem pagar *online* diversos impostos e serviços, reduzindo a possibilidade de extorsão. (A ameaça de auditoria pode ser ainda uma opção, porém mais difícil de pôr em prática.) Em alguns lugares, multas por excesso de velocidade são geradas automaticamente, por sistemas com base em câmeras de vídeo e detectores de velocidade, que leem a placa de licença do veículo infrator, verificam o endereço do proprietário e preparam a multa para envio pelo correio. O uso de mecanismos de identificação por radiofrequência (RFID), também se tornando popular na indústria farmacêutica, pode automatizar o cálculo de tarifas aduaneiras, uma vez que cada produto seja identificado eletronicamente (Cohen, Mrazek e Hawkins, 2007:38).

Quando são automaticamente deduzidos pelas empresas e enviados automaticamente para o governo os impostos sobre a folha de pagamentos e sobre as vendas, a evasão fica bem mais difícil, pelo menos no setor formal, embora a exigência dessas medidas imponha custos fixos aos negócios formais e crie um novo incentivo à informalidade. A obtenção de um atendimento para um passaporte ou para um visto fica livre de arbítrio ou discriminação quando o processo é realizado *online*; os solicitantes são ainda ajudados por uma lista imprimível dos documentos requeridos, a fim de evitar a desnecessária perda de tempo com múltiplas visitas. Para aqueles que não sejam afeitos à intenet, algumas empresas têm surgido para prestar assistência aos solicitantes durante o processo. A tecnologia pode conduzir alguns processos a um nível mais elevado: para exames de motorista, por exemplo, um simulador[247] pode tirar

---

[246] "Zapping Mosquitos and Corruption", *The Economist: Technology Quarterly*, 1º de junho de 2013. Agora chamada Citizen Feedback Model, a ideia originada por Zubair Bhatti, anteriormente funcionário do governo paquistanês, agora no Banco Mundial. Ver http://www.punjabmodel.gov.pk/ (acesso em 11 de outubro de 2015).

[247] A Google desenvolveu um carro que se dirige automaticamente, embora ainda careça de aperfeiçoamentos. Isso abre caminho para o projeto de um carro que poderia administrar o exame de motorista em vias públicas de verdade, sendo o veículo capaz de assumir a direção caso o examinando represente perigo. Para uma avaliação do carro da Google, ver Lee Gomes, "Hidden Obstacles for Google's Sel-Driving Cars", *MIT Technology Review*, 28 de agosto de 2014, http://www.technologyreview.com/news/530276/hidden-obstacles-for-googles-selt-driving-cars/ (acesso em 11 de outubro de 2015).

fotografia e coletar impressões digitais do solicitante; fazer verificações em plano secundário; administrar os exames de acuidade visual, exame escrito e exames práticos; e imprimir a licença caso o candidato seja bem-sucedido em todas as etapas. Processos semelhantes podem ser criados para outras solicitações. A vulnerabilidade a *hackers* e a vírus poderia ser um problema vez por outra, mas a corrupção seria drasticamente reduzida ou eliminada. Mesmo a falsificação de documentos seria reduzida, já que a verificação comparativa entre bases de dados se tornou mais fácil. Poder-se-ia diminuir também o número de empregados do governo, dado que burocratas de nível básico seriam substituídos por um número proporcionalmente menor de programadores, administradores de bancos de dados e pessoal de manutenção dos quiosques.

Quando posto em prática com êxito, a governança eletrônica não apenas melhora a eficiência e reduz as perdas devidas à corrupção, mas também fortalece a confiança dos cidadãos no governo e muda a atitude deles com respeito à transparência (Bertot, Jaeger e Grimes, 2010).

A governança eletrônica não é, todavia, uma garantia de processos limpos e transparentes, e pode ter suas próprias patologias em governos fracos ou autocráticos. Os sistemas de compras eletrônicas podem ainda apresentar vulnerabilidades, caso sejam necessárias avaliações qualitativas, e os melhores concorrentes podem ser eliminados em uma fase de pós-qualificação (Ware et al., 2007:315). *Websites* e bancos de dados podem ser alvo de *hackers* externos e podem ser manipulados por agentes internos.[248] Pode-se escrever um *software* que somente permita acesso àqueles com as informações internas. Se um produto comercial de *software* for usado, ele normalmente será em inglês (o idioma dominante na área). Para os que não tenham acesso à intenet ou não tenham capacitação em informática, os recursos da governança eletrônica podem significar maior marginalização. Os "agentes" que supostamente facilitariam o uso dos processos podem também vender serviços de falsificação ou acessos indevidos à informação. Vídeos podem ser manipulados ou fabricados como armadilhas para pegar inocentes. Em resumo, embora a governança eletrônica seja promissora, ela não elimina todas as oportunidades de corrupção e pode mesmo criar oportunidades novas nesse sentido. Além disso,

---

[248] Apenas como um exemplo: uma certa folha de pagamentos foi computadorizada a fim de eliminar empregados fantasmas, mas um operador de computadores acrescentou 30 funcionários fantasmas e passou a receber os salários desses em adição ao seu próprio. Ver Heeks (1998:4).

o uso dos recursos tecnológicos de informação e comunicação (ICTs) não se justifica por si mesmo: ele deve ser uma componente lógica de uma estratégia geral para simplificar os processos e torná-los mais transparentes, levando em conta necessidades e recursos do governo e da sociedade. A governança eletrônica deve estar contida em um conjunto de reformas para melhorar a governança em geral.[249]

Uma questão fundamental para advogados da governança eletrônica é o problema de equilibrar direitos de privacidade e segurança nacional *versus* benefícios anticorrupção da transparência e falta de liberdade para decidir o que fazer em situações específicas. Por exemplo, concorrências públicas para equipamentos militares de alta tecnologia devem ser mantidas fora das vistas do público. Sistemas de supervisão que ajudem o público a observar o comportamento da polícia e de outros funcionários podem ser usados para intromissão na vida privada e estimular chantagem, assim como revelar informações que podem ser embaraçosas, mas não ilegais ou corruptas. Em alguns casos, o equilíbrio foi impactado de tal forma que parece cancelar os benefícios anticorrupção da transparência, mas em outros casos a máquina de supervisão do estado — agora aprimorada pela intenet — tem sido usada para manter os governantes no poder e punir os opositores ou simples cidadãos atentos. Os vários desenvolvimentos promissores que destacamos nesta seção devem ser avaliados à luz desses potenciais abusos.

III. Reforma em compras

> Em qualquer setor, o processo de compras é talvez a área singular mais propensa à corrupção. Porém, ela também representa a área mais promissora para a qual se pode desenvolver um conjunto de indicadores concretos e quantificáveis, desde a fase de planejamento inicial até a contratação e a implantação. (Campos, Pradhan e Recanatini, 2007:430)

Escândalos de corrupção frequentemente envolvem as compras governamentais de bens e de serviços. Suborno pode determinar não apenas quem obtém um contrato, mas também o tamanho e as especificações das compras

---

[249] Um bom guia sobre "como fazer" no contexto de países em desenvolvimento e de doadores internacionais é Heeks (2001).

do governo. Reformas anticorrupção devem focar não apenas a redução de delitos, mas também o aperfeiçoamento da eficiência das decisões de compras do governo.

A reforma em compras ressalta os pontos de equilíbrio entre evitar corrupção e conceder aos funcionários graduados a flexibilidade para tomar decisões à luz de seus conhecimentos. De acordo com um estudo, a compra deve basear-se em regras claras e deve ser competitiva, transparente, responsabilizada, e eficiente em economia e em tempo (Ware et al., 2011:68-9). Porém, como pode ser atendido esse elenco de desejos? A liberdade de ação intensifica os estímulos à corrupção, mas os críticos dos códigos de compra mais elaborados apontam para a sua excessiva rigidez. Não obstante, nem mesmo os céticos defendem o abandono completo desses códigos. Muitos escândalos envolvem situações nas quais os códigos inexistem ou comissões de licitação simplesmente são atropeladas por lideranças políticas corrompidas ou que atuam segundo interesse próprio. Especialmente, se tribunais são chamados a prestar apoio às regras, os códigos protegem o processo contra as influências impróprias advindas de níveis superiores.

De que forma então deve ser obtido o equilíbrio? Nesta seção, apresentamos alguns fatores a serem levados em conta.

Piga (2011) argumenta em favor de maior liberdade de ação em compras públicas, exercida por funcionários profissionais com *expertise* na atividade, combinada com monitoração *a posteriori* pelo público, por meio da publicação transparente dos processos de compra via intenet. Assim, são intensificadas a transparência e a responsabilização, bem como a capacidade de ação do tomador de decisão, que deve possuir conhecimento tecnológico suficiente para elaborar licitações e avaliar propostas. A detecção de baixa qualidade pelo público ou de preços demasiadamente altos pode levar a punições, se a lei assim permitir. O desenvolvimento de reputação — talvez a partir um sistema de pontos baseado no desempenho passado — é um aspecto de valor, embora Piga advirta que tal sistema possa também ser vulnerável à manipulação.

A. Reforma nos Estados Unidos

Podemos dividir o problema de compras de forma estilizada em quatro categorias: compras que requerem pesquisa e desenvolvimento especializados, tais como aeronaves militares com novas características; compras de projetos complexos para finalidades especiais, tais como represas ou instalações portuárias, que não envolvem avanços tecnológicos relevantes, mas requerem habilitações gerenciais e organizacionais; compras de produtos padrão, vendidos em mercados privados, tais como veículos motorizados ou suprimentos médicos; e versões sob medida de produtos comercializados privadamente, tais como sistemas computacionais para finalidades específicas ou frotas de carros de polícia.

A doutrina tradicional de compras recomenda um processo diferente para cada uma das três primeiras categorias. A primeira, de grande importância para o Departamento de Defesa dos Estados Unidos, envolve a difícil questão de como redigir um contrato para um produto que não foi ainda desenvolvido e que pode exigir avanços no estado da arte. Deixamos de lado essa categoria, porque não é de grande importância para países em desenvolvimento.

Para a segunda categoria, um processo licitatório de propostas fechadas é o padrão aceito como justo e economicamente eficiente. Os termos do International Competitive Bidding (ICB), utilizados pelo Banco Mundial como base para empréstimos em projetos de infraestrutura, têm influenciado o desenvolvimento de códigos de compra em todo o mundo para essa categoria.[250] O processo é adequado para projetos intensivos em capital, como o de uma represa, e que são autocontidos e usam tecnologia conhecida e testada.

Recomendações de compra na terceira categoria são bastante simples — comprar os bens com a melhor combinação de qualidade e preço, consideradas as necessidades do governo, levando-se em conta as reduções que possam estar disponíveis para grandes compradores. A quarta categoria — produtos vendidos privadamente e ajustados sob medida ao comprador — requer novas abordagens. O problema da compra nesse caso é menos difícil que na primeira categoria, na qual são requeridos pesquisa e desenvolvimento, mas não é apropriada nem uma licitação de propostas fechadas nem a aquisição de um produto de prateleira. Os processos de compra devem ser repensados para a aquisição pelo governo de novos bens e serviços.

Nessa categoria, muita ênfase tem sido atribuída aos riscos de corrupção e de inflação de custos que aparecem em contratos com uma única fonte e em soluções negociadas mesmo quando há vários potenciais fornecedores.

---

[250] Ver World Bank (1997a). O Agreement on Government Procurement da Organização Mundial do Comércio (OMC) e documentos relacionados estão disponíveis na intenet em https://www.wto.org/english/tratop_e/gproc_e/gp_gpa_e.htm (acesso em 11 de outubro de 2015). O acordo da OMC e o United Nations Model Code são discutidos em Hoekman e Mavroidis (1997).

O problema é como estimular uma competição vigorosa, uma vez que não existem padrões de mercado claros para o fornecimento. Se a contratação de uma única fonte atinge um alto percentual do valor total, os contratados podem receber receitas monopolistas que podem compartilhar com funcionários de compras. Por exemplo, em 2003, dois terços dos projetos de reconstrução do Iraque (em valor) concedidos pelo governo dos Estados Unidos não foram submetidos a licitações competitivas. Ao menos algumas das empresas estadunidenses alegadamente subcontrataram empresas locais por uma fração dos custos, ficando a diferença como lucro (Le Billon, 2005; Leenders e Alexander, 2005). Trabalho empírico baseado em contratos europeus relacionados a projetos da União Europeia documenta a escala maciça de contratos de fonte única, com a consequente preocupação por pagamentos corruptos e lucros excessivos dos contratados (Fazekas et al., 2014).

Não obstante, a natureza da intensiva atividade de compras governamentais em nossa quarta categoria significa que os procedimentos nas licitações competitivas têm observado limites definidos como forma de entregar bens e serviços públicos de alta qualidade, a preços justos. A percepção da natureza disjunta entre as técnicas padrão de compras e as realidades das compras públicas constituíram um aspecto central das tentativas da administração Clinton de reformar o sistema federal nos anos 1990.[251] O esforço foi coordenado por Steven Kelman, professor em Harvard da Kennedy School, que serviu como diretor do presidente Clinton do Office of Federal Procurement Policy. A preparação de Kelman para a função foi seu estudo aprofundado de caso de compras de computadores pelo governo federal (Kelman, 1990, 1994). Computadores situam-se na quarta categoria. O estudo de caso por Kelman foi bastante crítico em relação às práticas governamentais, comentando que as regras existentes eram extremamente cínicas em relação aos burocratas — assumindo que esses se mostrariam preguiçosos e corruptos desde que tivessem a oportunidade. Os processos de compra então em uso se assemelhavam ao sistema de propostas fechadas. Kelman argumentou que contratos negociados com uma única fonte seriam melhores e que reformas eram necessárias para estimular a liberdade de ação e melhorar os incentivos

---

[251] Três atos foram aprovados: o Government Procurement and Results Act de 1993, o Federal Acquisition Streamlining Act de 1994 [10 U.S.C. 2305(b) (5) (A) e 41 U.S.C. 2536(e) (1)] e o Clinger-Cohen Act de 1996 (41 U.S.C. 423). As reformas estatutárias foram incorporadas à parte 15 (revista) do Federal Acquisition Regulation (FAR).

para bom desempenho. No antigo sistema era fundamental uma confiança rígida nas respostas escritas dos concorrentes às especificações. Em uma área complexa como a aquisição de computadores, Kelman concluiu que o sistema falhava ao deixar de considerar o histórico dos fornecedores em contratos governamentais anteriores e, portanto, não estimulavam as empresas a apontar problemas nas especificações elaboradas pelo governo. Empresas de computadores podem ter experiência na instalação de sistemas semelhantes ao que o governo deseja, e deveriam ser recompensadas por ajudar o governo a evitar erros. Adicionalmente, se os fornecedores sabem que um forte desempenho em um contrato os ajudará a vencer outros, eles promoverão investimentos e inovações que sejam específicos do trabalho deles junto ao governo.

Kelman tentou colocar em prática suas recomendações. Ele desenvolveu um sistema para pré-qualificar um subconjunto de potenciais contratadas que, então, formariam grupos entre os quais seriam escolhidos os fornecedores para projetos específicos. Um dos primeiros experimentos de Kelson foi estabelecer novas regras para a compra de computadores pelo governo. Sessenta grupos se apresentaram, dos quais 20 foram selecionados para competir por encomendas específicas, ao longo de quatro a sete anos. Ele também deu suporte a experimentos com contratos baseados em desempenho, e muitos fornecedores foram usados para serviços desde corte de grama até restauração de sítios de produção nuclear.

Kelman argumentou que os funcionários de compras deveriam receber instruções bem específicas sobre os objetivos da compra e deveriam ser responsáveis por selecionar um contratado que fosse capaz de atingi-los. Os funcionários deveriam, contudo, gozar de considerável flexibilidade na determinação dos meios. Exigir-se-ia das agências que justificassem suas decisões por escrito, e painéis de avaliação compreendendo diversos membros seriam ainda usados para a tomada de decisões quanto à compra. As empresas contratadas seriam avaliadas em termos dos resultados, não dos ingredientes necessários. As agências deveriam definir cuidadosamente os resultados esperados, e premiar os fornecedores com base em desempenho. O governo favoreceria os de ótimo desempenho quando surgissem novas oportunidades de contratação.

O uso do desempenho passado como fator de escolha de novas contratadas tem-se mostrado de difícil implantação, porque não há uma técnica amplamente aceita para a avaliação de desempenho. O escritório de Kelman trabalhou no desenvolvimento de um sistema para registrar qualidade, aderência a prazos, controle de custos, relações negociais e satisfação do cliente (Laurent, 1997), mas o processo mostrou-se controverso, e os primeiros esforços das agências foram questionados com sucesso nos tribunais federais dos Estados Unidos (Miller, 1997a).

Também foi de difícil concretização a ideia proposta por Kelman de permitir que os fornecedores ajudassem a determinar as especificações. Essa é uma parte controversa da parte 15 do Federal Acquisition Regulation (FAR), que governa todas as compras governamentais negociadas. As regras revisadas estimularam a comunicação entre fornecedores e agências, previamente à licitação, em torno de compras negociadas, prática essa que não era anteriormente permitida. Restrições permanecem vigentes para compras competitivas (Noelker, Shapiro e Kellogg, 1997). A controvérsia girou em torno de potencial favorecimento derivado dessa prática. Os críticos tinham por preocupação que as revisões estimulassem o cronismo e outros tipos de abuso, especialmente porque certas formas de contestação das propostas haviam sido eliminadas ou restringidas (Miller, 1997a, 1997b).

Como indica a controvérsia sobre a fase prévia à apresentação das propostas, Kelman não confrontou integralmente as implicações de suas propostas quanto à possibilidade de corrupção. Ele tratou o delito como um problema criminal, não de regulamentação de compras. Ele argumentava que o corrente sistema americano de registro histórico de compras era quase inútil frente a manifestações de incredulidade dotadas de algum grau de sutileza e de habilidade. Ele tem uma visão do tipo "maçã podre" do problema — algumas pessoas ruins existem, e as leis criminais devem lidar com elas. As penalidades contra a corrupção deveriam ser aumentadas e mais recursos deveriam ser destinados a investigações públicas (Kelman, 1994:121-2). Obviamente, o aumento dos custos associados a pagar e receber suborno constitui uma linha de combate à corrupção, e Kelman bem pode estar correto quanto à inefetividade dos requisitos de manutenção de registros históricos. No entanto, daí não decorre que a melhor solução seja desconectar as estratégias anticorrupção das práticas de compras.

Ao invés de desvincular o controle dos malfeitos das demais práticas de compras, as especificações do processo de compras governamentais devem levar em conta o risco de corrupção. Isso pode ser feito sem demasiado sacrifício da flexibilidade que Kelman privilegia. Bens vendidos nos mercados internacionais onde preços-base de comparação existem, devem, por esse motivo, ter preferência em relação a produtos feitos sob medida ou a produtos no estado da arte. De fato, Kelman recomenda essa mudança, argumentando que essa prática está mais próxima à das empresas privadas. Reformas normativas estimulam os funcionários de compras a fazer pesquisas de mercado e a favorecer produtos comerciais.[252] O estado pode observar como referência os preços praticados na área privada e utilizá-los em suas especificações referentes a artigos padrão de prateleira, como forma de baixar os custos de uma concorrência em lançamento. Kelman não destaca os benefícios anticorrupção das compras de itens de prateleira, mas elas claramente são um motivo pelo qual a adoção de produtos padronizados pode economizar o dinheiro do governo (Rose-Ackerman, 1978:132-5; Ruzindana, 1995). A ideia básica é substituir a licitação com propostas fechadas pela negociação por baixos preços com base nas condições de mercado (Behr, 1997). Pressões competitivas são introduzidas pelo mercado privado, não pelos processos licitatórios. Após a Marinha dos Estados Unidos ter admitido que houvera corrupção e superfaturamento em contratos de fornecimento no exterior, um aspecto de revisão de práticas foi orientar as compras no sentido de produtos mais padronizados, usando os preços do mercado privado como referência. O Secretário Naval afirmou que os itens de preços não fixados deveriam somar apenas 1% do valor dos contratos. Na prática, em pelo menos um contrato havia mais de 50% do valor na categoria de preços não fixados — um convite para preços inflados.[253]

Avaliações de desempenho que influenciem prospecções futuras são também consistentes com os objetivos de combate à corrupção. A exclusão baseada em históricos de corrupção e de conexões com o crime organizado são uma forma amplamente adotada de avaliação de desempenho. Porém, Kelman deu ênfase não aos crimes cometidos, mas à qualidade do trabalho realizado. Isso pode ser também um mecanismo indireto anticorrupção, porque evita que funcionários do governo favoreçam empresas fracas, mas com boas conexões, que tiveram mau desempenho no passado. Todavia, medidas de desempenho devem ser objetivas, e precisam permitir a entrada de novos participantes. De outra forma, elas podem engessar a posição de proponentes já entrincheirados (Gray, 1996).

---

[252] Laurent (1997). As medidas do Clinger-Cohen Act, que trata da forma pela qual agências do governo federal dos Estados Unidos devem obter e gerenciar informações, são discutidas em Noelker, Shapiro e Kellogg (1997).

[253] Christopher Drew e Danielle Ivory, "Contracting Overhaul Is Promised for Navy", *New York Times*, 21 de dezembro de 2013, http://www.nytimes.com/2013/12/21/us/politics/amid-scandal--navy-secretary-announces-contracting-overhaul.html (acesso em 11 de outubro de 2015).

Preocupações quanto à intercomunicação prévia ao processo licitatório não são facilmente resolúveis. A comunicação sem limites como Kelman defende, como método para troca de informações pode também ser um caminho para o exercício da influência ilegal. Obviamente, se contatos ilícitos já são comuns, legalizá-los pode favorecer empresas honestas e competentes que antes não dispunham de meios legais de acesso. Kelman argumenta, convincentemente, que esses contatos tendem a melhorar os resultados da contratação em uma série de áreas de compras públicas, mas o equilíbrio em cada caso individual vai depender dos riscos e benefícios relativos. Não obstante, nos Estados Unidos parece válido tentar um movimento na direção do que ele recomenda, se isso for combinado com esforços mais intensos para premiar empresas com base no desempenho final.

B. Lições para países em desenvolvimento

Algumas das propostas de Kelson poderiam ser adotadas para países em desenvolvimento, mas outras não são adequadas para países com sistemas legais menos desenvolvidos ou mercados privados fracos. De fato, em um registro posterior, Kelman (1994) reconhece que suas proposições não devem ser aplicadas em casos nos quais a corrupção seja sistemática e disseminada.

A proposta de Kelman para usar a experiência passada com as empresas contratadas poderia ser adotada em países nos quais deva ser julgada séria a corrupção do processo de compra. A proposta tanto poderia reduzir os malfeitos quanto melhorar a eficiência. Em contraste, segundo os princípios do ICB, o competidor considerado minimamente "responsável" deve ser aceito. Se mecanicamente observada, essa regra pode levar a trabalhos de baixa qualidade e a conluios no arranjo das propostas a serem apresentadas. Para países pequenos, dependentes de ajuda externa, a reputação dos concorrentes pode ser obtida com base na arena internacional. Uma organização internacional poderia manter uma lista de contratados com informações sobre seu desempenho passado.[254] A controvérsia em torno do uso de pontuações de

---

[254] Terry (1997a), em geral um crítico das reformas de Kelson, apoia a classificação com base em desempenho, mas argumenta que essa deveria ser centralizada, com um sistema de pontuação baseado no histórico completo de trabalhos contratados em plano mundial. Ele também observa que, ao se abrir aos funcionários de contratos de compras governamentais o acesso a bancos de dados comerciais sobre fraudes financeiras, isso revelaria também ao governo se a contratada tem dívidas tributárias passadas. Esse acesso franquearia aos vendedores o acesso aos dados de suas próprias empresas, dando-lhes a oportunidade para contestar os dados.

desempenho nos Estados Unidos, contudo, sugere que um tal sistema deveria enfatizar poucas variáveis-chave que possam ser medidas e comparadas entre diferentes países. Indicadores mais relevantes poderiam incluir evidências de fraude ou corrupção, excesso de custos e atrasos nas entregas. Essa lista poderia ser integrada às Diretrizes de Compras do Banco Mundial, que estabelecem que o banco declarará inelegíveis para contratos com ele, "seja indefinidamente, seja por um período anunciado de tempo", as empresas que sejam apontadas pelo banco como envolvidas em práticas corruptas ou fraudulentas em conexão com projetos financiados por ele [Seção 1.15(d)].[255] Mais recentemente, a exclusão cruzada (ver capítulo 14) implica que malfeitos junto a um emprestador internacional leva a constar de lista negra para os demais. Adicionalmente, revisões aprovadas em meados de 2015 assumem uma visão mais realista da natureza de contratos de desenvolvimento. Essas revisões destacam a necessidade de integridade e recomendam envolvimento direto mais forte do quadro do Banco Mundial e supervisão por ONGs, tais como a Transparência Internacional. Ao mesmo tempo, as políticas reconhecem que a seleção da proposta de valor mais baixo nem sempre é a melhor opção e que outros métodos de seleção podem se mostrar superiores, desde que possam ser protegidos de influências impróprias e de corrupção.[256] Um abuso comum, que pode constituir um especial risco sob os novos termos, envolve ordens de compra redigidas de tal forma que somente uma empresa possa classificar-se. Por exemplo, reporta-se que um país africano definiu as especificações de telefone de forma que o aparelho requerido pudesse sobreviver a um clima frígido. Somente um determinado fabricante da Escandinávia podia satisfazer essa especificação, obviamente sem sentido.[257] Em um sistema em que o governo seja publicamente responsabilizável, tal favorecimento seria impossível se as especificações fossem amplamente divulgadas. Embora as empresas possam

---

[255] Banco Mundial, Procurement Guidelines Introduction, seção 1.15 (d) em http://web.worldbank.org/WBSITE/EXTERNAL/PROJECTS/PROCUREMENT/0,,contentMDK:20060842~menuPK:93304~pagePK:84269~piPK84286~theSitePK:84266,00.html (acesso em 14 de outubro de 2015).

[256] Ver "New World Bank Procurement Framework Approved", 21 de julho de 2015, http://www.worldbank.org/en/news/press-release/2015/07/21/world-bank-procurement-framework (acesso em 22 de julho de 2015). O comunicado fornece um *link* para a reportagem subjacente onde a referência à integridade está incluída em III.D, paras. 48-53. Uma vez que esse documento foi liberado justamente quando estamos submetendo nosso manuscrito para publicação, não empreendemos fazer uma análise da nova estrutura, que parece ser um desenvolvimento positivo, consistente com muito do que defendemos aqui.

[257] Conversa particular com Rose-Ackerman no Banco Mundial em 1995-6.

ser capazes de fornecer informações úteis relativas à tecnologia e a outras especificações, a demasiada mistura de empresas contratadas e funcionários públicos convida à corrupção. Sistemas que são mais transparentes e passíveis de responsabilização podem conceder a funcionários de compras maior liberdade de ação que outros com menos prestação de contas. O problema se torna sério quando a escolha de uma contratada depende das características técnicas do produto. Em contraposição, se o governo fixa um resultado ou um conjunto de especificações orientado a determinados resultados, isso poderia minimizar o problema da influência indevida nos círculos internos. Ou, ao menos, a distorção de objetivos se tornaria mais clara.

Conforme sugere Kelman, a reforma em compras pode complementar reformas no serviço público civil que provejam incentivos para que os funcionários se desempenhem com efetividade. Bônus pagos aos funcionários que atinjam as metas em compras poderiam substituir os pagamentos ilegais. Porém, reformas do serviço público são apenas necessárias, não suficientes, para o êxito em compras de rotina. Escândalos têm frequentemente implicado líderes governamentais de alto escalão, que se aproveitaram de seu conhecimento e vínculos internos. As proposições de Kelman não são de muita ajuda no tratamento da assim chamada "grande corrupção". Ao invés disso, elas se direcionam às decisões de compra de nível intermediário, sob o controle de servidores civis profissionais. Elas são, contudo, consistentes com reformas que desloquem as decisões em compras para funcionários de carreira e para comissões de licitação. Se as autoridades máximas desejam isolar-se das demandas de apoiadores políticos, elas devem criar núcleos imparciais com independência e autoridade na operacionalização de compras.

A reorientação básica das reformas americanas, além de aperfeiçoar o processo licitatório, foi no sentido de tornar o ambiente geral de compras mais eficiente e efetivo, em uma mudança fundamental de perspectiva. Ela parece ser uma inovação especialmente valiosa para países em desenvolvimento onde seja limitada a capacidade de realizar procedimentos licitatórios complexos, especialmente quando trabalhando em conjunção com instituições financeiras internacionais. Embora licitações competitivas soem como boa ideia, nota-se que a licitação não tem por si uma função em um mercado verdadeiramente competitivo. Em vez disso, o preço de mercado é determinado por meio de múltiplas interações de muitos compradores e vendedores. Obviamente, os governos precisam com frequência estabelecer negociações para finalidades específicas, utilizando-se de processos licitatórios bem organizados, a fim de minimizar os custos. Porém, experiências do governo dos Estados Unidos indicam que os benefícios da competição podem muitas vezes ser alcançados se o governo se apresenta como um participante do mercado. Decisões sobre *o que* comprar são tão importantes quanto decisões sobre *como* realizar a compra. Sistemas corruptos não apenas usam processos ruins; eles frequentemente promovem a compra de coisas erradas. Por exemplo, se um sistema competitivo justo e transparente não for possível, as escolhas de compra devem recair sobre bens e serviços para os quais existam preços de referência ou que possam ser adquiridos no mercado privado. Um governo que demande produtos elaborados sob medida arrisca-se a abrir espaço para pagamentos corruptos.

A organização de listas de referência pode ser relativamente fácil para países e governos subnacionais que sejam pequenos em relação aos mercados em que operam. Se adquirem produtos padrão no mercado internacional, os preços de mercado representam excelente referência, porque a demanda própria de governos pequenos não deve afetar os preços. Referências aproximadas podem ser obtidas por meio dos dados do comércio dos Estados Unidos. Dois estudos calcularam os preços médios e as variâncias para diversos bens, usando as estatísticas do comércio americano (Pak e Zdanowicz, 1994; Paul et al., 1994). Devido à diferenciação entre produtos, mesmo dentro de categorias bem detalhadas, essas estimativas de preços representam suposições, que, todavia, podem fornecer a países em desenvolvimento um ponto de partida para a negociação com fornecedores.

Obviamente, nem toda compra pode ser redirecionada para produtos do comércio internacional. Países em desenvolvimento, nos anos vindouros, farão grandes investimentos em infraestrutura específica. É improvável que esses projetos requeiram tecnologia recente e sofisticada, mas cada um desses será um empreendimento de caráter único. Assim, a efetividade dos procedimentos de contratação permanecerá uma preocupação central. Mesmo que levem em conta a flexibilidade das novas recomendações do Banco Mundial para a área de compras, os países ainda se beneficiarão da forte competição entre os licitantes. O mesmo é verdadeiro para sistemas competitivos que façam uso dos estudos prévios defendidos por Kelman. Restam dois problemas: a possibilidade de conluio e a dificuldade de atrair licitantes.

Consideremos primeiramente o conluio. Robert Klitgaard (1988:134-5) descreve um caso em que repetidos competidores se utilizavam da abertura e da transparência dos processos licitatórios para manter um cartel com a finalidade de fixar preços e compartilhar mercados. O caso envolvia o fornecimento de bens e de serviços para o exército americano na Coreia do Sul nos anos 1960 e 1970. As empresas coreanas contratadas eram altamente organizadas e mantinham reuniões para decidir qual seria a proposta de valor mais baixo e como os lucros seriam divididos. Usava-se de intimidação para garantir que as decisões fossem levadas a efeito e para desencorajar entradas imprevistas. O exército dos Estados Unidos não podia processar os empresários coreanos, e sua prática de divulgar as propostas após a abertura ajudava a manter o cartel, informando a todos sobre os resultados.

No Japão, um processo de pré-qualificação aparentemente próximo do ideal de Kelman ajudava a manter um cartel similar. Funcionários de compras selecionavam um conjunto de competidores qualificados, com base no histórico de desempenho. Na prática, o processo limitava o número de concorrentes a um pequeno grupo e excluía novas empresas, especialmente as estrangeiras. Um requisito legal de que novas licitações fossem lançadas a cada ano, mesmo para projetos intensivos em capital, gerava pressões para que houvesse conluio em projetos de vários anos de duração, para assegurar continuidade. Um pequeno número de repetidos concorrentes dividia os contratos em um arranjo ao estilo de cartel (Mamiya, 1995; Gray, 1996).

No caso coreano, a avaliação comparativa baseada em referências pelo exército americano ajudou a revelar sobrecargas de 10% a 30%, que ocorriam em razão do cartel. Uma vez que o exército não havia tido êxito em introduzir competitividade nas contratações, passou a confiar, como alternativa, na negociação com uma única fonte. À semelhança das reformas defendidas por Kelman, o objetivo era usar o poder de barganha do exército para garantir um preço favorável. Informações sobre preços no mercado privado ou sobre bens e serviços similares em outros países ajudavam a compor o cenário para a negociação. A situação do exército americano na Coreia, contudo, pode ser um caso especial em que uma organização que representava um governo estrangeiro estava diretamente envolvida na compra. Conforme anteriormente mencionado, a área de compras das instituições militares americanas no estrangeiro tem enfrentado o mesmo problema em outras ocasiões.

Conluios em casos japoneses podem ter sido mais difíceis de evitar, porque servidores públicos, assim como empresas, mantêm arranjos de cooperação (Mamiya, 1995). Adicionalmente, o uso de favores passados, em vez de pagamentos concorrentes para determinar o vencedor (Ishii, 2009), torna o conluio mais difícil de detectar. A única solução pode ser um processo mais aberto e competitivo, combinado com maior credibilidade da pressão pelo cumprimento da lei. De fato, o Japão tem tentado ambas as estratégias. Em 1995, procuradores públicos, em iniciativa sem precedentes, acusaram nove companhias de arranjos fraudulentos, em conexão com um projeto de eletricidade. Em um caso criminal, trazido à luz das leis antimonopólio japonesas, as empresas foram condenadas e multadas. Ao mesmo tempo, o governo introduziu um sistema de propostas abertas para contratos de trabalhos públicos federais, como tentativa de tornar mais difícil a articulação de conluios. As propostas empresariais mais importantes ficaram 20% abaixo das estimativas do Ministério das Construções, mas essa queda pode ter sido em parte causada pela recessão, não pelo declínio dos conluios. Pelo menos uma empresa reportou uma queda substancial nos fundos reservados para pagamentos irregulares.[258] Apesar desses movimentos, contudo, tiveram continuidade as trapaças em licitações. Em 1999, 12 companhias petrolíferas foram acusadas de conluio para elevar os preços das propostas em licitações para fornecimento à Defense Facilities Administration Agency entre 1995 e 1998; as empresas foram finalmente condenadas e multadas, com vários indivíduos recebendo breves penas de prisão (Arai, 2012). No período de 1996 a 2005, 173 casos envolvendo arranjos fraudulentos em licitações foram decididos pela Japan Fair Trade Commission (Arai, Ishibashi e Ishii-Ishibashi, 2011:4). Em 2002, o Japão aprovou uma lei para regular conflitos de interesse em licitações, especificamente a prática de *Kansei Dango*: concessão de emprego a antigos membros da agência burocrática para assegurar a escolha (ibid.:3, n. 14).

Uma resposta a essas preocupações é atacar diretamente a corrupção, exigindo-se que todos os licitantes potenciais e as autoridades envolvidas se comprometam a abster-se de fraude e corrupção. Esses Pactos de Integridade também incluem, em geral, cláusulas referentes a transparência e a monitoração por entidades da sociedade civil, permitindo que empresas competidoras e grupos externos possam assegurar limpidez e correção tanto no processo licitatório quanto nas entregas. A Transparência Internacional (TI) (1995), entidade internacional sem fins lucrativos, foi um dos proponentes iniciais dessa prática, e as diretrizes de compra do Banco Mundial agora a contempla. A TI tem dado apoio a Pactos de Integridade assinados para 300 projetos em

---

[258] "Bid Rigours", *Far Eastern Economic Review*, 23 de março de 1995. Em novembro de 1996, o recém-estabelecido Departamento de Investigações Especiais da Federal Trade Commission abriu um segundo caso contra fabricantes e vendedores de medidores de consumo de água (*The Daily Yomiuri*, 17 de novembro de 1996).

15 países.[259] O acordo contra suborno é uma variante dos termos dos processos de pré-qualificação descritos anteriormente, mas com uma especial ênfase anticorrupção. A TI tem elaborado exemplos de documentos para licitação e descrições de processos licitatórios, como informação para as empresas. Às empresas licitantes é requerido comprometer-se a não pagar propinas e a terem um programa interno de conformidade (*compliance*) em vigor. Pagamentos a agentes devem ser explicitados (Eigen, 1998). Embora tais compromissos pareçam redundantes, uma vez que a corrupção é, de qualquer forma, ilegal, eles têm a vantagem de dar destaque à questão. Como parte do processo, a TI recomenda que os países expressem comprometimento em impor sanções (ibid.). Se o Pacto de Integridade for assinado no contexto de um contrato com o Banco Mundial ou com outra instituição financeira internacional (IFI), e se um servidor civil tentar extorquir propinas, a empresa pode mencionar o Pacto de Integridade e a ameaça de exclusão caso se envolva em suborno. Assim, especialmente se o contexto é de financiamento por IFI, o pacto pode ser uma poderosa ferramenta para que as empresas concorrentes resistam à extorsão por servidores públicos.[260]

Não obstante, alguns temem que muito poucas empresas participem de licitações para projetos importantes que incluam Pactos de Integridade em seus procedimentos de pré-qualificação. Porém, as informações sobre o real número de concorrentes pode ser um falso sinal de condições de competitividade. É custoso submeter uma proposta. As empresas comparam os custos fixos da apresentação de proposta com o benefício esperado — ou seja, o lucro multiplicado pela probabilidade de vencer a licitação. Se o lucro em um contrato ficar muito baixo, o número de concorrentes pode cair. Por exemplo, de acordo com um experiente observador, quando os lucros em contratos internacionais de construção descem a 4%, muitas multinacionais consideram demasiadamente custoso concorrer contra cinco ou mais competidores igualmente qualificados (Strassmann, 1989:789). Se uma baixa margem de lucro esperada *é a causa* de haver um pequeno número de participantes, então fica

---

[259] Transparency International, "Integrity Pacts", http://www.transparency.org/whatwedo/tools/integrity_pacts (acesso em 19 de junho de 2015). Ver também Transparency International, 2009, "The Integrity Pact: A Powerful Tool for Clean Bidding", Berlin, Transparency International, http://www.transparency.org/files/content/tool/IntegrityPacts_Brochure_EN.pdf (acesso em 15 de outubro de 2015).

[260] Palifka agradece aos participantes da mesa-redonda "Drivers of Corruption" (*Law, Justice, and Development Week*, 23 de outubro de 2014.

difícil inferir qualquer coisa sobre a intensidade das pressões competitivas, com base no número de concorrentes nesse ou naquele projeto. Um pequeno número de participantes pode apenas significar que o país em desenvolvimento seja visto como especialmente capaz de assegurar um processo licitatório justo e competitivo. Se forem submetidas muitas propostas, isso pode indicar que sejam esperados lucros excessivos, talvez mediante arranjos corruptos com funcionários. Todavia, um contrato com uma taxa de retorno muito alta e um pequeno número de concorrentes tende a ser especialmente suspeito, porque pode indicar um negócio baseado em protecionismo ou corrupção. Algumas empresas preconizam subsídios para a preparação de propostas ou seguros para custos de participação. Isso não parece razoável. O objetivo deve ser impedir conluios e aumentar o poder de negociação do estado, não simplesmente multiplicar o número de licitações. Se as especificações podem ser razoavelmente bem definidas, com a devida antecedência, e se conluios podem ser evitados, um processo com três ou quatro competidores não parece claramente pior que outro com sete ou oito. O real problema é um estado fraco demais ou venal demais, a ponto de fazer barganhas bem-sucedidas com contratadas externas. Nesse caso, propinas sob a forma de comissões garantem lucros monopolistas para proponentes vencedores, com uma fatia pequena dos ganhos sendo repassada a funcionários corruptos.

IV. A privatização como reforma: pontos fortes e fracos

Conforme ficou claro no capítulo 3, a privatização é tanto uma reforma anti-corrupção quanto uma nova fonte potencial de ganhos corruptos. A privatização coloca as decisões de produção no mercado privado, frequentemente resultando em mais eficiência e menos corrupção. Por exemplo, na Costa do Marfim, a privatização de companhias de distribuição de água reduziu a corrupção entre os setores público e privado (Plummer e Cross, 2007:247).

Embora a privatização seja desejável em uma ampla gama de casos, os reformadores devem planejar os meios de reduzir os incentivos remanescentes à busca de receitas indevidas.[261] O processo deve assegurar o mais amplo

---

[261] Durante o final do século XIX e início do século XX, nos Estados Unidos, a propriedade privada — não a privatização — recebeu ênfase como meio de combater a corrupção sob a forma de subavaliar os bens públicos e superavaliar os bens vendidos ao governo, assim como o abuso de subsídios concebidos para promover atividades com externalidades positivas (Glaeser, 2004).

nível de participação, em vez de favorecer consórcios de fortes ligações com as elites locais, e deve ser transparente e bem divulgado, especialmente quanto à valoração de ativos (Kaufmann e Siegelbaum, 1997; Manzetti, 1999; Nellis e Kikeri, 1989:669).[262] Quando uma negociação interna parece inevitável, a privatização não valerá provavelmente a pena, porque uma empresa pública é mais facilmente monitorada que uma empresa privada. Entretanto, às vezes mesmo uma transferência para alguém do círculo interno pode ser desejável, se o novo proprietário pode isolar-se de algumas das pressões políticas que prejudicam a eficiência no desempenho.

Se as empresas privatizadas retiverem poderes monopolistas, devem ser criadas instituições regulatórias, que não sejam sujeitas a influências impróprias. É importante estabelecer uma estrutura regulatória digna de crédito antes de lançar a licitação. Economias em desenvolvimento ou em transição com novas empresas privadas de serviços públicos devem construir agências regulatórias fortes e apolíticas, com processos transparentes e abertos (Tenenbaum, 1996). Isso reduzirá as incertezas relacionadas à licitação, assim como a possibilidade de que o vencedor possa manipular o processo pelo qual sejam criadas as instituições regulatórias (Nellis e Kikeri, 1989:670; Manzetti, 1997).

Modelos regulatórios de países desenvolvidos podem não ser diretamente transferíveis para aqueles com menos capacitação burocrática e maior risco de corrupção e captura pelas empresas reguladas. Novas instituições devem ser concebidas, tendo-se em mente essa variável crucial. A liberdade de ação deve ser tanto limitada quanto gerenciada. Novas agências regulatórias necessitam de diretrizes relativamente simples, claras e de aplicação mandatória, e seus empregados devem tornar-se cada vez mais profissionalizados. Treinamento e profissionalização foram parte relevante da reforma da agência regulatória farmacêutica na Nigéria (Cohen, Mrazek e Hawkins, 2007:41).

---

[262] Os custos para um país pela falta de transparência são ilustrados pelo caso da privatização no Brasil, conforme descrito em um discurso pelo diretor administrativo do Chase Manhattan, Charles Wortman. Ele recomendou a investidores estrangeiros que adotassem sócios locais, porque pouca informação pública estava disponível. De acordo com Wortman, "Os investidores tipicamente recebem o pacote da licitação... 30 a 45 dias, ou às vezes tão pouco quanto 15 dias, antes da venda da companhia. As informações são escassas e não necessariamente confiáveis.... Não muita diligência prévia é permitida. Não esperem que a companhia abra seus livros e permita que seus contadores os examinem. Poucas representações e garantias são oferecidas. Se surpresas aparecem depois, o problema é seu." Baseado no discurso em Rosemary H. Werret, "Brazil: Privatization Program Throws New Curves at Foreign Investors", *Development Business*, 16 de janeiro de 1996.

Estudos de caso da regulamentação de telecomunicações em seis diferentes países demonstram a necessidade de moderação na liberdade de ação, de um ambiente legal estável e de instituições coercitivas (Levy e Spiller, 1996). Os autores concluem que um Judiciário independente é condição necessária para a efetiva regulação de serviços privatizados. Entretanto, mesmo que exista um Judiciário independente, ele não terá efeito, a menos que o processo político possa executar medidas legais compulsórias. Se faltar uma qualquer dessas condições, a privatização pode gerar poucos benefícios para a população. Somente empresas que possuam conexões internas com líderes políticos podem estar dispostas a concorrer quando empresas públicas forem levadas a leilão. Resultarão propostas de baixo valor e de tratamento excessivamente favorável no futuro.

Finalmente, se for possível chegar a compromissos dignos de crédito, a força e a qualidade da burocracia determinam se um país se deve contentar com regras regulatórias simples. A Jamaica, por exemplo, conta com um Judiciário independente e respeitado,[263] mas a sua frágil capacidade administrativa aconselha o uso de regras simples (ibid.:7-9). Alguma liberdade de arbítrio inevitavelmente permanecerá. Os funcionários reguladores devem, portanto, ser protegidos contra influências impróprias, por meio de um processo de nomeação transparente, de contenção contra conflitos de interesse, e de segurança no mandato que os isole de pressões políticas. Recomenda-se que se conceda a uma única agência uma ampla jurisdição sobre vários segmentos regulamentados — tanto para economizar em recursos e em *expertise* quanto para limitar interferências políticas impróprias. Em um governo com um determinado grau de prestação de contas, uma agência com ampla base de atuação se beneficiará de um perfil político mais elevado, de modo que os trunfos para interferência política inapropriada serão mais altos (Smith e Shin, 1995:7). O sistema regulatório pode também ser organizado de forma a dar aos consumidores participação em um efetivo sistema regulatório. Por exemplo, os reguladores de telecomunicações na Nova Zelândia e no Reino Unido elaboraram sistemas para conceder créditos aos consumidores se as

---

[263] A Jamaica tem uma pontuação de 4,5 (onde 7 é o "melhor") quanto à independência do Judiciário, segundo o Global Competitiveness Index (GCI) do World Economic Forum. Esse valor é igual à média do mesmo indicador para países de alta renda. World Economic Forum, "GCI dataset", http://www3.weforum.org/docs/GCR2014-15/GCI_Dataset_2006-07-2014-15.xlsx (acesso em 4 de agosto de 2015).

empresas falharem em cumprir obrigações de desempenho claramente definidas (ibid.:8). O uso de avaliações associadas a "cartões de relato" tem se mostrado bem-sucedido em empresas de serviços públicos (que podem ter sido privatizadas e regulamentadas), em diversos países (Campos e Bhargava, 2007; Plummer e Cross, 2007). É importante proceder a tais monitoramentos da burocracia, porque mesmo simples tarefas regulatórias podem sofrer a influência da corrupção.

A integridade do processo de privatização durante a transição na Europa Oriental e na antiga União Soviética oferece lições valiosas. Essas lições podem ser altamente relevantes para os poucos países que ainda mantêm uma economia centrada no estado, mas também trazem uma visão reveladora sobre qualquer processo de privatização. Nesses países, grandes porções do patrimônio nacional foram privatizadas, em razão de o estado ter sido, anteriormente, o proprietário de todas ou da maioria dos recursos de produção. Para limitar a corrupção tanto no ponto de venda quanto nas operações pós-privatização, um maior cuidado deveria ser tomado para estabelecer um ambiente legal confiável e transparente, antes de se realizar a privatização. Isso não aconteceu na maioria dos países em questão, o que acarretou resultados previsíveis (Rose-Ackerman, 1994; Shelley, 1994). Em geral, a privatização e liquidação em massa baseadas em *vouchers* parecem ser a forma menos suscetível à corrupção,[264] com a compra por gerentes e empregados, resultando privatização espontânea, porém em ritmo desapressado, altos níveis de arbítrio e falta de transparência. Ofertas iniciais ao público (IPOs), licitações públicas e vendas de ações podem ser opções intermediárias, cujo ritmo lento tem como contrapartida a transparência e a administração independente (Kaufmann e Siegelbaum, 1997). Países em meio a um esforço de privatização de larga escala precisam equilibrar a velocidade com o valor a longo prazo das regras legais e de um processo de transferência de riquezas que seja visto como legítimo pela população.

---

[264] Uma aparente exceção ocorreu na Geórgia, onde a baixa credibilidade do governo, a má compreensão do programa e altas taxas de pobreza fizeram cair os preços dos *vouchers*, o que permitiu que o crime organizado capturasse os bens privatizados do estado. O processo propriamente dito não era (em princípio) corrupto, porém levou à corrupção. Os grupos criminosos tiveram acesso ao crédito (provavelmente por meios corruptos) (Kukhianidze, 2009:221).

Conclusões

Reformas estruturais devem ser a primeira linha de ataque de uma campanha anticorrupção. Se um programa público não está servindo a um objetivo público legítimo, os pontos de estrangulamento e as restrições que ele impõe não fazem mais do que criar oportunidades de corrupção. O remédio aqui é a eliminação, não a reforma. Muitos outros programas atendem a objetivos importantes e devem ser redesenhados para limitar o arbítrio oficial. Em alguns outros, o sistema administrativo deve ser reorientado, para reduzir os ganhos privados à disposição dos funcionários.

A reforma em compras serve como mais um componente básico da estratégia anticorrupção. Ela provê uma oportunidade para repensar o que o governo compra, assim como a forma pela qual ele encaminha as compras. Embora reformas nos Estados Unidos não devam ser simplesmente transferidas para outros contextos institucionais, elas podem fornecer uma estrutura para reflexões sobre o redesenho dos processos de compras. Países em desenvolvimento poderiam exercitar a avaliação das experiências com empresas contratadas, a adoção de processos mais transparentes, e maior confiança em negociações. Nos países em desenvolvimento com escassez de especialistas habilitados em compras e insuficiente prestação de contas no setor público, a conveniência de elaborar listas de referências e a compra de itens padronizados é ainda maior que nos Estados Unidos. A privatização pode fazer parte da estratégia anticorrupção, mas ela se mostra repleta de dificuldades.

No capítulo 5, voltamo-nos à reforma dos serviços do funcionalismo civil. Funcionários corruptos e incompetentes podem pôr a perder todos os demais esforços. Como deveria então o estado estruturar sua burocracia, de forma que o serviço governamental honesto seja uma escolha de carreira plausível para cidadãos educados?

APÊNDICE AO CAPÍTULO 4

Análise econômica das reformas anticorrupção

Neste apêndice, revisitamos o modelo econômico simples do mercado para "quebra de regras" apresentado no capítulo 2, a fim de analisar os resultados esperados para as diretrizes de reformas anticorrupção mais comuns. Como todo modelo gráfico, este é uma simplificação visando a propósitos ilustrativos, mas ele ajuda a mostrar que reformas frequentemente acarretam consequências inesperadas e indesejadas. Relembremos que a curva da demanda mostra a disposição de subornar para obter um benefício corrupto, e a curva da oferta mostra a disposição dos funcionários de prover esse benefício em troca de propinas de diferentes valores. Assim, nesse caso, pagar propina é o único meio de se obter o benefício ou de evitar um custo.

Algumas reformas mudam os incentivos pelo lado da oferta: poderia ser uma política aumentar o salário dos servidores públicos (para que o custo de oportunidade de uma demissão seja mais alto); aumentar a probabilidade de detecção e castigo; ou aumentar a punição aplicada quando a corrupção for detectada. A forma da nova curva da oferta depende da natureza das reformas. A figura 4A.1 representa um caso em que não há limite para a propina, mas a curva da oferta gira para cima. Em contraste, se a curva se desloca paralelamente para cima, o efeito marginal de um aumento das propinas permanece inalterado, mas existe agora um limite que define a mínima propina aceitável. Em ambos os casos, o equilíbrio ocorre com um número mais baixo de transações corruptas (q_1), mas um maior preço de propina (b_1). Isso pode aumentar ou reduzir o total de fundos coletados em propinas por todos os funcionários, dependendo da elasticidade da demanda.[265] O mais alto

---

[265] A elasticidade da demanda expressa a mudança percentual da quantidade demandada (q) para uma mudança percentual no valor da propina (b). A curva da demanda da forma $q = \alpha/b$, onde α é uma constante, tem uma elasticidade de menos um (-1), de modo que para qualquer valor de

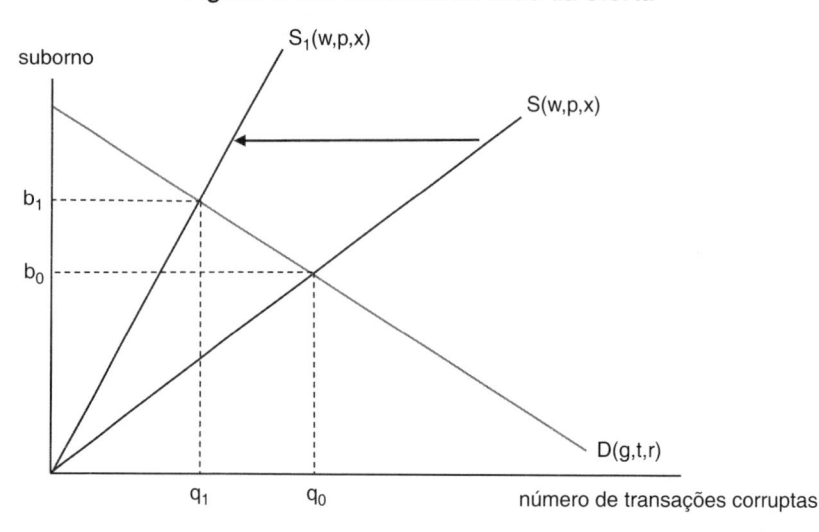

Figura 4A.1. Reformas do lado da oferta

[Gráfico: eixo vertical "suborno", eixo horizontal "número de transações corruptas"; curvas $S_1(w,p,x)$, $S(w,p,x)$ e $D(g,t,r)$; pontos b_1, b_0 no eixo vertical e q_1, q_0 no eixo horizontal]

valor da propina é suficiente para compensar os indivíduos mais inclinados à corrupção, mesmo que alguns se retirem ou passem a agir honestamente. O custo social do suborno, entretanto, não é o volume das propinas, mas as distorções na distribuição dos benefícios públicos.

Uma outra proposta seria substituir o pessoal existente por outros que tenham um compromisso mais forte com a honestidade — reconhecidamente, uma tarefa desencorajadora em muitos casos. Essa é também uma estratégia custosa, que só pode ser bem-sucedida com investigação de históricos e referências de reputação confiáveis, ou por meio de testes psicométricos. Ao se empregarem aqueles que passem por esses mecanismos de seleção, não necessariamente a corrupção será eliminada, mas a iniciativa deverá efetivamente aumentar a inclinação da curva da oferta, porque haverá menos funcionários dispostos a aceitar suborno, independentemente do valor da propina, e alguns podem permanecer honestos frente a substanciais tentações. Os efeitos de equilíbrio dessa política são como os da figura 4A.1. Obviamente, mesmo esse sistema é vulnerável ao abuso, se um maior valor

---

propina em equilíbrio de mercado, a receita coletada em propinas seria a mesma. Na representação das curvas como linhas retas em nosso diagrama, a receita inicialmente aumenta enquanto a propina decresce no eixo vertical (demanda elástica), tem valor de pico no ponto do meio, e então cai, à medida que o valor da propina cai em direção a zero (demanda inelástica nesse intervalo). A figura 4A.1 foi desenhada de forma que entre b_0 e b_1 o preço da propina aumenta, mas o total coletado cai.

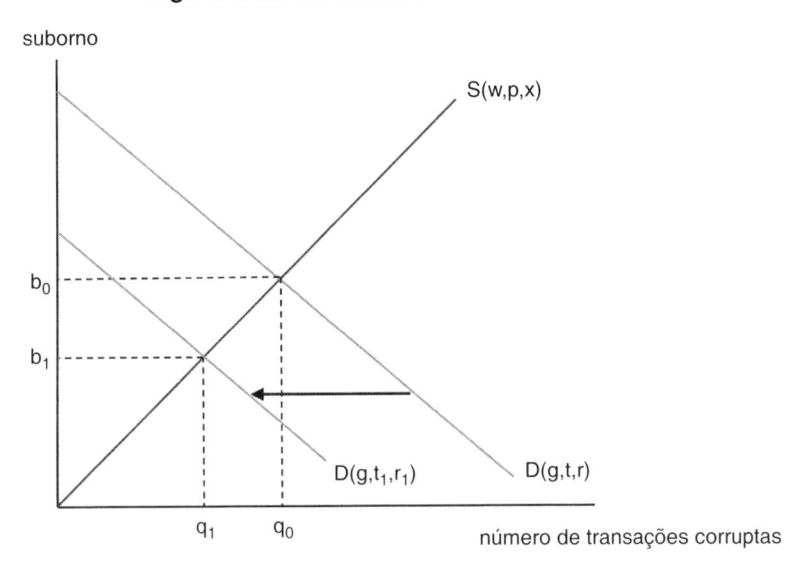

Figura 4A.2. Reformas do lado da demanda

[Figura: Gráfico com eixo vertical "suborno" e eixo horizontal "número de transações corruptas". Curva de oferta $S(w,p,x)$ crescente cruza com curva de demanda $D(g,t,r)$ decrescente no ponto (q_0, b_0). Uma seta indica o deslocamento da demanda para a esquerda, para $D(g,t_1,r_1)$, com novo equilíbrio em (q_1, b_1).]

da propina constituir incentivo para que candidatos ao emprego consigam passar por honestos quando não o forem, deslocando assim a curva da oferta de volta para a direita.

Outras reformas têm como foco o deslocamento da curva da demanda para baixo (figura 4A.2). Se forem reduzidos os tributos (t) ou entraves burocráticos (r), empresas e indivíduos terão menos necessidade ou desejo de subornar. Sob essas políticas, o resultado deve ser um menor número de transações corruptas e uma propina mais baixa no equilíbrio. Como mostra a figura 4A.2, esse caso é simples: o preço da propina cai, a quantidade alocada via propina cai e o valor total em propinas cai.

A análise é mais complexa quando a corrupção ajuda algumas empresas a conquistarem posições de monopólios em seus mercados. Agora o suborno praticado por algumas empresas convence funcionários a negar benefícios públicos (por exemplo, a concederem licenças para a abertura de restaurante, bar ou posto de gasolina) a outros que tenham não apenas propostas mais baixas, mas que também sejam competidores. Em consequência, uma reforma que limite o arbítrio dos funcionários, provendo aos candidatos mais de um lugar para a obtenção da licença, ou permitindo aos candidatos rejeitados efetivamente apelar da rejeição, poderia limitar o valor das propinas oferecidas, porque um tipo de benefício não pode ser assegurado.

Se a política anticorrupção tem por alvo simultaneamente a demanda e a oferta, não se pode ter certeza da natureza do equilíbrio. A quantidade de transações corruptas cai, mas o preço da propina e a receita total das propinas podem subir ou cair, dependendo dos deslocamentos relativos das curvas e de suas respectivas formas. A política anticorrupção para burocracias que sirvam a múltiplas empresas e indivíduos precisa considerar os custos relativos e os benefícios das alternativas que enderecem os funcionários e os pagantes potenciais de propinas. Mais tarde, discutindo leis criminais, trazemos à discussão um outro fator de complicação, qual seja, a necessidade de conceder aos atores incentivos a denúncia às autoridades legais de negociatas corruptas, especialmente nos casos de suborno por troca de vantagens, quando ambos os lados se beneficiam de uma transação legal.

5
Reforma do serviço público e reorganização burocrática

Um forte e competente setor público é a espinha dorsal necessária a políticas anticorrupção que enderecem o provisionamento de serviços públicos.[266] Pesquisas comparativas entre diferentes países dão suporte à visão de que o bom funcionamento da burocracia contribui para o crescimento econômico (Mauro, 1995; Evans e Rauch, 1999:750-3; Rauch e Evans, 2000). Adicionalmente, outras metas do serviço público, como a redistribuição aos pobres, a entrega equitativa e parcial de serviços públicos, da segurança pública e da efetiva regulamentação em prol da competitividade, não serão eficazes a menos que o estado seja capaz de administrar programas públicos complexos.

Um sistema personalista, baseado em protecionismo e lealdades políticas, enfraquece a prestação eficiente dos serviços e conduz à injusta administração de leis tributárias e regulatórias.[267] Se a corrupção e os negócios em benefício próprio são intrínsecos a um governo que seja, por outro lado, democratizante e promovedor da competitividade de mercado, isso pode deslegitimar reformas políticas e econômicas. Um serviço público apolítico pode aplainar mudanças na liderança política, por manter a continuidade na prestação dos serviços (Adamolekun, 1993:41-3). O objetivo não é isolar completamente a administração pública da política — tarefa impossível em qualquer circunstância — mas encontrar os meios de mediação das relações entre ambas. O ideal weberiano é um serviço público profissional que seja politicamente neutro, que tenha segurança do mandato, que receba um salário decente

---

[266] Parte do material deste capítulo é tirada de Rose-Ackerman (2010a). Paul Lagunes ajudou Rose-Ackerman na preparação deste capítulo do livro.
[267] Conforme anotou o British Treasury em 1723: "Funcionários que eles próprios ou cujos parentes ou amigos políticos estiveram fazendo campanha por votos nas eleições parlamentares seriam provavelmente pouco ativos em processar donos de tabernas ou estalagens devedores" (citado em Parris, 1969:25).

que seja recrutado e promovido por mérito e que não tenha interesses em propriedades ou em negócios que conflitem com o correto desempenho de seus deveres (ibid.). Alguns reformadores questionam aspectos desse modelo tradicional, porém mesmo eles apoiam o princípio de que servidores públicos não devam ser admitidos ou demitidos por motivos políticos (Reid e Scott, 1994; Scott, 1996).

Há várias formas inter-relacionadas pelas quais a administração pública pode ter fraco desempenho, sobrepostas ou não aos incentivos à corrupção criados por programas específicos de geração de ganhos, discutidos nos capítulos precedentes. As principais causas de fracasso são: falta de profissionalismo dos servidores públicos; regras legais vagas, complexas ou confusas; gerenciamento ruim das finanças governamentais; e o risco de hierarquias corruptas. A corrupção e o favorecimento próprio são sintomas dessas raízes subjacentes do fracasso.

Uma primeira questão-chave do funcionamento do moderno estado burocrático é a separação de funções. Funcionários de governos modernos não são donos de suas repartições e devem ser capazes de distinguir ações adequadas a suas funções como agentes públicos de suas funções como membros de uma família, de grupos de amigos, ou de grupos mais amplos de caráter étnico, religioso, ou qualquer outro. Uma forma de facilitar essa separação de papéis é um treinamento profissional especializado, que estabeleça a distinção entre os procedimentos de tomadas de decisão internas ao governo e as do dia a dia da vida fora dele.[268] Assim, os funcionários podem, no trabalho, recorrer a análises de custo-benefício para fazer escolhas ou referir-se a um manual para orientação, mas usar critérios bem diferentes na organização de sua vida privada. Se desprovidos desse treinamento, servidores públicos podem usar no trabalho os mesmos critérios de decisão que na sua vida privada. Regras burocráticas internas proíbem o favorecimento de amigos ou de familiares, assim como o recebimento de presentes em retorno a favores, ainda que essas práticas possam ser comuns fora do governo. Em caso de conflito, a orientação sobre normas profissionais e a capacitação técnica podem não ser suficientes. É também importante que os servidores públicos tenham a capacidade

---

[268] Dahlström, Lapuente e Teorell (2012) identificam que um alto índice de profissionalismo derivado de uma pesquisa especializada é fortemente associado a baixos níveis de corrupção, em uma análise comparativa entre até 50 países. Eles apontam que o recrutamento meritocrático é um importante componente desse índice.

técnica de avaliar opções concorrentes, de forma que não sejam levados à opção mais cômoda de usar seus contatos. Por exemplo, um funcionário que esteja encarregado da contratação de um projeto de obras rodoviárias estará incapacitado a avaliar propostas, a menos que seja um engenheiro civil adequadamente treinado. Nesses casos, incompetência e corrupção podem tornar-se indistinguíveis.

A separação de funções será muito difícil se os salários oficiais forem muito abaixo dos equivalentes na área privada. Pagamentos muito baixos são um fator de indução a um segundo emprego ou à corrupção. O pagamento adequado é condição necessária ao competente desempenho burocrático, e regras claras devem evitar conflitos de interesse com outras fontes de receita pertinentes à família do funcionário. No entanto, pagamento adequado é obviamente não o bastante, como se comprova pela evidência de práticas corruptas e em benefício próprio de funcionários dos mais altos escalões dos governos.

Uma segunda questão-chave é que, mesmo se o serviço público é exemplar, a estrutura legal subjacente pode ser ou vagamente definida ou superlativamente complexa. Recursos de dinheiro, tempo ou expertise podem ser escassos em relação às tarefas designadas aos funcionários. Em consequência, serão fortes as tentações de corrupção, favorecimento ou relaxamento. Propinas aparecem como um atalho para contornar tais leis; obtêm favores aqueles com influências políticas; e o desleixo reflete a desesperança dos funcionários diante da caótica realidade legal. A aceitação de propinas ou o favorecimento aos poderosos pode até ser visto como uma forma razoável de realizar o que de outra forma parece um conjunto impossível de tarefas. No entanto, se um serviço público fraco se combina com uma estrutura legal ineficaz, os funcionários se defrontam com a tentação de criar regras e regulamentos arbitrários adicionais e de usá-los para extorquir pagamentos indevidos ou para justificar sua inércia.

Como terceira questão, se o governo não tem um orçamento unificado, e não realiza auditorias nem faz acompanhamento das despesas, seja pela própria burocracia, seja por um controlador independente, abre-se espaço para ineficiência, causada por ações em proveito próprio. Se os funcionários não precisam prestar contas de seus dispêndios, alguns serão tentados a tomar para si mesmos uma parcela de seus orçamentos ou para gastá-la em vantagens funcionais desnecessárias. Obviamente, um serviço público profissional pode ajudar a minimizar esse problema; porém, quando a tentação é forte, um governo não pode simplesmente depender de treinamento anterior e de normas morais como única defesa. Um mecanismo de autosseleção pode filtrar os que sejam dispostos a sucumbir à tentação no serviço público. Além disso, posições-chave na burocracia podem ser preenchidas na sua maior parte por aqueles que tenham estreitas ligações com interesses poderosos — sejam esses interesses econômicos legítimos, interesses políticos ou, em casos realmente patológicos, de quadrilhas do crime organizado.

Finalmente, é necessário reconhecer os problemas particularmente sérios que surgem quando a corrupção ou o favorecimento atinge o topo da hierarquia burocrática para incluir servidores de alto escalão ou indicados políticos — trazendo o estado ao limite da pura falência e comprometendo a economia. Em alguns casos, uma ramificação do setor público pode ser organizada como uma máquina geradora de propinas. Por exemplo, oficiais de topo da polícia podem organizar sistemas de corrupção em larga escala, em colaboração com grupos do crime organizado que recebem um monopólio de fato de atividades ilícitas. O policiamento é provavelmente o exemplo mais dramático; porém, agências de coleta de impostos e de inspeção regulatória podem também degenerar em sistemas corruptos, nos quais funcionários de alto nível gerenciam ganhos e os compartilham com seus inferiores. Em outras situações, os governos se engajam em projetos que têm um significativo efeito na prosperidade de negócios domésticos e internacionais. Políticos de alto nível podem então usar de sua influência para coletar propinas, sob a forma de comissões, de empresas privadas.

A reforma da administração pública precisa relacionar corrupção, desperdício, e ineficiência, observadas na prática, com os incentivos econômicos e políticos subjacentes, que tornam possíveis esses problemas. Processos criminais e exortações para que se obedeça a altos padrões morais, tanto no setor público quanto no privado, estão corretos, mas não podem ser as únicas respostas para problemas que são fundamentalmente estruturais. Em capítulos anteriores, enfatizamos reformas estruturais na prestação dos serviços públicos; este capítulo enfoca a reforma geral do sistema de emprego público. De início, tratamos de aspectos básicos de: reestruturação do serviço civil, incluindo pagamento e recrutamento; nova administração pública; conflitos de interesse; sistemas de incentivo — tanto cenouras quanto açoites; controle da corrupção em hierarquias e em outras formas organizacionais; e a função dos homens do meio. Entretanto, existe uma segunda opção. O estado pode distanciar-se do real provisionamento de serviços pela contratação de empresas privadas. Este capítulo se encerra com uma breve discussão sobre como o setor privado pode ser usado para limitar a corrupção pela simples contratação fora, embora destaquemos que tais reformas podem gerar novas oportunidades de corrupção, que paralelizam nossa discussão sobre corrupção na contratação de infraestrutura e na privatização de empresas públicas.

I. Pagamento e recrutamento

Muitos países em desenvolvimento pagam muito mal a seus servidores públicos. Na independência, a maior parte das colônias herdaram as escalas de pagamento que excediam os salários do setor privado, mas essa vantagem foi erodida, em geral, ao longo do tempo. Padrão similar prevalece na Europa Oriental, na antiga União Soviética e na América Latina (Reid e Scott, 1994:52; Haque e Sahay, 1996:11).[269] Contudo, a baixa remuneração não é um problema em todo lugar ou em todos os níveis salariais. De acordo com vários estudos focados no assunto, os salários do setor público são significativamente inferiores aos do setor privado na Ucrânia (por 24% a 32%) (Gorodnichenko e Sabirianova Peter, 2007) e nos Estados Unidos (Bender e Heywood, 2010), mas são mais elevados em países da América Latina (Panizza e Qiang, 2005) e Zâmbia (Nielsen e Rosholm, 2001).[270]

As escalas salariais do setor público são frequentemente comprimidas, o que significa que trabalhadores de bom nível recebem muito pouco em relação a outras opções, e trabalhadores de nível mais baixo recebem melhor no setor público que no privado. Quando orçamentos estão apertados, os governos costumeiramente reduzem os pagamentos dos que estão no topo da escala. No período pós-colonial, em todos exceto em um dos 13 países africanos, os salários de nível mais alto declinaram mais que os de nível mais baixo, entre

---

[269] Considere dois outros exemplos bem documentados. No Peru em 1987, os salários na administração tributária tinham caído a 33% do nível de 1971. Durante o mesmo período, o número de empregados havia mais que dobrado (Das-Gupta e Mookherjee, 1998:265). No Iêmen do Norte, os salários declinaram em termos reais em até 56% entre 1971 e 1986 (Sultan, 1993).

[270] Gorodnichenko e Sabirianova Peter (2007) encontraram, na Ucrânia, um desnível salarial ainda maior no extremo mais alto da distribuição. Após levarem em conta as características pessoais, Panizza e Qiang (2005) identificaram que trabalhadores similarmente dotados ganhavam menos no setor público na Bolívia, no Panamá e na Venezuela, mas ganhavam salários maiores que os do setor privado no Brasil, na Colômbia, na Costa Rica, no Equador e em El Salvador. A diferença salarial por motivo de gênero é menor no setor público da América Latina (Panizza e Qiang, 2005) e na União Europeia (Arulampalam, Booth e Bryan, 2007). No setor público da Alemanha, as mulheres usufruem de um prêmio, enquanto os homens sofrem uma penalidade salarial (Melly, 2005).

1975 e 1985 (Haque e Sahay, 1996:6). Em meados dos anos 1980, o salário de topo do funcionário civil era equivalente a menos de 10 vezes o salário mais baixo em muitos países africanos (Nunberg e Nellis, 1995:28). Nesses casos, fica difícil atrair funcionários de alta capacitação, e ocorre excesso de demanda para empregos não especializados. Programas de reformas têm muitas vezes buscado descomprimir a escala salarial. Em Gana, a razão moveu-se de 2,5 para 1 em 1984, de 10 para 1 em 1991 — abaixo da meta da reforma, que era de 13 para 1, mas um progresso substancial, ainda assim (ibid.:27). Ao mesmo tempo, trabalhadores não especializados podem ganhar um prêmio sobre um salário semelhante no setor privado. Por exemplo, gerentes, engenheiros e contadores do setor público em Trinidad e Tobago tinham remuneração menor que as respectivas contrapartes do setor privado, enquanto trabalhadores de baixa especialização ganhavam mais que o dobro do salário mínimo da área privada (Reid e Scott, 1994:48).

Se o pagamento do setor público for muito baixo, a corrupção se torna estratégia de sobrevivência. Deve-se ter cuidado, contudo, para não errar na percepção da disparidade entre público e privado. Na maioria dos casos, a remuneração total inclui não apenas os salários formais, mas também vantagens tais como moradia, planos de saúde e cupons para supermercados ou combustível. Esses benefícios são geralmente livres de impostos e se tornam especialmente valiosos em períodos de inflação alta. Cifras de estudos do Banco Mundial na década de 1990 mostram que os benefícios variavam de 20% a mais de 80% da compensação total nos países estudados (Reid e Scott, 1994:50; Nunberg e Nellis, 1995:26).

Todavia, mesmo uma generosa estimativa do valor das vantagens não é suficiente para cobrir a diferença de pagamento em todos os países (Reid e Scott, 1994). Nesses casos, é provável que os funcionários tenham segundos empregos ou aceitem pagamentos indevidos como suplemento salarial. Alguns podem operar negócios que podem beneficiar-se de suas posições no governo. O problema é antigo. Na Grã-Bretanha, no final do século XVIII, uma comissão do governo mostrou preocupação com o fato de que a redução do salário dos funcionários "causaria o repúdio do público, já que criaria novas demandas de consideração [isto é, de propinas] que devem ser resolvidas pela justiça" (citado em Chester, 1981:144).

Um estudo comparativo de países nos anos 1990 encontra uma relação negativa entre salários dos servidores públicos (com referência aos salários do setor privado em manufaturas) e o nível de corrupção (Van Rijckeghem e Weder, 2001).[271] Um outro aspecto de evidência indireta é a disparidade entre o pagamento do serviço civil e a renda ou o consumo. Por exemplo, no Zaire, sob o presidente Mobutu, os salários compunham apenas 33% da receita dos funcionários em 1986, quando tinha sido de quase 100% em 1969 (MacGaffey, 1991:14). Um estudo na Índia comparou a renda e o consumo para os empregados nos setores público e privado. Apesar de terem receitas mais baixas, o consumo de bens duráveis pelos funcionários públicos não era estatisticamente diverso do consumo dos trabalhadores do setor privado de quartis mais elevados. O resultado sugere que os funcionários estavam suplementando sua receita por pagamentos de propinas ou por empregos não registrados (Saha, Roy e Kar, 2014). Um estudo semelhante na Ucrânia descobriu que empregados do serviço público gastavam tanto em bens de consumo quanto seus equivalentes do setor privado, apesar de receberem de 24% a 32% menos; os autores estimam que propinas constituem 20% da compensação do setor público (Gorodnichenko e Sabrianova Peter, 2007).

Se pagamentos indevidos compensam o desnível salarial, as pessoas podem pagar pela obtenção de empregos que, à primeira vista, parecem indesejáveis. Em alguns países em desenvolvimento existe um mercado ativo para posições na burocracia que possam gerar volumosas propinas (Wade, 1982, 1984). Cerca de 80% de funcionários públicos do Paraguai relataram que pagamentos eram frequentes na admissão dos servidores civis; em sete outros países, a proporção variava de 15% a 30% entre 2001 e 2005 (Recanatini, 2011a:47). Todos os servidores civis questionados em pesquisas na Indonésia por Kristiansen e Ramli (2006) tinham pagado para serem admitidos, mas isso pode ser o resultado de uma metodologia do tipo "amostragem em bola de neve" aplicada por eles.[272] Posições em departamentos corruptos da polícia são provavelmente muito valorizadas (Alfiler, 1986:39; Pasuk e Sungsidh, 1994:99-129). Postos de trabalho em departamentos com poucas oportunidades, tais como os do serviço diplomático, podem atrair poucos candidatos qualificados.

A corrupção desse tipo pode permear a hierarquia burocrática. Funcionários de alto escalão podem abrir um mercado para posições ricas em pro-

---

[271] Mais recentemente, uma experiência de laboratório identificou que, em um cenário estilizado, empregados mal remunerados estavam mais inclinados a aceitar uma propina e executar uma ação que impunha um pesado custo a uma "instituição de caridade".

[272] Em outras palavras, eles obtiveram respondentes para a pesquisa solicitando aos participantes do primeiro grupo pesquisado que sugerissem respondentes adicionais.

pinas, para as quais somente serão admitidos aqueles que paguem uma "taxa de entrada" (propina), independente de suas qualificações. Os níveis mais altos da hierarquia vão tentar capturar tanto quanto possível do adicional no processo, reduzindo os benefícios para os servidores comuns. Pelo primeiro ano de emprego, pelo menos, os maiores beneficiários do programa serão os responsáveis pelo recrutamento. Kristiansen e Ramli (2006) documentam que, na Indonésia após Suharto, funcionários civis pagavam na média 2,5 anos de salários para obter seus postos, havendo posições em certos setores que demandavam o dobro disso. A corrupção sistemática na burocracia pode afetar até os trabalhadores honestos, por reduzir a motivação intrínseca aos funcionários de servir ao interesse público. Na medida em que seja ruim a qualidade do serviço ou seja maculada a reputação do departamento, a moral pode sofrer (Klitgaard, 1988). Embora, em geral, funcionários públicos tenham motivação mais elevada que os trabalhadores do setor privado, isso será, provavelmente, menos verdade em países mais corruptos, conforme mostrado em um estudo comparativo entre países com base no World Values Survey (Cowley e Smith, 2014).

Se a escala de pagamentos do governo não recompensa aqueles que tenham conhecimentos especializados, uma seleção desvirtuada entrará em cena. Algumas pessoas, qualificadas para o trabalho no serviço público, buscará como alternativa empregos no setor privado, no próprio país ou no exterior. Trabalhadores bem qualificados, mesmo aqueles explicitamente treinados pelo governo, tendem a sair, deixando lugar aos menos qualificados e menos escrupulosos. Sob tal sistema corrompido, aqueles que tenham menor motivação intrínseca escolhem o emprego público pelas oportunidades lucrativas de ganhos desonestos. Na ausência da corrupção e da jornada suplementar de trabalho, é estabelecido um equilíbrio do mercado de trabalho no qual aqueles com menor habilitação se concentram nos postos governamentais de menor salário, onde se desempenharão sem destaque. Obviamente, alguns candidatos podem ser especialmente dedicados ao serviço governamental, apesar das práticas corruptas de outros, mas podem não ser em quantidade suficiente para operar a máquina burocrática, e os comprometidos com o espírito público podem não ser suficientemente qualificados em outros aspectos. Se o sistema está em equilíbrio, o trabalhador marginal será aquele que encontre um posto de trabalho no governo pelo menos tão bom quanto o que encontraria no setor privado; mas pode haver muitos trabalhadores inframarginais que não sejam empregáveis por salários típicos do setor privado.²⁷³ Depois de passados muitos anos, o serviço público estará desproporcionalmente preenchido com duas espécies de trabalhadores: os de baixa produtividade que não conseguem emprego em posições de salário "comparável" no setor privado e aqueles que estejam dispostos a aceitar propinas (Besley e McLaren, 1993).

Dada essa distribuição de talentos, os processos produtivos e os sistemas de prestação dos serviços podem ser projetados tanto para requerer poucas habilidades quanto para gerar oportunidades de corrupção. Sob essas condições, a reforma do serviço público deve ser completa, se houver alguma esperança de êxito. O aumento dos salários e a melhoria das condições de trabalho podem ter pouco impacto no desempenho. Ademais, novas contratações devem substituir muito da força de trabalho existente. Uma cuidadosa revisão dos programas públicos também será necessária para reduzir os incentivos à corrupção e para criar incentivos às atividades produtivas.

II. Burocracia weberiana versus Nova administração pública

Embora o baixo pagamento ao servidor público continue a ser um fato de pressão em muitas partes do mundo, evidências sugerem que meramente aumentar os salários de maneira geral não é uma resposta suficiente e pode levar, na busca por esses empregos, a um mercado corrompido. Assim, Rauch e Evans (2000) e Dahlström, Lapuente e Teorell (2012) identificam que o recrutamento por mérito e o profissionalismo de forma geral constituem as chaves para o bom desempenho. No entanto, o recrutamento por mérito e um quadro profissional de servidores públicos não são possíveis, a menos que os salários sejam adequados. Embora os estudos anteriormente men-

---

²⁷³ Um ponto de atenção deve ser assinalado aqui. Em alguns países muito pobres, estimativas salariais de trabalhadores bem capacitados no setor urbano podem não ser muito significativas, porque esse setor é muito reduzido e os níveis salariais podem ser afetados pelas escalas de pagamento das multinacionais, determinadas de fora do país. Esses postos de trabalho são racionados, e seus salários não representam o salário de oportunidade para empregados públicos. Informações sobre ganhos no setor informal podem prover uma medida mais apurada de oportunidades na área privada. Isso é indicado por esforços bem-sucedidos em reduzir os níveis do emprego público em alguns países africanos. Adicionalmente, o estado pode ter uma política de garantia de emprego para todos os graduados em segundo grau ou no nível universitário, ou usar os empregos públicos como caminho para absorver o excesso de trabalho que de outro modo restaria sem emprego. O problema nesses casos não é o baixo pagamento, mas o emprego do excedente (Nunberg e Nellis, 1995:15-16).

cionados apresentem as limitações de qualquer trabalho de comparação entre países, eles sugerem que a reforma deve incluir esforços para motivar e reorganizar a administração pública. Aumentar pagamentos pode ser uma parte necessária dessas reformas, mas um aumento geral seria uma solução desfocada. A política de pagamento deve ser vinculada a outras políticas, de maior profundidade.

Estudos de países específicos corroboram essas conclusões. Para uma amostra de profissionais de saúde na Tanzânia, Lindkvist (2014) observa que os salários importam se são ajustados os níveis de capacitação. No entanto, consistentemente com um trabalho de comparação entre países, uma gestão honesta e competente tem um impacto ainda maior sobre as atitudes dos profissionais de saúde quanto à aceitação de propinas (ibid.). Similarmente, apenas salários mais altos não parecem influenciar no absenteísmo de professores (Patrinos e Kagia, 2007:74).[274] Na Geórgia, uma importante reforma da polícia em 2004 aumentou os salários em até 1.000% (10 vezes o valor original), mas isso foi acompanhado de demissões em massa, grandes investimentos em equipamentos e em postos policiais, e treinamento por especialistas dos Estados Unidos e da União Europeia. Salários mais altos eram condição necessária, mas não suficiente, para estruturar uma força policial melhor e para aumentar a confiança na polícia georgiana (Kukhianidze, 2009:227-8). No México, os salários dos policiais foram aumentados em mais de 30%, assim como os benefícios, incluindo seguro de saúde, pensões e hipotecas com baixas taxas de juros, mas esses incentivos foram combinados com maior profissionalização: exigência de níveis educacionais mais elevados, treinamento em coleta de evidências por peritos internacionais (modelos de funções não corrompidas) e promoção baseada em mérito, como incentivo para permanecer livre de atos desonestos.[275]

Rauch e Evans constroem reflexões sobre o modelo weberiano de burocracia. Em contraste, outra influente escola de pensamento, a escola da Nova Administração Pública (NAP), dá ênfase ao papel dos funcionários públicos como fornecedores de serviços a "clientes". Existe um debate em marcha sobre o modelo apropriado para a reforma do serviço público. Não pretendemos

---

[274] A vinculação dos pagamentos à verificação de presença — usando câmeras digitais à prova de estragos — não parece funcionar (Duflo, Hanna e Ryan, 2012).

[275] John Lyons, "México assume el desafio de formar uma fuerza policial preparada e incorruptible", *El Norte*, 26 de outubro de 2009.

desenvolver esse debate aqui, apontando quem tenha razão, mas alguns exemplos ilustram o que está em jogo.

Uma reforma bem-sucedida na América Latina teve caráter misto. É instrutivo o exemplo do programa de reformas da Nova Administração Pública no Brasil. Estudos sugerem que ele trouxe resultados concretos, alguns dos quais se mantiveram ao longo do tempo. Embora alguns empregados do setor público fossem recrutados com base no mérito desde 1937, coube à constituição de 1988 estabelecer um sistema abrangente com respeito ao serviço público federal, e à gestão de Fernando Henrique Cardoso obter emendas adicionais e pôr em execução o novo programa (Gaetani e Heredia, 2002; Echebarría e Cortázar, 2007:127-8). A reforma "tentou evitar as armadilhas do modelo weberiano de serviço público e promoveu maior flexibilidade, maior autonomia gerencial, descentralização e formas de administração e controle baseadas em resultados" (Gaetani e Heredia, 2002:2). Ela também promoveu: "(1) alinhamento entre os salários dos setores público e privado; (2) bônus baseados em desempenho; (3) alocação mais flexível do pessoal do serviço público; (4) a Escola Nacional de Administração Pública, para treinamento de todos os tipos de empregados públicos, em todas as áreas" (ibid.:15). A partir de 1996, aumentou substancialmente a fatia de novos servidores civis com grau universitário: de 39,2% em 1995 a 63,6% em 1996, atingindo 94,1% em 2001 (ibid.:6, tabela 5). No entanto, a reforma aportou muito poucos benefícios em curto prazo. Ao invés, os ganhos foram na melhoria do sistema de gerenciamento de recursos humanos e no fortalecimento dos programas de carreira, o que ajudou a pavimentar o caminho para reformas mais efetivas, que ocorreram depois.

O Chile também implantou reformas, baseadas em acordos gerenciais e em avaliação por resultados, mais um sistema, estabelecido em 2003, que criava um sistema com base em mérito para seleção de funcionários sênior, assim como um programa profissional de carreiras. A introdução gradual das reformas garantiu-lhes poder e estabilidade (Echebarría e Cortázar, 2007:128, 131-2).[276] Reformas no Uruguai e no México parecem ter produzido resultados positivos. No Uruguai, o número de empregados públicos foi reduzido, bem como o número de unidades operacionais do governo central. O estado estabeleceu um sistema de avaliação, embora sua aplicação possa

---

[276] O Peru também tentou uma reforma de abordagem um tanto diferente em 1995-7, mas não foi levada a efeito (Echebarría e Cortázar, 2007:128, 131-2).

carecer de consistência (Panizza e Philip, 2005:676-7). A reforma no México reduziu drasticamente o número de posições no governo central ocupadas por indicação, de dezenas de milhares para algumas centenas. O objetivo é desenvolver um serviço público de carreira, embora os atuais funcionários tenham certa prioridade caso recebam treinamento e avaliações positivas no desempenho de suas funções (ibid. 677). Muitas posições ocupadas por indicação, contudo, são de designados pelos sindicatos, constitucionalmente protegidos, e não diretamente pelo governo; mesmo após a privatização, a maior parte dos sindicatos permanece altamente politizada (Clifton, 2000).

A teoria por detrás do modelo NAP é plausível, e foi aparentemente bem-sucedida na Nova Zelândia, onde tem sido mais intensivamente levada à prática. No entanto, seu papel em melhorar a prestação de serviços e a satisfação do cidadão, comparativamente a modelos burocráticos mais convencionais, não foi ainda rigorosamente testado em países de renda intermediária, tais como os citados anteriormente no texto. No Brasil, indicações de que nem tudo está bem, na prática, provêm dos dados do índice Doing Business do Banco Mundial, os quais sugerem que, ao menos para a comunidade de negócios, o estado continua a impor custosos obstáculos. Em todo caso, muitas das reformas anticorrupção urgentemente necessárias não se contrapõem aos méritos relativos seja do modelo weberiano seja do modelo NAP.[277] Um serviço público mais profissional, baseado em mérito, que seja bem treinado e recompensado por competência, é a base sobre a qual devem ser construídas as reformas anticorrupção.

III. Conflitos de interesse

Sistemas convencionais de serviço público tentam isolar da política os funcionários de carreira e pagar-lhes salários adequados. Essas são metas importantes, mas são apenas parte da tarefa de criação de um serviço público profissional. Mesmo que a remuneração esteja em paridade com a do setor privado e o envolvimento político seja proibido, os funcionários podem defrontar-se com incentivos a usarem sua posição para algum ganho econômico privado.

---

[277] Compare-se Evans e Rauch (1999), que seguem um modelo weberiano e estudam recrutamento por mérito e programas profissionais de carreira, com Echebarría e Cortázar (2007), que incluem esses fatores juntamente com um conjunto mais amplo de medidas. Evans e Rauch (1999:752, n. 9), contudo, mencionam outros fatores relacionados à NAP, mas não os mensuram em suas pesquisas especializadas.

Alguns países, mesmo que tenham definido a propina como ilegal, têm dado pouca atenção ao controle de conflitos econômicos de interesse.

Conflitos financeiros de interesse derivam de uma confusão de papéis. Se funcionários públicos tomam decisões que possam afetar sua riqueza privada ou a de empresas nas quais eles ou seus familiares tenham alguma participação, eles podem deslocar suas escolhas em favor desses interesses privados. Nenhum suborno é necessário para criar problemas. Os funcionários podem simplesmente seguir seu próprio interesse econômico (della Porta e Vannucci, 2012:124-5).

Conflitos de interesse eram comuns nos primeiros anos da república estadunidense. Chefes de agências dos correios publicavam jornais — concedendo-se gratuidade no envio; coletores de impostos sobre bebidas alcoólicas possuíam tabernas e dispensavam de impostos seus fornecedores; e alguns funcionários da alfândega eram destacados comerciantes (Prince, 1977). De forma similar, na África pós-colonial, muitos países estimulavam funcionários públicos a se envolverem em atividades negociais que se sobrepunham a seus deveres oficiais. Os conflitos de interesse e corrupção resultantes enfraqueciam seriamente a eficiência do estado (Adamolekun, 1993:39-40, 42). Na China, onde muitas *joint ventures* envolviam parcerias governamentais com negócios privados, o governo inicialmente instava seus quadros a "mergulharem no mar do comércio" (Burns, 1993:358). É óbvio o problema da cisão de lealdades (Chow, 1997).[278] Ao assumir o mandato em 2013, o presidente Xi Jinping deslanchou uma campanha anticorrupção de longo alcance, que incluía a investigação de conflitos de interesse (Fu, 2015).[279]

Devido a questões de conflitos de interesse, a maioria dos países desenvolvidos proíbem que servidores civis se envolvam em decisões em que tenham algum interesse financeiro. Em muitos casos, tanto servidores civis quanto indicados políticos de alto escalão devem declarar seus bens financeiros

---

[278] David Barboza, "Billions in Hidden Riches for Family of Chinese Leader", *New York Times*, 25 de outubro de 2012, http://www.nytimes.com/2012/10/26/business/global/family-of-wen-jibao--holds-a-hidden-fortune-in-china.html (acesso em 13 de outubro de 2015).

[279] A cidade de Xangai promulgou uma lei que proibia às esposas e aos filhos e filhas de funcionários locais de alto nível a se engajarem em negócios em Xangai, de modo que não pudessem tirar vantagem de sua influência na administração pública local. Michael Forsythe, "Shanghai Enacts Curbs on Business Dealings of Officials' Relatives", *New York Times*, 5 de maio de 2015, http://www.nytimes.com/2015/05/06/world/asia/shanghai-enacts-curbs-on-business-dealings-of-officials--relatives.html (acesso em 13 de outubro de 2015).

pelo menos a uma agência pública, e funcionários de alto nível podem ser intimados a colocar seus bens em um *blind trust*. A aceitação de presentes e de honorários é também regulada (OECD, 2003).

Regras para a ética no governo e restrições legais desenvolveram-se gradualmente nos Estados Unidos, e encontram-se hoje amplamente disseminadas (Roberts e Doss, 1992; Gilman, 1995). O primeiro código de ética dos Estados Unidos foi promulgado pelo diretor-geral dos correios em 1829 (Gilman, 1995:64-6). Hoje, uma mistura de códigos éticos e requisitos estatutários mantém o controle dos funcionários públicos. As leis criminais aplicam-se tanto aos servidores públicos quanto àqueles que poderiam tentar ilicitamente influenciá-los. O pagamento e o recebimento de propinas são transgressões criminais. É contrário à lei o recebimento de salário proveniente de fontes externas ao governo, assim como pagamentos a funcionários pela representação de um interveniente privado em "assunto particular" no qual os Estados Unidos tenham interesse.[280]

O Ethics in Government Act (5 USC app. 4, §§101-111, 401-408, 501-505) criou a figura do *Office of Government Ethics* (OGE, http://www.oge.gov/), para lidar com a declaração de bens. Os princípios de conduta ética para funcionários e empregados do governo estão contidos em uma ordem executiva de 14 pontos, que está em vigor (Executive Order 12674, de 12 de abril de 1989, emendada pela Ordem Executiva 12.731, de 17 de outubro de 1990). Muitas das provisões dessa ordem executiva foram municiadas pelo Ethics in Government Reform Act de 1989, contendo emendas ao ato de 1978 e regulamentações emitidas pelo OGE em 1992 (5 CFR 2635).[281] O ato e a ordem executiva tratam da aceitação de benefícios e do cumprimento de deveres. Não se permite aos funcionários "o uso da repartição pública para ganho privado", ou manterem interesses financeiros que conflitem com seus deveres, ou usarem informação privilegiada para benefício pessoal, ou acei-

---

[280] 18 USC §§ 201-209; Chakrabarti, Dausses e Olson, 1997:597-605; a lei é sumarizada em Lapidus (2010:937-60).

[281] O OGE foi estabelecido em 1978 pela Pub. L. 195-521, codificada em USC app. 4, §§ 401-408. Em 2012, o ato foi emendado pelo Stop Trading on Congressional Knowledge Act, Pub. L 112-105, conforme emendado em 2013 por Pub. L. 113-7 (STOCK). O STOCK enfocava particularmente conflitos de interesse que afetassem membros do Congresso e seus auxiliares diretos, mas também impunha novas exigências aos funcionários de algumas ramificações executivas. A matéria legal referenciada neste parágrafo está disponível no *website* do OGE: http://www.oge.gov (acesso em 13 de outubro de 2015).

tarem presentes. Outras provisões lidam com o desempenho responsável dos deveres e exigem que os funcionários evitem aparentar violação da lei, mesmo que sua conduta, tecnicamente, esteja de acordo com ela.

Por comparação, as restrições francesas e britânicas ao conflito de interesses têm objetivos similares, mas fazem uso de diferentes métodos. A França somente em 2013 aprovou um estatuto lidando com conflitos, à luz do relatório "Para uma Nova Ética Pública", emitido por uma Comissão de Estado. De acordo com Paris (2014), as regras e estatutos em vigor antes de 2013 expressavam princípios amplos, mas eram demasiadamente generalistas e abstratos para que fossem efetivados na prática. Escrevendo em 1991, Rohr (1991:284-6) concluiu que as restrições francesas eram menos rigorosas que as dos Estado Unidos. A declaração de bens não era requerida como assunto de rotina, e as restrições posteriores ao desempenho do cargo público eram fracamente exigidas. O estatuto de 2013 toma emprestados alguns dos princípios aplicados ao Judiciário, tais como a exigência de imparcialidade e um procedimento que permite a um funcionário desligar-se de uma questão que esteja relacionada com um assunto de interesse privado dele ou dela (Paris, 2014:148).

Diferentemente dos Estados Unidos, o Reino Unido baseia-se em princípios amplos, códigos voluntários e regras que constituem diretrizes, não regras impostas pela lei. Servidores civis e altos funcionários estão sujeitos a um corpo descentralizado de práticas, não a estatutos legais, e o Committee on Standards in Public Life mantém as questões éticas em sua agenda (Stark, 1992:429; Rose, 2014:162-5; National Audit Office, 2015).[282] O National Audit Office aponta para o risco de conflitos quando o governo contrata empresas privadas com vínculos com funcionários públicos, especialmente na prestação de serviços em saúde e em educação. Ele conclui um tanto suavemente que as estruturas governamentais precisam intensificar seus esforços para gerenciar conflitos, mas os exemplos que fornecem sugerem uma crescente preocupação com as práticas existentes.

Os Estados Unidos restringem as atividades políticas de servidores civis, a fim de evitar que esses se tornem dependentes de conexões partidárias. Em contraste, na França é comum haver progressão de carreira em que um funcionário passe do serviço público para a política eleitoral. Um servidor civil

---

[282] O pagamento e a aceitação de propinas constituem, obviamente, uma transgressão criminal, agora submetida ao UK Bribery Act 2010. Esse ato, contudo, não menciona conflitos de interesse, os quais são apenas mencionados de passagem no documento de diretrizes (Rose, 2014:160).

pode concorrer a cargo eletivo sem perder seu status de funcionário público, e pode manter-se no trabalho, ao mesmo tempo. Se for bem-sucedido na eleição ao Parlamento francês, ele deve tirar uma licença durante o mandato, mas pode depois retornar a seu emprego de funcionário sem perda de posto. Na Assembleia Nacional de 2015, 31% dos membros eram empregados do setor público, tais como professores, inclusive universitários.[283] Isso parece típico: entre 1958 e 1986, 33% dos membros da Assembleia Nacional provinham do serviço público (Rohr, 1991:287). O valor de tal sistema depende da existência de um serviço público respeitado. Em países em desenvolvimento com essa tradição, o modelo francês pode ter mérito. Em outros, onde o serviço público seja corrupto e impregnado de protecionismo, parece preferível uma separação mais estrita entre administração e política, na linha estadunidense.

Na prática, os problemas de mais difícil controle são os da procura de empregos. Embora no governo federal dos Estados Unidos os *quid pro quos* diretos pareçam bem controlados por leis contra o suborno e pelo código de conduta e pelas sanções legais a elas associados, existem frequentes casos em que funcionários são contratados, após deixarem o governo, por empresas que têm negócios com o que era antes o empregador governamental deles. O código de conduta estabelece que "Empregados não se envolverão em empregos ou atividades em âmbito externo, inclusive ao procurarem ou negociarem empregos, que conflitem com seus deveres e responsabilidades de funcionário governamental". Sob várias condições, não é permitido que ex-funcionários se apresentem como representantes de terceiros perante seu anterior empregador pelo período de dois anos a contar da data de desligamento. Todavia, a proscrição não é absoluta aplicando-se apenas a assuntos em que a pessoa tenha trabalhado, pelo período de um ano após deixar o governo (18 USC §207 (a)-(d); Chakrabarti, Dausses e Olson, 1997:608-12). O presidente Obama aumentou as exigências éticas para funcionários nomeados, ao promulgar a Ordem Executiva 13490, "Executive Commitments by Executive Branch Personnel", logo após assumir o mandato em 21 de janeiro de 2009. Essa ordem executiva requer que a maioria dos nomeados que não sejam funcionários de carreira prestem um compromisso ético solene que proscreve presentes de lobistas, que impõe limitações de rotação com respeito a empregos anterior

---

[283] Os dados estão disponíveis no *website* da Assembleia Nacional: http://www.assemblee-nationale.fr/qui/xml/cat_soc_prof.asp?legislature=14 (acesso em 20 de julho de 2015). Excetuando-se os professores, a proporção é 29%.

e futuro, e que exige que o nomeado contrate pessoas apenas com base na competência demonstrada.[284] A limitação mais restritiva após a contratação é a que proíbe que os nomeados façam *lobby* junto a qualquer funcionário a que se aplique a ordem executiva, por todo o período da administração Obama.

É complexo o composto estadunidense de códigos de conduta, compromissos éticos e sanções criminais, administrativas e civis, e nem sempre de fácil entendimento ou interpretação. Alguns críticos argumentam que as leis americanas de conflitos de interesse são intrusivas e contraproducentes (Roberts e Doss, 1992; Anechiarico e Jacobs, 1996). De acordo com esses críticos, as regras introduzem muita burocracia, inibem a criatividade e desestimulam pessoas qualificadas a ingressar no serviço público. Não obstante, mesmo que o modelo estadunidense seja excessivamente complexo para ser diretamente exportado, ele pode fornecer linhas mestras para países que estejam começando a desenvolver normas profissionais de comportamento na burocracia. Os mais ácidos críticos do sistema americano não defendem, obviamente, que se permita aos funcionários da área de compras terem ações das empresas contratadas ou aceitarem salários ou presentes de valor das empresas com que mantenham negócios. Todavia, em muitos países em desenvolvimento, apenas recentemente essas práticas têm sido reconhecidas como problemáticas. Para impedir que o serviço governamental se torne um caminho cínico para a riqueza fácil, qualquer país necessita de um programa básico de regulamentação de conflitos de interesse, que destaque o que seja a conduta ética, salvaguardada por sanções legais. Porém, regras fundamentais simples de comportamento constituem o melhor ponto de partida — especialmente, se há o desejo de evitar que o próprio processo de supervisão se torne meio de corrupção.

IV. Cenouras e açoites

Reforma salarial, recrutamento por mérito, reformas gerenciais, e controle de interesses estranhos e de envolvimento político são os primeiros passos necessários. Conforme discutido nos capítulos anteriores, os reformadores podem

---

[284] Disponível em http://www.oge.gov/Laws-and-Regulations/Executive-Orders/Executive--Order-13490-(Jan--21,-2009)---Prescribing-Standards-of-Ethical-Conduct-for-Government--Officers-and-Employees. A ordem executiva seguiu o direcionamento do presidente Clinton sob a Ordem Executiva 12834 de 20 de janeiro de 1993 (Gilman 1995:75), a qual demandava que os funcionários de alto escalão prestassem o compromisso de não manter negociações com o governo por cinco anos após deixarem suas respectivas administrações (acesso em 13 de outubro de 2015).

às vezes mudar a natureza do serviço para reduzir os incentivos à corrupção. Assim, o efetivo controle da corrupção requer também um sistema verossímil de recompensas e punições. Sanções legais formalizadas proveem um respaldo importante, porém mudanças na burocracia podem também reduzir os incentivos à corrupção. O estado precisa tanto de cenouras quanto de açoites para estimular eficiência e limitar pagamentos inapropriados. Incentivos podem dar destaque ao desempenho individual ou fornecer recompensas e punições associadas ao desempenho em grupo.

A mais óbvia condição de apoio é um sistema de monitoração apolítico e digno de crédito, para detectar funcionários corruptos. Se é bem pago o emprego no serviço público, funcionários corruptos sofrem perdas reais se são identificados e demitidos. Porém, esse acompanhamento não é o bastante. A perda de emprego é uma penalidade em fato único, não vinculado a benefícios marginais de transações individuais de caráter corrupto, ou ao número de tais atos. Um salário melhor diminui a importância da aceitação de propinas, mas pode não as reduzir a zero. Salários mais elevados podem simplesmente elevar o valor das propinas demandadas pelos funcionários, como compensação pelo risco da perda do que seria um emprego desejável. Os funcionários podem passar do "magro e perverso" ao "gordo e perverso".[285] A incidência de suborno pode cair, uma vez que menos funcionários solicitem ou aceitem pagamentos, mas cresce o tamanho de cada propina. Uma sanção mais forte seria condicionar o recebimento da pensão a que o funcionário se aposente com honradez (Becker e Stigler, 1974). Isso torna o custo de aceitar propinas uma função crescente do tempo de serviço, neutralizando o fenômeno de fim de jogo. Mas, de novo, isso pode simplesmente aumentar o tamanho de uma propina aceitável, ao ponto em que a propina substitua a pensão.

Assim, algumas recompensas e punições deveriam estar vinculadas ao nível de desempenho do burocrata; porém, os sistemas de funcionalismo civil são frequentemente geridos de forma a subavaliar o desempenho. Por exemplo, em muitos países da América Latina, sistemas de regras rígidas estabelecem os salários com base em critérios técnicos, não relacionados à realidade do mercado. Isso pode ser uma tentativa de controlar o arbítrio e o favoritismo, mas o resultado é a falta de incentivos ao bom trabalho. Benefícios adicionais

---

[285] "India: Belt Loosening", *The Economist*, 2 de agosto de 1997. Ver também "India: Taxing Again", *The Economist*, 29 de setembro de 1997. Adicionalmente, Karahan, Razzolini e Shughart II (2006:223) encontram evidências desse fato entre supervisores municipais corruptos no Mississippi.

ao salário, distribuídos com pouca vinculação à produtividade, exacerbam o problema. Se aos gerentes fosse concedida maior liberdade de ação, eles poderiam cometer abusos ao contratar "pessoal não qualificado, simplesmente para manter a satisfação de clientes politicamente importantes ... [e] distribuir salários, promoções e outros privilégios com base no favoritismo, não no desempenho do funcionário" (Reid e Scott 1994:45). A solução não consiste em implantar controles rígidos e de alcance excessivo, porém reformas que enfatizem o desempenho e recompensem os gerentes que atinjam metas típicas do setor público (ibid.:46-7).

Por exemplo, um estudo, baseado em dados de Buenos Aires, considera uma estratégia de controle ligada ao comportamento do funcionário (Di Tella e Schargrodsky, 2003). Em vez de buscarem diretamente evidências de corrupção, os supervisores monitoravam o desempenho dos funcionários. Estes eram agentes de compras de um hospital, adquirindo fornecimentos homogêneos. Os supervisores da cidade anotavam o preço de compra de cada produto e anunciaram que dariam maior prioridade na supervisão dos funcionários que pagassem preços mais altos pelos produtos. A implicação seria que preços mais altos provavelmente sinalizavam malfeitos — corrupção ou simples desleixo. O programa tinha por efeito rebaixar os preços médios em geral e reduzir a sua variância. Variações nos salários de base não teriam impacto no comportamento dos funcionários, a menos que o programa de monitoração tivesse credibilidade.[286] Similarmente, promoções baseadas em mérito tanto melhoravam o desempenho quanto reduziam a corrupção entre trabalhadores da área de saúde na Tanzânia (Lindkvist, 2014).

Ao invés de dar ênfase à vigilância de evidências de mau desempenho, os bônus podem estar relacionados ao valor do serviço fornecido ao público. Relembremos que as propinas atuam algumas vezes como uma taxa de incentivo aos burocratas. Os pagamentos poderiam ser legalizados (diversamente do caso de contratação por um hospital na Argentina, no qual o único custo em eficiência da corrupção derivava de sua ilegalidade). A efetividade dessa estratégia depende da fração dos pagamentos que "cabe" aos funcionários, para que tenham um incentivo a agilizar o serviço. Por exemplo, uma agência poderia estabelecer dois encaminhamentos — um mais caro para os que valorizassem a velocidade e outro mais lento para os demais. Uma

---

[286] Quando a monitoração abrandava, salários mais baixos ficavam associados a uma corrupção mais elevada (Di Tella e Schargrodsky, 2003).

fatia do pagamento "por agilidade" poderia então ser destinada a premiar os funcionários por bom desempenho (Paul, 1995:163). Na aplicação da lei, por exemplo, permitir aos departamentos policiais que se apossem de bens apreendidos em conexão com prisões por drogas aumenta o número desse tipo de detenções (Mast, Benson e Rasmussen 2000); porém, obviamente, essa política pode também levar a falsas prisões, se o sistema judicial é deficiente. Policiais poderiam inventar acusações, a fim de apreender os bens dos acusados, confiantes de que ou os acusados não recorressem ou que o juiz pudesse facilmente favorecer a polícia.

Muitos agentes públicos e privados são responsáveis pela tomada de decisões cujas consequências financeiras de longe excedem seus níveis de remuneração. Em tais casos, é irrealista supor que prêmios de incentivo possam equivaler a uma alta proporção do valor do benefício dispensado. Contudo, as evidências apresentadas na seção I acerca de níveis de pagamento e de corrupção sugerem que seja suficiente tornar o nível salarial dos funcionários comparável ao dos salários percebidos pelos trabalhadores do setor privado com habilidades semelhantes. Os funcionários receberiam tanto um salário básico quanto um bônus de incentivo vinculado ao desempenho, tal que a remuneração total equivalesse ao pagamento esperado na área privada. Se houver alguma incerteza sobre a relação entre esforço e resultados mensuráveis, a composição do recebimento como salário-base e prêmio por desempenho dependerá da aceitação pelos funcionários do grau de incerteza em questão (Weitzman e Kruse, 1990:100-2).

Sistemas de incentivo podem ter efetividade, mas devem ser concebidos com cuidados para evitar conceder a burocratas poderes monopolistas que possam ser usados por eles para extrair níveis cada vez mais elevados de rendimentos (Rose-Ackerman, 1978:85-108). Os funcionários não devem ser capazes de criar novas condições onerosas a que possam renunciar em troca de pagamentos indevidos. Assim, os reformadores britânicos dos anos 1830 recomendavam que salários fossem substituídos por honorários como meio de remuneração dos funcionários públicos. Um comitê parlamentar temia que a aceitação de honorários expusesse um alto funcionário "à suspeita de ocasionar impedimentos ao exercício de funções [oficiais]" (citado por Chester, 1981:135). Nos Estados Unidos, a mudança para servidores civis assalariados, em parte por esse motivo, está documentada em Parrillo (2013).

Na ausência de estrita monitoração, sistemas terceirizados de arrecadação tributária não tendem a funcionar a contento, porque os coletores de impostos são incentivados a extrair receita excessiva dos contribuintes (Azabou e Nugent, 1988; Stella, 1992; Das-Gupta e Mookherjee, 1998:256). Por exemplo, o Império Otomano dependia pesadamente da coleta de impostos terceirizada, leiloando os direitos a proponentes de valores mais elevados. À medida que se enfraquecia o poder do estado, o sistema tornou-se sujeito ao abuso (Azabou e Nugent, 1988:686-9). Em contraste, um estudo sobre a terceirização da coleta de impostos nas municipalidades da Tunísia demonstra que pode funcionar adequadamente, ao transferir os riscos de flutuação da receita do governo para os coletores terceirizados. Abusos eram limitados por vários fatores: os percentuais de taxação eram uniformes e bem divulgados; contribuintes vítimas de abusos podiam recorrer aos tribunais ou queixar-se às autoridades municipais; e as concessões aos coletores terceirizados eram de duração limitada, induzindo-se esses agentes a protegerem suas reputações (Azabou e Nugent, 1988:700). Como demonstra esse exemplo, só se pode fazer uso de esquemas de incentivo se o nível de desempenho pode ser mensurado por meio de monitoração externa. Pagamentos incentivados não eliminam a necessidade de supervisão, mas esta é redirecionada ao acompanhamento de saídas, não de entradas. Monitoração e sanções em caso de corrupção devem permanecer como segurança.

Como alternativa a pagamentos de incentivo individualizados, as recompensas podem ser pagas a grupos de trabalho ou a agências públicas, com base em resultados. Para muitos serviços públicos, essa pode ser a melhor solução. Se esforços conjuntos podem ser decompostos em recompensas individuais, o resultado pode ser um ambiente de trabalho hostil e competitivo (Mitchell, Lewin e Lawler III, 1990:64-7). Essa preocupação levou alguns estudiosos do mercado de trabalho privado a defenderem a premiação de empregados pelo atingimento de metas de grupo. Esses sistemas de incentivo funcionam melhor se os empregados participam do estabelecimento das condições de trabalho (Blinder, 1990). Porém, às vezes, o trabalho de grupo é o problema para o qual a solução é o pagamento de incentivos individuais. Funcionários públicos podem trabalhar em conjunto para prestar serviços de alta qualidade ou para maximizar a receita em propinas. Trabalhos de grupo de funcionários é a base de muitos casos de corrupção policial. Se o desempenho pode ser medido, sistemas de pagamento com incentivos individualizados podem ser um instrumento para quebrar determinados círculos de corrupção.

Empresas públicas devem ser candidatos óbvios para recompensas institucionalizadas com base em desempenho. Embora alguns possam argumentar em defesa da imediata privatização, nem sempre está disponível essa alternativa. Se essas empresas fornecem bens e serviços a clientes privados, medidas com base em resultados estão normalmente disponíveis. Tanto a Nova Zelândia quanto a Coreia vincularam premiações ao desempenho com resultados positivos (World Bank, 1991:28; Scott, 1996:21-9). Na Coreia, os bônus anuais de incentivo conquistados pela empresa são distribuídos a toda a equipe, mas as empresas também introduziram sistemas de avaliação interna. Assim, o estado recompensa a empresa como um todo, e os gerentes da empresa estabelecem estruturas de premiação interna. Essas técnicas parecem promissoras, mas requerem dados abrangentes e confiáveis sobre o desempenho das empresas públicas. Esse requisito de informação deve ser satisfeito antes que recompensas por bom desempenho possam ser instituídas, em países em desenvolvimento.

Pagamentos de incentivos, tanto individuais quanto de grupos, serão frequentemente mais difíceis de administrar na área pública, em comparação com a área privada. Com exceção das empresas públicas que vendem produtos comerciais, é muitas vezes difícil avaliar o bom desempenho. Em consequência, as agências governamentais podem desenvolver indicadores mensuráveis de resultados que não representem os objetivos últimos das políticas adotadas (Scott, 1996:30-43). Se o pagamento depende desses indicadores, os funcionários podem tentar jogar com o sistema para auferir ganhos mais elevados. A experiência de países desenvolvidos com pagamento por desempenho no governo tem sido variável, na melhor das hipóteses. A Nova Zelândia é geralmente vista como uma história de sucesso, embora ali também tenham surgido problemas de implantação. Há *trade-offs* entre eficiência na alocação e eficiência técnica. Indivíduos podem despender tempo demais negociando que resultados medir e como será premiado o desempenho (Scott, 1996; Campos e Pradhan, 1997:443). Esforços anteriores para instituir avaliação de desempenho e pagamento de incentivos na Grã-Bretanha e nos Estados Unidos não foram, aparentemente, muito bem-sucedidos (Perry, 1988-9; Ingraham, 1993, 1996:260; Madron, 1995). Um fracasso especialmente dramático de avaliação de desempenho ocorreu na U.S. Veterans Administration e sugere as dificuldades de concretização. Era suposto que as reformas melhorassem o desempenho ao conectar as avaliações pessoais a medidas "objetivas", tais como tempos de espera por agendamentos. Devido a séria escassez de recursos e a um antiquado sistema de informática, o resultado foi um esforço maciço de trapaça contra o sistema, pela falsificação das informações transmitidas pela cadeia de comando.[287]

Quanto a incentivos de grupo, evidências empíricas observadas no setor privado sugerem que um ambiente de trabalho participativo alcançará êxito ótimo sob as seguintes condições: demanda agregada estável, baixo desemprego, compressão de salários e honorários, e horizontes de investimento de longo prazo (Levine e Tyson, 1990:214). Em suma, se as condições para a participação bem-sucedida da mão de obra não podem ser atendidas em ambientes de emprego público. Adicionalmente, empregos estáveis e compressão salarial estão em conflito com a necessidade de muitas agências da área pública de reduzir emprego e prover paridade de pagamento com a área privada.

Claramente, projetar um efetivo sistema de incentivos pode ser difícil e nem sempre será a melhor solução. Não obstante, existem casos em que será um valioso instrumento contra a corrupção. Tem havido algumas histórias de sucesso, especialmente na área de arrecadação. A maioria dos esforços de reforma em coleta tributária estudados por Das-Gupta e Mookherjee (1998:257) combinavam a criação de uma burocracia relativamente autônoma com um orçamento em parte vinculado ao êxito no recolhimento de receita. Reformas de serviços de arrecadação de receita em vários países africanos apresentavam características similares (Dia, 1996). Por exemplo, Gana nos anos 1980 tentou uma abordagem por unidades de trabalho na reforma dos sistemas tributário e alfandegário, ao criar um novo Serviço Nacional de Receita (NRS). Antes da reforma, a receita de impostos era de 4,5% do PIB. Corrupção, duplo emprego e outras ineficiências eram comuns. Os salários eram baixos e a contabilidade, deficiente. Quando da reforma, os funcionários reconhecidos como mais corruptos foram demitidos ou aposentados. As condições salariais e de trabalho foram melhoradas. Salários mais altos foram acompanhados por sistemas de incentivo, para recompensar alto desempenho individual e da agência como um todo. Foram estabelecidas metas de receita e o NRS passou a receber um bônus de 3,5% da receita tributária e de 2,5% da receita alfandegária. Entre 1984 e 1988, a arrecadação de impostos e de tarifas aduaneiras cresceu de 6,6% para 12,3% do PIB. Tais reformas ilustram a importância de combinar melhor base de remuneração com incentivos por bom desempenho. O programa alcançou êxito relativo, mas não sem problemas.

---

[287] O escândalo resultante é relatado em David A. Fahrenthold, "How the VA Developed Its Culture of Coverup", *Washington Post*, 30 de maio de 2014.

O restante do serviço público ficou descontente com o tratamento especial conferido aos arrecadadores de impostos. Finalmente, os bônus recebidos pelo NRS aumentavam não apenas se o esforço aumentasse, mas também se o volume de impostos crescesse, em função de incremento exógeno do PIB.[288] Além disso, o Ministério das Finanças objetou contra sua perda de autoridade. Em 1991, a arrecadação de impostos foi novamente colocada sob a alçada do Ministério das Finanças, embora guardasse em parte sua independência (Terkper, 1994; Dia, 1996:86-90).

Uma reforma bem-sucedida na área aduaneira das Filipinas, nos anos 1990, incluiu: informatização; simplificação de processos; prioridade para embarques de alto risco envolvendo procedimentos detalhados de liberação, ao invés de fazer passar todos os embarques pelo mesmo demorado procedimento; contratação de uma empresa de auditoria independente; redução do tempo de interação interpessoal; maior transparência; e eliminação de transações em espécie. A reforma foi levada a efeito por ordem direta do presidente, que estava comprometido em reduzir a corrupção, a fim de maximizar a receita, sob o olhar atento da mídia e com apoio da Câmara de Comércio das Filipinas. Apesar da resistência inicial dos empregados da alfândega e da mudança de empenho devido à eleição de um novo presidente, as reformas (e a liberalização do comércio) alcançaram êxito duradouro em reduzir a corrupção (Hors, 2001:35-44).

Após o insucesso de algumas reformas nos anos 1990, a Bolívia empreendeu uma nova reforma na gestão da arrecadação de impostos em 1998. A reforma incluía a criação de perfis técnicos (profissionais), aproximadamente 80 horas de treinamento, e aumentos salariais de 36% em média. Em 2003, o código tributário foi reformulado, a fim de eliminar exceções e simplificar processos. Foi introduzido um novo sistema informatizado, de sorte que, a partir de 2005, a maior parte (em volume) dos impostos podia ser tratada eletronicamente. Além disso, foi eliminado o arbítrio na escolha das empresas a serem auditadas (Zuleta, Leyton e Ivanovic, 2007:348-9).

Em geral, a remuneração por incentivos baseados em desempenho tem maior probabilidade de sucesso se um esforço adicional produz de fato ga-

---

[288] Na Grã-Bretanha do século XVII, os chefes de escritório dividiam um terço do valor arrecadado. Sua remuneração dessa fonte subiu de £330 anuais em 1711 para £700 nos anos 1750 e depois para £1.278 no auge da Guerra de Independência Americana. Os valores recolhidos não guardavam, em muitos casos, qualquer relação com a quantidade de trabalho envolvida (Chester, 1981:134).

nhos substanciais, se os empregados não são demasiado avessos a riscos, se o esforço e os resultados podem ser medidos, e se os funcionários dispõem de suficiente liberdade de ação para responder aos incentivos (Klitgaard, 1997:19). A corrupção amplamente disseminada é evidência de que pagamentos monetários podem comprar dos funcionários algo de valor. Assim, planos baseados em incentivos podem tomar como ponto de partida aqueles sistemas correntemente permeados pela corrupção. Uma reforma bem-sucedida tanto limitaria os pagamentos ilegais quanto melhoraria o desempenho.

V. Corrupção nas hierarquias burocráticas

O suborno frequentemente ocorre em organizações públicas complexas, o que adiciona à análise uma dimensão importante. Esta seção considera as hierarquias governamentais; as seções seguintes analisam sistemas com múltiplos pontos potenciais de corrupção e o papel dos intermediários.

A corrupção em hierarquias depende da relação entre a corrupção de alto escalão e a de baixo escalão (Wade, 1982). Há duas variantes. Na forma "de baixo para cima", funcionários de escalão inferior coletam propinas e as repartem com superiores, direta ou indiretamente, por meio de compras em sua repartição. Inicialmente, pagamentos aos superiores pode ser um meio de comprar seu silêncio; porém, se os pagamentos são institucionalizados, eles se tornam uma condição de emprego, organizada pelos superiores para seu próprio ganho (Cadot, 1987).[289] Em alguns casos, opera uma pirâmide — cada nível compra suas posições da camada acima. Se "burocratas de rua" têm a mais livre interação com o público, tende a formar-se o padrão "de baixo para cima". A corrupção policial frequentemente se origina do poder dos agentes nas batidas em empresas — tanto as legais quanto as ilegais. Por exemplo, no Nepal, policiais envolveram-se no transporte de haxixe e as patrulhas de controle das estradas coletavam pagamentos ilegais que eram repartidos com os oficiais do setor (Alfiler, 1986:46). Em agências de recolhimento de impostos e de tarifas aduaneiras, funcionários de menor escalão que interagem com o público pagante frequentemente devem dividir as propinas com seus

---

[289] Dey (1989) e Rose-Ackerman (1978:170-9) notam que podem também ocorrer interações entre funcionários independentemente de conexões hierárquicas formais. Assim, uma pessoa que tente construir uma casa pode precisar obter a permissão de diversos escritórios do governo. Dey sugere que redes de funcionários corruptos podem desenvolver-se nessas condições.

superiores. Em um dado caso na Coreia, os funcionários justificavam o valor das propinas exigidas explicando que os pagamentos deveriam ser divididos com o diretor, o chefe de divisão e o chefe de setor (ibid.:41).

Em contraste, pode ser estruturado um padrão "de cima para baixo", no qual os funcionários de escalão mais elevado compram o silêncio dos subordinados mediante o compartilhamento dos ganhos obtidos via pagamentos e vantagens indevidos, ou benefícios recebidos de forma disfarçada. Funcionários de escalão mais baixo, cuja atividade no dia a dia é de monitoração mais difícil, podem receber quotas de suborno a serem repassadas aos superiores como condição de permanência no emprego ou em retribuição a boas condições de trabalho.

Na Coreia, onde funcionários de topo consideram seus subordinados como "família", julgava-se apropriado que dirigentes dos escritórios do governo levantassem fundos ilícitos e abertamente doassem uma fatia aos subordinados (Lee, 1986:86). Os funcionários de nível mais alto podem também tolerar a pequena corrupção de subordinados, para garantir a cumplicidade deles em um sistema corrupto. Ao mesmo tempo, funcionários de alto escalão dão o tom para o departamento: se os superiores abertamente aceitam propinas, assim também tendem a agir os funcionários de nível inferior (Lindkvist, 2014:110). Se a maioria das decisões mais importantes são tomadas no topo, mas funcionários de nível mais baixo fornecem dados essenciais, o padrão "de cima para baixo" deve prevalecer. Por exemplo, os prêmios por contratos de maior valor provavelmente serão reservados aos funcionários de topo, mas eles precisarão de ajuda no assessoramento de licitações e no acompanhamento da implantação. Assim, no Nepal, funcionários de alto escalão arranjavam "comissões" em contratos públicos que seriam coletadas por agentes de campo, que retiram sua parte e repassam o restante (Ostrom, 1996:212). Alternativamente, funcionários de alto nível podem coletar a maior parte da receita ilícita, mas assegurar que funcionários de nível inferior recebam legalmente altos salários, que comprem docilidade e paz.

Se a corrupção permeia a hierarquia, soluções que parecem razoáveis em outros contextos podem tornar-se contraproducentes. Por exemplo, os reformadores têm frequentemente recomendado a rotação de funcionários, de forma que fique difícil desenvolverem as relações próximas e de confiança necessárias a reduzir os riscos da aceitação de propinas. Em uma hierarquia corrupta, em contraposição, funcionários de nível mais alto podem fazer uso dessa política de pessoal para punir os que não se integrem ao sistema corrupto, deslocando-os para localidades pobres e remotas.[290] Um estudo da corrupção em um sistema de irrigação na Índia identificou que essas práticas eram comuns (Wade, 1982, 1984); práticas similares têm sido observadas em forças policiais corruptas dos Estados Unidos e na Tailândia (Sherman, 1974; Pasuk e Sungsidh, 1994:99-120). O rodízio de funcionários de uma auditoria tributária na Índia tornou impossível o acompanhamento de apelações encaminhadas por contribuintes. Isso dificultou a premiação desses funcionários com base no resultado por eles obtido na busca por evasão fiscal (Das-Gupta e Mookherjee, 1998:178). O problema básico é que funcionários de baixo escalão ficam à mercê de seus superiores e não têm como apelar por transferências relacionadas à sua negativa em juntar-se a um sistema corrupto.

Diversos esforços teóricos têm tentado capturar aspectos da corrupção nas hierarquias. Em um modelo de corrupção de baixo para cima, funcionários de alto escalão podem ocultar a corrupção de subordinados em retribuição a uma fatia do ganho destes (Cadot, 1987). Os superiores não são ativos na organização do sistema, mas simplesmente aguardam que os subalternos sejam denunciados e então decidem se aceitam os pagamentos efetuados. "Na medida em que funcionários de escalão superior deem cobertura à corrupção de subalternos em troca de propinas, a corrupção nos níveis mais altos da administração alimenta-se da corrupção nos níveis mais baixos, enquanto ao mesmo tempo a escuda, e cada nível é encorajado pelo outro" (ibid.:224). O modelo tem dois possíveis pontos de equilíbrio. No primeiro, apenas ocorre o suborno no nível inferior. Os subordinados não estão dispostos a pagar o suficiente para eliminar o risco de serem detectados e demitidos. Eles simplesmente aceitam o risco como parte do custo de obter propinas. No segundo, são mais elevadas as recompensas da corrupção, e esta permeia a hierarquia. Propinas no nível inferior são altas o bastante para serem usadas, em parte, para pagar aos superiores que recebem informações sobre negócios escusos. Conforme declara Cadot (1987:239):

> Uma vez que seja criado o incentivo à pequena corrupção, esta tende a se propagar cadeia acima, por meio de cumplicidade de interesse próprio. Este, por sua vez, estabelece por meio da impunidade um ambiente favorável ao crescimento do suborno.

---

[290] Adicionalmente, o rodízio de funcionários causa um impacto ambíguo nos custos sociais da corrupção, mesmo que os superiores estejam genuinamente interessados na reforma. Existe um *trade-off* entre os benefícios da estabilidade mesmo em um sistema corrupto, e a capacidade de uma rotação de funcionários de interromper relacionamentos corruptos e assim limitar a corrupção. Para análise de dois casos estreitamente relacionados, ver Choi e Thum (2003, 2004).

A corrupção cria assim complexas relações de vassalagem, proteção e clientelismo, baseadas em suborno e chantagem. Essas relações, embora originalmente assentadas na hierarquia do serviço público, tendem a ultrapassá-la e a distorcer os canais regulares de poder e de informação. Esse é um dos mais perversos efeitos da corrupção generalizada.

Em um modelo semelhante, Bac (1996) distingue corrupção *interna* de corrupção *externa*: a externa é um suborno ou qualquer outra indução que provenha de fora da hierarquia (de um fornecedor ou de um cliente), enquanto a interna é um conluio entre os vários níveis da hierarquia. No modelo de Bac, assim como no de Cadot, apenas os níveis inferiores da hierarquia se engajam na corrupção externa; a corrupção interna é um mecanismo usado pelos níveis inferiores para enfraquecer o cumprimento dos deveres supervisórios pelos níveis superiores. Nesse modelo, o nível intermediário de gestão é o menos sujeito a se envolver com a corrupção, mas esse resultado pode ser produto das premissas. "Excesso de centralização e excesso de pessoal estão entre as mais citadas razões da corrupção interna, na literatura informal sobre administração pública" (ibid.:279); portanto, a descentralização pode ser um recurso para reduzir a corrupção.

Em outro modelo de baixo para cima, os funcionários de nível inferior calculam a probabilidade de que suas práticas corruptas passem ao conhecimento de seus superiores e estes lhes demandem propina (Basu, Bhattacharya e Mishra, 1992). Se eles não satisfizerem essa exigência, eles devem também avaliar o risco de penalidades criminais. Esse problema ou pode ser modelado como uma cadeia infinita ou como uma hierarquia finita que tenha no topo um funcionário honesto. O modelo é estruturado de modo que os funcionários sempre fazem acordo e a penalidade nunca é paga. Não obstante, o nível de penalidade aumenta à medida que o nível sobe, assim reduzindo os benefícios para o funcionário na origem e, portanto, desencorajando o suborno. Dado que as penalidades estimadas impostas aos recebedores de propinas não são uma função do valor da propina original, a corrupção será inibida e, simultaneamente, será aumentado o nível das propinas individuais pagas. Altas propinas que sejam ocasionalmente pagas são evidências do sucesso, não do fracasso, da estratégia.

Em tal sistema, um diretor-presidente reformista poderia demitir e punir o funcionário situado no topo da hierarquia corrupta e ali instalar uma chefia honesta. Por exemplo, um prefeito recém-eleito poderia remover um chefe de polícia corrupto e nomear em seu lugar uma pessoa de reconhecida integridade. Será que tal ação limitaria a corrupção, ou simplesmente descentralizaria o suborno e o tornaria menos visível? A resposta depende da natureza da corrupção em níveis inferiores e do papel das pessoas colocadas em níveis superiores da hierarquia. Um chefe de polícia corrupto pode deter maior poder para extrair ganhos e para obter melhor informação sobre os níveis mais altos que qualquer outro funcionário individual. Nesse caso, a centralização será especialmente danosa (Rose-Ackerman, 1978:167-83). Um tal funcionário, caso detenha uma posição de topo, pode ser capaz de aumentar o volume geral dos pagamentos espúrios; por exemplo, se atribui aos funcionários subalternos pequenos poderes monopolistas, ou se reforça os entraves burocráticos, ou se aumenta a liberdade de ação dos funcionários, ou se emite ameaças a potenciais pagadores de suborno, aumentando o poder de extorsão dos subalternos. Portanto, a remoção de um cabeça corrupto deve limitar o nível de corrupção e o mal decorrente. Uma nova chefia, honesta, pode liderar reformas destinadas a limitar as oportunidades de corrupção.

Em contraste, se o funcionário de topo é corrupto, mas se apenas é o dirigente de uma máquina de extração de propinas, a sua substituição não vai alterar as características estruturais subjacentes que produzem os incentivos à corrupção. Ainda assim, a medida poderia surtir um efeito positivo, caso o chefe honesto possa instilar nos subordinados padrões de honestidade, assim como melhorar a monitoração e a supervisão. Na pior das hipóteses, conforme sugerido por Olson (1993), Schleifer e Vishny (1993), Choi e Thum (2004), e Olson e Barron (2002), inibir a corrupção no topo poderia incrementá-la na base, caso os funcionários entrem em competição entre eles, levando ao excesso a "pesca" na lagoa de rendimentos indevidos, e acarretando maiores danos sociais. A corrupção centralizada gera um sistema ineficiente e injusto, quando práticas monopolistas de suborno maximizam ganhos, mas evitam o risco de um completo colapso. Em um sistema descentralizado, onde os funcionários não tenham de repartir seus ganhos com seus superiores, mais funcionários que executam serviços externos poderiam tornar-se corruptos. Isso supõe, é claro, que superiores corruptos seriam simplesmente extratores de ganhos que proveem poucos benefícios aos subalternos e meramente os ameaçam e intimidam.

Medidas tomadas pela metade provavelmente não lograrão êxito. Se os reformadores não puderem simplesmente recomeçar, com um novo contingente de funcionários públicos e um novo repertório de recompensas e punições, as melhores soluções serão aquelas delineadas nos capítulos precedentes, que mudam a natureza da provisão do serviço público e reduzem o número de servidores. Funcionários que permaneçam precisarão de avenidas para a apresentação de queixas e de alguma garantia de que o estado proverá acompanhamento. Se a corrupção permeia a hierarquia burocrática, medidas típicas de uma reforma ordinária serão demasiadamente limitadas. Em vez disso, serão necessárias soluções que aperfeiçoem a prestação de contas e a responsabilização do governo. Adiante, ao considerarmos as fontes políticas da corrupção, discutiremos esses temas. Uma outra opção seria repassar determinadas atribuições do estado para empresas privadas. Porém, como argumentamos mais tarde neste capítulo, esse não tende a ser um instrumento de grande valia, a menos que as agências reguladoras do governo sejam também reformadas.

Apesar das vulnerabilidades das hierarquias à corrupção, as agências anticorrupção (ACAs) frequentemente são organizadas como hierarquias. Heilbrunn (2004) argumenta que a transmissão hierárquica da informação é mais transparente que os relatos de um inspetor ou ouvidor que são repassados diretamente a um executivo.[291] Todavia, sem uma supervisão independente, mesmo as agências anticorrupção podem sucumbir às tentações corruptoras, como em qualquer hierarquia.

VI. Múltiplos pontos de corrupção

As estruturas piramidais não são a única forma organizacional relevante para o controle da corrupção. Uma segunda possibilidade é uma estrutura que obrigue o potencial interessado em subornar a interagir com diferentes funcionários públicos. Esses podem estar colocados em ordem fixa, como quando um motorista de caminhão encontra múltiplos pontos de controle em uma rodovia, ou podem não ter uma ordem fixa, como quando uma empresa precisa de múltiplas permissões para operar. Designemos esses dois

---

[291] O governador do estado de Nova York Andrew Cuomo fechou uma ACA que ele mesmo tinha criado e que se reportava a ele, quando essa agência começou a investigar uma empresa que tinha trabalhado em sua campanha para o governo. Susanne Craig, William K. Rashbaum e Thomas Kaplan, "Cuomo's Office Hobbled Ethics Inquiries by Moreland Commission", *New York Times*, 23 de julho de 2014, http://www.nytimes.com/2014/07/23/nyregion/governor-andrew-cuomo-and-the--short-life-of-the-moreland-commission.html (acesso em 13 de outubro de 2015). As investigações anticorrupção prosseguiram, mas sob a coordenação da advocacia-geral.

sistemas como sequencial e fragmentado, respectivamente (Rose-Ackerman, 1978:167-73). Uma terceira opção é aquela em que múltiplos funcionários estão disponíveis para prover o mesmo serviço e se permite aos clientes a escolha de a quem se dirigir. Discutimos a seguir vantagens e desvantagens de cada uma dessas opções.

A. *Sistemas sequencial e fragmentado*

Sistemas sequenciais são às vezes utilizados como meio de combate à corrupção. Por exemplo, no departamento de compras do exército dos Estados Unidos, normalmente um funcionário emite a chamada por propostas, um outro seleciona a proposta vencedora, e um terceiro supervisiona a entrega.[292] Uma vez que o processo pode ser suspenso em qualquer ponto da sequência, um proponente corrupto precisaria pagar múltiplas propinas — supondo-se que cada funcionário seja corrupto — a fim de completar o processo. A operação de um sistema sequencial corrupto no qual os solicitantes devem dirigir-se aos funcionários em ordem fixa depende da especificação precisa do modelo.[293] Assim, um modelo assume que os solicitantes barganhem com os funcionários e dividam qualquer excedente de maneira proporcional ao "poder de barganha", exogenamente determinado para cada participante, e designado $1-x$ para o cidadão e x para cada um dos funcionários. Nesse modelo, supondo-se que todos os funcionários tenham o mesmo poder de barganha, o último funcionário pode extrair a maior propina, porque é onde o excedente é mais alto. Olken e Barron ilustram a intuição básica com um exemplo simples, tomado de seu estudo empírico de motoristas de caminhão na Indonésia (Olken e Barron, 2009).[294] Suponhamos haver dois pontos de controle e que seja V o valor da entrega bem-sucedida. Em qualquer ponto de controle o funcionário pode confiscar o embarque, com zero de excedente para

---

[292] Ginger Thompson e Eric Schmitt, "Graft in U.S. Army Contracts Spread from Kuwait Base", *New York Times*, 24 de setembro de 2007, http://www,nytimes.com/2007/09/24/world/middleeast/24contractor.html (acesso em 13 de outubro de 2015).

[293] Esses modelos são derivados dos modelos de equilíbrio de Nash, da teoria dos jogos.

[294] No modelo, em cada estágio um participante faz uma oferta que o outro participante pode aceitar ou rejeitar. Se a oferta for rejeitada, o segundo participante pode fazer uma contraproposta ou aguardar que o primeiro faça uma nova oferta. Uma vez que um acordo seja alcançado, o caminhão prossegue para o ponto de controle seguinte. No estudo de Olken e Barron (2009), os funcionários aceitaram a oferta inicial em 87% dos casos; os demais 13% resultaram em barganhas.

ambos. No último ponto de controle, todas as propinas anteriores são custos irrecuperáveis, e a escolha é ou pagar uma propina de xV (para completar a entrega) ou obter zero. Retrocedendo um passo, o penúltimo funcionário só pode extrair uma propina de $x(1-x)V$. Em outras palavras, o motorista e o primeiro funcionário, antevendo os pontos de controle à frente, preveem a demanda de propina pelo segundo ponto de controle. O trabalho empírico confirmou essa predição para uma das rotas de caminhão nesse estudo (ibid.).

Lambert-Mogiliansky, Majumdar e Radner (2007, 2008), fazendo uso de um modelo sequencial de suborno, mostram que, sob algumas condições, nenhum motorista solicitante sequer inicia o processo, porque todos acreditam que vão perder dinheiro. Olken e Barron somente estudam o comportamento de motoristas que já se encontram na estrada. Eles não tentam determinar se a corrupção reduziu o volume do transporte rodoviário. Todavia, os custos irrecuperáveis funcionam da mesma maneira em ambos os modelos; a cada estágio na sequência, o motorista solicitante considera o futuro ponto de controle à frente, para determinar o nível de ganho em cada ponto. Porém, no modelo de Lambert-Mogiliansky Majumdar e Radner, os funcionários são mais poderosos, mas menos sagazes. Eles não sabem que valor o solicitante atribui à aprovação burocrática, mas tentam extrair o inteiro excedente em termos de valor esperado, e isso gera casos nos quais a demanda de propina supera o excedente. Não há burocratas honestos nos modelos analisados; portanto, o solicitante não pode jogar com a sorte de se defrontar com funcionários que não demandem propinas. Em consequência, em caso de tentativa única, nenhum projeto é aprovado, e todos os solicitantes, prevendo o que vai ocorrer, simplesmente permanecem em casa. Do ponto de vista de conformidade com a lei, isso pode ser vantajoso se os motoristas não estiverem legalmente credenciados para obter o benefício, mas será danoso se estiverem credenciados. Os motoristas de Barron e Olken são, em contraste, todos qualificados para usar as rodovias, embora a maior parte dos caminhões possa ser legalmente multada por excesso de peso, um fator que influencia o valor das propinas. No entanto, se o processo é repetido, os envolvidos lembram suas próprias ações e as daqueles com quem lidaram, e aprendem com o que outros atores tenham feito. Aqui, pode haver um caminho de equilíbrio para propinas "padrão", tal que qualquer defecção poderia desfazer todo o esquema corrupto (Lambert-Mogiliansky, Majumdar e Radner, 2007; Yoo, 2008). Mesmo que o jogo não se repita no sentido tradicional, o uso de um intermediário (ver "Agentes e Intermediários" adiante neste capítulo) pode torná-lo um tipo de jogo repetido, porque o intermediário tem conhecimento de transações corruptas anteriores (Lambert-Mogiliansky, Majumdar e Radner, 2009). Esses equilíbrios impõem diferentes graus de ônus sociais, dependendo do padrão das propinas.

Em contraposição, o primeiro funcionário pode ter o maior poder de barganha na maioria dos ganhos. Esse resultado pode ocorrer se o poder de barganha dos funcionários subsequentes for uma função do nível remanescente positivo dos lucros. Funcionários e solicitantes "sofrem" com a falácia do custo perdido, uma vez que, se o primeiro funcionário tiver extraído a maior parte do excedente, os funcionários subsequentes aceitam o argumento de que o solicitante não tem mais lucros a compartilhar. Esse argumento pode funcionar especialmente bem se os solicitantes são clientes repetitivos, que possam credivelmente ameaçar não retornarem ao sistema corrupto se a cobrança for excessiva.

Em um sistema fragmentado, no qual a ordem não seja previamente fixada e os solicitantes possam mantê-la em segredo, os funcionários recebem pagamentos menores. Se modificarmos nessa linha o modelo Olken e Barron, nenhum funcionário sabe que é tudo o que se interpõe entre o solicitante e a aprovação final; portanto, ele não pode extrair a vantagem de ser o último ponto de controle. Esse modelo, obviamente, não se aplica aos motoristas em uma rodovia; em vez disso, pode valer para um construtor em busca de permissões de vários escritórios governamentais para iniciar uma obra. Similarmente ao caso da falácia do custo irrecuperável, se a ordem não é pré-determinada, nenhum funcionário saberá se ele ou ela é a primeira a quem o solicitante se dirige. O resultado pode ser um completo desequilíbrio no sistema, com os funcionários competindo por propinas e os solicitantes desencorajados.

Essa pesquisa teórica e empírica traz alguma luz a duas propostas de política conflitantes. A primeira advoga um "posto unificado" para o registro de negócios ou outros processos burocráticos de aprovação. Isso é equivalente à solução centralizada em um sistema hierárquico. Em ambos os casos, conforme anteriormente discutido, um único funcionário substitui uma multiplicidade de indivíduos potencialmente corruptos, e a questão-chave é se a "exploração excessiva" costuma ocorrer em um sistema descentralizado. Se assim for, um sistema centralizado, ainda que corrupto, será menos danoso. Por outro lado, se a centralização é acompanhada de maior poder sobre os solicitantes de serviços legais, o posto unificado pode simplesmente permitir maior extração de receita ilegítima, em um grau que distorça a alocação de recursos e a justiça e a legitimidade de programas públicos. No caso intermediário analisado por Lambert-Mogiliansky, Majumdar e Radner (2007), um posto unificado pode permitir que os funcionários consolidem seu poder de extorsão. Eles podem causar o aumento ou a diminuição das propinas (e do bem-estar social), dependendo da situação de equilíbrio que prevaleça na ausência de reforma. Lembremos, contudo, que no modelo de Lambert-Mogiliansky, Majumdar e Radner funcionários são corruptos e não enfrentam risco de punição por suas ações. Há alguma evidência de que postos unificados podem ser vantajosos, ao menos para o registro de empresas. Um estudo de caso na Índia mostra seus benefícios, especialmente se combinados com procedimentos informatizados para melhor sequenciar o processo e eliminar oportunidades de corrupção ao reduzir a liberdade excessiva de ação (Bussell, 2013).

B. Burocratas em competição

A segunda proposta advoga a designação de múltiplos funcionários, dos quais apenas alguns devem interagir com o público. No modelo competitivo, os funcionários competem por uma fatia das propinas, e esse comportamento pode limitar o nível geral de pagamentos indevidos. Mesmo nesse caso, obviamente, os benefícios da competição entre funcionários dependem da natureza dos benefícios públicos (Rose-Ackerman, 1978:137-66). Jurisdições sobrepostas podem limitar o nível de propinas pagas pela obtenção de benefícios legais e assim desestimular os funcionários a pedirem pagamentos impróprios.

O quadro usual de uma burocracia é o de uma árvore, com cada funcionário responsável perante seus superiores por realizar uma única tarefa.[295] Por exemplo, os funcionários podem todos executar o mesmo serviço, emitindo licenças, por exemplo, mas cada um designado para uma diferente área geográfica. Dado que os funcionários devem ter alguma liberdade de ação, essa forma de organização confere a cada funcionário algum grau de monopólio sobre os clientes. A estrutura burocrática pode ser clara e bem organizada, mas isso não impede que o resultado seja corrupção disseminada. Essa patologia pode ser evitada se os funcionários proveem o mesmo serviço, de

---

[295] Esse é o ideal weberiano da meritocracia moderna; porém, na medida em que as pessoas são "tanto egoístas quanto sociais", ele contradiz a natureza humana; a superposição de jurisdições pode promover os necessários "controles e equilíbrios", a fim de aumentar a responsabilização (Felson, 2011:14-16).

forma intercambiável. Eles podem receber jurisdições sobrepostas, de modo a permitir aos clientes escolher o funcionário por quem serão atendidos. Uma vez que os clientes possam dirigir-se a qualquer um de um grupo de funcionários, e passar a um segundo caso o primeiro o rejeite, nenhum funcionário detém monopólio do poder. Em consequência, nenhum pode extrair um grande suborno. Ao longo do tempo, cada funcionário pode desenvolver uma reputação, seja como honesto seja como corrupto. Algumas das técnicas de governança eletrônica delineadas no capítulo 4 podem ajudar a permitir que os cidadãos expressem seus pontos de vista sobre os serviços que lhes tenham sido prestados e que denunciem casos de corrupção.

Sob que condições a burocracia competitiva representa uma estratégia realista de reforma? A melhor hipótese é que seja um benefício público disponível a todos. Consideremos algo tão trivial como a venda de selos postais (Alam, 1991). Qualquer um pode comprá-los sem demonstrar sua posição na escala social. Isso implica ser baixo o nível de arbítrio do funcionário. Se um atendente demanda propina, o consumidor pode simplesmente dirigir-se a outra posição de venda ou a outra agência postal. É claro que o atendente pode receber gorjetas em retribuição à doação de selos gratuitos, mas a natureza do produto torna os controles financeiros de fácil implantação. Esse caso simples ilustra os requisitos básicos para uma bem-sucedida introdução da burocracia competitiva. As pessoas têm direito aos benefícios, e deve ser tornado difícil que os funcionários concedam mais do que os clientes mereçam. A possibilidade de se reapresentar a um outro funcionário limitará então o potencial de exigência de propina de qualquer burocrata. Se essas condições não se mantêm, clientes e funcionários encontram-se em relação de conluio, que ambos preferem conservar. O valor da propina será reduzido pela existência de outros funcionários corruptos, mas a perda para o estado permanecerá significativa. Assim, a viabilidade da burocracia competitiva depende de forma importante da capacidade dos níveis burocráticos mais elevados em monitorar os resultados produzidos. No exemplo do selo postal, funcionários mais graduados deveriam ser capazes de rastrear o número de selos vendidos e tornar os funcionários de nível mais baixo responsáveis pela receita coletada. A hierarquia é ainda necessária, mas sua função é deslocada para a monitoração de resultados, não a do comportamento.

Inversamente, o funcionário público pode impor uma sobrecarga ao cidadão pelo provimento de bens e serviços governamentais, ao extorquir pagamento extra. Novamente, o montante que o funcionário pode extorquir será limitado pelo custo de o cidadão buscar outra opção. Por exemplo, na educação pública, permitir às famílias escolherem entre várias escolas próximas deve limitar a extorsão pela administração, mas a extensão dessa escolha depende de quão distantes ficam as outras escolas e da qualidade da educação oferecida. Assim, essa extorsão pode ser mais prevalente em áreas rurais que nas cidades. Selos postais são um produto de consumo de fácil avaliação: o consumidor pode prontamente verificar se a transação está dentro das regras. Moeda estrangeira é também facilmente verificável, desde que o cliente tome o cuidado de apurar a quantidade e a validade das notas fornecidas no ponto de venda. Outros produtos de consumo, entretanto, não são tão transparentes ou facilmente verificáveis. A gasolina é um desses produtos. No México, é amplamente sabido que muitos postos de gasolina enganam os consumidores ao ajustarem as bombas de modo a liberar menos combustível que apresenta o medidor, ou por misturarem gasolina comum à gasolina especial, ou por misturarem outros líquidos à gasolina de todas as categorias.[296] Nesses casos, o cliente não pode facilmente verificar a qualidade ou a quantidade da gasolina, e entidades do governo encarregadas de detectar e sancionar essa fraude são fontes inconfiáveis de informações. O jornalismo investigativo preencheu esse vácuo ao menos em parte — um relatório mencionava postos que declaravam quantidades entre 0,5% (máxima discrepância legalmente permitida) e 10%[297] — mas a maioria dos clientes confiam em reputação e informações boca a boca, evitando postos que sejam "sabidamente" corruptos.[298]

Nos casos em que funcionários devem decidir se um solicitante está qualificado para receber um benefício como uma licença ou uma permissão, a burocracia competitiva é promissora, sob certas condições. Suponhamos que o benefício, como um passaporte ou uma carteira de motorista, não seja escasso, mas restrito a solicitantes qualificados. Os critérios para receber o

---

[296] Ver, por exemplo, Alejandra López, "Dan litros de menos y adulteran gasolinas", *El Norte*, 9 de agosto de 2014. Querosene é usado para adulterar gasolina e óleo diesel em vários países (McPherson e MacSearraigh, 2007:209).

[297] Osvaldo Robles e Alberto Rodríguez, "Detectan gasolineras que dan de menos", *El Norte*, 8 de agosto de 2014.

[298] É oportuno um esclarecimento. Postos de gasolina são franquias de proprietários privados no México, concedidas pela companhia paraestatal de petróleo, Pemex, e os preços da gasolina são determinados pelo estado. Não obstante, não é difícil imaginar práticas similares em países onde os postos pertencem ao estado. Em qualquer caso, o gerente do posto guarda consigo os lucros adicionais derivados dessas práticas corruptas.

benefício são claros e de conhecimento tanto dos clientes quanto dos funcionários. Solicitantes não qualificados não podem obter o benefício sem pagar suborno; solicitantes qualificados podem reportar demandas corruptas e dirigir-se a um outro funcionário se o primeiro demanda uma propina muito alta. Suponha que os cidadãos não saibam se um dado funcionário é ou não corrupto, até que sejam realmente contatados para pagar propina. No cenário de burocracia competitiva, solicitantes qualificados não pagam mais que o custo de se dirigirem a outro funcionário, levando em conta que o próximo funcionário possa também demandar uma propina. Porém, a honestidade de alguns funcionários aumenta o custo para solicitantes não qualificados e pode afastá-los, reduzindo a receita em propinas e induzindo alguns funcionários anteriormente corruptos a mudarem seu comportamento, aumentando ainda mais o risco de detecção, e assim por diante. O suborno é um jogo arriscado tanto para cidadãos quanto para funcionários, que devem considerar a possibilidade de que o cidadão possa reportar demandas desonestas. Se as apostas ficarem muito arriscadas, os funcionários deixarão de cobrar propinas e de prestar serviço a solicitantes não qualificados (Cadot, 1987). Um exemplo desse caso ocorreu na Indonésia nos anos 1970, entre funcionários que disputavam o privilégio de aprovar ofertas de investimento de investidores estrangeiros. A competição era tão intensa que a vantagem dos "pagamentos por agilização" erodiu e as demandas corruptas não se sustentaram.[299] Posteriormente, o presidente Suharto parece ter resolvido esse "problema" consolidando essas decisões em seu próprio gabinete.

Mesmo que os solicitantes não qualificados estejam dispostos a pagar suborno, a burocracia competitiva, como modelo, pode ainda oferecer alguma vantagem. Ainda que paguem propinas, mesmo eles não pagarão tanto, desde que possam também tentar outros funcionários (Rose-Ackerman, 1978:155-9). Infelizmente, uma espiral de benevolência não ocorrerá nesse caso. Consideremos, por exemplo, corrupção na emissão de carteiras de motorista. A honestidade de alguns funcionários no Departamento de Trânsito aumenta o ganho dos corruptos, induzindo mais funcionários a se tornarem corruptos. À medida que, a seguir, mais se tornem corruptos, cai o ganho em aceitação de propinas, de modo que pode resultar uma solução intermediária estável. Todavia, o valor da propina, reduzido pela competição, induz um número

---

[299] Theodore Smith, "Corruption, Tradition and Change", *Indonesia*, 11 de abril de 1971, citado em Cariño (1986:179).

maior de solicitantes não qualificados a recorrer a pagamentos indevidos. Pode ser muito elevado o custo social desse sistema, já que os não qualificados podem dirigir nas estradas com suas novas licenças.

A burocracia competitiva tem valor limitado nos casos em que funcionários, tais como policiais e coletores de impostos, imponham custos e nenhum benefício. Não obstante, a burocracia competitiva pode, ao menos, reduzir o valor dos pagamentos. Policiais que procurem controlar negócios ilegais podem receber áreas de controle superpostas. Dessa forma, bandidos que explorem jogo ou drogas não pagarão muito a um policial, porque um segundo pode surgir depois e também demandar pagamento. Nenhum policial sozinho é capaz de fornecer proteção; portanto, não pode credivelmente demandar um grande pagamento. O nível relativamente baixo do pagamento aos policiais pode induzir alguns a permanecerem honestos, após ponderar os riscos e benefícios da aceitação de propinas (ibid.:159-63).

Funcionários encarregados de aplicar leis regulatórias ou de administrar programas de benefícios são um pouco como os policiais. Os funcionários das agências reguladoras podem ser pagos por empresários para ignorar violações, e administradores de programas podem ser pagos para violar as regras de distribuição. Assim, uma superposição das áreas delegadas pode ser uma solução também aqui. Por exemplo, no Brasil dos anos 1970, limitou-se a corrupção na reforma fundiária de uma cidade por causa da concorrência entre agências rivais. Aqueles que tivessem reclamações contra a extorsão praticada pelos funcionários de uma agência poderiam dirigir-se aos de outra agência para procurar retificação (Bunker e Cohen, 1983:109).

Obviamente, policiais, inspetores fabris e administradores de programas podem responder por se organizarem em grupos de conluio para extorquir pagamentos pelas empresas. Isso tem acontecido com frequência, o bastante para tornar-se real preocupação. Porém, é às vezes possível romper esses cartéis pelo envolvimento de funcionários de auditoria ou de inspetores de diferentes jurisdições políticas — locais, estaduais, federais. Embora conluios possam acontecer mesmo nesse cenário, eles se tornam geralmente mais difíceis para organizar. No caso brasileiro apontado no parágrafo anterior, os conluios foram limitados porque os funcionários de diferentes agências tinham pouco contato direto entre si. Em uma segunda cidade onde isso não era verdade, a corrupção era a regra (ibid.).

Embora a burocracia competitiva possa reduzir o nível das propinas, e assim desencorajar alguns funcionários potencialmente corruptos, o valor menor dos pagamentos pode também estimular a adesão de mais indivíduos e empresas ao mercado ilegal. A questão-chave, nesse caso, é se os custos sociais do suborno são inversamente relacionados ao tamanho da propina. Considere-se, por exemplo, o caso de funcionários coletores de impostos na Índia. Cada escritório arrecadador está organizado de forma que os funcionários atuem em jurisdições superpostas. Os escritórios com equipes numerosas tiveram fraco desempenho se comparados aos escritórios com equipes menores. Das-Gupta e Mookherjee (1998:236) especulam que, em escritórios maiores, mais funcionários competem pelas propinas pagas pelos contribuintes para obter a redução de seus impostos. Isso mantém reduzido o valor das propinas. Devido à baixa probabilidade de serem punidos, pagamentos mais baixos não induzem muitos funcionários a se comportar honestamente, mas encorajam mais contribuintes a pagar por tratamento especial. Supondo uma curva de demanda fixa inclinada para baixo por serviços de natureza corrupta, um deslocamento para fora na oferta de funcionários potencialmente corruptos leva a valores de propina mais baixos e um número maior de transações corruptas. Situação similar foi reportada no Nepal, onde funcionários de agências aduaneiras competiam para prover menores taxas alfandegárias em troca de propinas. Os negociantes acorriam para os pontos de atendimento mais vantajosos, nos quais era mais baixa a soma de imposto e propina. Alguns funcionários tentavam limitar a competição, contratando bandidos para assediar os negociantes, fazendo-os seguir rotas favoráveis a outros funcionários corruptos (Alfiler, 1986:48). Notemos um aspecto importante em que essas situações diferem do caso de aplicação da lei. Um bandido que explore jogo ou drogas não se pode sentir seguro, pois um novo policial pode a qualquer momento chegar para prendê-lo ou para exigir um pagamento. No caso relacionado a impostos, funcionários podem competir para permitir uma redução tarifária; porém, uma vez que o negociante tenha feito um pagamento a um funcionário de nível inferior, nenhum outro do mesmo nível tem autoridade para interferir. A monitoração por um nível superior é necessária para aumentar os riscos para os servidores corruptos. Isso pode ser feito por auditorias aleatórias: se o contribuinte sabe que pode ser necessário apresentar a devida documentação após o pagamento do imposto, haverá menos incentivos ao suborno.

VII. Agentes e intermediários

Uma característica familiar de muitos sistemas corruptos é o intermediário privado com "conexões", que promete facilitar, mediante um preço, o caminho através da burocracia. Em casos apresentados por signatários da Convenção Contra o Suborno da OCDE, 427 casos de suborno no estrangeiro terminaram em acordo ou em condenação entre 1999 e 2013. Desses, 304 (71%) envolviam um intermediário (OCDE, 2014:29, figura 16).[300] Os pagamentos eram usados tanto para subornar funcionários públicos quanto para compensar o agente. Em muitos países, a legislação contra o suborno criminaliza o pagamento a esses agentes, assim como a aceitação de pagamentos pelos agentes. Contudo, existe considerável variação de um país para outro na legislação.[301]

Por que são tão comuns esses agentes, mesmo quando todos reconhecem que estão pagando suborno? Por que não eliminar esses intermediários e pagar diretamente ao funcionário? O ponto-chave é que os intermediários são personagens repetitivos, em comparação com a maioria dos que estão à procura do benefício. Eles operam em sistemas nos quais o solicitante tenha pouco ou nenhum recurso para acionar mecanismos honestos de reclamação, ou estejam procurando algo de valor para o qual não estejam qualificados. O intermediário é frequentemente um antigo funcionário ou mesmo um funcionário atual em período de folga. Ele ou ela está ciente da taxa usual para o serviço, pode economizar o tempo do solicitante ao eliminar a espera na fila, ou pode ajudar a evitar incômodas visitas adicionais aos escritórios do governo. Especialmente em sistemas fragmentados, podem encontrar atalhos através de procedimentos oficiais complexos. Eles parecem estar executando um serviço útil, ao agilizar os procedimentos burocráticos e ao reduzir o tempo e a confusão para cidadãos e empresas. Notemos, contudo, que, quan-

---

[300] Em 14% dos 304 casos, os intermediários não estavam envolvidos em suborno; em 15% dos casos, essa informação não estava disponível. Dos intermediários que estavam envolvidos, 41% eram agentes, 35% veículos corporativos ("companhias subsidiárias, empresas locais de consultoria, companhias localizadas em centros financeiros *off-shore* ou paraísos fiscais, ou companhias estabelecidas com a participação ou do funcionário público que recebia as propinas ou do indivíduo ou entidade que pagava as propinas"), 6% advogados, 3% membros da família de funcionários públicos, 2% associados, 1% contadores e 12% "desconhecidos" (OECD, 2014:29).

[301] Conselho da Europa (1999a) Artigo 12, "Trading in Influence", e as reservas a esse artigo adotadas, por exemplo, por Bélgica, Dinamarca, França, Suíça e Reino Unido. O crime de tráfico de influência consiste em dar ou oferecer uma "vantagem indevida" a alguém que exerce "influência imprópria" sobre um funcionário público.

to melhor funcione esse sistema corrupto, maior é o incentivo para que os funcionários e os intermediários trabalhem juntos, para induzir a corrupção. Além disso, eles têm incentivo para recusar serviço aos solicitantes honestos e qualificados, podendo mesmo inventar infrações.

Hasker e Okten (2008) retomam esforços anteriores por Bayar (2005), Lambsdorff (2002) e Oldenburg (1987). Em seus modelos, os intermediários sabotam métodos padrão de promover a correta execução, tais como a monitoração intensificada e penalidades maiores. O rodízio de burocratas por diferentes escritórios, longe de limitar a corrupção, pode aumentar a presença de intermediários, resultando em aumento da corrupção (Hasker e Okten, 2008). Como não são servidores públicos, pode ser mais difícil controlá-los. Uma política de demitir funcionários corruptos pode sair como tiro pela culatra. Por exemplo, conforme descrito em Fjeldstad (2003:172), o governo da Tanzânia lançou uma campanha anticorrupção, demitindo um terço dos funcionários na administração tributária. Empresas privadas contrataram esses ex-burocratas, em razão de seu conhecimento e contatos internos. Novas redes de corrupção logo surgiram. "O que parecia uma solução simples agravou o problema, porque o governo ignorou o mercado para intermediários" (Hasker e Okten, 2008:114).

Dois estudos experimentais na Índia ilustram como podem operar esses sistemas. Um analisava a emissão de carteiras de motoristas, muitas vezes para pessoas inaptas a dirigir, e o segundo analisava a emissão de cartões de alimentação para comida subsidiada (Bertrand et al., 2007; Peisakhin e Pinto, 2010). O primeiro dizia respeito a pessoas não qualificadas que conseguiam obter a credencial, e a pessoas qualificadas que não recebiam a credencial a menos que pagassem uma propina. O segundo tratava apenas da demora. Ambos mostravam como a utilização de intermediários agilizava o processo, em comparação com aqueles que simplesmente aguardavam a sua vez; mas o experimento com os cartões de alimentação mostrava uma distorção adicional. Os solicitantes que preenchiam a requisição do Ato de Liberdade de Informação, referente à solicitação segundo uma nova lei indiana, recebiam o serviço de forma relativamente rápida e não precisavam pagar a um intermediário. Esse resultado, se puder ser reproduzido em outros contextos, sugere uma promissora avenida para reformas.

VIII. A redescoberta da terceirização

Nas últimas décadas, os reformadores redescobriram as virtudes da terceirização, como meio de apartar a administração da política e reduzir custos. Nos Estados Unidos, na Grã-Bretanha e em outros lugares, esforços para desregulamentar e reduzir o porte do governo têm levado a repensar o papel dos funcionários públicos. O objetivo é manter o serviço público tão reduzido quanto possível, eliminar muitas das atividades do governo e contratar fora as tarefas remanescentes, de empresas privadas tanto lucrativas quanto não lucrativas. Os melhores candidatos para serviços terceirizados são aqueles que não afetam diretamente o público, para os quais haja várias empresas que compitam entre si (não monopólio), e que impliquem custos baixos para troca de prestadores (baixo investimento privado) no caso de fraco desempenho ou falência do prestador; porém, mesmo serviços de alto risco podem ser terceirizados, desde que sejam adequadamente gerenciados (Padovani e Young, 2008). Isso acarreta estabelecer objetivos mensuráveis e monitorar o progresso em direção a esses objetivos — sendo que ambas atividades requerem equipes do governo. Mesmo quando existe um monopólio natural, sob certas condições — muitas das quais ocorrem mais frequentemente em economias avançadas — é melhor terceirizar e cobrar uma taxa de franquia que atribuir ao governo a operação direta do serviço, ou privatizar e regulamentar (Auriol e Picard, 2009).

Embora esse movimento tenha sido recebido com elogios, o registro histórico sugere cuidados. A Nova York do século XIX, por exemplo, usava empresas privadas para limpeza das ruas, fornecimento de água, operar o metrô e coletar o lixo, mas as empresas falharam em prover até o serviço minimamente aceitável. Protecionismo e propinas dominavam as contratações, e a cidade não era capaz de obrigar as empresas privadas a cumprir os termos dos contratos. O sistema não era melhor que uma burocracia pública dominada pelo favorecimento no emprego. O serviço só melhorou quando o sistema foi assumido por um funcionário público forte e independente (Darrough, 1998; Glaeser, 2004). Obviamente, esse caso não demonstra que contratar serviços de fora não possa funcionar, mas ele serve de alerta contra a simples troca de uma forma de corrupção e de atuação em benefício próprio por outra.

De fato, a terceirização de atividades do governo não é uma panaceia. Massachusetts descobriu o risco envolvido na terceirização de impressão de cheques quando a contratada faliu e "várias centenas de milhares" de cheques da Medicaid não foram remetidos. Uma auditoria na U.S. Agency for International Development (USAID) identificou que uma contratada tinha faturado cerca de US$1 milhão contra a agência no período de 16 meses de contrato, sem ter prestado qualquer serviço.[302] Empregados da empresa de segurança Blackwater mancharam as relações entre os Estados Unidos e o Iraque quando abriram fogo contra uma praça cheia de gente durante a ocupação do Iraque pelos Estados Unidos.[303] E empresas contratadas falharam nas respostas ao furacão Katrina e na implantação *online* do Obamacare (DiIulio, 2014). A finalidade última da terceirização é melhorar a qualidade e reduzir os custos dos serviços; a redução da corrupção é apenas uma parte disso. Se governos dos Estados Unidos têm tido resultados variáveis, na melhor das hipóteses, com a terceirização, essa tem o potencial de mostrar ainda mais problemática em governos menos amadurecidos, com sistemas judiciais ainda pouco desenvolvidos.

Similarmente, o estudo de Bussell (2013) sobre uma reforma na Índia destaca a forma pela qual política e reforma estão entremeadas. No geral, a reforma buscou limitar os meandros burocráticos envolvidos em licenciamento e operacionalização de pequenos negócios. Em vez de passar por múltiplos escritórios, a reforma criou postos unificados de atendimento. Em alguns estados indianos, esses eram operados por empresários privados sob contratação. Bessell descobriu que os postos privados tinham melhor desempenho, em geral, que os governamentais, em termos do tempo gasto na obtenção de licenças.[304] Comparando estados indianos, ela determinou que o apoio dos políticos à reforma era mais forte onde os rendimentos que antes recebiam,

---

[302] Scott Higham e Steven Rich, "Whistleblowers Say USAID's IG Removed Critical Details from Public Reports", *The Washington Post*, 23 de outubro de 2014, http://www.washingtonpost.com/investigations/whistleblowers-say-usaids-ig-removed-critical-details-from-public-reports/2014/10/22/68fbc1a0-4031-11e4-b03f-de718edeb92f_story.html?hpid=zl (acesso em 23 de outubro de 2014).

[303] Omar Al-Jawosy e Tim Arango, "Sentences in Blackwater Killings Give Iraquis a Measure of Closure", *New York Times*, 14 de abril de 2015, http://www.nytimes.com/2015/04/15/world/middleeast/sentences-in-blackwater-killings-give-iraquis-a-measure-of-closure.html (acesso em 16 de julho de 2015).

[304] Bussell não encontrou nenhuma evidência de corrupção, mas ela verificou que aqueles que faziam uso de postos privados não estavam muito felizes com eles, em parte, ao que parecia, porque o governo impunha um mínimo de sete dias de período de espera, que não podia ser reduzido sem pagamento de propina.

provenientes da pequena corrupção, eram mais baixos. Em outras palavras, era mais provável que a reforma se concretizasse nos lugares onde o problema fosse menos agudo. Esse é um problema geral relacionado ao sucesso de uma reforma, conforme discutimos no capítulo 13.

Uma opção promissora é fazer uso de organizações não governamentais (ONGs) sem fins lucrativos como provedoras de serviços. Loevinsohn e Harding (2005) passam em revista 10 avaliações da terceirização na prestação de serviços em saúde básica e serviços de nutrição em países em desenvolvimento. Comparadas com a provisão de serviços pelo governo, várias das soluções com base em contratos de gestão mostraram resultados positivos na mensuração da cobertura do programa. Um dos casos foi observado em uma área rural da Guatemala, onde benefícios também eram entregues mediante contratos de prestação de serviços. Mesmo aí, onde os pesquisadores identificaram falha na administração do contrato pelo governo, a operação era bem-sucedida e, ao longo do tempo, o programa se expandiu para cobrir mais de um quarto do país. Os autores, entretanto, apontam fatores que limitam a generalidade dos resultados. De particular importância é a natureza dos serviços prestados — cuidados básicos com a saúde e serviços de nutrição. Esses são serviços cujos resultados são de fácil monitoração, de modo que os contratados podem ser obrigados a prestar contas, não apenas pelas autoridades públicas, mas também pelos beneficiários. Os autores concluem que a terceirização deve ser considerada, mas que uma avaliação rigorosa deve ser implantada em paralelo com os experimentos. Os resultados também sugerem o valor de combinar a contratação de empresas privadas com algum tipo de prestação pública de contas de baixo para cima.

Se a contratação fora não é um rápido remendo e leva a uma oposição política organizada, é provável que continue a operação direta pelo governo. Essa realidade política confere ainda mais urgência aos programas de reforma interna do estado. Embora as corporações públicas que operam as empresas estatais não sejam, frequentemente, parte formal do sistema de serviços públicos, as questões de treinamento pessoal, motivação e pagamento surgem da mesma forma. Talvez seja possível gerar resultados favoráveis mediante uma mistura da terceirização de algumas atividades, via ONGs, com reformas do serviço público e monitoração externa.

Em alguns casos, o impulso corrente por desregulamentar, privatizar e terceirizar tem sido combinado com melhorias na execução de funções centrais do governo. Em outros casos, a terceirização tem resultado na infeliz consequência de disseminar os relacionamentos corruptos, estabelecer monopólios privados e enfraquecer as funções legítimas do governo.[305] Países mais pobres, especialmente aqueles com forte desigualdade de renda e de distribuição de riqueza, precisam criar um efetivo sistema de serviços públicos, ao mesmo tempo que descentralizam e terceirizam (Adamolekun, 1993:43). Eles não deveriam apressar-se em terceirizar atividades do governo se o resultado for aprofundar a concentração de riqueza e conservar os relacionamentos corruptos. Em vez disso, para os serviços essenciais do governo, tais como reparo de ruas, tratamento de esgoto e coleta de lixo, deveriam primeiramente trabalhar para corrigir a operação das agências públicas. A privatização deve vir depois, se o governo estiver apto a prover efetiva supervisão dos contratos públicos. De outra forma, o resultado será simplesmente a criação de novas fontes de ganho privado, às expensas do público em geral. Mais geralmente, o desenvolvimento de um vibrante setor privado requer um governo bem operante, que proteja os direitos de propriedade e regulamente os mercados securitário, bancário e de troca de *commodities* (Collins, 1993:329).

Conclusões

A reforma do serviço público é dispendiosa e politicamente difícil, e parece estar além da capacidade de muitos países pobres. Contudo, não pode ser evitada. Em muitos países, o pagamento pelo governo tem caído rapidamente nos anos recentes, à medida que pressões fiscais têm levado os governos a cortar gastos. Por vezes, a insistência do Banco Mundial e do FMI em reduções da conta salarial como condição para ajuda tem desastradamente contribuído para a corrupção. Pressionados pelas instituições internacionais, países tomadores de empréstimo executam cortes gerais de pagamento ou congelamentos salariais, porque são politicamente mais fáceis de administrar que a demissão seletiva de trabalhadores (World Bank, 1991:6). Os servidores públicos recém-pauperizados recorrem a propinas como forma de recuperar parte das perdas salariais. Obviamente, o Banco Mundial e o FMI não deveriam dar apoio a essas políticas contraprodutivas; porém, muitas das dificuldades são internas às políticas dos países em desenvolvimento. Nações

---

[305] Para uma visão crítica do uso da terceirização pelo governo dos Estados Unidos, ver DiIulio (2014). Ele diz (p. 5): "o governo americano atual é uma forma de governo inchado, financiado por endividamento, administrado por procuração e superficialmente antiestatista".

que conseguem bom progresso em alcançar equilíbrio fiscal podem pôr em risco seu sucesso ao cederem à pressão dos servidores públicos por aumentos salariais generalizados. Isso é o que aconteceu, por exemplo, em Gana em 1992, quando os salários dos servidores públicos foram aumentados em 80% de forma ampla (World Bank, Operations Evaluation Department, 1995:20). Aumentos salariais podem ser de fato necessários para o bom desempenho, mas apenas se os aumentos são vinculados à produtividade e se são acompanhados por uma redução no nível geral do emprego no setor público. No entanto, a redução do número de funcionários será provavelmente factível apenas se há disponibilidade de empregos no setor privado. Políticas que estimulem o desenvolvimento de um setor privado funcional podem tornar viável a reforma do serviço público.

As reformas discutidas aqui e no capítulo 4 trarão melhores resultados se forem combinadas. Como escreve Merilee Grindle (2004:534):

> A reforma do serviço público, por exemplo, deve melhorar o pagamento e as condições de trabalho dos funcionários do governo, e pode até reduzir a corrupção e o protecionismo, mas terá pouco significado para os pobres, a menos que outras condições sejam levadas a efeito, tais como uma mobilização política para assegurar que os funcionários públicos lhes dispensem tratamento correto, e uma cultura organizacional que estimule entre os funcionários públicos uma orientação ao serviço.

A corrupção firmemente instalada deve ser combatida tanto pela reforma do serviço público quanto por mudanças na natureza do trabalho do governo. Se a estrutura de embasamento legal permanece inalterada, um decréscimo da corrupção pode produzir poucos benefícios. Della Porta e Vannucci (1999) declaram que a corrupção declinou, mas que a burocracia apresenta fraco desempenho, ao mecanicamente impor normas restritivas. Se a causa subjacente da corrupção é o tipo e o nível da intervenção do público, serão igualmente necessárias reformas também aí. Um estado em reforma deve reduzir os incentivos subjacentes a pagamentos indevidos, eliminando programas e simplificando leis tributárias e requisitos na área de compras. Deve também aperfeiçoar os incentivos, positivos e negativos, nas reformas do serviço público, nos processos de compras e na aplicação das leis.

Muitas reformas bem-sucedidas têm incluído informatização e treinamento como elementos fundamentais, mas a modernização não é suficiente. Na administração aduaneira do Afeganistão, por exemplo:

Os caminhões passam por um gigantesco aparelho de raios X fornecido pelos militares dos Estados Unidos. Funcionários treinados no Ocidente avaliam a carga para tarifas de importação. A papelada é digitada em um sistema computadorizado pago pelo Banco Mundial. Câmeras de supervisão financiadas pelos americanos monitoram a travessia. Porém, para os funcionários afegãos, cada caminhão representa uma nova oportunidade de enriquecimento pessoal.

Guardas de fronteira embolsam uma pequena quantia por abrirem os portões, mas isso é só o começo. Homens de negócios e funcionários aduaneiros entram em acordo para falsificar as faturas e manipular as listas de materiais. Quantidades, pesos, conteúdos, países de origem — quase todo item de informação pode ser alterado, para reduzir a conta da alfândega, frequentemente da ordem de até 70%.[306]

Quando, como aqui, a corrupção é disseminada, não é possível fazer tudo de uma vez, mas o melhor lugar para começar é pela demanda e pelo fornecimento de serviços corruptos. Isso significa reestruturar programas que geram incentivos à corrupção e reorganizar o serviço público para permitir que os profissionais tenham um nível de vida decente. Uma reforma poderia iniciar-se por uma ou duas agências-chave — tal como a administração tributária — ou por um esforço verossímil para implantar a privatização em uma atividade-chave, de forma aberta e transparente. Começar com um foco estreito é inútil, contudo, a menos que adiante seja ampliado. De outro modo, os funcionários que trabalham fora da agência reformada se ressentirão do tratamento especial dispensado a um grupo pequeno, e a reforma será provavelmente subjugada pelo nível de corrupção dominante.

Uma grande tarefa é mudar as atitudes do público e convencer o cidadão comum de que o governo é sério em combater a corrupção. Isso sugere uma ênfase em reduzir a corrupção onde ela seja mais óbvia para a população. A iniciativa deve começar por serviços a que as pessoas possam ter acesso gratuitamente. Se esse serviço não é de necessidade básica, as pessoas podem aceitar a introdução de uma pequena taxa em lugar das propinas. Um próximo passo é a reforma de sistemas corrompidos que permitam que as pessoas soneguem impostos ou violem a lei impunemente. Nesses casos, uma reforma crível deve começar pelo topo. A repressão deve alcançar os ricos e poderosos. Se é

---

[306] Declan Walsh, "At Afghan Border, Graft Is Part of the Bargain", *New York Times*, 12 de novembro de 2014, http://www.nytimes.com/2014/11/12/world/asia/in-afghanistan-customs-system--corruption-is-part-of-the-bargain.html (acesso em 12 de novembro de 2014).

exigido que contribuintes importantes paguem seus impostos, outros devem ficar mais propensos a seguir esse caminho. Se a iniciativa focar apenas os cidadãos comuns, ela provocará ressentimentos e desmoralizará todo o esforço.

A reforma do serviço público é parte de múltiplos projetos de reforma apoiados por organizações internacionais; ao menos de início elas foram mal desenhadas (Nunberg e Nellis, 1995; United Nations Development Programme, 1997b). Para terem êxito, os reformadores devem conhecer: o valor dos benefícios e sua distribuição; a relação entre os salários do setor público e a renda familiar dos servidores; a importância da corrupção e de conflitos de interesse que afetem decisões públicas; a produtividade de empregados públicos e privados de nível comparável; condições macroeconômicas; e o tamanho e o papel da economia informal. O governo precisa saber se uma modesta oferta de indenização por demissão será aceita por um número significativo de empregados do governo. Caso afirmativo, os salários podem ser aumentados e o emprego cortado sem tensão exacerbada. Em alguns programas de reforma do passado, a absorção de trabalhadores demitidos nos setores agrícola e informal foi menos difícil do que alguns estimavam, especialmente na África (World Bank, 1991:16).

A tensão da reforma pode ser reduzida por meio de políticas complementares para a criação de empregos no setor privado e encorajar negócios a saírem do esconderijo. Um bom início poderia focar na criação de um sistema honesto de arrecadação de impostos. Isso asseguraria receita para o estado e estimularia as empresas a integrarem a economia formal. Poder-se-ia então, a seguir, reduzir o serviço público tanto quanto a expansão do setor privado o permitir. Infelizmente, o crescimento econômico causará seus próprios problemas — porque os funcionários corruptos existentes vão buscar uma fatia da nova riqueza impondo novas restrições às empresas privadas. Esse problema pode requerer soluções heterodoxas. Os reformadores podem precisar tirar trabalho dos já subutilizados funcionários, a fim de lhes reduzir o acesso às propinas. Na medida em que os funcionários subutilizados despendem menos tempo trabalhando no setor público, é provável que passem a ter "segundos empregos" no setor privado. Uma vez que isso ocorra, pode ser mais fácil dispensá-los de todo. Mudanças estruturais na operação do governo devem ser combinadas com propostas mais convencionais para elevar os salários e melhorar as condições de trabalho. O objetivo não é apenas combater a corrupção entre os funcionários remanescentes, mas também atrair pessoal mais qualificado para empregos no setor público.

6
Usando a legislação criminal para combater o suborno e a extorsão

Leis contra o suborno, a extorsão e ações em interesse próprio são necessárias, mas nunca suficientes para lidar com a corrupção disseminada.[307] Nos capítulos anteriores defendemos que um redesenho fundamental das relações entre o estado e a sociedade é essencial para o controle da corrupção sistêmica. Não obstante, leis bem concebidas e levadas à prática contra o suborno e a extorsão constituem um respaldo necessário para qualquer reforma mais ampla, e a análise econômica pode contribuir para a avaliação da operacionalidade e da efetividade dessas leis. Esse é nosso foco neste capítulo.

Todos os países traçam uma linha de fronteira em algum lugar entre suborno ilegal e aceitáveis "presentes de boa vontade", e discutiremos as dificuldades de estabelecer essa distinção no capítulo 7. Aqui, assumimos esse julgamento como feito e buscamos estratégias de efetiva dissuasão, por meio da lei criminal. As estratégias de sancionamento que sejam consistentes com a análise econômica frequentemente diferem das reais penalidades, mesmo em países desenvolvidos. Uma abordagem legal e econômica enfatiza tanto o efeito dissuasório de prisão e punição quanto os incentivos para que as pessoas apresentem documentação de atos de corrupção. Uma dificuldade para os esforços anticorrupção é a possível tensão entre os objetivos de sinalizar punições crivelmente esperadas e o uso da lei para induzir os perpetradores a fornecer evidências.

Considerados os custos da aplicação das leis, o nível ótimo de corrupção não é zero, ainda que a sociedade estime como zero os benefícios dos pagadores de propinas.[308] Uma vez que se considerem os custos de prevenção, o nível

---

[307] Este capítulo é uma versão atualizada e estendida de partes de Rose-Ackerman (2016b). Miguel de Figueiredo contribuiu para o artigo original, prestando grande ajuda nas pesquisas realizadas.
[308] Alguns dos trabalhos acerca da economia do crime consideram os benefícios e os custos dos criminosos como parte do cálculo social geral. Ver, por exemplo, Andrianova e Melissas (2009) e Bowles e Garoupa (1997). Em contraposição, argumentamos que, se o estado criminaliza alguma

de gastos com a dissuasão deve ser determinado de forma que os benefícios líquidos sejam maximizados, ou seja, onde os benefícios marginais sejam iguais aos custos marginais (Becker e Stigler, 1974; Rose-Ackerman, 1978:109-19).[309] Um nível mais alto de dissuasão não justificaria os custos adicionais; um nível mais baixo sacrificaria os benefícios líquidos de intensificação da aplicação das leis. Por exemplo, uma recente auditoria de despesas reivindicada por senadores canadenses revelou 84 mil dólares canadenses de despesas questionáveis (menos de 1% do orçamento anual); o inquérito custou 24 milhões de dólares canadenses.[310] Obviamente, os benefícios ultrapassavam o simples valor do dinheiro recuperado, na medida em que as descobertas podem levar a mudanças políticas, evitar infrações futuras ou fortalecer a posição política daqueles que ordenaram a auditoria; porém, em termos de custo-benefício, essa auditoria não valeu a pena.

A dissuasão do comportamento criminal depende da probabilidade de detecção e punição, assim como das penalidades decorrentes — tanto as impostas pelo sistema legal como custos mais sutis, tais como vergonha e perda de reputação (Becker, 1968). Penalidades leves em caso de condenação podem ainda deter o crime, se for alta a probabilidade de prisão, e fortes penalidades podem compensar em caso de condenação a penas leves, desde que o processo legal não tenha sido indevidamente polarizado. Becker (1968) argumentou que a probabilidade de detecção era mais importante que a punição, na dissuasão do crime; esse resultado foi depois corroborado por farta literatura empírica (Eide, Rubin e Shepherd, 2006:221-7).[311]

---

atividade, esse é um julgamento de que os benefícios ao criminoso não devem ser incluídos no cálculo do social. Uma violação deve ser tratada como matéria civil, sob, digamos, questão de pequenos ilícitos, se a sociedade deseja balancear os benefícios ao perpetrador contra os custos. Obviamente, está aberto ao debate se devem ou não ser incluídos benefícios da corrupção na função de bem-estar social. Se um formulador de políticas acredita que os ganhos devem ser contados, isso seria um argumento para descriminalizar a infração.

[309] Ver quadro 2.1 no capítulo 2.

[310] Ian Austen, "Canadian Senators' Expenses under Investigation after Auditor's Report", *New York Times*, 9 de junho de 2015, http://www.nytimes.com/2015/06/10/world/americas/canadian--senators-expenses-under-investigation-after-auditors-report.html (acesso em 15 de junho de 2015).

[311] Especificamente, a taxa de prisões tem um efeito dissuasório consistente sobre o crime segundo esses estudos; a taxa de condenação, uma vez tendo ocorrido a prisão, tem um efeito menos robusto. O efeito da severidade da punição do crime é às vezes negativo, às vezes insignificante, e às vezes positivo (tipicamente, para os atraídos pelo risco). Contudo, a grande maioria desses estudos baseia--se em dados dos Estados Unidos, onde é menos provável que a corrupção influencie o percentual de prisão ou de condenação, e onde ambas as taxas são significativamente diferentes de zero.

A bem-sucedida detecção da corrupção depende de que pessoas que pertençam ao círculo interno reportem o delito. Cidadãos e empresas vitimizadas pela extorsão podem relatar as tentativas de arrancar suborno, mas podem não ser capazes de apresentar provas bastantes para que os agentes da lei entrem em ação. Em vez disso, a efetiva aplicação da lei frequentemente requer que funcionários prometam leniência a um dos participantes. Isso cria um forte paradoxo para os esforços de aplicação da lei. A expectativa de forte punição pode desencorajar a corrupção, mas uma alta probabilidade de detecção pode apenas ser possível se forem prometidas penalidades leves a alguns dos envolvidos.

Discutiremos inicialmente a dissuasão do suborno com base na expectativa de punição, medida pela multiplicação da probabilidade de apreensão pela punição a ser imposta. Consideramos então estratégias que levem em conta a interação entre punição e a probabilidade de apreensão. Incluímos uma seção em separado sobre o suborno envolvendo entidades privadas, porque esse levanta alguns aspectos distintos. Finalmente, consideramos como o suborno e a extorsão na aplicação da lei podem afetar a aplicação de todos os tipos de lei.

I. Punição

Uma vez que são necessários dois envolvidos para negociar uma transação corrupta, essa não ocorrerá se a lei puder inibir pelo menos uma das partes. A terminologia legal frequentemente distingue entre a corrupção "ativa" e "passiva", onde a primeira se refere ao que paga o suborno e a segunda ao que recebe.[312] Essa linguagem parece inferir que o pagante é pior que o que aceita o suborno. No entanto, ambos são geralmente ofensores da lei, e a maioria dos instrumentos legais impõe punições paralelas. Estatutos nacionais e convenções internacionais geralmente reconhecem que não é viável a distinção entre, de um lado, ativamente organizar uma transação corrupta, e, de outro, passivamente concordar. Nenhum lado é verdadeiramente passivo, porque ambos os lados devem entrar em acordo antes que a transação corrupta possa ocorrer. Além disso, na prática, funcionários públicos podem ativamente organizar uma burocracia corrupta que pressione os cidadãos ou as empresas a fazerem os pagamentos.

---

[312] Ver, por exemplo, o documento do Conselho da Europa "Criminal Law Convention on Corruption" (Council of Europe, 1999a), artigos 2 e 3.

No entanto, em alguns países, existem assimetrias na lei. Por exemplo, em Taiwan, o pagamento a um funcionário só é crime quando o pagamento é feito para obter um serviço ilegal. De outra maneira, o pagante não está sujeito a sanção criminal. Todavia, uma recente emenda à lei torna delito que o funcionário aceite propina em todos os casos, inclusive naqueles em que ele ou ela não viole, de outra forma, seus deveres funcionais.[313] Na Índia, de acordo com o Prevention of Corruption Act de 1988, dar ou receber uma propina é punível com até cinco anos de prisão mais uma multa, mas a Seção 24 garante imunidade a pagantes de propina que delatem o crime (Basu, 2011). Sob as leis romenas, fazer um pagamento não é crime se "o pagante de propina foi de alguma forma coagido pelo recebedor da propina", e adicionalmente, se esse pagante de propina pode exigir a restituição de seus pagamentos (*Romanian Criminal Code*, 255 (3), (5); discutido em Schroth e Bostan (2004:650-61). Em outros países, é verdadeiro o inverso. Por exemplo, no Chile dos anos 1990, o pagamento de propina era um delito, mas a aceitação de uma propina não era, a menos que fosse acompanhado por outro crime (Hepkema e Booysen, 1997:415).[314]

A distinção legal entre suborno e extorsão não é muito clara, e em muitas situações uma pessoa pode ser culpada por ambas as coisas (Lindgren, 1988, 1993). A legislação usualmente define extorsão sem qualquer referência específica a funcionários públicos. A extorsão pode-se referir a pagamentos obtidos mediante ameaças, quer seja feita por um funcionário, por um membro da máfia, ou por um indivíduo privado. Ameaças violentas frequentemente

---

[313] Taiwan Criminal Code, Artigo 122 (III); Taiwan Anti-Corruption Act, Artigo 11 (I). Para que um pagamento seja um delito de acordo com o ato, ele deve levar o recebedor a "agir ou omitir-se contra seus deveres oficiais". O Artigo 11 (2) desse ato foi emendado em 7 de junho de 2010, passando a ler-se: "Com relação a pessoas engajadas em atos pertinentes a seus deveres mencionados no Artigo 2 [isto é, Servidores Públicos], tais como promover demandas ilegais, prometer ou receber propinas ou engajar-se em outras práticas delituosas por ganhos indevidos, ele ou ela será punido por pena de prisão por um período de menos de três anos de detenção, e pode ainda ser punido por multa que não exceda NT$500,000." [Tradução livre.]

[314] Presentemente a lei chilena trata mais simetricamente os pagantes de propinas e os recebedores de propinas. Entretanto, se o pagante respondeu a uma exigência de propina, em vez de fazer voluntariamente o pagamento, o tempo máximo de prisão é reduzido. As penalidades aplicadas ao funcionário podem também ser mais altas se a sua ação em resposta à propina é também um crime. Ver o Código Criminal Chileno, de 2 de dezembro de 2009, Artigo 248-251, disponível como "Código Penal" em http://www.bcn.cl/lc/lmsolicitadas/cr (acesso em 14 de outubro de 2015). (Agradecimentos a Fernando Munoz, Yale LLM '09, pelas informações sobre as leis chilenas).

são mais severamente punidas que outros tipos de ocorrências.[315] Extorsões podem ocorrer nos Estados Unidos e na Inglaterra no ambiente empresarial, uma condição que não necessariamente envolve uma ameaça imediata, mas em vez disso está associada ao poder de barganha que é decorrente da posição de alguém que seja funcionário de alto nível. Assim, em muitos casos, o funcionário pode ser culpado tanto por aceitar uma propina quanto por praticar extorsão (Lindgren, 1988, 1993).

A literatura de análise econômica do direito reconhece a natureza bilateral de transações corruptas, mas refere-se a pagantes e recebedores de propinas, não a corrupção ativa e passiva. Alguns intelectuais distinguem, por um lado, entre o pagante que recebe "tratamento melhor que o justo", ou, de outro, alguém que deve pagar para ser tratado corretamente (Ayres, 1997). De forma mais estrita, Polinsky e Shavell (2001) categorizam extorsão como um suborno pago para evitar ser enquadrado por um funcionário por uma infração inventada. Essas regras aqui destacadas são úteis para fins analíticos; porém, mapeiam-se imperfeitamente em conceitos legais. A lei americana é bem confusa na definição desses conceitos (Lindgren, 1993), e as distinções propostas seriam, na prática, de difícil concretização. Elas requerem um claro padrão de referência para tratamento justo e levantam dificuldades quando a pessoa submetida à extorsão tenha, de fato, violado alguma outra lei (Lindgren, 1988, 1993).

---

[315] Alguns exemplos mostram a amplitude. Na Austrália, o código penal inclui uma infração denominada "demanda injustificada com ameaças" por ou de um funcionário público. Essas demandas não são limitadas a ameaças violentas, mas são definidas como ameaças diretas ou implícitas, de conduta danosa ou desagradável, direcionadas a induzir um indivíduo ou uma organização a agir "contra vontade" (Criminal Code Act de 1995, com emendas, parte 7.5). Botswana declara que um "dano de qualquer espécie" pode ser classificado como ameaça (Corruption and Economic Crime Act, capítulo 8:5, das leis de Botswana, http://www.laws.gov.bw, acesso em 14 de outubro de 2015). As leis francesas, em contraposição, enfatizam uma ameaça de violência ou pressão como característica-chave da extorsão (Código Penal Francês 312-1). Similarmente, na Etiópia, o padrão para definir extorsão é "usa violência ou graves ameaças contra uma pessoa, ou de alguma outra maneira torna essa pessoa incapaz de resistir" (Código Penal Etíope, Artigo 713, http://www.ilo.org/dyn/natlex/docs/ELECTRONIC/70993/75092/F1429731028/ETH70993.pdf, acesso em 14 de outubro de 2015). A legislação finlandesa inclui o delito de extorsão agravada, que utiliza o seguinte critério: "o ofensor tira vantagem inescrupulosa de alguma fraqueza específica ou de outro estado de insegurança de outra pessoa" (Código Penal Finlandês, capítulo 31, http://www.finlex.fi/en/laki/kaannokset/1889/en18890039.pdf, acesso 14 de outubro de 2015). A legislação canadense inclui "tentativas induzidas" (Código Criminal Canadense, Seção 346, http://laws.justice.gc.ca/eng/C-46/page-6.html#anchorbo-ga:l_IX-gb:s343, acesso em 14 de outubro de 2015).

Na decisão sobre como destinar os recursos de aplicação da lei, o grau de ônus social deve ser uma variável-chave, e não a localização dos pagamentos no setor público ou privado. Em geral, a prioridade mais alta deveria ser destinada a impedir a distribuição de benefícios ilegais ou a imposição de custos ilegais. Para benefícios legais, os custos sociais dependem do dano causado pelo uso de critérios do tipo "disposição para pagar", e das ineficiências e injustiças dos esforços dos funcionários para criarem gargalos e escassez. Essas questões surgem especialmente agravadas quando funcionários ou grupos do crime organizado fazem uso de ameaças de violência física ou de dano à propriedade (Konrad e Skaperdas, 1997, 1998). A extorsão que envolve o crime organizado é especialmente prejudicial por esse motivo. Esses grupos procuram deslocar o ponto de reversão de qualquer um que resista a pagar, impondo um resultado final pior que o *status quo* original. Adicionalmente, sistemas corruptos, em particular se apoiados em ameaças verossímeis, têm consequências distributivas, mesmo que recursos e serviços sejam eficientemente alocados. Funcionários corruptos participam dos lucros das empresas privadas, e as famílias poucos benefícios conseguem obter de um programa público. Os efeitos danosos podem afetar apenas a distributividade, ou podem ter impactos de longo prazo devido ao envolvimento com negócios ou atividades de natureza corrupta.

Uma classificação do prejuízo social de diferentes espécies de corrupção pode ajudar a estabelecer prioridades na aplicação da lei. No entanto, as penalidades de fato impostas aos condenados não precisam estar vinculadas a esses prejuízos sociais, mas deveriam concentrar-se nos benefícios recebidos pelos corruptos. Para desencorajar o suborno, pelo menos um dos lados da transação corrupta deve sofrer penalidades que reflitam seus próprios ganhos. Como a probabilidade de detecção e de condenação é bem menor que um, os condenados deveriam sacrificar um múltiplo desses ganhos. A fim de desencorajar pagamentos, qualquer dos lados da transação corrupta pode ser o foco dos esforços de aplicação da lei. Todavia, do ponto de vista da aceitação pelo público, pagantes de propinas que busquem benefícios legais que lhes sejam, de outro modo, negados podem atrair a simpatia do público, não a responsabilização. Tais delitos podem ser de fato descriminalizados mediante inação da promotoria. Qualquer que seja o foco, os perpetradores deveriam enfrentar as penalidades esperadas, considerado seu respectivo benefício derivado da corrupção.

Na prática, o pagante e o recebedor do suborno podem barganhar em torno do tamanho da propina, à luz das funções esperadas de penalidade que cada um vai enfrentar. Essas funções dependem tanto da probabilidade de que a transação seja descoberta quanto da penalidade imposta na condenação. A maior parte dos modelos de corrupção não inclui esse aspecto do problema e assume ou um custo fixo por propina ou uma divisão equitativa dos ganhos. Se o pagante da propina enfrenta uma penalidade de valor máximo X, enquanto a penalidade esperada para o recebedor é uma função sempre crescente de seus ganhos, a divisão de benefícios será afetada por essas diferentes condições. Em algum ponto, o recebedor da propina vai atingir o valor máximo de sua propina, a partir do qual os custos excedem os benefícios. Em contraste, o pagador de propina, nesse exemplo, pode estar disposto a contemplar negócios corruptos de alto valor, porque, a partir de um certo ponto, as penalidades não estão de acordo com a escala da transação. A lei não apenas desencoraja os esquemas de suborno; ela pode também influenciar a divisão de ganhos dos negócios corruptos.

Para melhor funcionar como elemento de dissuasão, as penalidades devem ser uma função crescente dos pagamentos recebidos e uma função inversa da probabilidade de detecção. Se as penalidades esperadas não se comportam como uma função do tamanho da propina, o impulso anticorrupção vai rapidamente defrontar-se com um paradoxo. Um valor alto fixado como penalidade vai baixar a incidência de corrupção, mas vai aumentar o valor médio das propinas pagas. Propinas de baixo valor não serão aceitas; mas, uma vez que o limiar seja ultrapassado, a penalidade deixará de ter efeito dissuasório. Se a penalidade é alta, os funcionários devem receber um alto retorno para que se disponham a engajar-se no suborno. Assim, a penalidade esperada deve crescer de mais de US$1 para cada US$1 de aumento do tamanho da propina (Rose-Ackerman, 1978:109-35; Shleifer e Vishny, 1993). Isso pode ser feito ou pela vinculação da penalidade imposta na condenação ao tamanho da propina ou pelo aumento da probabilidade de apreensão na medida em que aumente o tamanho da propina. Todavia, se a probabilidade de detecção é mais baixa para pequenos pagamentos, a penalidade para cada infração detectada deve refletir esse fato. Em consequência, isso pode significar que aqueles que sejam condenados por pequenos subornos poderiam sofrer penalidades mais severas que aqueles que sejam condenados por terem recebido subornos maiores. Esse resultado, porém, não parece ser politicamente viável. Portanto, dois caminhos são possíveis: aumentar a vigilância e redesenhar o programa para reduzir os incentivos à corrupção, limitando-se o grau de arbítrio dos funcionários.

Do outro lado da transação corrupta, uma penalidade fixa imposta aos pagadores de propinas vai baixar tanto a demanda por serviços corruptos quanto a incidência de propinas. Contudo, se a probabilidade de apreensão não depende do tamanho da propina, ela não terá impacto marginal, uma vez que a propina ultrapasse o limiar de valor da corrupção. Se a probabilidade de apreensão e/ou de penalidade sobe com o valor da propina, então o nível de propinas individuais pode igualmente cair. Porém, esse resultado não necessariamente decorre se propinas mais elevadas proporcionam benefícios maiores. Suponhamos, por exemplo, que os benefícios do suborno sejam uma função crescente do tamanho da propina, de modo que, digamos, uma propina de US$ mil gere benefícios de US$1.500, mas uma propina de US$5 mil gere benefícios de US$20 mil. Então, as penalidades esperadas que sejam equivalentes ao dobro do valor da propina vão desencorajar as propinas menores, mas não as maiores.

Mais fundamentalmente, propinas representam um custo para aqueles que as pagam; as penalidades desses não deveriam estar vinculadas a esses custos, a menos que elas sejam equivalentes a uma boa aproximação para os benefícios do pagador. No exemplo, elas são uma aproximação imperfeita. Para terem efeito marginal, as penalidades deveriam ser vinculadas aos ganhos do pagador (isto é, ganhos adicionais derivados do ato corrupto), não ao tamanho da propina. Em compras, se as empresas potencialmente corruptas são participantes repetitivos, uma opção é um processo de exclusão que proíba que empresas envolvidas em corrupção sejam contratadas pelo governo (idealmente, por qualquer governo) por um período de alguns anos. Para ter um efeito marginal, a penalidade de exclusão deve estar vinculada ao grau de seriedade da corrupção descoberta.[316]

Segundo a lei dos Estados Unidos, as máximas penalidades são simétricas para os que fazem e os que aceitam pagamentos corruptos. O infrator pode receber uma sentença máxima de "três vezes o equivalente monetário do bem de valor [dado ou prometido ao funcionário] ... ou recolhido à prisão por não mais de 15 anos, ou ambos, e pode ser desqualificado como possuidor de qualquer posição de honra, confiança ou benefício sob os Estados Unidos" [18 U.S.C.S. §201 (b)].[317] Assim, os máximos não reconhecem

---

[316] Para contornar os efeitos da exclusão, às vezes os proprietários da empresa simplesmente fecham a empresa excluída e abrem outra no mesmo ramo de atividade.

[317] Uma infração menor de dar ou aceitar "qualquer coisa de valor... por ou em razão de qualquer ato funcional" incorre em apenas um máximo de dois anos, mais uma multa, ou ambos. A multa máxima não é especificada [18 U.S.C.S. §201 (c)].

explicitamente as assimetrias de ganhos entre os pagadores e os recebedores de suborno. Todavia, as diretrizes de aplicação de sentenças federais permitem que os juízes incorporem a seus cálculos os benefícios recebidos pelos pagantes de propinas. De acordo com as diretrizes, a multa imposta a uma organização por suborno e infrações relacionadas deve considerar o valor do pagamento ilegal, o valor do benefício recebido ou a ser recebido em troca do pagamento ilegal, e os danos decorrentes do pagamento ilegal. A multa deve ser fixada como igual ao maior desses valores [U.S. Federal Sentencing Guidelines, §2C1.1(d)(1)]. Assim, ela pode ou refletir o ganho para a empresa ou a perda para a sociedade. Isso parece um compromisso razoável com os princípios que destacamos, exceto por um flagrante ponto fraco. Não leva em conta o fato de que, antecipadamente, a probabilidade de ser apanhado é muito menor que um. Para desencorajar adequadamente, a penalidade deveria ser um múltiplo do valor produzido por essa fórmula. A legislação permite uma multa igual a três vezes a propina paga, mas o benefício para os pagantes pode exceder de longe esse total, especialmente quando antecipadamente calculado.

Nas diretrizes para emissão de sentenças, a penalidade básica para os indivíduos é um número de meses na prisão que não se relaciona diretamente ao nível de benefícios recebidos pelo pagamento ou pela aceitação de uma propina. A penalidade é aumentada se um funcionário público é subornado, se mais de uma propina está envolvida, ou se o valor excede US$5 mil [US Federal Sentencing Guidelines, §2C1.1(a)-(c)]. Adicionalmente, multas civis podem ser impostas aos condenados por suborno e delitos relacionados. A multa pode ser ou um máximo de US$50 mil ou o valor da propina, o que for maior. Assim, os indivíduos podem ser punidos simultaneamente com multa e tempo de prisão, mas é improvável que a expectativa marginal dos aumentos da punição exceda os benefícios marginais para grandes propinas, uma vez que se leve em conta a baixa probabilidade de apreensão. Pode ser que as penalidades tenham pouco efeito dissuasório para grandes propinas.

A lei, no entanto, permite ao presidente rescindir qualquer contrato ou outro benefício caso tenha havido condenação pela legislação concernente a suborno, fraude, e conflitos de interesse. Os Estados Unidos podem também recuperar, em adição a qualquer penalidade, "a quantia despendida ou a coisa transferida ou entregue em seu nome, ou o razoável valor pertinente" (18 U.S.C. §218). Esse direito de recuperação é concebido para evitar perdas para o governo. Esse é um fraco mecanismo para desencorajar pagamentos corruptos, porque o valor de recuperação não é multiplicado por um fator que reflita a probabilidade de detecção.

Fora dos Estados Unidos, as penalidades legais mantêm apenas uma fraca relação com as prioridades dissuasórias destacadas aqui. Dos casos examinados, reconhecidamente não uma lista abrangente, tanto os que pagam quanto os que aceitam propinas enfrentam a possibilidade de multas e prisão e, como na legislação americana, as penalidades máximas são em geral simétricas para ambos os grupos. Os instrumentos legais deixam de vincular penalidades, quer para o dano social da corrupção quer para os benefícios obtidos pelos que se envolvem em suborno. Em alguns desses instrumentos, existem penalidades especialmente aumentadas para instâncias agravadas de corrupção, mas essas são estratégias pontuais, não explicitamente relacionadas a ganhos e perdas marginais. Parece bem provável que transações corruptas de grande escala sejam apenas levemente desencorajadas pelas penalidades legalmente formalizadas.

Por exemplo, sob um novo estatuto aprovado em abril de 2010, o Reino Unido pode impor termos de prisão de até 10 anos e multas de valor não especificado.[318] A Austrália pune "demandas injustificadas" com 12 anos de prisão, enquanto o pagamento ou o recebimento de propina sem ameaças é punido com o máximo de 10 anos, e infrações menores do mesmo tipo recebem cinco anos.[319] Botswana determina a penalidade máxima em £500 mil, 10 anos de prisão, ou ambos.[320] A punição por extorsão na Etiópia inclui sentenças de prisão de três meses a cinco anos, e uma multa que não é especificada na lei. A Finlândia distingue entre a infração ordinária de dar e receber propinas de uma infração agravada, com penalidades um pouco mais pesadas, mas o maior termo de prisão é de quatro anos. Multas podem também ser impostas, mas a lei não provê orientação quanto ao seu nível. Na França, a maior punição é de sete anos de prisão e uma multa de até €100 mil.[321] A Alemanha pode impor termos de prisão de até 10 anos em casos especialmente sérios, mas para infrações ordinárias de pagar ou receber propinas a penalidade máxima é de três anos de prisão ou uma multa.[322]

---

[318] United Kingdom, Bribery Act 2010, ch. 23.
[319] Australian Criminal Code conforme emendas, partes 7.5, 7.6.
[320] Botswana: Corruption and Economic Crime Act (capítulo 8:5 das leis de Botswana, http://www.laws.gov.bw/ (acesso em 14 de outubro de 2015).
[321] Ver as fontes citadas na nota 9.
[322] German Criminal Code, capítulo 30, §§ 331-334, http://www.gesetze-im-internet.de/englisch_stgb/englisch_stgb.html (acesso em 14 de outubro de 2015).

Se as penalidades esperadas não aumentarem com os benefícios da corrupção para pagadores e recebedores de propinas, os governos poderão ser apanhados em uma armadilha, na qual altos níveis de corrupção geram mais altos níveis de corrupção. Um equilíbrio com a baixa corrupção pode também existir, mas será inatingível em pequenos passos, a partir do *status quo*. A alta corrupção pode chegar a um equilíbrio estável, quando a recompensa líquida da corrupção aumenta à medida que a incidência da corrupção também aumenta. Isso pode ocorrer, por exemplo, se os funcionários de aplicação da lei descobrem uma menor proporção de transações corruptas quando é alta a incidência da corrupção, e se as penalidades impostas na condenação não são ajustadas para levar em conta esse fato. No entanto, qualquer caso de múltiplos equilíbrios pode ser convertido em um caso de equilíbrio único, de baixa corrupção, mediante a apropriada escolha da estratégia de aplicação da lei ou uma mudança nas condições de informação. Estratégias que estabeleçam a ligação entre penalidades esperadas e ganhos marginais podem remover a sociedade de uma armadilha de alta corrupção. Fazê-lo, contudo, pode implicar um grande aumento dos recursos na aplicação da lei, para deslocar o sistema para um equilíbrio de baixa corrupção. Felizmente, esse aumento brusco dos recursos de aplicação da lei não precisa ser permanente (Lui, 1986:21-2). Uma campanha de limpeza concentrada pode mudar expectativas sobre a cooperação de outros no sistema corrupto. Uma vez que um novo equilíbrio de baixa corrupção tenha sido alcançado, ele pode ser mantido com recursos de repressão reduzidos, desde que os cidadãos honestos estejam dispostos a reportar ofertas corruptas e os funcionários de repressão ao crime investiguem os relatos sobre as infrações (Rose-Ackerman, 1978:137-51; Cadot, 1987; Andvig e Moene, 1990; Bardhan, 1997:1330-4). Um problema com esse cenário otimista, contudo, é a possibilidade de que os corruptos cooperem uns com os outros para mentir durante a repressão e reemerjam depois para retomar as atividades corruptas. Os modelos aqui sumarizados supõem, em contraposição, que não haja conluio e que tanto os funcionários da lei quanto os pagadores de propina ajam com base em sua experiência passada mais recente.[323]

Se um setor do aparelho estatal for apanhado em uma armadilha de alta corrupção, uma resposta é eliminar completamente o departamento corrupto, substituindo-o por um novo, dotado de uma equipe recém-contratada. Essa

---

[323] Rose-Ackerman é grata a Miguel de Figueiredo por ter sugerido essa possível complicação.

abordagem foi usada com êxito na Geórgia, após a Revolução da Rosa: muitos dos antigos empregados do estado, inclusive juízes, foram completamente substituídos por jovens idealistas, apoiadores das reformas. A corrupção do Judiciário foi assim bem severamente reduzida na Geórgia, embora o Estado, aparentemente, ainda exerça influência indevida sobre algumas decisões judiciais (Kupatadze, 2012:26).[324]

Um importante aspecto da grande corrupção é a cumplicidade de grandes corporações privadas. São indivíduos que organizam os negócios corruptos, mas eles estão agindo segundo o interesse de empresas que os empregam. Existe intenso debate sobre se é apropriado tornar as pessoas jurídicas criminalmente responsáveis (Arlen, 1994; Laufer, 2008). As corporações são entidades legalmente constituídas. Isso não as torna, do ponto de vista legal, equivalentes a seres humanos, e alguns comentaristas insistem que essa característica implica que as empresas não podem ter obrigações morais. Eles acreditam que não seja apropriado tornar as empresas criminalmente responsáveis, porque elas não possuem estados mentais e porque a responsabilização criminal concederia às empresas os mesmos direitos como indivíduos, com menos justificativa por essas proteções (Thompson, 1987:76-78; Khanna, 1996).[325] Não existe um equivalente legal corporativo para a prisão, embora uma multa suficientemente alta possa levar a empresa à falência.

Os sistemas legais de diferentes nações variam amplamente em se as empresas podem ser condenadas por crimes. Nos Estados Unidos, casos criminais contra empresas são lugar-comum, com sentenças que consistem em multas e, às vezes, em impedimento de contratação pública. A decisão sobre dar entrada a um caso como civil ou criminal é frequentemente estratégica,

---

[324] Palifka agradece a Elena Helmer pela indicação desse exemplo.

[325] Em muitos países de tradição *Civil Law* excluem-se as organizações de responsabilização criminal, embora essa tendência possa estar mudando com a introdução da responsabilidade penal da pessoa jurídica no código penal francês em 1992 e com a sua incorporação à Criminal Law Convention on Corruption do Conselho da Europa (Council of Europe, 1999a, Artigo 18). Após a Revolução Francesa, a França foi a fonte da proibição de responsabilização criminal das organizações. Seu código foi amplamente adotado na Europa e tem influenciado o código penal nas partes do mundo para as quais foi exportada a tradição do *Civil Law* (Orland e Cachera, 1995:114). Uma tradução do código penal francês encontra-se no apêndice de Orland e Cachera. Os holandeses têm permitido a responsabilidade criminal corporativa desde meados da década de 1970. Itália e Alemanha têm provisões constitucionais proibindo a culpa corporativa, e as cortes belgas têm-se recusado a considerar as corporações culpadas de crimes. Na Alemanha, contudo, corpos administrativos podem impor multas às corporações, assim como às pessoas naturais (ibid.:116; Khanna, 1996:1488-91).

na qual o maior estigma de uma condenação criminal é ponderado contra o padrão mais alto da prova. Muitos casos contra corporações terminam em acordos que impõem multas e exigem reformas internas, mas evitam exclusão de contratos governamentais. Uma recente inovação é o "acordo de leniência", no qual o governo concorda em não dar prosseguimento ao caso, desde que a empresa chegue a um acordo com o órgão de aplicação da lei para reformar suas estruturas de supervisão, a fim de limitar negócios corruptos. A empresa pode também concordar em admitir culpa e pagar uma multa. Após um período probatório, o caso é encerrado.[326]

Sob o Anti-Bribery Act de 2010 do Reino Unido, a responsabilidade penal da pessoa jurídica pode resultar de um controle interno deficiente, que deixa de impedir um caso de suborno. A alta direção não precisa estar ativamente envolvida na transação corrupta. Inversamente, e diversamente dos Estados Unidos, uma empresa pode escapar inteiramente da responsabilização se possui "procedimentos adequados concebidos para impedir" a corrupção, de sorte que quaisquer negócios corruptos descobertos pelos procuradores são vistos como aberrações.[327] Conforme aponta Alldridge (2012), a lei de 2010 é uma bem-vinda mudança da visão tradicional de corrupção como forma de deslealdade para uma ênfase em seu impacto negativo na competição de mercado. Até agora, não foram testados os limites desse estatuto, com apenas alguns casos iniciados e trazidos a julgamento. Alguns comentaristas têm a preocupação de que a lei permita uma excessivamente agressiva pressão contra as empresas; outros argumentam justamente o inverso, em razão tanto da defesa baseada nos procedimentos internos da corporação quanto da atual prática no Reino Unido.[328]

---

[326] A prática originou-se em 1994, com casos contra empresas de Wall Street, não necessariamente envolvendo corrupção. "A Mammoth Guit Trip", *The Economist*, 30 de agosto de 2014. Ver também Garrett (2014). A vantagem para os procuradores é que eles podem impor uma penalidade sem obter a aprovação de um tribunal. A desvantagem é a falta de transparência, para o público, sobre que espécie de delito está sendo tratada e em que escala. Adicionalmente, pouco se fica sabendo sobre o impacto final desses arranjos.

[327] Ver Lippman (2012-13) e Jordan (2010-2011). Jordan apresenta uma comparação com os Estados Unidos, especialmente com respeito à corrupção no estrangeiro, a ser melhor discutida no capítulo 14.

[328] Para uma visão alarmista, ver Bean e MacGuidwin (2013). Em contraste, Lippman (2012, 2013) aponta para a possibilidade de defesa baseada na simples adequação dos controles internos e argumenta que o Serious Frauds Office do Reino Unido parece estar aplicando a lei sem ser exageradamente estrito ou estar impondo sobrecargas indevidas.

Outros sistemas legais, como o da Alemanha, simplesmente desconsideram por completo a responsabilidade penal da pessoa jurídica. Acreditamos ser isso um erro, porque organizações são mais que a soma das ações individuais de seus empregados. Corporações podem ter responsabilidades morais (Donaldson, 1989; De George, 1993). Essas obrigações nem sempre podem ser reduzidas a responsabilidades individuais. Em vez disso, elas têm origem nas "práticas da organização — os padrões internos e externos de relações — que persistem até quando mudam as identidades dos indivíduos que delas participam" (Thompson, 1987:76; ver também French, 1989 e Cooper, 1968). A dissuasão requer que a organização e seus proprietários (isto é, os acionistas) tenham a expectativa de incorrer em perdas se seus agentes são corruptos. É claro que, às vezes, multas podem exercer a mesma função de desencorajamento; porém, mesmo que as empresas não se possam "sentir" culpadas, uma condenação criminal pode estigmatizar uma empresa aos olhos dos clientes, dos investidores e dos potenciais empregados. Para além do estigma, uma condenação parece afetar o resultado da empresa. Assim, Baucus e Baucus (1997) identificam que, no prazo de cinco anos a contar da condenação de uma empresa, ela experimentou menor retorno financeiro, assim como em vendas e em valor das ações. Outros estudos (por exemplo, Aguzzoni, Langus e Motta, 2013; Zeidan, 2013) encontram efeitos semelhantes, pelo menos no curto prazo. Infelizmente, contudo, a condenação não necessariamente tem efeito dissuasório para futuros atos criminais (Baucus e Near 1991), e nem a gravidade do crime nem repetidas condenações têm efeito marginal sobre o comportamento da empresa (Baucus e Baucus, 1997; Zeidan, 2013). Esses resultados sugerem que uma condenação criminal ou um acordo não são suficientes para mudar o curso de muitas pessoas jurídicas envolvidas em transações corruptas. No pior dos casos, isso apenas é visto como um custo de fazer negócios, não um alarme para repensar o comportamento da corporação. Laufer (2008:x) argumenta que "ignorar as constrições das leis criminais para as corporações é frequentemente uma questão de jogar contra procuradores e reguladores, com um misto de cooperação, revelações e auditorias". Adicionalmente, como discutimos no capítulo 11, o suborno direto não é o único, nem mesmo o mais importante meio pelo qual as empresas influenciam o comportamento do governo. Contribuições para campanhas eleitorais e implícitas ofertas de emprego para burocratas de alto escalão podem direcionar as decisões de políticas públicas tão efetivamente quanto pagamentos passados por sob a mesa, e com menos risco de punição, tanto para as empresas quanto para seus dirigentes.

II. Recolhendo evidências: prometendo leniência e recompensando delatores

A efetiva dissuasão é impossível, a menos que as autoridades de aplicação da lei possam obter evidências relevantes — uma difícil tarefa, porque muitas vezes os participantes são os únicos que sabem da negociação corrupta. Nesses casos, a probabilidade de detecção é uma função de se algum dos participantes tem algum estímulo para delatar. Aqueles que são submetidos à extorsão podem reportar as tentativas, mas promessas de penalidades leves ou mesmo de recompensas são essenciais a encorajar o relato do próprio envolvimento. Não obstante, essas táticas são frequentemente criticadas pelos estudiosos anticorrupção como inconsistentes com os objetivos das leis criminais. Por exemplo, o Grupo de Estados Contra a Corrupção (GRECO), um grupo europeu, criticou uma provisão da lei romena que livrava os pagadores de propinas de qualquer punição se eles informassem às autoridades sobre suas atividades antes que se iniciasse uma investigação formal [Romanian Criminal Code, Art. 255(3)(5)]. O relatório do GRECO reconhecia que essa estratégia poderia ser um meio de coletar evidências e iniciar o processo criminal contra funcionários, mas assinalava a preocupação de que ela enfraquecesse a aplicação da lei contra o suborno ativo (GRECO 2002).

Trabalhos usuais sobre a economia do crime não confrontam o problema de extrair evidências dos perpetradores. Nesses modelos, a detecção é incerta, mas independente das ações dos criminosos. Essa suposição não se aplica ao suborno e à extorsão, onde a fonte primária de evidência são as informações dos que se engajaram nas mesmas transações corruptas que revelam.

Para prosseguir, suponhamos, primeiramente, que o benefício obtido em retorno a uma propina seja legal e estaria disponível em um mundo honesto àqueles que agora estão pagando propinas. Uma vez que os pagantes de propina recebem um benefício a que teriam direito, eles acreditam que sejam vítimas de extorsão, que estariam melhor em um mundo honesto. Esses pagantes de propina são potenciais aliados em um esforço anticorrupção e provavelmente colaborariam em iniciativas para eliminar esses pagamentos. Eles não deveriam ser pesadamente punidos, porque a leniência os incentivaria a denunciar demandas corruptas e estimularia beneficiários de programas públicos a exigir sem qualquer pagamento os benefícios a que tenham gratuitamente direito. Assim, Basu (2011) propõe que as propinas pagas nesse contexto sejam consideradas legais, de forma que as vítimas de extorsão possam relatar seus pagamentos sem qualquer ônus por isso, aumentando assim o risco para os funcionários corruptos. A proposta de Basu provocou críticas exaltadas; e, de fato, dá origem a sérias dificuldades para distinguir a extorsão pura e simples de propinas destinadas à obtenção de tratamento especial. Adicionalmente, considerando o tempo e a dificuldade, sem mencionar o risco pessoal, de expor a corrupção enraizada, pode ser que poucos se deem ao trabalho de reportar demandas de propinas. Em resposta, Dufwenberg e Spagnolo (2014) sugerem modificação da proposta de Basu: que se reporte às autoridades o pagamento antes que esse seja detectado pelos encarregados de aplicação da lei. Essa alteração frequentemente reflete a prática usual do Ministério Público e é a lei em alguns regimes. É comum, nos Estados Unidos, que autoridades de aplicação da lei prometam leniência, senão mesmo a isenção direta da acusação, para aqueles que ou delatam arranjos corruptos ou concordam em ajudar na coleta de provas de atividades ilegais em curso. Isso pode ser feito até para pagadores de propinas que não se encaixem no caso de pura extorsão.

É claro que tais estratégias, quer estejam ou não incorporadas à legislação formal, somente fazem sentido se a perspectiva é de provavelmente ser apanhado e a punição ser grave. De outra forma, o incentivo à delação não vai funcionar. Por exemplo, a Hungria tem pesadas leis anticorrupção, no papel, e isenções legais a quem fizer denúncias, mas isso tem pouco efeito prático, em razão de a expectativa de custo da corrupção (isto é, a probabilidade de detecção e condenação multiplicada pela duração da pena) ser muito baixa (Batory, 2012).

Indo além da pura extorsão, consideremos a seguir um benefício escasso, porém legal, que seja alocado de forma corrupta a indivíduos dispostos a pagar propinas. Nem os que pagam nem os que recebem propinas relatarão voluntariamente a transação corrupta, a menos que a aplicação da lei seja bastante agressiva e verossímil. Uma "testemunha cooperativa" envolvida em pagamentos indevidos pode surgir, contudo, por ter infringido outras leis, como por ter deixado de pagar impostos. No caso dos Estados Unidos contra a Federação Internacional de Football Association (FIFA), por exemplo, uma testemunha-chave é Chuck Blazer, que foi investigado pela pelo Internal Revenue Service por evasão fiscal. Em 2011, ele concordou em cooperar com as autoridades, gravando secretamente conversas com outros dirigentes da FIFA.[329]

---

[329] Matt Apuzzo, "A U.S. Tax Investigation Snowballed to Stun the Soccer World", *New York Times*, 29 de maio de 2015, http://www.nytimes.com/2015/05/30/sports/soccer/more-indictments-expected--in-fifa-case-irs-official-says.html (acesso em 30 de maio de 2015).

Quando ele secretamente se declarou culpado por evasão fiscal e corrupção em 2013,[330] ele se prontificou a devolver US$2 milhões de estimados US$11 milhões de riqueza ilícita, e sua colaboração com o FBI lhe concedeu algum tempo e, supõe-se, uma redução da pena geral quando for sentenciado.[331]

Adicionalmente, concorrentes desapontados e ressentidos por terem sido excluídos de uma licitação pública podem reportar demandas corruptas às autoridades de aplicação da lei (Alam, 1995). Eles deveriam ser recompensados caso apresentassem evidências, ainda que a razão pela qual teriam perdido o negócio não tivesse relação com escrúpulos morais, mas sua própria contrariedade em fazerem um exagerado pagamento. A recompensa oferecida não precisa ser equivalente aos benefícios perdidos pela perda do contrato, mesmo porque uma consequência de se revelar a corrupção será uma nova licitação na qual o denunciante poderá competir.

Propinas pagas para obter serviços ilegais são provavelmente as mais difíceis de controlar. Os pagantes de propinas frequentemente estão também envolvidos em outras atividades ilegais, e aqueles que falham em seus esforços de corrupção não estão em condições de reclamar que devessem ter sido eles os escolhidos para a obtenção de benefícios ilegais. Não obstante, é exatamente a vulnerabilidade dos pagantes de propinas que pode ser usada para descobrir a corrupção. Eles podem aceitar tratamento leniente com respeito a, digamos, violações das leis contra tráfico de drogas ou evasão fiscal, em retorno a fornecer provas em um julgamento sobre corrupção. Aqui, a lei referente a cartéis, em restrição ao comércio, pode fornecer paralelos úteis. Leniência para a primeira empresa que se apresente para reportar sobre um cartel é uma característica comum da lei nos Estados Unidos e na Europa, e os analistas estudam formas de estruturar a recompensa, para manter o efeito dissuasório da punição. Assim, um estudo recomenda aumentar as penalidades médias e tornar a leniência dependente da qualidade da evidência fornecida (Wils, 2007).

---

[330] Apelidado de "soccer rat" (rato do futebol) pelo *New York Daily News*, em uma reportagem que antecede de seis meses as prisões. Teri Thompson, Mary Papenfuss, Christian Red e Nathanial Vinton, "Soccer Rat! The Inside Story of How Chuck Blazer, Ex-U.S. Soccer Executive and FIFA Bigwig, Became a Confidential Informant for the FBI", *New York Daily News*, 1º de novembro de 2014, http://www.nydailynews.com/sports/soccer/soccer-rat-ex-u-s-soccer-exec-chuck-blazer-fbi--informant-article-1.1995761 (acesso em 13 de outubro de 2015).

[331] Alexander Smith e Erin McClam, "Ex-FIFA Official Chuck Blazer Admitted Corruption Charges in 2013: DoJ", *NBC News*, 27 de maio de 2015, http://www.nbcnews.com/storyline/fifa-corruption--scandal/former-fifa-official-chuck-blazer-admitted-corruption-charges-2013-doj-n365161 (acesso em 15 de outubro de 2015).

Um sistema alternativo protege e recompensa denunciantes honestos que se apresentam para fornecer provas de delitos. Relatar o peculato de outros pode ser perigoso. Se a corrupção é sistêmica, a pessoa arrisca-se a ser punida por superiores corruptos e atacada por colegas de trabalho. Um estudo da corrupção na China sugere ser esse um problema muito sério (Manion, 2004). O denunciante pode até acabar acusado de corrupção. Ou, talvez menos grave, denunciantes podem ser demitidos ou condenados ao ostracismo no trabalho. Se demitidos, pode ser difícil encontrar outro emprego. Qualquer recompensa por fornecer provas será provavelmente bem-vinda apenas depois que o caso vá a julgamento e resulte em condenação ou em acordo, com o pagamento de multa, da qual uma parte iria para o denunciante. A recompensa poderá não valer a espera. Em consequência, a OCDE (2014) relata que apenas 2% dos casos concluídos desde 1999 nos países signatários da Convenção Contra o Suborno da OCDE têm sido trazidos à atenção dos investigadores por meio de denúncia. Se acrescentamos a esse número os casos que foram descobertos e relatados por denunciantes internos, o número sobe para 7%.[332] Em comparação, agentes de aplicação da lei descobriram 13% dos casos.

Os Estados Unidos possuem dois instrumentos legais relevantes. O False Claims Act recompensa os do setor privado que reportem irregularidades em contratos governamentais, e protege de represália os denunciantes (31 U.S.C. Sections §§ 3729-3731; Howse e Daniels, 1995; Kovacic, 1996). O ato recomenda pagar aos denunciantes uma fatia das penalidades totais e de outros prejuízos impostos às empresas, por delitos que tenham prejudicado o governo federal. O segundo protege de retaliações denunciantes de dentro de agências do governo, mas não lhes concede uma compensação financeira [Whistleblower Protection Act, Pub. L. No. 101-12, 5 U.S.C. §2302 (b)(8)]. Essas regras podem ajudar a prevenir malfeitorias, desde que não induzam os potenciais denunciantes a criar situações comprometedoras e desde que a busca por infrações não reduza a qualidade dos serviços públicos. Assim, o valor desses instrumentos depende da probabilidade de corrupção e do custo de oportunidade da atuação do denunciante.[333]

---

[332] 31% dos casos surgiram por relatos internos — diligência prévia — e 17% desses foram descobertos pela empresa graças a um denunciante (OECD 2014:15, 17; figuras 3 e 4).

[333] Para um modelo um tanto diferente de denunciante, que explore um *trade-off* similar entre esforço *ex ante* e revelação *ex post*, ver Ting (2008).

Às vezes, alguns funcionários públicos alegam que as empresas virtualmente lhes forçam propinas. Na medida em que essa alegação seja digna de crédito, os funcionários poderiam apresentar-se com as evidências das ofertas corruptas e buscar proteção sob o Whistleblower Protection Act. As empresas previsivelmente procurariam defender-se, argumentando que o funcionário demandara o pagamento. As distinções na lei americana podem ser úteis nesse caso. Sob o False Claims Act, o tribunal pode reduzir a recompensa ao denunciante que se tenha envolvido em malfeitos, mas somente se ele ou ela planejou ou iniciou a conduta indevida. Contudo, a recompensa não precisa ser eliminada, a menos que o denunciante seja condenado por um crime [31 U.S.C. § 3730 (d) (3) 2006]. Procuradores com autoridade para garantir imunidade criminal podem, assim, estabelecer uma espécie de corrida, na qual o primeiro a relatar as transações corruptas será recompensado, enquanto os demais serão punidos.[334]

Alternativamente, a lei poderia impor penalidades a qualquer um que seja parte de um negócio corrupto e que deixou de o delatar prontamente. Assim, todos os participantes teriam a preocupação de que outros participantes reportem a corrupção às autoridades, como forma de evitar penalidades futuras. Exatamente como no sistema de recompensa, a ideia é criar uma corrida para os procuradores, que assim podem deter a corrupção *ex ante*.[335] Tanto cenouras quanto açoites, contudo, dependem da existência de um sistema de aplicação da lei digno de crédito, que possa descobrir por si próprio o negócio escuso.

Se qualquer dessas técnicas é usada, torna-se importante divulgar os meios pelos quais os denunciantes podem relatar a corrupção. Muitas vítimas de extorsão e muitos participantes involuntários do suborno de funcionários gostariam de denunciar o crime, mas não sabem como. Todos os escritórios que lidam com o público, e cada licitação pública, deveriam promover destacados anúncios de linhas telefônicas e *websites* por onde se possa reportar qualquer comportamento questionável, com a opção de anonimato. Se o medo de represália for uma verdadeira preocupação, relatos eletrônicos da corrupção passam a ser cada vez mais importantes. A mídia social tem-se tornado também um meio de revelar a corrupção, se as vítimas sub-repticiamente gravam

---

[334] Essa situação seria bem semelhante ao jogo do Dilema do Prisioneiro.
[335] Ian Ayres sugeriu essa opção em uma conversa privada. Wils (2007) a discute no contexto de política anticartel e a critica por causa da preocupação de que fosse menos efetiva que a leniência, para obter-se a verdade.

exigências ou pagamentos de propinas e as colocam no Youtube ou as enviam para veículos da mídia. Embora esse tipo de prova possa não ser admitido em tribunais, pode ser uma pista para investigadores, que então passem a ter por alvo o suposto servidor público corrupto, por meio de monitoração mais intensa ou de diligências-surpresa.

Finalmente, diligências cuidadosamente preparadas podem ser um valioso instrumento, desde que o comportamento criminoso visado seja relativamente claro.[336] A possibilidade de uma diligência pode encorajar os que tenham recebido ofertas ou pressão por suborno a dar um passo à frente. Se eles não o fizerem, vai preocupá-los que a oferta corrupta possa ser uma armadilha montada pelas autoridades de aplicação da lei. Embora, em sua defesa, o réu possa levantar a tese da cilada,[337] isso raramente tem êxito nos Estados Unidos, especialmente se o réu ofereceu uma propina (69 A.L.R. 2d 1397).[338] O FBI tem feito bom uso de diligências em seus esforços para desenterrar casos de corrupção doméstica, mas tem sido menos exitosa na aplicação da técnica ao Foreign Corrupt Practices Act (FCPA, em U.S.C. § 78). O mais famoso caso é provavelmente a diligência da Abscam, envolvendo uma elaborada fraude de que participaram vários membros do Congresso, em transações corruptas relacionadas a um suposto xeique do Oriente Médio.[339] Menos encorajadora foi uma diligência que levou a 22 prisões em janeiro de 2010, por alegadas violações do FCPA.[340] Infelizmente, as evidências não foram suficientes para convencer o júri em dois julgamentos, e o Departamento de Justiça arquivou os

---

[336] Uma diligência pela mídia britânica colocou nos holofotes a corrupção da FIFA, justamente quando as agências dos Estados Unidos estavam intensificando suas próprias investigações. Matt Apuzzo, "A U.S. Tax Investigation Snowballed to Stun the Soccer World", *New York Times*, 29 de maio de 2015, http://nytimes.com/2015/05/30/sports/soccer/more-indictments-expected-in-fifa--case-irs-official-says.html (acesso em 30 de maio de 2015).

[337] O réu argumenta que foi atraído por autoridades disfarçadas para envolver-se em uma atividade ilegal de que, de outro modo, ele não participaria.

[338] Para uma discussão de armadilhas em uma ampla gama de situações, ver McAdams (2005) e Hay (2005). Um argumento para a defesa da estratégia baseada em armadilhas é que ela atua como verificação de atividades para aplicação da lei com zelo acima do normal e melhora a "qualidade" das detenções. No entanto, a aceitação liberal dessa defesa tornaria os casos de suborno mais difíceis de processar, dada a dificuldade de obtenção de provas por outros meios. Isso também limitaria o efeito dissuasório destacado no texto.

[339] Para uma visão geral que cita muitos dos documentos sobre o assunto, ver Grossman (2003:1-2).

[340] Mike Scarcella, "DOJ: Undercover Sting Nets 22 Arrests in Large-Scale FCPA Case", *Law.Com*, http://www.law.com/jsp/article.jsp?id=1202439204610 (acesso em 25 de abril de 2010).

casos subsequentes contra os demais réus.[341] Isso não é para dizer que diligências não são viáveis no futuro, mas apenas para destacar seus custos e riscos.

III. Suborno entre agentes privados

Subornos são pagos às vezes em negócios entre empresas privadas ou indivíduos, sem qualquer envolvimento oficial do governo (ver figura 1.1 no capítulo 1). Suborno comercial, ou entre agentes privados, ocorre quando os representantes ou empregados de uma empresa pagam aos empregados de outra, para obter tratamento especial. Muitos casos são semelhantes aos que se apresentam na corrupção de servidores civis. Assim, um vendedor pode subornar um agente de compras para aceitar produtos de baixa qualidade. Por exemplo, um fornecedor de tomates pagou aos compradores da Kraft Food para aceitar tomates fora do padrão, contaminados por mofo e com outros defeitos. Propinas também ajudam a burlar processos concorrenciais, concebidos para selecionar fornecedores, induzindo agentes de compra de várias empresas para fornecer informações acerca das propostas dessas empresas.[342] De modo similar, um franqueado poderia pagar uma propina para violar os termos de seu contrato. Por exemplo, nos anos 1980 e 1990, vendedores de carros nos Estados Unidos subornaram executivos da Honda por financiamento para abrir salões de mostruário, ou para receber modelos populares; eles foram processados criminalmente quando começaram a se envolver em apropriação indébita.[343] Tal como no caso de corrupção em órgãos públicos, a corrupção entre agentes privados frequentemente distorce o mercado, reduz a competição e contraria regulamentações.

Alguns sistemas legais incluem estatutos especiais que criminalizam a corrupção entre agentes privados; porém, muitas jurisdições não possuem

---

[341] "Justice Department Drops FCPA Sing Case", *Wall Street Journal*, 12 de fevereiro de 2012, http://blogs.wsj.com/law/2012/02/21/justice-dept-drops-fcpa-sting-case/ (acesso em 4 de junho de 2015). Três dos 22 réus se declararam culpados, mas os réus nos dois casos que foram a julgamento foram ou absolvidos ou enfrentaram um júri suspenso. O governo decidiu arquivar os casos contra os demais réus.

[342] William Neuman, "Hidden Sweetener: Bribes Let Tomato Vendor Sell Tainted Food at Premium Prices", *New York Times*, 25 de fevereiro de 2010, http://www.nytimes.com/2010/02/25/business/25tomatoes.html (acesso em 15 de outubro de 2015).

[343] James Benet, "Corruption Is Called Broad in Honda Case", *New York Times*, 4 de abril de 1995, http://www.nytimes.com/1995/04/04/business/corruption-is-called-broad-in-honda-case.html (acesso em 30 de março de 2015).

essas leis e processam essas infrações sob outros recursos legais, tais como leis antitrustes ou quebras de deveres fiduciários. Às vezes, pagamentos entre empresas não são contrários à lei, a menos que envolvam outra infração, tal como extorsão, lavagem de dinheiro ou operação de um negócio ilegal.[344] O direito penal ou o direito trabalhista às vezes proveem meios para impor sua aplicação, mas as ferramentas nesse sentido são mais ou menos precárias[345] e podem não promover suficiente dissuasão. Existem a respeito duas questões interligadas. Em primeiro lugar, a ameaça de penalidades criminais pode constituir um elemento dissuasório mais forte que penalidades civis ou procedimentos disciplinares internos à empresa. A possibilidade de uma sentença de prisão e o estigma de uma condenação podem desencorajar a corrupção, mesmo que os padrões mais altos de exigência quanto às provas e as maiores proteções processuais tornem menos provável a condenação. Em segundo lugar, em alguns casos, o suborno entre agentes privados pode acarretar consequências sistêmicas mais amplas. Se disseminada, a prática pode estender-se a interações com burocratas do governo, e pode pavimentar um caminho para que uma empresa consolide uma posição monopolista, que prejudique outros clientes e fornecedores. Por exemplo, a proposta da Rússia para sediar as Olimpíadas de Inverno de 2014, a qual, segundo algumas fontes, foi acompanhada de corrupção, e levou a mais corrupção em compras e concessões para a construção de instalações e a melhorias na infraestrutura de estradas e energia, acarretando custos que excederam em quatro vezes a estimativa original.[346] O suborno pode ser pago não apenas para conquistar negócios, mas também para diluir a qualidade do produto, para permitir

---

[344] Ver Council of Europe 1999a, Artigos 7 e 8 e a exceção a esses artigos adotadas, por exemplo, por Bélgica, República Checa e Polônia. Ver o Código Criminal Alemão para exemplo de estatuto que criminaliza tanto o pagamento quanto o recebimento de propinas comerciais (German Criminal Code, capítulo 26, §§ 299-300, http://www.gesetze-im-internet.de/englisch_stgb.html, acesso em 14 de outubro de 2015). Os Estados Unidos não têm legislação federal relativa à propina comercial, mas diversos estados americanos possuem esse tipo de estatuto, tratando de fraude, conspiração, limitação de comércio ou a negação de serviços legítimos que atendam a áreas específicas, como bancos. Ver Gevuurtz (1987-8, em 366, nº 2).

[345] Ver Heine, Huber e Rose (2003) para uma visão geral da lei e da prática de suborno comercial em 13 países, na virada para o século XXI; trabalho patrocinado pela International Chamber of Commerce.

[346] Nataliya Vasilyeva, "Sochi Olympics Have Been Undermined by Widespread Corruption, Says Russian Critic", The Huffington Post, 30 de maio de 2013, http://www.huffingtonpost.com/2013/05/30/sochi-olympics-2014-corruption-russia_n_3359666.html (acesso em 7 de junho de 2013).

a formação de cartéis e para limitar a entrada de concorrentes. Assim a motivação para a aplicação da lei nessa área vai além de seu impacto direto sobre os negócios privados, misturando-se com as discussões da corrupção no setor público.

A linha entre o suborno comercial e o suborno no setor público pode ficar pouco nítida, na prática, para empresas recém-privatizadas, ou para aquelas com poderes monopolistas. Muitas empresas legalmente "privadas" são, em algum nível, propriedade do estado. Mesmo que sejam inteiramente de propriedade privada, os funcionários da empresa, incluindo a camada dirigente, podem entrar em conluio com poderosos de fora da organização, para favorecer clientes, fornecedores ou credores, às expensas dos acionistas, especialmente os acionistas minoritários.[347]

Particularmente problemáticas são as entidades internacionais dotadas de responsabilidades especializadas de governança, que são organizadas como associações privadas não lucrativas e que são sujeitas a escassa supervisão. A Suíça é o país-sede de 65 federações esportivas internacionais, incluindo o Comitê Olímpico e a FIFA, em parte porque as leis suíças permitem que essas associações operem com pouca transparência e com leniência tributária.[348] Os problemas com esse modelo vieram à luz com um caso nos Estados Unidos em que ocorreram 14 condenações, nove das quais de dirigentes da FIFA, incluindo sete recolhidos à prisão na Suíça, em maio de 2015.[349] A FIFA, embora organizada como associação privada sem fins lucrativos, é, na prática, uma organização híbrida, que tanto obtém lucro com a venda de mídia e em outras atividades em torno das Copas do Mundo quadrienais, quanto executa uma função quase pública na distribuição de direitos e na

---

[347] Na Rússia, há denúncias de que elementos criminosos tenham forçado a falência de determinadas empresas e a demissão dos então dirigentes, mediante a corrupção do sistema legal. Para um caso detalhado, que se tornou conhecido por meio do esforço fracassado pela obtenção de revisão judicial nos Estados Unidos,

[348] Simon Bradley, " Swiss Set to Get Tough over Sports Corruption", *SWI*, 2 de outubro de 2014, http://www.swissinfo.ch/eng/swiss-set-to-get-tough-over-sports-corruption/40801520 (acesso em 2 de outubro se 2014); 13ª Conferência do Conselho da Europa de Ministros Responsáveis por Esportes, "Adopted Resolutions", 18 de setembro de 2014, http://www.coe.int/t/dg4/epas/resources/Macolin-2014/MSL13_10rev_Adopted-resolutions.pdf (acesso em 15 de outubro de 2015).

[349] Matt Apuzzo, Stephanie Clifford e William K. Rashbaum, "FIFA Inquiry Yields Indictments; U.S. Officials Vow to Pursue More", *New York Times*, 27 de maio de 2015, http://www.nytimes.com/2015/05/28/sports/soccer/fifa-officials-arrested-on-corruption-charges-blatter-isnt-among-them.html (acesso em 27 de maio de 2015).

supervisão dos preparativos para a Copa do Mundo. Ela ultrapassa a linha entre uma empresa voltada para o lucro e uma entidade pública. A Copa do Mundo confere prestígio e lucros a países-sede e meios de comunicação, e assim gera incentivos à corrupção de funcionários, promotores e companhias de mídia. A mistura de benefício público com ganhos privados, combinada com um conjunto de vagos critérios de escolha, torna o processo de seleção de locais para a Copa do Mundo especialmente aberto à corrupção. A FIFA opera com alto grau de opacidade e com nenhuma das limitações que usualmente se aplicam a empresas privadas, orientadas ao lucro, e a agências do governo. Alegações de corrupção têm aparecido com frequência ao longo dos anos e levaram a FIFA a criar um Comitê Independente de Governança, que recomendou mudanças. Seu relatório de 2014 equilibra-se entre exaltar passos positivos e deixar claro que a reforma não tinha ido longe o bastante (FIFA Governance Reform Project 2014).

Como os funcionários da FIFA não são servidores públicos, as leis comuns contra o suborno não se aplicam, levando os procuradores a se basearem em outras violações legais. Os funcionários foram acusados, não de aceitação direta de suborno, mas de uma variedade de crimes, "incluindo extorsão, fraude financeira por telecomunicações, e organização para lavagem de dinheiro",[350] termos usualmente aplicados ao crime organizado (ver capítulo 9). As prisões na Suíça, contudo, podem indicar uma mudança do modo suíço de pensar acerca de leis e de práticas. Políticos suíços estão recomendando reformas que obrigariam a maior transparência e supervisão contábil mais apurada dessas associações.[351] Por outro lado, Mark Pieth, advogado e acadêmico suíço, recomenda que a FIFA seja tratada sob a lei suíça como companhia orientada ao lucro (FIFA Governance Reform Project 2014). Alternativamente, os executivos

---

[350] Matt Apuzzo, Stephanie Clifford e William K. Rashbaum, "FIFA Inquiry Yields Indictments; U.S. Officials Vow to Pursue More", *New York Times*, 27 de maio de 2015, http://www.nytimes.com/2015/05/28/sports/soccer/fifa-officials-arrested-on-corruption-charges-blatter-isnt-among--them.html (acesso em 27 de maio de 2015); Matt Apuzzo, "A U.S. Tax Investigation Snowballed to Stun the Soccer World", *New York Times*, 29 de maio de 2015,http://www.nytimes.com/2015/05/30/sports/soccer/more-indictments-expected-in-fifa-case-irs-official-says.html (acesso em 30 de maio de 2015).

[351] Simon Bradley, "Swiss Set to Get Tough over Sports Corruption", *SWI*, 2 de outubro de 2014, http://www.swissinfo.ch/eng/swiss-set-to-get-tough-over-sports-corruption/40801520 (acesso em 2 de outubro de 2014); 13ª Conferência do Conselho da Europa de Ministros Responsáveis por Esportes, "Adopted Resolutions", 18 de setembro de 2014, http://www.coe.int/t/dg4/epas/resources/Macolin-2014/MSL13_10rev_Adopted-resolutions.pdf (acesso em 15 de outubro de 2015).

e membros do conselho da FIFA poderiam ser designados como "funcionários públicos", com respeito à aplicação das leis contra o suborno; os funcionários de outras entidades internacionais com poder de decisão e responsabilidades de supervisão quanto aos principais eventos internacionais poderiam ter o mesmo status. Essa designação permitiria que fossem processados segundo as leis ordinárias contra o suborno.

IV. Corrupção na aplicação da lei

Até aqui, temos pressuposto um sistema honesto de aplicação da lei, que desencoraja a corrupção. Infelizmente, é disseminada a corrupção na aplicação da lei, o que pode afetar a incidência de todos os tipos de crime. Conforme mostramos no capítulo 1 (figura 1.4), o *Global Corruption Barometer* (GCB) revela que, em todo o mundo, a polícia e o Judiciário apresentam os mais altos níveis de incidência de suborno entre os oito serviços considerados: 31% e 24%, respectivamente.[352] É claro que, se tal corrupção reduz os custos esperados da quebra de outras leis, ela estimula o comportamento criminoso (Becker e Stigler, 1974; Bowles e Garoupa, 1997; Polinsky e Shavell, 2001). A estratégia ótima de dissuasão deve levar em conta e procurar desencorajar a corrupção dos aplicadores da lei, como a polícia (Bowles e Garoupa, 1997). Isso pode ser alcançado mediante uma mistura de reformas, organizacional e de recursos humanos, combinada com melhor supervisão.

No entanto, é possível, pelo menos, que um sistema corrupto opere de forma que o custo de infringir a lei seja maior sob um sistema de aplicação corrupta da lei, no qual os funcionários se aproveitem das oportunidades de ganho privado ilícito. Potenciais pagamentos corruptos podem ser vistos como uma lagoa comum na qual todos os policiais tentam "pescar" ganhos particulares. Nenhum policial, individualmente, se dá conta de que sua extração de pagamentos reduz a sobra para os demais. Como todos acorrem para coletar os pagamentos indevidos, suas ações descoordenadas podem levá-los a esgotar a disponibilidade do "pescado", limitando assim outras formas de

---

[352] O GCB é publicado pela Transparência Internacional. A mais recente edição, 2013, efetuou a pesquisa junto a 114 mil pessoas em 107 países. Ver Transparência Internacional, "Global Corruption Barometer 2013", http://www.transparency.org/gcb2013/report (acesso em 15 de outubro de 2015). Evidências obtidas em pesquisa mais detalhada no Peru mostram que a incidência relatada de suborno é mais elevada para os que fizeram uso do Judiciário, seguida por aqueles que interagiram com a polícia (Hunt 2006).

ilegalidade (Pashigian, 1975). Esse efeito é mais forte quando os policiais têm jurisdições superpostas, e mais fraco quando cada um é designado para uma diligência específica.

Polinsky e Shavell (2001) modelam três opções de corrupção para as forças de aplicação da lei: primeira, solicitar propinas a infratores para não relatar uma violação (ou para reduzir a sanção); segunda, extorquir pagamento de uma pessoa inocente pela ameaça de enquadrá-la; e terceira, de fato enquadrar o cidadão inocente. Assim, a distinção entre suborno e extorsão, embora não rastreando o uso desses termos na legislação criminal, aponta para a distinção entre pagantes potenciais que sejam culpados ou inocentes com respeito à infração em foco. O controle da corrupção na aplicação da lei é justificado nessa modelagem, porque a corrupção limita o efeito dissuasório da lei. Os autores seguem o trabalho sobre a análise econômica do crime que recomenda o uso de multas máximas, até o limite de constrição dos bens do criminoso (Becker e Stigler, 1974). Eles recomendam o uso de multas porque são muito menos custosas para o governo que manter os infratores na prisão, e devem ter efeitos dissuasórios equivalentes para os que possam pagá-las. Becker e Stigler demonstram o valor social da multa máxima possível aos infratores de ambos os lados que se engajam em suborno na aplicação da lei, assim como aos aplicadores da lei que enquadram inocentes.[353] É claro que funcionários de aplicação da lei, especialmente em países em desenvolvimento, não são bem pagos, e não podem ser pressionados por multas que excedam o limite da capacidade de pagamento de sua família.

A mais surpreendente conclusão de Polinsky e Shavell é que a pura extorsão, na segunda opção supracitada, não deveria ser punida. O motivo seria que a punição compelirá os aplicadores da lei ou a enquadrar o inocente ou a lhe extorquir pagamentos mais elevados. Esse resultado tem origem na estrutura do modelo descrito pelos autores, no qual as vítimas de extorsão não têm saída. Elas são apanhadas em uma armadilha diante da qual os agentes externos da lei nada podem fazer além de aumentar os custos para os extorsionários, estimulando-os assim a demandar pagamentos mais elevados. Isso parece ser uma conclusão extrema e irrealista. Uma melhor resposta seria facilitar aos

---

[353] A noção de "multa máxima" provém do trabalho sobre as leis e a economia do crime que enxerga a prisão e outras sanções não monetárias como desperdício de recursos, desde que os criminosos condenados disponham de recursos monetários que possam ser expropriados pelo estado. A multa máxima é a maior multa que um indivíduo possa pagar, no limite da sua capacidade de pagamento (Becker, 1968; Becker e Stigler, 1974).

cidadãos extorquidos denunciar o crime, tendo garantias de leniência pela ajuda aos agentes da lei na detenção dos extorsionários.

Para Garoupa e Klerman (2004), o suborno é a segunda melhor forma de introduzir penalidades monetárias quando predominam as sanções não monetárias (por exemplo, a prisão). Eles mostram que, em presença da corrupção, sanções não monetárias geram altas propinas — equivalentes às multas — pagas para evitar a prisão. Na prática, o crime comum é desencorajado pela expectativa de se ter de pagar propinas. Em um sistema plenamente corrupto, ninguém vai para a prisão, e o estado se beneficia da consequente economia de despesas. Obviamente, esse modelo supõe que demandas de propinas de fato desencorajem o crime, ao invés de ser apenas uma forma de repartir os ganhos monopolistas das atividades ilegais entre a polícia e os criminosos. Conforme reconhece Garoupa em um trabalho posterior, ele despreza a possibilidade de que oportunidades desiguais de pagamento de propinas entre os diferentes tipos de atividades policiais causarão distorções nas prioridades de desencorajamento (Echazu e Garoupa, 2010).

Os modelos econômicos de corrupção na aplicação da lei são também consistentes com trabalhos que contemplam favoravelmente a privatização da aplicação da lei. De acordo com essa visão, tolerar o suborno dos agentes da lei é pior que legalmente incentivar esses agentes ao conceder-lhes incentivos privados para trabalharem diligentemente pela aplicação da lei. Por exemplo, Becker e Stigler (1974); Benson, Leburn e Rasmussen (1998); e Polinsky e Shavell (2001) sugerem que sejam pagas recompensas aos agentes da lei pelas atividades bem-sucedidas de aplicação da lei. Essa proposição é apoiada pelo trabalho empírico de Mast, Benson e Rasmussen (2000), que identifica que leis de confisco de ativos criam incentivos para que os departamentos de polícia atuem na aplicação das leis contra as drogas.[354] No entanto, esses autores então argumentam que a privatização da aplicação da lei por meio da corrupção poderia ser um desejável resultado de segunda preferência, em um mundo onde os agentes da lei precisassem receber salário fixo. Contudo, essa visão tolerante é excessivamente otimista. Se as penas forem brandas, caçadores de recompensas poderiam induzir pessoas a se submeterem à prisão, em troca

---

[354] Não obstante, Benson, Leburn e Rasmussen (2001) acrescentam ao seu trabalho empírico uma nota cautelatória, demonstrando que tais incentivos causam um deslocamento das atividades de aplicação da lei na direção do combate às drogas, afastando-as de outras frentes de aplicação, o que conduziria à intensificação de outras atividades criminosas.

de uma fatia da recompensa. Se se acrescenta a possibilidade de extorsão coercitiva e de intimidação combinada com ameaças de violência, a quase privatização da aplicação da lei, como reconhecem Polinsky e Shavell, aumenta os incentivos para extorquir e para enquadrar os inocentes. Sua análise indica a importância de estabelecer verificações dignas de crédito, de modo que aqueles que estejam expostos a extorsão ou enquadramento encontrem um caminho seguro e efetivo para registrar queixas. Movimentos em direção a um sistema de recompensas legais ou à tolerância da corrupção poderiam desequilibrar o sistema como um todo, fazendo-o pender para uma busca desenfreada, violenta, de rendimentos ilegais. O sistema poderia terminar sob o domínio de máfias criminosas, capazes de organizar pagamentos corruptos e de intimidar funcionários dos diversos níveis, assim como cidadãos ordinários, quer estejam ou não envolvidos em atividades criminosas.

Uma alternativa extrema seria legalizar a atividade criminosa, removendo assim o incentivo para corromper a polícia e os tribunais. Essa decisão deveria pesar os custos da corrupção versus o custo da descriminalização da atividade. Por exemplo, o ponto central do argumento pela legalização de certas drogas é que a sua criminalização impõe custos mais altos à sociedade — em termos de violência associada, de penas de prisão de usuários e de vendedores de baixa escala, problemas de saúde relacionados e do efeito corruptor do crime organizado — que o próprio uso das drogas (Global Commission on Drug Policy, 2011). Sem que se tenha procedido à legalização de determinados mercados especialmente sujeitos à corrupção, a privatização dos instrumentos de aplicação da lei não parece ser uma opção desejável, consideradas as desvantagens aqui destacadas.

Conclusões

Conforme discutimos em capítulos anteriores, a legislação criminal não deve ser a primeira nem a única linha de ataque contra a corrupção. Em vez disso, programas devem ser repensados ou eliminados, e o governo deve operar de forma responsabilizável e transparente. Isso é especialmente verdadeiro nos sistemas de aplicação das leis, inclusive no Judiciário, nos quais a corrupção enfraquece as leis estabelecidas. Dito isso, permanece verdade que a aplicação da lei contra o suborno e a extorsão tem a desempenhar uma função essencial de respaldo ao desincentivo à corrupção. Uma análise econômica pode ajudar na concepção de estratégias otimizadas de aplicação da lei.

Contemplando uma série de casos, parece que as leis conforme os livros são, muitas vezes, distantes das recomendações do direito e da economia. As penas são fracamente relacionadas aos benefícios marginais do suborno, tanto para os que pagam quanto para os que recebem propinas. Pequenas propinas parecem ser mais efetivamente desencorajadas que as de maior porte, a menos que a liberdade de decisão dos procuradores se componha com a linguagem legal. As penalidades impostas aos que pagam propinas não são adequadamente relacionadas aos seus ganhos. A tensão entre colher provas para dar entrada a um caso e a dissuasão *ex ante* raramente tem sido reconhecida e frequentemente tem sido imperfeitamente resolvida. Não existe evidência sólida para determinar se a concessão de leniência a indivíduos corruptos, em retorno a provas e testemunhos apresentados, limita a corrupção ou estimula pessoas a participarem *ex ante*. Muitos países têm dificuldades para a dissuasão de organizações, em contraposição a indivíduos, porque a legislação criminal se aplica apenas a indivíduos. Reforma nas leis de suborno e extorsão permanece um segmento necessário, embora não suficiente, de uma reforma geral contra a corrupção, no qual uma análise econômica pode contribuir para o debate.

PARTE II

A corrupção como problema cultural

7
Cultura e corrupção

Alguns defendem que a "cultura", e não a economia ou a política, é a fonte primária da corrupção.[355] Essa argumentação assume duas formas básicas. Em primeiro lugar, as culturas diferem; portanto, o significado de "corrupção" como uso indevido do poder para ganho privado varia de país para país. Em particular, transações que são rotuladas como corruptas em economias altamente desenvolvidas e em democracias bem estabelecidas podem ser perfeitamente aceitas e, mesmo, normalmente requeridas, em outras sociedades.[356] Em segundo lugar, deve-se reconhecer que a corrupção — conforme definida neste livro — provoca danos, mas deve-se acreditar que o único caminho para uma mudança é através de uma reforma integral nas normas sociais vigentes, que tenha um alcance além de estreitos modelos econômicos defendidos por indivíduos que propugnam por benefícios próprios:

> Se realmente queremos endereçar a corrupção, ... precisamos fortalecer ... na sociedade valores de honestidade e integridade. ... A honestidade, as preferências pró-sociais e um senso de certo e errado constituem parte da psique humana ..., mesmo que possamos criar sociedades em que esses traços sejam quase invisíveis. (Basu, 2011:10)

A primeira crítica argumenta que nem todas as sociedades aspiram ao ideal de relações entre estado e sociedade implícitas em nossos capítulos anteriores, e que essa diferença precisa ser respeitada pelos forasteiros. A segunda, em-

---

[355] Agradecemos a Kyle Peyton por seus comentários sobre este capítulo, que foram de grande ajuda, inclusive ao nos direcionar a algumas pesquisas recentes.
[356] Ver Wade (1982) para um estudo acerca de projetos de irrigação no sul da Índia, no qual os fazendeiros retratam a distinção entre propinas destinadas a levar os funcionários a agir e os pagamentos que estes extorquiam para não infligirem penalidades.

bora reconhecendo que a corrupção arruína o desenvolvimento econômico e político, concentra-se em esforços para mudar as normas, especialmente pela transformação das atitudes das elites.

Nós, é claro, reconhecemos que normas sociais enraizadas afetam a incidência de corrupção, assim como a definição de comportamento aceitável. No entanto, o estudo da "cultura" é parte de um esforço analítico maior, para entender causas e consequências da corrupção. Alguns comportamentos — confiança em outros, por exemplo, ou a concessão de "presentes" a servidores públicos — podem ser determinados pelos costumes de uma cultura, mas podem também ser motivados por cálculos estratégicos e por suposições acerca dos interesses de outros agentes. Um dos objetivos deste capítulo é demonstrar que alguns comportamentos que superficialmente aparecem como generosos e atenciosos para com o outro podem, na verdade, basear-se em maquinações estratégicas movidas pelo próprio interesse. Um segundo objetivo é destacar a forma pela qual determinados traços, frequentemente vistos como normativamente desejáveis, como a confiança, podem, em certos contextos, prejudicar os benefícios de políticas públicas. Contudo, antes de considerar esses casos complexos, colocamos a questão de se determinadas características de mensuração relativamente fácil, tais como gênero e fé religiosa, estão relacionadas à aceitação de propinas e comissões provenientes de corrupção.

A cultura é um coletivo de instituições informais (costumes e tabus) que um grupo de pessoas mantém em comum.[357] Esses padrões mudam no tempo e no espaço, mas a mudança é lenta, em geral, de modo que muitos pesquisadores assumem a "cultura" como uma variável exógena e estática.[358] Por exemplo,

---

[357] Laland e Hoppitt (2003:151) definem culturas como "padrões de comportamento típicos de grupo, compartilhadas por membros de uma comunidade cujas crenças se baseiam na informação socialmente aprendida e transmitida". No entanto, reconhecemos que alguns membros de uma comunidade, por exemplo, mulheres, podem ter padrões culturais diferentes dos de outros, como, por exemplo, homens. Esperamos evitar o uso de "cultura" como categoria residual, introduzida apenas para "explicar" qualquer variância, após levar em conta fatores puramente econômicos. Ver Banuri e Eckel (2012), que sumarizam variedades de conexão entre cultura e corrupção nas ciências sociais.

[358] É claro que países podem conter mais de uma "cultura" e, portanto, mais de um nível de corrupção. Nos Estados Unidos, por exemplo, "identificou-se que os estados do sul são mais corruptos, *ceteris paribus*" (Goel e Nelson, 2011:172; Liu e Mikesell, 2014); na Ucrânia, um estudo observou que a região oriental era mais corrupta que o restante do país (Denisova-Schmidt e Huber, 2014). A Itália Meridional também apresenta níveis mais elevados de corrupção que a Itália Setentrional (Golden e Picci, 2005).

na Cidade de Nova York, diplomatas das Nações Unidas que eram multados por estacionamento não pago ou por infrações de trânsito mais provavelmente provinham de países relativamente corruptos (Fisman e Miguel, 2007), e estudantes de graduação recém-chegados ao Reino Unido eram mais ou menos propensos a pagar propinas conforme o nível de corrupção em seus países de origem (Bar e Serra, 2010). No entanto, padrões culturais podem modificar-se. Assim, a relação entre país de origem e propensão ao suborno tendia a se enfraquecer, à medida que mais tempo tivessem passado no Reino Unido; para estudantes pós-graduados, a correlação desaparecia completamente (ibid.).[359] Inversamente, o nível de corrupção pode influenciar crenças e atitudes. Viver em um ambiente relativamente livre de corrupção pode levar a mudanças de atitude sobre sua aceitabilidade. "Usar a existência de corrupção como prova da influência da inevitabilidade cultural constitui um argumento circular: certos padrões culturais causam a corrupção porque existe corrupção; e a corrupção existe por causa de certos padrões culturais" (Dalton, 2005:244).

Expectativas formatam ações, e expectativas podem derivar de uma cultura compartilhada. Por exemplo, uma coroa sinaliza poder em algumas sociedades, enquanto uma equipe de serviçais realiza o mesmo objetivo em outros (Myerson, 2004). Desde que os sinais sejam compreendidos corretamente por todos, estes convergem para uma solução, ainda que não se comuniquem diretamente. De acordo com Myerson (2004:93), os "detalhes de tradições culturais podem ser decisivos em jogos com múltiplos pontos de equilíbrio" — jogos que refletem as situações do mundo real. A cultura afeta comportamentos, inclusive quanto ao pagamento e a aceitação de propinas. Aplicando-se essa visão às interações com os funcionários públicos, se as pessoas esperam desses funcionários justiça e tratamento correto, é provável que atuem honestamente (Rothstein, 2011).

Neste capítulo, procuramos revelar a interface entre cultura e corrupção. Principiamos na seção I com o controverso problema de definição e sua dependência à cultura. Se alguma coisa de valor é cedida em troca de um benefício, ela é um preço, uma propina, um presente ou uma gorjeta? Dispositivos legais e padrões culturais ajudam a situar a transação em uma ou outra categoria, mas os padrões não são fixos no tempo ou no espaço. Se um

---

[359] Ver também estudos experimentais de Cameron et al. (2009), realizados na Austrália junto a imigrantes chineses: a convergência para os padrões ocidentais aumentava com o tempo passado no país. A confiança interna ao grupo caía e a confiança nos australianos aumentava com o tempo.

pagamento é legalmente uma propina, mas visto como gorjeta, deveria a lei ser mudada para omitir a infração, ou será que a atitude tolerante do pagador enfraquece objetivos importantes das políticas? Em outras palavras, práticas culturais ou sociais não são imutáveis e, do ponto de vista normativo, podem ser inaceitáveis. Elas podem variar não apenas de um país para outro, mas também no interior de um país ou de uma região.

A seção II dá início ao nosso exame de medidas culturais e suas conexões com a corrupção. Sumarizamos pesquisa empírica comparativa entre países, que relaciona fatores culturais concernentes a gênero e religião com honestidade e resistência à corrupção. Criticamos essa pesquisa e pomos em dúvida as recomendações quanto a políticas que se supõem às vezes decorrentes dos resultados encontrados.

A seção III vai além de características pessoais, como gênero e fé, para focalizar confiança — conceito complexo que pode ir em dois sentidos. Confiança e desconfiança podem derivar de fatores culturais bem arraigados, mas podem também constituir respostas racionais a situações particulares. Aqui, é importante distinguir entre: confiança generalizada em outras pessoas; confiança em indivíduos específicos, que sejam membros da família, amigos ou colegas; e confiança no comportamento imparcial de instituições e funcionários. Alguma confiança, como entre funcionários e suas famílias e seus amigos, pode alimentar negociações de natureza corrupta. Outros tipos de confiança tornam possível um governo honesto e competente.

Entidades públicas, empresas privadas e indivíduos podem esforçar-se para gerar confiança, não mediante apregoar integridade pessoal ou cultura de honestidade, mas construindo reputação ao longo do tempo, por comportamento digno de crédito. Eles adquirem confiabilidade não porque outros os vejam como inerentemente bons e virtuosos, mas porque esses atores, em seu próprio interesse, se comportam de modo a gerar uma reputação confiável. Em outras palavras, defendemos que a confiança pode derivar não apenas de firmes traços culturais, mas também por meio de interações estratégicas. Estudiosos da relação entre cultura e corrupção precisam perguntar-se como as normas sociais interagem com o cálculo estratégico para explicar o comportamento.

A seção IV considera como aspectos da cultura, independente da corrupção, *per se*, podem interagir com as oportunidades de corrupção para exacerbar ou atenuar a incidência de corrupção. Valores podem estar sedimentados por meio de ciclos nos quais oportunidades de corrupção disseminadas podem solapar valores de honestidade e integridade, o que, por sua vez, produz mais corrupção, em um laço de realimentação que arraiga esses valores. Igualmente tão destrutivos podem ser os ciclos viciosos baseados em fortes laços de confiança entre os que operam ilegalmente via corrupção e outros tipos de comportamento ilegal.

Finalmente, a seção V trata da alegação, às vezes expressa por investidores externos, de que estejam sendo culturalmente sensíveis quando indevidamente pagam às elites para obter negócios. Ilustramos o personagem que se serve dessa alegação ao mostrar que, mesmo que cidadãos comuns considerem propinas necessárias à sua sobrevivência, eles desaprovam a corrupção. Esse comportamento não é visto como uma característica cultural positiva, especialmente quando agentes externos fazem pagamentos para influenciar os altos dirigentes. Demonstramos que, paradoxalmente, os executivos de grandes empresas e os antropólogos às vezes defendem que a corrupção é culturalmente determinada, mas que pessoas comuns condenam amplamente o suborno, a doação de presentes, o nepotismo e o cronismo. A maioria das pessoas vê esse comportamento como um desvio em torno das restrições impostas por um estado disfuncional, mas em geral elas não alardeiam essas negociatas como reflexos de costumes culturalmente arraigados.

I. Propinas, preços, presentes e gorjetas

Propinas, preços, presentes e gorjetas representam diferentes tipos de reciprocidade. A dificuldade de distinguir presentes e gorjetas de propinas tem suas raízes na similaridade fundamental entre essas formas. Em nenhum desses casos o sistema de leis promoverá um *quid pro quo*, ou seja, uma alegação de que o pagamento foi feito como parte de uma relação de troca. Para presentes e gorjetas, o *quid pro quo* é implícito, não escrito em um contrato formal. Para uma propina, o *quid pro quo* pode ser bem claro, mas sua ilegalidade o torna passível de aplicação da lei. Há muitos casos de fronteira, de modo que a categorização de um pagamento específico como corrupto pode diferir entre diferentes culturas e sistemas legais.

Tabela 7.1. Pagamentos realizados por clientes

	quid pro quo explícito	*quid pro quo* não explícito
pagamento ao dirigente	preço	presente
pagamento ao agente	propina	gorjeta

Pagamentos, seja em dinheiro seja em objetos, podem ser caracterizados em duas dimensões. Primeira dimensão: existe um *quid pro quo* explícito? Caso afirmativo, a transação pode ser designada como venda, mesmo que haja um longo intervalo de tempo entre o pagamento e o recebimento do benefício. Tanto vendas ao mercado quanto propinas explícitas envolvem obrigações recíprocas. Presentes a instituições de caridade ou a pessoas próximas com frequência não explicitamente envolvem obrigações recíprocas — embora muitos gerem obrigações implícitas. Segunda dimensão: considera as posições institucionais de pagadores e de recebedores. São eles agentes ou dirigentes? Uma conta de restaurante é paga ao proprietário; uma gorjeta, ao garçom. Uma taxa de agilização é paga ao estado; uma propina, ao policial. Empregadores, escritórios de vendas e clientes podem pagar a agentes. Patrões dão presentes de Natal a seus empregados, representantes de vendas dão presentes aos funcionários de compras das empresas, e clientes finais dão gorjetas a vendedores por serviços favoráveis. Alguns desses pagamentos estão na fronteira entre propinas e toques generosos de reconhecimento.

Algumas pessoas têm deveres em relação ao público em geral — um grupo amorfo que carece de dirigentes bem definidos e de olhar agudo. Os políticos, por exemplo, podem ser descritos como os representantes do interesse público ou dos cidadãos que os elegeram. Sob ambos os pontos de vista, eles usufruem de considerável poder. Onde permitido, o desejo de reeleição é um limitador, mas que nem sempre impede lucrativos negócios paralelos. Uma vez que o *quid pro quo* é frequentemente vago, contribuintes de campanha em geral dizem que estão doando presentes. Outros discordam.

O foco nessas duas dimensões — a existência de um *quid pro quo* e a presença ou ausência de agentes — dá origem a quatro categorias, mostradas na tabela 7.1: propinas, gorjetas, presentes e preços de mercado. Embora essas categorias incluam os termos *propinas* e *presentes*, que têm certa carga moral, a tabela identifica os pagamentos com base apenas na relação com agentes e a existência de um *quid pro quo*. No entanto, mesmo que não esteja envolvida uma troca explícita, pode haver uma expectativa implícita de reciprocidade.

Embora presentes difiram de preços em razão da ausência de um *quid pro quo* explícito, pode haver conexões mais sutis entre os presentes e o comportamento dos beneficiários. Uma universidade pode abrir uma nova escola profissional na esperança de atrair doações, e uma criança pode trabalhar duro na esperança de atrair presentes dos pais. Não obstante, muitos presentes são transferências puramente altruístas, sem a expectativa de uma recompensa material. Eles podem aportar benefícios psicológicos, como um "rasgo" de simpatia, ou a satisfação de cumprir um compromisso moral (Sem, 1977; Andreoni, 1988; Rose-Ackerman, 1996a), sem ganhos tangíveis. Algumas doações com autossacrifício podem prejudicar o doador, como quando uma pessoa impõe sacrifícios a membros da família ou, em caso extremo, quando renuncia à vida por outra pessoa ou por uma causa.[360]

Em termos da análise econômica padrão, presentes aproximam-se de preços, à medida que se movem escala abaixo, de: presentes para organizações de caridade ou causas; a presentes a indivíduos necessitados mas desconhecidos; a presentes para amigos ou parentes; a presentes a pessoas e instituições em posição de beneficiar o doador.[361] Porém, a simples economicidade é apenas parte da história. Relações pessoais entre o doador e o recebedor ou entre o comprador e o vendedor constituem uma dimensão importante de muitas transações que têm valor intrínseco, independente da função regulatória dessas relações concernente à transação.[362]

Agora, consideremos as duas relações com agências mostradas na tabela. Os agentes são em geral pagos por seus dirigentes, não por pessoas de fora, como clientes ou representantes de vendas. O dirigente desenvolve um sistema de remuneração e de monitoração que incentive os agentes a alcançar bom desempenho. A maior parte das discussões sobre os méritos relativos de esquemas de remuneração alternativa pressupõem que a preguiça e o relaxamento são os problemas, não os pagamentos oferecidos por terceiros. Existe um relacionamento bilateral entre o dirigente e o agente que opera em

---

[360] Ver Monroe (1996), que entrevistou pessoas acerca de seu comportamento altruísta e estabelece a distinção entre empreendedores, filantropos, heróis e salvadores. Esta última categoria inclui os salvadores de judeus na Europa Nazista, os quais se submeteram a extremos sacrifícios pessoais e familiares.

[361] Se presentes individuais são significativos o bastante para causar impacto marginal no comportamento do recebedor, fica implícito um *quid pro quo*. Isso é verdade para muitos presentes a membros da família e para algumas grandes doações a instituições de caridade. Nesse caso, há pouca diferença funcional entre presentes doados com vistas a objetivos posteriormente anunciados e aqueles doados sob a condição de que os objetivos sejam alcançados. Se presentes condicionais criam obrigações que podem ser cobradas, eles são como vendas, exceto que o benefício concedido em troca deve ser tal que esteja de acordo com o propósito caritativo (Gordley, 1995). Esses presentes pertencem à posição "preço" na tabela.

[362] Nas análises sociológicas, as relações pessoais são a chave para o ato de presentear. Doações a instituições de caridade não devem ser caracterizadas como presentes, *porque* não envolvem uma conexão pessoal (Zelizer, 1994:77-85).

determinadas condições de entorno.[363] Alguns estudiosos introduziram uma terceira parte e usam seus modelos para analisar o problema da corrupção (Rose-Ackerman, 1978; Tirole, 1986, 1996).

Suborno disseminado pode indicar que a sociedade tenha estruturado de forma ineficiente a relação com os agentes. Se os clientes normalmente pagam propinas aos agentes, talvez fosse mais eficiente que os clientes *contratassem* os agentes para lidar com seus anteriores dirigentes. Por exemplo, suponha que uma empresa de automóveis forneça serviços de reparo gratuito aos que comprem seus carros. Na prática, clientes desejosos por receberem bons serviços pagam propinas aos mecânicos de reparos para que executem trabalhos rápidos e de alta qualidade. O fato de que o cliente monitora melhor o mecânico que a empresa sugere que o serviço pode ser mais eficientemente realizado se houver um contrato entre o cliente e o mecânico, em lugar do contrato entre o mecânico e a companhia de automóveis. Apesar desse incentivo às propinas comerciais, a companhia de automóveis poderia continuar a prover reparos como parte da garantia previamente estipulada junto aos compradores. Garantias melhoram o posicionamento competitivo das empresas ao reduzir os riscos enfrentados pelos clientes; mas, como todas as políticas de seguros, elas criam custos posteriores de monitoração (Cramton e Dees, 1993:366-7). Questões semelhantes aparecem em muitas áreas de serviços profissionais, onde os clientes pagam pelo trabalho especializado de outros. Eles podem julgar os resultados — boa saúde, uma grande indenização em um processo penal — mas não podem observar diretamente a qualidade dos insumos. É mais eficiente contratar o profissional diretamente, ou pagar uma quantia extra a uma grande organização (digamos, uma seguradora) que então monitora e reembolsa os profissionais? Deveria ser permitida a venda direta de processos aos advogados, evitando-se assim, de uma vez, o problema do agente ou dirigente? Deveria o estado subsidiar de forma abrangente os serviços judiciais?

Para que se vejam as dificuldades desta última hipótese, suponha que o estado proveja serviços gratuitos de advocacia a qualquer um que queira dar entrada a um processo, e pague aos advogados uma remuneração fixa. Suponha, ainda, que muitos clientes façam pagamentos secretos aos seus advogados para induzir um trabalho maior. Se for comum esse tipo de suborno comercial, ele implica que a venda de serviços advocatícios deva ser privatizada, com um

---

[363] Para citações acerca desse trabalho, ver Rose-Ackerman (1986); Tirole (1986); Laffont (1990); Rasmusen (1990:133-222).

programa residual subsidiado para os indigentes. Em contraste, evidências de que as partes de um processo estejam pagando aos juízes para obter decisões favoráveis não implicam que devam ser legalizados esses pagamentos. Estes comprometem a ideia mesma de primado da lei. O juiz não é um agente das partes, mas jurou defender os princípios gerais das leis. Esse é o interesse final daqueles que fazem uso dos tribunais. Reconhecendo isso, mesmo os serviços de arbitragem em plano comercial privado estruturam seus sistemas de pagamento para evitar conexões entre as decisões substantivas e as recompensas financeiras dos decisores.

A falta de flexibilidade organizacional do estado limita sua capacidade de reorganizar as relações com agentes. Um governo faz uso de agentes onde os negócios privados simplesmente venderiam diretamente seus serviços. Inversamente, o setor público faz uso de contratos onde as empresas privadas se integrariam verticalmente em razão de dificuldades de monitoração. Às vezes, a desregulamentação e a privatização podem sanar essas dificuldades, mas algumas restrições são inerentes à natureza especial dos serviços governamentais. Funções públicas legítimas não podem, por sua natureza, ser organizadas como mercados privados. Esse fato implica que nem todos os incentivos à corrupção em programas públicos podem ser eliminados.

Em alguns contextos, pode ser difícil distinguir entre propinas e gorjetas. Ambas são pagamentos informais feitos por clientes para recompensar os agentes pelos serviços prestados. Mesmo o tamanho desses pagamentos pode ser similar, e eles são comumente feitos em dinheiro. Adicionalmente, em muitas sociedades, ambas suplementam os salários recebidos por profissionais em posições de baixa remuneração.[364] A maior diferença entre propinas e gorjetas reside na relação com o agente: enquanto as gorjetas reforçam os objetivos do dirigente, as propinas os subvertem.[365] Com as gorjetas, o *quid pro quo* é vago e, em geral, o serviço é prestado antes do pagamento. Elas são "legalmente opcionais, informalmente concedidas, o valor não é especificado, é variável e arbitrário" (Zelizer, 1994:91). As gorjetas permitem aos clientes expressar um julgamento sobre a qualidade do serviço em situações nas quais os proprietários do negócio podem ter dificuldade na avaliação da qualidade. Se os clientes podem melhor monitorar que a gerência, as gorjetas fazem

---

[364] Na verdade, a origem das gorjetas parece ter sido baseada em classes (Azar, 2004).
[365] Banerjee, Hanna e Mullainathan (2013) tornam isso explícito na sua definição de corrupção: "A quebra de uma regra por um burocrata (ou por um funcionário eleito) para ganho privado".

sentido. Em contraposição, se a gerência pode inferir bons serviços com base em altos níveis de vendas individuais, ela pode recompensar diretamente os empregados (por exemplo, em comissões). Um restaurante pode premiar seus garçons com base no número de refeições servidas, mais ou menos como as gorjetas; mas esse esquema seria menos efetivo que o pagamento de gorjetas. É mais eficiente associar a premiação a uma mistura de volume e qualidade, e permitir que os clientes paguem diretamente aos agentes por bons serviços é uma forma de atender a esse objetivo. Um exemplo no setor público ocorria em Myanmar, onde um policial de trânsito honesto (entre os muitos que tentam extorquir pagamentos dos motoristas) organizava efetivamente o trânsito. Como mostra de gratidão, os motoristas nas ruas mais congestionadas exprimiam sua apreciação por meio de comida, bebidas e dinheiro.[366]

Tanto gorjetas quanto presentes podem tornar-se propinas. Muitos descreveriam seus pagamentos a prestadores de serviços como presentes por bom trabalho, não como gorjetas ou propinas. Contudo, ambas as formas podem funcionar como propinas. Suponhamos, por exemplo, que gorjetas tenham estimulado os agentes a estabelecer discriminação entre os clientes, de maneira que causem perda da receita percebida pelo dirigente. Imaginemos que garçons, como agentes alfandegários corruptos, tenham concedido descontos aos clientes sobre as refeições consumidas, ou tenham servido pratos adicionais, em retorno a pagamentos indevidos, ou que a recepção tenha recebido gorjetas para reservar uma mesa quando o restaurante não tenha vagas. Esses pagamentos são semelhantes a pagar a um policial de trânsito por dispensar uma multa por estacionamento proibido ou por velocidade excessiva, ou pagar um detetive pela solução de um caso de homicídio de uma pessoa estimada ao invés de obedecer às prioridades fixadas pelos superiores desse detetive. Em alguns países, pagam-se propinas para acesso a hospitais e escolas; gorjetas, muitas vezes passando como presentes, são dadas a funcionários de saúde ou a professores, como expressão de respeito ou de agradecimento pelo serviço, mas a linha entre gorjetas e presentes é frequentemente imprecisa especialmente quando a intenção é de difícil determinação. Na Rússia em transição, por exemplo, médicos nas maternidades se ressentiam de propinas — que eles identificavam como pagamentos substanciais feitos antes do nascimento, para

---

[366] Thomas Fuller, "Yangon's Hero Wielding Power of Stop and Go", *New York Times*, 21 de novembro de 2014, http://www.nytimes.com/2014/11/22/world/asia/myanmar-yangon-traffic-cop-khin-myint-maung.html (acesso em 22 de novembro de 2014).

"garantir" bons serviços — mas apreciavam pequenos presentes de agradecimento oferecidos após um nascimento bem-sucedido; finalmente, quando os salários reais caíram e a burocracia dos hospitais passou a ser considerada corrupta, os médicos recebiam com agrado ambas as formas de pagamento (Rivkin-Fish, 2005).[367]

Funcionários corruptos e indivíduos privados podem estruturar suas interações de forma a enevoar a linha entre propinas e presentes, a fim de evitar processos judiciais e de enfraquecer a possível resistência das pessoas do outro lado da transação. A divulgação de "gorjetas" ou "presentes" pode revelar os benefícios que alguns obtêm mediante esses pagamentos. O *quid pro quo* é muitas vezes pago na mesma "moeda" que o benefício inicial — por exemplo, votos em projetos de lei ou favoritismo em contratos. Tomado isoladamente, o comportamento parece favoritismo, não corrupção. Um presente terá sido dado ou um favor terá sido feito que alguns podem considerar inapropriado. O ganho para a pessoa que presta o favor não é facilmente identificável. Apenas a reputação de bem proceder pelas pessoas que lhe ajudaram no passado sustenta o sistema.

A desvantagem de propinas é que sua ilegalidade pode tornar difícil firmar uma reputação, tendo favorecido aqueles que fizeram os pagamentos. Suponha, por exemplo, que o preço oficial seja uniforme, mas que os agentes possam prover determinados favores ou benefícios a alguns clientes. Se eles agem assim, outros podem perceber queda de qualidade dos serviços. Então, presentes dados por alguns clientes podem induzir que outros também deem. Esse parece ser o objetivo de atendentes de um estacionamento que listem publicamente os presentes doados por usuários mensais do serviço (Tierney, 1995). A espiral na doação de presentes seria especialmente poderosa se houvesse escassez de vagas desejáveis; os usuários estariam engajados em uma "guerra de atrito".[368] Eles são induzidos a dar, não apenas para evitar uma reputação ruim, mas também para assegurar bom serviço. Os proprietários do estacionamento podem tentar capturar alguns desses ganhos ao cobrar diferentes preços por diferentes qualidades das vagas; no entanto, o inevitável

---

[367] Algumas pessoas relatam que o pagamento a um motorista de táxi para ir mais rápido é considerado uma gorjeta nos Estados Unidos; mas, na China, uma propina. Como esse "serviço" frequentemente envolve infringir a lei (limites de velocidade e possivelmente sinais de tráfego), talvez a interpretação chinesa seja a mais correta.

[368] Jogos de guerra de atrito são analisados em Bishop, Cannings e Smith (1978); Krishna e Morgan (1997) e Rasmusen (1990:74-6). Rose-Ackerman agradece a Peter Cramton por apontar essa conexão.

poder de arbítrio exercido pelos atendentes pode acarretar que os proprietários não extraiam todos os ganhos.

Alguns "mercados" corruptos operam do mesmo modo, mas são menos efetivos, porque as propinas normalmente não podem ser exibidas de forma a que todos vejam. Contribuições de campanha frequentemente seguem a linha estreita entre presentes e propinas, e tombam para um lado ou para o outro dependendo das incertezas das leis de financiamento de campanha.[369] Potenciais contribuintes tornam-se mais inclinados a doar quando são informados sobre a doação de outros. A possibilidade de uma espiral ascendente de doações sugere que os políticos publiquem listas de seus contribuintes, mesmo que a lei não o exija. A efetividade dessa lei, contudo, depende das motivações dos contribuintes. Se eles estão apenas preocupados com a eleição de uma determinada pessoa, a informação sobre a generosidade de outros poderia desencorajar novos presentes. Em contraposição, se os contribuintes, como os usuários do estacionamento de automóveis, buscam uma vantagem sobre seus rivais, notícias acerca dos presentes dos rivais podem estimulá-los a doar ainda mais. Paradoxalmente, nesse contexto, quanto mais próximo um presente é de uma propina, mais útil será a divulgação, pois pode constituir um estímulo a doações.

Economias de mercado desenvolvidas traçam muitas linhas formais e informais entre mercados de trocas impessoais e as funções dos funcionários, de um lado, e, as ligações pessoais de outro.[370] Leis referentes a conflitos de interesse e a financiamentos de campanha regulam as conexões entre dinheiro e política. Normas de comportamento limitam a intromissão no mercado de relações familiares e de amizades. Padrões de jornalismo impedem que repórteres aceitem pagamento para escrever sobre determinadas histórias. Não obstante, ainda assim, é difícil estabelecer e normativamente avaliar as distinções entre preços, propinas, presentes e gorjetas. Nos países em desenvolvimento, a questão é bem mais problemática. As fronteiras entre mercado e família e entre os setores público e privado são frequentemente difusas, incertas e em movimento.

---

[369] Ver Jane Fritsch, "A Bribe's Not a Bribe When It's a Donation", *New York Times, News of the Week in Review*, 28 de janeiro de 1996, http://www.nytimes.com/1996/01/28/weekinreview/the-envelope--please-a-bribe-s-not-a-bribe-when-is-s-a-donation.html (acesso em 15 de outubro de 2015).

[370] Para uma discussão a respeito, quanto ao papel do dinheiro, ver Zelizer (1994).

II. Impacto do gênero e da religião sobre a corrupção

Ao distinguir propinas de seus primos próximos — presentes, gorjetas e preços —, destacamos os aspectos de escolha e evolução. Tanto regras formais quanto práticas toleradas variam ao longo do tempo, do espaço e do setor. Essa variação torna difícil medir tanto a corrupção quanto a cultura, assim como acompanhar a interação entre ambas. Não obstante, têm ocorrido esforços nesse sentido, baseados em pesquisas individuais e em bases de dados que permitem comparação entre países. A maioria das tentativas empíricas de identificar os efeitos dos valores "culturais" sobre a corrupção tem dado ênfase a dois aspectos facilmente identificáveis: gênero e religião.

A. Gênero

Muitos estudos têm apontado que as mulheres são, na média, menos corruptas que os homens, mantendo-se constante o contexto do nível de corrupção de um país.[371] A definição de "corrupto" varia de um estudo para outro; porém, em geral, identifica-se que as mulheres são menos tolerantes com a corrupção (Swamy et al., 2001) e menos propensas a se envolver com ela (Frank e Schulze, 1998; Swamy et al., 2001; Alatas et al., 2009a). Na pior das hipóteses, as mulheres não são mais corruptas que os homens (Sung, 2003; Alatas et al., 2009b; Armantier e Boly, 2014).[372] A explicação tipicamente apresentada é que as mulheres exibem traços mais "femininos", como a busca por uma vida melhor e de mais qualidade, enquanto os homens exibem traços mais "masculinos", como competitividade e materialismo. Com base nas medidas de cultura de Hofstede,[373] pelo menos três estudos comparativos entre países (Husted, 1999; Davis e Rihe, 2003; McLaughlin, 2013) identificaram que a "masculinidade", conforme definida por Hofstede, é associada a níveis mais altos de corrupção.

---

[371] Para uma excelente visão geral da literatura, ver Chaudhuri (2012).

[372] Alatas et al. (2009b) executaram a mesma experimentação na Austrália, Índia, Indonésia e em Singapura. Desses quatro países, eles identificaram que as mulheres eram menos tolerantes com a corrupção apenas na Austrália. Quando eles mudaram as palavras *suborno* e *punição* para uma linguagem mais "neutra", a diferença de tolerância desapareceu também na Austrália, embora as mulheres australianas ainda fossem menos inclinadas a receber propinas que os homens australianos.

[373] O psicólogo social Geert Hofstede desenvolveu seis medidas de cultura nacional, disponíveis em http://geert-hofstede.com/national-culture.html (acesso em 15 de outubro de 2015). "Masculinidade" refere-se a competitividade, fanfarronice e atribuição de importância a coisas materiais, enquanto "feminilidade" refere-se a compaixão, cooperação e atribuição de importância à qualidade de vida.

Tanto Swamy et al. (2001) quanto Dollar, Fisman e Gatti (2001) concluem que níveis mais baixos de corrupção estão associados à maior participação das mulheres na política ou, equivalentemente, à participação feminina na força de trabalho, uma variável altamente correlacionada. No entanto, há uma interação provável entre o efeito do gênero na corrupção e as instituições na vida política. Assim, Sung (2003) identifica que o efeito do gênero desaparece quando se incluem o poder das leis e a liberdade de imprensa, de modo que tanto a menor corrupção quanto a maior participação das mulheres na política podem ser o resultado da evolução da sociedade. Chaudhuri (2012) assinala que, em muitos estudos, a diferença em gênero é mais fraca em países em desenvolvimento — onde a corrupção tende a ser mais que um problema — que em países mais ricos. Em um estudo mais detalhado (Esareye Chirillo, 2013), a diferença de gênero quanto a atitudes relativas à corrupção era maior nas democracias que nas autocracias; e somente nas democracias a participação feminina no governo era inversamente relacionada à corrupção. Esse resultado está em contradição, claro, com a conclusão de Sung de que as diferenças de gênero desapareçam quando as sociedades têm liberdade de imprensa e poder das leis. Goetz (2007) argumenta que, se as mulheres na política e na burocracia são menos corruptas que os homens, isso decorre principalmente da falta de oportunidade, porque elas não têm o mesmo acesso às redes de patrocínio. Adicionalmente, as mulheres podem não procurar inserir-se nessas redes se essa inclusão pode expô-las a sugestões e assédios sexuais. Em seu campo de trabalho no sul da Ásia, Goetz observou o envolvimento de mulheres com outras, ou o encorajamento de outras, em práticas ilícitas ou na fronteira da ilicitude, mas não em ambientes dominados pelos homens. A implicação desses estudos é que as *instituições* moldam o comportamento humano, seja a pessoa do sexo masculino ou do feminino.

Claramente, é possível a causalidade reversa. Como indica Goetz (2007), muitas mulheres no sul da Ásia entraram na política devido às conexões de suas famílias e à incapacidade ou à falta de vontade dos partidos de produzir candidaturas femininas independentes. Muitas são, por exemplo, viúvas de ex-políticos. Se, porém, as mulheres *escolherem* entrar na política, e *se* as mulheres acharem a corrupção mais desagradável que os homens, esperaríamos encontrar mulheres apresentando-se na política por iniciativa própria em países onde a corrupção seja mais reduzida. Portanto, menos corrupção causaria um aumento da proporção feminina na política. Esse argumento coaduna-se bem com os resultados relatados por Esarey e Chirillo (2013), anteriormente mencionados, de que a participação política feminina é maior nas democracias menos corruptas.

Adicionalmente, mesmo que não exista, na população em geral, uma polarização quanto ao gênero, não necessariamente se segue que preencher os assentos parlamentares com mulheres amenizará o problema da corrupção. Presumivelmente, a distribuição de características entre mulheres e homens apresenta superposição, mesmo que os meios sejam diferentes. Uma vez que os políticos não são aleatoriamente extraídos das populações masculina e feminina, não se pode supor que aqueles que se autosselecionam para a vida política se vão diferenciar substancialmente conforme o gênero. Por exemplo, nas prefeituras dos Estados Unidos, as titulares do sexo feminino não parecem produzir melhores resultados que seus correspondentes do sexo masculino; o gênero do prefeito não tem impacto nos índices criminais, nos gastos municipais ou nos empregos (Ferreira e Gyourko, 2014). Ademais, se mulheres ingressam em grupos ou partidos políticos existentes, elas podem ter pouca influência nos resultados, quaisquer que sejam as suas crenças. Se membros do Parlamento do sexo feminino estão divididos entre linhas partidárias, elas encontrarão dificuldades em formar uma coalizão que possa promover a honestidade no governo, mesmo que estejam a favor dessas políticas. No Afeganistão, por exemplo, a Constituinte de 2004 estabelece que mulheres devem ocupar pelo menos dois assentos parlamentares em cada província.[374] Essa exigência não alterou substancialmente o cenário legal. Não apenas as mulheres são minoritárias, mas alguns argumentam que muitas das mulheres do Parlamento meramente votam conforme a instrução de membros do Parlamento do sexo masculino.[375] De forma semelhante, a quota constitucional para candidatas do sexo feminino nas eleições para o Congresso tem sido enfraquecida pela prática comum de que uma mulher vitoriosa renuncia para permitir que seu marido-substituto ocupe o assento.[376]

Em contraste, o favorecimento de mulheres nos empregos do setor público tem sido mais efetivo, embora ainda aí surjam dificuldades. No lado positivo, a colocação de mulheres em posições nas quais interajam com os

---

[374] República Islâmica do Afeganistão, *The Constitutions of Afghanistan*, Artigo 83, p. 25, http://www.afghanembassy.com.pl/afg/images/pliki/TheConstitution.pdf (acesso em 11 de novembro de 2014).
[375] Aryn Baker, "Afghan Women and the Return of the Taliban", *Time Magazine*, 9 de agosto de 2010, http://content.time.com/time/magazine/article/0,9171,2007407,00.html (acesso em 6 de novembro de 2014).
[376] "Frena Congreso a 'Juanitas'", *El Norte*, 4 de septiembro de 2009, Nacional, p. 2.

cidadãos pode limitar pagamentos indevidos. Por exemplo, caixas femininas introduzidas no setor de água do Benin e da Costa do Marfim mostraram-se menos suscetíveis ao suborno e à fraude que os homens (Plummer e Cross, 2007:250). Similarmente, em partes do México, do Peru e de outros países latino-americanos, reformas na polícia incluíram a contratação de policiais femininas, a fim de reduzir a corrupção, com algum sucesso (Karim, 2011).[377] Uma vez que os cidadãos percebem as mulheres como mais honestas e confiáveis, a expectativa de propinas é mais baixa. Algumas mulheres trabalhando como policiais de tráfego no Peru consideravam equivalentes suborno e prostituição, indicando que se sentiam desconfortáveis aceitando ou solicitando propinas. No entanto, os resultados em longo prazo apontam para dificuldades de soluções simplistas, No Peru, as mulheres ingressaram na polícia cheias de esperança e de orgulho, apenas para terminar sendo alocadas em serviços modestos, com baixo pagamento, poucos benefícios e políticas discriminatórias. Esforços para endereçar a corrupção em postos mais elevados da hierarquia (em compras, pensões e benefícios, nos quais predominavam os homens) encontraram resistência (ibid.). As forças policiais no Peru são ainda percebidas como altamente corruptas. De acordo com o *Global Corruption Barometer* de 2013, 80% dos peruanos consideravam a polícia corrupta ou extremamente corrupta; 44% dos respondentes que tinham tido contato com a polícia no ano anterior admitiam ter pagado propina. Em adição, a simples contratação de mulheres para as posições mais baixas em nível de rua pode alimentar ressentimento entre as mulheres a quem foram negadas promoções. Uma das ironias da colocação de mulheres em posições em que interajam com o público é que justamente pela sua honestidade ficam impedidas de subir nas fileiras da organização.

Em geral, quotas de gênero podem ajudar a expandir a correção na vida política e burocrática, mas não parecem ser um caminho robusto em caso de corrupção disseminada.[378] As políticas de "pulso forte" podem oferecer uma

---

[377] Sobre o México, ver também BBC News World: Americas, "Traffic Police Get Female Force", 31 de julho de 1999, http://news.bbc.co.uk/2/hi/americas/408622.stm (acesso em 6 de novembro de 2014) e Carrie Kahn, "Mexican State's Anti-Corruption Plan: Hire Female Traffic Cops", *NPR*, 28 de setembro de 2013, http://www.npr.org/2013/09/28/226903227/mexican-state-s-anti-corruption--plan-hire-women-traffic-cops (acesso em 6 de novembro de 2014).

[378] No mundo corporativo, diversos países europeus têm legislado acerca de quotas, exigindo que as mulheres constituam 30% ou 40% do quadro de diretores da corporação, e algumas corporações no Reino-Unido e nos Estados Unidos voluntariamente aumentaram a proporção de mulheres em

solução em curto prazo, mas não necessariamente resultarão no final desejado. Na verdade, essas políticas podem aprofundar a mentalidade do "nós contra eles", a qual muitas vezes contribui para a corrupção.

Em contrapartida, as medidas de "pulso suave" para mudança de cultura parecem ser a melhor opção, embora evidências empíricas sejam erráticas. Em vez de discriminar por gênero, é mais provável que uma tentativa de longo prazo para instilar características mais "femininas" na população possibilitem resultados duradouros — uma estratégia que requereria considerar esses traços universalmente desejáveis, não específicos de um dado gênero.

O ponto básico é que, se uma característica facilmente detectável — por exemplo, gênero — está associada a menos corrupção, disso não decorre simplesmente que o foco nesse traço terá grande influência na solução do problema. A associação, se existe, provavelmente depende de questões mais complexas, relacionadas à vida familiar e à educação, as quais variam de país para país. O impacto da cultura é provavelmente demasiado sutil para que possa ser capturado por métricas simples, como o gênero. Ademais, é possível que descobertas empíricas reflitam os efeitos de processos evolutivos de longo prazo que levaram alguns países a ser mais igualitários e menos corruptos.

B. Religião

Preocupações semelhantes ocorrem ao se rever a evidência quanto à religião. Seguindo a hipótese weberiana sobre a ética protestante e desenvolvimento econômico, muitos pesquisadores incluem o protestantismo (percentual da população de fé protestante, ou que o foi em algum ponto do tempo) em regressões sobre corrupção. Alguns identificam que o protestantismo está associado a níveis mais baixos de corrupção (Treisman, 2000; Paldam, 2001; Haque e Kneller, 2009); outros não (Lambsdorff, 2002; Quinn, 2008). Ao que nos consta, nenhum estudo identificou que o protestantismo estivesse associado a níveis mais altos de corrupção. Indo além nesse tema, alguns

---

seus quadros corporativos. Essa iniciativa não foi concebida para reduzir a corrupção, mas pode ser que a expectativa fosse a de melhorar o ambiente para as mulheres. Infelizmente, isso não se tem usualmente traduzido, para as mulheres, em maior representação executiva, em melhor remuneração ou em políticas mais favoráveis à família, nessas corporações. Ver Alison Smale e Claire Cain Miller, "Germany Sets Gender Quota in Boardrooms", *New York Times*, 3 de março de 2015, http://www.nytimes.com/2015//03/07/world/europe/german-law-requires-more-women--on-corporate-boards.html (acesso em 10 de março de 2015).

incluem outras religiões em tentativa de identificar tradições religiosas que influenciem níveis de corrupção, para melhor ou para pior.[379] Paldam (2001) testa os efeitos de 11 grupos religiosos sobre níveis de corrupção, levando em conta o PIB *per capita* (medido em termos de paridade do poder de compra). Ele identifica que apenas o cristianismo reformado (protestante e anglicano) e religiões tribais estão associados a corrupção em níveis mais baixos, enquanto o catolicismo, o cristianismo ortodoxo e os países islâmicos apresentam níveis mais altos de corrupção.[380] A correlação entre protestantismo e corrupção pode, contudo, ser outro caso de causalidade reversa:

> Um dos objetivos-chave da Reforma (há quase 500 anos) foi precisamente combater a corrupção (definida de forma ampla) da Igreja Católica. ... Pode, portanto, ser defensável que a causalidade reversa tenha penetrado no processo da Reforma. Foram os países mais "moralistas" que escolheram as várias denominações "reformistas", enquanto os mais "tolerantes" permaneceram com suas antigas denominações. Contudo, isso ocorreu há muito tempo. Nesse intervalo, tem havido muitas mudanças no interior de todas as denominações — inclusive "reformas morais" também na Igreja Católica. Portanto, é surpreendente que essa larga diferença na "ética" ainda permaneça. (Paldam, 2001:404)

Todas as religiões condenam a corrupção. "O Islã prega a boa governança e proíbe a corrupção" (Askari, Rehman e Arfaa, 2012:5), especialmente o suborno (Kristiansen e Ramli, 2006:226).[381] O confucionismo contém elementos que renegam a corrupção, mas as mesmas normas culturais podem ser usadas para justificar práticas que podem ser interpretadas como corruptas; na Coreia, o confucionismo inspirou tanto ações corruptas quanto movimentos anticorrupção (Dalton, 2005). O catolicismo baseia-se quase que no mesmo texto (a Bíblia) que o protestantismo. Adicionalmente, a predominância nominal de uma tradição religiosa não necessariamente implica que a maioria das pessoas na sociedade continuem a observar os mandamentos dessa religião, ou que

---

[379] Persson, Tabellini e Trebbi (2003) incluíram confucionismo, catolicismo e protestantismo em suas regressões, mas não revelaram os coeficientes em seus resultados.

[380] Uma interessante conclusão desse estudo é que a diversidade religiosa (medida com base no índice de Herfindahl) está associada a níveis mais baixos de corrupção. Não está claro o que leva a essa correlação.

[381] Note-se, entretanto, que cargos no Ministério da Religião estão entre os que usufruem o valor mais alto de contratação na Indonésia (Kristiansen e Ramli, 2006:224).

elas interpretem da mesma forma esses mandamentos. A *religiosidade* — força da fé ou de identificação com a respectiva religião — é associada a menor corrupção em diversas culturas (Swamy et al., 2001; Armantier e Boly, 2014). Além disso, a introdução de conceitos ocidentais concernentes a mercado e riqueza podem ter enfraquecido tradições não ocidentais. Portanto, estudos que identificam que uma dada religião seja mais ou menos predisposta ao suborno ou à corrupção provavelmente estão usando a "religião" como representante de outra coisa. Os assim chamados países protestantes são, em sua maioria, aqueles nos quais são baixos os verdadeiros níveis de fé nos princípios de uma determinada denominação cristã. Assim, devem-se interpretar com cuidado os resultados que associam religião e corrupção.

Nossa conclusão, depois dessa apreciação de evidências, é que nem gênero nem religião, tomados como variáveis independentes isoladas, podem fornecer muitas pistas sobre as causas-raiz da corrupção. Em vez disso, há fatores que interagem com outros para determinar comportamentos e costumes sociais. Ademais, a maioria desses estudos compartilham os pontos fracos de todos os estudos de comparação entre países. Eles pressupõem que as variações no interior de um estado não sejam substanciais, e negligenciam as formas pelas quais as condições em um estado possam exercer influência sobre os estados vizinhos ou talvez sobre suas anteriores colônias ou sobre seus aliados mais próximos.[382]

Deixando de lado os fatores facilmente mensuráveis, voltamo-nos a considerar a confiança e sua função tanto em limitar quanto em facilitar a corrupção. A confiança reflete a relação entre atores sociais. Ela está conectada à confiabilidade, isto é, com o comportamento de indivíduos e instituições que, ao longo do tempo, buscam ter a confiança de outros (Hardin, 2002).

III. Confiança

A confiança é uma característica individual, mas sua presença pode depender tanto do contexto "cultural" quanto da situação estratégica pessoal.[383] A relação entre confiança e corrupção não é tão simples quanto pode parecer. Uma visão comum sustenta que nas sociedades com baixos níveis de confiança a

---

[382] Para uma crítica dos estudos de comparação entre países, sobre cultura e corrupção, que destaquem variações regionais, ver Becker, Egger e Seidel (2009).
[383] Muito do argumento aqui apresentado foi desenvolvido em Rose-Ackerman (2001a, 2001b), escrito como documentos de contextualização para o projeto sobre Honestidade e Confiança nas Sociedades Pós-Socialistas, do Collegium Budapest.

corrupção floresce, como forma de superar a desconfiança disseminada dos motivos dos outros. Ao menos se eles se beneficiam financeiramente, então segue o argumento, os funcionários têm uma razão de interesse próprio para responder às demandas dos cidadãos e das empresas. No entanto, o pagamento de uma propina e o recebimento do benefício prometido podem ser apartados no tempo, e a lei formal de contratos obviamente não provê proteção para essas transações. Portanto, deve haver um certo grau de confiança entre os que pagam e os que recebem propinas, em todos os casos das mais mundanas e rasteiras transações corruptas. Assim, a confiança interpessoal nem sempre é compatível com a eficiência e o bom governo. Ela pode facilitar a corrupção e sabotar as tentativas de melhorar a operação do estado (della Porta e Vannucci, 1997a).

Precisamos decompor o multifacetado conceito de "confiança", para ver como interage com os incentivos à corrupção. Distinguimos três tipos de confiança, os quais podem operar com objetivos cruzados, um com o outro — vamos denominá-los: confiança generalizada, confiança interpessoal, confiança institucional.[384]

A. Confiança generalizada

A primeira forma de confiança descreve atitudes sociais gerais e evita qualquer menção específica a instituições do estado, indivíduos ou grupos sociais. Pesquisas — tal como o World Values Survey — interrogam se e até que ponto o respondente concorda com a seguinte afirmativa: *em geral, pode-se confiar nas pessoas*. Essa confiança generalizada parece fortalecer-se ao longo do tempo, mediante uma série de trocas recíprocas (Offer, 1997). Níveis gerais de confiança tendem a persistir — partes da África que foram especialmente vitimizadas pelo tráfico de escravos durante o século XIX ainda exibem níveis inferiores de confiança em comparação a outras áreas (Nunn e Wantchekon, 2011). Empiricamente, um nível mais elevado de confiança generalizada está relacionado com percepções mais fracas da corrupção em nível individual (Canache e Allison, 2005; Chatterjee e Ray, 2012)[385] e com maior investimento

---

[384] Compare Uslaner (2002), que desenvolveu uma categorização similar em três planos — confiança generalizada em estranhos, confiança particularizada em grupos de pessoas, e confiança no governo. Nossas segunda e terceira categorias são um tanto diferentes das dele, conforme discutimos.

[385] Morris (2008) identifica, para uma pesquisa no México, que maior confiança interpessoal *aumenta* as percepções de corrupção, mas diminui a participação na corrupção. Sua interpretação é que aqueles com maior confiança podem condenar mais fortemente a corrupção quando a encontram.

em nível macroscópico (Knack e Keefer, 1997). Esse tipo de confiança reflete-se na afirmativa de que a confiança social e baixos níveis de corrupção andam juntos, para a sociedade como um todo.

Reconhecemos que profundas atitudes históricas e sociais dão forma ao comportamento atual e às percepções de corrupção; mas, até o ponto em que sejam importantes, elas constituem uma constante que os reformadores devem tomar como um dado. Talvez alguns regimes sejam tão fortes em desconfiança generalizada que as reformas se tornam improváveis; porém, defendemos que a maior parte dos sistemas podem, ao menos, ser submetidas a melhorias marginais, se as condições institucionais da vida são alteradas para tornar a corrupção uma opção menos lucrativa e aceitável. Assim, enfocando o segundo e o terceiro tipos de confiança, discutimos como reformas institucionais podem mover um sistema na direção da confiança, baseada na imparcialidade e em transações honestas, e para longe de um modelo baseado na confiança em conexões sociais e favores pessoais.

B. Confiança interpessoal

O segundo tipo de confiança baseia-se em fortes laços interpessoais de família, clã, amizade ou amor, alguns dos quais afetam determinadas interações, mas não outras (Sturgis e Smith, 2010).[386] Uma pessoa confia que outra se comporte de maneira fidedigna, não por interesse próprio, mas por laços de mútua afeição e dever. Uma pessoa pode confiar em um poderoso amigo para obter ajuda, não porque o amigo vá aplicar rigorosamente a lei, mas porque ele auxilia seus favoritos.[387] Obviamente, o inverso também se aplica. Aqueles que não dispõem de amigos poderosos não obtêm benefícios, mesmo aqueles que estejam qualificados para tal.

As sociedades baseadas em fortes relações interpessoais podem ter pouca noção das relações entre dirigentes e agentes e das obrigações impostas aos agentes. A ideia de que cada agente tenha responsabilidades distintas para com um superior — independentemente dos laços de lealdade, amizade e parentesco — pode parecer estranha e pouco natural. Essas sociedades terão

---

[386] Nossa segunda categoria difere da "confiança particularizada" de Uslaner porque ele inclui funcionários, profissionais e servidores públicos onde não há confiança recíproca. Os funcionários públicos e os profissionais não necessariamente confiam em quem neles deposita confiança.

[387] Considere-se o seguinte gracejo latino-americano: "Aos amigos tudo, aos inimigos nada, aos estranhos a lei".

dificuldades em estabelecer burocracias modernas, com servidores civis contratados com base em seus conhecimentos e habilidades, e de quem se espera que separe sua função de funcionário de seu papel de amigo ou parente. Os cidadãos esperam que as ligações pessoais com os funcionários sejam necessárias para que qualquer coisa seja levada a cabo e consideram apropriado premiar funcionários diligentes com presentes e gorjetas que, na prática, funcionam bastante como propinas. Eles confiam em familiares, amigos e colegas de trabalho e desconfiam do estado.[388] A diferença para puros casos de suborno é que esses ajustes recíprocos são abertos apenas àqueles que contam com as conexões apropriadas.

Nas sociedades que são compostas de redes interpessoais, as pessoas podem acreditar que deveriam prover livremente a outros em sua família ou grupo e esperar receber "presentes" em retribuição. Embora um forasteiro possa notar o que parece ser uma ativa cultura de trocas, aqueles que participam do sistema podem não o ver dessa forma. As trocas, para eles, somente são legítimas com parceiros especiais. Uma sociedade baseada em tais relações altamente personalizadas terá dificuldade em desenvolver empreendimentos capitalistas de larga escala, ou em suportar um comércio exterior ativo, mas pode produzir uma autarquia viável. Tentativas por especialistas em desenvolvimento de introduzir mecanismos mais formais e impessoais podem não lograr êxito e, mesmo que possam, um deslocamento em direção a atitudes mais favoráveis aos mercados pode ter custos, além de benefícios. Conforme defendeu Titmuss (1970) com respeito ao suprimento de sangue para transfusões, um maior papel para o mercado pode ser acompanhado de um menor senso de obrigação para ajudar parentes e amigos. Pode retrair-se a solidariedade na solução de problemas comuns, e os necessitados podem sofrer (Dia, 1996).

No mercado privado, se as pessoas lidam apenas com seus amigos, o ingresso no mercado fica limitado aos dos círculos internos, e as vendas serão direcionadas a agentes de compras que favorecerão parentes e amigos. A monitoração e o controle de qualidade providos por conexões personalizadas implicarão

---

[388] Ver, por exemplo, a discussão de Kochanek (1993) sobre Bangladesh. Scalapino (1989:4) argumenta que os colonizadores ocidentais na Ásia enfrentavam uma assustadora tarefa na criação de uma nova elite civil "à imagem do funcionalismo ocidental", porque conceitos como "considerar uma repartição como uma instalação pública, no qual se aplicam regras sem medo ou favor, e se deve comportar pelo veredito do povo conforme expresso pelos seus representantes eleitos" eram estranhos aos funcionários asiáticos tradicionais. Essa tarefa tornou-se mais difícil pela inconsistência dos esforços ocidentais como colonizadores, cuja legitimidade dependia do poder militar.

custos ou aumento dos custos de entrada para os que não pertençam aos "círculos". Se interesses econômicos privados mantêm ligações pessoais com funcionários públicos, ocorrerá o desenvolvimento de sistemas patrimonialistas ou clientelistas onde favores e pagamentos espúrios serão trocados, às expensas da transparência e da efetividade das instituições públicas e privadas.

Essa confiança interpessoal, longe de desencorajar a corrupção, é frequentemente um elemento essencial para transações corruptas; ela fornece garantia de desempenho quando pagamento e *quid pro quo* estejam separados no tempo (Lambsdorff, 2002). Assim, um funcionário público pode favorecer seus próprios parentes ao alocar concessões e outros benefícios públicos em troca de uma fatia dos lucros. Ele pode fazer isso não apenas porque tenha estima por *eles*, mas também porque eles têm estima por *ele*, e será menos provável que *eles* revelem a negociata corrupta ou reneguem o acordo se estranhos estivessem envolvidos. A interdependência das vantagens reduz os riscos para ambos participantes (Schmid e Robinson, 1995).

Esse tipo de confiança pode se estender para além da família e do clã, a membros de um grupo étnico, excluindo os de fora, e pode produzir um paradoxo; Olken (2009:962) argumenta que "a heterogeneidade étnica reduz o nível de confiança no vilarejo — resultando melhor percepção dos níveis de corrupção, melhor monitoração, e redução da corrupção real". Em outras palavras: em seu estudo, baixa confiança tende a intensificar a percepção da corrupção acima, ao mesmo tempo que exerce pressão para baixo, sobre os níveis reais de corrupção. Esse estudo, no entanto, depende da afirmativa de que a melhor percepção da corrupção leva a melhor monitoração — o que não é uma tendência universal, especialmente em um sistema baseado em vínculos pessoais. Em contraste, poderia resultar um ciclo vicioso, onde percepções mais agudas proveem incentivos a que mais indivíduos se tornem corruptos, e assim por diante, conforme discutimos na seção IV.

Um dos riscos de um sistema baseado na confiança interpessoal é que familiares ou antigos colegas descontentes podem ser especialmente perigosos. A interdependência das vantagens pode significar que um parente implacável ou um amigo rompido possa ter especial prazer em expor o familiar corrupto ou o parceiro anteriormente próximo.[389] Um alto dirigente corrupto

---

[389] No Brasil, a corrupção do presidente Fernando Collor de Mello foi revelada por um irmão descontente, enraivecido diante da tentativa de Collor de criar um jornal concorrente daquele que possuía (Manzetti e Blake 1996).

pode acabar desejando ter feito negócios com um empresário oportunista e de cabeça fria, que muito provavelmente seria incapaz de desmontar um arranjo lucrativo. No entanto, em um ambiente corrupto, onde a lei não possa ser usada para impor o cumprimento de contratos, pode não haver alternativa a fazer negócios com amigos e familiares. O risco de transformar a confiança em raiva é parte da incerteza de negócios extralegais. E, claro, membros da família ou do clã com reputação de vinganças pessoais tendem a ganhar poder de barganha, se também controlam benefícios valiosos. A fama de aplicar mutilações em transgressores pode ajudar a manter a disciplina em negócios corruptos; mas desencorajará que as pessoas a contratem em primeiro lugar.

O recurso a parentes não é sempre necessário. Ufere et al. (2012) destacam a importância da confiança entre empresários e burocratas nigerianos no fechamento de negócios corruptos na área de compras. Para essa finalidade, ex-militares ou antigos funcionários de uma mesma agência são em geral contratados como intermediários, e é frequente soltarem pagamentos prévios (propinas pagas em avanço para ganhar confiança). Na Libéria, redes de antigos combatentes organizaram atividades econômicas e influenciam as modalidades de corrupção dominantes (Reno, 2008). Na Hungria, são vendidos para as empresas serviços de "redes de corrupção", com a confiabilidade estabelecida pelo produto: "Atores que adquirem os serviços de uma rede de corrupção obtêm um sistema social completo, com ligações pessoais confiáveis, funções de legalização da corrupção e mecanismos de controle desativados. Não há custos adicionais em busca de parceiros, em solidificação da confiança e em gestão de problemas" (Jávor e Jancsics, 2013:22).

Em uma sociedade em que a confiança generalizada é baixa, e não se espera imparcialidade na ação do estado, a confiança interpessoal pode ser tudo que esteja disponível. Então, o nepotismo e o favorecimento discriminatório podem ser uma resposta às incertezas envolvidas em negociar com estranhos. Adicionalmente, mesmo que a atividade governamental no quotidiano seja levada a efeito imparcialmente, o estabelecimento de políticas de alto nível pode estar sujeito a influências dos bem-conectados. No contexto de *lobby*, John Boehner (2006, citado em Bertrand et al., 2014:3891), antigo porta-voz da Câmara dos Deputados dos Estados Unidos, escreveu: "Muitos *lobistas* são da mais alta integridade. ... Porém, há toda espécie de incentivo para que aqueles com ética mais questionável tentem lograr a nós e à Casa. E, na ausência de nosso relacionamento pessoal, de longo prazo, não há para nós a possibilidade de distinguir entre os dois". A mesma declaração poderia ser feita para agendamentos de alto nível nos setores público e privado. Se honestidade e fidedignidade não são valores amplamente compartilhados ou são de difícil avaliação, referências pessoais tornam-se muito mais importantes. Neste ponto, notemos o paradoxo. Os políticos declaram desejar conselheiros não direcionados e competentes; mas, como não dispõem de técnicas adequadas para identificar tal aconselhamento, eles confiam em conexões pessoais para filtrar lobistas antiéticos. Todavia, ao fazerem uso de amizades para selecionar a quem consultar, introduzem seus próprios direcionamentos, o que pode ser eticamente problemático.

C. Confiança institucional

O terceiro tipo de confiança não tem qualquer relação com laços pessoais próximos. Aqui, atribui-se confiança aos indivíduos ou às instituições, creditando-lhes comportamento neutro, competente e imparcial. A confiança resulta da crença de que as afeições pessoais *não* vão afetar as ações do outro. Essa confiabilidade pode resultar do cálculo racional de uma empresa em seu interesse próprio de longo termo, mas pode ser também uma característica de uma burocracia pública bem funcional. O relacionamento deve manter um adequado distanciamento e ser inteiramente baseado em regras claras e publicamente conhecidas. A confiança no estado pode ser mais elevada se os funcionários são desapaixonados e objetivos e se não se deixam levar por sentimentos pessoais.[390] Os clientes podem confiar que não serão enganados por uma empresa se acreditam que o tratamento honesto contribui para maximizar o lucro.

O ideal de imparcialidade expresso pela terceira forma de confiança é visto mais claramente no modelo padrão de economia neoclássica, que assume não haver laços pessoais entre compradores e vendedores, e argumenta que a impessoalidade do mercado é uma de suas vantagens. A confiança interpessoal não é necessária. O comércio é eficientemente levado a efeito por indivíduos que baseiam suas decisões de compra nas características dos produtos e nos preços cobrados. Os mercados operam com base em informações, e a sua

---

[390] Trabalhos empíricos têm demonstrado que no ambiente profissional a confiança pode ser criada por uma "justiça procedural". As decisões devem ser justas e devem ser consideradas justas, com oportunidades para apelação (Kim e Mauborgne, 1995).

impessoalidade garante que as vendas são feitas àqueles que mais valorizam os bens. Ninguém precisa apreciar ou respeitar uma pessoa para comerciar com ele ou com ela. O processo comercial não é em si e por si uma fonte de utilidade. As trocas ou são simultâneas ou um sistema legal de perfeito funcionamento de contrato e de propriedade que governa as trocas que ocorrem ao logo do tempo. Tudo o que alguém necessita é a confiança nas regras legais de retaguarda que determinam a estrutura para as atividades do mercado. A identidade individual de compradores e vendedores não tem importância.

No entanto, esse ideal se choca com o mundo real, onde a identidade de compradores e vendedores é, muitas vezes, um elemento importante de informação para estabelecer a reputação e a confiança. Em muitas situações concretas, não é possível simplesmente assumir que compradores e vendedores se engajem em trocas comerciais anônimas contra um pano de fundo de normas legais que leve ao comportamento ideal. Relacionamentos pessoais entre compradores e vendedores podem facilitar o negócio. Infelizmente, relações comerciais que avancem em determinados contextos podem degenerar nas patologias mencionadas na seção precedente. Conexões baseadas em afeição e respeito podem excluir comerciantes que por outros motivos sejam bem qualificados, e as que tenham por base medo e intimidação podem distorcer gravemente as escolhas privadas. A questão-chave é determinar quando um esforço para firmar uma reputação de honestidade e fidedignidade, ou seja, comportamento que evita a corrupção, estará alinhado com o interesse dos atores econômicos que simplesmente desejam maximizar seus lucros e com o dos funcionários que desejam avançar em suas carreiras burocráticas. Se as relações comerciais se estabelecem de maneira relativamente fácil entre estranhos, problemas de fraude e de mercadorias de má qualidade podem ser reduzidos por esforços para criar uma reputação de qualidade e de correção nos negócios. Problemas de *free riders* podem ser superados pela cooperação entre grupos inter-relacionados (Bardhan, 1993; Ostrom e Gardiner, 1993; Ostrom e Walker, 2003). A confiança se consolida, não pelas relações étnicas ou familiares, mas por reiteradas transações honestas e justas com clientes e fornecedores. Assim, a identidade dos comerciantes tem importância para suas contrapartidas no mercado, mas apenas porque isso permite uma avaliação de seu comportamento anterior como comerciantes. O comerciante merece confiança porque ele ou ela é, de fato, confiável.

Note-se, contudo, que os corruptos podem também estabelecer boa reputação, mediante negociações corretas ao longo do tempo. De fato, a confiança é especialmente importante para esses atores, porque garantias legais não são possíveis. Porém, pode ser difícil consolidar essa boa reputação. Negócios em que a propina deve ser paga antes que o recebedor apresente resultado favorável podem ser muito arriscados sem o tipo de confiança interpessoal mencionada anteriormente, baseada em laços de família ou de clã. O funcionário corrupto que deixa de entregar pode argumentar que o pagamento que recebeu era apenas um presente. Similarmente, o recebedor de um presente com implicações implícitas pode caracterizá-lo como propina caso a relação desande. Ambos os lados do negócio têm interesse em disfarçar o significado do pagamento aos olhos do mundo externo, ao passo que o mantêm explícito entre eles.[391] Assim, propinas passarão frequentemente por presentes, a fim de limitar o passivo criminal.[392] Mas a duplicidade pode tornar difícil insistir que o funcionário dê prosseguimento à ação esperada.

Em um mercado legal, a atuação continuada e uma reputação pública de tratamento honesto e de serviço de alta qualidade podem constituir uma vantagem competitiva. Uma reputação de premiar generosamente os que o ajudam induzirá outros a lhe fazerem favores (Barney e Hansen, 1994:178-9). Esses esforços para construir uma reputação não são usualmente praticados pelos corruptos. Esse fato provavelmente limita negócios corruptos a indivíduos que têm alguma conexão interpessoal, a menos que os pagamentos indevidos sejam tão disseminados que constituem rotina.

Um estudo de reforma territorial em duas cidades do Brasil ilustra o modo pelo qual a confiança interpessoal (tipo dois) pode sustentar um sistema corrupto. Em uma cidade, a administração de um programa corrupto ficou firmemente estabelecida por causa das relações pessoais entre os agentes de diferentes agências, todos vivendo próximos uns dos outros e com amizades consolidadas fora do ambiente de trabalho. Na segunda cidade, o programa

---

[391] Para um modelo teórico simulado, no qual o uso de referência indireta está em equilíbrio, incluindo suborno disfarçado, ver Mialon e Mialon (2013).

[392] No Japão, toma-se bastante cuidado para diferenciar dinheiro "presenteado", usando-se apenas notas novas e envelopes especiais. Como resultado, "propinas são muitas vezes disfarçadas como presentes, colocando-se notas limpas em um envelope de dinheiro, ou usando certificados de presentes adequadamente envelopados, vendidos em lojas de departamentos" (Zelizer, 1994:117). No Japão, a mistura de propinas e presentes tem, aparentemente, uma longa história. Escrevendo sobre o shogunato no início do século XIX, Johnson (1991:805) declara que "em tudo se tinha de pagar propina, para conseguir alguma ação. Funcionários e cortesãos constantemente trocavam presentes caros".

era em geral administrado honestamente, porque os funcionários tinham poucos laços interpessoais, de modo que os funcionários de uma agência estavam abertos a responder às reclamações dos cidadãos sobre os das outras agências. Em alguns casos, chegaram a ajudar o pessoal local a organizar protestos formais (Bunker e Cohen, 1983).

D. Confiança e reforma anticorrupção

Um caso particularmente patológico ocorre quando não existe nem a confiança interpessoal nem a confiança na imparcialidade. Essa situação contribui para o desenvolvimento de esquemas criminosos de proteção como recurso alternativo (Center for the Study of Democracy, 2010:145). O estudo de caso de Gambetta (1993) sobre a Sicília ilustra essa situação.[393] O estado carece de competência e de legitimidade, de modo que as pessoas não confiam nele para resolver correta e eficientemente suas disputas; então, buscam alternativas. Contudo, na Sicília, falta, da mesma forma, confiança pessoal. Gambetta enfatiza como a falência da confiança em qualquer sentido abre espaço para serviços privados de proteção como os da Máfia.[394] É claro que a Sicília pode ter um baixo índice de confiança em geral, mas os mecanismos em funcionamento estão relacionados à falta de confiança nas interações específicas entre os cidadãos e entre os indivíduos e o estado. Para fazer avançar a reforma, o desafio não é apenas o de mudar atitudes, mas também modificar os incentivos do dia a dia relativamente aos cidadãos e às empresas privadas.

De acordo com Rothstein (2011), o melhor caso para reforma é aquele em que a confiança interpessoal que alimenta a corrupção pode ser contra--atacada por melhorias na correção e na imparcialidade da entrega de serviços pelo estado e da regulamentação de mercado. Deverá haver ainda incentivos para contornar até mesmo as regras plenamente justificadas e para colher vantagem à custa dos outros no acesso aos benefícios públicos, mas essa cor-

---

[393] Discutindo a máfia siciliana, Gambetta (1993) destaca a disseminada falta de confiança no estado italiano. Outros observadores consideram que a ascensão das "máfias" na Rússia se deve a uma fraqueza semelhante do estado (Varese, 1994).

[394] Barney e Hansen (1994:184-6) denominam isso "confiabilidade de forma forte" e discutem como ela pode conferir vantagem competitiva às empresas. Hood (1996:211-4) discute como a "aleatoriedade induzida", na forma de rotação das equipes e divisão de autoridade, pode favorecer a quebra da cooperação sistemática que induz à corrupção e outras "atividades 'em rede' contra o sistema".

rupção oportunista pode ser desencorajada sem a necessidade de promover um deslocamento maciço de atitudes públicas.[395]

IV. Ciclos viciosos e virtuosos: impacto da corrupção sobre a cultura

A corrupção pode afetar a cultura, tanto quanto a cultura pode estimular ou desencorajar a corrupção. Expectativas de corrupção podem afetar atitudes do público que alimentam a corrupção. De acordo com Tulaeva (2014:58): "A crença na ubiquidade e na efetividade das ações corruptas dá origem a um certo estilo comportamental. Este último tem um efeito cíclico, assegurando a continuidade da corrupção". Em outras palavras, a experiência passada mostrando a eficácia da corrupção ajuda a mantê-la ao longo do tempo. Se as Agências Anticorrupção (ACAs) e outras políticas ou esquemas anticorrupção se consideram ineficazes (ou não estão ainda implantados), é provável que as pessoas desconfiem do governo (Sandholtz e Taagepera, 2005; Martínez Coral, 2011).

Reputações corruptas podem firmar-se com o tempo, de modo que uma pessoa pode "confiar" na estabilidade de arranjos corruptos. Assim, em ambiente de repartição, e particularmente nas hierarquias, Tirole (1996) demonstra que uma reputação associada a suborno pode ser "herdada" por novos contratados. Desde que o público não possa notar quando os servidores são contratados, uma reforma que substitua alguns deles pode não alterar a reputação do departamento, e a expectativa de suborno persistirá. A corrupção tenderá a aumentar com o tempo, não a diminuir. Nada menos que uma anistia ou a completa substituição do departamento será capaz de alcançar uma redução da corrupção. Welsh et al. (2015) demonstram que a mesma dinâmica funciona em nível individual: uma vez que uma pessoa atravesse a fronteira da ética, torna-se mais fácil engajar-se em atos cada vez menos

---

[395] Nossa abordagem é diferente da de Putnam (1993, 2000), que defende os benefícios civis de organizações voluntárias, que constroem capital social e são incubadoras da cooperação democrática. É claro que não negamos que o mecanismo descrito por ele às vezes funciona na prática. Apenas afirmamos que a conexão não é necessária e não é necessariamente benévola. Putnam reconhece o lado escuro do capital social em *Bowling Alone* (2000), mas ele não analisa a ligação com a corrupção. Rose-Ackerman (2001a, 2001b) discute o trabalho de Putnam em conexão com a confiança. Ver também Delhey e Newton (2003), que fazem uso de amostras representativas de pelo menos 60 países, para mostrar que a participação em associações voluntárias não explica variações na confiança social.

éticos. Essas escolhas individuais podem gerar uma espiral viciosa, mesmo sem uma base corrupta institucional.

Mesmo quando o governo anuncia uma nova operação repressiva, o comportamento pode não mudar (muito), especialmente se anteriores avisos se mostraram vazios. Assim, existe uma relação simbiótica entre confiança no governo e esforços anticorrupção. A confiança na imparcialidade governamental é essencial para que sejam efetivos os esforços anticorrupção, porque a desconfiança no governo contribui para a corrupção: desconfiança e corrupção podem ser arrastadas em um círculo vicioso (Rose-Ackerman, 2001a).[396]

A corrupção pode também ajudar a manter outros padrões culturais. Suponhamos que a participação em um particular grupo étnico ou classe confira a alguém uma posição privilegiada. Essa posição pode ser mantida ao longo do tempo por meio de corrupção, apesar da existência de estranhos que podem tentar desafiar o *status quo*. No norte da Índia, por exemplo, a corrupção no mercado de cana-de-açúcar ajudou a perpetuar diferenças de classe, pois os produtores de classes mais altas desfrutavam de acesso preferencial ilícito aos moinhos de cana, utilizando-se das instituições corruptas do estado. As classes mais altas também faziam uso do suborno para obter contratos com o estado, empregos no setor público e controle de concessões do governo. Em consequência, as classes mais altas continuam a receber melhor remuneração que os produtores das classes mais baixas (Jeffrey, 2002).

Se cultura e corrupção se alimentam mutuamente, reduzir corrupção requer promover mudanças sociais e econômicas. A "cultura" pode, na verdade, precisar mudar, à medida que as instituições se adaptam às novas realidades. Suponha-se que os líderes de um país decidam introduzir instituições de livre mercado e estruturas de governança adaptadas, a partir de suas equivalentes nos países desenvolvidos. Que impacto terão essas novas instituições nas atitudes do público?[397] Pode ser penosa a transição de uma situação na qual

---

[396] Similarmente, Warkentin et al. (2002) mostram que a confiança nas instituições governamentais podem ser um elemento importante para o êxito das iniciativas de governança eletrônica.

[397] De acordo com Scalapino (1989:107): "Deve ser rejeitado o argumento de que mudanças culturais, assim como econômicas, necessárias a [uma sociedade japonesa mais aberta e democrática] são demasiado grandes para que haja expectativas em torno delas. Uma rápida mudança cultural é um inextricável aspecto da era em que vivemos, especialmente nas sociedades de vanguarda". Estudos de cultura política sugerem que atitudes estão sujeitas a mudanças, à medida que as circunstâncias mudam. Um estudo da Costa Rica e da Nicarágua concluíram que "a cultura política é bem mais contingente, utilitária e maleável do que se tinha antes pressuposto" (Seligson e Booth, 1993:790).

as ligações pessoais são a norma para uma sociedade mais impessoal, com mercado e instituições públicas fortes. Tanto são possíveis ciclos viciosos quanto virtuosos.

O próprio processo de mudança cultural pode alimentar novos tipos de corrupção, e essa corrupção pode influenciar atitudes públicas, levando ao cinismo e à desmoralização, em uma espiral viciosa. Fortes redes baseadas em confiança e em reputação podem ser valiosíssimas durante os períodos em que as instituições formais do estado sejam fracas e pouco efetivas. Na União Soviética do período logo após a revolução, por exemplo, redes informais baseadas em relacionamentos sociais substituíram a estrutura organizacional formal (Easter, 1996). Quadros que tinham sido membros de estruturas subterrâneas estritas carregaram suas lealdades e conexões para o novo estado soviético. Ao longo do tempo, essas redes tornaram-se fontes de corrupção e favoritismo. Stálin reclamava de que as organizações sociais informais solapavam as formais, e os esforços de Gorbachev pelas reformas nos anos 1980 foram dificultados por redes informais que reduziam a capacidade do centro de levar a efeito as políticas desejadas (ibid.:574, 576-7).

Similarmente, no período pós-1989 de mudanças na Europa Oriental, expandiu-se a corrupção facilitada pelas conexões pessoais, à medida que as estruturas formais se desintegravam. A lealdade junto a outros membros da organização era tão importante quanto — ou mais importante que — uma boa administração. De acordo com um estudo da Bulgária em meados dos anos 1990, "servidores civis do núcleo central do ministério das finanças da Bulgária ainda sentiam que tinham de proteger seus colegas nos escritórios alfandegários, ao invés de instaurar um inquérito sério acerca do que pareciam ser práticas corruptas dos funcionários aduaneiros" (Verheijen e Dimitrova, 1996:205-6). As consequências em logo prazo dessa situação parecem ser profundas e continuam a impedir a criação de estruturas estatais efetivas.

A introdução de novas instituições formais que não se alinham adequadamente às normas subjacentes pode produzir patologias que tornam menos prováveis mudanças graduais de atitude, enquanto as pessoas observam os custos dos mercados e das burocracias. Diferentemente de economias de mer-

---

Conforme escreve Diamond (1993a:9), ao sumarizar um trabalho de Gabriel Almond, "as dimensões cognitivas, atitudinais e avaliativas da cultura política são bastante 'plásticas' e mudam bem dramaticamente em resposta ao desempenho do regime, à experiência histórica e à socialização política. Compromissos mais profundos, em valores e normas, têm-se mostrado mais duradouros e mudam apenas lentamente".

cado estabelecidas, fronteiras complexas e sutis entre atividades de mercado ou de fora do mercado não existem em países que, tradicionalmente, pouco têm dependido do livre mercado impessoal. Se tais países aumentam dramaticamente o papel do mercado e, ao mesmo tempo, tentam estabelecer uma moderna burocracia e uma base política democrática, o sistema resultante pode não ser estável e pode degenerar em um ciclo vicioso.[398] Pagamentos espúrios a funcionários do estado podem ser comuns; muitas transações no mercado podem ser dependentes de conexões pessoais; e compras do estado e as agendas de pessoal podem continuar a ser parte de uma teia de protecionismo.[399] Por um lado, o mercado pode perder sua frágil legitimidade caso se intrometa em áreas nas quais seja visto como ilegítimo, mesmo nas economias de mercado desenvolvidas. Por outro lado, o mercado pode ter dificuldade em se estabelecer, mesmo naquelas áreas onde claramente produz claros ganhos de eficiência em outros países.

A corrupção influencia o nível de confiança. Às vezes, a corrupção começa pelo topo: são os dirigentes que estabelecem uma política de corrupção (Paterson e Chaudhuri, 2007). A existência (ou a percepção) de muita corrupção contribui para uma cultura de impunidade, na qual os cidadãos percebem que qualquer coisa vale (Levi, Dakolias e Greenberg, 2007). De acordo com um relatório da Organização dos Estados Americanos (2013a:82):

> A impunidade disseminada ... explica a existência de uma igualmente disseminada cultura do desdém pelo estado, a qual coincide com altas taxas de violência criminal nesses países [altamente corruptos], que, também coincidentemente, tendem a fazer parte de rotas de drogas. Essa cultura dispara um círculo vicioso no qual a comunidade opta por não recorrer às instituições (crimes não são reportados, disputas são resolvidas privadamente, as pessoas tomam a justiça em suas próprias mãos), porque a polícia não persegue os criminosos, os tribunais não concluem julgamentos e as prisões não apenas fracassam em reabilitar, mas frequentemente servem de abrigo a partir dos quais os criminosos continuam a operar.

---

[398] Ver, por exemplo, Rivkin-Fish (2005) sobre a interpretação russa do mercado.

[399] Um artigo sobre a China argumenta que a realocação de recursos do estado para mãos privadas aumenta a eficiência e melhora a produtividade. No entanto, "a linha entre corrupção e transferência mais aceitável de recursos não foi claramente definida" (Goodman, 1996:241). Uma importante tarefa do governo é redesenhar "as distinções entre legitimidade e corrupção na esfera privada... em uma nova atmosfera, e enquanto emerge uma nova classe empresarial" (Scalapino, 1989:114-15).

A corrupção amplamente disseminada contribui para um desprezo generalizado da lei e da honestidade. As leis são consideradas "sugestões", em vez de obrigações, e os que são capazes de realizar tarefas — como obter uma licença ou passar em um exame — por meios mais rápidos, mais baratos, desonestos são considerados espertos, em vez de desonrados. O resultado é uma cultura na qual todas as assertivas são questionáveis e muitos recursos devem ser gastos na verificação da qualidade dos produtos ou no pagamento excessivo por bens e serviços abaixo dos padrões.[400] Esses ciclos podem persistir por gerações, pois os pais passam seus valores e seu comportamento a seus filhos, reforçando tendências corruptas ao longo do tempo.[401]

Por exemplo, se é fácil obter identidade e documentos falsificados, porque a polícia é cúmplice ou ineficaz, cada credencial apresentada por um candidato a emprego deve ser verificada. Na Cidade do México, diplomas, licenças profissionais, cartões de identidade, passaportes e documentos de veículos são rotineiramente falsificados mediante um pagamento, apesar de sanções de mais de cinco anos de prisão e multas de até "cinco mil dias de salário mínimo".[402] Algumas dessas falsas credenciais têm sido usadas — com êxito — por candidatos a postos do governo ou a empregos na companhia paraestatal de petróleo, Pemex.[403] Similarmente, falsos diplomas universitários e outras credenciais têm sido documentados em estudos no Níger (Diallo, 2013), no Nepal e na Índia (Hallak e Poisson, 2007:235). Uma recente enxurrada de candidatos chineses a universidades nos Estados Unidos e na Europa tem sido manchada pela falsificação de dissertações, ensaios, notas de exames e até entrevistas via Skype, sendo todos esses serviços oferecidos por certas

---

[400] Essa é uma variante do que Akerlof (1970) denomina problema dos "limões", onde limões são mercadorias abaixo dos padrões, especialmente carros usados. Se as pessoas não conseguem julgar a qualidade, os vendedores podem dizer que bens de baixa qualidade são de boa qualidade. Em consequência, os clientes não vão pagar altos preços, devido ao risco de comprar um "limão". Assim, produtos de alta qualidade não estarão disponíveis, criando-se uma espiral viciosa que pode destruir o mercado.
[401] Ver Hauk e Saez-Marti (2002) para um modelo teórico acerca desse ponto.
[402] Rocío Tapia Hernández, "SEP detecta miles de títulos 'pirata'", *El Universal*, 22 de janeiro de 2014, http://www.eluniversal.com.mx/primera-plana/2014/impreso/licenciadospor-santo-domingo-44127.html (acesso em 13 de agosto de 2014).
[403] Alberto Morales, "Burlan con títulos falsos al gobierno", *El Universal*, 22 de janeiro de 2014, http://www.eluniversal.com.mx/primera-plana/2014/impreso/burlan-con-titulos-falsos-al-gobierno-44142.html (acesso em 13 de agosto de 2014).

agências de colocação; alguns administradores de escolas chinesas aparentemente recebem comissões por recomendarem estudantes aos agentes.[404]

Vários atletas internacionais têm sido desqualificados de competições após testarem positivamente por Clenbuterol (um esteroide proibido); eles declararam que o resultado positivo se devia a terem ingerido carne bovina na China ou no México.[405] Uma fonte próxima à indústria de carnes no México[406] indica que muitos fazendeiros de gado ainda fazem uso de clenbuterol para aumentar a proporção de músculo e reduzir a de gordura, mas injetam outra substância que produz resultado negativo no exame de sangue aplicado pelos inspetores. Na China, produtores de laticínios usaram melamina para encobrir o fato de que misturavam água no leite; a melamina causou danos renais e mortes de bebês que haviam tomado da fórmula feita com base nesse leite.[407] Em contraste, na Alemanha, um experimento aleatório realizado por

---

[404] Um estudo "concluiu que 90% dos candidatos chineses submetiam falsas recomendações, 70% encomendaram a outras pessoas a escrita de seus ensaios pessoais, 50% forjaram dissertações de nível médio, e 10% listam premiações acadêmicas e outras menções que não receberam". Tom Bartlett e Karin Fischer, "The China Conundrum: American Colleges Find the Chinese-student Boom a Tricky Fit", *The Chronicle of Higher Education*, 3 de novembro de 2011, http://chronicle.com/article/The-China-Conundrum/129628/ (acesso em 17 de julho de 2014). O estudo baseou-se em entrevistas com 250 estudantes (já admitidos em universidades americanas) e seus pais em Beijing, e um pequeno número de agentes; portanto, os resultados não são representativos de estudantes chineses em geral. Ver também Karin Fischer, "In International-Student Recruitment, Questions about Integrity Persist", *The Chronicle of Highe Education*, 15 de julho de 2014, http://chronicle.com/blogs/worldwise/in-international-student-recruitment-questions-about-integrity-persist/34085 (acesso em 17 de julho de 2014).

[405] "Mexico Targets Use of Clenbuterol in Livestock", *Fox News Latino*, 19 de outubro de 2011, http://latino.foxnews.com/latino/health/2011/10/19/mexico-authorities-target-use-clenbuterol-by-livestock-industry/ (acesso em 15 de outubro de 2015); "Clembuterol; que és, como funciona y por qué es tan polemico", *CNN México*, 6 de agosto de 2013, http://mexico.cnn.com/salud/2011/06/13/lo-que-necesitas-saber-sobre-el-clembuterol (acesso em 15 de outubro de 2015). Ver também Simon MacMichael, "Belgian Rider Jonathan Breyne Attempts Suicide after Positive Result for Clenbuterol", *road.cc*, 21 de dezembro de 2013, http://road.cc/content/news/103851-belgian-rider-jonathan-breyne-attempts-suicide-after-positive-result-clenbuterol (acesso em 15 de outubro de 2015); UCI Press Release, "Michael Rogers Goes Positive for Clenbuterol", *Cyclingtips.com*, n.d., http://cyclingtips.com.au/2013/12/michael-rogers-returns-adverse-analytical-finding-for-clenbuterol/ (acesso em 15 de outubro de 2015); Associated Press, "Mexico Soccer: 5 Players Pass 2nd Test", *ESPN*, 15 de junho de 2011, http://espn.go.com/sports/soccer/news/_/id/6663355/five-mexican-players-suspended-clenbuterol-found-clean-second-test (acesso em 15 de outubro de 2015).

[406] Entrevista pessoal (Palifka).

[407] Jim Yardley e David Barboza, "Despite Warnings, China's Regulators Failed to Stop Tainted Milk", *New York Times*, 26 de setembro de 2008, http://www.nytimes.com/2008/09/27/world/asia/27milk.html (acesso em 17 de dezembro de 2015).

telefone revelou que a maioria reportou de forma verdadeira, mesmo quando havia incentivos para mentir e probabilidade nula de detecção (Abeler, Becker e Falk, 2014).

Ciclos virtuosos são também possíveis. Mudanças culturais podem ajudar a enraizar padrões anticorrupção, tornando assim a corrupção mais arriscada e menos aceitável socialmente. A resultante redução na corrupção pode arraigar ainda mais um comportamento honesto tanto pelos funcionários quanto pelo público, em uma espiral virtuosa. Se isso traz benefícios para aqueles que operam em um setor moderno e diferenciado, outros podem ser induzidos a experimentá-lo, ainda que relutantemente. Nos anos iniciais da liberalização na China, por exemplo, o êxito de regiões que liberalizaram suas economias estimulou outras regiões, mais conservadoras, a copiá-las (Shirk, 1994). Um bem-sucedido setor de pequenas e médias empresas, operando livres de excessivos controles, pode encorajar outros que desejem arriscar sua sorte como empreendedores. Robert Scalapino (1989:77) expressa temores de que empresários saídos das fileiras do funcionalismo chinês deem prosseguimento a hábitos longamente estabelecidos e dependam "extensivamente de contatos políticos e troca de favores". A tendência para ciclos virtuosos está sendo solapada por ciclos viciosos onde a traição e a corrupção de alguns dão origem ao mesmo por parte de outros.[408]

V. (In)sensibilidade cultural

Até agora, tomamos a "cultura" simplesmente pelo seu valor de face.[409] A "cultura da corrupção" toma formas paradoxais quando aplicada às relações entre negócios multinacionais e países de baixa renda que obtêm baixa pontuação nos índices de corrupção internacionais. Existem estranhos paralelos entre as visões aparentemente disparatadas de libertários do livre mercado e etnógrafos que estudam a corrupção como um dos aspectos das relações entre

---

[408] Ver Seth Faison, "China's Paragon of Corruption", *New York Times*, 6 de março de 1998, http://www.nytimes.com/1998/03/06/business/china-s-paragon-of-corruption-meet-mr-chu-a-hero-to--some-an-embezzler-to-others.html (acesso em 15 de outubro de 2015). De acordo com o artigo, "Virtualmente qualquer companhia multimilionária, esforçando-se por modernizar-se em um sistema que permanece teimosamente antiquado, está completamente aberta a tanta corrupção que o êxito quase inevitavelmente conduz a pequenos delitos financeiros que podem estragar qualquer chance de eficiência ou de genuína lucratividade".
[409] Esta seção é em parte derivada de Rose-Ackerman (2010c).

estado e sociedade. Embora suas visões sejam fundamentalmente diferentes sob muitos ângulos, eles são todos céticos a respeito do estado moderno e frequentemente veem a "corrupção" como alternativa superior a obedecer às leis formais. Nesta seção, exploramos especialmente como os defensores do livre mercado e etnógrafos culturais confrontam o que se chama "grande corrupção" — envolvendo as lideranças políticas e empresas multinacionais. Aqui, uma reversão marcante às vezes ocorre. Interesses corporativos, que em outras circunstâncias enfatizam o valor do livre mercado, aqui podem invocar práticas culturais locais como desculpa para fazerem pagamentos espúrios. Em contraste, são os estudiosos das práticas culturais locais que recorrem à predominância de incentivos econômicos — isto é, a cobiça e a motivação de lucro das empresas multinacionais — para condenar a grande corrupção.

A. *Libertários e corrupção*

Para simplificar um tanto fortemente, os libertários veem a corrupção como sintoma de um estado intrusivo e interventor que sistematicamente exerce controle do livre mercado e enfraquece a atividade empresarial e a competição. A solução dos libertários é reduzir o estado a seus ossos, para que faça pouco mais que proteger a propriedade privada e prover segurança. Eles argumentam que os atores do mercado que pagam propinas para evitar obedecer às regras, para reduzir as despesas com impostos ou para obterem favores, limitam o dano que o estado pode causar e, consequentemente, destacam a operação benevolente do livre mercado como um espaço de liberdade individual.[410] Embora, na visão libertária, a melhor solução fosse uma drástica redução do estado, o suborno é considerado a segunda melhor técnica para permitir que os livres mercados funcionem de maneira "rude e pronta".

Os libertários estão pouco preocupados com a legalidade ou a ilegalidade de transações *quid pro quo*. A principal questão é se a transação favorece a liberdade econômica. Uma propina para contornar uma norma custosa seria aprovada, mas não uma propina para induzir a polícia a assediar seus competidores. Uma implicação natural dessa abordagem é que um governo

---

[410] Huntington (1967), Leff (1964). No entanto, mesmo fortes críticos do estado reconhecem que a corrupção é a segunda melhor resposta. Seria melhor mais privatização e menos estado. Ver Boycko, Schleifer e Vishny (1996).

reduzido, com poucas responsabilidades, é o melhor. Gary Becker, proeminente economista da Universidade de Chicago, era um forte defensor dessa visão, com ensaios intitulados *To Root Out Corruption, Boot Out Big Government* e *If You Want to Cut Corruption, Cut Government*.[411] Trabalhos baseados no Índice de Liberdade Econômica da Heritage Foundation ecoam a visão libertária de Becker. Um ensaio destaca a correlação entre o Índice de Liberdade Econômica e baixos níveis de corrupção. Os autores "acreditam que a liberdade econômica está intrinsecamente vinculada ao nível de atividade do governo na economia. Quanto menos recursos (incluindo bens e poder regulatório) o governo controle, mais escassas as oportunidades de corrupção" (Chafuen e Guzman, 2000).

Essa perspectiva visualiza o estado como uma cleptocracia que não tem a pretensão de operar de acordo com os interesses dos cidadãos (Andreski 1968). Leis contra o recebimento de propinas pelos subalternos apenas permitem que funcionários de escalões mais altos extraiam mais para si mesmos. Essas leis nada fazem para impulsionar qualquer noção de "bom governo". Brennan e Buchanan (1980), por exemplo, pegam emprestada a descrição de Thomas Hobbes do estado como Leviathan e o modelam como uma besta faminta que busca maximizar seu controle sobre a receita. Para eles, a imposição de taxas e de regulamentações são equivalentes a roubo; e, embora reconhecendo a necessidade do estado mínimo, eles reivindicam limites constitucionais para impostos, despesas e regulamentações. Eles pressupõem que o poder político seja o problema, não a simples corrupção; porém, se os funcionários do governo maximizam a receita em seu próprio benefício, parece consistente com esse modelo que aqueles com poder político extraiam benefícios privados para si mesmos, com riscos de uma descida em direção à cleptocracia pura e simples. Uma abordagem libertária raramente leva a sério as instituições públicas como reflexos de escolhas democráticas e constitucionais. A defesa libertária do suborno como forma de escapar às demandas de funcionários públicos é um encaminhamento que trivializa e enfraquece as instituições democráticas.

---

[411] O anterior foi publicado na *Business Week* de 31 de janeiro de 1994, 18. Este último foi publicado na *Business Week* de 11 de dezembro de 1995, 26. Ambos os artigos estão reproduzidos em Becker e Becker (1996:210, 203).

B. Etnografia e corrupção

Antropólogos culturais também tendem a simpatizar com presentes e favores que outros consideram corrupção, mas eles chegam a essa conclusão por um caminho bem diferente. Eles estudam pagamentos ou presentes dados a funcionários, assim como a mútua troca de favores, incluindo o *quid pro quo* eleitoral. Eles contemplam tradições que enfatizam lealdades para com amigos, família, região, tribo, religião ou grupo étnico. Essas práticas privilegiam contatos sociais amistosos e informais, em transações sem contato próximo e limitadas por certas regras. Estudiosos dessas tradições frequentemente se recusam a rotular essas tradições como corruptas se elas são baseadas em laços afetivos; ou eles afirmam que, mesmo se formalmente ilegais, essas práticas são socialmente aceitáveis, economicamente benéficas, e compensam as imperfeições das instituições governamentais e eleitorais.

Muitos etnógrafos têm estudado sociedades nas quais a corrupção se mistura à experiência quotidiana dos cidadãos com o setor público. Propinas não são exatamente transações que se façam sem um certo grau de proximidade, mas fazem parte da interação social; elas compõem motivações econômicas com práticas sociais.[412] No entanto, ainda que as normas sociais ajudem a justificar o comportamento, razões econômicas — por exemplo, obter um contrato com o governo ou a emissão de uma licença para operar um negócio — frequentemente motivam a transação. Cidadãos podem ser pagos para votar e podem pagar para ter acesso à educação e à assistência médica. Se eles desejam, por exemplo, registrar a escritura de uma propriedade, obter uma linha telefônica, ou conseguir a liberação de pensão, pagamentos são rotina em algumas sociedades. Evitar determinados custos, como impostos e tarifas, muitas vezes requer propina. Violações da lei, reais ou inventadas, levam a demandas de propinas por policiais ou inspetores. Em processos judiciais, propinas garantem um juiz amigável, multas mais baixas, e podem acarretar a "perda" de documentos essenciais. Assim, quaisquer que sejam as explicações culturais, permanecem como preocupação as consequências negativas para o funcionamento do governo que ressaltamos nos capítulos anteriores.

Olivier de Sardan (1999) desenvolve esses temas no contexto africano. Padrões sociais dão suporte a interações que os forasteiros consideram corruptas, mas que os participantes veem como aceitáveis ou até éticas. Dos

---
[412] Ver Scott (1969); Granovetter (2007).

politicamente poderosos espera-se que recebam tributos de seus súditos. Se políticos ou funcionários públicos têm a oportunidade de se enriquecerem, eles teriam a obrigação de fazê-lo e de generosamente compartilhar com aqueles que os ajudaram a progredir. Isso impõe aos funcionários civis uma vinculação. A sua legitimidade profissional provém de seu treinamento como administradores públicos segundo o modelo europeu, mas sua legitimidade social depende de se conformarem às normas locais, que conflitam com seu treinamento. Pesquisas na Nigéria e em Gana confirmam esse padrão básico.

Em Gana, Hasty (2005) descreve a corrupção como "intensificação de contato com fluxos vitais percorrendo o corpo político" e nota a trivialidade de metáforas com a comida ou com o fluxo sanguíneo para descrever a prática. A corrupção não é vista como o mercado impessoal invadindo o estado, mas como um engajamento superlativo em fluxos sociopolíticos já existentes. Na Nigéria, Smith (2001) aponta a corrupção imersa em "instâncias quotidianas de protecionismo", que está relacionado com redes de parentesco, comunidade e outras associações interpessoais. A corrupção que representa ajuda a amigos e parentes "pode ser vista como comportamento ético segundo a perspectiva local". Como conclui Smith, um laço de realimentação perpetua a corrupção. As repartições do estado não são confiáveis na entrega de serviços básicos. Porém, o uso de redes clientelistas para entregar recursos públicos baseado em "obrigações morais e ligações afetivas" alimenta o ciclo de corrupção (Smith 2001:361).

Não obstante, estudos antropológicos reportam que a maioria das pessoas reconhecem a corrupção como um grave problema, mesmo quando endossam os laços sociais que ela expressa. Na África, a corrupção é "tão frequentemente denunciada em palavras quanto praticada de fato" (Olivier de Sardan, 1999:29). "Há uma linha de continuidade ... entre pagar uma propina para alguém e agradecer a alguém pelos serviços prestados" (ibid.:35). Mesmo que o pagante de propina muitas vezes diga que teve "um bom motivo" para seu ato, ele ou ela também condena o comportamento de outros que obtêm benefícios mediante pagamentos e conexões. Nigerianos e ganenses são extremamente críticos acerca do nível de corrupção em seu país, e acreditam que ela promove a desigualdade de riqueza e poder (Smith, 2001:346; Hasty, 2005:279). Pessoas comuns condenam a corrupção em nível das elites, mas participam de redes que reproduzem socialmente a corrupção.

Ambiguidade semelhante existe na China, acerca do conceito de *guanxi*, que significa literalmente relações sociais ou conexões sociais. Pronunciamentos oficiais declaram o *guanxi* equivalente ao suborno que solapa o interesse público. Entretanto, "encontra-se incorporada ao discurso público, a contradição, de um lado, da condenação e, de outro, da admiração e até da aprovação, do *guanxi*" (Yang, 1989). Mesmo quando se condena sua prevalência, as pessoas se gabam de como fizeram uso do *guanxi* para obter benefícios, e se referem à ética de obrigação e reciprocidade. Na Coreia, existem relações semelhantes, incluindo as obrigações para os políticos e outros no poder de darem presentes para celebrar ocasiões especiais ou eventos. Tradições do confucionismo têm inspirado por lá tanto as práticas corruptas quanto o sentimento anticorrupção (Dalton, 2005).

Pode-se certamente simpatizar com uma pessoa que se enreda em um sistema personalista baseado em suborno. Contudo, simpatia não implica aceitação. A corrupção não é resultado inevitável de história e cultura. Normas sociais podem ser profundamente enraizadas e autoalimentadas, mas por vezes elas mudam; elas não estão necessariamente congeladas no tempo. Como argumenta Dalton (2005:244), "a cultura é um amálgama dinâmico de elementos nativos e estrangeiros, bem como antigos e modernos". Ademais, se uma sociedade, em algum momento, deve construir uma legítima democracia, é necessário passar por uma mudança de normas. De outro modo, uma corrupção disseminada inexoravelmente enfraquecerá o respeito das leis, gerando sérias distorções na eficiência e na equidade da entrega dos serviços. A pesquisa etnográfica tende a concentrar-se nas expectativas culturais e sociais para explicar a prevalência de laços personalistas e transações *quid pro quo*, mas essas interações são também ligadas ao poder de barganha dos funcionários. É imperativo levar em conta ambos fatores.

Etnógrafos e libertários que se deslocam para além das análises positivas e empíricas das relações entre estado e sociedade não raro apoiam posições normativas surpreendentemente semelhantes. Ambos destacam a forma pela qual o pagamento de propinas a funcionários públicos permite que instituições não estatais floresçam, a despeito de um conjunto de regras formais que restringem o comportamento das entidades privadas. Todavia, cada um deles atribui um diferente conjunto de prioridades institucionais — laços sociais para um e o mercado para o outro. Os libertários dão suporte a um modelo universalista de um livre mercado ideal, em contraste com o estado interferente. Eles preferem um estado mínimo; mas, na ausência de condições para tal, alguns tipos de pagamento podem ser úteis para liberar as forças de mercado. Os intelectuais da etnografia rejeitam modelos universalistas de uma boa sociedade e muitas vezes criticam a literatura sobre corrupção por seu ideal de um governo imparcial e profissionalmente competente. Para ambos os grupos, a corrupção é uma resposta compreensível para uma realidade disfuncional. Os cidadãos podem engajar-se em condenações retóricas, mas não podem funcionar como atores econômicos ou sociais sem aquelas transferências de *quid pro quo*.[413] Libertários e etnógrafos frequentemente encontram algo em comum quando defendem a funcionalidade de pelo menos alguns pagamentos irregulares; porém, diferenciam-se fortemente acerca dos valores que esses pagamentos podem promover.

C. Grande corrupção

A corrupção ocorre na vida quotidiana das pessoas e nas atividades de rotina dos negócios, quando as pessoas exercitam sua relação com o estado. Todavia, conforme discutimos no capítulo 3, é particularmente importante confrontar a corrupção no topo da hierarquia do estado, a que envolve líderes políticos e seus próximos, e que diz respeito à recompensa por contratos e concessões de maior porte e à privatização de empresas do estado.

Empresas multinacionais orientadas ao lucro às vezes invocam argumentos culturais como justificativa para fazerem pagamentos a funcionários de alto escalão. Eles podem defender seus pagamentos em referência às tradições do país anfitrião, de doação de presentes e de deferência aos líderes. Por exemplo, uma disputa de arbitração internacional em 2006 envolvia uma propina de US$2 milhões em dinheiro paga ao então presidente do Quênia, Daniel Arap Moi, para obtenção de um contrato para operar lojas *duty-free* no aeroporto internacional. Ninguém discutia a propina, mas a empresa alegou estar respeitando o costume local, na África Oriental, do *harambee*, e que presentes desse tipo eram "da moda" no Quênia. O governo queniano, agora sob diferente liderança, argumentou que, devido à propina, não existia um contrato válido, querendo dizer que não seria culpado pela quebra de contrato. O tribunal arbitral posicionou-se ao lado do Quênia.[414] Um estudo da Transparência

---

[413] Olivier de Sardan (1999:28-35, 38-41); ver também Hasty (2005:274-8) (levantando o mesmo ponto com respeito a Gana); Smith (2001:346-9) (similarmente para a Nigéria).

[414] No entanto, o tribunal exigiu que as partes dividissem as despesas com o tribunal e que custeassem seus respectivos advogados. *World Duty Free Co. v. Republic of Kenya*, ICSID Case No. Arb/00/07 (4 de outubro de 2006), disponível em www.Transnational-Dispute-Management.com (acesso em 15 de outubro de 2015). Ver também capítulo 14.

Internacional do Quênia demonstra que o *harambee*, originalmente um tipo de favorecimento próprio em nível comunal, se convertera em uma forma de clientelismo. É comum para os políticos que buscam reeleição pagar por eventos *harambee*, que podem ou não realmente acontecer.[415] As alegações das empresas multinacionais de serem sensíveis à cultura caem no vazio, especialmente em casos como esse, no qual os cidadãos do país arcaram com a maior parte dos custos da propina e com os termos desfavoráveis do contrato gerado.

No lado oposto de tais negócios, os funcionários de mais alto escalão podem ir além de uma invocação geral dos costumes locais, para justificar a aceitação de propinas como tributo devido a eles, em razão de sua elevada posição oficial. Eles podem usar esses argumentos mesmo que a escala dos ganhos vá muito além de qualquer coisa vista nas práticas tradicionais (Olivier de Sardan, 1999:42). De acordo com Granovetter (2007), essas alegações em defesa do interesse próprio conflitam com as tradições estabelecidas em muitas sociedades. Em sua visão, os líderes políticos de topo honrariam a tradição rejeitando propinas como insultos, especialmente de empresas multinacionais sem conexões tradicionais. Mas não é o que acontece em casos de grande corrupção. Em vez disso, a propina é frequentemente disfarçada por meio de práticas tradicionais, facilitadas por agentes locais.

Um argumento cultural mais direto considera a corrupção de alto nível, ou "grande corrupção", como importação de países capitalistas ricos. O capitalismo substitui uma densa nuvem de conexões interna ao país por incentivos puramente financeiros. Os pagamentos induzem os líderes de alto escalão a vender seus apoiadores políticos em troca de ganhos privados; ou, em uma visão mais benigna, para beneficiar seus próprios apoiadores, às expensas de um público mais amplo. Um arranjo pode ainda operar da forma "o vencedor leva tudo", com grupos variáveis do círculo interno fazendo uso do estado para benefício próprio e de seus apoiadores. Se for assim, a oportunidade para obter ganhos de contratos, concessões e vendas de ativos pode fazer crescer drasticamente a fatia do bolo. A descoberta de um recurso ou um pacote de ajuda maciça para fomentar a construção de infraestrutura pode solapar um sistema estável de busca por ganhos moderados pelos políticos poderosos. Aumentam-se assim os rendimentos disponíveis, o que provoca nos líderes a tentação de conluio com os investidores, para divisão da riqueza às expensas do público.

---

[415] Ver Transparency International-Kenya (2001), Waiguru (2006).

Etnógrafos apontam para o poder gerado pela motivação de lucro das empresas multinacionais, assim como para as características tradicionais do poder político nos países em desenvolvimento. Entretanto, a maioria dos estudiosos com conhecimentos aprofundados de culturas específicas não confundem explicação com desculpa. Para eles, a cultura entra novamente no argumento, mas agora trata-se da cultura da comunidade de negócios com o seu objetivo de maximização dos lucros. O exato motivador que o libertário enxerga como central para o desenvolvimento da sociedade é repudiado como corruptor da cultura tradicional do país contratante.

Obviamente, etnógrafos sofisticados não têm essa visão romântica da "cultura" e reconhecem a interpenetração de valores e práticas entre a cultura tradicional e a ocidental. Reformadores dos países em desenvolvimento criticam seus compatriotas que com exagerada facilidade culpam pela realidade corrente a cultura estrangeira introduzida pelas potências coloniais. Como expressou recentemente um jornalista indonésio: "Se a corrupção está inserida na cultura, então não se deve pôr a culpa nos próprios indonésios; em vez disso, ela deve ser jogada aos pés dos repulsivos colonialistas holandeses. ... Não apenas essa fábula inocenta as pessoas por não conseguirem resolver o problema, ... como também absolve de culpa toda a nação, porque a culpa reside em outro lugar, em um distante passado colonial".[416]

A carta da sensitividade cultural pode ser jogada por aqueles que recebem e por aqueles que pagam propinas, conforme sirva a seus respectivos interesses. É necessário ser cauteloso em aceitar o valor de face das assertivas de que transações aparentemente corruptas refletem arraigadas práticas culturais, aceitas pela maioria das pessoas. Aqueles com alguma coisa a ganhar vão invocar a cultura como desculpa, quando ela atende a seus interesses. Se a escala do tributo pago a um líder ascende a um novo plano como resultado do envolvimento de investidores internacionais, tradição e cultura não são bases adequadas para análise. A ampla condenação de suborno e corrupção nos estudos sobre Gana e Nigéria anteriormente mencionados parece confirmar que os cidadãos em geral não aceitam referências simplistas a "cultura" ou a "normas sociais" como justificativa suficiente.

---

[416] James Van Zorge, "Cut Red Tape and You Cut Corruption", *Jakarta Globe*, 30 de novembro de 2009, http://jakartaglobe.beritasatu.com/archive/cut-red-tape-and-you-cut-corruption/ (acesso em 15 de outubro de 2015).

Conclusões

A definição de propinas e presentes é matéria cultural, mas a "cultura" é dinâmica e pode mudar ao longo do tempo. Não obstante, se o comportamento rotulado como "corrupto" por alguns observadores é considerado em um país como doação aceitável de presente ou de gorjeta, ele deve ser simplesmente legalizado e reportado. Se, no entanto, essas práticas estão impondo custos, escondidos ou indiretos, à população, os analistas devem esclarecer e documentar esses custos antes de se definir um posicionamento de políticas. Definições de comportamento aceitável podem mudar, uma vez que as pessoas sejam informadas dos custos de tolerar pagamentos a políticos e servidores civis. Essa é uma das tarefas que ONGs como a Transparência Internacional e a Testemunha Global têm empreendido. Inversamente, os especialistas podem aprender algo de novo sobre a organização econômica e a atividade social estudando sistemas nos quais "contratação implícita" seja a única forma existente de contratação e os relacionamentos interpessoais constituem o centro da vida econômica.

Reformadores anticorrupção devem decidir se aceitam a presença de cobiça e de práticas culturais existentes, e procurar canalizá-la para caminhos menos destrutivos; se colocá-las de lado por meio de instituições substitutas que requeiram outros valores ou habilidades; ou se buscar transformar as normas sociais. Essas questões devem ser confrontadas da perspectiva de legitimidade política, não pelas lentes, ou do fundamentalismo de mercado ou da preservação cultural. É necessária uma apreciação realista das tensões que enfrentam os estados modernos que procuram justificar sua legitimidade. A corrupção pode enfraquecer governos, mesmo que ajude os participantes do mercado e dê suporte a culturas tradicionais. Todavia, campanhas anticorrupção agressivas e punitivas podem também enfraquecer a capacidade dos governos de manter conexão com a lealdade e a boa vontade de suas populações.

Muitos dos críticos de reformas anticorrupção não têm adequadamente considerado o papel do estado na sociedade. Nos extremos, eles têm uma visão romântica de uma sociedade idealizada, com um estado mínimo. Para os libertários, o estado mínimo respeita "o poder da lei", um conceito que na sua formulação destaca a preservação dos direitos da propriedade privada e o cumprimento, de um lado, de contratos privados, e de outro, as garantias da lei e da ordem. Para etnógrafos, as redes de relacionamento social são a chave para entender como os indivíduos interagem com os funcionários públicos.

Essa literatura raramente admite o papel do estado moderno na geração e na manutenção dessas redes. Em vez disso, o estado é frequentemente visto como uma força hostil ou interferente, que as redes pessoais podem domesticar mediante trocas de favores.

Em contraposição tanto aos libertários quanto aos etnógrafos, defendemos o simples reconhecimento da centralidade do moderno estado burocrático e das instituições do governo representativo. Ademais, mesmo regimes autoritários buscam legitimidade popular e apoio. Dadas essas premissas, é possível localizar áreas de ampla convergência internacional, tanto em nível de base quanto entre as elites, acerca de determinadas características desejáveis do estado moderno que possam contribuir para inibir a corrupção. As políticas anticorrupção podem começar por essas áreas de concordância e mais tarde confrontar as dimensões mais contestadas do problema. Em capítulos subsequentes, desenvolvemos uma abordagem de reforma que vai além da necessidade de aplicação da lei, da reforma do serviço público e do redesenho de projetos, discutidos em seções anteriores deste livro. As estratégias adicionais estão relacionadas à legitimidade do estado e baseiam-se em transparência, participação do público, supervisão externa, liberdade de imprensa e limites para conflitos de interesse.

Será que esforços para limitar negócios personalizados, envolvendo funcionários públicos e atores do mercado, enfraquecem as características desejáveis de conexões interpessoais baseadas em confiança e respeito? Se existe um ponto de equilíbrio, este não parece ser inflexível.[417] Apesar das lamentações de alguns escritores, os Estados Unidos contam com uma rede notavelmente densa de organizações sem fins lucrativos e uma forte tradição de doações privadas de presentes, tanto a instituições de caridade quanto a parentes.[418] Muitas relações de negócios privados dependem de confiança e reputação para assegurar um desempenho de alta qualidade. A regulamentação de campanhas políticas e do comportamento burocrático limita os negócios em benefício próprio, embora a riqueza privada, claro, permaneça ainda com importante influência na vida política.

---

[417] Zelizer (1994:71-118) destaca a coexistência de diferentes formas de troca nas sociedades modernas.

[418] Os Estados Unidos consistentemente se posicionam entre os cinco principais países no *CAF World Giving Index*. Em 2014, 63% dos respondentes nos Estados Unidos fizeram doações a instituições de caridade e 76% prestaram auxílio a um estranho (Charities Aid Foundation, 2015:11). Historicamente, a generosidade privada tem sido relativamente alta nos Estados Unidos (Hodgkinson e Weitzman, 1994; Rose-Ackerman, 1996a).

Na África, alguns observadores, frustrados com o fracasso de iniciativas passadas, têm recomendado um estudo mais cuidadoso das instituições tradicionais de cada país. Mamadou Dia (1996:29) argumenta que a África enfrenta uma crise das instituições. Essa crise "deve-se principalmente à desconexão estrutural e funcional, ou à falta de convergência, entre as instituições formais, que são principalmente transplantadas de fora, e as instituições informais que têm raízes na história, na tradição e na cultura africanas, e que geralmente caracterizam a governança da sociedade civil". Dia fornece vários estudos de caso de esforços bem-sucedidos para integrar valores e práticas culturais locais a esforços para modernização. Por exemplo, a companhia elétrica pública da Costa do Marfim empreendeu um esforço sistemático para reconciliar as culturas da corporação e da sociedade, sem nenhuma devoção incondicional a uma ou à outra (ibid.:222-7). Na visão de Dia, o objetivo é questionar a maneira como as antigas e novas formas e práticas institucionais devem ser misturadas, enfatizando-se o melhor de ambas as tradições, para promover o crescimento econômico.

Os reformadores não devem iniciar seu trabalho com pressuposições acerca do estado, oriundas ou de ou excessiva fé no mercado ou de respeito profundamente conservador pela tradição. O estudo da corrupção pode contribuir para a mediação da fronteira entre estado e sociedade, mas não pode eliminá-la. O estado veio para ficar, quaisquer que sejam as pretensões românticas da direita libertária ou as conclusões de estudos culturais da esquerda etnográfica. A Parte III desenvolverá esses temas. O capítulo 8 aborda a interação entre política e corrupção. O capítulo 9 focaliza o crime organizado e seu papel na corrupção das instituições do estado. O capítulo 10 discute o problema específico de incentivos à corrupção no período de pacificação pós-conflito. No capítulo 11 tratamos mais especialmente dos governos democráticos e das atividades de fronteira nas quais a riqueza privada exerce influência sobre as escolhas públicas por mecanismos próximos ao simples suborno. O capítulo 12 conclui a Parte III, tratando da reforma das instituições que possibilite aumentar a transparência e a prestação de contas do governo.

PARTE III

A corrupção como problema político

8
Política, corrupção e clientelismo

O termo corrupção designa um tipo de relação entre o estado e o setor privado.[419] Às vezes, os funcionários do estado são os atores dominantes; em outros casos, os atores privados são as forças mais poderosas. O relativo poder de barganha desses grupos determina tanto o impacto geral da corrupção na sociedade quanto a distribuição dos ganhos entre os pagadores e os recebedores de suborno.[420]

A análise da corrupção é parte do inconclusivo debate corrente sobre qual forma de governo é a que melhor contribui para o crescimento econômico. Embora os países mais ricos tendam a ser democracias, não há relação estatística simples entre crescimento e governo democrático.[421] A razão para isso não é difícil de entender — "democracia" é simplesmente um termo tão geral que não consegue capturar a gama de formas de governo que se colocam sob essa rubrica. Além disso, uma estrutura de governo que funciona bem para um país pode ser disfuncional em outro contexto. A corrupção disseminada e arraigada é uma forma de disfunção.

---

[419] Este capítulo deriva-se em parte de Coolidge e Rose-Ackerman (1997) e Rose-Ackerman (1998b).

[420] Conforme discutimos em capítulos anteriores, às vezes agentes do setor privado aceitam propinas de outras entidades privadas. As condições subjacentes são semelhantes às que produzem a corrupção no governo, e com a privatização de algumas atividades anteriormente públicas, é provável que essa corrupção seja de importância crescente no futuro.

[421] Huber, Rueschemeyer e Stephens, 1993; Przeworski e Limongi, 1993; Knack e Keefer, 1997; Treisman, 2000; Glaeser et al., 2004; Drury, Krieckhaus e Lusztig, 2006; Lederman, Loayza e Soares, 2006; Haque e Kneller, 2009; Johnston, 2012. Acemoglu et al. (2008) indicam que maior renda não causa ascensão da democracia; porém, em vez disso, tanto uma receita mais elevada quanto uma governança democrática são o resultado de um caminho escolhido em algum ponto da história. O resultado encontrado por eles vale tanto para o período imediatamente posterior à Segunda Guerra Mundial quanto por um período de um século.

É o estabelecimento da democracia uma estratégia anticorrupção? O desejo de reeleição limita a cobiça dos políticos.[422] A proteção das liberdades civis e do direito de livre expressão das ideias, que em geral acompanham os processos eleitorais democráticos, torna possível um governo aberto e transparente. Em contraste, estados não democráticos são especialmente suscetíveis a incentivos de corrupção, porque seus governantes conseguem organizar o governo com poucos mecanismos de verificação e reequilíbrio. Mas essa comparação é demasiado contrastante. É necessário olhar mais fundo para alguns governos estaduais e locais dos Estados Unidos para encontrar sistemas corruptos bem estabelecidos, que se comparam bastante bem com sistemas autocráticos. Por exemplo, um anterior prefeito de Detroit, Kwame Kilpatrick, contribuiu para levar a cidade à falência com sua prática de extorsão, inclusive direcionando pelo menos US$84 milhões em contratos com a cidade para um amigo pessoal.[423] Rod Blagojevich, antigo governador de Illinois, sofreu *impeachment* e está atualmente cumprindo sentença de prisão (o quarto governador de Illinois no passado recente a ir para a cadeia) por tentar "leiloar" o assento no Senado deixado vago quando Barack Obama se tornou presidente.[424] Escândalos de pagamentos indevidos têm implicado políticos eleitos no Brasil, México, Venezuela, Itália, Coreia, e Japão, para citar apenas alguns. A corrupção é comum em nível de governo local na França e na Alemanha. O antigo primeiro-ministro da Croácia, Ivo Sanader, foi julgado culpado por aceitar mais de US$13 milhões em propinas de uma companhia petrolífera e de um banco, para obterem o domínio dos respectivos segmentos de atividade na Croácia.[425] Claramente, regimes democráticos nem sempre são bem-sucedidos em contar a corrupção. Assim, é válido perguntar quais características de governo democrático ajudam a limitar o autobenefício e quais contribuem para a corrupção.

---

[422] Para um modelo de teoria dos jogos de como se desenvolve essa aposta — muitas vezes com o corrupto reeleito —, ver Aidt e Dutta (2004).
[423] Mary Chapman, "Former Mayor of Detroit Guilty in Corruption Case", *New York Times*, 11 de março de 2013, http://www.nytimes.com/2013/03/12/us/kwame-kilpatrick-ex-mayor-of-detroit--convicted-in-corruption-case.html (acesso em 11 de outubro de 2015).
[424] Monica Davey, "On Eve of Prison, Blagojevich Keeps Talking, but Some Tune Out", *New York Times*, 14 de março de 2012, http://www.nytimes.com/2012/03/15/us/blagojevich-to-begin-prison--term-for-corruption.html (acesso em 11 de outubro de 2015).
[425] "Croatia Jails ex-PM Ivo Sanader for Taking Bribes", *BBC News*, 20 de novembro de 2012, http://www.bbc.com/news/world-europe-20407006 (acesso em 11 de outubro de 2015).

Antes de tecermos considerações mais aprofundadas sobre esse tema no capítulo 11, começamos por uma análise mais geral do poder de barganha de funcionários do governo *versus* atores privados corruptos. Abstraímo-nos de detalhes de sistemas políticos, colocando ênfase, em vez disso, na "organização industrial" da corrupção. A natureza da corrupção depende não apenas da organização do governo, mas também da organização e do poder dos atores privados. A questão crítica é quanto poder de barganha têm o governo e o setor privado ao negociarem um com o outro. Uma conclusão básica pode ser emitida no início. À medida que um governo democrático dispersa poder entre seus funcionários, ele concede um pequeno poder de barganha a cada um, frente a poderosos interesses privados. Uma democracia bem-sucedida pode precisar fomentar a criação de mercados privados competitivos, assim como estabelecer um sistema político competitivo. De outro modo, poderosos interesses privados podem controlar o estado para seus próprios fins.[426]

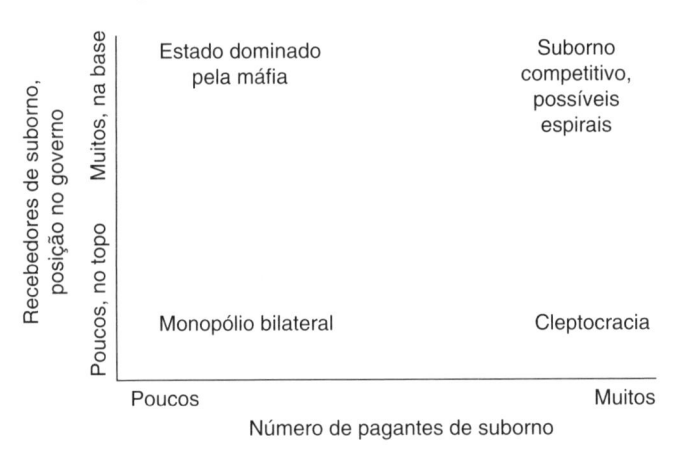

Figura 8.1. Tipos de governo corruptos

Recebedores de suborno, posição no governo		
Muitos, na base	Estado dominado pela máfia	Suborno competitivo, possíveis espirais
Poucos, no topo	Monopólio bilateral	Cleptocracia
	Poucos	Muitos

Número de pagantes de suborno

---

[426] Fazendo uso dos dados da *Forbes* sobre bilionários, Gandhi e Walton (2012) desenvolveram um índice primitivo sobre o que chamam *crony capitalism* (ou "capitalismo de compadrio"), o qual inclui tanto os ganhos do poder monopolista quanto da influência indevida. O índice baseia-se na riqueza total relativa ao PIB mundial de bilionários que se encontram ativos em segmentos do mercado nos quais seja provável incluir altos níveis de "ganhos" ou lucros excessivos, que podem ser depurados por indivíduos do mundo dos negócios e seus aliados políticos. Vinte dos bilionários indianos estavam nos segmentos *rent thick* (de ganho substancial), tais como de construção, de mineração, de imóveis etc.

Aqui distinguimos entre quatro casos estilizados que destacam a relação competitiva entre pagantes de suborno (os que pagam propinas, supostamente do setor privado) e os recebedores de suborno (os que recebem propinas, supostamente do setor público), como se reflete em suas relações de poder. Com respeito ao governo, comparamos um estado onde a corrupção é centralizada — organizada nos mais altos escalões do governo — com outros estados onde o suborno abre espaço para um grande número de funcionários de nível mais baixo. O outro lado do "mercado" de propinas deve ser também especificado. Existe um pequeno número de grandes atores corruptos privados, ou o pagamento de propinas é descentralizado, em um grande número de pessoas e empresas? A figura 8.1 ilustra os quatro casos extremos: cleptocracia,[427] monopólio bilateral, estados dominados pela máfia e suborno competitivo. Consideremos inicialmente a cleptocracia, e a seguir discutamos os dois casos em que os pagantes de suborno do setor privado possuem monopólio de poder — monopólio bilateral e estados dominados pela máfia. O caso final, no qual as propinas desempenham o papel de preços em um mercado descentralizado, requer tratamento em separado. Um "mercado" corrupto pode ser custoso, mesmo que ninguém exerça qualquer poder de monopólio sobre sua operação.

I. Cleptocracia

Consideremos primeiramente o caso no qual o governante cleptocrata faz frente a um grande número de potenciais pagantes de propinas desorganizados. Em um caso extremo, um poderoso chefe de governo pode organizar o sistema político com o objetivo de maximizar suas possibilidades de extração de rendimentos. Esse "bandido estacionário" (na expressão de Mancur Olson) pode agir como um monopolista privado, buscando eficiência produtiva, mas restringindo a oferta econômica para maximizar os lucros (Olson, 1993). Um monopólio privado limita a produção porque obtém lucros com base na diferença entre os preços de venda e os custos. Se um cleptocrata, como um monopolista privado, vendesse bens privados para indivíduos e empresas, ele também restringiria a oferta (Findlay, 1991; Przeworski e Limongi, 1993:58-9; Shleifer e Vishny, 1993). Por exemplo, se o estado se ocupa de ferrovias e do sistema de telefonia, ele pode fixar preços monopolistas, restringindo o fornecimento para maximizar a receita.

---

[427] O termo *cleptocrata* parece ter-se originado em Andreski (1968). Refere-se a um governante ou a um funcionário de alto escalão cujo objetivo primário é o enriquecimento pessoal, e que possui poder suficiente para realizar esse objetivo, enquanto mantém sua posição pública.

Similarmente, o governante cleptocrata de um país que domina a oferta mundial de determinada matéria-prima ou produto agrícola restringiria a produção para manter elevados os preços internacionais e extrair lucros importantes. Ao mesmo tempo, ele procuraria isolar esse negócio da política do dia a dia. O governante sacrificará os benefícios de protecionismo e favoritismo para poder auferir os lucros gerados por um negócio monopolista bem gerenciado. Assim, se o setor-chave de exportação está em mãos do estado, o governante favorecerá um sistema meritocrático de recrutamento e promoção que recompense alta produtividade e boas práticas de negócio.[428] O cleptocrata favorecerá políticas que transfiram para seu bolso a maior parte dos recursos, enquanto manterá a produtividade econômica. O cleptocrata opor-se-á a políticas de distribuição ampla de benefícios para toda a sociedade, com poucas possibilidades de extração central dos pagamentos. Governantes corruptos darão suporte a políticas das quais derivem ganhos personalizados, mesmo que os resultados proporcionem um nível inferior de riqueza para a sociedade.

No entanto a maioria dos cleptocratas não é todo-poderosa como o bandido estacionário de Olson. O objetivo deles é a maximização da riqueza pessoal, porém são imperfeitos os meios a sua disposição. Eles controlam o estado, mas não toda a economia. Pode ser que eles contem com um serviço público fraco e desleal, uma fonte de recursos deficiente e uma base legal vaga e confusa. O governante deve trabalhar com os controles à mão, e os dispositivos podem não ser muito eficientes na geração de receitas. Ele (ou ela) haverá de assumir determinadas iniciativas que, por serem direcionadas a lhe prover benefícios pessoais como chefe de governo, não vão contribuir para aumentar a receita geral nacional. Mesmo o cleptocrata, contudo, finalmente chega ao ponto em que as ineficiências das intervenções adicionais do governo se tornam tão relevantes que a receita marginal das propinas cai. O tecnocrata fraco provavelmente favorecerá um estado inflado e ineficiente, a fim de maximizar as possibilidades de corrupção. Os cidadãos em uma cleptocracia fraca preferem um governo menor que o ótimo se esse for corrupto, mas acabam tendo um governo grande demais.[429]

---

[428] Esse é o caso que Rose-Ackerman (2015) discute, argumentando não ser necessariamente verdade que "o peixe apodrece da cabeça a baixo".

[429] Esses pontos encontram-se desenvolvidos em Coolidge e Rose-Ackerman (1997). Ver também Kurer (1993:270). Mukum Mbaku (1994:31-7) argumenta que, quando autocratas ou grupos de interesses estreitos ganham o controle do estado na África, muitos têm usado o aparelho de estado para expandir o papel do estado e, com isso, enriquecer-se. Ele aponta que golpes militares são frequentemente motivados pela busca por receita.

Exemplos que ilustram bastante bem esse modelo foram as ditaduras de longa duração do presidente Alfredo Stroessner no Paraguai (1954-89) e Mobutu Sese Seko no Zaire (1965-97), e o regime de François e Jean-Claude Duvalier no Haiti (1957-86). Na África do Norte, os governos dos presidentes Hosni Mubarak no Egito (1981-2011) e Zine El Abidine Ben-Ali na Tunísia (1987-2011) também se encaixam nesse padrão.

No Paraguai, de acordo com um estudioso:

> O setor público era visto como feudo pessoal de Stroessner. A administração dos ativos do estado mostra uma falta de diferenciação entre as esferas "econômica" e "política" e a ausência de qualquer fronteira claramente definida entre a propriedade pública e a propriedade privada. O resultado foi que Stroessner e seu séquito de acólitos militares e civis dispunham dos recursos públicos como se lhes pertencessem. (Nickson, 1996:239).

O ponto-chave aqui não são os objetivos cleptocráticos de Stroessner apenas, mas os de seus "sequazes", que insistiam em acumular riquezas para si próprios. Em vez de dirigir um estado monopolista eficiente, Stroessner assegurava-se apoio militar ao permitir que as patentes mais altas se engajassem em contrabando, tráfico de entorpecentes e venda de armas (ibid.). Projetos como os de uma represa, de uma desnecessária usina de cimento e de um aeroporto produziram ganhos corruptos para Stroessner e seus sequazes, mas não eram escolhas que maximizassem a riqueza do país como um todo (ibid.:244-5).

Similarmente, no Zaire, o presidente Mobutu e seus associados "saquearam" o estado. Mobutu colocou a terça parte do orçamento do estado sob seu controle e reportadamente desviou um quarto da receita bruta de exportação de cobre. Porém, Mobutu também tinha de partilhar uma fatia de seus ganhos corruptos com protegidos de alto nível e com inspetores alfandegários não graduados e outros funcionários públicos. Corrupção e ação predatória solaparam o setor privado formal, e projetos grandiosos de infraestrutura foram usados como fontes de pagamentos ilegais para o presidente e seus associados (Wedeman, 1997:462-5). Claramente o Zaire, com seu governante cleptocrático, não era governado como um monopólio eficientemente produtivo na maximização de lucros.

No Haiti, a ditadura beneficiou "apenas alguns milhares de pessoas, conectadas por casamentos, ou laços familiares ou de amizade com aqueles no poder". A instabilidade política surgiu "não tanto de movimentos populares ..., mas de companheiros membros das elites que buscavam uma fatia maior de despojos do poder" (Grafton e Rowlands, 1996:267). De acordo com o Departamento de Comércio dos Estados Unidos, em 1977-8 a destinação inadequada de fundos foi 63% da receita do governo (citado em ibid.). Os objetivos cleptocráticos dos governantes produziram uma ineficiente disputa por ganhos. Foram criadas instituições que bloqueavam o desenvolvimento; monopólios estatais foram usados como "galinhas dos ovos de ouro"; e o estado discriminou pessoas de motivação e de habilidade (ibid.:268-9).

Essa mesma situação verificou-se no Egito sob Hosni Mubarak (1981-2011), onde empresas internacionais tinham de pagar vultosas "taxas de consultoria" e engajar-se em investimentos conjuntos com os filhos do ditador; e projetos de desenvolvimento politicamente conectados eram distribuídos em termos muito favoráveis, enquanto um desenvolvimento mais amplo deixava de alcançar a população (Adly, 2011). Estudos empíricos do destino de empresas conectadas a Mubarak e sua família antes e depois de sua queda revelam a extensão do favoritismo envolvido (Chekir e Diwan, 2014). Na Tunísia, Zine El-Abidine Ben-Ali (1987-2011) foi multado em US$66 milhões e sentenciado *in absentia* a 35 anos de prisão por "apropriação indébita e uso indevido de fundos públicos". Investigadores encontraram joias e dinheiro no valor de US$27 milhões em uma de suas casas.[430] Análises estatísticas do relativo sucesso econômico das empresas conectadas ou não a ele e a sua família revelaram os grandes benefícios de pertencer ao grupo favorecido (Rijkers, Freund e Nucifora, 2014).

Como demonstram esses casos, um governante corrupto influencia não apenas no tamanho do governo, mas também na mistura de impostos e nas prioridades dos gastos. Impostos, regulamentações, subsídios, fixação de preços e privatizações são exemplos das atividades do setor público que os cleptocratas podem manipular em seu próprio benefício. Uma vez que reduções de impostos podem ser concedidas a indivíduos e empresas corruptos em contrapartida a propinas, cleptocratas podem fixar altas taxas nominais para encorajar os pagamentos indevidos. Eles podem fixar impostos elevados sobre produtos de necessidade básica usados pelos pobres e isentar produtos

---

[430] David D. Kirkpatrick, "Ex-Tunisian President Found Guilty in Absentia", *New York Times*, 20 de junho de 2011, http://www.nytimes.com/2011/06/21/world/middleeast/21tunisia.html (acesso em 11 de outubro de 2015).

de luxo. No Haiti, entre as décadas de 1910 e 1970, por exemplo, bens como bebidas caras quase que não eram taxados, mas as alíquotas de importação para algodão, têxteis, sabão e querosene eram elevadas (Lundahl, 1997:35).

Cleptocratas veem o sistema regulatório como fonte de lucros pessoais. Assim, podem ser impostos regulamentos e requisitos para licenciamento que não tenham outra justificativa que criar um gargalo que as empresas paguem para evitar. Reformas regulatórias eficientes encontrariam a oposição do cleptocrata se as reformas convertessem sistemas de preços ilegais em legais. O cleptocrata direcionará subsídios para indivíduos e empresas dispostos a pagar por eles. É claro que mesmo autocratas corruptos podem ter de dar alguma satisfação à massa popular, a fim de manter-se no poder, mas eles também promulgarão programas que induzam os mais ricos a pagar por benefícios. Por exemplo, o governante poderia instituir um sistema de subsídios aos investimentos, com liberdade de ação para distribuir esses benefícios. Ninguém pode obter esses benefícios como questão de direito. Todos devem competir para obtê-los como concessão do governante. A alocação de moeda estrangeira escassa e o acesso ao crédito serão fontes adicionais de receita para os dirigentes.

Um governante cleptocrata pode afetar os benefícios da privatização. É provável que ele (ou ela) esteja especialmente desejoso de privatizar monopólios cuja receita gere lucros vultosos, uma vez que assim possa extrair uma fatia dos ganhos. Porém, uma coisa é o cleptocrata querer privatizar uma empresa do estado, e outra é que investidores privados queiram fazer propostas. Uma empresa privada terá pouco valor para seus investidores se os impostos erodirem todos os seus lucros, ou se puder ser renacionalizada à vontade sem adequada compensação, ou se for regulada de forma excessiva ou arbitrária. A empresa terá mais valor como entidade privada apenas se o estado puder comprometer-se com uma política futura razoável. Todavia, um governante corrupto enfrenta dificuldades especiais, devido a seu foco no enriquecimento pessoal. Além disso, mesmo que ele (ou ela) possa de algum modo apresentar contratos vinculantes, os investidores podem ter a preocupação de que, como dirigente corrupto, ele corra o risco de deposição. Uma mudança de regime pode acarretar o cancelamento de acordos anteriores.

Um cleptocrata pode opor-se a determinadas privatizações que um regime honesto consideraria eficientes, e dar suporte a outras que sejam ineficientes, mas que gerem pagamentos corruptos imediatos. A incapacidade do dirigente em estabelecer compromissos dignos de crédito rebaixa o valor da empresa para os investidores privados, inclinando a balança no sentido de mantê-la como propriedade do estado. Por outro lado, esse status de propriedade estatal está associado a oportunidades de rendimentos talvez superiores aos lucros da empresa. Se a empresa estatal pode ser usada para gerar rendimentos por meio de mecanismos como a venda de empregos, de contratos favoráveis e de tratamento especial para os clientes, então o fluxo de benefícios será mais alto para o cleptocrata que para o dirigente honesto. Às vezes, fica esmaecida a distinção entre a fiscalização pública e os fundos privados do governante. No Haiti sob os Duvalier, cheques eram simplesmente preenchidos para os membros da família presidencial e outros cidadãos privados por vários dos monopólios do estado (Lundahl, 1997:39-40). O controle público de grandes empresas pode ser um modo de aumentar a probabilidade de permanecer no poder apesar da corrupção praticada. Esses governantes criam uma rede de obrigações e podem ameaçar expor seus parceiros corruptos em caso de deposição.

No entanto, sob outras condições, o cleptocrata pode tornar-se um privatista entusiasta. Ele (ou ela) pode, por exemplo, ser capaz de conceber a privatização de forma que envolva uma venda forçada para o dirigente ou para sua família e protegidos, por um preço inferior ao de mercado. Na Indonésia, por exemplo, Suharto deu apoio a muitas privatizações que envolviam a transferência de ativos para empresas controladas por seus filhos e protegidos (Schwarz, 1994:148-9). Mesmo que a venda seja feita para um estranho ao círculo do poder, o cleptocrata pode apoiar algumas privatizações a que um maximizador benevolente da riqueza social poderia opor-se. Ao aceitar ganhos presentes, o governante renuncia a um fluxo futuro de receita. Isso pode ser racional, se o governante teme ser deposto, ou seja, o cleptocrata tem uma melhor taxa de desconto[431] que os investidores privados. O cleptocrata pode valorizar mais fortemente que o mercado privado os benefícios imediatos de vender uma empresa do estado.

De algum modo, um cleptocrata é como um corretor de ações ou um agente imobiliário, que fazem dinheiro mediante a ocorrência do giro de compra e venda. Ganhos corruptos podem ser obtidos não apenas pelo nível corrente de intervenção governamental, mas também por mudanças pontuais. O governante pode extrair uma fatia dos ganhos de qualquer tipo de transação envolvendo o estado, e assim pode apoiar a privatização de algumas empresas

---

[431] Ver nota 22 no capítulo 3.

e a nacionalização de outras. O governante pode receber suborno ou para privatizar empresas estatais eficientes a preços baixos ou para nacionalizar empresas privadas ineficientes a preços altos. Sem compromissos dignos de crédito para abster-se de mudanças pontuais, os investidores privados terão relutância em entrar em negócios que possam ser revertidos no futuro.

Em resumo, o cleptocrata forte governa um estado brutal, mas eficiente, limitado apenas pela sua própria incapacidade de estabelecer compromissos críveis. O cleptocrata fraco governa um estado intrusivo e ineficiente, organizado para extrair propinas da população e da comunidade de negócios.

Alguns analistas, contudo, são relativamente condescendentes quanto à corrupção de funcionários de alto nível, argumentando que o problema mais sério é a corrupção nos escalões inferiores, na qual os funcionários realizam "pesca de saturação" de "bens comuns" em sua busca por ganhos privados (Olson, 1993; Schleifer e Vishny, 1993; Rodrik, 1994). Se ninguém é proprietário da lagoa comum, será alocado à pescaria um montante ineficiente de esforços (Hardin, 1968). Uma forma de extrair receitas é criar regras e regulamentações adicionais. Especialmente destrutiva, segundo Sleifer e Vishny (1993:606), é a possibilidade de que novos entrantes para a burocracia tentem obter uma fatia das receitas. Se o governante tem relativamente pouco controle no dia a dia sobre os ministros de estado, o seu comportamento independente pode de fato ser custoso. Com maior controle, o governante pode estar interessado em uma "liberalização" limitada e talvez em acompanhar reformas do serviço público, destinadas a fortalecer seu controle. O governante dará apoio às reformas, desde que sejam consistentes com a maximização de sua receita.

Entretanto, exatamente porque o governante é favorável a alguns tipos de reforma, não se segue daí que a corrupção de alto nível seja menos destrutiva que o peculato nos níveis mais baixos. É literalmente raro que um governante detenha o controle de todos os recursos do estado, e o tamanho da lagoa comum sob controle do estado não é fixado por forças externas. Ao invés disso, os funcionários podem ter o poder de expandir os recursos sob seu controle, e oficiais de escalão superior em geral têm mais poder para aumentar o alcance do estado que os de escalões inferiores. Adicionalmente, governantes corruptos geralmente têm de trabalhar com ferramentas imperfeitas. Em vez de simplesmente expropriar toda a propriedade privada e organizá-la para produzir eficientemente, os dirigentes de topo podem dispor apenas de opções ineficientes. Eles podem aumentar o nível dos impostos e da autoridade regulatória, assegurar isenções em troca de pagamentos, e nacionalizar indústrias. Eles podem induzir políticas protecionistas em geral, que estejam fora do alcance de funcionários de níveis mais baixos. Eles podem propor projetos caros, complexos e intensivos em capital, a serem usados para a geração de propinas.[432] No Haiti, por exemplo, governos ditatoriais favoreciam instituições que obstaculizavam o desenvolvimento porque elas eram a maneira mais efetiva de sugar receitas espúrias no contexto haitiano. Como resultado, os bens dos mais ricos eram investidos ou no estrangeiro ou em aplicações seguras, mas improdutivas. As políticas do estado que bloqueavam o desenvolvimento estimulavam os haitianos talentosos a emigrar (Grafton e Rowlands 1996). Nenhum governante pode ter absoluta confiança de que permanecerá para sempre no poder. Aqueles que se tornam ricos em função dos favores do governante não desejarão expor todos os seus bens ao risco de mudança de regime.

É claro que alguns governantes poderosos conseguem evitar essas políticas ineficientes. Eles enriquecem a si próprios e a suas famílias, mas não levam os programas de geração de receitas indevidas tão longe, a ponto de seriamente solapar o desenvolvimento. Países com alto grau de corrupção que sejam politicamente seguros e firmemente controlados do topo podem sofrer de menos ineficiências estáticas que aqueles em luta descoordenada por ganhos privados (Lundahl, 1997).[433] Eles mantêm uma visão de longo prazo e, portanto, procuram formas de restringir a busca descoordenada de receitas, para que os ganhos de longo prazo sejam maximizados. Esse tipo de regime parece ser uma aproximação esquemática para alguns países da Ásia Oriental que têm mecanismos institucionais para cortar a busca descoordenada de ganhos privados tanto pelos funcionários quanto pelos negócios privados (Campos e Root, 1996). Mesmo naquela região, contudo, países com menor corrupção são mais habilitados a atrair investimento estrangeiro direto que seus vizinhos mais corruptos (Wei, 2000). Além disso, conforme indicado

---

[432] Tanzi e Davoodi (1997) mostram empiricamente que altos níveis de corrupção estão associados com altos níveis de investimentos públicos. Contudo, seus dados não lhes permitem estabelecer distinção entre países onde a corrupção seja relativamente mais difundida no topo do governo. Não obstante, é mais razoável supor que a maior parte dos países que empresas e observadores independentes consideram de alto grau de corrupção sejam aqueles com governantes razoavelmente cleptocráticos.

[433] Ver, por exemplo, "Indonesia: When Trouble Brewed", *The Economist*, 10 de fevereiro de 1996:37, para um exemplo de como tais conflitos têm sido tratados na Indonésia, em uma controvérsia envolvendo membro da família Suharto com interesses nas indústrias hoteleira e de cerveja.

na discussão anterior, muitos governantes corruptos não ficam tão seguros, e sua venalidade aumenta com sua insegurança.

Cleptocratas podem enfrentar problemas adicionais de controle burocrático não enfrentados por governantes benevolentes. A corrupção no topo do poder cria as expectativas entre os burocratas acerca da divisão das riquezas, e reduz a moral e as restrições psicológicas entre os funcionários de níveis mais baixos. Os delitos de nível inferior que podem ser mantidos sob controle por um governante honesto podem tornar-se endêmicos sob um governante desonesto. Governantes cleptocratas podem ser incapazes de criar as condições necessárias a que floresça uma burocracia honesta (Lundahl, 1997:43). No entanto, muitas das possibilidades de geração de ganhos não podem ser concretizadas sem uma equipe para coletar as propinas. Assim, a presença de servidores públicos venais torna o governante corrupto menos entusiasta por aumentar o tamanho do estado, porque obtém menor parcela dos ganhos do que com subordinados honestos. A eficiência com a qual o governante pode extrair benefícios privados da sociedade é reduzida por uma burocracia corrupta que não esteja completamente sob seu controle (Coolidge e Rose-Ackerman, 1997). O governante estará melhor se puder desenvolver um serviço público honesto e partilhar os ganhos com apenas um pequeno número de subordinados de confiança, mas isso normalmente será impossível.[434]

Funcionários corruptos de nível mais baixo introduzem ineficiências na forma de atrasos e entraves burocráticos adicionais e de interferência entre agências. Em consequência, a receita nacional, não incluídos os ganhos corruptos do governante, será menor que com uma burocracia eficiente, em qualquer nível de intervenção do estado. Ao menos algumas das perdas de eficiência de se ter um serviço público corrupto são deslocadas para os cidadãos. Prefeririam os cidadãos um cleptocrata capaz de assegurar uma burocracia honesta, ou um cleptocrata que tivesse de contender com um serviço público corrupto? Nenhuma resposta clara é possível. No primeiro caso, o governante pode selecionar o nível de intervenção do estado que maximize seus ganhos, dado um aparelho de estado de bom funcionamento. No segundo caso, ele escolhe um nível menor de intervenção, mas os serviços são fornecidos de forma ineficiente por funcionários corruptos (Coolidge e Rose-Ackerman 1997).

---

[434] Ver a discussão de Mehmet (1994) do sistema indonésio no qual um pequeno quadro de altos funcionários dividia as receitas das operações do governo com membros da família e um pequeno grupo de estranhos.

II. Monopólios bilaterais

Agora voltamo-nos para as situações em que poderosos interesses privados podem resistir a demandas corruptas e exercer poder sobre o estado. Os casos diferem, conforme o estado esteja ou não especificamente organizado para coletar propinas. No primeiro dos casos discutidos aqui, um governante cleptocrata enfrenta um único principal oponente. Nessa situação, semelhante ao monopólio bilateral, as possibilidades de extração de receita são compartilhadas entre o pagante de suborno e o governante. A força relativa de ambos vai determinar como serão partilhados os ganhos (Kahn, 1996), e também vai estabelecer o tamanho total do bolo. Se alguns rendimentos só podem ser criados com a ajuda do estado, mas o governante teme perder todos os ganhos para seu contendor, ele não agirá. Cada lado pode buscar melhorar sua própria posição, tornando o outro mais fraco, seja pela expropriação de um ativo, de um lado, seja mediante violência, de outro.

É claro que, na maioria dos casos, não há literalmente um indivíduo que detenha o poder privado. Em vez disso, a imagem de uma máfia captura a natureza oligárquica dos poderosos atores privados. Gambetta (1993) define uma máfia como uma organização criminosa que provê serviços de proteção que substituem os fornecidos pelo estado nas sociedades usuais. Em alguns casos bilaterais, o estado e a máfia compartilham o negócio de proteção, talvez com superposição de associados. Nesse contexto, um governante corrupto poderoso extorque uma fatia dos ganhos da máfia e tem pouco interesse em controlar a influência do crime. Uma vez que os criminosos procuram incrementar suas riquezas, otimistas poderiam contestar que, se os criminosos realmente controlam o governo, eles modificarão suas formas de agir (Olson, 1993). Porém, isso parece utópico. Esperar-se-ia que os controladores procurassem limitar a entrada mediante ameaças de violência e a eliminação de rivais, como fizeram no ramo de drogas. Além disso, os chefes do crime organizado podem estar mais interessados em lucros rápidos, por meio da exportação de ativos e de matérias-primas do país, que na difícil tarefa de construir uma base industrial moderna. O resultado final é a perda da legitimidade do governo e o solapamento das instituições capitalistas. Discutimos mais pormenorizadamente esse caso no capítulo 9.

Alternativamente, alguns estados são economicamente dependentes da exportação de um ou dois minerais ou produtos agrícolas. Esses países podem estabelecer relações de longo prazo com algumas poucas empresas multinacionais. Tanto os governantes quanto as empresas valorizam a eficiência produtiva, mas a aliança resultante entre empresas e governo pode permitir que governantes e dirigentes empresariais se beneficiem das riquezas nacionais às expensas do povo comum. A divisão de ganhos dependerá do poder de barganha relativo das partes. Se a empresa tiver investido em capital fixo ou se o produto gerado é matéria-prima disponível em apenas alguns locais do planeta, os governantes do país encontram-se em posição forte para extrair uma parte significativa dos benefícios. Em contraposição, se a empresa produz um produto agrícola, como bananas, e pode facilmente mudar-se para outro país, ou se o produto está disponível para a empresa em muitos diferentes lugares, ela possui uma vantagem na negociação, e pode exigir que o país forneça infraestrutura, garantias de paz trabalhista e impostos favoráveis. Pode-se não ver muita corrupção aberta nesses regimes, mas o ônus para os cidadãos comuns é, não obstante, grave. O país se torna um apêndice do grande investidor.

As condições para o monopólio bilateral podem surgir de negociações específicas de contratação. De fato, o cleptocrata tem incentivos para criar essas condições por meio de decisões acerca de quais projetos apoiar e que empresas favorecer. Contratos com empresas do mercado competitivo são indesejáveis, porque não haveria um excedente de lucros a apropriar. O governante distorce as prioridades de contratação, favorecendo projetos que só se aplicam a segmentos de negócios em que as empresas usufruam de lucros monopolistas. Obviamente, um cleptocrata forte que opere com impunidade não teria de se preocupar com uma "história de capa". Ele pode simplesmente apropriar-se de fundos públicos ou recursos de ajuda, remetê-los para sua conta bancária em algum paraíso fiscal e receber os resultados de aplicações no mercado internacional. Esse contraste entre cleptocratas fracos e fortes lembra uma piada conhecida, repetida em várias versões na comunidade de desenvolvimento. O governante de **A** exibe sua nova mansão ao governante de **B**. Apontando para uma nova rodovia, o governante de **A** explica sua nova casa dizendo: "30%". Mais tarde, o governante de **A** visita o governante de **B** em sua mansão ainda mais exuberante. Perguntado sobre como foi financiada, o governante de **B** diz: "Vês aquela rodovia ali?" O governante **A** parece intrigado, porque não enxerga nenhuma rodovia. "Esse é o ponto", diz o governante de **A**, "100%".

Essa história é usualmente contada para mostrar que a corrupção é menos onerosa se a estrada é realmente construída. Mas essa concussão nem sempre se justifica. Se o governante apoia projetos concebidos para esconder facilmente suas comissões, a distorção causada por esse tipo de decisão pode ser enorme. Uma nova rodovia parece ser uma valiosa peça de infraestrutura; porém, se apenas melhora o acesso à casa de campo do governante, são há muito o que se dizer a favor. Se nenhuma estrada é construída, cometeu-se fraude e prejudicaram-se metas de desenvolvimento, mas o país não fica entulhado com "elefantes brancos" de alto custo. Os contribuintes e as instituições de ajuda internacional financiaram um aumento da riqueza do governante e viram seus recursos desviados de objetivos legais. Isso é incorreto e fornece aos cidadãos forte justificativa para opor-se ao governante, e pode levar as instituições financeiras internacionais a cortarem ajuda. Entretanto, sob as condições econômicas vigentes, isso não é tão ineficiente quanto de fato construir projetos sem valor social, caso os fundos retornem ao mercado de capitais.

Se um cleptocrata se defronta com um único pagador de suborno, eles negociam um acordo para dividir os ganhos econômicos. Pagamentos corruptos podem ser menos volumosos em uma situação de monopólio bilateral que em uma cleptocracia de um só lado. O pagador de suborno dispõe de poder de barganha e usa esse poder para extrair lucros. Todavia, o resultado final não necessariamente será melhor. O tamanho das propinas não é a variável-chave. Em vez dele, as distorções econômicas e os altos custos dos projetos públicos são a medida do dano aos cidadãos. Em alguns casos, parte do negócio pode ser a continuidade da proteção do monopólio. Os lucros e as propinas do monopólio privado enriquecem ambas as partes, com as pessoas comuns ainda permanecendo como perdedores.

III. Estados dominados pela máfia

Consideremos agora o caso em que funcionários de um estado fraco e desorganizado se engajam em subornos autônomos, *freelance*, mas se defrontam com um monopólio de poder no setor privado. O estado pode ser uma democracia de precário funcionamento ou uma autocracia com um chefe de estado fraco. Assim como no caso do monopólio bilateral, o monopolista pode ser uma máfia doméstica, uma única grande corporação ou uma oligarquia bastante unida. Em cada caso, o poder privado domina o estado, comprando a cooperação dos funcionários. Contudo, o ator privado não é forte o suficiente para assumir o controle do estado e reorganizá-lo em um corpo unitário. O problema para o setor privado é que a exata desorganização do estado reduz a possibilidade de o grupo privado adquirir os benefícios que deseja. Fazer um acordo com um funcionário não desencoraja que o outro se aproxime. Um estado desse tipo é muito ineficiente, pois os funcionários competem uns com os outros pelas receitas disponíveis. Indivíduos podem ser incapazes de criar receitas substanciais por sua iniciativa, mas competem uns com os outros por uma fatia dos ganhos produzidos pela empresa privada dominante. Tendo pela frente, porém, essa busca fragmentada por rendimentos, a empresa privada produzirá menos. As atividades dos funcionários corruptos são como impostos que incidem sobre os resultados ou sobre os insumos e que reduzem o nível de produção que maximizaria os lucros.

A Ucrânia, com seu governo fraco atual, é um bom exemplo desse caso. Poderosos oligarcas têm desafiado diretamente a autoridade do estado; por exemplo, um deles fez uso de sua milícia privada para tentar impedir o governo de regular seu negócio. Os oligarcas podem ter acumulado sua riqueza em uma situação de monopólio bilateral, mas agora estão desafiando a autoridade do estado, que é fraco.[435] Embora tenhamos caracterizado a Indonésia como estado cleptocrático sob Suharto, nos anos recentes ela aparentemente deslocou-se para a categoria de estado fraco, lidando com uma poderosa oligarquia de interesses privados. O sistema legal e administrativo é imprevisível e inconsistente: corrupção e busca de receitas espúrias são, pelo que se reporta, desenfreadas. A arbitrariedade política inibe o desenvolvimento de um setor privado legal e produtivo. Alguns líderes empresariais obtêm favores especiais, mas o efeito geral sobre o mercado é descrito como negativo.[436]

IV. Suborno competitivo

No quarto caso, muitos funcionários de nível inferior lidam com grande número de cidadãos. Tal como no caso dos estados dominados pela máfia, essa situação poderia ocorrer em um estado democrático dotado de fracos controles legais quanto à corrupção e contabilidade pública precária. Essa poderia ser também a forma pela qual um autocrata fraco presta serviços ao público.

---

[435] "Ukraine's Future: President v. Oligarch", *The Economist*, 28 de março de 2015. Deve ser acrescentado, no entanto, que o presidente respondeu, removendo o oligarca de seu cargo de governador regional.

[436] Ver Bardhan (2006); Kristiansen e Ramli (2006) Kishor e Damania (2007); Olken (2007); Olken e Barron (2009).

Discutimos esse caso em detalhe na primeira parte deste livro. Ali tornamos claro que o caso de corrupção competitiva não é análogo a um mercado competitivo eficiente. Aqui, destacamos um problema sistêmico sério que pode ter origem na corrupção competitiva — a possibilidade de uma espiral ascendente de corrupção. A corrupção de alguns encoraja funcionários adicionais a aceitarem propinas, até que todos, com exceção dos inamovíveis moralistas, se tornem corruptos. Vários modelos teóricos produzem esse resultado, assim como um segundo equilíbrio com pouca corrupção — um nível reduzido de corrupção em um período induz que menos participantes sejam corruptos no período seguinte.

Suponhamos, por exemplo, que algumas pessoas sejam comprometidas com a honestidade sob quaisquer condições, que algumas sejam sempre propensas a subornar, e que um grupo intermediário numeroso decida como se portar mediante a observação do que os demais estão fazendo e então pesar os custos e os benefícios. Eles julgam seus próprios atos corruptos perguntando quão comuns eles são na sociedade. Cada pessoa tem um ponto de inflexão; ele ou ela vai pagar suborno se uma certa proporção dos demais está pagando suborno. Esse modelo, idêntico aos modelos de Thomas Schelling[437] de inflexão por vizinhança no mercado imobiliário, pode produzir uma cascata ao longo do tempo, à medida que mais pessoas optem pelo regime corrupto até que todos estejam envolvidos, à exceção dos extremamente honestos. Inversamente, pode haver um equilíbrio pelo qual a honestidade de alguns fomenta a honestidade em outros. Bardhan (1997) coloca isso em gráfico, para tornar clara a natureza de múltiplos equilíbrios desse mercado corrupto. Se prevalece o equilíbrio corrupto, a única solução é um esforço maciço para deslocar o sistema para um "bom" estado. A boa notícia, contudo, é que uma vez que o novo equilíbrio seja atingido, ele será estável — não é mais necessária uma coordenação dinâmica.

Uma versão mais sutil é a de pessoas que imaginam uma sociedade honesta, que eles veem como melhor que uma sociedade crivada pela corrupção. Mesmo quando se engajam na corrupção, eles entendem que isso é errado do ponto de vista da sociedade, mas se sentem presos na armadilha do *status quo* corrupto. Esse modelo parece descrever o sentimento das pessoas, ao menos em

---

[437] No entanto, no modelo de Shelling, as características dos vizinhos são prontamente observáveis, enquanto a corrupção dos outros não é necessariamente assim. Portanto, é um ponto-chave a *percepção* dos outros.

algumas sociedades onde foram conduzidos estudos baseados em entrevistas (Persson, Rothstein e Teorell, 2012). Essa é uma situação de maior esperança, porque as pessoas poderiam ser induzidas a se afastar da corrupção — caso se lhes ofereçam opções plausíveis — mesmo que outros permaneçam corruptos. Em outras palavras, eles na verdade não acreditam que a reprovação moral da corrupção seja reduzida apenas porque a corrupção é disseminada.

Um outro modelo pode produzir múltiplos equilíbrios, com base na lei comum e cálculos econômicos, sem qualquer apelo a escrúpulos morais. Suponha haver um número fixo de funcionários de aplicação da lei. Esse modelo tem a mesma estrutura que os anteriores, exceto quanto às razões pelas quais as pessoas seguem as regras. Se poucos funcionários são corruptos, os recursos de combate à corrupção podem ser usados mais eficientemente para a coleta de provas, e os esforços de aplicação da lei conseguem capturar muitos dos transgressores, convencendo mais pessoas a comportar-se honestamente da próxima vez. Inversamente, se há transgressão disseminada, é provável que somente algumas pessoas sejam apanhadas, o que convencerá outras mais a infringir a lei na próxima oportunidade, pois a expectativa de detecção cai, e assim por diante, em uma espiral de deterioração (Andvig e Moene, 1990:75).[438]

---

[438] Outro modelo focaliza as escolhas de contratação pelos altos dirigentes governamentais (Tirole, 1996). A corrupção é dependente do comportamento dos agentes e da espécie de tarefa que lhes seja atribuída. Altos funcionários do governo podem designar agentes que executem tarefas com maior ou menor eficiência. De tempos em tempos, um diferente agente se apresenta à porta da agência pública, solicitando emprego. Todos os agentes são integrantes de um grupo bem definido de pessoas da sociedade elegíveis para essas posições. Poder-se-ia pensar em uma agência de coleta de impostos contratando coletores que possam aceitar propinas dos contribuintes. A tarefa pode ser ou um sistema complexo de recolhimento de impostos pelo qual os agentes devem calcular a capacidade do contribuinte de pagar, ou um valor fixo por cabeça. O grupo de potenciais coletores de impostos tem sua reputação baseada em: proporção dos que são sempre honestos, proporção dos que são sempre corruptos, e proporção dos oportunistas, que ponderam os benefícios econômicos da corrupção contra os custos econômicos. O dirigente tem informação limitada sobre o histórico do agente que tem diante de si. Múltiplos equilíbrios existem, sob certas condições. No equilíbrio de baixa corrupção, os oportunistas são todos honestos. Se eles mantêm um histórico honesto, eles serão contratados devido à execução lucrativa e de alta eficiência da tarefa. Em contraste, um equilíbrio de alta corrupção também existe, o qual todos os oportunistas são corruptos. Esse equilíbrio se sustenta porque a reputação corrupta geral do grupo torna sem sentido que qualquer agente oportunista se torne honesto. Tentativas de curto prazo para controlar a corrupção podem não ser efetivas. Um simples período de repressão não vai funcionar. Nesse modelo, a possibilidade de um equilíbrio de alta corrupção é um argumento para adotar uma política de contratação que permita aos dirigentes monitorar individualmente os agentes de tempos em tempos, em vez de confiar na reputação do grupo e em fracas informações sobre os candidatos individuais.

Em um ambiente corrupto, funcionários honestos podem transformar-se naqueles que propõem suborno e cidadãos honestos podem reportar demandas de extorsão. Portanto, é arriscado pagar ou demandar propinas, se potenciais pagadores ou recebedores de propinas desconhecem quem seja corrupto. Porém, quanto maior é a proporção de funcionários corruptos, menor é o risco de oferecer um pagamento (já que é mais fácil encontrar um funcionário corrupto), e maior é o número de indivíduos que esperam beneficiar-se mediante o pagamento de propina. A dinâmica é a mesma descrita no texto anterior, mas com uma importante consequência adicional. Ordinariamente, esperar-se-ia que, se os preços do suborno crescem, menos pessoas estariam dispostas a pagar por ele. Todavia, neste caso, se a proporção de funcionários corruptos cresce com o nível das propinas, uma elevação do valor do suborno pode *aumentar* a proporção de indivíduos que pagam propinas, porque fica sinalizado que o nível de impunidade é alto. Altas propinas sinalizam baixa probabilidade de ser pego.

Em todos esses modelos, sob suposições plausíveis sobre a distribuição dos custos da corrupção entre funcionários, existem pontos de equilíbrio tanto para alta quanto para baixa incidência de corrupção. Mudanças temporárias, mas substanciais, nas condições vigentes são necessárias para gerar mudanças de longa duração no nível da corrupção, ao deslocar-se o sistema do ponto de equilíbrio da alta para a baixa corrupção (Andvig e Moene, 1990; Bardhan, 1997). Reformas requerem, pois, mudanças sistêmicas nas expectativas e no comportamento do governo, para mover o estado do equilíbrio na alta corrupção para o equilíbrio na baixa corrupção. Infelizmente, os estados nacionais que caem nesta quarta categoria são precisamente aqueles que carecem da autoridade centralizada necessária a empreender tais reformas. O sistema corrupto descentralizado e competitivo entrincheira-se bem, e ninguém tem o poder para administrar o choque de políticas necessário às reformas. Assim, a conclusão infeliz é que a corrupção é de tão difícil controle em estados onde sejam amplamente difusos o poder público e o privado, quanto em regimes com centros de poder firmemente organizados, dentro e fora do governo.

V. Síndromes da corrupção segundo Johnston

Para concluir, contrastemos nossa taxonomia com a de Johnston (2005, 2014), que também apresenta uma tipologia em quatro cenários. Ele postula quatro tipos de estado (figura 8.2), onde nós postulamos quatro tipos de estado

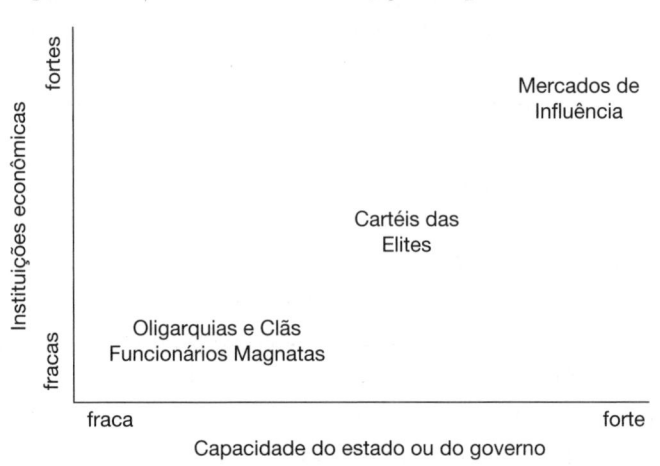

Figura 8.2. Síndromes da corrupção segundo Johnston

```
                                              Mercados de
     fortes                                   Influência

Instituições econômicas
                              Cartéis das
                                Elites

            Oligarquias e Clãs
     fracas Funcionários Magnatas

            fraca                              forte
            Capacidade do estado ou do governo
```

Fonte: Baseado em Johnston (2005: 40, tabela 3.1), *Síndromes da Corrupção*, Cambridge University Press.

altamente corruptos, em vez de ter como meta uma taxonomia completa. No modelo de Johnston, o tipo ("síndrome") de corrupção que prevalece em uma dada sociedade é determinado pelo desenvolvimento das instituições econômicas em comparação com o das instituições estatais. Assim, a corrupção existe em todas as sociedades, mas se manifesta como influência política em sociedades mais desenvolvidas (Mercados de Influência), como grupos de poder econômico-políticos (Cartéis de Elite) em economias de estado razoavelmente desenvolvidas, e como ou cleptocracia (Magnatas Públicos) ou estados com poder econômico e político definido segundo linhas de etnia ou de lealdade (Oligarquias e Clãs), onde tanto as instituições estatais quanto as econômicas são precariamente desenvolvidas — por exemplo, em estados não democráticos ou em estados em conflito ou pós-conflito.[439] Note-se que os casos segundo Johnston recaem todos em uma mesma linha, na qual instituições econômicas fracas e fortes se comparam com as correspondentes instituições do estado. Ele não considera casos com instituições econômicas fortes e estados fracos, economias fracas e estados fortes, e estados nos quais

---

[439] Morris (1991) oferece um modelo similar, no qual a existência de corrupção ou extorsão — ou sua ausência — é determinada pelo equilíbrio ou desequilíbrio entre a capacidade do estado de oferecer progresso econômico e a da sociedade de fazer o mesmo. Onde o estado tem mais poder, prevalece a extorsão; onde a sociedade tem mais poder, prevalece o suborno. Quando ambos os poderes estão em equilíbrio, não há nem suborno nem extorsão.

as instituições econômicas avançam mais rápido que as instituições políticas, ou vice-versa, resultando em uma combinação do moderado com o fraco ou o forte. Talvez eles não existam,[440] mas seria esclarecedor saber por que não.

A cleptocracia abrange os Magnatas Públicos de Johnston, e nosso Monopólio Bilateral é semelhante aos seus casos de Cartéis de Elite e Oligarquias e Clãs, que ele desenvolve em maior detalhe do que fazemos aqui. Os Mercados de Influência de Johnston são estados onde o suborno direto não é traço fundamental do exercício do poder político, mas onde, não obstante, ricos atores privados exercem desproporcional influência sobre as políticas públicas. Discutiremos no capítulo 11 algumas das preocupações destacadas em sua discussão sobre Mercados de Influência, mas aos leitores que desejem uma descrição mais completa recomendamos seus dois livros mais importantes (Johnston 2005, 2014). Johnston não discute explicitamente nosso caso de suborno competitivo: ele é mais focado na influência em todas as suas várias formas.[441]

Uma importante diferença entre as síndromes de Johnston e nossa taxonomia é que sua estrutura é explicitamente normativa, enquanto a nossa é baseada nos núcleos de poder. Os estados que são "fracos" em qualquer das dimensões falham na conformidade com ideais de boa governança. Assim, os Magnatas Públicos de Johnston têm tanto instituições econômicas frágeis como fraca capacidade do estado e da sociedade para gerar atividade econômica. Em contraste, nós destacamos o poder dos cleptocratas sobre os recursos do estado, em comparação com o dos atores privados. O estado não está em conformidade com o ideal de políticas em bom funcionamento, mas ele não é "fraco"; em vez disso, o governante é poderoso demais e atua sem restrições. Não discordamos da avaliação normativa desse tipo de estado feita por Johnston, mas nossa estrutura de trabalho baseia-se principalmente na análise econômica e na economia política e ressalta diferenças em oportunidades e poder de barganha.

---

[440] Johnston usa análise fatorial em uma amostra de 168 países para identificar quatro núcleos (98 países), os quais ele associa às quatro síndromes (Johnston, 2005:49-58). Os restantes 70 países não são discutidos.

[441] Esse pode ser o caso que se encaixa no canto superior direito da figura 8.2, com um estado fraco mas bem desenvolvidas instituições econômicas.

Conclusões

A cleptocracia muito raramente será equivalente ao monopólio privado. Não há correspondência simples entre o nível e as consequências da corrupção e a organização do governo. Não se pode, por exemplo, afirmar com segurança que a corrupção no topo é menos danosa que a corrupção nos níveis inferiores. O impacto da corrupção depende da força e da falta de escrúpulos das empresas privadas e dos indivíduos que pagam propinas. No monopólio bilateral, poderosos atores públicos e privados dividem os ganhos econômicos. Um poderoso cleptocrata confrontando-se com atores privados fracos não apenas extrai rendimentos, mas também organiza o estado para criar receitas. Em contraste, grandes empresas privadas corruptas enfrentando um estado fraco podem extrair altos níveis de benefícios sem pagar altas propinas. A incidência da corrupção é alta, mas o tamanho das propinas é baixo. O custo de tolerar pagamentos é provavelmente muito alto, uma vez que se considerem os benefícios que fluem para os poderosos atores privados, em retorno aos pagamentos ilegítimos.

Com múltiplos pagantes e recebedores de propinas, podem surgir mercados complexos. Frequentemente, em um ambiente competitivo, suborno gera mais suborno, até que o sistema esteja permeado de corrupção. Sob outras condições, entretanto, honestidade gera mais honestidade. Os reformadores de ambientes competitivos têm a difícil tarefa de fomentar espirais benéficas, ao mesmo tempo que lutam contra as espirais destrutivas.

Capítulos subsequentes desenvolverão alguns dos temas levantados neste capítulo. Começamos, no capítulo 9, com o sério problema da superposição entre crime organizado e corrupção nos casos de monopólio dominado pela máfia e no monopólio bilateral. Então, o capítulo 10 volta-se para o estado que emerge de uma guerra civil ou de outras formas destrutivas de rebelião civil. Usualmente, esses estados ou dispõem de instituições políticas e econômicas muito fracas, ou possuem regimes fortes, mas disfuncionais, e instituições econômicas fracas, como legado do passado. Eles são os espaços primários para a corrupção arraigada. A seguir, no capítulo 11, voltamo-nos para o importante caso das democracias estabelecidas. Vamos além do simples suborno, para considerar outras formas pelas quais a riqueza privada influencia o poder público, mediante os Mercados de Influência estudados por Johnston. Finalmente, o capítulo 12 trata da responsabilização além da urna eleitoral, com respeito à transparência e prestação de contas da ação do estado.

9
Crime organizado, corrupção e lavagem de dinheiro

Corrupção e crime organizado frequentemente andam juntos. É provável que a existência de negócios ilegais de larga escala tenha influência corruptora sobre o governo, especialmente na aplicação da lei e no controle de fronteiras. Chefes de estado corruptos e empresários em negócios ilegais alimentam-se uns aos outros. Propinas reduzem o custo do risco de empreendimentos ilegais e os auxiliam no levantamento de capital, acelerando seu crescimento em relação aos negócios legais e gerando ainda mais acordos de natureza corrupta.

Tanto funcionários corruptos quanto grupos do crime organizado (GCOs) frequentemente necessitam remeter fundos através de fronteiras controladas pelas forças da lei. Em consequência, três fenômenos criminosos — crime organizado, corrupção e lavagem de dinheiro — estão com frequência estreitamente relacionados. Cada um pode ocorrer individualmente. Por exemplo, uma organização criminosa pode operar em completa impunidade, sem recorrer à lavagem de recursos e sem envolver-se em corrupção (seja porque o estado é ausente, seja porque a organização criminosa recorre à violência e à intimidação, em vez da corrupção). O dinheiro roubado de um banco por ladrões comuns precisa passar por lavagem, mas não é necessário subornar nenhum funcionário público. Os recursos para suborno ou comissões podem ser usados imediatamente, sem lavagem, especialmente quando as propinas são pequenas ou não há exigência legal para justificar rendimentos ou despesas adicionais. Todavia, em muitos casos, uma coisa inevitavelmente leva a outra, em círculos ou espirais viciosos entre crime organizado e lavagem de dinheiro, crime organizado e corrupção, corrupção e lavagem de dinheiro, e entre os três crimes. É preciso, portanto, levar em conta suas interações.

Este capítulo está organizado da seguinte maneira. A seção I mostra como o crime organizado prejudica a sociedade, por meio de seus negócios ilegais, como a venda de entorpecentes e o tráfico humano. A seção II prossegue argumentando que o crime organizado pode corromper o estado e enfraquecer a sua legitimidade, em um ciclo vicioso. Se existe uma relação simbiótica, a seção III defende que a política anticorrupção necessita alvejar explicitamente o impacto do crime organizado; de outra forma, ela negligenciará uma das raízes do problema da corrupção. Finalmente, a seção IV argumenta que, embora sejam necessárias reformas em nível do estado, uma abordagem abrangente deve incluir esforços para dificultar a lavagem de ativos ilicitamente recebidos, tanto pelos chefes do crime quanto pelos políticos e funcionários corruptos. As entidades de aplicação da lei que combatem a corrupção, o crime organizado ou os fluxos financeiros serão mais efetivas se houver cooperação e coordenação entre elas.

I. Crime organizado

O termo *crime organizado* refere-se a uma ampla gama de atividades, incluindo tráfico de drogas e de armas, falsificação ou contrabando de produtos; tráfico de órgãos humanos, de seres humanos, de artefatos e de espécies ameaçadas; contrabando de imigrantes ilegais, de dinheiro em espécie e outros produtos (para evitar impostos); chantagem; roubo de identidade e crimes por meios digitais; lavagem de dinheiro; fraude; prostituição; roubo; sequestro; e extorsão praticada contra indivíduos e empresas. Um GCO tem os seguintes elementos (Buscaglia e van Dijk, 2003:5): "um tal grupo é estruturado, tem alguma permanência, comete crimes sérios visando lucro, usa de violência, corrompe funcionários, pratica lavagem de ganhos ilícitos, e reinveste na economia lícita". O Escritório Europeu de Polícia (2013:6) (comumente designado Europol), identificou aproximadamente 3.600 GCOs que operam na União Europeia. Devido à globalização e à intenet, muitos desses grupos são internacionais quanto a membros, crimes, produtos, mercados e rotas, Diásporas étnicas são muitas vezes fundamentais para o desenvolvimento de redes de GCOs (McIllwain, 1999; Thoumi, 2003; Europol, 2013), embora Varese (2015) também documente as diversas origens dos envolvidos em sistemas de transferências monetárias ilícitas na Europa e na Ásia.

A emergência e a persistência do crime organizado são influenciadas por fatores históricos, sociais e culturais. O crime organizado frequentemente tem raízes políticas, rastreáveis a um ponto na história quando alguns grupos eram mal representados ou desprovidos de direitos, como durante uma ocupação estrangeira, durante uma guerra civil, ou uma imigração em massa.

Nessas circunstâncias, grupos políticos empregam elementos criminosos para fazer avançar sua agenda, e GCOs se utilizam do sistema político para fazer avançar a deles, ou assumem funções governamentais de um estado fraco (Gambetta, 1993; Beare, 1997; Schneider e Schneider, 2005; Center for the Study of Democracy, 2010; Feldab-Brown, 2011). No norte do México, por exemplo, GCOs tiraram vantagem do rápido crescimento do contingente de trabalhadores que procuravam colocação nas fábricas *maquiladoras*.[442] Esses trabalhadores eram provenientes de áreas desprovidas de infraestrutura, e eles experimentaram altas taxas de desemprego durante o período recessivo de 2008-10. Os GCOs surgiram fornecendo proteção, bens públicos e status econômico aos que viviam em bairros marginalizados. Feldab-Brown (2011) documenta casos nas cidades nortistas de Tijuana e Ciudad Juárez e no Estado centro-ocidental de Michoacán, nos quais GCOs promoviam um sistema de justiça mais legítimo e mais efetivo (aos olhos dos membros da comunidade) que o estado, e onde o valor pago por "proteção" é um custo mais previsível para os negócios que as tradicionais propinas pagas aos inspetores. Encontra-se aí um paralelo com experiências anteriores em Palermo, Itália, e em Youngstown, Ohio, documentadas por Schneider e Schneider (2005).

Buscaglia e van Dijk (2003) estudaram as condições sob as quais o crime organizado prospera. Em uma pesquisa comparativa contemplando diversos países, eles identificaram que altos níveis de crime organizado estavam associados a Estados fracos, alta evasão de impostos, serviço alfandegário ineficiente, protecionismo, altas taxas de riscos financeiros, falta de democracia, sistema Judiciário fracamente operante, influência política no serviço público, e captura do Estado. Onde o crime organizado é mais forte, tende a haver um número maior de policiais e de promotores de justiça; contudo, menos prisões por drogas e taxas de condenação mais baixas, em geral. Eles argumentam que a insuficiência na aplicação da lei estimula o crime organizado, pois as pessoas comuns perdem a confiança nas instituições formais, voltando-se em troca para "as organizações ilegais, como os grupos ao estilo da máfia, para lidar com crimes menores" (Buscaglia e van Dijk, 2003:10). Da mesma maneira,

---

[442] *Maquiladoras* são fábricas montadoras do México, que importam partes componentes, montam bens e exportam produtos acabados. Elas se beneficiam do status de isenção de impostos alfandegários quanto aos negócios bilaterais com os Estados Unidos, antes mesmo da assinatura do North American Free Trade Agreement (NAFTA), e foram concebidas como forma de criar empregos para a abundante força de trabalho mexicana de baixa especialização. A maioria das *maquiladoras* estão situadas no norte, perto da fronteira com os Estados Unidos.

quando o sistema bancário falha em atender as necessidades dos cidadãos, eles se voltam a opções clandestinas para obter empréstimos. Embora um estado forte possa resistir à infiltração pelo crime organizado, a flecha causal poderia apontar na direção contrária, com o crime organizado solapando a efetividade do estado e produzindo um ciclo vicioso.

Embora os grupos do crime organizado operem à margem dos mercados formais e fora das normas legais, eles se comportam de forma similar a empresas:[443] eles produzem onde os custos são mais baixos e vendem onde o retorno é mais alto, fazendo uso de métodos de contabilidade e livro razão para registrar e rastrear bens e dinheiro. Em vez de pagarem impostos, eles fazem pagamentos diretos a representantes do governo, na forma de propinas. Eles tendem a ser hierarquicamente organizados, embora redes horizontais tenham começado a desenvolver-se (Center for the Study of Democracy, 2010) e, frequentemente, os membros das camadas inferiores não sabem quem são seus superiores (Thoumi, 2003:80). Eles enfrentam competição, mas seus métodos são, muitas vezes, violentos, em vez de se basear em propaganda e marketing criativo. Nem todos são violentos: na República da Geórgia, os chefes da máfia usam somente propinas e conexões para alcançar seus objetivos (Kukhianidze, 2009:220), embora uma ameaça de violência possa conferir-lhes poder de barganha (Reuter, 1987). Uma vez que o ambiente em que operam está sempre em mudança, GCOs devem ser empreendedores, adaptando seus negócios para desenvolver novos e melhores produtos e métodos de entrega. Por exemplo, em resposta à redução do poder de compra dos consumidores durante a crise econômica de 2008-11, o crime organizado na Europa incrementou o tráfico de bens de consumo falsificados e abaixo dos padrões (Europol, 2013:11).

Alguns GCOs fazem tráfico de humanos e de órgãos humanos. Essa atividade tem claro impacto na sociedade. O Escritório das Nações Unidas sobre Drogas e Crime (UNODC)[444] estima que há pelo menos 2,5 milhões de vítimas de tráfico humano em todo o mundo, em um dado momento. Desses, 79% são vendidos no mercado de exploração sexual, que também é acom-

---

[443] Da perspectiva de uma organização industrial, GCOs são similares a franquias ou a companhias de mercado de múltiplos níveis.
[444] UNODC, "Human Trafficking FAQs", http://www.unodc.org/unodc/en/human-trafficking/faqs.html#How_widespread_is_human_trafficking (acesso em 15 de março de 2015). Esses dados devem ser interpretados com cautela, porquanto cobrem apenas aqueles casos que resultaram em acusação formal em 155 países.

panhado, em parte, pelos GCOs; 18% são escravizados na agricultura ou em empresas precárias. Outras vítimas, especialmente crianças, são exploradas como pedintes. O tráfico humano é facilitado pela corrupção em cada um de seus estágios: nos países de origem, no deslocamento e no destino (ver quadro 9.1). o contrabando de migrantes é outra atividade lucrativa explorada por GCOs: cada migrante ilegal paga milhares de dólares adiantados e o GCO paga um empregado de uma empresa de transportes em caminhão para "trabalhar em horário extra", de forma que, mesmo se o caminhão é apanhado ou abandonado, o GCO não enfrenta risco. Em algumas vezes, o contrabando de migrantes é usado para atrair vítimas para o tráfico humano: eles recebem a promessa de serem passados em segurança (ilegalmente) para outro país, mas, em vez disso, descobrem-se escravizados.

Quadro 9.1. Crime organizado e prostituição

Muitos GCOs estão envolvidos em prostituição, o que requer corrupção em cada fase. Na origem, em países de baixa renda e alto desemprego, mulheres (e homens) são recrutados, geralmente mediante propostas falsas: casamentos arranjados, ajuda para obtenção de documentos de imigração, ou pretensas promessas de emprego. (Uma vez que as vítimas estejam em outro país e a falcatrua lhes seja revelada, elas não têm a quem recorrer). Os GCOs os auxiliam a obter os documentos necessários para atravessar a fronteira. Frequentemente, os documentos são falsificados, o que pode envolver pagamentos a funcionários da imigração. Em outros casos, os recrutados são contrabandeados através da fronteira, o que pode implicar a corrupção de funcionários na entrada e de companhias de transporte.

Ao longo da rota de viagem, os GCOs dispõem de residências seguras, operadas sob os olhos de policiais locais corrompidos. No destino final, os GCOs pagam para ter as propriedades redimensionadas (se os bordéis são legais), obtêm permissões de trabalho para os novos recrutas, evitam o pagamento de impostos e operam ilegalmente. Algumas prostitutas são usadas para influenciar policiais, juízes e políticos, quer por favores sexuais, quer por chantagem, uma vez que um funcionário do governo tenha feito uso de seus serviços.

Os ganhos provenientes da prostituição precisam ainda ser lavados, o que envolve ou o suborno de negócios legítimos ou o investimento direto em negócios legítimos. Neste último caso, as empresas de propriedade dos GCOs podem obter permissões sem as correspondentes obrigações, sendo provável a evasão fiscal. GCOs podem ainda subornar policiais ou reguladores para assediar outros bordéis e outras empresas concorrentes nos interesses de lavagem de dinheiro.

Fonte: Baseado no Center for Study of Democracy (2010:131-136).

Às vezes, GCOs desenvolvem comportamento socialmente responsável, como forma de cooptar populações locais. Há muitos exemplos de chefes filantrópicos ou "dons" que constroem clínicas, escolas e estradas, e que estendem empréstimos ou presentes a membros necessitados de suas comunidades. Na Colômbia dos anos 1990, grupos de guerrilha que controlavam áreas de produção de maconha "taxavam" as vendas da droga em um terço de seu valor, mas metade dessa soma era destinada a "projetos comunitários" (Thoumi, 2003:83). No entanto, em razão de seus negócios ilegais não serem sujeitos a regulamentações ambientais, eles frequentemente impõem danos severos, especialmente os relacionados ao comércio de drogas. Cerca de 2,5 milhões de hectares de floresta tropical no Peru e 1 milhão de hectares na Colômbia podem ter sido destruídos para cultivo de coca (Organization of American States, 2013a:33). A produção de cocaína, heroína e metanfetaminas acarretou quantidades significativas de lixo tóxico (ibid.:42), e os programas de erradicação do governo frequentemente fazem uso de herbicidas tóxicos, acrescentando dano ao meio ambiente. No segmento de transportes, somente para apresentar um exemplo, 40 mil hectares da Reserva Maia da Biosfera foram destruídos para a construção de aeroportos para trânsito da América do Sul para o México, a caminho dos Estados Unidos (ibid.:49). Como o negócio correlato é ilegal, o problema básico não é tanto o pagamento de propinas a monitores ambientais do governo ou a guardas florestais, mas o nível geral de impunidade suportado pela corrupção corrente do pessoal de aplicação da lei e dos políticos, que assim repartem os lucros dos negócios ilegais.

Devido a que muitas organizações criminosas fazem uso de meios violentos para o atingimento de seus objetivos, o impacto na sociedade pode ser enorme. Na América Latina, o crime organizado pode ser responsável por 25% a 45% dos homicídios (ibid.:76n2). A taxa de homicídios na Colômbia sobe com o valor das folhas de coca colombianas (Mejía e Restrepo, 2011) ou com o preço internacional do ouro, o que estimula a mineração ilegal (Idrobo, Mejía e Tribin, 2014). De forma similar, as reduções do suprimento da cocaína colombiana, causadas pelo aumento da intervenção do estado, têm sido relacionadas ao aumento da violência no México entre 2006 e 2010 (Castillo, Mejía e Restrepo, 2014). De acordo com a Organização Mundial de Saúde (Organization of American States, 2013a:83), no México houve 137 mortes em 2010 em razão de overdose, mas "15.273 mortes violentas relacionadas a grupos do crime organizado)".

II. Crime organizado e corrupção: *plata o plomo*

GCOs organizados podem corromper e solapar as instituições do estado e, uma vez se tendo infiltrado nas instituições públicas, o resultado pode ser a institucionalização de empreendimentos criminosos, criando-se um ciclo vicioso.

Embora a ameaça de violência esteja por detrás dos negócios dominados pelo crime organizado, a violência pode efetivamente cair em estados dominados pelas máfias, em comparação com aqueles em que o poder das máfias seja contestado. Novos grupos criminosos tendem a ser mais violentos que aqueles já estabelecidos, porque seu único recurso é a violência, como meio de entrar no mercado ilegal. À medida que amadurecem e se tornam cada vez mais entrelaçados com a sociedade civil e o estado, grupos criminosos organizados primeiro fazem uso da pequena corrupção; depois, engajam-se na captura do estado, manipulando a lei para favorecer seu negócio. Isso inclui taxas alfandegárias, regulação de setores dominados pela máfia, e leis que limitam a ilegalidade de certas atividades ou reduzem os prazos prescricionais (Beare, 1997). Finalmente, essa relação pode evoluir para um estado dominado pela máfia (ver capítulo 8).

O crime organizado e a corrupção caminham lado a lado. Na Itália, cada vez que se realiza uma investigação sobre corrupção, ela inevitavelmente leva ao crime organizado, e vice-versa (Center for the Study of Democracy, 2010:18). No México, usando técnicas do tipo *plata o plomo* (propina ou bala), cartéis de droga têm integralmente corrompido polícia, juízes, políticos, guardas prisionais e burocratas, em muitas partes do país. Em um esforço para contornar funcionários locais corruptos, as polícias militar e federal têm sido deslocadas de um local para outro, na tentativa de capturar membros-chave. Essa política, que de fato reduziu o impacto da máfia nos Estados Unidos durante o século XX, se tem mostrado menos efetiva no México. Até março de 2015, as forças policiais e militares tinham capturado ou matado 90 dos 122 membros anteriormente identificados como de alto nível dos vários GCOs, incluindo 12 líderes de grupo e 25 operadores financeiros, mas prossegue a violência relacionada aos cartéis.[445] Isso pode dever-se às naturezas diferentes dos GCOs dos Estados Unidos e do México. Nos Estados Unidos, a máfia tem sido tradicionalmente dirigida por "famílias", com recrutamento seletivo; os GCOs do México têm efetuado recrutamento em massa no crescente grupo de jovens sem formação

---

[445] Benito Jimánez e César Martínez, "Capturan a capos… y persiste la violencia", *El Norte*, 15 de março de 2015, 1. De acordo com o Institute for Economics and Peace (2015a:23, figura 10), o índice de homicídios relacionados à guerra das drogas tem decrescido desde 2011, mas permanece quatro vezes mais alto que o nível em 2008, antes da escalada da violência.

educacional e sem emprego que moram nas cidades mexicanas. Nos termos de Johnston (2005), a máfia nos Estados Unidos opera como "cartéis de elite", enquanto no México os cartéis das drogas são "oligarquias e clãs", com estreitas conexões com as autoridades de aplicação da lei e os políticos.

As ligações entre corrupção e crime organizado encontram-se descritas no *Global Competitiveness Report*, que interroga líderes empresariais internacionais sobre as condições (custos para os negócios) em 144 países; as respostas são pontuadas em uma escala de 1 (muito ruim) a 7 (muito bom). Na figura 9.1, cada ponto representa um país. Surgem várias relações sugestivas: subornos mais elevados correlacionam-se com mais altos custos associados ao crime organizado, custos mais altos para os negócios, devido à violência, e níveis mais baixos de confiança na polícia. Existe também uma relação entre apropriação indébita no setor público (uma das modalidades da grande corrupção) e o crime organizado. Como os dados são transversais, esses gráficos não revelam causa e efeito, mas sugerem os círculos ou espirais viciosos presentes quando os GCOs são fortes.

Se o estado foi infiltrado, corrompido e enfraquecido pelos GCOs, abrem-se vários tipos de oportunidades lucrativas em adição ao negócio principal, como o tráfico de drogas. Uma das atividades mais lucrativas é a extorsão. Negócios legais que se beneficiam dos melhores locais na cidade ficam especialmente em risco em países com efetivos policiais fracos ou corrompidos. Isso inclui restaurantes e lojas que atendem turistas ou viajantes a negócios. As indústrias podem esconder-se em locais fora de mão (Webster e Charap, 1993), mas os negócios relacionados a serviços não podem "esconder-se em subterrâneos". Se a polícia é comprada ou não é confiável, grupos criminosos podem demandar pagamento de proteção onde se encontra o dinheiro, em parte protegendo os negócios de ataques pelo mesmo grupo (Webster, 1993a, 1993b; Webster e Charap, 1993; De Melo, Ofer e Sandler, 1995).[446] Isso reduz a lucratividade desses negócios e pode levar a que os donos fechem a loja ou se mudem para outra cidade ou país. No norte do México, em 2008-11, devido a demandas por pagamento acompanhadas de ações violentas (chamadas *piso*, implicando o direito a ocupar o espaço), muitos negócios fecharam e muitos empreendedores mudaram-se para os Estados Unidos ou para outras partes

---

[446] Olken e Barron (2009) documentam caminhoneiros indonésios pagando ao crime organizado para obtenção do direito de passagem segura, ou pagando pela viagem em comboios protegidos pela polícia ou por militares.

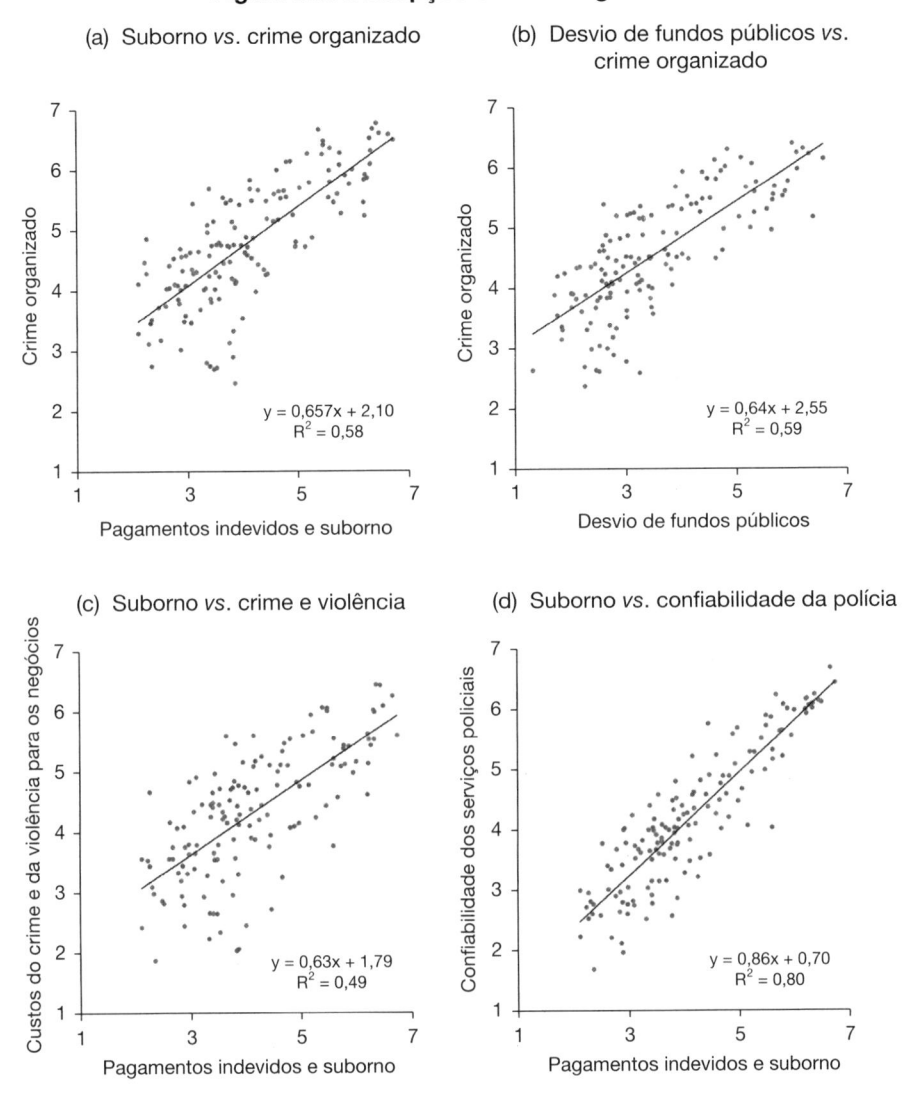

Figura 9.1. Corrupção e crime organizado

(a) Suborno *vs.* crime organizado

(b) Desvio de fundos públicos *vs.* crime organizado

(c) Suborno *vs.* crime e violência

(d) Suborno *vs.* confiabilidade da polícia

Fonte: Gráficos gerados com base nos dados do World Economic Forum, *Global Competitiveness Report 2014-2015*, http://www3.weforum.org/docs/GRC2014-15/GCI_Dataset_2006-07-2014-15.xlsx.

menos afetadas do México, ao invés de pagar ou correr o risco de sequestro ou execução. Em alguns casos, os negócios tinham de pagar por proteção a múltiplos GCOs.[447]

---

[447] Ver, por exemplo, Feldab-Brown (2011). Na Rússia, o mesmo tipo de extorsão é chamado de "teto" ou "*krysha*", em vez de "piso" (Varese, 2001).

Uma segunda linha de atuação é engajar-se em atividades empresariais legítimas, amparadas por ameaças de violência para desencorajar a competição. Essa estratégia somente será bem-sucedida se funcionários públicos receberem suborno ou forem intimidados para não atuar. Mesmo em países desenvolvidos alguns negócios legítimos são especialmente vulneráveis à infiltração criminosa. Nos casos mais estáveis de infiltração, os negócios legítimos que operam sob proteção da máfia ganham suficientes receitas monopolistas para se tornar apoio à influência continuada do crime organizado. Gambetta e Reuter fornecem uma lista dos fatores que servem de base à emergência dos cartéis controlados pela máfia (Gambetta e Reuter, 1995:128). Nos casos mais favoráveis, a distinção entre produtos é fraca e as barreiras para entrada no mercado são baixas; a tecnologia não é sofisticada e o trabalho não é especializado; a demanda é inelástica; e a atividade envolve um grande número de pequenas empresas. Em outras palavras, a cartelização não seria possível sem o respaldo da ameaça de violência. A coleta de lixo privada constitui um bom exemplo. A entrada é pouco custosa — sendo preciso apenas comprar um caminhão. No entanto, como os caminhões de lixo operam sozinhos nas vias públicas, é relativamente fácil intimidar concorrentes indesejáveis, atacando seus caminhões sem atrair a atenção da polícia. Para minimizar os riscos, a máfia paga a polícia para desviar a atenção para outro lado (Reuter, 1987). Essa prática era comum nas cidades americanas no final do século XIX e início do século XX (Menes, 2006).

Em uma terceira linha de ação, os GCOs podem assumir a venda de produtos legais, porém pirateados; por exemplo, a venda de cópias não autorizadas de músicas, filmes e outros produtos. A venda de mercadorias roubadas frequentemente alimenta os cofres de grupos criminosos organizados, seja diretamente via propriedade e distribuição, seja indiretamente via extorsão. Os GCOs mantêm esse tipo de negócios e limitam a competitividade por meio de suborno a funcionários públicos, como policiais e outros inspetores. Os lucros, obtidos sem o pagamento de impostos, podem ser reinvestidos em negócios legítimos ou na obtenção de contratos públicos mediante suborno (Gambetta, 1993; Varese, 1994).

Em um quarto direcionamento, os GCOs podem tornar-se contratados do governo, fazendo uso de sua força criminosa para vencer licitações. Os negócios que têm contratos pesados com o estado, como reparo de estradas e construção predial, constituem candidatos preferenciais para a influência do crime organizado. Se um governo foi corrompido pelo crime organizado com o objetivo de ganhar proteção para negócios ilegais, pode ser um passo relativamente pequeno fazer pagamentos para obter contratos públicos em termos favoráveis. Por exemplo, os cartéis de drogas no México têm recorrido tanto à extorsão quanto ao financiamento de campanhas para conseguir contratos com o governo em condições muito lucrativas.[448] No limite, GCOs gerenciam cartéis que dividem contratos e subornam funcionários públicos para comprar-lhes a cumplicidade ou, ao menos, o silêncio. No sul da Itália, por exemplo, uma pesquisa sobre pequenas e médias empresas concluiu que mais da metade delas declarava ter-se retirado de licitações públicas diante de pressões de grupos criminosos ou dos aliados políticos destes.[449]

Finalmente, considere-se o caso específico do colapso da União Soviética. Os ganhos tanto para os investidores legítimos quanto para os grupos criminosos foram extremamente altos, uma vez que nada menos que a totalidade da riqueza do estado estava lá para quem se apoderasse dela. O valor de tomar parte na privatização de um estado socialista é extremamente maior que os benefício de participar da privatização de uma empresa de utilidade pública na Europa Ocidental ou de uma usina siderúrgica em um país em desenvolvimento. Grupos criminosos e negócios legítimos buscaram dividir as riquezas da antiga União Soviética. Em alguns casos, o crime organizado agiu para criar uma atmosfera de incerteza e de ameaça de violência que afastou competidores — especialmente, empresas ocidentais — deixando campo livre aos grupos criminosos organizados (Shelley, 1994). O investimento estrangeiro direto proveniente de negócios legítimos foi lento para assumir risco nas antigas repúblicas soviéticas; variou largamente de um país para outro e ao longo do tempo e realmente não decolou até uma década depois.[450] Uma explicação para esse comportamento é a fraqueza das instituições do estado, que criou um ambiente maduro para o desenvolvimento do crime organizado e permitiu que esse fizesse uso da corrupção para infiltrar-se no

---

[448] "Entran los narcos a construir en el Sur", *El Norte*, 13 de outubro de 2012.
[449] "Still Crooked", *The Economist*, 5 de fevereiro de 1994.
[450] Banco Mundial, "Foreign Direct Investment, Net Inflows", http://data.worldbank.org/indicator/BX.KLT.DINV.CD.WD/countries?display=default (acesso em 24 de janeiro de 2015). Pivovarsky (1999) cita dados do World Investment Report, mostrando que, em 1996, três países da Europa Oriental (República Tcheca, Hungria e Polônia) registravam 68% dos fluxos de capitais para toda a região da Europa Central e Oriental e da antiga União Soviética, e 73% do capital acumulado em ações, do investimento estrangeiro direto. Em 1996, o investimento estrangeiro direto *per capita* variava de US$6 na Bielorrússia, $25 na Ucrânia e $40 na Rússia a $1.471 na Hungria e $556 na Estônia.

governo e nos negócios. Na Geórgia, por exemplo, apesar do êxito em limitar a corrupção em alguns setores da burocracia, o crime organizado aproveitou-se de um programa de *vouchers* — concebido para permitir que os cidadãos participassem do processo de privatização — para obter ativos privatizados (Kukhianidze, 2009). Como o Centro para Estudo da Democracia (2010:40) conclui: "em sua mais avançada forma, o crime organizado está tão radicalmente integrado às instituições econômicas, políticas e sociais da sociedade legítima que pode deixar de ser reconhecido como um empreendimento criminoso". Uma forma importante da interação entre crime organizado e corrupção é a geração de um desprezo geral pelo estado de direito, o que ajuda a deslegitimar o estado. De acordo com a Europol (2013:15), "A tolerância social em relação a certos crimes reduz os riscos para os GCOs e aumenta a demanda pública por produtos ilícitos". Em países produtores de coca, papoula ou maconha, a criminalização de atividades tradicionais coloca em dúvida a legitimidade do estado e marginaliza ainda mais os grupos nativos (Organization of American States, 2013a:25). Se a produção de safras agrícolas tradicionais é criminalizada e perseguida, enquanto mais e mais poderosos atores econômicos e políticos, criminosos ou corruptos, têm liberdade para prosseguir operando, a população perde a fé no governo como advogado em favor do povo (ibid.:82).

O crime organizado também corrompe os negócios privados, seja facilitando a produção ilícita seja contrabandeando operações. Por exemplo, fabricantes de cigarros, roupas ou remédios poderiam ser pagos para produzir em horas adicionais bens de interesse dos GCOs; motoristas de caminhão poderiam contrabandear produtos ilícitos ou pessoas; empregados de restaurantes, clubes noturnos, bares e lojas de varejo poderiam permitir a venda de produtos falsificados ou contrabandeados, tais como cigarros, bebidas alcoólicas e drogas (Center for the Study of Democracy, 2010:113-6). Alternativamente, GCOs podem tirar vantagem de outras atividades ilegais amplamente aceitas. Por exemplo, na Colômbia, organizações de tráfico de drogas usavam redes de contrabando existentes para lavar a receita de suas drogas (Thoumi, 2003:85). Quando negócios privados atravessam a fronteira na direção de atividades ilegítimas, e o público aceita ter acesso a esses bens (por exemplo, contrabando de baixo custo ou novas substâncias psicotrópicas), a lei se torna em geral menos relevante.

O crime organizado precisa da corrupção. O Centro para o Estudo da Democracia (2010:14) argumenta que "a corrupção política é a mais poderosa ferramenta do crime organizado". A corrupção é um "viabilizador" de alguns crimes organizados: se não houvesse a corrupção, as atividades ilícitas não floresceriam (Europol, 2013). Nas Américas, as drogas desempenham papel de destaque nas atividades dos GCOs[451] e muitos governos são mais fracos que os mais frágeis da União Europeia. A Organização dos Estados Americanos (2013a:55) assume um posicionamento mais forte que a Europol, com referência a GCOs e corrupção:

> A economia ilegal das drogas ... e o crime organizado não podem sobreviver sem corrupção. Tanto a violência quanto a corrupção só podem prosperar em um contexto de extensiva impunidade, onde não existe certeza de que a lei será aplicada e onde o estado carece da capacidade de identificar e julgar os responsáveis por violar a lei.

Ao mesmo tempo, o crime organizado alimenta a corrupção. Os GCOs muitas vezes tentam ativamente corromper funcionários aduaneiros, autoridades de imigração, autoridades de aplicação da lei, o Judiciário, processos de compras e acesso a informação sensível. Os GCOs buscam não apenas imunidade de acusação contra seus membros, mas também garantias de poder monopolista no mercado ilegal. Em muitas partes da Itália, GCOs controlam a política local e, por extensão, as forças policiais (Center for the Study of Democracy, 2010:90). Na Tailândia, algumas autoridades públicas locais protegeram empreendimentos criminosos tanto dos concorrentes quanto da lei (Pasuk e Sungsidh, 1994:51-97). Na Rússia em transição, os envolvidos em negócios ilegais engajavam-se às vezes na intimidação direta de potenciais rivais, frequentemente pagando à polícia para não intervir em suas tentativas privadas de dominar o mercado (Handelman, 1995). No México, os cartéis têm mais funcionários públicos em sua folha de pagamentos que os recrutas e soldados rasos do tráfico: informações de livros de contabilidade confiscados indicam que uma única *plaza* (área controlada) no México pode ter de 1 a 600 "empregados", mas de 109 a mil funcionários na folha de pagamentos (Organization of American States, 2013b:24-5). Assim, os GCOs corrompem, da mesma forma, burocratas de nível mais baixo, agentes da lei e políticos, à medida que estendem seu alcance e debilitam as instituições (Organization of American States, 2013a).

---

[451] Embora o tráfico de drogas seja a atividade mais comum dos GCOs na União Europeia, somente cerca de um terço dos GCOs na Europa está envolvido no comércio de drogas (Europol, 2013:19, 33).

GCOs comumente fazem uso de suborno, ameaça de violência e chantagem para corromper policiais, funcionários aduaneiros, juízes, políticos e militares, a fim de ganhar não apenas imunidade de acusação, mas também cooperação e assistência diretas, especialmente em operações de contrabando (Center for the Study of Democracy, 2010).[452] À medida que algumas partes do governo se tornam corruptas, a transparência fica cada vez mais difícil, permitindo assim mais corrupção em outros setores e alimentando uma espiral viciosa (Organization of American States, 2013a:56).

Nosso objetivo aqui não é tentar resolver o problema da infiltração do estado pelo crime em algumas políticas. Ao contrário, simplesmente desejamos alertar os envolvidos em projetar políticas anticorrupção para levar em conta que a possibilidade de que a corrupção é um sintoma de problemas mais profundos no relacionamento entre governo e sociedade. Quando o crime organizado está firmemente estabelecido, muitas das propostas de reforma que delineamos em capítulos anteriores serão simplesmente de menores consequências. Mudanças mais profundas são necessárias.

No entanto, existe um conjunto transversal de políticas que pode reduzir o apelo tanto da grande corrupção quanto do crime organizado. Muitos dos ganhos do crime organizado e da corrupção finalmente desembocam na economia legítima, quer depositados em instituições financeiras, quer investidos em propriedades imobiliárias ou em negócios de risco. Muito do montante flui através de fronteiras para ativos ou para instituições financeiras localizadas em centros de investimento sediados em países ricos ou nos chamados paraísos fiscais. Em consequência, o controle internacional da lavagem de dinheiro, a fim de tornar mais difíceis e custosas essas transferências, poderia, pelo menos, tornar a corrupção e o crime organizado mais caros e dificultosos, ainda que seja fraca a aplicação doméstica das leis.

III. Lavagem de dinheiro

Lavagem de dinheiro é o processo pelo qual valores ilicitamente ganhos sejam disfarçados de forma a parecerem legítimos — facilitando a atividade ilícita ao ocultá-la. Essas atividades ilícitas incluem corrupção, crime organizado,

---

[452] No Afeganistão, por exemplo, o crime organizado tem recorrido ao suborno e ao sequestro de funcionários aduaneiros, a fim de viabilizar suas atividades de contrabando. Ver Special Inspector General for Afghanistan Reconstruction (2014).

contravenções e terrorismo.[453] A magnitude da lavagem de dinheiro, como de toda atividade secreta, é difícil de medir. Estima-se que a lavagem de dinheiro relacionada somente a drogas represente de 0,4% a 0,6% do PIB mundial (Organization of American States, 2013a:56, 2013b:6). A Integridade Financeira Global (Kar e Spanjers, 2014) calcula que os fluxos financeiros ilícitos que saem dos países em desenvolvimento totalizaram US$991,2 bilhões em 2012, mais de 10 vezes a ajuda oficial de desenvolvimento recebida por esses países; no período de 2003-12, perto de US$6,6 trilhões deixaram ilicitamente esses países. O fluxo de fundos ilícitos aumentou 9,4% ao ano nesse período, mais rapidamente que o crescimento dessas economias. A UNODC (2011) estimou que 2,7% do PIB global estão "disponíveis" para lavagem, incluindo 1,5% do PIB global lavado em conexão com o tráfico de drogas e o crime organizado. Reuter (2013) argumenta, contudo, que não é apenas impossível mensurar o volume de dinheiro lavado, mas também sem sentido, porque não se demonstrou que o dinheiro lavado, por si, cause prejuízo importante em escala macroeconômica. O dano real, de acordo com Reuter, é perpetrado pelos crimes relacionados à lavagem de dinheiro. Porém, o êxito no rastreamento, na prisão e na condenação dos criminosos é difícil; portanto, os esforços da Anti-Money Laundering (AML) oferecem um caminho e um meio de se alcançar justiça, o que pode ser mais efetivo em custos que buscar as infrações correlatas. A Organização dos Estados Americanos (2013b:32) argumenta, em contraste com a Reuter, que a lavagem de dinheiro realmente causa danos econômicos, incluindo distorção de preços, competição injusta, bolhas especulativas e crises, e consideráveis variações no valor das moedas, tendo como efeito ou a "doença holandesa" (isto é, taxa de câmbio sobrevalorizada nos centros financeiros de paraísos fiscais) ou a rápida desvalorização.

O modelo tradicional de lavagem de dinheiro envolve três passos: colocação, fragmentação e integração. O processo completo pode absorver cerca de 15% do valor dos fundos lavados (ibid.:2). Na fase de *colocação*, os fundos ilícitos são introduzidos no sistema financeiro. Os fundos podem ser depositados

---

[453] Embora grupos terroristas e organizações criminosas façam uso de métodos similares, suas motivações são distintas. O crime organizado recorre a ameaças violentas para intimidar concorrentes — a fim de aumentar sua fatia de mercado — ou contra vítimas potenciais de extorsão: o seu objetivo último é a maximização dos lucros. As organizações terroristas, ao contrário, recorrem às atividades ilícitas de mercado para financiar seus atos terroristas; seu objetivo é usualmente provocar mudanças políticas e sociais. Ambos os grupos utilizam a corrupção para manter a aplicação da lei fora de seu caminho.

(em espécie) em um banco ou investidos em outra instituição financeira, ou transferidos de uma conta para outra. Os esforços da AML têm identificado certas *red flags* e persuadido alguns países a limitar o valor das transferências permitidas sem o fornecimento de identificação ou sem o preenchimento adicional de determinados formulários. Para escapar a escrutínios, o lavador pode fazer muitos pequenos depósitos e empregar terceiros, ao invés de fazer diretamente depósitos substanciais. Na fase de *fragmentação* (ou quebra em camadas), os fundos são transferidos para múltiplas contas — em geral, contas em paraísos fiscais — às vezes usando empresas de fachada ou falsas ONGs, para criar a ilusão de pagamentos por serviços. Isso ajuda a esconder a fonte dos fundos ilícitos. Na fase de *integração*, os fundos são entregues ao beneficiário final, sob uma aparência perfeitamente legítima. Ainda que as instituições financeiras não tenham infringido nenhuma lei, elas facilitam o crime subjacente, seja ele comércio ilegal de drogas ou suborno, ao permitir que indivíduos estabeleçam empresas ou abram contas sem a identificação dos proprietários (Platt, 2015).[454] A figura 9.2 ilustra os processos financeiros tradicionais de lavagem de dinheiro.

A lavagem de dinheiro assume várias outras formas além de contas bancárias, especialmente nas fases de fragmentação e integração. Investimentos em imóveis, arte e outros ativos são alguns exemplos. Se o estilo de vida de um funcionário público parece exceder seus meios, ele (ou ela) pode indicar esses investimentos como justificativa. Da mesma forma, o crime organizado pode ser mascarado por empresas de construção, revendedoras de automóveis, negócios de importação e exportação, lojas de joias, cassinos, hotéis e agências de câmbio.[455] Negócios que com frequência realizam operações de câmbio são os preferidos, por razões óbvias. O termo pode ter-se originado com "a (possivelmente apócrifa) história da estratégia de Al Capone, de usar lavanderias e outros pequenos negócios para disfarçar os lucros provenientes de bebidas alcoólicas pirateadas, na época da proibição" (Chaikin e Sharman, 2009:14). Recentemente, a mineração tem sido uma das fontes principais de

---

[454] Platt (2015) fornece excelentes exemplos passo a passo de esquemas de lavagem. Ele desafia o modelo tradicional, argumentando que é demasiadamente estreito, e propõe, em vez dele, um modelo não linear ("habilitar, distanciar e disfarçar"), no qual a lavagem de dinheiro permite "desconexões" entre o criminoso e o crime, entre o crime e a propriedade, ou entre o criminoso e a propriedade. Em qualquer modelo, o setor financeiro pode ou não desempenhar papel proeminente.

[455] No estudo de Varese sobre transferências internacionais de drogas e de dinheiro em conexão com o tráfico de drogas, o contato na Itália operava uma barbearia (Varese, 2015).

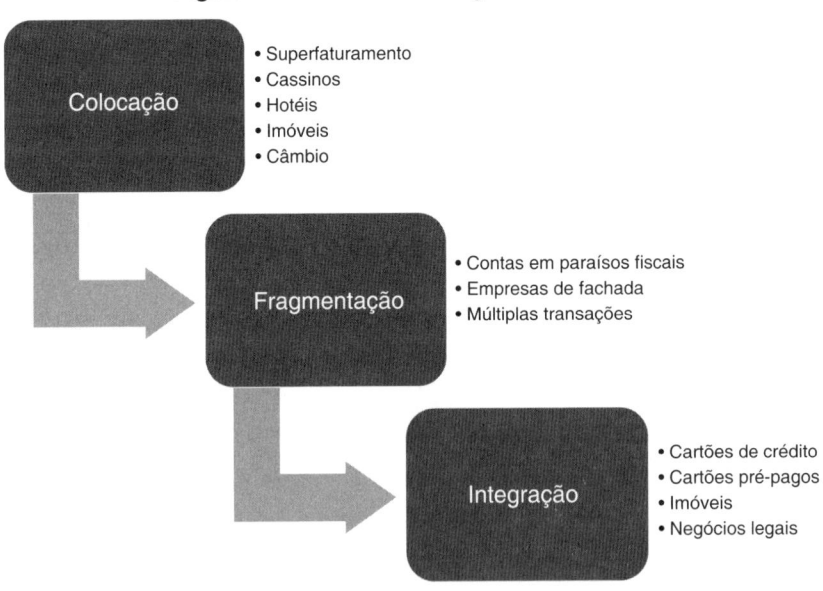

Figura 9.2. Fluxos de lavagem de dinheiro

- Colocação
  - Superfaturamento
  - Cassinos
  - Hotéis
  - Imóveis
  - Câmbio

- Fragmentação
  - Contas em paraísos fiscais
  - Empresas de fachada
  - Múltiplas transações

- Integração
  - Cartões de crédito
  - Cartões pré-pagos
  - Imóveis
  - Negócios legais

Fonte: Autores, com base em Levi, Dakolias e Greenberg (2007).

lavagem de dinheiro na América Latina: metais preciosos e joias metálicas são mais fáceis de transportar (por valor) que dinheiro em espécie (Organization of American States, 2013a:56).

Bancos em paraísos fiscais são responsáveis por grandes volumes de lavagem de dinheiro. Os paraísos fiscais são países que não tarifam lucros sobre depósitos, cobram impostos muito baixos (ou nenhum) sobre as empresas, e mantêm controles mínimos sobre os fluxos financeiros. Em muitos casos, os titulares das contas ou das companhias registradas nesses territórios não precisam nem se identificar. As Ilhas Cayman, as Ilhas Virgens Britânicas e as Bahamas são exemplos bem conhecidos.[456] Historicamente, instituições como a Financial Action Task Force (FATF) têm designado como "jurisdições não cooperativas" países como as Ilhas Cayman, as Ilhas Virgens Britânicas e as Bahamas, com base na legislação frouxa e nos esforços mínimos para restringir a lavagem de dinheiro;[457] recentemente, contudo, a FATF removeu esses três países de sua

---

[456] Mais recentemente, Dubai tornou-se um importante centro de lavagem de dinheiro e de fraudes fiscais (Europol 2013:13).
[457] Financial Action Task Force Annual Report, 2000, http://www.fatf-gafi.org/media/fatf/documents/reports/1999%202000%20ENG.pdf (acesso em 12 de outubro de 2015).

lista negra, substituindo-os por estados infratores, como Irã, Coreia do Norte e Myanmar.[458] Adicionalmente, os países caribenhos receberam a classificação de "bastante aderente" do Foro Global da OCDE sobre Transparência e Troca de Informações para Assuntos Fiscais.[459] Famosos paraísos fiscais europeus, como Mônaco e Liechtenstein, foram classificados pela OCDE no início dos anos 2000 como não cooperativos; por volta de 2015, a Comissão da OCDE sobre Matéria Fiscal não registrou nenhuma jurisdição como não cooperativa.[460]

Os leitores devem estar surpresos ao saberem que esses paraísos fiscais clássicos não mais são classificados como não cooperativos. Na realidade, contudo, é possível que um país, como os Estados Unidos, cumpra os requisitos formais da OCDE ou da FATF e, ainda assim, tenha grandes somas de dinheiro lavado em suas instituições financeiras. Assim, a relativa escassez de jurisdições na lista negra pode refletir a fraqueza dos critérios, e não um declínio geral da lavagem de dinheiro em plano internacional. O Basel Institute on Governance calcula e publica um índice denominado Anti-Money--Laundering Index (o Basel AML Index), que classifica a vulnerabilidade de um país com respeito à lavagem de dinheiro, de zero (baixo risco) a 10 (alto risco). O Afeganistão é relacionado como o país de mais alto risco, com 8,56 de pontuação; o país de mais baixo risco é a Finlândia, com 2,51. Com 6,01 pontos as Bahamas ficam em 72º lugar de 162 países (onde as pontuações mais altas indicam riscos menores). Em comparação, os Estados Unidos têm 5,2 pontos, ocupando o 110º lugar.[461]

Embora os bancos suíços tenham famosa reputação de sigilo, parece que seu poder está em declínio.[462] Desde 1934, o sigilo bancário tem sido parte

---

[458] Financial Action Task Force Public Statement de 26 de junho de 2015, http://www.fatf-gafi.org/publications/high-riskandnon-cooperativejurisdictions/documents/public-statement-june-2015.html (acesso em 12 de outubro de 2015).

[459] OECD Global Forum on Transparency and Exchange of Information for Tax Purposes, http://www.oecd.org/tax/transparency/the-global-forum-releases-new-compliance-ratings-on-tax-transparency.htm (acesso em 12 de outubro de 2015).

[460] OECD List of Uncooperative Tax Havens, http://oecd.org/countries/monaco/listofunco--operativetaxhavens.htm (acesso em 12 de outubro de 2015).

[461] Basel Institute on Governance, "Public Basel AML Index: Country Risk Ranking", http://index.baselgovernance.org/index/Index.htmlranking (acesso em 10 de outubro de 2015).

[462] Até recentemente, A Suíça não exigia identificação para efetuar depósitos ou para ter acesso aos fundos, e era um destino popular para valores provenientes de corrupção, pagos a líderes políticos ou apropriados por eles, em vários países. Também na Europa, a Ilha de Jersey tem sido objeto de críticas.

integral da legislação suíça; todavia, "o sigilo bancário suíço nunca foi absoluto. O dever estatutário de confidencialidade do banco não se aplica no contexto de processos criminais suíços ou internacionais... o sigilo bancário suíço tem sido sempre sujeito a exceções".[463] No rastro de crise financeira e da pressão internacional decorrente, essas exceções aumentaram. Em 2009, o governo suíço anunciou que seguiria os padrões da OCDE acerca da troca de informações relativas a impostos entre países e que eliminaria a distinção anterior na lei suíça entre fraude tributária (uma falha positiva na representação) e evasão fiscal (uma falha na declaração). Em 2013, a Suíça assinou a Convenção Multilateral da OCDE sobre Assistência Mútua Administrativa em Matéria Tributária. A convenção requer que os signatários atendam às exigências dos demais signatários para fornecer informações sobre impostos, a menos que esse requerimento viole as leis internas do estado; leis de sigilo bancário devem ser cumpridas em todos os casos.[464] Ao assinar a convenção, a Suíça não mais exige que autoridades estrangeiras recebam a permissão de um procurador suíço para ter acesso a informações de uma conta bancária. Assim, a lei suíça de sigilo bancário foi largamente enfraquecida pelos acordos internacionais, exigindo que os bancos cooperem com as investigações internacionais entre estados sobre impostos. Contudo, terceiros, tais como jornalistas ou denunciantes, estão ainda proibidos de divulgar informações confidenciais. Adicionalmente, procuradores suíços são especialmente desejosos de processar individualmente os banqueiros que tenham vazado informações confidenciais.[465]

Mesmo nos Estados Unidos, certos estados oferecem o registro de empresas e opções tributárias que são atraentes tanto para negócios legítimos quanto para elementos criminosos: no Delaware, uma vez que "a identidade dos donos e beneficiários últimos, em carne e osso, não é revelada às autoridades no

---

[463] Para informações adicionais sobre as complexidades das leis suíças sobre sigilo bancário, ver "Past, Present and Future of Swiss Bank Secrecy", entrevista com Cyril Troyanov, http://www.altenburger.ch/uploads/tx_altenburgerteam/CT_2014_Past_Present_and_Future_of_Swiss_Bank_Secrecy.pdf (acesso em 12 de outubro de 2015).

[464] Artigo 21(4) da Convenção Multilateral da OCDE sobre Assistência Mútua Administrativa em Matéria Tributária, http://www.oecd.org/ctp/exchange-of-tax-information/ENG-Amended--Convention.pdf (acesso em 12 de outubro de 2015).

[465] Para uma descrição do "inferno legal" de Rudolf Elmer, ver "A Whistleblower's Woes", The Economist, 19 de julho de 2014, http://www.economist.com/blogs/schumpeter/2014/07/swiss--bank-secrecy (acesso em 12 de outubro de 2015).

momento do registro" e os impostos corporativos são baixos, a relação entre quantidade de empresas e população é maior que um (Facebook e Google são registrados ali), e as taxas de registro de empresas montam a aproximadamente 25% do orçamento estadual (Platt, 2015:58).[466] Internacionalmente, uma prática comum é o estabelecimento de uma empresa de fachada em um distrito favorável desse tipo; pagamentos são feitos à empresa de fachada pelos "serviços prestados" e a empresa de fachada realiza os pagamentos a pessoas politicamente expostas ou outras. A incorporação cria a ilusão da distância entre as partes responsáveis e o dinheiro.

Os grandes bancos comerciais dos Estados Unidos e da Europa encontram-se também envolvidos em lavagem de dinheiro. De fato, muitos críticos de países em desenvolvimento argumentam que os países da OCDE são responsáveis tanto por gerar suborno quanto por lavar os fundos (Levi, Dakolias e Greenberg, 2007:407). Por exemplo, fundos ilicitamente obtidos, depositados em uma subsidiária do México podem ser transferidos para uma conta em Nova York. Inversamente, fundos podem ser depositados nos Estados Unidos e transferidos para contas no México, para pagar por drogas entregues. Na esteira de um importante escândalo de lavagem de dinheiro envolvendo o banco londrino HSBC no México (HBMX), alegou-se que o HBMX era responsável por 60% a 70% de fundos lavados no México (Platt, 2015:16). Entre 2005 e 2007, o banco estadunidense Wachovia, segundo se relata, transferiu US$14 bilhões em espécie do México para agências nos Estados Unidos, em nome de casa de câmbio "e de outros clientes estrangeiros de grande volume de fundos"; o HBMX lavou US$881 milhões ou mais para cartéis de drogas mexicanos e colombianos no mesmo período (ibid.:75-6).

Grandes depósitos em espécie disparam novos protocolos da AML de investigação do tipo "conheça seu cliente". Em resultado, de acordo com a Organization of American States (2013a:56), "as organizações envolvidas em lavagem de dinheiro têm diversificado seus procedimentos, e estão agora usando outros setores da economia, tais como companhias de seguros, corretores de valores mobiliários, agências de câmbio, empresas de remessas de dinheiro, cassinos, comerciantes de minerais e pedras preciosas, negócios imobiliários e profissionais liberais, como tabeliães, contadores e advogados". Cartões de

---

[466] A competição entre os estados para atrair negócios ocorre pelo menos desde o fim do século XIX, quando o estado de Nova Jersey introduziu um regime mais liberal para incorporações, disparando o grande movimento de fusão corporativa daquela época. Ver Wallis (2006).

lojas pré-pagos e cartões de crédito são meios de pagamento populares (para pequenas propinas ou salários), porque nenhuma identificação é necessária para comprá-los. Eles também são usados para mover fundos através de fronteiras, porque não estão sujeitos à exigência de declaração de valores maiores que US$10 mil (Ribando Seelke e Finklea, 2014:40). O roubo de identidade é outro mecanismo usado para abrir ou ter acesso a contas sem revelar a verdadeira identidade do beneficiário. Contrabando de dinheiro tem-se tornado crescentemente importante, uma vez que os sistemas financeiros puseram em ação controles de depósitos de grandes somas em dinheiro (Organization of American States, 2013b:6). Isso é também verdadeiro onde existem controles de taxas de câmbio, como na Venezuela e na Argentina, criando um mercado negro para dólares e euros. "Organizações criminosas podem converter ganhos em dólar para moedas locais equivalentes, diretamente ou por terceiros, com relativa facilidade e agilidade" (Organization of American States, 2013b:28).

Embora os lucros do crime organizado sejam uma das principais fontes de fundos a serem lavados, valores provenientes da corrupção em pequenos países em desenvolvimento podem ser a fonte mais importante (Chaikin e Sharman, 2009:27). Alguns dos fundos a serem lavados são lucros que que se tornaram possíveis por propinas pagas a funcionários governamentais. Tanto as propinas quanto os ganhos ilícitos que eles tornaram possíveis podem acabar lavados em bancos de centros financeiros, com severas consequências para os estados sujeitos a esses fluxos ilícitos. Corrupção, lucros do crime organizado e lavagem de dinheiro alimentam-se entre si e devem ser atacados simultaneamente (figura 9.3).

Conforme declaram Chaikin e Sharman (2009:151), "os ganhos da grande corrupção terminam em centros financeiros internacionais, como Nova York, Londres, Zurique e Genebra". Em seus próprios nomes, ou nos de seus associados, ou nos de empresas de fachada, funcionários corruptos de alto escalão ou pessoas politicamente expostas abrem contas nesses bancos e recebem depósitos por transferência via cabo. Funcionários de compras de alto nível, chefes de polícia, membros do Poder Legislativo e chefes de estado têm potencial de receber grandes quantidades de dinheiro e outros "presentes" em troca de sua influência. Por exemplo, em 2012, um antigo governador do estado mexicano Quintana Roo declarou-se culpado em um tribunal americano de acusações de lavagem de dinheiro. Ele aparentemente tinha aceitado propinas do cartel de drogas de Juárez e as lavara via Lehman Brothers (Platt, 2015:69), um importante banco de investimentos financeiros

Figura 9.3. Corrupção, crime organizado e lavagem de dinheiro

```
         Corrupção
         ↗      ↘
Crime              Lavagem
organizado ←→      de dinheiro
```

de Nova York.[467] Chefes de Estado que estejam enfrentando a possibilidade de deposição ou o final de mandato podem querer salvaguardar seus fundos ilícitos em paraísos fiscais, para que possam viver depois em exílio luxuoso. Por exemplo, o Riggs Bank de Nova York lavou milhões de dólares para o ditador chileno Augusto Pinochet, organizou para ele empresas de fachada e transferiu fundos de Londres para os Estados Unidos após sua prisão em 1998, violando ordens para congelar seus bens (Levi, Dakolias e Greenberg, 2007:398; Platt, 2015:94). Teodoro Nguema Obiang Mangue ("Teodorin"), filho do presidente da Guiné Equatorial e membro de alto nível do governo, acumulou uma fortuna em propriedades imobiliárias no ultramar e em outros bens, com ajuda de gerentes de imóveis e advogados, que o auxiliaram a estruturar companhias de fachada e a abrir contas bancárias (Platt, 2015:84-95).

Pode não ser preciso que pessoas politicamente expostas realizem por si mesmas a lavagem de ativos. Em um estudo de 21 casos (não necessariamente representativos) ao redor do mundo, Gordon (2011:5; em itálico no original) identifica que, em sua maioria, "os ganhos da corrupção já tinham sido lavados *antes de serem recebidos pela pessoa politicamente exposta*". Uma vez que, nessa amostra, a maioria dos casos envolvia também comissões, ele recomenda que todos os pagamentos pelo governo às empresas sejam marcados por instituições financeiras e rastreados, a fim de determinar se algum, finalmente, vá

---

[467] O banco Lehman Brothers faliu em 2008, em consequência da crise das hipotecas de segunda linha.

parar em contas de pessoas politicamente expostas. Considerados, porém, os níveis correntes de auditoria, isso pode ser pedir muito.

O crime organizado frequentemente é proprietário das instituições usadas para lavagem de ativos na fase de "fragmentação" e está apto a utilizar sistemas informais de transferência internacional de fundos. Organizações que lavam dinheiro no Oriente Médio usam redes *hawala* (sistemas informais, mas não necessariamente ilegais, de transferência de dinheiro) para fazer pagamentos internacionais (Varese, 2015); traficantes de heroína baseados no Afeganistão têm feito uso desse esquema para contornar o bloqueio financeiro internacional (Platt, 2015:70). O sistema não é ilegal nem corrupto, mas pode ser um caminho para a transferência de ativos ilícitos.

No setor formal, cassinos oferecem uma opção especialmente atrativa como opção de negócio para o crime organizado, porque transações em dinheiro são vultosas e comuns; portanto, as contas são de fácil manipulação. Onde o jogo é ilegal, GCOs trabalham para mudar a legislação e legalizar o jogo. Em alguns casos, membros de GCOs concorrem pessoalmente a postos eletivos, a fim de mudar a lei de dentro do Legislativo (Johnson, 2002; Center for the Study of Democracy, 2010). A fim de garantir retornos no jogo envolvendo esportes, os GCOs corrompem atletas profissionais e amadores, além de dirigentes esportivos, convencendo-os a se envolver na geração de resultados combinados (Europol, 2013);[468] pode ser preciso lavar esses fundos. Lavagem de dinheiro também leva à corrupção em negócios privados, uma vez que os que fazem a lavagem pagam propinas aos empregados para que ignorem suas práticas não usuais (Center for the Study of Democracy, 2010:17). Ao mesmo tempo, GCOs e lavadores de fundos corrompem a polícia, o Judiciário, funcionários aduaneiros e outros servidores civis para que lhes permitam conduzir seus negócios ou mesmo ajudá-los nesse sentido. Em muitos desses casos, os valores frutos de corrupção (propinas) também necessitam lavagem.

Iniciativas internacionais têm historicamente enfocado um ou dois desses fenômenos, sem considerar o(s) outro(s), embora isso tenha melhorado nos anos recentes, já que as conexões são mais amplamente apreciadas (ver capítulo 15). Mais problematicamente, as instituições nacionais ainda tendem a

---

[468] Ver também "Lutte contre la corruption et les maths truqués dans le sport: Rapport en réponse au postulat 11.3754 déposé le 28 juin 2011 para la Commission de la science, de l'éducation et de la culture du Conseil des États", http://www.baspo.admin.ch/internet/baspo/fr/home/aktuell/bundesrat_genehmigt_korruptionsbericht.parsys.83108.downloadList89797.Downloadfile.tmp/28530.pdf (acesso em 9 de outubro de 2015).

se limitar à jurisdição de um dos três. Contudo, esforços combinados podem levar a economias de escala, maiores taxas de condenação e maior recuperação de ativos, a serem usados em novos esforços de aplicação da lei. Países e organizações internacionais deveriam estimular a cooperação entre agências, treinando membros de todas as agências na luta contra a corrupção e contra a lavagem de dinheiro, e no conhecimento da legislação e dos procedimentos contra o crime organizado. Juízes e procuradores precisam estar cientes das conexões entre esses temas, e as leis devem refletir essas ligações, habilitando os procuradores não apenas para condenar os culpados, mas também recuperar os fundos gerados pela corrupção ou pelo crime, a fim de compensar vítimas ou financiar programas públicos.

Introduzir a legislação é necessário, mas não suficiente. Conforme explicamos em outros capítulos, se o Judiciário é corrupto ou de outra forma não efetivo, nem a quantidade de legislação nem a de vigilância reduzirão a atividade ilícita. É essencial, portanto, tomar medidas que promovam um Judiciário profissional e confiável e exigir transparência nos processos judiciais. Uma força policial profissional, treinada em todas as três áreas, estará mais bem preparada para a coleta de provas que possam ser usadas pela acusação. Em suma, muito do que descrevemos como necessário para combater a corrupção vai servir também para combater a lavagem de dinheiro e o crime organizado. O conhecimento dos protocolos de luta contra a lavagem de dinheiro e o crime organizado capacitará a lei a melhor detectar, prender, processar e condenar os culpados. É essencial terminar com a impunidade.

Engajar a sociedade civil no combate ao crime organizado pode ser difícil ou impossível. Aqueles que compram bens pirateados, contrabandeados ou roubados — drogas inclusive — provavelmente não vão reportar as atividades que os beneficiam. As vítimas de roubo, de contrabando de imigrantes ou tráfico humano provavelmente temem sofrer represálias caso contatem as autoridades — assim como as testemunhas. Especialmente quando a polícia é considerada não confiável, vítimas ou testemunhas relutarão em reportar qualquer crime. Da mesma forma, embora se requeira das instituições financeiras que reportem movimentações suspeitas de fundos, é provável que ameaças dignas de crédito sejam suficientes para manter o silêncio dos empregados dos bancos.

Conclusões

Um dos maiores perigos da corrupção é que ela engendra uma espiral viciosa que permitirá ao crime organizado estabelecer-se e propagar-se. Uma vez que alguns dos membros da polícia, dos legisladores, dos juízes e dos funcionários das cortes sejam identificados como "à venda", membros do crime organizado vão tirar partido desse ponto fraco do estado de direito e a atividade criminosa vai expandir-se. Alguns dos seus negócios mais lucrativos serão ilegais — como tráfico de drogas e prostituição; outros poderão ser legais, seja porque fornecem altos lucros (operar cassinos ou "vencer" licitações públicas), seja porque são um meio de lavar os ganhos ilícitos obtidos.

A riqueza, a falta de escrúpulos e as conexões internacionais de muitos grupos criminosos organizados sugerem a dificuldade de controle por qualquer país. O perigo é que, ao invés de constituir um estágio de desenvolvimento que tende a decrescer com o tempo, a atividade criminosa, pode tornar-se tão entremeada com a política e com os negócios legítimos que acabará sendo difícil distinguir um do outro.

Nossa meta aqui é enfatizar que as reformas contra a corrupção podem precisar enfrentar as redes do crime organizado, se elas procuram desenhar estratégias realistas de reformas. Algumas das políticas necessárias serão inviáveis se aqueles que pagam propinas forem membros de organizações criminosas e se funcionários públicos se tiverem tornado seus colaboradores. No entanto, como explicamos aqui e argumentamos adiante no capítulo 15, algum progresso pode ser possível por meio de limitações à lavagem de dinheiro. Essa seria uma abordagem indireta, que não teria por alvo direto nem a corrupção nem os negócios ilegítimos, mas se concentraria em um fator que torna uma e outros lucrativos — a capacidade de transferir fundos através das fronteiras e de investir ganhos ilícitos nos mercados financeiros globais.

10

Corrupção na construção do estado pós-conflito

É difícil a construção do Estado na esteira de um conflito — seja esse conflito resultante de protestos de rua ou de uma guerra civil.[469] Exemplos lapidares vêm de países que experimentaram a "Primavera Árabe", especialmente Egito e Iêmen, onde governos recém-eleitos foram por sua vez derrubados. O estabelecimento da legitimidade do novo governo pós-conflito é da maior importância, tanto para evitar nova rebelião quanto para atrair investimentos e ajuda estrangeira.[470] Contudo, a tarefa de construção do Estado pode fracassar, se um ambiente de desconfiança prevalecer entre os vários subgrupos políticos, religiosos ou étnicos. Uma fonte de desconfiança corrente pode ser a corrupção arraigada, que dificulta os esforços para construir um governo participativo e representativo, para garantir a segurança e para prestar serviços de forma eficiente.

Estados que emergem de um conflito são particularmente suscetíveis à corrupção, o que torna a reconstrução especialmente desafiadora. É provável que muitos dos fatores que criam incentivos à corrupção em *qualquer* sociedade estejam presentes de forma simultânea em ambientes pós-conflito. Fatores-chave entre esses são pobreza, instituições fracas, falta de confiança na aplicação da lei, Judiciário disfuncional e marginalização de grupos minoritários. Ademais, se uma guerra civil deixou grande destruição, os fundos providos por doadores para a reconstrução chegam a um ambiente dotado de controles fracos, o que encoraja o desvio para bolsos privados. O efeito cumulativo desses fatores pode ser maior que o efeito independente de cada

---

[469] Este capítulo é uma forma condensada e revista de Rose-Ackerman (2009) e Rose-Ackerman (2008b).

[470] Sociedades pós-conflito, em média, recebem menos assistência estrangeira e sofrem de maior fuga de capitais que as que se encontram plenamente em paz (Nkurunziza e Ngaruko, 2008).

fator separadamente considerado.[471] Em muitos casos, vários tipos de corrupção já eram endêmicos antes da deflagração do conflito; a corrupção pode até ter concorrido para disparar a rebelião, como no caso de Tunísia e Egito durante a "Primavera Árabe". Na maioria dos casos, a desintegração do estado de direito durante o conflito contribui para a deterioração das relações entre o estado e a iniciativa privada, e fomenta a corrupção. A natureza do conflito e as condições sob as quais terminou ajudam a determinar a importância relativa dos diferentes tipos de corrupção que emergem.

Para demonstrar esses pontos, fornecemos uma série de estudos de casos pós-conflito que indicam como diferem entre si as fontes da corrupção pós--conflito, dependendo dos papéis dos anteriores combatentes, da existência de fontes naturais de receita, da presença de crime organizado e do envolvimento de atores internacionais. Concluímos pela proposição de algumas reformas que parecem consistentes com as evidências dos casos estudados, e são ajustadas aos problemas específicos dos estados enfraquecidos após o conflito.

Embora oportunidades de corrupção que surgem na esteira de um conflito interno espelhem as que ocorrem em outros ambientes de alta corrupção, há variantes específicas que estão relacionadas à natureza do conflito e ao acordo de paz resultante. A figura 10.1 mostra o Indicador de Controle da Corrupção (CCI) para 40 países onde terminou um conflito entre 1997 e 2007.[472] Somente dois países (Reino Unido e Israel) tiveram CCI positivo, indicando níveis de integridade acima da média. É claro que esses dados não indicam causalidade, mas apenas que a corrupção tende a ser um problema em países que recentemente tenham passado por um conflito. Desses países, metade melhorou no CCI dos anos seguintes, enquanto a outra metade perdeu terreno.[473]

A fim de fornecer algum contexto concreto para nossa discussão, quatro dos alunos de Rose-Ackerman estudaram os casos de Guatemala, Angola,

---

[471] Haque e Kneller (2009), contudo, não encontram nenhuma relação significativa e robusta entre conflito interno e corrupção, mas eles consideram conflito contemporâneo, não pós-conflito. Nós enfatizamos as vulnerabilidades específicas do período de transição.

[472] Os Estados Unidos foram excluídos, devido ao fato de que o "conflito" listado na base de dados não ocorreu em território americano, com a exceção dos atos terroristas de 9 de setembro de 2001. A base de dados termina em 2007; escolhemos os 10 anos anteriores para fins ilustrativos. "Conflito armado" inclui tanto guerras como confrontações menores, desde que uma das partes seja o governo e ao menos 25 mortes relacionadas a combates tenham sido registradas. Ver UCDP/PRIO (2009:1).

[473] O CCI é normalizado a cada ano em torno de zero; portanto, uma comparação ano a ano mostra apenas como se situa um país em comparação com os demais. Ver capítulo 1 para discussão mais aprofundada.

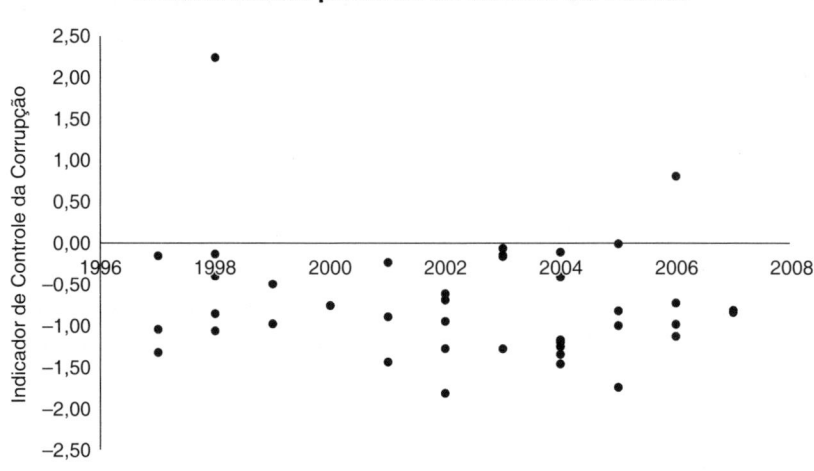

Figura 10.1. Indicador de controle da corrupção no ano imediatamente posterior ao término do conflito

Fontes: Banco Mundial, "World Governance Indicators Database 2013", www.govindicators.org, criado por Kaufmann, Kraay e Mastruzzi (2010) e "UCDP/PRIO Armed Conflict Dataset Version 4-2009", https://www.prio.org/Data/Armed-Conflict/UCDP-PRIO/Armed-Conflicts-Version-X-2009/, criado por Gleditsch et al. (2002).

Moçambique e Burundi, os quais emergiram de conflitos civis.[474] Ao caracterizar a natureza e a extensão da corrupção nesses casos, as dimensões mais importantes parecem ser a natureza do governo no poder durante o conflito, o nível de destruição e de deslocamento causados pelo conflito, a forma do acordo de paz, as condições econômicas e sociais subjacentes, e o papel dos forasteiros: outros estados, instituições internacionais e crime organizado.

Em primeiro lugar, quase por definição, um país que emerge de uma guerra civil tinha um regime anterior que não representava os interesses de uma parcela substancial da população. Em nossos casos, a maioria da população tinha pouco poder político em todos eles, exceto Moçambique, embora, obviamente, nem todos os desprovidos de representação apoiassem ativamente os rebeldes.

Em segundo lugar, guerras civis deixam um legado de destruição física, de deslocamento interno e de grandes perdas de vida, ao menos em algumas partes da zona de conflito. Em nossos casos, todos tiveram de enfrentar a tarefa de reconstruir a infraestrutura e de reintegrar à sociedade tanto an-

---

[474] Rose-Ackerman (2008b, 2009) também inclui o caso do Kosovo, o qual, à época, parecia moderadamente positivo, com a realização de eleições competitivas. Desde que seus artigos foram publicados, ocorreu uma degeneração, e é válido realizar um estudo adicional, a fim de determinar por quê.

teriores combatentes quanto a população deslocada. Em seguida a conflitos étnicos, essa reintegração pode ser especialmente desafiadora, porque a falta de confiança permanece elevada.

Em terceiro lugar, a paz pode chegar de diferentes modos. Em alguns casos, as negociações de paz são intermediadas, quando rebeldes enfraquecidos ou exaustos concordam com uma trégua que lhes garante posições no estado pós-conflito, mas sem controle político. Guatemala, Angola e Moçambique estão nessa categoria. No Burundi, em contraste, o grupo étnico predominante, anteriormente fora do poder, ganhou o controle do governo. Mediante acordos de paz, a minoria Tutsi, antes no poder, teve assegurado um papel (reduzido) na nova democracia, via quotas e outras medidas.

Em quarto lugar, a base econômica de um país ajuda a estruturar tanto o conflito quanto o ambiente pós-conflito, e aqui os casos em estudo mostram variações substanciais. Guatemala, Burundi e Moçambique são economias principalmente agrícolas, dependentes do agronegócio de exportação. A economia de Angola é amplamente baseada em receitas provenientes da exploração de recursos naturais, embora a maioria da população esteja envolvida na agricultura.

Em quinto lugar, o nível e a distribuição de renda podem ser consequência de corrupção do passado, mas também podem ajudar a determinar a natureza dos delitos do presente. A distribuição de renda é fortemente desigual na Guatemala, seguida por Moçambique e Angola. Em contraposição, Burundi é mais uniformemente pobre.[475]

Em sexto lugar, outros estados influenciaram na intensidade e na duração da luta, ajudaram a intermediar a paz, e forneceram recursos financeiros e humanos para auxiliar na construção da paz. Angola, principalmente em razão de sua riqueza em petróleo, tornou-se um peão na Guerra Fria. A guerra civil de Moçambique foi financiada pelos seus vizinhos africanos. O

---

[475] Os respectivos coeficientes de Gini em 2013 eram: Guattemala, 55,9; Moçambique, 45,7; Angola, 42,7; e Burundi, 33,3. Programa de Desenvolvimento das Nações Unidas, "Income Gini Coefficient", http://hdr.undp.org/en/content/income-gini-coefficient (acesso em 17 de abril de 2015). Usando-se o índice de pobreza do Banco Mundial, Angola tinha 67,42% da população vivendo com menos de US$2 por dia; Moçambique tinha 82,49%; a Guaremala, 31,19%. Não existem dados para Burundi no Banco Mundial para o novo milênio, mas o Programa de Desenvolvimento das Nações Unidas estima que 81,81% da população de Burundi seja pobre, com base na pobreza multidimensional, em comparação a 70,16% em Moçambique (o Programa de Desenvolvimento das Nações Unidas não tem dados para Angola nem para Guatemala).

conflito na Guatemala desempenhou um papel no cenário da Guerra Fria, e foi alimentado pelos esforços dos Estados Unidos em proteger os interesses das empresas americanas, especialmente da United Fruit Company, que se aproveitou do sentimento anticomunista (McCann, 1987:43-60). Nesses casos, o envolvimento externo — especialmente na distribuição de armas — estimulou o conflito, e a retirada do apoio ajudou a encerrá-lo. Os cidadãos do Burundi sofreram mais em razão do abandono internacional que devido a intervenções ativas, pois o mundo falhou ao não tentar deter a violência étnica no Burundi e em Ruanda em 1994.

Finalmente, o crime organizado pode conquistar um espaço em meio a um conflito e pode beneficiar-se da fragilidade do estado ao final da luta. Esse parece ser um especial problema na Guatemala. Conforme argumentamos no capítulo 9, o crime organizado pode contribuir para a corrupção em todos os níveis do governo e das forças de aplicação da lei, caso consiga imiscuir-se em instituições governamentais.

Em todos os casos mencionados, o conflito e o período subsequente criaram ambos incentivos à corrupção e forneceram aos atores domésticos e internacionais desculpas para negligenciar a corrupção. O resultado, conforme mostrado na figura 10.2, é um conjunto de governos incapazes de ganhar ou de sustentar uma alavancagem anticorrupção. Incentivos foram criados pela fragilidade das instituições domésticas, de um lado, e pelo fluxo de chegada dos fundos de ajuda e reconstrução, de outro. A fraqueza institucional é, em parte, uma simples reflexão da falta de responsabilização dos estados pré-conflito, mas foi exacerbada pelo impacto destrutivo da guerra no funcionamento do estado. Adicionalmente, no período pós-conflito, organizações internacionais, encarregadas de manter uma paz frágil e incerta, frequentemente dão maior importância à estabilidade interna que às iniciativas de construir instituições públicas democráticas e responsáveis. A ênfase se tem deslocado em esforços recentes,[476] mas permanece um desafio o equilíbrio entre estabilidade de curto prazo e construção do estado em longo prazo. Fundos e suprimentos externos criam um conjunto de benefícios disponíveis para roubo e abrem

---

[476] Sobre o papel multidimensional da União Africana na reconstrução pós-conflito, ver African Union Peace and Security, "African Union Post-Conflict Reconstruction and Development (AU PCRD)", 19 de novembro de 2014, http://www.peaceau.org/en/page/70-post-conflict-reconstruction-and-development-pcrd (acesso em 31 de março de 2015). Para uma lista abrangente de tarefas pós-conflito, ver Association of the U.S. Army and Center for Strategic and International Studies (2002). Sobre o papel ampliado das Nações Unidas nas sociedades pós-conflito, ver Rondinelli (2007).

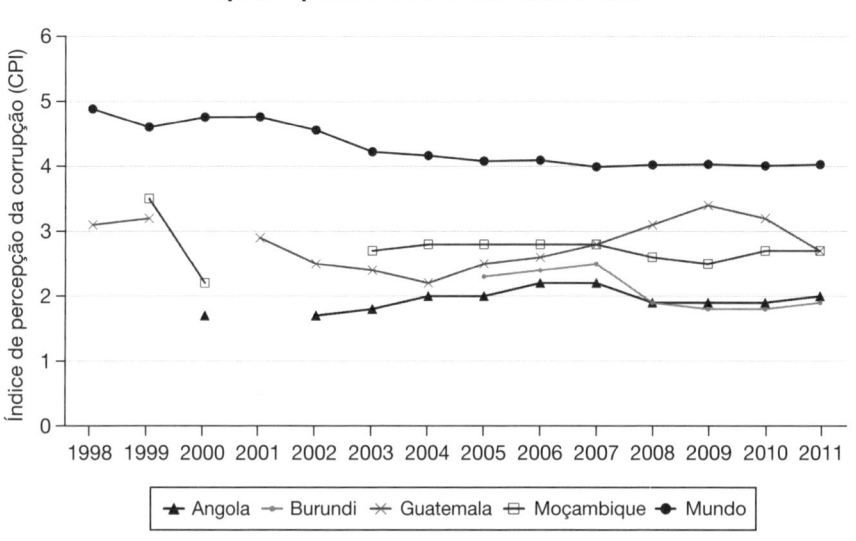

Figura 10.2. Índice de percepção da corrupção em quatro países *versus* média mundial

Fonte: Baseado em dados da Transparência Internacional, "Corruption Perception Index", vários anos. Dados da TI usados sob permissão.

oportunidades para a extorsão dos supostos beneficiários. As consequências da guerra e o risco de retomada de hostilidades foram às vezes usados por políticos domésticos e por agências de ajuda internacional como desculpa para a falta de controles financeiros e decorrente perda de fundos. Condições emergenciais que exigiam resposta rápida foram usadas por doadores internacionais como uma desculpa a mais para ignorar a integridade financeira. Adicionalmente, além das falhas na promoção da integridade financeira do governo local, funcionários internacionais muitas vezes invocavam circunstâncias extraordinárias para justificar suas próprias operações sob regras muito frouxas e flexíveis, o que tornava a supervisão quase impossível, e a corrupção, provável.

Há, portanto, características comuns das situações pós-conflito que são bem conhecidas como geradoras de incentivos à corrupção. Essas são sobrepostas, nos casos particulares, a características distintivas do ambiente pós-conflito e a condições econômicas e sociais subjacentes. As características comuns são um governo no poder durante o conflito que a população considera ilegítimo, e as necessidades urgentes de reconstruir a infraestrutura e integrar antigos combatentes.

Tabela 10.1. Natureza dos regimes pós-conflito

	Velha elite no poder	Divisão de poder
Crime organizado	Guatemala	
Concessão de recursos	Angola	
Pobreza e fluxo de ajuda	Moçambique	Burundi

Para simplificar, os casos considerados estão resumidos na tabela 10.1. Conforme veremos, cada caso representa um conjunto diferente de condições para a corrupção pós-conflito. Os casos faltantes são casos de compartilhamento de poder dominados pelo crime organizado ou por concessionárias da exploração de recursos. O primeiro implicaria uma negociação pela qual o crime organizado concorda em se manter à parte de certos aspectos do funcionamento do estado. Este último parece um resultado plausível em alguns casos, embora a presença de concessão exploratória vá elevar as apostas e poderá tornar menos provável o compromisso. Vamos agora considerar a maneira como a natureza do regime pós-conflito afetou a natureza e a profundidade da corrupção em cada caso.

I. Guatemala: crime organizado assume o poder

A corrupção é um sério problema na Guatemala.[477] A impunidade, um resíduo do conflito armado, dificulta o efetivo indiciamento (Acción Ciudadana, 1999:12). Pobreza e impunidade são ambas causa e consequência da corrupção, mas a falta de responsabilização na esteira do conflito possibilitou que a corrupção se entrincheirasse. Como apenas um exemplo, o ex-presidente Alfonso Portillo (2000-4) foi condenado na Guatemala e nos Estados Unidos por acusações de suborno e lavagem de dinheiro.[478] Instituições fracas e corrompíveis têm permitido que o crime organizado prospere, e seu sucesso em cooptar algumas das instituições do Estado e altos funcionários públicos

---

[477] Partes desta seção baseiam-se em um memo preparado por Jael Humprey, da Universidade de Yale, JD '08, MA '08. Mais detalhes em Rose-Ackerman (2008b, 2009). Nós atualizamos e suplementamos esse material. Em 2014, a Guatemala estava em 115º lugar entre 175 países no CPI, com 32 pontos.

[478] "Ex-Guatemalan President Released from U.S. Prison in Bribery Case", *Fox News Latino*, 25 de fevereiro de 2015, http://latino.foxnews.com/latino/news/2015/02/25/ex-guatemalan-president-portillo-released-from-us-prison-in-bribery-case/. Portillo admitiu ter aceitado US$2,5 milhões como suborno de Taiwan, por suporte diplomático continuado (acesso em 9 de outubro de 2015).

tem dificultado ainda mais a construção do Estado, uma vez findo o conflito. A queda no CPI depois de 2009, evidente na figura 10.2, coincide com uma escalada do crime organizado e da violência: o *Global Competitiveness Index 2014-2015*, do *World Economic Forum*, coloca a Guatemala em 142º lugar entre 144 países em "custo do crime e da violência para os negócios" e em último em "crime organizado",[479] podendo portanto ser classificada na categoria de países dominados por máfias, na figura 8.1.

Durante a guerra, o Exército controlava todos os aspectos da administração do Estado, e havia pouca distinção entre recursos do Estado e recursos dos que ocupavam o poder (Torres, 2001). No período imediato após o término da luta, a velha elite permanecia no poder e tinha pouco interesse em controlar a corrupção ou em questionar a riqueza dos que se tinham beneficiado financeiramente durante o conflito (Altamirano, 2006-7:538-9). Desde a assinatura do acordo de paz em 1996, os políticos posaram de lutadores contra a corrupção, em um esforço para atrair apoio e enfraquecer a oposição. Presidentes recentes moveram processos contra as respectivas administrações precedentes e contra líderes da oposição; mas, ao mesmo tempo, participantes de suas próprias administrações têm sido considerados corruptos.[480]

Especialmente problemáticos são o sistema Judiciário e o sistema de aplicação da lei guatemaltecos, ambos de funcionamento deficiente (Sieder et al., 2002:32; U.S. Department of State 2008). A polícia é amplamente vista como corrupta (Sieder et al., 2002:39), e o Banco Mundial classificou o Judiciário como a instituição mais corrupta da Guatemala, em seu diagnóstico preliminar de 1997. O Judiciário não é visto como independente e a polícia é considerada não confiável.[481] Portanto, é improvável que legítimos processos de corrupção tenham êxito, e falsas acusações podem prejudicar a oposição política. Essas fraquezas são, em parte, o legado da violência. Durante o conflito de 36 anos, a fraqueza do sistema de justiça, que carece de independência, aparentemente amplificava e reforçava a violência (González de Asis, 1998).

---

[479] World Economic Forum, "The Global Competitiveness Index Historical Dataset", http://www3.weforum.org/docs/GCR2014-15/GCI_Dataset_2006-07-2014-15.xlsx (acesso em 9 de outubro de 2015).

[480] Global Advice Network, Business Anti-Corruption Portal, *Guatemala Country Profile*, http://www.business-anti-corruption.com/normal.asp?pageid=321 (acesso em 22 de julho de 2008).

[481] World Economic Forum, "The Global Competitiveness Index Historical Dataset", http://www3.weforum.org/docs/GCR2014-15/GCI_Dataset_2006-07-2914015.xlsx (acesso em 11 de outubro de 2015).

A relativa ausência do estado de direito criava incentivos a negociatas pessoais e ao suborno. Vinte e cinco por cento dos juízes e 87% dos procuradores públicos reconheciam que tinham sido pressionados por superiores ou por partes influentes (Sieder et al., 2002).

Grupos do crime organizado (GCOs), particularmente os envolvidos em tráfico de drogas (U.S. Department of State, 2004, 2007a, 2007b), tiraram partido da fragilidade das instituições e do contexto legal da Guatemala para operar com pouca oposição e mesmo para colaborar com alguns dos detentores de poder político e econômico e com setores da polícia. Em adição a quadrilhas guatemaltecas (*maras*) e a GCOs, o cartel Zeta, proveniente do México, ultrapassou a fronteira, introduzindo ainda mais violência. A fragilidade dos partidos políticos e o fracasso em limpar antigos aparelhos de segurança "torna mais fácil para as organizações criminosas com raízes nas estruturas clandestinas da repressão aos insurgentes manter e estender sua influência política no período pós-conflito" (Sieder et al., 2002:11). A dominação persistente pelo crime organizado levou à eleição do General Otto Pérez à presidência em 2011, com uma plataforma de controle da violência relacionada ao crime organizado. No entanto, suas reformas encalharam no Congresso, onde a oposição tinha maioria. Em uma iniciativa histórica, em setembro de 2015, o Senado cassou a imunidade do presidente Otto Pérez, que renunciou para fazer frente a acusações de corrupção e de fraude alfandegária. O vice-presidente reformou vários oficiais de alta patente após assumir a presidência.[482] Enquanto escrevemos, um primeiro turno de eleições foi realizado, tendo assumido a dianteira "um comediante sem qualquer experiência política ... fazendo campanha sob o slogan 'Nem corrupto nem ladrão'".[483] Ao tempo em que este livro for publicado, o segundo turno de votação terá terminado, e a Guatemala terá um novo presidente, que prometerá erradicar a corrupção, como vários antes. Trata-se de uma tarefa dificílima.

A Guatemala ilustra o caso de um acordo de paz que deixou no poder a antiga elite, com pouca efetiva contestação de seu poder e pouco esforço para

---

[482] Azam Ahmed e Elisabeth Malkin, "Otto Pérez Molina of Guatemala Is Jailed Hours After Resigning Presidency", *New York Times*, 3 de setembro de 2015, http://www.nytimes.com/2015/09/04/world/americas/otto-perez-molina-guatemalan-president-resigns-amid-scandal.html (acesso em 5 de setembro de 2015).

[483] Elisabeth Malkin, "Next Test for Guatemala's Protest Movement: Improving Citizens' Lives", *New York Times*, 15 de setembro de 2015, http://www.nytimes.com/2015/09/16/world/americas/guatemala-protests-president.html (acesso em 13 de outubro de 2015).

conter o desenvolvimento das conexões entre criminosos, ex-combatentes e funcionários do estado. O ciclo de impunidade alimenta o ciclo de corrupção. O desempenho crescente do crime organizado minou as iniciativas anticorrupção. A falta de mecanismos fortes de aplicação da lei e de instituições judiciárias atuantes alimenta as redes do crime, em um "ciclo vicioso no qual instituições fracas criam as oportunidades para a disseminação de redes corrompidas, as quais, por sua vez, procuram enfraquecer ainda mais a capacidade institucional de combater a corrupção" (ibid.). A incômoda questão levantada por esse caso é se a comunidade internacional deveria ter empreendido um esforço coordenado para comprar e neutralizar o poder político da velha elite no imediato período pós-conflito, ou se teria sido melhor forçá-la com maior rigor a prestar contas. A influência do crime organizado, fortalecida pelo mercado de drogas nos Estados Unidos, parece ser um fator-chave na Guatemala pós-conflito, e ela poderia de qualquer forma ter sido capaz de sabotar qualquer que fosse o jovem governo que surgisse.

Em geral, quase nada mudou desde que o acordo de paz foi assinado. Pobreza e desigualdade permanecem mais ou menos nos mesmos níveis, apesar da receita do petróleo desde 2001, usada para o desenvolvimento rural. Milhares de armas distribuídas na Guatemala durante a guerra ainda estão em circulação, contribuindo para a violência e a insegurança. A carência de desenvolvimento em educação pública e de atividades após o período escolar têm levado muitos jovens a serem recrutados pelas gangues locais e GCOs. Os problemas mais urgentes são, ao menos em parte, uma consequência da corrupção persistente e do estado fraco (World Bank, 2011).

II. Angola: o perigo da riqueza em recursos

O caso de Angola é similar ao da Guatemala, em que uma guerra civil prolongada e destrutiva (Human Rights Watch, 2001; Hodges 2004:21) terminou com a mediação de um acordo de paz que deixou a antiga elite no poder, com pouco interesse na criação de instituições transparentes e responsabilizáveis.[484] O conflito durou de 1991 a 2002, com violências intermitentes desde então. Tal como em outros estados pós-conflito, os anteriores rebeldes organizaram-se como partido político, mas têm exercido pouca influência. A maior diferença,

---

[484] A seção sobre Angola foi pesquisada por Rodrigo Souza, Yale Law School, LLM '08. Mais detalhes em Rose-Ackerman (2008b).

contudo, é o acesso pelo grupo no poder a tremendas fontes de riqueza, na forma de reservas de petróleo no oceano e, em menor importância, diamantes. Assim, as questões centrais são: a gestão desses recursos na esteira do conflito, a falta de transparência relativa às entradas e saídas de receitas de petróleo, e as persistentes desigualdades na distribuição de receita e riqueza.[485]

Em Angola, a corrupção desvia uma parte das receitas de petróleo para contas bancárias privadas. Um relatório de 2003, de pouco depois do fim da guerra, apontava que em Angola 39 indivíduos detinham valores de US$50 milhões a US$100 milhões, e outros 20, pelo menos US$100 milhões, totalizando pelo menos US$3,95 bilhões. Todos os sete no topo da lista eram altos funcionários do governo corrente ou passado.[486]

Como na Guatemala, a guerra civil proporcionou cobertura para enriquecimento pessoal, mas em escala bem maior, devido aos ganhos provenientes dos recursos disponíveis. Após o final do conflito, os orçamentos do governo permaneceram substanciais, pois a destruição da infraestrutura requeria um amplo programa de reconstrução (Human Rights Watch, 2004:44). Contudo, a transparência não melhorou. Muitos dos ativos do estado que foram privatizados acabaram nas mãos da elite política (Corkin, 2014). Adicionalmente, o FMI documenta o alto nível de despesas "sem explicação" de 1997 a 2002, que totalizaram US$4,22 bilhões ao longo do período, ou cerca de 9,25% do PIB ao ano.[487] A companhia estatal de petróleo, Sonangol, parece estar no centro da corrupção envolvendo operações extraorçamentárias, especialmente por meio de práticas irregulares de obtenção de empréstimos.[488] Em vez de atender às condições do

---

[485] CIA, 2008, The World Factbook — Angola, https://www.cia.gov/library/publications/the-world-factbook/geos/ao.html#Intro (acesso em 11 de outubro de 2015).

[486] Economist Intelligence Unit, Angola: Country Report, 17 de fevereiro de 2003, reportado em Human Rights Watch (2004:43).

[487] FMI, Angola Staff Report for the 2002 Article IV Consultation, 18 de março de 2002, 31-3, e FMI, "Angola: Selected Issues and Statistical Appendix", 11 de julho de 2003, 197-8, citado em Human Rights Watch (2004:44-5).

[488] Uma auditoria da KPMG em 2002 encontrou uma discrepância de US$2,0 a US$2,6 bilhões entre as receitas de petróleo apregoadas pelo Ministro das Finanças e os valores depositados no Banco Central. KPMG, Current Assessment of the Angolan Petroleum Sector: Inspection Report by KPMG for the Ministry of Finance, Government of Angola [Oil Diagnostic Report], julho de 2002. O relatório, realizado mediante contrato pelo FMI, nunca foi liberado formalmente, mas Human Rights Watch (2004:21-3, 27) obteve uma cópia. O Sumário Executivo desse relatório, que apenas faz uma vaga menção à discrepância em uma nota de rodapé, está disponível em http://www.minfin.gv.ao/fsys/kpmg_en.pdf (acesso em 11 de outubro de 2015).

FMI, o governo angolano recorreu ao China Exim Bank, solicitando empréstimos extraorçamentários para reconstrução, totalizando US$10,5 bilhões em 2012. A maior parte desses empréstimos requer contratação e compras de empresas chinesas,[489] com uma parte subcontratada a empresas angolanas. Pelo menos alguns desses empréstimos foram usados para financiar projetos subcontratados a empresas de propriedade da elite política, especialmente generais, resultando muito pouco benefício para a população de Angola (ibid.).[490]

Angola, embora nominalmente democrática, é essencialmente controlada pela mesma elite que estava no poder durante a guerra civil (Hodges 2004:131-40). Com tanto dinheiro fluindo para os cofres do estado e, corruptamente, para as contas bancárias privadas da elite política, pessoas talentosas escolhem posições no funcionalismo público onde possam enriquecer, ignorando o setor privado. Angola representa uma distorção adicional na história da "maldição da riqueza", relacionada a uma guerra civil de longa duração. Em primeiro lugar, o grupo que comandava a guerrilha também tinha acesso a recursos naturais — diamantes — que eram facilmente transportados e negociados (Le Billon, 2003; Hodges, 2004:2). A receita proveniente desses recursos, assim como a ajuda externa de estados nacionais simpatizantes, ajudou a sustentar o conflito. Em segundo lugar, a ameaça à segurança fornecia uma cobertura para que a elite política e econômica enriquecesse. Uma vez terminado o conflito, a segurança nacional continuou a ser usada como desculpa para a limitação da transparência e mesmo para o aumento das penalidades por vazamento de informação. Isso permite estabelecer um paralelo com a Guatemala, porém em uma escala muito maior, considerada a presença de recursos petrolíferos sob o controle do estado.

Angola assumiu alguns passos em direção à reforma. O FMI reporta algum progresso no sistema angolano de gestão financeira, mas observa a necessidade de aperfeiçoamentos (FMI, 2007). Uma especial preocupação é a continuada falta de transparência nas contas da Sonangol, que não estão incluídas nas contas do governo. Apesar da advertência do FMI, o governo não

---

[489] Similarmente, a reconstrução do Afeganistão, patrocinada pelos Estados Unidos durante os anos 2000, dependia pesadamente de empresas estadunidenses, algumas das quais estiveram envolvidas em escândalos de corrupção.

[490] Segundo Johnston (2005, 2014), Angola é caracterizada pela Síndrome do Cartel de Elite, mas ele argumenta (2014:62) que isso representa uma melhoria em relação a Oligarcas e Clãs, sendo, portanto, um estágio intermediário aceitável. Brinkerhoff (2005), em contraposição, considera esses arranjos característicos de estados falidos ou em processo de falência.

se inscreveu como participante da Iniciativa para Transparência das Indústrias Extrativas (EITI), um esforço da sociedade civil para exigir transparência nos pagamentos feitos e recebidos pelo governo de Angola.[491] As autoridades angolanas declaram que "companhias petrolíferas têm avaliado positivamente as práticas licitatórias de Angola" (ibid.:10). Isso não parece ser justificativa suficiente, porque transparência tem valor não apenas para gerar processos de licitação mais justos, mas também para permitir melhor supervisão pelo público quanto ao volume e à destinação dos recursos do governo.[492] O problema não é apenas a capacidade, mas também a vontade política, de fazer. A receita em moeda forte, proveniente de petróleo e de diamantes, confere aos que detêm o poder alavancagem para resistir a pressões externas pela melhoria da governança; ao mesmo tempo, o frágil sistema político de Angola limita a eficácia dos protestos de âmbito doméstico.

III. Moçambique: reformas influenciadas pela ajuda externa

Embora Moçambique permaneça muito empobrecido, é frequentemente considerado um relativo sucesso de construção de um estado pós-conflito.[493] Assim, ele constitui um importante caso para o estudo da corrupção pós-conflito.

---

[491] Informações sobre a EITI podem ser encontradas em https://eiti.org/ (acesso em 11 de outubro de 2015). A Guatemala havia sido suspensa, mas atualmente é considerada aderente às exigências do EITI; os Estados Unidos são candidatos, mas ainda não totalmente aderentes. México e Brasil, assim como Angola, não se inscreveram. Note-se, contudo, que a aderência não implica ausência de corrupção: a Nigéria é o país-membro aceito há mais tempo e tem submetido relatórios a cada ano desde 1999 (com exceção de 2013), mas tem sido envolvida em numerosos escândalos de corrupção relacionados à indústria petrolífera.

[492] Das sete companhias pesquisadas, "somente a Chevron Texaco revelou detalhes de um pagamento com a concordância do governo de Angola". Ver Save the Children, *Beyond the Rhetoric: Measuring Revenue Transparency* (2005), http://www.savethechildren.org.uk/resources/online-library/beyond-the-rhetoric-measuring-revenue-transparency-company-performance-in-the-oil-and-gas-industries (acesso em 11 de outubro de 2015).

[493] Rodrigo de Sousa, Yale, LLM '08 desenvolveu pesquisa sobre esse caso e Caroline Gross teceu comentários sobre uma versão anterior desse documento. Moçambique continua a passar por conflito interno. Em 2014, o governo de Moçambique decretou uma lei sobre o cessar-fogo, garantindo anistia a todos os envolvidos em violentos conflitos em várias partes do país em 2002, 2004, 2011 e 2012. Assembleia da República, VII Legislatura, Comissão dos Assuntos Constitucionais de Direitos Humanos e Legalidade — 1ª Comissão, "Parecer relativo à Proposta de Lei de Anistia", http://peacemaker.un.org/sites/peacemaker.un.org/files/MZ-143508-MozambiqueCeasefire_1.pdf (acesso em 2 de abril de 2015).

Assim como Guatemala e Angola, um grupo político por muito tempo no poder reteve o comando do país ao final do conflito em 1994 e o mantém até o presente. No entanto, o caráter dos mandatários parece ser bem diferente do de outros casos. Assim, a corrupção, embora sendo um sério problema, não está tão entrelaçada com o poder político. Adicionalmente, nem o crime organizado nem receitas escusas advindas de recursos naturais sustentam o regime vigente. Em vez disso, a ajuda externa fornece recursos cruciais, e essa ajuda pode ser condicionada a reformas que aperfeiçoem o funcionamento do estado. Portanto, o papel das organizações de ajuda e de financiamento é muito mais importante aqui que na Guatemala e em Angola.

Na época das negociações de paz patrocinadas pela ONU, nenhuma das partes tinha capacidade para vencer militarmente a outra (P.L. Reed 1996:301-2; Weisburd, 1997; Wesley, 1997:87-8, 92, 95). A ONU tornou disponíveis fundos suficientes para alcançar suas prioridades de "desarmamento, desmobilização e reintegração à vida civil dos combatentes do governo e [dos rebeldes] da RENAMO" (Newitt, 2002:222). Ela deu suporte à transformação da RENAMO em partido político e prestou especial assistência aos ex-combatentes (Dobbins et al., 2005:100, 104). Eleições democráticas foram realizadas após a desmobilização da RENAMO em 1994.

Ao discutir corrupção e pagamentos escusos, é importante distinguir entre atividades que eram parte da transição inicial para a paz e aquelas que sejam aspectos sistêmicos de um processo de transição em longo prazo.

Em primeiro lugar, alguns pagamentos eram estreitamente ligados ao processo de transformação da RENAMO em partido político. A ONU criou e gerenciou vários fundos fiduciários para garantir suporte financeiro à RENAMO na sua transformação em partido político e na sua participação em eleições, uma vez que seu líder acreditava que a RENAMO iria ser derrotada na primeira eleição (Nuvunga e Mosse, 2007:14-17).[494] A liderança beneficiava-se pessoalmente desses fundos e apresentou demandas crescentes após o acordo de paz. Não existe detalhamento contábil para o uso dos fundos *a posteriori*, embora os doadores tenham exigido algumas limitações *a priori* sobre os desembolsos (P.L. Reed, 1996:285). Os fundos fiduciários beneficiavam a RENAMO e todos os demais partidos que concorriam à eleição. Um funcionário declarou que "a fim de assegurar a estabilidade política e a paz, as ...

---

[494] Conforme declarou um negociador da RENAMO em 16 de junho de 1992, "não há democracia sem dinheiro". Citado por Nuvunga e Mosse (2007:11).

[Nações Unidas] 'esqueceram' esses fundos".[495] A questão empírica levantada por esse caso é se os pagamentos à RENAMO (e aos outros grupos) foram um preço que tenha valido a pena pagar pela paz. Ademais, mesmo que esses pagamentos sejam uma necessária, ainda que desagradável, medida política em alguns casos, a ONU (e outras instituições de ajuda) devem estruturar esses pagamentos de forma a que causem mínimos danos. A ênfase deve ser em pagamentos de montante fixo, e não em arranjos que permitam às pessoas demandar uma fatia das receitas correntes de empresas públicas ou da arrecadação de impostos.

Em segundo lugar, a corrupção permanece um problema, apesar do bom histórico de Moçambique em termos de crescimento econômico e de seu relativo sucesso na realização de reformas no período pós-conflito (de Sousa e Sulemane 2008). No *Global Corruption Barometer 2013*, 70% ou mais dos respondentes consideravam corruptos ou extremamente corruptos: polícia, funcionários públicos, servidores civis, serviços de saúde e sistema educacional.[496]

O fim do conflito ocorreu quando Moçambique se encontrava em meio à transição do modelo socialista pós-independência para uma economia capitalista (Pitcher, 2002). A corrupção aparentemente floresceu nesse ambiente em razão de maiores oportunidades de lucro privado como resultado da mudança de modelo econômico (como também ocorreu em muitos países no período pós-soviético). Evidentemente, muitas das oportunidades econômicas eram perfeitamente legais, mas algumas poderiam ser melhoradas mediante pagamentos ilícitos. Além disso, a necessidade de reconstruir o país com fundos de ajuda estrangeira criava oportunidades adicionais de corrupção. Os fluxos de ajuda internacional têm sido substanciais em Moçambique, totalizando cerca de 15% do PIB.[497]

---

[495] Dr. Armindo Correia, antigo Secretário Geral do Secretariado Técnico da Administração Eleitoral, citado em Nuvunga e Mosse (2007:11).

[496] O Judiciário aparece logo após os serviços mencionados, com 69%. A polícia é, em termos de incidência de suborno, de longe o corpo mais corrupto dos servidores civis, sendo que 65% dos que tiveram contato com a polícia relatam terem pago propina.

[497] FMI, *Country Report No. 07/258* (Washington, DC, julho de 2007), 5, 20, OECD-DAC, https://public.tableau.com/views/AidAtAGlance_Recipients/Recipients?:embed=n&:showTabs=y&:display_count=no?&:showVizHome=no#1 (acesso em 11 de outubro de 2015) e Banco Mundial, "World Data Bank", http://databank.worldbank.org/data/views/reports/tableview.aspx (acesso em 20 de abril de 2015).

Essas fontes de corrupção foram exacerbadas pela fragilidade das instituições do estado destinadas a controlar a economia de mercado ainda em desenvolvimento e o uso de fundos públicos. Diversamente do alto nível da cleptocracia em Angola, a corrupção em Moçambique é desorganizada e "anárquica". Assim como no caso do Burundi, discutido na próxima seção, cada funcionário corrupto busca seu próprio enriquecimento individual, e o resultado são múltiplas demandas de pagamentos espúrios, que podem ser custosos tanto em tempo quanto em dinheiro (Cahen, 2000).

A corrupção em Moçambique parece intimamente ligada à transição para uma economia de mercado em um país muito pobre, com instituições frágeis e alta dependência de ajuda externa. A corrupção parece ter sido posta sob controle no período anterior, por uma combinação de convencimento moral com a falta de oportunidades, como consequência de políticas do governo, guerra civil e economia atrasada. Os pontos-chave da situação pós-conflito são: primeiro, a natureza frágil e ainda não testada das instituições públicas, a despeito de (ou talvez por causa de) continuidade da liderança; segundo, o fluxo de chegada da ajuda externa, que continua a prover a maior parte do financiamento.[498] Esses fundos fornecem recursos a serem convertidos em uso privado, mas também são necessários ao funcionamento do estado e têm subvencionado algumas das novas instituições destinadas à prestação de contas. Parece que as condições impostas pelas entidades internacionais têm causado importante impacto no desenvolvimento institucional de Moçambique, mas essas instituições ainda são demasiadamente fracas para se contrapor aos incentivos corruptos que derivam de sua criação.

Não obstante, Moçambique constitui um agudo contraste com Angola e sugere que mesmo instituições frágeis, combinadas com a supervisão dos doadores externos, têm algum valor. Esses casos são assemelhados em muitas importantes dimensões: (1) ambos os países são ex-colônias portuguesas que obtiveram a independência em 1975; (2) ambos estabeleceram uma economia de planificação estatal logo após a independência, pela nacionalização das propriedades antes pertencentes aos colonizadores portugueses; (3) ambos passaram por guerras civis devastadoras, de longa duração, que tiveram início logo após a independência e foram alimentadas por interferências externas, baseadas em

---

[498] Outra preocupação é a falta de transparência em muitas das empresas estatais. Moçambique não tem sido mesmo capaz de produzir uma lista completa e atualizada de empresas de propriedade do estado (IMF, 2014).

rivalidades internacionais (Angola) ou regionais (Moçambique); e (4) ambos enfrentam o problema de ineficiência nos sistemas burocrático e judicial.

Ainda assim, os dois casos apresentam também importantes diferenças. Primeiro, Angola é rica em recursos, especialmente em petróleo e em diamantes; Moçambique não possui riquezas comparáveis. Segundo, embora muito danosa para a população e para a economia, a guerra civil em Moçambique durou menos que a de Angola. Terceiro, ao acordo de paz, com apoio da ONU, em Moçambique, seguiram-se eleições gerais que chegaram a bom termo. Quarto, em Angola o acordo de paz foi conseguido após a derrota militar de uma das facções, a UNITA, enquanto em Moçambique o grupo rebelde reteve algum poder de barganha. Quinto, em Moçambique, embora a corrupção permaneça ainda como problema, o país tem empreendido um esforço de muito êxito para a melhoria do sistema orçamentário e do sistema de gestão do financiamento público, enquanto em Angola se tem observado resistência a reformas pelo próprio governo, que é bem provido de receitas do petróleo e não carece de apoio externo.

Assim, a questão básica das políticas é definida da seguinte maneira. Em Moçambique, a ONU desempenhou um papel positivo ao conduzir o conflito a uma conclusão. O desarmamento foi completado antes das primeiras eleições democráticas. Isso foi em parte conseguido mediante provimento de suporte financeiro aos anteriores líderes rebeldes, de modo a assegurar sua participação no processo político, e mediante assistência aos antigos combatentes. O Banco Mundial e o FMI ajudaram a tornar mais suave a transição para a economia de mercado e para a democracia, com ajuda e aconselhamento. Isso parece ter levado a muitos efeitos positivos, mas um efeito colateral foi o aumento da corrupção, à medida que aumentavam as oportunidades no mercado. O caso levanta a questão de se é possível comprar antigos combatentes via pagamentos adiantados, ao mesmo tempo que se procura controlar a corrupção na transição para o mercado e a democracia.

IV. Burundi: compartilhamento do poder entre etnias em um país pobre

O Burundi é um país africano pequeno, muito pobre, sem acesso ao mar, que tem padecido de violência disseminada, desde logo após sua independência da Bélgica em 1962.[499] A redução da violência civil começou em 2000, quando

---

[499] Jael Humphrey realizou pesquisas para a maior parte desta seção, incluindo entrevistas em dezembro de 2007 e janeiro de 2008.

foram assinados os Acordos Arusha, a serem seguidos de eleições em 2005. Os acordos preveem proteções constitucionais para a minoria tútsi, que era anteriormente o grupo político dominante. A Constituição determina o compartilhamento do poder político, reservando 60% da assembleia para os hutus e 40% para os tútsis (Bentley e Southall, 2005:32-43; Goldmann, 2006:137; Schweiger, 2006:653-4; International Crisis Group, 2007). As eleições de 2005 para a assembleia nacional seguiu as determinações constitucionais e, embora e eleição presidencial tenha sido marcada por violência e irregularidades, o presidente Pierre Nkurunziza, um hutu, conquistou uma decisiva vitória eleitoral (Reyntjens, 2006).

Os Acordos Arusha preveem que a corrupção pode servir de base para o *impeachment* presidencial ou Legislativo e que "desfalque, corrupção, extorsão e apropriação indébita de qualquer tipo será punível segundo a lei".[500] No entanto, diante do cenário de uma paz insegura e mediada, e de um governo democrático com o poder compartilhado, a corrupção aparentemente floresce.[501] A maior parte das pessoas relacionam a corrupção pós-conflito com a fragilidade do Estado e a destruição da economia durante décadas de violência e insegurança.[502] A crise de longa duração dá origem à impunidade sistemática.[503] Um relatório lista a pobreza como o mais importante fator responsável pela corrupção no Burundi, seguido da impunidade; da governança ruim, especialmente relacionada à falta de transparência; da falta de vontade política para combater a corrupção; e de práticas tradicionais que favorecem a corrupção. O mesmo relatório classifica o Judiciário como o setor mais corrompido, seguido da polícia e da administração (Nimubona e Sebudandi, 2007:15, 27). No *Global Competitiveness Index 2014-2015*,[504] o Burundi figura

---

[500] Arusha Peace and Reconciliation Agreement for Burundi, 28 de agosto de 2000, Protocol II, Art. 10(2), University College, Dublin Database, http://www.ucd.ie/ibis/filestore/Arusha%20(Burundi)%20.pdf (acesso em 11 de outubro de 2015).

[501] Entrevista por Jael Humphrey de Pierre Claver Mbonimpa, presidente Fundador, Association Burundaise pour la Protection des Droits Humains et des Personnes Détenues (APRODH), em Bujumbura, Burundi, (8 de dezembro de 2007); entrevista por Jael Humphrey de cinco dos 12 membros do comitê executivo, incluindo Gabriel Rufyri, presidente, Observatoire de Lutte Contre la Corruption et les Malversations Économiques (OLUCOME), em Bujumbura, Burundi (18 de dezembro de 2007).

[502] Entrevista por Jael Humphrey de Terrance Nahimana, presidente, *Cercle d'initiative pour une vision commune* (CIVIC), em Bujumbura, Burundi (18 de dezembro de 2007).

[503] Entrevista no OLUCOME.

[504] World Economic Forum, "The Global Competitiveness Index Historical Dataset", http://www3.weforum.org/docs/GCR2014-15/GCI_Dataset_2006-07-2014-15.xlsx (acesso em 11 de outubro de 2015).

em 142º lugar entre 144 países quanto à "confiabilidade dos serviços policiais", em 143º quanto à "independência da justiça" e em 121º em "favoritismo nas decisões de funcionários públicos".

A corrupção e a busca de ganhos ilícitos no Burundi têm raízes históricas. Desde a descolonização, grupos étnicos e regionais têm manipulado as estruturas do estado para seu próprio benefício. Em particular, uma parte da minoria étnica tútsi logrou estender a posição favorecida que usufruía durante a era colonial para controlar a maior parte dos recursos do estado após a independência.[505] Corporações públicas foram usadas para coletar e distribuir ganhos indevidos para a elite política (Nkurunziza e Ngaruko 2008). Os militares, setor onde predominavam os tútsis, se enriqueciam por meio da estrutura aduaneira, do controle vantajoso de propriedades imobiliárias e da taxação privada dos cidadãos (Bentley e Southall, 2005:179-80). Todavia, muito desse enriquecimento ocorria por meio dos mecanismos legais do estado, e não por meio de pagamentos ilegais.

As vantagens que beneficiavam a elite privilegiada ajudavam a alimentar a violência, e forneceram aos que se encontravam anteriormente em posição de desvantagem uma justificativa para se apropriarem dos recursos do estado, para obter ganhos privados no período pós-conflito. Nos três casos precedentes (Guatemala, Angola, Moçambique), a ausência de mudança do grupo no poder alimentou a corrupção; no Burundi, a mudança de poder em favor dos hutus concedeu-lhes uma desculpa para se enriquecerem, como compensação de perdas anteriores. O caso do Burundi mostra como a partilha do poder pode fomentar um tipo particularmente destrutivo de corrupção, na falta de medidas de controle efetivo ou de restrições éticas (Nkurunziza e Ngaruko, 2008:75).[506]

A contestação do poder do estado enfraqueceu o estado. De acordo com uma ONG local de combate à corrupção, "A fraqueza do estado aumentou a corrupção. Sob o regime autoritário, a corrupção era reprimida.... A crise levou à fragilidade do poder do estado e ao aumento da desobediência

---

[505] Nem todos os tútsis partilhavam igualmente. Um grupo tútsi de um dado clã mantinha virtual monopólio do poder militar e político. International Crisis Group (2003:6). Assim, conforme argumenta Goldmann (2006), o conflito no Burundi não é tanto de natureza étnica quanto de luta pelo poder.

[506] Entrevista por Jael Humphrey de um funcionário sênior de Direitos Humanos da ONU, em Bujumbura, Burundi (21 de dezembro de 2007).

civil".⁵⁰⁷ Com o fim do conflito, as redes da antiga elite deixam de operar, e há mais oportunidades para enriquecimento pessoal ilícito.⁵⁰⁸ Os detentores do poder não se sentem seguros. Em consequência, muitos tendem a pegar o que puderem, enquanto podem.⁵⁰⁹

A relação de duas vias entre pobreza e corrupção torna mais difícil estabelecer uma paz estável. Como aponta Terrance Nahimana, um líder da sociedade civil, "Se as pessoas estão saudáveis e bem de vida hoje, então é mais fácil fazer acordos sobre os crimes do passado. É mais difícil aceitar o presente quando se tem fome e se nota que outros passam dirigindo seus carros de luxo".⁵¹⁰ Conforme declara a USAID, "na situação pós-conflito do Burundi, portanto, a corrupção não apenas prejudica a recuperação e a reconstrução, mas corre-se o risco de reacender o conflito social que tanto tem caracterizado a história do país" (Schiavo-Campo, 2006:3). A economia fraca torna difícil uma política anticorrupção digna de crédito. De fato, enquanto escrevemos, o Burundi passa por uma crise política e econômica. O presidente Pierre Nkurunziza anunciou em abril de 2015 que iria concorrer a um terceiro mandato, em violação aos acordos. Isso provocou protestos violentos, uma tentativa fracassada de golpe de estado, ameaças de retirada da ajuda internacional, depreciação da moeda e o êxodo de mais de 170 mil burundianos entre abril e julho. Nkurunziza venceu a reeleição em julho, mas o processo eleitoral e a violenta repressão aos protestos pelo governo têm sido condenados pelos governos estrangeiros, pela ONU e pela Anistia Internacional.⁵¹¹ Embora o conflito ainda não tenha adquirido caráter étnico, há temores de que se encaminhe nesse sentido. Vários membros dos partidos

---

⁵⁰⁷ Entrevista no OLUCOME.
⁵⁰⁸ Entrevista com o funcionário de Direitos Humanos da ONU.
⁵⁰⁹ Este caso é similar ao da Indonésia antes e depois de Suharto.
⁵¹⁰ Entrevista com Nahimana.
⁵¹¹ Isma'il Kushkush, "Political Unrest Pushes Burundi Closer to Economic Collapse", *New York Times*, 22 de maio de 2015, http://www.nytimes.com/2015/05/23/world/africa/political-unrest--pushes-burundi-closer-to-economic-collapse.html (acesso em 13 de outubro de 2015); Marc Santora, "Burundi President Wins 3rd Term in Election Boycotted by Rivals", *New York Times*, 24 de julho de 2015, http://www.nytimes.com/2015/07/25/world/africa/burundi-president-wins-3rd--term-in-election-boycotted-by-rivals.html (acesso em 13 de outubro de 2015); The Associated Press, "Burundi: U.N. Observers Call Presidential Vote Flawed", *New York Times*, 27 de julho de 2015, http://www.nytimes.com/2015/07/28/world/africa/burundi-un-observers-call-presidential--vote-flawed.html (acesso em13 de outubro de 2015).

de oposição têm sido assassinados desde as eleições.[512] Paz e democracia parecem muito frágeis no Burundi.

Pode-se perguntar se a pressão internacional e a ajuda financeira ajudaram ou prejudicaram a transição nos anos 2000. Embargos comerciais pressionaram o governo da época, mas também — como é frequentemente o caso — "o desenvolvimento estimulado de uma economia fortemente ilícita que beneficia os que têm acesso ao poder político e à proteção militar" (Bentley e Southall, 2005:7).[513] A ajuda internacional ficou condicionada à aceitação do acordo de paz, e assim desempenhou um papel positivamente decisivo ao pressionar as diferentes facções a negociar e chegar a um acordo (ibid.:82, 116).

Muito da corrupção no Burundi está associada à sua pobreza e à fraca institucionalização de seu estado. Essas condições têm sido agravadas pelo conflito em andamento, mas a corrupção é de um tipo comum em muitos países pobres. O que torna diferente o caso é o compartilhamento do poder incorporado aos acordos de paz que estabeleceram uma estrutura governamental dividida, para tornar desvantajoso o retorno à violência.[514] Em consequência, o estado tem sido inapto ou infenso a criar um conjunto de regras que sejam efetivamente aplicadas ou a limitar o protecionismo e a atuação em benefício próprio. O compartilhamento formal do poder limita o alcance da política de competição entre as etnias. Assim, os compromissos políticos que ajudaram a encerrar a luta acabaram por tornar a corrupção particularmente intratável, especialmente na presença de um fluxo de ajuda internacional. Ainda pior, o Burundi parece prestes a mergulhar de volta no conflito, a menos que a população se submeta a um regime autoritário.

---

[512] Reuters, "Burundi: Spokesman for Opposition Party Is Killed", *New York Times*, 8 de setembro de 2015, http://www.nytimes.com/2015/09/09/world/africa/burundi-spokesman-for-opposition-party-is-killed.html (acesso em 13 de outubro de 2015).

[513] Os autores citam Rubin Lund e Hara Lund, "Learning from Burundi's Failed Democratic Transition, 1993-1996", Council on Foreign Relations (ed.), *Cases and Strategies for Preventive Action*, 68, 80 (Washington, DC, 1998).

[514] De acordo com Goldmann (2006), a luta pelo poder no Burundi antecede o período colonial. Diversamente do vizinho Ruanda, que possuía uma consolidada monarquia com um forte exército, no Burundi os príncipes locais competiam com o monarca e uns com os outros pelo poder.

Conclusão: lições

Considerados esses casos, diferentes mas interligados, que se pode aprender sobre o controle da corrupção nos estados que emergem de um conflito interno? O objetivo é um sistema bem funcional, onde a violência seja raramente entrelaçada com a política e onde evidências de negócios corruptos levem a um escândalo com implicações políticas. Nesse sistema, revelações de corrupção podem deslocar o equilíbrio contra os mandatários que estejam implicados em malfeitos. Em contraste, se a democracia está entrelaçada com a corrupção endêmica e a ordem pública não está firmemente estabelecida, eleições podem ser uma oportunidade para violência contra os oponentes, para compra de votos e para pagamentos corruptos a determinados políticos.

Muito tem sido dito sobre a importância da "vontade política" e da liderança moral dos mandatários no estabelecimento de governos efetivos no cenário pós-conflito. Embora forte liderança e moral firme sejam necessárias, elas não são suficientes. A vontade política, por si mesma, pode dar origem à autocracia, como parece ser o caso do Burundi. Excesso de discurso moralizante corre o risco de degenerar em retórica vazia — ou pior, em caça às bruxas contra adversários políticos. As políticas devem voltar-se para as condições subjacentes que geram incentivos à corrupção; caso contrário, não resultará em efeitos duradouros. Adicionalmente, se as políticas não estão em harmonia com a população, elas rapidamente perdem impulso.

As estratégias de construção da paz devem evitar produzir espirais viciosas. Uma economia cujo salto inicial consiste em conceder poderes monopolistas a alguns cidadãos de destaque pode gerar uma sociedade que seja tão carente de competitividade quanto desigual. Decisões iniciais podem acomodar no poder uma elite restrita cujos interesses levem a enfraquecer os esforços para aumentar a competição, aprimorar a equanimidade e promover transparência. Embora possa ser arriscado e difícil combater a corrupção no período pós-conflito de construção da paz, se se permite que os problemas proliferem, eles podem frustrar outros esforços para consolidar um estado estável e de bom funcionamento, com legitimidade popular. Reciprocamente, uma solução de livre mercado desprovida de limites, em um estado pouco capacitado a exercer as funções governamentais básicas, pode levar à corrupção disseminada e concorrencial, e à defesa do interesse próprio, pelos indivíduos e pelas empresas, em busca de escapar às restrições legais, ou de influir ou "reinterpretar" as leis em seu favor, ou de simplesmente ignorar quaisquer impedimentos.

Nas situações de pós-conflito, são sem sentido recomendações que focalizem apenas agregados macroeconômicos. Nenhum crescimento pode ocorrer, a menos que as instituições sejam restauradas a, pelo menos, um nível básico de competência. A corrupção é um sintoma de que são disfuncionais as relações entre estado e sociedade, enfraquecendo a legitimidade do estado e conduzindo a políticas públicas que desperdiçam recursos. É improvável que boas políticas sejam escolhidas ou levadas a efeito na ausência de instituições honestas.

Os casos descritos neste capítulo constituem uma ampla variedade de experiências sobre a presença da corrupção da construção do estado após um período de guerra civil e violência doméstica disseminada. Na Guatemala, em Angola e em Moçambique, a antiga elite permaneceu no poder após o fim do conflito. Na Guatemala e em Angola, essas elites eram amplamente consideradas corruptas durante o conflito. Na Guatemala da fase pós-conflito, a elite se beneficiava de ligações com o crime organizado envolvendo principalmente o tráfico de drogas. Em Angola, as fontes de riqueza são o petróleo e, em escala menor, os diamantes, beneficiando funcionários de alto escalão e famílias bem conectadas, por meio de uma série de obscuras negociatas financeiras. Em ambos os países, essas fontes de riqueza ajudam a manter entrincheiradas as redes de corrupção e limitam tanto o desenvolvimento de políticas competitivas quanto a transparência e as efetivas supervisão e atuação das instituições de aplicação das leis. Esses são os casos em que a falta de vontade política dos detentores do poder limita os esforços anticorrupção, mesmo diante de pressões internacionais.

Moçambique experimentou aumento da corrupção logo que se fez a paz, mas esse fato não teve por origem a corrupção anterior do grupo no poder. Em vez disso, ele proveio do aumento de oportunidades criadas tanto pelo fim das hostilidades quanto pelo estabelecimento de uma economia de mercado no contexto de um estado fraco. O uso dos fundos dos doadores para pagar os antigos rebeldes e facilitar a transição da RENAMO em partido político pode ter sido uma maneira efetiva de terminar a violência, mas também forneceu um exemplo do uso do dinheiro público para ganhos privados, o que pode ter tornado menos dignos de crédito os subsequentes esforços anticorrupção.

No Burundi, antigos combatentes contrários ao regime conquistaram o controle do governo, com partilha formal do poder. O resultado é um estado fraco, com ampla competição por ganhos ilícitos, com os membros de cada grupo procurando obter benefícios para si próprios. O Burundi possui poucas instituições de supervisão e é incapaz de pôr em prática restrições significativas aos agentes corruptos, embora a pobreza geral certamente limite as opções disponíveis. Como resultado, a violência tem sido um problema constante no Burundi, e não é claro se o país de fato pode ser caracterizado como sociedade pós-conflito.[515] O retorno da violência pode ter sido responsável, ao menos em parte, pela súbita queda no CPI depois de 2007, o que eliminou os ganhos havidos anteriormente (figura 10.2).

Assim, a corrupção foi e é parte do contexto pós-conflito em todos os casos; porém, duas situações distintas parecem ser as mais perturbadoras. A primeira é o entrincheiramento de uma antiga elite com acesso a ganhos significativos, como em Angola e na Guatemala. Pelo menos em Angola, com algumas reformas do governo, as receitas provenientes de petróleo e diamantes puderam ser destinadas a bom uso pelo estado. O mesmo não é verdade para os ganhos oriundos do crime organizado na Guatemala, que dependem do uso corrupto da polícia, das autoridades aduaneiras e do exército, que não geram arrecadação de impostos e ainda aumentam os custos do estado. A segunda situação é o acordo para compartilhamento formal do poder por múltiplos grupos, onde os políticos não têm qualquer incentivo para denunciar a corrupção como meio de alcançar o poder. Ao contrário, como no Burundi, a corrupção de um grupo que conta como assegurada uma fatia do poder simplesmente encoraja outros grupos, que sejam parte do acordo de paz intermediado, a igualmente buscar o enriquecimento pessoal. Moçambique é um caso digno de maiores esperanças. A corrupção ali parece ser uma característica da transição, tanto que a maior preocupação é evitar uma espiral viciosa, com origem em condições particulares da transição pós-conflito.

Os casos abordados sugerem algumas lições de ordem geral. Em primeiro lugar, qualquer acordo de paz deve incorporar medidas para limitar a corrupção. Os negociadores devem dispor de alavancagem suficiente para impor reformas anticorrupção, tais como o estabelecimento de um Judiciário independente e de entidades anticorrupção, o que pode não ser viável mais

---

[515] De acordo com o UN Peacemaker Peace Agreements Database, http://peacemaker.un.org/document-search?field_pacountry_tid=Burundi, (acesso em 11 de outubro de 2015), Burundi assinou três acordos internos de paz em 2008-9. "In 2009 Burundi's last Hutu rebel group, the Forces for National Liberation (FNL), officially laid down arms and transformed into a political party". De acordo com Insight on Conflict, o último grupo rebelde se desarmou e formou um partido político em 2009, mas as tensões permanecem elevadas. Ver Insight on Conflict, "Burundi: Conflict Profile", http://www.insightonconflict.org/conflicts/burundi/conflict-profile/ (acesso em 12 de abril de 2015).

tarde. Antes disso, é essencial uma completa avaliação de áreas vulneráveis ou de fraco desempenho.[516]

Em segundo lugar, tanto quanto possível, o processo de negociação de paz não deve ser visto como uma forma de dividir os ganhos do estado entre as diferentes facções. Governos de transição frequentemente são obrigados pela necessidade a alcançar um compromisso entre vários grupos. O compromisso pode acabar com a violência, mas pode também criar ou entrincheirar estruturas corrompidas. Assim, a divisão 40—60 instituída na constituição do Burundi não suprimiu inteiramente a violência étnica no país, nem reduziu a corrupção.[517] O compartilhamento do poder com base na constituição, como esse, na verdade pode elevar as tensões e levar a um novo conflito (United Nations 2007). Em contraste, Ruanda, vizinho ao Burundi, decidiu construir uma democracia participativa sem quotas e se tem mantido em relativa paz e em níveis mais baixos de corrupção. No entanto, sua história pós-conflito não é inteiramente feliz, dado que empreendimentos estreitamente ligados ao presidente parecem ter-se beneficiado desproporcionalmente de contratos e concessões públicas.[518]

Em terceiro lugar, esforços anticorrupção precisam de vitórias rápidas e visíveis e devem-se adequar às capacidades do país. Que se comece de forma simples. Por exemplo, tenha-se a certeza de que os sistemas básicos de controle fiscal nas agências sejam implantados antes de criar entidades secundárias, tais como as comissões anticorrupção (O'Donnell, 2006). A luta contra a corrupção e a discriminação no provimento de serviços públicos ajudam a construir a confiança no governo; a publicação dos progressos na mídia e nos portais governamentais reforça essa confiança (Johnston, 2014).

Em quarto lugar, a ajuda internacional, concebida para ajudar na reconstrução e na melhoria da infraestrutura, pode criar incentivos à corrupção e, portanto, deve ser auditada e controlada.[519] Todavia, ajudas que sejam muito

---

[516] Em Ruanda, por exemplo, foi importante fortalecer e profissionalizar as forças armadas, o serviço civil e o Judiciário, enquanto na África do Sul recebeu prioridade a consolidação das forças policiais (United Nations, 2007).

[517] Uma situação similar pode ocorrer na Bósnia e Herzegovina, onde um sistema de quotas requer que cada um dos três principais grupos étnicos participem da presidência e dos serviços públicos (United Nations, 2007:31).

[518] Para uma boa avaliação da corrupção e da governança em Ruanda, ver Bozzini (2014).

[519] Empiricamente, Tavares (2003) considera que a ajuda estrangeira reduz a corrupção, mas Busse e Gröning (2009) pensam de forma oposta. Ambos usam a base de dados do ICRG, mas Tavares focaliza apenas a corrupção e utiliza a comparação entre países, enquanto Busse e Gröning constroem um índice de governança com base nos quatro indicadores relacionados e uma análise via painel.

estritamente condicionadas impede que o estado desenvolva sua própria agenda e pode dificultar a consolidação do poder (Moore, 1998). Uma opção para as entidades internacionais é usar fundos fiduciários no imediato período pós-conflito, para administrar programas de ajuda com o objetivo final de repassar esses programas para o governo. Por exemplo, o Fundo Fiduciário Afegão para a Reconstrução, operado pelo Banco Mundial, encaminha ao governo fundos provenientes de 24 países (Delesgues e Torabi, 2007:17). Em Moçambique, um fundo fiduciário que financiava partidos políticos aceitava doações estrangeiras (O'Donnell, 2006). A ajuda estrangeira tende a focalizar necessidades de reconstrução de curto prazo, mas o compromisso deve se manter em longo prazo. Conforme observa Brinkerhoff (2005:11), "a reforma na governança pós-conflito, seja para a reconstrução ou para construir algo novo, é um esforço complexo e de longo prazo, cujas exigências frequentemente conflitam com períodos de atenção e compromissos em recursos da comunidade internacional".

Em quinto lugar, como em Moçambique, entidades internacionais podem ajudar a pagar aos rebeldes que poderiam representar uma ameaça de retorno à violência, ou a desalojar do poder indivíduos corruptos. Isso pode envolver um arranjo para o exílio de líderes anteriores ou para a incorporação deles e de seus seguidores em partidos políticos, no novo estado.[520] Lideranças profundamente corruptas, porém, devem ser exiladas e não incorporadas ao governo (Le Billon, 2003). Um programa de recompra de armas com uma data final bem definida pode ajudar a atingir o objetivo de desarmamento, assim como a colocar capital financeiro nas mãos dos recém-desempregados. O treinamento profissional pode facilitar a transição para uma economia produtiva, especialmente para combatentes por longo tempo envolvidos na luta.

A transferência de pagamentos para os anteriores rebeldes pode ser uma condição para obter a paz, mas devem ser estruturados como benefícios de montante fixo, que não distorçam de forma permanente a operação da economia ou as contas do governo. Não devem ser concedidos ao exército rebelde transformado em partido político, por exemplo, 50% das ações da companhia petrolífera nacional, ou prometer a grupos étnicos revoltosos uma fatia fixa

---

[520] Embora a anistia tenha desempenhado um papel positivo para um início rápido na luta contra a corrupção em muitos casos (David, 2012), Lie, e Binningsbøe Gates (2007) concluem empiricamente que a anistia não conduz a uma paz duradoura, mas o exílio, sim.

da receita do governo.[521] O objetivo deve ser sempre pagar a esses grupos um montante fixo, e não conceder a eles um incentivo permanente para permanecerem juntos e dividirem o país. Ademais, não se deve dar aos militares de carreira regular qualquer participação em programas governamentais que não sejam relacionados à defesa, e deve ser monitorado seu envolvimento em contratos de defesa, ou poderão usar seu poder coercitivo para extorquir pagamentos indevidos.

Em sexto lugar, os doadores internacionais podem auxiliar na revisão do treinamento e na avaliação da integridade de funcionários envolvidos na aplicação das leis, assim como de pessoal militar, juízes e promotores. Se esses grupos provêm do antigo regime, eles podem ter pouca disposição para processar membros corruptos daquele regime — ou mesmo podem estar incapacitados para fazê-lo. A confiança no governo incipiente será fortalecida se for assegurado que a polícia e as forças de segurança não abusem de seu poder, especialmente nas áreas com tensão étnica. Treinamento policial e militar (em direitos humanos, em combate à corrupção e em repressão à lavagem de dinheiro) e equilíbrio étnico são especialmente importantes, já que esses setores devem, em última instância, ser capazes de investigar e abrir processos por corrupção de forma equânime.

Em sétimo lugar, a população local deve ser envolvida na vigilância e na participação, e a lei deve garantir segurança aos denunciantes. Obviamente, essas proteções são necessárias em qualquer caso de transição. Assim, na Romênia, após a queda do regime de Ceausescu, "a falta de confiança nas instituições públicas, o cinismo, as grandes esperanças frustradas, o acesso desigual aos recursos e os avassaladores problemas socioeconômicos, desconhecimento dos direitos e frágeis competências democráticas" pela população em geral ficaram para trás diante do ritmo veloz das reformas, tornando menos efetiva a implantação dessas reformas (United Nations, 2007:26). Proteções aos denunciantes são especialmente importantes se a violência na sociedade é ainda prevalente. O governo pode tirar partido das tecnologias da informação e das comunicações, assim como das redes sociais, para criar espaços onde os cidadãos relatem anonimamente casos de corrupção, sendo essencial o acompanhamento dos casos pelo estado. Todavia, é importante que grupos autônomos de vigilantes sejam substituídos pela polícia regular.

---

[521] Essa divisão de benefícios ocorreu na constituição pós-conflito do Burundi. Para uma visão crítica do resultado, ver Rose-Ackerman (2009:80-2).

Em oitavo lugar, o acordo de paz deve restringir a participação em negócios legítimos, assim como coibir a participação em negócios ilegítimos e o recebimento de comissões ou propinas, por parte de membros das forças armadas e de outras estruturas de segurança. Esses conflitos de interesse minam a confiança da população no governo e na legitimidade do estado. Ao mesmo tempo, uma força internacional de paz, bem guarnecida de recursos, pode ser capaz de criar um espaço para que as necessárias reformas ocorram (O'Donnell, 2006).

Em nono lugar, as instituições de supervisão precisam ser fortalecidas na maioria dos estados em situação pós-conflituosa, mas isso pode ser uma difícil tarefa, diante das limitações de pessoal treinado. Tanto a ajuda financeira quanto a infusão de pessoal de outros países — assim como de refugiados bem qualificados que estejam retornando — podem ajudar a criar entidades que administrem os recursos para a liberdade de informação, para auditar e monitorar os gastos do governo e para fortalecer a independência dos procuradores e dos tribunais. A meta será, obviamente, melhorar a capacidade e a independência dos atores domésticos, de modo que a assistência estrangeira possa ser cortada, em dado momento.

Várias entidades internacionais têm sido de importante ajuda para organizar a supervisão no novo milênio. Nas Américas, a União das Nações Sul-Americanas (UNASUL) tem emitido declarações sem diretamente interferir nas políticas internas dos estados-membros. Na África, a União Africana (UA) e a União Econômica dos Estados da África Ocidental (ECOWAS) têm assumido papel ativo, embora limitado, na reconstrução pós-conflito de estados na região, incluindo princípios de orientação interna que estimulam democratização e transparência. Essas entidades internacionais têm a vantagem de entender as fontes locais de conflito e os contextos pós-conflito específicos (Aning e Salihu, 2013). Contudo, a ênfase tende a recair em aspectos de segurança e de como evitar o prosseguimento do conflito: a corrupção não tem maior destaque na agenda. Organizações internacionais sem fins lucrativos com foco específico em anticorrupção, tais como a Transparência Internacional, a Global Witness e a Global Integrity podem ajudar *in* loco na monitoração de malfeitos. Adicionalmente, as próprias entidades de auditoria interna e supervisão dos doadores também necessitam de suficiente financiamento e apoio. Se os financiadores internacionais derem mais ênfase a rapidez que a integridade, eles podem estar institucionalizando problemas estruturais de corrupção justamente naqueles casos em que a ajuda poderia, de outro modo, ter impacto positivo de maior efeito (Rose-Ackerman, 2009).

É necessária forte liderança do topo do poder, à medida que um estado pós-conflito se move em direção ao objetivo de um governo mais legítimo e de melhor funcionamento, e passa ao largo daqueles que usaram o estado como ferramenta para ganhos privados. É assustador o grande número de tarefas na reconstrução pós-conflito (Association of the U.S. Army and Center for Strategic and International Studies, 2002), e o processo é complexo. A assistência internacional pode, em princípio, ajudar, mas precisa ser ajustada para evitar a exacerbação dos problemas subjacentes, criados pela mistura de corrupção e ameaças de violência por parte de cidadãos de dentro e fora do governo.

11

Democracia: corrupção, conexões e dinheiro na política

As democracias que se baseiam em sólidos fundamentos legais fornecem uma estrutura estável para a vida social e a atividade econômica. Contudo, a fim de que essa estrutura funcione eficiente e equanimemente, os atores políticos — sejam eles indivíduos ou partidos — devem buscar a reeleição e devem sentir-se inseguros acerca de suas perspectivas, mas não demasiadamente inseguros.[522] Isso leva ao "paradoxo da estabilidade". Demasiada insegurança pode ter o mesmo efeito. Os detentores do poder devem ter alguma chance de retornar ao poder nas próximas eleições, mas a probabilidade deve estar razoavelmente abaixo de 100%. Partidos de oposição — ou mesmo candidatos individuais — podem então exercer a função de supervisores, ameaçando fazer da corrupção um ponto-chave da campanha.[523]

Os instrumentos legais são o resultado de negociações políticas. Eles não apenas expressam as preferências e as ideias dos eleitores e dos eleitos, mas também refletem os interesses dos que fazem *lobby* ou que fazem doações para influenciar medidas a seu favor (Laufer, 2008, Tillman, 2009). Interesses privados podem também oferecer cargos para antigos políticos e respectivas equipes, criando uma "porta giratória" que fica aberta a abusos. Democracias avançadas permanecem vulneráveis ao excessivo impacto da riqueza privada nas escolhas da população, em um grau que pode enfraquecer a democracia, mesmo que o pagamento explícito de propinas seja incomum. Não obstante,

---

[522] Combater a corrupção entre as autoridades eleitas por meio de uma supervisão mais acurada é mais efetivo quando elas pretendem concorrer à reeleição em curto prazo (Olken, 2007:226).

[523] Trabalhos empíricos baseados em pesquisas em um grupo bem diversificado de 16 países mostram que os cidadãos têm menos confiança no governo quando é alta a corrupção. No entanto, é provável que os que apoiam a oposição vejam a corrupção de forma mais negativa que os apoiadores do governo (Anderson e Tverdova, 2003). Isso pode ocorrer porque os apoiadores do governo podem beneficiar-se individualmente da corrupção, mesmo que essa imponha custos sociais gerais.

abordaremos primeiramente as propinas que enriquecem pessoalmente os políticos e as doações ilegais de campanha. Infelizmente, essas práticas permanecem disseminadas em todo o mundo.

Essas vantagens podem ser controladas pelo risco de exposição pública. Para políticos eleitos, a forma de "punição" mais imediata ocorre nas prévias eleitorais. Adicionalmente, o eleitorado pode fazer incidir um custo mesmo que os pagamentos permaneçam secretos. Propinas e doações ilegais de campanha são concedidas em troca de um benefício. O *quid pro quo* depende do poder relativo de barganha do político e daqueles com quem ele ou ela esteja lidando. Muitas propinas induzem políticos corruptos a tomar iniciativas que não teriam tomado sem o pagamento proposto; porém, se políticos votam contra os interesses de seus eleitores, eles podem esperar perdas nas pesquisas. Assim, a força do ambiente político competitivo eleva as apostas e reduz a probabilidade de que o lado corrupto negocia, mesmo que as propinas sejam mantidas em segredo.

No entanto, alguns políticos podem ser corruptos e agradar os eleitores, dando suporte a projetos populares que sejam recheados de propinas. O custo social, em termos de impostos mais elevados e do peso de dívidas, pode não ser óbvio para os eleitores que apenas enxergam a nova infraestrutura.[524] Ademais, eleições podem ser compradas, seja pela provisão de fundos de campanha para influenciar votantes que se posicionam na fronteira da ilegalidade, seja pela compra direta de votos dos cidadãos, com os governantes às vezes fazendo uso fraudulento de fundos públicos para operacionalizar esses pagamentos.

---

[524] Nos Estados Unidos, o prefeito de Providence, Rhode Island, foi preso por corrupção, em um caso relacionado com um projeto para revitalizar a área central da cidade. Ele foi solto em 2007 e, em 2014, anunciou sua intenção de concorrer a seu antigo posto. Ele tinha sido prefeito de 1975 a 1984 (quando foi condenado por assalto criminoso) e de novo de 1991 a 2002 (quando foi condenado por extorsão). Embora tenha perdido a eleição de 2014, ele recebeu 45% dos votos. Jess Bidgood e Katherine Q. Seelye, "Ex-prosecutors Urge Voters Not to Bring a Felon Back as Providence's Mayor", *New York Times*, 14 de outubro de 2014, http://www.nytimes.com/2014/10/15/us/ex-prosecutors-urge-voters-not-to-bring-a-felon-back-as-providences-mayor.html (acesso em 11 de outubro de 2015); Dan Barry, "Now Free to Speak His Mind, an Ex-Mayor Is Doing So", *New York Times*, 28 de abril de 2008, http://www.nytimes.com/2008/04/28/us/28land.html (acesso em 11 de outubro de 2015); e The Associated Press, "Cianci Defeat Represents Break from Old Providence", *The Washington Times*, 6 de novembro de 2014, http://www.washingtontimes.com/news/2014/nov/6/cianci-defeat-represents-break-from-old-providence/?page=all (acesso em 11 de outubro de 2015).

Os diferentes incentivos à corrupção nas democracias dependem da estrutura constitucional, do processo eleitoral e dos métodos de financiamento das campanhas. Esses fatores podem ser interligados. O impacto de um sistema eleitoral pode depender de se o regime é presidencialista ou parlamentarista. Alguns sistemas eleitorais estimulam o desenvolvimento de partidos políticos fortes, enquanto outros induzem os políticos a desenvolver apoios pessoais. Possibilidades de corrupção têm a ver com a relação entre estrutura política e riqueza pessoal.

Corrupção no Sistema de Democracia Política

Iniciamos a seção I por considerações sobre como a organização de partidos políticos, o sistema eleitoral e a estrutura constitucional influenciam incentivos à corrupção, no sentido de propinas e comissões explícitas.

A seguir, na seção II, ampliamos nosso foco para destacar mais genericamente o impacto de dinheiro e de conexões, sejam ou não ilegais ou explícitos os *quid pro quos*. Não tentamos um estudo completo do impacto da riqueza privada sobre o poder público; mas, claro, o estudo da corrupção política encaixa-se no tema maior do dinheiro na política. Alguns fazem uso do rótulo "corrupção legal" ou "corrupção por dependência" para dar cobertura a atividades de *quid pro quo* que permanecem nos limites da lei.[525] Reconhecemos a importância dos fenômenos que esses autores ressaltam, mas, dado nosso foco comparativo, reservamos o termo *corrupção* para atividades que violam as leis do país, inclusive contribuições ilegais de campanha que incluam um acordo de *quid pro quo*. O rótulo "corrupção legal" levanta a questão de onde traçar a linha entre o *lobby* valioso e necessário e a influência prejudicial. É verdade que, segundo pesquisas, evidências apontam para o sentimento amplamente disseminado de inquietude dos cidadãos sobre a influência da riqueza privada sobre a política,[526] mas acreditamos que essas inter-relações devam ser desempacotadas e estudadas em toda a sua complexidade, e não agrupadas como "corrupção legal". Todas as democracias devem decidir que tipos de interações entre os atores públicos e privados devem ser criminali-

---

[525] Ver Lessig (2011:230-46); Teachout (2014); Sandoval-Ballesteros (2013).
[526] Lessig (2011:166-70) relata resultados de pesquisas do Pew Reasearch Center que mostram que apenas 22% dos eleitores dos Estados Unidos confiam no governo de Washington. A instituição American National Elections Studies aponta números similarmente baixos.

zados como "corrupção" e quais devem ser permitidos ou regulamentados pelas leis civis e administrativas. Pode ser válido retoricamente chamar todos as modalidades de ações questionáveis como "corruptas", mas não pensamos que essa orientação faça progredir o exercício analítico e político de entender o contexto e propor reformas. Assim, a segunda seção do capítulo discute esses temas que estão posicionados na fronteira entre a corrupção (em nosso sentido) e atividades políticas que desviam os resultados em favor de indivíduos e empresas endinheirados.

I. Sistemas eleitorais e estruturas constitucionais

Em uma democracia, a estrutura constitucional e as regras de sufrágio eleitoral interagem com a clivagem política subjacente para exercer influência sobre as oportunidades de corrupção. O nível da busca política por ganhos corruptos depende tanto do local de onde extrair as receitas quanto de atores que possuam os incentivos e a capacidade de monitorar políticos com acesso às receitas. Consideremos primeiramente a forma pela qual a presença ou a ausência da disciplina político-partidária e da votação ideológica podem influenciar o custo de corromper o processo legislativo. A seguir, acrescentamos a estrutura constitucional e avaliamos a probabilidade de prevalência da corrupção no regime presidencialista, em contraposição com o regime parlamentarista. Finalmente, nos interrogamos se o incentivo a pagar propinas depende da natureza dos bens e dos serviços públicos da alçada do Poder Legislativo.

A. Comprando ou bloqueando a legislação

A disciplina político-partidária e as posições ideológicas explicitadas pelos políticos podem influenciar o custo da corrupção. Consideremos, inicialmente, o caso em que os legisladores não estejam organizados em blocos de peso, por partido ou por facção, em um contexto em que um grupo organizado ou uma empresa procurem influenciar em uma questão específica. Se os políticos têm comprometimento ideológico ou são acompanhados de perto pelos seus eleitores, pode haver pouco espaço, relativamente, para manobras quando estejam em votação determinadas questões. Sem disciplina partidária, alguns legisladores podem trocar de lado, com os demais permanecendo firmes em suas posições. Aqueles que buscam receber propinas para influenciar no voto podem centrar foco nos que estejam em um ponto de inflexão no espaço ideológico, os quais podem demandar propinas de alto valor, em razão de sua vantagem estratégica.

Em contraste, suponhamos que em sua maioria os legisladores não estejam comprometidos com nenhuma posição prévia e que o Legislativo decida por maioria. Agora, uma grande parte precisaria ser subornada. Como os legisladores individuais não estão organizados, ninguém pode exigir um grande pagamento, pois pode ser facilmente substituído por outro legislador. Empresários desonestos poderiam classificar os políticos que fossem capazes de ajudar sua causa, com base no critério da propina mínima aceitável e comprar os políticos mais baratos. Tudo o mais sendo igual, esses políticos seriam: os representantes com assentos seguros (com pouca oposição); os "perdedores certos", que enfrentarão uma derrota eleitoral certa; ou aqueles que vão aposentar-se, seja voluntariamente seja em decorrência do término de mandato sem recondução. Um tal cenário de encerramento de mandato estimula a corrupção, por colocar os políticos diante do fim do jogo, quando sabendo que não haverá reeleição (Rose-Ackerman, 1978:15-58). O quadro resultante é, então, paradoxal, pois uma legislatura com forte participação de membros ideológicos pode ser mais fácil de influenciar que uma legislatura de oportunistas, porque, no primeiro caso, pode ser suficiente comprar apenas um pequeno número de votos. (Obviamente, esse resultado depende de haver número suficiente de votantes que deem suporte à posição dos corruptores, independentemente de compromisso ideológico.) No entanto, o total pago de propinas pode ser mais alto ou mais baixo no primeiro caso, porque cada votante a ser comprado tem poder de barganha para extrair um pagamento substancial.

Porém, os políticos podem fixar limites superiores ou inferiores para as propinas aceitáveis. Se a revelação da trama corrupta significar morte política e se essa revelação for tanto mais provável quanto maior o suborno, os políticos podem não estar inclinados a aceitar propinas muito altas (Rasmusen e Ramseyer, 1994). Os benefícios de propinas mais altas podem ser afinal ultrapassados por custos mais altos. Assim, alguns negócios corruptos podem ser inviabilizados porque a legislatura pode não incluir número suficiente de membros que estejam dispostos a votar em troca de uma propina, considerado o baixo valor oferecido. Nem todos os políticos, contudo, podem sentir-se assim constrangidos — eles podem perfeitamente enfrentar os riscos da revelação, em troca de pagamentos suficientemente altos. Se a maioria dos representantes eleitos se comportarem dessa maneira, uma consequência possível pode ser a baixa incidência de corrupção, combinada com propinas de alto valor pagas em determinadas negociatas. Um político corrupto exige uma propina elevada a fim de fazer frente aos pesados custos em que poderá incorrer, como resultado tanto da propina quanto da decisão que tenha tomado em relação ao pagamento. Se os ganhos econômicos são vultosos, os mandatários podem simplesmente anunciar a aposentadoria, e procurar maximizar seus ganhos corruptos enquanto "patos mancos", até deixar o posto.

Em consequência, podem ocorrer dois possíveis resultados na condição de fraca disciplina partidária. Em uma primeira hipótese, as propinas assumem um valor alto o suficiente para compensar os custos políticos esperados por aceitar pagamentos indevidos. Alguns negócios escusos têm um custo pesado demais para os pagadores de propinas, e os que ocorrem envolvem o suborno para os legisladores que aceitam valores mais baixos. Em uma segunda hipótese, os legisladores ou rejeitam as ofertas de suborno ou aceitam apenas as de valor mais reduzido. Se a propina falha, não é porque os grupos privados não estejam dispostos a pagar as somas necessárias, mas porque nem todos os políticos podem ser comprados, dados os riscos.

Consideremos agora os casos em que os legisladores se organizam em partidos ou facções que votam em bloco, e que eles podem usar esses grupos para extrair ganhos espúrios. Essa organização pode eliminar o problema da ação coletiva que mantém baixos os pagamentos individuais. Líderes partidários podem mostrar-se capazes de extrair uma proporção relativamente alta dos benefícios almejados por aqueles que se propõem a fazer os pagamentos. As propinas mais altas serão então pagas em casos competitivos nos quais vultosos interesses existem de ambos os lados da questão. Se tanto os oponentes quanto os apoiadores de uma proposta estiverem organizados para proceder aos pagamentos, a competição pelos votos do Legislativo pode elevar os ganhos de legisladores estrategicamente posicionados ou os de seus partidos políticos (Rose-Ackerman, 1978:25-32, 45-51).

Em um sistema político com muitos pontos de veto, bloquear uma lei é bem mais fácil do que fazê-la passar. Isso é particularmente verdadeiro no sistema estadunidense de freios e contrapesos: a Câmara de Representantes, o Senado e o presidente devem estar de acordo antes que uma proposta se torne lei (a menos que o Congresso derrube o veto presidencial por dois-terços dos votos em cada casa). Adicionalmente, existem outros pontos de veto que vão além das provisões constitucionais formais, para incluir os detalhes dos procedimentos e das regras de votação de cada instituição envolvida (Krehbiel, 1998). Tudo que um opositor de uma lei precisa fazer é deter o processo legislativo no seu elo mais fraco e corromper esse grupo ou enunciar contribuições de campanha sob condições. Aqueles com poder sobre a agenda legislativa ficam especialmente bem posicionados para se beneficiar, pois podem manter uma questão fora do olhar do público. Trabalhos empíricos mostram que os organizadores da agenda efetivamente obtêm vantagens no levantamento de fundos de campanha (Ansolabehere e Snyder, 2000); e, como discutimos na seção II, lobistas ganham mais se têm conexões com as cadeiras dos poderosos comitês que controlam as chaves do processo legislativo. Os organizadores da agenda podem até tornar-se "empreendedores" corruptos. Assim, os comitês do Congresso podem ameaçar propor uma legislação que seja custosa para um setor da economia, para depois retirar a proposta em troca de pagamentos. Relatos desse comportamento têm vindo de comitês legislativos estaduais e federal, encarregados de propor impostos e regulamentações nos negócios (Rose-Ackerman, 1978:48-51; McChesney, 1997).

No sistema dos Estados Unidos, realizar algo afirmativo é bem mais difícil para os proponentes de mudanças legais, tanto para os honestos quanto para os corruptos. No caso de um benefício oculto que tenha a oposição de muitos eleitores, é improvável que a corrupção seja bem-sucedida, porque cada ponto de decisão requer cooptação. Isso é caro e arriscado, porque apenas um funcionário honesto pode sabotar todo o esforço de corrupção. Uma revelação exporia não apenas alegações de suborno, mas também o tratamento especial que deveria ser comprado. Não obstante, existem exemplos suficientes de tratamento especial na legislação dos Estados Unidos, a sugerir que barganhas são urdidas com frequência razoável, alinhando benefícios privados em uma única lei, de forma que possa ganhar suporte majoritário.[527] Em sistemas nos quais os laços de família e amizade são mais destacados que no governo federal dos Estados Unidos, essas ocorrências serão ainda mais comuns. Nesses casos, as leis são estruturadas de modo que quase todos conseguem alguma coisa para seus eleitores ou apoiadores que tenham algum poder.

B. Sistema presidencialista versus sistema parlamentarista

Abordaremos agora a maneira pela qual as estruturas constitucionais afetam os incentivos à corrupção. Com base em Kunicová e Rose-Ackerman (2005), distinguimos entre sistemas presidencialista e parlamentarista e entre sistemas

---

[527] Ver Arnold (1990). Ele defende que propostas abrangentes podem ser necessárias para a aprovação de certos tipos de compromissos de espectro amplo, de interesse público (ibid.:131-2).

eleitorais majoritário e proporcional. Consideremos o sistema de votação usado para selecionar os legisladores. Contrastamos aqui duas formas básicas — a majoritária e a proporcional. Em sua forma pura, no sistema majoritário, a região é dividida em distritos, sendo eleito apenas um membro por distrito; os eleitores votam em candidatos específicos, e vence o candidato que obtenha a maioria dos votos no distrito.[528] Por outro lado, a representação proporcional é mais focada em partidos políticos que em candidatos individuais. Os distritos elegem múltiplos representantes; às vezes, todo o país forma um único distrito. Cada partido fornece uma lista de candidatos, e os eleitores selecionam seu partido de preferência. Depois de os votos serem contabilizados, os assentos na câmara de representantes são alocados proporcionalmente à fatia que cada partido tenha obtido no voto popular.[529] Há dois tipos básicos de votos proporcionais: sistema de listas fechadas e sistema de listas abertas. No sistema de listas fechadas, os líderes partidários designam e classificam os candidatos do respectivo partido, e os eleitores apenas votam no partido. Em um sistema de listas abertas, os eleitores selecionam um partido e classificam os candidatos com base na seleção proposta pelo partido.[530]

Kunicová e Rose-Ackerman argumentam que o sistema majoritário e o de representação proporcional diferem em dois aspectos essenciais. Primeiro, diferem quanto ao ponto onde se concentram as oportunidades de corrupção. Na representação proporcional, as lideranças partidárias conseguem mais efetivamente centralizar em suas mãos as oportunidades de corrupção; portanto, os legisladores individuais têm menos oportunidades de ganhos irregulares. Na representação majoritária, as lideranças partidárias não têm tanto poder sobre os legisladores individuais; portanto, os ganhos espúrios são mais equitativamente divididos entre as lideranças e os legisladores individuais. Segundo, na forma majoritária, é provável que a monitoração dos que buscam as receitas irregulares seja mais rigorosa do que a monitoração similar na representação proporcional, porque na forma majoritária os votantes

---

[528] Às vezes, um distrito pode eleger dois ou mais representantes, usando a regra majoritária separadamente para cada um. O senado dos Estados Unidos é um exemplo desse caso: cada senador de um estado concorre no mesmo distrito, que corresponde a todo o estado, mas eles não competem diretamente cada um com o outro, e têm mandatos sobrepostos.

[529] Às vezes, existem limitadores; por exemplo, um partido não pode concorrer ao Parlamento, a menos que seu percentual de votação geral ultrapasse um certo limite mínimo.

[530] Na prática, muitos sistemas não se encaixam confortavelmente em uma ou em outra categoria, mas contêm aspectos de ambas.

elegeram uma pessoa individual de que são mais próximos e a quem podem cobrar resultados. Em consequência, os autores defendem que os sistemas de representação proporcional são mais suscetíveis à corrupção, relativamente aos sistemas majoritários, porque a representação proporcional torna mais difícil a ação coletiva para os eleitores e os partidos de oposição, na monitoração dos mandatários corruptos. Listas partidárias fechadas enfraquecem ainda mais a conexão entre a reeleição e o bom desempenho do legislador.[531]

Agora, tracemos a distinção entre as estruturas parlamentarista e presidencialista. A diferença crucial é que o chefe do Poder Executivo popularmente eleito no sistema presidencialista pode ser de um partido político diferente do partido ou partidos que controlam o Legislativo. No sistema parlamentarista, o primeiro ministro é escolhido pelos partidos políticos que controlam o Parlamento.[532] Inicialmente, poder-se-ia supor que o sistema presidencialista seria menos corrupto, por causa da complexidade operacional de gerenciar de forma corrupta um processo legislativo quando o presidente é de um partido diferente dos da maioria legislativa, e isso é exatamente o que assumem como hipótese alguns estudiosos (Persson e Tabellini, 2000). No entanto, Kunicová e Rose-Ackerman (2005) e Kunicová (2006) argumentam que, em geral, os sistemas presidencialistas seriam mais sujeitos à corrupção que os parlamentaristas. Essas autoras argumentam que um chefe de estado eleito separadamente pode extrair ganhos ilícitos ao resolver problemas de ações coletivas, mesmo enfrentando um Legislativo de representação proporcional. Em outras palavras, um chefe de Executivo corrupto pode atuar no sentido de organizar o estado para extrair pagamentos irregulares e superar os obstáculos políticos, que se tornam prováveis dada a ausência de uma negociação corrupta mais

---

[531] Em contraste, Chang e Golden (2006) defendem que uma representação proporcional com extensos distritos eleitorais deveria ser menos corrupta que um sistema com distritos eleitorais menores, porque os líderes partidários são estimulados a terem maior cuidado com a reputação do partido como um todo. Fazendo uso da comparação entre países e os dados italianos, eles apontam que uma combinação de distritos menores com representação proporcional de listas abertas é menos corrupta que a de listas fechadas com distritos menores; porém, finalmente, as linhas se cruzam, porque sistemas de listas abertas se tornam cada vez mais corruptos à medida que a magnitude dos distritos aumenta.

[532] Alguns sistemas parlamentares também têm presidentes, como, por exemplo, Alemanha, Hungria e Itália, mas esses têm poderes bem limitados e, em geral, são designados pelo Parlamento. Frequentemente, esses presidentes devem escolher nominalmente o primeiro-ministro, mas não têm controle real sobre o processo de nomeação ou sobre o Legislativo. Sistemas mistos existem, como França e Polônia, mas não consideramos aqui essas variações.

abrangente. O ponto básico é: apenas porque o processo legislativo superficialmente parece mais simples em um sistema parlamentarista, isso não acarreta que seja mais fácil ou mais barato corrompê-lo. Uma organização orientada de cima para baixo por um chefe de estado corrupto pode ser necessária para assegurar uma negociação corrupta de longa duração.

As descobertas empíricas por Kunicová e Rose-Ackerman (2005) na comparação entre países dão suporte à hipótese de que, nas democracias parlamentares, os sistemas de representação proporcional estão associados a um maior grau de corrupção que os sistemas de eleição majoritária organizados em distritos de um só membro. A representação proporcional de listas fechadas interage com o presidencialismo para produzir níveis especialmente altos de corrupção.[533] Em contraste, Persson e Tabellini (2000, 2003) esperam que o sistema presidencialista seja *menos corrupto*, devido a sua suposta natureza competitiva e aos freios e contrapesos, mas não podem confirmar empiricamente essa previsão, exceto para um subconjunto das velhas democracias. Quando o conjunto passa a incluir novas e frágeis democracias, o presidencialismo se torna um apontador para níveis mais altos de corrupção.[534]

Claramente, do ponto de vista da proposição de reformas, mais trabalho deve ser feito quanto às variáveis causais, para descobrir se alguma delas pode ser tratada como foco em separado da reforma, em um sistema eleitoral que sob outros aspectos permaneça sem alterações. Os resultados dos estudos aqui relatados correspondem a resultados econométricos em forma reduzida que demonstram uma associação. Uma exploração empírica dos mecanismos causais subjacentes é um passo seguinte lógico nessa linha de pesquisa.

Adicionalmente, regras eleitorais e formas constitucionais são, por sua vez, escolhidas por atores políticos que podem opor-se a limitar ou a restringir a corrupção. Assim, no modelo de Robinson e Torvik (2008), a presença de ganhos irregulares leva a elite política a apoiar um sistema presidencialista. Eles observam que, na África, 18 de 21 países que começaram o período pós-colonial como democracias parlamentaristas mudaram para regimes presidencialistas, e a maioria dos que mudaram são ricos em recursos. A

---

[533] Essa conclusão é consistente com Lederman, Loayza e Soares (2006), que indicam também que a corrupção é de forma geral mais baixa em sistemas parlamentares que em sistemas presidenciais, todo o resto sendo igual.

[534] Em um documento relacionado, Persson, Tabellini e Trebbi (2003) encontram corrupção tanto mais intensa quanto maior a proporção de assentos eleitos com base em listas partidárias fechadas, menos a magnitude do distrito, e sob sistemas de representação proporcional.

maior parte dos indivíduos corruptos de hoje, contudo, não planejaram a estrutura de governo sob a qual operam. Não obstante, pode-se perguntar se as regularidades empíricas poderiam ter sido concebidas conscientemente por políticos mais ou menos atentos às facilidades para extrair do sistema receitas adicionais. O fato de que as democracias não tenham convergido para uma única forma constitucional de equilíbrio e para um único conjunto de regras eleitorais sugere que os objetivos dos atores políticos diferem. Por exemplo, pode haver um ponto de equilíbrio entre sistemas que proveem benefícios segundo metas para segmentos eleitorais estreitos, e sistemas que alimentam a corrupção. O projeto de estruturas constitucionais e regras eleitorais é um ato de equilibração que tem gerado uma ampla gama de soluções.

C. Bens públicos e benefícios privados

No capítulo anterior, focalizamos as facilidades à disposição dos políticos para organizar operações com objetivos corruptos e dos eleitores para monitorar os políticos. Consideraremos agora a conexão entre a corrupção e a provisão pelo governo de políticas de espectro amplo *versus* benefícios estritamente direcionados a beneficiar indivíduos ou grupos privados. Alguns bens públicos, como os referentes à defesa nacional, também proporcionam benefícios direcionados a empresas e a regiões que obtêm contratos e bases de interesse militar. Os incentivos à corrupção atingem patamares mais elevados se o estado pode ser induzido a prover benefícios individualizados, mas é complexa a ligação entre a corrupção e a estrutura política.

Antes de tudo, os sistemas democráticos que fornecem benefícios estritamente focados não necessitam da corrupção para favorecer grupos com influência política. Em um sistema majoritário com partidos fracos, os beneficiários dos programas governamentais podem ser grupos populacionais geograficamente concentrados e indústrias locais. Em um sistema de representação proporcional, interesses restritos podem ser capazes de estabelecer partidos políticos nacionais com influência crucial. Assim, um sistema pode ter uma posição bem baixa na escala de corrupção política apenas porque grupos que estariam dispostos a pagar propinas descobrem que não será preciso fazê-lo. Essas condições podem prevalecer em muitas democracias avançadas, com grupos de interesse bem organizados de todos os tipos.[535]

---

[535] Esses grupos abrangem a categoria, segundo Johnston (2005), de Mercados de Influência.

Mesmo nesses sistemas, nem todos os grupos focados gozam de influência política direta. Alguns podem tentar comprar benefícios, seja por meio de doações legais de campanha, seja mediante propinas ou contribuições ilegais. Embora se possa esperar que a incidência de propinas seja inversamente relacionada ao nível de benefícios legais proporcionados a grupos restritos, isso pode não ser verdadeiro. A sociedade pode, em vez disso, estar dividida em dois grupos: aqueles dotados de influência política a partir da estrutura do próprio sistema político — por exemplo, empresários que estejam estreitamente ligados a ocupantes de cargos eletivos por laços de amizade ou de família — e aqueles que são obrigados a comprar influência por meio de pagamentos ilegais. Felson (2011) aponta que tanto nas sociedades tradicionais quanto nas patrimonialistas, a primeira forma não é considerada corrupção — o que pode implicar, ainda assim, que a atuação governamental favoreça uma elite restrita, não o público em geral.

Os políticos podem tentar a estruturação de políticas, de forma que esses dois grupos não entrem em conflito direto. Por exemplo, um político poderia dar apoio a um projeto que beneficie seus eleitores, e então receber propinas dos que estejam em busca e contratos ou de empregos. Embora essas práticas possam reduzir a qualidade ou aumentar o custo do projeto, isso pode não ficar claro para a maioria dos eleitores. Mesmo que a qualidade resultante seja ruim, pode ser difícil determinar se a culpa se deve a corrupção ou a incompetência. Suponhamos, por exemplo, que um político obtenha dinheiro público para construir uma instalação portuária em seu distrito. O político pode repassar contratos de construção civil a empresas que façam pagamentos irregulares. Os eleitores recebem um projeto prejudicado por desvios de dinheiro público — um novo porto que beneficia os interesses locais — enquanto empresas corruptas são favorecidas. Projetos públicos de foco restrito andam juntos com pagamentos ilegais.

Consideremos a seguir um sistema político com forte disciplina partidária e dois partidos nacionais de força equivalente. Falando de modo geral, esse é um cenário em que mais provavelmente serão fornecidos serviços públicos de larga escala, que beneficiem a maioria da população. Grupos poderosos, porém restritos, não dispõem de meios para diretamente fazer avançar sua agenda política sem montar uma campanha que possa reunir amplo suporte. Nesse contexto, contribuições de campanha, legais e ilegais, assim como iniciativas de corrupção, podem ser mais, e não menos, prevalentes, apenas pela indisponibilidade de outras opções. Uma vez mais, aqueles que se baseiam em pagamentos ilegais têm maior probabilidade de ser bem-sucedidos, se conseguirem vincular seus ganhos a políticas que os políticos julgam atraentes por razões eleitorais. Contratos ou licenças obtidos por meio da corrupção para o fornecimento de serviços públicos constituem uma óbvia fonte de pagamentos ilegais. No entanto, a atuação contra altos níveis de conduta ilegal tem a grande probabilidade de mobilizar o público por uma postura firme contra a corrupção e contra o dinheiro na política, de forma geral. A população estará melhor habilitada a tornar efetivas suas crenças se o cenário político é altamente competitivo — de modo que os representantes tenham pouca liberdade para agir contrariamente às aspirações de seus eleitores.[536]

II. Comprando influência política e comprando votos

Nas democracias, escândalos de corrupção estão frequentemente associados ao financiamento de campanhas políticas. Alguns países apresentam baixa intensidade de corrupção burocrática, mas padecem de um processo político corrupto. No entanto, é verdade que o dinheiro não pode ser inteiramente eliminado da política. Eleições devem ser financiadas, e interesses poderosos, preocupados com os resultados legislativos e com as políticas governamentais, podem estar dispostos a pagar as contas. Pressões financeiras incentivam os políticos a aceitar pagamentos irregulares, conspirando assim contra os efeitos que exercem as disputas eleitorais na luta por reduzir a corrupção. Observadores do sistema político dos Estados Unidos manifestam a preocupação de que o custo das campanhas políticas encoraje implícita ou explicitamente a dependência entre os políticos e seus financiadores (Lessig, 2011; Hasen, 2012b; Teachout, 2014). Esse problema existe em todas as democracias. Es-

---

[536] Ver Eric Lipton, "Ethics in Play, Voters Oust Incumbents under Inquiry", *New York Times*, 9 de novembro de 2012. Muitos políticos em exercício acusados de malfeitos foram derrotados nas eleições de novembro nos Estados Unidos, mas alguns sobreviveram. A organização sem fins lucrativos Center for Responsibility and Ethics in Washington (CREW) publica listas dos "Membros mais corruptos do Congresso". Dos 31 citados nos anos 2010 a 2012, 11 foram derrotados ou se retiraram, ao menos devido, em parte, a questões éticas. CREW reclama em seus relatórios sobre a falta de acompanhamento pelos Congressional Ethics Committees e de aplicação das leis em algumas das alegadas violações da ética. Para informações sobre os esforços atuais do CREW e seu relatório mais recente, ver http://www.crewsmostcorrupt.org/mostcorrupt (acesso em 9 de outubro de 2015). O relatório, contudo, é um tanto vago sobre exatamente como selecionam os legisladores mais corruptos.

cândalos na França e na Itália nos anos 1990 envolviam contribuições ilegais de campanha e "políticos empresários" (della Porta, 1996; Mény, 1996:314). O mesmo se revelou em escândalos Na Coreia do Sul e no Japão (Park 1995; S. Reed 1996). Essas ocorrências impulsionaram reformas eleitorais em alguns países (Persson, Tabellini e Trebbi 2003); todavia, a superposição fundamental entre poder econômico e poder político prossegue, com a fronteira entre a influência legal e a ilegal mantendo-se instável e pouco clara, de um país para outro, ao longo do tempo.

A. Financiamento de campanhas políticas

Sistemas políticos democráticos precisam encontrar uma forma de financiar campanhas políticas sem estimular a venda dos políticos a seus contribuintes. Os governos têm, de maneiras bem diferentes, traçado a fronteira entre doações legais e ilegais, e a legislação varia grandemente quanto aos limites que estabelece às negociações *quid pro quo* envolvendo políticos.

Mesmo as contribuições estritamente legais de interesses poderosos são fonte de preocupação.[537] Grupos que doam fundos a candidatos a cargos eletivos frequentemente esperam ajuda nos processos legislativos, e podem também querer tratamento especial com problemas específicos no trato com a burocracia ou na busca por contratos ou concessões. Os interesses de grupos ou de indivíduos poderosos podem facilmente conflitar com os do público em geral. O processo eleitoral pode disciplinar os políticos de modo que, mesmo preservando a representação dos interesses de seus eleitores, possa penalizar candidatos que pareçam estar demasiadamente vinculados a interesses especiais. Porém, os eleitores não podem agir, a menos que saibam como se comportam seus representantes e quem lhes deu dinheiro. Presentes legalmente válidos podem ter efeito corruptor, se não precisam tornar-se públicos e se o *quid pro quo* não ficar claro para os votantes.

Às vezes, as expectativas por um *quid pro quo* são evidentes. Seguem-se aqui alguns exemplos, entre muitos. Um caso especialmente notável foi o de uma empresa de construção da Carolina do Norte, que não recebeu o favor que esperava em troca de sua contribuição à campanha do governador em

---

[537] Nos Estados Unidos, esse é um tema central nos debates atuais sobre financiamento de campanhas. Ver Lessig (2011), Hasen (2012a), Mutch (2014) e Teachout (2014). Lepore (2014) fornece uma visão geral crítica sobre o debate corrente.

exercício, e pediu de volta seu dinheiro.[538] Por vários anos, a empresa de energia Enron fez doações políticas e pagou lobistas para influenciar a Califórnia e a lei dos Estados Unidos, para isentar de regulamentação derivativos de energia. Embora tenha sido negado o *quid pro quo*, Wendy Gramm, diretora das Commodities Futures Trading Commission entre 1988 e 1993, e esposa do senador Phil Gramm, foi a seguir nomeada para a diretoria da Enron; o senador Phil Gramm recebeu fundos de campanha da Enron e, com pouca publicidade, acrescentou uma isenção ao Commodities Futures Modernization Act — e posteriormente ingressou em uma empresa associada (Tillman, 2009; ver também Gulati e Rao, 2007). Em 2012, os prefeitos das cidades de Montreal e Laval, ambas na província canadense de Quebec, renunciaram em meio a alegações de corrupção.[539] No caso de Montreal, o prefeito não foi acusado de envolvimento direto, mas de não ter tomado as medidas para conter a corrupção no financiamento de campanhas e em casos de comissões em compras.[540] No Japão dos anos 1990, políticos que prestavam assistência a empresas locais na obtenção de contratos esperavam em retorno um percentual sobre a receita (Qui, 1996:231). Na Alemanha dos anos 1980, contribuições disfarçadas de doações de caridade eram encaminhadas a partidos políticos, em um esforço para obter *quid pro quos* legislativos. Na época, pagar membros do parlamento por favores não era uma infração punível (Seibel, 1997:88, 94). Na Espanha, escândalos revelados no início dos anos 1990 envolveram políticos que levantavam fundos para seus partidos políticos mediante cobranças a empresas e bancos por trabalhos de consultoria fictícios (Heywood, 1996:116-17). No México, grupos criminosos organizados têm feito contribuições em campanhas para prefeitos, a fim de conseguir concessões.[541] O governador Andrew Cuomo, do estado de Nova York, encerrou uma comissão anticorrupção que ele mesmo tinha criado, segundo se relata

---

[538] Kevin Sack, "A Road-Building Scandal Forces a Governor's Hand", *New York Times*, 14 de janeiro de 1998, http://www.nytimes.com/1998/01/14/us/a-road-building-scandal-forces-a-governor-s--hand-.html (acesso em 11 de outubro de 2015).

[539] Ian Austen, "Canada: Another Mayor Resigns", *New York Times*, 9 de novembro de 2012, http://www.nytimes.com/2012/11/10/world/americas/canada-another-mayor-resigns.html (acesso em 11 de outubro de 2015).

[540] Ian Austen, "Mayor of Montreal Resigns as Corruption Investigation Heats Up", *New York Times*, 6 de novembro de 2012, http://www.nytimes.com/2012/11/07/world/americas/mayor-of-montreal--gerald tremblay-resigns-amid-corruption-inquiry.html (acesso em 11 de outubro de 2015).

[541] Equipe do El Norte, "Entran los narcos a construir em el Sur", *El Norte*, 13 de outubro de 2012, Nacional.

depois que essa começou a investigar uma empresa de marketing que tinha trabalhado para sua campanha de 2010. No mesmo estado, representantes democratas demandaram doações de campanha do Real Estate Board of New York, insinuando um *quid pro quo*.[542]

Em nível federal, nos Estados Unidos, a compra direta de favores ocorre, mas é feita em surdina e difícil de documentar. Conforme colocou um congressista, "Seria difícil argumentar que contribuições não abram portas. Você pensa que um voto ou um membro pode ser comprado por contribuições? Não. Mas há sempre aquela influência sutil pelos contribuidores." (citado em Koszcuk, 1997:771). As contribuições parecem ser vistas por muitos doadores como investimentos em longo prazo, por desenvolver relações de mútua confiança (Snyder, 1992; Lessig, 2011; Hasen, 2012b). Um estudo com base em dados dos Estados Unidos revela que as doações são feitas não para comprar votos, mas para a conquista de mandatos por candidatos simpatizantes. Uma vez investidos, os políticos tentam acomodar seus apoiadores. Na prática, contudo, é difícil distinguir entre políticos que adaptam suas posições para favorecer seus contribuintes e aqueles que foram eleitos porque compartilham do ponto de vista de seus contribuintes (Bronars e Lott, 1997). Contribuições privadas influenciam quem se candidata, e como os políticos se comportam uma vez eleitos. Mesmo que as doações apenas determinem quem será recebido em audiência, esse acesso pode ser suficiente para influenciar o resultado de votações.

A preocupação com a influência indevida seria de pouca importância se os fundos de campanha não pesassem no sucesso eleitoral. Nessa hipótese, seria viável fazer cumprir os limites legais de gastos. No entanto, embora trabalhos empíricos não tenham determinado conclusivamente o impacto das doações de campanha no sucesso eleitoral, os políticos e os contribuintes agem como se dinheiro fosse importante (Snyder, 1992). Os políticos que estejam exercendo mandato levam vantagem no levantamento de fundos sobre os demais candidatos e, no Legislativo, os que ocupam posições poderosas são especialmente favorecidos (Alexander, 1991). No entanto, é difícil documentar estatisticamente com exatidão o quanto essa influência incide. Um estudo de

---

[542] Esses dois casos são discutidos em Susanne Craig, William K. Rashbaum e Thomas Kaplan, "Cuomo's Office Hobbled Ethics Inquiries by Moreland Commission". *New York Times*, 23 de julho de 2014, http://www.nytimes.com/2014/07/23/nyregion/governor-andrew-cuomo-and-the-short--life-of-the-moreland-commission.html (acesso em 11 de outubro de 2015).

votações nominais no Congresso dos Estados Unidos não encontrou relação estatisticamente significativa entre votos e contribuições (Ansolabehere, Figueiredo e Snyder, 2003). Contudo, como apontam Hasen (2012b) e Lessig (2011:131-46), existem muitas outras rotas de influência que são sutis e difíceis de documentar de forma sistemática. Em consequência, a ligação entre fundos de campanha e influência permanece como preocupação persistente dos críticos do sistema político americano. Apesar da falta de verdadeira competição na luta por muitos dos assentos no Congresso, as eleições custam caro e é necessário levantar fundos com base em fontes privadas.

Essas preocupações têm-se exacerbado nos anos recentes por casos examinados pela Suprema Corte, que derrubaram muitos dos limites impostos pela regulamentação do financiamento de campanhas. A preservação do direito à liberdade de expressão tem limitado as opções sob a legislação americana. O caso de *Buckley v. Valeo*, 424 U.S. 1 (1976) articulou uma orientação constitucional baseada em evitar-se a corrupção *quid pro quo* ou a aparência de corrupção — uma orientação que permitiu a regulamentação das contribuições diretas para candidatos e partidos. *Buckley v. Valeo*, contudo, não resolveu o status do suposto gasto "independente" — não oficialmente afiliado a qualquer candidato ou partido, mesmo que seja óbvio o apoio de fato — o que acarretou rápido crescimento desse expediente no início do século XXI (Lessig, 2011:239; Hasen, 2012a:562n40). Tentativas de regulamentá-lo têm-se mostrado difíceis, e esses esforços experimentaram séria derrota em *Citizens United v. Federal Election Commission*, 130 S. Ct. 876 (2010). Esse caso impactou seriamente a regulamentação do financiamento de campanhas. Interpretando de forma ampla a proteção à liberdade de expressão contida na Primeira Emenda, a Suprema Corte invalidou restrições legais quanto aos gastos políticos independentes, inclusive os gastos por corporações e outras organizações, assim como por indivíduos. Fazendo analogia entre gastos e discurso, a tese defende que o risco de corrupção *quid pro quo* ou da aparência dessa corrupção é mínimo para esse gasto "independente". A ênfase do caso em "corrupção" (ou na aparência de corrupção) como a única justificativa constitucional para regulamentação dá apoio aos esforços dos estudiosos das leis nos Estados Unidos para desenvolver uma categoria de corrupção "legal", que, defendem eles, é tão prejudicial à democracia quanto *quid pro quos* ilegais.[543] Um objetivo seria estender a noção judicial de regulamentação constitucionalmente legítima.

---

[543] Ver, por exemplo, Dincer e Johnston (2015).

Entretanto, a corte ainda não aceita esses argumentos. Em um caso posterior ocorrido em Montana, argumentava-se que a história da corrupção no estado justificava forte regulamentação, mas foi descartada pela Corte em uma breve sessão [*American Tradition Partnership v. Bullock*, 132 S. Ct. 2490, 2491 (2012)]. Em *McCutcheon v. Federal Elections Commission*, 133 S. Ct. 1242 (2013), a corte derrubou limites federais para o total agregado que um indivíduo (inclusive corporação) possa doar a todos os candidatos.[544] Ela permitia limites para presentes destinados especificamente a candidatos, grupos e comitês de ação política (PACs) tradicionais, e isso é basicamente o que restou da regulamentação financeira de campanha, mesmo diante de pagamentos diretos a congressistas em troca de benefícios.[545]

O resultado tem sido a formação de Super-PACs,[546] que podem aceitar doações de valor ilimitado e produzir campanhas na mídia em favor de um partido político ou de um candidato específico, desde que o candidato ou o partido em questão não seja consultado. Isso permite que as corporações e indivíduos ricos façam contribuições que excedam os limites de doações para campanhas ou candidatos específicos e que também evitem a transparência associada às doações diretas. Na teoria, as atividades dos Super-PACs são independentes da campanha do candidato e ele ou ela não fica ciente de quem são os doadores; assim, nenhum *quid pro quo* é possível. Todavia, não é difícil imaginar formas pelas quais um candidato possa saber de doações específicas feitas a um Super-PAC que tenha realizado campanha em seu favor. Adicionalmente, se os candidatos não souberem a origem dos fundos, os eleitores comuns igualmente também a desconhecerão; porém, estes deve-

---

[544] Cortes federais inferiores seguiram a orientação da corte suprema. *SpeechNow.org v. FEC*, 599 F. 3d 686 (D.C. Cir.) levantou o véu sobre as doações para "comitês políticos que não fizeram contribuições de campanha e operavam independentemente de qualquer candidato ou partido político" (Smith 2013:604). *Green Party of Conn. V. Garfield*, 616 F. 3d 189, 207 (2d Cir. 2010) derrubou a proibição pelo estado de Connecticut das contribuições de lobistas e do grupamento de contribuições de campanha como não suportados pelo interesse da luta contra a corrupção. *Brinkman v. Budish*, 692 f. Supp; 2d 855, 864-64 (S. D. Ohio) anulou as regras contra portas giratórias para legisladores.

[545] Contudo, em 2015, a corte suprema apoiou um estatuto da Flórida que proibia que juízes e candidatos que concorressem a cargos eletivos do Judiciário solicitassem contribuições pessoalmente (*Williams-Yulee v. The Florida Bar*, 135 S. Ct. 1656 (2015)]. Eleições para o Judiciário ocorrem em 39 estados dos Estados Unidos e em muitas localidades, embora muitos não pertençam a partidos; 30 estados proíbem solicitações pessoais.

[546] Ver Smith (2013) para uma visão geral dos PACs.

riam poder saber quem está apoiando esse ou aquele candidato, ao fazerem suas escolhas.[547]

Fundos governamentais podem contribuir para contrabalançar o peso da riqueza privada, mas é difícil administrar corretamente esses programas. No México, um fundo federal está disponível para cada candidato associado a um partido, e é exigido das estações de rádio e televisão que destinem tempos iguais aos candidatos de uma mesma disputa (Duke, Morgenstern e Nielson, 2006:78). Até certo ponto, isso aplaina o campo de jogo, ao menos entre candidatos que representam um partido político. No entanto, nas eleições presidenciais de 2012, houve alegações generalizadas de burla da lei por candidatos e partidos, mas o Instituto Eleitoral Federal e um tribunal eleitoral específico examinaram as contestações e as consideraram sem provas, mantendo as eleições.[548] Nos Estados Unidos, os contribuintes de impostos têm a opção de doar US$3 a um fundo comum de campanha para as eleições presidenciais, quando recolhem seu imposto de renda pessoa física; esse fundo é então distribuído aos candidatos elegíveis, tanto nas primárias quanto nas eleições gerais.[549] Contudo, os montantes disponíveis são inundados por fundos privados, de modo que muitos dos candidatos à presidência optam por não receber o financiamento público. Adicionalmente, não existe amplo apoio financeiro público para as eleições legislativas.

Em todos os sistemas políticos democráticos, alguns presentes aos políticos violam as leis domésticas. Mesmo quando restrições legais ao levantamento de fundos parecem permissivos, os políticos e seus patrocinadores ricos podem preferir o anonimato de um presente ilegal. Manter um presente em segredo pode ajudar a esconder a ilicitude do *quid pro quo* e facilita os esforços visando o desvio de fundos para uso pessoal. Não se deve esperar que os eleitores vejam com tolerância isenções fiscais ou contratos concedidos em

---

[547] A decisão anulou grande parte do Federal Elections Campaign Act, aprovado em 1971, basicamente visando o fornecimento de fundos públicos para campanhas. O ato recebeu emendas em 1974, em resposta ao escândalo de Watergate, para combater a corrupção relacionada às campanhas e ao mau uso de fundos de campanha. Ver Mutch (2014) e La Raja (2012) sobre as leis de financiamento de campanhas nos Estados Unidos.

[548] Lizbeth Diaz, "Update 2 — Mexican Electoral Judges Reject Challenge do Pena Nieto Victory", *Reuters*, 31 de agosto de 2012, http://in.reuters.com/article/2012/08/31/mexico-election-tribunal-idINL2E8JV0BF20120831 (acesso em 11 de outubro de 2015).

[549] O programa é delineado em http://www.fec.gov/info/checkoff.htm (acesso em 11 de outubro de 2015).

troca de pagamentos irregulares. Porém, o testemunho de agentes políticos italianos na operação "Mãos Limpas" revela o quanto as práticas corruptas se podem entrincheirar em sistemas nominalmente democráticos. Líderes partidários colocavam pretensos políticos em posições onde era rotineiro o pagamento de propinas. A indústria de construção era uma fonte especialmente lucrativa de fundos. "Caixas partidários" especializados gerenciavam a coleta de propinas e a distribuição de contratos. Essas pessoas não ocupavam, em geral, posições oficiais no governo, mas eram intermediários junto a empresários que tinham algum problema em lidar com o governo. Eles coletavam propinas para os cofres do partido, mas algumas fatias dos ganhos eram guardadas também pelos indivíduos (della Porta, 1996). O estudo de um expressivo caso italiano sugere que os contribuintes ilegais buscavam favores bem específicos que queriam do estado e que muito do dinheiro não poderia ser objeto de prestação de contas. Havia uma grande discrepância entre o montante que as empresas relatavam ter dado e o que os partidos políticos reportavam ter recebido (Colazingari e Rose-Ackerman, 1998). Como demonstra o caso italiano, em muitos países o problema não é a sutil "corrupção de dependência" destacada por Lessig (2011), mas a prática não ambígua de propinas e comissões que alimentam campanhas políticas e enriquecem pessoalmente os candidatos.

B. Conflitos de interesse

Nas democracias, legisladores eleitos devem ser independentes e devem prestar contas ao público. Porém, "independente" de quem? A resposta difere através do tempo e do espaço. No passado, quando a questão maior era a deferência indevida ao monarca, o ideal era um corpo de legisladores independentemente ricos que não tivessem dívidas com o soberano. Assim, em 1911, alguns membros da câmara dos comuns britânica se opuseram a uma proposta que conferia salários aos membros do Parlamento, sob a justificativa de que legisladores não pagos seriam mais independentes da coroa. Nos anos 1970, opondo-se a aumentos da remuneração, alguns membros argumentaram que seu pagamento não deveria ser "tão substancial que os fizesse sentir devedores ao gabinete da ocasião, com seu poder de dissolver o Parlamento, nem aos vários partidos políticos do Parlamento" (Stark, 1992:433). Na França, a prática comum de funcionários civis terem licença para ausentar-se, a fim de servir como membros do Parlamento levanta questões similares sobre a independência do Legislativo em relação ao Executivo, sem a necessidade de quaisquer *quid pro quos* explícitos.[550]

Presentemente, a preocupação principal não é, claro, a dependência dos legisladores em relação ao monarca, mas o uso do mandato para promover interesses financeiros privados. Já discutimos essa questão com respeito a servidores civis (capítulo 5), mas deve ficar claro que surgem problemas análogos cada vez que um político ou um membro de sua família ou de sua equipe tenha interesse como proprietário em uma empresa que faça negócios com o governo ou que se possa beneficiar das políticas do estado. Ainda que não ocorra nenhum pagamento indevido ou nenhuma doação de campanha, o risco de favoritismo é o mesmo.

A maior parte das democracias maduras procuram limitar o impacto dos interesses econômicos privados nos políticos eleitos e, pelo menos, requerer que reportem seus interesses financeiros. Nos Estados Unidos, legisladores federais e suas equipes estão sujeitos a leis contra o suborno e a regras de conflitos de interesses que limitam as receitas externas, assim como o emprego após deixarem o Congresso [18 U.S.C. §§ 201,203, 207(e)], mas a seção do estatuto que trata de conflitos de interesses financeiros não se aplica ao Poder Legislativo [18 U.S.C. § 208]. Na União Europeia, cada estado-membro tem suas exigências em relação aos parlamentares, mas em geral eles são regulados com menos rigor que outros funcionários públicos. No entanto, os estados-membros diferem bastante no que exatamente deve ser revelado, se os relatórios são públicos, e que sanções podem ser aplicadas. Alguns não têm provisão para sanções, e alguns com fortes sanções não preveem acesso público aos registros. A Suécia baseia-se quase inteiramente em normas informais, enquanto outros países, especialmente na Europa Oriental possuem extensa regulamentação, compreendendo leis e códigos de conduta (Demmke et al., 2007). O Reino Unido é distinto, sob esse e outros aspectos, ao fundamentar-se em códigos em vez de em um estatuto. Embora a preocupação com os conflitos de interesse financeiro privado tenha aumentado em meados da década de 1990, em decorrência do escândalo de pagamentos por perguntas,

---

[550] Rohr (1991:287-8). A fatia do funcionalismo público civil em 2015 era de aproximadamente 30%. Os dados encontram-se no *website* da Assembleia Nacional: http://www.assemblee-nationale.fr/qui/xml/cat_soc_prof.asp?legislature=14 (acesso em 23 de julho de 2014).

o resultado foi um código fortalecido, não um estatuto.[551] Como Demmke et al. (2007) apontam ao comparar os estados-membros da União Europeia, a mera existência de um denso corpo de regulamentações legais para conflitos de interesse não garante sua eficácia. O estudo destaca as muitas questões difíceis que aparecem ao se tecerem comparações entre países, em razão de diferentes histórias e da falta de dados sobre a efetividade de diferentes abordagens. Mesmo nas democracias bem estabelecidas, existe a possibilidade de que os interesses privados de um político entrem em colisão com seu papel de representante do público.

Investigando além da Europa e dos Estados Unidos, Djankov et al. (2010:182) descobriu que, dos 175 países pesquisados, democráticos e não democráticos, 109 possuem alguma espécie de lei regulando a divulgação da informação. Os países onde não existe essa lei incluíam 27 na África Subsaariana, 12 no Oriente Médio e Norte da África e 11 da Ásia Oriental e costa do Pacífico. Alguns outros possuem sistemas voluntários abrangentes.[552] A divulgação de informações ao público parece ser um aspecto-chave dessas políticas; depois de corrigir a renda *per capita* e a democracia, essa é a única medida consistentemente associada com medidas de boa governança, especialmente para as democracias (ibid.:195-6). Essa associação é consistente com um maior grau de prestação pública de contas.

Em alguns países, foi apenas no passado recente que se levantaram questões acerca da atuação dos políticos em defesa de seus próprios interesses. Nas novas democracias, conflitos de interesse e transparência financeira não

---

[551] O jornalismo investigativo revelou um padrão estabelecido segundo o qual alguns membros do Parlamento foram pagos para fazer perguntas. Embora aparentemente as somas não tenham sido elevadas, as revelações terminaram com as carreiras de muitos políticos, e o primeiro-ministro estabeleceu um Comitê de Padrões na Vida Pública (o Comitê Nolan), formado por respeitados indivíduos independentes e por representantes dos partidos políticos mais importantes. O comitê desenvolveu um código de sete pontos para o comportamento ético para funcionários públicos e membros do Parlamento, mas o código não tem base estatutária. Philip Webster, "Sleaze Report Condemns Hamilton", *The Times* (Londres), 4 de julho de 1997; David Hencke, "A Liar and a Cheat: Official", *The Guardian*, 4 de julho de 1997. Em suma, os princípios são: abnegação, integridade, objetividade, responsabilização, franqueza, honestidade e liderança. A anulação dos conflitos de interesse está incluída em "honestidade". O *website* do comitê, com um *link* para os princípios, é https://www.gov.uk/government/organisations/the-committee-on-standards-in-public-life- (acesso em 23 de julho 2015).

[552] Os dados completos levantados pelos autores encontram-se em http://scholar.harvard.edu/shleifer/publications?page=2 (acesso em 11 de outubro de 2015).

têm sido temas de alta prioridade para os reformadores. Porém, se deixados fora de controle, políticos com amplos interesses negociais podem solapar a legitimidade do governo, com tanta certeza quanto aqueles que jogam com a competição de grandes contribuintes. Nos antigos países socialistas, o problema foi particularmente agudo durante a transição, porque muitas empresas privatizadas foram tomadas pelos seus anteriores dirigentes, que também, com frequência, permaneceram ativos na política (Collins, 1993:326). De acordo com um comentarista, na Rússia, "muitos funcionários do governo simplesmente não entendem que o auto-enriquecimento enquanto no poder é um crime" (Coulloudon, 1997:73). Na Ucrânia, 150 empresários e banqueiros foram eleitos para o Parlamento em 1998, muitos com interesses econômicos que seriam afetados pelas leis sob sua própria consideração.[553] Embora alguns tenham aplaudido esse desdobramento como forma de assegurar independência em relação ao Executivo, criaram-se óbvios problemas de conflitos de interesse quando da formulação de leis regulatórias e tributárias. Como caso extremo, considere-se Silvio Berlusconi, o magnata da mídia que, como primeiro-ministro da Itália, modificou as leis para reduzir o estatuto das limitações sobre acusações de corrupção e as penas aplicáveis a cidadãos de idade mais avançada. Apesar dessas reformas, ele foi despojado da imunidade que lhe cabia como senador,[554] foi julgado e condenado por fraude fiscal.[555]

Essa é uma área para a qual é difícil prescrever regras cabais aplicáveis a todos os sistemas políticos. Não obstante, em um nível mínimo, a divulgação dos interesses financeiros dos políticos e o de suas famílias parece necessária para a responsabilização democrática. Porém, uma vez que acrescentamos a ação dos lobistas à mistura, é importante pesar os benefícios de abrir certos dados a fontes de influência imprópria — o que leva a um difícil equilíbrio.

---

[553] "Ukraine's Businessmen — A New Political Class", *Financial Times*, 17 de abril de 1998.

[554] Transparência Internacional, "Berlusconi: No Immunity, No Impunity", postado em 28 de novembro de 2013 em *Politics and Government*, http://www.transparency.org/news/feature/berlusconi_no_immunity_no_impunity (acesso em 13 de junho de 2014).

[555] Elisabetta Povoledo, "Milan Court Gives Berlusconi a Year of Community Service", *New York Times*, 15 de abril de 2014, http://www.nytimes.com/2014/04/16/world/europe/milan-court-gives--berlusconi-a-year-of-community-service.html?ref=topics (acesso em 11 de outubro de 2015).

C. Lobby e conexões políticas

Os negócios influenciam a política de várias maneiras nos diferentes países, dependendo dos níveis subjacentes de corrupção e de competição política (Fisman, 2015). Se as conexões pessoais têm uma importância-chave e a alternância democrática do poder é incomum, aqueles que buscam influência política vão procurar atrair a atenção dos que se encontram no poder. Por exemplo, na Indonésia sob Suharto, conexões empresariais com o ditador eram corriqueiras. Um estudo, por exemplo, revelou que notícias de doença de Suharto levou à queda do valor no mercado de ações das empresas em que tinham interesse membros da família de Suharto e seus protegidos (Fisman, 2001). Similarmente, descobriu-se que empresas politicamente conectadas no Paquistão tomavam empréstimos de bancos estatais em proporções bem mais significativas, e ficavam com dívidas em atraso com muito maior frequência que empresas não conectadas ao poder. Membros das diretorias procuravam também, às vezes, criar essas conexões concorrendo a cargos eletivos (Khwaja e Mian, 2005). Em contraste, se há eleições competitivas e alternância de poder, atores estratégicos provavelmente vão buscar caminhos de influência que não dependam da composição partidária do governo. Como ilustração, Fisman et al. (2012) aplicam a mesma técnica que em seu artigo sobre a Indonésia para estudar reações a emergências de saúde sofridas pelo vice-presidente Cheney. Eles examinaram o valor de mercado tanto da Haliburton, da qual Cheney tinha sido diretor-presidente, e de um grupo de empresas conectadas a ela, e não encontraram nenhuma reação. Obviamente, esse resultado não significa que grandes empresas, como a Haliburton, não tenham impacto nas decisões do governo dos Estados Unidos, ou que elas não se beneficiem das decisões do governo. Isso apenas indicava que as rotas de influência não são estreitamente ligadas a indivíduos particulares, poderosos e politicamente influentes. Por exemplo, um estudo concluiu que em 2003, sob um presidente republicano, contratos dos Estados Unidos para a reconstrução do Iraque tendiam a favorecer grandes empresas conectadas ao Partido Republicano (Leenders e Alexander, 2005:85). Contudo, seria difícil provar que as conexões dessas empresas eram a chave para seu sucesso.

Diferenças sistêmicas nas ligações entre empresas e governo são reveladas em um estudo internacional comparativo por Faccio, contemplando mais de 20 mil empresas em 47 países. Ele descobriu que, quando acionistas importantes ou funcionários de alto nível assumiam cargos políticos, isso era valioso para empresas em estados nos quais a corrupção era acima da média, mas não oposto (Faccio, 2006:383-4). Presumivelmente, essas conexões eram simplesmente menos necessárias para empresas em estados com menos corrupção e estado de direito mais aprimorado. Em geral, esses estados tinham também leis mais rigorosas para conflitos de interesse, que proibiam certos tipos de conexões explícitas entre os negócios e a política. Naturalmente, nem todas as empresas se beneficiavam de ligações políticas. Nos regimes onde o poder político dominava o poder econômico, essas ligações convidam à extorsão. Políticos importantes em diretorias de empresas privadas podem pressionar as empresas a assumir ações politicamente motivadas que prejudiquem os lucros e anulem quaisquer ganhos. Assim, nos estudos de Faccio (2006), essas empresas não obtinham qualquer valorização líquida no mercado de ações por colocarem políticos em suas diretorias, mas se beneficiavam quando algum de seus políticos entravam para a política.

Paradoxalmente, conexões políticas podem ser mais lucrativas em estados como os Estados Unidos, que não são assolados com alto grau de suborno e extorsão. Nesses casos, os funcionários públicos em sua maioria não são pessoalmente corruptos e não usam seu poder para extorquir benefícios das empresas. Assim, um estudo das empresas na Dinamarca, um país de baixo grau de corrupção, identificou que empresas conectadas por laços familiares com políticos eram mais lucrativas que outras. A principal fonte de ganhos é, aparentemente, o melhor acesso aos contratos governamentais e outros negócios para empresas que, a menos desses contratos, seriam menos produtivas que outras (Amore e Bennedsen, 2013). Em resumo, empresas em países altamente corruptos podem usar suas conexões para canalizar pagamentos aos detentores do poder em troca de favorecimento e monopólio de receitas. No entanto, existe o risco de que a força dessas conexões possa levar os políticos a praticar extorsão contra as empresas e se apropriar da maior parte dessas receitas. O alto nível de comissões pode desviar a parte principal dos ganhos monopolistas para os políticos. Esse contexto levou, em alguns casos, a uma solução de monopólio conjunto, como no caso da Indonésia, onde a família do chefe de estado detém tanto o poder político quanto o econômico.

Conflitos causados pelo controle direto de bens públicos pelos políticos dão origem às tensões mais explícitas entre o poder público e a riqueza privada. Mais amplamente, o lobby e a pressão política desafiam os valores igualitários da democracia. Quando as propostas legislativas são esquematizadas e debatidas, aqueles que tenham interesse nos resultados vão naturalmente querer entrar em contato com os membros dos Poderes Legislativo e Executivo que estejam preparando o texto. Eles vão desejar falar com os membros do Executivo que estejam rascunhando as propostas, e com os poderosos legisladores que possam modificar o texto original e apressar, retardar ou entravar a legislação em processo. Em um sistema onde o poder é descentralizado e disperso, como nos Estados Unidos, existem muitos pontos de acesso; em consequência, sustar uma iniciativa é mais fácil que fazê-la tornar-se lei. Em todos os sistemas, grupos organizados e empresas individuais poderosas têm forte interesse em monitorar o processo legislativo e em encontrar pontos de entrada para defender seus interesses. Particularmente problemáticas são as situações nas quais o *lobby* e o financiamento de campanha se sobrepõem, como é indiscutivelmente o caso dos Estados Unidos (Lessig, 2011; Hasen, 2012b).

Pesquisas estão começando a mensurar o valor marginal das conexões políticas nas democracias onde conflitos de interesse abertos são incomuns (Fisman, 2015, provê uma visão geral). Instituições que buscam influência junto aos legisladores têm oportunidades. Seus empregados podem engajar-se em ação de *lobby*, ou empresas e grupos podem contratar um profissional com bons contatos para fazer o *lobby* por eles. Em ambos os casos, os críticos do *lobby* veem isso como muito próximo à verdadeira corrupção, porque confere aos que têm mais recursos mais influência que aqueles que não dispõem do mesmo volume de fundos. No entanto, os políticos devem ponderar os custos eleitorais de seguir muito de perto os desejos dos que podem pagar lobistas de alto preço. Adicionalmente, algum *lobby* é exercido por grupos bem organizados da sociedade civil, em áreas como política ambiental, proteção ao consumidor e educação; e por sindicatos e por associações de beneficiários, como pensionistas e veteranos de guerra. O *lobby* não é, por si mesmo, corrupto. Ao contrário, ele é um aspecto necessário da relação entre formuladores das leis e o público, mas pode facilitar *quid pro quos* corruptos se não for cuidadosamente monitorado.

A patologia mais clara é a do lobista que desempenha apenas a função de carregador de malas para seu empregador — provendo ou benefícios financeiros privados ou fundos de campanha aos políticos, em troca dos votos destes. O lobista é, assim, um portador usado para a entrega de benefícios aos políticos, em troca de ações acertadas com estes. Os lobistas, é claro, defendem seu comportamento em outras bases. Seus contatos lhes asseguram acesso que lhes permitem contribuir com sua expertise. Sob essa ótica, os lobistas procuram persuadir por argumentos e fornecimento de informações. Eles ajudariam a garantir que as leis fossem competentemente redigidas, de forma a atingirem seus objetivos, evitando-se consequências indesejadas. Assim, o valor do lobista dependeria de seu acesso a políticos-chave, para poder contribuir com os benefícios de que é portador, e do que façam os políticos em resultado da ação de *lobby*. Podemos assumir que todos os lobistas buscam resultados legislativos que beneficiem seus clientes, e concentrarão seus esforços junto àqueles legisladores que sejam capazes de afetar os resultados. Simplificadamente, há quatro possibilidades: (1) o acesso a esses políticos é pesadamente racionado, direcionando-se a ricos interesses, e os benefícios proporcionados a esses políticos são ou de natureza pessoal ou relacionados às atividades de campanha; (2) o acesso é direcionado de forma semelhante, mas os lobistas proveem informações e *expertise*, em conjugação com os interesses de seus clientes; (3) o acesso é aberto, e os benefícios são de natureza pessoal ou relacionados a campanhas; (4) o acesso é aberto e os lobistas proveem informações e *expertise* relacionadas a todos os lados da questão. Se o tempo não fosse escasso, a quarta possibilidade é obviamente a mais consistente com a visão de que a atividade de *lobby* aprimora a responsabilização democrática e melhora a qualidade da legislação. A primeira possibilidade é bem próxima à corrupção aberta. Na maioria das democracias, a realidade está em algum ponto intermediário.

Conexões importam. Empresas e grupos de interesse ou se envolvem diretamente nas atividades de *lobby* ou contratam lobistas, cujo maior valor consiste nas conexões que possam ter com os legisladores, talvez porque sejam ex-legisladores ou ex-membros de assessorias de congressistas (Lessig, 2011; Hasen, 2012b). Um estudo sobre lobistas que tinham participado de assessorias de congressistas dos Estados Unidos concluiu que a receita que eles geravam era negativamente afetada quando o senador que os havia empregado deixava o senado — a média de queda era de 24% (Vidal, Draca e Fons-Rosen, 2012). O declínio era particularmente agudo para congressistas que tinham presidido comitês-chave. Todavia, o estudo não mensurava a real influência dos lobistas, mas apenas a influência percebida. Note-se que não havia nesse estudo qualquer sugestão de corrupção aberta. As normas éticas do Congresso impedem que os lobistas façam uso de seus ganhos para custear benefícios lucrativos, tais como viagens e entretenimento.

Evidentemente, se benefícios personalizados não estão disponíveis, ficam valorizadas as conexões puras, baseadas em emprego anterior ou confiança.

Laços pessoais podem tanto tornar mais fácil o acerto de *quid pro quos* ilegais quanto torná-los menos necessários. Um segundo estudo tenta distinguir entre o valor dos contatos dos lobistas e seu fornecimento de informações aos membros do Congresso dos Estados Unidos (Bertrand, Bombardini e Trebbi, 2014). A conclusão é que ambos são importantes — "especialistas no assunto" têm melhores condições de obter uma audiência de um amplo subconjunto de políticos — mas as conexões são mais valiosas que a *expertise* marginal. Alguns lobistas profissionais baseiam-se em sua *expertise* substantiva; outros são mais conectados a legisladores específicos e mudam sua *expertise* substantiva quando "seus" congressistas mudam de comitê. O estudo é, assim, consistente com a segunda possibilidade: o acesso é distorcido pelas conexões, mas os lobistas também proveem *expertise*. No entanto, nenhum desses estudos procura determinar o que os membros do Congresso fazem em resposta ao lobby ou para estabelecer ligação entre suas atividades legislativas com o lobby e com as contribuições de campanha. Na medida em que o lobby por empresas ou setores empresariais seja associado a contribuições de campanha advindas dessas entidades, a situação estará bem próxima ao primeiro modelo de quase corrupção.[556] Um foco em lobistas registrados é insuficiente: as ações diretas dos lobistas devem ser consideradas no contexto da estratégia geral das relações de seus clientes com o governo.

Ao menos em algumas áreas legislativas, o *lobby* parece beneficiar aqueles que o contratam. Estudos mostram que tanto o *lobby* doméstico quanto o estrangeiro afetam a política de comércio dos Estados Unidos e preferências comerciais de empresas específicas. Para o *lobby* doméstico, o impacto é positivo, mas da mesma magnitude que medidas de bem-estar social. Em contraposição, o *lobby* estrangeiro por preferências comerciais tem um impacto bem maior, embora esse resultado possa advir de diferenças metodológicas.[557]

---

[556] Bertrand, Bombardini e Trebbi (2014:3901-3) consideram apenas as contribuições de campanha dos próprios lobistas. Eles concluem que as contribuições de campanha estão associadas à maior probabilidade de que o lobista e o legislador trabalhem ambos nos mesmos assuntos, mas parece improvável que essas contribuições sejam uma fonte importante de recursos. Seria interessante estudar se alguns lobistas agem como arrecadadores de contribuições ou se estão de algum modo ligados ao levantamento de fundos.

[557] Kee, Olarreaga e Silva (2007) estudam o *lobby* de países estrangeiros por preferências comerciais e concluem que as contribuições do *lobby* são cinco vezes mais importantes que renúncias fiscais. Eles também citam a literatura sobre *lobby* e comércio, doméstico e estrangeiro, que geralmente não mostra impacto tão grande. Infelizmente, os Estados Unidos são o único país com dados relativamente abrangentes sobre despesas de *lobby*.

Essas observações não se destinam, claro, a impugnar esses esforços como corruptos, mas apenas a indicar que são efetivos.

D. Compra de votos e fraude eleitoral

O problema do dinheiro na política não se restringe a pressões sobre os políticos. Do outro lado da equação encontram-se os atrativos oferecidos aos eleitores. Uma forma particularmente intratável de corrupção política ocorre quando os políticos aceitam contribuições ilegais de campanha e as utilizam para pagar os eleitores em termos individuais. Mais usualmente, os cidadãos são pagos para ir votar, mas existem casos em que agentes políticos pagam às pessoas para ficar em casa.[558] Sistemas de compras de votos são nominalmente democráticos, mas têm muito em comum com antigas tradições de patronato e clientelismo.

Pagamentos diretos a eleitores têm longa história, podendo ser retraçada até a Grã-Bretanha e aos Estados Unidos do século XIX.[559] Nesses países reformas limitaram esses pagamentos, mas eles permanecem uma característica das eleições em outros lugares. De acordo com World Values Survey, globalmente 41,8% dos respondentes acreditam que os eleitores receberem propinas são ocorrências "razoavelmente frequentes" ou "muito frequentes"; respostas variaram de 4,3% na Holanda a 79,2% nas Filipinas (figura 11.1). Esses dados não revelam a real incidência de compra de votos ou como os respondentes entenderam a questão, mas os percentuais sugerem que alguns regimes enfrentam sérios problemas de credibilidade eleitoral.

Evidências curiosas destacam alguns dos mecanismos. Na Itália, "chefes" políticos tentam fazer surgir votos não apenas com fundos de campanha, mas também mobilizando recursos do estado, patrocinando empregos e outros tipos de favores para criar redes de obrigações (della Porta, 1996). Trocas similares de favores por votos ocorreram na Espanha, onde dívidas e doações

---

[558] Lehoucq (2003). Para exemplos de compra de votos e outros tipos de fraude eleitoral nos Estados Unidos, ver David A. Fahrenthold, "Selling Votes Is Common Type of Election Fraud", *The Washington Post*, 1º de outubro de 2012, http://www.washingtonpost.com/politics/decision2012/selling-votes-is-common-type-of-election-fraud/2012/10/01/f8f5045a-071d-11e2-81ba-ffe35a7b6542_story.html (acesso em 11 de outubro de 2015). Ver também Cox e Kousser (1981:655-61) para um exemplo desta segunda opção na área rural do estado de Nova York no final do século XIX e início do século XX.

[559] Para vívidos relatos de fraude eleitoral relativa a Atlantic City, ver Johnson (2002:68,73).

Figura 11.1. Percentual de respondentes que acreditam que os eleitores receberem propinas são ocorrências "razoavelmente frequentes" ou "muito frequentes"

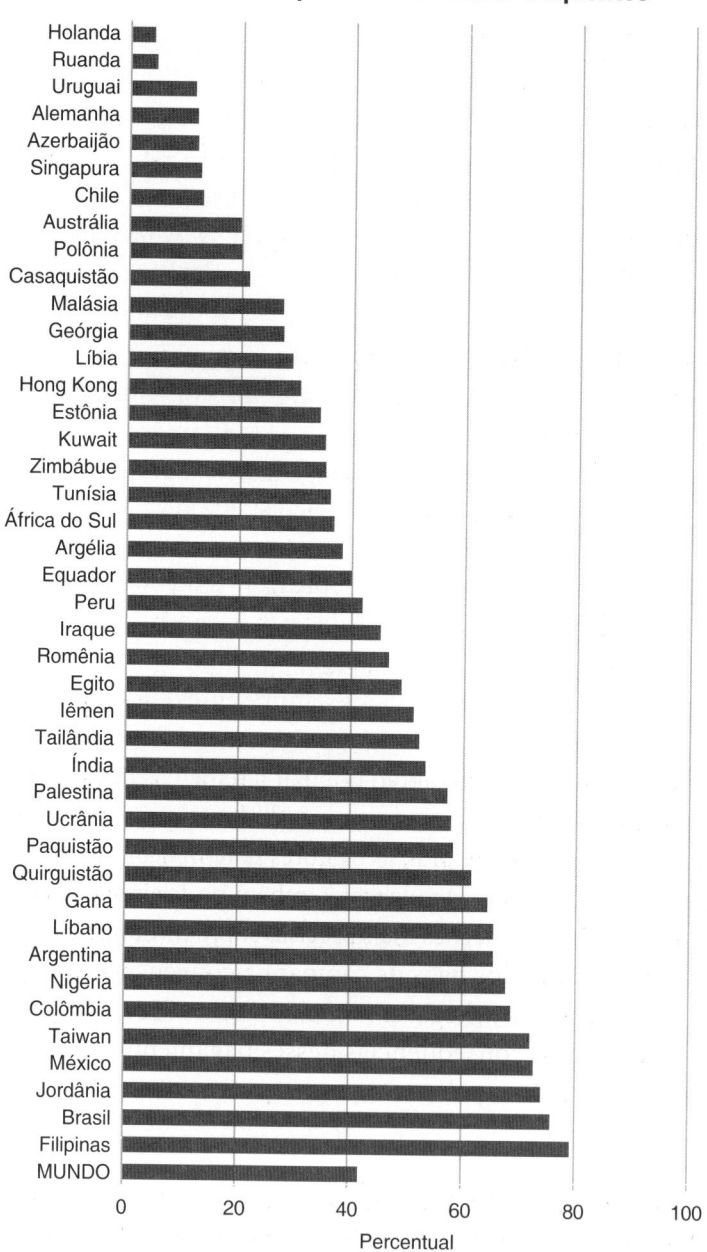

Holanda	
Ruanda	
Uruguai	
Alemanha	
Azerbaijão	
Singapura	
Chile	
Austrália	
Polônia	
Casaquistão	
Malásia	
Geórgia	
Líbia	
Hong Kong	
Estônia	
Kuwait	
Zimbábue	
Tunísia	
África do Sul	
Argélia	
Equador	
Peru	
Iraque	
Romênia	
Egito	
Iêmen	
Tailândia	
Índia	
Palestina	
Ucrânia	
Paquistão	
Quirguistão	
Gana	
Líbano	
Argentina	
Nigéria	
Colômbia	
Taiwan	
México	
Jordânia	
Brasil	
Filipinas	
MUNDO	

Percentual

Fonte: Cálculos dos autores publicados no World Values Survey Wave 6: 2010-2014, obtidos em http://www.worldvaluessurvey.org/WVSOnline.jsp (acesso em: 15 de junho de 2015). Respostas disponíveis para apenas 42 países.

partidárias e subsídios públicos são insuficientes para financiar campanhas, e as leis existentes são escassamente aplicadas (Heywood, 1996:125-7). As eleições de 1996 na Tailândia deram continuidade a uma longa prática de pequenos pagamentos aos eleitores. Uma novidade original foi a inclusão de um bônus pós-eleitoral se o candidato vencesse.[560] De forma semelhante, na Bulgária, os pagamentos eram coordenados pelo dono de um bar e condicionados à vitória do candidato.[561] Na Coreia e no Japão, políticos acusados de acumular baús de campanha ilegais justificaram seus atos referindo-se às demandas financeiras da campanha em países onde os eleitores esperam presentes ou outros benefícios personalizados dos candidatos (Park, 1995; S. Reed, 1996). Nesses sistemas políticos, os votantes podem ignorar ou mesmo encorajar contribuições ilegais dos indivíduos abastados se alguns benefícios revertem para eles, a partir da largueza dos políticos. A natureza personalizada dos benefícios concedidos aos eleitores pelos políticos no poder pode tornar particularmente difícil surgirem candidatos de oposição dignos de crédito. Alguns poderiam argumentar que, se a maioria dos pagamentos é gasta para beneficiar apoiadores, não há nada com que se preocupar. Mas isso é incorreto. Em vez de um sistema baseado em princípios democráticos, o governo é uma estrutura de prestação recíproca de favores, que beneficia aqueles com maiores recursos e maior poder político.

Os políticos devem ser impedidos de dar presentes e prestar favores valiosos para seus eleitores. Se for possível garantir isso, o campo de batalha será aplainado e poderá aumentar o apoio popular a reformas mais fundamentais. Uma vez que as verbas estejam indo para os bolsos e para os orçamentos de propaganda da campanha eleitoral, os eleitores podem ficar menos tendentes a aceitar um sistema corrupto. Divulgação também pode ajudar. Na Coreia e na Itália dos anos 1990, informações mais precisas sobre o volume de pagamentos indevidos e o tamanho dos baús de campanha convenceram as pessoas de que poucos dos benefícios chegavam até elas (Park, 1995; della Porta, 1996). Se, adicionalmente, as consequências desses pagamentos são vistas como prejudiciais à sociedade, o palco está pronto para reformas.

---

[560] Seth Mydans, "Thai Civics: New Leader but Votes Are Still for Sale", *New York Times*, 19 de novembro de 1996. Para informações contextuadas sobre a Tailândia, ver Pasuk e Sungsidh (1994).

[561] Transparency International, "The Price of a Vote in a Bulgarian Pub", postado em 9 de junho de 2015, http://www.transparency.org/news/feature/the_price_of_a_vote_in_a_bulgarian_pub (acesso em 11 de junho de 2015).

Se existe voto secreto, a compra de votos pode ser concebida como fraude. Em casos especialmente escandalosos, operadores políticos marcam votos para os eleitores, seja votando em lugar de um ausente ou manipulando votos por correios, seja acompanhando o eleitor na cabina de votação. Em um caso na Flórida, uma "agente" foi presa depois de ter entrado no quarto de tratamento em casa de um paciente já muito enfermo para ler, escrever ou comunicar-se, e saiu com o voto dele totalmente preenchido. No Kentucky, agentes eleitorais mudaram votos digitais após instruir os votantes a sair sem ter confirmado suas escolhas.[562] Mesmo que votos individuais não sejam comprados ou falseados, os políticos podem tentar manipular os resultados por meio de outros tipos de fraude. Esta pode envolver pagamentos corruptos para que funcionários e monitores eleitorais manipulem as listas de votação, errem na contagem ou no relato de votos, "percam" urnas, limitem o tempo de disponibilidade de zonas eleitorais em áreas hostis, deixem de divulgar locais de votação, e assim por diante. Às vezes, pode nem ser necessário o pagamento direto; funcionários eleitorais do partido podem simplesmente fazer uso indevido de suas posições para eleger seus políticos favoritos — talvez na expectativa de futuros empregos ou outros benefícios.[563]

Incentivos para a compra de votos e fraude eleitoral devem ser mais fortes se mais competitiva for a eleição; existe alguma evidência para respaldar essa afirmativa (Lehoucq, 2003:249-51). Se um partido ou candidato vai certamente vencer ou perder, há pouco incentivo para envolver-se em fraude. Adicionalmente, a escolha da fraude em lugar de outras técnicas depende do custo das alternativas. Um sistema onde a compra de votos seja efetivamente julgada ilegal e onde os fundos de campanha são restritos pode terminar estimulando outros tipos de fraude como única possível, ainda que arriscada, opção para aqueles buscam a vitória, independentemente de apelos legítimos aos eleitores.

---

[562] David A. Fahrenthold, "Selling Votes Is Common Type of Election Fraud", *The Washington Post*, 1º de outubro de 2012, http://www.washingtonpost.com/politics/decision/2012/selling-votes-is--common-type-of-election-fraud/2012/10/01/f8f5045a-071d-11e2-81ba-ffe35a7b6542_story.html (acesso em 11 de outubro 2015).

[563] Ver Lehoucq (2003) para uma revisão da literatura sobre fraude eleitoral. Ele também contribui de forma importante para essa literatura.

E. Reforma

Em um sistema altamente competitivo, com eleitores bem informados que não esperam favores pessoais, uma política de pronta e completa abertura pode ser suficiente. Qualquer político que dependesse muito pesadamente do dinheiro de interesses especiais — e que votasse compativelmente — seria derrotado. Se o sistema não é muito competitivo e se os eleitores são mal informados, são necessárias restrições mais diretas. Sem limites de gastos, os políticos têm margem de manobra para favorecer grandes contribuintes, e presentes podem ser usados para lograr os eleitores com respeito às posições e ao comportamento dos candidatos (Rose-Ackerman, 1978:33-45).

A reforma do financiamento de campanha deve evitar impor restrições que encorajem a ilegalidade. Embora as leis de financiamento de campanha em muitos países sejam demasiadamente permissivas, em outros as leis são tão restritivas que praticamente requerem transferências registradas nos livros para financiar as campanhas. Limites às doações justificam-se como forma de coibir influências corruptas; porém, limites legais muito estritos podem encorajar transferências ilegais não registradas. Por exemplo, alguns críticos do sistema japonês em vigor entre 1975 e 1993 argumentam que ele encorajava pagamentos ilegais ao limitar as contribuições legais por empresas (Qui, 1996:207-8). Escândalos em países industrializados indicam a importância de clarear as regras que governam a solicitação de dinheiro privado e o provisionamento de fontes financeiras legais suficientes. Ademais, o impacto de presentes corporativos depende da habilidade dos políticos em proporcionar favores individualizados às empresas. Se esses favores não forem postos na ilegalidade ou de alguma forma controlados, a diferença entre propinas e contribuições legais de campanha ficará indefinida, e dependerá: primeiro, de se reportarem as exigências; e, segundo, da reação dos eleitores.

Um sistema fortemente arraigado de pagamentos ilegais poderá solapar os esforços para reformar o financiamento de campanhas políticas. Na Itália, as regras de financiamento de campanhas parecem bem permissivas. As contribuições corporativas são permitidas, desde que sejam tornadas públicas e aprovadas pela diretoria das empresas. Não obstante, contribuições ilegais figuraram de forma proeminente em casos anticorrupção. Assim, mesmo que as regras pareçam permissivas e se o financiamento público está disponível, as autoridades encarregadas da aplicação das leis ainda devem verificar a ocorrência de pagamentos ilegais. Os reformadores precisarão olhar além dos detalhes da lei de financiamento de campanhas para procurar meios de limitar a liberdade dos políticos em favorecer os doadores de presentes.

As soluções podem abordar o problema por quatro dimensões. Em primeiro lugar, os custos das campanhas políticas poderiam ser reduzidos pela diminuição do tempo de duração da campanha. Sistemas nos quais a data da próxima eleição é incerta podem estimular positivamente essas restrições, mas em todos os sistemas é difícil tornar operacionais os limites de tempo. Restrições poderiam também ser impostas sobre os métodos de campanha, em um esforço para contenção dos custos. Em segundo lugar, podem-se estabelecer regras mais fortes sobre a abertura de informações. Nos Estados Unidos, já existem exigências bem fortes nesse sentido, nos níveis federal e estadual, para fundos doados diretamente a campanhas políticas, embora frequentemente a divulgação ocorra com certo atraso. Despesas ditas independentes se defrontam apenas com regras em nível estadual. A divulgação permite que os cidadãos votem contra candidatos que recebam demasiados recursos de interesses específicos, e torna possível aos pesquisadores estudar o impacto das doações sobre o comportamento, para verificar quão próximas de propinas se situam elas. Em terceiro lugar, as leis podem limitar doações individuais e as despesas dos candidatos. Vimos que a Suprema Corte dos Estados Unidos afrouxou as limitações sobre contribuições independentes, sob a justificativa de proteger a liberdade de expressão; porém, ainda assim, a justiça aceita a legalidade de restrições existentes sobre contribuições diretas a candidatos e partidos. Os detalhes da jurisprudência constitucional americana não nos devem deter nesse aspecto; o que importa é a questão essencial — até que medida pode ou deveria um governo democrático interferir nos desejos dos cidadãos em expressar seus interesses políticos por meio de doações em apoio a partidos políticos ou candidatos individuais?

Em quarto lugar, fontes alternativas de fundos podem ser encontradas no setor público. Nos Estados Unidos, o governo federal provê fundos apenas para candidatos à corrida presidencial, sob certas condições; e vários estados americanos proveem recursos públicos para campanhas políticas.[564] Quando o México introduziu um fundo público de campanha em 1996, esse era o mais generoso fundo (*per capita*) dessa modalidade no mundo, concebido para quebrar o ciclo de um presidente em exercício financiar os candidatos

---

[564] Ver Alexander (1991): "Minnesota Steals the Spotlight on Campaign-Finance Reform", *Congressional Quarterly Weekly Report*, 28 de abril de 1990:1240; Tanenbaum (1995).

de seu partido por meio de um fundo fraudulento secreto (Duke, Morgenstern e Nielson, 2006:81). Muitos outros países criaram fundos públicos para campanhas políticas ou permitiram deduções ou créditos de impostos (Law Library of Congress, 2009).

A Alemanha experimentou várias fórmulas, em um esforço para satisfazer seus princípios constitucionais. No forte regime partidário da Alemanha, a Corte Constitucional tem-se preocupado especialmente com o impacto negativo do financiamento público para partidos novos ou pequenos. A lei prevê financiamento público para os partidos até um teto geral.[565] Em consequência de uma decisão de 1992 da Corte Constitucional, a lei focaliza a capacidade de os partidos atraírem tanto votos quanto doações privadas mediante uma fórmula que acarreta desvantagens para os partidos maiores, relativamente ao seu poder de granjear votos.[566] Não há limites para despesas de campanha ou para contribuições privadas ou corporativas; mas, como resultado de mudanças legais para acomodar a decisão de 1992, as contribuições de empresas não são dedutíveis de impostos.[567] Indivíduos podem deduzir suas doações de campanha até um modesto valor máximo anual ou solicitar um limitado crédito tributário. Doações privadas individuais (*Spenden von natürlichen Personen*) atingiram a média de 10% dos fundos de campanha em 2012, mas taxas de adesão e pagamentos aos partidos pelos membros eleitos elevaram a fatia das contribuições individuais a cerca de metade, para a maioria dos partidos. As doações corporativas são baixas, 6% para o combinado

---

[565] O teto requer que os partidos levantem ao menos tanto de doações privadas quanto de subsídios. Essa é uma maneira de assegurar que cada partido tenha apoio público, tanto em votos quanto em doações. Existe também um teto absoluto para os gastos totais, fixado para cada eleição. Ver §18(2) e (5) *Parteiengesetz* (http://www.gesetze-im-internet.de/partg/__18.html) (acesso em 11 de outubro de 2015).

[566] 85 Bundesverfassungsgerichtsentsscheidungen [BVGE] 264 (9 de abril de 1992). A lei de partidos políticos declara que os partidos recebam financiamento do estado de acordo com o seguinte esquema [§ 8 (3) *Parteiengesetz* (http://www.gesetze-im-internet.de/partg/__18.html)] : 0,70 euro para cada voto válido dado a sua lista de partidos, 0,70 euro para cada voto válido exercido em seus distritos em um estado onde não exista uma lista para esse partido, e 0,38 euro para cada euro que o partido tenha recebido como contribuição (*Zuwendung*) (doações de indivíduos e de corporações, taxas de adesão como membro do partido e pagamentos por membros eleitos), embora apenas contribuições até €3.300 por indivíduo (pessoa física) sejam consideradas. No entanto, há limites absolutos ao suporte pelo estado, e grandes partidos podem facilmente atingir esses limites (apesar de os limites terem sido aumentados após uma reforma em 2011).

[567] 85 BVGE 264, paras. 157, 178.

CDU/CSU[568] e 1,4% para o Partido Social Democrata — os dois maiores partidos.[569] Porém, o impacto das empresas nas campanhas políticas é provavelmente subestimado, caso se considere apenas as doações corporativas. Membros eleitos devem, pessoalmente, obter fundos para "doar" aos partidos políticos, e podem conseguir esses fundos por meio de um segundo emprego, como lobistas ou consultores. Esses empregos são registrados publicamente e, portanto, estão sujeitos à crítica popular e da mídia, mas podem criar sutis conflitos de interesse. Assim, embora a Alemanha tenha claramente um compromisso mais forte que os Estados Unidos quanto ao financiamento público e ao fortalecimento dos partidos, não é óbvio quão efetiva tem sido a lei em restringir o poder da concentração da riqueza privada. Uma indicação desse problema foi o escândalo envolvendo o Chanceler Federal Helmut Kohl, que deixou de entregar ao seu partido político, CDU, doações que tinha pessoalmente recebido. O problema no seu caso não era de enriquecimento pessoal, mas de realizar despesas de natureza política fora da estrutura regular do partido, com notável falta de transparência em relação às fontes dos fundos. Em consequência, exigências contábeis tornaram-se mais rigorosas, mas permanece a preocupação sobre financiamento partidário não registrado nos livros e sobre esforços para contornar as investidas legais sobre as finanças dos partidos.[570] Não obstante, a Alemanha expõe um contraste interessante com os Estados Unidos, de um sistema parlamentar que, de forma bem diversa,

---

[568] A União Democrata-Cristã (CDU) é o partido dominante de centro-direita; a União Social Cristã (CSU) é um partido regional aliado à CDU.

[569] A receita dos partidos políticos é reportada no Deutsche Bundestag. 2014. 18.Wahlperiode, Drücksache 18/3350, *Vergleichende Kurzübersichten über die Einnahmen, Ausgaben und Vermögensverhältnisse der Parteien in den Rechnungsjahren 2003 bis 2012*. Ela consiste em provimento de fundos pelo estado (*Staatliche Mittel*), taxas de adesão dos membros do partido (*Mitgliedsbeiträge*), doações privadas (*Spenden von natürlichen Personen*), pagamento ao partido por membros eleitos (tecnicamente voluntários, mas o não pagamento pode afetar futuras nomeações pelo partido) (*Mandatsträgerbeiträge*), e outras rendas regulares (*sonstige regelmäßige Einnahmen*), receitas de eventos, distribuição e outras atividades (*Einnahmen aus Veranstaltungen, Vertrieb und sonstigen Tätigkeiten*), doações por pessoas jurídicas (*Spenden von juristischen Personen*) e outras receitas (*Einnahmen aus sonstigen Vermögen*).

[570] Kohl foi Chanceler de 1982 a 1998; as revelações ocorreram nos anos 1990 (Seibel 1997). Um relato geral pode ser encontrado em Imre Karacs, "Kohl Scandal: Europe's OldMaster Admits He Ran Secret Slush Funds", *The Independent*, 1º de dezembro de 1999. http://www.independent.co.uk/news/world/kohl-scandal-europes-old-master-admits-ha-ran-secret-slush-funds-1124613.html (acesso em 5 de julho de 2015).

provê suporte popular aos partidos e regulamenta as interações entre riqueza privada e poder público.

Várias propostas têm sido apresentadas por um financiamento público mais amplo nos Estados Unidos. Os que se opõem a essa reforma se preocupam que o financiamento público e os limites de gastos protegerão os políticos em exercício e causarão indevida desvantagem aos partidos minoritários. Os políticos em exercício geralmente partem com uma vantagem que somente os desafiantes com níveis mais altos de despesas podem sobrepujar. Os políticos em exercício têm vantagens também na competição por fundos (Snyder, 1992). Fórmulas para financiamento público podem ser concebidas para compensar a vantagem dos que estão no poder, mas pode ser difícil encontrar um sistema viável, dado o posicionamento agressivo da Suprema Corte contra os esforços do estado para nivelar o campo de jogo. Assim, em *Arizona Free Enterprise Club's Freedom Club Pack v. Bennett*, 131 S. Ct. 2806 (2011), a Corte derrubou um plano voluntário de financiamento que era projetado em favor de candidatos que se defrontassem com altos níveis de gastos independentes, direcionados contra eles.

Alternativamente, fundos públicos poderiam ser doados a candidatos que possam demonstrar substancial apoio popular. Uma forma de fazer isso seria dar *vouchers* aos eleitores para apoio aos candidatos de sua escolha. Esse plano combinaria financiamento público com um sistema igualitário de alocação de fundos. Os eleitores receberiam "cartões de crédito" especiais que poderiam ser usados para suporte a determinados candidatos ou assinados em favor de grupos de apoio ou de interesse confiáveis. Diferentes *vouchers* poderiam prover fundos para as primárias, para a eleição geral, ou para outras diversas disputas (Ackerman, 1993; Ackerman e Ayres, 2012). Ao promover valores democráticos, esse plano reduziria a influência dos interesses abastados. Todavia, se não for bem monitorado, esse arranjo poderia aumentar a corrupção. Indivíduos ricos e empresas com fortes interesses na política seriam deixados sem uma importante avenida para influir legalmente. Poderiam praticar lobby junto a membros do Congresso, mas não lhes prover suporte financeiro. O resultado poderia ser mais pagamentos irregulares, especialmente para os perdedores da corrida por *vouchers*. Candidatos e partidos teriam também incentivos para oferecerem suborno aos eleitores para obter *vouchers* para eles, assim contribuindo para a política de patronato e clientelismo. Ackerman e Ayres (2012) propõem várias estratégias para lidar com esse problema, mas este permanece como uma preocupação subjacente.⁵⁷¹ Regras para conflitos de interesse talvez carecessem de fortalecimento e aplicação mais rigorosa, porque o incentivo para os políticos fazerem uso desse caminho para ganhos financeiros seriam aumentados pela introdução do sistema de *vouchers*.

As relações com lobistas e interesses abastados devem ser reveladas ao público, de forma que os eleitores possam julgar se o comportamento de seus representantes terá sido afetado. Restrições diretas quanto a ganhos adicionais e atividades de *lobby* por membros aposentados — tais como "períodos de desincompatibilização", durante os quais anteriores congressistas ou altos funcionários são proibidos de praticar *lobby* nas áreas em que atuaram — são mais controversas, mas serão importantes nos sistemas em que o eleitorado seja mal informado e menos instruído. Regras legais podem ser menos rigorosas, quanto mais efetivo é o eleitorado nas exigências de prestação de contas.

Conclusões

Eleições democráticas nem sempre são, invariavelmente, uma cura para a corrupção, e podem ser vulneráveis à influência de interesses específicos, mesmo que pagamentos ilegais não sejam frequentes. Se grupos restritos dominam o poder, alguns recorrerão a meios legais, outros se mostrarão corruptos. A escolha da tática vai depender da natureza do sistema político e pela forma segundo a qual a lei defina corrupção e doações ilegais de campanha. Temos defendido que os sistemas parlamentares com sistemas eleitorais majoritários dominem tanto os regimes presidencialistas quanto outros tipos de democracias parlamentares. No entanto, essa conclusão não é absoluta. Qualquer estrutura constitucional pode coexistir com a influência indevida da riqueza individual, na medida em que os detentores do poder financeiro desejem beneficiar-se do estado e que os políticos ou necessitem levantar fundos de campanha ou sejam pessoalmente venais.

Eleições competitivas ajudam a eliminar a corrupção, porque candidatos de oposição têm incentivos para expor os políticos corruptos em exercício. No entanto, a necessidade de financiar campanhas políticas introduz novos incentivos ao favorecimento de interesses especiais que não existem nos

---

⁵⁷¹ Em particular, propõem que um eleitor que prometa doações como retribuição a um *quid pro quo* tem alguns dias para retratar-se anonimamente de sua contribuição de campanha, impossibilitando assim que os candidatos ou seus representantes confirmem se o acordo foi cumprido.

regimes autocráticos. Os incentivos ao uso de financiamento ilícito são especialmente poderosos se são limitados os mecanismos legais de apoio e se os políticos habitualmente usarem fundos de campanha para pagar propinas diretamente aos eleitores.

Contribuições ilegais de campanha e o suborno dos políticos podem solapar o sistema democrático. Mesmo quando pagamentos por indivíduos ricos e empresas abastadas são canalizados para comitês de campanha, partidos políticos e eleitores, ao invés de serem depositados nas contas bancárias pessoais dos políticos, pode ser enorme o impacto deformador de pagamentos secretos ilegais. Os pagamentos são feitos, em geral, para obter favores legislativos ou regulatórios. Sua efetividade, contudo, depende dos processos legislativos e executivos. Empresas e indivíduos corruptos centrarão foco na obtenção de favores específicos. Eleições não são suficientes para reprimir pagamentos indevidos.

Para manter o governo responsabilizável, são necessários outros meios para supervisão pública. Governos democráticos devem estabelecer políticas claras para limitar os incentivos à corrupção, e devem procurar controlar o impacto da riqueza privada sobre o poder público, de maneira tal que não coloquem toda atividade nesse sentido sob o guarda-chuva da corrupção.

12

Responsabilização para além da urna

A prestação pública de contas é necessária para o controle da corrupção.[572] Tanto as autocracias quanto as democracias podem ser profundamente corruptas, e, de diferentes formas, ambas podem ser chamadas à responsabilidade. Eleições podem exercer pressão sobre os políticos, mas, como temos visto, elas são uma ferramenta imperfeita. Por outro lado, a prestação pública de contas é possível mesmo em países sem eleições ou com um partido dominante que sempre vence as eleições. Pode ser mais difícil para os autocratas que para os dirigentes eleitos aceitar essas pressões; porém, mesmo os dirigentes democráticos resistem a reformas que os exponham ao escrutínio e às críticas da população. A corrupção pode ser limitada por estruturas e organizações internas ao governo que restrinjam malfeitos, e pela pressão externa exercida pelo público.

Limitações ao poder de políticos e de instituições políticas, acompanhadas por monitoração independente e impostas por organizações de aplicação da lei, podem ser poderosas estratégias de combate à corrupção, as quais servem também para a contenção de outras formas de autofavorecimento. Em uma democracia, uma instituição-chave é a separação de poderes entre o Legislativo e o Executivo, o que permite que cada fonte de poder pressione a outra (seção I). Mesmo se eleições não forem importantes, um poder Judiciário e um Ministério Público independentes e uma estrutura federativa podem limitar o poder dos líderes políticos. Porém, a descentralização do poder político não é necessariamente efetiva contra a corrupção. Sob algumas condições, um sistema com múltiplos pontos de veto é particularmente sujeito a influência imprópria, e um sistema federativo pode simplesmente conceder aos líderes políticos dos estados e dos municípios o espaço de manobra para se

---

[572] Partes deste capítulo provêm de Rose-Ackerman (2010a). Paul Lagunes forneceu assistência na extensa pesquisa realizada para esse ensaio.

enriquecerem às expensas da população (seção II). Fontes independentes do poder Judiciário e do Ministério Público são menos problemáticas, embora, obviamente, essas instituições precisem estar amplamente livres de corrupção e de clientelismo. Algum grau de independência é necessário, mas não suficiente, e demasiada independência pode fomentar a impunidade (seção III).

Um outro grupo de reformas aumenta a transparência e a responsabilização do governo perante o escrutínio geral externo (seção IV). Nesse cenário, o governo coleta e provê a informação; tanto a mídia quanto grupos de cidadãos atuam livremente, e grupos e indivíduos dispõem efetivamente de caminhos para desafiar as ações oficiais. Embora essas políticas sejam provavelmente mais aceitáveis para líderes democraticamente eleitos, essas reformas podem também ter efeito em sistemas não democráticos, cujos líderes, não obstante, necessitam de apoio público para reter e exercer o poder.

I. Realização com prestação de contas

O Poder Legislativo frequentemente delega a realização para o Poder Executivo, e muitas vezes limita voluntariamente seu próprio controle sobre a formulação política e sobre a realização pelo Executivo. O desenvolvimento dos padrões em seus exatos detalhes é normalmente relegado pelos estatutos às agências governamentais, embora os estatutos possam incluir exigências quanto aos processos (Moe, 1990; Rose Ackerman, 1992:33-96). A justificativa tradicional para essa prática combina a crença na *expertise* das agências executivas com a determinação de que os legisladores não façam escolhas específicas referentes a pessoal nem a compras, nem decidam sobre prioridades na aplicação da lei. Assim, o texto da regulamentação é delegado, porque os legisladores não são competentes para executar algumas tarefas de formulação das políticas, e funções puramente executivas ou adjudicatórias não são apropriadas para o Legislativo, à luz dos princípios de separação dos poderes.

Nos Estados Unidos, podem ter força de lei regras gerais emitidas pelas agências, se os estatutos assim o permitirem.[573] O processo de estabelecimento

---

[573] O estatuto básico é o Administrative Procedure Act, 5 U.S.C. §§551-9, 701-6, promulgado em 1946. Ver Rose-Ackerman, Egidy e Fowkes (2015:77-9) para citações referentes à literatura relevante. Apoio ao novo ato provieram tanto de republicanos contrários ao New Deal, que procuravam limitar o alcance do estado, quanto de democratas temerosos de o poder na eleição presidencial seguinte e desejosos de impedir a fácil demolição das realizações do New Deal. É vasta a literatura sobre o APA. Para um breve resumo, ver (ibid., 77-93).

das regras, contudo, pode ser influenciado, honesta ou corruptamente, para beneficiar a indústria regulamentada, ao invés do público em geral.

A fim de reduzir esses riscos, são valiosas as exigências quanto aos processos do Administrative Procedures Act (APA), dos Estados Unidos. Segundo o APA, as agências devem dar notícia sobre sua intenção de emitir uma regulamentação, de aceitar o testemunho de um amplo contingente de indivíduos e grupos, e de emitir uma exposição de motivos juntamente com a regulamentação final. As regras podem ser questionadas em tribunal, se os devidos processos não são observados ou se o resultado for inconsistente com o estatuto em que se baseia. Frequentemente, descobre-se que as regras são insuficientes, mas os tribunais raramente corrigem os problemas por sua própria iniciativa; em vez disso, a agência é solicitada a reconsiderar suas decisões ou a aperfeiçoar os processos. Embora os detalhes do processo administrativo dos Estados Unidos possam, seguramente, ainda passar por reformas, seus princípios básicos expressam a essência do comportamento burocrático passível de responsabilização. Os requisitos do APA não apenas são consistentes com o regime democrático, como também limitam o escopo dos negócios de natureza corrupta. Mesmo um país com um Legislativo fraco ou um sistema parlamentar unitário poderia limitar as oportunidades para a corrupção e outros tipos de influência se adotasse processos administrativos mais transparentes.[574]

Embora esses processos tenham sido criticados como lentos e desajeitados, esses inconvenientes são o preço a pagar pela limitação do poder arbitrário do Executivo (Rose-Ackerman, 1995a; Rose-Ackerman, Egidy e Fowkes, 2015). Na prática, o processo não parece excessivamente oneroso. O exame de uma amostra aleatória de 42 formulações de regras revelou que o número mediano de comentários foi de cerca de 30 (West 2004). Ademais, avanços nas comunicações e na tecnologia da informação podem acelerar o processo de colocação e tratamento dos comentários. A maioria das agências dos Estados Unidos desenvolveram *websites* abrangentes e de fácil uso, e muitos permitem que comentários sobre regras em discussão sejam submetidos por *e-mail*. Naturalmente, as agências ainda precisam capacitar-se para processar os comentários de maneira efetiva, mas a tecnologia da informação permite reduzir os tempos despendidos no processo.

---

[574] Ver del Granado (1995:19-23), que defende esse ponto para a América Latina.

Está claro que o modelo norte-americano não pode ser facilmente transferido, em razão das diferenças na estrutura política e na organização da sociedade. Além disso, reformas parciais podem não gerar os resultados esperados. Por exemplo, a introdução de direitos de maior participação sem a efetiva revisão judicial pode levar a distorções nas políticas. A iniciativa de inserir notificações e abrir espaço a comentários pode ser de pouco efeito se não é exigido das agências que apresentem seus motivos e se não estiverem sujeitas a acompanhamento judicial.[575] Poucos outros países desenvolvidos adotaram os procedimentos americanos de formulação de regras. Por exemplo, na Alemanha, os procedimentos de formulação de regras são muito menos transparentes que nos Estados Unidos e têm sido criticados por serem demasiadamente abertos à influência da indústria. Pagamentos indevidos não parecem ser problema, mas excessiva influência pode ser (Rose-Ackerman, 1995a; Rose-Ackerman, Egidy e Fowkes, 2015). Críticas semelhantes são proferidas na França, onde a confecção de regras é, analogamente, pouco submetida a exigências de procedimentos. Uma exceção é a área de proteção ambiental, na qual o Conselho Constitucional Francês requer participação pública mais intensa (Rose-Ackerman e Perroud, 2013). A Grã-Bretanha tem seguido um processo administrativo menos restrito do ponto de vista dos procedimentos que a Alemanha ou a França (Moe e Caldwell, 1994). Em consequência, se grupos de interesse querem exercer influência, eles podem fazê-lo de maneira muito mais opaca sob o sistema britânico, mais frouxo quanto a procedimentos que um ambiente que admite o *lobby*, como o dos Estados Unidos. Recentes desenvolvimentos na Grã-Bretanha, assim como na Alemanha e na França, têm deslocado alguns aspectos do sistema regulatório em uma direção mais aberta e participativa.[576] Moe (1990) pode estar correto ao afirmar que os Estados Unidos impõem controles em demasia à ação administrativa. Todavia, um sistema de leis administrativas que seja mais sensível à maioria legislativa corrente e careça das salvaguardas de procedimentos claros parece especialmente propenso à influência prevalente de grupos restritos.[577] Assim, do ponto de vista de conter a busca de ganhos

---

[575] Na APA taiwanesa, as regras de emissão de avisos e comentários não requerem exposição de motivos e supõem revisão judicial limitada. O ato apenas prevê limitada prestação pública de contas (Chang, 2005).

[576] Isso é especialmente verdadeiro nas telecomunicações. Ver estudo de caso em Psygkas (2013).

[577] Di Iulio (2014) argumenta que um grande contingente de políticos em exercício nos Estados Unidos tem o mesmo efeito.

pelos políticos e por interesses específicos, fracas exigências na legislação administrativa criam problemas de prestação de contas que são mais sérios do que os de um sistema no qual o Legislativo tenha tanto o poder quanto o incentivo a constranger a burocracia.

Um outro conjunto de problemas pode surgir em um sistema político com fracas ramificações legislativas. Críticos dos governos latino-americanos argumentam que esses, em sua maioria, têm Executivos superpoderosos e Legislativos fracos (Mainwaring e Shugart, 1997).[578] Em consequência, são fortes os incentivos à busca de receitas e à corrupção, no Poder Executivo. Os presidentes frequentemente gozam de amplos poderes para emitir decretos, e podem controlar uma conta financeira secreta, que pode ser usada para recompensar os seguidores, e são menos sujeitos a controle popular enquanto estão no poder, porque, na maioria dos países, o presidente não pode ser eleito para dois mandatos sucessivos. Ademais, o Judiciário é, em geral, menos independente e, até recentemente, pouco tem, de fato, pressionado o Executivo (Borner, Brunetti e Weder, 1992:28-30; Del Granado, 1995:19-20; Manzetti e Blake, 1996; Levi, Dakolias e Greenberg, 2007:409). Presidentes latino-americanos têm às vezes saído do país quando deixam o poder e sua imunidade expira. Alguns países asiáticos exibem padrão similar. A falta de responsabilização do Executivo facilita a corrupção, ao centralizar poder regulatório e conceder ao Executivo ampla liberdade de decisão, o que é muitas vezes usado para favorecer determinadas empresas ou famílias abastadas. Em muitos países, o Judiciário também é fraco. No caso da Tailândia, excessos do Poder Executivo motivaram um golpe de estado pelos militares em 2014, que interrompeu o regime democrático.

Qualquer que seja a estrutura de governo, os interesses de grupos específicos podem predominar, caso não enfrentem oposição digna de crédito. Se esses grupos se colocam em posição de preponderância, podem ser capazes de bloquear reformas. Assim, em todos os estados norte-americanos, têm sido comuns denúncias de influência imprópria nos quadros dirigentes das agências reguladoras. Nesses casos, o aparato do governo foi capturado por interesses específicos, desejosos de fazer uso de suas conexões para influenciar as reformas governamentais.

---

[578] O mesmo parece ser verdade nas Filipinas. Sobre o hiperpresidencialismo na Argentina e nas Filipinas, ver Rose-Ackerman, Desierto e Volosin (2011).

Os riscos de captura e de influência imprópria sugerem que a reforma da legislação administrativa seja parte importante de qualquer estratégia anticorrupção. Deve ser examinado o contexto das condições para a formulação de políticas pelo Poder Executivo, a fim de assegurar participação adequada e transparência. O público necessita meios para apelar ao Judiciário, caso o governo não observe seus próprios procedimentos ou atue fora da lei. O objetivo é tornar mais difícil ocultar as negociações de natureza corrupta, forçando a revisão do processo e dos resultados concretos. Um processo de revisão destinado a alcançar boas políticas de consequências substantivas e de responsabilização democrática pode indiretamente combater a corrupção.

II. Federalismo e descentralização: voz e saída

A descentralização foi recomendada por agências de cooperação internacional durante os anos 1980 e 1990 como item de reforma estrutural para países pesadamente endividados e, mais recentemente, para cenários pós-conflito. No entanto, quaisquer que sejam os outros benefícios da descentralização, não está claro se a corrupção é ou não mais prevalente sob burocracias e estruturas governamentais descentralizadas. A maior parte dos estudos comparativos entre países conclui que a descentralização reduz a corrupção, mas alguns mostram que uma estrutura federal não impõe limites à corrupção, e alguns outros mostram que a corrupção aumenta com a descentralização (Lessmann e Markwardt, 2012; Treisman, 2007a). O problema provém de dois aspectos fundamentais da descentralização. Esta pode implicar uma hierarquia, na qual as entidades governamentais localizadas no topo monitoram e disciplinam as que se situam abaixo delas, e assim por diante, de cima a baixo, na cadeia. Inversamente, a descentralização pode criar a competição entre as entidades governamentais de mesmo nível, para indivíduos residentes e para as empresas. Uma estrutura federativa de governo mistura os dois modelos. Cada entidade governamental opera em um domínio limitado, dentro do qual pode exercer o poder. Todavia, níveis mais altos do governo exercem supervisão. O governo nacional pode impor restrições aos estados, e estes podem impor restrições às municipalidades, mas apenas dentro de determinados limites. Isso significa que, ao considerar os incentivos à corrupção, é necessário separar essas diferentes fontes de pressão.

A mais óbvia das formas positivas de interação consiste na aplicação rigorosa das leis anticorrupção pelos níveis mais altos do governo contra os níveis mais baixos. Se as autoridades de nível mais alto são competentes e honestas, sua independência dos níveis mais baixos ajuda a assegurar a credibilidade de suas ações. Por exemplo, o Federal Bureau of Investigation (FBI) é ativo no controle da corrupção em níveis estadual e municipal, nos Estados Unidos. No Reino Unido, uma Comissão de Auditoria monitora a probidade dos governos locais (United Kingdom, 1993, 1994, 1996). Às vezes, a superposição de jurisdições tem uma dimensão internacional. Um desertor de um cartel colombiano de drogas escolheu o sistema de justiça americano, em vez do colombiano, o que lhe permitiu denunciar pagamentos a políticos colombianos.[579] Similarmente, o tesoureiro e ouvidor do estado de Coahuila, no México, fez delação premiada às autoridades americanas, fornecendo-lhes evidências de desvios de recursos, suborno e lavagem de dinheiro contra dois ex-governadores daquele estado.[580] Alguns dos bens do antigo tesoureiro foram congelados nas Bermudas e nos Estados Unidos, com repatriação pendente,[581] mas apenas um dos ex-governadores foi formalmente acusado.[582]

No entanto, a autoridade hierárquica é apenas uma parte da história. Mesmo sem qualquer hierarquia, pressões competitivas entre governos do mesmo nível — estados dos Estados Unidos, membros da União Europeia — podem às vezes exercer um papel dissuasivo com respeito à corrupção, desde que os governos respectivos pareçam limpos para os cidadãos e para as empresas potenciais. A ameaça de sair é, então, um método de controle. A corrupção e a ineficácia dos funcionários do governo são limitadas pela possibilidade de os eleitores e as empresas se mudarem para outro lugar. Uma empresa que se encontre em processo de decisão sobre onde estabelecer uma planta fabril pode limitar a demanda por propinas ao considerar vários locais viáveis. Moradores de um município cujos funcionários extraem pagamentos significativos por serviços de rotina podem mudar-se para outra localidade. A mobilidade de pessoas e de negócios limita assim o potencial de extração,

---

[579] "Informant's Revelations on Cali Cartel Implicate Colombian Officials", *Washington Post*, 28 de janeiro de 1996.
[580] "'Moreira robó Dls. cientos de millones'", *El Norte*, 2 de julho de 2015.
[581] Base de dados da Stolen Asset Recovery Initiative (STAR), http://star.worldbank.org/corruption-cases/node/20310 (acesso em 12 de outubro de 2015).
[582] Chris Martinez, "Former Coahuila Treasurer Pleads Guilty of Laundering Money in San Antonio Court", *Before It's News*, 18 de setembro de 2014, http://beforeitsnews.com/immigration/2014/09/former-coahuila-treasurer-pleads-guilty-of-laundering-money-in-san-antonio-court-2449310.html (acesso em 12 de outubro de 2015).

pelos funcionários, de pagamentos por serviços a que se tenha direito (Montinola, Qian e Weingast, 1995).

Porém, a mobilidade nem sempre ajuda se ela significa que jurisdições individuais encontram maior dificuldade em controlar comportamentos indesejáveis. Suponha-se, por exemplo, que o governo de uma cidade tenha implantado uma força policial honesta que reprime o jogo ilegal. Os donos do jogo podem simplesmente transferir seu negócio para um subúrbio ou uma jurisdição mais amistosa, menos rigorosa na aplicação da lei — conforme algumas vezes aconteceu nos Estados Unidos.[583] A facilidade com que os recursos podem atravessar fronteiras nacionais, indo descansar em vários "paraísos financeiros", é outro exemplo de como múltiplas jurisdições, competindo entre si, podem tornar mais — e não menos — difícil controlar corrupção, fraude e evasão fiscal. Porque, na prática, pode ser difícil descrever a diferença entre competição construtiva e destrutiva, a descentralização das estruturas de governo pode, na melhor das hipóteses, trazer uma contribuição marginal para o controle da corrupção.

Ademais, a mera existência de governos de mesmo nível não implica que políticos enfrentem fortes pressões para atrair negócios e moradores por meio de uma imagem limpa. Ao invés disso, o governo pode ser capturado por uma estreita elite protecionista que se beneficie às expensas da população em geral, que não é capaz, de fato, de migrar facilmente. Políticos corruptos podem também restringir o comércio através da fronteira dos estados (Ma, 1995; Gerring e Thacker, 2005). A pequenez e a intimidade das jurisdições locais podem tornar possíveis as relações corrompidas (Rodden e Rose-Ackerman, 1997). Na verdade, os governos mais corruptos e sujeitos a relações clientelistas parecem estar situados em nível local — em muitos países, incluindo os Estados Unidos e a Alemanha (Seibel, 1997:85-6). Na Sicília, o pequeno tamanho dos governos locais facilitou a dominação da política local por famílias mafiosas (Gambetta e Reuter, 1995:119). Um estudo do Banco Mundial documenta os problemas nos programas de desenvolvimento pelo mundo que envolvem participação local. Existem casos positivos em que ci-

---

[583] Fort Lee, Nova Jérsei, do lado oposto do rio Hudson em relação à cidade de Nova York, foi um notório local de jogo ilegal, mas a máfia cometeu um erro — eles investiram no projeto do condomínio de Fort Lee. A área logo foi ocupada por jovens profissionais com mentalidade reformista, que votaram por um governo comprometido com o fechamento das atividades de jogo na localidade (Amick, 1976:89).

dadãos locais agem como efetivos supervisores dos funcionários do governo local (Mansuri e Rao, 2012).

Novas oportunidades para a corrupção podem ser abertas pela descentralização. A descentralização fomentou a corrupção na reconstrução de escolas (Poisson, 2014) e nas clínicas médicas na Indonésia (Hofman, Kaiser e Schulze, 2009) e a compra de livros didáticos nas Filipinas (Poisson, 2014). Especialmente quando os usuários são encaminhados a um fornecedor específico — como é comum nas áreas de educação e saúde — a descentralização pode facilitar a corrupção, dado que os usuários não têm escolha (Ahlin, 2001).

Parece, portanto, difícil formular um argumento geral em favor das estruturas descentralizadas de governo. Porém, é igualmente problemático o argumento contrário, de que a corrupção centralizada seja menos danosa que a alternativa descentralizada. Já criticamos esse argumento em nossa discussão da cleptocracia, no capítulo 8. Um sistema corrupto centralizado pode aumentar a certeza e reduzir o custo total da corrupção, desde que a estrutura hierárquica produza incentivos monetários ou consequências punitivas para que sejam respeitadas a precedência e a fila nas negociações corruptas (Shleifer e Vishny, 1993) — uma variante do que Johnston (2005) denomina "Cartéis de Elite". Todavia, um estado corrupto centralizado pode ser extremamente insensível às necessidades locais, e a grande corrupção pode afetar todo o país, deixando sem saída os que procurem caminhos livres da corrupção. Por exemplo, se em um país o sistema de saúde é centralizado, compras de remédios e de equipamentos são realizadas pela autoridade nacional, que pode responder melhor a propinas e comissões que às necessidades dos pacientes e dos hospitais.

Alternativamente, sistemas descentralizados podem resultar em suborno sem conluios estruturados, o que aumenta as incertezas e os custos, especialmente se as linhas de autoridade são múltiplas e pouco claras, de tal forma que os cidadãos e as empresas acabem verificando que têm de pagar por múltiplos subornos (Rose-Ackerman, 1978:167-88; Shleifer e Vishny, 1993). A descentralização, nesse caso, não produz a competição entre jurisdições, em favor de um governo mais honesto. Voltando ao exemplo do segmento de saúde, quando o sistema é descentralizado, decisões tomadas em nível local podem responder a políticas e favoritismos locais; ao mesmo tempo, companhias farmacêuticas têm de pagar comissão a um grande número de administradores hospitalares locais, em lugar de a um simples agente de compras, o que pode ser mais custoso que a compra centralizada. Muitos países descentralizaram a assistência médica nos anos 1980 e 1990, como medida de austeridade para o governo central, deixando o financiamento sob a responsabilidade dos estados e dos municípios. O resultado foi a falta de recursos financeiros, declínio na qualidade dos serviços e "pagamentos informais" para compensar a diferença (Berman e Bossert, 2000). Na China, depois que o governo descentralizou a assistência de saúde, fornecedores de medicamentos e de equipamentos médicos rotineiramente pagam às equipes locais dos hospitais para colocar os pedidos e fazem maciça pressão financeira sobre os hospitais para aumentar suas próprias receitas (Rose-Ackerman e Tan, 2015).

Um ponto central parece ser se as finanças são centralizadas ou descentralizadas. Finanças centralizadas rendem-se à cleptocracia, na qual a elite governante toma uma parte do orçamento para si própria.[584] Se as decisões são descentralizadas, mas as finanças são ainda centralizadas, pode haver problemas de "vazamento" nos vários níveis de desembolso. Essa era a situação dos fundos educacionais em Uganda, que eram desembolsados centralmente, mas roubados amplamente antes de chegar às escolas locais (Reinikka e Smith, 2004; Reinikka e Svensson, 2006). Outra importante consideração refere-se ao nível de responsabilização: Verón et al. (2006) destacam a importância da prestação de contas de baixo para cima, enquanto Lessmann e Markwardt (2010:631) concluem que a descentralização é uma efetiva reforma anticorrupção apenas em países de imprensa livre. No caso de Uganda, os piores efeitos da corrupção eram mitigados por um programa de divulgação, nos jornais locais, dos fundos alocados, de maneira que pais e professores soubessem que os valores eram esperados (Reinikka e Svensson, 2006; para outros casos positivos, ver Mansuri e Rao, 2012). Bom governo e efetiva supervisão pelos cidadãos em nível local são essenciais; porém, é claro, essas características são importantes também nos níveis superiores. Descentralização e federalismo, tomados por si mesmos, não podem ser definitivamente associados à incidência de corrupção, seja positivamente, seja negativamente.

III. Instituições judiciais independentes e agências anticorrupção

Muitos países possuem estatutos anticorrupção exemplares, mas que não são bem aplicados (United Nations, 1990:22-7; Singh, 1997:636). Mesmo que em uma nação os promotores sejam ativamente engajados, isso pouco poderá

---

[584] Ver Askari, Rehman e Arfaa (2012), sobre corrupção e cleptocracia em países exportadores de petróleo.

significar, a menos que o país conte com um sistema Judiciário honesto. Na ausência dessas instituições básicas, serão necessárias entidades especializadas, com foco exclusivo na corrupção.

A. O Judiciário

A condenação e a punição de funcionários públicos corruptos, assim como de suas contrapartidas do setor privado, requerem um Judiciário independente, isto é, que proveja "o isolamento dos juízes e do processo judicial de pressões partidárias que influenciem os resultados de cada caso" (Widner, 1999:177-8).[585] A independência é necessária tanto para evitar que os políticos interfiram em processos legítimos quanto para impedir que os políticos em exercício atinjam seus adversários políticos. Para tornar efetiva a aplicação da lei contra atores corruptos, tanto de dentro quanto de fora do governo, as carreiras dos juízes não devem depender de agradar os que detêm o poder político ou econômico. Obviamente, os juízes e os funcionários do tribunal precisam também ser competentes e respeitar as normas profissionais contra a defesa dos próprios interesses e contra os conflitos de interesse. De outra forma, um Judiciário independente poderia tornar-se um lugar de corrupção, isolado de efetiva supervisão. Medidas combinadas para a independência e a competência do Judiciário são positivamente relacionadas a vários resultados, tais como maiores níveis de crescimento (Feld e Voigt, 2003; Voigt, 2008; Voigt, Gutmann e Feld, 2015), corrupção reduzida, maior proteção aos direitos humanos (Abouharb, Moyer e Schmidt, 2013), e níveis mais altos de liberdade política e econômica.[586] Um Judiciário corrupto contribui para a ausência de leis e para a violência, se os criminosos têm o respaldo de grupos abastados desejosos de corromper os tribunais (Institute for Economics and Peace, 2015b). Um Judiciário independente deve ajudar a limitar o desvio de fundos públicos na direção de bolsos privados (ver figura 12.1, que sugere uma forte relação entre essas duas variáveis, em uma comparação entre países) e deve ajudar o estabelecimento de acordos de forma justa. Se a lei nos livros protege direitos e promove a transparência do governo, os tribunais podem limitar o

---

[585] Esta parte do capítulo tira partido de vários dos ensaios anteriores de Rose-Ackerman, especialmente de Rose-Ackerman (2007).
[586] La Porta et al. (2004). Os dados se limitam ao mandato dos juízes das altas cortes e ao desempenho dos precedentes.

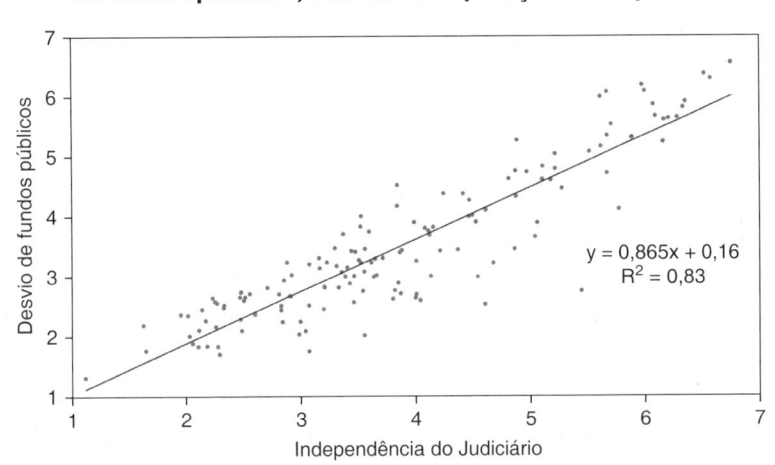

Figura 12.1. Relação entre independência do Judiciário e desvio de fundos públicos, em uma comparação entre países

$y = 0,865x + 0,16$
$R^2 = 0,83$

Notas: Inclui 144 países. Cada variável representa a percepção dos respondentes, medida em uma escala de 1 (muito ruim) a 7 (muito bom). Esse gráfico não demonstra causalidade: pode haver outras variáveis que levam um país em direção a maior independência judicial e a menores (melhores) níveis de apropriação indébita do dinheiro público. Um estudo mais sofisticado, com múltiplas variáveis, seria necessário para explorar o efeito marginal de um Judiciário independente.
Fonte: Gerado pelos autores a partir do banco de dados do World Economic Forum, *Global Competitiveness Report 2014-2015*, http://www3.weforum.org/docs/GCR2014-15/GCI_Dataset_2006-07-2014-15.xlsx.

alcance do governo, exigir transparência e ser um instrumento para coibir ações fraudulentas ou irresponsáveis, tanto do governo quanto de atores privados.

A independência é necessária, mas não suficiente. Os juízes devem ser não apenas independentes, mas também respeitados, competentes e responsáveis. Se os juízes atuarem sem pressão externa, podem tornar-se preguiçosos, arbitrários ou venais, explorando suas posições para ganhos privados.

O Judiciário precisa ser capaz de separar os casos fortes daqueles que sejam fracos e politicamente motivados. De outro modo, mesmo um grande caso, que produza muitas condenações, terá pouco efeito dissuasório. Os indivíduos podem concluir que a probabilidade de prisão e condenação seja aleatória ou, pior ainda, relacionada a predileções políticas.

Mesmo juízes respeitados e independentes podem tomar decisões que enfraqueçam a reforma. Podem agir como fiadores de negócios ligados a interesses específicos legitimados por governos anteriores.[587] Podem zelosamente

---

[587] Do lado positivo, ver La Porta et al. (2004) e Hansen (2000). Do lado negativo, ver Landes e Posner (1975) e Ramseyer (1994).

promover ações do governo que parecem legais à primeira vista, mas que são, na realidade, motivadas por corrupção. Um excelente exemplo vem dos primeiros anos da república americana. Uma venda corrupta de terra aprovada pelo legislativo da Geórgia no início dos anos 1800 foi apoiada pela suprema corte dos Estados Unidos, no caso *Fletcher v. Peck* [3 L. Ed. 162-181 (1810)]. A corte não se abalou com o fato de que, com a exceção de um, todos os legisladores tinham sido subornados. Quando o escândalo foi revelado, todos os legisladores perderam o mandato na eleição seguinte, mas a corte sustentou que o contrato era obrigação legal do estado da Geórgia (Magrath, 1966). Qual a melhor forma de estimular pagamentos espúrios senão um sistema legal que defende contratos públicos sem se importar com as negociatas corruptas em que se baseiam? Essa questão foi levantada recentemente em críticas dos tribunais internacionais de arbitragem, onde uma das partes reclamava que o contrato original tinha sido concedido mediante pagamentos corruptos (ver capítulo 14).

Em razão dessas preocupações, nenhum país possui um Judiciário inteiramente independente. Alguma forma de prestação geral de contas perante o governo e os cidadãos é consistente com um Judiciário de bom funcionamento, e essa prestação de contas proporciona manter a vigilância contra a corrupção e outras formas de autoenriquecimento no âmbito do Judiciário. Regimes políticos bem-sucedidos têm encontrado variadas soluções; nenhuma parece ser claramente superior às demais; porém, há temas comuns e alguns caminhos promissores em direção às reformas.

Nas democracias emergentes, esforços para criar tribunais competentes e independentes têm enfrentado numerosas dificuldades técnicas e políticas. Um índice de independência judicial (ver figura 12.1) atribui uma pontuação entre 1 e 7, com 7 sendo a pontuação máxima. A pontuação média para os 144 países representados é 3,87; a mediana é 3,62. Em todo o mundo, 43% dos países pontuam abaixo de 3,5 — na metade inferior do intervalo de pontuação — de 4,3% de países europeus a 62,5% de países africanos.[588] Capítulos sobre a América Latina em relatórios da Transparência Internacional reclamam de influência política na seleção de juízes, especialmente pelo Executivo. Problemas similares de influência política sobre nomeações são reportados pela Transparência Internacional na República Tcheca, na Geórgia, no Paquistão, na Rússia, no Sri Lanka e na Turquia (Transparency International, 2007).

---

[588] World Economic Forum, *Global Competitiveness Report 2014-2015*, http://www3.weforum.org/docs/GCR2014-15/GCI_Dataset_2006-07-2014-15.xlsx (acesso em 12 de outubro de 2015).

Estados autoritários se defrontam com particular dificuldade com respeito a tribunais. Os líderes da nação podem querer tranquilizar investidores estrangeiros, criando tribunais que podem agir independentemente das estruturas domésticas de poder. Tribunais independentes operando com as bases populares podem também fiscalizar a hierarquia burocrática do estado. Todavia, é provavelmente difícil manter uma independência digna de crédito. Na China, os juízes são pressionados a condenar, mesmo que o réu insista que sua confissão tenha sido obtida sob tortura.[589] Dos "quase 150 mil" casos nos quais foi imputada corrupção ao acusado no período 2008-13, menos de 0,1% terminou em absolvição nos tribunais.[590] Uma razão para a falta de independência na China é que os juízes são dependentes dos benefícios que recebem dos governos. Assim, é difícil separar a zelosa acusação do corrupto de esforços tendenciosos para excluir criadores de problemas. Embora os juízes não sejam necessariamente corruptos, sua dependência em relação ao estado torna-os fiscais fracos dos mui zelosos esforços anticorrupção e de outros abusos praticados por aqueles governos (Gong, 2004).

Em contraste, em pequenos países com poucas escolas de advocacia, legisladores, procuradores, advogados de defesa e juízes podem todos pertencer à mesma rede de relações, como é o caso na Bulgária (Center for the Study of Democracy, 2010:107). Na França e em Malta, membros da Loja Maçônica têm sido implicados em casos de corrupção judicial (ibid.:105, 108).

Diversas questões giram em torno de estabelecer e manter a independência judicial. A primeira diz respeito aos juízes. Como são selecionados e quais são os passos trilhados na carreira e em mandatos? Qual é a remuneração e quais são as condições de trabalho? Que regras específicas governam os conflitos de interesse, a declaração de bens e a comunicação *ex parte*? Como são protegidos os juízes contra ameaças e intimidação e, inversamente, quais são os critérios para *impeachment* e que estatutos criminais governam a corrupção judicial?

A segunda categoria é a organização do tribunal, inclusive equipe de apoio. Como é gerenciada a carga de trabalho e quão pesada é a carga de trabalho?

---

[589] Andrew Jacobs, "Conviction Rates Count More in Chinese Justice than Innocence", *New York Times*, 12 de maio de 2015, http://www.nytimes.com/2015/05/13/world/asia/conviction-rates--count-more-in-chinese-justice-than-innocence.html?_r=0 (acesso em 12 de outubro de 2015).
[590] Terrence McCoy, "China Scored 99.9 Percent Conviction Rate Last Year", *The Washington Post*, 11 de março de 2014, http://www.washingtonpost.com/news/morning-mix/wp/2014/03/11/china--scored-99-9-percent-conviction-rate-last-year/ (acesso em 12 de outubro de 2015).

Qual o papel do oficial de justiça e de outros membros da equipe de apoio? Como é organizado o sistema de tribunais e onde estão localizados os procuradores na estrutura de governo? Existem júris ou juízes leigos? O público e a imprensa têm acesso ao andamento dos processos? São comuns as opiniões emitidas por escrito e são permitidos discordâncias e acordos?

A terceira categoria refere-se a se os sistemas legais diferem nas regras para comparecimento ao tribunal, na adesão a casos similares, no tratamento de casos frívolos, e assim por diante. Em adição, os procedimentos civil e criminal diferem, assim como a função do precedente, dos códigos legais, constituição, estatutos e regras de atuação. Os honorários dos advogados e os custos dos tribunais são determinados de formas diferentes em diferentes sistemas. Finalmente, a profissão legal deve ser mais ou menos profissionalizada e respeitada, e a formação legal pode não estar atualizada em relação aos desenvolvimentos contemporâneos, especialmente quanto à legislação referente aos negócios.

As formas pelas quais essas questões são tratadas variam de país para país, especificamente entre os sistemas de *civil law* e *common law*. No primeiro, o Judiciário ganha independência por meio de treinamento profissional, supervisão e passos na carreira; neste último, equilíbrio político, transparência e participação do público exercem um papel mais importante. Nos sistemas de direito civil, os juízes têm pouca liberdade para interpretar as leis, e a carreira de juiz é ocupação de tempo integral, um trabalho para toda a vida, conquistado ao passar por um exame competitivo, fato que limita problemas de conflitos de interesse, enquanto regras formais também limitam aceitar a remuneração de outras fontes. Todavia, muitos casos são decididos por um único juiz, baseado em evidências consignadas por escrito, atrás de portas fechadas, e a corrupção hierárquica representa um risco real. O uso de painéis de juízes e a presença de juízes leigos, em alguns sistemas, ajudam a limitar a corrupção. Se o Judiciário sofrer de falta de recursos e de equipes de apoio, podem ocorrer atrasos, que os litigantes podem pagar para evitar. Ao extremo, os juízes e suas equipes podem gerar atrasos, a fim de receber pagamentos. Finalmente, como os juízes são servidores civis de carreira, com salários determinados pelo estado, é possível que sejam vulneráveis a estímulos financeiros ofertados por litigantes ricos e respectivos advogados.

No modelo de direito comum, os tribunais se baseiam em precedentes, no seu esforço para interpretar as leis e aplicá-las a novas situações. Juízes leigos participam de muitos julgamentos, proporcionando uma forma de supervisão judicial, e os julgamentos são públicos, o que aperfeiçoa a transparência. Os procedimentos civis e criminais protegem os direitos dos litigantes, mas levam a atrasos, que criam incentivos à corrupção. O processo de seleção dos juízes é entremeado com a política, sejam os juízes nomeados ou eleitos. Nos Estados Unidos, juízes federais e muitos dos juízes estaduais são nomeados de forma vitalícia; assim, mesmo que sua nomeação seja politicamente contaminada, uma vez nomeados tornam-se imunes à pressão política. Juízes eleitos, em contraste, impõem penas mais longas à medida que se aproximam as eleições (Huber e Gordon, 2004; Gordon e Huber, 2007), o que sugere que a eleição e a reeleição podem prejudicar a imparcialidade.

Como advogados frequentemente se tornam juízes após longa carreira de prática privada, é particularmente importante evitar conflitos de interesse. Se os juízes são financeiramente independentes, em função de carreiras prévias como advogados privados, eles podem favorecer litigantes associados a organizações nas quais os juízes possam ter interesses financeiros. As leis dos Estados Unidos impõem exigências rigorosas para declaração de bens e limites restritos quanto às atividades permitidas no exercício do cargo.

Ademais, como nos Estados Unidos o procurador pertence ao Poder Executivo, certas atividades corruptas podem ser ignoradas, se estiverem associadas muito de perto ao regime no poder. Problemas semelhantes podem surgir nos sistemas da Comunidade Britânica, se os juízes forem reconhecidos aos políticos em exercício. Assim, o abandono do dever pode ocorrer em formas que não se encaixam, convenientemente, na definição legal de *corrupção*, mas que, apesar disso, distorcem a operação do sistema Judiciário. Outros atores, tais como membros do júri e testemunhas, são particularmente vulneráveis à corrupção.

Alguns incentivos à corrupção são comuns a ambos os sistemas. Primeiramente, se o pagamento e as condições de trabalho são ruins, pode ser relativamente fácil corromper os juízes e suas equipes (Voigt, 2007). Os juízes podem estar mais vulneráveis a esses atrativos nos sistemas de direito civil, nos quais teriam acumulado poucos bens. Em casos extremos, os juízes podem ser ameaçados e intimidados por acusados ricos, particularmente os que estejam associados ao crime organizado ou aqueles acusados de "grande" corrupção, na cúpula do governo. Os juízes podem receber oferta de propinas, com a implicação de que, se a oferta for recusada, o juiz e sua família podem sofrer danos físicos.

Em segundo lugar, propinas podem evitar alguns dos custos de um processo judicial. Propinas podem acelerar (ou retardar) casos (ibid.).[591] Mesmo que os juízes não sejam corruptos, oficiais de justiça mal pagos, encarregados de entregar intimações ou de cuidar de arquivos podem demandar ou aceitar propinas.[592] A falta de taxas formais no tribunal pode criar incentivos para que funcionários ou juízes demandem taxas não autorizadas (Buscaglia, 1995).

Existe, contudo, um paradoxo. Se melhoram os serviços dos tribunais, um número maior de pessoas passa a utilizá-los, o que torna necessários mais recursos para que a qualidade dos serviços seja mantida. Na maioria dos mercados, os preços racionam a qualidade e a quantidade dos serviços, mas se o acúmulo é um problema, cada usuário do serviço impõe custos aos demais (Buscaglia e Ulen, 1997:278-83). Se o preço do serviço não refletir esse custo, o mercado vai operar ineficientemente. Litigantes e seus advogados continuarão a oferecer propinas para se posicionar no início da fila. Em consequência, reformas na Argentina, no Equador e na Venezuela simplificaram os processos, tornando-os mais transparentes, e reduziram a liberdade de ação dos oficiais de justiça (Buscaglia, 2001). As reformas mais efetivas foram: (1) uso de sistemas computadorizados para fornecimento de informações e indicações sobre corrupção; (2) redução do tempo para execução e do número de passos administrativos ou procedimentais; (3) aumento das opções para formas alternativas, públicas ou particulares, de resolução das disputas.[593]

Em terceiro lugar, as regras que governam as relações entre juízes, advogados e litigantes podem facilitar a corrupção. Se os juízes adotam a prática de se encontrar com o advogado de uma das partes — sem a presença do advogado da outra — isso pode tornar-se um convite à corrupção.

Em quarto lugar, se a carga dos processos atribuídos a um juiz levanta questões complexas e envolvendo aspectos técnicos não incluídos em seu

---

[591] Voigt (2007) observa que a causalidade pode ocorrer de forma inversa. Juízes e funcionários do tribunal, em busca de propinas, poderiam introduzir procedimentos mais lentos e arbitrários que provoquem atrasos. Ver também Feld e Voigt (2003, 2006).

[592] MacLean (1996:157) observa que na Polônia os juízes têm a reputação de independência e honestidade, mas longos atrasos em casos em processamento levaram à corrupção do passoal de apoio, qua aceitavam propinas em troca de acelerar o andamento do caso.

[593] Ver também Hammergren (2002, 2003), que focaliza grandes quantidades de casos abandonados. Por exemplo, no México, 80% dos casos não alcançaram as disposições finais e, no Equador, apenas 39% das disputas foram encerradas após um período de três a quatro anos. Hammergren recomendaria facilitar acordos fora dos tribunais e melhorar a execução dos julgamentos que permanecessem na corte.

treinamento, pode surgir a tentação de fazer uso do pagamento de propinas para resolver essas dificuldades. Em países que há pouco tempo se comprometeram com a democracia e livre mercado, as leis que governam o mercado privado ou não existem ou são vagas e contraditórias (Buscaglia e Dakolias, 1996:12). Na América Latina, um estudo se refere à "selva de leis" que regulam contratos privados e argumenta que a liberdade de ação dos juízes cria incentivos à corrupção que aumentam a incerteza do ambiente dos negócios. "O Legislativo e o Executivo produzem uma multidão de leis [que] tornam quase impossível a quem quer que seja saber quais são as que se encontram em vigor. Essa incerteza faz dos tribunais o lugar ideal para barganhas, corrupção e busca por ganhos" (Borner, Brunetti e Weder, 1992:20, 29-30; ver também Rowat, Malik e Dakolias, 1995; Buscaglia e Dakolias, 1996; Dakolias, 1996; Buscaglia e Ulen, 1997). Com frequência, é difícil encontrar o texto dos estatutos e regulamentações, e existe às vezes pouca harmonia entre a lei formal e a realidade das disputas privadas (Linarelli, 1996). Em consequência, em vez de enfocar os tribunais como instituição, a reforma deve começar pela reescrita dos estatutos e pelo treinamento nas leis e revisão das credenciais dos profissionais.

O objetivo da reforma não é apenas melhorar a operação dos tribunais, mas também criar uma estrutura legal segura para a implantação de políticas públicas e para a atividade do mercado privado. Incentivos à corrupção podem ser reduzidos por leis que sejam bem escritas, relativamente claras e acessíveis ao público (idealmente disponíveis para acesso via intenet, assim como em bibliotecas públicas), nos idiomas do país. Desse modo, não apenas os casos serão mais fáceis de resolver, como menos disputas devem surgir.

B. Procuradores

A organização e a independência dos procuradores é uma das dimensões da reforma. Em alguns casos, como nos Estados Unidos, são parte do Poder Executivo. Em outros países, fazem parte do Judiciário. Qualquer dessas opções pode criar problemas de independência e de profissionalismo.

Entre a gama de possibilidades, um interessante experimento é a do sistema de promotoria pública brasileiro (Ministério Público), que é bastante independente do resto do governo e foi capaz de alcançar um nível de prestígio e de profissionalismo desconhecido sob o sistema anterior (Sadek e Batista Cavalcanti, 2003). Os procuradores foram profissionalizados por meio de cuidadosa seleção de candidatos, inculcação de valores e procedimentos, e detalhada avaliação durante os primeiros anos de prática (Coslovsky, 2011). Não obstante, o promotor público necessita de recursos para bem exercer suas funções e não pode realizar reformas apenas por sua iniciativa (Sadek e Batista Cavalcanti, 2003:210; Coslovsky, 2011:75-6). Alguns procuradores expressam frustração com a polícia, de um lado, e com o Judiciário, de outro — qualquer deles ou ambos podem ter recursos insuficientes ou ser corruptos ou incompetentes. Em consequência, o desempenho dos procuradores varia de estado a estado (Sadek e Batista Cavalcanti, 2003:211-13). Alguns procuram soluções criativas para problemas sociais, negociando acordos — em alguns casos, para obter recursos para seus próprios departamentos, para agências regulatórias e para projetos sociais (Coslovsky, 2011). Ademais, a própria independência dos procuradores corre os mesmos riscos de impunidade, que pode também ser um problema com um Judiciário excessivamente isolado (Sadek e Batista Cavalcanti, 2003:217-22; Coslovsky, 2011:71). Apesar das dificuldades, o caso brasileiro parece merecer estudo cuidadoso: características positivas podem ser copiadas em outros países.

C. Resolução alternativa de disputas

Se a lei nos livros não significa muito e o Judiciário opera precariamente, as pessoas evitarão trazer disputas aos tribunais, a menos que estejam dispostas e capazes de ser quem paga as propinas mais altas. De outro modo, elas encontrarão meios de contornar o sistema dos tribunais, contratando árbitros privados ou usando outros métodos, como a proteção pelo crime organizado. Na América Latina, por exemplo, os empresários evitam recorrer aos tribunais para a solução das disputas (Buscaglia, 1995; Dakolias, 1996; Hammergren, 2002, 2003). Os sistemas informais de Resolução Alternativa de Disputas (ADR) podem ser uma resposta. No entanto, como esses sistemas são, em geral, menos transparentes que os tribunais e mais difíceis de controlar pelo estado, eles apresentam seus próprios riscos. No Peru, por exemplo, eles envolveram "pseudoadvogados, falsos documentos, falsos títulos de propriedade, identidades inexistentes e, virtualmente, nenhuma garantia legal" (Santa Gadea, 1995:185). Na Indonésia, os tribunais não são efetivos devido à crença disseminada de que muitos juízes são corruptos ou incompetentes (Das-Gupta e Mookherjee, 1998:427); "agências coletoras" privadas alternativas são usadas por credores privados para extorquir pagamentos. De acordo com

MacLean (1996:158), um devedor infrator em Jacarta pode encontrar uma cesta de serpentes ou uma caixa de aranhas em sua casa. Na Europa Oriental e na Rússia, têm sido comuns os assassinatos de empresários e de banqueiros. Muitos foram, aparentemente, executados, como parte de um brutal sistema privado de "resolução de disputas".[594]

No entanto, a ADR pode ser uma reforma promissora. Uma pesquisa mostrou que a ADR ajudou famílias pobres rurais da Colômbia a resolver disputas por títulos de terras (Buscaglia e Stephen, 2005). Nas áreas pesquisadas, poucas famílias recorreram aos tribunais e poucas obtiveram um resultado para os casos que levaram ao tribunal.[595] Os obstáculos mais frequentemente mencionados foram: falta de informação, custos em dinheiro e tempo, e corrupção (ibid.:98). Um sistema de painéis de reclamação, compostos por respeitados voluntários locais, foi introduzido em partes rurais da Colômbia por volta de 2000. O estudo mostra que eles operaram muito mais efetivamente para resolver as disputas de terra. Embora suas decisões sejam apenas recomendatórias, os governos locais aceitaram as recomendações dos painéis quanto ao registro da propriedade. A terra se valorizou para os que usaram esse sistema, em comparação à dos que usaram tribunais, com os ganhos relativos para os mais pobres sendo especialmente elevados. Esses ganhos foram alcançados a custos muito mais baixos, em termos do percentual dos valores em jogo. O uso dos painéis de reclamação aparentemente aumentou o valor das propriedades a um custo menor. Não obstante, como apontam Buscaglia e Stephan, esses resultados não devem levar a que se abandone a reforma dos tribunais, em favor de um deslocamento maciço para a ADR. Esses processos não podem ser usados para casos em que "o interesse público esteja em risco e onde, consequentemente, uma orientação *ex ante* seja necessária (por exemplo, em casos de liberdades civis e políticas)" (ibid.:103). O problema da reforma dos tribunais não pode ser abandonado, mas pode talvez ser integrado com instituições informais, de baixo para cima.

---

[594] Na Rússia, 269 empresários foram assassinados em 1995, ao estilo de execução. "Mr. Tatum Checks Out", *The Economist*, 9 de novembro de 1996.

[595] Dos entrevistados, 3,75% tinham tentado usar os tribunais, e somente 0,2% (9 de 4.500) das casas tinham resolvido sua disputa fundiária pelos tribunais. No distrito sem o sistema ADR, o caso médio levou 3,5 anos, e os tribunais eram reputados corruptos e disfuncionais; o sistema formal da corte colocava especialmente as mulheres em desvantagem (Buscaglia e Stephan, 2005:97, 99, 101).

D. Agências anticorrupção independentes

Uma alternativa em relação a depender-se apenas de procuradores e forças policiais existentes é a criação de uma Agência Anticorrupção (ACA) independente, que se reporte apenas à cúpula do Poder Executivo ou ao Parlamento.[596] Dezenas de países estabeleceram ACAs nas várias décadas passadas. ACAs são uma resposta parcial à pressão da comunidade internacional pela luta contra a corrupção, como discutimos no capítulo 14.[597] A União Europeia e os Estados Unidos têm dado apoio à criação de ACAs nos novos estados-membros da União Europeia, aparentemente com alguns resultados positivos. Ao menos na Romênia, reportagens sugerem que a ACA, desde que encabeçada por um advogado enérgico e corajoso, começou a ter efeitos positivos e tem conquistado aceitação da cúpula do governo, embora sua independência *de jure* seja razoavelmente fraca.[598]

Embora as ACAs se tenham tornado uma abordagem popular para o combate à corrupção, elas têm produzido resultados mistos. Tem havido notáveis histórias de sucesso, mas também muitos países onde a corrupção persiste, apesar de uma ACA ter sido implantada. As ACAs podem ser também uma ferramenta para limitar as dissidências.

Os exemplos mais conhecidos são os de Hong Kong e Singapura, ambas cidades-estado e antigas colônias britânicas. Nos dois casos, a virada contra a corrupção combinou compromisso da cúpula de governo, aplicação crível da lei por agência independente operando sob estatuto rigoroso, e reforma do serviço civil. A corrupção era endêmica em Hong Kong nos anos 1960 (Manion, 1996b; Skidmore, 1996). Compelido a agir por um escândalo envolvendo

---

[596] Antoniou (1990) e Pope (1996:73-8).

[597] Os signatários da convenção da OCDE intitulada OECD Convention on Combating Bribery of Foreign Officials in International Business Transacions (2011, Art. 6), por exemplo, "... deve designar uma autoridade de autoridades responsáveis por colocar e receber aquisições...." A convenção das Nações Unidas intitulada UN Convention against Corruption (2004: Art. 6) também requer dos signatários que "... assegurem a existência de uma entidade ou de entidades, conforme apropriado, que evitem corrupção...". Essas entidades devem ser inteiramente independentes, financiadas e treinadas, de acordo com essa convenção. Embora essas convenções não prescrevam especificamente as ACAs, o estabelecimento de uma ACA sinaliza que o país está desenvolvendo um esforço para atender à exigência.

[598] "Corruption in Romania: Cleaning Up", *The Economist*, 21 de fevereiro de 2015. Todavia, sua independência pode ser questionada, porque é nomeada pelo Ministro da Justiça, com o consentimento do presidente.

um oficial de alto escalão da polícia, o governador estabeleceu uma Comissão Independente contra a Corrupção (ICAC) em 1974, que reportava apenas ao governador e era independente da força policial. Os oficiais do ICAC eram mais bem pagos que outros burocratas e não eram sujeitos a transferência para outros departamentos. Ninguém no ICAC poderia acabar trabalhando para um oficial superior que tivesse sido investigado. O ICAC recebeu poder para investigar e acusar casos de corrupção, para recomendar mudanças legais e administrativas visando reduzir os incentivos à corrupção, e para engajar-se em campanhas educacionais para o público (Rahman, 1986:144-6; Klitgaard, 1988:98-121; Quah, 1995; Manion, 1996b; Skidmore, 1996). A fim de evitar conflitos de interesse, os empregados do ICAC são proibidos de trabalhar para o governo após deixarem o ICAC, mas a rotação de pessoal é baixa e, portanto, essa não é grande preocupação (Heilbrunn, 2004).

A credibilidade da nova instituição é indicada pelo número ampliado de reclamações que recebeu ao se estabelecer e pela alta proporção de reclamações que não eram anônimas. Além da independência do ICAC, o governo nomeou uma pessoa de integridade inquestionável para chefiá-lo e instituiu uma política inicial para investigar e levar ao bando dos réus os "grandes tigres" (Klitgaard, 1988; Manion, 1996b). No entanto, esforços para limpeza dos sindicatos corruptos de dentro da polícia enfrentou protestos, e o ICAC recuou e garantiu anistia para infrações cometidas antes de 1º de janeiro de 1977.[599] Esse revés foi prejudicial, mas o ICAC conseguiu recuperar-se por meio de foco vigoroso na educação do público. Pesquisas realizadas junto à população entre 1977 e 1994 indicam que a percepção da corrupção pelo público caiu durante os primeiros anos do ICAC. Evidências indiretas sugerem que a corrupção, de fato, declinou, acompanhando a percepção do público (Manion, 1996b). Contudo, agora que Hong Kong foi reintegrada à China, as oportunidades de negócio no país aumentaram os benefícios da corrupção. Na verdade, talvez a área mais problemática seja o comércio chinês através de Hong Kong (Fisman, Moustakerski e Wei, 2008).

Entre os países asiáticos, Singapura se destaca como um lugar relativamente limpo para desenvolvimento dos negócios. Singapura situa-se entre os países "mais limpos" de acordo com o CCI (8º em 210) e o CPI (7º em

---

[599] Modelo elaborado por Tirole (1996) sugere que uma anistia única pode permitir que um país ou um departamento passe de alta corrupção a baixa corrupção, alcançando equilíbrio. David (2012) cita a anistia de Hong Kong como um exemplo positivo de política anticorrupção.

100). Porém, durante a época colonial, era um lugar muito corrupto. Logo após a Segunda Guerra Mundial, pagar propinas era comum, especialmente no departamento de polícia (Quah, 1989, 1994). Quando o Partido de Ação Popular (PAP) assumiu o poder em 1959, fortaleceu-se o poder do Corrupt Practices Investigations Bureau (CPIB) e, em 1970, esse órgão foi colocado diretamente sob o gabinete do primeiro-ministro. O CPIB foi bem-sucedido em limitar a corrupção (Rahman 1986:149-52), mas não é submetido à inspeção externa e alguns dos acusados de corrupção apontaram que a agência, em seu comportamento desastrado, havia violado seus direitos (Quah, 1989).

Singapura também reduziu os incentivos à corrupção ao conceder aos servidores civis algumas vantagens em seus empregos, por meio de altos salários, bônus e condições favoráveis de trabalho. O objetivo é manter pacotes de compensação em equilíbrio com as alternativas do setor privado (Klitgaard, 1988:122-33, Quah, 1989, 1994, 1995).

Os êxitos acompanham também, às vezes, a criação de ACAs mais especializadas que monitoram um setor em particular do governo. Por exemplo, a School Construction Authority de Nova York estabeleceu uma agência própria, com alguma independência, tanto para revelar empresas contratadas corruptas quanto para propor rearranjos internos que reduzam a corrupção. Essa forma híbrida não apenas atua na aplicação da lei após o fato, mas também ajuda a projetar sistemas de controle internos. Embora alguns críticos acreditem que a agência tenha sido muito rígida e intrusiva, a New York Authority se tem aparentemente pagado, ao poupar para a cidade muitos milhões de dólares.[600] Esse experimento sugere o valor de misturar os benefícios de uma entidade independente com características de procuradoria a uma capacidade de supervisão localizada no bojo de uma agência pública. Essa opção apresenta problemas complicados de evitar a cooptação, mas promete tornar possível encaminhar reformas estruturais que se situam além do campo de atuação das instituições de Hong Kong e Singapura.

ACAs independentes são uma proposta popular de reforma para países em desenvolvimento (Recanatini, 2011a), mas a ampla disseminação dos poderes de uma ACA poderia ser objeto de abuso em sistemas menos com-

---

[600] Toby Thacher (1995); Diana Henriquez, "New York City Builds a Better Watchdog", *New York Times*, 14 de março de 1996, http://www.nytimes.com/1996/03/14/business/new-york-city-builds--a-better-watchdog-agency-may-be-a-model-for-business.html (acesso em 12 de outubro de 2015). Uma visão crítica é apresentada por Anechiarico e Jacobs (1996:129, 136-7).

prometidos com o estado de direito.⁶⁰¹ Como forma de controle desse poder, uma tal agência poderia reportar-se, não ao chefe do Poder Executivo, mas ao Legislativo — como acontece com o Government Accountability Office (GAO) nos Estados Unidos.⁶⁰² O GAO monitora o Poder Executivo Federal, mas reporta-se diretamente ao Congresso; resolve disputas contratuais, revê as contas do governo dos Estados Unidos, resolve questões contra ou a favor dos Estados Unidos, reúne informações para o Congresso e encaminha recomendações para o Legislativo.

Outro problema potencial é a baixa ênfase nas reformas estruturais. Por exemplo, o processo de obtenção de uma carteira de motorista em Hong Kong tinha-se tornado muito demorado e complexo. O ICAC descobriu que propinas eram pagas para conseguir rapidamente o documento. Embora os poderes do ICAC incluíssem recomendar formas de reduzir os incentivos à corrupção, a agência deu ênfase à punição dos motoristas corruptos e dos servidores civis, em vez de reformar o processo burocrático para acelerar a emissão do documento (Skidmore, 1996). Medidas anticorrupção não serão de muita utilidade se não se modificarem as leis restritivas e os processos mal concebidos que, mais que outros fatores, produzem os incentivos ao suborno. Uma ACA deve ser apenas parte de uma estratégia maior, que inclua reformas mais fundamentais, cujo alcance vá além da pura aplicação da lei.

As condições necessárias para o sucesso de uma ACA incluem suporte político nos níveis mais altos e na gestão intermediária; a introdução de uma clara legislação anticorrupção; uma efetiva estrutura de aplicação da lei; coordenação e cooperação entre agências e jurisdições; e suficientes fundos — garantidos para o médio prazo. A ACA deve ser apenas uma parte da reforma do setor público, e deve ser suportada por uma campanha de divulgação, para mobilizar o apoio dos cidadãos, da mídia e das ONGs. Claros indicadores de desempenho devem ser anunciados com antecedência para a ACA e seus valores devem ser publicados periodicamente, a fim de operacionalizar a prestação de contas da agência, demonstrar que a agência é efetiva e guardá-la contra acusações politicamente motivadas (um *website* é um bom instrumento para que o público possa supervisionar a ACA). Separar o poder de nomear do

---

⁶⁰¹ Para um exemplo de uma agência anticorrupção que é acusada de sabotar em vez de apoiar a reforma, ver "Arrest of Kenya Tax Officials May Hit Donor Funding", *Financial Times*, 25-26 de julho de 1998.
⁶⁰² O *website* do GAO é: http://www.gao.gov/ (acesso em 12 de outubro de 2015).

poder de demitir o principal dirigente da ACA proporciona melhor fiscalização da autoridade sobre a ACA e ajuda a garantir sua independência. Doadores internacionais devem prover fundos para o médio prazo, a fim de evitar um início brilhante seguido de parcos resultados (Recanatini, 2011a). As empresas também exercem papel importante ao reportarem casos de corrupção para a agência, visto que elas estão bem posicionadas para observar a corrupção em compras públicas, administração alfandegária e arrecadação de impostos.

Frequentemente, as ACAs carecem de fundos, de equipes e de poderes, e são impopulares nas esferas políticas ou sociais, senão em ambas. Em alguns casos, a identificação bem-sucedida de casos de corrupção entre os poderosos pelas ACAs levou a acusações de corrupção dentro da ACA, o que resultou na prisão ou no exílio do dirigente principal da agência. Em outros, a ACA identificou os casos e os encaminhou ao sistema judicial — onde reina a impunidade.

IV. Abertura e prestação de contas

O público pode exercer importante pressão contra o uso arbitrário do poder pelo governo. Essa pressão somente pode operar, contudo, se o governo provê informações sobre suas ações. Os cidadãos devem dispor de meios convenientes para receber as reclamações e precisam estar protegidos contra possíveis represálias. Obviamente, funcionários do governo devem identificar como de seu interesse responder às críticas. Existem dois caminhos básicos para a pressão popular — reclamações coletivas por grupos de cidadãos, referentes a falhas do governo em geral, e objeções levantadas por indivíduos particulares contra o tratamento recebido nas mãos das autoridades públicas.

A. Informação e auditoria

Uma pré-condição para qualquer dos dois tipos acima de reclamação e a informação. Além de passivamente colocar informações no *website*, as agências podem ser proativas: circulando cartazes, panfletos e vídeos, que digam às pessoas o que podem esperar de funcionários corretos e como encaminhar uma reclamação.

Em adição às informações básicas sobre o padrão de comportamento dos funcionários, os cidadãos ativistas necessitam informações mais abrangentes. O governo deve dizer-lhes o que está fazendo, ao publicar orçamentos consolidados, arrecadação de receitas, estatutos e regras, e os eventos das entidades legislativas. Essas práticas são o padrão em países desenvolvidos, mas em muitos países em desenvolvimento são seriamente deficientes. Antigas colônias frequentemente fazem uso de sistemas originariamente impostos pelo colonizador, o que pode não se mostrar adequado nas condições locais. Muitos países em desenvolvimento ou de renda mediana têm-se deslocado em direção a maior transparência orçamentária. Várias sociedades civis organizadas promovem transparência e proveem assistência, argumentando que a mudança frequentemente não implica maiores custos, porque os dados já estão normalmente disponíveis. Por exemplo, um grupo local na Nigéria traduziu em gráficos de fácil entendimento os dados de um orçamento de difícil compreensão.[603]

Dados financeiros devem ser auditados e divulgados por autoridades independentes, tais como a GAO nos Estados Unidos e a Audit Commission na Grã-Bretanha (United Kingdom, 1993, 1994, 1996). A Audit Commission (Comissão de Auditoria) na Grã-Bretanha audita os governos locais e o National Health Service (Serviço Nacional de Saúde) e se reporta ao governo nacional. Ambas as instituições são independentes das agências do governo que auditam — uma condição necessária à credibilidade.[604]

Fora dos Estados Unidos e do Reino Unido, as agências de auditoria variam em profissionalismo e independência. Santiso (2007) avaliou as agências de auditoria em 10 países da América Latina. Ele concluiu que todas têm pontos fracos, mas as de Brasil, Chile e Colômbia eram as melhores, e as de Argentina e Equador, as piores. Ele as classifica em termos de independência, credibilidade, atendimento a prazos e poder de atuação. Ainda que a maioria das agências se posicione relativamente bem em termos de independência formal e de poderes de aplicação da lei, elas não se saem tão bem em medidas relacionadas ao desempenho real — credibilidade e cumprimento de prazos. Embora o número de dados seja insuficiente para que se chegue a conclusões firmes, há uma relação positiva entre a efetividade das agências de auditoria externa na América Latina e a qualidade da governança fiscal, definida pela eficiência da

---

[603] "Government Budgets and Development: Transparent Money", The Economist, 2 de novembro de 2013. Exemplos de tais ONGs são Open Government Partnership (http://www.opengovpartnership.org/) (acesso em 12 de outubro de 2015) e International Budget Partnership (http://internationalbudget.org/) (acesso em 12 de outubro de 2015).

[604] Esse problema também ocorre no setor privado. Pode ser difícil, por exemplo, induzir corporações privadas a monitorar seus empregados por violações da lei criminal (Arlen, 1994).

burocracia, pelo controle da corrupção e pela força das instituições públicas. Entretanto, pesquisas com estudos de caso mais detalhados são necessárias para que se possam fazer inferências causais. Os estudos de Santiso (2007) sobre Argentina, Brasil e Chile, e os estudos de Rose-Ackerman (2007, 2010) sobre o México fornecem muito mais nuanças. Mesmo para as instituições de auditoria que se classificam relativamente bem, os autores indicam sérios problemas. Santiso chega a concluir que, no Chile, a *Controladoría General de la República* é independente demais, ficando isolada da responsabilização política, e excessivamente legalista e presa a procedimentos.

Ferraz e Finan (2007) colheram benefícios de um experimento natural no Brasil, no qual o governo federal aleatoriamente auditava as contas dos governos municipais, revelando os resultados aos cidadãos antes das eleições. O apoio eleitoral da população diminuiu em casos de prefeitos de municípios que apresentavam contas problemáticas, especialmente se estações de rádio locais divulgavam os resultados. Auditorias independentes e exposição na mídia ajudavam a determinar resultados eleitorais. A agência federal do Brasil é também um exemplo do papel positivo que uma estrutura federal pode desempenhar. Se os monitores do governo federal são reputados imparciais, eles podem supervisionar o comportamento dos governos estaduais e municipais, onde os políticos não teriam incentivos para implantar uma fiscalização de si mesmos.

No entanto, acontece às vezes que políticos em exercício aprovam estatutos para pôr em funcionamento monitores independentes de seus próprios governos. Eles podem fazer isso em resposta a escândalos ou porque, temendo perder o poder nas eleições seguintes, desejam limitar o novo governo. No Brasil, por exemplo, governadores em exercício eram mais abertos a apoiar a criação de agências independentes nos estados onde a competição política era acirrada do que em estados com forte predomínio de um partido (Melo, Pereira e Figueiredo, 2009). Informações sobre irregularidades cometidas por prefeitos devem ser divulgadas no início do ano eleitoral seguinte, para fazer diferença em suas probabilidades eleitorais, uma vez que funcionários corruptos podem usar os fundos ilicitamente obtidos para comprar votos, já que eles próprios têm interesse em permanecer no poder (Pereira, Melo e Figueiredo, 2008).

Outro caso positivo é um experimento de campo envolvendo a construção de estradas em 608 vilarejos da Indonésia, onde Olken (2007) descobriu que um aumento da probabilidade de ser auditado reduzia as despesas não comprovadas. Na época em que o estudo foi iniciado, todos os vilarejos estavam nos estágios iniciais da construção de uma estrada, como parte de um esforço nacional de desenvolvimento. Um subconjunto aleatoriamente selecionado de vilarejos recebeu a informação de que seus projetos seriam auditados pela agência de auditoria do governo central, efetivamente aumentando a probabilidade de auditoria de 4% (a taxa básica de auditoria) a 100%. O tratamento pela auditoria reduziu as despesas não comprovadas por mais de 8%, o que representa um benefício líquido de cerca de US$250 por vilarejo. Infelizmente, em projetos mal controlados financeiramente, pode ser difícil estabelecer um estudo de custos como o que Olken conseguiu fazer na Indonésia. Nesse caso, excessos de custos podem simplesmente levar os políticos recebedores a solicitar e obter mais fundos.[605] Portanto, a auditoria precisa fazer parte de um sistema geral de controles e estabelecimento de referências financeiras. Nesses casos, tudo que se necessita são evidências de discrepância de custos não justificadas por diferenças nas condições reais de execução. Outros estudos também dão apoio à auditoria como instrumento para melhorar a entrega de serviços. Assim, Golden e Picci (2005) compararam custos e estruturas físicas na Itália, para gerar uma medida aproximada da produtividade dos gastos públicos. Em geral, o gasto em infraestrutura foi mais improdutivo nas regiões mais pobres do sul do país, apesar de os custos do setor privado serem mais baixos ali, o que sugeria maiores níveis de corrupção e de desperdício.

Se o financiamento é centralizado, mas a administração é descentralizada, auditorias podem detectar "vazamentos" na passagem do governo central para o programa final a que os fundos se destinam. Por exemplo, os Public Expenditure Tracking Surveys (PETS) comparam fundos desembolsados em um nível do governo aos que são recebidos ou desembolsados no nível seguinte. Reinikka e Svensson (2006) documentam os resultados dos primeiros PETS que o Banco Mundial realizou em Uganda, em 1996:87% dos fundos destinados à educação primária nunca chegaram às escolas. PETS semelhantes em Gana, Peru, Tanzânia e Zâmbia entre 1998 e 2001 revelaram vazamentos de 10% a 76% (os casos extremos ocorreram em Zâmbia); um estudo sobre pagamentos a professores no Peru teve de ser suspenso, devido a ameaças (Hallak e Poisson, 2007:105). Sundet (2008) lamenta que muitos PETS sejam vistos como um fim — informativo — em vez de um meio de mobilização para reformas.

---

[605] Numerosos exemplos podem ser colhidos das experiências de reconstrução no Iraque e no Afeganistão. Consultar os *websites* de Special Inspectors General for Iraq and Afghanistan: www.SIGIR.mil; www.SIGAR.mil (acesso em 12 de outubro de 2015).

Esses estudos poderiam ser usados como ferramentas de diagnóstico para a alocação tanto de fundos públicos quanto de recursos de monitoração. Como exemplo, Di Tella e Schargrodsky (2003) estudaram um programa na Argentina onde eram monitorados os preços que os hospitais pagavam por produtos padronizados. A autoridade anunciou que examinaria de perto quaisquer preços que fossem especialmente altos com relação à média. Em consequência, os preços caíram, de forma convergente. Portanto, os auditores devem verificar as conexões entre preços e quantidade e qualidade dos serviços públicos, como forma indireta de alcançar a corrupção e como forma direta de atingir melhor desempenho do setor público.

Em todos os países democráticos, o Poder Legislativo pode desempenhar uma função importante ao rever os gastos do Poder Executivo. Nos sistemas presidencialistas, comitês legislativos, ajudados nos Estados Unidos pelo GAO, podem prover supervisão contínua. Em sistemas parlamentaristas segundo o modelo de Westminster, os Public Accounts Committees (PACs), muitas vezes encabeçados por um membro destacado da oposição, realiza uma função similar (Chester, 1981). No Reino Unido, por exemplo, o PAC emitiu um relatório em 1994, argumentando que sérias falhas em sistemas administrativos e financeiros tinham levado a que recursos fossem desperdiçados ou despendidos impropriamente (Doig, 1996:174).

Os próprios legisladores podem desperdiçar fundos públicos. No Reino Unido, um relatório de 2009 revelou exemplos de como "jogar com o sistema de despesas", usando-o para pagar despesas sem conexão com o trabalho parlamentar; o resultado foram sentenças de prisão para alguns parlamentares.[606] Um inquérito no Canadá encontrou abusos em escala menor por membros do Partido Conservador, que estava no poder.[607]

Tanto na democracia dos Estados Unidos quanto na de Westminster, o envolvimento de políticos de oposição na supervisão significa que a fiscalização terá um matiz político. A entrada pode ser sob a forma de documentos contábeis, mas o debate será influenciado por fatores políticos. Isso ocorre como deve ser em uma democracia de bom funcionamento, mas não chega a ser exatamente um modo não polarizado de tratar um malfeito. Se são

---

[606] Stephen Castle, "Bruised by Scandal, British Lawmakers Reject Raise", *New York Times*, 12 de dezembro de 2013.

[607] Ian Austen, "Canadian Senators' Expenses under Investigation after Auditor's Report", *New York Times*, 9 de junho de 2015.

descobertas violações das leis criminais, deve haver também um sistema não polarizado de acusação e julgamento, para dar prosseguimento às acusações.

Em muitos países, a fiscalização externa é obstaculizada, porque fundos secretos, não auditáveis, estão disponíveis para o chefe de estado e principais ministros. Esses fundos são um convite à corrupção em todas as partes do mundo.[608] Nos Estados Unidos, apesar do Freedom Information Act, os diferentes orçamentos das agências de segurança nacional, como a Central Intelligence Agency (CIA), não são publicados.[609] A supervisão é realizada por um comitê especial do Congresso — o que representa um nível de revisão que vai além do que é praticado em muitos outros países onde o Executivo tem, essencialmente, liberdade irrestrita com relação a contas secretas. Por exemplo, antes de 1989, o Reino Unido simplesmente se recusou a reconhecer formalmente que possuía um serviço de inteligência (Shpiro, 1998). No Brasil, quando o *impeachment* do presidente Fernando Collor estava em debate do congresso, observadores preocuparam-se com a possibilidade de que os aliados do presidente estivessem procurando fazer uso de fundos secretos do governo para subornar os congressistas a fim de obter veredito favorável (Geddes e Ribeiro Neto, 1992).

Em geral, contudo, as agências de auditoria em outros regimes não são tão independentes dos governos que auditam, e se reportam ao Legislativo. Em um sistema parlamentar, a maioria legislativa escolhe o gabinete; portanto, os dois não são realmente independentes um do outro. Embora auditorias possam auxiliar os cidadãos na avaliação do funcionamento do estado, elas são parte da estrutura do governo.

Adicionalmente, muitos países facilitam a supervisão direta do cidadão, por meio dos atos de liberdade de informação (Freedom of Information Acts — FOIAs), que permitem que cidadãos e organizações tenham acesso a informações governamentais sem ter de dar explicações sobre seu interesse

---

[608] Na Venezuela, o presidente Carlos Andréz Pérez renunciou de seu segundo mandato em meio a acusações de que tinha feito uso impróprio de US$17 milhões dessa conta secreta durante seu primeiro mandato (Little e Herrera 1996:268).

[609] Steven Nelson, "Obama Won't Disclose Spy Agency Budgets", *US News & World Report*, 2 de fevereiro de 2015, http://www.usnews.com/news/articles/2015/02/02/black-budget-requests-remain--secret (acesso em 12 de outubro de 2015). Como resultado da ameaça ao atendimento do pedido de acesso ao Freedom of Information Act, a CIA liberou, em outubro de 1997, um documento contendo uma única frase listando o orçamento de US$26,6 bilhões para 1996. "For First Time US Discloses Spying Budget", *New York Times*, 16 de outubro de 1997, http://www.nytimes.com/1997/10/16/us/for-first-time-us-discloses-spying-budget.html (acesso em 12 de outubro de 2015).

no material.⁶¹⁰ Tem havido uma proliferação dessas leis nas décadas recentes (Ackerman e Sandoval, 2006; Neuman e Calland, 2007). O primeiro exemplo, datado de 1974, foi o Freedom Information Act dos Estados Unidos,⁶¹¹ que postulou os princípios básicos, incluindo um conjunto de exceções, limites de tempo para os burocratas e provisões para ajudar as agências a gerenciar o processo, inclusive diretrizes sobre tarifas e requisitos para armazenamento dos registros. A União Europeia (UE) exige acesso aos "documentos" da UE — um termo aparentemente menos inclusivo que "informação"; porém, muitos estados-membros possuem estatutos mais inclusivos.⁶¹² Nos Estados Unidos, nenhuma agência governamental está encarregada de resolver disputas legais. Os reclamantes devem apelar para os tribunais ou buscar mediação por um ouvidor do novo Office of Government Information Services [OPEN Government Act of 2007, Pub. L. 110-81, sec. 10]. Em contraste, alguns países têm fortes agências independentes que monitoram ou gerenciam a operacionalização da lei. Alguns exemplos são México, Jamaica, Canadá e Hungria (Rose-Ackerman, 2005:149-53; Neuman a Calland, 20007:204-5).⁶¹³

Os FOIAs apenas são efetivos se o governo realmente coleta dados que os cidadãos considerem úteis. Eles são condição necessária, mas não suficiente, para a correta prestação de contas. Alguns FOIAs determinam a coleta e a disseminação de tipos específicos de informação, incluindo a decisão de abrir acesso livre via *web* a certas matérias.⁶¹⁴ Além disso, o custo de cumprir exigências de disseminação das informações estimula as agências a tomar medidas antecipadas para organizar seus arquivos e colocá-los disponíveis

---

⁶¹⁰ Infelizmente, o FOIA chinês não tem essa característica; ainda assim, parece que ele tem exercido um efeito positivo. "Freedom of Information: Right to Know", *The Economist*, 3 de maio de 2014. Uma decisão política no final de 2014 deu apoio a maior abertura, Jamie Horslay, "Chinese Leaders Endorse Disclosure Norm", FreedomInfo.org, 4 de novembro de 2014, http://www.freedominfo.org/2014/11/chinas-leaders-endorse-disclosure-norm/ (acesso em 12 de outubro de 2015).

⁶¹¹ 5 U.S.C. §§ 552.

⁶¹² A disposição geral da União Europeia é o Artigo 42 da Carta de Direitos Fundamentais. Um sumário dos FOIAs por país encontra-se no *website* de Right2info: http://www.right2info.org/access-to-information-laws/access-to-information-laws#_ftnref7 (acesso em 12 de outubro de 2015).

⁶¹³ Para a informação atualizada país a país, consultar: http://freedominfo.org (acesso em 22 de outubro de 2015). Para uma visão geral da tendência global em direção à passagem dos FOIAs, ver Ackerman e Sandoval (2006). O *website* freedominfo lista vários preocupantes acontecimentos recentes em sua listagem país a país, que sugerem algum retrocesso a partir de anteriores tendências positivas.

⁶¹⁴ Em 1996, o U.S. Freedom Information Act foi emendado para incluir a exigência de que cada agência criasse uma "sala de leitura" na internet para seus documentos disponíveis ao público. A provisão de portal *web* está em (a)(2)(E).

em linha, em cada vez mais volume e qualidade. Neuman e Calland (2007) destacam os desafios de implantação. Uma sociedade civil forte pode ajudar a manter pressão sobre o estado por realizações, e esses grupos devem-se concentrar nos processos de gestão e abertura da informação. Implantações bem-sucedidas tornaram-se bastante dispendiosas, tanto em custos iniciais quanto na continuidade das respostas a novas demandas. Países mais pobres precisarão encontrar caminhos para conter os custos sem prejudicar os objetivos da lei. Para que se tenha uma percepção dos custos, os autores citam o exemplo do México, um dos poucos países onde as cifras orçamentárias estão disponíveis. Em seu primeiro ano, o Instituto Federal Mexicano para Acesso à Informação tinha um orçamento de US$25 milhões (0,033% do PIB; comparar com 0,0007% nos Estados Unidos e 0,004% no Canadá), um novo prédio, uma equipe de mais de 150, e um sistema avançado, baseado na intenet, "de fazer inveja a importantes corporações" (ibid.:193).

O objetivo do FOIA é manter a prestação de contas do governo, de forma geral, mas pode proporcionar benefícios anticorrupção, porque o fornecimento de informações pode ser uma maneira pouco dispendiosa de limitar a corrupção (Di Tella e Schargrodsky, 2003; Reinikka e Svensson, 2006). Em particular, um experimento de campo na Índia estudou cidadãos que se candidatavam a um programa de bem-estar social. Um grupo de inscritos usou o FOIA do país para verificar o progresso de seus arquivos, diferentemente de outros que simplesmente aguardavam o serviço ou pagavam um despachante, como suposto portador de propinas. O uso do FOIA reduzia o tempo de espera e era mais barato que pagar propina (Peisakhin e Pinto, 2010). Esse resultado foi obtido com a ajuda de uma organização da sociedade civil local, o que sugere que a mera existência de um FOIA não seja suficiente. Grupos independentes podem ter de inventar formas de utilizar a lei para limitar a corrupção e divulgar e facilitar seu uso.

No entanto, FOIAs podem ser objeto de abuso. No Texas, um diretor--regente da Universidade do Texas em Austin demandou mais de 800 mil páginas de documentos de escritórios da instituição, impondo custos de mais de US$1 milhão à universidade.[615] Outros indivíduos e organizações também

---

[615] Tony Plohetski, "Report: UT Regent Wallace Hall Should Be Removed from Office", *KVUE/Austin American-Statesman*, 31 de março de 2015, http://www.kvue.com/story/news/state/2015/03/31/report--ut-regent-wallace-hall-not-indicted-but-his-behavior-is-appalling/70714584/ (acesso em 12 de outubro de 2015).

"deram entrada a muitas requisições de grandes registros de dados" no sistema da universidade.[616] Quando os recursos ficam dedicados a atender a essas demandas, acabam deslocados de outras finalidades e podem prejudicar o objetivo primário do departamento ou da agência.

Nos Estados Unidos, outras fontes de informação são audiências legislativas, que são abertas ao público, assim como muitas audiências e reuniões do Poder Executivo — exceto quando estiver em jogo a segurança nacional. Para agências de múltiplos membros, o governo concede aos cidadãos, pelo Sunshine Act, acesso a todas as reuniões que incluam quórum decisório (5 U.S.C. §552b). Alguns críticos do ato reclamam que os requisitos para a convocação de reuniões abertas sejam tornados mais efetivos, mediante melhor divulgação e fornecimento prévio de material sobre o assunto. Outros argumentam que o ato enfraquece os processos deliberativos das agências (Tucker, 1980:547).[617] Porém, mesmo os críticos manteriam a exigência de que votações e outras importantes decisões substantivas sejam realizadas em reuniões abertas. O que está em causa é o direito do público de apresentar informações ao Poder Executivo, de entender os motivos das decisões, e de anotar aqueles que sejam mais influenciados pela corrupção e pelo favoritismo.

Todavia, um FOIA tem pouco valor se o governo não reúne muita informação. Muitos países devem primeiro colocar as informações em ordem, providenciar a publicação dos documentos mais importantes e assegurar o acesso público ao material ainda não publicado. De forma semelhante, uma regra de reuniões abertas é de pouco valor se a lei formal é tão vaga que qualquer decisão possa ser justificada. Essas medidas preveem a prestação de contas em alguma medida, mas o valor da prestação de contas depende do grau de democratização.

---

[616] Reeve Hamilton, "UT-Austin Cancels Regent's Records Requests", *The Texas Tribune*, 6 de agosto de 2013, http://www.texastribune.org/2013/08/06/pending-review-ut-cancels-regents-records--requests/ (acesso em 12 de outubro de 2015).

[617] "O questionário [administrado por Tucker] perguntou se Sunshine tinha adversamente afetado a capacidade dos membros da agência para informalmente discutir o negócio da agência e, caso afirmativo, quão significativo teria sido. De todas as questões propostas, essa recebeu a mais uniforme resposta, com todas as respostas, exceto uma, sendo afirmativas, e muitos respondentes declarando que as consequências foram significativas."

B. Mídia e opinião pública

Mesmo um governo que guarde bons registros e os torne disponíveis ao público pode operar impunemente, se ninguém se preocupa em analisar a informação divulgada — ou se os analistas têm medo de levantar a voz. Há três caminhos para a prestação de contas. Se o objetivo é pressionar o governo a agir em favor do interesse público, é importante o papel da mídia e dos grupos organizados. Se o objetivo é a prestação de contas do governo aos cidadãos, devem ser criados caminhos para reclamações individuais. Em todos os três casos — mídia, grupos, indivíduos — existe o problema do medo. Se funcionários do governo ou seus aliados não oficiais intimidam e assediam aqueles que falam, tornam-se inúteis as estruturas formais de responsabilização.

A mídia pode facilitar a discussão pública, se for de propriedade privada e livre para criticar o governo sem medo de represálias. Mesmo os chefes de estado não democráticos serão provavelmente sensíveis à opinião pública, se desejarem evitar agitações da sociedade civil. Portanto, a imprensa livre é um fator essencial de pressão, especialmente em países não democráticos nos quais não haja outros meios de pressionar políticos e burocratas. E, se eleições são importantes, a mídia é também crucial.

A liberdade de imprensa nominal será insuficiente se a maior parte da mídia está associada a partidos políticos. Na Itália, a corrupção somente se tornou notícia importante quando a imprensa italiana se tornou crescentemente independente do sistema político (Giglioli, 1996:386). O governo pode também manter a imprensa sob relativo controle por meio de anúncios, de contratos de impressão e de pagamentos a jornalistas. Os jornais mexicanos, por exemplo, têm sido controlados por esses métodos. Na Argentina, Di Tella e Franseschelli (2011) descobriram que os anúncios governamentais caíram em quatro dos jornais mais importantes quando histórias de corrupção figuraram na primeira página (ou vice-versa). Mais recentemente, quando certa mídia noticiou o aparente enriquecimento pessoal dos presidentes Néstor e Cristina Kirchner,[618] esta última "começou a despojá-la dos anúncios do governo".[619] Outra forma sutil de controle é deixar passar falhas no pagamento de impos-

---

[618] Cristina Kirchner venceu a eleição em 2007, quando seu marido decidiu não concorrer à reeleição. Ele morreu em 2010.
[619] Dexter Filkins, "Death of a Prosecutor", The New Yorker, 20 de julho de 2015, http://www.newyorker.com/magazine/2015/07/20/death-of-a-prosecutor (acesso em 12 de outubro de 2015).

tos pelos editores e pelas companhias de mídia, retendo a possibilidade de abertura de processo como ameaça.[620]

Em muitos países, leis contra a difamação concedem especiais proteções aos funcionários públicos (Pope, 1996:129-41; Vick e Macpherson, 1997:647).[621] Isso é apenas o inverso do necessário. Deve ser mais difícil para políticos e outras figuras públicas processar por difamação que para os demais cidadãos, e não mais fácil. Eles não devem ser imunes a enfrentar acusações de corrupção, e alegações de difamação devem ser tratadas como matéria civil, não criminal. Nisso, pelo menos, os Estados Unidos proveem um notável exemplo com a lei que torna mais difícil considerar que há difamação de figuras públicas que de indivíduos privados, e que quase sempre trata a difamação como delito civil.[622] Aqueles que estão sob o olhar do público assumiram o risco do escrutínio público e têm acesso à mídia para refutar acusações (Vick e Macpherson, 1997:650; Sanders e Miller, 2013-14). A Primeira Emenda protege o direito de expressão, especialmente aquele que busca a responsabilização de funcionários públicos. No entanto, alguns argumentam que a distinção entre figuras públicas e indivíduos privados foi erodida na idade da intenet e que a difamação deve ser considerada um delito civil, que deve atender ao alto padrão de "real malícia" em todas as acusações (Sanders e Miller, 2013-14).[623] Ameaças de processo legal funcionam como séria dissuasão em outros lugares. A Grã-Bretanha não tem a figura de tratamento distinto na defesa da pessoa pública e alguns argumentam que sua lei de difamação tem como efeito inibir reportagens críticas sobre assuntos que afetam o interesse público

---

[620] "It Happened in Monterrey", *The Times*, 29 de novembro de 1991, discute a renúncia de um editor de jornal depois que seu órgão de imprensa recebeu pressão mediante o cancelamento de anúncios do governo e contratos de impressão. Quando um importante editor foi preso na Cidade do México em 1991 por evasão fiscal, o editor apontou que a prisão tinha ocorrido em resposta à declaração recente de independência do jornal (*Mexico Business Monthly*, 12 de outubro de 1996).
[621] Uma ONG chamada Article 19 acompanha o status das leis antidifamatórias. Seu *website* mostra a distribuição das leis sobre difamação e indica que a maioria dos países provê alguma espécie de proteção para funcionários públicos. https://www.article19.org/defamation/map.html?dataSet=defamation_legislation_2012 (acesso em 12 de outubro de 2015).
[622] Não existe lei criminal federal contra a difamação. Alguns poucos estados têm estatutos criminais contra a difamação, mas a Corte Suprema tem em geral decidido que processos sob essas leis violam a Primeira Emenda no tocante à proteção da liberdade de expressão.
[623] Agir com "real malícia" é "agir com o conhecimento da falsidade ou com imprudente desrespeito à verdade" (Sanders e Miller, 2013-4:534). Sanders e Miller defendem a adoção de um padrão de real malícia para todos os casos e de um deslocamento do status do indivíduo que é difamado segundo o interesse público da informação fornecida.

(Vick e Macpherson, 1997:627, 649-50). A Grã-Bretanha revogou a lei criminal contra sedição e difamação sediciosa em 2009, embora essa reforma não tenha sido um grande passo, pois, na prática, a lei era raramente aplicada.[624] Não obstante, defensores da liberdade de expressão saudaram a reforma como meio de pressionar outros países a descriminalizar a difamação.[625] Contudo, o tratamento uniforme das figuras pública e privada permanece no Reino Unido e pode inibir certos tipos de crítica política.

Um exemplo especialmente claro do efeito assustador de uma forte lei liberal é Singapura, onde políticos de alto escalão processaram com êxito tanto a mídia quanto opositores políticos.[626] Na Libéria, um repórter investigativo foi preso em 2013, após não conseguir pagar por um julgamento em tribunal, em um processo por calúnia apresentado por um político que tinha sido demitido por suborno.[627] Em alguns países latino-americanos, a difamação ainda pode ser tratada como ação criminal em vez de civil, mas isso mudou em alguns, como o México, que aboliu a criminalização da calúnia em 2007.[628]

O controle político é usualmente mais sutil que a censura direta. Porém, em caso extremo, um governo em exercício pode simplesmente comprar a mídia com pagamentos condicionados a comportamento subserviente. Um estudo do regime do presidente Fujimori no Peru demonstra a importância da liberdade de imprensa na preservação da democracia. McMillan e Zoido (2004) estudaram as fitas gravadas por Vladimir Montesinos, principal conselheiro do presidente Fujimori. Os vídeos registravam seus pagamentos a congressistas, juízes e à mídia. O porte relativamente grande dos pagamentos a estações de televisão sugere a importância delas. McMillan e Zoido mostram como um estado com exemplares normas constitucionais, prevendo eleições e freios e contrapesos, pode ser solapado por funcionários de alto nível hierárquico. No entanto, não foi suficiente subornar a mídia; Montesinos reconheceu que

---

[624] http://www.legislation.gov.uk/ukpga/2009/25/section/73 (acesso em 10 de outubro de 2015).
[625] "UK Government Abolishes Seditious Libel and Criminal Defamation", 13 de julho de 2009; http://humanrightshouse.org/Articles/11311.html (acesso em 10 de outubro de 2015).
[626] Ver "Singapore Leaders Awarded $5.6m in Libel Damages", *Financial Times*, 30 de maio de 1997; "Singapore Leader Wins Libel Case", *Financial Times*, 30 de setembro de 1997; e "Throwing the Book: PAP Launches Legal Barrage Against Opposition Leaders", *Far Eastern Economic Review*, 6 de março de 1997.
[627] "Liberia Skin-Deep Success", *The Economist*, 7 de setembro de 2013.
[628] Youm (2009:289) menciona El Salvador, Panamá e Peru como também estarem modificando as respectivas leis para eliminar o enquadramento da difamação no código criminal.

a informação disponível ao público deve ser também manipulada. De fato, a única estação de TV a cabo que não tinha sido corrompida finalmente trouxe à luz o sistema e levou o governo à queda. Uma outra fonte de dados é o estudo de Ferraz e Finan (2007), anteriormente mencionado, segundo o qual a divulgação por radiofonia dos bens dos políticos em exercício desempenhou papel crítico em uma estratégia que ajudou a punir políticos corruptos por via eleitoral.

Contudo, em países pobres com alto nível de analfabetismo, a mídia pode exercer apenas um papel limitado. Muitas pessoas têm instrução precária e pouco conhecimento das operações do governo.[629] Isso tem duas implicações para os reformadores. Em primeiro lugar, o governo ou organizações privadas independentes podem prover programas educacionais para ajudar as pessoas a entender o que devem esperar de um governo legítimo. Alguns pequenos subornos ocorrem porque as pessoas supõem que devam dar presentes como mostra de gratidão por decisões favoráveis pelos superiores (Pasuk e Sungsidh, 1994). Os cidadãos podem não ter noção de que nada devem aos funcionários públicos que vêm apenas cumprir seu dever.

Em segundo lugar, o governo necessita de um meio de identificar as preocupações de grupos pobres e marginalizados sem penalizá-los por dizerem verdades. Uma imprensa livre pode ajudar nisso, se patrocinar ou divulgar pesquisas sobre expectativas da população. Mesmo que a imprensa desempenhe apenas um papel limitado ao dizer aos cidadãos o que o governo esteja fazendo, pode ainda dizer ao governo o que pensam as pessoas e que dificuldades a população comum enfrenta ao lidar com a burocracia.

C. Associações privadas e organizações sem fins lucrativos como agentes de mudança

Uma imprensa livre com bom acesso às informações governamentais pode não ser suficiente para uma fiscalização eficaz, especialmente em uma autocracia. Indivíduos e grupos devem pressionar por mudanças, mas eles enfrentam o conhecido problema de empreender uma ação coletiva para pressionar quem lhe concede pequenos serviços gratuitos. A informação pode estar disponível, mas pode ser que ninguém se mobilize para examiná-la. Os escândalos

---

[629] Mesmo em economias avançadas, muitos eleitores não entendem os conceitos básicos da macroeconomia e das finanças públicas, ou porque devam preocupar-se com essas questões.

revelados pelos jornalistas investigativos podem provocar indignação, mas nenhuma ação concreta.

Se as leis facilitam estabelecer associações privadas, organizações sem fins lucrativos podem ajudar. Isso facilita a criação de grupos de vigilância como a Transparência Internacional, uma organização sem fins lucrativos com sede em Berlim, com foco em corrupção, que conta com seções nacionais em mais de 100 países.[630] Essas seções locais realizam um conjunto de atividades, entre as quais participação em eventos sobre integridade (*Integrity Workshops*), treinamento anticorrupção para funcionários públicos, coleta e publicação de dados, e serviços de advocacia para vítimas de corrupção. A Transparência Internacional regularmente emite comunicados de imprensa, demandando reformas em um país específico ou determinadas ações em um dado país ou em um caso em particular.

Alguns governos limitam as ONGs ou tornam muito dispendioso organizá-las. Restrições formais, estabelecidas por lei, podem ser complicadas e os membros podem estar sujeitos a vigilância e assédio (Carothers e Brechenmacher, 2014). Uma vez registradas, organizações sem fins lucrativos podem enfrentar exigências onerosas para a apresentação de relatórios formais. No entanto, na prática, essas regras podem significar pouco em muitos países, se o estado for deficiente na aplicação da lei. Às vezes, é exatamente a pouca efetividade do estado que pode ser uma fonte de liberdade (Bratton, 1989:577-8).

Outro problema é a cooptação. Algumas entidades sem fins lucrativos organizam e administram programas de desenvolvimento para os pobres, com o financiamento fornecido pelo estado. A existência desses programas depende de cooperação com autoridades públicas. Em consequência, as organizações envolvidas podem hesitar em criticar abertamente os funcionários (ibid.:578-9). Para evitar essas tensões, uma ONG que tenha obrigações de luta contra a corrupção deve evitar a participação na entrega direta de serviços.

Em países dotados de sistema judicial honesto e independente, outra possibilidade se abre para o controle indireto da corrupção. Indivíduos e grupos privados podem receber o direito de apresentar petições para forçar o cumprimento das leis tributárias e regulatórias. O objetivo dessas petições não é descobrir ocorrências de suborno, mas obter a obediência a lei substantiva vigente. Nenhuma evidência de corrupção precisa ser apresentada; em vez

---

[630] Transparency International, "Our Chapters", http://www.transparency.org/whoweare/organisation/our_chapters/0/ (acesso em 12 de outubro de 2015).

disso, o foco estaria nas violações das leis tributárias ou regulatórias. Esse método opera bastante bem com respeito a projetos financiados pelo Banco Mundial, com base em regras operacionais que tenham sido desrespeitadas, geralmente sem que exista qualquer prova de corrupção.

Poucos sistemas legais oferecem a oportunidade para que indivíduos abram processos para proteger bens públicos. Eles precisariam demonstrar que seus próprios interesses foram realmente prejudicados, e somente então poderiam apresentar-se perante o tribunal. Obviamente, às vezes um indivíduo pode encaminhar objetivos de interesse público no processo de lutar por seus direitos individuais; porém, muitas falhas administrativas fogem ao alcance dos tribunais nesses sistemas. Os sistemas Judiciários dos Estados Unidos, da Alemanha e do Japão compartilham esse ponto fraco, com algumas exceções (Fuke 1989; Rose-Ackerman, 1995a; Rose-Ackerman, Egidy e Fowkes, 2015). Como faz notar um comentarista sobre as leis no Japão: "Certas atividades administrativas abrangentes podem acarretar prejuízo irreparável em longo prazo, ao público e a pessoas específicas, sem, contudo, causar a qualquer pessoa prejuízo imediato, específico, pessoal e passível de processo legal" (Fuke, 1989:232). Alguns tipos de corrupção que aumentam os custos e rebaixam a efetividade do governo estão nessa categoria.

Fora dos Estados Unidos, a parte derrotada em um processo legal usualmente tem de pagar as taxas legais de ambos os lados. A inovação americana é a mudança para a taxa unilateral — partes queixosas privadas que trazem reclamações de indivíduos contra o governo ou contra poluidores são dispensadas de suas taxas legais se vencerem a questão, mas não lhes é exigido pagar as taxas de seus oponentes caso percam. Essa é uma inovação valiosa, que poderia ser aplicada ao contexto anticorrupção. A mudança unilateral da taxa daria aos grupos de interesse público um incentivo para centrar foco nos casos de maior valor. Ela proporciona a vantagem adicional de forçar as empresas que ganham pagando propinas a arcar com a maior parte dos custos de aplicação da lei contra eles. Como acusações de corrupção e malfeitorias podem ser motivadas por vingança, a lei pode incluir uma disposição que desloque todas as taxas legais para a parte queixosa, nos processos que sejam caracterizadamente motivados por assédio ou vingança — desde que se possa ter a confiança de que os tribunais acionem a regra de forma criteriosa. Por exemplo, nos Estados Unidos, a lei que protege os denunciantes em geral os isenta de suas taxas legais, com a exceção de processos que sejam "frívolos, claramente vexatórios, ou trazidos primariamente por propósitos de assédio" [31 USCS § 3730 (d)].

Em países com tribunais fracos e governos pouco efetivos, esforços de reforma podem ser frustrantes. Um grupo sabe que o governo é inoperante, pode documentar suas falhas e se pronunciar em protesto. A mídia relata as reclamações do grupo, que passam a ser a fonte de amplo e aceso debate público. Porém, o governo pode não reagir. Em uma democracia, a oposição política pode fazer da corrupção um item de campanha. Em uma autocracia, oponentes políticos tendem a ser relativamente fracos. Uma organização anticorrupção pouco pode fazer sem alguma cooperação da liderança política do país. Nessa hipótese, a corrupção pode ser, para os cidadãos, uma questão mais fácil de atacar que outros tópicos controversos, tais como reforma agrária ou direitos do trabalhador. Embora alguns autocratas operem com impunidade, indiferentes à opinião pública doméstica e às críticas do exterior, outros não são tão autoconfiantes ou tão poderosos. Nesses casos, reformas são possíveis, com ONGs compelindo o estado a mudar e trabalhando com ele para fazer as reformas acontecerem.

Não obstante, sérios esforços anticorrupção podem requerer um realinhamento radical das relações entre o cidadão comum e o estado. Os cidadãos podem ter medo de que reclamar possa apenas tornar piores as coisas pessoalmente para eles. Um maior clamor popular pode desafiar as visões arraigadas quanto às prerrogativas dos governantes. No entanto, é fato que mesmo autocratas empreenderam reformas, quando o custo em investimento perdido e crescimento frustrado se tornara especialmente óbvio.

D. Avenidas para reclamações individuais

A luta contra a corrupção de alto nível requer atenção nacional e organizações privadas dispostas a pressionar os líderes por mudanças. Em contraposição, limitar a corrupção burocrática de nível baixo é frequentemente de interesse dos altos funcionários, que podem tentar o recrutamento de cidadãos comuns para esse esforço. Isso pode ser feito sem contar com a atividade organizada dos cidadãos, se indivíduos puderem facilmente apresentar reclamações, sem medo da vingança de funcionários corruptos.

Relembremos a distinção discutida no capítulo 2 entre propinas para contornar as regras e propinas para obter um benefício que deveria ter sido proporcionado gratuitamente. A facilitação de reclamações vai apenas ajudar a descobrir este segundo tipo de corrupção. Subornos para a permissão de atividades ilegais ou para suavizar uma lei regulatória ou a avaliação de uma tarifa provavelmente não serão revelados por empresas e indivíduos privados, a menos que tenham sido presos e estejam tentando suavizar sua punição. Em contraste, se a demanda por propina é a condição para que se obtenha um benefício legal, os indivíduos podem não ceder se tiverem meios de apelar a um foro honesto.

Os processos de apelação devem ser não apenas honestos, mas também rápidos e eficientes. O reclamante deve ter o direito de obter dos burocratas informações sobre seu caso. Por exemplo, a consolidação de terras em Uttar Pradesh na Índia aparentemente foi conseguida com níveis relativamente baixos de corrupção. Os fatores-chave foram um processo aberto, com real participação dos afetados, pressão de tempo e apelações rápidas e corretas (Oldenburg, 1987).

Reclamações são improváveis se as pessoas temem represálias. Por esse motivo, é importante a apresentação de evidências e o recurso de ferramentas de governança eletrônica, tais como telefones para ligações gratuitas e portais para queixas anônimas. Se telefones e serviços de acesso à intenet não estão amplamente disponíveis na área rural (em dialetos locais), ou em bairros pobres, devem ser encontrados outros métodos de recebimento das reclamações. As conexões para queixas (ou *hotlines*) devem ser mais que apenas simbólicas. Funcionários públicos — o ouvidor, unidades de supervisão ou agentes de aplicação da lei — devem fazer o acompanhamento das reclamações de forma visível. Ao mesmo tempo, se as queixas se referem a indivíduos, os acusados devem ter meios críveis para se defenderem contra falsas acusações. De outro modo, uma campanha anticorrupção pode degenerar em uma coleção de vinganças privadas, com as pessoas fazendo uso do estado para acertar suas disputas pessoais.

Muitos países estabeleceram ouvidores para atender a reclamações de todos os tipos, não apenas àquelas relacionadas a malfeitos. Esses escritórios podem ajudar na melhoria da prestação de contas pelas agências do governo aos cidadãos comuns (Antoniou, 1990:68-78; Pope, 1996; Noorani, 1997); em consequência, podem gerar grande resistência de políticos e de burocratas. Embora isso seja lamentável, as expectativas quanto à atuação de um ouvidor devem ser mantidas em nível modesto, pois esses funcionários raramente revelam a corrupção sistêmica de larga escala e em geral lhes falta autoridade para dar início a processos legais.

Adicionalmente, a existência de ouvidores e de outros mecanismos de encaminhamento de queixas não terá efeito se as pessoas não estiverem dispostas a reclamar. Uma maneira de estimular o pessoal interno a dar um passo à frente é um estatuto para denunciantes, que proteja e recompense aqueles — em agências governamentais e em empresas privadas — que estejam dispostos a apresentar reclamações. Importantes fatores são: o papel da mídia, o *lobby* de grupos que procuram mudança, e legisladores simpáticos à ideia e posicionados em postos-chave. Denunciantes que possam agir com esse apoio podem colocar questões na agenda, catalisando um processo maior de mudança. Um estudo (Johnson e Kraft, 1990) detalha dois casos precursores de denunciantes bem-sucedidos de dentro do governo dos Estados Unidos. Um deles revelou abusos no programa de tratamento de lixo tóxico na agência de proteção ambiental; o outro protestou contra as políticas relacionadas a pessoas com AIDS no escritório de direitos civis do Department of Human Services. Ambos os denunciantes eram formuladores de políticas, que atraíram ampla cobertura pela mídia e usaram membros do governo para destacar suas preocupações. Ambos tinham o respaldo de grupos de interesse organizados, em apoio a seus esforços. No campo do controle da corrupção, a opinião pública mobilizada é essencial, se um estatuto de apoio a denunciantes existe, com o intuito de fazer mais que apenas prover proteções legais para os reclamantes, sejam esses funcionários públicos ou empregados de empresas privadas. Assim, em países em desenvolvimento que não possuem esses grupos organizados, a proteção aos denunciantes não pode ser uma característica importante de uma estratégia de reforma, até que esses grupos passem a existir.[631] Mesmo na União Europeia, a grande maioria dos países dispõe apenas de proteções parciais aos denunciantes, na melhor das hipóteses (Transparency International, 2013b).

E. Fiscalização dos programas governamentais pelas bases

Às vezes, a supervisão pelo público é mais eficiente se vai além das reclamações individuais, assumindo uma forma local organizada, talvez ajudada por grupos da sociedade civil. Às vezes, esse tipo de supervisão é limitado pela intimidação, em razão das ações dos detentores do poder.[632] Se o problema for

---

[631] Para diretrizes acerca do estabelecimento de proteção aos denunciantes, ver Transparência Internacional, "International Principles for Whistleblower Legislation", http://www.transparency.org/whatwedo/publication/international_principles_for_whistleblower_legislation (acesso em 12 de outubro de 2015).

[632] No México, em 2000, fazendeiros de Guerrero reclamaram da retirada ilegal de madeiras que, segundo eles, envolvia corrupção. A disputa deu origem a acusações de que o exército e políticos locais estavam agindo fora da lei. Infelizmente, muitas dessas alegações não puderam ser provadas. "A Farmer Learns about Mexico's Lack of the Rule of Law", *New York Times*, 27 de outubro de 2000, http://www.nytimes.com/2000/10/27/world/27MEXI.html (acesso em 12 de outubro de 2015).

agudo em nível local, é necessário que níveis mais altos do governo impeçam que funcionários corruptos locais ajam com impunidade. As democracias precisam assegurar que os caminhos para a supervisão e reclamação pelo público estejam abertos na base e que a intimidação seja tratada de modo aberto e direto. No entanto, relações patrão-cliente de longa data entre políticos e elites locais, de um lado, e os cidadãos comuns, de outro, dificultam às vezes a monitoração independente.

Muito da pesquisa sobre o desempenho da participação das bases baseia-se em casos verificados no Sul da Ásia e na África (Rose-Ackerman, 2004:316-22). Conforme concluem Deininger e Mpuga (2005:172), "tanto os governos quanto os doadores bem poderiam ser avisados para dar atenção às formas pelas quais os cidadãos comuns podem exigir que burocratas (os eleitos e os nomeados) prestem contas, como meio de melhorar os resultados do setor público". Na América Latina, por exemplo, muitas tentativas têm sido feitas tanto para envolver as pessoas das áreas rurais na concepção e monitoração de programas de desenvolvimento agrícola, quanto para incrementar a participação de moradores das cidades na tomada de decisões pelo governo. Os programas de desenvolvimento rural foram concebidos para melhor adequar os programas de financiamento e investimento às necessidades dos fazendeiros e para melhorar a prestação de contas pelos beneficiários (Parker, 1995; Das Gupta, Grandvoinnet e Romani, 2000). Os casos urbanos tinham por objetivo aumentar a participação democrática, a fim de enfraquecer as estruturas clientelistas existentes; o mais famoso desses foi o Orçamento Participativo em Porto Alegre, Brasil (Abers, 1998; Sousa Santos, 1998; Torres Ribeiro e de Grazia, 2003; Ackerman, 2004:451-2). Os casos bem-sucedidos em ambos os cenários deram aos cidadãos melhor informação sobre o que esperar do governo e desenvolveram sua capacitação para exigir dos funcionários públicos a prestação de contas à população. Avaliações do caso de Porto Alegre concluíram que teve êxito em reduzir o clientelismo e a corrupção (Shah e Wagle, 2003; Gret e Sintomer, 2005); porém, em nível estadual no Brasil, os resultados foram variáveis (Goldfrank e Schneider, 2006).

Programas participativos requerem compromisso de longo prazo dos governos estabelecidos, ajuda técnica e organizacional e suficientes recursos para que beneficiem muitos participantes (Goldfrank e Schneider, 2006). Além disso, as pessoas que não estão habituadas ao poder político precisam de tempo para aprender como exercê-lo responsavelmente. A variedade da experiência nos cenários urbano e rural sugere que diversos fatores devem convergir, antes que possam ter êxito parcerias produtivas entre reformadores do governo e pessoas de baixa renda. Mostrou-se difícil a replicação dos casos de sucesso em outras situações, mas essas experiências nos ensinam alguma coisa sobre como facilitar a participação das bases. A intensificação dos controles locais não necessariamente aumenta a transparência e a responsabilização (Das Gupta, Grandvoinnet e Romani, 2000). Em um cenário de pior caso, essas políticas fortalecem o poder dos patrões locais e os interesses entrincheirados. A monitoração pelas bases pode significar ou que a população local consiga projetos melhores e mais efetivos, ou que aqueles que fazem mais barulho consigam como fruto de seu ativismo uma fatia dos espólios corruptos.

Conclusões

Para além do controle eleitoral, a corrupção pode ser indiretamente contida pela imposição de outros limites do poder político. Consideramos, em linhas gerais, quatro tipos de limites. O primeiro tipo são as restrições das leis administrativas, que requerem do Poder Executivo prestação de contas e transparência. O segundo tipo são os freios e contrapesos que podem ser introduzidos por um sistema federativo, embora não esteja clara sua eficácia no controle da corrupção. O terceiro tipo são entidades independentes, como os tribunais e as agências anticorrupção (ACAs), que limitam a corrupção ao torná-la menos rentável, tanto para os funcionários quanto para os pagadores de propinas. O quarto tipo consiste em mobilizar pessoas e grupos de forma a organizar a supervisão e o levantamento de reclamações contra os serviços ruins que o governo possa estar prestando. O governo fornece informações sobre suas atividades; a mídia e o público podem expressar reclamações, e indivíduos e organizações privadas podem intensificar as exigências de prestação de contas ao público. Todavia, essa abertura deixa os governos vulneráveis ao descontentamento popular. Em consequência, muitos regimes, inclusive os nominalmente democráticos, podem visualizar com suspeita este último conjunto de políticas — o qual é, porém, essencial para conter a corrupção, não podendo ser substituído por outras formas de supervisão.

PARTE IV

Agendas para reformas: vontade política doméstica e influência internacional

13

Condições domésticas para reforma

Ideias e compromissos morais importam. Reformas ocorrem às vezes simplesmente porque um líder carismático e comprometido as impulsiona para a frente. Líderes fortes podem inspirar as pessoas a aceitar reformas substanciais, que personalidades de menor projeção nunca conseguiriam levar adiante.[633] Porém, uma liderança forte é, em geral, uma condição necessária, mas não suficiente, para a mudança política. Práticas passadas criam inércia. Frequentemente, é mais fácil seguir como antes — especialmente porque os beneficiários do *status quo* vão lutar contra mudanças. Escolhas feitas em um ponto do tempo excluem outras escolhas no futuro. No entanto, ainda que a história imponha restrições, ela raramente força um resultado em particular. O desafio é identificar fatores estruturais, à parte das lideranças carismáticas, que criem condições favoráveis para reformas.

Dispomos agora de suficiente experiência com esforços reformistas nas várias partes do mundo, o que nos permite algumas observações estruturais bem fundamentadas. A discussão neste capítulo pressupõe que os países em desenvolvimento e aqueles em transição podem aprender com a experiência histórica de países desenvolvidos e com experiências recentes observadas em todo o mundo. Obviamente, as lições deverão ser filtradas para a situação particular de cada estado, mas alguns dos estímulos políticos e econômicos subjacentes parecem bem universais.

---

[633] Sobre a importância de líderes morais durante os períodos Antipatronato e Progressivo nos Estados Unidos, 1870-1933, ver Anechiarico e Jacobs (1996:19-21). Maranto e Schultz (1991:44-50), Sproat (1982) e White (1958). Das-Gupta e Mookherjee (1998:302) discutem a necessidade de vontade política na cúpula do poder, como pré-condição para a reforma administrativa. Eles citam o exemplo do Uruguai, no qual a resistência de funcionários públicos teve de ser dobrada pelo apoio político vindo de cima.

Existem dois modelos fundamentais para o processo de reformas — um que se baseia no exercício do poder político e outro que se baseia em um modelo contratual de consenso. Os que têm a expectativa de perder com a reforma podem ser eleitoralmente derrotados e contornados, ou podem ser cooptados ou compensados para aceitarem a mudança (Grindle e Thomas, 1991:134). Por exemplo, nos anos 1980 o governo da Primeira-Ministra Margareth Thatcher realizou reformas administrativas por meio de uma estratégia conflituosa; na Austrália, o primeiro-ministro Robert Hawke buscou consenso (Zifcak, 1994:158). Uma decisão estratégica chave para os reformadores é quem incluir em sua coalizão e a quem impor a aceitação dos custos da reforma. Deve-se comprar funcionários corruptos e pessoas e empresas privadas, ou deve-se excluí-las do sistema reformado? Até que ponto serão os objetivos da reforma enfraquecidos pelo próprio processo de gerar uma coalizão para dar apoio às mudanças?

Começamos, na seção I, por abordar as ligações entre as instituições do governo e os incentivos à reforma. Políticos poderosos precisam acreditar que a reforma seja de seu interesse. Isso frequentemente acontece como resposta a pressões de grupos privados influentes, que decidem que a reforma vai beneficiá-los. Nas democracias, a pressão popular pode impulsionar a reforma; porém, mesmo autocracias podem encontrar incentivos políticos para reduzir a corrupção. A seção II discute como problemas de ação coletiva podem dificultar a reforma. Contudo, um escândalo ou uma crise econômica podem permitir que seja organizada uma coalizão pró-reforma, em resposta à indignação popular. Em outros casos, a reforma ocorre mais gradualmente ao longo do tempo e pode demandar muitos anos e várias mudanças de governo até firmar-se. Em ambos os casos, sustentar a reforma pode não ser fácil. Mesmo reformas genuinamente benéficas nem sempre acabam institucionalizadas. Se desaparecem as condições políticas que geraram a reforma, esta frequentemente se desfaz. Porém, em outros contextos, as reformas persistem, apesar de mudanças políticas importantes. Procuramos entender quando é provável que isso aconteça. Às vezes, no entanto, as reformas se tornam profundamente consolidadas — ao ponto de ossificação. O problema passa a ser, então, compelir o sistema a mudar sem abandonar as forças remanescentes do sistema anterior.

A seção III considera os casos especiais de riqueza em recursos naturais e de ajuda externa. A existência de recursos não diretamente relacionados aos impostos pagos pelos cidadãos pode deixar livres os governantes para o recebimento de comissões, porque a população não enxerga com clareza os custos da grande corrupção em sua vida quotidiana e, portanto, não se motiva para se mobilizar pela reforma. Mais uma vez, a experiência histórica fornece alguns casos sugestivos.

I. Estrutura política e reforma

Realisticamente, a reforma não ocorrerá, a menos que seja endossada por grupos e indivíduos poderosos de dentro e de fora do governo. Nas democracias, deve ser desenvolvida uma coalizão política que dê apoio às mudanças. Nas autocracias, o líder fica às vezes submetido a pressões reformistas dos militares e do setor privado. Um estado que seja avassaladoramente corrupto corre o risco de invasão ou de guerra civil, ou, pelo menos, de rebeliões internas ou de ameaças de golpe. Relembremos a queda do presidente Mobutu Sese Seko do Zaire e dos presidentes Hosni Mubarak, Zine Ben-Ali e Viktor Yanukovych, no Egito, na Tunísia e na Ucrânia, respectivamente, uma vez que uma alternativa se apresentou como viável.[634] Porém, a causalidade é circular. A ameaça de perder o poder pode induzir altos funcionários a se tornarem cada vez mais corruptos, como meio de cooptação dos participantes de seu círculo interno, para que esses assegurem seu próprio bem-estar econômico, uma vez que sejam afastados.[635] Líderes corruptos podem achar que a reforma seja arriscada, se esta fortalece a oposição, enfraquecendo o regime corrente. Assim, reformadores bem-sucedidos podem precisar comprar o apoio de potenciais oponentes. Os reformadores também necessitam preocupar-se com o sequenciamento do poder, pois, se esse não for cuidadosamente gerenciado, os beneficiários da primeira fase da reforma podem tornar-se adversários de uma reestruturação mais ampla.

---

[634] Chris McGreal e Jack Shenker, "Hosni Mubarak Resigns — and Egypt Celebrates a New Dawn", *The Guardian*, 11 de fevereiro de 2011, http://theguardian.com/world/2011/feb/11/hosni-mubarak--resigns-egypt-cairo (acesso em 10 de outubro de 2015).

[635] Pereira, Melo e Figueiredo (2008) mostram que, no Brasil, os prefeitos corruptos só são punidos pelas urnas se as revelações são liberadas durante o ano eleitoral. Portanto, se são altos os benefícios da corrupção e se é baixa a probabilidade de detecção, mesmo os políticos eleitos para o primeiro mandato podem comportar-se de forma corrupta. Eles trocam suas chances de reeleição pelos benefícios imediatos da corrupção; e, para muitos dos prefeitos brasileiros, a balança pode inclinar-se em favor de seu próprio enriquecimento.

A. Democracia e reforma

Conforme vimos, a corrupção pode bem coexistir com a política eleitoral. Contudo, governos democráticos corruptos são às vezes capazes de empreender reformas. No século XIX, os Estados Unidos, a Grã-Bretanha e muitos governos de municípios urbanos norte-americanos reformaram seus sistemas de empregos públicos e de compras. Alguns países latino-americanos dotados de estruturas democráticas tiveram também seus períodos reformistas. Estruturas democráticas podem promover reformas sob algumas, mas não sob quaisquer condições.

Sistemas de votação e reforma: O trabalho de Barbara Geddes sobre a reforma do serviço civil em democracias (1991, 1994) representa um ponto de partida bastante útil. Seus estudos de caso vêm da América Latina, mas seus argumentos são de caráter mais geral. É suposto que políticos e partidos querem permanecer no poder. Eles podem então enfrentar o que Geddes chama de "o dilema dos políticos", no qual o país como um todo se beneficiaria do término do patronato-clientelismo, mas nenhum político ou partido individual é incentivado a instituir unilateralmente um sistema de mérito. Quem o fizesse renunciaria a votos em favor da oposição, sem nenhum benefício correspondente. Geddes postula então um caso em que os benefícios públicos da reforma sejam reconhecidos pelos eleitores. Um político que advogue a reforma ganha apoio público que pode equilibrar as perdas da redução de empregos clientelistas. Obviamente, um partido minoritário com pouca esperança de tornar-se parte de um futuro governo pode com mais facilidade apoiar a reforma que um partido majoritário ou que esteja no poder. A minoria, com pouco acesso ao patronato, pouco perde por sua defesa da reforma. De fato, ela pode enfrentar um paradoxo. Se seu posicionamento com respeito à reforma é popular o bastante para lhe dar uma oportunidade real de vencer as próximas eleições, esse mesmo fato pode torná-la uma reformadora menos entusiástica. Uma vez que um partido ganhe o poder, ele pode desrespeitar suas promessas eleitorais, resultando que os eleitores não mais darão crédito a promessas subsequentes, desencorajando-as no futuro.

Embora Geddes centre foco na reforma da administração pública, muito do que ela diz se aplica a outros aspectos de uma reforma anticorrupção mais abrangente. Por exemplo, a reforma dos sistemas de compras e a melhoria na transparência e na abertura do governo têm características em comum com a reforma do serviço público. Os que se encontram no poder se beneficiam de contratos obtidos de forma corrupta e de processos governamentais secretos, mas a legitimidade do setor público como um todo seria aprimorada pela reforma. Para muitas políticas anticorrupção, o grupo político que as proponha sofre ônus que excedem os ônus impostos àqueles que simplesmente apoiam a mudança. A menos que os protestos do público tenham muita força e sustentação, o que se move primeiro incorre em desvantagem. Administrações reformistas no exercício do poder ganham apoio ao defender a mudança, mas isso é equilibrado pela perda desproporcional em retornos corruptos.

Geddes sugere que os políticos e os partidos da América Latina reconheçam o dilema da reforma. Em sua análise, há duas situações em que a reforma é possível. Em primeiro lugar, um único partido pode ter posição dominante, mas a ineficiência do governo, causada por corrupção e patronato-clientelismo, ameaça sua permanência no poder. Em consequência, ele pode apoiar a reforma, apesar dos ônus que podem incidir sobre o funcionalismo público. Eleições, mesmo que sempre recoloquem o mesmo partido no poder, têm algum efeito de pressão sobre o partido governante. Embora as reformas mais importantes envolvam o sistema eleitoral, não a administração pública, o caso do México é ilustrativo. Suspeitou-se de fraude amplamente praticada na eleição de Carlos Salinas de Gortari como presidente do México em 1988, no período em que o Partido Revolucionário Institucional (PRI) era dominante. A controvérsia resultante gerou apoio à criação de várias instituições de integridade, entre elas o Instituto Federal Eleitoral e um tribunal específico para lidar com assuntos eleitorais (Ackerman, 2007, 2010).[636]

---

[636] No entanto, essas reformas foram limitadas e eleições verdadeiramente competitivas começaram apenas após as reformas de 1996, durante a presidência de Ernesto Zedillo. "A reforma de 1996 proporcionou fundos de campanha generosos e extenso tempo de mídia para os partidos, permitindo assim que a oposição estruturasse pela primeira vez uma campanha profissional" (Duke, Morgenstern e Nielson, 2006:78). De acordo com esse estudo, os membros do Congresso pertencentes ao PRI da velha escola aprovaram a reforma depois de reduzir seu alcance e evitar a possibilidade de que o presidente se aliasse com os partidos de oposição para fazer aprovar o ato. Depois de dominar a política mexicana desde os anos 1920, o PRI tornou-se minoritário no congresso em 1997 e perdeu a eleição presidencial de 2000. Várias condições convergiram para facilitar a reforma naquele momento: uma crise econômica irrompeu logo após Zedillo assumir o poder, e o presidente anterior (Salinas) foi envolvido em um escândalo de corrupção protagonizado por seu irmão. A experiência mexicana pode parecer um conto de advertência para autocratas eleitos; porém, na verdade, a democracia multipartidária ainda permanece frágil — com o PRI de volta ao poder desde 2013 e políticas de patronato muito em evidência.

Em segundo lugar, se vários grupos estiverem em condições iguais na disputa por nomeações de patronato, e se eles se beneficiarem simetricamente da reforma, eles podem ser capazes de colaborar para a mudança de legislação. Colômbia, Uruguai e Venezuela fornecem exemplos a Geddes de reformas realizadas durante períodos de equilíbrio no acesso ao patronato. Na Colômbia, um fator adicional de estímulo à reforma foi a violência partidária que ameaçou a estrutura democrática. Todos os políticos em exercício tinham interesse em reformas que ajudassem a pôr fim a essa violência. Outros autores notaram episódios de reforma fora da América Latina. Por exemplo, sob circunstâncias muito menos urgentes, a Nova Zelândia conseguiu reformar seu governo nos anos 1980, frente a pressões econômicas que compeliam a oposição política a mudar. A reforma começou sob um governo e foi completada por outro (Scott, 1996:72).

No entanto, não é suficiente que os partidos políticos estejam em equilíbrio. Os partidos políticos devem ser favoráveis à reforma por princípio e devem estar dispostos a trabalhar em conjunto. Se estiverem muito afastados ideologicamente, como em partes do antigo Bloco Oriental, é improvável estabelecer compromissos sobre políticas amplas (Kartal, 2014:948). Um segundo fator de distensão em favor das reformas é a natureza personalizada das políticas. Para a reforma do serviço público, quanto maior a importância dos círculos de apoio ligados a empregos de patronato, mais difícil será proceder a reformas de grande alcance.[637] Similarmente, se os políticos distribuem benefícios individualizados a eleitores à época da votação, essencialmente para comprar votos, os cidadãos podem visualizar as escolhas políticas em termos estritos de *quid pro quo*. Eles podem votar por políticos corruptos, ainda que saibam que existe corrupção na cúpula do sistema, mais e acima dos pequenos benefícios que eles próprios recebem. Os eleitores, nessas circunstâncias, não exercem pressão para que os políticos eleitos prestem conta de seu comportamento desonesto.

A divergente natureza da relação entre eleitores e políticos leva a previsões bem distintas sobre a forma pela qual a estrutura política pode facilitar ou obstaculizar a reforma. Geddes supõe que os eleitores buscam dos políticos benefícios personalizados, de modo que fica mais fácil reformar um sistema

---

[637] No entanto, Prado (2012) fornece um contraexemplo do Brasil, onde a privatização e a criação de novas agências regulatórias para eletricidade e telecomunicações foi facilitada por meio de nomeações em regime de patronato.

se esses pagamentos não constituem uma importante fonte de influência política. Em consequência, ela argumenta que, na Colômbia e no Uruguai, o voto de representação proporcional (PR) em lista fechada facilitou a reforma, porque limitava os conflitos entre políticos individuais e os partidos políticos que esperavam benefícios em escala nacional da reforma.[638] Em um sistema de listas abertas, deve ser bem difícil eliminar o patronato, porque se amplificam o volume dos benefícios individualizados aos eleitores e aos auxiliares de campanha. De fato, os dois países em que não foram feitas reformas, Brasil e Chile, ambos utilizam sistemas de listas abertas. Governos de coalizão no Chile, cujos membros pouco tinham em comum, permaneceram unidos pelo patronato.

A contraposição postulada por Geddes, entre representação proporcional em listas fechadas e em listas abertas, é sobre condições necessárias, não sobre condições suficientes. Sob qualquer sistema, nenhuma reforma ocorre se os líderes partidários não a promovem e, em vez disso, fazem uso de suas posições para ilicitamente enriquecer ou a seus partidos. Como Kunicová e Rose-Ackerman (2005) argumentam (ver capítulo 11), se a liderança partidária é corrupta, ela favorecerá um sistema de listas fechadas, como meio de controlar os membros pela sua posição na lista. Mesmo se aqueles que se encontram no topo do sistema não são corruptos, a liderança pode proteger membros menos poderosos para preservar a imagem do partido. Assim, contrariamente às posições de Geddes, um sistema de listas fechadas será menos inclinado a reformar, porque as listas fechadas podem ser um recurso da liderança corrupta para manter-se no poder. As diferenças básicas entre Geddes e Kunicová e Rose-Ackerman são: primeiro, se os líderes favorecem a reforma mas enfrentam problemas de ação coletiva, ou se eles se beneficiam da grande corrupção; e, segundo, se os eleitores monitoram os políticos e rejeitam apoio aos corruptos, ou se acreditam que o sistema corrupto os beneficia pessoalmente.

O trabalho de Gabrielle Montinola sobre o Chile ilustra a importância da monitoração pelo público, de baixo para cima. O Chile foi um país muito corrupto entre 1891 e 1924, mas agora é relativamente limpo, pelos padrões latino-americanos (Montinola, 1997). Ademais, o setor de negócios não vê o estado como predatório (Stone, Levy e Paredes, 1992). De acordo com

---

[638] Para definições de sistemas de representação proporcional (PR) em listas fechadas e em listas abertas, ver capítulo 11.

Montinola, uma mudança nos alinhamentos políticos facilitou o deslocamento do Chile para um nível baixo de corrupção. No início do século XX, a democracia chilena era um sistema complexo e multidimensional que produzia coalizões instáveis, como as que Geddes descreve. Porém, no rescaldo do regime do general Pinochet, Montinola argumenta que as preferências políticas se alinham agora em torno de uma simples dimensão direita-esquerda. Isso facilita aos cidadãos pressionar o governo para que preste de contas, porque cada governo representa uma dada posição no espaço político, não uma coalizão de compromissos. Essa responsabilização, segundo ela, limitará as oportunidades de corrupção e estimulará reformas.

A experiência latino-americana tem sido, em geral, bastante desanimadora. Geddes mostra que uma coalizão política pela reforma é possível, mas ela demonstra a sua fragilidade. Todas as suas histórias de "sucesso" são seguidas de períodos de derrocada, quando o patronato, a corrupção e a ineficiência reaparecem. Reformas que persistiram afetaram apenas uma pequena parte da burocracia, e muitas foram solapadas pelos governos subsequentes. Reformas politicamente fáceis, que melhoraram as condições de trabalho dos burocratas, foram mantidas e ampliadas. Sem recrutamento e promoção baseados em mérito, essas mudanças mal contam como reformas por si mesmas. Sistemas de listas fechadas concedem aos líderes partidários maior poder, seja para atuarem corruptamente ou para patrocinarem reformas, dependendo de suas motivações e dos custos e benefícios da corrupção.

Observações semelhantes podem ser feitas sobre presidentes. O Poder Executivo pode ou manter ou reformar sistemas corruptos. Como argumenta Geddes, um partido dominante que controle o Executivo pode realizar reformas se a corrupção e a ineficiência começam a enfraquecer sua capacidade de governar. Na América Latina, com seus fortes sistemas presidencialistas, presidentes eleitos têm às vezes impulsionado reformas, embora outros sejam notoriamente corruptos. O caso do México, anteriormente mencionado, é instrutivo, embora a história subsequente mostre como esforços reformistas se podem deteriorar ao longo do tempo. Um estudo das pré-condições para reforma geral administrativa em oito casos na América Latina, Ásia e Europa Oriental sugere que as políticas e a coerência política no Executivo são de central importância para fazer a reforma decolar (Heredia e Schneider 1998). Nesses casos, alguns dos fatores discutidos nas próximas seções, como as crises e a crescente insatisfação de elites poderosas, desempenham papel central na explanação do ritmo das reformas.

Assim, deparamo-nos com um quadro complexo, cujas regularidades empíricas não são claras. Kunicová e Rose-Ackerman (2005) implicitamente assumem que todos os políticos estão preparados para serem corruptos, ou, ao menos, que essa propensão não varia com a estrutura do governo. Elas então argumentam que oportunidades para corrupção são maiores em um sistema presidencialista com representação proporcional em listas fechadas que em um sistema parlamentarista que use a regra majoritária, tanto porque os desafios organizacionais são menores quanto porque os eleitores têm oportunidades mais escassas de monitoração. Se, em vez disso, os líderes desejam apoiar a reforma, mas não o fazem porque os custos políticos são elevados, as características que facilitavam a corrupção — um chefe de Executivo poderoso e poderosas lideranças partidárias — podem permitir que a reforma ocorra. Contudo, o sistema majoritário é fator mais importante que o de representação proporcional, tanto para prever o nível da corrupção quanto para estimar a probabilidade da reforma.

Juntando as duas vertentes de trabalho, chega-se a um resultado que é pouco consistente com a realidade — a reforma em sistemas presidencialistas com representação proporcional em lista fechada pode ocorrer, mas provavelmente será instável e sujeita a reversão (casos mencionados por Geddes na América Latina), enquanto a reforma em sistemas parlamentaristas com voto majoritário será provavelmente mais durável (caso do Reino Unido). Os Estados Unidos são um caso misto — sistema presidencialista com regra majoritária. A reforma anticorrupção tornou-se firmemente entrincheirada em nível federal; presidentes recentes têm dado apoio a práticas éticas no governo. O presidente Obama, em particular, assumiu o cargo expressando forte compromisso com a ética nos serviços governamentais.[639] Debates sobre o papel da riqueza privada na subversão do poder público envolvem fundos de campanha, *lobby* agressivo, conflitos de interesse e a porta giratória, não o direto desvio de fundos públicos pelos políticos. Propinas e comissões, claro, frequentemente são mencionadas, mas esses pagamentos não são sistêmicos, raramente enriquecem políticos federais de destaque e, quando é o caso, esses são punidos.

São duas as conclusões básicas. A primeira é que um aumento na "democracia" não é necessário como prelúdio à reforma. São críticos os detalhes

---

[639] Ver "White House: Campaign to Cut Waste", https://www.whitehouse.gov/21stcenturygov/tools/ethics (acesso em 22 de julho de 2015).

do sistema eleitoral e, em particular, os incentivos políticos para levar em consideração amplos valores públicos. Como nota Geddes (1991:187), "É irônico que as reformas que aperfeiçoariam a eficiência e a correção no fornecimento dos serviços públicos serão provavelmente obstaculizadas pelas mesmas instituições representativas cujo propósito manifesto é refletir os interesses dos eleitores". O trabalho de Montinola acrescenta uma preocupação acerca do caminho pelo qual as ideologias político-partidárias se distribuem no espaço de questionamento. Os dois fatores podem estar relacionados: a natureza do sistema eleitoral pode ter impacto nos tipos de partidos políticos que conseguem sobreviver.

Em segundo lugar, as reformas provavelmente serão frágeis se forem produzidas por condições políticas temporariamente favoráveis. O equilíbrio de interesses políticos pode dar ocasião a reformas; porém, essas persistirão apenas se o equilíbrio partidário for uma característica durável do sistema. Mais uma vez, o sistema eleitoral pode ajudar a determinar a durabilidade dos alinhamentos políticos. Tanto as clivagens subjacentes na sociedade quanto a forma pela qual se refletem na estrutura de governo podem afetar a durabilidade das reformas. Para que se sustente, o primeiro estágio das reformas deve ser levado a efeito de modo a produzir apoiadores que lutem para manter, monitorar e estender os sucessos iniciais. Um olhar sobre a história das reformas nos Estados Unidos e na Grã-Bretanha nas duas próximas subseções será útil para lançar luz sobre este último ponto.

Reformas nos Estados Unidos e na Grã-Bretanha no século XIX: Estudos da reforma no serviço público no século XIX nos Estados Unidos e na Grã--Bretanha complementam o trabalho de Geddes sobre a América Latina. Há duas questões fundamentais: por que ocorreu a reforma e como foi preservada?

O destaque conferido por Geddes sobre o equilíbrio das forças políticas parece relevante em ambos os países. Quando a reforma ocorreu, ambos faziam uso das regras de votação de vitória por maioria simples, as quais tendem a manter dois partidos em alternância no poder. Nenhum grupo político se beneficiava desproporcionalmente de seu acesso ao patronato, e todos compartilhavam os benefícios das reformas. O sistema parlamentarista britânico, com a sua forte disciplina partidária, limitava o alcance da busca pelo favorecimento individual. Ainda que os membros representassem distritos específicos, eles tinham poucas possibilidades de trocar favores por votos. O aumento do tamanho do eleitorado no século XIX e a eliminação de muitos pequenos distritos eleitorais reduziram os benefícios do patronato por nomeações (Parris, 1969:70-1).

Nos Estados Unidos, a disciplina partidária não era dominante — fator que enfraquecia a reforma. De fato, esta ocorreu mais tarde nos Estados Unidos que na Grã-Bretanha. Todavia, a eleição em separado do presidente para a chefia do Executivo permitia ver de uma perspectiva nacional o equilíbrio patronato-serviço. O presidente Andrew Jackson desenvolveu o patronato para recompensar apoiadores. Ele acreditava que o sistema de pilhagem assim instituído combateria a corrupção ao democratizar o serviço governamental, eliminando funcionários entrincheirados. Em vez disso, a corrupção tornou-se mais séria. Pelo final do século XIX, uma coalizão política bipartidária que incluía o presidente Chester Arthur deu apoio à Lei Pendleton, que colocou o governo federal a caminho para a organização do serviço público (Maranto e Schultz 1991:30-6, 50-5).

Ambos os países demonstram as tensões que surgem quando alguns eleitores se preocupam com a eficiência e a correção dos serviços prestados pelo estado, enquanto outros apenas desejam empregos. As tensões são de dois tipos — distribuir empregos governamentais pode tornar-se um custo político, ao invés de um benefício, e gerenciar o conflito entre os eleitores que querem empregos e os que exigem serviços eficientes pode ser difícil. Se a má qualidade dos serviços do governo começa a se avultar na mente dos eleitores, os políticos — tanto legisladores quanto secretários de gabinete — começam a pôr em dúvida os benefícios políticos do patronato.

Nos Estados Unidos e na Grã-Bretanha, os políticos reclamavam do tempo e da energia consumidos por eles para lidar com as pessoas que surgiam em busca de empregos (Parris, 1969:50-79; Chester, 1981:155-6; Maranto e Schulz, 1991; Johnson e Libecap, 1994). Se o número de empregos não se expande rapidamente, muitos candidatos a uma colocação ficam desapontados. O número dos que se frustram na busca de empregos públicos, incluindo respectivas famílias, pode exceder em muito o número de felizes nomeados pelo patronato. Mesmo candidatos que tenham conseguido emprego podem pensar que talvez pudessem ter conseguido empregos melhores. Praticar patronato se torna um fardo, não um privilégio do cargo político. (Parris, 1969:71; Chester, 1981:155-6). O chefe do Partido Republicano da Pensilvânia queixava-se de que tinha tantos amigos que enfrentava um sério problema de quem recomendar (Blair 1989:31). Nem os Estados Unidos nem a Grã-Bretanha passaram por receitas inesperadas durante o período de reformas — em consequência, limitações fiscais tornaram a distribuição de empregos politicamente custosa. A situação na Venezuela representa um contraste interessante: uma torrente de lucros provenientes do petróleo enfraqueceu esforços reformistas, uma vez que o estado se lançou a uma farra de contratações (Geddes, 1994).[640] Em outros países, políticas estatizantes propõem que as empresas do setor governamental sejam guarnecidas por grande número de empregados. O próprio tamanho do setor estatal rebaixa os custos políticos do patronato, assim como aumenta os custos econômicos.[641]

Políticos reformistas nos Estados Unidos e na Grã-Bretanha mobilizaram poderoso suporte empresarial por um serviço público mais eficiente. No século XIX, interesses empresariais queriam serviços postais que realizassem efetivamente as entregas, e desejavam que as mercadorias passassem rapidamente pela alfândega. Eles podiam dispor-se a pagar agentes alfandegários, individualmente, por serviços mais rápidos, mas em geral preferiam um sistema que eliminasse esses pagamentos (Johnson e Libecap, 1994). Nos Estados Unidos, as empresas normalmente apoiavam reformas municipais (Stave, 1972). Os negócios podem tolerar um certo nível de corrupção, mas começam a protestar se o valor das propinas sobe, como aparentemente foi o caso na América urbana nas últimas décadas do século XIX. À medida que a economia de escala cresceu na indústria, o mesmo ocorreu com respeito ao volume e à prevalência da corrupção (Glaeser, 2004:132). Um autor assinala que a reforma urbana nos Estados Unidos recebeu impulso quando os níveis das propinas subiram de 10% a 15% e depois a 30% do valor de contratos e benefícios (Calvert, 1092).[642]

---

[640] O trabalho de Geddes refere-se aos elevados preços do petróleo dos anos 1970, mas o mesmo poderia ser dito nos anos 2000. O presidente Chávez, eleito em 1998 com base em uma plataforma contrária ao *status quo*, aproveitou-se dos altos preços do petróleo para financiar políticas populistas e para nacionalizar diversas indústrias, enquanto consolidava o Poder do Executivo e solapava os contrapesos democráticos. Depois de mudar a constituição, Chávez foi reeleito três vezes. Os resultados na saúde e na educação melhoraram, mas a corrupção e a insegurança aumentaram.

[641] Goel e Nelson (2011) indicam que os Estados Unidos, com maior volume de empregos públicos, tendem a apresentar níveis mais altos de corrupção. Interessante: eles assinalam também que os estados do Sul são mais corruptos que os do Norte, sugerindo que a reforma não tenha sido uniforme.Ambos esses resultados corroboram Glaeser e Saks (2006), segundo os quais maior volume de empregos públicos locais está relacionado a maior nível de corrupção, mas não um maior volume de empregos pelos governos estaduais.

[642] Nos países em desenvolvimento ou em transição, os empresários expressaram objeções semelhantes. No Brasil, a queda do presidente Collor foi acelerada pela sua suposta decisão de aumentar as "comissões", de uma média de 15% a 20% do valor dos negócios no regime anterior, para 30% a 50% (Manzetti e Blake, 1996:676).

O escândalo do Credit Mobilier marcou o ponto inicial. Durante a depressão dos anos 1870, as cidades pararam de pagar suas dívidas, "muitos governos estaduais aprovaram reformas que limitavam os empréstimos aos municípios.... Em todos os lugares, as cidades foram forçadas a abrir seus livros" (Menes, 2006:71). Ao mesmo tempo, as máquinas de combustão interna estimularam o crescimento dos subúrbios, e a mobilidade e o comércio interestaduais, enquanto a eletricidade permitia às empresas a locação de fábricas sem preocupação com a entrega de carvão. Esses desenvolvimentos tecnológicos criaram uma competição entre moradores e empresas (ibid.:72).

Nos Estados Unidos, uma razão adicional para reforma decorria da estrutura federativa do governo. Políticos federais apoiavam a reforma porque o patronato era crescentemente controlado pelas lideranças partidárias estaduais e municipais, cujos interesses nem sempre eram congruentes com os dos políticos federais (Johnson e Libecap, 1994:97). Assim, de um lado, a distribuição dos empregos que eram controlados pelos membros do Congresso estava ficando cada vez mais custosa, e, por outro lado, os empregos de patronato nos seus distritos de origem estavam sob controle local e lhes traziam poucos benefícios.[643] Embora, conforme argumentamos, o federalismo por si mesmo possa alimentar a corrupção, aqui ele constituía um estímulo à reforma em nível nacional, porque essa reforma permitia que os políticos nacionais reduzissem o poder dos rivais nos níveis mais baixos do governo. À medida que o Movimento Progressista ganhava força no início do século XX, cresciam as pressões por reduzir a corrupção (Glaeser e Goldin, 2006b:4). A corrupção de fato caiu quando da distribuição dos benefícios de bem-estar, quando o governo federal tomou o controle dessa distribuição dos governos estaduais e municipais, como parte do New Deal (ibid.:19).

Em resumo, os custos da corrupção podem vir a ultrapassar os benefícios, para os líderes políticos. Em uma democracia, nem todos precisam apoiar as reformas; ela pode ser realizada se um número suficiente de eleitores começa a entender que ela seja vantajosa. As reformas devem ser mais prováveis em governos com regras de votação que limitem a possibilidade de os políticos se beneficiarem do patronato, e em sistemas onde o poder esteja mais ou menos equilibrado entre os diferentes grupamentos políticos.

---

[643] Na Pensilvânia, o líder da máquina estadual Republicana, e não a delegação de representantes no Congresso, era visto como aquele que controlava o acesso aos empregos federais (Blair, 1989:81).

B. Reformadores autocráticos

Países com tradição autocrática ou sob o governo de um único partido podem ser impunemente corruptos; porém, às vezes, geram reformadores como chefes de estado. Embora observadores externos possam preferir políticas mais democráticas, não é absurdo supor que esses chefes de estado possam estar genuinamente preocupados com a redução da corrupção e com a promoção do desenvolvimento compartilhado. De fato, mesmo um cleptocrata de ideias fixas talvez gostasse de controlar o peculato dos subordinados. Em consequência, algumas estratégias de reforma podem ser apoiadas por governantes autocráticos.

Por exemplo, é provável que reformas que melhorem a capacidade de arrecadação de receita pelo estado, ao limitar as transações corruptas dos funcionários subalternos, sejam uniformemente populares junto a políticos da cúpula. Reformas tributária e aduaneira foram apoiadas por governantes autocráticos como Ferdinand Marcos nas Filipinas (Klitgaard, 1988) e Suharto na Indonésia. Suharto contratou uma companhia suíça para assumir o serviço aduaneiro da Indonésia, cortando assim funcionários corruptos locais, ao menos por um tempo (GATT, 1991, 1995; Das-Gupta e Mookherjee, 1998:425). No Zaire, o Banco Mundial certa vez emprestou recursos para um esforço abortado visando a reformar a alfândega e a arrecadação de impostos (Dia, 1993). No México, sob a dominação de um só partido, a administração Salinas realizou uma completa reforma do sistema tributário, com forte apoio do presidente (Das-Gupta e Mookherjee, 1998:331).[644]

Todavia, será que o crescimento econômico será impulsionado quando um governante que pouco presta contas à população desenvolve um sistema de arrecadação de impostos mais eficiente? Um regime militar pode simplesmente adquirir mais equipamento para as forças armadas. Um autocrata pode buscar projetos custosos em capital que seja boa fonte de comissões. O caso do Zaire ilustra o problema. Esforços para arrecadar impostos careciam de legitimidade, visto que o governo despendia pesados recursos em projetos que prometiam poucos benefícios em desenvolvimento. Em 1990 e 1991, o país planejou uma expansão antieconômica de uma usina de eletricidade e previu no orçamento vultosa quantia para uma conferência de cúpula de

---

[644] O México é uma democracia constitucional, mas até recentemente tem muitas vezes sido classificado como autocracia, por causa da prevalência do Partido Revolucionário Institucional (PRI) e da força do Poder Executivo.

países francófonos, simultânea a uma festividade nacional. Os funcionários do Banco Mundial ficaram preocupados com a possibilidade de "enormes desembolsos extraorçamentários não registrados", ou seja, corrupção. O projeto do Banco Mundial foi impossibilitado de mudar padrões existentes de isenções fraudulentas de impostos e de tarifas aduaneiras. Um esforço inicialmente bem-sucedido de terminar com as isenções logo foi derrubado, e computadores e arquivos foram destruídos. O projeto fracassou em desenvolver um quadro profissional de arrecadadores de impostos; ao contrário, criou suas próprias oportunidades para a busca de receitas espúrias, e a ajuda foi finalmente suspensa (Dia, 1993).

Uma ironia de semelhante reforma pode ocorrer em compras. Funcionários subalternos podem vender informações privilegiadas durante o processo concorrencial, e podem providenciar favores aos proponentes vencedores em troca de propinas. Autoridades de todas as espécies podem querer reduzir esses pagamentos nos níveis inferiores, exceto na medida em que eles comprem a cumplicidade dos funcionários subalternos. Em uma cleptocracia, contudo, a redução da corrupção em nível inferior pode simplesmente deslocá-la para cima na hierarquia. Os benefícios da reforma para o país serão em muito exagerados se apenas se considere reduzir a corrupção dos subordinados. Uma consequência de haver subordinados corruptos é a redução do apetite do cleptocrata por expandir o tamanho do governo. Com essa limitação eliminada, pode-se esperar que ele busque níveis mais altos de intervenção (Coolidge e Rose-Ackerman, 1997).

Em resumo, reformas que melhorem a operação de um estado cleptocrático serão contraproducentes para os cidadãos comuns se elas apenas acabam permitindo que o governante extraia receitas de forma mais eficiente, ao apertar funcionários corruptos de níveis subalternos. Um cleptocrata preocupado em maximizar seus ganhos, que esteja no comando de uma empresa estatal, buscará receitas monopolistas e eficiência produtiva; porém, em outros casos, o cleptocrata pode criar pontos de estrangulamento e propor projetos desnecessários, a fim de extrair mais receitas.

Autocratas, não obstante, empreendem às vezes tentativas genuínas de realizar a reforma como meio de legitimar e consolidar seu poder. Um exemplo mais antigo é o da Prússia no século XIX (Raadschelders e Rutgers, 1996:76); em outros países, a lista inclui Vargas no Brasil (Geddes, 1994), Fujimori no Peru, Lee em Singapura (Das-Gupta e Mookherjee, 1998:356-81), Museveni em Uganda (Coolidge e Rose-Ackerman, 1997), e muitos governos da Ásia

Oriental, incluindo a China (Campos e Root, 1996; Fu, 2015). Mais recentemente, vários países do Oriente Médio realizaram reformas limitadas para prevenir possíveis revoluções. Muitos desses reformadores foram formalmente eleitos, mas eles possuem mais poder que um líder eleito em condições competitivas, e são frequentemente pouco simpáticos a demandas por direitos individuais. No entanto, pode ser autêntico o comprometimento em limpar o governo, não apenas um disfarce para acumulação de riqueza privada. A preocupação deles é a de não apenas suprimir os ganhos indevidos dos níveis inferiores do funcionalismo, mas também prover serviços públicos de alta qualidade. O lado negativo é que uma campanha anticorrupção pode ser usada para eliminar e intimidar os que se opõem ao seu poder, de dentro e de fora do governo.

Campanhas anticorrupção podem ter objetivos políticos, que enfraquecem tentativas de desenvolver um regime político competitivo em países com estruturas nominalmente democráticas. Elas podem ser usadas tanto para forçar apoios no sentido de manterem o regime no poder quanto para desacreditar e silenciar opositores. Um estudo da política no México, por exemplo, argumenta que a ameaça de acusação formal foi usada para deter dissidentes do partido governante durante o seu período de partido único. Mesmo aqueles que deixam o governo pelo setor privado são mantidos sob pressão pela possibilidade de que, se levantarem questões acerca dos que estão no poder, podem ser investigados por "autoenriquecimento inexplicável" (Cothran, 1994:144). Na Itália, a posse de informações comprometedoras sobre seus próprios colegas é fonte de poder. Como conclui um estudo, "a chantagem se torna um meio invisível de agregação para uma classe política condenada a uma coabitação longa e forçada" (della Porta e Vannucci, 1997b:14). Assim, as leis anticorrupção podem representar um fator dissuasório, não para a corrupção, mas para a fragmentação do grupo no poder e para o desenvolvimento de fortes grupos de oposição.

O uso da bandeira anticorrupção como um manto para a repressão é um aspecto especialmente preocupante das reformas em autocracias que carecem de efetivos contrapesos externos ao poder (Fu, 2015). Em uma sociedade onde estejam entrincheirados a corrupção e as negociatas, a lei pode ser aplicada contra os dissidentes, enquanto a alta liderança permanece imune a qualquer crítica. Robinson (2011) designa essa situação como o "Paradoxo Anticorrupção". Ele discute "golpes de boa governança", nos quais os militares tomam o poder — em nome da reforma — e então usam o manto do controle da corrupção para suprimir as dissidências. Ele menciona o exemplo de Bangladesh e do Paquistão. Acrescentaríamos a essa lista a Tailândia em 2014, onde um golpe militar foi seguido pela introdução de medidas repressivas.[645] A Venezuela sob Chávez encaixa-se também nesse modelo: embora Chávez já não fosse um general, ele mantinha relações estreitas com os militares. Chávez foi eleito por uma população cansada da corrupção como o mais veemente desafiante de Carlos Andréz Perez, que tinha sido removido do poder por um *impeachment* por corrupção, depois que Chávez tentou um golpe contra ele.

II. Iniciando e sustentando a reforma

Uma vez que a entrega eficiente de serviços é, presumivelmente, sempre de valor para alguns membros do público, enquanto outros ganham com a corrupção, que explica o tempo correto para a reforma? Dado que as reformas produzem ganhadores e perdedores, sob que condições podem as reformas anticorrupção tornar-se enraizadas e amplamente aceitas, ao invés de sofrer uma reversão?

Um escândalo maior ou uma crise econômica mais importante podem ajudar a impulsionar as reformas; porém, algumas vezes, o ímpeto por reforma é muito menos dramático. Arranjos organizacionais que funcionaram bem no passado já não são satisfatórios. Conforme experiências nos Estados Unidos e na Grã-Bretanha, duas diferentes disfunções organizacionais deram impulso às reformas. A primeira foi a crescente ineficiência de contratar serviços públicos de empresas privadas no início do século XIX. A segunda foi a ineficiência do emprego baseado em patronato, à medida que aumentava o tamanho do governo na parte final do mesmo século (Raadschelders e Rutgers, 1996; Parrillo, 2013). Iniciamos esta seção abordando a motivação suscitada por escândalos e crises econômicas, para então discutir experiências de reformas graduais; finalmente, explicamos como algumas iniciativas se tornam enraizadas com o tempo.

---

[645] Thomas Fuller, "Thailand's Military Stages Coup Thwarting Populist Movement", *New York Times*, 22 de maio de 2014, http://www.nytimes.com/2014/05/23/world/asia/thailand-military--coup.html; David Streckfuss, "The Contrecoup Threat", *New York Times*, 16 de janeiro de 2015, http://www.nytimes.com/2015/06/17/opinion/the-contrecoup-in-thailand.html (ambos os acessos em 2 de julho de 2015).

A. Escândalo e crise como catalisadores

Escândalos de corrupção alimentados por uma imprensa independente têm impulsionado reformas em numerosos sistemas políticos. Crises econômicas e políticas cuja culpa possa ser imputada a políticas públicas fracassadas podem também facilitar mudanças. Mesmo em um ambiente hostil, sob outros aspectos, uma crise mais grave pode apontar para a necessidade de reformas. Nos Estados Unidos, o assassinato do presidente James Garfield em 1881, por um indivíduo frustrado em sua busca por um cargo no governo, emprestou matizes dramáticos às fraquezas do sistema de patronato e ajudou a impulsionar a reforma do funcionalismo civil. Pânicos financeiros e hiperinflação alimentaram os esforços reformistas em muitos países. Na Suécia, uma desastrosa derrota militar frente à Rússia em 1809 catalisou um esforço de reforma, embora várias décadas tenham transcorrido até que as principais mudanças se institucionalizassem (Rothstein e Teorell, 2015; Teorell e Rothstein, 2015).

Escândalos modestos e confinados não parecem ser suficientes. Um estudo sobre restrições ao *lobby* nos Estados Unidos, por exemplo, identificou que somente impulsionaram reformas os escândalos visíveis e de longa duração, ou escândalos envolvendo o estado e seus vizinhos (Allen, 2002). Reformas de cunho ético não serão, provavelmente, de alta prioridade para os políticos, a menos que esses sejam empurrados nessa direção por eventos bem divulgados que ganhem a atenção do público.

Infelizmente, contudo, embora escândalos e crises possam colocar a corrupção na agenda pública, nem sempre movimentam os esforços reformistas em direções úteis. Isso põe em relevo um dilema crucial. Se a crise gera forte apoio à mudança, os políticos precisam agir com rapidez, muitas vezes sem planejamento suficiente ou aconselhamento adequado. Em contraste, durante períodos tranquilos e estáveis, quando a reforma poderia ser levada a efeito após a devida reflexão, pode haver falta de apoio político (Berensztein, 1998). Crises podem produzir ou verdadeiras reformas ou respostas disfuncionais (Corrales, 1997-8). Se os escândalos irrompem, a mídia é frequentemente criticada pela personalização das notícias, ao focalizar indivíduos que estejam no centro do escândalo e ignorar as condições sistêmicas que, inicialmente, criaram incentivos à corrupção (Garment, 1991). Essa é uma crítica correta, mas não há como deixar o governo fora de pressão. Os reformistas devem responder aos escândalos fazendo mais que apenas punir os culpados. O desafio é reduzir a base de incentivos à corrupção; de outra forma, as campanhas anticorrupção se tornam pouco mais que caça às bruxas, que tenderão a perseguir desproporcionalmente os opositores do regime (Singh, 1997:638). Escândalos são uma oportunidade para mobilizar apoio a mudanças institucionais que, por si sós, têm pouca atratividade.

Uma imprensa livre pode revelar escândalos e desenvolver reportagens que podem gerar protestos públicos — os quais, por sua vez, aumentam a pressão por reformas, desde que o governo admita algum grau de responsabilização perante o público (Miller, 1992; Rothstein e Teorell, 2015:10-11). Uma associação entre liberdade de imprensa e baixos níveis de corrupção aparece em uma pesquisa comparativa entre países (Brunetti e Weder, 2003), mas esse trabalho não explica a natureza da conexão ou o que possa motivar mudanças na independência da mídia. Para os Estados Unidos, Gentzkow, Glaeser e Goldin (2006) proveem uma explicação econômica decorrente do fato de que a imprensa dos Estados Unidos se tornou mais independente de partidos políticos e mais competitiva e imparcial entre os anos 1870 e 1920. Os autores argumentam que a mudança foi alimentada pelo declínio dos custos (economias de escala) e pelo crescimento da população urbana, fatores que impulsionaram diversificação e competição. Os jornais começaram a preocupar-se em atrair os leitores, ao invés de depender do patronato partidário, e uma maneira de fazer isso era o jornalismo investigativo sobre escândalos, incluindo os de corrupção. A filiação a partidos políticos não era necessária à sobrevivência, e pode ter-se tornado um obstáculo ao desenvolvimento de um mercado de massa para as notícias.

No entanto, ainda que essa explicação possa ser um tanto engenhosa, permanece verdadeiro que mesmo uma imprensa tendenciosa reportará escândalos que sejam grandes demais para ser ignorados, uma vez não havendo censura estrita. Conforme documentam Gentzkow, Glaeser e Goldin (2006), por volta dos anos 1920, mesmo os jornais vinculados aos republicanos cobriram o escândalo de Teapot Dome. Ademais, a imprensa se estava tornando mais profissional e mais comprometida com a narrativa factual; o uso de linguagem caluniosa tinha caído significativamente, em relação a algumas décadas anteriores.

A cobertura de escândalos locais fornecia um catalisador para mudança. Por exemplo, escândalos na alfândega de Nova York e nos Correios, que precederam o assassinato de Garfield em 1881, foram amplamente noticiados na imprensa e ajudaram a criar um clima favorável a reformas. Esse não chegou ser prejudicado pelo fato de o novo presidente, Chester Arthur, ter trabalhado como arrecadador de tributos alfandegários na cidade de Nova York e não poder facilmente defender o sistema existente (Josephson, 1938:95-8, 313-22). De maneira semelhante, a reforma da Carta de Boston em 1949 foi gerada por agressivas reportagens publicadas na imprensa em 1947 sobre as decisões do conselho da cidade referentes a serviços de táxi para entrega de água (Marchione, 1976:381-3). Um conselheiro declarou:

> Vou receber um dólar e que diabo não sabe disso? E eu sou provavelmente o único que tem coragem bastante para dizer que vou receber um dólar. Eu gostaria de ver o cara que não leva um dólar, deixem-me conhecer o cara que não leva um dólar. Quem ele pensa que engana? Um advogado pode ir e receber um trocado.

Esse incidente foi amplamente noticiado nos jornais de Boston e gerou uma investigação do conselho pela defesa do condado de Suffolk. Foram feitas acusações de extorsão, de propinas para a obtenção de licenças, e de pagamentos para alargamento de calçadas e instalação de entradas de garagem. Embora os indiciados tivessem sido finalmente absolvidos, o escândalo ajudou a gerar apoio a uma reforma para reduzir o tamanho do conselho e para a definição de alterações de um sistema de eleições ampliadas, sob o qual os conselheiros tivessem "um ponto de vista de toda a cidade, ao invés de apenas um bairro".

No estado de Nova York, o sequestro e o assassinato de um renegado maçom em 1828 levaram a detenção e julgamento de vários outros maçons. De acordo com Bodenhorn (2006:246), "Por mais de quatro anos, o público devorou as notícias, a maioria das quais demonstrava ... a subversão do sistema político e Judiciário pela Maçonaria". A indignação do público tomou forma no Partido Antimaçom e estimulou esforços por reformas bancárias (para combater a corrupção nos privilégios dos bancos) naquele estado, bem antes que outros estados se preocupassem com a corrupção (Bodenhorn, 2006).

Mesmo países cuja mídia seja controlada pelo estado podem usar histórias de corrupção como lições preventivas. Na União Soviética, por exemplo, revelações de corrupção eram temas comuns dos noticiários. Para um economista ocidental, elas indicavam a rigidez e a ineficiência da economia planificada. Para os funcionários soviéticos, eram parte de campanhas periódicas de limpeza que não desafiavam a organização subjacente do sistema econômico.[646]

---

[646] Para uma análise da corrupção em sistemas do tipo soviético e alguns exemplos de histórias de corrupção na imprensa soviética, ver Montias e Rose-Ackerman (1981).

As recentes investidas contra a corrupção na China apresentam algumas similaridades; elas têm por objetivo punir funcionários que se comportam indevidamente e/ou recaiam em desfavor político. Os casos podem levar a reformas em setores específicos e ser apresentados na mídia como histórias cautelares, não sendo parte de uma revisão sistêmica (Fu, 2015).

A atenção da mídia é necessária para fazer aflorar escândalos, mas não suficiente. As revelações devem ter credibilidade junto ao público, e esse deve estar suficientemente preocupado para expressar indignação e desconforto — o que, por sua vez, pode ter a cobertura da mídia. Essa dinâmica pode finalmente compelir o governo a investigar as denúncias e corrigir os abusos correlatos. Infelizmente, as reações, muitas vezes, centram foco nas pessoas — acobertando alguma culpa, por um lado, e buscando bodes expiatórios, de outro. Não obstante, se os líderes políticos estão comprometidos com as reformas correspondentes, o uso inteligente de escândalos pode dar origem a mudanças custosas nas operações do governo, que, de outro modo, seriam impopulares. Crises econômicas, assim como escândalos políticos, podem também fazer a reforma aparecer como necessária à maioria dos eleitores, mesmo que acarretem alguma dificuldade em curto prazo. Por exemplo, inflação alta pode levar grupos de interesse a concordar com uma reforma da política econômica, mais rapidamente que sob condições de estabilidade de preços (Drazen e Grilli, 1993). Trabalhos empíricos baseados em uma amostra de países com crises de dívida externa dão apoio a essa tese. Alguns desses países, a maioria dos quais na América Latina, passaram por alta inflação; outros, principalmente na zona do franco na África, tinham baixa inflação. Um estudo mostra que países com taxas de inflação elevada estavam mais inclinados a reduzir seus déficits do setor estatal. Ademais, inflações muito altas no presente induziam os países a manter a inflação reduzida no futuro (Bruno e Easterly, 1996; Kaplan, 2013).

As democracias são às vezes consideradas criticamente por reformadores econômicos que se preocupam com pressões populistas, as quais podem implicar dificuldades para a reforma. Como contrapeso, uma crise econômica pode agir como um grande escândalo, empurrando a reforma para o topo da agenda. Argumentam Das-Gupta e Mookherjee (1998:450) que crises fiscais severas podem tornar possível a reforma para um novo governo que tenha sido eleito com um mandato de mudança. Eles apontam os exemplos de Argentina, Bolívia, Colômbia e Peru nos anos 1980, e argumentam que a Índia perdeu uma oportunidade para reforma em 1991, no rastro de uma crise cambial e eleição de novo governo. Na Grã-Bretanha, na Austrália e na Nova Zelândia, na década de 1980, reformas administrativas por governos recém-eleitos foram impulsionadas pelo misto de estagnação e inflação dos anos 1970 (Scott, 1996:5-6; Zifcak, 1994:7-8, 17-18, 138-9). Crises econômicas tornaram a reforma possível também nos Estados Unidos. Por exemplo, um estudo de caso no Wisconsin no final do século XIX aponta para o destacado impacto da depressão econômica e do pânico financeiro em juntar as pessoas pela reforma, independente de diferenças de classe e de status (Thelen, 1972:200).

Certamente, muitas crises econômicas não têm relação clara com o nível de corrupção; mas, em países onde o sistema fiscal público e a rentabilidade dos negócios tenham sido solapados pela corrupção na arrecadação de impostos ou nas compras públicas, crises econômicas podem constituir um catalisador para políticas anticorrupção, assim como para ajustes macroeconômicos. De fato, se as relações subjacentes baseadas em corrupção, conexões familiares e patronato não forem mudadas, prescrições macroeconômicas usuais podem não ter êxito. Por exemplo, um estudo dos esforços para reforma da administração tributária no México e na Argentina indicam os custos da corrupção e da ineficiência do sistema de arrecadação como causas subjacentes das crises fiscais do início dos anos 1980. Os aspectos frágeis e arbitrários do sistema de impostos em ambos os países contribuíram para um setor público de funcionamento precário e para ineficiências também no setor privado. A crise resultante persuadiu as elites políticas da necessidade de reforma (Berensztein, 1998). As crises fiscais atuais na Grécia (CPI = 43; CCI = -0,11) e Porto Rico (CPI = 63; CCI = 0,50) devem ser enfrentadas não apenas com reformas macroeconômicas, mas também com reformas do governo que limitem a corrupção e promovam a efetiva prestação de serviços.

Crises econômicas e políticas são precondições custosas e arriscadas para a reforma. Elas são, muitas vezes, precedidas por longos períodos de lento declínio na efetividade do estado (Scott, 1996:72; Corrales, 1997-8). As crises podem produzir violência, caos e desafio à legitimidade do estado (Bruno e Easterly, 1996). A reforma pode ocorrer, mas a um custo muito elevado para a sociedade, ou o país pode tombar na anarquia. Não se pode recomendar a fabricação de uma crise como solução para a corrupção das instituições do estado (Corrales, 1997-8). Muito melhor é um sistema político sujeito à dinâmica das pressões para que passe a apresentar bom funcionamento (Scott, 1996:72). Não obstante, os reformadores devem reconhecer que crises e escândalos podem às vezes ser úteis para mover os atores relutantes, públicos e privados, em direção à mudança, colhendo benefícios dessas oportunidades.

B. Reforma gradual: Estados Unidos e Grã-Bretanha

Na Grã-Bretanha, o modelo de repartição pública como benefício por contrato tornou-se inviável durante a primeira metade do século XIX, em virtude da expansão das atividades do governo. Poucas grandes corporações privadas existiam que pudessem prestar serviços públicos em massa. Em vez de contratar serviços postais ou alfandegários de terceiros, o estado começou a empregar grande número de funcionários subalternos, que recebiam salário, e frequentemente eram selecionados em razão de sua lealdade à coalizão no poder. A Companhia das Índias Orientais era uma exceção, uma empresa privada operando como representante do governo britânico, que, já no final do século XVIII, introduzira, em alguma medida, treinamento e recrutamento por mérito; porém, seu sistema de pessoal compartilhava com o governo muitas de suas outras fraquezas (Raadschelders e Rutgers, 1996:84; Marshall, 1997). Um sistema similar de emprego público em bases de patronato desenvolveu-se nos Estados Unidos. O desempenho desses sistemas era deficiente, e a falta de alternativas viáveis no setor privado para cobertura do setor estatal tornava a reforma pelo estado a única opção plausível. Assim, a pressão pela reforma do serviço público tinha origem, em parte, na ausência de qualquer alternativa para o fornecimento dos mesmos serviços pelo setor privado.

Johnson e Libecap (1994) argumentam que, nos Estados Unidos, a reforma do serviço público foi motivada pelo crescimento absoluto da burocracia federal. É lugar-comum da literatura sobre a teoria da organização que a perda de controle aumenta com o tamanho da organização. Nos Estados Unidos, isso aconteceu em nível federal após a Guerra Civil. A monitoração direta tornou-se mais custosa e levou a que o topo da hierarquia deixasse algum grau de liberdade como contrapartida ao estabelecimento de regras formais. Johnson e Libecap consideram que a combinação de um governo de porte avantajado com a crescente independência das lideranças partidárias locais gerou apoio à reforma do serviço público no Congresso. A Lei Pendleton de 1883 apenas cobriu as maiores instalações federais, e o apoio ao ato foi, na verdade, mais forte entre os membros do Congresso provenientes de distritos com instalações importantes dos Correios e da Alfândega (ibid.:105-7). Nesse caso, a prosperidade nacional parece não ter sido afetada pela reforma. Nem a medida total nem a *per capita* do PIB foram significativamente relacionadas à extensão do sistema de mérito ao nível federal. Contudo, a macroeconomia parece ser o nível errado de análise, porque um estado nacional em bom funcionamento teria exercido impactos diversos sobre os negócios, dependendo da importância para esses dos serviços postal e alfandegário. Diversamente de muitos países da atualidade, o governo federal tinha muito menos responsabilidades em regulamentações e em dispêndios.[647]

Experiências de alguns países em desenvolvimento parecem contradizer o argumento de Johnson e Libecap de que o aumento do tamanho do governo impulsiona reformas. Parece ser especialmente difícil reformar um governo de maior porte — que, em geral, emprega numerosa força de trabalho. Em alguns países pobres, o setor governamental representa uma grande fatia dos empregos no setor moderno da economia. Se isso é verdade, qualquer reforma que requeira privatização substancial e numerosas demissões pode ser de difícil realização. Ainda que a reforma venha, ao longo do tempo, a melhorar as oportunidades de trabalho e a facilitar o crescimento econômico, empregados públicos se mobilizarão contra as reformas, por causa da incerteza sobre o que lhes acontecerá (ver Fernandez e Rodrik, 1991). Ademais, a possibilidade de que os empregados se possam organizar em sindicatos e grupos de pressão limitará a liberdade de ação dos reformadores. Mesmo que Johnson e Libecap estejam corretos na afirmativa de que a ineficiência aumenta à medida que o governo cresce, esse fato pode ser insuficiente para superar a influência política dos funcionários públicos. Johnson e Libecap enfatizam o tamanho *absoluto* do governo ou pelo menos de alguns departamentos-chave, como os correios. Em contraste, é também relevante a fatia governamental do emprego total

Uma situação mais favorável para a reforma ocorre quando o emprego no governo é grande em números absolutos, mas apenas uma pequena fatia da força de trabalho. Se a maior parte dos empregos está no setor privado, os cidadãos em geral prestarão maior atenção sobre se a correspondência é entregue expeditamente, se as estradas são construídas e bem mantidas, e se as escolas e hospitais funcionam, do que se estão disponíveis empregos governamentais. Assim, pode ser prudente proceder à privatização de algumas atividades do governo antes da reforma, tanto para melhorar o serviço quanto para reduzir a quantidade de empregos no governo. As reformas nos Estados

---

[647] Ver, porém, Mashaw (2012), que fornece uma história da administração estatal dos Estados Unidos que retraça os desenvolvimentos iniciais.

Unidos podem ter sido facilitadas pelo pequeno tamanho do setor público em relação ao setor privado. Empregados públicos não constituíam um poderoso grupo de pressão, e o público em geral apoiava a reforma. Rosenbloom observa que, quando o serviço público federal foi reformado nos Estados Unidos, a maioria da nação dava suporte à mudança (Rosenbloom, 1971:71-86) — o que geralmente era verdadeiro também em nível estadual (sobre Wisconsin, ver Thelen, 1972). Antes do advento de sistemas de serviço público, os empregos eram um benefício usado para motivar os colaboradores nas campanhas, mas o seu valor relativo declinou quando os custos do patronato ficaram mais visíveis aos eleitores (Maranto e Schultz, 1991; Johnson e Libecap, 1994). Ademais, se o funcionalismo público é suficientemente pequeno, tal que a reforma não implica demissões, os empregados governamentais existentes podem dar apoio à reforma. Embora nomeados por critérios políticos, eles desejam permanecer no trabalho na hipótese de mudança de governo. Em caso de mandatos relativamente longos, de quatro a seis anos, mesmo os empregados admitidos mediante patronato podem dar suporte à criação do novo sistema de funcionalismo público, especialmente se esse envolve não apenas segurança no emprego, mas também aumentos salariais e melhores condições de trabalho. Desse modo, os trabalhadores do setor público nos Estados Unidos vieram a dar suporte ao novo funcionalismo público uma vez tendo esse sido implantado, pois foram absorvidos em suas posições correntes.

Kernell e McDonald (1999) fornecem uma visão um tanto diferente, mas complementar, sobre o estabelecimento da Entrega Rural Gratuita (Rural Free Delivery — RFD) pelos Correios dos Estados Unidos. Eles também explicam a queda de prestígio do cargo de chefe de agência postal rural, como devida à associação com o patronato e à lealdade partidária como critério. No entanto, eles também destacam os benefícios da reforma, não para os grandes negócios, mas para a multidão de famílias rurais, de fazendeiros, que eram apoiadores entusiastas da entrega gratuita em suas casas. Uma vez que a RFD foi posta em ação em fase de teste, tornou-se extremamente popular e representou um trunfo contra quaisquer benefícios políticos remanescentes de nomear chefes de agência com base em sua lealdade partidária. Os Correios, enfrentando múltiplas demandas por rotas, atribuiu aos membros do Congresso a função de designar novos roteiros, embora retendo o direito à última palavra. O trabalho empírico de Kernell e McDonald mostra que, sob um presidente do Partido Republicano no período 1899-1900, mais roteiros foram alocados a distritos republicanos que a democratas ou populistas, e os republicanos em exercício que venceram por margem estreita foram especialmente favorecidos. Esses resultados, é claro, dependeram da natureza particular da RFD — o programa foi instituído gradualmente ao longo de um tempo e os benefícios foram pessoalmente experimentados pelos eleitores rurais. Assim, a RFD se mostrou especialmente adequada a uma mudança do patronato orientado ao partido para um serviço, com um impacto que não se aplicaria a serviços públicos menos visíveis.

Finalmente, consideremos a interação entre reforma e tamanho do governo. Johnson e Libecap lidam com o tamanho das agências governamentais como um dado: tamanho aumentado torna difícil controlar a burocracia, o que, por sua vez, leva a pressões por reformas. No entanto, se os líderes governamentais são corruptos, a causalidade também vai em sentido contrário. Chefes de estado corruptos podem buscar um governo de porte excessivo como meio de extrair benefícios para si próprios. Relembremos, contudo, que, se eles procuram maximizar seus rendimentos corruptos, eles podem restringir o suprimento de certos serviços para extrair ganhos da escassez (ver capítulo 8). Operando contra a formação de monopólios privados, líderes eleitos para posições fortes podem dar apoio a um governo de tamanho excessivo como meio de aumentar as oportunidades de patronato. Lideranças usam a máquina do governo tanto para se enriquecer quanto para distribuir empregos a seus colaboradores. Esses fenômenos, quando coincidentes, geram governos inflados. As cidades norte-americanas do final do século XIX e início do século XX, dominadas por essas "máquinas", eram exemplo disso. Um intelectual descreve a máquina política "como um partido político no qual um patrão supervisiona uma hierarquia de membros do partido que fornecem favores privados a cidadãos em troca de votos, e que esperam empregos no governo como retribuição a seus serviços" (Menes, 1996). Um estudo estatístico das cidades dirigidas ou não por essa máquina durante os anos 1900-20 detectou que as cidades operadas pela máquina gastavam, *per capita*, 18% a mais que as que não eram, e que os salários municipais pagos aos trabalhadores não especializados eram 8% superiores (ibid.). As cidades operadas por máquina gastavam 34% a mais *per capita* na administração geral e 17% a mais em polícia e bombeiros — todas essas áreas com muitos empregos de patronato. Para tomar um caso extremo, a população cresceu 22,7% em Boston entre 1895 e 1907, enquanto o número de funcionários da cidade aumentou 75%. Cerca de 1907, os salários desses funcionários eram três vezes maiores que os empregos comparáveis no governo estadual e no setor privado. O número de diaristas na folha de pagamentos da cidade aumentou 50% entre 1895 e 1907, enquanto a produtividade caiu à metade. O impacto da prevalência da máquina parece ter sido orçamentos maiores, salários de servidores civis acima da norma e, em consequência, excesso de gastos nos serviços dominados por empregos de patronato, tais como nos departamentos de polícia e de bombeiros (ibid.). Outro fenômeno que incha a folha de pagamentos é o dos "funcionários fantasmas" — "empregados" que na verdade não trabalham ali — em muitas agências e muitos serviços governamentais. Nesses casos, o tamanho real do governo é menor do que pareceria, com base no número de empregados do setor público conforme consta nos livros, e o governo pode ser reduzido simplesmente pela melhoria dos mecanismos de contabilidade, que permitisse a eliminação dos funcionários fantasmas.

Finalmente, a maior parte das cidades americanas fizeram a reforma, cortando despesas e folha de pagamento (Schiesl, 1977). De acordo com Johnson e Libecap (1994:112-3), nos governos estaduais e nas áreas urbanas, a reforma tornava-se mais provável à medida que o tamanho absoluto do governo aumentava. Eles indicam que os estados de Nova York, Massachusetts e Illinois, que presumivelmente, além de grandes, tinham também grandes setores públicos, foram os primeiros a introduzir a reforma do serviço civil. As cidades de Boston, Nova York e Chicago, que também empregavam grande número de pessoas, foram das primeiras a empreender reformas, enquanto algumas áreas rurais e pequenas cidades ainda retêm vestígios do sistema de patronato.[648] Aparentemente, as máquinas políticas continham às vezes as sementes de sua própria destruição, na medida em que expandiam o governo a tal ponto que sobreveio uma reversão. Se um setor privado vigoroso se sente constrangido por um setor público ineficaz, as condições para reforma podem estar maduras.

De acordo com um estudo, as cidades reformadas não apenas introduziram novos sistemas de serviço público, de compras públicas e de arrecadação de impostos, mas também assumiram uma visão de mais longo prazo. Elas passaram a gastar proporcionalmente mais em projetos de infraestrutura,

---

[648] Na verdade, o patronato ainda ocorre nessas cidades. Em Boston, um comissário de liberdade condicional foi condenado a 18 meses de prisão e multado em US$250 mil por empregar amigos de deputados estaduais. O juiz justificou uma sentença leniente em razão de que era desenfreado esse tipo de patronato. Milton J. Valencia, "Ëx-Probation Chief Sentenced as System Decried", *The Boston Globe*, 13 de novembro de 2014, http://www.bostonglobe.com/metro/2014/11/13/brien-sentenced-months/uHeOQXxxGcZN5p89BPySzJ/story.html (acesso em 10 de outubro de 2015).

como estradas, canais, esgotos e fornecimento de água, que as cidades não reformadas — decisões essas que foram presumivelmente apoiadas pela comunidade de negócios (Rauch, 1995).[649] A reforma do serviço público parece ter sido positiva para o crescimento da indústria. Em um estudo das cidades americanas, a reforma aumentou a taxa de crescimento por meio ponto percentual — ou seja, um quarto de seu valor médio de 2% (ibid.). Esse resultado é consistente com a suposição de que interesses industriais estavam frequentemente na vanguarda do esforço de reforma. Os industriais se ressentiam de que os negócios especiais de maior valor colidiam com outros interesses negociais, mais conectados a contratos e franquias governamentais (Menes, 1996). Empresas de construção e interesses industriais frequentemente se achariam em lados opostos, se a reforma fosse incluir não apenas o serviço público, mas também o processo de contratação. Não obstante, uma coalizão pela reforma finalmente se desenvolveu em muitas cidades, que elegeram prefeitos reformistas com o apoio do setor de negócios (Schiesl, 1977).

A força e a taxa de crescimento do setor privado devem ajudar a determinar a facilidade da reforma. Talvez as cidades e os estados reformistas fossem aqueles onde o setor privado representasse uma parte relativamente grande do emprego e da receita totais. Nesses casos, os empreendimentos privados seriam apoiadores de reformas que reduzissem seus custos, e os trabalhadores do setor público não protestariam demais se a reabsorção no setor privado fosse uma alternativa viável. As reformas ocorreram quando o governo se tornou uma organização muito grande em tamanho absoluto, embora permanecendo pequena em relação ao setor privado. Muito poucos indivíduos e negócios eram dependentes de empregos, de contratos e de favores do governo, para que a reforma fosse bloqueada.

C. *Sustentando a reforma*

Um modo de assegurar uma reforma durável seria compensar os oponentes pelas perdas em que de outra forma incorreriam. Tal solicitude para os perdedores nem sempre é estritamente necessária. A maioria pode impor-se mesmo a uma minoria estridente, e um autocrata pode simplesmente

---

[649] Em termos absolutos *per capita*, contudo, outro autor descobriu que cidades não governadas com base na máquina não despendiam significativamente menos em rodovias (Menes, 1996). Todavia, como as viagens de automóvel e de caminhão estavam apenas começando a se tornar importantes nesse período, é difícil saber qual a hipótese correta.

anunciar um plano de reforma. Todavia, em muitos casos, uma reforma terá maior probabilidade de êxito se os mais prejudicados forem compensados. Essa pode ser uma necessidade incômoda se o objetivo é convencer um chefe de estado corrupto a ceder poder sem derramamento de sangue. Em outras situações, porém, compensar os anteriormente corruptos pode não parecer tão desagradável. O melhor exemplo é a reforma do serviço público, na qual salários e condições de trabalho são melhorados, em substituição a propinas futuras. Funcionários corruptos de alto escalão devem ser dispensados de seus empregos, mas para o restante da burocracia é concedido um incentivo para que seja honesta, talvez com uma anistia. Provavelmente, essas políticas serão necessárias em países pobres que tenham escassez de pessoas instruídas, capazes de desempenhar alguns tipos de tarefas do setor público. A dispensa por atacado de funcionários corruptos não é uma opção viável nesse caso. O perigo, obviamente, é que concessões feitas a funcionários existentes sejam tão significativas que a própria efetividade da reforma seja prejudicada (Grindle e Thomas, 1991:121-50; Polidano, 1996).

Políticas anticorrupção incluem, às vezes, uma reestruturação do estado, a fim de reduzir seu papel, por meio de privatização e desregulamentação. Como essas reformas vão reduzir o número de funcionários públicos necessários, deve-se esperar que os correntemente empregados resistam à mudança. Um estudo recomenda que se obtenha apoio de burocratas a essas reformas, dando-se aos funcionários um "aperto de mão dourado", na forma de um transiente, em uma única vez, de doação de propina. Isso lhes concede um trunfo financeiro, visando ao êxito de uma reforma de longo prazo, e um incentivo a revelar informações necessárias aos responsáveis pela reforma (Basu e Li, 1996). Os autores mencionam dois exemplos provenientes da China, onde funcionários se beneficiaram pessoalmente por "patrocinar" novos negócios e aprovar ofertas de ações. No entanto, como reconhecem os autores, tolerar corrupção é estratégia arriscada. Funcionários corruptos podem, por sua própria iniciativa, organizar suas atividades com o objetivo de obter maiores ganhos, enfraquecendo o crescimento econômico e a legitimidade do governo. A tolerância passada do governo com respeito à corrupção pode dificultar a necessária credibilidade a reprimir os malfeitos. Portanto, as melhores opções são bônus legais de incentivo, pagamentos indenizatórios e assistência na mudança de emprego para o setor privado.

Mesmo que os adversários possam ser pacificados, a reforma pode ser frágil. O histórico dos esforços de reforma não é encorajador (Geddes, 1991;

Grindle e Thomas, 1991; Nunberg e Nellis, 1995; Klitgaard, 1997). Como demonstra Geddes (1991, 1994), é bem possível que as novas políticas sejam revertidas se elas acontecem devido a um equilíbrio temporário de interesses políticos. Muito frequentemente os reformadores se têm contentado com a aprovação de leis ou com o anúncio de novas políticas, sem se concentrar na difícil tarefa de traduzir as reformas em mudanças duráveis nas operações do governo (Grindle e Thomas, 1991). Se, no primeiro entusiasmo do zelo reformista, são ignorados os custos políticos e burocráticos da implantação, o cenário está armado para o fracasso a seguir.

A durabilidade da reforma do serviço público nacional nos Estados Unidos e da Grã-Bretanha merece estudo. As experiências sugerem a possibilidade de uma dinâmica benevolente — na qual mudanças parciais evoluem com o tempo até uma reforma plena. Embora as pesquisas tenham centrado foco na reforma do serviço público, a dinâmica básica parece poder ser generalizada. A chave é um processo de reforma no qual novos aliados sejam gerados no bojo do próprio processo. O apoio se fortalece ao longo do tempo, à medida que cresce o alcance do programa de reforma. Desse modo, as reformas, uma vez iniciadas, se tornam autossustentadas.

Nos Estados Unidos, a reforma começou lentamente em nível federal e inicialmente enfocou partes da burocracia onde seriam mais altos os ganhos marginais. Importantes partes do eleitorado de fora do governo se beneficiavam e ajudavam a institucionalizar a reforma. Dentro do governo, os primeiros beneficiários da proteção ao serviço público favoreciam sua preservação. Os presidentes prestes a completar o mandato estendiam a proteção do serviço público a seus indicados. Embora presidentes recém-eleitos tenham devolvido algumas posições ao patronato, e, em consequência, a fatia de empregados por mérito tenha caído durante alguns anos, a tendência geral era de crescimento, na linha da reforma pretendida. A evolução de 10% a 80% levou quase 40 anos. A proporção coberta pelo sistema de mérito crescia quando a quantidade geral de empregos governamentais se expandia; nesse contexto, uma proporção maior de empregos por mérito podia ser coberta sem grande pressão sobre os empregados existentes. Ainda que algumas pessoas pudessem perder seus empregos por causa de incompetência, não era necessário efetuar cortes em larga escala (Johnson e Libecap, 1994:109-11).

Uma vez que o número de empregados por mérito se tornara significativo, esses emergiram como grupo de interesse poderoso a favor da preservação do sistema. Isso, claramente, poderia ter sido uma bênção ambígua se as condições de base tivessem mudado. Em algum ponto, empregados com a proteção do funcionalismo público podem solapar outras reformas, destinadas a aumentar a produtividade. A pior situação é um contingente de funcionários públicos numeroso e bem organizado, admitidos sob a égide do patronato, e difícil de demitir e de reformar.[650] Isso se mostrou ser um especial problema para governos que buscavam contratar serviços de empresas privadas. Essa terceirização, contudo, é provavelmente menos viável em países pobres que carecem de empresas privadas capazes de assumir funções exercidas pelo estado.

Reformas graduais nas áreas urbanas dos Estados Unidos são outro exemplo de reforma sustentável. Ainda assim, em muitas cidades americanas a reforma não prosseguiu em linha reta. Alternavam-se no poder administrações baseadas na máquina e administrações reformistas. Contudo, embora alguns retrocessos tenham ocorrido, as máquinas frequentemente mantinham as reformas introduzidas por governos progressistas. As reformas eram populares junto ao eleitorado e, assim, de difícil reversão. A reforma do imposto territorial urbano em algumas cidades levou a queda nas tarifas pagas pelos proprietários residenciais, uma vez que as empresas passaram a pagar a maior parte do total. Na cidade de Nova Jérsei, por exemplo, a tributação de propriedades de empresas ferroviárias aliviou o peso dos impostos para os proprietários de moradias (Schiesl, 1977). Obviamente, os eleitores que possuíam unidades habitacionais podiam perceber os benefícios da racionalização dos tributos sobre a propriedade, e mesmo locatários podem ter sido beneficiados em algum nível. As reformas foram mantidas porque os ganhos eram claros para grande número de eleitores, apesar dos custos impostos a alguns interesses empresariais.

Em alguns casos, a reforma fracassa em razão de mau sequenciamento. Se não for criado um grupo inicial de vencedores que preste apoio à continuidade da reforma, os primeiros beneficiários do programa podem temer perdas se a reforma tiver continuidade. No pior caso, eles formam uma coalizão opositora para bloquear mudanças mais extensas. De acordo com um estudo, a reforma da propriedade rural na América Latina foi um exemplo desse processo revertido (De Janvry e Sadoulet, 1989). Os países reformistas pri-

---

[650] Grindle e Thomas (1991). Ver a discussão por Peirce (1994) dos esforços de reforma na Flórida e na Filadélfia. A reforma em Malta foi solapada pela oposição de sindicatos do funcionalismo público (Polidano, 1996).

meiro introduziram programas para modernizar fazendas de grande e média extensão, como meio mais rápido de aumentar a produtividade. Entretanto, o sucesso desses programas tornou esses fazendeiros economicamente mais poderosos, o que, por sua vez, lhes permitiu conquistar maior poder político. Em consequência, eles se engajaram na busca de ganhos para bloquear os planos de redistribuição de terras a camponeses mais pobres. Os autores concluem que, apesar dos custos de curto prazo, a reforma agrária deve ser realizada antes da modernização rural.

III. Riqueza em recursos naturais e ajuda estrangeira

Assim como as crises econômicas podem impulsionar a reforma, a riqueza pode fazer a reforma parecer desimportante. Evidências consideráveis sugerem que uma base de fortes recursos naturais não necessariamente promove o desenvolvimento econômico (Gelb, 1988; Sachs e Warner, 1995; Ross, 2012). Há duas explicações fundamentais para isso: a "doença holandesa" (moeda forte deprime exportações industriais) e a "doença nigeriana" (governo desperdiça a riqueza em recursos) (Williams, 2011). Países em desenvolvimento, como Nigéria, Venezuela e Indonésia, que receberam torrentes de riquezas petrolíferas, foram capazes de resistir a reformas políticas e econômicas por muitos anos, e a riqueza mineral do Zaire ajudou a sustentar o regime corrupto de Mobutu (Geddes, 1991; MacGaffey, 1991; Diamond, 1993b, 1995). Países ricos em recursos minerais com poucas outras fontes de moeda forte são reformadores improváveis, tanto porque o estado pode financiar-se por *royalties* (Moore 1998) quanto porque pode haver poucas fontes de emprego alternativo para funcionários públicos dispensados. O país é rico em recursos naturais, mas não cria suficientes empregos no setor privado para seus cidadãos. Em vez de promover o desenvolvimento, o recurso que gera riqueza pode simplesmente tornar atraente o controle pelo estado. Indivíduos competem entre si pelo controle do poder, a fim de usá-lo em benefício próprio ou no de suas famílias e relações próximas. O mesmo fenômeno pode ser verdade para países que sejam muito dependentes de ajuda estrangeira. Em ambos os casos, pessoas talentosas direcionam seus esforços não para atividades produtivas, mas para extrair ganhos de validade discutível (Krueger, 1974). A rentabilidade privada das atividades de extração de ganhos é superior ao seu valor social e pode afastar investimentos produtivos (Bigsten e Moene, 1996:192-5).

Os negócios em torno de recursos naturais usualmente desejam ser deixados à parte e não se interessam muito por um setor público eficiente, além do fornecimento de instalações portuárias e de transporte em geral. Os países de reforma menos provável pareceriam ser aqueles com mais recursos naturais que outros em sua região. A corrupção e o patronato podem drenar enormes custos econômicos sem que os cidadãos do país se sintam prejudicados, em comparação com seus vizinhos mais empobrecidos (ver Dunning, 2008, para uma análise de possibilidades de mais nuanças).

Uma fonte segura de ajuda estrangeira se parece um pouco com uma mina de diamantes ou um depósito de petróleo. Países com acesso a essa generosidade dispõem de um colchão que falta a outros (Moore, 1998). Se a ajuda de ultramar é desprovida de condicionantes, ela pode simplesmente adiar decisões difíceis ao mascarar os problemas subjacentes que produziriam uma crise em países menos afortunados. Bruno e Easterly (1996:216) especulam que países de baixo índice de inflação que não se ajustaram a déficits de conta-corrente e a déficits orçamentários foram capazes de evitar a reforma por causa de altos fluxos de empréstimo e de ajuda para desenvolvimento.

Estados fracos podem enfrentar uma situação paradoxal, em que aumentos de recursos fragilizam a estabilidade política e o crescimento. Uma vez que o estado é pobre, poucos podem importar-se em manejar as alavancas do poder. Se o estado consegue um grande pacote de ajuda estrangeira, ou passa a controlar um depósito mineral valioso, novas figuras políticas podem aparecer com reivindicações. A luta política torna-se um combate pelo controle da riqueza do estado. Os de dentro do círculo do poder tentam evitar que os de fora se beneficiem, exceto na medida em que sejam necessários pagamentos para comprar sua aprovação de acesso ao *status quo*. Nesses cenários perversos, aumentos de riqueza não estimulam rendimentos maiores e podem levar a reduções subsequentes da riqueza dos cidadãos comuns. Um estudo sobre as Filipinas, por exemplo, argumenta que a busca por ganhos por parte de uma oligarquia de líderes políticos e empresariais foi sustentada pela ajuda externa dos Estados Unidos e pela presença de bases militares americanas (Hutchcroft, 1998:23). Como observou o presidente Fidel Ramos em seu discurso de posse em 1992, o sistema econômico "recompensa pessoas que não produzem, às expensas daqueles que produzem... [e] permite que pessoas com influência política extraiam riquezas da economia sem qualquer esforço" (citado em ibid.).

O caso da Nigéria constitui um exemplo extremo, no qual o estado é descrito como "um bolo nacional a ser dividido e subdividido entre as chefias de departamentos" (Joseph, 1996:195). A situação era exacerbada pela presença maciça de depósitos de petróleo (Olowu, 1993:94; Herbst, 1996:157-8). O petróleo representa 90% das exportações nigerianas, 35% do PIB, e a maior parte da receita do governo.[651] As reservas petrolíferas estão sob controle do estado e proveem uma enorme torrente de ganhos àqueles que as controlam e a seus aliados políticos. A Nigéria tem lucrado magnificamente: a receita do petróleo é estimada em US$300 bilhões em 35 anos (McPherson e Mac-Searraigh, 2007:192). O controle do estado é um valioso prêmio, que vale a pena disputar. Em 1993, o general Sani Abacha derrubou um governo militar anterior e em seguida "apropriou-se de aproximadamente US$4 bilhões do tesouro da Nigéria por meio de uma série de crimes contra a propriedade, incluindo desvio de dinheiro, fraude, falsificação e lavagem de dinheiro.... Após a morte de Abacha em junho de 1998, sua esposa foi detida no aeroporto de Lagos com 38 malas recheadas de dinheiro vivo, e seu filho foi encontrado com US$100 milhões em espécie" (Levi, Dakolias e Greenberg, 2007:200). Em um ambiente rico em recursos, aqueles que procuram enriquecer lutam por uma fatia dos ganhos, em vez de se engajar no empreendedorismo produtivo (Diamond, 1993b:220, 1995:474; Herbst, 1996; Lewis, 1996:81). Conforme escreve Diamond, "falando francamente, as apostas da política estão muito altas" (Diamond, 1993b:218). De acordo com a Integridade Financeira Global, a Nigéria situava-se entre as 10 maiores fontes de fluxos financeiros ilícitos durante o período 2000 a 2009 (Kar e Curcio, 2011). Talvez a queda dos preços do petróleo, como resultado da expansão do fracionamento e da decisão da OPEP de manter altos níveis de produção, venha a prover uma abertura para a reforma. Em 2015, a Nigéria elegeu um presidente com explícita agenda anticorrupção — apesar de a tarefa ser assustadoramente difícil, e a Nigéria tem um longo caminho a percorrer para lidar com seus problemas de governança.[652]

Democracias corruptas dotadas de fortes bases de recursos podem ter perspectivas de crescimento mais pobres do que autocracias corruptas com similares dotações. O autocrata pode ter tanto um maior horizonte de tempo quanto melhor capacidade de controlar a busca competitiva de ganhos

---

[651] Conforme reportado no *website* da OPEP: http://www.opec.org/opec_web/en/about_us/167.htm (acesso em 22 de julho de 2015).

[652] Para uma avaliação das perspectivas, ver "Nigeria: Economic Woes to Dominate Buhari's Campaign Promises", *Crédit Suisse Economics Report*, 1º de junho de 2015, https://doc.research-and--analytics.csfb.com/docView?language=ENG&format=PDF&document_id=1049107671&source_id=emcmt&serialid=0KeRr%2F61xVEXpQnMG3lDQEELb3eyzkbk6JSBKZAPzn0%3D (acesso em 22 de julho de 2015).

irregulares por seus subordinados. O risco óbvio é que um autocrata pode converter-se pouco a pouco em completo cleptocrata. Como afirmam McPherson e MacSearraigh (2007:194):

> Certamente, a fraca governança já existia antes da exploração petrolífera em muitos países, e é discutível se a causalidade desse fato provém da incapacidade de gerenciar o petróleo. Dito isso, há crescentes evidências em apoio ao argumento de que a causalidade corre principalmente na direção oposta, isto é, que seja o próprio petróleo que provoque a erosão da governança.

Conclusões

Os reformadores precisam ter sensibilidade quanto às condições domésticas que favoreçam ou obstaculizem os esforços anticorrupção. Boas ideias quanto às políticas a seguir são necessárias, mas não suficientes. Uma liderança com ideias firmes acerca da reforma é um aliado valioso, mas não a garantia de êxito. As lições dos esforços passados e presentes demonstram a importância de fortes apoios, dentro e fora do governo, mas elas também mostram como os adversários podem ser contornados ou compensados. Os casos mais favoráveis são aqueles nos quais o número de beneficiários cresce com o tempo, enquanto as reformas entram em efeito, para criar um eleitorado favorável a novas políticas. Em particular, a reforma é muito mais fácil se as comunidades de negócio doméstica e internacional acreditam que colherão benefícios da redução da corrupção e do patronato, e se os cidadãos comuns também veem ganhos nisso. Uma imprensa livre pode contribuir para fomentar o apoio da população, e, em muitos casos, um amplo apoio eleitoral pode ser possível, se não for bloqueado por aqueles que tiram partido do *status quo*.

Sistemas políticos que facilitam a troca de favores individualizados, sejam eles empregos, pagamentos irregulares ou contratos governamentais, são perfeitamente talhados para negócios envolvendo corrupção. A reforma dessas práticas dependerá ou de um escândalo ou de uma crise, ou da lenta erosão dos benefícios dessas negociatas. Às vezes, é necessária uma abordagem indireta à reforma. Em vez de um ataque direto à corrupção, outras mudanças estruturais podem ser introduzidas. Uma reforma digna de crédito do serviço público, das práticas em compras e de programas regulatórios ou de licenciamento não podem ocorrer sem reformas fundamentais na maneira pela qual são formuladas as políticas públicas.

Pode ser especialmente desafiadora a reforma em um país rico em recursos ou em um país dependente da ajuda estrangeira. Aqueles que sejam bem-sucedidos em capturar esses ganhos constituem uma força poderosa de resistência à reforma. Assim, a diversificação da economia pode ser necessária, a fim de construir um apoio popular que não seja seguidor fiel dos políticos em exercício nem dependente do recurso natural ou da ajuda externa, e que dê suporte a reformas. Mas isso leva tempo.

Sob algumas condições, mesmo se a corrupção é disseminada, apenas uma reforma parcial pode ser politicamente factível. Presidentes latino-americanos frequentemente selecionam agências governamentais em posições-chave, como o banco central ou a autoridade da receita, e criaram enclaves de alta integridade e competência profissional (Geddes, 1994). Na África, a reforma tributária tem frequentemente envolvido a criação de um núcleo em separado de autoridades da receita, que recebem recursos especiais e são isentos de determinadas regras do serviço público (Dia, 1996). Como indica Geddes, essa estratégia é de difícil sustentação. Um líder poderoso pode criar enclaves, mas, se esses dependem de sua proteção, eles podem entrar em colapso em caso de mudança do governo. Tratamentos especiais para alguns cria ressentimentos. Ademais, mesmo reformas governamentais de largo escopo podem fracassar se não estabelecem um círculo crescente de apoiadores.

Importa a ordem pela qual reformas são introduzidas. A lógica deve abrir caminho para o realismo político. Sob algumas condições, ganhos de curto prazo podem gerar amplo apoio público para passos mais difíceis à frente. Sob outras condições, benefícios de curto prazo para alguns podem produzir um revés, dado que os mesmos beneficiários tendem a manter seus ganhos iniciais. Essas preocupações sugerem dois caminhos para uma reforma durável. O primeiro, que somente será possível em tempos de grandes crises e insatisfação com o *status quo*, é a abordagem "*big bang*", na qual mudanças maciças são introduzidas todas de uma vez, possivelmente por uma outra administração. O segundo caminho, mais viável na ausência de uma grande crise, é uma estratégia incremental, na qual os passos sejam cuidadosamente concebidos a fim de construir suporte crescente ao longo do tempo. Pode haver a necessidade de sacrificar alguns ganhos de curto prazo, para o correto sequenciamento das ações. Em ambos os caminhos, se a corrupção estiver profundamente arraigada, provavelmente serão necessários diversos estágios de reformas, à medida que as instituições sejam adaptadas a criar um ambiente com um nível reduzido de corrupção.

14
O papel da comunidade internacional

Políticas para controlar a corrupção sempre serão controversas e contestadas.[653] Os que forem submetidos a supervisão mais estrita ou a limites em sua liberdade de ação tendem a lamentar a falta de confiança que essas restrições implicam — e vão reclamar que os novos controles têm motivações políticas e que deixam de respeitar padrões culturais. Essas objeções serão particularmente convincentes se medidas anticorrupção são impostas ou apoiadas por atores internacionais — mais especialmente entidades de ajuda ou de empréstimo, organizações globais sem fins lucrativos ou tratados internacionais. O papel das instituições internacionais é necessariamente limitado, dada a posição dominante dos estados nacionais. Não obstante, esforços internacionais bem concatenados podem beneficiar as pessoas comuns e podem ajudar, e não prejudicar, os negócios domésticos e globais. Os únicos perdedores seriam os beneficiários das negociatas, quer no governo quer no setor privado. Os casos mais difíceis são os regimes nos quais a corrupção se encontra tão profundamente arraigada que quase todos estão de alguma forma envolvidos com o sistema corrupto.

As instituições internacionais, especialmente o Banco Mundial, começaram a promover uma agenda anticorrupção em meados dos anos 1990. O fim da Guerra Fria facilitou essas iniciativas, porque chefes de estado corruptos não podiam continuar a jogar um bloco contra o outro. Por algum tempo, a agenda anticorrupção das instituições internacionais e seus poderosos apoiadores nos países ricos não enfrentavam oposição significativa; o poder de barganha dos advogados domésticos da luta anticorrupção também se fortaleceu.

---

[653] Este capítulo é em grande parte extraído de Rose-Ackerman (2013a, 2013b). Esses ensaios baseiam-se em documentos de contextuação e em debates travados no *workshop* conduzido no Rockefeller Foundation Center em Bellagio, Itália, de 13 a 17 de junho de 2011, organizado mediante suporte financeiro da Rockefeller Foundation, do Open Society Institute e da Yale Law School.

Porém, recentemente, a ascensão do investimento global direto e do financiamento da China e de outros países que não são parte do "consenso anticorrupção" tem proporcionado a alguns líderes políticos a alavancagem para resistir a reformas, especialmente se o estado em questão é rico em recursos. Como afirmam Fariello e Bo (2015:422), "as abordagens baseadas em pressão dissuasória podem simplesmente conduzir alguns países clientes do banco (e o setor privado) em direção a projetos financiados por doadores com exigências legais mais reduzidas (os assim chamados 'cavaleiros negros')". Não pretendemos sugerir que os líderes dos países emergentes de média renda ativamente estimulem a corrupção de seus investidores de ultramar, ou que se beneficiem dela pessoalmente. Na verdade, eles podem também estar tentando limitar seu impacto. Todavia, constitui um desafio a crescente importância de instituições financeiras e de outras multinacionais de países de fora do consenso anticorrupção de 1990. No lado positivo, essas entidades intensificam pressões competitivas sobre os que se baseiam em países ricos; mas, do lado negativo, se eles fizerem uso de táticas corruptas, suas ações aumentam a pressão sobre todas as empresas para que sigam o exemplo.

Considerados os danos da corrupção ao desenvolvimento econômico e à legitimidade do estado, discutimos as opções viáveis para as entidades internacionais que estão limitadas por suas próprias restrições institucionais e de recursos. Nenhuma instituição internacional está preparada para encorajar a mudança revolucionária de regime, embora elas frequentemente deem ajuda à construção do estado em um contexto pós-revolucionário ou pós-bélico.[654] Adicionalmente, mesmo que seja reparada a estrutura constitucional, especialistas externos podem indicar riscos específicos e recomendar formas pelas quais seja limitada a corrupção, dentro dos limites constitucionais.[655]

Instituições internacionais enfrentam uma série de questões interconectadas. Elas devem caracterizar os problemas fundamentais para a capacitação do governo nos países em que operam, e então definir a corrupção e entender como essa pode exacerbar (ou atenuar) esses problemas. Elas devem buscar

---

[654] O fracionamento da União Soviética levou à democratização da Europa Oriental e da Federação Russa, com muita influência de especialistas externos. Com o apoio de entidades internacionais, a Primavera Árabe resultou em reformas constitucionais, mesmo em alguns países do Oriente Médio onde não houve revolução. Em ambos os casos, contudo, os resultados têm sido decepcionantes, com o passar do tempo.

[655] Ver, por exemplo, Ayee et al. (2011). O relatório é um trabalho em andamento, e não a expressão de uma política do Banco Mundial.

alavancas políticas que possam limitar o impacto da corrupção e identificar caminhos adequados para a influência internacional. A formulação de metas anticorrupção em nível muito alto de generalização pode disfarçar essas complexidades e essas tensões; porém, uma vez que os atores internacionais entrem em ação para concretizar iniciativas, limitações de conhecimento e de capacidade se tornarão aparentes, e conflitos entre os diferentes tipos de esforços anticorrupção devem vir à tona.

As opções para os atores internacionais variam desde aquelas que provavelmente vão gerar pouco resistência dos atores domésticos, até esforços para reformar os modos internos de operação do estado, e esforços que dependam da participação dos estados nacionais e de iniciativas empresariais (Wren-Lewis, 2013). Partimos, a seguir, discutindo o fornecimento de informações; depois, os esforços internacionais para dar apoio a programas domésticos anticorrupção, do tipo de que tratamos em capítulos anteriores. O capítulo conclui abordando as instituições internacionais, desde as convenções destinadas a limitar a corrupção, até o tratamento da corrupção na arbitragem do investimento internacional. Portanto, o foco são os programas domésticos de reforma, promovidos e suportados pelas instituições financeiras internacionais (IFIs), tratados internacionais formalizados e mecanismos de resolução de disputas. No entanto, isso não é tudo o que concerne ao esforço internacional anticorrupção. O capítulo 15 volta-se a duas espécies de esforços internacionais: aqueles concebidos para modificar as normas e comportamentos de empresas multinacionais, de um lado, e os esforços entre os estados para lutar contra o crime organizado e a lavagem de dinheiro, de outro. Ambos esforços podem complementar e tornar mais efetivos os instrumentos anticorrupção explícitos discutidos neste capítulo.

I. Fornecimento de informações

O fornecimento de informações pode parecer relativamente pouco problemático, porque simplesmente auxilia os formuladores de políticas e deixa por conta deles a decisão de usar ou ignorar o material, conforme quiserem (Wren-Lewis, 2013). Não há condicionalidade e nenhum financiamento direto para governos ou grupos domésticos.

No entanto, embora o provimento da informação seja relativamente discreto, a coleta da informação pode estar repleta de controvérsias. Três espécies de informação consideram-se relevantes: avaliações sociológicas das políticas de reforma, dados comparativos entre países sobre níveis de corrupção e qualidade do governo, e a produção de reportagens investigativas por jornalistas ou por grupos de pressão.

A. Informações sociológicas

Informações sobre possíveis iniciativas quanto às políticas a serem adotadas devem estar fundamentadas em estudos válidos que documentem o êxito ou o fracasso de políticas em uma variedade de cenários. Os resultados em um país podem ajudar a estabelecer padrões referenciais para as reformas em outros. Para esse propósito, os governos devem cooperar com os doadores desde o início, na concepção de projetos que incluam avaliações competentes, com base nas ciências sociais. Infelizmente, uma avaliação pode parecer arriscada, tanto para os políticos em exercício, que podem temer dados objetivos, como para os doadores, que podem ter a preocupação de que evidências de fracasso possam atingir sua credibilidade. Mesmo quando governos e doadores cooperam, os estudos devem observar os protocolos das ciências sociais, incluindo a coleta de dados preliminares referenciais, um projeto de pesquisa válido, e análises estatísticas competentes. Tudo isso torna necessário que instituições internacionais projetem, realizem e monitorem programas-piloto. É impossível o fornecimento de informações sobre o que funciona e o que não funciona, sem a consecução de projetos práticos, com envolvimento direto dos participantes, em países com risco significativo de corrupção.

Existe correntemente um debate em economia e ciências políticas acerca dos melhores métodos de avaliação. Não obstante, há ampla concordância em torno das limitações de muitas das argumentações em favor da eficácia de determinadas políticas. As entidades internacionais que possuam equipes especializadas em avaliações precisam fazer algo a mais para incorporar essa *expertise* a projetos de reforma da governança e de combate à corrupção. Isso pode requerer que sejam proporcionados alguns benefícios especiais ("cenouras") para governos inclinados a aceitar a avaliação como parte de um programa de ajuda, e a incorporar a pressão ("chicote") de redução de fundos em caso contrário.[656] Não é suficiente apenas prover informações sobre projetos em andamento; os projetos devem ser organizados tendo os processos de avaliação como uma de suas partes integrantes.

---

[656] Ver capítulo 3 sobre o uso de "cenouras" e "chicotes" na reforma doméstica.

Supondo-se que essas avaliações localizem intervenções bem-sucedidas, a equipe da IFI deve trazer esses casos positivos à atenção de funcionários em outros países. No mínimo, as IFIs devem constituir bases de informações a que funcionários públicos de todo o mundo possam recorrer para ajuda.[657] As IFIs devem dispor de ferramentas de opções que países em desenvolvimento possam utilizar para construir suas estratégias domésticas. Isso não implica que uma solução sirva para todos. Alguns países bem poderiam rejeitar determinadas reformas como incompatíveis com a sua situação; mas, se desejam assistência financeira das agências de ajuda, devem ter o ônus de explicar por que não adotariam as reformas de boa governança e de combate à corrupção que se mostraram adequadas em outros lugares. A dificuldade, obviamente, é que funcionários e contratados corruptos tentarão neutralizar e sabotar os programas destinados a melhorar a prestação de contas e a transparência do governo. Representantes das agências doadoras podem, similarmente, relutar em dar apoio a uma avaliação séria e sistemática, especialmente depois de trabalhar em estreito contato com os governos anfitriões ao longo dos anos.

Presentemente, ainda não dispomos de bons dados sobre a efetividade relativa da maioria dos programas de reforma. Após décadas de esforço para promover a boa governança e a luta contra a corrupção, seria valioso consolidar as experiências de projetos patrocinados por organizações de ajuda e de empréstimo — compartilhando êxitos, fracassos e casos ambíguos. Um problema fundamental neste ponto diz respeito a informações públicas que nomeiem países e projetos. A contextualização específica é necessária para que se seja capaz de decidir se um programa que funcionou em um país será bem-sucedido em outro. Formuladores de políticas domésticas precisam saber como avaliar programas que tiveram êxito em outros países, a fim de propor uma versão local. Todavia, os líderes do país muitas vezes se posicionam contrariamente à divulgação de projetos que os coloque em situação desfavorável. Divulgar um programa anticorrupção, ainda que bem-sucedido, pode dar a impressão de que a corrupção seja um problema específico daquele país. Alternativamente, os políticos em exercício de mandato podem estar ansiosos por assinalar as malfeitorias do governo anterior, na esperança de consolidar seu próprio poder. Líderes recém-eleitos podem fazer uso de uma campanha anticorrupção para justificar uma limpeza dos departamen-

---

[657] Rodrik (2006) destaca a necessidade de apresentar opções para os países em desenvolvimento com base nas experiências específicas do país, não se devendo impor um único "consenso".

tos do governo e a colocação de funcionários fiéis nessas posições. Portanto, será mais fácil realizar algumas avaliações que outras e, em alguns contextos políticos, será simplesmente impossível usar *websites* com esses dados para estudos de avaliação.

Em particular, para fortalecer a legitimidade do governo, instituições que promovam prestação de contas e transparência carecem de mais estudo. Em nível teórico, parece claro o papel dessas instituições em promover a boa governança e a luta contra a corrupção, mas não sabemos muito sobre suas operações práticas e sobre que condições são necessárias para torná-las efetivas. Complicando os esforços por uma análise mais sólida, tanto os funcionários do país quanto os representantes das agências doadoras podem tirar proveito da falta de dados consistentes sobre o efeito de programas de boa governança. Suponha-se, por exemplo, que um programa anticorrupção envolva uma série de seminários e *workshops* para funcionários públicos com diárias pagas fixadas para estimular o comparecimento. Considerando-se a falta de medidas firmes contra a corrupção, a frequência a esses eventos é reportada como medida de sucesso (Skage, Søreide e Tostensen, 2014). Todavia, o Banco Mundial lançou também amplas iniciativas para promover a demanda pela boa governança, e pode apontar alguns casos positivos, melhores do que o esperado das contestadas Agências Anticorrupção (ACAs).[658] Não obstante, ainda são necessárias pesquisas adicionais, tanto para conceituar a maneira pela qual operam as instituições de prestação de contas, quanto para entender como essas instituições se comportam em diferentes cenários nacionais.

Quaisquer que sejam outras estratégias seguidas, a compilação e a distribuição de informações em nível de projeto representam valioso aporte de dados. Porém, o simples conhecimento pode ter pouco impacto. Funcionários e contratados corruptos podem ignorar a informação e continuar a solapar projetos de desenvolvimento. Podem anunciar programas para melhorar a transparência e a prestação de contas pelo governo, e mesmo aproveitar as informações fornecidas pelos atores internacionais, mas tudo pode ser uma farsa, concebida apenas para gerar boa publicidade.

---

[658] Para conectar-se ao portal Good Governance and Anticorruption (GAC), acionar http://search.worldbank.org/all?qterm=GAC&title=&&filetype= (acesso em 10 de outubro de 2015).

B. Dados comparativos entre países

A produção dos dados que permitam a comparação entre países deve independer dos governos de cada país. Esses índices provavelmente provocarão críticas dos governos com pontuação ruim no controle da corrupção, na transparência e na prestação de contas, e na lavagem de dinheiro. As deficiências das métricas de corrupção em nível de país são discutidas no capítulo 1; porém, esses dados têm contribuído para impulsionar o debate global e têm proporcionado aos reformistas de países com fraca pontuação uma alavanca para trabalhar por mudanças. Quanto mais importantes esses índices sejam para a formatação das políticas, mais importante é assegurar que eles tenham alguma relação com a realidade, sem que isso implique um falso sentido de precisão (Davis, Kingsbury e Merry, 2012).

Programas anticorrupção, mesmo os que parecem bem-sucedidos, não se traduzem rapidamente em melhores índices. Diferentemente de algumas métricas de desempenho macroeconômico, a conexão entre políticas e índices numéricos é fluida. Os índices são imperfeitos e as ligações causais entre políticas e níveis de corrupção não são bem compreendidas. Índices que medem a percepção da corrupção podem mesmo revelar uma deterioração, quando os reformadores colocam a corrupção em foco e a população se torna mais consciente da questão. Dados comparativos entre países continuarão a ser produzidos, e eles podem ajudar a levar o tema à atenção do público, mas é preciso que sejam suplementados por pesquisas em nível de projeto que considerem detalhadamente as ligações causais.

Às vezes, organizações que publicam informações comparativas entre países vão além da simples produção de indicadores, aplicando pressão direta sobre os países com pontuação ruim.[659] Similarmente, organizações da sociedade civil, como a Transparência Internacional e a Integridade Global, usam seus dados e os de terceiros como meio de defender a reforma. Elas vão além do simples fornecimento de informações, advogando mudanças por meio de núcleos locais ou mediante alianças com atores locais.

No entanto, pode-se perguntar se as entidades internacionais conseguem produzir dados que estejam mais estreitamente ligados a escolhas de políticas.

---

[659] Um exemplo é a Financial Action Task Force (FATF), discutida no capítulo 15, que atribui pontos aos países. Ver especialmente o relatório, FATF, *Laundering the Proceeds of Corruption* (2011), disponível em http://www.fatf-gafi.org/media/fatf/documents/reports/Laundering%20the%20Proceeds%20of%20Corruption.pdf (acesso em 13 de outubro de 2015).

Informações objetivas de comparação entre países sobre os possíveis resultados da corrupção e do desperdício governamental poderiam impulsionar reformas em países específicos. Entidades internacionais poderiam compilar dados de referência acerca do custo e do desempenho de projetos públicos, com a finalidade de alertar potenciais denunciantes e fornecer munição aos reformistas.[660] Dados sobre custos de projetos de geração de energia, de construção de estradas, de construção de escolas e hospitais, de renovação de portos, por exemplo, poderiam ser juntados, de múltiplas fontes, e usados para identificar projetos de altos custos que estejam fora do padrão. Os gastos com defesa são uma área particularmente preocupante, por causa do sigilo que acompanha tais compras.[661] Não obstante, mesmo aí, escandalosos exemplos de sobrepreço podem ser revelados.[662] Obviamente, os dados seriam aproximados e não poderiam, por si sós, ser usados como prova de corrupção, mas se o custo de um dado projeto está muito fora do padrão global, isso pode levantar uma bandeira vermelha, assinalando conveniência de investigação.

Outra maneira de compartilhar dados foi desenvolvida por várias IFIs que estão começando a abrir listas de empresas excluídas, as quais podem ser locais ou multinacionais. Essas empresas foram banidas da participação em contratos financiados pela correspondente IFI em todos os países nos quais a multinacional opera. Várias IFIs iniciaram uma exclusão cruzada: se uma empresa é excluída por um banco, outros bancos também excluem a mesma empresa. Em 2010, o Banco Mundial e quatro bancos regionais de desenvol-

---

[660] Wre-Lewis (2013). Ver Golden e Picci (2005) sobre um esforço para comparar a produtividade dos gastos em infraestrutura entre regiões italianas.
[661] Transparência Internacional — Reino Unido, 2015, *Defence Companies Anti-Corruption Index*, http://companies.defenceindex.org/docs/2015%20Defence%20Companies%20Anti-Corruption%20 Index.pdf (acesso em 13 de outubro de 2015), destaca a falta de transparência nas políticas anticorrupção em contratos de defesa. Desde o primeiro estudo, publicado em 2012 (e não mais disponível publicamente), ocorreu significativa melhoria, mas ainda existe considerável opacidade.
[662] Uganda adquiriu da Rússia 14 caças a jato Su-30 por US$750 milhões, mais que o dobro do valor estimado (Cockcroft, 2012:7). Na África do Sul, o custo estimado do Pacote de Aquisições de Defesa Estratégica subiu de 21,3 bilhões de rands em 1990 para 53 bilhões em 2003, entre acusações de corrupção, particularmente relacionadas a arranjos locais envolvendo contratos com empresas do país (Griffiths, 2008). Em Taiwan, um contrato de compra de fragatas para a Marinha foi deslocado de um fornecedor sul-coreano para um concorrente francês em 1991, com enorme aumento do valor total do contrato para US$2 bilhões. Logo surgiram acusações de corrupção. Para uma visão geral desse caso, ver "Taiwan's Frigate Corruption Investigation: Can They Collect?", *Defense Industry Daily*, 17 de abril de 2014, http://www.defenseindustrydaily.com/ful-steam-ahead-for--taiwan-frigate-corruption-investigation-01546/ (acesso em 10 de julho de 2015).

vimento (o African Development Bank Group, o Asian Development Bank, o European Bank for Reconstruction and Development e o Inter-American Development Bank) assinaram um "Acordo para Mútua Aplicação de Decisões de Exclusão entre os Bancos Multilaterais de Desenvolvimento";[663] o Nordic Investment Bank não é participante desse acordo, mas unilateralmente exclui empresas que outros bancos tenham excluído (Zimmerman e Fariello, 2012). O Banco Mundial publica uma lista de empresas que excluiu — inclusive as que foram excluídas mediante o acordo citado — no *website* do Banco Mundial.[664] Essa informação pode, em princípio, também ser usada por governos locais quando estiverem tomando decisões de compras que não sejam internacionalmente financiadas.

C. Reportagens investigativas

Se a mídia local é fraca e dependente ou do governo ou de ricos interesses privados, atores externos podem ajudar no apoio a quaisquer saídas independentes que restem, e podem-se engajar em atividades jornalísticas independentes das entidades locais.[665] Esses grupos podem fornecer histórias bem pesquisadas para brechas locais de saída — podendo ser um meio para o relato de denúncias, provendo anonimato aos que revelarem a corrupção quando essa for uma iniciativa de risco. Eles podem lutar pela reforma de leis contra calúnia e difamação que submetam jornalistas a multas e detenção se "insultam" a elite econômica e política, quando a lei aponta uma "violação da soberania nacional". Vigilantes da mídia internacional podem defender jornalistas contra essas leis, divulgar casos, e tentar chamar a atenção popular para os males causados por essa legislação restritiva.[666] Essas ações serão controversas. Os governos no poder dificilmente vão ser receptivos ao

---

[663] "Cross Debarment: Agreement for Mutual Enforcement of Debarment Decisions among Multilateral Development Banks", http://Inadbg4.adb.org/oai001p.nsf/ (acesso em 8 de junho de 2015).

[664] "World Bank Listing of Ineligible Firms & Individuals", The World Bank, http://web.worldbank.org/external/default/main?theSitePK=84266&contentMDK=64069844&menuPK=116730&pageP K=64148989&piPK=64148984 (acesso em 8 de junho de 2015).

[665] Esta seção baseia-se fortemente em Wrong (2013).

[666] Reporters without Borders (Repórteres sem Fronteiras), https://rsf.org/en (ou https://rsf.org/pt), publica um índicador da liberdade de imprensa e advoga por jornalistas em perigo ou injustamente punidos; Article 19, https://www.article19.org/index/php, defende a liberdade de imprensa e rastreia globalmente o status das leis de difamação (acesso a ambos em 13 de outubro de 2015).

jornalismo investigativo e a denúncias de qualquer fonte, a menos que essas revelem malfeitorias dos adversários políticos. Os atores internacionais podem ser acusados de se imiscuir na política doméstica, e os atores domésticos correspondentes podem ser rotulados como inimigos do estado e instrumentos de interesses externos. Frequentemente, estes são aprisionados ou mortos;[667] e as ONGs que operam na área, submetidas a exigências desrazoáveis ou a restrições de financiamento (The Observatory for the Protection of Human Rights Defenders, 2013). Essa intimidação confere alto valor à obtenção do relato correto dos fatos e ao fornecimento de documentação que as pessoas dos círculos internos possam utilizar no trabalho por reformas. De outro modo, os noticiários correm o risco de manipulação por facções internas, desejosas de se desacreditarem umas às outras. A realidade básica é que as estratégias anticorrupção sempre têm conotações políticas, mesmo se os alvos são funcionários subalternos. Porém, as apostas são especialmente altas se os alvos são líderes políticos, elites do setor privado ou empresas multinacionais.

Atores internacionais podem também conseguir ajudar a mídia local a tornar efetivo o uso das novas fontes eletrônicas de comunicação, e os membros do público a participar da coleta e disseminação de notícias. O deslocamento da mídia convencional para a "mídia social" conduz ao que Rusbridger chama de "mutualização das notícias".[668] Embora sua influência seja profundamente dependente de suas características locais, os forasteiros podem ajudar com treinamento e recursos de *hardware* e de *software* os redutos de saída da mídia que desejem tirar partido dessas tendências.

---

[667] A colaboradora da Transparência Internacional Robinah Kiyingi foi assassinada em Uganda em 2005, quando preparava um relatório sobre o mau uso da assistência de saúde; seu marido foi acusado do crime e finalmente absolvido (Siraje Lubwama, "Kiyingi Claims Plot to Kill Him", *The Observer*, 1º de maio de 2015, http://www.observer.ug/news-headlines/37617-kiyingi-claims-plot--to-kill-him). Onze dos Integrity Awards (Prêmios de Integridade) concedidos pela Transparência Internacional desde 2000 foram destinados a pessoas que foram mortas quando revelavam ou combatiam a corrupção; cinco desses 11 eram jornalistas. Transparência Internacional, "Integrity Awards", http://www.transparency.org/getinvolved/integrityawards. Para numerosos exemplos adicionais de eliminação de indivíduos e de ONGs, ver International Center for Not-for-Profit Law e World Movement for Democracy Secretariat al the National Endowment for Democracy (2012) (acesso a ambos os *websites* em 13 de outubro de 2015).

[668] Alan Rusbridger, "The Splintering of the Fourth Estate", *The Guardian*, 19 de novembro de 2010. Disponível em http://www.guardian.co.uk/commentisfree/2010/nov/19/open-collaborative-future--journalism (acesso em 13 de outubro de 2015).

D. Conexão entre estratégias de fornecimento de informações

Na prática, as três formas de fornecimento de informações são inter-relacionadas. Jornalistas divulgam resultados de pesquisas e ajudam a dar destaque aos dados. Eles fazem uso de índices comparativos entre países e de relatórios de avaliação para sugerir o que examinar a seguir. Inversamente, escândalos revelados por jornalistas e por grupos de pressão podem induzir pesquisas mais sistemáticas na área de ciências sociais. Ativistas e a mídia podem ficar impacientes com os cuidados com que os pesquisadores acadêmicos trabalham para poder expressar conclusões sólidas; porém, durante as duas últimas décadas, os cientistas sociais têm dado mais crédito aos alarmas levantados pelas reportagens investigativas. Ademais, a "grande" corrupção na cúpula do estado não se submete a análises estatísticas; todavia, pode ser extremamente prejudicial a um país que luta para escapar à pobreza ou às destruições da guerra. A grande corrupção pode ser revelada por reportagens investigativas — preparadas por jornalistas ou ONGs — ou por processos legais que revelem a atuação de atores corruptos.

II. Projetos e programas anticorrupção

A corrupção pode ter um impacto devastador na eficácia de projetos de desenvolvimento, e foi essa possibilidade que despertou nas IFIs o interesse em programas anticorrupção — tanto para elevar o valor dos projetos quanto para melhorar o funcionamento do governo em geral. Para destacar o problema, suponhamos, por hipótese, que 20% dos fundos de ajuda sejam perdidos para a corrupção. Os 20% não representam diretamente cifras de suborno, mas custos inflados de contratação, perda de equipamentos e outros motivos resultantes da tolerância ao suborno.[669] Nesse cenário, um projeto de US$100 milhões teria custado apenas US$80 milhões, se fosse conduzido honestamente. Suponhamos ainda que o investimento deva proporcionar um retorno de 10% adicionais em um dado prazo futuro para ter as contas aprovadas. Assim, um projeto honesto precisaria gerar lucros de US$88 milhões nesse prazo, enquanto um projeto corrupto requer US$110 milhões: uma diferença de US$22 milhões. Um projeto que deveria ter custado US$80 milhões deve

---

[669] Em alguns países, 20% podem ser uma estimativa conservadora — no Nepal dos anos 1970, por exemplo, um projeto financiado pela União Soviética foi suspenso quando foi descoberto um vazamento de 40% (Cariño, 1986:183).

retornar US$110 milhões para ser considerado válido — uma taxa de retorno de 37,5% sobre os recursos produtivamente utilizados. Mesmo em países desenvolvidos não muitos projetos apresentam uma taxa de retorno tão alta. Em outras palavras, a corrupção pode reduzir dramaticamente o número de projetos que parecem valer a pena empreender. Pior ainda: se oportunidades para a corrupção variam entre diferentes projetos, os funcionários corruptos de um país tendem a favorecer aqueles que proporcionem maiores oportunidades de ganhos privados — causando distorções adicionais na classificação de prioridade dos projetos. Uma agência internacional de ajuda não apenas daria suporte a poucos projetos, mas a projetos errados.

Dados esses problemas potenciais, doadores bilaterais integrantes das instituições financeiras internacionais (IFIs) e fundações privadas têm intervindo para dar suporte a reformas do governo e limitar o desperdício e a corrupção. Essas instituições fazem isso diretamente, dando apoio a programas específicos, e indiretamente, por meio do empréstimo "baseado em políticas", que prove suporte orçamentário condicionado a salvaguardas do governo local ou a políticas de "boa governança".[670] Organizações sem fins lucrativos e a mídia desempenham um papel auxiliar, ao manter o combate à corrupção na agenda das IFIs e ao ajudar na concepção e na monitoração dos programas.

Algumas estratégias anticorrupção são consistentes com princípios gerais de desenvolvimento. Esses incluem processos concorrenciais justos para as compras governamentais, auditoria financeira avançada, processos decisórios transparentes ao público, procedimentos burocráticos encadeados e simplificados, reforma do serviço público, acesso facilitado à informação e processos apelatórios rápidos e de fácil uso. Como argumentamos em capítulos anteriores, essas reformas tanto podem limitar os incentivos à corrupção quanto reduzir outras formas de gasto e de ineficiência. Se adotadas pelas IFIs, essas reformas podem parecer menos ameaçadoras aos líderes nacionais, tornando mais difícil que esses se oponham a elas se os benefícios são a melhoria da prestação dos serviços e a implantação mais efetiva das leis tributárias e regulatórias. Obviamente, procedimentos que aumentam a transparência e convidam à participação pública podem levar a atrasos e a controvérsias —

---

[670] Quando uma ampla fraude orçamentária foi descoberta em 2013 no Malaui, vários doadores internacionais — que financiavam até 40% do orçamento nacional — suspenderam os pagamentos, com as investigações em andamento. Lameck Masina, "Malawi: Donors Withhold Aid over Cashgate Scandal", *Voice of America*, 7 de novembro de 2013, http://www.voanews.com/content/malawi-donors-withhold-aid-over-cashgate-scandal/1786120.html (acesso em 10 de outubro de 2015).

portanto, é preciso buscar o equilíbrio entre velocidade e melhor prestação de contas pelo governo. Porém, rapidez na ação não é uma virtude se ela significa que funcionários públicos podem facilmente atender a seus próprios objetivos, despreocupados com a opinião do público ou dos especialistas. Instituições internacionais provavelmente causam impacto mais limitado quando tentam promover a legitimidade do governo como um todo. Uma elite corrupta pode simplesmente impugnar as IFIs como agentes de intromissão externa que procuram minar a soberania do estado. No entanto, existem alguns pontos de entrada que podem ser explorados.

Já comentamos acerca da utilidade das estratégias de geração de informações. Indo um pouco além da simples provisão de informações, IFIs poderiam condicionar seus empréstimos e garantias à adoção pelo país destinatário de políticas anticorrupção, mostrando como funcionam em outros lugares em contextos semelhantes. As reformas devem ser verdadeiras, e não simples disfarces armados para um espetáculo internacional,[671] e as IFIs devem insistir na condicionalidade.[672] Vale acrescentar que essa condicionalidade não será digna de crédito, a menos que os doadores controlem a corrupção em seus próprios projetos e enviem sinais para fornecedores e contratados que a corrupção não será tolerada (Dubois e Nowlan, 2013).

Um primeiro ponto de entrada é o processo de compra para os projetos financiados pela IFI. Por exemplo, o Banco Mundial em 1996 reviu suas diretrizes com a finalidade de expressar claramente que corrupção e fraude seriam motivo para o cancelamento de um contrato, se o tomador do empréstimo não houver tomado a ação apropriada. A revisão de 2014 inclui explicitamente o seguinte na categoria de "desvio de compra": conflito de interesses, conluio, coerção e obstrução, assim como fraude e corrupção.[673] Conforme observado no capítulo 4, revisões maiores aprovadas em meados de 2015 destacam a necessidade de integridade e proveem envolvimento direto mais forte da equipe do Banco Mundial e supervisão por ONGs. Ao mesmo tempo, como

---

[671] Recanatini (2011b) destaca esse problema em sua análise de agências anticorrupção.

[672] Kilby (2009) identifica que condições macroeconômicas impostas aos recebedores de programas do Banco Mundial são menos rigorosamente cobradas de "amigos" dos Estados Unidos, o maior doador.

[673] Ver World Bank (2011) (revised 2014), "Guidelines: Procurement of Goods, Works, and Non-Consulting Services under IBRD Loans and IDA Credits & Grants by World Bank Borrowers", 3-7, http://siteresources.worldbank.org/INTPROCUREMENT/Resources/Procurement_GLs_English_Final_Jan2011_revised_July1-2014.pdf (acesso em 13 de outubro de 2015).

também defendemos no capítulo 4, a orientação reconhece que a proposta de preço mais baixo não necessariamente seja a escolhida, desde que o uso de outros critérios possa ser protegido de influência imprópria e de corrupção.[674] O banco cancelará um contrato se práticas corruptas ou fraudulentas forem reveladas no curso das operações. As empresas que sejam identificadas como envolvidas nessas práticas serão declaradas inelegíveis para futuros contratos (excluídas) "ou em definitivo ou por um determinado período de tempo". Essas regras permitem que o banco audite os contratados e que requeira dos contratados que registrem todos os pagamentos aos agentes, antes e depois do processo concorrencial, porque esses pagamentos são frequentemente a rota usada por propinas. A maior parte dos casos até agora tem revelado fraudes, não corrupção, mas existe a possibilidade de investigar acusações e de afastar ou de alguma forma disciplinar os que violam as regras. Contudo, a investigação dessas malfeitorias será dificultada se os agentes de aplicação da lei nos países destinatários não cooperarem.[675] As convenções internacionais contra o suborno discutidas na seção III e as leis nos países de origem das empresas multinacionais podem ajudar no suporte a esses esforços da IFI.

Adicionalmente, as agências de ajuda tipicamente impõem exigências de auditoria como condição para ajuda. Em projetos com frágeis controles de financiamento, a ultrapassagem dos custos previstos pode esconder pagamentos indevidos e levar o país tomador do empréstimo a pedir e obter mais fundos.[676] Exigências que aperfeiçoam os trabalhos de auditoria para reduzir a corrupção parecem ser as da União Europeia em seus programas de ajuda para a África e o trabalho de Olken (2007, 2009) na Indonésia. A União Europeia faz uso de seus próprios auditores, e observadores na África acreditam que os projetos de que a União Europeia participa como financiadora são menos corruptos que outros.[677]

---

[674] Ver "New World Bank Procurement Framework Approved", 21 de julho de 2015, com *link* para o documento http://www.worldbank.org/en/news/press-release/2015/07/21/world-bank-procurement-framework (acesso em 22 de julho de 2015). A integridade está incluída em III.D, parágrafos 48-53.
[675] A iniciativa Stolen Asset Recovery (StAR) (Recuperação de Ativos Roubados), esforço conjunto do Banco Mundial e do Escritório das Nações Unidas sobre Drogas e Crime (UNODC), é descrita em http://star.worldbank.org/star. O *website* fornece *links* para material e dados informativos.
[676] Numerosos exemplos podem ser extraídos das experiências de reconstrução no Iraque e no Afeganistão. Consultar os *websites* do Special Inspectors General for Iraq and Afghanistan: www.SIGIR.mil; www.SIGAR.mil (acesso a ambos em 13 de outubro de 2015).
[677] Tina Søreide reporta essa observação com base em entrevistas com auditores experientes em Dar el Salaam.

Outra opção é trabalhar com grupos da sociedade civil para promover projetos anticorrupção — usualmente por meio de monitoração das atividades, coleta de informação, ou projetos-piloto. Às vezes, IFIs e ONGs podem trabalhar em nível das bases, junto com os governos locais. Podem-se encontrar aliados locais aptos a dar apoio à reforma sem provocar uma reação desfavorável do governo central. O objetivo é financiar projetos de desenvolvimento que beneficiem a população sem deflagrar a busca de ganhos em proveito próprio.

Alternativamente, setores específicos podem ser o alvo dos esforços de reforma, sem que a IFI tente transformar todo o padrão das relações entre estado e sociedade. Em especial, tanto o FMI como o Banco Mundial têm trabalhado os sistemas tributário e aduaneiro. Alguns programas parecem ter sido bem-sucedidos, embora outros tenham falhado por causa da falta de apoio de alto nível (Dia, 1993; Das-Gupta e Mookherjee, 1998:302). O problema básico é a natureza de enclave de muitos esforços do passado. Arrecadadores de impostos e agentes aduaneiros recebem aumentos salariais e melhores condições de trabalho, e ganham bônus de incentivo. Isso funciona por um tempo, mas depois a moral começa a fraquejar em outras partes do governo, causando ressentimentos e provocando um retrocesso que pode deixar o governo em pior forma que anteriormente. Ou todos os demais recebem um aumento salarial, ou o enclave de virtude será torpedeado por burocratas ressentidos do restante do governo. Uma solução potencial para o problema é profissionalizar o departamento que recebe o aumento, de modo que esses empregados sejam mais bem qualificados que seus pares que ganham menos. Às vezes, o problema não é apenas reduzir a corrupção em instituições existentes, mas impedi-la de ressurgir em outras. Consideremos as potenciais patologias da privatização que discutimos antes. Pagamentos indevidos e negociatas internas podem manchar o leilão inicial, e a corrupção pode enfraquecer o desempenho da nova agência regulatória, formada para supervisionar as empresas privatizadas. A supervisão por entidades internacionais ou pela sociedade civil pode ajudar a garantir transparência.

Pactos de integridade,[678] exigências de auditoria, envolvimento das bases e reformas setoriais podem ajudar a limitar a corrupção, mas os atores internacionais não podem, legitimamente, forçar os governos domésticos a se tornarem de todo honestos e livres de corrupção. Esses atores precisam obter

---

[678] Pactos de integridade são compromissos formais por todos os potenciais concorrentes em um projeto, garantindo o não envolvimento com a corrupção. Ver capítulo 4.

a cooperação do governo, mas às vezes isso leva as agências de ajuda a certos compromissos duvidosos. A fim de induzir a cooperação governamental, eles podem acabar dando suporte a projetos que beneficiem a elite, ainda que outras prioridades atendessem melhor às pessoas comuns.[679] Nesses casos, pode ser preferível simplesmente recusar-se a fornecer ajuda, em vez de tornar-se cúmplice de uma grande corrupção. Ademais, a pressão por aprovar projetos pode enfraquecer os esforços de responsabilizar o governo pela prestação de contas. A Declaração de Paris sobre a Efetividade da Ajuda inclui um pilar intitulado "propriedade", que enfatiza o papel de liderança que os países recebedores devem desempenhar na identificação dos projetos e na supervisão da implantação. Esse princípio inclui estratégias para melhorar as instituições e combater a corrupção.[680] No entanto, isso pode também levar os doadores a cederem a demandas locais, mesmo quando suspeitam de corrupção e de manobras em proveito pessoal. O Banco Mundial tem recebido críticas por financiar governos corruptos[681] ou projetos ineficazes e, mesmo, danosos.[682] Como o governo tomador do empréstimo é responsável pela implantação do projeto, o Banco Mundial pode encontrar especial dificuldade em estabelecer controles para malfeitorias e desperdícios.

Se pagamentos indevidos e favoritismo estão profundamente arraigados nas práticas locais, os programas das IFIs que compreendem reformas burocráticas e programáticas podem ser fortemente pressionados para mostrar resultados. Os funcionários públicos locais devem acreditar e envolver-se nas reformas, senão elas fracassam. A supervisão é a única maneira de as IFIs avaliarem se as reformas são genuínas. Ficou demonstrado em projetos passados que esses são mais efetivos em custos quando foram monitorados mais de perto pelo financiador (Kilby, 2000). A monitoração pelo doador deve-se orientar por dados referenciais de base sobre entrega dos serviços (ou recibos de im-

---

[679] Ver exemplos fornecidos por Global Witness em http://www.globalwitness.org/ (acesso em 13 de outubro de 2015).

[680] Ver o sítio da OECD sobre Paris Declaration and the Accra Agenda for Action em http://www.oecd.org/dac/effectiveness/parisdeclarationandaccraagendaforaction.htm (acesso em 13 de outubro de 2015).

[681] Sobre o Casaquistão, ver Ron Stodghill, "Oil, Cash and Corruption", *New York Times*, 5 de novembro de 2006, http://www.nytimes.com/2006/11/05/business/yourmoney/05giffen.html (acesso em 13 de outubro de 2015).

[682] Sasha Chavkin, Ben Hallman, Michael Hudson, CécileSchills-Gallego e Shane Shifflet, "How the World Bank Broke Its Promise to Protect the Poor", *Huffington Post*, 16 de abril de 2015, http://projects.huffingtonpost.com/worlbank-evicted-abandoned (acesso em 13 de outubro de 2015).

postos ou de tarifas aduaneiras, qualidade ambiental etc), de forma que sua equipe possa ter uma referência para verificar se o programa anticorrupção teve algum impacto. Esses dados nem sempre precisam incluir medidas reais de níveis de pagamentos espúrios. Pesquisas por domicílio ou por negócios podem chegar a experiências individuais, especialmente quando a corrupção é endêmica, mas outras medidas objetivas podem também ser tomadas, como desníveis entre as metas do projeto e o desempenho real, níveis de impostos e tarifas coletados, ou a qualidade das rodovias. Os fracassos são tão importantes quanto os êxitos, e devem ser parte do processo de aprendizado contínuo.

No Banco Mundial, o Escritório de Controle tem explorado formas de melhorar a monitoração *a posteriori*, de modo que existem disponíveis mais dados reais sobre bens e serviços. Porém, não é suficiente concentrar-se apenas nos projetos do banco. O Departamento de Avaliação de Operações (Operations Evaluation Department — OED) é a agência de supervisão interna e externa. Um antigo projeto do OED descobriu ser menos provável que países com governos fracos e altos níveis de corrupção completassem com êxito os projetos do Banco Mundial (Kilby, 1995) e que o mesmo parece continuar acontecendo. Esse resultado sugere que, mesmo que o banco esteja apenas preocupado com o êxito de seus próprios projetos, deve ajudar os países tomadores a melhorar a qualidade do governo em geral.

Os doadores e os emprestadores externos devem reconhecer a dinâmica que torna difícil o controle da corrupção. Eles devem refletir e rever suas próprias instituições de controle, a fim de isolar áreas deficientes.[683] Se eles não realizam a supervisão por si mesmos, observadores externos podem fazê-lo para eles e de uma forma que pode enfraquecer a credibilidade dessas organizações. Deve ser reconhecido que o problema existe e que devem ser tomados os necessários passos para reduzir os danos causados pela corrupção e pela atuação em proveito próprio, nos projetos de ajuda e de empréstimo.

A simples existência de fundos de ajuda às vezes alimenta a corrupção em países pobres, porque há poucas outras fontes disponíveis (ver capítulos 10 e 13). Existe um risco, como indica Wren-Lewis (2013), de que a dependência de ajuda externa torne as reformas mais difíceis, e não mais fáceis. Funcionários

---

[683] O Banco Mundial, por exemplo, tem há tempos examinado o comportamento de seus próprios empregados. "World Bank in Internal Corruption Probe", *Financial Times*, 17 de julho de 1998. "World Bank Hires Auditors to Probe Its Own Spending; Possible Kickbacks, Embezzlement Cited", *Washington Post*, 16 de julho de 1998. O Escritório de Ética e Integridade nos Negócios agora supervisiona todas as questões de ética entre os empregados do Banco Mundial.

públicos podem se alistar para fazer avançar a agenda anticorrupção, com fundos de ajuda que suplementem seus salários, provejam diárias para viagens e comparecimento a conferências, e supram pagamentos de incentivo por efetivo bom desempenho. Esses programas correm o risco de revés, se forem encerrados em poucos anos. As instituições locais podem não desenvolver estratégias sustentáveis contra a corrupção, se forem totalmente dependentes de financiamento e assistência técnica externos.

Organizações de ajuda e empréstimo devem acautelar-se contra serem usadas como cobertura para distribuição de patronato. Nas Filipinas, sob o presidente Ferdinand Marcos, por exemplo, tecnocratas do governo trabalharam com o FMI e o Banco Mundial para manter a continuidade do fluxo de ajuda. Um economista filipino reclamou, contudo, de que os tecnocratas apresentavam ao público uma retórica que mantinham os empréstimos a caminho, mas que o regime "permitia então a *livre introdução de exceções* que faziam completa piada do espírito e da letra dos planos" (citado em Hutchcroft, 1998:114). Hutchcroft argumenta que Marcos via reforma e pilhagem como complementares (ibid.:141-2). Ele tentava estabelecer-se como um dos "bandidos estacionários" de Mancur Olson, que podiam fazer uso da reforma para extrair ganhos com maior eficiência. Como sugere outra evidência apresentada por Hutchcroft, Marcos era aparentemente malsucedido em alcançar uma reforma completa, pois a arbitrariedade e o cronismo permaneciam.

Infelizmente, alguns países podem simplesmente não valer o tempo, o financiamento e os problemas resultantes para prover ajuda, além do fornecimento de informações. Estados cleptocráticos não devem ser ajudados a se tornar mais eficientes em controlar e explorar o próprio povo. O Banco Mundial não deveria ajudar autocratas a arrecadar impostos com mais eficiência, assim como já tentou fazer no Zaire (Dia, 1993). Os Estados Unidos não deveriam prover treinamento militar a exércitos que usam a nova competência e a coerência organizacional para enriquecer seus mais altos escalões, como aconteceu no Haiti (Grafton e Rowlands, 1996:271-2). De modo similar, forças da elite policial, treinadas por empresas contratadas dos Estados Unidos, podem desertar para o crime organizado, como ocorreu no México,[684] ou

---

[684] Muitos dos membros originais dos Zetas faziam parte da força de elite contra o narcotráfico, treinada em parte pelos Estados Unidos. Ver, por exemplo, Noah Rayman, "Mexico's Feared Narcos: A Brief History of the Zetas Drug Cartel", *Time*, 16 de julho de 2013, http://world.time.com/2013/07/16/mexicos-feared-narcos-a-brief-history-of-the-zetas-drug-cartel/ (acesso em 13 de outubro de 2015).

para grupos de contrainsurgência que fazem uso de treinamento e de armas para governar os moradores locais que seriam supostos defender, como no Afeganistão.[685] Preocupações geopolíticas podem continuar a empurrar as IFIs a prosseguir em seu trabalho nesses países, mas existe a obrigação de que os dirigentes argumentem que os objetivos de desenvolvimento são mal atendidos pela continuidade do financiamento de projetos inteiramente contaminados pela corrupção. No pior caso, a ajuda alimenta a corrupção ao deflagrar uma ilícita competição por fundos.[686] Os recursos devem ser redirecionados a países e a projetos que possam credivelmente reduzir a pobreza e promover o crescimento, e a projetos que se destinem explicitamente a superar desafios de governança, onde existam pontos de alavancagem. As necessidades dos pobres e desfavorecidos em países autocráticos podem ser mais bem atendidas por ONGs que executem diretamente o fornecimento de bens e serviços, e não pelos respectivos governos.

Maior sucesso na melhoria do ambiente institucional para o desenvolvimento seria mais provável se tanto as organizações internacionais quanto os governos tomadores de empréstimo assumissem uma abordagem mais direta quanto ao controle da corrupção e de outras formas de malfeitorias. O Programa das Nações Unidas para o Desenvolvimento (PNUD) e o Banco Mundial tentam manobrar entre os interesses econômicos dos estados pobres e o dos ricos, e gerenciar as tensões entre objetivos caritativos e as políticas de ajuda e empréstimo. O tema é complexo, mas um ponto de partida é reconhecer o problema. O objetivo não seria isolar os projetos de ajuda do clima de corrupção existente em um país ou dos pagamentos espúrios que se tornaram rotina em algumas áreas dos negócios internacionais. Em vez disso, as organizações internacionais precisam trabalhar junto a países interessados em desenvolver um programa integral. Inversamente, elas devem estar dispostas a cortar a ajuda a países que se mostrem incapazes de a utilizar de forma efetiva.

---

[685] Joseph Goldstein, "Afghan Militia Leaders, Empowered by U.S. to Fight Taliban, Inspire Fear in Villages", *New York Times*, 17 de março de 2015, http://nytimes.com/2015/03/18/world/asia/afghan-militia-leaders-empowered-by-us-to-fight-taliban-inspire-fear-in-villages.html (acesso em 13 de outubro de 2015).

[686] Na discussão no *workshop* que gerou o livro citado na nota 1, Nathaniel Heller e Liam Wre-Lewis destacaram esse ponto, baseados nas experiências vividas por eles.

III. Instituições internacionais: convenções, direito flexível, arbitragem e tribunais

Os esforços internacionais têm se multiplicado nos anos recentes, com base na experiência do Foreign Corrupt Pactices Act (FCPA) dos Estados Unidos, mas também assumindo uma gama de questões mais amplas acerca e além da grande corrupção por empresas multinacionais — que é o foco do FCPA. Esses tópicos se pautam pelo desempenho crescente da economia internacional e pela legitimidade política dos governos. Eles podem, é claro, também beneficiar as economias dos países em desenvolvimento, mas essa não é sua finalidade explícita. Em casos extremos, os esforços internacionais contra a corrupção podem prejudicar os países destinatários por fazer parecer demasiadamente arriscados os investimentos; porém, a finalidade é, obviamente, influenciar o comportamento das elites politicamente poderosas, para que não sequestrem negócios que poderiam aportar benefícios sociais. Os benefícios provenientes do investimento estrangeiro refletir-se-ão escassamente no volume absoluto de fundos, se grande parte destes é drenada sob a forma de propinas remetidas para paraísos fiscais.

Revemos a seguir as mais importantes convenções internacionais e os arranjos do chamado "direito flexível" (*soft-law*) internacional — informais e não coagentes — que frequentemente têm impacto considerável no comportamento do estado e dos atores não estatais.[687] Depois, discutimos os sistemas de resolução de disputas, nos quais as acusações de corrupção podem assumir um papel, incluindo os sistemas internacionais de arbitragem e propostas para um tribunal especializado; segue-se uma avaliação do debate sobre se os interesses nacionais dos Estados Unidos têm sido prejudicados por esses esforços. Concluímos esta seção com um sumário dos mecanismos para detectar a corrupção em organizações internacionais.

---

[687] O "direito flexível" internacional é um termo geral usado para uma larga variedade de arranjos informais e horizontais negociados entre pares de múltiplas jurisdições para "trocar informações, coordenar aplicação das leis e harmonizar as regras regulatórias aplicadas domesticamente" (Galbraith e Zaring, 2013-4:745). Galbraith e Zaring reveem a literatura recente sobre o assunto (ibid.:744-55), argumentando que, como os acordos não são legalmente impositivos, eles podem às vezes ser mais substantivamente precisos que um tratado formal (ibid.:748).

A. Convenções

As mais notáveis iniciativas multinacionais têm sido encabeçadas pela Organização para Cooperação e Desenvolvimento Econômico (OCDE), as Nações Unidas, a Organização dos Estados Americanos (OEA) e o Conselho da Europa; muitas entidades regionais também têm promulgado acordos anticorrupção. A mais importante é a iniciativa da OCDE para cortar o suborno proveniente do estrangeiro. A Convenção da OCDE Contra o Suborno Transnacional entrou em vigor em fevereiro de 1999 e foi ratificada por todos os 34 países da OCDE e sete países não membros.[688] Ela estende os princípios expressos no FCPA para a comunidade internacional de negócios.[689]

O FCPA foi aprovado em 1977, na esteira dos escândalos de Watergate, que revelou ser disseminado o suborno por empresas dos Estados Unidos operando no exterior, especialmente a Lockheed (Vogl, 2012:165-8).[690] O Congresso emendou o FCPA em 1988, para dispensar os "pagamentos facilitadores", e de novo em 1998, para compatibilizá-lo com a Convenção da OCDE contra

---

[688] Convention on Combating Bribery of Foreign Public Officials in International Business Transactions, 17 de dezembro de 1997, S. Traty Doc. No. 105-43, 37 I.L.M. 4, disponível em http://www.oecd.org/corruption/oecdantibriberyconvention.htm (acesso em 13 de outubro de 2015) (também denominada OECD Anti-Bribery Convention — ou Convenção da OCDE contra o Suborno).

[689] Foreign Corrupt Practices Act of 1977, Pub. L No. 95-213, 91 Stat. 1494 (codificado conforme emendas em seções diversas de 15 U.S.C.), emendada por Foreign Corrupt Practices Act Amendments of 1988, Pub. L. No. 100-418, tit. V, subtit. A, pt. 1, 102 Stat. 1415, e International Anti-Bribery and Fair Competition Act of 1998, Pub. L, No. 105-366, 112 Stat. 3302. É requerido da maioria dos países que não apenas ratifiquem o tratado, mas que também emitam legislação compatível, criminalizando suborno transnacional. Mesmo os Estados Unidos emitiram algumas modestas emendas ao seu próprio estatuto. O "International Anti-Bribery and Fair Competition Act of 1998" foi promulgado em 10 de novembro de 1998. Um tribunal federal de apelação dos EUA confirmou a responsabilidade criminal, de acordo com as leis antitruste dos EUA. [*United States v. Nippon Paper Industries Co., Ltd.*, 109 F. 3d l(1997), *cert. denied*]. O tribunal assim decidiu apesar de o Sherman Act não fazer menção explícita a responsabilidade criminal por atos cometidos no estrangeiro. Ao chegar a essa decisão, os juízes fizeram notar que os atos das empresas eram ilegais tanto sob a lei japonesa quanto sob a americana (ibid.:8). De passagem, o parecer observa que a extraterritorialidade não é problemática sob a lei americana, se explicitamente inclusa no texto do estatuto (ibid.:6); isso é verdadeiro para o FCPA.

[690] Linda Chatman Thomsen, Diretora, SEC Division of Enforcement, comentários perante o Minority Corporate Counsel 2008 CLE Expo (27 de março de 2008) (transcrição disponível em http://www.sec.gov/news/speech/2008/spch032708lct.htm).

o Suborno (Thomas, 2010:446-8).[691] O estatuto considera infração que as empresas dos Estados Unidos paguem suborno para conseguir negócios no exterior, sendo tanto a corporação quanto seus funcionários sujeitos a responsabilidade criminal.[692] Outras disposições, aplicadas pela Securities and Exchange Commission (SEC) e relacionadas com livros e registros, aplicam-se apenas às empresas listadas nas bolsas de valores dos Estados Unidos, mas incluem todas as empresas listadas — domésticas e estrangeiras.[693]

Com o passar do tempo, a imposição do FCPA gerou o apoio da comunidade de negócios dos Estados Unidos à ideia de um tratado internacional que generalizasse a abordagem americana em países que são as maiores fontes de investimento no estrangeiro. A Transparência Internacional[694] foi um dos primeiros apoiadores de um tratado internacional e pressionou pelo que finalmente veio a ser a Convenção da OCDE contra o Suborno. Mark Pieth, advogado suíço, conduziu a elaboração de um anteprojeto (OECD, 2008), mas o suporte do governo estadunidense e da comunidade de negócios foi crucial (Metcalfe, 2000).

A Convenção da OCDE mantém paralelismo com o FCPA, mas permite que os estados a ajustem, para compatibilização com seus sistemas legais.[695] Por exemplo, a responsabilidade criminal de uma corporação não se aplica a todos os países; portanto, devem ser identificadas penalidades substitutas.[696] O tratado não dispõe de mecanismos oficiais de ratificação; em contrapartida,

---

[691] A autoridade de aplicação da lei encontra-se tanto no Departamento de Justiça (DOJ) quanto na SEC. A SEC dá andamento a ações civis por violação das disposições anti-suborno e contábeis, enquanto o DOJ é primariamente responsável por processos criminais do FCPA, e também responsável por processos civis das disposições contra o suborno em domínio doméstico. Ver *A Resource Guide to the U.S. Foreign Corrupt Practices Act* 4-5 (novembro de 2012), disponível em http://www.justice.gov/criminal-fraud/fcpa-guidance (acesso em 13 de outubro de 2015).

[692] Foreign Corrupt Practices Act of 1977, 15 U.S.C. §§ 78dd-1 a -3 (2006).

[693] 15 U.S.C. § 78m(b)(2)(A)-(B).

[694] Transparência Internacional, "Our History", http://www.transparency.org/whoweare/history (acesso em 22 de março de 2013).

[695] Ver, por exemplo, OECD Anti-Bribery Convention, 2, p. 4, 37 I.L.M., 4-5 ("Cada parte deverá tomar as medidas que sejam necessárias, de acordo com seus princípios legais, para estabelecer a responsabilidade das pessoas jurídicas pelo suborno de um funcionário público estrangeiro.").

[696] Organisation for Economic Co-operation and Development, "OECD Demands the Slovak Republic Establish Corporate Liability for Foreign Bribery", 18 de janeiro de 2010, http://www.oecd.org/daf/anti-bribery/anti-briberyconvention/oecddemandstheslovakrepublicestablishcorporateliabilityforforeignbribery.htm (acesso em 13 de outubro de 2015).

um Grupo de Trabalho sobre Suborno (Working Group on Bribery — WGB) em Negócios Internacionais, da OCDE, se encontra periodicamente para realizar avaliações em nível dos países, e a Transparência Internacional publica suas próprias resenhas.[697]

A fragilidade desse mecanismo de supervisão foi demonstrada em 2006, quando o Serious Fraud Office Britânico dispensou de investigação um caso de corrupção em compras militares entre a empresa BAE Systems, do Reino Unido, e o governo da Arábia Saudita, sob o argumento de que o tratado continha e implicava isenção por motivo de segurança nacional.[698] No entanto, severas críticas feitas ao Reino Unido levaram à aprovação, em 2010, do UK Anti-Bribery Act, que fortaleceu as leis referentes a suborno, tanto no plano doméstico quanto no internacional.[699]

Pesquisas periódicas pela Transparência Internacional mostram que a aplicação dos termos da Convenção da OCDE contra o Suborno é altamente variável, com os Estados Unidos aparecendo como claramente acima da média quanto ao número de casos observados nos anos recentes (Bixby, 2010:90-1; Koehler, 2010; Westbrook, 2011:495-6). Entre os signatários da convenção, 128 dos 207 casos foram concluídos nos Estados Unidos, seguidos pela Alemanha, com 26 casos (OECD, 2014:31, figura 19). Contudo, a lei americana abrange todas as empresas listadas em bolsa nos EUA ou que fazem negócios nos EUA; em consequência, muitas empresas incorporadas fora dos EUA foram visadas pelas leis americanas. Apesar da intensa atuação do governo dos EUA na aplicação da lei, poucos casos têm ido a julgamento, pois os réus preferem um acordo, frequentemente para preservar as possibilidades de

---

[697] Para relatórios da OCDE, ver OECD, *Country Reports on the Implementation of the OECD Anti-Bribery Convention*, http://www.oecd.org/document/24/0,3746,en_2649_34859_1933144_1_1_1_1,00.html (acesso em 22 de março de 2013). Para os relatórios da Transparência Internacional, ver, por exemplo, Transparency International, *Exporting Corruption: Progress Report 2014: Assessing Enforcement of the OECD Convention on Combating Foreign Bribery*, http://files.transparency.org/content/download/1573/11296/file/2014_ExportingCorruption_OECDProgressReport_EN.pdf (acesso em 23 de julho de 2015). Para atividades correntes da OCDE na pauta anticorrupção, consultar http://www.oecd.org/corruption (acesso em 13 de outubro de 2015).

[698] Rose-Ackerman e Billa (2008) argumentam que essa exceção não era defensável. Esse argumento foi usado por duas ONGs britânicas que desafiaram as decisões, vencendo nos tribunais inferiores, apenas para perder na Câmara dos Lordes.

[699] Ver capítulo 6.

concorrer em licitações do governo americano.[700] Os acordos são anunciados com muita fanfarra, mas a malfeitoria de fato admitida por uma empresa e seus funcionários pode parecer relativamente trivial.[701] Muitas infrações envolveriam apenas violações civis dos livros e registros. O efeito dissuasório básico da lei parece ser o estigma de ser citado sob o estatuto.

Evidências empíricas sugerem que o FCPA tem tido pouco efeito sobre as empresas dos EUA: seu investimento em países corruptos não tem caído (proporcionalmente) mais que o de outros países (Wei, 2000; Cuervo-Cazurra, 2008). Todavia, a Convenção da OCDE contra o Suborno reduziu o investimento estrangeiro direto em países corruptos por todos os signatários, incluindo os Estados Unidos (Cuervo-Cazurra, 2008). Batzilis (2015) observa que empresas dos países que ratificaram a Convenção da OCDE realmente subornam menos no exterior, mas seus resultados sugerem que isso é assim porque essas empresas são, de forma geral, menos inclinadas à corrupção que as de outros países que não participam da convenção. Isso pode significar ou que a convenção tem pouco efeito marginal, ou, mais positivamente, que ela mudou o comportamento geral das corporações, a tal ponto que mesmo propinas não cobertas pelo tratado foram reduzidas como parte dos esforços pela integridade das corporações.

Em 2000, pouco depois que entrou em vigor a Convenção da OCDE contra a Corrupção, a Assembleia Geral das Nações Unidas negociou sua própria convenção anticorrupção. Em 2003, a Assembleia Geral adotou a Convenção da ONU contra a Corrupção (United Nations Convention against Corruption — UNCAC).[702] De novo, os Estados Unidos foram um apoiador-chave e figuraram entre os primeiros a assiná-la e ratificá-la.[703] A Convenção da

---

[700] Brzezinsky e Brackett (2011):16n8. De acordo com a OECD (2014:19), 69% dos casos foram encerrados por comum acordo e 31% em condenação. Não foram fornecidos dados sobre casos de absolvição.

[701] A empresa BAE Systems do Reino Unido concordou em pagar uma multa de US$400 milhões para encerrar por acordo um processo de "conspirar... por fazer falsas declarações". *Press Release*, U.S. Department of Justice, "BAE Systems PLC Pleads Guilty and Ordered to Pay $400 Million Criminal Fine" (1º de março de 2010), http://www.justice.gov/opa/pr/2010/March/10-crm-209.html (acesso em 13 de outubro de 2015).

[702] UN Convention against Corruption, https://www.unodc.org/unodc/en/treaties/CAC/ (acesso em 20 de julho de 2015).

[703] Ver, por exemplo, Murphy (2004:184) (citando UN GAOR, 58th Sess., 50th plen. Mtg. At 19, UN Doc.A/58/PV.50 (31 de outubro de 2003).

ONU entrou em vigor em 2005,[704] e são atualmente em número de 178 os participantes da UNCAC.[705]

A Convenção da ONU é mais abrangente que a Convenção da OCDE, estendendo-se para além do suborno de funcionários públicos estrangeiros para outras facetas da corrupção, incluindo tráfico de influência, lavagem de dinheiro e corrupção no setor privado,[706] e também cobre países que não são parte de nenhum outro instrumento anticorrupção (Low, Sprange e Barutciski, 2010:171-2). Contudo, de forma semelhante à OCDE, a ONU possui instrumentos fracos para a imposição de sanções, centrando foco, em contrapartida, no encorajamento da troca de informações entre os estados.

Há vários acordos regionais que complementam a Convenção da ONU.[707] A OCDE possui iniciativas regionais, estabelecidas entre 1998 e 2008, no Pacífico Asiático, na Europa Oriental e Ásia Central, na África, na América Latina, no Oriente Médio e Norte da África, e na Europa Central e Mediterrâneo. Várias dessas regiões envolvem a cooperação de um banco de desenvolvimento regional.[708]

Sob os auspícios da Organização dos Estados Americanos, a Convenção Interamericana contra a Corrupção foi assinada em 1996 e foi ratificada ou contou com a concordância de 33 países.[709] A convenção tem por objetivo intensa cooperação entre fronteiras e requer que os países proíbam e punam o suborno transnacional. Contudo, carece de disposições impositivas e não será

---

[704] *Press Release*, UN Office on Drugs & Crime, "Convention Against Corruption Ratified by 30th State, Will Enter into Force 14 December 2005", UN Press Release L/T/4389 15 de setembro de 2005), disponível em http://www.un.org/News/Press/docs/2005/lt4389.doc.htm (acesso em 13 de outubro de 2015).

[705] UN Office on Drugs & Crime, *UNCAC Signature and Ratification Status as of 1 December 2015*, http://www.unodc.org/unodc/en/treaties/CAC/signatories.html (acesso em 18 de dezembro de 2015).

[706] Akin Gump Strauss Hauer & Feld, LLP, *International Trade Alert: The United Nations Convention against Corruption*, 5-6 (14 de janeiro de 2004), http://www.akingump.com/files/Publication/eb85b0df-4b9d-49f2-bb83-0a19fa0e31a5/Presentation/PublicationAttachment/0ddf3ac5-050e-4e16-b3df-0bf9e32f5ad3/628.pdf (acesso em 13 de outubro de 2015).

[707] Para informações mais detalhadas sobre convenções regionais, ver Transparency International, "Our Works on Conventions", http://www.transparency.org/whatwedo/activity/our_work_on_conventions (acesso em 13 de outubro de 2015).

[708] Ver OECD, "Regional Anti-corruption Programmes", http://www.oecd.org/corruption/regionalanti-corruptionprogrammes.htm (acesso em 5 de julho de 2015).

[709] Organization of American States, Department of International Law, "Signatories and Ratifications", https://www.oas.org/juridico/english/Sigs/b-58.html (acesso em 24 de junho de 2015).

um instrumento forte a menos que essas sejam desenvolvidas. Por exemplo, o Artigo VIII, parágrafo 4, especifica que os delitos definidos na convenção devem ser considerados base suficiente para extradição a outros estados signatários, mesmo na ausência de tratados bilaterais de extradição,[710] mas o Chile recusou a extradição de uma hondurenha procurada por corrupção e por lavagem de dinheiro em seu país de origem.[711]

O Conselho da Europa, organização que compreende a maioria dos países da Europa (incluindo membros do antigo bloco comunista), tem duas convenções anticorrupção, que lidam respectivamente com direito criminal e direito civil (Council of Europe, 1999a, 1999b).[712] A convenção criminal foi ratificada por 44 membros do Conselho da Europa e um não membro (Bielorrússia).[713] A Convenção de Direito Criminal requer que os países estabeleçam leis que permitam que "pessoas jurídicas" (corporações) possam ser criminalmente responsabilizadas por certos delitos de corrupção [Council of Europe 1999a, artigo 18(1)]. A falta de supervisão por funcionários de escalão mais elevado pode ser motivo para tornar responsável uma corporação [Council of Europe 1999a, artigo 18(2)].[714] A Convenção de Direito Civil, "a primeira tentativa de

---

[710] Organization of American States, Department of International Law, "Inter-American Convention Against Corruption", http://www.oas.org/juridico/english/treaties/b-58.html (acesso em 24 de junho de 2015). Somente os Estados Unidos e St. Kitts e Nevis assumiram formalmente a dispensa da cláusula de extradição para países com os quais não mantêm tratados bilaterais. Organization of American States, Department of International Law, "Signatories and Ratifications", https://www.oas.org/juridico/english/Sigs/b-58.html (acesso em 24 de junho de 2015).

[711] Nina Lakhani, "How Hit Men and High Living Lifted Lid on Looting of Honduran Healthcare System", *The Guardian*, 10 de junho de 2015, http://www.theguardian.com/world/2015/jun/10/hit-men-high-living-honduran-corruption-scandal-president?CMP=share_btn_tw (acesso em 13 de outubro de 2015).

[712] Países não membros que participaram dos projetos (Estados Unidos, Santa Sé, México, Japão, Canadá e Bielorrússia) podem também aderir aos termos das convenções.

[713] Council of Europe Treaty Office, "Criminal Law Convention on Corruption, CETS No.: 173", http://conventions.coe.int/Treaty/Commun/ChercheSig.asp?NT=173&CM=&DF=&CL=ENG (acesso em 24 de junho de 2015). Foi assinado, mas não ratificado, por Alemanha, Lichtenstein, San Marino, México e Estados Unidos.

[714] Embora a França seja participante dessa convenção e de outras, um tribunal regional criminal de Paris absolveu a Total S.A. e 18 empregados de acusações de corrupção relativas ao escândalo do Iraque de troca de petróleo por comida, sob o argumento de que os pagamentos foram feitos a um governo soberano, não a funcionários corruptos. Gibson, Dunn & Crutcher LLP, 2014, "2013 Year-End FCPA Update", p. 27, disponível em http://www.gibsondunn.com/publications/Documents/2013-Year-End-FCPA-Update.pdf (acesso em 13 de outubro de 2015).

definir regras internacionais comuns no campo de direito civil e corrupção",[715] entrou em vigor em 2003.[716] Ela apresenta um desafio à comunidade internacional de negócios, ao incluir disposições para processos de danos pelos prejudicados pela corrupção, e ao insistir que os países signatários promulguem leis anulando contratos "que gerem corrupção". Denunciantes devem ser protegidos e contas corporativas devem ser auditadas para apresentar "uma verdadeira e correta visão da posição financeira da companhia" (Council of Europe, 1999b, artigos 3º, 8º, 9º e 10). As convenções são monitoradas pelo Grupo de Estados contra Corrupção (GRECO), com base em "avaliação mútua e pressão dos pares".[717] As equipes GRECO emitem relatórios periódicos avaliando o estado de direito e a prática em países signatários, e esses são publicados no *website* do GRECO.[718] Porém, o GRECO não tem poder jurídico ou real poder de coerção; apenas pode avaliar e fazer recomendações. Disputas entre países signatários sob qualquer convenção podem ser julgadas por outro comitê do Conselho da Europa, por um tribunal arbitral, ou pela Corte Internacional de Justiça [Council of Europe 1999a, artigo 40 (2); Council of Europe 1999b, artigo 21 (2)].

A Convenção da União Africana sobre Prevenção e Combate à Corrupção e Delitos Correlatos criminaliza o suborno, o enriquecimento ilícito e a lavagem de dinheiro.[719] A Política Pós-Conflito de Reconstrução e Desenvolvimento também demanda legislação contra a corrupção como parte essencial do processo de paz e de construção do estado (African Union, 2006:21). A Liga

---

[715] Council of Europe, "Civil Law Convention on Corruption", http://conventions.coe.int/Treaty/en/Summaries/Html/174.htm (acesso em 24 de junho de 2015).

[716] A convenção foi ratificada por 34 estados membros mais Bielorrússia e subscrita, mas não ratificada, por sete outros. Council of Europe, Treaty Office, "Civil Law Convention on Corruption, CETS No.: 74", http://conventions.coe.int/Treaty/Commun/ChercheSig.asp?NT=174&CM=&DF=&CL=ENG (acesso em 13 de outubro de 2015).

[717] Council of Europe, Committee of Ministers, Resolution (99) 5, Establishing the Group of States Against Corruption (GRECO), 1º de maio de 1999.

[718] Dezoito meses após a publicação do relatório de avaliação, cada país submete evidências e é elaborado um relatório de aderência; se necessário, elabora-se um segundo relatório de aderência para um dado país outros 18 meses mais tarde. Um pequeno número de relatórios (tipicamente referindo-se aos países mais corruptos) são marcados "confidencial" e, portanto, não publicados. Council of Europe, Group of States against Corruption, "How does GRECO Work?", http://www.coe.int/t/dghl/monitoring/greco/documents/index_en.asp (acesso em 5 de julho de 2015).

[719] A convenção foi adotada em 2003, no mesmo ano que a UNCAC, e entrou em vigor em 2006. Transparency International, "The African Union Convention on Preventing and Combating Corruption", http://archive.transparency.org/global_priorities/international_conventions/conventions_instruments/au_convention (acesso em 24 de junho de 2015).

dos Estados Árabes adotou em 2010 a Convenção Árabe Anticorrupção, que foi modelada a partir da UNCAC. É demandado aos estados que forneçam treinamento contra a corrupção, que assegurem proteção às testemunhas e independência do Judiciário, e que cooperem nas investigações internacionais e no confisco de bens; mas não é requerido que extraditem: apenas, os estados são convidados a considerar a assinatura de tratados bilaterais de extradição com outros membros.[720] Entretanto, muitos dos artigos são bastante vagos. A Rede Árabe Anticorrupção e Integridade (Arab Anti-Corruption and Integrity Network — ACINET) é uma organização público-privada fundada em 2008, com representantes de governo de 17 estados árabes, assim como de ONGs e de instituições acadêmicas, e representantes do setor privado.[721] A ACINET exerce uma função consultiva, à semelhança do GRECO, mas até o momento não realiza análises por país. A Associação das Nações do Sudoeste da Ásia (Association of Southeast Asian Nations — ASEAN), não possui uma convenção própria contra a corrupção, mas a Transparência Internacional tem encorajado a formação de uma ASIAN Integrity Community (Transparency International, 2015).

Finalmente, o desenvolvimento de um código internacional de compras seria importante avanço, mas tem-se mostrado difícil. A Organização Mundial do Comércio (OMC) emitiu o Acordo Revisto sobre Compras Governamentais (WTO Revised Agreement on Government Procurement — GPA), que passou a vigorar em 6 de abril de 2014,[722] mas apenas 43 países (15 participantes, uma vez que a União Europeia é uma entidade única) de 161, industrializados em sua maioria, adotaram suas disposições.[723] Essa é uma ampla iniciativa,

---

[720] League of Arab States, Arab Anti-Corruption Convention (2010), disponível em inglês em https://star.worldbank.org/star/sites/star/files/Arab-Convention-Against-Corruption.pdf (acesso em 13 de outubro de 2015).

[721] A ACINET trabalha com o UNODC, o PNUD, a OCDE e o Banco Mundial. A ACINET mantém encontros periódicos para discutir os esforços em andamento e emitir recomendações sobre políticas anticorrupção. Arab Anti-Corruption and Integrity Network, http://www.arabacinet.org/index.php/en/home (acesso em 7 de julho de 2015).

[722] O acordo original data de 1979, com emendas em 1987, 1994 e 2011. World Trade Organization, "Agreement on Public Procurement", https://www.wto.org/english/tratop_e/gproc_e/gp_gpa_e.htm (acesso em 24 de junho de 2015).

[723] Com a exceção da Suíça, os 15 participantes europeus tinham ratificado o acordo em junho de 2015. World Trade Organization, "Agreement on Public Procurement: Parties, Observers and Accessions", https://www.wto.org/english/tratop_e/gproc_e/memobs_e.htm (acesso em 24 de junho de 2015).

destinada a liberalizar compras, e inclui objetivos explícitos de evitar corrupção e conflitos de interesse [GPA artigo IV.4 (b), (c)]. Entretanto, o fato de o controle da corrupção estar combinado com outros objetivos, inclusive abertura a fornecedores estrangeiros, tem limitado o número de países dispostos a aceitar seus termos. O GPA Revisto, artigo V, permite que países em desenvolvimento sejam isentos de alguns dos dispositivos do acordo por um período de transição, na esperança de convencer que mais membros da OMC o subscrevam.

B. Direito flexível e acordo voluntário

Nos anos recentes, recomendações das entidades internacionais e de esforços voluntários têm procurado aumentar a transparência e limitar a corrupção, externamente à estrutura dos tratados formais. A OCDE busca lutar contra a corrupção de modo a complementar seus esforços sob a convenção. São especialmente importantes seus esforços para demandar dos estados membros que tornem ilegal a dedução de impostos sobre propinas — prática comum antes de a Convenção da OCDE entrar em vigor. Reconhecendo como insuficiente apenas ter as leis nos livros, a OCDE emitiu documentos para ajudar os inspetores tributários a identificar esforços para esconder propinas em relatórios de despesas legais da empresa.[724]

Diversos esforços estão sendo empreendidos para obter a cooperação voluntária das empresas.[725] O Pacto Global da ONU e a ISO 26000 estimulam as empresas a aderir a um conjunto de princípios éticos, incluindo a luta contra

---

[724] OECD (2013), uma revisão de manuais anteriores, publicados em 2001 e 2009. O original *Recommendation on the Tax Deductibility of Bribes to Foreign Public Officials in International Business Transactions* foi adotado em 1996 e recomendava que se considerasse delito criminal deduzir propinas de impostos. *Recommendation on Tax Measures for Further Combating Bribery of Foreign Public Officials in International Business Transactions* foi adotado em 2009. Este reiterava as recomendações de 1996 e procurava melhor cooperação entre as áreas legal e tributária. Esforços adicionais foram empreendidos nos anos subsequentes. De acordo com um relatório de 2012 para a OCDE, a maior parte dos estados membros agora proíbem explicitamente a dedução de impostos sobre propinas, com muitas dessas regras aprovadas na última década. Ver *Update on the Tax Treatment of Bribes to Foreign Public Officials in Countries Parties to the OECD Antibribery Convention*, junho de 2011, http://www.oecd.org/tax/crime/41353070.pdf (acesso em 13 de outubro de 2015).

[725] Examinamos mais de perto a corrupção nos negócios internacionais no capítulo 15.

a corrupção.[726] O Pacto Global, em 2009, acordou com a Transparência Internacional produzir um documento de orientação para as empresas (United Nations Global Compact and Transparency International, 2011), que desenha um processo de seis passos para o combate à corrupção pelas empresas. Como indicou Søreide, algumas dificuldades surgem porque os incentivos da alta direção podem não estar alinhados com os dos níveis abaixo; empregados relutam em falar (mesmo quando existe a proteção aos denunciantes) e os sistemas legais diferem na forma pela qual aplicam leis anticorrupção a organizações e a empregados (Søreide, 2011). Não obstante, os esforços em andamento são encorajadores.

A Iniciativa de Transparência e Prestação de Contas em programas de ajuda, como parte do PNUD (Programa das Nações Unidas para o Desenvolvimento), tem trabalhado com a International Organization of Supreme Audit Institutions e com a International Federation of Accountants para o desenvolvimento de projetos destinados a fortalecer a prestação de contas nos países em desenvolvimento (UNDP, 1996:ii).

Associações profissionais globais de controladores gerais, ouvidores, comissários eleitorais e outros funcionários públicos promovem encontros para compartilhar ideias e para estabelecer códigos de ética e de boas práticas (Slaughter, 2004). Essas entidades também proveem treinamento para titulares de cargos em economias emergentes e dão suporte a titulares em dificuldades cuja independência esteja ameaçada.

Organizações internacionais da sociedade civil, não vinculadas a governos, têm tentado promover ajuda a seus equivalentes não governamentais que trabalham em ambientes difíceis. Por exemplo, associações internacionais de jornalistas fornecem treinamento em reportagens investigativas, podendo também prover aconselhamento legal e divulgação internacional para jornais que estejam enfrentando assédio pelo governo. Grupos de pressão podem apoiar e treinar ativistas da sociedade civil doméstica e ajudar a proteger os que enfrentam críticas e mesmo ameaças de prisão, em ambientes hostis.

Alguns esforços focalizam segmentos econômicos específicos; portanto, as respostas devem ser ajustadas às vulnerabilidades específicas do segmento em foco. Esse esforço se encontra mais avançado nas indústrias extrativas, por meio da campanha Divulgue Quanto Você Paga (Publish What You

---

[726] Ver os respectivos *websites* em http://www.unglobalcompact.org/ e http://www.iso.org/iso/iso26000 (acesso em 13 de outubro de 2015).

Pay — PWYP) e a Iniciativa pela Transparência nas Indústrias Extrativas (Extractive Industries Transparency Initiative — EITI).[727] Essas iniciativas internacionais visam à divulgação de pagamentos relacionados às atividades negociais das companhias extrativas. Essa transparência é promovida para que (mesmo sem fortes esforços de promotoria) as informações sobre pagamentos, mesmo sobre os de natureza legal, possam ajudar os cidadãos e os grupos da sociedade civil a monitorar o comportamento dos governos e das empresas. Essas iniciativas são, claramente, respostas parciais, e causarão impacto somente se grupos da sociedade civil fizerem uso da informação para pressionar empresas e governos, e se essas instituições responderem. Aspectos de PWYP e EITI foram incorporados à Seção 1504 do Ato Dodd-Frank nos Estados Unidos, com o apoio decisivo dos grupos de boa governança e contra a corrupção baseados em Washington.[728] A Seção 1504 requer que empresas que operam na indústria extrativa — petróleo, gás e mineração — apresentem relatórios à SEC, documentando pagamentos aos governos dos países onde atuam.[729] A SEC adotou uma regra final estabelecendo essa seção em 2012, mas ela foi derrubada por um tribunal federal e está sendo revisada. A SEC havia requerido a abertura dos relatórios ao público, a única interpretação consistente com os objetivos estatutários, mas o tribunal federal discordou de que o estatuto estivesse claro e solicitou melhor argumentação da agência. Seguindo outras recentes decisões em assuntos da SEC, os tribunais podem estar buscando uma análise definitiva de custos e benefícios, mas isso parece um mau entendimento do dispositivo, que é claramente apenas um tópico

---

[727] Para informações mais detalhadas sobre PWYP, ver http://www.publishwhatyoupay.org (acesso em 22 de março de 2013); e sobre EIT, ver https://eiti.org (acesso em 14 de outubro de 2015).

[728] Dodd-Frank Act § 1504, 124 Stat. at 2220. O Dodd-Frank Wall Street Reform and Consumer Protection Act ("Dodd-Frank Act") foi aprovado em 5 de janeiro de 2010, em resposta à crise financeira de 2008. O ato tem por objetivo regulamentar áreas anteriormente desregulamentadas, especialmente *swaps* em certos setores, e melhorar a regulamentação de outras. O texto completo está disponível em http://www.cftc.gov/ucm/groups/public/@swaps/documents/file/ht4173_enrolledbill.pdf (acesso em 13 de outubro de 2015).

[729] Especificamente, companhias extrativas listadas nas bolsas de valores dos EUA, ou seja, "*resource extraction issuers*". 77 FR 56365 (12 de setembro de 2012) (a ser codificado em 17 C.F.R. pts. 240, 249). Adicionalmente, a Seção 1502 do Ato Dodd-Frank requer que as companhias para as quais minerais em conflito sejam "necessários à funcionalidade ou à produção" de seus produtos revelem se os minerais são originários da República Democrática do Congo ou de um país fronteiriço. Dodd-Frank Act, Pub L. No. 111-203, § 1502(b), 124 Stat. 1376, 2214 (2010).

em uma estratégia anticorrupção mais abrangente.[730] Essas exigências, se finalmente entrarem em vigor, são lei dura, não lei flexível; porém, somente porque requerem abertura de informações, e não desencadeiam ações explícitas anticorrupção, constituem instrumentos fracos contra a corrupção, próximos a outros esforços de lei flexível destacados aqui.

Outras indústrias para as quais abordagens setoriais estão sendo organizadas são: defesa nacional, transportes e produtos farmacêuticos, todas com o suporte da Transparência Internacional. A Transparência Internacional do Reino Unido está patrocinando um importante projeto para obrigar tanto empresas quanto países a serem mais transparentes sobre o tamanho e a natureza dos contratos de defesa. O nível de sigilo é impressionante e parece ir muito além do que é justificável em termos de segurança nacional. A alegada natureza de "único no gênero" de muitos negócios de defesa também os tornam oportunidades fáceis para negociações corruptas, que levam a aumentos de custos e a compras com pouca justificativa válida (ver capítulo 3). De acordo com OECD (2014:24, figura 11), funcionários de defesa ocupam o terceiro lugar entre os mais comuns recebedores de propina (após funcionários de empresas estatais e funcionários da área de saúde), e os subornos que recebem são desproporcionalmente mais altos. Assim como a EITI, o projeto da Transparência Internacional do Reino Unido está tentando prover o tipo de informações de retaguarda que possam fortalecer a atuação dos ativistas locais e dos grupos internacionais de pressão, para que tenham condições de desafiar o *status quo*. Esse projeto já produziu resultados. Entre a primeira pesquisa, em 2012, e a segunda, publicada em 2015, 60% das 127 empresas estudadas melhoraram seu código de ética e níveis de transparência (medidos com base no que divulgam em seus *websites*); 33% melhoraram "significativamente", movendo-se pelo menos de uma categoria para cima.[731] Um relatório semelhante da Transparência Internacional (Transparency International, 2014b) avalia as políticas anticorrupção, a transparência e o relato país a país das 124 empresas mais importantes em qualquer setor de atividade. Comparado ao

---

[730] Os dispositivos legais em ambas as seções, 1502 e 1504, são sumarizados e atualizados em Michael Seitzinger e Kathleen Ann Ruane, *Conflict Minerals and Resource Extraction: Dodd-Frank, SEC Regulations, and Legal Challenges*, Congressional Research Service, Washington, D.C., Paper 7-5700, de 2 de dezembro de 2014, http://fas.org/sgp/crs/misc/R43639.pdf (acesso em 14 de março de 2015).

[731] Transparency International-UK (2015), *Defence Companies Anti-Corruption Index*, http://companies.defenceindex.org/docs/2015%20Defence%20Companies%20Anti-Corruption%20Index.pdf (acesso em 13 de outubro de 2015).

seu relatório de 2012, há também melhorias significativas, embora a maioria das empresas apresentem pontuação ruim e as disparidades regionais sejam gritantes. A falta de relatórios de pagamentos por país é um ponto fraco que deve ser corrigido.

A Organização Mundial de Saúde também tem empreendido esforços para combater a corrupção na medicina — desde medicamentos falsificados até suborno em compras e em distribuição, o que leva a preços mais altos e falta de estoques — como o programa de Boa Governança em Medicina (Good Governance in Medicine — GGM), iniciado em 2004. O GGM promove a transparência e a eliminação de conflitos de interesse, com abordagem dupla: legislação ("abordagem da disciplina") e educação ("abordagem de valores"). O GGM começou em quatro países; cerca de 2010, já se tinha expandido a 26 (Baghdadi-Sabeti e Serhan, 2010), e a 37 em 2015.[732]

Esses vários esforços demonstram como um assunto pode ganhar ímpeto na arena internacional e como pode produzir mudanças nas instituições e nas atitudes. O esforço anticorrupção é um exemplo de como as normas internacionais podem ser criadas e internalizadas — embora o processo esteja ainda em andamento e sujeito a riscos. Existem muitos paralelos nos campos dos direitos humanos e das normas ambientais, onde interagem governos, ONGs e empresas. A história recente do movimento global contra a corrupção ecoa a discussão de Koh (1998) sobre o processo pelo qual normas internacionais são criadas e internalizadas na área de direitos humanos. O movimento contra a corrupção possui "empreendedores transnacionais de normas" que atraem "patrocinadores governamentais de normas" e desenvolvem "redes de questões transnacionais".[733]

C. Arbitragem internacional

O sistema de arbitragem internacional domina as disputas em negócios internacionais, mas, até o momento, tem em geral evitado tratar de alegações de grande corrupção. A corrupção, embora reconhecida como uma questão

---

[732] World Health Organization, "Good Governance for Medicines Participating Countries", http://www.who.int/medicines/areas/policy/goodgovernance/progress/en/ (acesso em 8 de julho de 2015).
[733] Ao apresentar essa taxonomia, Koh tem pouco a dizer sobre o papel das corporações globais. Todavia, em um discurso quando era assistente da Secretaria de Estado dos EUA, ele estimulou as empresas a serem parte da parceria voluntária e traçou uma analogia explícita com o movimento anticorrupção (Koh, 2000).

importante, permanece um problema incômodo e difícil para os árbitros, dado que esses normalmente estão encarregados de resolver disputas contratuais, e não de lidar com violações das leis criminais domésticas (Meyer, 2013; Pauwelyn, 2013). Não obstante, as instituições que organizam as arbitragens estão entrando cautelosamente nessa arena, à medida que litigantes procuram anular contratos manchados pela corrupção. Como escreve Pieth (2011:11), "A arbitragem já não é uma área exclusiva de interesse das partes, especialmente quando estão envolvidos grandes projetos de infraestrutura. É correto considerar a corrupção um assunto de interesse público (doméstico e internacional)".

Existem dois tipos de foros. Um se destina à arbitragem comercial privada; o segundo, o Centro Internacional para Arbitragem de Disputas sobre Investimentos (International Center for the Settlement of Investment Disputes — ICSID),[734] do Banco Mundial, considera casos em que investidores processam estados nacionais,[735] usualmente sob os Tratados de Investimento Bilaterais (Bilateral Investment Treaties — BITs), ou sob o North American Free Trade Agreement (NAFTA) ou sob a Convenção ICSID, que entrou em vigor em 2006.[736] BITs são, como sugere o nome, tratados entre dois estados que frequentemente incluem cláusulas permitindo que empresas de um país que invista no outro possam dar início a uma arbitragem contra o estado anfitrião sem antes obter a aprovação de seu país de origem. O ICSID era pouco usado, com menos de cinco casos por ano, iniciados antes de 1997; desde então, sua carga tem aumentado, de 10 casos em 1997 e 1999, a 50 em 2012 (ICSID, 2015:7-8). Painéis de arbitragem não são cortes formais, e seu uso é baseado no consentimento prévio das partes, mas ocasionalmente tratam de questões que são indiretamente relacionadas à corrupção.

Um estudo localizou 38 casos de arbitragem internacional que lidavam com a corrupção,[737] mas o sistema arbitral ainda não chegou a um acordo

---

[734] Disponível em https://icsid.worldbank.org/apps/ICSIDWEB/Pages/default.aspx (acesso em 13 de outubro de 2015).

[735] O ICSID provê suporte administrativo para casos de arbitragem estado a estado (ICSID 2015:9).

[736] Shihata e Parra (1994); Reisman (1992). ICSID "Convention od the Settlement of Investment Disputes between States and Nationals of Other States", https://icsid.worldbank.org/ICSID/StaticFiles/basicdoc/partA.htm (acesso em 13 de outubro de 2015). Vários países importantes — México, Brasil, Índia, Polônia e África do Sul, por exemplo — não haviam assinado essa convenção por volta de 2015 (ICSID, 2015:6).

[737] Pauwelyn (2013) cita o estudo de Juanita Olaya, "Good Governance and International Investment Law: The Challenge of Lack of Transparency and Corruption". Trabalho apresentado na Second Biennial Conference, 8 a 10 de julho de 2010.

quanto a um padrão apropriado. Em um desvio irônico, o primeiro conjunto de disputas surgiu entre empresas e seus intermediários locais que, alegadamente, teriam pagado propinas. As empresas estavam tentando evitar pagar seus agentes, sob a justificativa de que suborno era ilegal, embora soubessem que esses pagamentos estavam ocorrendo (Meyer, 2013). Nesses casos, os árbitros geralmente negam competência, alegando que não têm autoridade para resolver acusações de natureza criminal. Em geral, não é claro o status arbitral de contratos supostamente obtidos mediante corrupção, especialmente porque essas disputas estão contaminadas por problemas de provas. Isso é insatisfatório, se o reclamante foi prejudicado pela natureza corrupta do negócio e se o sistema doméstico de imposição da lei é disfuncional e, mesmo, corrupto. Ademais, em muitos casos, nem o estado anfitrião nem o investidor internacional têm interesse em levantar acusações de corrupção — mesmo se essas podem ser provadas. Uma exceção, que apareceu em alguns poucos casos, ocorre quando um governo anfitrião apresenta evidências de corrupção sob o regime anterior (Pauwelyn, 2013).[738]

No entanto, árbitros não cuidam de disputas que surgem no estágio de definição do vencedor de um contrato, e podem não ter alçada para esses casos. A arbitragem é também um processo caro e demorado, que não é atualmente capaz de cuidar de um grande volume de casos. Seriam necessárias sérias reformas antes que a arbitragem possa ser regularmente acionada como parte de um esforço mais amplo de combate à corrupção. Empresas privadas podem dar início a um processo de arbitragem, mas somente se são partes dos contratos em questão. Competidores desapontados ou outros que não estejam incluídos no contrato não têm esse direito. Pauwelyn (2013) argumenta que as disposições do BIT, ao requererem "tratamento justo e equitativo", poderiam ser estendidas para cobrir a corrupção; porém, até agora, não há casos em que se tenha feito essa conexão.

---

[738] Um exemplo do ICSID é *World Duty Free Co. V. Republic of Kenya*, ICSID Case No. ARB/00/07 (4 de outubro de 2006), no qual tanto o Kenya quanto World Duty Free reconheciam que a empresa tinha pagado propina ao anterior presidente Moi. Apenas, diferiam acerca das implicações da resolução da disputa. Ver capítulo 7 para discussão mais detalhada deste caso. Em outro caso, a República Democrática do Congo procurou evitar a jurisdição ao reclamar que nenhum contrato legal existia, em razão do pagamento de propina ao regime de Mobutu (*African Holding Cpmpany v. Democratic Republic of Congo*, parágrafo 48 da concessão, http://www.italaw.com/sites/default/files/case-documents/ita0016.pdf, acesso em 21 de outubro de 2015). O tribunal contornou a questão da corrupção e decidiu que não tinha jurisdição por *ratione temporis*.

D. Tribunais internacionais

O combate à corrupção nos negócios internacionais precisa considerar questões de dissuasão que não podem ser tratadas facilmente por tribunais de arbitragem ou pelos tratados não coagentes que acabamos de descrever. A ideia de um tribunal internacional, como a proposta por Carrington (2007, 2010), merece escrutínio mais detalhado. Esse tribunal poderia ser ou uma corte formal ou outro tipo de tribunal de arbitragem que lidaria explicitamente com reivindicações de que a corrupção deveria justificar a anulação de um contrato ou, pelo menos, levar a sua renegociação. Essa reforma pode requerer mudanças estruturais. Carrington, por exemplo, argumenta que o novo foro internacional deveria ouvir casos iniciados por estranhos ao negócio. Como alternativa, ele sugere um mandato estendido para que árbitros aceitem pleitos de *amici curiae* que forneçam provas da corrupção (Carrington, 2013). Casos levados por concorrentes desapontados ou emprestadores defraudados requereriam que o país envolvido prestasse contas transparentes de seu comportamento. Os reclamantes não necessariamente precisariam documentar o pagamento de propinas. O foco estaria nos termos do negócio. Se parecer divergir significativamente do que um processo honesto devesse seguir, o tribunal requereria que o projeto fosse relicitado. Entretanto, uma dificuldade para que o processo fosse operacional é que uma nova licitação poderia não ser uma simples reedição, mais transparente e mais honesta, da anterior. Todos os atores disporiam de novas informações como resultado do primeiro turno, o que afetaria seu comportamento no segundo. Estudantes de processos de leilão precisam analisar cuidadosamente os aspectos estratégicos dessa proposta, a fim de evitar a criação de um sistema ainda mais injusto.

Um problema ainda mais sério com um tribunal internacional é a garantia de obediência a suas decisões. Uma opção seria usar a alavancagem da OMC. A vantagem das sanções da OMC é que elas não são impostas pela OMC, mas pelos parceiros comerciais de um país. Todavia, a OMC governa relações entre nações, e não entre indivíduos ou empresas. Assim, o suborno transnacional poderia ser controlado *através* da OMC, mas não *pela* OMC (Nichols, 1997a:361-364). Um processo internacional dessa natureza, é claro, desencorajaria alguns projetos de investimento e de privatização. Porém, em primeiro lugar, isso poderia não ser algo tão ruim. Se negociatas internas parecem inevitáveis, o país deve retardar a privatização, porque é mais fácil monitorar uma empresa pública que uma empresa privada. Analogamente, líderes corruptos podem conceber um projeto de obras públicas com propinas em mente, não pelo desenvolvimento econômico. Em segundo lugar, a comunidade internacional poderia subsidiar o custo de qualquer processo pelo qual um país em desenvolvimento emerja vitorioso de um desafio. Obviamente, durante o processo, o país teria ainda de cobrir suas despesas legais, e qualquer dúvida de vitória representaria um incentivo a um acordo. Em terceiro lugar, de forma semelhante ao pacto da OMC sobre compras, a participação poderia ser voluntária, com a jurisdição limitada aos países que atendam às condições da OMC ou que se voluntariem para estabelecer um pacto de integridade em troca de aconselhamento técnico ou outro suporte pelo Banco Mundial ou pelo PNUD. Propostas para um mecanismo de resolução de disputas internacionais são um exemplo do princípio mais geral de que uma forma de lutar contra a corrupção é dar aos perdedores um meio de submeter uma reclamação.

No entanto, mesmo um tribunal internacional não poderia influenciar diretamente as estruturas governativas de um estado. Ele simplesmente invalidaria contratos, com base em evidências de o negócio original ter sido manchado pela corrupção. O objetivo final de Carrington é aumentar o custo de pagar e de receber suborno. Mesmo que seja fraco ou corrompido o sistema de justiça criminal de um país, uma decisão arbitral que invalide um contrato, ou leve prejuízos a um governo sucessor, deve deter previamente propinas e comissões. Esse mecanismo dissuasório será mais efetivo em uma democracia multipartidária ou em uma autocracia cujo líder esteja envelhecendo ou perdendo apoio popular.

E. São os instrumentos anticorrupção prejudiciais aos interesses dos Estados Unidos?

Alguns críticos, entre eles a Câmara de Comércio dos Estados Unidos, alegam que os instrumentos anticorrupção existentes prejudicam o interesse nacional dos EUA. Muitas empresas acreditam que perdem negócios para competidores corruptos devido às leis anticorrupção, particularmente com a ascensão de empresas da China e de outras economias emergentes, sobre as quais, até o momento, não pesam restrições semelhantes.[739] Embora não estejam dis-

---

[739] Ver, por exemplo, Henry (Litong) Chen e Xiaosong Zhou, "Possible Impacts of the Dodd-Frank Act on U.S. Companies Doing Business in Asia", *Bloomberg Law Reports Asia Pacific*, 6 de junho de 2011, p. 18-9, disponível em http://www.mwechinalaw.com/uploads/doc/chenzhou-doddfrank.pdf (acesso em 13 de outubro de 2015).

poníveis estatísticas reais, Rose-Ackerman e Hunt (2012) argumentam que esses críticos têm largamente exagerado os impactos negativos e negligenciado os potenciais benefícios. Sumarizamos aqui a argumentação aduzida por eles, que é focada no FCPA, mas que se aplica a qualquer instrumento sobre o qual as imposições legais nos Estados Unidos sejam relativamente fortes.[740] Algum trabalho empírico reforça a reclamação de que o FCPA coloca as empresas dos Estados Unidos em desvantagem competitiva (por exemplo, Hines, 1995), e necessita uma resposta.[741] Rose-Ackerman e Hunt procuram deslocar o debate para os benefícios abrangentes que resultam de uma postura forte dos Estados Unidos contra o suborno estrangeiro. Se uma empresa americana perde um contrato para um competidor corrupto, o custo não são apenas os lucros que teria auferido do negócio corrupto, porque, primeiro, a empresa pode em geral deslocar seus negócios para outro lugar, e, segundo, mesmo que o contrato perdido envolva a extração de recursos de um lugar fixo, o recurso geralmente entra no comércio internacional, de onde pode ser adquirido pelos consumidores americanos. Ademais, mesmo que alguns negócios sejam perdidos, haverá benefícios de longo prazo para os Estados Unidos, em função de um ambiente internacional de negócios mais honesto. Uma política forte dos EUA contra a corrupção estimulará outros países a seguir o exemplo, com efeitos positivos na eficiência do comércio e dos investimentos globais, assim como nos esforços de reforma do governo em outros países. De modo geral, embora faltem números reais, os benefícios para os Estados Unidos e seu posicionamento no mundo parecem ultrapassar os custos líquidos relacionados à possibilidade de perda de alguns contratos.

Existem várias razões pelas quais os críticos têm exagerado na alegação de prejuízo aos interesses dos EUA devido à lei anticorrupção existente. Para

---

[740] A Câmara de Comércio dos EUA intitulou as emendas por ela sugeridas ao FCPA de *Restoring Balance*, implicando que o estatuto é restritivo em demasia. Andrew Weissmann e Alixandra Smith, U.S. Chamber Institute for Legal Reform, "Restoring Balance: Proposed Amendments to the Foreign Corrupt Practices Act 6-7", outubro de 2010, disponível em http://www.instituteforlegalreform.com/sites/default/files/restoringbalance_fcpa.pdf. Essas propostas enfraqueceriam substancialmente a lei. Para uma resposta às propostas da Câmara de Comércio, ver David Kennedy e Dan Danielsen, "Busting Bribery: Sustaining the Global Momentum of the Foreign Corrupt Practices Act", Open Society Foundations (setembro de 2011), disponível em http://www.soros.org/initiatives/washington/articles_publications/publications/busting-bribery-20110916 (acesso a ambos em 13 de outubro de 2015).

[741] "Convention on Combating Bribery of Foreign Public Officials in International Business Transactions", 17 de dezembro de 1997, S. Treaty Doc. No. 105-43, 37 I.L.M. 4, disponível em http:www.oecd.org/corruption/oecdantibriberyconvention.htm (acesso em 13 de outubro de 2015).

começar, algumas multinacionais contornam a lei ao proporcionar benefícios nominalmente legais, como a contribuição a instituições de caridade associadas a um político, ou o uso de fornecedores bem relacionados, ou o fornecimento de bens públicos locais.[742] Contudo, assumindo que soluções alternativas nem sempre são possíveis e que a lei de fato limita pagamentos, pode-se examinar as potenciais consequências da lei. Há duas questões levantadas com respeito a FCPA e Convenção da OCDE, de um lado, e a Dodd-Frank e Iniciativas EITI, de outro.

Em primeiro lugar, mesmo que outros países ou não apliquem suas próprias leis ou estejam fora da estrutura internacional de combate à corrupção, a jurisdição da FCPA estende-se para além das companhias e dos cidadãos dos Estados Unidos. Suas disposições contra o suborno também cobrem as companhias estrangeiras listadas nas bolsas dos Estados Unidos, assim como "pessoas estrangeiras e entidades estrangeiras não emitentes de títulos" no território dos Estados Unidos.[743] As disposições sobre contabilidade cobrem todas as empresas, americanas ou não, listadas nas bolsas dos Estados Unidos, assim como suas subsidiárias e afiliadas consolidadas.[744] Embora a aplicação da lei pela FCPA tenha aumentado nos anos recentes, muito do incremento envolve ações contra empresas estrangeiras.[745] Até a data presente, companhias não americanas têm pagado nove entre 10 dos maiores acordos da FCPA, e a empresa alemã Siemens é a primeira da lista, tendo pagado US$800 milhões

---

[742] Uma pesquisa com 350 companhias internacionais identificou que "dois-terços dos respondentes acreditavam que companhias em seus próprios países procuravam 'regularmente' ou 'ocasionalmente' ganhar uma vantagem comercial fazendo doações a instituições de caridade favorecidas por tomadores de decisão". Control Risks Group Ltd. & Simmons & Simmons LLP (2006), "International Business Attitudes to Corruption — Survey 2006", pp. 4, 13, disponível em http://www.control--risks.com/OutThinking/CRsDocumentDownload/International%20business%20attitudes%20 to%20corruption%20survey_2006.pdf (aceso em 13 de outubro de 2015).

[743] DOJ e SEC, *A Resource Guide to the U.S. Foreign Corrupt Practices Act* (novembro de 2012), http://www.justice.gov/sites/default/files/criminal-fraud/legacy/2015/01/16/guide.pdf, página 11 (acesso em 13 de outubro de 2015).

[744] Ibid.:42-3. Similarmente, a seção 1504 do Dodd-Frank Act impõe novas exigências de divulgação financeira a todas as companhias da indústria extrativa listadas nas bolsas de valores dos Estados Unidos, demandando a esses emitentes a proceder à divulgação dos pagamentos, legais ou não, em nível de projeto, assim como em nível de país. Dodd-Frank Act § 1504, 124 Stat. At 2221. Além disso, esse ato inclui uma generosa provisão, recompensando denunciantes; Dodd-Frank Act, Pub. L. No. 111-203, § 922(a), 124 Stat. 1376, 1841 (2010).

[745] Daniel Margolis e James Wheaton (2009), "Non-U.S. Companies May Also Be Subject to the FCPA", *Financial Fraud Law Report*, 168,170, disponível em www.pillsburylaw.com/siteFiles/Pu blications/961FAE6040BDB25EB4E6C63B250A3AAE.pdf (acesso em 13 de outubro de 2015).

em 2008.[746] As agências de aplicação da lei também acionaram indivíduos não americanos e outros três indivíduos que tinham dupla cidadania, americana e estrangeira.[747] Portanto, as leis anticorrupção dos Estados Unidos não impõem custos significativamente mais altos a empresas americanas que a seus competidores, visto que muitas companhias internacionais e muitos indivíduos se enquadram na jurisdição do FCPA ou na seção 1504 do Dodd-Frank Act. Adicionalmente, os maiores países em termos de investimento estrangeiro direto devem cumprir as leis anticorrupção sob a Convenção da OCDE ou sob a Convenção da ONU, e alguns desses países começaram a apresentar casos.

Em segundo lugar, mesmo que algumas empresas dos Estados Unidos percam contratos no exterior por causa das iniciativas anticorrupção dos EUA, as perdas para a economia americana são menores do que se tem alegado. Há dois casos distintos: empresas descompromissadas e investimentos vinculados à localização de recursos. No primeiro caso, as empresas podem investir em vários locais; portanto, se a empresa perde um contrato em um país, pode investir em outro lugar. Assim, a perda para a empresa não é o valor de um contrato perdido, mas a perda marginal de operar em um lugar menos lucrativo e menos corrupto, levando-se em conta o benefício de não pagar suborno. Ademais, a perda para a economia americana é consideravelmente menor que a perda para a empresa, se esta ou não é 100% pertencente a cidadãos americanos ou se a perda de um contrato no estrangeiro leva a que a empresa invista nos Estados Unidos. Em contraste, no caso da indústria extrativa, as empresas devem fazer negócios em países onde se localizam os recursos, e muitas jazidas estão em países inclinados à corrupção.[748] As

---

[746] Erin Fuchs, "The Largest-Ever Corporate Payouts to the US over Foreign Bribery Cargaes", *Business Insider*, 14 de agosto de 2012, http://www.businessinsider.com/the-largest-fcpa-settlements-2012-8 (acesso em 13 de outubro de 2015).

[747] Shearman & Sterling LLP, "FCPA Digest: Recent Trends and Patterns in the Enforcement of the Foreign Corrupt Practices Act", janeiro de 2012, disponível em http://www.shearman.com/shearman--sterlings-recent-trends-and-partners-in-the-enforcement-of-the-foreign-corrupt--practices-act-fcpa--fcpa-digest-01-03-2012/ (acesso em 13 de outubro de 2015).

[748] De 175 países, a Nigéria, rica em recursos, tem pontuação 27 e está em 136º lugar (empatada com a Rússia) no CPI de 2014; Angola e venezuela têm pontuação 19 e estão em 161º lugar (empatadas); e o Iraque tem pontuação 16 e está em 170º lugar. Transparency International, "Corruption Perceptions Index", http://www.transparency.org/cpi2014/results. A Transparência Internacional também classifica petróleo e gás e mineração como a quarta e a quinta indústrias mais corruptas, respectivamente. Transparency International, "Bribe Payers Index 2011", http://www.transparency.org/bpi2011/results (acesso em 13 de outubro de 2015).

empresas podem ter várias opções, mas pode ser que nenhum investimento potencial seja particularmente "honesto". Como os recursos estão esgotados em países relativamente honestos, as empresas se mudarão para algum outro lugar. No entanto, se uma empresa americana perde um negócio porque não pode recorrer ao suborno, o custo para os Estados Unidos não é o valor do negócio perdido; pois, o recurso entra no mercado internacional, onde pode ser adquirido por clientes americanos. Os acionistas americanos da empresa podem sofrer uma perda marginal de lucro; mas, se os preços são determinados internacionalmente, a identidade da empresa que obtém o contrato tem pouco impacto nas empresas e nos cidadãos americanos que usam o recurso.[749]

Preocupações sobre a perda de competitividade das empresas dos Estados Unidos em relação a empresas multinacionais baseadas em economias emergentes podem sensibilizar, mas são, em última análise, não convincentes. A China, por exemplo, um importante centro de investimento estrangeiro direto, tanto dela para o estrangeiro quanto no sentido inverso, não é parte da Convenção da OCDE e muitas companhias estatais chinesas que operam no exterior não são sujeitas às leis anticorrupção dos Estados Unidos, porque não são emitentes de títulos ou não estão listadas nas bolsas americanas. Não obstante, à medida que economias como a China participem mais ativamente dos mercados internacionais, elas vão buscar padrões mais elevados de transparência, a fim de atrair capitais externos. Por exemplo, uma nova lei chinesa que passou a vigorar em 2011 proíbe o suborno de funcionários estrangeiros, assim ajudando a atender às obrigações da China sob a UNCAC, da qual é participante.[750]

---

[749] Pode causar efeito, contudo, sobre os preços globais, se a corrupção afetar o nível e o tipo de produção, não apenas o direito de extrair o recurso. Suponha-se, por exemplo, que pagamentos corruptos permitam que as empresas explorem árvores protegidas por lei em quantidades tais, em todo o mundo, que o preço global seja deprimido; ou que permitam a extração de recursos minerais utilizando trabalhadores extremamente mal pagos, com escassa proteção de saúde e de segurança. Nesses casos, as empresas que se recusem a envolver-se nessas práticas não seriam capazes de vencer concorrências, mesmo que ninguém pague suborno, desde que algumas empresas façam uso de práticas brutais de exploração do trabalho. O problema fundamental nesses casos vai além da existência de pagamentos indevidos, para estender-se a frágeis proteções contra danos ambientais e contra a violação dos direitos dos trabalhadores.

[750] George J. Terwilliger III et al., "China's New Anti-Corruption Law Goes into Effect May 1, 2011", White & Case LLP, 19 de abril de 2011, http://www.whitecase.com/alerts-04202011/ (acesso em 13 de outubro de 2015).

Os Estados Unidos são ainda o ator dominante no comércio internacional e podem ajudar a estabelecer um mercado global com padrões fortes contra a corrupção. Enfraquecer as leis americanas anticorrupção por meio de restrições do alcance do FCPA ou da seção 1504 do Dodd-Frank Act pode colocar em movimento a tendência contrária. A nova lei chinesa, sem precedentes, contra a corrupção, afeta companhias que de outro modo não eram sujeitas aos instrumentos anticorrupção vigentes, mas essas leis apenas têm sentido na medida em que as normas prevalentes no mercado internacional sejam dignas de crédito. Os Estados Unidos desempenham um papel-chave nesse sentido.

Do outro lado da conta, há benefícios compensadores para uma vigorosa aplicação da lei, entre os quais citamos três como os mais importantes. Primeiro, opor-se a pagamentos escusos maximiza os lucros para algumas empresas, e essas devem monitorar o comportamento de gerentes e subcontratados, mesmo sem pressão externa. No entanto, é provável que essa situação não seja disseminada o bastante para que se possa eliminar a necessidade de iniciativas anticorrupção nacionais e internacionais.

Segundo, como argumentamos no capítulo 3, a "grande" corrupção é onerosa para os países anfitriões e, em última instância, isso pode prejudicar os interesses dos Estados Unidos. A corrupção distorce o ambiente de negócios, atrasando o crescimento econômico e limitando oportunidades de investimento e de comércio que surgiriam a partir de melhores condições econômicas (Aidt, 2011:37, 40). Isso prejudica as empresas americanas que poderiam colher resultados dessas oportunidades de negócio. Assim, as empresas dos Estados Unidos que se beneficiam de fortes setores privados nas economias emergentes deveriam apoiar os esforços de combate à corrupção.

Terceiro, os atores que operam no mercado beneficiam-se da integridade geral do mercado internacional. Mesmo que um negócio corrupto gere lucro, a corrupção disseminada enfraquece a legitimidade do mercado internacional e aumenta os riscos de fazer negócios. Iniciativas globais podem evitar que as empresas ajam unilateralmente, e as multinacionais com sede nos Estados Unidos, líderes no comércio e nos investimentos internacionais, podem auxiliar a estabelecer o padrão para as multinacionais em geral.

Os benefícios não são apenas os ganhos em eficiência e justiça no mercado internacional, mas também pressões mais fortes sobre os estados corruptos e sobre as empresas, para que se movam em uma direção de maior honestidade. Embora as políticas anticorrupção devam ir além dos esforços para impedir que as empresas americanas paguem suborno, a redução das propinas pagas pelas empresas americanas é condição necessária, ainda que não suficiente. Como líder global nos negócios internacionais, os Estados Unidos podem estabelecer um forte exemplo e encorajar que outros países sigam no mesmo caminho.

F. Quem vigia os vigilantes?

As iniciativas internacionais anticorrupção, promovidas por entidades supranacionais e ONGs internacionais, têm por objetivo lutar contra a corrupção nos governos e nas empresas em todo o mundo, em parte para aplainar o campo de jogo e em parte para melhorar os resultados dos negócios. Para as organizações internacionais de ajuda e de financiamento, o combate à corrupção também resulta em maior produtividade para seus próprios projetos. Porém, que se pode dizer sobre a corrupção no interior dessas organizações ou nos projetos a que dão suporte?[751]

A questão comporta dois tipos de resposta: interna e externa. Algumas organizações, como o Banco Mundial e as IFIs, possuem divisões de acompanhamento interno ou realizam auditorias internas. Essa monitoração interna é necessária e valiosa, mas também apresenta diversos pontos fracos. Em algumas ocasiões, é melhor convocar um comitê de investigação externo, independente. Grupos da sociedade civil, como a Transparência Internacional e a Global Witness, produzem relatórios periódicos sobre as organizações supranacionais. Descrevemos brevemente a seguir, nesta seção, essas respostas.

Mecanismos internos: Em 1993, o Banco Mundial estabeleceu um Painel de Inspeção (Inspection Panel — IP) independente, com membros escolhidos fora do banco e agora nomeados para mandatos de cinco anos, não renováveis; sua independência evidenciou-se por suas ações (Rigo Sureda, 2012:315-16). O Banco Mundial criou um precedente com o IP; muitas outras IFIs têm desde então implantado mecanismos semelhantes, com a notável exceção do FMI (Bradlow, 2012:42-3). Diferentemente do ICSID, que é aberto apenas para as partes de contratos em disputa, o IP examina reclamações de grupos de pessoas físicas em países tomadores de empréstimos. Esses grupos devem alegar que estejam sendo prejudicados, ou que têm a expectativa de ser prejudicados, pela inoperância do Banco Mundial quanto a seguir suas próprias políticas

---

[751] Palifka agradece a Eno Inyangete por levantar essa questão em classe, em junho de 2015.

ou seus procedimentos (Bradlow e Schlemmer-Schulte, 1994; Bradlow 1996). Assim, parece possível que o IP receba reclamações envolvendo corrupção nos projetos do Banco Mundial. Por exemplo, o IP pode considerar alegações de que o banco não tenha seguido suas políticas ou seus procedimentos operacionais, caso tenha ignorado evidências de corrupção. De fato, a corrupção pode estar por trás de muitos dos casos que sejam apresentados com outras justificativas. O status e os detalhes de todos os casos estão disponíveis no portal do Banco Mundial.[752] Por volta de junho de 2014, haviam sido recebidas 94 petições; 79 tinham sido registradas (julgadas admissíveis) pelo IP; e de 37 casos para os quais o IP recomendou investigação, somente 32 investigações haviam sido realizadas. No ano seguinte, o volume de casos aumentou, com nove novos casos e 17 processados. A grande maioria das reclamações envolviam danos ambientais ou a relocação forçada de povos indígenas; nenhuma das queixas envolvia explicitamente corrupção, embora um relato referente a cenários políticos complexos ou frágeis pode ser indício de que haja corrupção por detrás de algumas reclamações.[753] Frequentemente, o IP questiona os processos utilizados na seleção, nas avaliações e na licitação do projeto. Infelizmente, o IP é um instrumento fraco; não pode dar prosseguimento a uma investigação, a menos que obtenha a aprovação da diretoria do Banco Mundial; e, mesmo que o IP encontre dados contra o banco, ele dispõe apenas de poderes consultivos. Suas recomendações são encaminhadas à diretoria do banco, que toma a decisão final (World Bank, 1997a). A decisão da diretoria não é divulgada no *website* do IP.

As deficiências do IP como mecanismo de responsabilização foram constatadas no caso da represa Yacyreta na fronteira entre Argentina e Paraguai. Um vice-presidente do banco caracterizou o relatório do IP de setembro de 1997 como defesa das ações do banco; porém, quando o relatório vazou para a imprensa, foi considerado bastante crítico à atuação do banco.[754] Ademais, o IP pode recomendar uma inspeção apenas depois que tenha havido danos,

---

[752] World Bank, Inspection Panel, "Panel Cases", http://ewebapps.worldbank.org/apps/ip/Pages/AllPanelCases.aspx (acesso em 26 de junho de 2015).

[753] World Bank, Inspection Panel, *Annual Report*, 1º de junho de 2014 — 30 de junho de 2014, p. 6, http://ewebapss.worldbank.org/apps/ip/Pages/Annual-Report.aspx (acesso em 18 de outubro de 2015).

[754] "Yacyreta Report Implies WB Panel Downgrade", *Financial Times Business Reports*, 1º de janeiro de 1998; "Row Brews Over Bank Role in Dam Project", *Financial Times*, 4 de maio de 1998; "World Bank Issues Apology", *Financial Times*, 12 de maio de 1998.

não podendo, pois, ser usado como mecanismo preventivo. Considere-se, por exemplo, o caso 78, Projeto de Energia de Kosovo, registrado em 2012. A requisição — especificando preocupações com danos ambientais, relocação forçada e falta de transparência, entre outras questões — foi classificada como inelegível para inspeção, porque o projeto não tinha ainda começado.[755] Uma nova reclamação relativa ao Projeto de Energia do Kosovo, caso 103, foi registrado em 2015; porém, ao tempo em que este livro é escrito, não está disponível a documentação a respeito.[756] Adicionalmente, alguns projetos respaldados pelo banco estão além do alcance do IP. Em janeiro de 2015, um grupo de organizações da sociedade civil do Haiti, com o suporte do Global Justice Clinic and Accountability Counsel, da Escola de Direito da Universidade de Nova York, deu entrada à petição inicial para a revisão de um projeto no setor de mineração. Embora o IP tenha apontado que "as preocupações levantadas na solicitação são de grande importância, sérias e legítimas e … [o projeto] pode ter consequências ambientais e sociais significativas e consideravelmente adversas …", suas mãos ficaram atadas porque o projeto era financiado "por meio de um Bank-Executed Trust Fund (BETF), ao qual não são aplicáveis … as políticas e os procedimentos do banco".[757] Portanto, esse sistema também precisa ser reforçado e tornado mais responsabilizável antes que se possa tornar parte séria do regime emergente, embora na sua presente forma possa destacar algumas áreas problemáticas nas operações de empréstimo do banco.

A experiência do IP de lidar com reclamações dos grupos de cidadãos e de ONGs é um útil primeiro passo. Ele foi o primeiro foro internacional onde pessoas físicas que não tenham uma relação contratual com uma organização internacional podem tentar obrigá-la a prestar contas (Bradlow e Schlemmer-Schulte, 1994:402; Bissell, 1997). Após analisar o tratamento pelo IP de reclamações sobre o projeto de represa Arun III no Nepal, Daniel Bradlow (1996) conclui que o IP pode ajudar a proteger os interesses da população

---

[755] The World Bank, The Inspection Panel, "Kosovo: Kosovo Power Project (Proposed)", http://ewebapps.worldbank.org/apps/ip/Pages/ViewCase.aspx?CaseId=87 e "Complaint Addressed to the World Bank Inspection Panel Regarding the Kosovo Power Project", http://ewebapps.worldbank.org/apps/ip/PanelCases/78-Request%20for%20Inspection%20(English).pdf (acesso em 13 de outubro de 2015).

[756] Ver http://ewebapps.worldbank.org/apps/ip/Pages/ViewCase.aspx?CaseId=108 (acesso em 13 de outubro de 2015).

[757] The World Bank, The Inspection Panel, "Haiti: Haiti Mining DialogueTechnical Assistance", http://ewebapps.worlbank.org/apps/ip/Pages/AllPanelCases.aspx (acesso em 27 de junho de 2015).

afetada pelos projetos do Banco Mundial, mas ele levanta preocupações sobre ambiguidades no relacionamento entre IP, administração do banco e diretoria executiva. Um requisito-chave, que será essencial a qualquer nova instituição, é assegurar que o IP mantenha independência e que seus processos sejam transparentes aos observadores externos.

O Escritório de Ética e Integridade nos Negócios investiga casos em que haja acusações de corrupção contra empregados do Banco Mundial em suas variadas formas e recomenda medidas disciplinares a serem tomadas, até a demissão e a referência a autoridades nacionais. O Tribunal Administrativo do Banco Mundial (World Bank Administrative Tribunal — WBAT) tem a responsabilidade de decidir os casos nos quais os empregados do banco aleguem violação de seus contratos, incluindo decisões do Escritório de Ética e Integridade nos Negócios. Em princípio, o WBAT poderia ouvir casos envolvendo corrupção, seja porque o empregado tenha sido demitido por envolvimento em corrupção, seja porque tenha sido demitido por tentar revelar a corrupção de outro. Encontramos 21 casos (de 503) relacionados a corrupção. Esses casos incluem reclamações de tratamento ou demissão injusta, vazamento de informações pessoais, violações do FCPA, conflitos de interesse, propinas, denúncias e manipulação de concorrências.[758] Outros 17 casos referem-se a um caso comum submetido por múltiplos empregados do Departamento de Integridade Institucional (Department of Institutional Integrity — INT), alegando conflitos de interesse e abuso de autoridade pelo supervisor departamental do INT.[759] A informação mostrada no *website* parece ser completa e transparente, revelando detalhes das ações internas do Banco Mundial quando empregados se envolvem em atos de corrupção, mas não revelam nada sobre as medidas para detectar ou prevenir corrupção sistêmica. Na verdade, em vários dos casos alega-se retaliação por motivo de denúncias. O BAT tem o ponto fraco de não poder considerar queixas apresentadas por terceiros, ou casos que visam a modificar as políticas do banco

---

[758] World Bank Administrative Tribunal, "Judgments & Orders: Search Results" (procura usando os termos "corruption OR bribery OR graft", 27 de junho de 2015, http://Inweb90.worldbank.org/crn/wbt/wbtwebsite.nsf/(attachmentweb)/C6BA54D9E411A68E852576C4007DE257/$FILE/AWDecisionNo.420.pdf (acesso em 13 de outubro de 2015).

[759] Um desses é o World Bank Administrative Tribunal (2009), "No. 420: AW, Applicant v. International Bank for Reconstruction and Development, Respondent", http://Inweb90.worldbank.org/crn/wbt/wbtwebsite.nsf/(attachmentweb)/C6BA54D9E411A68E852576C4007DE257/$FILE/AWDecisionNo.420.pdf (acesso em 13 de outubro de 2015).

(Sheed, 2012:234-5). A Organização Internacional do Trabalho também possui um Tribunal Administrativo (International Labor Organization Tribunal — ILOAT); um Tribunal Administrativo das Nações Unidas (United Nations Administrative Tribunal — UNAT) existiu até que uma reforma em 2007 o substituiu pelo Tribunal de Disputas da ONU (UN Dispute Tribunal) e pelo Tribunal de Apelações da ONU (UN Appeals Tribunal) (Gomula, 2012:366).

Mecanismos externos: Todas as IFIs estão subordinadas ao Direito Jurídico e Consuetudinário, com respeito à soberania dos estados e aos direitos humanos (Bradlow, 2012:46-8). Em particular, "os indivíduos, no mínimo, devem esperar que as IFIs respeitem e protejam seus direitos sociais, econômicos e culturais, tais como os direitos à habitação, à assistência de saúde, à educação, a empregos e à segurança social" (ibid.:48). É neste ponto que as IFIs são frequentemente desafiadas: quando um projeto financiado causa danos ambientais ou relocação para habitações inadequadas, os que são afetados podem apelar para os mecanismos de responsabilização anteriormente explicados. Porém, que acontece se o IP descobre que o banco seguiu suas políticas, como frequentemente ocorre?

Um possível recurso, mas raramente invocado, é a Corte Internacional de Justiça (International Court of Justice — ICJ). A ICJ tem sido acionada em poucas ocasiões para o apelo de decisões pelos mecanismos administrativos internos. Em cada caso, todavia, o ICJ decidiu em favor dos mecanismos administrativos, o que contribuiu para a legitimidade desses organismos. Atualmente, o ICJ pode rever os julgamentos do ILOAT, que possui jurisdição sobre 60 organizações internacionais. Em 2009, o UNAT foi substituído pelo UN Dispute Tribunal e pelo UN Appeals Tribunal; este último tem a palavra final. O ICJ não tem jurisdição sobre a ONU desde 1995 (Gomula, 2012). Não obstante, "nenhuma entidade jurídica ou quase-jurídica internacional possui jurisdição direta sobre os atos ou as omissões das organizações internacionais.... Além disso, somente estados podem instituir processos contenciosos perante a Corte Internacional de Justiça" (Baimu e Panou, 2012:154). A Comissão de Direito Internacional está trabalhando para definir as responsabilidades das organizações internacionais diante de violações de direitos humanos ou de outros assuntos cobertos pelo direito internacional, sejam elas cometidas pela organização ou por um estado assistido pela organização (ibid.:163-4). Essa é outra área onde as propostas de Carrington, sumarizadas no texto precedente, poderiam ser instrutivas. O uso de sistemas Judiciários locais é uma outra opção. As organizações internacionais e seus empregados gozam de imunidade (limitada): alguns tribunais nacionais observam essa imunidade apenas com respeito aos objetivos anunciados da organização ou a atividades não comerciais; em alguns casos, as organizações dispensam a imunidade (Berenson, 2012). Por exemplo, "a imunidade do Banco Mundial não é absoluta; em certos casos, pode ser aberto um processo contra ele em países onde o banco tenha representação, tenha nomeado um agente para a finalidade de aceitação de serviço ou acompanhamento de processo, ou tenha emitido títulos garantidos" (Rigo Sureda, 2012:304).

Em pelo menos três ocasiões, um comitê ou painel externo foi nomeado por uma organização para investigar corrupção dentro da organização. No primeiro caso, o secretário-geral das Nações Unidas nomeou um comitê independente para investigar o Programa Petróleo por Comida (ver quadro 14.1) em 2004, após rumores persistentes de corrupção e de forte pressão da administração Clinton para fazê-lo (Vogl, 2012:93). O comitê era composto de três autoridades globalmente reconhecidas (Paul A. Volcker, Richard J. Goldstone e Mark Pieth); foram-lhe garantidos fundos e independência para contratar equipe de suporte, e recebeu amplos poderes para requerer e receber informações de empregados e departamentos dos Estados Unidos. O comitê encontrou evidências de US$1,8 bilhão em propinas e comissões ao regime de Sadam Hussein, assim como US$10 bilhões de receita ilícita, recebida em função do contrabando de petróleo para Jordânia, Turquia e Síria, sob os olhos cegos dos inspetores das Nações Unidas, cujo mandato permitia apenas embarques sob o programa. Em consequência, o comitê apontou negligência e lacuna administrativas como sérias deficiências carentes de reforma. Evidências diretas de corrupção nas Nações Unidas foram encontradas e atribuídas ao funcionário da ONU Benon Sevan, que administrava o programa, assim como irregularidades no departamento de compras (Volcker, 2006). Sevan fugiu para Chipre, seu país natal, e, aparentemente, não foi extraditado para julgamento nos Estados Unidos, apesar de haver sido pedida sua extradição.[760] Várias empresas e seus empregados foram condenados ou fizeram acordo, mas relativamente poucos funcionários da ONU se tornaram réus.[761]

---

[760] Warren Hoge, "U.S. Legislators Want Cyprus to ExtraditeIndicted U.N. Official", *New York Times*, 14 de fevereiro de 2007, http://www.nytimes.com/2007/02/14/world/14briefs-unoilforfood.html (acesso em 13 de outubro de 2015).

[761] "Roling Up the Culprits", *The Economist*, 13 de março de 2008, http://www.economist.com/node/10853611 (acesso em 13 de outubro de 2015).

> **Quadro 14.1. O escândalo petróleo por comida, da ONU**
>
> Em agosto de 1990, o Iraque invadiu o Kuwait e logo após anexou o país. Em resposta, as Nações Unidas acorreram em defesa do Kuwait, no que se tornou conhecido como a Guerra do Golfo. Emergindo vitoriosas, as Nações Unidas exigiram que o Iraque provasse que não estava desenvolvendo um programa de armamento nuclear: inspetores da ONU visitariam locais suspeitos. Devido à resistência do Iraque à inspeção pela ONU de potenciais instalações nucleares, as Nações Unidas impuseram embargo comercial ao Iraque.
>
> Ao longo do tempo, tornou-se claro que a população do Iraque estava sofrendo as consequências do embargo, na forma de desnutrição e problemas de saúde, enquanto Sadam Hussein não mostrava nenhuma intenção de cooperar plenamente com os inspetores da ONU. Esses males constituíam violação do mandato da ONU e dos direitos humanos; portanto, a ONU procurou remediar os danos, empreendendo o maior programa de ajuda humanitária até então: o Programa Petróleo por Comida, no Iraque.
>
> De acordo com esse programa, que operou de 1996 a 2003, seria permitido ao governo do Iraque vender petróleo a fim de obter divisas internacionais; essas seriam usadas para comprar comida e remédios. Vendas e compras em âmbito do programa eram supervisionadas por inspetores da ONU, e o dinheiro era gerenciado por meio de uma conta de depósito. Segundo a maioria dos relatos, o programa era muito bem-sucedido, melhorando a vida de milhões de pessoas em todo o Iraque. Porém, começaram a circular rumores de corrupção na venda do petróleo e na compra de alimentos e de suprimentos médicos. A administração Clinton pressionou a ONU a investigar os rumores, e em 2004 o secretário-geral das Nações Unidas, Kofi Annan, "relutantemente" (Vogl, 2012:93) nomeou um comitê composto de três pessoas para realizar a investigação, encabeçada por Paul Volcker, antigo presidente do Banco Central dos Estados Unidos. Essa comissão tornou-se conhecida como Comissão Volcker.
>
> A Comissão Volcker revelou evidências diretas de US$1,8 bilhão de suborno dentro do programa e de negligência ao ignorar o contrabando que ocorria fora do programa, mas sob o nariz dos inspetores da ONU, no valor de US$10 bilhões de receita. Estudos subsequentes estimaram que a venda de petróleo iraquiano sob o programa, a preços inferiores aos de mercado — excluindo contrabando — proporcionava uma receita de US$3,5 bilhões, presumivelmente divididos entre Hussein e os comerciantes (Hsieh e Moretti, 2006; ver também Jeong e Weiner, 2011). Preocupações sobre conflitos de interesse envolvendo o filho de Kofi Annan, que trabalhava como contratado da ONU, foram consideradas sem fundamento. No entanto, observa Volcker (2006:xxiv):
>
>> Cerca de 4.500 companhias, registradas em diversos países, participaram da compra de petróleo do Iraque e da venda de bens para o Iraque. ... Durante o período em que pagamentos ilícitos foram exigidos pelo governo do Iraque, quase todas essas companhias parecem ter, direta ou indiretamente, feito esses pagamentos ao governo do Iraque, por meio das assim chamadas "sobrecargas" ou "comissões". À parte os lapsos de supervisão da ONU, a disposição de tantas companhias de fazerem esses pagamentos retrata um quadro perturbador da extensão do suborno e da corrupção no comércio internacional.

Outro exemplo envolve também as Nações Unidas. Em 2005, em consequência da "insatisfação" com a forma pela qual operava o Tribunal Administrativo da ONU, estabeleceu-se um comitê independente, a fim de fazer recomendações. O relatório do comitê levou a uma reforma completa do

UNAT, com a criação do Tribunal de Disputas da ONU e do Tribunal de Apelações da ONU, bem como de um mecanismo de "resolução informal de disputas", para evitar os custos dos procedimentos formais (Struyvenberg, 2012:243-4).

Em um terceiro exemplo, foi fundada em 2001 a Vice-Presidência de Integridade (INT) do Banco Mundial, para detectar corrupção e violações éticas internamente à instituição. Em 2007, um comitê independente ("o Painel Volcker") reviu alegações de que a vice-presidente do INT tinha conflitos de interesse e de que abusava de seu poder. Ela renunciou ao cargo, antes que o painel liberasse o resultado das investigações.

Ainda que sejam imperfeitas essas medidas, internas e externas, elas constituem as mais avançadas e transparentes medidas de responsabilização adotadas por organizações internacionais. O Banco Mundial e as Nações Unidas têm respondido às críticas pela melhoria dos procedimentos e pela divulgação dos resultados. Outras organizações internacionais são menos transparentes e menos responsabilizáveis. Em todos esses casos, a sociedade civil pode desempenhar um papel crucial.

Sociedade civil: Cada vez mais as IFIs estão sujeitas ao escrutínio externo pela imprensa e pelas organizações da sociedade civil. Uma vez que seus recursos de financiamento são, em última instância, derivados de impostos pagos pelos cidadãos dos estados membros, ou obtidos nos mercados internacionais de capitais (Baimu e Panou, 2012:151), é adequado que as IFIs respondam ao público. De fato, a supervisão pública tem sido facilitada pela melhoria da transparência na maioria das IFIs nas últimas duas décadas. "Todas as IFIs têm adotado políticas de abertura das informações. Essas políticas, muitas das quais têm sido revisadas ao longo do tempo, têm continuamente aumentado o volume de informações divulgadas pelas IFIs [com a notável exceção de informações proprietárias excluídas pelo estado ou pela empresa]" (Bradlow, 2012:43). Como demonstrado nos dados analisados no texto precedente, muitas dessas informações acham-se prontamente visíveis no *website* do Banco Mundial.

Grupos da sociedade civil como a Transparência Internacional e a Global Witness mantêm controle sobre os esforços anticorrupção da ONU, da OCDE e de outras organizações multilaterais. A Global Witness prepara relatórios e emite comunicados de imprensa, criticando a insuficiência dos esforços correntes e propondo o que a mais precisa ser feito, ao invés de revelar dados sobre a corrupção no interior dessas organizações.[762] Da mesma forma, a Transparência Internacional avalia o cumprimento pelos estados membros de suas obrigações junto à UNCAC, à Convenção Anti-Suborno da OCDE e à Convenção Anti-Suborno da OEA, mas pouco tem a dizer sobre a corrupção interna a essas organizações.[763] A TI é um tanto crítica em relação aos bancos multilaterais de desenvolvimento (MDBs).[764] Contudo, dado o entusiasmo anticorrupção dessa entidade, não é difícil imaginar que esses e outros grupos rapidamente exporiam qualquer caso de corrupção descoberto no interior dessas organizações multilaterais.

Conclusões: padrões de políticas e reformas de políticas

O interesse atual na corrupção repete um antigo padrão. Impulsos reformistas têm com frequência surgido nos últimos dois séculos, e às vezes levado a verdadeiras reformas. A corrente onda de interesse é parte de uma tendência mais geral. Especialistas em desenvolvimento reconhecem que o foco tradicional nas políticas macroeconômicas e em projetos de infraestrutura de grande porte não é suficiente e pode, mesmo, resultar em tiro pela culatra. Se são frágeis as instituições políticas e burocráticas de um estado, e se o

---

[762] Ver, por exemplo, Global Witness, "World Bank Facilitates Transport of Illegally Cut Logs in Cambodia", 10 de fevereiro de 2005, https://www.globalwitness.org/search/?search_query=%22World+Bank%22+corruption&tab=pages; Global Witness, "UN Anti-Corruption Meeting Develops Worrisome Trend", 4 de novembro de 2009, https://www.globalwitness.org/archive/un-anti-corruption-meeting-develops-worrisome-trend/; Global Witness, "UN Anti-Corruption Convention Rendered Toothless", 13 de novembro de 2009, https//www.globalwitness.org/archive/un-anti-corruption-convention-rendered-toothless/; Global Witness, "Lessons UNlearned", 27 de janeiro de 2010, https://www.globalwitness.org/documents/17845/lessons_unlearned.pdf (todos os acessos em 13 de outubro de 2015).

[763] Transparency International, "Our Work on Conventions", http://www.transparency.org/whatwedo/activity/our_work_on_conventions (acesso em 13 de outubro de 2015).

[764] Ver, por exemplo, Transparency International, "Are We There Yet? The World Bank's Anti-Corruption Record", 28 de junho de 2012, http://www.transparency.org/news/feature/are_we_there_yet_the_world_banks_anti_corruption_record; Transparency International, "Making Development Accountable: World Bank/IMF Spring Meetings 2011", 13 de abril de 2011, http://www.transparency.org/news/feature/making_development_accountable_world_bank_imf_spring_meetings_2011; U4 Expert Answer, "Multilateral Development Banks' Integrity Management Systems", http://www.transparency.org/files/content/corruptionqas/264_Multilateral_development_banks_integrity_management.pdf (todos os acessos em 13 de outubro de 2015).

mercado opera muito imperfeitamente, a ajuda ao desenvolvimento falhará em produzir resultados positivos.

Organizações internacionais de ajuda e empréstimo deram os primeiros passos em direção à reforma. A corrupção já não é um tabu. Os relatórios já não usam eufemismos como "relações inapropriadas de capital/trabalho", "excessiva compra de veículos", ou simplesmente "desperdício". Alguns projetos do Banco Mundial foram retirados em razão de evidências de corrupção, embora geralmente sem muita divulgação. O FMI requer dos países que desejam salvar-se de um colapso que concordem com reformas de governança, que incluem políticas de redução da corrupção. Contudo, permanecem dúvidas acerca da profundidade desses compromissos. Uma tentativa séria de lidar com o assunto vai exigir confrontação com muitos dos tomadores de empréstimos e com países emprestadores cujas próprias empresas paguem propinas nos países em desenvolvimento. Mudanças sérias não podem ocorrer, a menos que os países reconheçam o problema e o enfrentem, mas de forma que não adquira o caráter de caça às bruxas. Muito frequentemente, campanhas anticorrupção naufragaram por causa do desejo dos detentores do poder de enfraquecer seus adversários.

Certas estratégias globais que teriam sido inviáveis no passado recente são possíveis hoje. Assim, pode-se imaginar uma relação cooperativa entre o FMI e o Banco Mundial, de um lado, e companhias multinacionais, de outro, para ajudar em uma reforma. Por exemplo, o FMI requer reformas nas instituições públicas de um país e na transparência de seus procedimentos, a fim de limitar a corrupção e melhorar a efetividade de sua assistência financeira.[765] Um método de verificar a efetividade das políticas do país seria permitir que as empresas pressionadas a pagar propinas reportassem sua experiência ao FMI. Este poderia não investigar as reclamações uma a uma, mas a ocorrência de um padrão de relatos poderia induzir o FMI a reabrir negociações. Similarmente, altos funcionários governamentais que sejam pressionados a aceitar pagamentos indevidos por empresas em busca de favores poderiam reportar ao FMI. Esses relatórios, repassados ao Banco Mundial e a outras IFIs, poderiam ser um passo preliminar na implementação das políticas esquematizadas neste capítulo, que explicitamente poderiam disciplinar as empresas ao lhes restringir o acesso a projetos suportados por empréstimos do Banco Mundial.

---

[765] International Monetary Fund, "The Role of the IMF in Governance Issues — Guidance Note", publicado como parte de News Brief 95/15, Washington, DC: IMF, 4 de agosto de 1997.

Tornar-se uma espécie de câmara central de reclamações é uma forma de revelar a ambos os lados que a corrupção de alto nível é um jogo no qual o país em desenvolvimento é o perdedor e no qual nem os atores privados nem os atores públicos se podem absolver de responsabilidade. Se tanto um alto funcionário quanto uma empresa se queixam de pressões exercidas por um lado sobre o outro, o cenário pode estar pronto para reformas significativas que, de partida, reduzam os incentivos para negociatas. Talvez a EITI possa ser a fonte dessas informações. Sem tentar atribuir culpa, o FMI e o Banco Mundial poderiam começar um diálogo com os líderes do país e com os maiores investidores, de modo a melhorar a situação, visando ao benefício dos cidadãos do país. Se cada um pensa que todos os demais são corruptos, todos, exceto os santos, serão tentados a engajar-se em malfeitorias. Se as expectativas puderem ser mudadas por declarações claras de ambos os lados, seguidas de ações consistentes e de compromisso digno de crédito para reportar pressões por corrupção, o progresso parecerá possível. O clima da opinião mundial deve estar fortemente inclinado contra a corrupção, para que valha a pena para as grandes corporações tomar posição contra o suborno, em vez de tolerar ou encorajar pagamentos espúrios.

15
Cooperação internacional: estados, empresas, bancos e crime organizado

A corrupção internacional é facilitada pelas práticas das empresas multinacionais. Contudo, mesmo que todas essas empresas se comprometessem a não fazer pagamentos indevidos, o crime organizado internacional, um grande negócio, permaneceria uma influência corruptora. Ademais, a lavagem de dinheiro não apenas facilita esse crime, mas também pavimenta o caminho para que funcionários corruptos transfiram seus fundos para o exterior. As políticas que dificultam a passagem de fundos ilícitos através das fronteiras e a sua entrada no sistema financeiro legítimo constituem, pois, um aspecto subsidiário vital dos esforços globais contra a corrupção. Para limitá-la, não bastam esforços internacionais explícitos. Assim, neste capítulo consideramos os esforços para mudar o comportamento das empresas pela invocação de princípios éticos nos negócios, e questionamos como a luta global contra o crime organizado e a lavagem de dinheiro podem indiretamente restringir os lucros da corrupção internacional. Ambas essas iniciativas visam a objetivos mais amplos que o controle da corrupção por si só, mas estão estreitamente ligadas aos incentivos e ganhos da grande corrupção. Mesmo que os Estados Unidos e a União Europeia não possam cobrar taxas por suborno, podem processar pessoas físicas e jurídicas estrangeiras pelo crime de lavagem de dinheiro. Muitos dos grupos do crime organizado são por natureza internacionais, e suas atividades corruptoras têm longo alcance. A fim de ter êxito em desbaratar esses grupos e em processar individualmente seus membros, é necessária a cooperação internacional.

Este capítulo se inicia pela abordagem das obrigações dos negócios multinacionais, especialmente pelas grandes empresas, cujo tamanho e poder de mercado excedem os de muitos estados nacionais. A seguir, discutimos a importância da cooperação internacional, em adição aos tratados anticorrupção existentes, para lidar com crime organizado e lavagem de dinheiro.

I. Corrupção nos negócios internacionais: as obrigações das empresas multinacionais

A corrupção envolve um comprador e um vendedor. Ela não é apropriadamente descrita como "importada" por empresas multinacionais malignas para o interior de inocentes países em desenvolvimento. No entanto, as empresas multinacionais são atores centrais em muitas negociações corruptas de grande escala. Os reformadores que lutam contra a corrupção têm tentado identificar essas empresas mediante esforços anticorrupção e convencê-las a alterar seu próprio comportamento. Esses esforços podem complementar outros esforços, voltados a intensificar o crescimento, reduzir a pobreza e fortalecer a legitimidade do governo, e, mais destacadamente, eles podem melhorar o ambiente geral dos negócios internacionais.

Para começo, discutamos a corporação como um ator com responsabilidades morais, destacando que as empresas multinacionais devem levar em conta suas obrigações como atores internacionais que excedem em tamanho e em influência algumas das nações com que negociam. E, mais importante que seu puro tamanho, a alavancagem de uma empresa em relação ao porte de um estado nacional depende da natureza de suas negociações com o governo. Se o negócio representa uma grande fatia do produto interno bruto do país ou do orçamento do estado, as empresas não podem simplesmente adotar a posição de que apenas seus próprios interesses comerciais sejam tudo o que está em jogo. Elas podem argumentar que não têm a obrigação de assumir uma perspectiva mais ampla, mas não podem alegar que suas ações sejam irrelevantes nas condições prevalentes de um país em desenvolvimento ou em transição. Como as empresas são criações legais e sujeitas às restrições da lei, suas obrigações perante a ordem legal são mais fortes que as das pessoas físicas (cidadãos comuns). Contudo, as obrigações políticas e econômicas de uma empresa nem sempre são consistentes. Explicamos a seguir essas tensões e discutimos formas de minimizá-las.

Gerentes e diretores que aceitam a obrigação de abster-se de participar da "grande" corrupção devem ainda decidir que tipo de ações suas empresas devem assumir. Assim, consideramos a seguir os limites dos esforços para assegurar que os gerentes tenham alto padrão de moralidade pessoal. Essa abordagem é demasiadamente estreita — o foco na moralidade pessoal negligencia a frequentemente valiosa distinção entre moralidade pessoal e julgamento negocial. Como a obrigação de evitar envolver-se com a corrupção deriva do posicionamento organizacional e legal das empresas, apelos à moralidade pessoal são inadequados e muitas vezes inapropriados.

Finalmente, argumentamos que, em geral, os esforços anticorrupção devem depender das obrigações assumidas pela empresa e de seu comportamento coordenado de converter um "dilema do prisioneiro" em um "jogo de coordenação", no qual as empresas obtêm como benefício níveis mais reduzidos da grande corrupção.

A. A corporação como pessoa moral

A moderna corporação é uma criatura das leis e opera em múltiplas jurisdições políticas apenas sob a permissão de governos. Sua criação só pode ser justificada na medida em que, como resultado, ela promova objetivos sociais desejáveis, tanto econômicos quanto políticos. A "personalidade legal" da empresa lhe confere uma obrigação pelo menos equivalente à das pessoas físicas, tanto perante o estado que a criou quanto perante aquelas jurisdições que lhe permitem operar no interior de suas fronteiras. Ao contemplar uma ação corrupta, a empresa deve não apenas avaliar sua posição quanto ao lucro, mas perguntar-se se suas ações, na ponderação de resultados, serão boas para a sociedade (Thompson, 1987:15). Desse ponto de vista, um pagamento espúrio seria antiético, mesmo que a diretoria acreditasse que a empresa seja o fornecedor de menor custo, que sairia vencedora de uma competição honesta. A empresa é parte de um sistema político-econômico cuja eficiência e legitimidade podem ser enfraquecidas pela prática de pagamentos indevidos.

A noção expressa por Donaldson (1989:44-64) de um "contrato social" hipotético entre o empresariado e a sociedade fornece uma formulação bastante útil de enquadrar a questão. Ele pergunta se cidadãos idealizados, ao estabelecerem uma sociedade sob condições igualmente idealizadas, concordariam com a criação de organizações produtivas privadas (ou seja, corporações, parcerias). Ele declara como hipótese que os cidadãos aceitariam essas organizações se os benefícios do aumento de produtividade ultrapassassem os custos. Sob essa visão, é plausível exigir que as empresas aceitem obrigações morais como condição de seu direito de existir. "Organizações produtivas e a sociedade deveriam agir *como se* houvessem estabelecido um acordo ... de que seria aceitável que partes livres e informadas agissem a partir de posicionamentos de autoridade moral equivalente (uma pessoa, um voto)" (ibid.:61). Conforme escreve Thompson, "Os direitos legais de uma corporação (distintos dos direitos de seus membros) se devem assentar principalmente sobre a utilidade social" (1987:78; ver também Dahl, 1982:197-202).

Donaldson aplica sua análise aos negócios internacionais, argumentando que certas condições morais são culturalmente neutras.[766] De sua lista, centramos foco em duas obrigações que se relacionam com nossa preocupação quanto à corrupção: obrigações para incrementar a eficiência do sistema de mercado e obrigações para abster-se de enfraquecer as legítimas instituições governamentais.[767]

Incrementando a eficiência do mercado: Alguns comportamentos podem não ser individualmente racionais ou lucrativos para a empresa, mas podem fortalecer a eficiência geral da economia de mercado, tanto a doméstica quanto a global. No modelo puramente competitivo, não existem dilemas morais, porque as regras do jogo estão fixadas e os pressupostos necessários a um mercado competitivo estão satisfeitos. O sistema de mercado competitivo opera para produzir resultados eficientes, ainda que todos os atores individuais estejam apenas preocupados com seus próprios estritos interesses. Empresas centradas no lucro, pressionadas pelo mercado, não podem sobreviver, a menos que sejam univocamente devotadas à maximização do lucro.

Obviamente, no mundo real isso não é verdade. Conforme escreve Bowie, "O mercado não é moralmente neutro, uma máquina bem lubrificada; em vez disso, ele está embutido na moralidade e depende da aceitação da moralidade para seu sucesso" (1988:530). Leis e regulamentações existem para constranger os piores tipos de comportamento, tais como fraude contra os consumidores ou intimidação dos concorrentes por meio de ameaças de violência. O sistema legal na maioria dos países procura limitar o poder dos monopólios, requer certos tipos de abertura de informações e controla as externalidades, como a

---

[766] Donaldson postula três condições: (1) Uma organização produtiva deve incrementar em longo prazo o bem-estar de seus empregados e de seus consumidores em qualquer sociedade em que opere; (2) uma organização produtiva deve minimizar os prejuízos associados à movimentação para além do estado natural, em direção a um estado contendo organizações produtivas; e (3) uma organização produtiva deve abster-se de violar os padrões mínimos de justiça e de direitos humanos em qualquer sociedade onde opere (Donaldson, 1989:54).

[767] De acordo com o ICC, na introdução de suas regras de conduta para corporações: "A mais alta prioridade deve ser dirigida a terminar com a extorsão e o suborno em grande escala envolvendo políticos e altos funcionários. Esses delitos representam a maior ameaça às instituições democráticas e causam as mais graves distorções econômicas" (Vincke, Heimann e Katz, 1999:103-4).

poluição ambiental. Se essas leis estabelecessem apenas os corretos incentivos para a aderência da empresa a suas obrigações, isso seria o bastante. As empresas organizariam suas operações de forma a não entrar em conflito com essas restrições legais.

Obviamente, essa suposição é falsa. As leis expressam aspirações, mas não são cabalmente aplicadas, e raramente oferecem um incentivo para uma perfeita dissuasão, o que deixa espaço para que as empresas e seus dirigentes reflitam sobre suas obrigações éticas. Essas reflexões serão mais relevantes na arena internacional, onde há, realisticamente, menos restrições legais.

Mesmo que uma negociata isolada seja eficiente, as ações que contribuam para a aceitabilidade da corrupção no mercado solapam a eficiência. A empresa é beneficiária do sistema de mercado e a justificação normativa dos mercados repousam sobre sua eficiência. Assim, a empresa tem por obrigação agir de maneira que melhore o funcionamento eficiente do mercado. De outra forma, todo o mercado se deixará aberto a acusações de imoralidade e de ilegitimidade. As pessoas podem divergir sobre a força dessa obrigação, mas é difícil defender que a grande corrupção não esteja do lado proibido. O comportamento criminoso disseminado pode erodir a confiança do público no mercado e afetar seriamente os empreendedores honestos na consecução de suas atividades. Segundo essa visão, a empresa tem o dever de não apenas recusar demandas corruptas, mas também de as denunciar.[768]

Mantendo a legitimidade política: As empresas, para seu êxito, dependem não apenas da existência de um sistema de mercado funcional, mas também de um estado que proteja a propriedade privada, que facilite a atividade do mercado e que mantenha ordem e estabilidade. Como temos defendido, há uma estreita conexão entre a efetividade do estado, de um lado, e o crescimento econômico e o desenvolvimento, de outro. Em particular, o investimento estrangeiro direto (IED) e o sucesso das políticas de desenvolvimento industrial estão ligados à qualidade da governança e à relativa ausência de corrupção. Justamente como as empresas têm a obrigação de agir de forma consistente com a preservação dos mercados, elas também têm o dever de agir

---

[768] Alguns códigos de conduta corporativos propostos para empresas transnacionais incluem disposições concebidas para manter a integridade do mercado, pela restrição de pagamentos políticos e de suborno. Essas restrições são parte do código desenvolvido pela OCDE e do projeto de Código de Conduta para Corporações Transnacionais da ONU. Para uma apreciação geral, ver Frederick (1991).

consistentemente com a preservação de um estado "amistoso ao mercado". Alguns falam de "cidadania corporativa", para enfocar a empresa como uma pessoa jurídica que foi criada pelo estado ou autorizada por ele para operar. A dependência da empresa em relação ao estado em sua própria existência confere-lhe a obrigação de considerar as consequências de suas ações em relação ao estado e a agir afirmativamente no sentido de preservar valores políticos (Donaldson, 1989). A "cidadania corporativa" insere-se na categoria mais ampla de "responsabilidade social corporativa".

A democracia e o estado "amistoso ao mercado" não são sempre a mesma coisa. Estudos de caso de investimento estrangeiro direto indicam que os negócios nem sempre são apoiadores da democracia, mesmo se estão sediados em países onde a democracia é bem enraizada (Armijo, 1999). Não obstante, existem alguns casos que é fácil apontar. Dada a dependência da empresa em relação ao estado, para existir e para operar, ela tem a obrigação de não enfraquecer a constituição de estados democráticos que seja vista como legítima pelos cidadãos. Se as empresas investem em países que estejam tentando estabelecer sistemas democráticos, elas deveriam perguntar se sua atuação está dando respaldo ao desenvolvimento de um estado viável e legítimo.[769] Novas oportunidades de corrupção constituem uma das dificuldades crescentes da transformação política e econômica e podem solapar reformas que de outro modo seriam promissoras, ao lhes reduzir a legitimidade e a isenção. Como conclui Bowies, as empresas deveriam dar apoio à democracia porque: "de outro modo, as multinacionais estariam em posição de se beneficiar ao fazer negócio com aquela sociedade, enquanto, ao mesmo tempo, se engajariam em atividades que enfraqueçam aquela sociedade" (Bowie, 1988:527).

Os casos difíceis ocorrem quando a estabilidade do estado em longo prazo se baseia em um sistema autocrático favorável ao investimento nos negócios, onde a democracia, se estabelecida, poderia passar por um longo período de instabilidade, como tem ocorrido na Europa Oriental depois de 1989, e em diversos países do Oriente Médio e da África. Se se aceita o argumento de que as empresas têm a obrigação de não enfraquecer um estado que se baseia na soberania popular, então é clara a obrigação da empresa em uma fase de

---

[769] Thompson escreve que "a ética política presta apoio à política democrática de muitas formas" (1987:3). Diríamos o mesmo sobre a ética corporativa. As restrições sobre propinas e pagamentos políticos nos códigos de conduta para transnacionais justificam-se às vezes como tentativas de evitar um comportamento que interfere com a soberania nacional e com a política interna dos países anfitriões (Frederick, 1991).

transição: não deveria envolver-se em corrupção para obter contratos ou concessões ou para competir na privatização de estatais.

B. Papel e responsabilidade

A seção anterior argumentou que os negócios multinacionais devem abster-se de corrupção, mas essa assertiva deixa em aberto a questão de que passos devem tomar. Em grandes linhas, as medidas corporativas contra a corrupção mantêm paralelismo com as dos governos. As empresas devem estabelecer e disseminar um forte código de ética, devem contratar profissionais honestos que se identificam com esse código, devem remover incentivos que induzam os empregados a se envolverem em comportamento corrupto e devem tomar iniciativas para detectar malfeitorias, por meio de auditorias internas, e proteger denunciantes. Uma resposta simples seria uma política de pessoal que favorecesse os candidatos com forte perfil de moralidade pessoal. Porém, moralidade pessoal às vezes é insuficiente quando desafiada pela lógica do mercado ou por uma cultura interna corrupta. Os atores frequentemente enfrentam conflitos diretos entre lucros e princípios. Ademais, alguns traços pessoais que são admirados na vida privada trabalham contra o atingimento das metas da organização, inclusive o controle da corrupção.

Consideremos, primeiramente, um caso fácil, no qual o alto padrão ético é reputado bom para os escalões inferiores, mas dirigentes corruptos intensificam sua atuação em proveito financeiro próprio às expensas da empresa. Assim, a estratégia de contratar levando em conta o nível moral leva à maximização dos lucros. As normas de lealdade, de códigos de conduta corporativos e os sistemas de monitoração e incentivos podem também ser úteis para alinhar o comportamento dos empregados com as expectativas dos acionistas (KPMG, 2010). Dirigentes e outros empregados geralmente têm melhor desempenho se mantêm um compromisso residual tanto com ações éticas quanto com a lucratividade da empresa. Por exemplo, pode ter havido oferta de propinas a agentes de compra para o favorecimento de determinados fornecedores, ou para a assinatura de contratos direcionados em favor de certos fornecedores.[770] Pode haver oferta de propinas a vendedores, como

---

[770] De acordo com a KPMG (2011), compras e operações e vendas representam 33% dos casos de fraudes corporativas e de corrupção em 69 países estudados. Ambição foi o primeiro fator motivacional, seguido pela pressão para atingir metas quantitativas, como vendas ou lucros.

recompensa por um desconto no preço. Nesses casos, os dirigentes da empresa se beneficiam se tiverem contratado agentes de compras e vendedores com forte compromisso moral com negociações honestas.

Dois casos difíceis, entretanto, demonstram ser insuficiente a política de recursos humanos de contratar empregados com elevado padrão moral. Em ambos, o código de conduta pessoal dos agentes conflita com a busca do lucro pela empresa. Em um caso, esse conflito representa uma distinção normativamente válida entre a ética pessoal e a institucional. Um empregado que coloca as normas pessoais de comportamento acima dos objetivos da empresa poderá ser julgado corrupto ou antiético. No outro caso, a moralidade pessoal e a ética nos negócios coincidem, mas em detrimento dos lucros da empresa.

Muitos dos casos de corrupção advêm de falhas na separação das ligações de família ou de amizade do comportamento como funcionário público ou gerente de uma empresa (Thompson, 1995:12). A moderna teoria de gestão argumenta que o papel desempenhado como empregado não é equivalente ao de membro da família ou de amigo (Smiley, 1992:188-9). Assim, um pai ou uma mãe tem a obrigação de ajudar o filho ou a filha a se desenvolver em direção à idade adulta, mas infringiria sua obrigação como gerente se favorecesse a empresa de um filho ou de uma filha ao fazer compras para seu próprio empregador.

Ademais, um empregado honesto pode tornar-se corrupto sob coação. A KPMG é uma empresa de consultoria internacional que tem entre suas especialidades a investigação corporativa forense. Com base em 348 casos em 69 países, a KPMG (2011) observou que, em muitos casos, o empregado infrator tinha sido um destaque por vários anos, até que uma situação familiar angustiante o levou (em geral, homens) a cruzar indevidamente a fronteira, em favor de uma renda mais alta.

Os gestores precisam acautelar-se contra as disfunções de culturas organizacionais sob as quais os empregados conspirem para ocultar de seus superiores as evidências de malfeitorias. A política de recompensar denunciantes pode falhar se a empatia entre os empregados é maior que a de cada um deles em relação à empresa (Greenberger, Miceli e Cohen, 1987). Em uma pesquisa, gestores de Alemanha, França, Israel e Estados Unidos não condenaram colegas de trabalho que deixaram de apontar os que infringiam as regras (Jackson e Artola, 1997). Para superar essa relutância, a cúpula dirigente pode tentar convencer os empregados de que a denúncia de seus pares é parte de seus deveres. Por exemplo, em um estudo, estudantes de administração estavam mais abertos a reportar a fraude de outros estudantes depois de lhes ser dito que esse comportamento era de sua responsabilidade como membros de uma instituição educacional (Trevino e Victor, 1992).

No segundo caso, o comportamento que aumenta os lucros de empresa e viola a moralidade pessoal é também antiético no contexto dos negócios. Os dirigentes, mais uma vez, enfrentam um conflito entre ambição e comportamento moral, mas puramente com chefes ansiosos por lucros, agora do lado da imoralidade. Por exemplo, se pagamentos corruptos ajudam uma empresa a obter negócios, dirigentes e acionistas podem esperar tornar mais fácil o suborno de seus subordinados, enquanto permanecem ignorantes dos detalhes.[771]

Portanto, contratar "boas" pessoas nem sempre é o bastante. Se os acionistas e a alta administração acreditarem que sua organização não se deve engajar em ações antiéticas ou ilegais que incrementem a lucratividade da empresa, devem tornar clara sua posição, ao invés de simplesmente confiar nos escrúpulos morais de seus empregados. Alguns gerentes de nível mais baixo que enfrentem um conflito entre lucratividade e moralidade optarão pela lucratividade, a menos que recebam fortes sinais do contrário, ou dos acionistas ou dos altos dirigentes. Outros poderão seguir as conexões pessoais e afetivas, às expensas da lucratividade e da ética nos negócios. A alta direção deve liderar pelo exemplo (Newstrom e Ruch, 1975; Brenner e Molander, 1977; Badaracco e Webb, 1995) e estabelecer diretrizes e códigos de conduta claros e bem respaldados por instrumentos impositivos (Cooper e Frank, 1992; Vincke, Heimann e Katz, 1999:14-26).

---

[771] Ver Braithwaite (1985:49): "A mentalidade de 'Faça o que tem de ser feito, mas não me diga como o fez' está disseminada nos negócios". A solução, de acordo com Braithwaite, é fixar metas que possam ser atingidas sem comportamento ilegal. Trabalho experimental sugere que muitos indivíduos expressam sólidas normas de comportamento moral, mas não as aplicam como empregados de empresas orientadas ao lucro. A busca pela lucratividade da empresa assume precedência sobre seus escrúpulos morais. Assim, Baumhart (1961) examinou a visão dos gerentes sobre a ética, perguntando-lhes o que fariam em resposta a casos fictícios que envolviam questões éticas. Ele descobriu que, frente a um dilema ético, os executivos tendiam a optar pelo curso de ação mais lucrativo, se ao fazê-lo favorecessem os interesses da companhia. Em contraposição, os gerentes não escolhiam o curso de ação antiético se este prejudicasse os interesses da companhia. Em outro experimento, mais de 70% dos participantes estavam dispostos a pagar propina para obter uma venda para sua empresa. Aqueles que estavam inclinados a pagar propinas não eram significativamente menos comprometidos com honestidade e justiça em suas vidas pessoais que os demais participantes. Outros estudos produziram resultados semelhantes (Brenner e Molander, 1977; Vitell e Festervand, 1987).

C. Podem as políticas corporativas dispensar a ética corporativa?

Temos defendido que as empresas têm obrigação de abster-se de fazer pagamentos ilegais. A fonte dessa obrigação é o status das empresas como pessoas jurídicas, operando mediante licença do estado. Porém, deixemos de lado por um momento essas obrigações e perguntemos quando é que as empresas, especialmente as grandes corporações globais, podem julgar de seu interesse limitar a corrupção, internacionalmente e no interior de suas próprias organizações. Há duas situações em que essa condição pode prevalecer.

Primeiramente, uma empresa pode ganhar alavancagem junto a seus compradores e fornecedores ao assumir um forte posicionamento contra a corrupção. Por exemplo, o produto de uma empresa pode ser obviamente superior aos de seus competidores, de modo que ela tem poder de barganha junto a uma agência de compras do estado. Aqueles que estejam monitorando o processo de contratação, sejam políticos ou grupos de vigilância, reclamariam se fosse escolhido um fornecedor de produtos de baixa qualidade. Portanto, ceder a demandas corruptas para vencer um contrato simplesmente reduziria os lucros da empresa. Similarmente, uma empresa com melhor oferta de reestruturação para uma empresa a ser privatizada desejará poder anunciar sua honestidade pela mesma razão. Fabricantes de bens de consumo com forte reconhecimento da marca no mercado internacional podem tornar-se símbolos de desenvolvimento econômico e social tão poderosos que conseguem resistir a demandas por corrupção relacionadas a investimentos no exterior. Empresas com vantagem observável sobre seus competidores vão, não apenas buscar eliminar a corrupção na própria empresa, como também dar suporte a reformas nos países anfitriões, que aumentem a transparência e a responsabilização. Esses esforços causarão boa impressão nos consumidores que valorizem a honestidade.

Em uma segunda categoria, gerentes e diretorias de grandes corporações podem dar apoio a esforços internacionais anticorrupção quando a situação global pode ser descrita como "jogo de coordenação". Aqui, o pagamento de propinas individuais maximiza o lucro, no contexto negocial existente; mas, se a corrupção pudesse ser eliminada, todas as empresas se beneficiariam, e nenhuma teria incentivo a abandonar unilateralmente o jogo. Em contraste, a situação estratégica entre competidores pode assemelhar-se ao "dilema do prisioneiro", e não a um jogo de coordenação. Se o dilema do prisioneiro prevalece, acordos voluntários para abster-se de corrupção podem ser instáveis, porque cada empresa é incentivada a abandonar o jogo. Entretanto, alguns argumentam que o dilema do prisioneiro pode ser convertido em jogo de coordenação por meio de diálogo, de relações públicas e de pressão externa. É importante a diferença entre esses "jogos". Em ambas as situações, as empresas estão em melhor situação se todas cooperam que em caso contrário. Todavia, em um puro jogo de coordenação, a solução cooperativa é estável. Uma vez que todos abjurem o suborno, não haverá incentivo a que alguém deixe o jogo. O problema fundamental é, portanto, induzir as empresas a aderirem a essa estratégia, porque é custoso permanecer como único honesto em um mar de corrupção.[772] Infelizmente para aqueles que acreditam que a corrupção pode ser combatida apenas com base no interesse próprio, são necessários compromissos morais nesta segunda categoria de casos. Não é suficiente observar que um mundo de baixo grau de corrupção leva a maiores lucros totais. Raramente um dilema dos prisioneiros pode ser convertido em jogo de coordenação sem algum grau de compromisso moral. Há duas questões morais aqui: disposição de cooperar e atitudes contrárias à corrupção.

A situação só se torna um jogo de coordenação se gerentes e diretores valorizam não apenas a integridade, mas também a cooperação. Gerentes e diretores devem estar dispostos a sacrificar os lucros de curto prazo por benefícios de longo prazo, uma vez que um cenário de pouca corrupção se estabeleça. Eles estarão aptos a assim proceder se acordada a norma segundo a qual as empresas se recusam a pagar propinas desde que a maioria das outras também cooperem com esse esforço. Os que aceitarem essa norma vão às vezes agir no sentido contrário ao do interesse de sua empresa (por exemplo, recusando-se a pagar uma propina para obter um contrato), porque isso vai melhorar os benefícios gerais para as empresas que integram o mer-

---

[772] Aos leitores interessados nos detalhes técnicos desses jogos recomenda-se ver MacRae (1982). Um jogo paralelo foi desenvolvido por Chang e Lai (2002). Nesse jogo, os empregados concluem ser mais (menos) custoso ser corrupto, quantos mais de seus pares sejam honestos (corruptos). Em outro jogo que modela a corrupção organizacional, Jávor e Jancsics (2013:27) dão apoio a nossas assertivas ao concluírem: "Acreditamos que a existência de três importantes condições seja necessária para o lançamento de programas anticorrupção bem-sucedidos em uma organização. Primeira: deve haver alguns atores na organização que sejam interessados em reduzir a corrupção.... Segundo: esses atores devem ter poder suficiente para dar início a uma estratégia anticorrupção.... Finalmente, esses reformadores devem estar dispostos a entrar em conflitos ferozes com seus colegas que sejam os principais beneficiários da corrupção na organização. Em suma, os sistemas de poder da organização devem ser radicalmente estruturados por membros da elite que efetivamente apoiem a redução da corrupção."

cado.⁷⁷³ Ademais, os incentivos a trabalhar por uma redução da corrupção serão fracos se gerentes e diretores não sofrem consequências da inação. Reciprocamente, será difícil manter uma norma geral anticorrupção se uma volta aos pagamentos espúrios não acarreta efeitos negativos para gerentes e diretores. A pressão externa pode ajudar a inclinar as empresas na direção de um ativo posicionamento contra a corrupção, mas, se as motivações de indivíduos-chave de dentro da empresa são puramente instrumentais, seus compromissos serão provavelmente frágeis e contingentes.

Se a situação estratégica puder conduzir a um jogo de coordenação, é preciso saber se a empresa conta com a capacidade e o incentivo para deslocar o equilíbrio de um cenário de alta corrupção para um resultado de baixa corrupção. Algumas empresas, realmente, parecem ter esse poder. Em 2014, as cifras de vendas para as 20 maiores corporações multinacionais variavam de US$155,9 bilhões a US$485,7 bilhões; juntas, produziam mais que a economia japonesa. A menor dessas companhias realizava vendas que excediam o PIB de 135 dos 192 países que forneciam seus dados para o Banco Mundial (ver tabela 15.1).⁷⁷⁴ Essas empresas têm alavancagem em muitos dos países em que investem e comercializam, o que provavelmente lhes confere um grau de influência que as empresas locais podem não ter.

Pode haver mútua interferência entre as políticas anticorrupção de países anfitriões, as tentativas de grupos de pressão para obstruir negócios e a atuação das empresas. Se um país dá início a uma política de combate à corrupção, essa pode apresentar uma oportunidade para que as empresas anunciem seu apoio e assumam o compromisso solene de não pagar propinas, fazendo-o de forma que encorajem os outros a seguir o exemplo. Se uma empresa preza

---

⁷⁷³ Regan rotula essa norma como "utilitarismo cooperativo". De acordo com sua teoria, "cada agente deve cooperar com quem quer que esteja também cooperando, na geração das melhores consequências possíveis, dado o comportamento dos não cooperantes" (Regan, 1980:11). O utilitarismo cooperativo "enfatiza que os agentes que estejam preparados para comportar-se moralmente estejam engajados em um empreendimento comum que requer um reconhecimento compartilhado da necessidade de cooperação e uma vontade compartilhada de ir além de regras ideais e de suposições opostas aos fatos" (ibid.:145). A teoria normativa de Regan é estreitamente relacionada à declaração positiva de Sugden (1984) de que um princípio de reciprocidade opera no campo da doação caritativa. As pessoas acreditam que tomar carona de graça seja errado, mas somente farão doações se outros em seu grupo de referência também doarem.
⁷⁷⁴ Cálculos extraídos de dados provenientes de World Bank, *World Development Indicators*, tabela 4.2, http://wdi.worldbank.org/table/4.2#; e Forbes, "The World's Biggest Public Companies", http://www.forbes.com/global2000/list/ (acesso em 21 de junho de 2015).

Tabela 15.1. As 20 maiores corporações do mundo por ordem de vendas

Companhia	País	Vendas (US$ bilhões)	Aproximadamente igual ao PIB de 2013
Walmart Stores	Estados Unidos	485,7	Venezuela
Sinopec	China	427,6	Áustria
Royal Dutch Shell	Holanda	420,4	Emirados Árabes Unidos
Exxon Mobil	Estados Unidos	376,2	Colômbia
BP	Reino Unido	352,8	África do Sul
PetroChina	China	333,4	Dinamarca
Volkswagen Group	Alemanha	268,5	Finlândia
Toyota Motor	Japão	252,2	Grécia
Glencore Int'l	Suíça	220,9	Portugal
Total	França	211,4	Argélia
Apple	Estados Unidos	199,4	Peru
Sumsung Electronics	Coreia do Sul	195,9	Romênia
Berkshire Hathaway	Estados Unidos	194,7	Romênia
Chevron	Estados Unidos	191,8	Romênia
McKesson	Estados Unidos	174,0	Kuwait
Daimler	Alemanha	172,3	Vietnã
ICBC	China	166,8	Bangladesh
EXOR	Itália	158,3	Bangladesh
Gazprom	Rússia	158,0	Bangladesh
General Motors	Estados Unidos	155,9	Bangladesh

Fontes: Forbes, "The World's Biggest Public Companies", http://www.forbes.com/global2000/list/ e World Bank, "Table 4.2 Structure of Output", *World Development Indicators 2015*, http://wdi.worldbank.org/table/4.2# (acesso em 21 de junho de 2015).

sua imagem institucional porque se preocupa com iniciativas regulatórias e com a perda da boa vontade dos consumidores, ela pode estar disposta a apoiar uma agenda anticorrupção. Contudo, essas ações serão mais prováveis se as gerências e os diretores forem moralmente opostos à corrupção ou se aceitarem as obrigações que acompanham os compromissos formalmente assumidos pela corporação.

Diversas iniciativas internacionais objetivam preencher esse espaço. Em primeiro lugar, os pactos de integridade, descritos no capítulo 4, podem servir de uma espécie de "clube", no qual o país anfitrião publica uma lista dos que se comprometeram a não pagar propinas. Isso exerce pressão sobre as demais empresas de um dado segmento de negócios a seguirem o exemplo. Em segundo lugar, avaliações amplas, por segmento, de medidas anticorrupção e pró-transparência, como o Índice Anticorrupção das Companhias de Defesa[775] e a Iniciativa de Transparência das Indústrias Extrativas,[776] ambos da Transparência Internacional, proveem incentivos para que as empresas melhorem suas práticas, a fim de evitar embaraços junto ao público. Em terceiro lugar, o atual movimento em prol da responsabilidade social corporativa tem levado muitas empresas a publicar relatórios anuais documentando suas atividades relacionadas à responsabilidade social, o que pode incluir treinamento sobre ética e sobre como trabalhar com os governos para reduzir a corrupção.[777]

Em resumo, existem duas amplas razões pelas quais as empresas que buscam maximizar lucros podem procurar erradicar a corrupção no interior da própria organização e trabalhar por um ambiente global de negócios menos corrupto. No primeiro caso, os custos da corrupção, em sua maior parte, são absorvidos pela empresa em lucros perdidos, e a empresa tem alavancagem em negócios isolados. O segundo caso requer uma mudança coletiva do comportamento pela maioria das empresas do mercado; neste, o estrito interesse na lucratividade da empresa é insuficiente para motivar a ação. Gerências e diretorias precisam aceitar obrigações éticas que ultrapassam tanto a moral privada quanto a responsabilidade perante os acionistas. A aceitação dessas obrigações pode, na verdade, ser benéfica do ponto de vista das relações públicas, mas os argumentos fundamentais para proceder segundo esses princípios não são nem a maximização dos lucros nem os escrúpulos individuais, mas dependem da compreensão do papel da corporação no mundo moderno.

A vantagem do interesse atual na corrupção é que as companhias passam por embaraços internacionais se é revelado um pagamento indevido, e essa possibilidade pode induzi-las a não apenas resistir a demandas corruptas, como também a reportá-las. As companhias que alegam detestar a corrupção, ao mesmo tempo em que a aceitam como um mal necessário, não estão agindo de forma consistente. Revelar demandas de corrupção pode ter um impacto relevante, se a pressão da opinião pública afetar tanto os funcionários corruptos quanto as empresas que pagam propinas. Não obstante, na prática, apenas confiar na responsabilidade corporativa e na persuasão moral será

---

[775] Transparency International-UK, 2015, *Defence Companies Anti-Corruption Inrex*, http://companies.defenceindex.org/docs/2015%20Defence%20Companies%20Anti-Corruption%20Index.pdf (acesso em 14 de outubro de 2015).

[776] Ver o *website* em https://eiti.org/ (acesso em 14 de outubro de 2015).

[777] Isso pode falhar, todavia, se as empresas somente fizerem doações para organizações anticorrupção com a finalidade de criar a ilusão de estarem agindo eticamente.

insuficiente: dos casos de corrupção internacional que foram concluídos entre 1999 e 2013, somente 31% foram autorrelatados (OECD, 2014:15, tabela 3).[778]

À medida que a temática da corrupção nos negócios globais tem recebido mais destaque, a comunidade internacional tem acrescentado abordagens de direito legal e de direito flexível, por seus próprios esforços. O Foro Econômico Mundial possui a Iniciativa de Parceria contra a Corrupção, reunindo líderes de negócios; um de seus objetivos é "prestar suporte à cidadania corporativa" e à agenda global anticorrupção.[779] A Câmara Internacional de Comércio (International Chamber of Commerce — ICC) entrou nos debates nos anos 1990, promovendo a autorregulamentação corporativa para combater a corrupção (Vincke, Heimann e Katz, 1999:4). A ICC continua a dar destaque a essa abordagem, com um conjunto específico de diretrizes, recomendações e esforços para informar as empresas sobre a Convenção da OCDE (Vincke e Kassum, 2013). O ICC está comprometido em "desenvolver um amplo consenso internacional sobre a necessidade de lutar contra a extorsão e o suborno" como forma de vencer a relutância individual das companhias em agir (Vincke, Heimann e Katz, 1999:10).[780] A entidade estimula seus membros a adotar normas de conduta concebidas para limitar o suborno internacional para todo e qualquer propósito, não apenas para obter ou reter negócios.[781]

Associações profissionais na área do direito também assumiram a questão. A American Bar Association possui um International Anti-Corruption Committee, que procura "deter a corrupção e promover transparência", por

---

[778] Adicionais 2% foram revelados por denúncias (OECD, 2014:15, tabela 3), algumas das quais podem ter sido feitas por empresas concorrentes.

[779] World Economic Forum, *Partnering against Corruption Initiative*, http://weforum.org/community/partnering-against-corruption-initiative=) (acesso em 22 de julho de 2015).

[780] O último capítulo deste livro inclui uma seção intitulada "Por que o suborno não é mais tolerável?". Os autores declaram que uma "significativa mudança" de atitude ocorreu no final dos anos 1990 e concluem que "*o suborno viola os padrões aceitáveis para a competição internacional*". Companhias que continuam a subornar causam sérios danos a sua capacidade de prosseguir como participantes de mínima reputação da economia global" (Vincke, Heimann e Katz, 1999:91-2; ênfase no original).

[781] O ICC possui também documentos que tratam de cláusulas contratuais contra a corrupção: http://store.iccwbo.org/t/ICC%20Anti-corruption%20Clause, diretrizes sobre denúncias e sobre agentes e intermediários, e um relatório sobre resistência à extorsão. Este último, intitulado RESIST, foi preparado pelo Pacto Global da ONU, pelo Foro Econômico Mundial e pela Transparência Internacional, e está disponível em seis idiomas em http://www.iccwbo.org/products-and-services/fighting-commercial-crime/resist/ (acesso em 14 de outubro de 2015).

meio de diálogo e debate.[782] A International Bar Association (IBA) segue estratégia semelhante à do ICC. Em 1996, adotou resolução condenando o suborno internacional, e seu Comitê Anti-Corrupção tem um programa de educação, conscientização e diretrizes, trabalhando em colaboração com a OCDE e o Escritório das Nações Unidas sobre Drogas e Crime. A IBA realiza uma conferência anual sobre o tema.[783]

Os esforços anticorrupção na esfera empresarial dependem de uma atitude cooperativa da comunidade de negócios; mesmo a Convenção da OCDE depende de forma importante da boa vontade dos gerentes e diretores para policiar seus próprios empregados, agentes e subcontratados. As iniciativas aqui listadas são desenvolvimentos positivos que podem ajudar na transformação do esforço anticorrupção no setor privado em um jogo de coordenação, pelo menos entre os membros da organização. O argumento moral tem (assim achamos) ajudado a inclinar a balança em favor de um esforço anticorrupção. Executivos das corporações e funcionários dos governos sentem que estão fazendo a coisa certa, assim como promovendo as preocupações dos negócios multinacionais.

No entanto, o impacto dessas iniciativas permanece, na prática, essencialmente sem comprovação. Como os britânicos, pela lei, e os americanos, pela prática, levam em conta os esforços corporativos anticorrupção, a comunidade de negócios é incentivada a convergir para um conjunto de melhores práticas gerenciais. Contudo, embora muitas dessas práticas recomendadas pareçam plausíveis, pouco trabalho empírico tem sido feito para substanciar seu valor ou sua importância relativa. A promoção dos bons valores e práticas corporativos é um esforço global que vale a pena, mas não que pode substituir a aplicação da lei e mudanças nas instituições do setor público, para limitar os incentivos subjacentes a pagamentos indevidos.

---

[782] Comitê Internacional Anticorrupção (International Anti-Corruption Committee), http://apps.americanbar.org/dch/committee.cfm?com=IC700600. Existe também um Comitê Global Anticorrupção na Seção de Justiça Criminal (Criminal Justice Section), mas esse se destina apenas a "monitorar, avaliar e reportar" acerca dos recentes desenvolvimentos internacionais, não a promover uma agenda anticorrupção; ver http://apps.americanbar.org/dch/committee.cfm?com=CR121212 (acesso a ambos em 22 de julho de 2015).

[783] International Bar Association, http://www.ibanet.org/LPD/Criminal_Law_Section/AntiCorruption_Committee/Default.aspx (acesso em 22 de julho de 2015). Ver também IBA: *Anti-Corruption Strategy for the Legal Profession*, http://anticorruptionstrategy.org/AC_strategy_legal_profession_about.aspx (acesso em 22 de julho de 2015).

A maior parte deste livro focaliza políticas que modifiquem os incentivos econômicos à corrupção, e o capítulo 14 descreveu os envolvimentos internacionais de organizações de ajuda e de empréstimo, bem como o crescente corpo de leis e normas internacionais que buscam controlar a corrupção. Todavia, temos até agora apenas tangenciado um importante facilitador internacional da corrupção — a lavagem de fundos através das fronteiras internacionais. Mencionamos o assunto ao discutir o crime organizado, mas ele aqui merece um tratamento mais aprofundado, sobre a necessidade de cooperação transfronteiriça. Essa é uma das áreas mais importantes em que as iniciativas internacionais podem ajudar tanto a limitar a corrupção quanto a conter a expansão do crime organizado.

II. Controlando a lavagem de dinheiro e o empreendimento criminoso internacional

O controle da lavagem de dinheiro e a luta contra o crime organizado requerem cooperação internacional em várias dimensões. Políticas bem-sucedidas podem indiretamente afetar os níveis de corrupção e ajudar a melhoria da legitimidade do estado e o funcionamento do mercado internacional. (Obviamente, essas políticas podem também ter efeitos benéficos sobre o crescimento e o desenvolvimento). Em primeiro lugar, para constituir um caso, investigadores necessitam informação. Muitos países agora compartilham capacidade investigativa e resultados, sob os auspícios dos tratados de Assistência Legal Mútua. Em 2006, por exemplo, sob um tratado bilateral, a Suíça compartilhou informações financeiras com as correspondentes autoridades dos Estados Unidos, possibilitando processar um cidadão americano que tinha agido como intermediário em negócios com petróleo, no Cazaquistão, envolvendo corrupção.[784]

Em segundo lugar, a fim de processar um indivíduo estrangeiro ou nacional que esteja em um país estrangeiro, um governo deve requerer a extradição desse indivíduo pelo governo estrangeiro. Muitos países assinaram acordos bilaterais de extradição. Vários dos acordos internacionais que tratam de corrupção mencionados no capítulo 14 requerem essa cooperação. Em processos civis, a questão pode ser mais complicada. Por exemplo, pro-

---

[784] Ron Stodghill, "Oil, Cash and Corruption", *New York Times*, 5 de novembro de 2006, http://www.nytimes.com/2006/11/05/business/yourmoney/05giffen.html (acesso em 14 de outubro de 2015).

cessos contra companhias baseadas em *websites* (aparentemente afiliadas ao grupo paquistanês Axact) acabaram com US$700 mil a receber por danos em 2007 e US$22,7 milhões em 2012, mas nenhum desses valores foi pago, e os supostos defensores deram seus depoimentos por vídeo, com iluminação precária, de modo que ficou difícil identificá-los; ao menos um forneceu endereço falso.[785]

Outra área para cooperação produtiva é o compartilhamento de informações. A exclusão estendida poderia funcionar para países assim como para as IFIs: quando uma empresa é excluída de trabalhar com um dado governo, seria excluída de trabalhar com qualquer governo. Um portal internacional de empresas excluídas seria de enorme valor. É essencial a investigação coordenada de casos que atravessem fronteiras, assim como relatórios que alertem autoridades de outros países sobre empresas e indivíduos que estejam sendo investigados por corrupção. A lista de pessoas politicamente expostas (PPEs), que os governos devem fornecer aos bancos, deveriam também ser fornecidas a governos estrangeiros em uma instituição central, como as Nações Unidas.

O recente caso da FIFA representa um bom exemplo desse tipo de cooperação internacional e interagências. O FBI e o IRS deram-se conta de que estavam na trilha das mesmas pessoas, graças a uma operação investigativa da mídia britânica que colocou a corrupção na FIFA sob os holofotes internacionais. O IRS emprestou sua *expertise* em lavagem de dinheiro, enquanto o FMI contribuiu com sua experiência em combater o crime organizado. Polícia e forças investigativas em 33 países cooperaram durante vários anos para fundamentar o caso, retraçando pagamentos de uma conta bancária para outra. Os acusados foram presos na Suíça (no encontro anual da FIFA), sendo a seguir extraditados para os Estados Unidos, de acordo com os termos de um tratado bilateral.[786] Esse caso é um excelente exemplo de cooperação

---

[785] Declan Walsh, "Fake Diplomas, Real Cash: Pakistani Company Axact Reaps Millions", *New York Times*, 17 de maio de 2015, http://www.nytimes.com/2015/05/18/world/asia/fake-diplomas--real-cash-pakistani-company-axact-reaps-millions-columbiana-barkley.html (acesso em 14 de outubro de 2015).

[786] Matt Apuzzo, "A U.S. Tax Investigation Snowballed to Stun the Soccer World", *New York Times*, 29 de maio de 2015, http://www.nytimes.com/2015/05/29/sports/soccer/more-indictments-expected-in--fifa-case-irs-official-says.html (acesso em 11 de outubro de 2015); Matt Apuzzo, Stephanie Clifford and William K. Rashbaum, "FIFA Inquiry Yields Indictments; U.S. Officials Vow to Pursue More", *New York Times*, 27 de maio de 2015, http://nytimes.com/2015/05/28/sports/soccer/fifa-officials--arrested-on-corruption-charges-blatter-isnt-among-them.html (acesso em 27 de maio de 2015).

entre agências e entre fronteiras nacionais, para investigar a corrupção no setor privado.

Em contraste, um caso de desvio de recursos em Honduras revela algumas fragilidades. O principal dirigente do sistema estatal de saúde alegadamente desviou milhões de dólares, colocando em risco a saúde nacional — assim como o governo, quando protestos tomaram as ruas. A Interpol emitiu ordens de prisão para ele (e outros envolvidos), mediante acusação de lavagem de dinheiro. Ele foi preso na Nicarágua, mas sua namorada, presa no Chile, não sofreu acusação nem foi extraditada, visto que Chile e Honduras não possuem tratado de extradição (embora ambos sejam signatários da Convenção Interamericana contra a Corrupção, que contém uma cláusula de extradição mútua). O irmão dele é fugitivo; a namorada do irmão foi presa quando buscava asilo nos Estados Unidos. Várias potenciais testemunhas foram ameaçadas ou assassinadas em Honduras.[787]

A cooperação internacional e as leis que lhe dão suporte permitem que os Estados Unidos e os países da Europa preencham importante lacuna quando outros governos não puderem ou não quiserem perseguir o corrupto. Onde políticos corruptos gozarem de imunidade processual, podem ser trazidos à justiça no exterior, sob a acusação de lavagem de dinheiro. Se servidores públicos receberem ou extorquirem suborno de empresas multinacionais, a empresa pode ser processada pela SEC ou por instituição equivalente; se os servidores lavarem suas propinas por meio de instrumentos baseados em dólar, as leis de lavagem de dinheiro dos Estados Unidos também se aplicarão a eles. Onde a aplicação local da lei estiver sujeita a demandas do tipo *plata o plomo* (propina ou chumbo), e sair livre é tão fácil como subornar um oficial de polícia, um juiz ou um guarda prisional, a extradição para os Estados Unidos é a ameaça mais crível. Os acordos mencionados também ajudam a contrabalançar opções de corrupção, conferindo à aplicação local da lei a possibilidade de dizer "Minhas mãos estão atadas", ao serem oferecidas propinas.

Enquanto esses meios têm, obviamente, efeitos positivos, globais, contra a corrupção, podem também pesar negativamente sobre a legitimidade de governos domésticos mais fracos. O sentimento local de que o governo é

---

[787] Nina Lakhani, "How Hitmen and High Living Lifted Lid on Looting of Honduran Healthcare System", *The Guardian*, 10 de junho de 2015, http://www.theguardian.com/world/2015/jun/10/hit-men-high-living-honduran-corruption-scandal-president?CMP=share_btn_tw (acesso em 14 de outubro de 2015).

(na melhor das hipóteses) impassível com respeito à corrupção pode ser exacerbado quando procuradores estrangeiros acendem uma luz sobre casos de corrupção doméstica. O resultado pode ser cinismo, pressão das bases por reformas, instabilidade política, ou mesmo revolução. Se é suprimida a liberdade de imprensa, a mídia social pode tentar transpor essa barreira, e tentativas de fazer calar a mídia social podem representar tiros pela culatra.[788]

Conforme argumentamos no capítulo 9, o crime organizado pode entrelaçar-se profundamente com a corrupção. Portanto, um caminho para controlar a corrupção podem ser esforços para limitar o alcance do crime organizado internacional. A esse respeito, um fator-chave de facilitação do crime organizado e da corrupção é a possibilidade de fazer passar fundos ilícitos através das fronteiras, em direção ao mercado de capitais global — a lavagem de dinheiro. Esse meio pode ser usado tanto para a transferência de pagamentos espúrios quanto para a de lucros do crime organizado. Quanto mais fácil lavar fundos, menores os riscos das atividades ilegais, incluindo pagamentos do crime organizado a funcionários públicos. A lavagem de dinheiro é um negócio de grandes volumes, representando aproximadamente 2% do PIB mundial; estimativas variam de 0,4% (OAS, 2013a:56, 2013b:6 — para lavagem de dinheiro relacionada a drogas somente) a 2,7% (UNODOC, 2011).[789] Há muitos métodos em uso, mas uma técnica comum é a transferência de fundos para países que permitam aos bancos a ocultação da identidade dos depositantes e dos titulares das contas. Esses fundos são então transferidos para bancos internacionais com acesso aos mercados em todo o mundo (Paulose, 1997:259-61).

Nesta seção revisamos e criticamos os esforços internacionais para controlar a lavagem de dinheiro. Reconhecemos, claro, que é preciso mais para controlar o crime organizado e a lavagem de dinheiro que simplesmente tornar mais difícil a passagem de fundos através das fronteiras, mas argumentamos que o aumento dos custos para ambos os tipos de criminosos deve ser um dos focos da atenção internacional. Iniciamos a discussão do tema sumarizando os instrumentos internacionais existentes, e a seguir consideramos suas forças e fraquezas. "Seguir o dinheiro" frequentemente conduz à corrupção, ao crime

---

[788] Terrence McCoy, "Turkey Bans Twitter — and Twitter Explodes", *The Washington Post*, 21 de março de 2014, http://www.washingtonpost.com/news/morning-mix/wp/2014/03/21/turkey-bans--twitter-and-twitter-explodes/?tid=pm_pop (acesso em 14 de outubro de 2015).

[789] Estimativas mais específicas podem ser encontradas no capítulo 9.

organizado ou a ambos (Paulose, 1997:257). Porém, iniciativas isoladas muitas vezes alcançarão apenas objetivos limitados. Todavia, as instituições contra a lavagem de dinheiro (Anti-Money Laundering — AML) nem sempre terão os poderes necessários para investigar ou processar a corrupção e o crime organizado. A cooperação investigativa e processual entre essas três áreas, tanto no interior dos países quanto através das fronteiras, é essencial para a efetiva aplicação da lei.

A tabela 15.2 sumariza a situação internacional corrente: ela inclui os instrumentos que visam a corrupção, o crime organizado e a lavagem de dinheiro, ou alguma combinação dessas áreas. Por exemplo, a Convenção contra a Corrupção, das Nações Unidas inclui disposições referentes à lavagem de dinheiro. Os primeiros acordos e leis contra a lavagem de dinheiro surgiram de tentativas de controlar o crime organizado, especialmente o tráfico de drogas. O objetivo era atacar a sustentabilidade do crime organizado, enquanto se forneciam às agências de aplicação da lei mais recursos e incentivos para descobrir empreendimentos criminosos.[790] Finalmente, acrescentou-se a corrupção como delito complementar à aplicação de leis e acordos internacionais de lavagem de dinheiro.

Os Estados Unidos foram o primeiro país a criminalizar a lavagem de dinheiro (em 1986) e a pressionar por uma resposta internacional contra esse crime (Chaikin e Sharman, 2009:15). A Convenção das Nações Unidas contra o Tráfico Ilícito de Narcóticos e de Substâncias Psicotrópicas (United Nations Convention against Illicit Traffic in Narcotic Drugs and Psychotropic Substances), conhecida como Convenção de Viena, foi o primeiro esforço internacional para combater a lavagem de dinheiro. Essa convenção, assinada em 1988, endereça a questão das drogas ilícitas, incluindo a transferência das receitas auferidas. Embora não mencione o crime organizado *per se*, é claramente concebida para lutar contra a dominação desse comércio por variadas máfias. Por ocasião da escrita deste livro, essa convenção conta com 189 participantes.[791]

---

[790] Mast, Benson e Rasmussen (2000) concluem que permitir que bens confiscados em razão do tráfico de drogas sejam guardados pelas forças policiais aumenta o número de prisões relativas ao mesmo crime, quando mensuradas em proporção ao total de prisões (aumento de 20%) ou ao número de prisões para cada 100 mil habitantes (aumento de 18%).

[791] Vários países centro-europeus deixaram essa convenção no início dos anos 1990. Ver "United Nations Treaty Collection", https://treaties.un.org/Pages/ViewDetails.aspx?src=TREATY&mtdsg_no=VI-19&chapter=6&lang=en#4 (acesso em 14 de outubro de 2015).

Tabela 15.2. Iniciativas internacionais selecionadas: contra a corrupção, contra o crime organizado e contra a lavagem de dinheiro

Ano	Nome	AC	CCO	CLD
1988	ONU, Convenção contra o Tráfico Ilícito de Narcóticos e de Substâncias Psicotrópicas (Convenção de Viena)		●	●
1989	Financial Action Task Force (FATF)	○	●	●
1990	Conselho da Europa, Convenção sobre Lavagem, Busca, Captura e Confisco de Receitas do Crime (atualizada em 2005)		●	●
1991	União Europeia, Diretiva do Conselho 91/308, 1991 O.J. (L 166) 77			●
1996	OEA, Convenção Interamericana contra a Corrupção	●		○
1997	OCDE, Convenção contra o Suborno	●		
1997	União Europeia, Council Framework Directive "20 Guiding Principles" Council Framework Decision 2003/568/JHA (orienta políticas dos estados membros)	●	●	●
1999	Conselho da Europa, Convenção de Direito Criminal sobre a Corrupção	●		
2000	ONU, Convenção contra o Crime Organizado Transnacional (Convenção de Palermo)	●	●	
2003	ONU, Convenção contra a Corrupção (UNCAC)	●		●
2003	União Africana, Convenção sobre Prevenção e Combate a Corrupção e Crimes Correlatos	●		●
2003	Conselho da União Europeia, Padrão Decisório 2003/568/JHA sobre Combate à Corrupção no Setor Privado (criminaliza a corrupção, torna as pessoas jurídicas responsáveis)		●	
2008	Iniciativa de Mérida — Estados Unidos, México, América Central	○	●	○
2010	Convenção Árabe contra a Corrupção	●		●
2012	Organização Mundial do Comércio, Acordo Revisto sobre Compras Governamentais	●		

Notas: AC = Anticorrupção; CCO = Contra o Crime Organizado; CLD = Contra Lavagem de Dinheiro. "Ano" indica o ano em que a medida foi tomada e aberta para adesões (se aplicável): em muitos casos, entrou em vigor vários anos depois. Círculos cheios indicam objetivo primário; círculos vazios indicam objetivo secundário.
Fontes: Os autores, baseados em documentos primários.

A Convenção das Nações Unidas contra o Crime Organizado Transnacional (United Nations Transnational Organized Crime Convention — UNTOC), também referida como Convenção de Palermo, foi assinada em 2000 e entrou em vigor em 2003 (147 países assinaram a UNTOC antes que essa se tornasse efetiva; a convenção conta agora com 185 participantes). Sob essa convenção, os estados signatários se comprometem a criminalizar as atividades de grupos do crime organizado (GCO), de lavagem de dinheiro e de corrupção: para extraditar criminosos dessas categorias com vistas a processo legal em outros estados, caso requisitado; para cooperar com outros estados quanto a investigação, acusação e aplicação da lei; e para fortalecer as entidades domésticas de aplicação da lei. Os signatários da convenção podem também adotar quaisquer de três protocolos complementares, especificamente sobre tráfico humano, contrabando de imigrantes e fabricação e tráfico de armas, respectivamente.[792] As Nações Unidas relacionam explicitamente os GCOs a essas três atividades.[793]

Uma vez que o dinheiro lavado faz uso de dólares americanos, ele deve passar por bancos americanos, sobre os quais a SEC tem jurisdição. Em consequência, os Estados Unidos têm liderado a carga, processando inclusive bancos estrangeiros, sob acusação de lavagem de dinheiro. Às vezes, tribunais estrangeiros ajudam na recuperação de ativos mantidos no exterior.[794] Embora ações domésticas possam ser úteis em casos específicos, particularmente quando auxiliadas por informações provenientes de paraísos fiscais, não chegam a caracterizar uma solução geral.[795] Reconhecendo que era necessário

---

[792] São esses os protocolos seguintes: Protocolo para Prevenir, Suprimir e Punir o Tráfico de Pessoas, Especialmente Mulheres e Crianças; o Protocolo contra o Contrabando de Migrantes por Terra, Mar e Ar; e o Protocolo contra a Manufatura Ilícita e o Tráfico de Armas de Fogo, de suas Partes e Componentes e de Munição.

[793] Para informações adicionais, ver Escritório das Nações Unidas sobre Drogas e Crime, "United Nations Convention against Transnational Organized Crime", http://www.unodc/treaties/CTOC/ (acesso em 14 de outubro de 2015).

[794] Para casos recentes nos EUA, julgados sob o Alien Tort Statute (ATS), fora do assunto corrupção, ver *Doe v. Exxon Mobil*, D.C. Cir., No. 09-7125, 7/8/11, e *Flomo v. Natural Rubber Co.*, 7th Cir., No. 10-3675, 7/11/11. No primeiro caso, o D.C. Circuit sustentou que o ATS se aplicava à conduta corporativa e autorizou o prosseguimento de um processo contra a Exxon Mobil, apresentado por aldeões indonésios, que alegavam violação dos direitos humanos. O parecer do Seventh Circuit foi também no sentido de que o ATS se aplica a corporações, mas sustentou que os reclamantes, 23 crianças liberianas, não tinham provado que a Firestone violara o direito internacional consuetudinário. Esses dois posicionamentos contradizem um parecer recente do Second Circuit, *Kiobel v. Dutch Petroleum Co.*, 621 F. 3d 111 (2d Cir. 2010), que defendeu que o ATS não se aplica a corporações. A Corte Suprema ainda não se pronunciou em definitivo sobre essa questão. Outros litigantes estrangeiros têm recorrido ao Racketeer Influenced and Corrupt Organizations (RICO) Act para buscar reparação de prejuízos, sob a jurisdição de tribunais dos EUA, causados por companhias que alegadamente se envolveram em comportamento corrupto ou fraudulento. Para um exemplo recente, ver *Ukrvaktsina v. Olden Group*, No. 10-CV-06297-AA (Proposed) Default Judgement, 9 de junho de 2011.

[795] Para um exemplo sobre a relutância dos tribunais dos EUA em se envolver no julgamento da validade de falências bancárias alegadamente corruptas e fraudulentas no exterior, ver *Films by Jove, Inc. V. Berov*, 250 f. Supp. 2d 156 (U.S. Eastern District of New York, 16 de abril de 2003). O contexto do caso é discutido em Volkov (2004). Sobre paraísos fiscais, ver Shaxson (2010) e Platt (2015).

um esforço internacional coordenado, os Estados Unidos pressionaram por cooperação internacional. O resultado foi a Financial Act Task Force (FATF), fundada em 1989, e as "40 Recomendações", publicadas pela FATF em 1990 e atualizadas em 1996. Essas recomendações enfocavam primariamente as conexões entre lavagem de dinheiro e tráfico de drogas. Em seguida aos ataques terroristas em Nova York e em Washington, D.C., em 11 de setembro de 2001, a FATF adicionou oito (depois nove) Recomendações Especiais sobre Financiamento ao Terrorismo, e muitos comentaristas agora agrupam lavagem de dinheiro e financiamento ao terrorismo, e se referem às recomendações como "Recomendações 40+9". Essas foram revistas em 2003, a fim de destacar a questão das PPEs,[796] e de novo em 2012, cobrindo agora uma ampla gama de crimes, e convocam diversos atores do setor privado a reportar potenciais tentativas de lavagem de dinheiro.[797] A FATF atualmente destaca seu interesse em controlar a corrupção, embora reconhecendo que isso não fazia parte de seu mandato original.[798]

A Convenção das Nações Unidas contra a Corrupção (UNCAC),[799] discutida no capítulo 14, formalizou as Recomendações 40+9 da FATF, ao requerer dos países signatários que criminalizassem uma ampla variedade de atos de corrupção e a lavagem de fundos provenientes da corrupção. A UNCAC estabeleceu também o princípio da repatriação de ativos, o que fortaleceu a disposição internacional de lutar contra a corrupção e a lavagem de dinheiro; porém, alguns países pouco têm realizado para levar a efeito as disposições contra a lavagem de dinheiro (e, na verdade, quaisquer outras).

As Recomendações 40+9 da FATF e as disposições da Convenção da ONU proveem diretrizes para autoridades financeiras em todo o mundo. Membros da FATF também participam de processo de revisão periódica pelos pares, o que pressiona cada um deles a respeitar as recomendações. Como resultado desses instrumentos, muitas jurisdições aprovaram a legislação contra

---

[796] PPEs incluem chefes de estado, legisladores e altos funcionários, como os chefes de departamentos, assim como os familiares próximos dessas figuras.
[797] Ver FATF, *International Standards on Combating Money Laundering and the Financing of Terrorism & Proliferation: The FATF Recommendations*, http://www.fatf-gafi.org/media/fatf/documents/recommendations/pdfs/FATF_Recommendations.pdf (acesso em 14 de outubro de 2015).
[798] FATF, Home: Corruption, http://www.fatf-gafi.org/topics/corruption (acesso em 2 de maio de 2015).
[799] Ver sobre a UNCAC em http://unodc.org/unodc/en/treaties/CAC/ (acesso em 14 de outubro de 2015).

a lavagem de dinheiro (AML). Normas AML modernas exigem que os bancos "conheçam seus clientes", identificando PPEs (assim como advogados, tabeliães, agentes imobiliários, donos de cassinos e negociantes de metais preciosos e joias) (Levi, Dakolias e Greenberg, 2007:399), e que informem as autoridades de qualquer atividade suspeita (não necessariamente proibida) nas contas das PPEs. Requer-se dos governos que forneçam ao sistema financeiro internacional uma lista atualizada das PPEs, a fim de facilitar esse processo. Sob essas normas, os bancos devem congelar as contas ilícitas e, após o devido processo legal, repatriar os fundos para o país de origem. Esse processo, contudo, não é simples e frequentemente leva muitos anos, especialmente se o titular da conta recorre contra o congelamento. Em toda essa legislação, o elemento mais problemático é o requisito de que a instituição financeira tenha ou deva ter conhecimento da origem ilícita dos fundos. Essa exigência de conhecimento pode permitir que o banco se defenda. Claramente, é do interesse do depositante esconder a origem dos fundos e do interesse da instituição financeira perguntar tão pouco quanto possível. Assim, o significado legal de "deveria ter tido" é um fator-chave na determinação do nível de responsabilidade do banco.

Iniciativas regionais são importantes também. Tanto o Conselho da Europa quanto a União Europeia têm sido ativas. Em 1990, o Conselho da Europa promulgou a Convenção sobre Lavagem, Busca, Captura e Confisco da Receita do Crime, que foi atualizada em 2005, para incluir o financiamento do terrorismo. Ela inclui medidas para congelamento e confisco de ativos, cooperação internacional (e uma seção relativamente longa sobre o direito de recusa à cooperação), a criação da Unidade de Inteligência Financeira (Financial Intelligence Unit — FIU), responsabilidade corporativa por lavagem de dinheiro, e repatriação de ativos para compensação de vítimas. A convenção adicionalmente estabelece uma Conferência das Partes para supervisionar a convenção e arbitrar disputas.[800] Uma diretiva do Conselho da União Europeia, de 1991, obriga os estados membros a exigir que as instituições financeiras mantenham sistemas para prevenir a lavagem de dinheiro. Esse quesito deriva

---

[800] Scott (1995). Conselho da Europa (CoE), "Council of Europe Convention on Laundering, Search, Seizure and Confiscation of the Proceeds from Crime and on the Financing of Terrorism", http://conventions.coe.int/Treaty/EN/Treaties/Html/198.htm (acesso em 26 de junho de 2015). Essa convenção complementa as convenções de direito civil e criminal do CoE e o trabalho do Grupode Estados contra a Corrupção (GRECO), discutido no capítulo 14. Seu *website* é: http://www.coe.int/t/dghl/monitoring/greco/default_en.asp (acesso em 15 de julho de 2015).

de outras iniciativas internacionais, inclusive das 40 Recomendações da FATF e da Convenção de Viena da ONU, enfocando inicialmente o crime organizado. Como a liberdade de movimentação de capitais é uma das liberdades básicas da União Europeia, a padronização dos controles financeiros é um passo importante em direção a combater a lavagem de dinheiro dentro da União Europeia.[801] Uma emenda de 2001 estendeu essa diretiva para incluir a corrupção e outros crimes correlatos.[802] Mais tarde, sob a deliberação "Council Framework Decision 2003/568/JHA" para combate à corrupção no setor privado, a União Europeia passou a requerer que os estados membros para tornar responsabilizáveis atores do setor privado ("advogados, contadores, médicos e avaliadores imobiliários"), por qualquer envolvimento com o crime organizado (Center for the Study of Democracy, 2010:17).

Nas Américas, a Iniciativa de Mérida promove a cooperação internacional entre Estados Unidos, México e os países da América Central. Os Estados Unidos fornecem fundos (desde 2008) e treinamento para outros países, e todos trabalham juntos para fortalecer a aplicação da lei, o Judiciário, os direitos humanos, as fronteiras e a sociedade civil. A Iniciativa de Mérida contém medidas contra a corrupção e contra a lavagem de dinheiro como importantes medidas para atingir o objetivo fundamental de combate ao crime organizado (Ribando e Finklea, 2014). Se fortalecidas, essas medidas podem ajudar na luta contra o crime organizado e na limitação da corrupção.

À luz de todos esses esforços para conter a lavagem de dinheiro, há pouca evidência sólida do sucesso ou do fracasso dessas iniciativas, em parte devido à dificuldade de medir o volume de dinheiro lavado em algum lapso de tempo. Em um estudo comparativo entre países, Buscaglia e van Dijk (2003) identificaram que o crime organizado (medido por um índice que eles criaram) era significativamente mais alto em países com baixo regime AML versus forte regulação AML. Entretanto, eles não mediram os efeitos marginais dos esforços recentes, e muito tem sido feito desde que esse estudo foi publicado.

Embora seja difícil demonstrar que as políticas AML têm evitado transferências de fundos ilícitos, tem havido notáveis — se bem que insuficientes

---

[801] Council Directive 91/308, 1991 O.J. (L 166) 77, http://eur-lex.europa.eu/legal-content/EN/TXT?uri=URISERV:l24016 (acesso em 14 de outubro de 2015).
[802] EUR-LEX, "Directive 2001/97/EC of the European Parliament and of the Council of 4 December 2001 amending Council Directive 91/308/EEC on prevention of the use of the financial system for the purpose of money laundering — Commission Declaration", http://eur-lex.europa.eu/legal--content/EN/TXT/?uri=celex:32001L0097 (acesso em 14 de outubro de 2015).

— êxitos na repatriação de fundos *a posteriori*. Mesmo os suíços recentemente congelaram ativos questionáveis de chefes de estado depostos e os transferiram a entidades controladas por políticos em exercício que reclamam que esses fundos pertencem ao estado. Foi reportado que o General Sani Abacha teria subtraído aproximadamente US$4 bilhões da Nigéria; a Suíça congelou cerca de US$600 milhões depositados em contas de bancos suíços, e a Corte Suprema Federal determinou em 2005 que US$505,5 milhões desse total fossem repatriados à Nigéria — o primeiro caso de um país africano receber fundos repatriados. Similarmente, a Suíça e os Estados Unidos repatriaram US$100,7 milhões ao Peru, relativos à corrupção de Vladimir Montesinos (anterior primeiro conselheiro do presidente Fujimori), que foi aprisionado por apropriar-se de comissões sobre contratos (Levi, Dakolias e Greenberg, 2007:400, 403).

No entanto, existe alguma relutância em repatriar fundos para países com persistentes altos níveis de corrupção, por temor de que os fundos sejam simplesmente apropriados pelos novos líderes. Em outros casos, apelações atrasam a repatriação por longo tempo ou indefinidamente. Por exemplo, Sani Abacha, da Nigéria, faleceu em 1998, mas ainda recentemente, em 2013, o Departamento de Justiça dos EUA, apontando que os fundos tinham sido lavados "por meio da compra de debêntures respaldados pelos Estados Unidos, com base em instituições financeiras dos EUA", abriu "um processo para a recuperação do dinheiro, que tinha sido identificado em contas bancárias no exterior", alegando desvio de recursos sob a autoridade daquele chefe de estado. Cumprindo acordos bilaterais, Jersey e França congelaram, em 2014, aproximadamente US$438 milhões dos fundos desviados, que eram mantidos em contas de seus bancos (Deutsche Bank e HSBC, entre outros), e a repatriação foi objeto de apelação pelas corporações correspondentes.[803] A Iniciativa para Recuperação de Ativos Roubados (Stolen Asset Recovery — StAR), do Banco Mundial, objetiva dar assistência aos países que estejam procurando recuperar bens ilicitamente apropriados, mas a tarefa é difícil.[804]

Existem ainda outras limitações às iniciativas contra a lavagem de dinheiro (AML). Para iniciantes, o ônus da detecção está nas instituições financeiras e

---

[803] "US Freezes $458m Hidden by Nigerian Ex-leader", *AL Jazeera*, 6 de março de 2014, http://www.aljazeera.com/news/africa/2014/03/us-freezes-458m-hidden-nigerian-ex-leader-20143664513203928.html (acesso em 14 de outubro de 2015).

[804] O *website* é: http://www1.worldbank.org/publicsector/star_site. Ver Dubois e Nowlan (2013).

outras do setor privado, a legislação AML não é necessariamente respaldada por instrumentos punitivos, o que permite que as empresas deixem passar as transações, pelo interesse no lucro (Levi, Dakolias e Greenberg, 2007). De fato, as Unidades de Inteligência Financeira (FIUs) raramente são responsáveis por trazer à luz os casos de lavagem de dinheiro. Os bancos podem mesmo achar que a melhor atitude seja pagar as multas por descumprimento das normas, ao invés de desempenhar seu papel contra a lavagem de dinheiro; ou seja, o nível de escrutínio aplicado é inversamente relacionado à lucratividade proporcionada pelo cliente — em vez de aumentar com o volume dos depósitos. Mesmo quando os bancos fazem auditoria, não necessariamente descobrem os infratores. Por exemplo, a investigação da ONU sobre a operação Petróleo por Alimentos "concluiu que os bancos tinham aplicado níveis aceitáveis de auditoria ao examinar os contratos de petróleo que tinham financiado e não tinham acesso a informações que teriam mostrado que alguns desses contratos envolviam suborno" (Levi, Dakolias e Greenberg, 2007:411). Adicionalmente, como observa Gordon (2011:10, 14):

> o texto das próprias Recomendações inclui muitos termos que, na prática, não são bem definidos e, portanto, agravam significativamente o problema... Medidas preventivas da FATF não especificam aspectos-chave das responsabilidades das IFs [instituições financeiras] em identificar e reportar transações suspeitas, inclusive a quantas instâncias se deve recorrer para identificar a boa-fé das fontes pagadoras ou dos proprietários e dos controladores das contas, quanto de escrutínio se deve aplicar às transações, e quantos falsos positivos ou falsos negativos seriam razoáveis... E, embora o excesso de relatórios crie sérios problemas para a sistemática da IC [investigação criminal], ele parece ser a norma.

A existência de jurisdições permissivas torna mais difíceis os esforços de combate à lavagem de dinheiro. Não é suficiente manter pura a maioria dos países desenvolvidos. Estão em foco duas questões principais: a facilidade com que funcionários corruptos em um país podem esconder seus ganhos em outro, e a possibilidade de que as atividades de lavagem de dinheiro prejudiquem a credibilidade da estrutura financeira de um país (Scott, 1995). Para complicar as questões ainda mais, o modelo tradicional de lavagem de dinheiro, delineado no capítulo 9, não se aplica a todos os esquemas desse tipo de operação, tornando os "sinais vermelhos" quase inúteis nos casos discrepantes. Platt (2015:79-83) descreve um esquema em que os clientes que desejam lavar grandes quantidades de dinheiro em espécie encontram um ponto de contato com outros que gostariam de retirar fundos de seus esconderijos no exterior sem atrair a atenção para si. Um intermediário passa o dinheiro de uns para outros, mantendo os fundos anteriores na mesma conta bancária e apenas registrando em livro transações que mostram que os fundos mudaram de mãos. O banco não tem meio de detectar a lavagem que ocorreu nessas circunstâncias.

Enquanto vários governos e diversas organizações procuram limitar a lavagem de dinheiro, novos métodos surgem, a passos mais rápidos. Sistemas eletrônicos de pagamento e moedas virtuais, como os bitcoins, são outras formas de passar recursos monetários através das fronteiras sem o envolvimento de instituições financeiras internacionais que necessitem manter aderência a regras nacionais e internacionais.[805] Bitcoins e outras moedas virtuais oferecem anonimato, o que é de valor inestimável quando se trata de transações ilícitas. A FATF apenas está começando a avaliar os riscos envolvidos, tendo emitido relatório e diretrizes em 2014, cinco anos depois de os bitcoins serem lançados (em 2009) como a primeira moeda virtual do mundo. Vários casos têm sido levados com êxito aos tribunais dos Estados Unidos, inclusive envolvendo o Liberty Reserve, um "banco" para transferência de dinheiro virtual que operava a partir da Costa Rica; Rota da seda, um mercado negro em linha, que usava criptografia e moedas virtuais para garantir anonimato; e Western Express, uma câmara de compensação para roubo de identidade, que operava a partir de Manhattan.[806]

Apesar do maior interesse nacional e internacional em controles, o problema está ficando mais sério. A lavagem de dinheiro tornou-se a especialidade de pequenos "paraísos fiscais" e de algumas economias de mercado emergentes. Uma campanha internacional séria contra os piores infratores é de importância crescente; mas, infelizmente, lavadores de dinheiro sofisticados conseguem ocultar fundos nos principais centros financeiros, disfarçando a

---

[805] Nathaniel Popper, "Can Bitcoin Conquer Argentina?", *New York Times*, 29 de abril de 2015, http://www.nytimes.com/2015/05/03/magazine/how-bitcoin-is-disrupting-argentinas-economy.html (acesso em 14 de outubro de 2015).

[806] FATF, "Virtual Currencies: Key Definitions and Potential AML/CFT Risks", junho de 2014, http://www.fatf-gafi.org/media/fatf/documents/reports/Virtual-currency-ket-definitions-and-potential-aml-cft-risks.pdf e FATF, "Virtual Currencies: Guidance for a Risk-based Approach", junho de 2015, http://www.fatf-gafi.org/media/fatf/documents/reports/Guidance-RBA-Virtual-Currencies.pdf (ambos os acessos em 14 de outubro de 2015).

origem dos fundos através de uma cadeia de empresas de fachada. Às vezes, são capazes de fazê-lo por causa de fracas exigências de transparência em diversos estados dos EUA.

As conexões de um país com o restante do mundo podem ou limitar ou expandir o espaço para o crime organizado. Por outro lado, um regime aberto de comércio e investimento facilita a passagem pelas fronteiras tanto do contrabando como dos lucros do crime. A existência de paraísos financeiros, onde o dinheiro sujo pode descansar, torna a atividade criminosa doméstica menos arriscada, porque o dinheiro pode ser escondido no exterior mais facilmente. Por outro lado, fronteiras abertas facilitam os investimentos de fora do país. Se esses investidores forasteiros não participam das organizações criminosas domésticas nem estão associados a grupos semelhantes de outros países, eles podem desafiar os grupos já entrincheirados. Obviamente, esses investimentos são caros e perigosos, poucos farão o esforço, mas a abertura de um país ao investimento estrangeiro torna-o, pelo menos, possível.

Um papel para as organizações internacionais e para as agências de imposição da lei nos países desenvolvidos é a compilação de informações sobre transações questionáveis, combinada com o processo judicial contra indivíduos e organizações, com base na atuação dos países desenvolvidos nos países em desenvolvimento. Por exemplo, é possível comparar os preços médios dos produtos no comércio internacional dos EUA com os preços dos mesmos produtos praticados pelo comércio dos EUA com países específicos. Os dados assim obtidos proveem uma forma de identificar casos de faturamento a mais ou a menos e têm sido usados pelas autoridades dos EUA para o direcionamento de esforços investigativos (Pak e Zdanowicz, 1994; Paul et al., 1994). Obviamente, divergências de preços nada podem provar por si mesmas, mas podem fornecer um ponto de partida para uma investigação mais intensiva. Esses dados podem revelar violações das leis tributárias e aduaneiras dos EUA, assim como das leis de países estrangeiros; podem, assim, indicar onde a lavagem de dinheiro esteja ocorrendo, mediante a precificação indevida de bens comercializados.[807] Esse esforço de coleta de

---

[807] Na Venezuela, sob um regime de taxa cambial fixa com o valor oficial da moeda local superinflado, os importadores usaram preços inflados e faturas falsificadas para a obtenção de dólares, que eram ou vendidos no mercado negro ou remetidos para o exterior. William Neuman e Patricia Torres, "Venezuela's Economy Suffers as Import Schemes Siphon Billions", *New York Times*, 5 de maio de 2015, http://www.nytimes.com/2015/05/06/world/americas/venezuelas-economy-siffers--as-import-schemes-siphon-billions.html (acesso em 14 de outubro de 2015).

dados deveria ser estendido para incluir registros comerciais de outros países desenvolvidos e poderia fornecer um caminho para que os países desenvolvidos ajudem países mais pobres a controlar as remessas ilegais de fundos e fraudes tributárias e aduaneiras. Até certo ponto, bases de dados existentes podem ser exploradas para identificar alguns tipos de fraude na importação e na exportação. Estatísticas comerciais disponíveis, por exemplo, na base de dados Commodity Trade Statistics Database (COMTRADE), mantida pela Conferência sobre Comércio e Desenvolvimento da ONU (United Nations Conference on Trade and Development — UNCTAD), podem ser usadas para detectar contrabando, quando há divergências entre exportações bilaterais de um bem específico do país fornecedor e importações do mesmo produto pelo país recebedor. Fisman e Wei (2004) fazem uso dessa técnica para detectar a evasão de impostos de importação na China; Fisman e Wei (2009) a utilizam para detectar o contrabando de arte e artefatos.

Esforços internacionais para controlar os negócios ilegais são uma segunda importante opção que complementa os instrumentos anticorrupção da tabela 15.2. Se a corrupção é combinada com o crime organizado, o problema para as organizações internacionais de ajuda é especialmente difícil. Se o estado se encontra completamente permeado pelo crime, não há muito, provavelmente, que as organizações de fora possam fazer, exceto aguardar pelo melhor, nas asas da esperança. Em casos menos extremos, pode ser útil a experiência dos países desenvolvidos na luta contra o crime organizado. Nos países em desenvolvimento, pouco afeitos a confrontá-lo, a combinação de treinamento com reformas das leis é um útil primeiro passo. Porém, essas reformas provavelmente serão insuficientes, a menos que a economia seja forte e competitiva. O estado pode necessitar empreender esforços mais diretos para reduzir os lucros adicionais auferidos pelos empresários do crime que atuam em negócios legítimos. Uma forma de fazê-lo é promover a entrada de negócios legítimos bem capitalizados que, com alguma ajuda do estado do lado da aplicação da lei, possam competir com as empresas dominadas pelos criminosos. Por exemplo, os tribunais autorizaram a entrada de grandes empresas de gerenciamento do lixo no segmento de transporte de lixo da cidade de Nova York. Essa estratégia reduziu a influência do crime organizado e abaixou os custos de remoção do lixo para as empresas não atendidas pelo Departamento de Limpeza. Procuradores do estado estimam que o total da taxa de remoção do lixo, que era de US$1,5 bilhão em 1995, estava inflado em cerca de US$400 milhões. Depois que essa política foi levada a efeito, o custo da remoção do lixo caiu de 30% a 40% para a maioria dos negócios.[808] Obviamente, essa não é uma estratégia utilizável se o crime organizado se encontra envolvido em negócios ilegais, como o tráfico de drogas ilegais, ou o tráfico de pessoas ou de armas. Contudo, a corrupção gerada pelo comércio de drogas ilegais é um argumento em favor da legalização, de forma a gerar um mercado mais competitivo e menos corrupto (Global Commission on Drug Policy, 2011).

Conclusões

Os esforços domésticos e internacionais para combater diretamente a corrupção são necessários, mas insuficientes em um mundo crescentemente globalizado. Discutimos dois aspectos de uma abordagem mais ampla: as obrigações das empresas multinacionais e a contenção da lavagem de dinheiro e do crime organizado.

Em primeiro lugar, muitas das grandes corporações internacionais têm maior influência financeira e maior alcance global que alguns dos estados soberanos. Essas empresas precisam assumir seriamente seu papel como "cidadãs" globais que operam além do alcance de muitas das leis internacionais. Seus quadros de diretoria e gerências necessitam reconhecer suas obrigações como atores-chave que vão além do estado nacional, e buscar coibir os atos corruptos de seus empregados e trabalhar em direção a um papel negocial mais forte no sentido de resistir a demandas corruptas.

Em segundo lugar, como a corrupção está frequentemente entrelaçada com o crime organizado internacional e é facilitada pela lavagem de dinheiro, é essencial a cooperação entre países e agências de aplicação da lei. De outra forma, os lucros da corrupção e do crime organizado serão simplesmente escondidos no exterior ou no espaço cibernético. Os atuais esforços nas fronteiras têm apresentado alguns resultados positivos; porém, é necessário mais. São muito numerosos os países que possuem frouxas regulamentações

---

[808] "Judge Backs Competition in Trash-Hauling Industry", *New York Times*, 28 de fevereiro de 1994, http://www.nytimes.com/1994/02/28/nyregion/judge-backs-competition-in-trash-hauling--industry.html; "The Garbage Wars: Cracking the Cartel", *New York Times*, 30 de julho de 1995, http://www.nytimes.com/1995/07/30/business/the-garbage-wars-cracking-the-cartel-.html; "Monitors Appointed for Trash Haulers", *New York Times*, 23 de dezembro de 1995, http://www.nytimes.com/1995/12/23/nyregion/monitors-appointed-for-trash-haulers.html; "Prices Plummet and Service Rises with Crackdown on Trash Cartel", *New York Times*, 11 de maio de 1998 (acessos em 14 de outubro de 2015).

financeiras ou fraca aplicação da lei, e não existem compartilhamento investigativo e acordo de extradição entre países em nível suficiente.

Às vezes, é mais fácil instaurar processos para os delitos de lavagem de dinheiro que para os de corrupção; esses delitos podem abrir o caminho inicial para um processo contra o crime organizado, e podem levar a funcionários públicos corruptos que estejam também remetendo fundos ilegais para o mercado global de capitais. No campo doméstico, esforços coordenados entre entidades anticorrupção, investigadores do crime organizado e peritos em lavagem de dinheiro proporcionarão melhores resultados do que cada operação em separado. Como as agências anticorrupção frequentemente têm fundos ou equipes insuficientes, contar com o apoio de outras agências é uma forma de maximizar a sua efetividade. Em nível internacional, várias iniciativas já reconhecem a importância dessas interações e incluem duas ou três dessas participações.

Todavia, os controles de lavagem de dinheiro são apenas sanções negativas. É improvável que seja aumentado o investimento para isso em países pobres, e é possível que se acabe limitando o fluxo de capitais para esses países, devido a um aumento dos custos por transação. É improvável que façam algo de maior impacto, a menos que desenvolvam esforços mais diretos para melhorar desempenho e responsabilização do governo.

Em resumo, as políticas específicas anticorrupção discutidas nos capítulos precedentes serão provavelmente necessárias, mas não suficientes, em muitos setores, segmentos econômicos e países altamente corruptos. As políticas anticorrupção não necessitam remover os incentivos para pagamentos indevidos que se originam de programas públicos mal concebidos e mal supervisionados. Essas políticas necessitam limitar as oportunidades para que burocratas, juízes e funcionários de cargos eletivos busquem tirar proveito pessoal ao explorarem o sistema para a obtenção de fundos de campanha. No entanto, grandes contratos especializados de infraestrutura ou de defesa não podem ser convertidos em processos concorrenciais puramente competitivos, e as atividades do crime organizado, como o tráfico de pessoas e de armas, são claramente danosas à sociedade e não podem ser legalizadas. Assim, mesmo que fossem implantadas todas as reformas que propusemos em capítulos anteriores, os proponentes das iniciativas contra a corrupção teriam ainda de confrontar a natureza global dos grandes negócios e do crime organizado, com seus papéis respectivos no mundo da corrupção. As corporações multinacionais precisam examinar suas próprias operações, a fim de limitar as oportunidades de corrupção, e para se assegurarem de que suas organizações, suas subcontratadas e seus consultores internalizem os compromissos corporativos contra a corrupção. Esforços para controlar a lavagem de dinheiro devem reconhecer que a transferência ilícita de fundos para o sistema financeiro global é o território não apenas de máfias e de evasores fiscais, mas também de funcionários corrompidos que buscam esconder as propinas e as comissões e lucrar com elas, às expensas de seu país natal.

CONCLUSÕES

16
Conclusões

A corrupção disseminada pode ter raízes na cultura e na história, mas constitui, ainda assim, um problema econômico e político. A corrupção causa ineficiência e desigualdade; é um sintoma de que o sistema político está operando com pouca preocupação com o interesse público mais amplo. Ela indica que a estrutura do governo não atende com eficácia aos interesses privados. Os objetivos econômicos de crescimento, atenuação da pobreza e mercados justos e eficientes são solapados pela corrupção. A corrupção erode a legitimidade política e a proteção de direitos. Após 20 anos de luta global contra a corrupção, houve progresso em políticas e pesquisas, mas muito resta a ser feito. Tentativas de mensurar a corrupção — mesmo que imperfeitas — têm exposto governos e empresas especialmente corruptos, estimulando reformas em direção a maior transparência e a negociações mais éticas nos setores público e privado; porém, a maioria dos governos ainda recebe pontuações desfavoráveis quanto ao controle da corrupção. Nosso objetivo é aprofundar o entendimento das circunstâncias que contribuem para a corrupção e das políticas que podem ajudar a combatê-la; contudo, não existe um programa genérico anticorrupção que atenda a todos os casos.

I. As causas da corrupção

As causas da corrupção recaem em três grandes categorias: instituições, incentivos e ética pessoal. Essas categorias interagem entre si, para determinar os níveis e os tipos de corrupção em um dado caso qualquer. Práticas corruptas como suborno, nepotismo e tráfico de influência são instituições informais que frequentemente enfraquecem as instituições formais e são constantemente disseminadas e arraigadas. Instituições formais, como a estrutura política e o corpo legal e sua estrutura impositiva, ajudam a compor a cultura e as atitudes com respeito à corrupção. Um forte estado cleptocrático pode sofrer hemorragia financeira em nível da cúpula, mas pouca incidência da pequena corrupção no dia a dia. A pequena corrupção será desenfreada onde o estado finge ser forte, pela implantação de numerosas regulamentações restringentes, mas o estado de direito é fraco.

Incentivos específicos a diferentes situações influenciam as escolhas que se apresentam quando um indivíduo pondera custos e benefícios, a fim de decidir se oferece, se aceita ou se exige uma compensação corrupta. Um posicionamento organizacional forte contra a corrupção, combinado com monitoração e penalidades proporcionais, estabelece incentivos bem diferentes em um ambiente no qual a corrupção seja tolerada ou mesmo estimulada. Em algumas circunstâncias, uma baixa remuneração precisa ser suplementada; porém, mesmo alguns servidores públicos e dirigentes empresariais bem pagos se envolvem com a corrupção, se são baixos os riscos de detecção e punição. Indivíduos e empresas podem engajar-se em corrupção se essa lhes parecer benéfica: para reduzir impostos, para evitar uma penalidade, para ganhar acesso a bens e serviços escassos, ou para conquistar um contrato. Servidores públicos podem, mesmo, criar escassez ou exigir qualificações onerosas, a fim de extrair mais suborno.

Finalmente, a ética pessoal desempenha um papel relevante. Algumas pessoas têm convicções morais tão fortes que resistirão a qualquer proposta corrupta. No outro extremo, algumas são tão cínicas que não têm escrúpulos quanto ao uso da corrupção para ter as coisas feitas segundo seus interesses. A maioria tem algum senso de moralidade, mas um indivíduo pode ceder diante de um preço suficientemente alto. Percepções de corrupção podem ajudar a formatar a ética pessoal: quanto mais o indivíduo percebe a corrupção como norma, mais provável se torna que a pessoa se envolva com a corrupção. Se o governo é geralmente percebido como ilegítimo, então pode não parecer imoral enganar o governo por meio de evasão fiscal ou pelo recebimento de benefícios a que a pessoa não tenha direito.

II. As consequências da corrupção

O benefício próprio e o interesse público frequentemente conflitam. Governos que apresentam bom funcionamento tentam alinhá-los, mas sempre haverá tensões entre objetivos públicos mais amplos e cálculos restritos voltados ao proveito próprio. Impostos e normas regulatórias são onerosos, e programas distributivos requerem critérios outros que não a simples disposição a pagar. Em consequência, a corrupção perverte objetivos públicos fundamentais. Contudo, por vezes, funcionários públicos corruptos alegam que as propinas recebidas não influenciaram seu comportamento, que eram apenas presentes concedidos por apreciação. Mesmo aqueles que pagam por algo que deveriam receber de graça podem acreditar que a propina seja melhor que a alternativa apresentada por um funcionário corrupto, que pode ficar polarizado contra o cidadão se este não lhe conceder nenhum dinheiro ou favor.

Embora pagamentos individuais possam aparentar promover eficiência e, mesmo, justiça em situações específicas, a corrupção sistêmica torna evidente que os programas públicos carecem de reforma. Excessiva liberdade de ação permite que servidores públicos inventem exigências com o único propósito de receber propinas, o que acarreta ineficiência, baixo crescimento e desigualdade na distribuição de renda e riqueza. Frustrados depois de tentar seguir as regras, cidadãos anteriormente honestos podem começar a pagar propinas, em uma espiral viciosa de corrupção crescente. Burocratas e empresas podem entrar em conluio para criar ganhos adicionais, que podem ser divididos entre eles. O investimento doméstico e estrangeiro sofrerá, e a competição será asfixiada. Somente os que estejam dispostos a engajar-se em suborno participarão de tais mercados distorcidos.

Pagamentos da facilitação às vezes são vistos como uma forma positiva de corrupção, porque aumentam a produtividade dos servidores públicos, à semelhança de uma gorjeta. Os casos nos quais a corrupção de fato promove a eficiência dos agentes e melhora a distribuição dos serviços públicos limitam-se a programas nos quais a disposição para pagar é um método de alocação aceitável. Em qualquer caso, propinas são apenas uma resposta de segunda instância, quando comparadas a uma reforma programática. A evidência teórica e empírica não apoia a tolerância com a corrupção. A possibilidade de que pagamentos indevidos possam às vezes motivar os funcionários a trabalhar com maior eficiência sugere que, em casos especiais, propinas ilegais poderiam ser convertidas em esquemas de pagamentos legais de incentivos. Se alguns tipos de propinas pagas aos funcionários públicos são considerados gorjetas aceitáveis, elas deveriam ser legalizadas e definidas como objeto de relatórios regulares. Um teste da justificativa "cultural" para esses pagamentos seria a aceitação de propostas para torná-los legais e públicos.

A grande corrupção em compras e concessões é extremamente onerosa para a sociedade. Projetos superdimensionados ou inadequados são escolhidos, não pelos seus benefícios sociais ou econômicos, mas pelas comissões que geram ou pelos votos que permitem comprar. Um país pode ter um número exagerado de estradas e viadutos, mas não suficiente água potável, ou professores, ou remédios essenciais. Concessões são contratadas e compras são feitas em termos favorecidos, que são aquém do ótimo sob uma perspectiva ambiental ou fiscal. Os resultados são, por exemplo, desflorestamento excessivo, minerais vendidos por preços inferiores aos de mercado, projetos governamentais de infraestrutura com sobrepreço e mal direcionados, e compras destinadas à glorificação do chefe de estado.

A corrupção amplamente disseminada enfraquece a legitimidade do governo. Nas democracias, é provável que mandatários corruptos percam o poder para um partido de oposição que defenda reformas, a menos que a corrupção esteja tão infiltrada no sistema que nenhum político seja tido como honesto. Nas autocracias, o resultado da cleptocracia pode ser a derrubada violenta. Em um estado cujas políticas favoreçam uma elite encastelada, a elite privada corrompe a elite política, e a corrupção nos níveis inferiores pode ser a única opção para os excluídos. Na medida em que as pessoas comuns tolerem o *status quo*, persistirão a corrupção e a ineficiência. Nessas circunstâncias, a tolerância à corrupção pode declinar em razão de maturidade política, com a crescente tomada de consciência de seus efeitos negativos pelos cidadãos. Especialmente se a mídia não é censurada, a exposição de escândalos de corrupção constitui um desenvolvimento positivo, possibilitando pressões sobre o governo. Preocupações dos cidadãos sobre subornos pagos em troca de favores indicam que a população reconhece normas de correta negociação e padrões de competência administrativa, e que começa a exigir que o governo sirva aos interesses do público em geral.

III. Reforma anticorrupção

Como o combate à corrupção é apenas um meio para atingir um fim — melhorar tanto as condições econômicas quanto a legitimidade política — a reforma anticorrupção deve estar inserida em esforços de caráter geral para aperfeiçoar a entrega de bens e serviços à população. Tratar o sintoma, mas não os problemas fundamentais, não vai curar a doença. Não é suficiente fazer algumas prisões de alto escalão: a verdadeira reforma implica mudar a forma pela qual o governo interage com a sociedade. A experiência de outros países deve estar bem documentada — tanto as bem-sucedidas quanto as que resultaram em fracassos, quando supostos combatentes contra a corrupção se tornaram corruptos. Especialmente importante, como pano de fundo para outras reformas, são as melhorias em freios e contrapesos, presentes em um sistema político.

O passo inicial para a reforma deve ser uma avaliação: pesquisa junto ao público, para descobrir como a corrupção afeta a vida quotidiana. Porém, a avaliação não deve ficar nessas pesquisas. Corrupção de alto nível em compras, em concessões e em privatizações podem ser ainda mais prejudiciais, sem serem percebidas pelo público em geral. Esses casos podem ser avaliados por pesquisas direcionadas a empresas participantes e pelo estabelecimento de mecanismos de relatoria que garantam anonimato e proteção aos denunciantes. Negócios articulados pelo crime organizado são especialmente danosos; porém, mesmo os negócios de empreendimentos legítimos podem ser profundamente disfuncionais se são pagamentos ilegais que determinam os resultados. Auditorias ou o que o Banco Mundial chama Pesquisas de Rastreamento de Despesas Públicas, realizadas por organizações independentes, públicas ou privadas, podem medir o impacto da corrupção ou do desvio de recursos das finanças públicas.

Uma vez que esses trabalhos tenham identificado setores vulneráveis, os responsáveis pelas reformas devem promover várias mudanças de uma vez. Destacamos a importância de reformas que limitem os incentivos a pagamentos indevidos, assim como reformas que visem à aplicação da lei e que aumentem a transparência e a supervisão.

Em primeiro lugar, as reformas devem modificar incentivos: reduzir os benefícios e aumentar os custos do envolvimento com a corrupção, além da aplicação das leis contra o suborno. Para o enfrentamento da grande corrupção, os formuladores de decisão precisam ser responsabilizáveis pelas suas decisões. Maior transparência e proteção aos denunciantes são elementos essenciais, mas, diferentemente de compras de rotina, pode ser contraproducente remover a liberdade de critérios em compras de grande escala. Uma regra simples, requerendo a aceitação da proposta de menor preço, normalmente resulta em baixa qualidade. Assim, a flexibilidade de critérios é necessária, mas os decisores devem ter conhecimento técnico suficiente para exercer essa flexibilidade com sabedoria. Da perspectiva dos servidores públicos, o aumento da monitoração por supervisores ou por seus pares e as penalidades por corrupção que sejam proporcionais ao ato detectado devem ser combinados com o aumento da compensação e a redução da carga de trabalho, se a aceitação de pagamentos se tornar um substituto para uma cuidadosa avaliação de alternativas. Se os salários do funcionalismo público se deterioram em relação aos do setor privado e se diferenciais de remuneração dentro do funcionalismo público são pequenas demais para dar aos funcionários um incentivo a buscar promoções, será improvável que tenham êxito os esforços para controlar a corrupção de funcionários. Ao mesmo tempo, servidores públicos devem declarar seus bens e suas remunerações, e devem ser responsabilizados se possuírem riqueza incompatível.

A fim de reduzir a demanda por "quebra de normas", os incentivos para pessoas físicas e jurídicas precisam mudar. As reformas devem reduzir os ônus monetários e temporais impostos por regulamentações desnecessárias e altas taxas tributárias. Programas necessários que atendem a finalidades públicas válidas devem ser reprojetados. Muitos países têm excessiva regulamentação dos negócios, que apenas geram propinas. Deve-se tomar cuidado, porém, ao reduzir a burocracia, para que não sejam eliminados os programas que cumprem objetivos públicos importantes (quando administrados honestamente), e para que essa simplificação de fato reduza a corrupção, ao invés de deslocá-la para outro departamento. Remover a liberdade de ação dos burocratas, por meio da governança eletrônica, tanto reduz as oportunidades de os funcionários demandarem propinas quanto permite ao governo operar com menos empregados.

Privatização pode ser uma eficaz estratégia em alguns casos, mas pode trazer seus próprios problemas. Monopólios privatizados ainda serão ineficientes se mantiverem seu poder monopolista, especialmente se retiverem conexões estreitas com políticos. Mesmo negócios não monopolistas podem transitar da demanda de propinas ao público ao pagamento de propinas a legisladores e reguladores, sem qualquer benefício para a população relativamente ao status anterior à privatização. Os preços podem mesmo subir e a qualidade pode ficar prejudicada após a privatização, porque o governo já não pode ser responsabilizado.

Ainda que alguns programas possam ser reprojetados e algumas responsabilidades, deslocadas para empresas privadas, o estado precisa desempenhar um papel central na regulação do mercado, provendo bens públicos, protegendo os vulneráveis e promovendo equidade. Portanto, é frequentemente essencial uma reforma geral do serviço público. A profissionalização desse serviço deve ser projetada de forma a mudar a maneira pela qual os funcionários se veem e como eles interagem com o público. Ao extremo, demitir departamentos inteiros e substituí-los por novos contratados pode ser mais efetivo que dispensar umas poucas "maçãs podres".

Em segundo lugar, os reformadores devem rever as leis criminais contra a corrupção, para se certificarem de que seu alcance e suas penalidades são suficientes, e leis que não estejam diretamente relacionadas com a corrupção devem passar a incluir elementos contra a corrupção, para efeito dissuasório. É essencial um sistema honesto de aplicação da lei, incluindo polícia, prisões, procuradores e juízes. Se o Judiciário for corrupto, a lei será aplicada arbitrariamente; portanto, eliminar a impunidade judicial é um passo importante. Os departamentos de polícia e o sistema prisional devem ser profissionalizados, dotados de fortes códigos de ética, treinamento de pessoal e remuneração comparável à do setor privado, a fim de garantir que a lei seja aplicada imparcialmente. Todos os segmentos de aplicação da lei devem ser também treinados na luta contra a lavagem de dinheiro e contra o crime organizado, e em como evitar transpor limites jurisdicionais em casos que envolvam corrupção. Da mesma forma, se uma agência anticorrupção é instalada, deve ser suficientemente munida de fundos e de poder de ação, assim como do apoio de outras agências. Se as instituições financeiras internacionais proveem assistência, elas devem assumir compromissos de longo prazo, evitando-se que desapareçam assim que termine o treinamento. Reestruturar o governo e mudar as expectativas da população demandam tempo.

Em terceiro lugar, a sociedade civil deve ser parte do discurso anticorrupção. Se a população não entende o dano causado pela corrupção, haverá pouco interesse em combatê-la. Para reduzir o ônus financeiro imposto ao governo, os grupos da sociedade civil podem ajudar no convencimento contra a corrupção, na proteção a denunciantes, e defender mudanças. O aumento da transparência auxilia os cidadãos a detectar a corrupção e a melhorar a eficiência e a legitimidade do governo. Mesmo que o governo resista à transparência, esta pode vir por conta própria: cada vez mais, a mídia social pode superar a falta de liberdade da mídia autorizada em alguns regimes, conforme se testemunhou recentemente na Primavera Árabe, na Turquia e na China.

Governos democráticos são mais sujeitos a pressões externas por corrupção que regimes autocráticos. No entanto, a necessidade de financiar eleições, mesmo usando fundos legalmente levantados, pode enfraquecer o controle popular. Financiamento corrupto de campanha significa que o mandatário eleito representa os interesses do maior contribuinte, e não o de seus eleitores. Em adição ao papel-chave das eleições, outras instituições ajudam o cidadão a monitorar o estado, e merecem apoio mesmo em regimes não democráticos. Essas instituições incluem iniciativas pela liberdade da informação, ouvidorias e entidades de supervisão independentes, tais como agências de auditoria, comissões eleitorais, comissões contra a corrupção e revisão judicial de atos do governo. As leis que governam conflitos de interesses e padrões éticos para funcionários públicos, políticos e empresários podem também ajudar. A proteção a denunciantes pode complementar esses esforços, ao encorajar pessoas do governo a se apresentar sem medo de perder seus empregos e ao recompensar os trabalhadores do setor privado que reportam malfeitorias. Deve ser exigido das empresas que revelem todas as doações de campanha e as despesas de *lobby*, e deve ser divulgado o histórico eleitoral de cada mandatário eleito. Somente assim é que se tornarão responsabilizáveis os indivíduos eleitos e respectivos partidos, após uma eleição.

É muitas vezes difícil para grupos preocupados com reforma determinar se um governo no poder ou a tomar posse está disposto a mudar o *status quo*. Mesmo que a liderança do governo esteja comprometida com a reforma, pode haver resistências no interior da burocracia. Pressões externas podem ajudar, mas mudanças permanentes são improváveis, a menos que os oponentes da reforma sejam compensados ou marginalizados. No melhor cenário, a reforma beneficia um grupo de interesses específico, como importadores ou beneficiários de programas, que defenderão a reforma e seu aprofundamento. No pior caso, a reforma fracassa, e a corrupção se espalha. Um anunciado plano de reforma ou mudança de lideranças não vão mudar, por si, atitudes e comportamentos; se os incentivos subjacentes permanecem os mesmos, a corrupção persistirá. Aqueles que declaram que "o peixe apodrece da cabeça para baixo" adotam uma visão simplista demais da reforma, se se concentram apenas em personalidades da cúpula. Mesmo líderes honestos podem tolerar a corrupção nos escalões inferiores, e alguns líderes corruptos podem dar apoio a reformas nos níveis de baixo para aumentar os ganhos disponíveis na cúpula e amainar exigências por uma reforma geral (Rose-Ackerman, 2015).

Em países recém-saídos de conflito, muitas mudanças urgentes precisam ser enfrentadas de uma vez, a fim de estabelecer a legitimidade do governo vitorioso e evitar novo conflito. A luta anticorrupção precisa ser construída no cerne de qualquer reestruturação que ocorra, e não tratada como uma política isolada. De um lado, a estrutura do novo governo deve ser inclusiva; mas, de outro, não deve rigidamente dividir os despojos do poder, ou o resultado poderá ser uma luta contínua pelos benefícios privados do poder.

CONCLUSÕES

Em muitos casos, grandes fluxos de ajuda internacional — também presentes após desastres nacionais — podem ser tentadores para os que os administram e distribuem, e precisam ser monitorados de perto. Empresas contratadas, estrangeiras e domésticas, devem assinar pactos de integridade, a fim de evitar a perpetuação dos níveis anteriores de corrupção. Estados que sejam profundamente infiltrados pelo crime organizado estão em situação de dificuldade similar, porque o problema básico não é a corrupção em si, mas a fragilidade geral do estado frente aos negócios dominados pela máfia.

A comunidade internacional pode ser uma fonte de pressão por mudança. Várias iniciativas internacionais contra a corrupção incluem a revisão por pares, por outros países signatários, especificamente tendo essa realidade em vista. Contudo, simplesmente subscrever uma iniciativa não necessariamente assinala uma disposição de mudança, especialmente se a assinatura é requerida para a qualificação por ajuda. Existem muitos exemplos de países que subscreveram múltiplos acordos anticorrupção e chegaram a estabelecer agências anticorrupção, sem efetuar reformas fundamentais; a corrupção prossegue inabalável. Pressão internacional direta pode vir da cooperação entre governos, agências ou empresas. Se um governo não se mostra inclinado a processar um corrupto, um governo estrangeiro pode fazê-lo, se um tratado de extradição está em vigor. Ademais, a Convenção da OCDE prevê que os estados que sediam empresas multinacionais podem processar essas empresas por suborno no estrangeiro. Propostas para uma corte internacional para ocupar-se de casos de corrupção de larga escala são dignas de consideração, assim como reformas no sistema de arbitragem internacional para tornar esses procedimentos mais transparentes e permitir a consideração de comissões e outras formas de propina na determinação da validade de contratação.

Claramente, não faz sentido para as entidades internacionais pressionar por reformas, a menos que atores-chave no interior de estados corruptos tenham algum interesse nelas. Muitas das reformas que propusemos supõem que alguns dos detentores do poder queiram genuinamente limitar a corrupção e não apenas ver as reformas como meio de suprimir seus adversários e consolidar seu próprio mando — o problema "principal ruim". Um cleptocrata pode apoiar algumas reformas mais elementares para aumentar seu fluxo de rendimentos, e pode posicionar-se a favor de duras medidas contra a corrupção direcionada contra rivais políticos. Reformas sérias devem ser realizadas dentro de qualquer estrutura governamental existente, mas os governos que reprimem as críticas de vozes independentes terão especiais dificuldades em estabelecer compromissos credíveis com uma gestão honesta e transparente. Esses governos podem conseguir mover-se rapidamente em curto prazo, mas podem reverter o curso no futuro. Campanhas contra a corrupção podem ser usadas para enfraquecer adversários políticos e para disciplinar grupos problemáticos. Os reformadores devem resistir àqueles que se valeriam de cruzadas anticorrupção para pôr limites à oposição política. Esforços por uma reforma nominal que se torne uma vingança contra adversários políticos perderá credibilidade. Em uma atmosfera altamente politizada, perseguições individualizadas não produzem uma verdadeira reforma. Apenas mudanças estruturais nos incentivos fundamentais à corrupção, inseridas na operação do governo, podem levar a efeito mudanças duradouras.

Agradecimentos

Susan Rose-Ackerman: Esta nova edição beneficia-se de alguns de meus trabalhos publicados desde 1999. Trechos desse material têm sido incorporados a alguns capítulos, e considero-me devedora de Jana Kunicová, Rory Truex, Tina Søreide, Paul Lagunes Sinéad Hunt e Miguel de Figueiredo, que foram meus coautores ou assistentes de pesquisa nesses projetos. Desejo particularmente assinalar o reconhecimento pelos trabalhos de Tina Søreide, Paul Lagunes e Paul Carrington pela coedição de volumes sobre corrupção e pela ajuda em organizar as conferências que deram origem aos livros.[809] Gisela Mation, Leo O'Toole, Kyle Peyton e Cait Unkovic prestaram excelente auxílio em pesquisas relacionadas a aspectos da segunda edição. Sou muito grata aos funcionários da Yale Law Library, particularmente a Sarah Ryan, pela excelente ajuda, e a minha assistente Cathy Orcutt pelo auxílio em cuidar do manuscrito até a finalização. Pela ajuda financeira, agradeço a Yale Law School e a Wissenschaftskolleg zu Berlin, onde passei o ano acadêmico de 2014-5. Finalmente, agradeço a meu marido, Bruce Ackerman, que foi, como sempre, uma âncora de apoio e paciência.

Bonnie J. Palifka: Gostaria de agradecer a Susan por sua generosidade. Tenho há longo tempo sido admiradora de seu trabalho; agora, tenho a honra de chamá-la minha mentora, colega e amiga. Parte desta pesquisa foi conduzida enquanto eu me encontrava em período sabático do Tecnológico de Monterrey, de janeiro a dezembro de 2014, tempo esse em que eu era pesquisadora visitante do MacMillan Center for International and Area Studies, da Universidade de Yale: considero-me devedora de ambas. Sou grata a Alejandra Lee

---

[809] São os seguintes os artigos de revisão: Rose-Ackerman (2010a, 2010b) e Rose-Ackerman e Truex (2013). Os volumes editados são: Rose-Ackerman (2006a), Rose-Ackerman e Søreide (2011), Rose-Ackerman e Carrington (2013) e Rose-Ackerman e Lagunes (2015).

e a Carlos Rojo pela assistência em pesquisa. Gostaria de agradecer aos meus estudantes do Tecnológico de Monterrey e da Universidade de Yale, que são fonte permanente de inspiração. Finalmente, agradeço a minha família e a meus amigos pelo apoio que me prestaram durante todo esse projeto.

Referências

ABELER, Johannes; BECKER, Anke; FALK, Armin. 2014. "Representative Evidence on Lying Costs." *Journal of Public Economics* 113, p. 96-104.
ABERS, Rebecca. 1998. "From Clientelism to Cooperation: Local Government, Participatory Policy, and Civic Organizing in Port Alegre, Brazil." *Politics and Society* 26, p. 511-37.
ABIKOFF, Kevin T. 1987. "The Role of the Comptroller General in Light of Bowsher v. Synar." *Columbia Law Review* 87, p. 1.539-62.
ABOUHARB, M. Rodwan; MOYER, Laura P.; SCHMIDT, Megan. 2013. "De Facto Judicial Independence and Physical Integrity Rights." *Journal of Human Rights* 12(4), p. 367-396.
Acción Ciudadana. 1999. *La Corrupcion en Guatemala*. Guatemala: Acción Ciudadana.
ACEMOGLU, Daron; ROBINSON, James A. 2012. *Why Nations Fail: The Origins of Power, Prosperity, and Poverty*. Nova York: Crown.
ACEMOGLU, Daron; VERDIER, Thierry. 2000. "The Choice between Market Failures and Corruption." *The American Economic Review* 90 (1), p. 191-211.
____; JOHNSON, Simon; ROBINSON, James A.; YARED, Pierre. 2008. "Income and Democracy." *American Economic Review* 98(3), p. 808-42.
ACKERMAN, Bruce. 1993. "Crediting the Voters: A New Beginning for Campaign Finance." *The American Prospect* 13, p. 71-80.
____; AYRES, Ian. 2012. *Voting with Dollars: A New Paradigm for Campaign Finance*. New Haven, CT: Yale University Press.
ACKERMAN, John M. 2004. "Co-Governance for Accountability: Beyond 'Exit' and 'Voice.'" *World Development* 32, p. 447-63.
____. 2007. *Organismos autonomos y democracia: el caso de Mexico*. Cidade do México: Siglo XXI Editores/IIJ-UNAM.
____. 2010. "Understanding Independent Accountability Agencies", in ROSE-ACKERMAN, Susan; LINDSETH, Lindseth (eds.), *Comparative Administrative Law*. Cheltenham, UK: Edward Elgar, p. 265-76.
____; SANDOVAL, Irma. 2006. "The Global Explosion of Freedom of Information Law." *Administrative Law Review* 58, p. 85-130.
Action Aid International. 2013. *Stop Violence Against Girls in School: A Cross-Country Analysis of Change in Ghana, Kenya and Mozambique*. Johannesburg, South Africa:

ActionAid International. http://www.actionaid.org/sites/files/actionaid/svags_review_final.pdf. (acesso em: 14 out. 2015).

ADAMOLEKUN, Ladipo. 1993. "A Note on Civil Service Personnel Policy Reform in Sub-Saharan Africa." *International Journal of Public Sector Management* 6, p. 38-46.

ADES, Alberto; DI TELLA, Rafael. 1995. "Competition and Corruption." *Applied Economics Discussion Paper Series No. 169*. Oxford: Oxford University.

____. 1997a. "National Champions and Corruption: Some Unpleasant Interventionist Arithmetic." *The Economic Journal* 107, p. 1.023-42.

____. 1997b. "The New Economics of Corruption: A Survey and Some New Results." *Political Studies* 45, p. 496-515.

ADLY, Abm. 2011. "Mubarak (1990-2011): The State of Corruption." http://www.arab-reform.net/sites/default/files/Mubarak_1990-2011_The_Stateof_Corruption.pdf (acesso em: 6 mar. 2014).

Africa Progress Panel. 2013. Equity in Extractives: Stewarding African Natural Resources for All. Geneva: APP. http://www.africaprogresspanel.org/wp-content/uploads/2013/08/2013_APR_Equity_in_Extractives_25062013_ENG_HR.pdf (acesso em: 15 out. 2015).

African Union. 2006. *Policy on Post-Conflict Reconstruction and Development (PCRD)*. Banjul, The Gambia: African Union. http://www.peaceau.org/uploads/pcrd-policy-framwowork-eng.pdf (acesso em: 15 out. 2015).

AGARWALA, B. R. 1996. *Our Judiciary*. 2nd ed. India: National Book Trust.

AGUZZONI, Luca; LANGUS, Gregor; MOTTA, Massimo. 2013. "The Effect of EU Antitrust Investigations and Fines on a Firm's Valuation." *Journal of Industrial Economics* 61 (2), p. 290-338. DOI: 10.1111/joie.12016.

AHLIN, Christian. 2001. "Corruption: Political Determinants and Macroeconomic Effects." *Working Paper No. 01-W26*, Vanderbilt University: Department of Economics.

AIDT, Toke S. 2009. "Corruption, Institutions, and Economic Development." *Oxford Review of Economic Policy* 25 (2), p. 271-91.

____. 2011. "Corruption and Sustainable Development", in ROSE-ACKERMAN, Susan; SOREIDE, Tina (eds.). *International Handbook on the Economics of Corruption, Volume II*. Cheltenham, UK, e Northampton, MA: Edward Elgar, p. 3-51.

____; DUTTA, Jayasri. 2004. "Policy Compromise: Corruption and Regulation in a Democracy." *Economics and Politics* 20 (3), p. 335-60. DOI: 10.1111/j.1468-0343.2008.00332.x.

____; SENA, Vania. 2008. "Governance Regimes, Corruption and Growth: Theory and Evidence." *Journal of Comparative Economics* 36, p. 195-220.

AKÇAY, Selçuk. 2006. "Corruption and Human Development." *Cato Journal* 26 (1), p. 29-48.

AKERLOF, George A. 1970. "The Market for 'Lemons': Quality Uncertainty and the Market Mechanism." *The Quarterly Journal of Economics* 84 (3), p. 488-500.

AL-MARHUBI, Fahim. 2000. "Corruption and Inflation." *Economics Letters* 66, p. 199-202.

ALAM, M. Shahid. 1991. "Some Economic Costs of Corruption in LDCs." *Journal of Development Studies* 27, p. 89-97.

____. 1995. "A Theory of Limits on Corruption and Some Applications." *Kyklos* 48, p. 419-35.

ALATAS, Vivi; CAMERON, Lisa; CHAUDHURI, Ananish; ERKAL, Nisvan; GANGADHARAN, Lata. 2009a. "Subject Pool Effects in a Corruption Experiment: A Comparison of Indonesian Public Servants and Indonesian Students." *Experimental Economics* 12, p. 113-32.

_____. 2009b. "Gender, Culture, and Corruption: Insights from an Experimental Analysis." *Southern Economic Journal* 75 (3), p. 663-680.

ALEXANDER, Herbert E. 1991. *Reform and Reality: The Financing of State and Local Campaigns*. Nova York: Twentieth Century Fund.

ALFILER, Ma Concepcion P. 1986. "The Process of Bureaucratic Corruption in Asia: Emerging Patterns", in CARINO, Ledivina A. (ed.), *Bureaucratic Corruption in Asia: Causes, Consequences and Controls*. Quezon City, the Philippines: JMC Press, p. 15-68.

ALLDRIDGE, Peter. 2012. "The U.K. Bribery Act: 'The Caffeinated Younger Sibling of the FCPA." *Ohio State Law Journal* 73, p. 1.181-216.

ALLEN, David W. 2002. "Corruption, Scandal, and the Political Economy of Adopting Lobbying Policies: An Exploratory Assessment." *Public Integrity* (Winter), p. 13-42.

ALTAMIRANO, Giorleny D. 2006-7. "The Impact of the Inter-American Convention against Corruption." *University of Miami Inter-American Law Review* 38 (3), p. 487-548.

ALVAREZ, Gladys Stella. 1995. "Alternative Dispute Resolution Mechanisms: Lessons of the Argentine Experience", in ROWAT, Malcolm; MALIK, Waleed H.; DAKOLIAS, Maria (eds.). *Judicial Reform in Latin America and the Caribbean: Proceedings of a World Bank Conference*, World Bank Technical Paper 280. Washington DC: World Bank, p. 78-91.

AMBRASEYS, Nicholas; BILHAM, Roger. 2011. "Corruption Kills." *Nature* 469 (7329), p. 153-5. DOI: 10.1038/469153a.

AMICK, George. 1976. *The American Way of Graft*. Princeton, NJ: Center for the Analysis of Public Issues.

AMORE, Mario Danele; BENNEDSEN, Morton. 2013. "The Value of Local Political Connections in a Low-Corruption Environment. *Journal of Financial Economics* 10, p. 387-407.

ANDERSEN, Thomas Barnebeck. 2009. "E-Government as an Anti-corruption Strategy." *Information Economics and Policy* 21, p. 201-10.

ANDERSON, Christopher J.; TVERDOVA, Yuliya V. 2003. "Corruption, Political Allegiances, and Attitudes toward Government in Contemporary Democracies." *American Journal of Political Science* 47, p. 91-109.

ANDERSSON, Staff an; HEYWOOD, Paul M. 2008. "The Politics of Perception: Use and Abuse of Transparency International's Approach to Measuring Corruption." *Political Studies* 57 (4), p. 746-67. DOI: 10.1111/j.1467-9248.2008.00758.x.

ANDREONI, James. 1988. "Privately Provided Public Goods in a Large Economy: The Limits of Altruism." *Journal of Public Economics* 35, p. 57-73.

ANDRESKI, S. 1968. "Kleptocracy or Corruption as a System of Government", in *The African Predicament*. Nova York: Atherton, p. 92-109.

ANDRIANOVA, Svetlana, MELISSAS, Nicolas. 2009. "Corruption, Extortion, and the Boundaries of the Law." *The Journal of Law, Economics, & Organization* 25 (2), p. 44-271.

ANECHIARICO, Frank; JACOBS, James B. 1996. *The Pursuit of Absolute Integrity: How Corruption Control Makes Government Ineffective*. Chicago: University of Chicago Press.

ANEK, Leothamtas. 1994. "From Clientelism to Partnership: Business-Government Relations in Thailand", in MACINTYRE, Andrew (ed.). *Business and Government in Industrializing Asia*. Ithaca, NY: Cornell, p. 195-215.

ANING, Kwesi; SALIHU, Naila. 2013. "Regional Approaches to Statebuilding II: The African Union and ECOWAS", in BERDAL, Mats; ZAUM, Dominik (eds.), *Political Economy of Statebuilding: Power after Peace*. Nova York: Routledge, p. 174-188.

ANOKHIN, Sergey; SCHULZE, William S. 2009. "Entrepreneurship, innovation, and corruption." *Journal of Business Venturing* 24,5, p. 465-76. DOI:10.1016/j.jbusvent.2008.06.001.

ANSOLABEHERE, Stephen; SNYDER JR., James M. Snyder. 2000. "Money and Office", in BRADY, David; COGAN, John (eds.). *Congressional Elections: Continuity and Change*. Stanford CA: Stanford University Press.

_____; FIGUEIREDO, John M.; SNYDER JR., James M. 2003. "Why Is There So Little Money in U.S. Politics?" *Journal of Economic Perspectives* 17, p. 105-30.

ANSON, Jose; CADOT, Olivier; OLARREAGA, Marcelo. 2006. "Tariff Evasion and Customs Corruption: Does Pre-Shipment Inspection Help?" *Contributions to Economic Analysis and Policy* 5 (1), article 33.

ANTHONY, Harry. 2007. "Maximizing the Performance of Education Systems: The Case of Teacher Absenteeism", in CAMPOS, J. Edgardo; PRADHAN, Sanjay (eds.). *The Many Faces of Corruption*. Washington, DC: The World Bank, p. 63-88.

ANTONIOU, Anthony. 1990. "Institutional Devices in Dealing with Corruption in Government", in United Nations, Department of Technical Co-operation for Development and Centre for Social Development and Humanitarian Affairs, *Corruption in Government: Report of an Interregional Seminar, The Hague, the Netherlands, 11—15 December, 1989*, TCD/SEM 90/2, INT-89-R56, Nova York, p. 55-83.

ANVIG, Jens Christopher. 1995. "Corruption in the North Sea Oil Industry: Issues and Assessments." *Crime, Law and Social Change* 23 (4), p. 289-313.

_____. 2006. "Corruption and Fast Change." *World Development* 34 (2), p. 328-40.

_____; BARASA, Tiberius. 2014. "Grabbing by Strangers: Crime and Policing in Kenya", in SOREIDE, Tina; WILLIAMS, Aled (eds.). *Corruption, Grabbing and Development: Real World Challenges*. Cheltenham, UK, and Northampton, MA: Edward Elgar, p. 83-92.

_____; MOENE, Karl Ove. 1990. "How Corruption May Corrupt." *Journal of Economic Behavior and Organization* 13, p. 63-76.

APERGIS, Nicholas; DINCER, Oguzhan C.; PAYNE, James E. 2010. "The Relationship between Corruption and Income Inequality in U.S. States: Evidence from a Panel Cointegration and Error Correction Model." *Public Choice* 145, p. 125-35.

ARAI, Koki. 2012. "Case Studies of Bid-rigging and Procurement Reform Assessment in Fuel Oil Supply in Japan and Korea." *Journal of Public Procurement* 12 (2), p. 249-75.

_____; ISHIBASHI, Ikuo; ISHII-OSHIBASHI, Rieko. 2011. "Research and analysis on bid rigging mechanisms." *Japan and the World Economy* 23, p. 1-5.

ARGANDONA, Antonio. 2003. "Private-to-Private Corruption." *Journal of Business Ethics* 47, p. 253-67.

ARLEN, Jennifer. 1994. "The Potentially Perverse Effects of Corporate Criminal Liability." *Journal of Legal Studies* 23, p. 833-67.

ARMANTIER, Olivier; BOLY, Amadou. 2011. "A Controlled Field Experiment on Corruption." *European Economic Review* 55 (8), p. 1.072-82.

_____. 2014. "On the Effects of Incentive Framing on Bribery: Evidence from an Experiment in Burkina Faso." *Economics of Governance* 15 (1), p. 1-15.

ARMIJO, L. E. 1999. *Financial Globalization and Democracy in Emerging Markets*. Nova York: St. Martin's Press.

ARNOLD, Douglas R. 1990. *The Logic of Congressional Action*. New Haven, CT: Yale University Press.

ARULAMPALAM, Wiji; BOOTH, Alison L.; BRYAN, Mark L. 2007. "Is There a Glass Ceiling over Europe? Exploring the Gender Pay Gap across the Wage Distribution." *Industrial and Labor Relations Review* 60 (2), p. 163-86.

ASKARI, Hossein; REHMAN, Scheherazade S.; ARFAA, Noora. 2012. "Corruption: A View from the Persian Gulf." *Global Economy Journal* 12 (1), article 1.

Association of the U.S. Army and Center for Strategic and International Studies. 2002. "Post-Conflict Reconstruction: Task Framework", http://csis.org/files/media/csis/pubs/framework.pdf (acesso em: 15 out. 2015).

AURIOL, Emmanuelle; PICARD, Pierre M. 2009. "Government Outsourcing: Public Contracting with Private Monopoly", *The Economic Journal* 119: 1464—93. DOI: 10.1111/j.1468-0297.2009.02291.x.

AYEE, Joseph; SOREIDE, Tina; SHUKLA, G. P.; LE, Tuan Minh. 2011. "Political Economy of the Mining Sector in Ghana." Policy Research Working Paper 5730, World Bank, Africa Region, Public Sector Reform and Capacity Building Unit, Washington, DC. http://elibrary.worldbank.org/doi/abs/10.1596/1813-9450-5730 (acesso em: 15 out. 2015).

AYITTEY, George B. N. 1992. *Africa Betrayed*. Nova York: St. Martin's Press.

AYRES, Ian. 1997. "Judicial Corruption: Extortion and Bribery." *Denver University Law Review* 74, p. 1.231-53.

AZABOU, Mongi; NUGENT, Jeffrey B. 1988. "Contractual Choice in Tax Collection Activities: Some Implications of the Experiences with Tax Farming." *Journal of Institutional and Theoretical Economics* 144, p. 684-705.

AZAR, Ofer. 2004. "The History of Tipping — from Sixteenth-century England to United States in the 1910s." *The Journal of Socio-Economics* 33, p. 745-64.

BAC, Mehmet. 1996. "Corruption, Supervision, and the Structure of Hierarchies." *The Journal of Law, Economics, and Organization* 12 (2), p. 277-98.

BADARACCO JR., Joseph L.; WEBB, Allen. 1995. "Business Ethics: A View from the Trenches." *California Management Review* 37, p. 8-28. https://hbr.org/product/business--ethics-aview-from-the-trenches/an/CMR050-PDF-ENG (acesso em: 15 out. 2015).

BAGHDADI-SABETI, Guitelle; SERHAN, Fatima. 2010. "Who Good Governance for Medicines Programme: An Innovative Approach to Prevent Corruption in the Pharmaceutical Sector, Compilation of Country Case Studies and Best Practices." World

Health Report, Background Paper 25, http://www.who.int/healthsystems/topics/financing/healthreport/25GGM.pdf (acesso em: 15 out. 2015).

BAHMANI-OSKOOEE, Mohsen; GOSWANI, Gour G. 2005. "The Impact of Corruption on the Black Market Premium." *Southern Economic Journal* 71 (3), p. 483-93.

____; NASIR, Abm. 2002. "Corruption, Law and Order, Bureaucracy, and Real Exchange Rate." *Economic Development and Cultural Change* 50 (4), p. 1.021-8.

BAIMU, Evarist; PANOU, Aristeidis. 2012. "Responsibility of International Organizations and the World Bank Inspection Panel: Parallel Tracks Unlikely to Converge?", in CISSÉ, Hassane; BRADLOW, Daniel D.; KINGSBURY, Benedict (eds.).

BALAAM, David N.; VESETH, Michael. 2008. *Introduction to International Political Economy, Fourth Edition.* Upper Saddle River, NJ: Pearson, Prentice Hall.

BANERJEE, Abhijit; HANNA, Rema; MULLAINATHAN, Senhil. 2013. "Corruption", in GIBBONS, Robert; ROBERTS, John (eds.). *The Handbook of Organizational Economics.* Princeton, NJ: Princeton University Press.

BANURI, Sheheryar; ECKEL, Catherine. 2012. "Experiments in Cultural Corruption: A Review", in SERRA, Danila; WANTCHEKON, Leonard (eds.). *Research in Experimental Economics, Volume 15: New Advances in Experimental Research on Corruption.* Bingley, UK: Emerald, p. 13-49.

BARBIER, Edward B. 2004. "Explaining Agricultural Land Expansion and Deforestation in Developing Countries." *American Journal of Agricultural Economics* 86 (5), p. 1.347-53.

BARDHAN, Pranab. 1993. "Symposium on Management of Local Commons." *Journal of Economic Perspectives* 7, p. 87-92.

____. 1997. "Corruption and Development: A Review of Issues." *Journal of Economic Literature* 35, p. 1.320-46.

____. 2006. "The Economist's Approach to the Problem of Corruption." *World Development* 34 (2), p. 341-8.

BARNEY, J. B.; HANSEN, M. H. 1994. "Trustworthiness as a Source of Competitive Advantage." *Strategic Management Journal* 15, p. 175-90.

BARR, Abigail; SERRA, Danila. 2010. "Corruption and Culture: An Experimental Analysis." *Journal of Public Economics* 95, p. 862-9.

BARRATT-BROWN, Elizabeth P. 1991. "Building a Monitoring and Compliance Regime under the Montreal Protocol." *Yale Journal of International Law* 16, p. 519-70.

BASU, Kaushik. 2011. "Why, for a Class of Bribes, the Act of Giving a Bribe Should Be Treated as Legal." MPRA Paper No. 50335, http://mpra.ub.uni-muenchen.de/50335/ (acesso em: 15 out. 2015).

____; BHATTACHARYA, S.; MISHRA, A. 1992. "Notes on Bribery and the Control of Corruption." *Journal of Public Economics* 48, p. 349-59.

BASU, Subhajit. 2004. "E-Government and Developing Countries: An Overview." *International Review of Law Computers & Technology* 18,1, p. 109-32.

BASU, Susanto; LI, David D. 1996. "Corruption and Reform." Department of Economics, University of Michigan, jun.

BATORY, Agnes. 2012. "Why Do Anti-Corruption Laws Fail in Central Eastern Europe? A Target Compliance Perspective." *Regulation and Governance* 6, p. 66-82. DOI: 10.1111/j.1748-5991.2011.01125.x.

BATZILIS, Dimitri. 2015. "Bribing Abroad", in ROSE-ACKERMAN, Susan; LAGUNES, Paul (eds.). *Greed, Corruption, and the Modern State*. Cheltenham, UK: Edward Elgar, p. 277-96.

BAUCUS, Melissa S.; BAUCUS, David A. 1997. "Paying the Piper: An Empirical Examination of Longer-Term Financial Consequences of Illegal Corporate Behavior." *The Academy of Management Journal* 40 (1), p. 129-51.

____; NEAR, Janet P. 1991. "Can Illegal Corporate Behavior Be Predicted? An Event History Analysis." *The Academy of Management Journal* 32 (1), p. 9-36.

BAUMHART, R. C. 1961. "How Ethical Are Businessmen?" *Harvard Business Review* 39, p. 6-9.

BAYAR, Güzin. 2005. "The Role of Intermediaries in Corruption." *Public Choice* 122, p. 277-98. DOI: 10.1007/s11127-005-5916-8.

BAYLEY, David H. 1966. "The Effect of Corruption in a Developing Nation." *Western Political Quarterly* 19, p. 719-32.

BEAN, Bruce; MACGUIDWIN, Emma H. 2013. "Unscrewing the Inscrutable: The UK Bribery Act of 2010." *Indiana International and Comparative Law Review* 23, p. 63-109.

BEARE, Margaret E. 1997. "Corruption and Organized Crime: Lessons from History." *Crime, Law and Social Change* 28, p. 155-72.

BECKER, Gary. 1968. "Crime and Punishment: An Economic Approach." *Journal of Political Economy* 76, p. 169-217.

____; BECKER, Guity Nashat. 1996. *The Economics of Life: From Baseball to Affirmative Action to Immigration, How Real-World Issues Affect Our Everyday Life*. Nova York: McGraw-Hill.

____; STIGLER, George. 1974. "Law Enforcement, Malfeasance, and Compensation of Enforcers." *Journal of Legal Studies* 3, p. 1-19.

BECKER, Sascha O.; EGGER, Peter H.; SEIDEL, Tobias. 2009. "Common Political Culture: Evidence on Regional Corruption Contagion." *European Journal of Political Economy* 25 (3), p. 300-10.

BEENSTOCK, Michael. 1979. "Corruption and Development." *World Development* 7, p. 15-24.

BEHR, Peter. 1997. "He's Changing the Flow: The Government's Procurement Chief Is Selling a Streamlined System, but Not Everybody's Buying It." *Washington Post*, 3 mar., p. F18.

BEL, Germa; ESTACHE, Antonio; FOUCART, Renoud. 2014. "Transport Infrastructure Failures in Spain: Mismanagement and Incompetence, or Political Capture?", in SOREIDE, Tina; WILLIAMS, Aled (eds.). *Corruption, Grabbing and Development: Real World Challenges*. Cheltenham, UK, and Northampton, MA: Edward Elgar, p. 129-37.

BENDER, Keith A.; HEYWOOD, John S. 2010. "Out of Balance? Comparing Public and Private Sector Compensation over 20 Years." https://stateinnovation.org/uploads/asset/asset_file/921/Out_of_Balance_Comparing_Public_and_Private_Sector_Compensation.pdf (acesso em: 15 out. 2015).

BENSON, Bruce L.; LEBURN, Ian Sebastian; RASMUSSEN, David W. 1998. "The Context of Drug Policy: An Economic Interpretation." *Journal of Drug Issues* 28 (3), p. 681-99.

_____. 2001. "The Impact of Drug Enforcement on Crime: An Investigation of the Opportunity Cost of Police Resources." *Journal of Drug Issues* 31 (4), p. 989-1.006.

BENTLEY, Kristina A.; SOUTHALL, Roger. 2005. *An African Peace Process: Mandela, South Africa, and Burundi*. Cape Town: HSRC Press.

BERENSON, William M. 2012. "Squaring the Concept of Immunity with the Fundamental Right to a Fair Trial", in CISSÉ, Hassane; BRADLOW, Daniel D.; KINGSBURY, Benedict (eds.). *The World Bank Legal Review, Volume 3: International Financial Institutions and Global Legal Governance*. Washington, DC: The World Bank, p. 133-45. https://openknowledge.worldbank.org/bitstream/handle/10986/2365/653710PUB0EPI2061563B09780821388631.pdf?sequence=1 (acesso em: 15 out. 2015).

BERENSZTEIN, Sergio. 1998. "Empowering the Taxman: The Politics of Tax Administration Reform in Argentina and Mexico." Paper presented at conference on "The Political Economy of Administrative Reform: Building State Capacity in Developing Countries." CIDE, Cidade do México, 4-5 jun.

BERMAN, Peter A.; BOSSERT, Thomas J. 2000. "A Decade of Health Sector Reform in Developing Countries: What Have We Learned?" Presented at the DDM Symposium: "Appraising a Decade of Health Sector Reform in Developing Countries." Washington, DC, 15 mar.

BERTOT, John C.; JAEGER, Paul T.; GRIMES, Justin M. 2010. "Using ICTs to Create a Culture of Transparency: E-government and Social Media as Openness and Anti-corruption Tools for Societies." *Government Information Quarterly* 27, p. 264-71.

BERTRAND, Marianne; BOMBARDINI, Matilde; TREBBI, Frencesco. 2014. "Is It Whom You Know or What You Know? An Empirical Assessment of the Lobbying Process." *American Economic Review* 104 (12), p. 3.885-920. http://dx.doi.org/10.1257/aer.104.12.3885.

_____; DJANKOV, Simeon; HANNA, Rema; MULLAINATHAN, Senhil. 2007. "Obtaining a Driver's License in India: An Experimental Approach to Studying Corruption." *The Quarterly Journal of Economics* 122 (4), p. 1.639-76.

BESLEY, Timothy; MCLAREN, John. 1993. "Taxes and Bribery: The Role of Wage Incentives." *Economic Journal* 103, p. 119-41.

BHAGWATI, Jadish N. (ed.). 1974. *Illegal Transactions in International Trade*. Amsterdã e Nova York: North-Holland-American Elsevier.

BHASKAR, V.; KAHN, Mushtaq. 1995. "Privatization and Employment: A Study of the Jute Industry in Bangladesh." *American Economic Review* 85, p. 267-73.

BIGSTEN, Arne; MOENE, Karl Ove. 1996. "Growth and Rent Dissipation: The Case of Kenya." *Journal of African Economics* 5, p. 177-198.

BING, Song. 1994. "Assessing China's System of Judicial Review of Administrative Actions." *China Law Review* 8, p. 1-20.

BISHOP, D. T.; CANNINGS, C.; SMITH, J. Maynard. 1978. "The War of Attrition with Random Rewards." *Journal of Theoretical Biology* 74, p. 377-88.

BISSELL, Richard E. 1997. "Recent Practice of the Inspection Panel of the World Bank." *American Journal of International Law* 91, p. 741-4.

BIXBY, Michael B. 2010. "The Lion Awakens: The Foreign Corrupt Practices Act —1977 to 2010." *San Diego International Law Journal* 12, p. 89-145.

BLACKBURN, Keith; POWELL, Jonathan. 2011. "Corruption, Inflation and Growth." *Economics Letters* 113 (3), p. 225-7.
BLAIR, William Alan. 1989. "A Practical Politician: The Boss Tactics of Matthew Stanley Quay." *Pennsylvania History* 56, p. 77-92.
BLINER, Alan (ed.). 1990. *Paying for Productivity: A Look at the Evidence.* Washington, DC: The Brookings Institution.
BODEHORN, Howard. 2006. "Bank Chartering and Political Corruption in Antebellum New York", in GLAESER, Edward L. Glaeser; GOLDIN, Claudia (eds.). *Corruption and Reform: Lessons from America's Economic History.* National Bureau of Economic Research. Chicago e Londres: University of Chicago Press, p. 231-57.
BOORMAN, Jack. 2001. "OECD Convention on Combating Bribery of Foreign Public Officials in International Business Transactions." IMF. http://www.imf.org/external/np/gov/2001/eng/091801.pdf (acesso em: 30 jan. 2014).
BORNER, Silvio; BRUNETTI, Aymo; WEDER, Beatrice. 1992. *Institutional Obstacles to Latin American Growth.* San Francisco, CA: ICS Press.
BOTERO, Juan C.; PONCE, Alejandro. 2010. "Measuring the Rule of Law." The World Justice Project Working Paper 001. http://papers.ssrn.com/sol3/papers.cfm?abstract_id=1966257 (acesso em: 15 out. 2015).
BOWIE, Norman. 1988. "The Moral Obligations of Multinational Corporations", in LUPER-FOY, Steven (ed.). *Problems of International Justice.* Boulder, CO: Westview Press, p. 97-113.
BOWLES, Roger; GAROUPA, Nuno. 1997. "Casual Police Corruption and the Economics of Crime." *International Review of Law and Economics* 17, p. 75-87.
BOYARD, Tony; GREGORY, David; MARTIN, Stephen. 1991 "Improved Performance in Local Economic Development: A Warm Embrace or an Artful Sidestep." *Public Administration* 69, p. 103-19.
BOYCKO, Makim; SHLEIFER, Andrei; VISHY, Robert W. 1996. "A Theory of Privatization." *Economic Journal* 106, p. 309-19.
BOZZINI, Alessandro. 2014. "The Unlikely Achiever: Rwanda", in MUNGIU-PIPPIDI, Alina (ed.). *The Anticorruption Frontline: The Anticorruption Report 2.* Opladen, Berlim e Toronto: Barbara Budrich, p. 40-50. http://anticorrp.eu/wp-content/uploads/2014/09/ACRvolume2_fi nal_Chapter3_Rwanda.pdf (acesso em: 15 out. 2015).
BRADLOW, Daniel D. 1996. "A Test Case for the World Bank." *American University Journal of International Law and Policy* 1, p. 247-93.
____. 2012. "The Reform of Governance of the IFIs: A Critical Assessment", in CISSÉ, Hassane; BRADLOW, Daniel D.; KINGSBURY, Benedict (eds.). *The World Bank Legal Review, Volume 3: International Financial Institutions and Global Legal Governance.* Washington, DC: The World Bank, p. 37-58.
____; SCHLEMMER-SCHULTE, Sabine. 1994. "The World Bank's New Inspection Panel: A Constructive Step in the Transformation of the International Legal Order." *Zeitschrift fur auslandisches off entliches Recht und Volkerrecht* 54, p. 392-415.
BRAITHWAITE, John. 1985. "Taking Responsibility Seriously: Corporate Compliance Systems", in FISSE, Brent; FRENCH, Peter A. (eds.). *Corrigible Corporations and Unruly Law.* San Antonio, TX: Trinity University Press, p. 39-63.

BRANDT, Hans-Jürgen. 1995. "The Justice of the Peace as an Alternative Experience with Conciliation in Peru", in ROWAT, Malcolm; MALIK, Waleed H.; DAKOLIAS, Maria (eds.), *Judicial Reform in Latin America and the Caribbean: Proceedings of a World Bank Conference*. World Bank Technical Paper 280. Washington, DC: World Bank, p. 92-9.

BRATTON, Michael. 1989. "The Politics of Government-NGO Relations in Africa." *World Development* 17, p. 569-87.

BRAUN, Miguel; DI TELLA, Rafael. 2004. "Inflation, Inflation Variability, and Corruption." *Economics and Politics* 16 (1), p. 77-100.

BRENNAN, Geoffrey; BUCHANAN, James M. 1980. *The Power to Tax: Analytical Foundations of a Fiscal Constitution*. Cambridge: Cambridge University Press.

BRENNER, Steven N.; MOLANDER, Earl A. 1977. "Is the Ethics of Business Changing?" *Harvard Business Review* 55, p. 57-71.

BRINKERHOFF, Derick W. 2005. "Rebuilding Governance in Failed States and Post-Conflict Societies: Core Concepts and Cross-Cutting Themes." *Public Administration and Development* 25, p. 3-14. DOI: 10.1002/pad.352.

BRONARS, Stephen G.: LOTT JR., John R. 1997. "Do Campaign Donations Alter How a Politician Votes? Or, Do Donors Support Candidates Who Value the Same Things That They Do?" *Journal of Law and Economics* 40, p. 317-50.

BRUNETTI, Aymo; WEDER, Beatrice. 2003. "A Free Press Is Bad News for Corruption." *Journal of Public Economics* 87, p. 1.801-24.

BRUNO, Michael; EASTERLY, William. 1996. "Inflation's Children: Tales of Crises That Beget Reforms." *American Economic Review-Papers and Proceedings* 86, p. 213-7.

BRZEZINSKI, Mark; BRACKETT, Alex. 2011. "Foreign Bribery and Illegal Exports." *Public Interest Report* (Spring), p. 14-7.

BULTE, Erwin H.; DAMANIA, Richard; LÓPEZ, Ramón. 2007. "On the Gains of Committing to Inefficiency: Corruption, Deforestation and Low Land Productivity in Latin America." *Journal of Environmental Economics and Management* 54 (3), p. 277-95.

BUNKER, Stephen G.; COHEN, Lawrence. 1983. "Collaboration and Competition in Two Colonization Projects: Toward a General Theory of Official Corruption." *Human Organization* 42 (2), p. 106-14. http://dx.doi.org/10.17730/humo.42.2.a152847m73542801.

BURKI, Shahid Javed. 1997. "Governance, Corruption and Development: The Case of Pakistan." Paper presented at the Workshop on Governance Issues in South Asia, Yale University, New Haven, CT, 19 nov.

BURNS, John. 1993. "China's Administrative Reforms for a Market Economy." *Public Administration and Development* 13, p. 345-60.

BUSCAGLIA, Edgardo. 2001. "An Analysis of Judicial Corruption and Its Causes: An Objective Governing-based Approach." *International Review of Law and Economics* 21, p. 233-49.

____; ULEN, Thomas. 1997. "A Quantitative Assessment of the Efficiency of the Judicial Sector in Latin America." *International Review of Law and Economics* 17, p. 275-92.

____; DIJK, Jan van. 2003. "Controlling Organized Crime and Corruption in the Public Sector." *Forum on Crime and Society* 3, p. 3-34.

BUSCAGLIA JR., Edgardo. 1995. "Judicial Reform in Latin America: The Obstacles Ahead." *Journal of Latin American Affairs* (outono/inverno), p. 8-13.

_____; DAKOLIAS, Maria. 1996. "Judicial Reform in Latin American Courts: The Experience in Argentina and Ecuador." World Bank Technical Paper No. 350. Washington, DC: World Bank.

_____; STEPHAN, Paul B. 2005. "An Empirical Assessment of the Impact of Formal Versus Informal Dispute Resolution on Poverty: A Governance-based Approach." *International Review of Law and Economics* 25, p. 89-106.

BUSSE, Matthias; GRÖNING, Steffen. 2009. "Does Foreign Aid Improve Governance?" *Economics Letters* 104, p. 76-8.

BUSSELL, Jennifer. 2013. *Corruption and Reform in India*. Cambridge: Cambridge University Press.

CADOT, Olivier. 1987. "Corruption as a Gamble." *Journal of Public Economics* 33, p. 223-44.

CAHEN, Michel. 2000. "Nationalism and Ethnicities: Lessons from Mozambique", in BRAATHEN, Einar; BOAS, Morten; SATHER, Gjermund (eds.). *Ethnicity Kills? The Politics of War, Peace and Ethnicity in Sub-Saharan Africa*. Nova York: Palgrave Macmillan, p. 163-87.

CALOMIRIS, Charles W.; FISMAN, Raymond; WANG, Yongxiang. 2010. "Profiting from Government Stakes in a Command Economy: Evidence from Chinese Asset Sales." *Journal of Financial Economics* 96, p. 399-412.

CALVERT, Monte A. 1972. "The Manifest Functions of the Machine", in STAVE, Bruce M. (ed.). *Urban Bosses, Machine, and Progressive Reform*. Lexington, MA: D. C. Heath and Co., p. 44-5.

"Camel through the Needle's Eye." *Newswatch*, 3 fev. 1991. Excerpted in *Nigeria: Issues and Options in the Energy Sector*, Report No.11672-UNI, World Bank: Energy Sector Management Assistance Programme, jul. 1993.

CAMERON, Lisa; CHAUDHURI, Ananish; ERKAL, Nisvan; GANGADHARAN, Lata. 2009. "Propensities to Engage in and Punish Corrupt Behavior: Experimental Evidence from Australia, India, Indonesia and Singapore." *Journal of Public Economics* 93, p. 843-51.

CAMPOS, J. Edgardo; BHARGAVA, Vinay. 2007. "Introduction: Tackling a Social Pandemic", in CAMPOS, J. Edgardo; PRADHAN, Sanjay (eds.). *The Many Faces of Corruption: Tracking Vulnerabilities at the Sector Level*. Washington, DC: The World Bank, p. 1-25.

_____; RECANATINI, Francesca. 2007. "Conclusion: Where to Next?", in CAMPOS, J. Edgardo; PRADHAN, Sanjay (eds.). *The Many Faces of Corruption: Tracking Vulnerabilities at the Sector Level*. Washington, DC: The World Bank, p. 429-34.

_____; PRADHAN, Sanjay. 1997. "Evaluating Public Expenditure Management Systems: An Experimental Methodology with an Application to Australia and New Zealand Reforms." *Journal of Policy Analysis and Management* 16, p. 423-45.

_____ (eds.). 2007. *The Many Faces of Corruption: Tracking Vulnerabilities at the Sector Level*. Washington, DC: The World Bank.

_____; ROOT, Hilton. 1996. *East Asia's Road to High Growth: An Institutional Perspective*. Washington, DC: The Brookings Institution.

CANACHE, Damarys; ALLISON, Michael E. 2005. "Perceptions of Political Corruption in Latin American Democracies." *Latin American Politics and Society* 47 (3), p. 91-111.

CARINO, Ledivina. 1986. "Tonic or Toxic: The Effects of Graft and Corruption", in CARINO, Ledivina A. (ed.). *Bureaucratic Corruption in Asia: Causes, Consequences and Controls*. Quezon City, the Philippines: JMC Press, p. 163-94.

CAROTHERS, Thomas; BRECHENMACHER, Saskia. 2014. *Closing Space: Democracy and Human Rights Support under Fire*. Washington, DC: Carnegie Endowment for International Peace. http://carnegieendowment.org/2014/02/20/closing-space--democracy-and-human-rights-support-under-fire/h1by (acesso em: 15 out. 2015).

CARRINGTON, Paul D. 2007. "Law and Transnational Corruption: The Need for Lincoln's Law Abroad." *Law and Contemporary Problems* 70, p. 109-38.

_____. 2010. "Enforcing International Corrupt Practices Law." *Michigan Journal of International Law* 32, p. 129-64.

_____. 2013. "Private Enforcement of International Law", in ROSE-ACKERMAN, Susan; CARRINGTON, Paul (eds.). *Anti-Corruption Policy: Can International Actors Play a Constructive Role?* Durham, NC: Carolina Academic Press, p. 285-300.

CARTIER-BRESSON, J. 1995. "L'Economie de la Corruption", in DELLA PORTA, D.; MÉNY, Y. (eds.). *Democratie et Corruption en Europe*. Paris: La Découverte, p. 149-64.

CASTILLO, Juan Camilo; MEJÍA, Daniel; RESTREPO, Pascual. 2014. "Scarcity without Leviathan: The Violent Effects of Cocaine Supply Shortages in the Mexican Drug War." Center for Global Development Working Paper 356. http://mercury.ethz.ch/service-engine/Files/ISN/177683/ipublicationdocument_singledocument/b48c3d68-b575-4ca2-8bf5-19d56b59583f/en/scarcity-leviathan-eff ects-cocaine-supply-shortages_1.pdf (acesso em: 15 out. 2015).

CELARIER, Michelle. 1996. "Stealing the Family Silver." *Euromoney* (February), p. 62-6.

Center for International Private Enterprise. 2009. *Business Environment for Small and Medium-Sized Enterprises (SME) in Egypt and SMEs' Interaction with Government Agencies*. http://www.cipe.org/sites/default/fi les/publication-docs/2009%20Egypt%20SME%20Survey%20Report%20EN_0.pdf (acesso em: 1 set. 2014).

Center for the Study of Democracy. 2010. "Examining the Links between Organized Crime and Corruption." European Commission. http://ec.europa.eu/dgs/home-aff airs/doc_centre/crime/docs/study_on_links_between_organised_crime_and_corruption_en.pdf (acesso em: 15 jul. 2014).

Centro de Estudios Estratégicos. 2002. *Encuesta sobre Gobernabilidad y Desarrollo Empresarial*. Monterrey: Instituto Tecnológico y de Estudios Superiores de Monterrey.

CHAFUEN, Alejandro; GUZMAN, Eugenio. 2000. "Economic Freedom and Corruption", in O'DRISCOLL JR., Gerald P.; HOLMES, Kim R.; KIRKPATRICK, Melanie (eds.). *2000 Index of Economic Freedom*. Washington DC: The Heritage Foundation.

CHAIKIN, David; SHARMAN, J. C. 2009. *Corruption and Money Laundering: A Symbiotic Relationship*. Nova York: Palgrave MacMillan.

CHAKRABARTI, Debasish; DAUSSES, Markus D.; OLSON, Tiffany Olson. 1997. "Federal Criminal Conflict of Interest." *American Criminal Law Review* 34, p. 587-616.

CHANG, Eric C. C.; GOLDEN, Miriam A. 2006. "Electoral Systems, District Magnitude and Corruption." *British Journal of Political Science* 37, p. 115-37.

CHANG, Juin-jen; LAI, Ching-Chong. 2002. "Is the Efficiency Wage Efficient? The Social Norm and Organizational Corruption." *The Scandinavian Journal of Economics* 104 (1), p. 27-47.

CHANG, Wen-Chen. 2005. "Alternative Agenda in Constitutional Reengineering: Ensuring the Rule of Law and Political Trust in Taiwan", in proceedings of *International Conference on Constitutional Reengineering in New Democracies: Taiwan and the World*, Taipei, Taiwan, p. 318-37.

Charities Aid Foundation, *CAF World Giving Index 2015: A global view of giving trends*, https://www.cafonline.org/about-us/publications/2015-publications/world-givingindex-2015 (acesso em: 24 dez. 2015).

CHATTERJEE, I.; RAY, R. 2012. "Does the Evidence on Corruption Depend on How It Is Measured? Results from a Cross-Country Study on Microdata Sets." *Applied Economics* 44 (25), p. 3.215-27.

CHAUDHURI, Ananish. 2012. "Gender and Corruption: A Survey of the Experimental Evidence", in SERRA, Danila; WANTCHEKON, Leonard (eds.). *Research in Experimental Economics, Volume 15: New Advances in Experimental Research on Corruption*. Bingley, UK: Emerald, p. 13-49.

CHEKIR, Hamouda; DIWAN, Ishac. 2014. "Crony Capitalism in Egypt." *Journal of Globalization and Development* 5 (2), p. 177-211. http://scholar.harvard.edu/fi les/idiwan/files/chekir_and_diwan_-_2015_-_crony_capitalism_in_egypt.pdf (acesso em: 15 out. 2015).

CHESTER, Norman. 1981. *The English Administrative System 1780-1870*. Oxford: Clarendon Press.

CHHIBBER, Pradeep K. 1996. "State Policy, Rent Seeking, and the Electoral Success of a Religious Party in Algeria." *Journal of Politics* 58, p. 126-48.

CHINSINGA, Blessings; WREN-LEWIS, Liam. 2014. "Grabbing Land in Malawi", in SOREIDE, Tina; WILLIAMS, Aled (eds.). *Corruption, Grabbing and Development: Real World Challenges*. Cheltenham, UK, e Northampton, MA: Edward Elgar, p. 93-102.

CHOI, Jay Pil; THUM, Marcel. 2003. "The Dynamics of Corruption with the Ratchet Effect." *Journal of Public Economics* 87 (3-4), p. 427-43.

____. 2004. "The Economics of Repeated Extortion." *The RAND Journal of Economics* 35 (2), p. 203-23.

CHONG, Alberto; GRADSTEIN, Mark. 2007. "Inequality and Institutions." *The Review of Economics and Statistics* 89 (3), p. 454-65.

CHOW, Daniel C. K. 1997. "An Analysis of the Political Economy of China's Enterprise Conglomerates: A Study of the Electric Power Industry in China." *Law and Policy in International Business* 28, p. 383-433.

CHOW, Gregory. 2006. "Corruption and China's Economic Reform in the Early 21st Century." *International Journal of Business* 11 (3), p. 265-82.

CHOW, Stephanie; NGA, Dao Thi. 2013. "Bribes for Enrollment in Desired Schools in Vietnam", in Transparency International, *Global Corruption Report 2013: Education*. Londres e Nova York: Earthscan, p. 60-7.

CLARKE, George R. G.; XU, Lixin Colin. 2004. "Privatization, Competition, and Corruption: How Characteristics of Bribe Takers and Payers Affect Bribes to Utilities." *Journal of Public Economics* 88, p. 2.067-97.

CLAY, Karen. 1997. "Trade without Law: Private-Order Institutions in Mexican California." *Journal of Law, Economics, and Organization* 13, p. 202-31.

CLIFTON, Judith. 2000. "On the Political Consequences of Privatisation: The Case of Teléfonos de México." *Bulletin of Latin American Research* 19 (1), p. 63-79.

COCKCROFT, Laurence. 2012. *Global Corruption: Money, Power and Ethics in the Modern World*. Londres: I.B. Tauris and Co.

COHEN, Jillian Clare; MRAZEK, Monique F.; HAWKINS, Loraine. 2007. "Corruption and Pharmaceuticals: Strengthening Good Governance to Improve Access", in CAMPOS, J. Edgardo; PRADHAN, Sanjay (eds.). *The Many Faces of Corruption: Tracking Vulnerabilities at the Sector Level*. Washington, DC: The World Bank, p. 29-62.

COLAZINGARI, Silvia; ROSE-ACKERMAN, Susan. 1998. "Corruption in a Paternalistic Democracy: Lessons from Italy for Latin America." *Political Science Quarterly* 113, p. 447-70.

COLLIER, Paul. 2007. *The Bottom Billion: Why the Poorest Countries Are Failing and What Can Be Done About It*. Oxford: Oxford University Press.

COLLINS, Paul. 1993. "Civil Service Reform and Retraining in Transitional Economies: Strategic Issues and Options." *Public Administration and Development* 13, p. 325-44.

CONNOLY, Michael. 2007. "Measuring the Effect of Corruption on Sovereign Bond Ratings." *Journal of Economic Policy Reform* 10 (4), p. 309-23.

CONNOLY, William J. 1996. "How Low Can You Go? State Campaign Contribution Limits and the First Amendment." *Boston University Law Review* 76, p. 483-536.

COOKE, Jacob (ed.). 1961. *The Federalist Papers*, Middletown, CT: Wesleyan University Press.

COOKSEY, Brian. 1996. "Address to the Rotary Club of Dar es Salaam, October 9, 1996", edited version reprinted in Transparency International, *National Chapter Newsletter*, No. 11, 11 nov.

COOLIDGE, Jacqueline; ROSE-ACKERMAN, Susan. 1997. "High-Level Rent Seeking and Corruption in African Regimes: Theory and Cases." Policy Research Working Paper 1780, World Bank, Washington, DC, jun.

COOPER, D. E. 1968. "Collective Responsibility." *Philosophy* 43, p. 258-68. http://dx.doi.org/10.1017/S0031819100009220.

COOPER, Robert W.; FRANK, Gary L. 1992. "Professionals in Business: Where Do They Look for Help Dealing with Ethical Issues?" *Business and Professional Ethics Journal* 11, p. 41-56.

CORKIN, Lucy. 2014. "Monopolising Reconstruction: Angolan Elites and Chinese Credit Lines", in SOREIDE, Tina; WILLIAMS, Aled (eds.). *Corruption, Grabbing and Development: Real World Challenges*. Cheltenham, UK, e Northampton, MA: Edward Elgar, p. 148-60.

CORONEL, Gustavo. 2006. "Corruption, Mismanagement, and Abuse of Power in Hugo Chávez's Venezuela." *CATO Institute Center for Global Liberty & Prosperity* 27(2). http://object.cato.org/sites/cato.org/fi les/pubs/pdf/dpa2.pdf (acesso em: 18 jul. 2014).

Corporate Crime Reporter. 2004. "Public Corruption in the United States." Washington, D.C.: National Press Club, http://www.corporatecrimereporter.com/corruptreport.pdf (acesso em: 29 set. 2015).

CORRALES, Javier. 1997-8. "Do Economic Crises Contribute to Economic Reform? Argentina and Venezuela in the 1990s." *Political Science Quarterly* 112, p. 617-44.

COSLOVSKY, Salo V. 2011. "Relational Regulation in the Brazilian Ministério Público: The Organizational Basis of Regulatory Responsiveness." *Regulation and Governance* 5, p. 70-89. DOI:10.1111/j.1748-5991.2010.01099.x.

COTHRAN, Dan A. 1994. *Political Stability and Democracy in Mexico: The "Perfect Dictatorship"?* Westport, CT: Praeger.

COULLOUDON, Virginie. 1997. "The Criminalization of Russia's Political Elite." *East European Constitutional Review* 6, p. 73-8.

Council of Europe. 1999a. European Treaties, STE No. 173, *Criminal Law Convention on Corruption*, Estrasburgo, 27 jan. http://conventions.coe.int/treaty/en/Treaties/Html/173.htm (accessed October 15, 2015).

____. 1999b. STE No. 174, Civil Law Convention on Corruption, adopted by the Committee of Ministers on September 9, 1999 at the 678th meeting of the Ministers Deputies.

COWLEY, Edd; SMITH, Sarah. 2014. "Motivation and Mission in the Public Sector: Evidence from the World Values Survey." *Theory and Decision* 76, p. 241-63.

COX, Gary. 1997. *Making Votes Count*. Cambridge: Cambridge University Press.

COX, Gary W.; KOUSSER, J. Morgan. 1981. "Turnout and Rural Corruption: New York as a Test Case." *American Journal of Political Science* 25, p. 646-63.

CRAMTON, Peter C.; DEES, J. Gregory. 1993. "Promoting Honesty in Negotiation: An Exercise in Practical Ethics." *Business Ethics Quarterly* 3, p. 360-94.

CUERVO-CAZURRA, Alvaro. 2008. "The Effectiveness of Laws against Bribery Abroad." *Journal of International Business Studies* 39 (4), p. 634-51. http://www.jstor.org/stable/25483291, DOI: 10.1057/palgrave.jibs.8400372.

CUKIERMAN, Alex; EDWARDS, Sebastian; TABELLINI, Guido. 1992. "Seigniorage and Political Instability." *The American Economic Review* 82 (3), p. 537-55.

DAHL, Robert. 1982. *Dilemmas of Pluralistic Democracy*. New Haven, CT: Yale University Press.

DAHLSTRÖM, Carl; LAPUENTE, Victor; TEORELL, Jan. 2012. "The Merit of Meritocratization: Politics, Bureaucracy, and the Institutional Deterrents of Corruption." *Political Research Quarterly* 65, p. 656-68.

DAKOLIAS, Maria. 1996. "The Judicial Sector in Latin America and the Caribbean: Elements of Reform." World Bank Technical Paper No. 319. Washington, DC: World Bank.

DALTON, Bronwen Mary. 2005. "Corruption in Cultural Context: Contradictions within the Korean Tradition." *Crime, Law and Social Change* 43, p. 237-62.

DARROUGH, Masako N. 1998. "Privatization and Corruption: A Case Study of New York City in the 19th Century." Graduate School of Management, Davis, CA, jan.

DAS-GUPTA, Arindam; MOOKHERJEE, Dilip. 1998. *Incentives and Institutional Reform in Tax Enforcement: An Analysis of Developing Country Experience*. Nova Delhi: Oxford University Press.

DAS-GUPTA, Monica; GRANDVOINNET, Helene; ROMANI, Mattia. 2000. "State-Community Synergies in Development: Laying the Basis for Collective Action." Policy Research Working Papers 2.439, Washington DC: The World Bank.

DAVID, Roman. 2012. "Transitions to Clean Government: Amnesty as an Anticorruption Measure." *Australian Journal of Political Science* 45 (3), p. 391-406.

DAVIS, James H.; RUHE, John A. 2003. "Perceptions of Country Corruption: Antecedents and Outcomes." *Journal of Business Ethics* 43 (4), p. 275-88.

DAVIS, Kevin E.; KINGSBURY, Benedict; MERRY, Sally Engle. 2012. "Introduction: Global Governance by Indicators", in DAVIS, K., FISHER, A., KINGSBURY, B.; MERRY, S. E. (eds.), *Governance by Indicators: Global Power through Quantification and Rankings*. Oxford: Oxford University Press, p. 3-29.

DEACON, Robert T. 1994. "Deforestation and the Rule of Law in a Cross-Section of Countries." *Land Economics* 70, p. 414-30.

DE GEORGE, Richard T. 1993. *Competing with Integrity in International Business*. Nova York: Oxford University Press.

_____. 1994. "International Business Ethics." *Business Ethics Quarterly* 4, p. 1-9.

DEININGER, Klaus; MPUGA, Paul. 2005. "Does Greater Accountability Improve the Quality of Public Service Delivery? Evidence from Uganda." *World Development* 33 (1), p. 171-91. DOI:10.1016/j.worlddev.2004.09.002.

DE JANVRY, Alain; SADOULET, Elisabeth. 1989. "A Study in Resistance to Institutional Change: The Lost Game of Latin American Land Reform." *World Development* 17, p. 1.397-407.

DELESGUES, Lorenzo; TORABI, Yama. 2007. *Reconstruction National Integrity System Survey*. Integrity Watch Afghanistan, http://www.integrityaction.org/sites/www.integrityaction.org/files/documents/files/Reconstruction%20National%20Integrity%20System%20Survey%20Afghanistan.pdf (acesso em: 15 out. 2015).

DEL GRANADO, Juan Javier. 1995. *Legis Imperium*. La Paz: Fondo Editorial de la Universidad Iberoamericana.

DELHEY, Jan; NEWTON, Kenneth. 2003. "Who Trusts?: The Origins of Social Trust in Seven Societies." *European Societies* 5, 2, p. 93-137. DOI: 10.1080/1461669032000072256.

DELLA PORTA, Donatella. 1996. "Actors in Corruption: Business Politicians in Italy." *International Social Science Journal* 48, p. 349-64.

_____; VANNUCCI, Alberto. 1997a. "The 'Perverse Effects' of Political Corruption." *Political Studies* 45, p. 516-38.

_____. 1997b. "The Resources of Corruption: Some Reflections from the Italian Case." *Crime, Law and Social Change* 7, p. 1- 24.

_____. 1999. *Corrupt Exchanges: Actors, Resources and Mechanisms of Political Corruption*, Nova York: Aldine.

_____. 2012. *The Hidden Order of Corruption*, Burlington, VT: Ashgate.

DE MELO, Martha; OFER, Gur; SANDLER, Olga. 1995. "Pioneers for Profit: St. Petersburg Entrepreneurs in Services." *World Bank Economic Review* 9, p. 425-50.

DEMMKE, C.; BOVENS, M.; HENÖKI, T.; VAN LIEROP, K.; MOILADEN, T.; PIKKER, G.; SALMINEN, A. 2007. *Regulating Conflicts of Interest for Holders of Public Office in the European Union*, European Institute of Public Administration, Maastricht, Netherlands. http://ec.europa.eu/dgs/policy_advisers/publications/docs/hpo_professional_ethics_en.pdf (acesso em: 15 out. 2015).

DENISOVA-SCHMIDT, Elena; HUBER, Martin. 2014. "Regional Differences in Perceived Corruption among Ukrainian Firms." *Eurasian Geography and Economics* 55 (1), p. 10-36. DOI: 10.1080/15387216.2014.915757.

DE SOUSA, Clara Ana; SULEMANE, José. 2008. "Mozambique's Growth Performance", in BENNO, J. Ndulu; O'CONNELL, Stephen A.; AZAM, Jean-Paul; BATES, Robert H.; FOSU, Augustin K.; GUNNING, Jan Willem; NIJINKEU, Dominique (eds.). *The Political Economy of Economic Growth in Africa, 1960—2000, Volume 2: Country Case Studies*. Cambridge: Cambridge University Press, CD_ROM App., p. 167-95.

DEY, Harendra Kanti. 1989. "The Genesis and Spread of Economic Corruption: A Microtheoretical Interpretation." *World Development* 17, p. 503-11.

DIA, Mamadou. 1993. "A Governance Approach to Civil Service Reform in Sub-Saharan Africa." World Bank Technical Paper 225. Africa Technical Department, World Bank, Washington, DC.

_____. 1996. *Africa's Management in the 1990s and Beyond: Reconciling Indigenous and Transplanted Institutions*. Washington, DC: The World Bank.

DIABY, Aboubacar; SYLWESTER, Kevin. 2015. "Corruption and Market Competition: Evidence from Post-Communist Countries." *World Development* 66, p. 487-99. http://dx.doi.org/10.1016/j.worlddev.2014.09.003.

DIALLO, Hassane Amadou. 2013. "Tackling Fake Diplomas in Niger", in Transparency International, *Global Corruption Report 2013: Education*. Londres e Nova York: Earthscan, p. 78-9.

DIAMOND, Larry. 1993a. "Introduction: Political Culture and Democracy", in DIAMOND, Larry (ed.). *Political Culture and Democracy in Developing Countries*. Boulder, CO: Lynne Rienner, p. 1-33.

_____. 1993b. "Nigeria's Perennial Struggle against Corruption: Prospects for the Third Republic." *Corruption and Reform* 7, p. 215-25.

_____. 1995. "Nigeria: The Uncivic Society and the Descent into Praetorianism", in DIAMOND, Larry; LINZ, Juan; LIPSETT, Seymour Martin (eds.). *Politics in Developing Countries: Comparing Experiences with Democracy*. 2nd ed. Boulder, CO: Lynne Rienner Publishing, p. 417-91.

DICK, Malise. 1992. *Latin America: Trade Facilitation and Transport Reform*, Report Number 25, World Bank. Latin America and the Caribbean Technical Department, Infrastructure and Energy Division, Washington, DC: World Bank.

DIIULIO JR., John J. 1994. *Deregulating the Public Service: Can Government Be Improved?* Washington, DC: The Brookings Institution.

_____. 2014. *Bring Back the Bureaucrats*. West Conshohoken, PA: Templeton Press.

DINCER, Oguzhan C.; GUNALP, Burak. 2012. "Corruption and Income Inequality in the United States." *Contemporary Economic Policy* 30 (2), p. 283-92. DOI:10.1111/j.1465-7287.2011.00262.x.

_____; JOHNSTO, Michael. 2015. "Measuring Illegal and Legal Corruption in American States: Some Results from the *Edmond J. Safra Center for Ethics Corruption in America Survey*." Edmond J. Safra Working Papers, No. 58. http://ethics.harvard.edu/blog/measuring-illegal-and-legal-corruption-americanstates-some-results-safra (acesso em: 15 out. 2015).

DIRIENZO, Cassandra E.; DAS, Jayoti; CORT, Kathryn T.; BURBRIDGE JR., John. 2007. "Corruption and the Role of Information." *Journal of International Business Studies* 38 (2), p. 320-32.

DI TELLA, Rafael; SCHARGRODSKY, Ernesto. 2003. "The Role of Wages and Auditing during a Crackdown on Corruption in the City of Buenos Aires." *Journal of Law and Economics* 46 (1), p. 269-92.

____; FRANSESCHELLI, Ignacio. 2011. "Government Advertising and Media Coverage of Corruption Scandals." *American Economic Journal: Applied Economics* 3 (out. 2011), p. 119-51.

DJANKOV, Simon; LA PORTA, Rafael; LOPEZ-DE-SILENES, Florencio; SHLEIFER, Andrei. 2010. "Disclosure by Politicians." *American Economic Journal: Applied Economics* 2, p. 179-209.

DOBBINS, James; JONES, Seth G.; CRANE, Keith; RATHMELL, Andrew; STEELE, Brett; TELTSCHIK, Richard; TIMILSINA, Anga. 2005. *The UN's Role in Nation Building: From the Congo to Iraq*. Santa Monica, CA: RAND.

DOBSON, Stephen; RAMLOGAN-DOBSON, Carlyn. 2012. "Why Is Corruption Less Harmful to Income Inequality in Latin America?" *World Development* 40 (8), p. 1.534-45. http://dx.doi.org/10.1016/j.worlddev.2012.04.015.

DOIG, Alan. 1996. "Politics and Public Sector Ethics: The Impact of Change in the United Kingdom", in LITTLE, Walter; POSADA-CARBÓ, Eduardo (eds.). *Political Corruption in Europe and Latin America*. Nova York: St. Martin's Press, p. 173-92.

DOLLAR, David; FISMAN, Raymond; GATTI, Roberta. 2001. "Are Women Really the 'Fairer' Sex? Corruption and Women in Government." *Journal of Economic Behavior and Organization* 46, p. 423-9.

DONALDSON, Thomas. 1989. *The Ethics of International Business*. Nova York: Oxford University Press.

DRAZEN, Allan; GRILLI, Vittorio. 1993. "The Benefit of Crises for Economic Reforms." *American Economic Review* 83, p. 598-607.

DREHER, Axel; GASSEBNER, Martin Gassebner. 2013. "Greasing the Wheels? The Impact of Regulations and Corruption on Firm Entry." *Public Choice* 155, p. 413-32.

____; HERZELD, Thomas. 2005. "The Economic Costs of Corruption: A Survey and New Evidence." Available at SSRN: http://ssrn.com/abstract=734184 or http://dx.doi.org/10.2139/ssrn.734184 (acesso em: 20 jan. 2016).

DRURY, A. Cooper; KRIECKHAUS, Jonathan; LUSZTIG, Michael. 2006. "Corruption, Democracy, and Economic Growth." *International Political Science Review* 27 (2), p. 121-36.

DUBOIS, Pascale Hélene; NOWLAN, Aileen Elizabeth. 2013. "Global Administrative Law and the Legitimacy of Sanctions Regimes in International Law", in ROSE-ACKERMAN, Susan; CARRINGTON, Paul (eds.). *Anti-Corruption Policy: Can International Actors Play a Constructive Role?* Durham, NC: Carolina Academic Press, p. 201-14.

DUFLO, Esther; HANNA, Rema; RYAN, Stephen P. 2012. "Incentives Work: Getting Teachers to Come to School." *American Economic Review* 102 (4), p. 1.241-78. DOI: 10.1257/aer.102.4.1241.

DUFWENBERG, Martin; SPAGNOLO, Giancarlo. 2014. "Legalizing Bribe Giving?" *Economic Inquiry* 52 (2), p. 836-53.

DUGGAN, Mark; LEVITT, Stephen D. 2002. "Winning Isn't Everything: Corruption in Sumo Wrestling." *The American Economic Review* 92 (5) p. 1.594-605.

DUKE, Adam Brinegar; MORGENSTERN, Scott; NIELSON, Daniel. 2006. "The PRI's Choice: Balancing Democratic Reform and Its Own Salvation." *Party Politics* 12 (1), p. 77-97.

DUNNING, Thad. 2008. *Crude Democracy.* Cambridge: Cambridge University Press.

DUTT, Pushan; TRACA, Daniel. 2010. "Corruption and Bilateral Trade Flows: Extortion or Evasion?" *The Review of Economics and Statistics* 92 (4), p. 843-60.

EASTER, Gerald. 1996. "Personal Networks and Postrevolutionary State Building: Soviet Russia Reexamined." *World Politics* 48, p. 551-78.

EASTERLY, William. 2013. *The Tyranny of Experts: Economists, Dictators, and the Forgotten Rights of the Poor.* Nova York: Basic Books.

____; LEVINE, Ross. 1997. "Africa's Growth Tragedy: Policies and Ethnic Divisions." *Quarterly Journal of Economics* 112, p. 1.203-50.

ECHEBARRÍA, Koldo; CORTÁZAR, Juan Carlos. 2007. "Public Administration and Public Employment Reform in Latin America", in LORA, Eduardo (ed.). *The State of State Reform in Latin America.* Washington, DC: The Inter-American Development Bank, p. 23-55.

ECHAZU, Luciana; GAROUPA, Nuno. 2010. "Corruption and the Distortion of Law Enforcement Effort." *American Law and Economics Review* 12, p. 162-80. Economisti Associati. 1994. *Eastern Africa: Survey of Foreign Investors.* Vols. 2 e 3. Prepared for the World Bank, set.

EGGER, Peter; WINNER, Hannes. 2006. "How Corruption Influences Foreign Direct Investment: A Panel Data Study." *Economic Development and Cultural Change* 54 (2), p. 459-86.

EIDE, Erling; RUBIN, Paul H.; SHEPHERD, Joanna M. 2006. "Economics of Crime." *Foundations and Trends in Microeconomics* 2 (3), p. 205-79.

EIGEN, Peter. 1998. "The 'Islands of Integrity' Concept: The TI Integrity Pact (TI-IP)." Berlim: Transparency International.

ELGES, Lisa Ann. 2011. "Identifying corruption risks in public climate finance governance", in GRAYCAR, Adam; SMITH, Russell G. (eds.). *Handbook of Global Research and Practice in Corruption.* Cheltenham (UK) e Northampton, MA (USA): Edward Elgar, p. 138-56.

ENGERMAN, Stanley L.; SOKOLOFF, Kenneth L. 2006. "Digging the Dirt at Public Expense: Governance in the Building of the Erie Canal and Other Public Works", in GLAESER, Edward L.; GOLDIN, Claudia (eds.). *Corruption and Reform: Lessons from America's Economic History.* National Bureau of Economic Research. Chicago: University of Chicago Press, p. 95-122.

Environmental Investigation Agency. 1996. *Corporate Power, Corruption and the Destruction of the World's Forests: The Case for a New Global Forest Agreement.* Londres e Washington, DC: EIA.

ESAREY, Justin; CHIRILLO, Gina. 2013. "'Fairer Sex' or Purity Myth? Corruption, Gender, and Institutional Context." *Politics and Gender* 9, p. 361-89.

ESTY, Daniel; PORTER, Michael. 2002. "National Environmental Performance Measurement and Determinants", in ESTY, D.; CORNELIUS, P. K. (eds.). *Environmental*

Performance Measurement: The Global Report 2001-2002, Nova York: Oxford University Press, p. 391-434.

ETZIONI, Amitai. 1988. Capital Corruption: The New Attack on American Democracy. New Brunswick, NJ: Transaction Publishers.

European Police Office (Europol). 2013. SOCTA 2013: EU Serious and Organised Crime Threat Assessment. The Netherlands: Van Deventer. https://www.europol.europa.eu/sites/default/fi les/publications/socta2013.pdf (acesso em: 15 out. 2015).

EVANS, Peter; RAUCH, James E. 1999. "Bureaucracy and Growth: A Cross-National Analysis of the Effects of 'Weberian' State Structures on Economic Growth." American Sociological Review 64, p. 748-65.

FACCIO, Mara. 2006. "Politically Connected Firms." American Economic Review 96 (1), p. 369-86. http://www.jstor.org/stable/30034371 (acesso em: 15 out. 2015).

FARIELLO JR., Frank A.; BO, Giovanni. 2015. "Development-Oriented Alternatives to Debarment as an Anticorruption Accountability Tool." World Bank Legal Review 6, p. 415-35. https://openknowledge.worldbank.org/handle/10986/21553 (acesso em: 15 out. 2015).

FARUQEE, Rashid. 1994. "Nigeria: ownership abandoned", in HUSAIN, Ishrat; FARUQEE, Rashid (eds.). Adjustment in Africa: Lessons from Country Studies, Washington DC, World Bank Regional and Sectional Studies, p. 1-10, http://www-wds.worldbank.org/external/default/WDSContentServer/WDSP/IB/1999/04/28/000009265_3970716142657/Rendered/PDF/multi0page.pdf (acesso em: 5 out. 2015).

_____; HUSAIN, Ishrat. 1994. "Adjustment in Seven African Countries", in HUSAIN, Ishrat; FARUQEE, Rashid (eds.). Adjustment in Africa: Lessons from Country Studies. Washington, DC: World Bank Regional and Sectional Studies, p. 1-10. http://www-wds.worldbank.org/external/default/WDSContentServer/WDSP/IB/1999/04/28/000009265_3970716142657/Rendered/PDF/multi0page.pdf (acesso em: 5 out. 2015).

FAZEKAS, Mihály; CHAVALKOVSKÁ, Jana Gutierréz; SKUHROVEC, Jiří; TOTH, Isván János; KING, Lawrence Peter. 2014. "Are EU Funds a Corruption Risk? The Impact of EU Funds on Grand Corruption in Central and Eastern Europe", in MUNGIU-PIPPIDI, Alina (ed.). The Anticorruption Frontline, The Anticorruption Report, vol. 2, EU/FP7 ANTICORP Project. Opladen: Barbara Budrich, p. 68-89.

FELD, Lars P.; VOIGT, Stefan. 2003. "Economic Growth and Judicial Independence: Cross-Country Evidence Using a New Set of Indicators." European Journal of Political Economy 19, p. 497-527.

_____. 2006. "Making Judges Independent: Some Proposals Regarding the Judiciary", in CONGLETON, R. (ed.). Democratic Constitutional Design and Public Policy: Analysis and Evidence. Cambridge, MA: MIT Press.

FELDAB-BROWN, Vanda. 2011. "Calderon's Caldron: Lessons from Mexico's Battle against Organized Crime and Drug Trafficking in Tijuana, Ciudad Juárez, and Michoacán." Latin America Initiative at Brookings. http://www.brookings.edu/~/media/Files/rc/papers/2011/09_calderon_felbab_brown/09_calderon_felbab_brown.pdf (acesso em: 15 out. 2015).

FELSON, Marcus. 2011. "Corruption in the Broad Sweep of History", in GRAYCAR, Adam; SMITH, Russell G. (eds.), Handbook of Global Research and Practice in Corruption. Cheltenham, UK, e Northampton, MA: Edward Elgar, p. 12-7.

FERNANDEZ, Raquel; RODRIK, Dani. 1991. "Resistance to Reform: Status Quo Bias in the Presence of Individual Specific Uncertainty." *American Economic Review* 81, p. 1.146-55.

FERRAZ, Claudio; FINAN, Frederico. 2007. "Exposing Corrupt Politicians: The Effects of Brazil's Publicly Released Audits on Electoral Outcomes." Institute for the Study of Labor (IZA) Discussion Paper No. 2836, Bonn, Alemanha, jun. http://www.iza.org/en/webcontent/publications/papers/viewAbstract?dp_id=2836 (acesso em: 15 out. 2015).

FERREIRA, Fernando; GYOURKO, Joseph. 2014. "Does Gender Matter for Political Leadership? The Case of U.S. Mayors." *Journal of Public Economics* 112, p. 24-39.

FIFA Governance Reform Project. 2014. *Final Report by the Independent Governance Committee to the Executive Committee of FIFA*, Basel, Switzerland, 12 abr. https://www.baselgovernance.org/fifa (acesso em: 18 jul. 2015).

FINDLAY, Mark. 1997. "Corruption in Small States: Case Studies in Compromise", in RIDER, Barry (ed.). *Corruption: The Enemy Within*. The Hague: Kluwer Law, p. 49-61.

FINDLAY, Ronald. 1991. "Is the New Political Economy Relevant to Developing Countries?", in MEIER, G. M. (ed.). *Politics and Policymaking in Development: Perspectives on the New Political Economy*. Washington, DC: The World Bank.

FISMAN, David; FISMAN, Raymond J.; GALEF, Julia; KHURANA, Rakesh; WANG, Yongxiang. 2012. "Estimating the Value of Connections to Vice-President Cheney." *B.E. Journal of Economic Analysis and Policy* 13 (3): article 5. DOI: 10.1515/1935-1682.3272.

FISMAN, Raymond J. 2001. "Estimating the Value of Political Connections." *American Economic Review* 91, p. 1.095-102.

____. 2015. "Political Connections and Commerce: A Global Perspective", in ROSE-ACKERMAN, Susan; LAGUNES, Paul (eds.). *Greed, Corruption, and the Modern State: Essays in Political Economy*. Northampton, MA: Edward Elgar, p. 71-91. DOI: 10.4337/9781784714703.00009.

____; GATTI, Roberta. 2002. "Decentralization and Corruption: Evidence across Countries." *Journal of Public Economics* 83, p. 325-45.

____; MIGUEL, Edward. 2007. "Corruption, Norms, and Legal Enforcement: Evidence from Diplomatic Parking Tickets." *Journal of Political Economy* 115 (6), p. 1.020-48.

____. 2008. *Economic Gangsters: Corruption, Violence, and the Poverty of Nations*. Princeton, NJ, e Oxford: Princeton University Press.

____; SVENSSON, Jakob. 2007. "Are Corruption and Taxation Really Harmful to Growth? Firm Level Evidence." *Journal of Development Economics* 83, p. 63-75.

____; WEI, Shang-Jin. 2004. "Tax Rates and Tax Evasion: Evidence from 'Missing Imports' in China." *Journal of Political Economy* 112 (2), p. 471-96.

____. 2009. "The Smuggling of Art, and the Art of Smuggling: Uncovering the Illicit Trade in Cultural Property and Antiques." *American Economic Journal: Applied Economics* 1 (3), p. 82-96.

____; MOUSTAKERSKI, Peter; WEI, Shang-Jin. 2008. "Outsourcing Tariff Evasion: A New Explanation for Entrepôt Trade." *The Review of Economics and Statistics* 90 (3), p. 587-92.

FJELDSTAD, Odd Helge. 2003. "Fighting Fiscal Corruption: Lessons from the Tanzania Revenue Authority." *Public Administration and Development* 23, p. 165-75.

FLATTERS, Frank; MACLEOD, W. Bentley. 1995. "Administrative Corruption and Taxation." *International Tax and Public Finance* 2, p. 397-417. *Fletcher v. Peck*, U. S. Supreme Court, p. 87-148, fev. 1810; 3 L. Ed. 1, p. 62-181.

FLYVBJERG, Bent. 2007. "Policy and Planning for Large-Infrastructure Projects: Problems, Causes, Cures." *Environment and Planning B: Planning and Design* 34, p. 578-97.

____; Eamonn Molloy. 2011. "Delusion, Deception and Corruption in Major Infrastructure Projects: Causes Consequences and Cures", in ROSE-ACKERMAN, Susan; SOREIDE, Tina (eds.). *International Handbook on the Economics of Corruption, Volume Two*. Chelthenham, UK: Edward Elgar.

FRANK, Björn; SCHULZE, Günther G. 1998. "How Tempting Is Corruption? More Bad News about Economists." Institut Für Volkswirtschaft slehre Working Paper 164/1998. http://wwwuser.gwdg.de/~uwvw/downloads/contribution03_frank.pdf (acesso em: 15 out. 2015).

FREDERICK, William C. 1991. "The Moral Authority of Transnational Corporate Codes." *Journal of Business Ethics* 10, p. 165-77.

FREDERICKSON, H. George; FREDERICKSON, David G. 1995. "Public Perceptions of Ethics in Government." *Annals of the American Academy of Political and Social Science* 537, p. 163-72.

FRENCH, P. 1979. "The Corporation as Moral Person." *American Philosophical Quarterly* 16, p. 207-15.

FRIED, Brian; LAGUNES, Paul; VENKATARAMAN, Atheendar. 2010. "Corruption and Inequality at the Crossroads: A Multimethod Study of Bribery and Discrimination in Latin America." *Latin American Research Review* 45, p. 76-97.

FRIEDMAN, Eric; JOHNSON, Simon; KAUFMANN, Daniel; ZOIDO-LOBATON, Pablo. 2000. "Dodging the Grabbing Hand: The Determinants of Unofficial Activity in 69 Countries." *Journal of Public Economics* 76 (3), p. 459-99.

FRIES, Steven; LYSENKO, Taliana; POLANEC, Saso. 2003. "The 2002 Business Environment and Enterprise Performance Survey: Results from a Survey of 6,100 Firms." Working Paper 84, European Bank for Reconstruction and Development, Londres.

FU, Hualing. 2015. "Wielding the Sword: President Xi's New Anti-Corruption Campaign", in ROSE-ACKERMAN, Susan; LAGUNES, Paul (eds.). *Greed, Corruption, and the Modern State*. Cheltenham, UK: Edward Elgar, p. 134-158. DOI:10.4337/9781784714703.

FUKE, Toshiro. 1989. "Remedies in Japanese Administrative Law." *Civil Justice Quarterly* 8, p. 226-35.

GAETANI, Francisco; HEREDIA, Blanca. 2002. "The Political Economy of Civil Service Reform in Brazil: The Cardoso Years." *Red de Gestion y Transparencia del Dialogo Regional de Politica del Banco Interamericano de Desarrollo*. Washington, DC: Inter-American Development Bank.

GALBRAITH, Jean, ZARING, David. 2013-2014. "Soft Law as Foreign Relations Law." *Cornell Law Review* 99, p. 735-94.

GALTUNG, Fredrik. 2006. "Measuring the Immeasurable: Boundaries and Functions of (Macro) Corruption Indices", in SAMPFORD, Charles; SCHACKLOCK, Arthur; CONNORS, Carmel; GALTUNG, Fredrik (eds.). *Measuring Corruption*. Aldershot: Ashgate.

GAMBETTA, Diego. 1993. *The Sicilian Mafia*. Cambridge, MA: Harvard University Press.

____; REUTER, Peter. 1995. "The Mafia in Legitimate Industries", in FIORENTINI, Gianluca; PELTZMAN, Sam (eds.). *The Economics of Organised Crime*. Cambridge: Cambridge University Press, p. 116-39.

GANHI, Aditi; WALTON, Michael. 2012. "Where Do Indian Billionaires Get Their Wealth?" *Economics and Political Weekly* 47 (40), p. 10-4. http://www.michaelwalton.info/wp-content/uploads/2012/10/Where-Do-Indias-Billionaires-Get-Their-Wealth--Aditi-Walton.pdf (acesso em: 15 out. 2015).

GARMENT, Suzanne. 1991. *Scandal: The Crisis of Mistrust in American Politics*. Nova York: Times Books.

GAROUPA, Nuno; KLERMAN, Daniel. 2004. "Corruption and the Optimal Use of Nonmonetary Sanctions." *International Review of Law and Economics* 24, p. 219-26. DOI:10.1016/j.irle.2004.08.006.

____. 2010. "Corruption and Private Law Enforcement: Theory and History." *Review of Law and Economics* 6, p. 3. DOI: 10.2202/1555—5879.1394.

GARRETT, Brandon L. 2014. *Too Big to Jail: How Prosecutors Compromise with Corporations*. Cambridge, MA: Harvard University Press.

GATT. 1991. *Trade Policy Review: Indonesia,* Geneva: GATT.

____. 1995. *Trade Policy Review: Indonesia,* Geneva: GATT.

GEDDES, Barbara. 1991. "A Game-Theoretic Model of Reform in Latin American Democracies." *American Political Science Review* 85 (2), p. 371-92.

____. 1994. *Politician's Dilemma: Building State Capacity in Latin America*. Berkeley: University of California Press.

____; RIBEIRO NETO, Artur. 1992. "Institutional Sources of Corruption in Brazil." *Third World Quarterly* 13, p. 641-61.

GELB, Alan, *et alii*. 1988. *Oil Windfalls: Blessing or Curse?* Published for the World Bank by Oxford University Press. http://www-wds.worldbank.org/external/ default/WDSContentServer/WDSP/IB/2003/12/23/000012009_20031223161007/Rendered/PDF/296570paper.pdf (acesso em: 15 out. 2015).

____; DECKER, Caroline. 2011. *Cash at Your Fingertips: Biometric Technology for Transfers in Resource-Rich Countries*, WP253, jun. Washington, DC: Center for Global Development.

GENTZKOW, Matthew; GLAESER, Edward L.; GOLDIN, Claudia. 2006. "The Rise of the Fourth Estate: How Newspapers Became Informative and Why It Mattered", in GLAESER, Edward L.; GOLDIN, Claudia (eds.). *Corruption and Reform: Lessons from America's Economic History*. National Bureau of Economic Research. Chicago: University of Chicago Press, p. 187-230.

GERRING, John; THACKER, Strom C. 2005. "Do Neoliberal Policies Deter Political Corruption?" *International Organization* 59 (1), p. 233-54.

GEVURTZ Franklin A. 1987-1988. "Commercial Bribery and the Sherman Act: The Case of Per Se Illegality." *University of Miami Law Review* 42, p. 365-400. http://heinonline.org/HOL/LandingPage?handle=hein.journals/umialr42&div=20&id=&page = (acesso em: 15 out. 2015).

GIGLIOLI, Pier Paolo. 1996. "Political Corruption and the Media: The Tangentopoli Affair." *International Social Science Journal* 48, p. 381-94.

GILINSKIY, Yakov. 2005. "Corruption: Theory and Russian Reality", in SARRE, Rick; DAS, Dilip K.; ALBRECHT, Hansörg (eds.), *Policing Corruption: International Perspectives*. Lanham, MD: Lexington Books, p. 157-68.

GILMAN, Stuart C. 1995. "Presidential Ethics and the Ethics of the Presidency." *Annals, AAPSS* 537, p. 58-75.

GLAESER, Edward L. 2004. "Public Ownership in the American City", in SCHWARTZ, Amy Ellen (ed.). *City Taxes, City Spending: Essays in Honor of Dick Netzer*. Cheltenham, UK, e Northampton, MA: Edward Elgar, p. 130-62.

____; GOLDIN, Claudia. 2006a. *Corruption and Reform: Lessons from America's Economic History*. National Bureau of Economic Research. Chicago e Londres: University of Chicago Press.

____. 2006b. "Corruption and Reform: Introduction", in GLAESER, Edward L.; GOLDIN, Claudia (eds.). *Corruption and Reform: Lessons from America's Economic History*. Chicago: National Bureau of Economic Research, p. 3-22.

____; SAKS, Raven E. 2006. "Corruption in America." *Journal of Public Economics* 90, p. 1.053-72.

____; LA PORTA, Rafael; LOPEZ-DE-SILANES, Florencio; SHLEIFER, Andrei. 2004. "Do Institutions Cause Growth?" *Journal of Economic Growth* 9, p. 271-303.

GLEDITSCH, Nils Petter; WALLENSTEEN, Peter; ERIKSSON, Mikael; SOLLENBERG, Margareta; STRAND, Havard. 2002. "Armed Conflict 1946-2001: A New Dataset." *Journal of Peace Research* 39 (5), p. 615-37.

Global Commission on Drug Policy. 2011. "War on Drugs: Report of the Global Commission on Drug Policy." http://www.globalcommissionondrugs.org/wp-content/themes/gcdp_v1/pdf/Global_Commission_Report_English.pdf (acesso em: 15 out. 2015).

Global Financial Integrity. 2011. "Illicit Financial Flows from Africa: A Resource for Development." http://www.gfip.org/storage/gfip/documents/reports/gfi_africareport_web.pdf (acesso em: 19 jan. 2011).

GLOPPEN, Siri. 2014. "Courts, Corruption and Judicial Independence", in SOREIDE, Tina; WILLIAMS, Aled (eds.). *Corruption, Grabbing and Development: Real World Challenges*. Cheltenham, UK, e Northampton, MA: Edward Elgar, p. 68-79.

GOEL, Rajeev K.; NELSON, Michael A. 1998. "Corruption and Government Size: A Disaggregated Analysis." *Public Choice* 97, p. 107-20.

____. 2011. "Measures of Corruption and Determinants of US Corruption." *Economics of Governance* 12, p. 155-76.

____; RICH, Daniel. 1989. "On the Economic Incentives for Taking Bribes." *Public Choice* 61, p. 269-75.

GOETZ, Anne Marie. 2007. "Political Cleaners: Women as the New Anti-Corruption Force?" *Development and Change* 38 (1), p. 87-105.

GOLDEN, Miriam A.; PICCI, Lucio. 2005. "Proposal for a New Measure of Corruption, Illustrated with Italian Data." *Economics and Politics* 17 (1), p. 37-75.

GOLDFRANK, Benjamin; SCHNEIDER, Aaron. 2006. "Competitive Institution Building: The PT and Participatory Budgeting in Rio Grande do Sul." *Latin American Politics & Society* 48 (3), p. 1-31.

GOLDMANN, Matthias. 2006. "Does Peace Follow Justice or Vice Versa? Plans for Postconflict Justice in Burundi." *The Fletcher Forum of World Affairs* 30 (1), p. 137-52. http://dl.tuft s.edu/catalog/tuft s:UP149.001.00060.00006 (acesso em: 15 out. 2015).

GOMULA, Joanna. 2012. "The Review of Decisions of International Administrative Tribunals by the International Court of Justice", in OLUFEMI, Elias (ed.). *The Development and Effectiveness of International Administrative Law: On the Occasion of the Thirtieth Anniversary of the World Bank Administrative Tribunal*. Leiden, The Netherlands: Martinus Nijhoff Publishers, p. 349-73.

GONG, Ting. 1993. "Corruption and Reform in China: An Analysis of Unintended Consequences." *Crime, Law and Social Change* 19, p. 311-27.

_____. 2004. "Dependent Judiciary and Unaccountable Judges: Judicial Corruption in Contemporary China." *The China Review* 4, p. 33-54.

GONZÁLEZ DE ASIS, María. 1998. "Guatemala: Reforma Judicial y Corrupción." Draft. Washington, DC: World Bank.

GOODMAN, David S. 1996. "The People's Republic of China: The Party-State, Capitalist Revolution and the New Entrepreneurs", in ROBINSON, Richard; GOODMAN, David S. G. (eds.). *The New Rich in Asia*. Londres: Routledge, p. 225-43.

GORDLEY, James. 1995. "Enforcing Promises." *California Law Review* 83, p. 547-613.

GORDON, Richard K. 2011. "Laundering the Proceeds of Public Sector Corruption." Case Research Paper Series in Legal Studies, Working Paper 09-10, Case Western Reserve School of Law. http://papers.ssrn.com/sol3/papers.cfm?abstract_id=1371711 (acesso em: 15 out. 2015).

GORDON, Sanford C.; HUBER, Gregory A. 2007. "The Effect of Electoral Competitiveness on Incumbent Behavior." *Quarterly Journal of Political Science* 2 (2), p. 107-38.

GORODNICHENKO, Yuriy; PETER, Klara Sabirianova. 2007. "Public Sector Pay and Corruption: Measuring Bribery from Micro Data." *Journal of Public Economics* 91 (5-6), p. 963-91. DOI:10.1016/j.jpubeco.2006.12.003.

GRAFTON, R. Quentin; ROWLANDS, Dane. 1996. "Development Impeding Institutions." *Canadian Journal of Development Studies* 17, p. 261-77.

GRAHAM, L. S.; MÉNDEZ, J. L. 1997. "Customs Administration Systems in Mexico and the United States: A Comparative Study." Mimeo, University of Texas.

GRANOVETTER, Mark. 2007. "The Social Construction of Corruption", in NEE, Victor; SWEDBERG, Richard (eds.). *On Capitalism*. Stanford, CA: Stanford University Press, p. 152-72.

GRAY, John. 1996. "Open-Competitive Bidding in Japan's Public Works Sector and Foreign Contractor Access: Recent Reforms are Unlikely to Meet Expectations." *Columbia Journal of Asian Law* 10, p. 425-60.

GRAYCAR, Adam; SMITH, Russell G. 2011. *Handbook of Global Research and Practice in Corruption*. Cheltenham, UK, e Northampton, MA: Edward Elgar.

GRECO. 2002. "First Evaluation Round: Evaluation Report on Romania." *Greco Eval. I Rep. (2001) 13 E Final,* March 4—8, Strasbourg. https://www.coe.int/t/dghl/monitoring/greco/evaluations/round1/GrecoEval1%282001%2913_Romania_EN.pdf (acesso em: 15 out. 2015).

GREENBERGER, David B.; MICELI, Marcia P.; COHEN, Debra J. 1987. "Oppositions and Group Norms: The Reciprocal Influence of Whistle-blowers and Co-workers."

Journal of Business Ethics 7, p. 527-42. http://www.jstor.org/stable/25071696 (acesso em: 15 out. 2015).

GRET, Marion; SINTOMER, Yves. 2005. *The Porto Alegre Experiment: Learning Lessons for Better Democracy*, trans. Stephen Wright. Nova York: Palgrave Macmillan.

GRIFFITHS, Robert J. 2008. "Parliamentary Oversight of Defense in South Africa", in O'BRIEN, Mitchell; STAPENHURST, Rick; JOHNSTON, Niall (eds.). *Parliaments as Peacebuilders in Conflict-Affected Countries*. World Bank Institute, Learning Resources Series 45088. Washington, DC: World Bank, p. 93-104. https://openknowledge.worldbank.org/bitstream/handle/10986/6532/450880PUB0Box3101OFFICIAL0USE0ONLY1.txt?sequence=2 (acesso em: 14 out. 2015).

GRINDLE, Merilee S. 1996. *Challenging the State: Crisis and Innovation in Latin America and Africa*. Cambridge: Cambridge University Press. Economist Intelligence Unit, *Country Report: Pakistan*, Londres: EIU, 3rd Quarter 1996.

_____. 2004. "Good Enough Governance: Poverty Reduction and Reform in Developing Countries." *Governance* 12, p. 525-48.

_____; THOMAS, John W. 1991. *Public Choice and Policy Choice: The Political Economy of Reform in Developing Countries*. Baltimore, MD: Johns Hopkins University Press.

GROSSMAN, Mark. 2003. *Political Corruption in American: An Encyclopedia of Scandals, Power, and Greed*. Santa Barbara, CA: ABC-CLIO.

GRUNBAUM, L. 1997. "Attitudes of Future Managers Toward Business Ethics: A Comparison of Finnish and American Business Students." *Journal of Business Ethics* 16, p. 451-63.

GUERRO AMPARÁN, Juan Pablo. 1998. *Un Estudio de Caso de la Reforma Administrativa en Mexico: Los Dilemas de la Instauracion de un Servicio Civil a Nivel Federal*. México: Centro de Investigación y Docencia Económicas.

GUINIER, Lani. 1994. *The Tyranny of the Majority*. Nova York: Free Press.

GULATI, Mohinder; RAO, M. Y. 2007. "Corruption in the Electricity Sector: A Pervasive Scourge", in CAMPOS, J. Edgardo; PRADHAN, Sanjay (eds.). *The Many Faces of Corruption: Tracking Vulnerabilities at the Sector Level*. Washington, DC: The World Bank, p. 115-57.

GUNLICKS, Arthur B. 1995. "The New German Party Finance Law." *German Politics* 4, p. 101-21.

GUPTA, Sanjeev; HAVOODI, Hamid; ALONSO-TERME, Rosa. 2002. "Does Corruption Affect Income Inequality and Poverty?" *Economics of Governance* 3, p. 23-45.

GYIMAH-BREMPONG, Kwabena; CAMACHO, Samaria Munoz de. 2006. "Corruption, Growth, and Income Distribution: Are There Regional Differences?" *Economics of Governance* 7, p. 245-69.

HAAS, Robert D. 1994. "Ethics in the Trenches." *Across the Board* 31 (5), p. 12-3.

HABIB, Mohsin; ZURAWICKI, Leon. 2002. "Corruption and Foreign Direct Investment." *Journal of International Business Studies* 33 (2), p. 291-301.

HALLAK, Jacques; POISSON, Muriel. 2007. *Corrupt Schools, Corrupt Universities: What Can Be Done?* Paris: International Institute for Educational Planning.

HAMILTON, Clive. 1997. "The Sustainability of Logging in Indonesia's Tropical Forests: A Dynamic Input/Output Analysis." *Ecological Economics* 21, p. 183-95.

HAMMERGREN, Linn. 2002. *Fifteen Years of Judicial Reform in Latin America: Where We Are and Why We Haven't Made Much Progress*. Nova York: United Nations Development Program.

_____. 2003. *Uses of Empirical Research in Refocusing Judicial Reforms: Lessons from Five Countries*. Washington, DC: World Bank. http://siteresources.worldbank.org/INTLAWJUSTINST/Resources/usesOfER.pdf (acesso em: 15 out. 2015).

HANDELMAN, Stephen. 1995. *Comrade Criminal*. New Haven, CT: Yale University Press.

HANSSEN, F. Andrew. 2000. "Independent Courts and Administrative Agencies: An Empirical Analysis of the States." *Journal of Law, Economics, and Organization* 16 (2), p. 534-71.

HAO, Yufan; JOHNSTON, Michael. 1995. "Reform at the Crossroads: An Analysis of Chinese Corruption." *Asian Perspectives* 19, p. 117-49.

HAQUE, M. Enranul; KNELLER, Richard. 2009. "Corruption Clubs: Endogenous Thresholds in Corruption and Development." *Economics of Governance* 10, p. 345-73.

HAQUE, Nadeem Ul; SAHAY, Ratna. 1996. "Do Government Wage Cuts Close Budget Deficits? A Conceptual Framework for Developing Countries and Transition Economies." IMF Working Paper WP/96/19. Washington, DC: International Monetary Fund, fev.

HARDIN, Garrett. 1968. "The Tragedy of the Commons." *Science* 162, p. 1.243-48.

HARDIN, Russell. 2002. *Trust and Truthworthiness*. Nova York: Russell Sage.

HARDING, April L. 1995. "Commercial Real Estate Market Development in Russia." Cofinancing and Financial Advisory Services (Privatization Group) Discussion Paper Number 109. Washington, DC: World Bank, jul.

HASEN, Richard L. 2012a. "Book Review: Fixing Washington" (Review of *Republic Lost* by Lawrence Lessig and *Capitol Punishment* by Jack Abramoff) *Harvard Law Review* 126, p. 550-85.

_____. 2012b. "Lobbying, Rent-Seeking, and the Constitution." *Stanford Law Review* 64, p. 191-253.

HASKER, Kevin; OKTEN, Cagla. 2008. "Intermediaries and Corruption." *Journal of Economic Behavior & Organization* 67, p. 103-15.

HASTY, Jennifer. 1995. "The Pleasures of Corruption: Desire and Discipline in Ghanaian Political Culture." *Cultural Anthropology* 20 (2), p. 271-304. http://www.culanth.org/articles/462-the-pleasures-of-corruption-desire-and-discipline (acesso em: 15 out. 2015).

HAUK, Esther; SAEZ-MARTI, Maria. 2002. "On the Cultural Transmission of Corruption." *Journal of Economic Theory* 107 (2), p. 311-35. DOI:10.1006/jeth.2001.2956.

HAY, Bruce. 2005. "Sting Operations, Undercover Agents, and Entrapment." *Missouri Law Review* 70, p. 387-431. http://scholarship.law.missouri.edu/cgi/viewcontent.cgi?article=3652&context=mlr (acesso em: 15 out. 2015).

HEEKS, Richard. 1998. "Information Technology and Public Sector Corruption." Information Systems for Public Sector Management Working Paper Series, Working Paper No. 4. Manchester, UK: Institute for Development Policy and Management. http://unpan1.un.org/intradoc/groups/public/documents/NISPAcee/UNPAN015477.pdf (acesso em: 15 out. 2015).

_____. 2001. "Building e-Governance for Development: A Framework for National and Donor Action." i-Government Working Paper Series, Paper No. 12. Manchester, UK: Institute for Development Policy and Management. http://www.man.ac.uk/idpm/idpm_dp.htm#ig.

HEILBRUNN, John R. 2004. "Anti-Corruption Commissions: Panacea or Real Medicine to Fight Corruption?" The World Bank. http://wbi.worldbank.org/wbi/Data/wbi/wbi-cms/files/drupal-acquia/wbi/Anti-Corruption%20Commissions%20by%20John%20Heilbrunn.pdf (acesso em: 20 mar. 2014).

HEINE, Günter; HUBER, Barbara; ROSE, Thomas O. (eds.). 2003. *Private Commercial Bribery: A Comparison of National and Supranational Legal Structures*. Freiburg, Germany: Max Planck Institute for Foreign and International Criminal Law, and Paris: International Chamber of Commerce Publishing, vol. 953.

HEINRICH, Finn; HODESS, Robin. 2011. "Measuring Corruption", in GRAYCAR, Adam; SMITH, Russell G. (eds.). *Handbook of Global Research and Practice in Corruption*. Cheltenham, UK, e Northampton, MA: Edward Elgar, p. 18-33.

HEPKEMA, Sietze; BOOYSEN, Willem. 1997. "The Bribery of Public Officials: An IBA Survey." *International Business Lawyer* 25, p. 415-16, 422.

HERBST, Jeffrey. 1996. "Is Nigeria a Viable State?" *The Washington Quarterly* (primavera), p. 151-72.

_____; OLUKOSHI, Adebayo. 1994. "Nigeria: Economic and Political Reform at Cross Purposes", in HAGGARD, Stephen; WEBB, Steven B. (eds.). *Voting for Reform: Democracy, Political Liberalization and Economic Adjustment*. Nova York: Oxford University Press (published for the World Bank), p. 453-502.

HEREDIA, Blanca; SCHNEIDER, Ben Ross. 1998. "The Political Economy of Administrative Reform: Building State Capacity in Developing Countries." Paper apresentado em "The Political Economy of Administrative Reform: Building State Capacity in Developing Countries." CIDE, Cidade do México, 4-5 jun.

HEWISON, Kevin. 1993. "Of Regimes, States, and Pluralities: Thai Politics Enters the 1990s", in HEWISON, Kevin; ROBISON, Richard; RODAN, Garry (eds.). *Southeast Asia in the 1990s: Authoritarianism, Democracy, and Capitalism*. St. Leonards, Australia: Allen and Unwin, p. 161-89.

HEYWOOD, Paul. 1996. "Continuity and Change: Analysing Political Corruption in Modern Spain", in LITLE, Walter; POSADA-CARBÓ, Eduardo (eds.). *Political Corruption in Europe and Latin America*. Nova York: St. Martin's Press, p. 115-36.

HINES, Jr., James R. 1995. "Forbidden Payments: Foreign Bribery and American Business after 1977." NBER Working Paper #5266, Cambridge MA: National Bureau of Economic Research, http://www.nber.org/papers/w5266.pdf?new_window=1 (acesso em: 22 out. 2015).

HITE-RUBIN, Nancy. 2015. "A Corruption, Military Procurement and FDI Nexus?", in ROSE-ACKERMAN, Susan; LAGUNES, Paul (eds.). *Greed, Corruption and the State: Essays in Political Economy*. Cheltenham, UK: Edward Elgar.

HODGES, Tony. 2004. *Angola: Anatomy of an Oil State*. Bloomington: Indiana University Press.

HODGKINSON, Virginia Ann; WEITZMAN, Murray S. 1994. *Giving and Volunteering in the United States*. Washington, DC: Independent Sector.

HODGSON, Geoffrey M.; JIANG, Shuxia. 2007. "The Economics of Corruption and the Corruption of Economics: An Institutionalist Perspective." *Journal of Economic Issues* XLI (4), p. 1.043-61.

HOEKMAN, Bernard M.; MAVROIDIS, Petros C. (eds.). 1997. *Law and Policy in Public Purchasing: The WTO Agreement on Government Procurement.* Ann Arbor: University of Michigan Press.

HOFMAN, Bert; KAISER, Kai; SCHULZE, Günther G. 2009. "Corruption and Decentralization", in HOTZAPPEL, Coen J. G.; RAMSTEDT, Martin (eds.). *Decentralization and Regional Autonomy in Indonesia: Implementation and Challenges.* Singapura: Institute of South Asian Studies, p. 99-113.

HOOD, Christopher. 1996. "Control over Bureaucracy: Cultural Theory and Institutional Variety." *Journal of Public Policy* 15, p. 207-30.

HOROWITZ, Donald. 1985. *Ethnic Groups in Conflict.* Berkeley: University of California Press.

HORS, Irene. 2001. "Fighting Corruption in Customs Administration: What Can We Learn from Recent Experiences?" OECD Development Centre Working Paper No. 175. http://www.oecd.org/social/poverty/1899689.pdf. (acesso em: 15 out. 2015).

HOWSE, Robert; DANIELS, Ronald J. 1995. "Rewarding Whistleblowers: The Costs and Benefits of an Incentive-Based Compliance Strategy", in DANIELS, Ronald J.; MORCK, Randall (eds.). *Corporate Decision-Making in Canada.* Calgary: University of Calgary Press, p. 525-49.

HSIEH, Chang-Tai; MORETTI, Enrico. 2006. "Did Iraq Cheat the United Nations? Underpricing, Bribes, and the Oil for Food Program." *The Quarterly Journal of Economics* 121 (4), p. 1.211-48.

HUBER, Evelyn; RUESCHEMEYER, Dietrich; STEPHENS, John D. 1993. "The Impact of Economic Development on Democracy." *Journal of Economic Perspectives* 7, p. 70-86.

HUBER, Gregory A.; GORDON, Sanford C. 2004. "Accountability and Coercion: Is Justice Blind When It Runs for Office?" *American Journal of Political Science* 48 (2), p. 247-63.

Human Rights Watch. 2001. *World Report 2001.* http://www.hrw.org/wr2k1/africa/angola.html (acesso em: 15 out. 2015).

____. 2004. *Some Transparency, No Accountability: The Use of Oil Revenues in Angola and Its Impact on Human Rights* 16 (1). http://www.hrw.org/sites/default/files/reports/angola0104.pdf (acesso em: 15 out. 2015).

HUNT, Jennifer. 2006. "Why Are Some Public Officials More Corrupt Than Others?", in ROSE-ACKERMAN, Susan (ed.). *International Handbook on the Economics of Corruption.* Northampton MA: Edward Elgar, p. 323-51.

____. 2007. "How Corruption Hits People When They Are Down." *Journal of Development Economics* 84 (2) p. 574-89.

____; LASZLO, Sonia. 2012. "Is Bribery Really Regressive? Bribery's Costs, Benefits, and Mechanisms." *World Development* 40 (2), p. 355-72.

HUNTINGTON, Samuel P. 1967. "Political Development and Political Decay", in WELCH JR., Claude E. (ed.). *Political Modernization: A Reader in Comparative Political Change.* Belmont, CA: Wadsworth, p. 386-430.

_____. 1968. "Modernization and Corruption", in HEIDENHEIMER, Arnold J.; JOHNSTON, Michael (eds.). 2009, *Political Corruption: Concepts and Contexts, Third Edition*. New Brunswick, NJ: Transaction Publishers, p. 253-63.

HUSSMANN, Karen; RIVILLAS, Juan Carlos. 2014. "Financial 'Blood-Letting' in the Colombian Health System: Rent-Seeking in a Public Health Insurance Fund", in SOREIDE, Tina; WILLIAMS, Aled (eds.). *Corruption, Grabbing and Development: Real World Challenges*. Cheltenham, UK, e Northampton, MA: Edward Elgar, p. 115-25.

HUSTED, Bryan W. 1999. "Wealth, Culture, and Corruption." *Journal of International Business Studies* 30 (2), p. 339-59.

HUTCHCROFT, Paul D. 1998. *Booty Capitalism: The Politics of Banking in the Philippines*. Ithaca, NY: Cornell University Press.

HYLL-LARSEN, Peter. 2013. "Free or Fee: Corruption in Primary School Admissions", in Transparency International, *Global Corruption Report 2013: Education*. Londres e Nova York: Earthscan, p. 52-9.

ICSID. 2015. *The ICSID Caseload: Statistics (Issue 2015-1)*. International Centre for Settlement of Investment Disputes. https://icsid.worldbank.org/apps/ICSIDWEB/resources/Documents/ICSID%20Web%20Stats%202015-1%20(English)%20(2)Redacted.pdf (acesso em: 15 out. 2015).

IDROBO, Nicolás; MEJÍA, Daniel; TRIBIN, Ana María. 2014. "Illegal Gold Mining and Violence in Colombia." *Peace Economics, Peace Science and Public Policy* 20 (1), p. 83-111.

INGRAHAM, Patricia W. 1993. "Of Pigs in Pokes and Policy Diffusion: Another Look at Pay-for-Performance." *Public Administration Review* 53, p. 348-56.

_____. 1996. "The Reform Agenda for National Civil Service Systems", in BEKKE, Hans A. G. M.; PERRY, James L.; TOONEN, Theo A. J. (eds.). *Civil Service Systems in Comparative Perspective*. Bloomington: Indiana University Press, p. 247-67.

Institute for Economics and Peace. 2015a. *Mexico Peace Index*. http://economicsandpeace.org/wp-content/uploads/2015/06/Mexico-Peace-Index-Report-2015_1.pdf (acesso em: 6 out. 2015).

Institute for Economics and Peace. 2015b. *Peace and Corruption*. http://economicsandpeace.org/wp-content/uploads/2015/06/Peace-and-Corruption.pdf (acesso em: 15 out. 2015).

INSULZA, José Miguel. 2013. *El Problema de Drogas en Las Americas: Capitulo 4: La economia del narcotrafico*. Organización de los Estados Americanos. http://www.cicad.oas.org/drogas/elinforme/informeDrogas2013/laEconomicaNarcotrafi co_ESP.pdf (acesso em: 15 out. 2015).

International Bar Association Council. 1996. "Resolution on Deterring Bribery in International Business Transactions", Madri, Espanha, 1 jun.

International Center for Not-for-Profit Law (ICNL) and World Movement for Democracy Secretariat at the National Endowment for Democracy (NED).

_____. 2012. "Defending Civil Society", *The International Journal for Not-for-Profit Law* 14 (3), p. 5-61. http://www.icnl.org/research/journal/vol14iss3/v14n3%20fi nal.pdf (acesso em: 15 out. 2015).

International Chamber of Commerce. 1996. "Extortion and Bribery in International Business Transactions." Document No. 193/15, 26 mar.

International Crisis Group. 2003. "A Framework for Responsible Aid to Burundi." *Africa Report* No. 57. Nairobi e Bruxelas: International Crisis Group. http://www.crisisgroup.org/~/media/Files/africa/central-africa/burundi/A%20Framework%20For%20Responsible%20Aid%20To%20Burundi (acesso em: 15 out. 2015).

____. 2007. "Burundi: Finalising Peace with the FNL." *Africa Report* No. 131. http://www.crisisgroup.org/~/media/Files/africa/central-africa/burundi/Burundi%20Finalising%20Peace%20with%20the%20FNL.pdf (acesso em: 15 out. 2015).

International Monetary Fund. 2007. *Angola: Staff Report for the 2007 Article IV Consultation*. Washington, DC: IMF. https://www.imf.org/external/pubs/ft/scr/2007/cr07354.pdf (acesso em: 15 out. 2015).

____. 2014. *Republic of Mozambique: Fiscal Transparency Evaluation*. Washington, DC: IMF. http://www.imf.org/external/pubs/ft /scr/2015/cr1532.pdf (acesso em: 15 out. 2015).

ISHII, Rieko. 2009. "Favor exchange in collusion: Empirical study of repeated procurement auctions in Japan." *International Journal of Industrial Organization* 27 (2), p. 137-44.

JACKSON, Terence; ARTOLA, Marian Calafell. 1997. "Ethical Beliefs and Management Behavior: A Cross-Cultural Comparison." *Journal of Business Ethics* 16 (11), p. 1.163-73. DOI:10.1023/A:1005734825408.

JADWIN, Pamela J.; SHILLING, Monica. 1994. "Foreign Corrupt Practices Act." *American Criminal Law Review* 31, p. 677-686.

JAIN, A. K. 2001. "Corruption: A Review." *Journal of Economic Surveys* 15, p. 71-121.

JANCSICS, David. 2014. "Interdisciplinary Perspectives on Corruption." *Sociology Compass* 8 (4), p. 358-72.

JÁVOR, István; JANCSICS, David. 2013. "The Role of Power in Organizational Corruption: An Empirical Study." *Administration and Society*. DOI: 10.1177/0095399713514845.

JEFFREY, Craig. 2002. "Caste, Class, and Clientelism: A Political Economy of Everyday Corruption in Rural North India." *Economic Geography* 78 (1), p. 21-41.

JEONG, Yujin; WEINER, Robert J. 2011. "Conflict and Corruption in International Trade: Who Helped Iraq Circumvent United Nations Sanctions?", in ROSE-ACKERMAN, Susan; SOREIDE, Tina (eds.). *International Handbook on the Economics of Corruption*, vol. 2. Cheltenham, UK: Edward Elgar, p. 375-407.

JIMU, Ignasio Malizani. 2010. "Self-organized informal workers and trade union initiatives in Malawi: organizing the informal economy", in LINDELL, Ilda (ed.). *Africa's Informal Workers: Collective Agency, Alliances, and Transnational Organizing in Urban Africa*. Londres e Nova York: Zed Books.

JOHNSON, Michael. 2005. *Syndromes of Corruption*. Cambridge: Cambridge University Press. 2012. "Building a Social Movement against Corruption." *Brown Journal of World Affairs* 18 (11), p. 57-74.

____. 2014. *Corruption Contention and Reform: The Power of Deep Democratization*. Cambridge: Cambridge University Press.

____; HAO, Yufan. 1995. "China's Surge of Corruption." *Journal of Democracy* 6, p. 80-94.

JOHNSON, Nelson. 2002. *Boardwalk Empire*. Medford, NJ: Medford Press.

JOHNSON, Paul. 1991. *The Birth of the Modern: World Society 1815—1830*. Nova York: Harper Collins.
JOHNSON, Roberta A.; KRAFT, Michael E. 1990. "Bureaucratic Whistleblowing and Policy Change." *Western Political Quarterly* 43, p. 849-74.
JOHNSON, Ronald N.; LIBECAP, Gary D. 1994. "Patronage to Merit and Control of the Federal Labor Force." *Explorations in Economic History* 31, p. 91-119.
JOHNSON, Simon; KAUFMANN, Daniel Kaufmann; ZOIDO-LOBATÓN, Pablo. 1998. "Regulatory Discretion and the Unofficial Economy." *American Economic Review: Papers and Proceedings* 88, p. 387-92.
JONES, Thomas M. 1991. "Ethical Decision Making by Individuals in Organizations: An Issue-Contingent Model." *Academy of Management Science* 16 (2), p. 366-95. http://www.jstor.org/stable/258867 (acesso em: 15 out. 2015).
JORDAN, Ann D. 1997. "Lost in the Translation: Two Legal Cultures, the Common Law Judiciary and the Basic Law of the Hong Kong Special Administrative Region." *Cornell International Law Journal* 30, p. 335-80.
JORDAN, Jon. 2010-1. "Recent Developments in the Foreign Corrupt Practices Act and the New UK Bribery Act: A Global Trend towards Greater Accountability in the Prevention of Foreign Bribery." *New York University Journal of Law and Business* 7, p. 845-71.
JOSEPH, Richard. 1996. "Nigerian: Inside the Dismal Tunnel." *Current History* 95, p. 193-200.
JOSEPHSON, Matthew. 1938. *The Politicos 1865-1896*. Nova York: Harcourt Brace.
KAHN, Mushtaq H. 1996. "A Typology of Corrupt Transactions in Developing Countries." *IDS Bulletin* 27 (2), p. 12-21.
KAPLAN, Stephen B. 2013. *Globalization and Austerity Politics in Latin America*, Cambridge UK: Cambridge University Press.
KAR, Dev; CURCIO, Karly. 2011. "Illicit Financial Flows from Developing Countries: 2000-2009, Update with a Focus on Asia." Global Financial Integrity. http://www.gfip.org/storage/gfip/documents/reports/IFF2010/gfi_iff_update_report-web.pdf (acesso em: 19 jan. 2011).
____; SPANJERS, Joseph. 2014. *Illicit Financial Flows from Developing Countries: 2003-2012*. Global Financial Integrity. http://www.gfintegrity.org/report/2014-global-report-illicit-fi nancial-fl ows-from-developing-countries-2003-2012/ (acesso em: 15 out. 2015).
KARAHAN, Gökhan R.; RAZZOLINI, Laura; SHUGHART II, William F. 2006. "No Pretense to Honesty: County Government Corruption in Mississippi." *Economics of Governance* 7, p. 211-27.
KARIM, Sabrina. 2011. "Madame Officer." *Americas Quarterly Summer 2011*. http://www.americasquarterly.org/node/2802 (acesso em: 15 out. 2015).
KARRAS, Alan L. 2010. *Smuggling: Contraband and Corruption in World History*. Plymouth, UK: Rowman and Littlefield.
KARTAL, Mort. 2014. "Accounting for 'Bad Apples': The EU's Impact on National Corruption before and after Accession." *Journal of European Public Policy* 21, p. 941-59.
KATSIOS, Stavros. 2006. "The Shadow Economy and Corruption in Greece." *South-Eastern Europe Journal of Economics* 1, p. 61-80.

KAUFMANN, Daniel. 1997. "The Missing Pillar of a Growth Strategy for Ukraine: Institutional and Policy Reforms for Private Sector Development", in CORNELIUS, Peter K.; LENAIN, Patrick (eds.). *Ukraine: Accelerating the Transition to Market.* Washington, DC: IMF, p. 234-75.

____; SIEGELBAUM, Paul. 1997. "Privatization and Corruption in Transition Economies." *Journal of International Affairs* 50, p. 419-59.

____; KRAAY, Aart; MASTRUZZI, Massimo. 2010. "The Worldwide Governance Indicators: A Summary of Methodology, Data and Analytical Issues." The World Bank Development Resource Group, Policy Research Working Paper 5430. http://papers.ssrn.com/sol3/papers.cfm?abstract_id=1682130 (acesso em: 15 out. 2015).

____; MASTRUZZI, Massimo; ZAVALETA, Diego. 2003. "Sustained Macroeconomic Reforms, Tepid Growth: A Governance Puzzle in Bolivia?", in RODRIK, Dani. *In Search of Prosperity: Analytic Narratives on Economic Growth.* Princeton: Princeton University Press, p. 334-98.

KEE, Hiau Looi; OLARREAGA, Marcelo; SILVA, Peri. 2007. "Market Access for Sale." *Journal of Development Economics* 82 (1), p. 79-94.

KELMAN, Steven. 1990. *Procurement and Public Management: Th e Fear of Discretion and the Quality of Government Performance.* Washington, DC: AEI Press.

____. 1994. "Deregulating Federal Procurement: Nothing to Fear But Discretion Itself?", in DIULIO JR., John J. (ed.). *Deregulating the Public Service: Can Government Be Improved?* Washington, DC: The Brookings Institution, p. 102-28.

KERNELL, Samuel; MCDONALD, Michael P. 1999. "Congress and America's Political Development: The Transformation of the Post Office from Patronage to Service." *American Journal of Political Science* 43, p. 792-811.

KHAN, Mushtaq H. 1996. "A Typology of Corrupt Transactions in Developing Countries." *IDS Bulletin* 27 (2), p. 12-21.

____. 2006. "Determinants of Corruption in Developing Countries: The Limits of Conventional Economic Analysis", in ROSE-ACKERMAN, Susan (ed.), *International Handbook on the Economics of Corruption.* Cheltenham, UK: Edward Elgar, p. 216-44.

____; JOMO, K. S. (eds.). 2000. *Rents, Rent-Seeking and Economic Development: Theory and Evidence.* Cambridge: Cambridge University Press.

KHANNA, Vikramaditya S. 1996. "Corporate Criminal Liability: What Purpose Does It Serve?" *Harvard Law Review* 109, p. 1.477-534.

KHWAJA, Asim Ijaz; MIAN, Atif. 2005. "Do Lenders Favor Politically Connected Firms? Rent Provision in an Emerging Financial Market." *The Quarterly Journal of Economics* 120 (4), p. 1.371-411. http://www.jstor.org/stable/25098774 (acesso em: 15 out. 2015).

KIBWANA, Kivutha; WANJALA, Smokin; OKECH-OWITI, Maurice. 1996. *The Anatomy of Corruption in Kenya.* Nairobi, Quênia: Center for Law and Research International (Clarion).

KILBY, Christopher. 1995. "Risk Management: An Econometric Investigation of Project-Level Factors." *Annual Review of Evaluation Results 1994*, World Bank, Operations Evaluation Department. Vassar College, Poughkeepsie NY.

____. 2000. "Supervision and Performance: The Case of World Bank Projects." *Journal of Development Economics* 62, p. 233-59.

_____. 2009. "The Political Economy of Conditionality: An Empirical Analysis of World Bank Loan Disbursements." *Journal of Development Economics* 89, p. 51-61.

KIM, Joongi; KIM, Jong Bum. 1997. "Cultural Differences in the Crusade against International Bribery." *Pacific Rim Law and Policy Journal* 6, p. 549-80.

KIM, Seongcheol; KIM, Hyun Jeong; LEE, Heejin. 2009. "An Institutional Analysis of an e-government System for Anti-corruption: Th e Case of OPEN." *Government Information Quarterly* 26, p. 42-50.

KIM, W. Chan; MAUBORGNE, Renée. 1995. "A Procedural Justice Model of Strategic Decision Making." *Organization Science* 6, p. 44-61.

KISHOR, Nalin; DAMANIA, Richard. 2007. "Crime and Justice in the Garden of Eden: Improving Governance and Reducing Corruption in the Forestry Sector", in CAMPOS, J. Edgardo; PRADHAN, Sanjay (eds.), *The Many Faces of Corruption: Tracking Vulnerabilities at the Sector Level*. Washington, DC: The World Bank, p. 89-114.

KITCHEN, Richard. 1994. "Compensation Upgrading in Caribbean Public Services: Comparative Needs and Experience", in CHAUDHRY, Shahid Amjad; REID, Gary James; MALIK, Waleed Haider (eds.). *Civil Service Reform in Latin America and the Caribbean: Proceedings of a Conference*, World Bank Technical Paper 259. Washington, DC, out., p. 120-27.

KLICH, Agnieszka. 1996. "Bribery in Economies in Transition: The Foreign Corrupt Practices Act." *Stanford Journal of International Law* 32, p. 121-47.

KLITGAARD, Robert. 1988. *Controlling Corruption*. Berkeley: University of California Press.

_____. 1997. "Cleaning Up and Invigorating the Civil Service." *Public Administration and Development* 17, p. 487-510.

KNACK, Stephen; KEEFER, Philip. 1995. "Institutions and Economic Performance: Cross-Country Tests Using Alternative Institutional Measures." *Economics and Politics* 7 (3), p. 207-27. DOI: 10.1111/j.1468-0343.1995.tb00111.x.

_____. 1997. "Does Inequality Harm Growth Only in Democracies? A Replication and Extension." *American Journal of Political Science* 41 (1), p. 323-32.

KOCHANEK, Stephen A. 1993. *Patron-Client Politics and Business in Bangladesh*. Nova Delhi: Sage Publications.

KOEHLER, Mike. 2010. "The Foreign Corrupt Practices Act in the Ultimate Year of Its Decade of Resurgence." *Indiana Law Review* 43, p. 389.

KOH, Harold Hongju. 1998. "The 1998 Frankel Lecture: Bringing International Law Home." *Houston Law Review* 35, p. 623-81.

_____. 2000. "The Role of Corporate Social Responsibility in the Promotion of Democracy and Human Rights." Remarks, Social Accountability International, 7 dez., disponível em Archive Site for State Department information prior to 20 jan., 2001. http://1997-2001.state.gov/www/policy_remarks/2000/001207_koh_sai.html (acesso em: 15 out. 2015).

KOLLOCK, Peter. 1994. "The Emergence of Exchange Structures: An Experimental Study of Uncertainty, Commitment, and Trust." *American Journal of Sociology* 100, p. 313-45.

KONG, Dejun Tony. 2014. "An Economic-Genetic Theory of Corporate Corruption Across Cultures: An Interactive Effect of Wealth and the 5HTTLPR-SS/SL Frequency on Corporate Corruption Mediated by Cultural Endorsement of Self-Protective Leadership." *Personality and Individual Differences* 63, p. 106-11.

KONRAD, Kai A.; SKAPERDAS, Stergios. 1997. "Credible Threats in Extortion." *Journal of Economic Behavior and Organization* 33, p. 23-39.

_____. 1998. "Extortion." *Economica* 65, p. 461-77.

KOSZCUK, Jackie. 1997. "Nonstop Pursuit of Campaign Funds Increasingly Drives the System." *Congressional Quarterly* (5 abr.), p. 770-4.

KOVACIC, William. 1996. "Whistleblower Bounty Lawsuits as Monitoring Devices in Government Contracting." *Loyola of Los Angeles Law Review* 29, p. 1.799-857.

KOWALSKI, Przemyslaw; BÜGE, Max; SZTAJEROWSKA, Monika Sztajerowska; EGELAND, Matias. 2013. "State-Owned Enterprises: Trade Effects and Policy Implications." OECD Trade Policy Papers, No. 147, OECD Publishing. DOI: 10.1787/18166873.

KOYUNCU, Cuneyt; YILMAZ, Rasim. 2009. "Deforestation: A Cross-Country Evidence." *The Journal of Developing Areas* 42 (2), p. 213-23.

KPMG. 2011. *Who Is the Typical Fraudster?* https://www.kpmg.com/CEE/en/IssuesAndInsights/ArticlesPublications/Documents/who-is-the-typical-fraudster.pdf. (acesso em: 15 out. 2015).

KPMG en México. 2008. *Encuesta de Corrupcion y Fraude en Mexico 2008.* http://www.contraloriaciudadana.org.mx/respaldo/mediciones/nacionales/10_KPMG_Encuenta_Fraude2008.pdf (acesso em: 15 out. 2015).

_____. 2010. *Encuesta de Fraude en Mexico 2010.* https://www.kpmg.com/MX/es/IssuesAndInsights/ArticlesPublications/Documents/Estudios/Encuesta_fraude_en_Mexico_2010.pdf (acesso em: 15 out. 2015).

KREHBIEL, Keith. 1998. *Pivotal Politics: A Theory of U.S. Lawmaking.* Chicago: University of Chicago Press.

KRISHNA, Vijay; MORGAN, John. 1997. "An Analysis of the War of Attrition and the All-Pay Auction." *Journal of Economic Theory* 72, p. 343-62.

KRISTIANSEN, Stein; RAMLI, Muhid. 2006. "Buying an Income: The Market for Civil Service Positions in Indonesia." *Contemporary Southeast Asia* 28 (2), p. 207-33.

Kroll and Transparencia Brasil. 2003. "Fraude e corrupção no Brasil: A perspectiva do setor privado, 2003." http://www.transparencia.org.br/docs/kroll-final-2003.pdf (acesso em: 14 abr. 2006).

KRUEGER, Anne O. 1974. "The Political Economy of a Rent-Seeking Society." *American Economic Review* 64, p. 291-303.

KÜHN, Susanne; SHERMAN, Laura B. 2014. *Curbing Corruption in Public Procurement: A Practical Guide.* Berlim: Transparency International. http://www.transparency.org/whatwedo/pub/curbing_corruption_in_public_procurement_a_practical_guide (acesso em: 15 out. 2015).

KUKHIANIDZE, Alexandre. 2009. "Corruption and Organized Crime in Georgia before and after the 'Rose Revolution.'" *Central Asian Survey* 28 (2), p. 215-34.

KUMMER, David M.; TURNER II, B. L. 1994. "The Human Causes of Deforestation in Southeast Asia." *BioScience* 44 (5), p. 323-28.

KUNICOVÁ, Jana. 2006. "Democratic Institutions and Corruption", in ROSE-ACKERMAN, Susan (ed.). *International Handbook on the Economics of Corruption.* Cheltenham, UK: Edward Elgar, p. 140-60.

_____; ROSE-ACKERMAN, Susan. 2005. "Electoral Rules and Constitutional Structures as Constraints on Corruption." *British Journal of Political Science* 35, p. 573-606.

KUPATADZE, Alexander. 2012. "Explaining Georgia's Anti-Corruption Drive." *European Security* 21 (1), p. 16-36. DOI: 10.1080/09662839.2012.656597.

KURER, Oskar. 1993. "Clientelism, Corruption, and the Allocation of Resources." *Public Choice* 77, p. 259-73.

LAFFONT, Jean-Jacques. 1990. "Analysis of Hidden Games in a Three-Level Hierarchy." *Journal of Law, Economics, and Organization* 6, p. 301-24.

LAGUNES, Paul; HUANG, Rongyao. 2015. "Saving Gotham: Fighting Corruption in New York City's Property Tax System", in ROSE-ACKERMAN, Susan; LAGUNES, Paul (eds.). *Greed, Corruption, and the Modern State: Essays in Political Economy*. Cheltenham, UK, e Northampton, MA: Edward Elgar, p. 180-205. DOI:10.4337/9781784714703.

LAKNER, Christoph; NEGRE, Mario; PRYDZ, Espen Beer. 2014. *Twinning the Goals: How Can Promoting Shared Prosperity Help to Reduce Global Poverty?* WB Policy Research Paper 7105. Washington, DC: World Bank. http://www-wds.worldbank.org/external/default/WDSContentServer/WDSP/IB/2014/11/13/000158349_20141113090851/Rendered/PDF/WPS7106.pdf (acesso em: 15 out. 2015).

LALAND, Kevin N.; HOPPITT, William. 2003. "Do Animals Have Culture?" *Evolutionary Anthropology: Issues, News, and Reviews* 12 (3), p. 150-9.

LAMBERT-MOGILIANSKY, Ariane. 2011. "Corruption and Procurement: Strategic Complements in Procurement", ROSE-ACKERMAN, Susan; SOREIDE, Tina Soreide (eds.). *International Handbook on the Economics of Corruption, Volume Two*. Chelthenham, UK: Edward Elgar, p. 108-40.

_____; MAJUMDAR, Mukul; RADNER, Roy. 2007. "Strategic Analysis of Petty Corruption: Entrepreneurs and Bureaucrats." *Journal of Development Economics* 83 (2), p. 351-67. DOI:10.1016/j.jdeveco.2006.06.002.

_____. 2008. "Petty Corruption: A Game-Theoretic Approach." *International Journal of Economic Theory* 4 (2), p. 273-97. DOI: 10.1111/j.1742-7363.2008.00078.x.

_____. 2009. "Strategic Analysis of Petty Corruption with an Intermediary." *Review of Economic Design* 13 (1-2), p. 45-57. DOI: 10.1007/s10058-008-0068-1.

LAMBSDORFF, Johann Graf. 2002. "How Confidence Facilitates Illegal Transactions: An Empirical Approach." *American Journal of Economics and Sociology* 61 (4), p. 829-53.

_____. 2006. "Measuring Corruption: The Validity and Precision of Subjective Indicators (CPI)", in SAMPFORD, Charles; SCHACKLOCK, Arthur; CONNORS, Carmel; GALTUNG, Fredrik. *Measuring Corruption*. Aldershot: Ashgate.

LANDES, William M.; POSNER, Richard A. 1975. "The Independent Judiciary in an Interest-Group Perspective." *Journal of Law and Economics* 18 (3), p. 875-901. http://www.jstor.org/stable/725070 (acesso em: 15 out. 2015).

LANGAN, Patricia; COOKSEY, Brian (eds.). 1995. *The National Integrity System in Tanzania: Proceedings of a Workshop Convened by the Prevention of Corruption Bureau, Tanzania*. Washington, DC: Economic Development Institute, World Bank.

LAPIDUS, Stephanie E. 2010. "Public Corruption." *American Criminal Law Review* 47 (2), p. 915-60.

LA PORTA, Rafael; LOPEZ-DE-SILANES, Florencio; POP-ELECHES, Christian; SHLEIFER, Andrei. 2004. "Judicial Checks and Balances." *Journal of Political Economy* 112 (2), p. 445-70.
LA RAJA, Raymond J. 2012. "Why Super PACs: How the American Party System Outgrew the Campaign Finance System." *The Forum* 10 (4), p. 91-104. DOI 10.1515/forum-2013-0009.
LARMOUR, Peter. 2011. "Corruption in REDD+ Schemes: A Framework for Analysis", in GRAYCAR, Adam; SMITH, Russell G. (eds.). *Handbook of Global Research and Practice in Corruption*. Cheltanham, UK e Northampton, MA (USA), p. 157-69.
LAUFER, William S. 2008. *Corporate Bodies and Guilty Minds: The Failure of Corporate Criminal Liability*. Chicago: University of Chicago Press.
LAURENT, Anne. 1997. "Buying Smarts." *Government Executive* (abr.), p. 28.
LAVE, Lester. 1981. *The Strategy of Social Regulation*. Washington, DC: Brookings Institution.
LAVER, Michael; SCHOFIELD, Norman. 1990. *Multiparty Government*. Oxford: Oxford University Press.
Law and Economics Symposium: New Directions in Environmental Policy. 1988. *Columbia Journal of Environmental Law* 13, p. 153.
Law Library of Congress. 1991. *Campaign Financing of National Elections in Foreign Countries*. Washington, DC: Law Library of Congress.
_____. 2009. *Campaign Finance: An Overview: Australia, France, Germany, Israel, and the United Kingdom*. Washington, DC: Law Library of Congress, Global Legal Research Center. http://www.loc.gov/law/help/campaign-fi nance/campaign-fi nance-overview.pdf (acesso em: 21 jan. 2016).
Lawyers Committee for Human Rights and the Venezuelan Program for Human Rights Education and Action. 1996. *Halfway to Reform: The World Bank and the Venezuelan Justice System*. Nova York: Lawyers Committee for Human Rights, August.
LEACH, Fiona. 2013. "Corruption as Abuse of Power: Sexual Violence in Educational Institutions", in Transparency International, *Global Corruption Report 2013: Education*. Londres e Nova York: Earthscan, p. 88-98.
LE BILLON, Philippe. 2003. "Buying Peace or Fueling War: The Role of Corruption in Armed Conflicts." *Journal of International Development* 15, p. 413-26.
_____. 2005. "Corruption, Reconstruction and Oil Governance." *Third World Quarterly* 26 (4), p. 685-703. http://www.jstor.org/stable/3993715 (acesso em: 15 out. 2015).
_____. 2014. "Resource Grabs", in SOREIDE, Tina; WILLIAMS, Aled (eds.), *Corruption, Grabbing and Development*. Cheltenham, UK, e Northampton, MA: Edward Elgar, p. 46-57.
LEDERMAN, Daniel; LOAYZA, Norman V.; SOARES, Rodrigo R. 2006. "On the Political Nature of Corruption", in STAPENHURST, Rick; JOHNSTON, H. Niall; PELIZZO, Riccardo (eds.). *The Role of Parliament in Curbing Corruption*. Washington, DC: The World Bank, p. 27-40. http://wbi.worldbank.org/wbi/Data/wbi/wbicms/files/drupal--acquia/wbi/The%20Role%20of%20Parliment%20in%20Curbing%20Corruption.pdf (acesso em: 20 mar. 2014).
LEE, Rance P. L. 1986. "Bureaucratic Corruption in Asia: The Problem of Incongruence between Legal Norms and Folk Norms", in CARINO, Ledivina A. (ed.). *Bureaucratic*

Corruption in Asia: Causes, Consequences and Controls. Quezon City, the Philippines: JMC Press, p. 69-108.

LEECHOR, Chad. 1994. "Ghana: Frontrunner in Adjustment", in HUSAN, Ishrat; FARUQEE, Rashid (eds.). *Adjustment in Africa: Lessons from Country Studies*, Washington, DC: The World Bank, p. 153-92.

LEENDERS, Reinoud; ALEXANDER, Justin. 2005. "Case Study: Corrupting the New Iraq", in Transparency International, *Global Corruption Report 2005: Corruption in Construction and Post-Conflict Reconstruction*. Londres e Ann Arbor, MI: Pluto Press, p. 82-9.

LEFF, Nathaniel. 1964. "Economic Development through Bureaucratic Corruption." *American Behavioral Scientist* 8, p. 8-14.

LEHOUCQ, Fabrice. 2003. "Electoral Fraud: Causes, Types, and Consequences." *Annual Review of Political Science* 6, p. 233-56.

____; MOLINA, Iván. 2002. *Stuffing the Ballot Box: Fraud, Reform, and Democratization in Costa Rica*. Nova York: Cambridge University Press, 2002.

LOEVINSOHN, Benjamin; HARDING, April. 2005. "Buying Results? Contracting for Health Service Delivery in Developing Countries". *The Lancet*, 366, p. 676-81.

LEPORE, Jill. 2014. "T e Crooked and the Dead: Does the Constitution Protect Corruption?" *The New Yorker*, 25 ago. 2014, p. 22-8.

LESSIG, Lawrence. 2011. *Republic Lost: How Money Corrupts Congress: And a Plan to Stop It*. Nova York: Grand Central Publishing.

LESSMAN, Christian; MARWARDT, Gunther. 2010. "One Size Fits All? Decentralization, Corruption, and the Monitoring of Bureaucrats." *World Development* 38 (4), p. 631-46. DOI:10.1016/j.worlddev.2009.11.003.

____. 2012. "Aid, Growth and Devolution." *World Development* 40 (9), p. 172-349. DOI:10.1016/j.worlddev.2012.04.023.

LEVI, Michael; DAKOLIAS, Maria; Theodore S. Greenberg. 2007. "Money Laundering and Corruption", in CAMPOS, J. Edgardo; PRADHAN, Sanjay (eds.), *The Many Faces of Corruption: Tracking Vulnerabilities at the Sector Level*. Washington, DC: The World Bank, p. 389-426.

LEVINE, David I.; TYSON, Laura D'Andrea. 1990. "Participation, Productivity, and the Firm's Environment", in BLINDER, Alan (ed.). *Paying for Productivity: A Look at the Evidence*. Washington, DC: The Brookings Institution, p. 183-244.

LEVY, Brian; SPILLER Pablo T. (eds.). 1996. *Regulations, Institutions, and Commitment*. Cambridge: Cambridge University Press.

LEWIS, Peter. 1996. "From Prebendalism to Predation: The Political Economy of Decline in Nigeria." *Journal of Modern African Studies* 34, p. 79-103.

LI, Hongyi; XU, Lixin Colin; ZOU, Heng-fu. 2000. "Corruption, Income Distribution, and Growth." *Economics and Politics* 12 (2), p. 155-81.

LIE, Tove Grete; BINNINGSBO, Helga Malmin; GATES, Scott. 2007. "Post-Conflict Justice and Sustainable Peace." Post-Conflict Transitions Working Paper No. 5, World Bank Policy Research Working Paper 4191. http://siteresources.worldbank.org/INTLAWJUSTINST/Resources/PostConflict.pdf (acesso em: 15 out. 2015).

LIEN, Da-Hsiang. 1990a. "Competition, Regulation and Bribery: A Further Note." *Managerial and Decision Economics* 11, p. 127-30.

_____. 1990b. "Corruption and Allocation Efficiency. *Journal of Development Economics* 33, p. 153-64.

LIJPHART, Arend. 1977. *Democracy in Plural Societies*. New Haven, CT: Yale University Press.

LINARELLI, John. 1996. "Anglo-American Jurisprudence and Latin America." *Fordham International Law Journal* 20, p. 50-89.

LINDGREN, James. 1988. "The Elusive Distinction between Bribery and Extortion: From the Common Law to Hobbs." *UCLA Law Review* 35, p. 815-908.

_____. 1993. "The Theory, History, and Practice of the Bribery-Extortion Distinction." *University of Pennsylvania Law Review* 141, p. 1.695-740. http://www.jstor.org/stable/3312572 (acesso em: 15 out. 2015).

LINDKVIST, Ida. 2014. "Using Salaries as a Deterrent to Informal Payments in the Health Sector", in SOREIDE, Tina; WILLIAMS, Aled (eds.). *Corruption, Grabbing and Development: Real World Challenges*. Cheltenham, UK, e Northampton, MA: Edward Elgar, p. 103-14.

LIPPMAN, Julia. 2012-2013. "Business without Bribery: Analyzing the Future of Enforcement for the UK Bribery Act." *Public Contract Law Review* 42, p. 649-68.

LIPSET, Seymour Martin; LENZ, Gabriel Salman. 2000. "Corruption, Culture, and Markets", in HARRISON, Laurence E.; HUNTINGTON, Samuel P. (eds.). *Culture Matters: How Values Shape Human Progress*. Nova York: Basic Books, p. 112-25.

LITTLE, Walter; HERRERA, Antonio. 1996. "Political Corruption in Venezuela", in LITTLE, Walter; POSADA-CARBÓ, Eduardo (eds.). *Political Corruption in Europe and Latin America*. Nova York: St. Martin's Press, p. 267-86.

LIU, Cheol; MIKESELL, John L. 2014. "The Impact of Public Officials' Corruption on the Size and Allocation of U. S. State Spending." *Public Administration Review* 74 (3), p. 346-59.

LONGENECKER, Justin G.; MCKINNEY, Joseph A.; MOORE, Carlos W. 1988. "The Ethical Issue of International Bribery: A Study of Attitudes among U.S. Business Professionals." *Journal of Business Ethics* 7, p. 341-6.

LOW, Lucinda A.; SPRANGE, Thomas K.; BARUTCISKI, Milos. 2010. "Global Anti-Corruption Standard and Enforcement: Implications for Energy Companies." *Journal of World Energy Law and Business* 3, p. 166-213.

LOW, Patrick. 1995. "Preshipment Inspection Services." World Bank Discussion Paper 278, Washington, DC.

LRN. 2007. "LRN Ethics Study: Workplace Productivity. A Report on How Ethical Lapses and Questionable Behaviors Distract U.S. Workers." http://erc.webair.com/files/u5/LRNWorkplaceProductivity.pdf (acesso em: 15 out. 2015).

LUI, Francis T. 1985. "An Equilibrium Queuing Model of Bribery." *Journal of Political Economy* 93, p. 760-81.

_____. 1986. "A Dynamic Model of Corruption Deterrence." *Journal of Public Economics* 31, p. 1-22.

_____. 1990. "Corruption, Economic Growth and the Crisis of China", in DES FORGES, Roger; NING, Luo; YEN-BO, Wu (eds.). *China: The Crisis of 1989: Origins and Implications*. Buffalo: Council on International Studies and Programs, State University of New York at Buffalo.

LUNDAHL, Mats. 1997. "Inside the Predatory State: The Rationale, Methods, and Economic Consequences of Kleptocratic Regimes." *Nordic Journal of Political Economy* 24, p. 31-50.

MA, Jun. 1995. "Macroeconomic Management and Intergovernmental Relations in China." Policy Working Paper 1408. Washington, DC: The World Bank, jan.

MACGAFFEY, Janet. 1991. *The Real Economy of Zaire: The Contribution of Smuggling and Other Unoffi cial Activities to National Wealth*. Philadelphia: University of Pennsylvania Press.

MACLEAN, Roberto. 1996. "The Culture of Service in the Administration of Justice." *Transnational Law and Contemporary Problems* 6, p. 139-64.

MACLENNAN, Carol. 2005. "Corruption in Corporate America: Enron — Before and After", in HALLER, Dieter, SHORE, Cris (eds.). *Corruption: Anthropological Perspectives*. Londres e Ann Arbor, MI: Pluto Press, p. 156-70.

MACRAE, John. 1982. "Underdevelopment and the Economics of Corruption: A Game Theory Approach." *World Development* 10 (8), p. 677-87.

MADRON, Roy. 1995. "Performance Improvement in Public Services." *Political Quarterly* 66, p. 181-94.

MAGRATH, C. Peter. 1966. *Yazoo: Law and Politics in the New Republic: The Case of Fletcher v. Peck*. Providence, RI: Brown University Press.

MAGRATH, William B. 2011. "Corruption and Crime in Forestry", in GRAYCAR, Adam; SMITH, Russell G. (eds.). *Handbook of Global Research and Practice in Corruption*. Cheltenham, UK, e Northampton, MA: Edward Elgar, p. 170-88.

MAINWARING, Scott; SHUGART, Matthew S. (eds.). 1997. *Presidentialism and Democracy in Latin America*. Cambridge: Cambridge University Press.

MALIK, Waleed Haider (eds.). *Civil Service Reform in Latin America and the Caribbean*. World Bank Technical Paper 259. Washington, DC: World Bank, p. 39-81.

MAMIYA, Jun. 1995. "Government and Contractors Prove: It Takes Two to Dango." *Tokyo Business Today*, jul. 1995, p. 28-31.

MANION, Melanie. 1996a. "Corruption by Design: Bribery in Chinese Enterprise Licensing." *Journal of Law, Economics, and Organization* 12, p. 167-95.

_____. 1996b. "Policy Instruments and Political Context: Transforming a Culture of Corruption in Hong Kong." Annual Meeting of the Association for Asian Studies, Honolulu, Havaí, 11-14 abr. A shortened version has been published as "La experiencia de Hong Kong contra la corrupción. Algunas lecciones importantes", *Nueva Sociedad* 145 (set.-out.1996), p. 126-37.

_____. 2004. *Corruption by Design: Building Clean Government in Mainland China and Hong Kong*. Cambridge, MA: Harvard University Press.

MANS, Darius. 1994. "Tanzania: Resolute Action", in HUSAIN, Ishrat; FARUQEE, Rashid (eds.). *Adjustment in Africa: Lessons from Country Studies*. Washington, DC: The World Bank, p. 352-426.

MANSURI, Ghazala; RAO, Vijayendra. 2012. *Localising Development: Does Participation Work?* Washington DC: World Bank. https://openknowledge.worldbank.org/bitstream/handle/10986/11859/9780821382561.pdf?sequence=1&isAllowed=y (acesso em: 22 jan. 2016).

MANZETTI, Luigi. 1997. "Regulation in Post-Privatization Environments: Chile and Argentina in Comparative Perspective." *North-South Center Agenda Papers*, University of Miami.

_____. 1999. *Privatization South American Style.* Oxford: Oxford University Press.

_____; BLAKE, Charles. 1996. "Market Reforms and Corruption in Latin America: New Means for Old Ways", *Review of International Political Economy* 3, p. 662-97.

MARANTO, Robert; SCHULTZ, David. 1991. *A Short History of the United States Civil Service.* Lanham, MD: University Press of America.

MARCHIONE JR., William P. 1976. "The 1949 Boston Charter Reform." *New England Quarterly* 49, p. 373-98.

MARCUS, Alfred. 1989. "The Deterrent to Dubious Corporate Behavior: Profitability, Probability and Safety Recalls." *Strategic Management Journal* 10 (3), p. 233-50.

MARKOWITZ, Gerald; ROSNER, David. 2002. "Corporate Responsibility for Toxins." *Annals of the American Academy of Political and Social Science* 584 (nov.), p. 159-74.

MARSHALL, P. J. 1997. "British Society in India under the East India Company." *Modern Asian Studies* 31, p. 89-108.

MARTÍNEZ CORAL, Patricia. 2011. "La corrupción en Colombia: necesidad de refundar las bases de la confianza social." *Contexto Revista de Derecho y Economia* 35, p. 77-90.

MASHAW, Jerry L. 2012. *Creating the Administrative Constitution: The Lost One Hundred Years of American Administrative Law.* New Haven: Yale University Press.

MAST, Brent D.; BENSON, Bruce L.; RASMUSSEN, David W. 2000. "Entrepreneurial Police and Drug Enforcement Policy." *Public Choice* 104 (3-4), p. 285-308.

MAURO, Paolo. 1995. "Corruption and Growth." *Quarterly Journal of Economics* 110, p. 681-712.

_____. 1997. "The Effects of Corruption on Growth, Investment, and Government Expenditure: A Cross-Country Analysis", in ELLIOTT, Kimberly Ann (ed.). *Corruption and the Global Economy.* Washington, DC: Institute for International Economics, p. 83-108.

_____. 1998. "Corruption and the Composition of Government Expenditures." *Journal of Public Economics* 69, p. 263-79.

MBAKU, John Mukum. 1994. "Africa after More Than Thirty Years of Independence: Still Poor and Deprived." *Journal of Third World Studies* 11, p. 13-58.

MCADAMS, Richard H. 2005. "The Political Economy of Entrapment." *Journal of Criminal Law and Criminology* 96, p. 107-85. http://scholarlycommons.law.northwestern.edu/cgi/viewcontent.cgi?article=7217&context=jclc (acesso em: 15 out. 2015).

MCCANN, Thomas. 1987. *On the Inside.* Henry Scammell, ed. Boston: Quinlan Press.

MCCHESNEY, Fred S. 1997. *Money for Nothing: Politicians, Rent Extraction, and Political Extortion.* Cambridge, MA: Harvard University Press.

MCILLWAIN, Jeffrey Scott. 1999. "Organized Crime: A Social Network Approach." *Crime, Law and Social Change* 32, p. 301-23.

MCLAUGHLIN, Erin. 2013. "Culture and Corruption: An Explanation of the Differences between Scandinavia and Africa." *American International Journal of Research in Humanities, Arts and Social Sciences* 2 (2), p. 85-91.

MCMILLAN, John; ZOIDO, Pablo. 2004. "How to Subvert Democracy: Montesinos in Peru." CESifo Working Paper, No. 1173, http://www.econstor.eu/bitstream/10419/76612/1/cesifo_wp1173.pdf (acesso em: 22 out. 2015).

MCPHERSON, Charles; MACSEARRAIGH, Stephen. 2007. "Corruption in the Petroleum Sector", in CAMPOS, J. Edgardo; PRADHAN, Sanjay (eds.). *The Many Faces of Corruption: Tracking Vulnerabilities at the Sector Level*. Washington, DC: The World Bank, p. 191-220.

MEHMET, Ozay. 1994. "Rent-Seeking and Gate-Keeping in Indonesia: A Cultural and Economic Analysis." *Labour, Capital and Society* 27, p. 56-89.

MEJÍA, Daniel; RESTREPO, Pascual. 2011. "Do Illegal Drug Markets Breed Violence? Evidence for Colombia." Universidad de los Andes Working Paper. http://www.webmeets.com/files/papers/lacea-lames/2011/78/IDMbV%20May%202011.pdf (acesso em: 15 out. 2015).

MELLY, Blaise. 2005. "Public-Private Sector Wage Differentials in Germany: Evidence from Quantile Regression." *Empirical Economics* 30 (2), p. 505-20.

MELO, Marcos; ANDRÉ, Carlos Pereira; FIGUEIREDO, Carlos Mauricio. 2009. "Political and Institutional Checks on Corruption: Explaining the Performance of Brazilian Audit Institutions." *Comparative Political Studies* 42, p. 1.217-44.

MÉNDEZ, Fabio; SEPÚLVEDA, Facundo. 2006. "Corruption, Growth and Political Regimes: Cross Country Evidence." *European Journal of Political Economy* 22, p. 82-98.

____. 2009. "What Do We Talk About When We Talk About Corruption?" *Journal of Law, Economics, and Organization* 26, p. 493-514.

MENES, Rebecca. 1996. "Public Goods and Private Favors: Patronage Politics in American Cities during the Progressive Era, 1900-1920." Tese de doutorado, Department of Economics, Harvard University, Cambridge MA.

____. 2006. "Limiting the Reach of the Grabbing Hand: Graft and Growth in American Cities 1880 to 1930", in GLAESER, Edward L.; GOLDIN, Claudia (eds.). *Corruption and Reform: Lessons from America's Economic History*. Chicago: National Bureau of Economic Research, p. 63-91.

MÉNY, Yves. 1996. "'Fin de Siécle' Corruption: Change, Crisis and Shifting Values." *International Social Science Journal* 149, p. 309-20.

MÉON, Pierre-Guillaume; SEKKAT, Khalid. 2005. "Does Corruption Grease or Sand the Wheels of Growth?" *Public Choice* 122, p. 69-97.

____; WEILL, Laurent. 2010. "Is Corruption an Efficient Grease?" *World Development* 38 (3), p. 244-59.

METCALFE, David. 2000. "The OECD Agreement to Criminalize Bribery: A Negotiation Analytic Perspective." *International Negotiation* 5, p. 129-55.

Mexico, Federal Executive Power. 1996. *Program for the Modernization of Public Administration 1995-2000*. Cidade do México.

MEYER, Olaf. 2013. "The Formation of a Transnational Order Public against Corruption: Lessons for and from Arbitral Tribunals", in ROSE-ACKERMAN, Susan; CARRING-

TON, Paul (eds.). *Anti-Corruption Policy: Can International Actors Play a Constructive Role?* Durham, NC: Carolina Academic Press, p. 229-46.

MIALON, Hugo M.; MIALON, Sue H. 2013. "Go Figure: The Strategy of Nonliteral Speech." *American Economic Journal: Microeconomics* 5 (2), p. 186-212.

MILLER, Nathan. 1992. *Stealing from America: A History of Corruption from Jamestown to Reagan.* Nova York: Paragon House.

MILLER, Seumas. 2005. "Corruption." *Stanford Encyclopedia of Philosophy.* http://plato.stanford.edu/archives/fall2005/entries/corruption/ (acesso em: 16 jun. 2014).

MILLER, Terry. 1997a. "Unnecessary Surgery." *Federal Computer Market Report* 21 (7), p. 4.

____. 1997b. "Kelman's Latest Proposal and Past Performance Explored." *Federal Computer Market Report* 21 (11), p. 7.

MILLER, William L. 2006. "Corruption and Corruptibility." *World Development* 34 (2), p. 371-80.

MITCHELL, Daniel J. B.; LEWIN, David Lewin; LAWLER III, Edward E. 1990. "Alternative Pay Systems, Firm Performance, and Productivity", in BLINDER, Alan (ed.). *Paying for Productivity: A Look at the Evidence.* Washington, DC: The Brookings Institution, p. 15-94.

MO, Pak Hung. 2001. "Corruption and Economic Growth." *Journal of Comparative Economics* 29, p. 66-79.

MOCAN, Naci. 2008. "What Determines Corruption? International Evidence from Microdata." *Economic Inquiry* 46 (4), p. 493-510.

MOE, Terry. 1990. "The Politics of Structural Choice: Towards a Theory of Public Bureaucracy", in WILLIAMSON, Oliver (ed.). *Organization Theory: From Chester Barnard to the Present and Beyond.* Nova York: Oxford University Press, p. 116-53.

____; CALDWELL, Michael. 1994. "The Institutional Foundations of Democratic Government: A Comparison of Presidential and Parliamentary Systems." *Journal of Institutional and Theoretical Economics* 150, p. 171-95.

MOENE, Karl Ove; CHAND, Sheetal K. 1997. "Breaking the Vicious Circle of the Predatory State." *Nordic Journal of Political Economy* 24, p. 21-30.

MOHN, Carel. 1997. "'Speedy' Services in India." *TI Newsletter*, mar., p. 3.

MONROE, Kristen Renwick. 1996. *The Heart of Altruism.* Princeton, NJ: Princeton University Press.

MONTIAS, J. M.; ROSE-ACKERMAN, Susan. 1981. "Corruption in a Soviet-Type Economy: Theoretical Considerations", in ROSEFIELDE, Steven (ed.). *Economic Welfare and the Economics of Soviet Socialism: Essays in Honor of Abram Bergson.* Cambridge: Cambridge University Press, p. 53-83.

MONTINOLA, Gabriella R. 1997. "The Efficient Secret Revisited." Paper apresentado em Latin American Studies Association, Guadalajara, México, abr.

____; QIAN, Yingyi; WEINGAST, Barry R. 1995. "Federalism, Chinese Style: The Political Basis for Economic Success in China." *World Politics* 48, p. 50-81.

MOODY-STUART, George. 1997. *Grand Corruption in Third World Development.* Oxford: Worldview Publishing.

MOORE, Michael. 1998. "Death without Taxes: Democracy, State Capacity, and Aid Dependence in the Fourth World", in ROBINSON, Mark; WHITE, Gordon (eds.).

The Democratic Developmental State: Politics and Institutional Design. Oxford: Oxford University Press, p. 84-121.

MORENO OCAMPO, Luis Gabriel. 1995. "Hyper-Corruption: Concept and Solutions." Latin American Studies Association, Washington, DC, set. 29. Tuscaloosa: University of Alabama Press.

MORRIS, Stephen. 1991. *Corruption and Politics in Contemporary Mexico.* Tuscaloosa: University of Alabama Press.

_____. 2008. "Disaggregating Corruption: A Comparison of Participation and Perceptions in Latin America with a Focus on Mexico." *Bulletin of Latin American Research* 27 (3), p. 388-409.

MOUSTAFA, Tamir. 2003. "Law versus the State: The Judicialization of Politics in Egypt." *Law and Social Inquiry* 28, p. 883-930.

MUNA, Akere. 2005. *Understanding the African Union Convention on Preventing and Combating Corruption and Related Offences.* Berlim: Transparency International. http://www.auanticorruption.org/uploads/Transparency_International_2005.pdf (acesso em: 15 out. 2015).

MUNGIU-PIPPIDI, Alina. 2013. "Becoming Denmark: Historical Designs of Corruption Control." *Social Research* 80 (4), p. 1.259-84.

_____. 2014. "The Legacies of 1989: The Transformative Power of Europe Revisited." *Journal of Democracy* 25 (1), p. 20-32.

MURPHY, Sean D. 2004. "Contemporary Practice of the United States Relating to International Law." *American Journal of International Law* 98, p. 349-50.

MURRAY-RUST, D. Hammond; VELDE, Edward J. Vander. 1994. "Changes in Hydraulic Performance and Comparative Costs of Lining and Desilting of Secondary Canals in Punjab, Pakistan." *Irrigation and Drainage Systems* 8, p. 137-58.

MUTCH, Robert E. 2014. *Buying the Vote: A History of Campaign Finance Reform.* Oxford: Oxford University Press.

MYERSON, Roger B. 2004. "Justice, Institutions, and Multiple Equilibria." *Chicago Journal of International Law* 5 (1), p. 91-107.

National Audit Office, United Kingdom. 2015. *Conflicts of Interest.* Londres: NAO. http://www.nao.org.uk/wp-content/uploads/2015/01/Conflicts-of-interest.pdf (acesso em: 15 out. 2015).

NEEMAN, Zvika; PASERMAN, M. Daniele; SIMHON Avi. 2008. "Corruption and Openness." *The B.E. Journal of Economic Analysis and Policy* 8 (1) *(Contributions)*: artigo 50.

NELLIS, John; KIKERI, Sunita. 1989. "Public Enterprise Reform: Privatization and the World Bank." *World Development* 17, p. 659-72.

NEUMAN, Laura; CALLAND, Richard. 2007. "Making the Law Work: The Challenges of Implementation", in FLORINI, Ann (ed.). *The Right to Know: Transparency for an Open World,* NY: Columbia University Press, p. 179-213.

NEWITT, Malyn. 2002. "Mozambique", in CHABAL, Patrick; BIRMINGHAM, David; FORREST, Joshua; NEWITT, Malyn; SEIBERT, Gerhard; ANDRADE, Elisa Silva (eds.), *A History of Postcolonial Lusophone Africa.* Bloomington: Indiana University Press, p. 185-235.

NEWSTROM, J. W.; RUCH, W. A. 1975. "The Ethics of Management and the Management of Ethics." *MSU Business Topics* 23, p. 29-37.

NGO, Tak-Wing; WU, Yongping (eds.). 2009. *Rent Seeking in China*. Londres e Nova York: Routledge.

NGWE, Gabriel. 2013. "Teacher Absenteeism in Primary Schools in Cameroon", in Transparency International, *Global Corruption Report 2013: Education*. Londres e Nova York: Earthscan, p. 74-7.

NICHOLS, Philip M. 1997a. "Outlawing Transnational Bribery through the World Trade Organization." *Journal of Law and Policy in International Business* 28, p. 305-381.

_____. 1997b. "The Viability of Transplanted Law: Kazakhstani Reception of a Transplanted Foreign Investment Code." *University of Pennsylvania Journal of International Economic Law* 18, p. 1.235-79.

NICKSON, R. Andrew. 1996. "Democratisation and Institutional Corruption in Paraguay", in LITTLE, Walter; POSADA-CARBÓ, Eduardo (eds.). *Political Corruption in Europe and Latin America*. Nova York: St. Martin's Press, p. 237-66.

NIEHAUS, Paul; SUKTANKAR, Sandip. 2013a. "The Marginal Rate of Corruption in Public Programs: Evidence from India." *Journal of Public Economics* 104, p. 52-64.

_____. 2013b. "Corruption Dynamics: The Golden Goose Effect." *American Economic Journal: Economic Policy* 5 (4), p. 230-69.

NIELSEN, Helena Skyt; ROSHOLM, Michael. 2001. "The Public-Private Sector Wage Gap in Zambia in the 1990s: A Quantile Regression Approach." *Empirical Economics* 26, p. 169-82.

NIMUBONA, Julein; SEBUDANDI, Christophe. 2007. *Le Phenomene de la Corruption au Burundi: Revolte Silencieuse et Resignation*, 26 Bujumbura: International Alert and Gradis. http://www.eurac-network.org/web/uploads/documents/20070504_9136.doc (acesso em: 15 out. 2015).

NISSANKE, Machiko. 1991. "Mobilizing Domestic Resources for African Development and Diversification", in Ajay Chhibber and Stanley Fischer (eds.). *Economic Reform in Sub-Saharan Africa*. Washington, DC: World Bank, p. 137-47.

NKURUNZIZA, Janvier D.; NGARUKO, Floribert. 2008. "Why Has Burundi Grown So Slowly? The Political Economy of Redistribution", in NDULU, Benno J. Ndulu; O'CONNELL, Stephen A.; AZAM, Jean-Paul; BATES, Robert H.; FOSU, Augustin K.; GUNNING, Jan Willem; NIJINKEU, Dominique (eds.). *The Political Economy of Economic Growth in Africa, 1960—2000, Vol. 2*. Cambridge: Cambridge University Press, p. 51-85.

NOBLES JR., James C.: MAISTRELLIS, Christina. 1995. "The Foreign Corrupt Practices Act: A Systemic Solution for the U.S. Multinational." *NAFTA: Law and Business Review of the Americas* (primavera), p. 5-30.

NOELKER, Timothy F.; SHAPIRO, Linda; KELLOGG, Steven E. 1997. "Procurement Integrity Revisions Ease Burdens." *National Law Journal* (19 mai.), p. B7.

NOGUÉS, Julio. 1989. "Latin America's Experience with Export Subsidies." Policy, Planning and Research Working Papers on International Trade, WPS 182, Washington, DC: International Economics Department, World Bank.

NOORANI, A. G. 1997. "Lok Pal and Lok Ayuki", in GUHAN S.; PAUL, Samuel (eds.). *Corruption in India: An Agenda for Reform.* Nova Delhi: Vision Books, p. 189-217.

NORTH, Douglas C. 1991. "Institutions." *The Journal of Economic Perspectives* 5 (1), p. 97-122.

____; WALLIS, John J. Wallis; WEINGAST, Barry R. 2009. *Violence and Social Orders: A Conceptual Framework for Interpreting Recorded Human History.* Nova York: Cambridge University Press.

NOVITZKAYA, Irina; NOVITZKY, Victor; STONE, Andrew. 1995. *Private Enterprise in Ukraine: Getting Down to Business*, World Bank Private Sector Development Division, unprocessed.

NUNBERG, Barbara; NELLIS, John. 1995. "Civil Service Reform and the World Bank." World Bank Discussion Paper 161. Washington, DC: World Bank.

NUNN, Nathan; WANTCHEKON, Leonard. 2011. " The Slave Trade and the Origins of Mistrust in Africa." *The American Economic Review* 101 (7), p. 3.221-52.

NUVUNGA, Adriano; MOSSE, Marcelo. 2007. *Reconstruction National Integrity System Survey.* Londres: Tiri. http://www.integrityaction.org/sites/www.integrityaction.org/files/documents/files/Reconstruction%20National%20Integrity%20System%20Survey%20Mozambique.pdf, p. 11-14 (acesso em: 15 out. 2015).

NYE, J. S. 1967. "Corruption and Political Development: A Cost-Benefit Analysis." *The American Political Science Review* 61 (2), p. 417-27.

O'DONNELL, Madalene. 2006. "Corruption: A Rule of Law Agenda", in HURWITZ, Agnes; HUANG, Reyko (eds.). *Civil War and the Rule of Law: Security, Development, Human Rights.* Boulder, CO: Lynn Rienner, p. 225-260.

OECD (Organisation for Economic Cooperation and Development). 1997. "OECD Actions to Fight Corruption." Note by the Secretary General to the OECD Council at Ministerial Level, Paris, 26 mai.

____. 2003. *Managing Conflict of Interest in Public Service.* Paris: OECD Publications. http://www.oecd.org/corruption/ethics/48994419.pdf (acesso em: 15 out. 2015).

____. 2008. *OECD Working Group on Bribery Annual Report 2007.* Paris: OECD. http://www.oecd.org/daf/anti-bribery/40896091.pdf (acesso em: 15 out. 2015).

____. 2011. *Convention on Combating Bribery of Foreign Officials in International Business Transactions and Related Documents.* Washington, DC: OECD. http://www.oecd.org/daf/anti-bribery/ConvCombatBribery_ENG.pdf (acesso em: 15 out. 2015).

____. 2013. *Bribery and Corruption Awareness Handbook for Tax Examiners and Tax Auditors.* Paris: OECD.

____. 2014. *OECD Foreign Bribery Report: An Analysis of the Crime of Bribery of Foreign Public Officials.* OECD Publishing. http://dx.doi.org/10.1787/9789264226616-en; disponível em http://www.keepeek.com/Digital-Asset-Management/oecd/governance/oecd-foreign-bribery-report_9789264226616-en#page1 (acesso em: 15 out. 2015).

OFFER, Avner. 1997. "Between the Gift and the Market: The Economy of Regard." *The Economic History Review* New Series 50 (3), p. 450-76.

OLDENBURG, Philip. 1987. "Middlemen in Third World Corruption: Implications for an Indian Case." *World Politics* 39, p. 508-35.

OLIVIER DE SARDAN, J. P. 1999. "A Moral Economy of Corruption in Africa?" *Journal of Modern African Studies* 37, p. 25-52.

OLKEN, Benjamin. 2007. "Monitoring Corruption: Evidence from a Field Experiment in Indonesia." *Journal of Political Economy* 115 (2), p. 200-49.

_____. 2009. "Corruption Perceptions vs. Corruption Reality." *Journal of Public Economics* 93 (7-8), p. 950-64.

_____; BARRON, Patrick. 2009. "The Simple Economics of Extortion: Evidence from Trucking in Aceh." *Journal of Political Economy* 117 (3), p. 417-52.

_____; PANDE, Rohini. 2012. "Corruption in Developing Countries." *Annual Review of Economics* 4, p. 479-509.

OLOWU, Dele. 1993. "Ethical Violations in Nigeria's Public Services: Patterns, Explanations and Remedies", in RASHEED, Sadig; OLOWU, Dele (eds.). *Ethics and Accountability in African Public Services*. Nairobi, Quênia: African Association for Public Administration and Management, p. 93-118.

OLSON, Mancur. 1982. *The Rise and Decline of Nations*. New Haven, CT: Yale University Press.

_____. 1993. "Dictatorship, Democracy, and Development." *American Political Science Review* 87, p. 567-75.

_____. 1996. "Big Bills Left on the Sidewalk: Why Some Nations Are Rich and Others Poor." *Journal of Economic Literature* 10, p. 3-24.

Organization of American States. 2013a. "Analytical Report", in Organization of American States (ed.). *The Drug Problem in the Americas*. Washington, DC: Organization of American States. http://www.oas.org/documents/eng/press/Introduction_and_Analytical_Report.pdf (acesso em: 15 out. 2015).

_____. 2013b. "La economía del Narcotráfico", in Organization of American States (ed.), *El Problema de Drogas en las Americas: Estudios*. Washington, DC: Organization of American States. http://www.cicad.oas.org/drogas/elinforme/informeDrogas2013/laEconomicaNarcotrafi co_ESP.pdf (acesso em: 15 out. 2015).

ORLAND, Leonard; CACHERA, Charles. 1995. "Essay and Translation: Corporate Crime and Punishment in France: Criminal Responsibility of Legal Entities (Personnes Morales) under the New French Criminal Code (Nouveau Code Penal)." *Connecticut Journal of International Law* 11, p. 111-68.

OSTROM, Elinor. 1996. "Incentives, Rules of the Game, and Development", in BRUNO, Michael Bruno; PLESKOVIC, Boris (eds.). *Annual World Bank Conference on Development Economics*. Washington, DC: The World Bank, p. 207-34.

_____; GARDINER, Roy. 1993. "Coping with Asymmetries in the Commons: Self-Governing Irrigation Systems Can Work." *Journal of Economic Perspectives* 7, p. 93-112.

_____; WALKER, James Walker. 2003. *Trust and Reciprocity: Interdisciplinary Lessons for Experimental Research*. Nova York: Russell Sage Foundation.

PADOVANI, Emanuele; YOUNG, David W. 2008. "Toward a Framework for Managing High-risk Government Outsourcing: Field Research in Three Italian Municipalities." *Journal of Public Procurement* 8 (2), p. 215-47.

PAINTER, Chris. 1994. "Public Service Reform: Reinventing or Abandoning Government?" *Political Quarterly* 65, p. 242-62.

PAINTER, Joe. 1991. "Compulsory Competitive Tendering in Local Government: The First Round." *Public Administration* 69, p. 191-210.

PAK, Simon J.; ZDANOWICZ, John S. 1994. "A Statistical Analysis of the U. S. Merchandise Trade Data Base and Its Uses in Transfer Pricing Compliance and Enforcement." *Tax Management Transfer Pricing Report* 3, p. 50-7.

PALDAM, Martin. 2001. "Corruption and Religion: Adding to the Economic Model." *KYKLOS* 54 (2-3), p. 383-414.

PALIFKA, Bonnie. 2002. "La corrupción en aduanas y el libre comercio: un estudio económico preliminar", in *Primer Certamen Nacional de Ensayo Sobre Transparencia y Corrupcion en Mexico*. Mexico: SECODAM. http://www.worldcat.org/title/primer-certamen-nacional-de-ensayo-transparencia-y-corrupcion-enmexico-ensayosganadores/oclc/656284360 (acesso em: 15 out. 2015).

PANIZZA, Francisco. 2000. "The Public Sector Premium and the Gender Gap in Latin America: Evidence from the 1980s and 1990s." IDB Research Department Working Paper #431. Washington, DC: Inter-American Development Bank, August. https://publications.iadb.org/handle/11319/3252.

_____; PHILIP, George Philip. 2005. "Second Generation Reform in Latin America: Reforming the Public Sector in Uruguay and Mexico." *Journal of Latin American Studies* 37, p. 667-91.

PANIZZA, Ugo; QIANG, Christine Zhen-Wei. 2005. "Public-Private Wage Differential and Gender Gap in Latin America: Spoiled Bureaucrats and Exploited Women?" *The Journal of Socio-Economics* 34 (6): 810-33. DOI:10.1016/j.socec.2005.07.022.

PARIS, Timothée. 2014. "Is (French) Continental Law Efficient at Fighting Conflicts of Interests?", in AUBY, Jean-Bernard; BREEN, Emmanuel; PERROUD, Thomas Perroud (eds.). *Corruption and Conflicts of Interest: A Comparative Law Approach*. Cheltenham, UK: Edward Elgar, p. 139-49.

PARÍS RODRÍGUEZ, Hernando. 1995. "Improving the Administration of Justice in Costa Rica", in ROWAT, Malcolm; MALIK, Waleed H.; DAKOLIAS, Maria (eds.). *Judicial Reform in Latin America and the Caribbean: Proceedings of a World Bank Conference*. World Bank Technical Paper 280. Washington, DC: World Bank, p. 199-208.

PARK, Byeong-Seog. 1995. "Political Corruption in South Korea: Concentrating on the Dynamics of Party Politics." *Asian Perspectives* 19, p. 163-93.

PARKER, Andrew N. 1995. "Decentralization: The Way Forward for Rural Development?" Policy Research Paper 1475, World Bank, Agriculture and Natural Resources Department, Washington DC: The World Bank.

PARRILO, Nicholas R. 2013. *Against the Profit Motive: The Salary Revolution in American Government*. New Haven, CT: Yale University Press.

PARRIS, Henry. 1969. *Constitutional Bureaucracy: The Development of British Central Administration since the Eighteenth Century*. Londres: George Allen and Unwin.

PASHIGIAN, B. Peter. 1975. "On the Control of Crime and Bribery." *Journal of Legal Studies* 4, p. 311-26. http://www.jstor.org/stable/724145 (acesso em: 15 out. 2015).

PATERSON, William O.; CHAUDHURI, Pinki. 2007. "Making Inroads on Corruption in the Transport Sector through Control and Prevention", in CAMPOS, J. Edgardo

Campos; PRADHAN, Sanjay Pradhan (eds.), *The Many Faces of Corruption: Tracking Vulnerabilities at the Sector Level*. Washington, DC: The World Bank, p. 159-89.

PATRINOS, Harry Anthony; KAGIA, Ruth. 2007. "Maximizing the Performance of Education Systems: The Case of Teacher Absenteeism", in CAMPOS, J. Edgardo; PRADHAN, Sanjay (eds.). *The Many Faces of Corruption: Tracking Vulnerabilities at the Sector Level*. Washington, DC: The World Bank, p. 63-87.

PATTERSON, Scott. 2010. *The Quants: How a New Breed of Math Whizzes Conquered Wall Street and Nearly Destroyed It*. Nova York: Crown Business.

PAUL, Karen; PAK, Simon Pak; ZDANOWICZ, John; CURWEN, Peter. 1994. "The Ethics of International Trade: Use of Deviation from Average World Price to Indicate Possible Wrongdoing" *Business Ethics Quarterly* 4, p. 29-41.

PAUL, Sam. 1995. "Evaluating Public Services: A Case Study on Bangalore, India." *New Directions for Evaluation*. American Evaluation Association, Washington, DC, No. 67, outono.

PAULOSE JR., Matthew. 1997. "*United States v. McDougald:* The Anathema to 18 U.S.C. § 1956 and National Efforts Against Money Laundering." *Fordham International Law Journal* 21, p. 253-307.

PAUWELYN, Joost. 2013. "Different Means, Same End: The Contribution of Trade and Investment Treaties in Anti-Corruption Policy", in ROSE-ACKERMAN, Susan; CARRINGTON, Paul (eds.). *Anti-Corruption Policy: Can International Actors Play a Constructive Role?* Durham, NC: Carolina Academic Press, p. 247-66.

PEIRCE, Neal. 1994. "Is Deregulation Enough? Lessons from Florida and Philadelphia", in DIIULIO JR., John J. (ed.). *Deregulating the Public Service: Can Government Be Improved?* Washington, DC: The Brookings Institution, p. 129-55.

PEISAKHIN, Leonid; PINTO, Paul. 2010. "Is Transparency an Effective Anti-Corruption Strategy? Evidence from a Field Experiment in India." *Regulation and Governance* 4, p. 261-80.

PENDERGAST, William F. 1995. "Foreign Corrupt Practices Act: An Overview of Almost Twenty Years of Foreign Bribery Prosecutions." *International Quarterly* 7 (2), p. 187-217.

PEREIRA, Carlos; MELO, Marcus André; FIGUEIREDO, Carlos Mauricio Figueiredo. 2008. "The Corruption-Enhancing Role of Re-Election Incentives?" *Political Research Quarterly* 62 (4), p. 731-44.

PERRY, James L. 1988-1989. "Making Policy by Trial and Error: Merit Pay in the Federal Service." *Policy Studies Journal* 17, p. 389-405.

PERSSON, Anna; ROTHSTEIN, Bo; TEORELL, Jan. 2012. "Why Anticorruption Reforms Fail: Systemic Corruption as a Collective Action Problem." *Governance* 26 (3), p. 449-71.

PERSSON, Torsten; TABELLINI, Guido. 2000. *Political Economics: Explaining Economic Policy*. Cambridge, MA: MIT Press.

____. 2003. *The Economic Effects of Constitutions*. Cambridge, MA: MIT Press.

____; ____, Guido; TREBBI, Francesco. 2003. "Electoral Rules and Corruption." *Journal of the European Economic Association* 1 (4), p. 958-89. DOI: 10.1111/j.1468-0491.2012.01604.x.

PETERSON, John. 1997. "The European Union: Pooled Sovereignty, Divided Accountability." *Political Studies* 45, p. 559-78.

PHONGPAICHT, Pasuk; PIRIYARANGSAN, Sungsidh. 1994. *Corruption and Democracy in Thailand*. Bangkok: The Political Economy Centre, Faculty of Economics, Chulalongkorn University.

PICKHOLZ, Marvin G. 1997. "The United States Foreign Corrupt Practices Act as a Civil Remedy", in RIDER, Barry (ed.), *Corruption: The Enemy Within*. The Hague: Kluwer, p. 231-52.

PIETH, Mark. 2011. "Contractual Freedom v. Public Policy Considerations in Arbitration", in BÜCHLER, Andrea Büchler; MÜLLER-CHEN, Marks (eds.). *Private Law: National-Global-Comparative: Festschrift fur Ingeborg Schwenzer zum 60 Geburtstag* 2, p. 137-585.

PIGA, Gustavo. 2011. "A Fighting Chance against Corruption in Public Procurement?", in ROSE-ACKERMAN, Susan; SOREIDE, Tina (eds.). *International Handbook on the Economics of Corruption, Volume Two*. Cheltenham, UK, e Northampton, MA: Edward Elgar, p. 141-81.

PIGGOTT, Charles. 1996. "Emerging Markets Boost Ratings." *Euromoney*, mar., p. 160-5.

PINCHES, Michael. 1996. "The Philippines' New Rich: Capitalist Transformations amidst Economic Gloom", in ROBINSON, Richard; GOODMAN, David S. G. (eds.). *The New Rich in Asia*. Londres: Routledge, p. 105-33.

PITCHER, M. A. 2002. *Transforming Mozambique: The Politics of Privatization, 1975-2000*. Cambridge: Cambridge University Press.

PIVOVARSKY, Alexander. 1999. "Multinational Enterprise Entry under Unstable Property Rights: The Case of Ukraine." *Ukranian Economic Review* 3, p. 65-91.

PLATT, Stephen. 2015. *Criminal Capital: How the Finance Industry Facilitates Crime*. Nova York: Palgrave MacMillan.

PLUMMER, Janelle; CROSS, Piers Cross. 2007. "Corruption in the Water Sanitation Sector in Africa: Starting the Dialogue", in CAMPOS, J. Edgardo; PRADHAN, Sanjay (eds.), *The Many Faces of Corruption: Tracking Vulnerabilities at the Sector Level*. Washington, DC: The World Bank, p. 221-63.

POISSON, Muriel. 2014. "Grabbing in the Education Sector", in SOREIDE, Tina; WILLIAMS, Aled (eds.). *Corruption, Grabbing and Development: Real World Challenges*. Cheltenham, UK, e Northampton, MA: Edward Elgar, p. 58-67.

POLIDANO, Charles. 1996. "Public Service Reform in Malta, 1988-1996: Lessons to Be Learned." *Governance* 9, p. 459-80.

POLINSKY, A. Mitchell; SHAVELL, Steven. 2001. "Corruption and Optimal Law Enforcement." *Journal of Public Economics* 81, p. 1-24.

POPE, Jeremy (ed.). 1996. *National Integrity Systems: The TI Source Book*. Berlim: Transparency International.

PRADO, Mariana Mota. 2012. "Implementing Independent Regulatory Agencies in Brazil." *Regulation and Governance* 6, p. 300-26.

PRINCE, Carl E. 1977. *The Federalists and the Origins of the U. S. Civil Service*. Nova York: New York University Press.

PRITCHETT, Lant; SETHI, Geeta. 1994. "Tariff Revenue, and Tariff Reform: Some New Facts." *World Bank Economic Review* 4, p. 1-16.

PRZEWORSKI, Adam; LIMONGI, Fernando. 1993. "Political Regimes and Economic Growth." *Journal of Economic Perspectives* 7, p. 51-69.

PSYGKAS, Athanasious. 2013. *From the "Democratic Deficit" to a "Democratic Surplus": Constructing Administrative Democracy in Europe*. JSD diss., Yale University.

PUTNAM, Robert. 1993. *Making Democracy Work: Civic Traditions in Modern Italy*. Princeton, NJ: Princeton University Press.

____. 2000. *Bowling Alone: The Collapse and Revival of American Community*. Nova York: Simon and Schuster.

QUAH, Jon S. T. 1989. "Singapore's Experience in Curbing Corruption", in HEIDENHEIMER, Arnold J.; JOHNSTON, Michael; LEVINE, Victor T. (eds.). *Political Corruption: A Handbook*. New Brunswick, NJ: Transaction Publishers, p. 841-53.

____. 1994. "Culture Change in the Singapore Civil Service", in CHAUDHRY, Shahid Amjad; REID, Gary James; MALIK, Waleed Haider (eds.). *Civil Service Reform in Latin America and the Caribbean: Proceedings of a Conference*. World Bank Technical Paper 259. Washington, DC: The World Bank, out., p. 205-16.

____. 1995. "Controlling Corruption in City-States: A Comparative Study of Hong Kong and Singapore." *Crime, Law and Social Change* 22, p. 391-414.

QUI, Allison R. 1996. "National Campaign Finance Laws in Canada, Japan and the United States." *Suffolk Transnational Law Journal* 20, p. 193-245.

QUINN, John James. 2008. "The Effects of Majority State Ownership of Significant Economic Sectors on Corruption: A Cross-Regional Comparison." *International Interactions* 34, p. 84-128.

RAADSCHELDERS, Jos C. N.; RUTGERS, Mark R. 1996. "The Evolution of Civil Service Systems", in BEKKE, Hans A. G. M., PERRY, James L.; TOONEN, Theo A. J. (eds.). *Civil Service Systems in Comparative Perspective*. Bloomington: Indiana University Press, p. 67-99.

RABALLAND, Gaël; MARTEAU, Jean-François. 2014. "Rents Extraction in the Sub-Saharan Africa Port Sector", in SOREIDE, Tina; WILLIAMS, Aled (eds.). *Corruption, Grabbing and Development: Real World Challenges*. Cheltenham, UK, e Northampton, MA: Edward Elgar, p. 35-45.

RAHMAN, A. T. Rafique. 1986. "Legal and Administrative Measures against Bureaucratic Corruption in Asia", in CARINO, Ledivina A. (ed.). *Bureaucratic Corruption in Asia: Causes, Consequences and Controls*. Quezon City, the Philippines: JMC Press, p. 109-62.

RAMSEYER, J. Mark. 1994. "The Puzzling (In)Dependence of the Courts: A Comparative Approach." *Journal of Legal Studies* 23, p. 721-47.

____; RASMUSEN, Eric B. 2001. "Why Is the Japanese Conviction Rate So High?" *The Journal of Legal Studies* 30 (1), p. 53-88. DOI: 10.1086/468111.

RASHID, Salim. 1981. "Public Utilities in Egalitarian LDCs." *Kyklos* 34, p. 448-60.

RASMUSEN, Eric. 1990. *Games and Information: An Introduction to Game Theory*. Oxford: Basil Blackwell.

____; RAMSEYER, Mark. 1994. "Cheap Bribes and the Corruption Ban: A Coordination Game among Rational Legislators." *Public Choice* 78, p. 305-27.

RAUCH, James. 1995. "Bureaucracy, Infrastructure, and Economic Growth: Evidence from U.S. Cities during the Progressive Era." *American Economic Review* 85, p. 968-79.

____; EVANS, Peter. 2000. "Bureaucratic Structure and Bureaucratic Performance in Less Developed Countries." *Journal of Public Economics* 75, p. 49-71.

RECANATINI, Francesca. 2011a. "Assessing Corruption at the Country Level", in GRAYCAR, Adam; SMITH, Russell G. (eds.). *Handbook of Global Research and Practice in Corruption*. Cheltenham, UK, e Northampton, MA: Edward Elgar, p. 34-62.

____. 2011b. "Anti-corruption Authorities: An Effective Tool to Curb Corruption?", in ROSE-ACKERMAN, Susan; SOREIDE, Tina (eds.). *International Handbook on the Economics of Corruption, Volume Two*. Cheltenham, UK: Edward Elgar, p. 528-70.

REED, Pamela L. 1996. "The Politics of Reconciliation: The United Nations Operation in Mozambique", in DURCH, William J. (ed.). *UN Peacekeeping, American Politics, and the Uncivil Wars of the 1990s*. Nova York: Palgrave MacMillan, p. 275-310.

REED, Steven R. 1996. "Political Corruption in Japan." *International Social Science Journal* 48, p. 395-405.

REGAN, Donald. 1980. *Utilitarianism and Co-operation*. Oxford: Oxford University Press.

REID, Gary J.; SCOTT, Graham. 1994. "Public Sector Human Resource Management in Latin America and the Caribbean", in CHAUDHRY, Shadid Amjad; REID, Gary James;

REINIKKA, Ritva; SMITH, Nathanael. 2004. *Public Expenditure Tracking Surveys in Education*. UNESCO. Paris: International Institute for Educational Planning.

____; SVENSSON, Jakob. 2006. "Using Micro-Surveys to Measure and Explain Corruption." *World Development* 34 (2), p. 359-70.

REISMAN, W. Michael. 1992. *Systems of Control in International Adjudication and Arbitration*. Durham, NC: Duke University Press.

REITER, S. L.; STEENSMA, H. Kevin. 2010. "Human Development and Foreign Direct Investment in Developing Countries: The Influence of FDI Policy and Corruption." *World Development* 38 (12), p. 1.678-91.

RENO, William. 2008. "Anti-corruption Efforts in Liberia: Are They Aimed at the Right Targets?" *International Peacekeeping* 15 (3), p. 387-404.

REUTER, Peter. 1987. *Racketeering in Legitimate Industries: A Study in the Economics of Intimidation*. Santa Monica, CA: RAND Corporation.

____. 2013. "Are Estimates of the Volume of Money Laundering Either Feasible or Useful?", in UNGER, Brigitte; VAN DER LINDE, Daan (eds.). *Research Handbook on Money Laundering*. Cheltenham, UK: Edward Elgar, p. 224-31.

REYNTJENS, Filip. 2006. "Briefing: Burundi: A Peaceful Transition after a Decade of War?" *African Affairs* 105 (418), p. 117-35.

RHODES, R. A. W. 1994. "The Hollowing Out of the State: Th e Changing Nature of the Public Service in Britain." *Political Quarterly* 65, p. 138-51.

RIBANDO SEELKE, Clare; FINKLEA, Kristin. 2014. *U.S.-Mexican Security Cooperation: The Merida Initiative and Beyond*. Congressional Research Service. https://fas.org/sgp/crs/row/R41349.pdf (acesso em: 15 out. 2015).

RIGO SUREDA, Andrés. 2012. "Th e Evolution of the Independence of Internal Judicial and Quasi-Judicial Organs of International Organizations: The Case of the World Bank", in

OLUFEMI, Elias (ed.). *The Development and Effectiveness of International Administrative Law: On the Occasion of the Thirtieth Anniversary of the World Bank Administrative Tribunal*. Leiden, The Netherlands: Martinus Nijhoff Publishers, p. 303-18.

RIJKERS, Bob; FREUND, Caroline; NUCIFORA, Antonio. 2014. *All in the Family: State Capture in Tunisia*. WPS4810, Washington, DC: World Bank. http://www-wds.worldbank.org/external/default/WDSContentServer/WDSP/IB/2014/03/25/000158349_20140325092905/Rendered/PDF/WPS6810.pdf (acesso em: 15 out. 2015).

RIVKIN-FISH, Michele. 2005. "Bribes, Gifts, and Unofficial Payments: Rethinking Corruption in Post-Soviet Russian Health Care", in HALLER, Dieter; SHORE, Cris (eds.). *Corruption: Anthropological Perspectives*. Londres e Ann Arbor, MI: Pluto Press, p. 47-64.

ROBERTS, Robert N.; DOSS JR., Marion T. 1992. "Public Service and Private Hospitality: A Case Study in Federal Conflict-of-Interest Reform." *Public Administration Review* 52, p. 260-70.

ROBINSON, James; TORVIK, Ragnar. 2008. "Endogenous Presidentialism." NBER Working Paper No. 14603. http://www.nber.org/papers/w14603 (acesso em: 15 out. 2015).

ROBINSON, Marguerite S. 1992. "Rural Financial Intermediation: Lessons from Indonesia, Part One." Development Discussion Paper No. 434, Harvard Institute for International Development, Harvard University, Cambridge, MA.

ROBINSON, Nicholas. 2011. "The Anti-Corruption Paradox." *Social Science and Policy Bulletin [Lahore University of Management Sciences]* 3 (1), p. 10-7.

ROBISON, Richard. 1986. *Indonesia: The Rise of Capital*. North Sydney, Australia: Allen and Unwin.

____. 1996. "The Middle Class and the Bourgeoisie in Indonesia", in ROBISON, Richard; GOODMAN, David S. G. (eds.). *The New Rich in Asia*. Londres: Routledge, p. 79-101.

RODDEN, Jonathan; ROSE-ACKERMAN, Susan. 1997. "Does Federalism Preserve Markets?" *University of Virginia Law Review* 83, p. 152-472.

RODRIK, Dani. 1994. "King Kong Meets Godzilla: The World Bank and *The East Asian Miracle*", in FISHLOW, A.; GWIN, C.; HAGGARD, S.; RODRIK, D.; WADE, R. Wade (eds.). *Miracle or Design? Lessons from the East Asian Experience*. ODC Policy Essay 11. Washington, DC: Overseas Development Council, p. 13-53.

____. 2006. "Goodbye Washington Consensus, Hello Washington Confusion?" *Journal of Economic Literature* 44, p. 973-87.

____. 2008. *One Economy, Many Recipes: Globalization, Institutions, and Economic Growth*. Princeton, NJ: Princeton University Press.

ROGERS, Glenn; IDDAL, Sidi Mohammed. 1996. "Reduction of Illegal Payments in West Africa: Niger's Experience", in *Good Governance and the Regional Economy in Francophone Africa*. College Park, MD: IRIS (University of Maryland).

ROHR, John A. 1991. "Ethical Issues in French Public Administration." *Public Administration Review* 51, p. 283-97.

RONDINELLI, Dennis. 2007. "The Challenges of Restoring Governance in Crisis and Post-Conflict Countries." UN Department of Economic and Social Affairs and UNDP. http://unpan1.un.org/intradoc/groups/public/documents/un/unpan025512.pdf (acesso em: 15 out. 2015).

ROODMAN, David Malin. 1996. "Paying the Piper: Subsidies, Politics, and the Environment." Worldwatch Paper 133. Washington, DC, dez.

ROSE, Cecily. 2014. "Corruption and Conflicts of Interests in the United Kingdom", in AUHBY, Jean-Bernard; BREEN, Emmanuel; PERROUD, Thomas (eds.). *Corruption and Conflicts of Interest: A Comparative Law Approach*. Northampton, MA: Edward Elgar, p. 150-66.

ROSE-ACKERMAN, Susan. 1975. "The Economics of Corruption." *Journal of Public Economics* 4, p. 187-203.

____. 1978. *Corruption: A Study in Political Economy*. Nova York: Academic Press.

____. 1983. "Social Services and the Market." *Columbia Law Review* 83, p. 1.405-38.

____. 1986. "Reforming Public Bureaucracy through Economic Incentives?" *Journal of Law, Economics, and Organization* 2, p. 131-61.

____. 1989. "Law and Economics: Paradigm, Politics, or Philosophy", in MERCURO, Nicholas (ed.). *Law and Economics*. Boston: Kluwer Academic Publishers, p. 233-58.

____. 1992. *Rethinking the Progressive Agenda: The Reform of the American Regulatory State*. Nova York: The Free Press.

____. 1994. "Reducing Bribery in the Public Sector", in TRANG, Duc V. (ed.). *Corruption and Democracy: Political Institutions, Processes and Corruption in Transition States in East-Central Europe and in the Former Soviet Union*. Budapeste: Institute for Constitutional and Legislative Policy, p. 21-8.

____. 1995a. *Controlling Environmental Policy: The Limits of Public Law in the United States and Germany*. New Haven, CT: Yale University Press.

____. 1995b. "Public Law versus Private Law in Environmental Regulation: European Union Proposals in the Light of United States Experience." *Review of European Community and International Environmental Law* 4, p. 312-20.

____. 1996a. "Altruism, Nonprofits and Economic Theory." *Journal of Economic Literature* 34, p. 701-28.

____. 1996b. "Democracy and 'Grand' Corruption." *International Social Science Journal* 48, p. 365-80.

____. 1996c. "Is Leaner Government Cleaner Government?" Publicado em espanhol como "Una Administracion Reducida Significa una Administracion Mas Limpia?" *Nueva Sociedad*, No. 145, set.-out., p. 66-79.

____. 1997a. "Corruption, Inefficiency, and Economic Growth." *Nordic Journal of Political Economy* 24, p. 3-20.

____. 1997b. "The Political Economy of Corruption", in ELLIOTT, Kimberly Ann (ed.). *Corruption and the Global Economy*. Washington, DC: Institute for International Economics, p. 31-60.

____. 1997c. "The Role of the World Bank in Controlling Corruption." *Law and Policy in International Business* 29, p. 93-114.

____. 1998a. "Bribes and Gifts", in BEN-NUR, Avner; PUTTERMAN, Louis (eds.). *Economics, Values, and Organization*. Nova York: Cambridge University Press, p. 296-328.

____. 1998b. "Corruption and Development", in STIGLITZ, Joseph; PLESKOVIC, Boris (eds.). *Annual World Bank Conference on Development Economics, 1997*. Washington, DC: World Bank.

_____. 2000. "Is Leaner Government Necessarily Cleaner Government?", in TULCHIN, Joseph S.; ESPACH, Ralph H. (eds.). *Combating Corruption in Latin America*. Washington, DC: Woodrow Wilson Center Press.

_____. 2001a. "Trust, Honesty and Corruption: Reflection on the State-Building Process." *European Journal of Sociology* 42, p. 526-570. DOI:10.1017/S0003975601001084.

_____. 2001b. "Trust and Honesty in Post-Socialist Societies." *Kyklos* 54, p. 415-43.

_____. 2002. "'Grand' Corruption and the Ethics of Global Business." *Journal of Banking and Finance* 26, 1889-1918. http://econpapers.repec.org/article/eeejbfina/v_3a26_3ay_3a2002_3ai_3a9_3ap_3a1889-1918.htm (acesso em: 15 out. 2015).

_____. 2003. "Was Mancur a Maoist? An Essay on Kleptocracy and Political Stability." *Journal of Economics and Politics* 15, p. 163-80.

_____. 2004. "Governance and Corruption", in LOMBORG, Bjorn (ed.). *Global Crises, Global Solutions*. Cambridge UK: Cambridge University Press, p. 301-62.

_____. 2005. *From Elections to Democracy: Building Accountable Government in Hungary and Poland*. Cambridge UK: Cambridge University Press.

_____. 2006a. *International Handbook on the Economics of Corruption*. Cheltenham, UK, e Northampton, MA: Edward Elgar.

_____. 2006b. "Political Corruption and Reform in Democracies: Theoretical Perspectives", in KAWATA, Jun'ichi (ed.), *Comparing Political Corruption and Clientelism*. Aldershot: Ashgate, p. 45-61.

_____. 2007. "Judicial Institutions and Corruption", in Transparency International (ed.). *Global Corruption Report: Corruption and Judicial Systems*. Berlim: Transparency International, p. 15-24.

_____. 2008a. "Corruption", in ROWLEY, Charles K.; SCHNEIDER, Friedrich G. Schneider (eds.). *Readings in Public Choice and Constitutional Political Economy*. Nova York: Springer, p. 551-66.

_____. 2008b. "Corruption and Post-Conflict Peace-Building." *Ohio Northern Law Review* 15 (3), p. 328-43.

_____. 2009. "Corruption in the Wake of Domestic National Conflict", in ROTBERG, Robert I. (ed.). *Corruption, Global Security, and World Order*. Washington, DC: Brookings Institution Press, p. 66-95.

_____. 2010a. "Public Administration and Institutions in the LAC Region", in LOMBORG, Bjorn (ed.). *Latin American Development Priorities: Costs and Benefits*. Cambridge: Cambridge University Press, p. 515-90.

_____. 2010b. "The Law and Economics of Bribery and Extortion." *Annual Review of Law and Social Science* 6, p. 217-38.

_____. 2010c. "Corruption: Greed, Culture, and the State." *Yale Law Journal Online* 120, p. 125-40. http://www.yalelawjournal.org/forum/corruption-greed-culture-and-the--state.

_____. 2013a. "International Actors and the Promises and Pitfalls of Anti-Corruption Policies." *University of Pennsylvania Journal of International Law* 34 (3), p. 447-89.

_____. 2013b. "Introduction: The Role of International Actors in Fighting Corruption", in ROSE-ACKERMAN, Susan; CARRINGTON, Paul (eds.). *Anti-Corruption Policy:*

Can International Actors Play a Constructive Role? Durham, NC: Carolina Academic Press, p. 3-40.

____. 2015. "Are Corrupt Elites Necessary for Corrupt Countries?", in DAHLSTRÖM, Carl; WÄNGNERND, Lena (eds.). *Elites, Institutions, and the Quality of Government: How Institutions Constrain Elites from Destructive Behavior.* Londres e Nova York: Palgrave Macmillan, p. 33-47.

____; BILLA, Benjamin. 2008. "Treaties and National Security." *NYU Journal of International Law and Politics* 40, p. 437-96.

____; CARRINGTON, Paul (eds.). 2013. *Anti-Corruption Policy: Can International Actors Play a Constructive Role?* Durham, NC: Carolina Academic Press.

____; HUNT, Sinéad. 2012. "Transparency and Business Advantage: The Impact of International Anti-Corruption Policies on the United States National Interest." *New York University Law School Annual Survey of American Law, 2011* 67, p. 433-66.

____. 2015. "International Anti-Corruption Policies and the United States National Interest", in HARDI, Peter; HEYWOOD, Paul M.; TORSELLO, Davide (eds.). *Debates of Corruption and Integrity: Perspectives from Europe and the US.* Londres: Palgrave MacMillan, p. 38-58.

____; KUNIKOVÁ, Jana (eds.). 2005 "Electoral Rules and Constitutional Structures as Constraints on Corruption." *British Journal of Political Science* 35 (4), p. 573-606. http://dx.doi.org/10.1017/S0007123405000311.

____; LAGUNES, Paul (eds.). 2015. *Greed, Corruption, and the Modern State: Essays in Political Economy.* Cheltenham, UK, e Northampton, MA: Edward Elgar Publishing.

____; PERROUD, Thomas. 2013. "Policymaking and Public Law in France." *Columbia Journal of European Law* 19 (2), p. 225-312.

____; SOREIDE, Tina. 2011. *International Handbook on the Economics of Corruption*, vol. 2. Cheltenham, UK, e Northampton, MA: Edward Elgar.

____; TAN, Yingqi. 2015. "Corruption in the Procurement of Pharmaceuticals and Medical Equipment in China: The Incentives Facing Multinationals, Domestic Firms and Hospital Officials." *Pacific Basin Law Review* 32, p. 2-53. https://escholarship.org/uc/item/5742d68k (acesso em: 15 out. 2015).

____; TRUEX, Rory Truex. 2013. "Corruption and Policy Reform", in LOMBORG, Bjorn (ed.). *Global Problems, Smart Solutions.* Cambridge: Cambridge University Press, p. 632-72.

____; DESIERTO, Diane A. Desierto; VOLOSIN, Natalia. 2011. "Hyper-Presidentialism: Separation of Powers without Checks and Balances in Argentina and the Philippines." *Berkeley Journal of International Law* 29 (1), p. 101-88.

____; EGIDY, Stephanie; FOWKES, James. 2015. *Due Process of Lawmaking: The United States, South Africa, Germany, and the European Union.* Cambridge: Cambridge University Press.

ROSENBERG, Richard D. 1987. "Managerial Morality and Behavior: The Questionable Payments Issue." *Journal of Business Ethics* 6, p. 23-36.

ROSENBLOOM, David. 1971. *Federal Service and the Constitution: The Development of the Public employment Relationship.* Ithaca, NY: Cornell University Press.

ROSS, Michael L. 2012. *The Oil Curse: How Petroleum Wealth Shapes the Development of Nations*. Princeton, NJ: Princeton University Press.

ROTHSTEIN, Bo. 2011. *The Quality of Government: Corruption, Social Trust, and Inequality in International Perspective*. Chicago: University of Chicago Press.

____; STOLLE, Dietlind. 2003. "Social Capital, Impartiality and the Welfare State: An Institutional Approach", in HOOGHE, Marc; STOLLE, Dietlind (eds.). *Social Capital: Civil Society and Institutions in Comparative Perspective*. Nova York: Palgrave MacMillan.

____; TEORELL, Jan. 2008. "What Is Quality of Government? A Theory of Impartial Government Institutions." *Governance* 21, p. 165-90.

____. 2015. "Getting to Sweden, Part II: Breaking with Corruption in the Nineteenth Century." *Scandinavian Political Studies* 38 (3), p. 238-54. http://onlinelibrary.wiley.com/doi/10.1111/1467-9477.12048/abstract (acesso em: 15 out. 2015). DOI: 10.1111/1467—9477.12048.

ROUIS, Mustapha. 1994. "Senegal: Stabilization, Partial Adjustment, and Stagnation", in HUSAIN, Ishrat; FARUQEE, Rashid (eds.). *Adjustment in Africa: Lessons from Country Studies*. Washington, DC: The World Bank, p. 286-351.

ROWAT, Malcolm; MALIK, Waleed H.; DAKOLIAS, Maria (eds.). 1995. *Judicial Reform in Latin America and the Caribbean: Proceedings of a World Bank Conference*. World Bank Technical Paper 280. Washington, DC: World Bank.

RUBINFELD, Daniel. 1997. "On Federalism and Economic Development." *Virginia Law Review* 83, p. 1.581-92.

RUBIO CAMPOS, Jesús. 2012. "El comercio informal en México, sus causas, efectos y retos." *Revista ABACO* 73 (3), p. 63-8.

RUDZIO, Wolfgang. 1994. "Das Neue Parteienfinanzierungsmodell and seine Auswirkungen." *Zeitschrift fuer Parlamenentsfragen* 25, p. 390-401.

RUZINDANA, Augustine. 1995. "Combating Corruption in Uganda", in LANGSETH, Petter; KATOROBO, J.; BRETT, E.; MUNENE, J. (eds.). *Uganda: Landmarks in Rebuilding a Nation*. Kampala: Fountain Publishers, p. 191-209.

SACHS, Jeffrey D.; WARNER, Andrew M. 1995. "Natural Resource Abundance and Economic Growth." Development Discussion Paper No. 517a, Harvard Institute for International Development, Cambridge MA, October.

SADEK, Maria Tereza; CAVALCANTI, Rosângela Batista. 2003. "The New Brazilian Public Prosecution: An Agent of Accountability", in MAINWARING, Scott; WELNA, Christopher (eds.). *Democratic Accountability in Latin America*. Oxford: Oxford University Press, p. 201-27.

SAHA, Sarani; ROY, Poulomi; KAR, Saibal. 2014. "Public and Private Sector Jobs, Unreported Income and Consumption Gap in India: Evidence from Micro-Data." *North American Journal of Economics and Finance* 29, p. 285-300.

SAISANA, Michaela; SALTELLI, Andrea. 2012. "Corruption Perceptions Index 2012: Statistical Assessment." *JRC Scientific and Policy Reports*. Joint Research Centre of the European Commission, European Union, Luxembourg.

SANDERS, Amy Kristin; MILLER, Holly. 2013-2014. "Revitalizing *Rosenbloom*: The Matter of Public Concern Standard in the Age of the Internet." *First Amendment Law Review* 12, p. 529-57.

SANDHOLTZ, Wayne; KOETZLE, William. 2000. "Accounting for Corruption: Economic Structure, Democracy, and Trade." *International Studies Quarterly* 44, p. 31-50.

____; TAAGEPERA, Rein. 2005. "Corruption, Culture, and Communism." *International Review of Sociology: Revue Internationale de Sociologie* 15 (1), p. 109-31.

SANDOVAL-BALLESTEROS, Irma. 2013. "From 'Institutional' to 'Structural' Corruption: Rethinking Accountability in a World of Public-Private Partnerships." Edmond J. Safra Center Working Paper No. 33, Harvard University, Cambridge, MA.

SANTA GADEA; VEGA, Fernando. 1995. "Judicial Reform in Peru", in ROWAT, Malcolm; MALIK, Waleed H.; DAKOLIAS, Maria Dakolias (eds.). *Judicial Reform in Latin America and the Caribbean: Proceedings of a World Bank Conference*. World Bank Technical Paper 280. Washington, DC: World Bank, p. 184-91.

SANTISO, Carlos. 2007. *Eyes Wide Shut? The Politics of Autonomous Audit Agencies in Emerging Economies*, based on Ph.D. diss., Johns Hopkins, Baltimore, MD.

SAVONA, Ernesto U.; MEZZANOTTE, Laura. 1997. "Double Standards in Public Life: The Case of International Corruption", in RIDER, Barry (ed.). *Corruption: The Enemy Within*. The Hague: Kluwer, p. 105-11.

SCALAPINO, Robert. 1989. *The Politics of Development: Perspectives on Twentieth-Century Asia*. Cambridge, MA: Harvard University Press.

SCHELLING, Thomas. 1978. *Micromotives and Macrobehavior*. Nova York: W.W. Norton and Co. Schiavo-Campo, Salvatore. 2006. "Fighting Corruption and Restoring Accountability in Burundi." Bujumbura: Nathan Inc. and USAID. http://pdf.usaid.gov/pdf_docs/PNADG057.pdf (acesso em: 15 out. 2015).

SCHIAVO-CAMPO, Salvatore; TOMMASO, Giulio de; MUKHERJEE, Amitabha. 1999. *Government Employment and Pay in Global Perspective: A Selective Synthesis of International Facts, Policies and Experience*. Public Sector Management and Information Technology Team, World Bank, Washington, DC. http://elibrary.worldbank.org/doi/book/10.1596/1813-9450-1771 (acesso em: 15 out. 2015).

SCHIESL, Martin J. 1977. *The Politics of Efficiency: Municipal Administration and Reform in America, 1800-1920*. Berkeley: University of California Press.

SCHMID, A. Allan; ROBISON, Lindon J. 1995. "Applications of Social Capital Theory." *Journal of Agriculture and Applied Economics* 27, p. 59-66.

SCHNEIDER, Jane; SCHNEIDER, Peter. 2005. "The Sack of Two Cities: Organized Crime and Political Corruption in Youngstown and Palermo", in HALLER, Dieter; SHORE, Cris (eds.). *Corruption: Anthropological Perspectives*. Londres e Ann Arbor, MI: Pluto Press, p. 29-46.

SCHROTH, Peter W.; BOSTAN, Ana Daniela. 2004. "International Constitutional Law and Anti-Corruption Measures in the European Union's Accession Negotiations: Romania in Comparative Perspective." *American Journal of Competitive Law* 52, p. 625-711. http://www.jstor.org/stable/4144480?seq=1#page_scan_tab_contents (acesso em: 15 out. 2015).

SCHULTZ, Charles. 1977. *The Public Use of the Private Interest*. Washington, DC: Brookings Institution.

SCHWAB, Klaus. 2014. *The Global Competitiveness Report 2014-2015*. Genebra: World Economic Forum.

SCHWARZ, Adam. 1994. *A Nation in Waiting: Indonesia in the 1990s*. Boulder, CO: Westview Press.
SCHWEIGER, Romana. 2006. "Late Justice for Burundi." *International and Comparative Law Quarterly* 55 (3), p. 653-70.
SCOTT, David. 1995. "Money Laundering and International Efforts to Fight It." *Viewpoints* No. 48, Financial Sector Development Department, Vice Presidency for Finance and Private Sector Development. Washington, DC: World Bank, May.
SCOTT, Graham. 1996. *Government Reform in New Zealand*. IMF Occasional Paper 140. Washington, DC: International Monetary Fund.
SCOTT, James C. 1969. "The Analysis of Corruption in Developing Nations." *Comparative Studies in Sociology and History* 11, p. 315-41.
SEIBEL, Wolfgang. 1997. "Corruption in the Federal Republic of Germany before and in the Wake of Reunification", in DELLA PORTA, Donatella; MÉNY, Yves (eds.). *Democracy and Corruption in Europe*. Londres: Pinter, p. 85-102.
SELIGSON, Mitchell A.; BOOTH, John A. 1993. "Political Culture and Regime Type: Evidence from Nicaragua and Costa Rica." *Journal of Politics* 55, p. 777-92.
SEN, Amartya K. 1977. "Rational Fools: A Critique of the Behavioral Foundations of Economic Theory." *Philosophy and Public Affairs* 6, p. 317-44.
____. 1999. *Development as Freedom*. Oxford: Oxford University Press.
SEQUEIRA, Sandra. 2012. "Advances in Measuring Corruption in the Field", in SERRA, Danila; WANTCHEKON, Leonard (eds.). *Research in Experimental Economics, Vol. 15: New Advances in Experimental Research on Corruption*. Bingley, UK: Emerald, p. 145-75.
SHAH, P.; WAGLE, S. 2003. "Case Study 2 — Porto Alegre, Brazil: Participatory Approaches in Budgeting and Public Expenditure Management." *World Bank Social Development Notes*, n. 71.
SHARMA, Vivek S. 2013. "Give Corruption a Chance." *The National Interest* (nov.-dez.), p. 38-45.
SHAW, Keith; FENWICK, John; FOREMAN, Anne. 1994. "Compulsory Competitive Tendering for Local Government Services: The Experiences of Local Authorities in the North of England 1988-1992." *Public Administration* 72, p. 201-17.
SHAZSON, Nicholas. 2010. *Treasure Islands: Tax Havens and the Men Who Stole the World*. Nova York: Palgrave MacMillan.
SHEED, Francis Robert Augustine. 2012. "The Scope of World Bank Administrative Tribunal Remedies: Beyond Individual Relief", in OLUFEMI, Elias Olufemi (ed.). *The Development and Effectiveness of International Administrative Law: On the Occasion of the Thirtieth Anniversary of the World Bank Administrative Tribunal*. Leiden, The Netherlands: Martinus Nijhoff Publishers, p. 233-40.
SHELLEY, Louise. 1994. "Post-Soviet Organized Crime." *Demokratizatsiya* 2, p. 341-58.
SHERMAN, Lawrence W. 1974. *Police Corruption: A Sociological Perspective*. Nova York: Anchor Books.
SHIHATA, Ibrahim F. I. 1997. "Corruption: A General Review with an Emphasis on the Role of the World Bank." *Dickinson Journal of International Law* 15, p. 451-86.

_____; PARRA, Antonio R. 1994. "Applicable Law in Disputes between States and Private Foreign Parties: The Case of Arbitration under the ICSID Convention." *ICSID Review: Foreign Investment Law Journal* 9, p. 183-213.

SHIRK, Susan L. 1994. *How China Opened Its Door: The Political Success of the PRC's Foreign Trade and Investment Reforms.* Washington, DC: The Brookings Institution.

SHLEIFER, Andrei; VISHNY, Robert W. 1993. "Corruption." *Quarterly Journal of Economics* 108, p. 599-617.

SHORE, Cris. 2005. "Culture and Corruption in the EU: Reflections on Fraud, Nepotism, and Cronyism in the European Commission", in HALLER, Dieter; SHORE, Cris Shore (eds.). *Corruption: Anthropological Perspectives.* Londres e Ann Arbor, MI: Pluto Press, p. 131-55.

SHPIRO, Shlomo. 1998. "Parliamentary and Administrative Reforms in the Control of Intelligence Services in the European Union." *Columbia Journal of European Law* 4, p. 545-78.

SIEDER, Rachel; THOMAS, Megan; VISKERS, George; SPENCE, Jack. 2002. *Who Governs? Guatemala Five Years after the Peace Accords.* Cambridge, MA: Hemisphere Initiatives. http://lanic.utexas.edu/project/hemisphereinitiatives/whogoverns.pdf (acesso em: 15 out. 2015).

SINGH, Gurharpal. 1997. "Understanding Political Corruption in Contemporary Indian Politics." *Political Studies* 45, p. 626-38.

SJIFUDIAN, Hetifah. 1997. "Graft and the Small Business." *Far Eastern Economic Review* 160 (42), p. 32.

SKAGE, Ingvild Aagedal; SOREIDE, Tina; TOSTENSEN, Arne. 2014. "When Per Diems Take Over: Training and Travel as Extra Pay", in SOREIDE, Tina; WILLIAMS, Aled (eds.). *Corruption, Grabbing and Development: Real World Challenges.* Cheltenham, UK, e Northampton, MA: Edward Elgar, p. 196-206.

SKIDMORE, Max J. 1996. "Promise and Peril in Combating Corruption: Hong Kong's ICAC." *Annals of the American Academy of Political Science and Sociology* 547, p. 118-30.

SLACKMAN, Michael. 2011. "Reign of Egypt's Mubarak Marked by Poverty, Corruption, Despair." *Seattle Times* (*New York Times*), 28 jan., 2011. http://seattletimes.com/html/nationworld/2014070735_egyptmubarak29.html (acesso em: 15 out. 2015).

SLAUGHTER, Anne Marie. 2004. *A New World Order.* Princeton, NJ: Princeton University Press.

SMILEY, Marion. 1992. *Moral Responsibility and the Boundaries of Community.* Chicago: University of Chicago Press.

SMITH, Bradley A. 2013. "Super PACs and the Role of 'Coordination' in Campaign Finance Law." *Willamette Legal Review.* http://willamette.edu/wucl/resources/journals/review/pdf/Volume%2049/49-4%20SMITH%20ME%20Format.pdf (acesso em: 15 out. 2015).

SMITH, Daniel Jordan. 2001. "Kinship and Corruption in Contemporary Nigeria." *Ethnos* 66, p. 344-64.

SMITH, Warrick; SHIN, Ben. 1995. *Regulating Brazil's Infrastructure: Perspectives on Decentralization.* Economic Notes No. 6, Country Dept. I: Latin American and Caribbean Region, Washington, DC: World Bank, set.

SNYDER JR., James M. 1992. "Long-Term Investing in Politicians: Or, Give Early, Give Often." *Journal of Law and Economics* 35, p. 15-43.

SOREIDE, Tina. 2006. "Corruption in International Business Transactions: The Perspective of Norwegian Firms", in ROSE-ACKERMAN, Susan (ed.). *International Handbook on the Economics of Corruption*. Cheltenham, UK, e Northampton, MA: Edward Elgar.

____. 2009. "Too Risk Averse to Stay Honest? Business Corruption, Uncertainty and Attitudes Toward Risk." *International Review of Law and Economics* 29, p. 388-95.

____. 2011. "The Governance of Infrastructure Regulation: An Economist's View", in ESTACHE, A. (ed.). *Emerging Issues in Competition, Collusion, and Regulation of Network Industries*. Londres: Centre for Economic Policy Research (CEPR).

____. 2014. *Drivers of Corruption: A Brief Review*. Washington, DC: The World Bank.

____; WILLIAMS, Aled (eds). 2014. *Corruption, Grabbing and Development: Real World Challenges*. Cheltenham, UK, e Northampton, MA: Edward Elgar.

SOUSA SANTOS, Boaventura. 1998. "Participatory Budgeting in Porto Alegre: Toward a Redistributive Democracy." *Politics and Society* 26, p. 461-510.

Special Inspector General for Afghanistan Reconstruction. 2014. *Afghan Customs: U.S. Programs Have Had Some Successes, but Challenges Will Limit Customs Revenue as a Sustainable Source of Income for Afghanistan (SIGAR 14—47 Audit Report)*. http://www.sigar.mil/pdf/audits/SIGAR-14-47-AR.pdf (acesso em: 15 out. 2015).

SPROAT, John. 1982. *"The Best Men: Liberal Reformers in the Gilded Age."* Chicago: University of Chicago Press.

STARK, Andrew. 1992. "Public Sector Conflict of Interest at the Federal Level in Canada and the U.S.: Differences in Understanding and Approach." *Public Administration Review* 52, p. 427-37.

STASAVAGE, David. 1996. "Corruption and the Mozambican Economy", OECD Development Centre, Paris, ago.

____; DAUBRÉE, Cécile. 1998. "Determinants of Customs Fraud and Corruption: Evidence from Two African Countries." OECD Development Centre Working Paper No. 138. http://www.oecd-ilibrary.org/development/determinants-ofcustoms-fraud-and--corruption_881285326435 (acesso em: 15 out. 2015).

STAVE, Bruce (ed.). 1972. *Urban Bosses, Machines, and Progressive Reform*, Lexington, MA: D.C. Heath and Co.

STELLA, Peter. 1992. *Tax Farming: A Radical Solution for Developing Country Tax Problems?* IMF Working Paper, WP/92/70. Washington, DC: IMF.

STIGLER, George. 1971. "The Theory of Regulation." *Bell Journal of Economics and Management Science* 2, p. 3-21.

STIGLITZ, Joseph E. 2003. *Globalization and Its Discontents*. Nova York: W. W. Norton and Co. Stone, Andrew, Brian Levy, e Ricardo Paredes. 1992. "Public Institutions and Private Transactions: The Legal and Regulatory Environment for Business Transactions in Brazil and Chile." Policy Research Working Paper 891, Washington DC: World Bank.

STRASSMANN, W. Paul. 1989. "The Rise, Fall, and Transformation of Overseas Construction Contracting." *World Development* 17, p. 783-94.

STRAUB, Stéphane. 2014. "Political Firms, Public Procurement, and the Democratization Process." Working Paper No. IDEI-817, IDEI and Toulouse School of Economics,

Toulouse FR. http://www.tse-fr.eu/sites/default/files/medias/doc/wp/dev/wp_tse_461. pdf (acesso em: 15 out. 2015).

STRUYVENBERG, Maritza. 2012. "The New United Nations System of Administration of Justice", in OLUFEMI, Elias (ed.). *The Development and Effectiveness of International Administrative Law: On the Occasion of the Thirtieth Anniversary of the World Bank Administrative Tribunal.* Leiden, Países Baixos: Martinus Nijhoff Publishers, p. 243-50.

STURGIS, Patrick; SMITH, Patten. 2010. "Assessing the Validity of Generalized Trust Questions: What Kind of Trust Are We Measuring?" *International Journal of Public Opinion Research* 22 (1), p. 74-92.

SUGDEN, Robert. 1984. "Reciprocity: The Supply of Public Goods through Voluntary Contributions." *The Economic Journal* 94 (376), p. 772-87. DOI: 10.2307/2232294.

SULTAN, Nabil Ahmed. 1993. "Bureaucratic Corruption as a Consequence of the Gulf Migration: The Case of North Yemen." *Crime, Law and Social Change* 19, p. 379-93.

SUNDET, Geir. 2008. *Following the Money: Do Public Expenditure Tracking Surveys Matter?* U4 Anti-Corruption Resource Centre. Bergen, Noruega: Chr. Michelsen Institute.

SUNG, Hung-En. 2003. "Fairer Sex or Fairer System? Gender and Corruption Revisited." *Social Forces* 82 (2), p. 703-23.

SVENSSON, Jakob. 2000. "Who must pay bribes and how much? Evidence from a cross--section of firms." World Bank Policy Research Working Paper No. 2.486.

SWAMY, Anand; KNACK, Stephen; LEE, Young; AZFAR, Omar. 2001. "Gender and Corruption." *Journal of Development Economics* 64, p. 25-53.

SWAMY, Gurushri. 1994. "Kenya: Patchy, Intermittent Commitment", in HUSAIN, Ishrat; FARUQEE, Rashid (eds.). *Adjustment in Africa: Lessons from Country Studies.* Washington, DC: The World Bank, p. 193-237.

TANENBAUM, Adam S. 1995. "*Day v. Holahan*: Crossroads in Campaign Finance Jurisprudence." *Georgetown Law Journal* 84, p. 151-78.

Tanzania, Presidential Commission of Inquiry against Corruption. 1996. *Report of the Commission on Corruption-Volume 1*, Dar Es Salaam, nov.

TANZI, Vito; DAVOODI, Hamid R. 1997. "Corruption, Public Investment, and Growth." IMF Working Paper WP/97/139, Washington, DC: International Monetary Fund, out.

_____. 1998. *Roads to Nowhere: How Corruption in Public Investment Hurts Growth.* Washington, DC: International Monetary Fund.

_____. 2002. "Corruption, Growth and Public Finance", in ABEL, G. T.; GUPTA, Sanjeev (eds.). *Governance, Corruption, and Economic Performance,* Washington, DC: IMF, p. 197-222.

TAVARES, José. 2003. "Does Foreign Aid Corrupt?" *Economics Letters* 79, p. 99-106.

TEACHOUT, Zephyr. 2014. *Corruption in America: From Benjamin Franklin's Snuffbox to Citizens United.* Cambridge MA: Harvard University Press.

TENDLER, Judith. 1979. *Rural Works Programs in Bangladesh: Community, Technology and Graft.* Prepared for the Transportation Department of the World Bank.

TENENBAUM, Bernard. 1996. "Regulation: What the Prime Minister Needs to Know." *Electricity Journal* 9 (2), p. 28-36.

TEORELL, Jan; ROTHSTEIN, Bo. 2015. "Getting to Sweden, Part I: War and Malfeasance, 1720-1850." *Scandinavian Political Studies* 28 (3), p. 217-37, DOI:10.1111/1467—9477.12047.

TERKPER, Seth E. 1994. "Ghana's Tax Administration Reforms (1985-1993)." *Tax Notes International* 94, p. 1.393-400.

THACHER II, Thomas D. 1995. *The New York City School Construction Authority's Office of the Inspector General: A Successful New Strategy for Reforming Public Contracting in the Construction Industry.* draft, Nova York, jun.

THELEN, David. 1972. *The New Citizenship: Origins of Progressivism in Wisconsin, 1885-1900.* Columbia: University of Missouri Press.

THEOBALD, Robin. 1999. "So What Really Is the Problem about Corruption?" *Third World Quarterly* 20 (3), p. 491-502.

The Observatory for the Protection of Human Rights Defenders. 2013. "Annual Report 2013: Violations of the Right of NGOs to Funding: From Harassment to Criminalization." The World Organisation against Torture (OMCT) and the International Federation for Human Rights (FIDH). http://www.icnl.org/research/library/files/Transnational/hrdef.pdf (acesso em: 15 out. 2015).

The World Bank Legal Review, Volume 3: International Financial Institutions and Global Legal Governance. Washington, DC: The World Bank, p. 147-72. https://openknowledge.worldbank.org/bitstream/handle/10986/2365/653710PUB0EPI2061563B09780821388631.pdf?sequence=1 (acesso em: 15 out. 2015).

THOMAS, Cortney C. 2010. "The Foreign Corrupt Practices Act: A Decade of Rapid Expansion Explained, Defended, and Justified." *Review of Litigation* 29, p. 439-46.

THOMPSON, Dennis, 1987. *Political Ethics and Public Office.* Cambridge, MA: Harvard University Press.

_____. 1995. *Ethics in Congress.* Washington DC: The Brookings Institution.

THOMPSON, Joel A.; MONCRIEF, Gary F. 1998. *Campaign Finance in State Legislative Elections.* Washington, DC: Congressional Quarterly.

THOREAU, Henry David. 1993. *Civil Disobedience and Other Essays.* Nova York: Dover.

THOUMI, Francisco E. 2003. *Illegal Drugs, Economy, and Society in the Andes.* Baltimore e Londres: The Johns Hopkins University Press.

TIEFER, Charles. 1983. "The Constitutionality of Independent Officers as Checks on Abuses of Executive Power." *Boston University Law Review* 63, p. 59-103.

TIERNEY, John. 1995. "Holiday Bribery." *New York Times Magazine.* 17 dez., p. 42-4.

TILLMAN, Robert. 2009. "Making the Rules and Breaking the Rules: The Political Origins of Corporate Corruption in the New Economy." *Crime, Law and Social Change* 51 (1), p. 73-86.

_____; INDERGAARD, Michael. 2007. "Corporate Corruption in the New Economy", in PONTELL, H.; GEIS, G. (eds.), *International Handbook of White-collar and Corporate Crime.* Nova York: Springer.

TING, Michael M. 2008. "Whistleblowing." *American Political Science Review* 102 (2), p. 249-67. DOI: http://dx.doi.org/10.1017/S0003055408080192.

TIROLE, Jean. 1986. "Hierarchies and Bureaucracies: On the Role of Collusion in Organizations." *Journal of Law, Economics, and Organization* 2, p. 181-214.

_____. 1996. "A Theory of Collective Reputations (with Applications to the Persistence of Corruption and to Firm Quality)." *Review of Economic Studies* 63, p. 1-22.

TITMUSS, Richard. 1970. *The Gift Relationship.* Londres: Allen and Unwin.

TORRES, Edelberto. 2001. *El Sistema Nacional de Integridad en Guatemala*. Guatemala: Acción Cuidadana. http://archive.transparency.org/content/download/1650/8371/file/guatemala.pdf (acesso em: 15 out. 2015).

TORRES RIBEIRO, Ana Clara; GRAIA, Grazia de. 2003. *Experiências de orçamento participativo no Brasil: periodo de 1997 a 2000*. Petrópolis: Fórum Nacional de Participação Popular e Vozes.

Transparency International. 1995. *Building a Global Coalition against Corruption*. TI Annual Report. Berlim: Transparency International.

_____. 1996. *Sharpening the Responses against Global Corruption*. TI Annual Report. Berlim: Transparency International.

_____. 1997. *The Fight Against Corruption: Is the Tide Now Turning?* TI Annual Report. Berlim.

_____. 2006. *Global Corruption Report 2006: Corruption and Health*. Londres e Ann Arbor, MI: Pluto Press. http://files.transparency.org/content/download/473/1950/file/2006_GCR_HealthSector_EN.pdf (acesso em: 15 out. 2015).

_____. 2007. *Global Corruption Report 2007: Corruption and Judicial Systems*. Cambridge: Cambridge University Press.

_____. 2008. *Global Corruption Report 2008: Corruption in the Water Sector*. Cambridge: Cambridge University Press. http://files.transparency.org/content/download/156/627/file/2008_GCR_EN.pdf (acesso em: 15 out. 2015).

_____. 2011a. *Global Corruption Report 2011: Climate Change*. Londres e Nova York: Earthscan. http://files.transparency.org/content/download/103/415/file/2011_GCR-climatechange_EN.pdf (acesso em: 15 out. 2015).

_____. 2011b. *Bribe Payers Index 2011*, http://bpi.transparency.org/bpi2011/in_detail/ (acesso em: 31 jul. 2015).

_____. 2013a. *Global Corruption Barometer 2013*. http://www.transparency.org/gcb2013/report (acesso em: 15 out. 2015).

_____. 2013b. "Global Corruption Barometer 2013 Frequently Asked Questions." http://www.transparency.org/files/content/pressrelease/GCB2013_FAQs_EN.pdf (acesso em: 6 jun. 2014).

_____. 2013c. *Global Corruption Report 2013: Education*. Londres e Nova York: Earthscan. http://files.transparency.org/content/download/675/2899/file/2013_GCR_Education_EN.pdf (acesso em: 15 out. 2015).

_____. 2013d. *Whistleblowing in Europe: Legal Protections for Whistleblowers in the EU*. Berlim: Transparency International. http://files.transparency.org/content/download/697/2995/file/2013_WhistleblowingInErope_EN.pdf (acesso em: 15 out. 2015).

_____. 2014a. *Corruption Perceptions Index 2014*, http://www.transparency.org/cpi2014/in_detail (acesso em: 23 out. 2015).

_____. 2014b. *Transparency in Corporate Reporting: Assessing the World's Largest Companies*. Berlim: Transparency International. http://www.transparency.org/whatwedo/publication/transparency_in_corporate_reporting_assessing_worlds_largest_companies_2014 (acesso em: 15 out. 2015).

_____. 2015. *ASEAN Integrity Community: A Vision for Transparent and Accountable Integration*. Berlim: Transparency International. http://files.transparency.org/ content/

download/1911/12654/file/Transparency+International+ASEAN+Integrity+Community_web.pdf (acesso em: 15 out. 2015).
Transparency International: Quênia. 2001. *Harambee: Pooling Together or Pulling Apart*. Nairobi: TI-Kenya.
Transparency International-US. 1996. *Corporate Anti-Corruption Programs: A Survey of Best Practices*. Washington, DC, jun.
TREISMAN, Daniel. 2000. "The Causes of Corruption: A Cross-National Study." *Journal of Public Economics* 76, p. 399-457.
_____. 2007a. *The Architecture of Government: Rethinking Political Decentralization*. Cambridge: Cambridge University Press.
_____. 2007b. "What Have We Learned about the Causes of Corruption from Years of Cross-National Empirical Research?" *American Review of Political Science* 10, p. 211-44.
TREVINO, Linda Klebe; VICTOR, Bart. 1992. "Reporting of Unethical Behavior: A Social Context Perspective." *The Academy of Management Journal* 35 (1), p. 38-64.
TUCKER, Lee. 1994. "Censorship and Corruption: Government Self-Protection through Control of the Media", in TRANG, Duc V. (ed.), *Corruption and Democracy: Political Institutions, Processes and Corruption in Transition States in East-Central Europe and in the Former Soviet Union*. Budapeste: Institute for Constitutional and Legislative Policy, p. 185-89.
TUCKER, Thomas. 1980. "'Sunshine': The New Dubious God." *Administrative Law Review* 32 (3), p. 537-53.
TULAEVA, Svetlana. 2014. "Forest Auctions in Russia: How Anti-Corruption Laws Facilitate the Development of Corrupt Practices", in ST OECKER, Sally; SHAKIROVA, Ramziya (eds.). *Environmental Crime and Corruption in Russia: Federal and Regional Perspectives*. Londres e Nova York: Routledge, p. 42-62.
TULLOCK, Gordon. 1993. *Rent Seeking*. Aldershot, UK: Edward Elgar.
UCDP/PRIO. 2009. *UCDP/PRIO Armed Conflict Dataset Codebook*. https://www.prio.org/Global/upload/CSCW/Data/UCDP/2009/Codebook_UCDP_PRIO%20Armed%20Confl ict%20Dataset%20v4_2009.pdf (acesso em: 15 out. 2015).
UFERE, Nnaoke; PERELLI, Sheri; BOLAND, Richard; CARLSSON, Bo. 2012. "Merchants of Corruption: How Entrepreneurs Manufacture and Supply Bribes." *World Development* 40 (12), p. 2.440-53.
United Kingdom, Audit Commission. 1993. *Protecting the Public Purse: Probity in the Public Sector: Combating Fraud and Corruption in Local Government*. Londres: HMSO.
_____. 1994. *Protecting the Public Purse 2: Ensuring Probity in the NHS*. Londres: HMSO.
_____. 1996. *Bulletin*, nov.
United Nations. 2007. "Governance Strategies for Post Conflict Reconstruction, Sustainable Peace and Development." http://unpan1.un.org/intradoc/groups/ public/documents/un/unpan028332.pdf (acesso em: 15 out. 2015).
United Nations, Department of Technical Co-operation for Development and Centre for Social Development and Humanitarian Affairs. 1990. *Corruption in Government: Report of an Interregional Seminar. The Hague, the Netherlands, 11-15 December, 1989*, TCD/SEM 90/2, INT-89-R56, Nova York.

United Nations Development Programme. 1996. *Aid Accountability Initiative, Bi-Annual Report, 1 jan.—jun. 30, 1996.* Nova York, jul.

_____. 1997a. *Corruption and Good Governance.* Discussion Paper 3, Management Development and Governance Division, Bureau for Policy and Programme Support (prepared by Susan Rose-Ackerman).

_____. 1997b. *Governance for Sustainable Human Development.* UNDP Policy Document, Nova York.

_____. 2014. *Human Development Index and Its Components,* http://hdr.undp.org/sites/default/files/hdr14_statisticaltables.xls (acesso em: 22 jul. 2015).

United Nations Economic Commission for Africa. 1988. "African Women's Work in the Informal Sector." Mimeo. http://repository.uneca.org/bitstream/handle/123456789/16818/Bib-59655.pdf?sequence=1 (acesso em: 13 jul. 2014).

United Nations Global Compact and Transparency International. 2011. *Business Against Corruption: A Framework for Action.* Nova York: United Nations Global Compact Office.

United Nations High Commissioner for Human Rights. 1996. Centre for Human Rights, Programme of Technical Cooperation in the Field of Human Rights, *Report of the Needs Mission to South Africa (6-25 May 1996).* Nova York: United Nations.

United Nations Office on Drugs and Crime. 2004. *United Nations Convention against Corruption.* Nova York: United Nations. https://www.unodc.org/documents/treaties/UNCAC/Publications/Convention/08-50026_E.pdf (acesso em: 15 out. 2015).

_____. 2011. *Estimating Illicit Financial Flows Resulting from Drug Trafficking and Other Transnational Organized Crimes: Research Report.* http://www.unodc.org/documents/data-and-analysis/Studies/Illicit_financial_flows_2011_web.pdf (acesso em: 15 out. 2015).

_____. 2013. *Corruption and the Smuggling of Migrants.* Nova York: United Nations. http://www.unodc.org/documents/human-trafficking/2013/The_Role_Of_Corruption_in_the_Smuggling_of_Migrants_Issue_Paper_UNODC_2013.pdf (acesso em: 15 out. 2015).

United Nations Public Administration Country Studies (UNPACS). 2014. "E-Government Development Index." https://publicadministration.un.org/egovkb/en-us/Data-Center (acesso em: 15 out. 2015).

U.S. Department of State. 2004. *International Narcotics Control Strategy Report 2003: Canada, Mexico, and Central America.* http://www.state.gov/r/pa/ei/bgn/2045.htm (acesso em: 15 out. 2015).

_____. 2007a. *Background Note: Guatemala.* Bureau of Western Hemisphere Affairs. http://www.state.gov/outofdate/bgn/guatemala/91257.htm (acesso em: 15 out. 2015).

_____. 2007b. *International Narcotics Control Strategy Report, Country Reports 2007,* Bureau of International Narcotics and Law Enforcement Affairs. http://www.state.gov/j/inl/rls/nrcrpt/2007/ (acesso em: 15 out. 2015).

_____. 2008. *Background Note: Guatemala.* http://www.state.gov/outofdate/bgn/guatemala/index.htm (acesso em: 15 out. 2015).

U.S. Department of State, Bureau for International Narcotics and Law Enforcement Affairs. 2014. *International Narcotics Control Strategy Report, Volume I: Drug and Chemical*

Control. Washington, DC: US Department of State. http://www.state.gov/documents/organization/222881.pdf (acesso em: 15 out. 2015).

USLANER, Eric M. 2002. *The Moral Foundations of Trust.* Cambridge: Cambridge University Press.

VANDER VELDE, Edward J.; SVENDSEN, Mark. 1994. "Goals and Objectives of Irrigation in Pakistan: A Prelude to Assessing Irrigation Performance." *Quarterly Journal of International Agriculture* 33, p. 222-42.

VAN DE WALLE, Nicholas. 1989. "Privatization in Developing Countries: A Review of the Issues." *World Development* 17, p. 601-15.

VAN RIJCKEGHEM, Caroline; WEDER, Beatrice Weder. 2001. "Corruption and the Rate of Temptation: Do Low Wages in the Civil Service Cause Corruption?" *Journal of Development Economics* 65, p. 307-31.

VAN VELDHUIZEN, Roel. 2013. "The Influence of Wages on Public Officials' Corruptibility: A Laboratory Investigation." *Journal of Economic Psychology* 39, p. 341-56. DOI:10.1016/j.joep.2013.09.009.

VARESE, Federico. 1994. "Is Sicily the Future of Russia? Private Protection and the Rise of the Russian Mafia." *Archives of European Sociology* 35, p. 224-58.

____. 2001. *The Russian Mafia: Private Protection in a New Market Economy.* Oxford: Oxford University Press.

____. 2015. "Underground Banking and Corruption", in ROSE-ACKERMAN, Susan; LINDSETH, Peter (eds.), *Greed, Corruption, and the Modern State: Essays in Political Economy.* Cheltenham, MA: Edward Elgar, p. 336-50.

VERHEIJEN, Tony; DIMITROVA, Antoaneta. 1996. "Private Interests and Public Administration: The Central and East European Experience." *International Review of Administrative Sciences* 62, p. 197-218.

VERMEULEN, Gert. 1997. "The Fight against International Corruption in the European Union", in RIDER, Barry (ed.). *Corruption: The Enemy Within.* The Hague: Kluwer, p. 333-42.

VÉRON, René; WILLIAMS, Glyn; CORBRIDGE, Stuart; SRIVASTAVA, Manoj. 2006. "Decentralization? Community Monitoring of Poverty-Alleviation Schemes in Eastern India." *World Development* 34 (11), p. 1.922-41.

VICK, Douglas W.; MACPHERSON, Linda. 1997. "An Opportunity Lost: The United Kingdom's Failed Reform of Defamation Law." *Federal Communications Law Journal* 49, p. 621-53.

VIDAL, Jordi Blanes I; DRACA, Mirko; FONS-ROSEN, Christian. 2012. "Revolving Door Lobbyists." *American Economic Review* 102 (7), p. 3.731-48.

VINCENT, Jeffrey R.; BINKLEY, Clark S. Binkley. 1992. "Forest-Based Industrialization: A Dynamic Perspective", in SHARMA, Narendra P. Sharma (ed.). *Managing the World's Forests.* Dubuque, IA: Kendall/Hunt Publishing, p. 93-139.

VINCKE, François; KASSUM, Julian (eds.). 2013. *ICC Ethics and Compliance Training Handbook.* Paris, International Chamber of Commerce.

____; HEIMANN, Fritz R.; KATZ, Ron. 1999. *Fighting Bribery: A Corporate Practices Manual.* Paris: ICC.

VITELL, Scott J.; FESTERVAL, Troy A. 1987. "Business Ethics: Conflicts, Practices and Beliefs of Industrial Executives." *Journal of Business Ethics* 6 (2), p. 111-22.

VOGL, Frank. 2012. *Waging War on Corruption: Inside the Movement Fighting the Abuse of Power.* Nova York: Rowman and Littlefield.

VOIGT, Stefan. 2007. "When Are Judges Likely to Be Corrupt?", in Transparency International (ed.), *Global Corruption Report 2007: Corruption in Judicial Systems.* Cambridge: Cambridge University Press, p. 294-301.

_____. 2008. "The Economic Effects of Judicial Accountability: Cross-Country Evidence." *European Journal of Law and Economics* 25, p. 95-123. DOI: 10.1007/s10657-007-9035-5.

_____; GUTMANN, Jerg; FELD, Lars P. 2015. "Economic Growth and Judicial Independence, a Dozen Years on: Cross-Country Evidence Using an Updated Set of Indicators." *European Journal of Political Economy* 38, p. 197-211. DOI:10.1016/j.ejpoleco.2015.01.004.

VOLCKER, Paul. 2006. "The United Nations at Risk", in MEYER, Jeffrey A.; CALIFANO, Mark G. (eds.). *Good Intentions Corrupted: The Oil-for-Food Program and the Threat to the U.N.* Nova York: Public Affairs, p. vii-xxx.

VOLKOV, Vadim. 2004. "The Selective Use of State Capacity in Russia's Economy: Property Disputes and Enterprise Takeovers after 2000", in KORNAI, Janos, ROSE-ACKERMAN, Susan; ROTHSTEIN, Bo (eds.). *Creating Social Trust in Post-Soviet Transition.* Nova York: Palgrave-Macmillan, p. 126-47.

VON DER, Fehr; MORCH, Nils-Henrik. 1995. "The African Entrepreneur: Evidence on Entrepreneurial Activity and Firm Formation in Zambia." Discussion Paper 15095, Regional Program on Enterprise Development, Washington, DC: The World Bank.

WADE, Robert. 1982. "The System of Administrative and Political Corruption: Canal Irrigation in South India." *Journal of Development Studies* 18, p. 287-328.

_____. 1984. "Irrigation Reform in Conditions of Populist Anarchy." *Journal of Development Economics* 14, p. 285-303.

WAIGURU, Anne. 2006. "Corruption and Patronage Politics: Harambee in Kenya", in SAMPFORD, C.; SHACKLOCK, A.; CONNORS, C.; GALTUNG, F. Galtung (eds.). *Measuring Corruption.* Aldershot: Ashgate, p. 251-64.

WALLIS, John Joseph. 2006. "The Concept of Systematic Corruption in American History", in GLAESER, Edward L.; GOLDIN, Claudia (eds.). *Corruption and Reform: Lessons from America's Economic History.* Chicago: University of Chicago Press.

WARE, Glenn T.; MOSS, Shaun; CAMPOS, J. Edgardo; NOONE, Gregory P. 2007. "Corruption in Procurement: A Perennial Challenge", in CAMPOS, J. Edgardo; PRADHAN, Sanjay (eds.). *The Many Faces of Corruption: Tracking Vulnerabilities at the Sector Level.* Washington, DC: The World Bank.

_____. 2011. "Corruption in procurement", in GRAYCAR, Adam; SMITH, Russell G. (eds.), *Handbook of Global Research and Practice in Corruption.* Cheltenham (UK) e Northampton, MA (USA), Edward Elgar, p. 65-121.

WARKENTIN, Merrill; GEFEN, David; PAVLOV, Paul A.; ROSE, Gregory M. 2002. "Encouraging Citizen Adoption of e-Government by Building Trust." *Electronic Markets* 12 (3), p. 157-62.

WEBER ABRAMO, Claudio. 2004. "Corrupção no Brasil: A perspectiva do setor privado, 2003." http://conscienciafiscal.mt.gov.br/arquivos/A_a0bb51af67ac5fb--d795e0e8f24555ea8corrupcaonoBrasilperspectivadosetorprivado2003.pdf (acesso em: 15 out. 2015).

WEBSTER, Leila M. 1993a. "The Emergence of Private Sector Manufacturing in Hungary." World Bank Technical Paper 229. Washington, DC: World Bank.

____. 1993b. "The Emergence of Private Sector Manufacturing in Poland." World Bank Technical Paper 237. Washington, DC: The World Bank.

____; CHARAP, Joshua. 1993. "*The Emergence of Private Sector Manufacturing in St. Petersburg.*" World Bank Technical Paper 228. Washington, DC: World Bank.

____; FRANZ, Juergen; ARTIMIEV, Igor; WACKMAN, Harold Wackman. 1994. "Newly Privatized Russian Enterprises." World Bank Technical Paper Number 241. Washington, DC: World Bank.

WEDEMAN, Andrew. 1997. "Looters, Rent-Scrapers, and Dividend-Collectors: Corruption and Growth in Zaire, South Korea, and the Philippines." *The Journal of Developing Areas* 31, p. 457-78.

WEI, Shang-Jin. 2000. "How Taxing Is Corruption on International Investors?" *The Review of Economics and Statistics* 82 (1), p. 1-11.

WEINGAST, Barry R. 1995. "The Economic Role of Political Institutions: Market--Preserving Federalism and Economic Development." *Journal of Law, Economics, and Organization* 11, p. 1-31.

WEISBURD, A. Mark. 1997. *Use of Force: The Practice of States since World War II.* University Park: Pennsylvania State University Press.

WEITZMAN, Martin L.; KRUSE, Douglas L. 1990. "Profit Sharing and Productivity", in BLINDER, Alan (ed.). *Paying for Productivity: A Look at the Evidence.* Washington, DC: The Brookings Institution, p. 95-142.

WELLS, Jill. 2014. "Corruption and Collusion in Construction: A View from the Industry", in SOREIDE, Tina; WILLIAMS, Aled (eds.). *Corruption, Grabbing and Development: Real World Challenges.* Cheltenham, UK, e Northampton, MA: Edward Elgar, p. 23-34.

WELSH, David T.; ORDÓNEZ, Lisa D.; SNYDER, Deirdre G.; CHRISTIAN, Michael S. 2015. "The Slippery Slope: How Small Ethical Transgressions Pave the Way for Larger Future Transgressions." *Journal of Applied Psychology* 100 (1), p. 114-27. http://dx.doi.org/10.1037/a0036950 (acesso em: 15 out. 2015).

WERNER, Cynthia. 2000. "Gifts, Bribes, and Development in Post-Soviet Kazakstan." *Human Organization* 59 (1), p. 11-20.

WESLEY, Michael. 1997. *Casualties of the New World Order: The Causes of Failure of UN Missions to Civil Wars.* Nova York: Palgrave Macmillan.

WEST, William. 2004. "Formal Procedures, Informal Processes, Accountability, and Responsiveness in Bureaucratic Policy Making: An Institutional Analysis." *Public Administration Review* 64, p. 66-80.

WESTBROOK, Amy Deen. 2011. "Enthusiastic Enforcement, Informal Legislation: The Unruly Expansion of the Foreign Corrupt Practices Act." *Georgia Law Review* 45, p. 489-577.

WHITE, Leonard D. 1958. *The Republican Era: 1869-1901: A Study in Administrative History.* Nova York: Macmillan.

WIDNER, Jennifer. 1999. "Building Judicial Independence in Common Law Africa", in SCHEDLER, Andreas; DIAMOND, Larry; PLATTNER, Marc F. (eds.). *The Self--Restraining State: Power and Accountability in New Democracies.* Boulder CO: Lynne Rienner, p. 177-94.

WIEHAN, Michael H. 1997. "Reform of Government Procurement Procedures: Principles and Objectives." Paper presented at the 8th Conference of the International Public Procurement Association, Kuala Lumpur.

WILLIAMS, Andrew. 2011. "Shining a Light on the Resource Curse: An Empirical Analysis of the Relationship between Natural Resources, Transparency, and Economic Growth." *World Development* 39 (4), p. 490-505.

WILLIAMSON, John (ed.). 1990. *Latin American Adjustment: How Much Has It Happened?* Washington, DC: Institute for International Economics.

WILLIAMSON, Oliver. 1975. *Markets and Hierarchies: Analysis and Antitrust Implications.* Nova York: Free Press.

____. 1979. "Transaction-cost Economics: The Governance of Contractual Relations." *Journal of Law and Economics* 22, p. 233-61.

WILS, Wouter P. J. 2007. "Leniency in Antitrust Enforcement: Theory and Practice." *World Competition: Law and Economics Review* 30, p. 25-64. http://papers.ssrn.com/sol3/papers.cfm?abstract_id=939399 (acesso em: 15 out. 2015).

World Bank. 1991. *The Reform of Public Sector Management,* Policy and Research Series 18, Country Economics Department. Washington, DC: World Bank.

____. 1993. *Nigeria: Issues and Options in the Energy Sector,* Report No. 11672-UNI, Energy Sector Management Assistance Programme, World Bank Western Africa Department and Industry and Energy Division, jul.

____. 1994a. *Nigeria: Structural Adjustment Program.* Washington, DC: World Bank.

____. 1994b. *Paraguay: Country Economic Memorandum.* Report 11723. Washington, DC: World Bank, 29 jun.

____. 1995. *Ghana Country Assistance Review.* Report No. 14547, Operations Evaluation Department. Washington, DC: World Bank, jun.

____. 1997a. *Helping Countries Combat Corruption: The Role of the World Bank,* Poverty Reduction and Economic Management Network, Washington, DC: The World Bank.

____. 1997b. *World Development Report: 1997: The State in a Changing World.* Nova York: Oxford University Press.

____. 2011. *Crime and Violence in Central America: A Development Challenge.* http://issuu.com/world.bank.publications/docs/crime_and_violence_in_central_america_en (acesso em: 15 out. 2015).

____. 2013. "World Governance Indicators Database 2013." www.govindicators.org (acesso em: 31 mar. 2015). KAUFMANN, Daniel; KRAAY, Aart; MASTRUZI, Massimo.

____. 2015. *A Measured Approach to Ending Poverty, Boosting Shared Prosperity: Concepts, Data, and the Twin Goals.* Policy Research Report. Washington, DC: World Bank. https://openknowledge.worldbank.org/bitstream/handle/10986/20384/9781464803611.pdf (acesso em: 15 out. 2015).

World Economic Forum, *GCI Dataset*, http://www3.weforum.org/docs/GCR2014-15/GCI_Dataset_2006-07-2014-15.xlsx (acesso em: 4 ago. 2015).

World Health Organization. 2012. "Chapter 2: Addressing Violence against Sex Workers", in World Health Organization, United Nations Population Fund, Joint United Nations Programme on HIV/AIDS, Global Network of Sex Work Projects, and The World Bank, *Implementing Comprehensive HIV/STI Programmes with Sex Workers: Practical Approaches from Collaborative Interventions*. Genebra: World Health Organization, p. 19-39. http://www.who.int/hiv/pub/sti/sex_worker_implementation/swit_chpt2.pdf (acesso em: 15 out. 2015).

WREN-LEWIS, Liam. 2013. "Anti-Corruption Policy in Regulation and Procurement: The Role of International Actors", in ROSE-ACKERMAN, Susan; CARRINGTON, Paul (eds.). *Anti-Corruption Policy: Can International Actors Play a Constructive Role?* Durham, NC: Carolina Academic Press, p. 91-102.

WRONG, Michela. 2013. "How International Actors Can Help the Media in Developing Countries Play a Stronger Role in Combatting Corruption", in ROSE ACKERMAN, Susan; CARRINGTON, Paul (eds.). *Anti-Corruption Policy: Can International Actors Play a Constructive Role?* Durham, NC: Carolina Academic Press, p. 103-12.

YABRAK, Isil; WEBSTER, Leila. 1995. *Small and Medium Enterprises in Lebanon: A Survey*. World Bank, Private Sector Development Department and Industry and Energy Division, Middle East and North Africa Country Department II, final report, 28 jan.

YANG, Dean. 2008. "Integrity for Hire: An Analysis of a Widespread Customs Reform." *Journal of Law and Economics* 51 (1), p. 25-57.

YANG, Mayfair Mei-Hui. 1989. "The Gift Economy and State Power in China." *Comparative Studies in Sociology and History* 31, p. 25-54.

YAO, Shuntian. 2002. "Privilege and Corruption: The Problems of China's Socialist Market Economy." *American Journal of Economics and Sociology* 61 (1), p. 279-99.

YOO, Seung Han. 2008. "Petty Corruption." *Economic Theory* 37 (2), p. 267-80.

YOSHIDA, Nobuo; UEMATSU, Hiroki; SOBRADO, Carlos E. 2014. *Is Extreme Poverty Going to End? An Analytical Framework for Evaluating Progress in Ending Extreme Poverty*. WB Policy Research Working Paper 6740. Washington, DC: World Bank. http://www-wds.worldbank.org/external/default/WDSContentServer/IW3P/IB/2014/01/06/000158349_20140106142540/Rendered/PDF/WPS6740.pdf (acesso em: 15 out. 2015).

YOTOPOULOS, Pan A. 1989. "The (Rip)Tide of Privatization: Lessons from Chile." *World Development* 17, p. 683-702.

YOU, Jong-Sung; KHAGRAM, Sanjeev. 2005. "A Comparative Study of Inequality and Corruption." *American Sociological Review* 70 (1), p. 136-57.

YOUM, Kyu Ho. 2009. "Journalism Law and Regulation", in WAHL-JORGENSEN, Karin; HANITZSCH, Thomas. *The Handbook of Journalism Studies*. Nova York: Routledge, p. 279-94.

ZEIDAN, Mohamad Jamal. 2013. "Effects of Illegal Behavior on the Financial Performance of US Banking Institutions." *Journal of Business Ethics* 1.112, p. 313-24. DOI: 10.1007/s10551-012-1253-2.

ZELIZER, Viviana A. 1994. *The Social Meaning of Money*. Nova York: Basic Books.

ZIFCAK, Spencer. 1994. *New Managerialism: Administrative Reform in Whitehall and Canberra*. Buckingham: Open University Press.

ZIMMERMAN, Stephen S.; FARIELLO JR., Frank A. 2012. "Coordinating the Fight against Fraud and Corruption: Agreement on Cross-Debarment among Multilateral Development Banks", in CISSÉ, Hassane; BRADLOW, Daniel D.; KINGSBURY, Benedict (eds.). *The World Bank Legal Review, Volume 3: International Financial Institutions and Global Legal Governance*. Washington, DC: The World Bank, p. 189-204. https://openknowledge.worldbank.org/bitstream/handle/10986/2365/653710PUB0EPI2061563B09780821388631.pdf?sequence=1 (acesso em: 15 out. 2015).

ZULETA, Juan Carlos; LEYTON, Alberto; IVANOVIC, Enrique Fanta. 2007. "Combating Corruption in Revenue Administration: The Case of VAT Refunds in Bolivia", in CAMPOS, J. Edgardo; PRADHAN, Sanjay (eds.). *The Many Faces of Corruption: Tracking Vulnerabilities at the Sector Level*. Washington, DC: The World Bank, p. 339-66.

Lista de figuras

1.1.	Interações corruptas	32
1.2.	Índices de corrupção para 2013: CPI (*Corruption Perceptions Index*) versus CCI (*Control of Corruption Indicator*)	37
1.3.	Resultados específicos por subsetor no *Global Corruption Barometer* de 2013	44
1.4.	*Global Corruption Barometer 2013*: incidência de suborno em subsetores	44
1.5.	Opinião do público (GCB) *versus* opinião de especialistas (CPI)	45
1.6.	Incidência (GCB) *versus* opinião de especialistas (CPI)	46
1.7.	Incidência (pagou propina) *versus* percepção do público (quão importante é o problema da corrupção?)	47
1.8.	Causas e consequências da corrupção	49
1.9.	Corrupção e desenvolvimento	52
1A.1.	Barômetro da Corrupção Global 2013: incidência de suborno por país	68
2.1.	Correlação por países entre dias para abrir uma empresa e a frequência de suborno por empresas	96
2.2.	Índice de pagantes de suborno	119
3.1.	Excessos de custo selecionados	128
3.2.	O processo de compras	137
4A.1.	Reformas do lado da oferta	206
4A.2.	Reformas do lado da demanda	207
8.1.	Tipos de governo corruptos	339
8.2.	Síndromes da corrupção segundo Johnston	356
9.1.	Corrupção e crime organizado	367
9.2.	Fluxos de lavagem de dinheiro	375
9.3.	Corrupção, crime organizado e lavagem de dinheiro	380
10.1.	Indicador de controle da corrupção no ano imediatamente posterior ao término do conflito	386
10.2.	Índice de percepção da corrupção em quatro países *versus* média mundial	389

11.1. Percentual de respondentes que acreditam que os eleitores receberem propinas são ocorrências "razoavelmente frequentes" ou "muito frequentes" 442
12.1. Relação entre independência do Judiciário e desvio de fundos públicos, em uma comparação entre países 463

Lista de tabelas

1A.1. Fontes de dados do *Corruption Perceptions Index 2014* (cobrindo a corrupção em 2013) e do *Control of Corruption Indicator 2013* 63

1A.2. Comparação de resultados entre os índices de corrupção: colocação em percentis 70

7.1. Pagamentos realizados por clientes 293

10.1. Natureza dos regimes pós-conflito 390

15.1. As 20 maiores corporações do mundo por ordem de vendas 600

15.2. Iniciativas internacionais selecionadas: contra a corrupção, contra o crime organizado e contra a lavagem de dinheiro 609

Lista de quadros

1.1.	Tipos de corrupção	27
2.1.	O mercado para a quebra de regras	97
2.2.	Corrupção na Alfândega mexicana	106
2.3.	Corrupção como jogo "Dilema do prisioneiro"	114
4.1.	Iniciativa OPEN em Seul	180
9.1.	Crime organizado e prostituição	363
14.1.	O escândalo petróleo por comida, da ONU	583

Lista de siglas

AC	Anticorruption
ACA	Anticorruption Agency
ACINET	Arab Anti-Corruption and Integrity Network
ADR	Alternative Dispute Resolution
AML	Anti-Money Laundering
AOC	Anti-Organized Crime
APA	Administrative Procedures Act, U.S.
ASEAN	Association of Southeast Asian Nations
BIT	Bilateral Investment Treaties
CCI	Control of Corruption Indicator, World Bank
CDU	Christian Democratic Union [partido alemão de centro-direita]
CEO	Chief Executive Officer
CIA	Central Intelligence Agency
CoE	Council of Europe
CPI	Corruption Perceptions Index, Transparency International
CPIB	Corrupt Practices Investigations Bureau, Singapore
CREW	Center for Responsibility and Ethics in Washington
EITI	Extractive Industries Transparency Initiative
EU	European Union
FAR	Federal Acquisition Regulation
FATF	Financial Act Task Force
FBI	Federal Bureau of Investigation, U.S.
FCPA	Foreign Corrupt Practices Act, U.S.
FDA	Food and Drug Administration
FIFA	Fédération Internationale de Football Association
FIU	Financial Intelligence Unit, Council of Europe
FMI	Fundo Monetário Internacional [IMF]

FOIA	Freedom of Information Act, U.S.
GAO	Government Accountability Office, U.S.
GCB	Global Corruption Barometer
GCO	Grupo de crime organizado
GES	Global Enterprise Survey
GGM	Good Governance in Medicine, World Health Organization
GPA	Government Procurement Agreement (World Trade Organization's Revised Agreement on Government Procurement)
GRECO	Group of States Against Corruption
ICAC	Independent Commission Against Corruption, Hong Kong
ICB	International Competitive Bidding
ICC	International Chamber of Commerce
ICJ	International Court of Justice
ICRG	International Country Risk Guide
ICSID	International Center for the Settlement of Investment Disputes, World Bank
ICVS	International Crime Victimization Survey
IDH	Índice de Desenvolvimento Humano
IED	Investimento Estrangeiro Direto
IFI	International Financial Institution
ILOAT	International Labor Organization Administrative Tribunal
IMF	International Monetary Fund [FMI em português]
INT	Department of International Integrity, World Bank
IP	Inspection Panel, World Bank
IPO	Initial Public Offering
LAPOP	Latin American Public Opinion Project
MDB	Multilateral Development Bank
NAFTA	North American Free Trade Agreement
NRS	National Revenue Service, United Kingdom
OAS	Organization of American States [OEA]
OCDE	Organização para Cooperação e Desenvolvimento Econômico [OECD]
OCG	Organized Crime Group
OEA	Organização dos Estados Americanos [OAS]
OECD	Organization for Economic Co-operation and Development [OCDE]
OED	Operations Evaluation Department, World Bank
OMC	Organização Mundial do Comércio
OMS	Organização Mundial de Saúde [WHO]
ONG	Organização não governamental

ONU	Organização das Nações Unidas [UN]
OPEP	Organização dos Países Exportadores de Petróleo [OPEC]
PAC (U.K.)	Public Accounts Committee
PAC (U.S.)	Political Action Committee
PAP	People's Action Party, Singapore [partido no poder em Singapura desde 1959]
PETS	Public Expenditure Tracking Surveys
PIB	Produto Interno Bruto
PNUD	Programa das Nações Unidas para o Desenvolvimento [UNDP]
PPE	Pessoa politicamente exposta
PR	Proportional Representation
PRI	Partido Revolucionario Institucional, México [partido dominante no México durante o século XX]
PWYP	Publish What You Pay
REDD	Reducing Emissions from Deforestation and Forest Degradation
RFD	Rural Free Delivery, U.S.
RICO	Racketeer-Influenced and Corrupt Organization Act, U.S.
SEC	Securities and Exchange Commission, U.S.
STAR	Stolen Assets Recovery Initiative
TI	Transparency International
TI	Transparência Internacional
UE	União Europeia [EU]
UN	United Nations [ONU]
UNAT	United Nations Administrative Tribunal
UNCAC	United Nations Convention against Corruption
UNCTAD	United Nations Comtrade
UNDP	United Nations Development Program [PNUD]
UNODC	United Nations Office on Drugs and Crime
UNTOC	United Nations Convention against Transnational Organized Crime
USAID	United States Agency for International Development
WB	World Bank [=Banco Mundial]
WBAT	World Bank Administrative Tribunal
WBES	World Bank Enterprise Survey
WEF	World Economic Forum
WGB	Working Group on Bribery in International Business, OECD
WHO	World Health Organization [OMS]
WVS	World Victimization Survey

Índice remissivo

Número de páginas em *itálico* indicam notas de rodapé. Número de páginas em **negrito** indicam quadros.

A

Abacha, Sani, 532, 614
　ação internacional, 632-633
　acordos de extradição, 604
　ajuda e empréstimo sob condições
　　convenções, 553
　arbitragem, 567-569
　leis flexíveis, *554*, 563-567
　monitorando as organizações internacionais, 577-585
　tratados de Assistência Legal Mútua, 604
　tribunais, 570-571
Acemoglu, Daron, 29
acesso ao crédito, 79
ACINET *ver* Rede Árabe Anticorrupção e Integridade
ações, 27, 33, 141, 156, 159, *171*, 270, 345, 436, 437, 527, *556*, 566
ações judiciais de interesse público, 490
Acordo Norte-Americano de Livre Comércio (NAFTA), 82, **106**, 174, *361*, 568
Ades, Alberto, *51*
Afeganistão, 36, *43*, 95, *409*, 548
　corrupção em compras, *395*, *479*
　crime organizado, *372*
　deserção policial, 553
　lavagem de dinheiro, 381
　mulheres na política, 303
África, 55, 256, 559
　cleptocracia, *341*
　conflito de interesses, 221
　corrupção em compras, *133*
　corrupção em impostos e tarifas, 104
　corrupção em telecomunicações, 194
　exigência excessiva de permissões, 165
　independência judicial, 464
　inflação, 519
　níveis de confiança, 308
　níveis de remuneração, 213-214
　normas sociais, 326-327, 334
　participação das bases contra a corrupção, 494
　programas de ajuda, 548
　redução do funcionalismo público, *217*
　reforma seletiva, 534
　sistema eleitorais, 422
　ver também países específicos
África do Sul, 408
　Centro Internacional para Arbitragem de Disputas sobre Investimentos (ICSID), 568
　corrupção na área aduaneira, 91
　corrupção nos gastos com a defesa, *542*
　taxas de câmbio, 81
African Development Bank Group, 543
agências anticorrupção (ACAs), 238, 476, 540, 631
　baixa ênfase nas reformas estruturais, 475
　condições para o sucesso, 475
　pretexto para repressão, 474
agentes, 81, 89-90, 104, 185, 199, 248-249, 548, 569
　ver também intermediários
água, 56, 628
　ver também degradação ambiental; corrupção no fornecimento de irrigação; corrupção em empresas de utilidade pública

Aidt, Toke, 54-55
ajuda, 22-23, 24, 60, 330, 350, 351, 389, 396-397, 398, 399, 400, 403-404, 408-409, 411-412, 458, 489, 513, 530-531, 535, 538-539, 545, 546, 548, 549-550, 551-553, 564, 577, 586, 603, 604, 618, 633
Alemanha, *167*, 322-323
  corrupção no governo local, 459
  corrupção política, 338
  denúncia da corrupção por um par, 595
  escândalo do Aeroporto de Frankfurt, 125
  financiamento eleitoral, 427, 447-448
  indiciamentos sob a Convenção da OCDE contra o Suborno, 557
  legislação criminal, 266
  níveis de remuneração do funcionalismo, *213*
  procedimentos para formulação de normas, 455
  responsabilidade criminal corporativa, *268*, 270
  revisão judicial, 490
América Latina, 55, 506
  auditoria, 477
  democracia e reforma, 502
  excessivo poder no executivo, 456
  exigência excessiva de permissões, 165
  inflação, 519
  judiciário, 464, 469
  lavagem de dinheiro, 374-375
  leis contra difamação, 487
  níveis de remuneração do funcionalismo, 213
  participação das bases, 494
  privatização, *152*, 154
  reforma agrária, 529-530
  reforma do serviço público, 219, 226
  reforma policial, 304
  reforma seletiva, 534
  Resolução Alternativa de Disputas, 470
  sistemas de votação, 502-506
  taxa de homicídio, 364
  ver também países específicos
American Bar Association:
Andvig, Jens Christopher, 140, 145
Angola, 387
  corrupção relacionada a combustíveis fósseis, 394-396
  sociedade pós-conflito, 385-390, 393-396, 399-400, 406, 407

UNITA, 400
Annan, Kofi, 150, **583**
apropriação indébita, 26, 27, 31, **32**, 39, 277, 343, 366, *376*, 401, 402, 463, 532, 614
Argentina:
  auditoria, 477-478
  controle político da mídia, 485-486
  corrupção judicial, 468
  corrupção no sistema de saúde, 129, 480
  corrupção por subsídio, 166
  crise como catalisadora da reforma, 519-520
  excessivo poder no executivo, *456*
  lavagem de dinheiro, 379
  privatização, *152*, 153-154
  propinas de incentivo, 94
  reforma tributária e tarifária, 519-520
  represa Yacyreta, 578
arrecadação fiscal terceirizada, 112, 228-229
Arthur, Chester, 509, 517
Ásia, *51*, *52*, 80, 138, *148*, 155, 157, 302, *310*, 347, 360, 434, 456, 473, 494, 506, 513-514, 559
  ver também países específicos
Asian Development Bank, 543
AT&T, 159
atividade ilegal, 107-111
  informal *versus* criminosa, 107
  vulnerabilidade à extorsão, 108, 109
Ato Dodd-Frank, 565, 576
Austrália, *43*, 67
  crise como catalisadora da reforma, 520
  diferenças de gênero, *301*
  imigração chinesa, *291*
  legislação criminal, *261*, 266
  reformas Hawke, 500
autoridade no estado fraco, 28-29, 351-352
avaliação política da ciência social, 538-540

B
BAE Systems, 557
Bahamas, lavagem de dinheiro, 375
Banco Europeu para Reconstrução e Desenvolvimento, 453
Banco Interamericano de Desenvolvimento (BID), 543
Banco Mundial, 22, 149, 166, 178, 198-199, 214, 253, 255, 391, 400, 459, 490, 512-513, 535, *536*, 540, 542-543, 549, 550, *551*, 552, 553, 562, 571, 577-578, 582, 584, 586-587

ÍNDICE REMISSIVO

Centro Internacional para Arbitragem de Disputas sobre Investimentos (ICSID), 568, *568*, 569, 577
condicionalidade de programas, 547-548
Departamento de Avaliação de Operações (OED), *23*, 551
Departamento de Integridade Institucional (INT), 580, 584
Diretrizes de Compras, 194, 198
Enterprise Survey (WBES), 69
Escritório de Ética e Integridade nos Negócios, *551*, 580
Fundo Fiduciário Afegão para a Reconstrução, 409
Indicador de Controle da Corrupção (CCI), 34, 35-40, 47, 62, 65, 66, *108*, 144, *147*, 385, 386, 473
International Competitive Bidding (ICB), 188
Painel de Inspeção (IP), 577-580, 581
Pesquisas de Rastreamento de Despesas Públicas (PETS), 479, 629
prioridades para boa governança, 23
Recuperação de Ativos Roubados (StAR), *548*, 614
redução da pobreza, 22, *22*
Tribunal Administrativo (WBAT), 580-581
Bangladesh, *41*, *42*, *51*, 66
anticorrupção como pretexto para repressão, 515
corrupção no segmento de construção, 98
diferenças culturais, *310*
Bardhan, Pranab, 75
Basu, Kaushik, 179-180, 260, 271-272
Becker, Gary, 258, 325
Bélgica:
responsabilidade criminal corporativa, *268*
tráfico de influência, *248*
Ben-Ali, Zine El-Abidine, 342, 343, 501
Benin, diferenças de gênero, 304
Berlusconi, Silvio, 125, 435
Bertrand, Marianne, *440*
Bielorrússia, 560
convenções do Conselho da Europa, *560*, 561
investimento estrangeiro, 369
Bilateral Investment Treaties (BITs), 568
Blackwater, 251
Blagojevich, Rod, 338
Blazer, Chuck, 272

Boehner, John, 312
Bolívia:
corrupção em impostos e tarifas, 107
crise como catalisadora da reforma, 519-520
governança eletrônica, 181
níveis de remuneração do funcionalismo, *213*
reforma em impostos e tarifas, 232
Bósnia e Herzegovina, *43*, *408*
Botswana:
corrupção no sistema educacional, 85
legislação criminal, *261*, 266
Brasil, *43*, *311*
auditoria, 477-478
Centro Internacional para Arbitragem de Disputas sobre Investimentos (ICSID), *568*
corrupção em compras, 123
corrupção municipal, *501*
corrupção na área florestal, 148-149
corrupção na área territorial, 246
corrupção política, 338
falta de reforma, 505
Iniciativa pela Transparência nas Indústrias Extrativas, *396*
Ministério Público, 469-470
níveis de remuneração do funcionalismo, *213*
Nova Administração Pública (NAP), 219, 220
Orçamento Participativo, 494
pressão empresarial por reformas, *510*
privatização, *152*, 153, *201*, *504*
redes de corrupção, 315-316
reforma autocrática, 513
Bulgária:
corrupção eleitoral, 443
redes informais, 319
redes judiciárias, 465
burocratas *ver* reforma do serviço público
Burundi, **390**, 405
corrupção judicial, 401
corrupção policial, 401
sociedade pós-conflito, 386-390, 399, 400-404, 406-408, *410*
busca de receitas, 51, 88, 99, 136, 200, 284, *341*, 352, 402, 407, 416, 420, 456, 530, 531, 549
Buscaglia Jr, Edgardo, *95*, 471, 613

C
Câmara Internacional de Comércio (ICC), *591*, 602, 603

Camarões:
    corrupção em impostos e tarifas, 182-183
    corrupção no sistema educacional, *91*
    governança eletrônica, 182-183
Camboja, corrupção na área florestal, 148, 176
Campos, José Edgardo, *59*
Canadá:
    corrupção eleitoral, 427
    corrupção na área florestal, 149
    escândalo de despesas do Senado, 258, 480
    Freedom of Information Act (FOIA), 482
    legislação criminal, *261*
Capone, Al, 374
Carrington, Paul, 570, 571, 581
Cazaquistão:
    combustíveis fósseis, 144, 604
    serviço militar, 90
Ceausescu, Nicolae, 410
Center for Responsibility and Ethics, Washington D.C., *425*
Center for the Study of Democracy, 103, 110, 111, 125, 142, 169, 170, 316, 361, 362, 363, 365, 370, 371, 372, 381, 465, 613
Centro Internacional para Arbitragem de Disputas sobre Investimentos (ICSID) *ver* Banco Mundial
Chávez, Hugo, 81, *510*, 515
chefe de estado, 30, 31, 33, 108, 135, 143, 341, 379-380, 421-422, 512, *611*
chefes de agências, 30, 236-237
Cheney, Dick, 436
Chevron Texaco, *396*
Chile, 560, 606
    auditoria, 477-478
    ausência de reforma, 505-506
    governança eletrônica, 182
    legislação criminal, 260
    normas de edificação contra terremotos, 99
    Nova Administração Pública (NAP), 219
    reforma anticorrupção, 505-506
China, 36-37, *43*, 66, 67, 70, 571
    "aperto de mão dourado" em ocorrência única, 527
    ciclos viciosos e virtuais, 322-323
    clenbuterol, 322
    conflito de interesses, 221
    corrupção em compras, 395
    corrupção em impostos e tarifas, 103-104, 171, 618
    corrupção no sistema de saúde, 100-102, 461
    escândalo relacionado a alimento infantil, 100, 322
    escrutínio da corrupção pela mídia, 519
    falsificação de documentos, 321-322
    Freedom of Information Act (FOIA), 481
    guanxi, 327-328
    investimento no exterior, 536
    judiciário, 465
    leis anticorrupção, 575-576
    mídia social, 631
    normas de edificação contra terremotos, 98
    orientação ao mercado, 151
    práticas na contratação para a área bancária, *30*
    preços subsidiados pelo estado, 78
    privatização, 153, 155, *320*
    redução da pobreza, 21
    reforma autocrática, 513-514
China Exim Bank, 395
Chipre, *43*, 582
ciclo vicioso, 29, 55, 58, 69, 95, 104, 127, 170, 293, 311, 317-323, 359-360, 362, 365, 366, 372, 383, 393, 405, 407, 627
Citigroup, 159
cleptocracia, 27, 31, 325, 339, 340-351, 352, 460-461, 512, 513, 533, 552, 626, 628, 633
    caráter monopolista, 340-341
    controle da burocracia, 348
    fraca *versus* forte, 341-342, 346, 350
    impostos e tarifas, 343-344
    monopólios bilaterais, 349-351
    mudança de regime, 344, 347
    privatização e nacionalização, 344-346
    regulamentação, 343-344
    tamanho do governo, 341
clientelismo, 236, 311, 327, 494
Clinton, Bill, *225*
Collier, Paul, 21
Collor de Mello, Fernando, 153, *311*, 481
colocar graxa nas rodas, hipótese, 53
Colômbia, 458
    auditoria, 477
    corrupção no sistema de saúde, 100, *175*, 182
    crime organizado, 364

crise como catalisadora da reforma, 519
degradação ambiental, 364
governança eletrônica, 182
lavagem de dinheiro, 378
níveis de remuneração do funcionalismo, *213*
reforma anticorrupção, 504, 505
Resolução Alternativa de Disputas, 470-471
taxa de homicídios, 364
tráfico de drogas, 364, 370
violência como catalisadora da reforma, 504
Comissão de Direito Internacional, 581
Comitê Olímpico, 126, 128, 279
comitês de ação política (PACs), 430
Companhia das Índias Orientais, 521
competição, 87, 97, 123, 131, 137-138, 141, 153 154-155, 157, 163, 189, 195-197, 209, 242-247, 269, 277, 324, 362, 368, 373, 405-406, 449, 457, 459, 460, 511, 517, 553, 590, 627
comunismo, 79, 388
condições para reforma:
  ajuda externa como obstáculo, 501-502, 551-553
  autocracia benevolente, 513
  coleta de receitas como motivação, 512-513
  compensando os perdedores com a reforma, 526-528, 632-633
  construção de coalizões, 500, 504, 506, 509
  crise como catalisadora, 516, 519-520
  desvantagem da tomada de iniciativa, 503
  escândalo como catalisador, 500, 511, 516-521
  estrutura federativa, 511
  ineficiência como estímulo, 503, 507, 510-511, 515-526
  inércia de práticas passadas, 499
  institucionalizando a reforma, 500, 502, 508, 516, 526-530
  interesse próprio do eleitor, 504, 505
  liderança forte, 499
  peso do patronato, 508-510, 511, 515, 516, 523, 524-525
  poder executivo, 506
  pressões sobre autocratas, 500, 501, 512-515
  riqueza de recursos como obstáculo, 530-533
  sistemas eleitorais, 504-505, 507-508
  tamanho do governo, 515-526
confiança, 290, 292-293
  ciclos viciosos e virtuosos, 317-323
  generalizada, 308-309, 312, 314, 316, 428

institucional, 313-316
interpessoal, 309-313, 314-315, 316, 428
conflito de interesses, 26, 153, 211, 212, 220-225, 300, 433-435, 437, 467, 507
Congo:
  corrupção na mineração, 150
  minérios como causa de conflito, 565
Conselho da Europa, 555
  convenção anticorrupção, 560-561
  lavagem de dinheiro, 612
Consenso de Washington, 24, *24*
contrabando de artefatos, *108*, 618
Coreia, *43*
  acesso ao crédito, 80
  bônus de incentivo para o serviço público, 230
  confucionismo, 306, 328
  corrupção eleitoral, 426, 443
  corrupção em compras, 140, 197
  corrupção em controle da navegação, 102
  corrupção em impostos e tarifas, 234
  corrupção na qualificação para benefícios, 89
  corrupção no funcionalismo civil, 234
  corrupção no segmento de construção, 98, *98*
  corrupção política, 338
  governança eletrônica, **180**
  normas sociais, 328
Coreia do Norte, 36, 66, 376
corrupção:
  consequências econômicas, 83, 112-122, 123, 130-131, 132-138, 144-147, 157, 159-160, 575-576, 625, 627-628
  criação de incerteza, 83-84, 113-115, 135, 136, 146-147
  enfraquecimento da legitimidade política, 115, 119-121, 122, 209, 369-370, 429, 411, 554, 592-594, 625, 628-629
  enfraquecimento da reforma, 115, 120-121
  enfraquecimento dos objetivos públicos, 84-87, 121, 130, 132-138, 209, 625, 626-627
  explícita *versus* implícita, *30*
  grande, 29-30, *42*, 48, 66-67, 123, 162, 195, 268, 324, 329-331, 366, 372, 379, 460, 505, 550, 554, 567-568, 588, 589-590, 592, 627, 629
  grande *versus* pequena, 29-30, 39, *42*, 46, 67, 71, 77, 235-236, 626
  ilegal *versus* "legal", 415-416
  incentivos, 29-33, 60-61, 163-164

pequena, 29-30, *42*, 234, 235-236, 252, 365, 626
setor público *versus* setor privado, 26
sistemática *versus* venal, 58
corrupção eleitoral, 26, 27
compra de votos, 31, 330, 414, 441-444, 450-451, 504-505
financiamento de campanha, 413, 415, 425, 426-432, 443, 450-451, 631
fraude, 444
corrupção em compras, 123-143, *146*, 196-197, 312
compensações, 141-142
conluio em licitação, 138, 139, 140-141, 196-198
demanda por cimento, 133
distribuição no tempo de benefícios e custos, 133-134, 135-136
especificações para licitação, 138-139
estratégias do investidor, 135
excedentes de custo, 127-130
exclusão, 264
informação interna reservada, 137-138
licitação com propostas em envelopes fechados, 139
orçamento excessivo, 127-132
proposta de valor depreciado, 143
superestimação da demanda, 137
ver também reforma em compras
corrupção em concessões, 143-151
corrupção em empresas de utilidade pública, 103, 142, *146*, 155-156, 181, *198*, 200, 250, 303-304, 525-526
corrupção em impostos e tarifas, 102-104, 171-172, *172*, 233, 234, 247, 551, 618
corrupção em quantidades e qualidades variáveis, 87-89
corrupção judicial, 390-392
corrupção na área florestal, 144-150, 176-177
Reduzindo Emissões do Desflorestamento e Degradação das Florestas (REDD), 149
corrupção na área regulatória, 96-102
ver também medidas anticorrupção, eliminar programas contaminados pela corrupção e reduzindo o arbítrio regulatório; reforma do serviço público, abordagem flexível *versus* baseada em regras; regulamentação ambiental; reforma em compras, processo criminal *versus* regulamentação

corrupção na construção civil, 96-99
normas de edificação contra terremotos, 55, 98-99
corrupção na contratação, 27, *30*, 33, 83, 215-216, 226-227, *306*, *354*, 510, 526
corrupção na qualificação por benefícios, 89-92
corrupção nas entidades esportivas, 126-127, 272-273, *276*, 278, 280-281
corrupção nas hierarquias, 233-238, 317
de baixo para cima, 185-186, 235-237
de cima para baixo, 185-186
interna *versus* externa, 236
corrupção no abastecimento por quantidade fixa, 82-87, 124, 142
corrupção no fornecimento de irrigação, 86-87, 235
corrupção no programa habitacional, 84
corrupção no setor privado, 157-161, 277-281, *337*
conluio, 160
derivativos hipotecários de segunda linha, 160
fraude na qualidade, 159
manipulação de taxa de juros entre bancos, *80*, 160
manipulação do mercado de ações, 159-160
monopólio, 156, 278-279, 339-340, 591-592, 630
monopsônio, 156
pactos anticorrupção, 491
corrupção no sistema de saúde, 100-102, 129, 158-159, 172, 298-299, 398, 460-461, 566-567, 606
corrupção nos gastos com a defesa, 125-126, *129*, 542, 566, 614
corrupção policial, 33, 43, 48, 69, 89, 92, 109-111, 113, 167, 168, 212, 215, 229, 233, 235, 246, 281-284, 298, 304, 321, 324, 366, 368, 371-372, 381, 382, 383, 391, 392, 398, 407, 472-474, 552
corrupção por causa nobre, *28*
corrupção prisional, 111
corrupção relacionada a combustíveis fósseis, 144-145, 244, 393-394, 396
Costa do Marfim, 334
corrupção nos transportes, 168
diferenças de gênero, 304
privatização de empresas de utilidade pública, 200

Costa do Marfim, privatização, 153
Costa Rica:
  lavagem de dinheiro, 616
  níveis de remuneração do funcionalismo, *213*
crescimento econômico:
  medida de bem-estar, 25
  relação com a corrupção, 51-55, 57-58
crime organizado, 108, 109, 148, 192, 212, 262, 280, 284, 334, 349, 358, 359-372, 373, 374, 379, 381, 382, 383, 390, 467, 470, 537, 552, 588, 607-608, 618-621, 629, 631
  bens pirateados, 368
  causas, 360-362
  contratos governamentais, 368-369
  definição, 360
  esquemas criminosos de proteção, 316-317
  extorsão, 367, 368-369
  filantropia cooptativa, 363-364
  infliltração nos negócios legítimos, 368
  privatização, 369-370
  sociedade pós-conflito, 385-393, 397, 406, 407
  tráfico de drogas, 50, 56, 81, 273, 342, 360, 366, 370, *371*, 373, *374*, 383, 392, 406, *552*, 608, 609, 611, 619
  tráfico humano, 56, 359, 362-363, 382, 610
  violência, 349, 362, 364-365, 366, 368, 369, 371, 372, *373*
  ver também lavagem de dinheiro; prostituição
crise monetária na Ásia, 80
Croácia, corrupção política, 338
cronismo, *27*, *30*, 41, 85, 127, 191, 293, *339*, 552
cultura e corrupção *ver* definindo corrupção
Cuomo, Andrew, *238*, 427

D

dados comparativos entre países, 34-48, 541-543
  comparação de custos entre projetos públicos, 541-542
  detecção de lavagem de dinheiro, 616-618
  limitações, 541
  lista de empresas excluídas, 542-543
  pesquisas amplas junto à população, 67-69
  pesquisas junto às elites, 62, 65-66
  ver também Transparência Internacional, Índice de percepção da corrupção (CPI); Banco Mundial, Indicador de Controle da Corrupção (CCI)
Davoodi, Hamid, 54, 55, *132*, *347*

Declaração de Paris sobre a Efetividade da Ajuda, 550
defesa de vantagens em benefício próprio, 28, 29, 41, 77, 161, 209, 210, 211, 250, 257, 333, 339, 388, 404, 434, 452, 462, *501*, 550, 551
defesa do próprio interesse, 25, 28, 221, 235, 290, 292, *306*, 308, 309, 313, 325, 330, 331, 504, 591, 594, 598, 626
definindo corrupção, 26-29
degradação ambiental, 54, 56, 100, 137, 144, *146*, 147-150, 362-364, 493, 578-579, 591-592, 628
della Porta, Donatella, 254
democracia, 26, 53, 56, 57, 60, 117, 134, 209, 289, 302-303, 320, 325, 328, 334, 337-340, 351, 352, 356, 358, 361, 387, 388, 395, 397, 400, 401, 405, 408, 410-411, 413-451, 469, 480, 484, 485, 491, 494, 495, 500, 501, 571, *591*, 593, 628, 631-632
  bens públicos *versus* benefícios privados, 423-425
  bloqueando leis, 418-419, 437-438
  comprando leis, 419
  conflito de interesses no legislativo, 435, 437, 507
  disciplina partidária, 416-418, 424-425
  eleição como fator dissuasório anticorrupção, 413, 414-415, 450-451, 452, 478, *501*
  financiamento eleitoral, 300, 414-415, 424, 425-432, 438, 508
  pluralidade *versus* representação proporcional, 419-421, 422-424, 507
  portas giratórias na atribuição de cargos aos políticos, 413, *430*, 507
  prática de *lobby*, 31, 436-441, 450, 507
  separação entre poderes legislativo e executivo, 452, 453
  sistema parlamentarista *versus* sistema presidencialista, 421-423
  ver também descentralização; corrupção eleitoral
denúncia de irregularidade, 127, 164-165, 260-261, 271, 272, 273-276, 407, 410, 458, 490, 492-493, 542, 543-544, 561, 564, *573*, 580, 594, 595, *602*, 629, 631, 632
descentralização, 452, 457-461
  corrupção no governo local, 459-460
  financeira, 461

jurisdições conflitantes, 458-459
supervisão hierárquica, 458
desenvolvimento, 21-26, *41*, 50, 52, 53, 54, 60-61, 133, 137, 145, 147-148, 290, 305, 310-311, 331, 333, 334, 343, 347, 350-351, 356, 373, 393, 399, 459, 479, 489, 494, 511, 512-513, 514, 530, 531, 536, 540, 542-543, 545, 546, 549, 553, 559-560, 561-562, 571, 585-587, 592, 597, 604
  ver também Nações Unidas, Objetivos de Desenvolvimento do Milênio
desigualdade e corrupção, 54-55
Deutsche Bank, lavagem de dinheiro, 614
di Tella, Rafael, *51*, 480, 485
diferenças culturais, 25, *42*, 59-60, 71, 257, 289-293, 301, 326-334; *ver também* etnografia; gênero; religião
Dilema do Prisioneiro, jogo, 113, **114**, 590, 597-598
Dinamarca, 36, 43, 66, 67
  prática de *lobby*, 437
  tráfico de influência, *248*
distribuição de renda, 21, 22, 25-26, *28*, 39, 54, 58, 162, 209, *213*, 253, 387, 394
doação de presentes *ver* lavagem de dinheiro
Dubai, lavagem de dinheiro, *375*
Duvalier, família, 342, 345

E
Easterly, William, *29*, 531
economia neoclássica, 313-314
educação:
  corrupção no sistema educacional, 85-86, 94, 298, 398, 460, 461
  investimento em educação, 51, 54
  ver também professores
eficiência empresarial *versus* eficiência mercadológica, 591-592
Egito, 120, *134*, 180
  cleptocracia, 342, 343
  corrupção em impostos e tarifas, 103
  corrupção na concessão de licenças, 165
  corrupção relacionada a combustíveis fósseis, 144
  Primavera Árabe, 384, 385
  queda de Mubarak, 501
El Salvador:
  níveis de remuneração do funcionalismo, 213
  leis contra difamação, 487

Elf, 145
Emirados Árabes Unidos, 66
empresas multinacionais, 588-603, 619, 620
  contrato social, 590
  ética *versus* maximização de lucros, 594-596
  Jogo do Dilema do Prisioneiro versus Jogo de Cooperação, 597-600, 603
  obrigações em relação à legitimidade política, 592-594
  responsabilidades como pessoas morais, 590-594
empréstimo, 23, 24, 60, 79-80, *132*, *133*, 394-395, 531, 535, 539, 546, 547, 551, 552, 553, 577, 579, 586, 604
Enron, 156, 160, 427
Equador:
  auditoria, 477
  judiciário, 468, *468*
  níveis de remuneração do funcionalismo, *213*
  privatização, 153
equidade, 23, 630
escândalo de petróleo por comida *ver* Nações Unidas
escolas, *22*, 85, 86, 88, 91, 98, 99, 159, 244, 294, 298, 322, 363, 460, 461, 479, 522, 542
Eslováquia, privatização, 153
Espanha:
  corrupção eleitoral, 427, 441
  corrupção em compras, 133, 137
espiral viciosa *ver* ciclo vicioso
Estados Unidos da América, 36-37, *55*, *60*, 66, 67, 176, 388, 393, *414*
  ações legais de interesse público, 490
  Administrative Procedures Act (APA), 454
  Agência Central de Inteligência (CIA), 481
  Agência para Desenvolvimento Internacional (USAID), 251
  agências anticorrupção, 403
  anticorrupção competitiva, 458
  Ato Dodd-Frank, 565, 576
  bloqueando a legislação, 437
  bônus de incentivo para o serviço público, 230
  busca de emprego para o funcionalismo civil, 224
  Câmara de Comércio, 571, *572*
  cidades da máquina política, 524-526, 529
  código de ética do serviço público, 222, 224-225
  confiança no governo, *415*

ÍNDICE REMISSIVO

conflito de interesses no legislativo, 433-434
conflito de interesses, 221-222
convenções no Conselho da Europa, *560*
corrupção bancária, 166
corrupção eleitoral, *441*, 444
corrupção em compras, 127-128, *133*, 138-139, 141, 142, 189, 394
corrupção em impostos e tarifas, 103, 171-172
corrupção na indústria automobilística, 158-159, 277
corrupção na qualificação para benefícios, 89-90
corrupção no executivo, 456-457
corrupção no funcionalismo civil, 226
corrupção no governo local, 459
corrupção no programa habitacional, 84
corrupção no segmento de construção, 98-99
corrupção no sistema de saúde, 101, 158-159
corrupção nos gastos com a defesa, 125-126
corrupção policial, 113, *183*, 235
corrupção política, 338, 425
corrupção prisional, 111
corrupção regional, *290*
corrupção relacionada a combustíveis fósseis, 144
crime organizado, 361, 365-366, 618-619
crise como catalisadora da reforma, 516, 520
degradação ambiental, 493
denúncia da corrupção por um par, 595
denúncia de irregularidade, 493
destruição arqueológica, *151*
diferenças de gênero, 303
direcionamento de custos para uma dada parte, 490
durabilidade da reforma, 507-508
escândalo do Teapot Dome, 517
escândalo no Crédit Mobilier, 511
escândalos de corrupção, 516
escrutínio da corrupção pela mídia, 517-518
esforços contra a corrupção corporativa, 603
Federal Bureau of Investigation (FBI), 125, 273, 276, 458, 605
financiamento eleitoral, 425, 427, 428-431, 438, 446-447, 448, 449-450
Food and Drug Administration (FDA), 101, 159
Foreign Corrupt Practices Act (FCPA), 24, 117, 276, 554, 555-558, 572-576, 580

Freedom of Information Act (FOIA), 481-482, *482*, 483
governança eletrônica, *183*, 454, 482
Government Accountability Office (GAO), 475, 477, 480
Iniciativa pela Transparência nas Indústrias Extrativas, *396*
institucionalizando a reforma, 528-529
judiciário, 464, 467
jurisdições conflitantes, 459
lavagem de dinheiro, 377-378, 588, 606, 608, 613, 614, 616-617
legislação criminal, 260-261, 264-266, 272-273, 274
Lei Pendleton, 509, 521
leis contra difamação, 486-487
maçons, 518
neutralidade política no serviço público, 223-224
níveis de remuneração do funcionalismo, 213
normas sociais, 333
Office of Federal Procurement Policy, 189
períodos Antipatronato e Progressivo, *499*
prática de lobby, 436, 437-438, 439-441
privatização, *152*, *200*
proibição de bebidas alcoólicas, 167
promotores, 467, 469
quotas de gênero nas corporações, *304-305*
Racketeer Influenced and Corrupt Organizations (RICO), *610*
reforma do serviço postal, 523-524
reforma do serviço público, 250-251
reforma em compras, 189-193, 194, 195-196
reforma no século XIX, 502, 508-511, 521-522, 523-524
regulamentação ambiental, 176
responsabilidade criminal corporativa, 268-269
Securities and Exchange Commission (SEC), 101, 556, *556*, 565, 606, 610
separação entre poderes legislativo e executivo, 455-456
sistema político, 418-419
Sunshine Act, 484
terceirização, 250-251, *253*
tratados de Assistência Legal Mútua, 604
treinamento de militares estrangeiros, 552
treinamento de policiais estrangeiros, 552

Estônia:
    investimento estrangeiro, 369
    reforma tributária e tarifária, 173
ética, 48, 157, 222-225, 305, 306, 312-313, 327-328, *425*, 439, 507, 516, *551*, 563-564, 566, 580, *593*, 594, 595, 596, 601, 625, 626, 631
Etiópia, legislação criminal, *261*, 266
etnografia, 323-324, 326-329, 332-333
Europa:
    corrupção na área bancária, 160
    corrupção no sistema de saúde, 101-102
    crime organizado, 360, 362, *371*
    independência judicial, 464
    legislação criminal, 279
    preços subsidiados, 79
    ver também países específicos, União Europeia
Europa Oriental, *536*, 559
    acesso ao crédito, 79
    condições para a reforma, 506
    corrupção em impostos e tarifas, 104
    corrupção em serviços de utilidade pública, 155
    exigência excessiva de permissões, 165
    investimento estrangeiro, *369*
    níveis de remuneração do funcionalismo, 213
    privatização, 203
    redes informais, 319
    resolução de conflitos pela violência, 471
    transição para a democracia, 593
    ver também países específicos
evasão fiscal, 103, 104, 159, 162, 170, 172, 235, 272, 273, 363, 377, 459, 486, 626
exclusão e exclusão cruzada, 192, 199, 269, 542-543, 548, 605
extorsão, definição, 27
Exxon Mobil, *610*

F
Facebook, 378
FIFA, 126-127, 272, *273*, *276*, 279-281, 605
Fiji, acesso ao crédito, 79
Filipinas:
    ajuda externa como obstáculo à reforma, 531
    corrupção eleitoral, 441
    corrupção na ajuda externa, 552
    corrupção no sistema educacional, 460
    excessivo poder no executivo, *456*
    licenças para importação e exportação, 81
    reforma aduaneira, 232
    reforma tributária e tarifária, 173, 512
Financial Action Task Force (FATF) *ver* lavagem de dinheiro
Finlândia, 36, 43, 66, 67
    legislação criminal, *261*, 266
Firestone, *610*
Fisman, Raymond, 105, *108*, 114, 136, 155, 171-172, 302, 436, 438, 618
Foreign Corrupt Practices Act (FDI) *ver* Estados Unidos da América
Foro Econômico Mundial, *602*
    Global Executive Survey, 66
    Iniciativa de Parceria contra a Corrupção, 602
França:
    código de ética do serviço público, 223
    convenções do Conselho da Europa, *560*
    corrupção eleitoral, 425-426
    corrupção judicial, 465
    corrupção política, 338
    corrupção relacionada a combustíveis fósseis, 145
    denúncia da corrupção por um par, 595
    independência do legislativo, 432-433
    lavagem de dinheiro, 614
    legislação criminal, *261*, 266
    neutralidade política no serviço público, 223-224
    procedimentos para a formulação de normas, 455
    regulamentação ambiental, 455
    responsabilidade criminal corporativa, *268*
    tráfico de influência, 248
fraude contábil, 26, 27, 280, 397, 448, 525, 573
fraude no serviço público, 26, 27, 36, 45-46, 56, 67, 89, 93
Fujimori, Alberto, 487, 513, 614
Fundo Monetário Internacional (FMI), 23, 57, 171, 253, 394-395, *398*, 400, 549, 552, 577, 586, 605

G
Gaddafi, Muammar, 136, 144
Gambetta, Diego, 316, 349, 368
Gâmbia, 102
    jogos de azar, 104
Gana, *43*
    corrupção em impostos e tarifas, 104

corrupção no sistema educacional, 85
níveis de remuneração do funcionalismo, 214, 254
normas sociais, 327, 331
Public Expenditure Tracking Surveys (PETS), 479
reforma tributária e tarifária, 231-232
Garfield, James, 516
GATT, 512
Geddes, Barbara, 502-506, 507, 08, *510*, 513, 528, 534
gênero, 290, 292, 301-305, 307
Geórgia:
    corrupção policial, 218
    crime organizado, 362, 370
    judiciário, 464
    legislação criminal, 268
    privatização, *203*
Glaeser, Edward L., *60*, *152*, *510*, 517
Global Commission on Drug Policy, 284
Global Competitiveness Report, 95, 366
Global Corruption Barometer (GCB) *ver* Transparência Internacional
Global Integrity, 411
Global Witness, 60, *148*, 176, 411, 577, 584, *585*
globalização, 24, 360, 619
Goldman Sachs, 160
Goldstone, Richard J., 582
Google, 378
Gorbachev, Mikhail, 319
gorjetas *ver* definindo corrupção
governança eletrônica, 57, 179-186, 221, *318*, 454, 482, *482*, 492
    câmeras, 183
    compartilhamento de informação, 182
    eficácia dos bancos de dados, 182-183
    monitorando o governo, 181, 183-184, 243
    preocupações com privacidade e segurança, 186
    reduzindo o arbítrio regulatório, 165, 184, 630
    submissão eletrônica de documentos, 181
    transparência da informação, 181
    vulnerabilidades, 185
Grã-Bretanha:
    bônus de incentivo para o serviço público, 230
    código de ética do serviço público, 223
    Comissão de Auditoria, 458, 477
    Comitês de Contas Públicas, 480
    conflito de interesses no judiciário, 467
    corrupção eleitoral, 441
    corrupção no abastecimento por quantidade fixa, *84*
    corrupção prisional, 111
    corrupção relacionada a combustíveis fósseis, 145
    crise como catalisadora da reforma, 520
    durabilidade da reforma, 508
    escândalo de despesas do Primeiro-Ministro, 480
    escândalo de pagamento por pergunta colocada, 433-434
    esforços contra a corrupção corporativa, 603
    estudantes estrangeiros, 291
    legislação criminal, 261, 266
    leis contra difamação, 486-487
    leis de conflito de interesses no legislativo, 433
    procedimentos para formulação de normas, 455
    quotas corporativas por gênero, *304-305*
    reforma do século XIX, 502, 508-511, 515
    reforma do serviço público, 250
    reformas de Margaret Thatcher, 500
    regulamentação das telecomunicações, 202-203
    remuneração do Primeiro-Ministro, 432
    responsabilidade criminal corporativa, 269-270
    Serious Fraud Office, 557
    serviços de inteligência, 481
    sociedade pós-conflito, 385
    tráfico de influência, *248*
Gramm, Phil, 427
Gramm, Wendy, 427
Grécia, crise da dívida, 520
Grupo de Estados contra a Corrupção (GRECO), 271, 561, 562, *612*
Grupo PRS, International Country Risk Guide (ICRG), 64, 65-66, 70
Guatemala, 390
Guerra do Golfo, **583**
Guerra Fria, 24, 387-388, 535
Guiana:
    corrupção em concessões, 143
    corrupção na área florestal, *146*
Guiné Equatorial, 36
    lavagem de dinheiro, 380

Guiné, 66
  corrupção na mineração, 150

H
Hadi, Abdu Rabbu Mansour, 121
Haiti, 66, 95
  cleptocracia, 342, 344, 345, 347
  corrupção na mineração, 579
  normas de edificação contra terremotos, 99
  treinamento militar, 552
Haliburton, 436
Hawke, Robert, 500
Heritage Foundation, Índice de Liberdade Econômica, 325
Hewlett Packard, *129*
Hobbes, Thomas, 325
Holanda, corrupção eleitoral, 441
Honda, 157, 277
Honduras:
  corrupção no sistema de saúde, 606
  lavagem de dinheiro, 606
Hong Kong:
  Comissão Independente contra a Corrupção (ICAC), 473, 475
  corrupção no programa habitacional, 84
  corrupção policial, 472
hospitais, 33, 98, 100, 101, 129, 131, 158, *175*, 182, 227, 460-461, 480, 522, 542
HSBC, lavagem de dinheiro, 378, 614
Human Rights Watch, 393, 394
Hungria:
  corrupção em compras, 138, 139
  Freedom of Information Act (FOIA), 482
  investimento estrangeiro, 369
  legislação criminal, 272
  redes de corrupção, 312
Hunt, Jennifer, 67, 69, 572
Huntington, Samuel, *324*
Hussein, Saddam, 582, **583**

I
Ibéria, 153
Iêmen, 66, 67, 121
  níveis de remuneração do funcionalismo, *213*
  Primavera Árabe, 384
Ilhas Cayman, lavagem de dinheiro, 375
Ilhas Salomão, *43*
  corrupção em concessões, 143
Ilhas Virgens Britânicas, lavagem de dinheiro, 375
imparcialidade, 25, 29, 61, 195, 223, 292, 309, 312, 313, 316, 318, 329, 467, 478, 417, 631
Império Otomano, arrecadação fiscal terceirizada, 229
importação, 81, 88, *95*, 106, *108*, 154, 174, 618
Índia, 37, 38, 66, 67, 70, 175, *178*, 235, *339*
  Centro Internacional para Arbitragem de Disputas sobre Investimentos (ICSID), *568*
  corrupção em impostos e tarifas, 174, 235, 247
  corrupção na área de telecomunicações, 112, 113
  corrupção na concessão de licenças, 165
  corrupção no fornecimento de irrigação, 86, *289*
  corrupção no programa habitacional, 84
  corrupção no sistema de saúde, 101, 158
  corrupção nos gastos com a defesa, *129*
  corrupção policial, 89, 90
  corrupção relacionada a combustíveis fósseis, 144
  crise como catalisadora da reforma, 519-520
  diferenças de classe, 318
  diferenças de gênero, *301*
  escândalo dos Jogos da Comunidade Britânica, *126*
  falsificação de documentos, 321
  Freedom of Information Act (FOIA), 483
  legislação criminal, 260
  níveis de remuneração do funcionalismo, 215
  processos de apelação, 492
  propinas de incentivo, 93
  terceirização, 251
Indicador de Controle da Corrupção (CCI) *ver* Banco Mundial
Índice de percepção da corrupção (CPI) *ver* Transparência Internacional (TI)
Indonésia, 39, 43, 88, 92, 115, 136, 239, 245, *366*, 437
  auditoria, 478-479, 548
  autoridade do estado fraca, 352
  cleptocracia, 345, *347*
  corrupção em compras, *129*
  corrupção na área florestal, *145*, *148*
  corrupção na área regulatória, 99-100
  corrupção no sistema de saúde, 460
  corrupção no sistema educacional, 460

diferenças de gênero, *301*
Exxon Mobil, *610*
governança eletrônica, 181
histórico colonial, 331
prática de lobby, 436
recrutamento para o funcionalismo civil, 215-216
reforma tributária e tarifária, 512
religião, *306*
resolução de disputas pela violência, 470
riqueza petrolífera como obstáculo à reforma, 530
Iniciativa pela Transparência nas Indústrias Extrativas (EITI), 395, 396, 565, 566, 573, 587, 601
instituições inclusivas, 29
Institute for Economics and Peace, 462
Integridade Financeira Global, 373, 632
intermediários, 248-249
International Anti-Corruption Committee, 602
International Bar Association (IBA), 603
International Competitive Bidding (ICB), 188, 193
International Country Risk Guide (ICRG) *ver* Grupo PRS
International Crime Victimization Survey (ICVS), 69
International Federation of Accountants, 564
International Labor Organization Administrative Tribunal (ILOAT), 581
International Organization of Supreme Audit Institutions, 564
Interpol, 360, 606
investimento estrangeiro direto (IED), 31, 51-52, 65-66, 132, 347-348, 369, 554, 558, 574, 575, 592-593
Irã, preços subsidiados pelo estado, 79
Iraque, 66, *95*, 251, *548*
　corrupção em compras, *479*
　escândalo de petróleo por comida, *560*, **583**
　prática de lobby, 436
　preços subsidiados pelo estado, 79
　terceirização, 251
Israel:
　corrupção relacionada a combustíveis fósseis, 144
　denúncia da corrupção por um par, 595
　sociedade pós-conflito, 385

Itália:
　anticorrupção como pretexto para repressão, 514
　auditoria, 479
　conflito de interesses no legislativo, 435
　controle político da mídia, 485
　corrupção dos governos locais, 459
　corrupção eleitoral, 426, 432, 443, 445
　corrupção em compras, 125, 133, *138*, 142
　corrupção política, 338
　crime organizado, 316, 361, 365, 369
　financiamento eleitoral, 443
　índice regional de corrupção, 131, *542*
　monopólio de comunicações, 125
　operação Mãos Limpas, 125, 133, 432
　privatização, 155
　propinas de incentivo, 113
　responsabilidade criminal corporativa, *268*

J
J.P. Morgan, *31*
Jackson, Andrew, 509
Jamaica, 113, 202
　Freedom of Information Act (FOIA), 482
Japão, *43*, 67, 600
　acesso ao crédito, 80
　corrupção eleitoral, 426, 427, 443, 445
　corrupção em compras, 197-198
　corrupção política, 338
　doação de presentes, *315*
　reforma em compras, 198
　revisão judicial, 490
Jersey, lavagem de dinheiro, *376*, 614
Johnson & Johnson, 101
Johnston, Michael, 355-357, 358
Jordânia, escândalo de petróleo por comida, 582
judiciário, 462-469
　clareza das leis, 469
　competência, 463, 464, 466, 468
　conflitos de interesse, 467
　contabilidade, 464
　corrupção, 27, 108, 109-110, 281-284, 381, 382, 391, *398*, 401, 463-464, 465, 466, 467-468, 631
　independência, 452-453, 462-470
　procuradores, 469-470
　Resolução Alternativa de Disputas, 470-471

sistemas de direito civil, 466
sistemas de direito comum, 466-467

K

Katrina (furacão), 251
Kaufmann, Daniel, 51
Kelman, Steven, 189-192, 193, 195, 196-197
Kelvin, Lord, *34*
Kilby, Christopher, *23*
Kilpatrick, Kwame, 338
Kirchner, Cristina, 485
Kirchner, Néstor, 485
Kiyingi, Robinah, *544*
Klitgaard, Robert, 110, 164
Kohl, Helmut, 448
Kosovo:
 Projeto de Energia, 579
 sociedade pós-conflito, 386
KPMG, 76, 99, 159, *394*, *594*, 595
Kraft Food, 277
Kunicová, Jana, 419, 420, 421-422, 505, 507
Kuwait, **583**

L

La Porta, Rafael, *462*, *463*
Lambert-Mogiliansky, Ariane, 140, 240
Lambsdorff, Johann Graf, 249
Latin American Public Opinion Project (LAPOP), 69
lavagem de dinheiro, 60, 111, 278, 360, 372-383, 537, 541, 559, 560, 561, 588, 604, 605, 606, 607, 619-621, 631
 bancos, 378, 380, 382, 607, 619-621, 631
 Bitcoin, 616
 contrabando de moedas, 379
 Convenção de Viena das Nações Unidas, 608
 dados comparativos entre países, 616-618
 efeitos econômicos, 372-374
 efetividade da resposta internacional, 613, 614-616
 Financial Action Task Force (FATF), *541*, 611, 612-613, 616
 hawala, 381
 Iniciativa de Mérida, 613
 Pessoas Politicamente Expostas (PEPs), 378, 379, 380-381, 605
 repatriação de fundos, 613-614
 resposta internacional, 604-619
 roubo de identidade, 360, 379, 616
 ver também crime organizado
Lee Kuan Yew, 513
Leff, Nathaniel, *324*
legislação criminal:
 armadilha da alta corrupção, 267-268
 armadilha, 276
 associações privadas sem fins lucrativos, 279-280
 corrupção na aplicação da lei, 281-284
 custo-benefício da dissuasão, 257-258
 dever fiduciário, 278
 diligências-surpresa, 276-277
 extorsão, 271-272
 legalizando atividades criminosas, 166-167, 284, 332
 leis antitrustes, 278
 multas máximas, 282
 multas *versus* prisão, 282
 penalidades criminais *versus* penalidades civis, 278
 prioridades em prejuízo social e aplicação da lei, 262
 privatizando a aplicação da lei, 283-284
 probabilidade de detecção *versus* severidade da punição, 258-259
 propinas como dissuasão, 282
 propinas em troca de benefícios escassos, 272
 propinas em troca de benefícios ilegais, 273
 responsabilidade criminal corporativa, 268-270
 severidade da punição, 261-268
 suborno ativo *versus* passivo, 259-261
 suborno *versus* extorsão, 260-261, 282
legitimidade do governo *ver* corrupção, enfraquecimento da legitimidade política
Lehman Brothers, 379, *380*
Lessig, Lawrence, *415*, *426*, 429, 432
Letônia, reforma tributária e tarifária, 173
Líbano, 66
 acesso ao crédito, 79
Libéria, 43, 67
 corrupção na área florestal, *146*
 corrupção no sistema educacional, 85
 Firestone, *610*
 leis contra difamação, 487
 redes de corrupção, 312
Líbia, 36, 66

corrupção em compras, 136
corrupção relacionada a combustíveis fósseis, 144
licenças para importação e exportação, 81-82, 84, 88, 175
Liga dos Estados Árabes, Convenção Árabe Anticorrupção, 561-562
listas Negras, 23, 138
Lituânia, reforma tributária e tarifária, 173
Lockheed, 555
Lui, Francis, 112, 175, 267
Luxemburgo, 43

M

Macolin Convention, 127
máfia *ver* crime organizado
Malásia:
  corrupção em empresas de utilidade pública, 146
  corrupção em telecomunicações, 146
  corrupção na área florestal, 146
Malawi, 546
  corrupção em compras, 130
  corrupção no programa habitacional, 84-85
  corrupção policial, 92
Malta, corrupção judicial, 465
Manion, Melanie, 274, 472, 473
Manzetti, Luigi, 152, 153, 154
Marcos, Ferdinand, 512, 552
Mauritânia, 66
Mauro, Paolo, *50, 51*
maximização da utilidade pública, 25
médicos, 33, 101, 158-159, 298-299, 613
  ver também corrupção no sistema de saúde
medidas anticorrupção:
  abordagem sistemática, 168, 170, 173-174, 255
  anistias, *473*
  avenidas para reclamações individuais, 491-493
  benefícios recebidos em espécie, 177-178
  disciplina do mercado de ações, *171*
  eliminação de subsídios, 166
  eliminar normas que incentivem a corrupção, 165-166, 254, 630
  eliminar programas contaminados pela corrupção, 56, 165, 168-169, 170-171, 204, 254, 267-268, 284
  integração regional, 170
  legalização, 166-167, 284, 332, 627
  níveis de gastos do governo, 56-57, 168-171
  ouvidor, 492, 564, 632
  participação das bases, 493-495
  pretexto para repressão, 474, 501, 513-515, 586, 633-634
  Public Expenditure Tracking Surveys (PETS), 62, 479, 629
  reduzindo o arbítrio regulatório, 171, 174-177, 202, 243, 263, 631
  simplificação de impostos e tarifas, 172-174, 255
  sistemas de mercado baseados em incentivos, 174-177, 178-179
  taxa de serviço em substituição a propinas, 174-175, 177
  vouchers, 177
  ver também reforma do serviço público; governo eletrônico; ação internacional; reforma em compras
Menes, Rebecca, 511, 524, 526
Metas de Desenvolvimento Sustentável
  ver Nações Unidas, Objetivos de Desenvolvimento do Milênio
México, 36, 37, 38, 43, 66, 67, 69, 70, 118, *167*, 458
  anticorrupção como pretexto para repressão, 514
  auditoria, 478
  Centro Internacional para Arbitragem de Disputas sobre Investimentos (ICSID), *568*
  Clenbuterol, 322
  confiança interpessoal, *308*
  controle político da mídia, 485, *486*
  convenções do Conselho da Europa, *560*
  corrupção do sistema educacional, 86, *86*
  corrupção eleitoral, 427, 503
  corrupção em compras, *129*, 138
  corrupção na área florestal, *493*
  corrupção na área regulatória, 99
  corrupção policial, 92, 218, 304, 552-553
  corrupção política, 338
  corrupção relacionada a combustíveis fósseis, 144, 244
  crime organizado, 361, 365-367, 369, 371, 392, 427, 552-553
  destruição arqueológica, 151
  diferenças de gênero, 304

falsificação de documentos, 321
financiamento eleitoral, 431, 446
Freedom of Information Act (FOIA), 482
governança eletrônica, 181
Iniciativa pela Transparência nas Indústrias Extrativas, *396*
Instituto Federal para Acesso à Informação, 483
judiciário, *468*
lavagem de dinheiro, 378, 613
leis contra difamação, 487
licenças para importação e exportação, 82, **106**
mulheres na política, 304
Nova Administração Pública (NAP), 220
privatização, *152*
propinas de incentivo, 94
reforma anticorrupção, 506
reforma tributária e tarifária, 172-173, 512, 520
registro empresarial, 107
regulamentação ambiental, 176
serviço militar, 90
taxa de homicídio, 364-365
mídia:
   assistência internacional, 543-544
   associações internacionais de jornalistas, 564
   controle político da mídia, 485-488
   leis contra difamação, 486-487, 543
   mídia social, 544, 631
   papel em expor a corrupção, 478, 485, 487-488, 516-519, 628
ministros, 30, 112, 127, 134, 137, 144, 346, *472*, 481
Mobutu Sese Seko, 215, 242, 501, 530
Moçambique, 390
   corrupção em impostos e tarifas, 104, 107
   corrupção judicial, *398*
   corrupção no sistema de saúde, 398
   corrupção no sistema educacional, 85, 398
   corrupção policial, 398
   RENAMO, 397-398, 406
   sociedade pós-conflito, 386-390, 396-400, 406-407, 409
Moi, Daniel Arap, 329
Moldávia, 43
Mongólia, 43
monopólios bilaterais, 349-351

Montesinos, Vladimir, 487, 614
Morris, Stephen, 69, *308*, *356*
Morsi, Mohamed, 120
Mubarak, Hosni, *28*, 120, *134*, 342, 343, 501
Mungiu-Pippidi, Alina, 29
Museveni, Yoweri, 513
Myanmar, corrupção policial, 298

N

Nações Unidas, 117, 126, 149, 291, *388*, 400, 555, 583-584, 584, 605
   Código de Conduta para Corporações Transnacionais, *592*
   Comtrade, 618
   Convenção contra a Corrupção (UNCAC), 558-559, *561*, 562, 575, 585, 609, 611
   Convenção de Palermo (UNTOC), 609
   Convenção de Viena, 608, 613
   escândalo de petróleo por comida, 582-584, 615
   Escritório sobre Droga e Crime (UNODC), 362, 373, *548*, *562*, 603
   Índice de Desenvolvimento Humano (IDH), 50, 52, *125*
   Moçambique, 396-398
   Model Code, *188*
   Objetivos de Desenvolvimento do Milênio, 21-23
   Pacto Global, 564, *602*
   Programa para o Desenvolvimento (PNUD), 553, *562*, 564, 571
   Reduzindo Emissões do Desflorestamento e Degradação das Florestas (REDD), 149
   Tribunal Administrativo (UNAT), 580-581, 583-584
   Tribunal de Apelações, 581, 584
   Tribunal de Disputas, 581, 584
Nahimana, Terrance, *401*, 403
Nazarbayev, Nursultan, 144
nazistas, *28-29*
Nepal, *545*
   corrupção em impostos e tarifas, 247
   corrupção no funcionalismo civil, 234
   corrupção policial, 233
   falsificação de documentos, 321
   projeto da represa Arun III, 579-580
nepotismo, 26, 27, *30*, 33, 85, 123, 312, 625
   ver também confiança, interpessoal

Níger:
  corrupção no sistema educacional, 85
  corrupção nos transportes, 168
  falsificação de documentos, 321
Nigéria, 43, 133
  acesso ao crédito, 80
  corrupção em compras, *129*, 133, 137
  corrupção policial, 92
  governo aberto, 477
  Iniciativa pela Transparência nas Indústrias Extrativas, *396*
  lavagem de dinheiro, 614
  licenças para importação e exportação, 81-82
  normas sociais, 327, 331
  preços subsidiados pelo estado, 79
  regulamentação farmacêutica, 201
  riqueza petrolífera como obstáculo à reforma, 530, 531-532
Nkurunziza, Pierre, 401, 403
Nordic Investment Bank, 543
normas sociais, 289, 290, 292, 326, 328, 331, 332
Noruega, 36, 66, 103, *117*
  corrupção relacionada a combustíveis fósseis, 145
Nova Zelândia, 35, 36, 66, *167*
  bônus de incentivo para o serviço público, 230
  crise como catalisadora da reforma, 519-520
  escândalo relacionado a alimento infanti, 100
  normas de edificação contra terremotos, 99
  Nova Administração Pública (NAP), 220
  reforma do governo, 504
  regulamentação das telecomunicações, 202

O

Obama, Barack, 224-225, 338, 507
Obamacare, 251
Obiang Mangue, Teodoro Nguema, 380
OCDE, 117, 378, 555, 559, *562*, 563, 584-585, *592*, 603
  Convenção contra o Suborno, 124, 274, 555-559, 563, 573, 574, 575, 585, 602, 603, 633
  estudo sobre suborno proveniente do exterior, 118
oferta inicial ao público (IPO), 159, 203
Olken, Benjamin, *39*, 55, 239, *239*, 240, 241, 311, 366, 478-479, 548
Olson, Mancur, 237, 340, 341, 552
ordens de acesso aberto, 29

Organização Mundial de Saúde (OMS), *167*, 364
  Boa Governança em Medicina, 567
Organização Mundial do Comércio (OMC), *188*, 609
  Acordo Revisto sobre Compras Governamentais (GPA), 562-563
organizações não governamentais (ONGs), 24, 27, 42-43, 148, 176, 252, 332, 475, *477*, *486*, 489, 491, 544, 545, 547, 549, 553, *557*, 562, 567, 577
Oriente Médio, 28, 381, 434, 514, 559, 593
Ostrom, Elinor, 234, 314

P

Pactos de Integridade, 198, 199, 549, 571, 600, 633
países de baixa renda, 21-22, 323
países nórdicos, 35, 56
Panalpina, 144
Panamá:
  leis contra difamação, 487
  níveis de remuneração do funcionalismo, *213*
Papua Nova Guiné, corrupção em concessões, 143
Paquistão, *43*, 175
  acesso ao crédito, 80
  anticorrupção como pretexto para repressão, 515
  corrupção em impostos e tarifas, 103
  corrupção na regulamentação ambiental, 100
  corrupção no fornecimento de irrigação, 86
  governança eletrônica, 183
  grupo Axact, 605
  judiciário, 464
  prática de lobby, 436
Paraguai, 43
  cleptocracia, 342
  corrupção em compras, 129
  recrutamento para o funcionalismo civil, 215
  represa Yacyreta, 578
  taxas de câmbio, 80-81
Pemex, 94, *129*, *244*, 321
Pérez, Carlos Andréz, *481*, 515
Pérez, Otto, 392
Persson, Torsten, *306*, 421, 422
Peru, *43*, 56, *67*, 69, 614
  corrupção na resolução de disputas, 470
  corrupção nos gastos com a defesa, *129*, 614

corrupção policial, 304
crise como catalisadora da reforma, 519-520
degradação ambiental, 364
destruição arqueológica, 150-151
diferenças de gênero, 304
leis contra difamação, 487
níveis de remuneração do funcionalismo, 213
privatização, 152
Public Expenditure Tracking Surveys (PETS), 479
reforma autocrática, 513
reforma do serviço público, 219
tráfico de drogas, 364
Pieth, Mark, 280, 556, 568, 582
Piga, Gustavo, 187
Pinochet, Augusto, 380, 506
pobreza, 21, 22, 24, 54-55, 87, 183, *203*, 384, *387*, 390, 393, 401, 403, 404, 407, 545, 553, 589, 625
poder delegado, 26, 28
política industrial, 50-52
Polônia, *421*
    Centro Internacional para Arbitragem de Disputas sobre Investimentos (ICSID), 568
    corrupção judicial, 468
    investimento estrangeiro, 369
Portillo, Alfonso, 390
posicionamento libertário, 119-120, 323, 324-325, 328-329, 331, 332-333, 334
preço *ver* definindo corrupção
preços subsidiados pelo estado, 78-79
Pride International, 144
Primavera Árabe, 28, 121, 384, 385, *536*
    mídia social, 631
principal agente, 26
privatização, 369-370
    conflito de interesses, 153
    corrupção na área regulatória, 154-155, 201, 549
    desregulamentação, 155-156
    incerteza quanto ao valor, 152
    informação interna reservada, 152
    monopólio, 154, 201
    potencial para reduzir a corrupção, 152, 200-203
professores, 27, 33, 85, 183, 218, 224, 298, 461, 479, 628
    ver também educação
propinas de incentivo, 93-96, 121

peso da burocracia, 95
prostituição, 101, 167, 304, 360, **363**, 383
Prússia, 513
Public Accounts Committees (PACs), 480
Publish What You Pay (PWYP), 564-565
Putnam, Robert, *317*

Q

Qatar, 66
Quah, Jon S.T., 473, 474
quebra de regras, mercado para, **97**, 205-208, 630
Quênia, 67, 92
    abuso de agências anticorrupção, *475*
    corrupção na área regulatória, 99-100
    corrupção no sistema de saúde, 130
    corrupção no sistema educacional, 85
    degradação ambiental, *177*
    harambee, 329-330
quid pro quo *ver* definindo corrupção

R

Rachid, Rachid Mohamed, *134*
Racketeer Influenced and Corrupt Organization Act *ver* Estados Unidos da América
Ramos, Fidel, 531
Recanatini, Francesca, 56, *547*
Rede Árabe Anticorrupção e Integridade (ACINET), 562
reforma do serviço público, 252, 346, 354, 358, 502-503
    abordagem flexível *versus* baseada em regras, 226-228
    "aperto de mão dourado" em ocorrência única, 527
    bônus de incentivo, 227-231, 527, 627
    burocracia weberiana, 209, 218-219, *220*, 242
    burocratas competitivos, 242-247
    busca por emprego, 224
    centralização de licenciamentos, 241-242, 251
    código ético, 222-225
    conflito de interesses, 211, 220-225
    conhecimento técnico, 210-211, 629
    contratados sem fins lucrativos, 252-253
    descentralização, 175, 219, 236, 237, 241, 253
    desempenho digno de recompensa, 225-233
    estrutura legal, 211, 254
    intermediários, 249

meritocracia, 210, 217-220, 341, 506
monitoramento da corrupção moral, 226
neutralidade política, 209, 223-224, 249
níveis de remuneração, 211, 213-217, 254, 256, 527, 627, 630
Nova Administração Pública (NAP), 218-220
privatização, 238, 522, 527, 529, 630
processo criminal *versus* reforma estrutural, 212-213, 500-501, 516-517, 518, 628-629
profissionalismo, 209-210, 211, 217-220, 630-631
recrutamento, 216, 217, 256
redução de tamanho, 56, 249, 250, 254
responsabilização fiscal, 212, 243
rotação de equipes, 234-235, 249, *316*
sanções contra a corrupção, 226, 255
separação de funções, 210-211
sistemas fragmentados, 241
sistemas sequenciais, 239-241
terceirização, 250-253
ver também medidas anticorrupção; corrupção nas hierarquias; reforma em compras
reforma em compras, 186-200, 502, 546, 562-563
abordagem flexível *versus* baseada em regras, 188, 190
avaliação por histórico de desempenho, 190, 192-194
compra de produtos de prateleira, 188, 192, 194-195
comunicado prévio à licitação, 191, 193, 194-195
contratos baseados em desempenho, 190
contratos de único fornecedor, 188-189
International Competitive Bidding (ICB), 188
licitação por propostas em envelope fechado, 188
monitoração pública, 187, 194-195
prioridade na rapidez das entregas *versus* avaliação por histórico de desempenho, 195
processo criminal *versus* regulamentação, 191
reforma do serviço público, 195
tipos de compra, 187-188
reforma fundiária, 86-87, 246, 315, 491, 529-530
regulamentação ambiental, 174-175, 176, 183, 455
Reinikka, Ritva, 461, 483
Reino-Unido *ver* Grã-Bretanha

religião, 57, 290, 292, 301, 305-307
remuneração por consultoria, 31, 136, 343
Repórteres sem Fronteiras, *543*
República Tcheca:
  investimento estrangeiro, *369*
  judiciário, 464
Reuter, Peter, 368, 373
Riggs Bank, 380
Rodrik, Dani, *24*, *539*
Romênia, *43*, 410
  agências anticorrupção, 472
  legislação criminal, 260, 271
Rose-Ackerman, Susan, 14-15, *48*, *50*, 87, *143*, *209*, *233*, *257*, *307*, *341*, *384*, 385, *386*, *390*, *393*, *410*, 419-420, 421, *422*, *452*, *453*, *456*, *462*, 505, 507, *518*, *535*, *557*, *572*
Rota da seda, 616
Rothstein, Bo, 29, 316
Ruanda, 43, *77*, 388, *404*, 408
Rússia, 36, 37, 38, 43, 66, 70
  acesso ao crédito, 79
  conflito de interesses no legislativo, 435
  corrupção em compras, 128, 278
  corrupção na área florestal, 144, *148*, 151
  corrupção na área imobiliária, 88
  corrupção no segmento de construção, 99
  corrupção no setor privado, *279*
  corrupção no sistema de saúde, 298-299
  crime organizado, *316*, *367*, 371
  democratização, *536*
  disputa para sediar os Jogos Olímpicos, 128, 278
  entendimento dos mercados, *320*
  investimento estrangeiro, *369*
  judiciário, 108, 464
  propinas de incentivo, 94
  reforma tributária e tarifária, 173
  resolução de conflitos pela violência, 471
  ver também União Soviética

S
Saleh, Ali Abdullah, 121
Salinas, Carlos, 503, 512
Sanader, Ivo, 338
Santa Sé, convenções do Conselho da Europa, *560*
Serono, 101, 158-159
Serpico, Frank, 76

Serra Leoa, 67
  corrupção do sistema educacional, 183
  governança eletrônica, 183
Sérvia, 43
serviço aduaneiro, 31-32, 39, 81-82, 88, 89-90, 91, 94, 102-104, **106**, 107, 108-109, *124*, 138, 148, 168, 169, 170, 171-172, 173-174, 183, 184, 221, 231, 233-234, 247, 254-255, 298, 319, 342, 361, 365, 371, *372*, 381, 402, 407, 476, 510, 512, 517-518, 521, 522, 549, 551, 617-618
Sevan, Benon, 582
Shell, 144
Shleifer, Andrei, 104
Sicília, crime organizado, 316
Siemens, 573
Singapura, 35, *52*, 66, 472
  corrupção em compras, 138
  corrupção no programa habitacional, 84
  corrupção policial, 474
  Corrupt Practices Investigation Bureau (CPIB), 474
  diferenças de gênero, *301*
  leis contra a difamação, 487
  monitoração do serviço público, 473
  níveis de remuneração do funcionalismo, 474
  reforma autocrática, 513
Síria, escândalo de petróleo por comida, 582
socialismo, 154, 369, 398, 435
sociedade pós-conflito, 384-412, 632
  ajuda internacional, 385, 388-389, 396-400, 408-410
  aplicação da lei, 384, 391-392, 393
  compartilhamento de poder entre etnias, 400-404, 408
  continuidade da elite, 391, 392-393, 395, 405, 406, 407
  controle militar, 402, 403, 410
  descentralização, 457
  instituições fracas, 384, 390, 392, 393, 399, 403, 404, 406, 407-408
  legitimidade política, 384, 387, 389
  pobreza, 384, 390, 393, 401, 403, 404, 407
  riqueza em recursos, 387, 390, 393-396, 400, 406
  ver também crime organizado
sociedade pós-conflito, 385-393, 394, 395, 396-397, 406, 407
Somália, 28, 36, 66, *95*

Sonangol, 394, 395
Søreide, Tina, *59*, 113, *117*, *548*, 564, 635
Sri Lanka, judiciário, 464
Stálin, Joseph, 319
Stroessner, Alfredo, *129*, 342
suborno competitivo, 352-355
suborno, definição, **27**
Sudão, 36, 37, 43, 66, 67, 70-71, *95*
Sudão do Sul, 36
Suécia, 36, 66
  conflito de interesses no legislativo, 433
  crise como catalisadora da reforma, 516
Suharto, *39*, 100, 115, 136, *148*, 216, 245, 345, *347*, 352, 436, 512
Suíça, 36, 43
  Acordo Revisto sobre Compras Governamentais, *562*
  escândalo da FIFA, 605-606
  lavagem de dinheiro, *376*, 614
  leniência tributária, 279
  tráfico de influência, *248*
  tratados de Assistência Legal Mútua, 604
Super-PACs, 430
Suriname, 95-96
  corrupção em concessões, 143
Svensson, Jakob, 88, *93*, 97, 114, 479

T
Tabellini, Guido, *51*, *306*, 421, 422
Tailândia, 80
  anticorrupção como pretexto para repressão, 515
  corrupção eleitoral, 443
  corrupção policial, 89, 235
  crime organizado, 371
  excessivo poder no executivo, 456
  privatização, 153
Taiwan:
  corrupção nos gastos com a defesa, *542*
  legislação criminal, 260
  procedimentos para formulação de normas, *455*
Tanzânia:
  corrupção em impostos e tarifas, 249
  níveis de remuneração do funcionalismo, 218
  Public Expenditure Tracking Surveys, 479
Tanzi, Vito, *132*, *347*

taxação de produtos primários, 78-79
taxas de câmbio, 80-81, 160
terrorismo, 373
Thatcher, Margareth, 500
Thoreau, Henry David, 116
Tirole, Jean, 76, 296, 317, 473
Total S.A., 560
tráfico de drogas *ver* crime organizado
tráfico de influência, 27, 159, 625
Transparência Internacional, 26, 60, 127-128,
    198-199, 329-330, 332, 411, 464, 489, 541, *542*,
    544, 546, 556, 557, 565, 566-567, 577, 584-585
  ASIAN Integrity Community, 562
  Barômetro Global da Corrupção (GCB), 42-
    44, 45, 46, 48, 67-69, 70, 93, 110, *118*, 164,
    281, 304, 398
  Bribe Payers Index (BPI), 117
  Índice Anticorrupção das Companhias de
    Defesa, 601
  Índice de percepção da corrupção (CPI), 24,
    34-40, 41, 45-46, 47, 48, 50, 62, 99, 118, 144,
    390, 391, 407, 473, 520, *574*
Transparência Mexicana, *Encuesta Nacional de
    Corrupción y Buen Gobierno*, 43
Treisman, Daniel, 59, *337*
Trinidad e Tobago, níveis de remuneração do
    funcionalismo, 214
troca de favores, 27, 323, 326
Tunísia:
  arrecadação fiscal terceirizada, 229
  cleptocracia, 342, 343
  Primavera Árabe, 385
  queda de Ben-Ali, 501
Turquia, *77*, 118
  corrupção no Corpo de Bombeiros, 89
  escândalo de petróleo por comida, 582
  judiciário, 464
  mídia social, 631
  normas de edificação contra terremotos, 98

U
Ucrânia, *43*, 95
  autoridade no estado fraco, 352
  conflito de interesses no legislativo, 435
  corrupção regional, *290*
  investimento estrangeiro, *369*
  níveis de remuneração do funcionalismo, *213*,
    215

propinas de incentivo, 93
queda de Yanukovych, 501
Uganda, *67*
  corrupção no sistema de saúde, *544*
  corrupção no sistema educacional, 461
  corrupção nos gastos com a defesa, *542*
  licenças para importação e exportação, 88
  pagamentos de incentivo, 92
  Public Expenditure Tracking Surveys (PETS),
    479
  reforma autocrática, 513-514
União Africana, *388*, 411
  Convenção da União Africana sobre
    Prevenção e Combate à Corrupção e
    Delitos Correlatos, 561, **609**
  Política Pós-Conflito de Reconstrução e
    Desenvolvimento, 561
União das Nações Sul-Americanas, 411
União Econômica dos Estados da África
    Ocidental, 411
União Europeia:
  agências anticorrupção, 472
  anticorrupção competitiva, 458
  auditoria de programas de ajuda, 548
  conflito de interesses no legislativo, 434
  corrupção em compras, 189
  crime organizado, 360, 371
  integração regional, 170
  lavagem de dinheiro, 588, 612-613
  liberdade de informação, 482
  níveis de remuneração do funcionalismo, *213*
  regras para efetivação de denúncia, 493
  Sistema de Trocas de Emissões, 176
  subsídios, 159
União Soviética, *536*
  corrupção em impostos e tarifas, 104
  escrutínio da corrupção pela mídia, 518
  investimento estrangeiro, *369*
  níveis de remuneração do funcionalismo, 213
  privatização, 203
  redes informais, 319
universalismo ético, 25
Uruguai, *51*
  Nova Administração Pública (NAP), 219
  reforma anticorrupção, 504, 505
  resistência à reforma, *499*

V

Vannucci, Alberto, 254
Vanuatu, *43*
Varese, Federico, 360, *374*
Vargas, Getúlio, 513
Venezuela, *42*, 66
   anticorrupção como pretexto para repressão, 515
   corrupção judicial, 468
   corrupção policial, 92
   corrupção política, 338
   corrupção presidencial, *481*
   corrupção relacionada a combustíveis fósseis, 144-145
   lavagem de dinheiro, 379, *617*
   lucros inesperados em produtos petrolíferos, 510
   níveis de remuneração do funcionalismo, *213*
   preços subsidiados pelo estado, 79
   privatização, 153
   propinas de incentivo, 94-95
   reforma anticorrupção, 504
   riqueza petrolífera como obstáculo à reforma, 530
   taxas de câmbio, 81
Vietnã, corrupção no sistema educacional, 86
Voigt, Stefan, *468*
Volcker, Paul, 582, **583**

W

Wachovia, 378
Wade, Robert, *289*
Walmart, 151
Watergate, *431*
Weber, Max, 209, 218, 219, 220, *242*, 305
Wei, Shang-Jin, *52*
Western Express, 616
World Justice Project, *Rule of Law Index*, 64, 110
World Values Survey (WVS), 69, *77*, 216, 308, 441
WorldCom, 160
Wortman, Charles, *201*

X

Xi Jinping, 221
Yanukovych, Viktor, 501
Yao, Shuntian, *30*

Z

Zaire:
   cleptocracia, 342
   coleta de impostos, 552
   corrupção em impostos e tarifas, 105
   níveis de remuneração do funcionalismo, 215
   privatização, 153
   queda de Mobutu, 501
   reforma tributária e tarifária, 512
   riqueza mineral como obstáculo à reforma, 530
Zâmbia:
   níveis de remuneração do funcionalismo, 213
   Public Expenditure Tracking Surveys, 479
Zedillo, Ernesto, *503*
Zimbábue, 43, 66
   corrupção em compras, *137*